抚州市政协志

（1985-2025）

政协江西省抚州市委员会 编

中国文史出版社

图书在版编目（CIP）数据

抚州市政协志 : 1985-2025 / 政协江西省抚州市委员会编 . -- 北京 : 中国文史出版社 , 2025. 6. -- ISBN 978-7-5205-5242-4

Ⅰ. D628.563

中国国家版本馆 CIP 数据核字第 202582BY52 号

出 品 人：彭远国

责任编辑：全秋生

出版发行：中国文史出版社

地　　址：北京市海淀区西八里庄路 69 号　　邮编：100142

电　　话：010-81136602　81136603　81136606（发行部）

传　　真：010-81136655

印　　装：廊坊市海涛印刷有限公司

经　　销：全国新华书店

开　　本：889 毫米 × 1194 毫米　1/ 大 16

印　　张：53.5

字　　数：1200 千字　　彩页：48

版　　次：2025 年 6 月北京第 1 版

印　　次：2025 年 6 月第 1 次印刷

定　　价：298.00 元

抚州市行政区划图

抚州市
临川区
东乡区
金溪县
崇仁县
资溪县
宜黄县
南城县
南昌市
上饶市
鹰潭市
宜春市
吉
西湖区
青云谱区
南昌县
进贤县
余干县
万年县
贵溪市
月湖区
鹰潭市
余江区
丰城市
樟树市
光泽县
军山湖
青岚湖
金溪湖
洪湖水库
上游水库
抚河

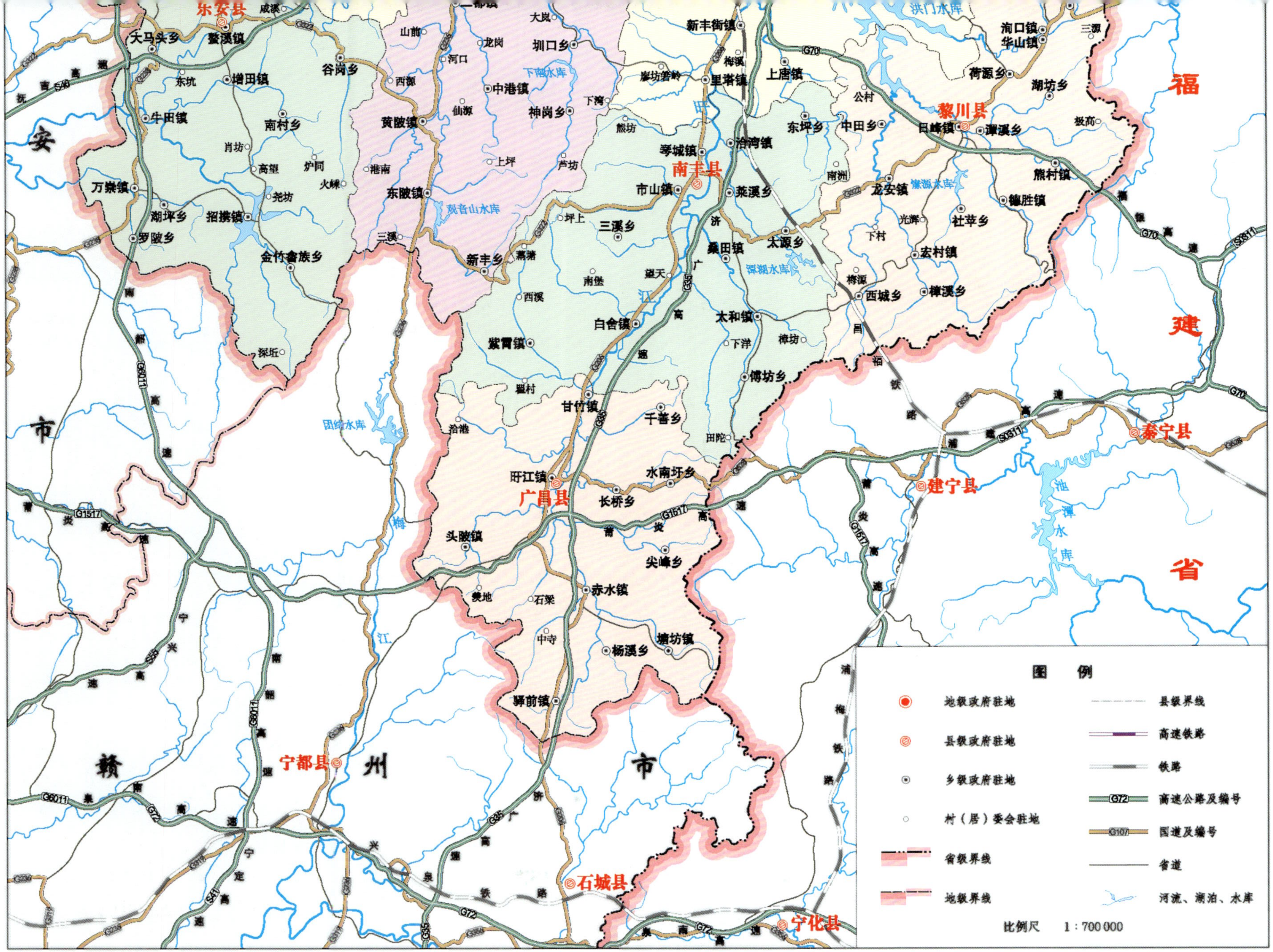
福
建
省
安
赣
州
市
黎川县
南丰县
广昌县
泰宁县
建宁县
石城县
宁都县
宁化县
东安县
日峰镇
琴城镇
盱江镇
洪门水库
潭湖水库
团结水库
池潭水库
图例
地级政府驻地
县级政府驻地
乡级政府驻地
村（居）委会驻地
省级界线
地级界线
县级界线
高速铁路
铁路
高速公路及编号
国道及编号
省道
河流、湖泊、水库
比例尺 1∶700 000

抚州市中心城区鸟瞰图

2006年8月，江西省政协党组书记、主席钟起煌（左三）在抚州调研县域经济发展情况。

2008年4月，江西省政协党组书记、主席傅克诚（左三）在资溪县调研灾后重建工作。

2013年7月，江西省政协党组书记、主席黄跃金（左三）在黎川县湖坊乡闽赣省委旧址考察调研。

2022年1月，江西省政协党组书记、主席姚增科（右二）调研抚州市政协中共党员委员工作站建设情况。

2023 年 11 月，江西省政协党组副书记、副主席陈俊卿（左四）在抚州开展民建界别委员活动。

2023 年 6 月，江西省政协副主席、省工商联主席谢茹（前排左三）在东乡区调研。

2022 年 11 月，江西省政协党组成员、副主席尹建业在资溪县出席“深化国家生态产品价值实现机制试点”研讨会。

2023 年 5 月，江西省政协党组成员、副主席陈兴超（前排左二）在抚州开展“大力发展少数民族乡村旅游，助力全面乡村振兴”调研。

2023 年 7 月，江西省政协副主席、民进省委会主委卢天锡（前排中）在抚州调研教育工作。

2024 年 3 月，江西省政协党组成员、副主席于秀明（左三）在宜黄县调研水稻制种情况。

2024 年 4 月，江西省政协副主席、民盟省委会主委辜清（左六）率队到乐安县就“坚持中华民族的审美情趣，保护利用好我省传统村落文化资源”课题开展调研。

2022 年 10 月，市委书记夏文勇（前排中间）出席市政协五届一次会议。

2023 年 4 月，市委书记魏晓奎（左一）视察市政协青创空间中共党员委员工作站。

2024 年 12 月，市委书记范小林（左三）走访市政协机关。

2023 年 4 月，市委副书记、市长高市文（左二）出席“抚州生态康养太极周”启动仪式。

2024 年 12 月，市委副书记、代市长胡剑飞（左一）走访市政协机关。

高丕凯，1988 年 10 月至 1991 年 9 月任政协抚州地区联络处主任。

张火春，1991 年 9 月至 1997 年 12 月先后任政协抚州地区联络处主任、政协抚州地区工作委员会主任。

王样生，1997 年 12 月至 2001 年 6 月先后任政协抚州地区工作委员会主任、政协抚州市委员会主席。

李品行，2002 年 9 月至 2010 年 1 月任政协抚州市委员会主席。

王晓媛，2010年1月至2011年9月任政协抚州市委员会主席。

谢发明，2011年9月至2016年11月任政协抚州市委员会主席。

黄晓波，2016年11月至2021年3月任政协抚州市委员会主席。

王宏安，2021年3月至2021年10月任政协抚州市委员会主席。

贺喜灿，2021年10月起任政协抚州市委员会主席。

2003 年 1 月，抚州市政协召开一届五次会议。

2006 年 12 月，抚州市政协召开二届一次会议。

2012 年 2 月，抚州市政协召开三届二次会议。

2021 年 2 月，抚州市政协召开四届六次会议。

2021年10月，抚州市政协召开五届一次会议。

2025年1月，抚州市政协召开五届五次会议。

2016年1月，抚州市政协三届六次会议第1组联组讨论。

2021年2月，抚州市政协四届六次会议第6组联组讨论。

2022年1月，抚州市政协五届二次会议围绕“强力推动民生福祉实现新跨越”开展联组协商。

2025年1月，抚州市政协五届五次会议围绕“深化改革扩大开放”开展联组协商。

2012年9月，抚州市政协召开三届六次常委会会议暨工业经济发展资政会。

2012年10月，抚州市政协就“抚州文史”资料征编选题和古村保护开发进行协商座谈。

2013年9月，抚州市政协围绕“推进抚州新型城镇化快速发展”开展常委会专题协商。

2014年9月，抚州市政协围绕“强力推进我市特色农业产业化升级”开展常委会专题协商。

2015 年 10 月，抚州市政协围绕“适应生态文明新常态，展现绿色崛起新作为”开展常委会专题协商。

2016 年 9 月，抚州市政协围绕“加快发展抚州健康养生养老产业”开展常委会专题协商。

2017 年 2 月，抚州市政协人资环委就“城市规划”进行专题协商。

2017 年 4 月，抚州市政协文史委员会就“文史征编选题”进行专题协商。

2022 年 6 月，抚州市政协围绕“强攻‘一号发展’工程 助推经济加‘数’发展”开展常委会专题协商。

2023 年 7 月，抚州市政协围绕“助推抚州中医药发展”开展常委会专题协商。

2023 年 8 月，抚州市政协就“擦亮环评审批抚务周到品牌”开展月度协商。

2024 年 3 月，抚州市政协农业和农村委在金溪县浒湾镇山下议事厅就《南丰蜜桔保护条例》开展立法协商。

2024 年 6 月，抚州市政协围绕“做大做强产业基础，努力把我市打造成国家级有色金属精深加工产业基地”开展常委会专题协商。

2024 年 8 月，抚州市政协在青创空间中共党员委员工作站举行《抚州市住宅电梯安全管理若干规定（草案）》立法协商会暨专家论证会。

2024 年 9 月，抚州市政协围绕“加强我市农业产业化建设，推进一二三产融合发展”开展常委会专题协商。

2024 年 10 月，抚州市政协提案委组织召开重点提案办理协商座谈会。

2009 年 12 月，抚州市政协召开视察江西台大农业科技园座谈会。

2012 年 11 月，抚州市政协在金溪县视察菌菇生产情况。

2013 年 6 月，抚州市政协人资环委开展“搞好基本农田建设，提升农业综合开发能力”专题视察。

2014年8月，抚州市政协就"加强食品生产加工环节监管，确保食品质量安全"进行视察。

2014年11月，抚州市政协在崇仁县视察社区矫正工作。

2015年1月，抚州市政协视察大唐抚州电厂项目建设。

2015年4月，抚州市政协视察崇仁县基层司法工作。

2015 年 9 月，抚州市政协在东乡县视察城市重点项目建设。

2016 年 8 月，抚州市政协在市广播电视局视察广播电视工作。

2017 年 4 月，抚州市政协在市城市规划展示馆视察历史上的抚州古城。

2017 年 5 月，抚州市政协围绕“乡村休闲旅游”到东乡县进行专题视察。

2019 年 11 月，抚州市政协在广昌县就“食品加工产业发展情况”进行专题视察。

2020 年 8 月，抚州市政协委员视察抚州市云计算大数据产业发展情况。

2023 年 5 月，抚州市政协在东临新区召开抚州高教园区项目建设视察座谈会。

2024 年 11 月，抚州市政协视察黎川县政协肖笑委员工作室及所在企业。

2011 年 11 月，抚州市政协开展“服务幸福抚州建设，促进经济社会发展”专题调研。

2013 年 5 月，抚州市政协开展“加强物业管理，构建和谐社区”专题调研。

2014 年 4 月，抚州市政协陪同全国政协文史和学习委员会到乐安县就“推进城镇化进程中加强古村落保护”进行专题调研。

2016 年 4 月，抚州市政协就“加快构建抚州市城乡一体化公共法律服务体系”进行专题调研。

2018 年 6 月，抚州市政协在东乡区开展“降成本优环境促发展”专题调研。

2019 年 4 月，抚州市政协在南丰县开展“发展全域旅游，助推乡村振兴”专题调研。

2020 年 9 月，省市政协在黎川县就“脱贫攻坚工作”进行专题调研。

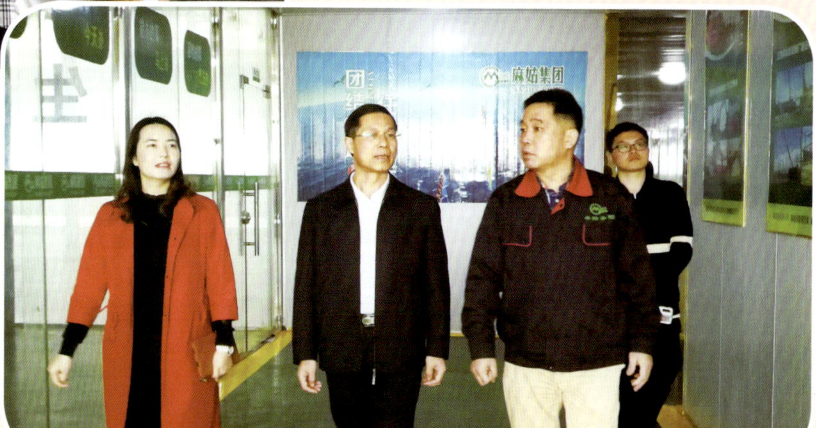

2021 年 4 月，抚州市政协调研南城麻姑集团运营情况。

2022 年 9 月，抚州市政协在市属国有资产投资控股集团有限公司开展“国有企业改革”专题调研。

2023 年 4 月，抚州市政协在南城县调研中医药产业发展情况。

2023 年 8 月，抚州市政协就“民营医疗机构高质量发展”进行专题调研。

2024 年 4 月，抚州市政协就“立足江西特色优势，推动康养产业高质量发展”进行专题调研。

2024 年 7 月，抚州市政协就“灯芯草产业发展”进行专题调研。

2024 年 8 月，抚州市政协在东乡区调研农业产业发展情况。

2024 年 9 月，抚州市政协在市人民检察院调研“刘莹姐姐工作室”开展情况。

2024 年 11 月，抚州市政协调研东临新区重点项目建设情况。

2011年7月，抚州市政协在南城县就“重点领域预防腐败工作情况”召开专题民主监督汇报会。

2012年4月，抚州市政协就“工商流通环节食品安全监管情况”开展民主监督。

2014年3月，抚州市政协就“食品生产加工环节监管情况”进行民主监督。

2014年8月，抚州市政协民主监督组督查县（区）垃圾处理厂设备运行情况。

2014年11月，抚州市政协就“抚河流域水环境保护和治理”召开专题民主监督座谈会。

2014年12月，抚州市政协开展“小街小巷路灯”项目建设情况督查。

2015年9月，抚州市政协召开市人民法院司法公开情况通报会。

2021 年 11 月，抚州市政协在市第一人民医院督导立体停车场项目建设。

2022 年 9 月，抚州市政协召开重点提案办理情况汇报会。

2024 年 5 月，抚州市政协在东乡区就“生活垃圾收集处置”开展民主监督。

2024 年 6 月，抚州市政协在抚州幼儿师范高等专科学校组织开展“高校周边流动摊贩治理”协商式民主监督。

2000年11月，闽浙赣皖四省九地市政协联谊会第十次会议在抚州召开。

2009年11月，河北省政协主席刘德旺率团到抚州市考察。

2013年10月，湖南省政协副主席袁隆平院士视察崇仁县超级水稻示范基地。

2013年11月，抚州市政协与福建省莆田市政协进行书画交流。

2015 年 1 月，抚州市政协书画社与市海西商会联合举办“同铸复兴路共圆中国梦”书画作品展。

2016 年 3 月，江西省赣州市政协来抚州就“城镇化建设与古村落保护情况”进行交流。

2023 年 6 月 29 日，抚州市政协与泉州市政协签订《对口合作框架协议》。

2023 年 9 月，宜春市政协来抚州高新区考察中共党员委员工作站建设情况。

2023 年 12 月，抚州市政协各专委会在崇仁县就履职成果进行展览交流。

2024 年 3 月，抚州市政协到鹰潭市政协学习考察协商民主实践中心建设情况。

2024 年 5 月，抚州市政协赴厦门市政协学习考察政协工作。

2024 年 9 月，江西抚州·河南周口·福建泉州三地政协书画作品联展（抚州展）在市博物馆举行。

2012 年 6 月，抚州市政协召开文史馆成立大会。

2016 年 11 月，四届市政协举办新委员培训班。

2019 年 10 月，抚州市政协举办庆祝中国人民政治协商会议成立 70 周年书画摄影作品展。

2022 年 7 月，抚州市政协在文昌里历史文化街区开展“喜迎二十大，委员看变化”视察活动，并在玉隆万寿宫举办《王安石的“五不”》勤廉文化讲座。

2022年9月，抚州市政协在汤显祖大剧院举行“喜迎二十大，永远跟党走”主题晚会。

2022年11月，省市政协在资溪县联合举行“深化国家生态产品价值实现机制试点”研讨会。

2022年11月，抚州市政协组织开展“委员走进百家民营企业”视察活动。

2023年9月，“文化抚州，梦想之舟”全市政协系统艺术作品展在市博物馆举办。

2023 年 11 月，抚州市政协协助市委、市政府举办 2023 首届中国·抚州生态康养产业大会。

2023 年 12 月，全市政协主席读书会暨“一县一品牌”“一委一特色”和政协工作联络组座谈交流会在崇仁县召开。

2024 年 3 月，抚州市政协班子成员、县（区）政协主席沿着习近平总书记考察江西足迹，在景德镇陶阳里街区学习考察。

2024 年 9 月，抚州市政协承办的“太古遗音”全球百场巡演第 50 场古琴音乐会在汤显祖大剧院举行。

2024 年 9 月，抚州、周口、泉州三地政协庆祝中华人民共和国和人民政协成立 75 周年书画作品联展活动在抚州市博物馆举办。

2024 年 10 月，抚州市政协召开庆祝中国人民政治协商会议成立 75 周年座谈会。

2024 年 10 月，全市政协系统故事汇展演在抚州幼儿师专举行。

2024 年 11 月，抚州市政协理论研究会成立大会召开。

2007 年 2 月，抚州市政协党组书记、主席李品行（左二）走访慰问困难群众。

2014 年 12 月，抚州市政协党组书记、主席谢发明（左二）到崇仁县就“化解中小企业融资困难”开展专题调研。

2019 年 7 月，抚州市政协党组书记、主席黄晓波（前排中）在抚河唱凯堤指导防汛工作。

2024 年 3 月，抚州市政协党组书记、主席贺喜灿（前排右二）调研督导东临新区挂点项目。

2024年11月，抚州市委常委、统战部部长、市政协党组副书记郭新春（前排左二）在崇仁县督导安全生产、信访维稳和基层统战等工作。

2024年9月，抚州市政协党组副书记、副主席谭小平（左三）在黎川县调研指导“刘莹姐姐工作室”品牌推广运用情况。

2023年3月，抚州市政协副主席、民革市委会主委刘忠华（右四）在轻纺城社区督导“创文巩卫”工作。

2023年9月，抚州市政协副主席、市工商联主席戴晓文（右三）在市中医院督导项目建设工作。

2024年8月，抚州市政协党组成员、副主席曾月兴（右排第三）在东乡区宣讲党的二十届三中全会精神。

2024 年 11 月，抚州市政协党组成员、副主席伍旭鸿（左五）在高新区新能源汽车产业园督导安全生产工作。

2024 年 2 月，抚州市政协副主席、九三学社市委会主委唐永文（左一）在崇仁县开展消防安全督导。

2022 年 7 月，抚州市政协副主席、民建市委会主委刘胜（右二）在市中心城区对食品安全进行督查。

2024 年 10 月，抚州市政协副主席、农工党市委会主委王彬（中）在金溪县开展巡林工作。

2023 年 10 月，抚州市政协党组成员、秘书长颜建平（左一）在乡村振兴帮扶点浒湾镇山下村察看设施蔬菜建设情况。

2006年5月，抚州市政协组织金柏(香港)实业有限公司开展为小学生献爱心活动。

2010年6月，抚州市政协机关干部在临川区唱凯堤参加抗洪抢险。

2011年11月，抚州市政协与民盟市委会开展捐资助学、送教下乡活动。

2013年2月，抚州市政协开展“送医送药送科技进社区”活动。

2014 年 7 月，抚州市政协组织界别委员在社区开展“创文明、惠民生”红歌联唱活动。

2014 年 11 月，抚州市政协共青团和青联界别委员开展 2014“暖冬东乡行”。

2018 年 4 月，抚州市政协机关干部在五皇殿社区参加“四城同创”全民清扫活动。

2020 年 12 月，抚州市政协青联界别到金溪县敬老院开展“情系群众送温暖，凝聚共识促党建”主题活动。

2021 年 1 月，抚州市政协文史委与民建市委会开展送农业科技“三下乡”活动。

2023 年 1 月，抚州市政协驻金溪县浒湾镇山下村工作队为脱贫户及监测户发放春节慰问金及物资。

2024 年 4 月，抚州市政协开展“政协委员与大学生面对面——听委员创业故事，悟未来职业规划”助大学生就业活动。

2024 年 6 月，抚州市政协农业和农村委联合市农科所在金溪县浒湾镇山下村开展设施蔬菜种植技术培训。

2012年5月，抚州市政协主要领导为机关工作人员上廉政党课。

2014年7月，抚州市政协机关举行第二十七次“道德讲堂”活动。

2015年5月，抚州市政协党组召开“三严三实”专题教育动员部署会暨专题党课。

2015 年 7 月，抚州市政协机关开展“把纪律挺在前面”专题教育。

2016 年 7 月，抚州市政协机关举办“不忘初心，永跟党走”演讲比赛。

2019 年 11 月，抚州市政协举办“不忘初心、牢记使命”专题党课报告会。

2021 年 5 月，抚州市政协在宜黄县开展“学党史、悟思想、办实事、开新局”主题学习教育。

2022 年 7 月，抚州市政协在浙江大学举办“工业创新发展”委员履职培训班。

2023 年 2 月，抚州市政协机关与黎川县政协机关联合开展“党建引领，工作提质”主题党日共建活动。

2023 年 7 月，抚州市政协机关党组召开"九查九改"干部作风整顿活动动员会。

2024 年 2 月，抚州市政协机关党组召开学习贯彻习近平新时代中国特色社会主义思想主题教育专题民主生活会。

2024 年 3 月，抚州市政协机关与宜黄县政协机关联合开展"笃行实干勇担当，大抓落实促履职"主题党日活动。

前　言

盛世修志，既服务当代，又垂鉴未来。

值此全市政协系统深入贯彻落实中共二十届三中全会精神和习近平总书记考察江西重要讲话精神、习近平总书记在庆祝中国人民政治协商会议成立75周年大会上的重要讲话精神，奋力推进抚州高质量发展之际，《抚州市政协志》（1985—2025）付梓成书，这是抚州政协历史上的一件大事，也是我市推进社会主义协商民主进程的一件喜事。

抚州政协组织于1985年6月成立，迄今已走过了40年的光辉历程，在社会主义民主政治建设抚州实践中写下了浓墨重彩的壮丽篇章。40年来，特别是2000年10月政协抚州市第一届委员会诞生后，在中共抚州市委的坚强领导下，在抚州市政府的大力支持下，历届市政协始终高举爱国主义和社会主义伟大旗帜，坚持以马克思列宁主义、毛泽东思想、邓小平理论、“三个代表”重要思想、科学发展观、习近平新时代中国特色社会主义思想为指导，牢牢把握团结和民主两大主题，充分发挥专门协商机构作用，认真履行政治协商、民主监督、参政议政职能，加强思想引领，积极建言资政，广泛凝聚共识，为推动抚州经济社会发展、民主政治建设、民生事业改善发挥了重要作用。

为了全面总结40年来抚州政协人薪火相传、接续奋斗的履职历程，五届市政协本着对历史负责的担当，主动作为，成立工作专班，用了近三年的时间，广泛收集、整理资料，精心编纂完成《抚州市政协志》（1985—2025）一书。本书作为抚州第一部综合性著述政协历史的专志，以翔实的史料、严谨的结构、朴实的文字，客观全面地记述了抚州政协40年来的发展变化，如实记载了40年政协的组织机构、主要工作情况和履行职能的亮点特色，同时各县（区）政协、各民主党派市委会（工委）、市工商联和市党外知联会的工作亮点与经验亦在此汇聚，真实再现了抚州政协事业与时俱进的壮阔全景。愿此志成为政协同仁推进协商民主实践之参考、社会各界了解政协之窗口，为加快抚州民主政治建设进程、发展全过程人民民主发挥积极作用。

以史为鉴知兴替，继往开来启新程。面对新时代、新任务、新要求，我们要始终坚持以习近平新时代中国特色社会主义思想为指导，全面贯彻习近平总书记关于加强和改进人民政协工作的重要思想和习近平总书记考察江西重要讲话精神，在中共抚州市委的正确领导下，坚持政治引领，勇挑时代重任，积极履职尽责，展现政协担当，为奋力谱写中国式现代化抚州篇章作出新的更大贡献。

《抚州市政协志》编纂委员会

二〇二五年一月

凡　例

一、指导思想：以马克思列宁主义、毛泽东思想、邓小平理论、“三个代表”重要思想、科学发展观、习近平新时代中国特色社会主义思想为指导，以《中国人民政协商会议章程》为遵循，实事求是地记述抚州市（地区）政协机构及工作发展的历史与现状，力求思想性、科学性、史料性相统一。

二、时限：上起 1985 年 6 月政协抚州地区联络处设立，下迄 2025 年 1 月政协抚州市第五届委员会第五次会议。

三、体裁：述、记、志、图、表、录等体裁并用，以文字记述为主，辅以照片、图表。志文依章、节、目层次展开，横排门类，纵述史实。志首冠概述、大事记，章、节下设无标题导语。大事记采用编年体和记事本末体相结合的记法，依年月日排列，日期不详列月末，月期不详列年末。附录文件为原文照录。

四、行文：采用语体文、记述体和第三人称记叙，遵守现代汉语规范，文字表述力求准确、简洁、朴实、流畅。

五、纪年：采用公元纪年。时间段之间用“—”连接。

六、称谓：机构、职务、地名等均按当时称谓记述，机构第一次出现时用全称，再次出现时用简称。人物直呼其名和职务。

七、江西省简称“全省、省内”；中国人民政治协商会议江西省委员会简称“省政协”；抚州地区或抚州市简称“地区、市或全区、全市”；中共抚州地区委员会简称“地委”；抚州地区行政公署简称“行署”；中国共产党抚州市委员会简称“市委”；抚州市人民政府简称“市政府”；中国人民政治协商会议江西省委员会抚州地区联络处简称“政协抚州地区联络处或政协地区联络处”；中国人民政治协商会议江西省委员会抚州地区政协工作委员会简称“政协抚州地区工委或政协地区工委”；中国人民政治协商会议江西省抚州市委员会简称“政协抚州市委员会、抚州市政协或市政协”；市政协提案委员会简称“市政协提案委”或“提案委”等。

八、数字：以国家质量监督检验检疫总局、国家标准化管理委员会2011年7月29日发布的《出版物上数字用法》为准。

九、文字、标点：按国家公布的《通用规范汉字表》和《标点符号用法》书写、标点。

十、图表：不设备注栏，说明文字列于表体之下。

十一、人物：本着生不立传原则，政协抚州地区联络处、政协抚州地区工委主任（党组书记）、副主任（党组副书记）及秘书长，抚州市政协主席（党组书记）、副主席（党组副书记）及秘书长以简介记之，排名先按职务高低，同一职务再按任职时间先后排列。历届抚州市政协常委和住抚全国政协、省政协委员以名录记之，排名先按界别，后按当时文件排位排列。历年受表彰的先进单位、先进个人列表记录，排名以授奖时间先后排列。人物职务在同一章节中只出现一次，再次出现则略去。

十二、资料：主要来源于抚州市政协及各县（区）政协，市各民主党派、工商联、党外知联会，市档案馆和市地方志、年鉴、组织史，以及新闻网站、报刊、书籍、个人回忆、口碑等，引证资料一般不注明出处。

目 录

概　述

一

抚州市位于江西省的东部，亦称赣东，辖临川、东乡2区，南城、南丰、崇仁、乐安、金溪、黎川、宜黄、资溪、广昌9县，以及抚州国家级高新技术开发区、东临新区2个重点功能区，总面积1.88万平方公里。抚州具有悠久的历史和灿烂的文明。早在新石器时代晚期，域内即有人类聚居。西汉高祖五年(公元前202年)建南城县，三国吴太平二年(公元257年)设临川郡，隋开皇九年(公元589年)废郡立州称抚州。其后朝代更替，建置与区划屡有变化。新中国成立后，一度设专区、地区。2000年10月，抚州撤地设市。2024年，全市常住人口353.48万人，国民生产总值2173.08亿元。

抚州是赣东平原上一颗璀璨的明珠。是“才子之乡、文化之邦”。历史上涌现了一大批名儒巨公，如锐意改革的北宋政治家、思想家王安石，大散文家曾巩，词坛巨擘晏殊、晏几道，“百世大儒”陆九渊，明代戏剧家、思想家、文学家汤显祖等，是一座国家历史文化名城；基础教育闻名全国，连续十多年高考一本、二本上线率居全省前列，录取清华、北大学生占全省1/4以上。是“赣抚粮仓、生态绿都”。作为国家区域性商品粮基地，每年生产粮食50多亿斤，输出商品粮20多亿斤；全市现有地理标志农产品31个，居全省第一；全市现有国家5A级旅游景区1个(资溪大觉山)，国家级、省级自然保护区7个，国家级、省级森林公园12个；森林覆盖率达67.2%，市城区空气质量全年保持在二级以上。拥有全国“50强氧吧城市”、国家园林城市、国家生态产品价值实现机制试点市、国家级全域森林康养试点建设市等多个国家级城市荣誉。是“省会后院、红色故地”。自古“襟领江湖、控带闽粤”，是离省会南昌最近的设区市，是南昌都市圈两大支撑之一，同属鄱阳湖生态经济区、海西经济区、原中央苏区振兴发展战略区、长江中游城市群、江西生态文明试验区、江西内陆开放型经济试验区六个国家级区域发展平台；第二次国内革命战争时期，抚州是中国工农红军第四次、第五次反“围剿”斗争主战场，毛泽东、周恩来、朱德、邓小平等老一辈革命家曾多次在这里领导和指挥武装斗争，留下了光辉的革命足迹。是“产业新区、活力新城”。全市有抚州国家级高新技术开发区、东临新区和11个工业园区，大力发展新能源汽车和先进制造业、材料产业、医药和食品产业、数智文化和旅游产业、特色农业和深加工产业等五大产业，加快培育发展新质生产力，着力构建具有抚州特色优势的现代化产业体系。

二

中国人民政治协商会议是中国人民爱国统一战线的组织，是中国共产党领导的多党合作和政治协商的重要机构，是我国政治生活中发扬社会主义民主、实践全过程人民民主的重要形式，是社会主义协商民主的重要渠道和专门协商机构，是国家治理体系的重要组成部分，是具有中国特色的制度安排。新中国成立后，抚州地区的领导机构为地委和行署，均为省委和省政府派出机构。地区一级未设立政协组织，所辖县（市）政协机构及工作由地委统战部门分管。1985年6月，成立政协抚州地区联络处。1995年8月，改为政协抚州地区工作委员会。2000年10月，正式成立政协抚州市委员会。抚州政协组织自成立至今，历经近40年，始终高举爱国主义和社会主义旗帜，牢牢把握团结和民主两大主题，努力巩固和发展最广泛的爱国统一战线，紧紧围绕地（市）委、行署（市政府）的中心工作，积极动员、组织和团结各参加单位及全体委员，认真履行政治协商、民主监督、参政议政职能，深入协商议政，积极建言献策，广泛凝聚共识，为抚州的改革发展和现代化建设作出了积极贡献。

抚州政协组织和工作从1985年6月至2025年1月共经历三个时期：

（一）第一个时期，1985年6月至1995年7月。1985年6月20日，根据政协江西省第五届常务委员会第十二次会议决定，成立中国人民政治协商会议江西省委员会抚州地区联络处。联络处为省政协派出工作机构，未定级格，在地委领导下开展工作，业务上受省政协指导。1988年6月，经中共江西省委研究决定，政协抚州地区联络处升格为地级机构。1990年3月，成立中共政协抚州地区联络处党组，党组书记由联络处主任兼任。这一时期的主要工作：一是健全机构和充实人员。1987年7月，设立政协抚州地区联络处办公室，为政协抚州地区联络处办事机构，级格为科级。1988年6月，随着政协抚州地区联络处升格为地级机构，下设的办公室升格为正处级。1989年6月，办公室设宣传文史科、咨询联络科。1990年10月，宣传文史科更名为秘书科，咨询联络科更名为联络科。1991年6月增设文史科。至1995年7月，人员逐渐增至7人。二是加强对县（市）政协工作的指导。每年召开全区政协工作会议，总结和部署工作；及时发现典型，认真总结和推广经验；经常到县（市）政协，具体指导和督促有关工作等。三是组织调研视察活动。其间，共组织在抚省政协委员到有关县（市）、地直部门、企业、农村等视察7次，就全区企业的深化改革与扩大开放、发展个体私营经济、实施“科教兴区”战略、反腐倡廉、农民负担和房改等问题进行调研并提出意见和建议，引起地委、行署领导重视，推动有关问题得到较好解决。四是开展友好交流联谊活动。自1990年开始，陆续与福建省南平市，浙江省衢州市、金华市、丽水市，安徽省黄山市，江西省鹰潭市、上饶市、景德镇市的四省九地（市）政协建立联谊会；与福建省龙岩市政协开展经济协作和文史资料交流；与新疆、内蒙古、黑龙江、江苏、贵州、云南等13个省（区）的25个地（市）建立横向联系。同时，多次组织政协机关干部和住抚省政协委员，赴省内外学习考察，开展友好交流活动，开阔眼界，提高履职水平。五是做好接待服务工作。接待省政协和有关部门的调研组、视察组，积极协助其做好调研和视察工作，搞好服务。六是参与地委行署中心工作。尤其在挂点扶贫工作中取得较好成绩。

（二）第二个时期，1995年8月至2000年9月。1995年8月，政协江西省委员会抚州地区联络处改为政协江西省委员会抚州地区工作委员会，设主任、副主任和秘书长。建立由工委主任、副主任和秘书长组成的主任办公会议制度，集体履行工作职责。1996 年 10 月，办公室的内设机构联络科改为“信息调研科”，文史科改为“宣传文史科”。这一时期的工作，根据政协抚州地区工委的职能，首先是继续加强对县（市）政协工作的指导。通过召开会议、制定目标、总结经验、适时指导等方法，对全区政协工作进行有效指导。每年除召开全区政协工作会议外，还要召开4次县（市）政协主席会，一方面，就有关政协工作中的问题进行研讨；另一方面，总结、交流和推广全区政协“履行职能‘两化’建设”“三胞联谊”“招商引资”“对口联系”“咨询服务”“调查研究”“社情民意”“目标管理”“机关建设”“宣传报道”等经验。制定《全区政协工作目标管理和考评方案》，将政协工作考评内容分为履行职能、调查研究、学习宣传、机关建设四大块和 31 个项目量化，年终进行考核评比，促使全区政协工作水平有新提高。其次是围绕全区经济发展出谋献策。先后组织住抚省政协委员就发展乡镇企业和“三高”农业、水利建设、抚州电厂立项以及“菜篮子”工程建设等问题进行专题调查和视察，得到地委和行署高度重视，特别是《建议省政府早作决策，将廖坊水利枢纽列为我省大江大河治理优先安排项目》建议案，得到水利部和省政府的肯定和大力支持，加快该项工程实施。建议省政府尽快立项建设临瑞一级公路的提案，得到省计委和省交通厅的重视和支持，并于 1998 年开工建设。其三是积极做好反映社情民意工作。政协抚州地区工委创办《社情民意》内部刊物，收集各县（市）社情民意共480条，编印《社情民意》11期，一些具有重要价值的信息引起党政领导高度重视，并为地委、行署参考决策起到重要作用。其四是积极参与党委政府中心工作。1997 年，地委、行署确定为民办“十件实事”，其中 6 件就由政协地区工委领导分管或协管。工委领导尽职尽责，圆满完成任务，其中村村通广播这项工作受到省有关部门好评，并于当年在抚州召开全省农村广播电视现场会。

（三）第三个时期，2000 年 10 月至 2025 年 1 月。2000 年 7 月，抚州地委向省委呈报《关于筹备召开中国人民政治协商会议抚州市第一届委员会第一次会议的请示》，8 月 1 日，省委常委会研究同意《关于筹备召开中国人民政治协商会议抚州市第一届委员会第一次会议的请示》，同时下达抚州撤地设市问题纪要。2000 年 10 月，抚州撤地设市，并召开政协抚州市第一届委员会全体会议，第一届委员会有 222 名委员、30 名常务委员，设立 26 个界别。常务委员会由主席、副主席、秘书长和常务委员组成，常务委员会主持政协日常工作。工作机构设立办公室和 7 个专门委员会。至 2025 年 1 月，市政协历经五届，其间共召开全体委员会议 31 次、常务委员会会议 129 次、党组（主席）会议 208 次。工作机构及名称几经变更，至 2025 年 1 月，市政协共设有办公室以及提案委员会、文化文史和学习委员会、经济委员会、人口资源和环境委员会、教科卫体委员会、社会和法制委员会、港澳台侨和外事委员会、农业和农村委员会、民族和宗教委员会 9 个专门委员会。办公室内设人事秘书科、宣传调研科、委员联络科、市地方政协工作研究中心；各专委会内设办公室。市政协机关核定编制 41 个，其中行政编制 30 个、事业编制 7 个、工勤编制 4 个，实有干部职工 47 人。

三

2000 年 10 月，政协抚州市第一届委员会产生，标志着抚州市民主政治建设进入新发展阶段。同时，也揭开了抚州市政协工作新篇章。历届市政协在市委领导和市政府支持下，进一步团结各界别和全体委员，密切联系各界人士，认真履行政治协商、民主监督、参政议政职能，在更广阔的舞台上履职尽责、担当作为，为抚州经济发展和社会进步作出不懈努力。

（一）政治协商有序推进 全体委员会是政协履行政治协商职能的重要形式。市政协注重发挥全体委员会议协商功能，每年召开全体会议，组织委员以分组讨论、撰写提案、反映社情民意、大会发言等形式，围绕市政府年度工作报告、规划纲要以及全市政治、经济、文化和社会生活中的热点、难点问题，向市委、市政府提出建设性意见。一至五届历次全体会议期间，共向市委、市政府提出建设性意见5600多条，组织委员大会发言20余次，提交发言材料242篇，200多位委员作大会发言。关于重振"建昌帮"药业、加快农业机械化升级推动乡村振兴、提升工业"智"造水平、千金陂申遗、加大戏曲传承与发展，助力唱响"文化抚州　梦想之舟"品牌等一批大会发言，思考深入，见解独到，对党政科学决策、部门改进工作起到积极推动作用。2021年10月至2025年1月，市政协五届一次会议至五次会议期间，委员们均分组讨论政府工作报告，聚焦市委、市政府决策部署，分多个专题进行联组协商议政。委员们围绕抚州经济社会发展中重大问题、事关国计民生的热点问题，敞开心扉畅所欲言，积极建言献策。

市政协常委会把专题协商作为履职的重要途径。按照"少而精"并"有所创新"的原则，抓住事关抚州发展大局的重大问题，坚持每年选择2至3个课题，作为常委会协商议题。为使协商取得效果，常委会把调查研究作为协商的重要环节，实行一位责任领导、一套调研方案、一支调研队伍、一个责任专委会的"四个一"责任机制，在深入调研的基础上，形成有情况、有分析、有对策的高质量调研报告。在常委会专题协商中，邀请市党政领导及有关部门负责人听取专题发言和协商讨论意见，市政协主席会议再以建议案的形式，将专题协商的主要意见和建议报送市委、市政府，使专题协商意见进入党政决策。由于常委会专题协商选题准确，调研深入，分析透彻，建议可行，协商成果得到充分运用。市委、市政府根据政协的意见和建议，相继出台《关于加快发展抚州职业技术教育的具体措施》《关于加快发展我市农业产业化龙头企业的意见》《关于加快工业园区建设与管理的意见》等文件，《关于我市建设向莆铁路经济带的调研报告》《关于加快推进抚州新型城镇化快速发展的调查报告》《关于我市实施创新驱动发展战略的调研报告》等一批专题协商调研报告以政府文件的形式转发至全市贯彻落实。2022年，市政协把"推进营商环境改革 构筑一流服务环境"作为重点协商课题，成立调研组全面走访调查。同时融汇市营商环境"一号改革工程"推进专班、市政协委员走进百家民营企业、各民主党派专项民主监督活动等工作成果，形成《对标"大湾区"，筑好"栖凤巢"——推进"一号改革工程"打造一流营商环境的调研报告》。召开常委会会议专题协商营商环境"一号改革工程"，与会市政协常委和市发展改革委、市工商联等部门负责人面对面进行协商沟通，形成共识，提出高质量意见建议。

市政协不断健全和创新民主协商机制。从2015年开始，以市委办、市政府办、市政协办联合发文的形式，向全市印发市政协年度协商工作计划，增强协商的计划性和系统性。下发《中共抚州市委关于加强人民政协协商民主建设促进政协事业发展的意见》，对政协协商的内容、形式、程序、保障等作出具体规定，协商民主制度化、规范化、程序化水平得到进一步提高。同时，积极创新协商方式，把专题议政与资政会有机结合，拓展专题议政的深度和广度。根据协商内容、对象的不同，坚持开展会议协商、提案办理协商、对口协商、界别协商，增加协商密度，提高协商成效。2022年初，把"推动数字经济'一号工程'建设"作为常委会专题协商课题，组成专题调研组深入高新区和11个县（区）调研，形成《强攻"一号发展"工程，助推经济加"数"发展——我市数字经济发展情况的调查报告》，创新性提出16条切实可行的意见建议。市政协五届四次常委会专题协商数字经济发展。会上通报《抚州市推进数字经济发展情况》，对数字经济发展情况调查报告作说明，与会市政协常委和市工信局、市发展改革委等部门负责人面对面协商交流，为抚州市数字经济发展提出具有前瞻性和可操作性的意见建议。市政府充分吸纳政协建议，研究制定《抚州市推进数字经济发展的实施意见》。2023年，抚州市政协创新开展"月度协商会"，着力丰富协商形式、优化协商程序、提高协商能力。为使"月度协商会"规范化制度化常态化，出台《政协抚州市委员会月度协商会实施办法（试行）》。从基本原则、协商内容、时间安排、组织实施四个方面做出规定，进一步丰富协商形式，形成年度协商与月度协商相贯通、专题协商与常委会协商相结合的协商议政新格局，推进协商民主广泛多层制度化发展。2024年，市政协联合高新区政协联络组高标准打造中共党员委员工作站，开展"政企夜话"沙龙活动。分别在挂点社区、乡村振兴帮扶点、高新区孵化园，创新打造"荆公协商吧""山下议事厅""法治服务中心"，推动民主协商向基层延伸，开展矛盾纠纷调处、民生实事办理、社会综合治理、行政复议法治大讲堂等协商活动30余场，解决群众急难愁盼问题40余个，为1500余家企业提供3900多次精准对接服务。

（二）民主监督有力有为　市政协坚持寓民主监督于参政议政之中，使政协各项工作都体现民主监督内容，同时积极探索多途径开展民主监督。

组织视察开展民主监督。视察是政协委员行使民主权利、开展民主监督的主要形式。一至五届市政协会议期间，市政协组织委员先后就改革发展、经济建设、法制建设、教育文化、民族宗教、社会民生等领域的130多个专题进行视察，并形成视察报告，报告中的意见和建议对促进地方和部门工作发挥了重要作用。视察一般由市政协领导带队，专委会具体组织。在视察队伍组织上做到相近专业委员和部门专家相结合，突出人员队伍专业性；在视察形式上做到现场察看与座谈讨论相结合，增强民主监督针对性。2005年10月，市政协组成7个视察小组，对全市28个重点建设项目实施和进展情况进行专题视察并形成视察报告，报告从拓宽筹资渠道、加强项目协调、实行分类指导等方面提出建议，市政府主要领导召开多个重点项目建设现场会，加大协调督促力度，加快重点工程建设速度。市政协还将视察和通报活动有机结合，一至五届市政协会议期间，市政协商请相关部门召开情况通报会100余次，使委员更好地知情问政，提高专题视察实效。2023年，市政协着眼唱响"周密周全、说到做到"的"抚务周到"营商环境品牌，就"全市环评审批'抚务周到'"课题开展专题视察，重点围绕破解影响环评审批堵点的精准建言，提出增强建设单位环评意识和加大宣传、注重环评机构管理、健全环评法律机制、发挥公众主体作用、提升环评审批效率、把控污染物总量指标六个方面11条具体建议，形成《擦亮环评审批"抚务周到"品牌》报告，被市委主要领导作出肯定性批示，转至相关部门抓好落实。2024年，围绕"促进'刘莹姐姐工作室'品牌推广运用"课题，深入乐安县、宜黄县、黎川县等地开展协商式民主监督性视察活动，详细了解"刘莹姐姐工作室"品牌推广运用以及社区、学校站点建设等情况，提出意见和建议。相关责任单位逐项研究采纳并积极整改。

探索民主监督新途径。市政协在积极运用专题视察开展民主监督的同时，不断探索民主监督新途径，开辟民主监督新渠道。2004年，开始运用民主评议方式开展民主监督。围绕人民群众反映比较强烈的"医药费过高，老百姓看病难"问题，对市卫生局及相关部门工作开展民主评议，促使市政府纠风办等五家单位联合进行专项整治，促进卫生和医疗部门行风转变。市政协出台《民主评议提案办理工作办法》，对市有关单位提案办理工作进行民主评议，提高提案办理实效。2008年，市政协首次运用咨政建言形式开展民主监督。市政协就"火车站新区规划与建设”“赣东大桥及南北延伸段规划与建设”举办两场咨政建言会，提出60多条具有建设性和可操作性建议，市规划部门和项目单位吸纳有关建议，使向莆铁路抚州客运站站前新区控规顺利通过评审，赣东大桥规划与设计得到进一步完善。2010年后，市政协把一些关系国计民生重点课题，提升到主席会议层面开展视察，先后就市中心城区重点项目建设、抚河唱凯堤和中洲堤除险加固工程等开展10多次主席会议视察。2011年，市政协就贯彻落实市委《关于进一步加强几个重点领域预防腐败工作的意见》情况开展专题民主监督，这是将党委的纪律监督与人民政协的民主监督有机结合的一个创新举措，对助推全市反腐倡廉工作起到积极作用。2012年后，市政协开始探索开展特约民主监督，先后向市有关部门委派或抽调45名特约监督员、审计员、督导员，参与党政部门组织的有关专项检查，应邀参加民主评议行风、政务环境测评、城市规划听证会、价格调整听证会等；向执纪执法和窗口服务单位派遣65名行风政风评议员，参与民主测评；多次组织委员旁听法院庭审，把民主监督的触角延伸到社会的方方面面，促进全市政风行风和部门作风的转变。2019年，围绕“加快旅游产业发展”“加强住宅小区建设管理”两个课题，采取“互联网+协商议政”方式，通过网站收集意见建议2200余条，并组织市政协委员、职能部门负责人、网民代表220余人参与电视访谈讨论，拓展协商渠道，推进“线上协商”。这种以政协出题、委员参与、部门解答、网民监督的方式，打通了广开言路、广纳群言“最后一公里”，收到良好协商议政效果。2024年，市政协组织部分委员赴钟岭水厂、市汝水生态水厂等水源地保护区开展中心城区饮用水水源地保护协商式监督，详细了解水源地供水覆盖范围、环境保护及水质监测等工作开展情况。通过面对面协商，对如何加强供水保障和水源地保护工作、消除水源地安全隐患等问题积极建言献策。

（三）参政议政卓有成效 市政协牢固树立精品意识、实效意识，充分运用调研、提案、反映社情民意等方式参政议政，为抚州经济社会发展倾心建言，踊跃献策并取得丰硕成果。

运用专题调研参政议政。专题调研是政协参政议政、建言献策的基础，也是各专委会履行职能的基础性工作。市政协注重发挥专委会“专家、专业、专长”优势，把深化专题调研作为工作主攻方向，通过精心组织，深入调研，寻求佳策，走出一条“联合、协力、广纳”的“开放式调研”路子，使专委会成为政协参政议政的“点子库”和“策与论”的加工厂。一至五届市政协会议期间，共开展专题调研300多次，上报市委、市政府专题报告292份，为党政决策提供重要参考和依据。各专委会专题调研的主要特点，首先是整合资源，优化队伍。在一些大型调研活动中，由相关专委会牵头，精心挑选熟悉调研课题的委员、专家学者及相关部门领导参加，组成精干的调研队伍，同时采取纵向与横向的联系与协作，整合政协智力，充分发挥委员的主体作用、专委会的基础作用和各民主党派、工商联、政协界别的独特作用以及县（区）政协的联动作用，优化调研队伍，形成工作合力。其次是调研深透，力求精品。牢固树立“调研为决策”“调研出精品”的质量意识，下到基层既听党政情况通报，又倾听群众呼声，既了解面上情况，又解剖点上“麻雀”，既把握本地情况，又学习了解外地经验。通过理性分析、反复讨论，形成内容翔实、论证充分、观点鲜明的调研报告，取得市委、市政府的认同和采纳。再次是转化成果，力求实效。对涉及重大问题的调研报告，提交市政协主席会议或常委会会议审议，形成建议案报送市委、市政府；对一些反映社情民意的调研成果，则转化为提案、社情民意，送交有关部门办理；对一些难度较大的重要课题锲而不舍，跟踪调研，抓好落实。如对临川文化遗存调研历时半年，达到“摸清家底、擦亮品牌、服务经济”目标，其建议被充分吸纳到临川文化总体规划中。对农民工进城务工环境、农村医疗现状等开展一系列调研视察，对社会养老保险及相关问题连续四年进行跟踪调研，引起市政府主要领导高度重视，推动这些事关群众切身利益问题得到较好解决。2023 年，为策应打好工业创新强攻战决策部署，进一步推进经济高质量发展，市政协组成专题调研组，就抚州市“专精特新”企业发展情况开展专题调研，并形成《锚定目标，坚定信心，努力锻造我市经济高质量发展强引擎——关于我市“专精特新”企业发展的调查报告》报送给市委、市政府作决策参考。2024 年，市政协就“做大做强产业基础，努力把我市打造成国家级有色金属精深加工产业基地”进行专题调研。调研组先后深入高新区和 8 个县(区)，就全市有色金属产业发展进行深入调研，走访企业 32 家，召开座谈会 16 次、专题研讨会 4 次，广泛听取意见，经常委会审议通过，形成《关于我市有色金属精深加工产业发展的调研报告》。报告得到市委、市政府高度重视，相关建议被吸纳到市政府印发的《关于金融支持有色金属精深加工产业发展的若干措施》文件中。

运用提案方式参政议政。市政协委员和参加政协的各党派、各人民团体以及政协各专门委员会，紧紧围绕全市经济社会发展和民生实事，积极运用提案的方式建言资政，充分履行参政议政职能。2001 年 3 月，市政协一届二次会议通过《中国人民政治协商会议抚州市委员会提案工作条例》并开始征集提案。至 2024 年，市政协在提案的征集、审查、立案、交办、督办等方面做了大量工作，提案中多数意见和建议，得到市委、市政府及有关部门重视和采纳，一批提案变成现实，为促进抚州社会经济发展作出重要贡献。市政协确定“两手抓”工作思路。一手抓征集。通过严格立案审查、举办提案培训班、编辑《提案调研提纲》、在媒体公开征集、开展优秀提案评比活动，引导委员围绕中心选题，提高委员撰写提案质量和以提案参政议政的积极性。一至五届市政协会议期间，共收到提案 5124 件，立案 4943 件，参与提出提案的委员 6285 人次。2004 年，市政协一届六次会议期间，收到提案 175 件，首次实现“委员人均一件提案”的目标。2004 年，市政协开展优秀提案评选表彰活动，至 2024 年，共评选表彰优秀提案 451 件。2019 年，开展自市政协成立以来产生重要影响的优秀提案评选工作，共评选出 20 件产生重要影响的提案进行表彰。一手抓办理。市政协从最初的对提案收、转、存一般性服务逐步转变为对提案收、转、办全过程主动性服务。通过同类提案集中办理、民主评议办理、会中办案、现场办案、二次办理、对“B 类”提案回头看等方式，积极开展常态化提案办理协商。通过“市长领办”“主席督办”“联合督办”“跟踪督办”“网络督办”等方式，加大对重点提案的督办落实，促使提案办理取得实效。2010 年，市政协与市政府联合开展提案“落实年”活动；2015 年，市政协将提案办理纳入常委会专题协商；2019 年，市政协将提案办理工作纳入《抚州市督促检查考核工作计划》；2021 年，市政协总结《用好“四步法”，着力打造协商为民提案履职品牌》经验材料报送省政协，进一步推动提案办理工作。市政协一至五届会议期间，提案办复率达到 100%，落实率达到 38.42%，委员满意率和基本满意率达到 98% 以上。尤其是 2017 年至 2021 年，提案的落实率达到 50% 以上，提案发挥越来越积极的作用。2023 年，市政协卓有成效地开展“模拟提案”、重点提案集中办理协商月、提案办理协商社区圆桌会等系列活动，推动一大批提案意见建议纳入党政决策程序，转化为推动抚州经济社会发展、部门工作改进的具体政策举措，提案工作在全省乃至全国范围内形成了较大影响力。“模拟政协提案”工作模式入选团中央首批“十大创新案例”。2024 年，市政协认真落实市委、市政府、市政协领导班子成员全员领办督办重点提案工作制度，提案办理满意率达 100%。持续深化“模拟政协提案”工作，大力推进“模拟政协提案”走进学校和社区，推动提案协商民主多层次、多领域开展。省政协提案委和江西开放大学多次来抚调研视察，拟共同将“模拟政协提案”特色品牌在全省推广，努力使之成为江西在全国政协和开放大学系统的特色亮点工作。

通过反映社情民意参政议政。市政协把了解和反映社情民意作为听民声、传民意、聚民智重要载体，作为履行职能、为民办实事重要途径和关键环节，加大领导力度，做到常研究、勤部署、抓问效。逐步建立起反映社情民意队伍网络，先后在委员所在企业或单位设立19个社情民意联系点，聘请38名特约信息员，搭建政协委员与广大群众沟通平台。健全以会代训、专刊反映、落实责任、表彰奖励工作运行机制和规范编报、及时反馈信息传递机制，注重从调研视察、委员发言和提案中提炼精品和特色信息，把反映社情民意工作贯穿于政协履职全过程。2000年至2024年，共收集整理社情民意2641条，编辑《社情民意》刊物615期，通过政协《社情民意》刊物向市委、市政府报送554期（条），其中337期（条）得到市委、市政府领导的批示及有关部门的落实。向省政协报送并得到采用258条。如《关于农家书屋与公共图书馆融合发展的建议》《关于加强新农村建设后期管护的建议》，引起全国政协和省委的重视关注；《关于激活文昌里旅游市场的建议》《尽快解决城区群众和学生乘公交车难的问题》《关于“疫情”下企业复工复产的问题和建议》等重要社情民意引起市党政领导和有关部门的高度重视，使问题及时得到解决，为党和政府倾听群众呼声、了解群众情绪、体察群众疾苦，起到桥梁纽带作用。2023年，抚州市政协向省政协反映社情民意信息346条，其中转报全国政协71条。《基层医院医保定额存在六大困惑》《加强农村青年党员发展、培养和使用的建议》等被全国政协采用。2024年，坚持把反映社情民意信息作为一项经常性、基础性工作抓紧抓实，制定《关于进一步做好反映社情民意信息工作的实施办法（试行）》，推动信息工作从“数量求胜”向“质量取胜”转变。全年累计报送社情民意信息共计300余篇，其中转报全国政协、省委63篇，《食品安全监管执法领域存在“四难”问题亟待破解》《警惕中职教育“去农化”》等7篇信息被全国政协或省委采用。

（四）凝聚共识汇聚力量 市政协坚持和完善中国共产党领导的多党合作制度，经常组织少数民族、宗教、侨联、台联等界别和有关社会团体，积极开展团结联谊和内外友好交流活动，努力巩固和发展最广泛的爱国统一战线，调动一切积极因素，为抚州改革发展稳定和现代化建设服务。

注重各民主党派、工商联、人民团体、无党派人士团结与协作，努力为他们参与国是、议政建言搭建平台和创造条件。在历届市政协的副主席、常委、委员中，各民主党派、工商联、人民团体、无党派人士均占有较大比重，确保他们的参政权。市委、市政府、市政协建立与各民主党派、工商联、人民团体、无党派人士联谊交友制度，进一步加强与他们的联系和交流。市政协经常召开座谈会、研讨会、情况通报会，为他们明情议政提供坚实的基础。各民主党派、工商联、人民团体、无党派人士在市政协这个大舞台中，积极运用提案、会议讨论、大会发言、专题视察、专题调研、反映社情民意、开展界别活动等方式参政议政，建言献策，服务社会，为抚州经济社会发展作出重要贡献。各民主党派、工商联、人民团体、无党派人士始终保持着同中国共产党同心同德、团结奋斗的政治本色，成为中国共产党的好参谋、好帮手、好同事。充分体现中国共产党与各民主党派“长期共存、互相监督、肝胆相照、荣辱与共”的一贯方针，增进党和政府与各民主党派、工商联、人民团体、无党派人士的团结与协作，加强党的执政基础。

重视港澳台侨和民族宗教工作，努力团结各方面力量为统一祖国和建设社会主义事业服务。市政协与市有关部门认真开展对全市“三胞”“三属”、重点人士和在抚投资兴业港澳台侨企业调研工作，全面掌握基本情况，为开展工作打下坚实基础。与全市四个主要涉侨单位建立“四侨”联席会议制度，形成合力，共同推进港澳台侨工作开展。建立与20多家重点港澳台侨资企业联系制度，积极做好协调和服务工作。经常组织委员走访或视察港澳台同胞、海外侨胞及其企业，关心他们的生活和生产，为其企业发展排忧解难。在举办重大纪念活动和重要节日茶话会、座谈会时，邀请港澳台同胞、海外侨胞参加，共话友情，共谋发展，增进感情。与台湾开展双向交流访问，加深抚台两地的友谊和感情，进一步推动抚台两地经贸、农业、旅游等方面的交流与合作。与香港建立“香港抚州同乡会”微信联络群，广泛联络团结香港各界朋友，为香港繁荣稳定和抚州建设作出新贡献。2013年，首批6名为抚州市经济社会发展作出贡献的港澳台侨优秀企业家被市政协聘为“特聘港澳台侨委员”，为港澳台侨委员参政议政、贡献智慧提供良好平台，更好地团结港澳台同胞、海外侨胞，激发他们爱国爱乡和建设家乡的热情。同时，积极宣传贯彻党的民族宗教政策，做好少数民族和宗教工作，促使全市少数民族在政治、经济、文化、教育等方面得到全面发展；各宗教团体继续发扬爱国爱教传统，沿着与社会主义社会相适应方向发展。2022年9月，在宜黄县中秋小镇举办“海峡两岸一家亲，中秋小镇话中秋”暨“我们的节日”中秋节台胞台商台属联谊话团结活动，助推抚台两地经济文化交流和基层民众交往，促进两岸同胞心灵契合。2023年，举办“我们的节日——品畲乡·闹冬至”等系列活动，全面展示我市厚重的传统文化根脉和抚州各族人民筑梦、追梦、圆梦的精神风貌。2024年，采取有力举措，拓展联谊渠道，进一步加强与委员、港澳台侨和民族宗教界人士联系，增进团结，凝聚人心。走访多家港澳台侨资企业、多处宗教活动场所及民族乡村，密切关注宗教场所建设、民族乡村发展。举办“我们的节日·2024资溪新月第九届畲族民俗文化节”活动，引导各族群众铸牢中华民族共同体意识。

大力弘扬爱国主义精神，突出统一战线特色和地域历史文化特点，开展丰富多彩的文史资料征集、研究、编辑和出版活动，取得丰硕成果。自2001年3月市政协学习文史委员会成立后，先后外出学习考察、制订征编规划、确立选题方向、成立文史馆、聘请文史顾问和馆员、建立特约撰稿人队伍，通过实地考察、走访居民、与市直部门、县（区）政协合作，采取电话约稿、网上征稿、上门索稿、召开征编座谈会或调度会征稿等方式，向社会和个人广泛征集史料。至2024年，先后征集文史资料2320万字，稿件3559篇，图片3356幅和一批影像录音资料。出版文史资料期刊《抚州文史》71期、专辑30辑。其中《抚州古建筑精萃》《曾巩千年》《汤公文化》《游国恩传》《萧涤非传》等专辑，反映抚州悠久历史文化和展现抚州深厚人文底蕴。2010年9月，市政协举办文史资料《北宋名儒——李觏》首发式，在社会上产生积极影响。2022年开始每年编撰一期年度《抚州政协工作辑录》《建言集萃》，并编撰《抚州市政协创新工作案例集（2021.10—2025.1）》，受到广泛好评。2022年至2025年1月，精心编纂《抚州市政协志》（1985—2025），全面、系统反映抚州政协40年发展历程和取得的辉煌成就。文史资料充分发挥“存史、资政、团结、育人”作用，为抚州文化事业繁荣和精神文明建设作出积极贡献。

主动发出政协好声音，不断开创新闻宣传工作新局面。2000年至2024年，先后在《人民政协报》《中国政协》《江西政协报》等报纸杂志媒体发表新闻稿件和调研文章2823篇，浓墨重彩地宣传抚州和市政协履职各项工作。2022年9月，抚州市作为全省唯一设区市，省政协组织中央和省内近20家主流新闻媒体专程来抚州开展“喜迎党的二十大·红土地上看变化”基层政协行活动，对换届以来的市县政协工作进行了全方位、立体式的采访报道。2024年，省政协再次组织人民网、人民政协网等中央媒体深入抚州开展“讲好‘中国式商量’故事”主题采访活动。其间，《人民政协报》头版重稿、《江西政协报》专门推出抚州市政协行专栏并头版头条刊发专稿、《抚州日报》联版刊发，深度报道市政协“一委一特色”“一县一品牌”创建工作和中共党员委员工作站履职故事。特别是《江西日报》头版头条刊发《抚州创新打造履职品牌提升政协委员履职成效》，属全省首例，江西新闻联播单条播发《抚州：完善协商平台，政协委员履职更有实效》，人民政协网“政协主席面对面”栏目对抚州政协创新工作进行专题报道，这些不仅开创了抚州政协宣传工作上的先河，也有力扩大了抚州政协的美誉度和影响力。

地（市）政协成立以来，加强对内对外学习交流和友好协作。截至2024年，共派出51批次人员组团赴省内外学习考察和友好交流，促进各项工作进步与发展；共接待省内外组团来抚考察人员180余批次，达到互学互鉴、增进友谊目的，展示抚州良好形象；接待到抚视察指导、考察调研、走访慰问、参加会议的全国政协副主席以上领导29人次，省（部）级领导247人次，为他们开展工作提供热情周到服务。与江西、浙江、福建、安徽四省九地（市）政协建立联谊会，联谊会共召开25次，其中有4次由抚州、鹰潭市政协合办，1次为抚州市政协主办，联谊会以增进感情、交流探讨和推进政协工作为宗旨；与新疆、内蒙古、黑龙江、江苏、贵州、云南等13个省（区）的25个地（市）建立横向联系，开展政协工作和文史资料交流；参加闽粤赣十三市政协“海西论坛”、长征沿线、革命老区市州政协“助推长征国家文化公园建设、助力革命老区振兴发展”协商联系会议、第六届全国康养产业发展论坛、“2023年助推湘赣粤港澳中医药产业协同发展”联盟会议和第十六届海峡论坛·第七届两岸基层治理论坛等活动，并作大会发言，大力宣传推介抚州，扩大抚州对外影响。与闽赣湘三省九市开展“政协联谊、港铁联动”活动，探讨深化区域物流合作，共建向莆经济走廊。深化落实泉州市与抚州市对口合作协议，于2023年6月与泉州市政协签订为期四年的《对口合作框架协议》；2024年，落实主席会议联席机制，组织20名市政协委员赴泉州市走访交流，推动调研成果、文史资料互通互鉴。同时，加强对市内县（区）政协工作的指导、交流与协作。制定《关于加强对县（区）政协工作指导的暂行办法》，坚持和完善县（区）政协联谊会制度，每年召开县（区）政协主席会、联谊会，经常召开座谈会、研讨会，在考察视察时吸收县（区）政协领导和委员参加，对重大课题实行市、县（区）政协联合调研，共同攻关，密切市、县（区）政协联系，形成上下联动、推动工作整体合力，提升政协工作整体水平。2023年，首次组织240余名县（区）政协委员开展“看发展暨集中培训”活动，极大提振了县（区）政协委员对全市高质量发展的信心，凝聚了上下同心促发展的奋进力量

（五）自身建设不断加强 市政协坚持把加强自身建设作为做好各项工作的重要保障，不断强化政治建设、思想建设、组织建设、纪律建设和作风建设，持续推进工作规范化、制度化、程序化，努力将市政协建设成学习型、服务型、创新型、和谐型机关。

把坚持党的领导、加强党的建设作为政治建设的重中之重。始终自觉贯彻执行市委决策部署，主动向市委请示汇报重大事项和重要安排；主动提出协商监督、参政议政议题；主动向市委、市政府报送参政议政成果；主动协助市委、市政府做好沟通思想、协调关系工作，将政协工作融入党政工作大局。市委高度重视政协工作，坚持重大问题与政协协商，重要工作请政协参与，重要情况向政协通报，并出台多份加强政协工作文件。凡市政协报送建议案和重要调研报告等，市委、市政府主要领导都及时作出批示，并督促有关部门落实；积极参加政协各种重要会议和活动，经常给政协出题目，交任务。市政府及有关部门加强与政协沟通联系，支持政协开展民主监督，帮助政协改善工作条件，为政协履职创造良好环境。市政协注重党建工作，努力把政协领导班子建设成为团结民主、清正廉洁、委员信任的领导集体；不断完善党的组织设置，持续建好用好中共党员委员工作站履职平台，发挥中共党员委员先锋模范作用，携手党外委员共同履职，实现党的组织对党员委员的全覆盖、党的工作对政协委员的全覆盖。2023年，机关党委“打造政协特色党建阵地，实现‘两个全覆盖’”党建品牌案

例，获全省机关党建创新“优秀案例”，属全省市县政协系统唯一、全市市直单位唯一。2022年、2023年、2024年，机关第一、第二、第三党支部先后获评市委表彰的“模范党支部”荣誉称号，实现市政协机关“模范党支部”创评全覆盖。

高度重视思想建设，把学习理论、武装思想摆在首要位置。以建设学习型政协组织为目标，构建“党组理论学习中心组＋机关党组＋机关党委＋党支部＋党员个人”的共学体系，引导广大党员干部将理论学习教育融入日常、抓在经常。建立健全经常性学习制度，坚持每周一集中学习制度，每月安排一次学习讨论和专题发言，市政协主要领导带头在机关干部职工大会上作学习宣讲报告。通过常委会会议、主席会议、专委会会议、报告会、座谈会、辅导讲座、主题教育、举办培训班、编发学习资料等形式，深入发动和广泛组织机关干部和政协委员学习中共历届全会精神，学习统战、政协理论和业务知识，以及中央、省、市领导关于政协工作重要讲话精神，尤其是学好习近平新时代中国特色社会主义思想和关于加强和改进人民政协工作的重要思想，以科学理论引领政协工作方向，提高干部和委员素质，增强围绕中心、服务大局，做好政协工作的责任感、使命感和参政议政履行职能的水平。成立市政协理论研究会，有组织、有计划地开展人民政协理论研究工作，编撰出版《市政协理论研究会论文集》，收集理论文章99篇计40万字。向省政协报送的理论研究成果中，有17篇理论文章入选省政协理论研究会论文集、6篇入选省政协理论创新研讨会，为政协理论创新作出新成绩。

注重组织建设，不断加强队伍的优化和管理。政协组织成立以来，逐步建立一套较为完善的组织机构，并有重点地抓好专委会以及干部队伍、委员队伍建设。除设立与省政协和兄弟市政协一致的专委会外，还根据抚州属农业大市的特点，设立“农业和农村委员会”，作为市政协就农业和农村方面大政方针、重大问题开展协商监督的工作机构；并适时对部分专委会职能进行调整，使专委会职责更加明确、运行更加顺畅。在人员配备上，一方面，不断优化专委会组成人员知识、年龄和专业结构，在市委的重视和支持下，从有关部门和政协机关选调一批政治上成熟、工作经验丰富、年富力强的同志，配齐配强各专委会专职正副主任；另一方面，按照“公开、平等、竞争、择优”原则，面向社会和全国高等院校应届毕业生公开考试，录用所需工作人员，为政协机关增添新的活力。同时，加强干部的理论学习、专业培训、实践锻炼、交流使用等，建立考核述职机制，推进履职能力建设，全面增强工作本领，使专委会具有“专”的优势、“联”的特点、“精”的实效，充分发挥其基础性作用。认真抓好政协委员队伍建设，充分发挥委员在政协工作中主体作用。严把委员入口关，在政协委员人选协商、酝酿、提名过程中，坚持和把握德才兼备、统筹兼顾、合理安排的方针；坚持广泛性与代表性；坚持民主协商，按程序办事。五届市政协聚焦建设一支懂政协、会协商、善议政，守纪律、讲规矩、重品行的政协委员队伍，制定《关于加强委员队伍管理暂行规定》，强化委员学习和培训，开创性邀请市政府主要领导作经济形势报告和组织委员赴高校开展学习培训，颁发委员荣誉牌，教育引导广大政协委员珍视政治身份，锤炼政治品格，提高政治能力。建立委员约谈、委员走访、委员考勤通报制度和委员履职档案，加强对委员联系和履职考核管理。开展“五个一”和界别等活动，充分调动委员履职积极性。建立激励机制，持续开展优秀政协委员评比活动，2007年至2024年，共有468人(次)被评为优秀市政协委员。

注重纪律建设，努力筑牢拒腐防变堤坝。深入开展廉政教育，组织机关干部职工认真学习《中国共产党纪律处分条例》《中国共产党党员领导干部廉洁从政若干准则》等法规条例，运用上党课、学党史、专题教育、典型案例、观看警示片等方式，开展党风党纪、廉洁自律教育，从思想上筑牢党员干部的道德和法纪防线。成立市政协机关党风廉政建设暨惩治和预防腐败体系建设领导小组、落实全面从严治党主体责任工作办公室，制定《关于在市政协机关推行腐败风险预警防控工作实施方案》，健全和完善廉政风险防控机制，落实岗位廉政风险防控责任。2023年，市政协邀请市纪委市监委主要领导参加全市政协系统全面从严治党形势分析会，并作专题报告。按照“一岗双责”的要求，将反腐倡廉工作列入政协机关年度工作计划。市政协党组坚持民主集中制原则，严格规范权力运行，凡重大事项均经集体讨论，民主决策。深入落实全面从严治党主体责任，市政协党组书记为市政协党风廉政建设第一责任人负总责，党组成员对各自分工范围内的党风廉政建设负责，干部职工严格执行中央八项规定和市委、市纪委制定的廉政建设各项规定和制度，自觉接受监督，做到遵纪守法，廉洁从政。对贪污受贿、违法乱纪的委员进行严肃处理。2004年至2024年，共撤销10名市政协委员资格。

重视作风建设，大力倡导求真务实和科学严谨的工作作风。市政协倡导调查研究之风，始终做到先有调查，后有发言。各专委会、各民主党派、工商联、知联会和政协委员，在撰写专题报告、大会发言、提案及社情民意信息时，均将调查研究置于首位，在深入实际、反复调研的基础上发现问题，并提出有真知灼见的建议。市政协继承和发扬中国共产党密切联系群众优良传统和作风，利用自身优势，广泛深入地开展“进社区、进园区、进乡村，服务中心、服务社会、服务群众”和“送医药、送文化、送科技、送法律、送温暖”下乡等界别活动，在招商引资、抗灾救灾、扶贫济困、捐资助学、文明创建等方面做了大量工作，进一步密切党群关系、干群关系。深入开展解放思想大讨论、保持共产党员先进性教育、党的群众路线教育和“三严三实”“两学一做”等专题学习教育活动，持续整治形式主义、官僚主义、“文山会海”和“怕、慢、假、庸、散”等作风顽疾，抓好政协机关作风建设和效能建设，营造风清气正、团结和谐、积极向上、干事创业的良好氛围。加强政协机关制度建设，建立和完善一整套会议制度、工作制度、日常管理制度和激励机制，保证政协工作规范有序开展，使政协机关工作作风更加科学严谨。2022年、2023年，市政协以开展“八扬八治”深化作风建设活动和“九查九改”干部作风整顿活动为契机，建立完善改进作风、提升素质、推动落实的长效机制，机关办会、办文、办事更加严谨高效，文化建设大力推进，工作效能进一步提升，干部精神面貌焕然一新。市政协机关2022年、2023年、2024年连续三年在全市综合考核中获优秀等次。

四

2000年10月至2006年12月，一届市政协紧紧围绕市委、市政府中心工作，积极动员、组织和团结各参加单位和全体委员，认真履行政治协商、民主监督、参政议政职能，政协工作呈现出开拓进取、奋发向上、与时俱进、规范有序的良好发展态势，为推进抚州社会主义物质文明、政治文明、精神文明与和谐社会建设做出积极贡献。六年间，组织4次全会大会发言，提交大会发言材料124篇，56位委员作专题发言，提出建议意见400余条。共开展专题调研72次，上报市委、市政府专题报告58份，为党政决策提供重要参考和依据。市政协坚持把开展常委会协商作为履行职能重要途径，共开展了七次专题协商，市委、市政府吸收政协意见和建议，相继出台《关于加快发展抚州职业技术教育的具体措施》《关于加快发展我市农业产业化龙头企业的意见》《关于进一步深化乡镇机构改革的意见》等六个重要文件。六年间，共提出提案1164件，立案1118件，参与提出提案的委员1412人次。一届市政协先后就招商引资、城市建设、安全生产、社区建设等

40多个课题进行了视察，切实履行监督职能。逐步建立社情民意信息网络。编发《抚州政协》等信息刊物32期，编辑信息千余条，被省政协和市委、市政府信息刊物采用165条。重视政协工作制度化、规范化、程序化建设。市委、市政协相继出台《关于进一步加强人民政协工作的意见》《政协抚州市委员会关于政治协商、民主监督、参政议政的实施细则》《关于建立市委、市政府有关部门与市政协专门委员会对口联系的通知》等规范性文件，使政协工作有明确制度保障。按照"三化"建设要求，先后制定和完善《主席会议和常务委员会工作规则》《提案工作条例》《委员视察简则》等32项制度，保证政协工作规范有序地开展。编辑出版《探古揽胜话流坑》《临川地方戏剧史》《抚州宗教集要》等文史资料，弘扬临川文化。加大政协理论研究和宣传报道力度，在《抚州日报》开辟"参政议政"专栏，在各级、各类新闻媒体刊登、播发稿件350余篇，在全省宣传中国共产党领导的多党合作和政治协商制度"好新闻"评选中，有5篇作品分获二、三等奖，在全省政协理论与实践创新研讨会上，有6篇论文入选，充分展示政协履行职能成果，扩大人民政协影响。

2006年12月至2011年9月，二届市政协牢牢把握团结和民主两大主题，自觉服从和服务于全市工作大局，动员和组织各参加单位、全体委员以奋发有为的精神、争创一流的干劲，创新举措增活力，扎实履职树形象，为促进抚州赶超发展、科学发展创出新业绩，谱写新篇章。委员们以分组讨论、专题协商、撰写提案、反映社情民意、大会发言等形式，围绕抚州经济、政治、文化和社会建设中热点、难点问题勤建睿智务实之言，广献富民惠民之策，向市委、市政府提出建设性意见建议1200多条。抓住事关抚州发展大局重大问题，有针对性地开展9次常委会专题协商。市委、市政府吸收政协意见和建议，相继出台《关于加快工业园区建设与管理的意见》《关于进一步完善城乡社会救助体系的意见》等文件。先后就全民创业政务环境、药品和食品安全、市城区小学校园建设等30多个课题进行视察，并召开通报会23次，在知情明政中开展监督，提出建议，促进问题解决。按照"少而精、专而深、出精品"原则，紧紧抓住安全生产、卫星城镇发展、义务教育均衡发展等经济社会发展中群众普遍关心的民生问题，共开展专题调研60次，形成调研报告58篇。建立"政府领导领办、政协主席督办、专委会和民主党派联合促办、提案委员会全程催办、政协委员跟踪问效"的提案办理工作机制，提案落实率和委员满意率分别提高8%以上。多领域、多形式、多渠道开展对外交流活动，大力宣传推介抚州，扩大抚州对外影响。不断健全和完善政协工作运行机制，修订完善《市政协提案工作条例》《委员队伍管理暂行规定》。开展创优评选表彰活动，激发委员履职的积极性和主动性。加强机关规范化建设，完善9项管理制度，使机关各项工作有制可依、有规可守、科学有效。制定出台《关于加强界别工作，发挥界别作用的实施意见》，并将每年11月定为政协委员联系群众"界别活动月"。开展具有界别特点的调研、视察、提交提案、反映社情民意活动80多次，形成界别调研、视察报告和大会发言材料48篇，提出有关建议、意见400余条；开展界别送温暖、送医送药和捐资助学等服务社会活动40余次，参与委员达500余人次。加大政协理论研究和宣传力度，在抚州电视台开辟"委员走进直播间"栏目，五年间共在《人民政协报》《光华时报》《抚州日报》等各级新闻媒体刊登、播发稿件1000余篇，宣传信息工作在全省政协系统名列前茅。

2011年9月至2016年11月，三届市政协主动适应新形势、新任务对人民政协工作的新要求，突出团结民主主题，在围绕中心、服务大局中彰显特色，在发挥优势、科学履职中展现风采，为推动抚州经济发展、民生改善、社会和谐作出积极贡献。五年间，根据协商内容、协商对象不同，坚持和完善现有的会议协商、提案办理协商、对口协商、界别协商等形式，增加协商密度，提高协商成效。先后开展11次常委会专题协商、5次重点提案办理协商、22次对口协商和13次界别协商。委员们以分组讨论、撰写提案、反映社情民意等形式，向市委、市政府提出建设性意见1300多条。聚焦百姓关注的教育医疗、环境整治、智慧城市、公交出行、食品安全、社会保障等民生热点难点问题，广泛调研，精准建言，踊跃献策，向市委、市政府报送调研视察报告46篇。先后组织委员就保障性住房建设、食品安全监管、医疗纠纷调解等26个专题进行视察，就改进部门工作道实情、谏真言，得到相关部门的积极采纳。先后把“电子商务”“营改增”“城市管理”等一批重点提案办理纳入市政协年度工作计划，进行专题协商督办；制定出台《民主评议提案办理工作办法》，对提案办理工作进行民主评议。五年共收到提案1438件，立案1374件，参与撰写提案的委员1720人次，所有提案均在规定时间内办复完毕。注重发挥委员监督的主体作用，先后向政法、人事等部门委派45名特约监督员；向执纪执法和窗口服务单位派遣65名行风政风评议员，参与民主测评；组织委员150人次旁听法院庭审。制定社情民意联系点管理办法，举办反映社情民意信息员培训班，着力提升社情民意信息员素质。五年间，共收集重点社情民意483条，编报《社情民意》174期，向省政协报送社情民意信息62条，市党政领导批示及有关部门落实96件。为创新政协文史工作，于2012年成立全省首个注册登记的市政协文史馆，遴选40名文史馆员。以《抚州文史》期刊为载体，以专辑史料为补充，致力弘扬抚州历史文化，累计征编出版《抚州文史》期刊20期，专辑史料17本，总字数近600万字。加强市、县（区）政协工作联动，建立重大课题市、县（区）政协联合调研机制，围绕推进基层协商民主建设等课题召开6次县（区）政协主席座谈会，有效地提升政协系统整体履职水平。

2016年11月至2021年10月，四届市政协坚持发扬民主和增进团结相互贯通、建言资政和凝聚共识双向发力，坚守初心使命，聚焦中心任务，认真履行职能，全市政协工作迈上新台阶、呈现新气象、开创新局面。建立并坚持党组理论中心组学习制度，五年开展政治理论学习85次，引领广大政协委员和机关干部切实增强“四个意识”、坚定“四个自信”、做到“两个维护”。加大党建工作力度，设立30个中共党员委员工作站，探索开展“中共党员委员工作站＋政协界别活动”履职形式，充分发挥工作站学习宣传、调研视察、反映社情民意、服务基层群众等履职平台作用。聚焦市委、市政府重大决策部署，举全市政协之力，汇全体常委之智，五年召开专题协商议政会议13次，形成专题协商报告12篇。聚焦百姓关注的基础教育均衡发展、旧城改造、居家养老服务、小区物业管理等民生热点难点问题，广泛调研，精准建言，踊跃献策，向市委、市政府报送调研视察报告36篇。建立市党政主要领导督办重要提案工作机制，坚持和完善市长领办、市政协领导领衔督办、专委会与党派联合督办的工作机制，政协提案办理纳入党委、政府《年度督查检查考核工作计划》。注重突出界别特色，把界别活动融入专委会日常工作中，五年开展界别调研视察47次，形成调研和会议发言材料89篇，开展扶贫济困、捐资助学、法律咨询、送医送药、送教下乡等服务群众活动137场次，累计捐款捐物750万元，惠及群众2万余人。精心组织开展庆祝新中国和人民政协成立70周年及建党一百周年系列活动。市政协领导班子成员深入挂点县（区）、企业、社区和重点项目建设工地，帮助当地和企业解决实际问题。积极开展市政协常委、中共党员委员工作站站长联系民营企业和金融机构活动，共走访68家民营企业、26家金融机构，为助力民营企业走出困境积极建言献策。市政协班子成员深入一线、下沉帮扶村深入调研，及时帮助协调解决基础设施建设、产业培育、技能培训等方面难题。市政协机关对帮扶村共实施扶贫项目21个，争取项目资金1580万元。市政协机关及派驻的第一书记，连续五年被评为全市脱贫攻坚工作先进单位和先进个人。

2021年10月至2022年12月，五届市政协以建设“忠诚为民务实奋进的政协”为目标，从“定目标、建阵地、强队伍、创特色、争一流”五个方面发力，努力争创新时代政协“第一等的工作”。充分发挥专门协商机构作用，报送调研报告、建议案20多件，提案418件，形成一批具有政协特色的高质量履职成果。市委、市政府主要领导批示肯定11次。创新开展“模拟政协提案”活动，提交“模拟提案”148件，立案并交办31件，得到团中央高度肯定。每个专委会采取“中共党员委员＋党外委员＋界别＋专委会特色工作”模式，建好用活一个中共党员委员工作站，“赣事好商量”协商服务平台在抚州走实走深，8个工作站开展履职活动72场次，参加委员1500余人次，成了“政治引领的重要阵地、凝心聚力的重要平台、协商议政的重要渠道、反映民意的重要途径、界别活动的重要载体”。各专委会分别创新打造出“模拟政协提案”“文史故事汇”“委员讲堂”“委员话生态”“民生面对面·主题沙龙”“微协商”“我们的节日”“委员与农民同坐一条板凳”等“一委一特色”履职品牌，专委会履职活动更加活跃、更加务实。指导各县（区）政协分别打造“书香政协·文润临川”“界别连心桥”“‘南’事有我”“黎事好协商”“委员视点”“提案工作‘双公开、双提升’”“乐事安商”“文史驿站”“‘心’事有约”“委员议事厅”“‘莲心’政协”等“一县一品牌”，连年召开全市政协系统“一县一品牌”工作交流会，推动创建工作迈上新台阶。收集社情民意信息186条，获2022年度省政协“反映社情民意信息工作先进单位”荣誉称号。充分展示新时代市县政协委员履职尽责的精气神，组织300余名省、市、县政协委员开展“喜迎二十大·委员看变化”专题视察活动，举办全市政协系统“喜迎二十大·永远跟党走”文艺会演。持之以恒抓好乡村振兴驻村帮扶工作，新增帮扶项目11个，争取项目资金260.58万元。市政协精彩履职，引起媒体和社会各界广泛关注，中央和省内近20家主流新闻媒体唯一选择抚州开展“喜迎党的二十大·红土地上看变化”基层政协行集中采访活动，有力扩大了抚州政协的影响力。

2023年，市政协紧紧围绕党政工作大局，抓学习强武装，抓主业重实干，抓平台塑品牌，抓党建带队伍，各项工作呈现良好势头，绘就一幅脉络清晰的履职图谱，续写新篇章、干出新样子、展现新作为。紧扣市委“唱响‘一大品牌’、实施‘六大战略’、推进‘三大建设’”部署，开展21场履职活动，形成报告、建议案26件及提案361件，获省政协、市党政领导40余次肯定批示。市政协以空前的力度，首次集中组织省、市、县（区）三级政协委员共2000余人，联动开展贯彻落实市委五届四次全会精神全员宣传、全域调研、全方位履职，推动全会精神“飞入寻常百姓家”，受众人数近10万人（次），形成调研报告100多篇，收到社情民意信息1500余条、编报356条。把助推生态康养名城建设作为全年的重点工作之一，全力协助市委、市政府办好2023首届中国·抚州生态康养产业发展大会；创新开展月度协商活动，选取“推进社会救援队伍建设”等切口小、影响大的课题，党政部门负责人与政协委员一起调研，面对面讨论，现场互动回应，做到“议有成果、做有成效”。

2024年至2025年1月，担当实干、大抓落实成为抚州政协工作最美底色。市政协深入学习贯彻中共二十大和二十届二中、三中全会精神，全面贯彻落实习近平总书记考察江西重要讲话精神和习近平总书记在庆祝中国人民政治协商会议成立75周年大会上的重要讲话精神，紧紧围绕市委决策部署，找准履职重点，以思想引领筑牢奋斗基础，以改革发展助推协商民主，以为民初心回应群众关切，以凝心聚力绘就“最大同心圆”，奋力推进“大抓落实”在全市政协系统蔚然成风，协商民主创新实践取得新成效，全年累计开展调研协商、民主监督、委员视察、故事汇展演等重大履职活动40余场次，形成调研报告、建议案16件，获得市党政领导肯定性批示50余次。以深化改革助推品牌建设，市政协在全省设区市率先出台《抚州市政府立法协商工作制度》，联合打造“荆公协商吧”“山下议事厅”基层协商平台，持续深化“模拟政协提案”工作，进一步做实中共党员委员工作站和“一委一特色”“一县一品牌”特色履职品牌。以更强担当服务全市发展大局，助力抚州经济高质量发展，专题议政性常委会会议亮点纷呈、成效显著，一批有针对性、可操作性的意见建议被党委、政府采纳吸收。在优化营商环境、推进文化强市、增进民生福祉等方面，开展一系列视察考察、调查研究、协商履职等活动，以实际行动展现责任担当。以更大作为汇聚团结奋进合力，开展庆祝中华人民共和国和人民政协成立75周年系列活动。以更大力度加强政协自身建设，举办市县（区）政协委员履职能力提升培训班。健全完善各类规章制度16项，全面推行工作任务清单化管理，不断提高机关综合协调、参谋助手、服务保障、执行落实的能力和水平。2025年1月，省政协十三届三次会议期间，住抚省政协委员在首场“委员通道”上发言1次，作大会发言2次，作联组讨论发言5次，27名同志（含列席人员）的小组讨论发言被《两会话履职》栏目和大会简报刊载。凤凰网、国际在线、中央广播电视总台等多家国内主流媒体专访或刊载了住抚省政协委员的精彩履职故事。

使命因担当而光荣，履职因有为而精彩。回首过去的40年，抚州市政协踔厉奋发，成就斐然；展望未来，抚州市政协任重道远，大有可为。抚州市政协将更加紧密地团结在以习近平同志为核心的中共中央周围，在中共抚州市委坚强领导下，埋头苦干，勇毅笃行，凝心聚力，履职尽责，努力建设忠诚、为民、务实、奋进的政协，奋力书写新时代政协工作新篇章，为推进中国式现代化抚州篇章作出新的更大贡献。

大事记

1985年

6月20日 政协抚州地区联络处成立，为省政协派出机构，业务上受省政协指导，在地委领导下开展工作。

同月，陈元任政协抚州地区联络处主任，被增补为省政协第五届委员会委员。

12月16日 在全省第三次市、县、区政协工作座谈会上，陈元作为抚州地区召集人组织讨论。

1986年

3月21—23日 政协抚州地区联络处首次组织住抚省政协委员对地区烟草专卖局、乡镇企业管理局及抚州市工商局、物资局进行视察。

5月20日 政协抚州地区联络处创办《政协联络简报》。至年底，共印发10期。

7月 省政协副主席、省委统战部部长杨永峰到抚州检查工作，并就政协工作和统战工作作讲话。

8月6—7日 首次全区政协主席会议在资溪县召开。

9月23—24日 省政协副主席吴允中到抚州视察工作并召开座谈会。

1987年

4月16日 抚州地区海外联谊会成立。行署专员舒惠国担任名誉会长，地委副书记张火春、行署副专员杜锦福、地委巡视员陈元担任名誉顾问，会长、副会长分别由地直有关部门领导杨裕隆、李亦欣等担任。

5月20—30日 省政协副主席吴永乐、省政协常委辜石如到抚州检查指导工作，并到抚州市（县级市）、临川县、崇仁县、乐安县、宜黄县、南城县、金溪县、东乡县进行视察。

7月 政协抚州地区联络处下设办公室，为科级单位。

9月16—17日 全区政协统战工作座谈会在抚州召开，省政协副主席吴永乐到会指导并讲话。

1988年

1月3日 政协抚州地区联络处党支部成立，汪伟中任党支部书记。

5月16—17日 省政协主席吴平到临川县考察工作。

6月 政协抚州地区联络处升格为正地级机构。

7月 政协抚州地区联络处办公室升格为正处级单位，办公室内设秘书科、联络科。

9月 全国政协常委马玉槐到临川县考察工作。

10月18—26日 华东地区第六次政协文史资料工作会议18日在南昌召开，26日在抚州闭幕。江苏、山东、安徽、浙江、福建、上海、江西等省政协领导和文史资料工作负责人出席会议。

10月 高丕凯任政协抚州地区联络处主任，陈元、吕东壁任副主任。

1989年

2月 黄俊秀任政协地区联络处副主任。

2月底 政协地区联络处组织地、市直属单位32名省政协委员，到地区农业局、林业局、工商局、税务局、生资公司进行为期4天的视察。

9月 高丕凯任中共江西省政协抚州地区联络处党组书记。

9月6—8日 全区政协工作会议在崇仁县召开。

10月 全国政协副秘书长范康在省政协秘书长孙殿甲陪同下，到临川、崇仁县考察和调研。

1990年

3月16—17日 全区政协提案工作座谈会在宜黄县召开，各县（市）政协分管提案工作的主席（副主席）和承办提案工作人员共46人参加。

4月 王福生任政协抚州地区联络处副主任。

6月5—6日 全区县（市）政协主席工作会议召开，出席会议的有各县（市）政协新、老主席20人。地委、行署、军分区领导参加会议，省政协秘书长孙殿甲到会指导。

10月8日—11月4日 以政协抚州地区联络处主任高丕凯为团长，副主任黄俊秀为副团长，由各县（市）政协主席组成的学习考察团一行21人，赴辽宁、河北、北京进行为期24天的学习考察活动。

是年，省政协创办的《光华日报》抚州通联站成立。

是年，闽赣两省13县（市）政协统战工作横向联系会议在抚州地区广昌县召开。地区政协开始陆续与福建省南平市，浙江省衢州市、金华市、丽水市，安徽省黄山市，江西省鹰潭市、上饶地区、景德镇市共四省九地市政协建立联谊会；与福建省龙岩市政协开展经济协作、文史资料交流；与新疆、内蒙古、黑龙江、江苏、贵州、云南等13个省（自治区）的25个地（市）建立横向联系。

1991年

1月18日 全国政协副主席钱正英到广昌视察工作。

5月13—18日 政协抚州地区联络处在乐安县举办全区政协乡（镇）工作研讨会。

5月28日 全国政协副主席王任重到东乡红星垦殖场视察。

6月7日 政协抚州地区联络处增设文史科。

9月 地委副书记张火春兼任政协抚州地区联络处主任、党组书记。

9月20日—10月4日 政协抚州地区联络处办公室党支部开展党内条规学习教育活动。

12月17—19日 全区县(市)政协主席会议在抚州市召开,省政协原副主席吴允中到会指导。

12月 住抚省政协委员到富奇汽车厂、抚州丙纶厂等9家企业视察,同时对全区“菜篮子”工程、特色农业、水土保持、个体私营经济、“科教兴区”战略等重大问题进行专题调研,并形成视察和调研报告,部分建议被行署转发到有关部门落实。

是年,地、县(市)政协部门开展建党七十周年和辛亥革命八十周年纪念活动。

1992年

1月 政协抚州地区联络处在全省率先成立《江西政协报》抚州通讯联络站。

7月 全国政协常委李雪峰视察临川县农村大世界、王安石纪念馆,并题词留念。

6月30日 全区政协乡(镇)工作委员会主任培训班在临川县举办。

9月17日 全国政协副主席钱伟长到东乡红星垦殖场视察。

是年,政协抚州地区联络处和乐安县政协挂点的扶贫特困乡——乐安县航桥乡摘掉“贫困帽子”。

1993年

1月 李宾任政协抚州地区联络处副主任。

6月28日 政协抚州地区联络处首篇调研报告《当前农民负担方面存在的突出问题及对策建议》受到地委、行署领导重视,并在地委政策研究室刊物《决策参考》刊发。

8月 政协抚州地区联络处办公室首次被评为全省政协系统《光华时报》发行工作先进单位。

11月 省政协副主席罗明率省直单位省政协委员视察南城县“三高”(高产、高质、高效益)农业和乡镇企业。

1994年

5月 省政协副主席黄立圻率省政协委员到东乡县视察农民增收情况。

8月13—14日 全区政协工作会议在抚州市召开。

9月 丁长华(女)任政协抚州地区联络处副主任。

9月 为庆祝人民政协成立45周年,《江西日报》等九家新闻单位采访组到抚州采访政协工作。

12月下旬 政协抚州地区联络处组织地直单位省政协委员,视察区内3县1市九处水利建设工程项目,并撰写《建议省政府早作决策,将廖坊水利枢纽工程作为全省大江大河治理的优先安排项目》的提案。

1995年

6月23日 政协抚州地区联络处党组首次召开廉洁自律专题民主生活会。

6月 王扬光任政协抚州地区联络处副主任。

8月31日 根据省政协七届常委会第十三次会议决定，政协抚州地区联络处改为政协抚州地区工作委员会，主任为张火春，副主任为黄俊秀、王福生、李宾、丁长华（女）、王扬光。

10月 政协抚州地区工委机关开展解放思想大讨论和思想作风整顿工作。

11月上旬 政协抚州地区工委和鹰潭市政协共同主持召开闽浙皖赣四省九地市政协联谊会第五次会议。

11月下旬 政协抚州地区工委组织在抚地直单位的省政协委员对临川、东乡、金溪、南城四县（市）“菜篮子”工程建设情况进行视察，并就存在的问题提出建议。

是年，全区近40名政协委员担任特约监察员、检查员、审计员、督导员，在民主监督中发挥积极作用。

是年，政协抚州地区工委先后组织两批县（市）政协主席赴黑龙江省黑河市和松花江地区、云南省昆明市以及四川省成都市、乐山市政协考察。

1996年

4月 省政协主席朱治宏赴金溪、资溪、黎川县考察工作。

4月8日 政协抚州地区工委印发《全区政协工作目标管理和考评的意见》的通知，开始对全区政协工作进行目标管理和考评。

4月16日 政协抚州地区工委首次印发“社情民意”简报。

5月 陈其辉、李抚生任政协抚州地区工委副主任。

10月 政协抚州地区工委设秘书长，办公室下设秘书科、信息调研科、宣传文史科。

10月 地委下发《关于坚持和完善中国共产党领导的多党合作和政治协商制度的实施办法》，就全区政治协商、民主监督、对口联系、情况通报等制度进行规范，建立地委、行署领导与民主党派成员和无党派知名人士交友联谊制度。

11月12—20日 政协抚州地区工委和部分县（市）政协领导一行12人，赴江苏省张家港市学习考察。

是年，《光华时报》在抚州地区发行量突破3.4万份，抚州地区政协工委连续6年受到省政协表彰。

是年底，政协抚州地区工委机关被列入参照《国家公务员暂行条例》管理。

1997年

1月8日 全区县（市）政协主席会议在临川市召开，总结和交流开展“三胞”联谊、招商引资工作情况和经验。

1月 郑良健任政协抚州地区工委副主任。

3月中旬—5月底 政协抚州地区工委机关开展“解放思想、改进作风”学习教育活动。

5月11—14日 政协抚州地区工委组织人员赴云南省西双版纳出席由四川省社会科学院牵头举办的“改革开放与市场经济学术研讨会”，工委主任张火春到会并作“认识到位才能工作到位”的发言。

5月2日 省政协主席朱治宏到抚州视察指

导工作。

10月8—19日 政协抚州地区工委和部分县政协领导一行8人,赴陕西、新疆学习考察。

11月8日 省政协副主席罗明到抚州视察调研。

12月 王样生任政协抚州地区工委主任。

1998年

6月24日 省政协副主席江国镇到抚州指导抗洪救灾工作。

9月 全国政协副主席毛致用到抚州地区调研。

9月 政协地区工委创办《政协信息》,并制定信息上报及社情民意收集、审核、上报制度。

12月24—27日 政协抚州地区工委组织在抚州地直单位和所视察县的省政协委员,对抚州"科教兴区"战略实施情况进行视察。

是年,举办全区政协新委员培训班14期,参加培训的新委员共630名。

是年,举办全区政协理论知识竞赛,参加竞赛的委员1300余名,政协抚州地区工委办公室获组织奖,8名委员和机关干部获奖。

是年,政协抚州地区工委组织全区政协系统人员参加抗洪抢险,先后为灾区群众看病1.8万余人次,免费送医送药价值12万元,消毒水井1498眼;向灾区捐款84万元、棉被衣物6453件。全区各级政协委员中有130人被评为"抗洪抢险先进个人"。

1999年

4月8—9日 全区县(市)政协主席会议在南城县召开。

9月6—10日 政协抚州地区工委组织在抚地直单位和所视察县的省政协委员对黎川、金溪两县灾后重建工作进行视察。

9月7日 省政协副主席黄懋衡到抚州视察指导工作。

9月 全区各级政协均举行庆祝人民政协成立50周年大会,开展形式多样的庆祝活动。

10月24日开始 政协地区工委领导班子和领导干部集中开展为期3个月的以"讲学习、讲政治、讲正气"为主要内容的党风党性教育活动。

是年,全区政协在地级以上报纸、刊物、电台发表稿件819篇,其中国家级120篇、省级326篇,是历年上稿最多的一年。

2000年

1月 曹二俚任政协抚州地区工委副主任。

3月27日 政协抚州地区工委印发《政协江西省抚州地区工作委员会〈关于加强同在抚省政协委员联系的若干规定〉》。

6月1—20日 全区政协系统首次选派5名干部参加全国政协在河北省北戴河举办的政协干部培训班。

6月6日 政协抚州地区工委办公室印发《工作人员考勤奖惩暂行办法》。

8月9日 经省政协、省委统战部批复同意,抚州市政协设立7个专门委员会,即提案委员会、学习文史委员会、经济技术委员会、农村和农业委员会、教文卫体委员会、法制社团委员会、"三胞"联谊委员会。各专门委员会各设一个正科级办公室作为办事机构。

8月4—14日 政协抚州地区工委办公室及

县（市）政协秘书长（办公室主任）一行10人，赴贵州省政协学习考察机关工作。

9月19—20日 全区县（市）政协主席会议在南丰县召开。

10月16—18日 政协抚州市第一届委员会第一次会议召开。会议选举产生市政协主席、副主席、秘书长和常务委员，王样生当选为主席，黄昕明、刘定、邱敬禹、陈其辉、李抚生、汪重阳、陈云斐、邹俐菁（女）、胡淑珠（女）当选为副主席，汪伟中当选为秘书长。市委书记罗筱玉在闭幕会上讲话。

11月23—26日 闽浙皖赣四省九地市政协联谊会第十次会议在抚州举行开幕式，在鹰潭市举行闭幕式，共有代表29人参加。

12月28日 市政协一届一次常委会会议通过《政协抚州市委员会常务委员会组成人员守则》《政协抚州市委员会主席会议工作规则》《政协抚州市委员会专门委员会通则》。

2001年

2月14日 抚州市人民政府印发《关于加强与市政协日常工作联系的试行办法》。

3月1日 市政协一届四次主席会议通过《政协抚州市委员会专门委员会主任联席会议制度》《政协抚州市委员会视察简则》。

3月14—15日 市政协一届二次常委会会议召开。会议协商讨论《政府工作报告（征求意见稿）》，审议通过《市政协常务委员会工作报告》《政协抚州市提案工作条例》《政协抚州市委员会关于政治协商、民主监督、参政议政实施细则》和《关于召开市政协一届二次会议的决定》，并增补一届市政协委员，通过人事任免和各专门委员会组成人员名单。

3月26—28日 市政协一届二次会议召开。会议审议通过市政协常务委员会工作报告和提案审查情况报告。出席会议的委员列席市一届人大二次会议。市政协主席王样生在闭幕式上讲话。

3月28日 全市政协工作会议在抚州召开。会议下发《中共抚州市委关于进一步加强人民政协工作的意见》。

3月 市政协提案委员会制定《政协提案委员会提案督办工作制度》《关于市政协领导督办提案实施方案》，并对部分提案承办部门进行督办，推动提案办理落实。

4月 市政协学习文史委员会与吉安市政协学习文史委员会在抚州召开“临川文化与庐陵文化的关系”座谈会，两地有关专家、学者就临川文化与庐陵文化在赣文化中的地位与价值进行研讨，促进两地文化交流。

5月9—26日 市政协和部分县（区）政协负责人一行9人，先后赴湖南、广西、贵州3省7市政协进行对口学习考察。

5月10日 市委下发《关于市委和各民主党派、工商联政治协商有关工作意见》，确定市委与各民主党派、工商联政治协商形式为民主协商会、情况通报会和双月座谈会。

5月30—31日 省政协副主席、省委统战部部长梅亦龙到抚州指导工作。

6月7日后 根据市政协一届七次主席会议通过的《关于主席、副主席督办提案的意见（试行）》，有9位副主席通过协商座谈、专题视察、书面批示等形式，督办16件重点提案，提高提案办理层次，加大督办力度，拓展提案内容，扩大政协提案社会影响。

6月12日 市政协党组制定下发《关于加强与各民主党派、工商联联系制度》，就联系方式、联系分工、联系目的作出明确规定。

6月28日 市政协制定《教文卫体委员会工作简则》《经济技术委员会工作简则》《农村和农业委员会工作简则》《学习文史委员会工作简则》《法制社团委员会工作简则》《“三胞”联

谊委员会工作简则》。

7 月 24—25 日 省政协副主席沃祖全带领省政协委员、提案承办单位及有关专家学者，深入乐安流坑，现场办理“建议加快对乐安流坑古村保护利用工作的进度”的提案。

8 月 市政协领导带领部分县(区)政协主席，分赴贵、陕、湘、鲁等省部分市政协进行学习考察。

9 月 24—28 日 市政协组织住抚省政协委员赴萍乡市视察民营经济发展情况。

9 月 29 日 市政协与市委统战部等部门联合举办全市各界人士中秋茶话会，120 余人参加。

9 月 市政协面向全市遴选招考 11 名机关工作人员。

10 月 11 日 市政协一届四次常委会会议通过《政协抚州市委员会关于加强反映社情民意工作的意见》。

10 月 15—18 日 在鹰潭的省政协委员一行 18 人，在省政协常委王火茂和鹰潭市政协副主席黄文锦率领下，到抚州市就农业资源深度开发情况进行视察。

10 月 25—27 日 省政协副主席张华康率港澳地区省政协委员视察乐安流坑资源挖掘、保护和利用情况。

11 月 21 日 市政协制定《关于评选优秀提案活动的意见》。

2002 年

1 月 5—20 日 市政协领导率法制社团委员会一行 6 人，赴辽宁省葫芦岛市政协、黑龙江省哈尔滨市政协就法制社团工作进行学习考察。

1 月 10—15 日 省委副书记傅克诚，省人大常委会副主任彭崑生，省政协副主席黄懋衡、韩京承、刘运来分别走访慰问东乡、乐安、广昌、崇仁、宜黄等县部分困难群众。

1 月 19 日 省政协主席朱治宏到华东地质学院看望该院名誉院长钱七虎等一批专家学者。

2 月 1 日 市政协在市区玉茗大酒店举行迎春联谊会，市政协领导和各专委会负责人，市委统战部、各民主党派、工商联有关领导参加。

2 月 3—5 日 省政协主席朱治宏、省政府副省长胡振鹏、省政协副主席黄定元分别到临川、南城、资溪等县(区)走访慰问困难群众和困难企业。

2 月 23 日 市委批复成立抚州市政协机关党组。

3 月 13—14 日 省政协副主席韩京承到宜黄县就农村“三个代表”重要思想学习教育活动和退耕还林工作进行调研。

3 月 20 日 市政协提案委员会第四次会议通过《政协抚州市委员会督促提案办理落实责任制(试行)》。

3 月 26—28 日 市政协一届三次会议召开。会议审议通过市政协常务委员会工作报告和提案审查情况报告；同意王样生辞去政协抚州市第一届委员会主席职务；补选王晓媛为市政协一届委员会副主席。出席会议的委员列席市一届人大三次会议。

4 月 8—11 日 省政协副主席黄定元率优化环境与经济发展调研组到抚州调研。

4 月 9—15 日 市政协赴上海市招商引资工作组一行 7 人，先后到长宁、宝山、金山、浦东新区政协学习考察。

4 月 23—24 日 民建中央副主席冯克煦在省政协副主席、民建江西省委员会主席喻长林等陪同下到抚州考察。

5 月 6—7 日 中组部原部长、全国党建研究会会长、全国政协常委张全景，江西省原省长舒圣佑，省政协副主席韩京承到抚州考察临川、南城、南丰、崇仁、乐安等县(区)农村“三个代表”学习教育、农村经济建设、旅游开发等工作。

5 月 8 日 市政协机关党组第一次会议通过

《中共政协抚州市委员会机关党组规则（试行）》。

8月27日 李品行任政协抚州市委员会党组书记。

9月18日 全国政协常委、省政协副主席、省工商联会长金异及江西煌上煌集团一行10人到宜黄县考察，开展献爱心活动。

9月29日 市政协一届四次会议在抚州召开，出席会议的委员195名。会议听取市长钟际跃通报全市经济发展和招商引资情况，补选市政协党组书记李品行为市政协主席。

10月24日 全国政协常委舒圣佑到东乡考察舒同书法纪念馆暨博物馆。

11月26日 北大江西科技园抚州分园奠基。省人大常委会副主任钟起煌、黄名鑫，省政协副主席梅亦龙出席奠基仪式。

12月29—30日 省政协主席朱治宏代表省委、省政府到资溪、金溪两县走访慰问困难群众。

12月 市政协文史委出版首辑文史资料——《探古览胜话流坑》，该书由江西人民出版社出版，省政协副主席喻长林作序。

2003年

1月4—6日 市政协一届五次会议召开，出席会议委员203名。会议听取、审议和通过市政协常务委员会工作报告、提案审查情况报告和大会决议。市政协主席李品行作闭幕讲话。

3月底—5月中旬 市政协机关党组在市政协机关开展“两问三视四比”教育活动。

3月5日 市政协一届二十三次主席会议通过《政协抚州市委员会关于加强对县（区）政协工作指导的暂行办法》。

3月 市政协副主席、民革市委会主委周琪赴北京出席全国政协十届一次会议。

4月1—4日 省政协副主席黄懋衡率调研组就“工业园区建设”到抚州开展专题调研。

5月1日 省政协副主席金异等到抚州检查指导非典防治工作。

5月28日 市政协一届二十四次主席会议通过《政协抚州市秘书长、副秘书长工作规则》。

6月2日 省政协副主席、民进省委员会主委刘运来一行到抚州商谈民进成员发展事宜。

6月5—7日 省政协副主席、省委统战部部长王林森一行就“非公经济发展和民族宗教工作”到抚州考察调研。

6月22日 省政协副主席张华康到广昌县视察。

7月7—8日 省政协副主席雍忠诚到抚州考察调研。

7月30日 省政协副主席倪国熙率调研组就“古民居的保护和利用情况”到抚州调研。

8月11—13日 省政协副主席雍忠诚率调研组到抚州就粮食直补方式试点改革情况进行调研。

9月26日 市政协一届十五次常委会会议将“学习文史委员会”更名为“文史委员会”“法制社团委员会”更名为“社会和法制委员会”，“‘三胞’联谊委员会”更名为“港澳台侨委员会”。

10月 由市政协牵头组建的市浙江企业家联谊会2003年年会在抚州举行。会议审议通过《浙江企业家联谊会章程》（修改稿），选举产生新一届领导成员，并聘请谢亦森、李品行、胡新生为名誉会长。

10月13—17日 市政协组织住抚省政协委员视察组一行14人，对赣州市民营经济发展情况进行为期4天的考察。

10月23日—11月2日 市政协文史委员会和教文卫体委员会组织委员，赴湖北省宜昌市、四川省都江堰市政协学习考察。

11月27日 省政协副主席倪国熙到抚州考察调研。

11月30日 省政协副主席张华康等出席

2003年抚州市及周边地区首届大型商品交易会暨抚州贸易广场开业庆典仪式。

12月 市政协文史委出版第二辑文史资料《临川地方戏剧史》,共20余万字。

12月 市政协提案委员会开展优秀提案评选表彰活动。从一届二次会议以来的540件提案中,评选出48件优秀提案,并进行表彰。

2004年

1月5—6日 省政协副主席殷国光到宜黄、金溪走访慰问困难群众。

2月3日 市政协一届二十九次主席会议通过《政协抚州市委员会关于建立各专门委员会同政协界别对口联系实施办法》。

2月 省政协副主席刘运来一行5人和省委宣传部、省文联、省文艺家协会组织的傩舞采风团一行17人,到南丰县三溪乡石邮村观看圆傩仪式。

3月3—5日 市政协一届六次会议在抚州召开,出席会议委员201名。会议审议通过市委常委、市政协副主席、统战部部长王晓媛所作常务委员会工作报告和副主席陈其辉所作提案工作情况报告,表彰优秀提案。市政协主席李品行作闭幕讲话。出席会议委员列席市一届人大六次会议。

3月9—11日 省政协副主席殷国光率"三农"问题调研组到临川区、资溪县等地调研。

4月1—2日 省政协副主席、省委统战部部长王林森到资溪视察。

4月19—20日 省政协副主席金异率调研组到抚州开展"依法管理宗教事务"专项调研。

4月22—24日 省政协副主席雍忠诚一行,就贯彻中央和省委1号文件、进一步加强农业和粮食工作,到临川区、宜黄、广昌县进行专题调研。

4月30日 国家民族宗教事务局局长叶小文在省政协副主席、省委统战部部长王林森的陪同下,对抚州市宗教工作进行调研。

5月14—17日 全国政协原副主席毛致用在省政协副主席、省委统战部部长王林森陪同下,到南城、南丰、资溪、临川等县(区)视察并为资溪面包协会题词。

5月18日 省政协副主席刘运来率有关专家,赴乐安县就促进流坑古村申报世界文化遗产进行专题调研。

5月1—22日 全国政协常委舒圣佑赴崇仁、乐安、南城县视察指导工作。

5月25—30日 以省政协副主席黄定元为组长的省农村教育调研组,到临川、黎川、金溪、南丰、南城、东乡等县(区),就农村教育工作进行专题调研。

5月27日—6月2日 市政协社会和法制委员会组织委员一行11人,赴江苏省南京市政协就社会和法制委员会工作进行考察学习。

6月7—11日 由市委督查室牵头,从市委统战部、市政协专委会、各民主党派、工商联抽调人员组成4个督查小组,对各县(区)委贯彻落实市委《关于进一步加强人民政协工作的意见》进行督查。

6月11—12日 上海市金山区政协考察团一行12人到抚州考察。考察团走访了在抚州投资的上海市金山区政协委员、民营企业家王学军和由其资助的部分贫困学生,并给22名贫困学生送去每人1000元学费及学习用品。

6月25—26日 全国政协常委、省政协副主席、民盟省委会主委倪国熙率省政协人才工作组一行,到抚州市就人才工作进行调研。

7月16—18日 全国政协常委、省政协副主席、民盟省委会主委倪国熙率调研组到抚州,就食品安全保障体系建设情况进行调研。

7月30日 省政协副主席黄懋衡到资溪县

视察工作。

10月14日 市政协制定《政协抚州市委员会关于优秀提案、优秀调研报告、优秀社情民意评选办法》。

10月22—24日 全国政协常委、省政协副主席、民盟省委会主委倪国熙率省政协委员和有关专家、学者及作家、新闻记者，到资溪马头山和大觉山就生态旅游资源开发进行采风考察。

11月10—11日 全省设区市政协第十一次联谊会在抚州举行。会议重点围绕人民政协如何做好新时期社情民意收集及反映工作进行交流和探讨。省政协副主席、省工商联会长金异到会祝贺并讲话。

11月 市政协经济技术委员会联合市财政局、工商联、浙江企业家联谊会共同举办全市首期民营企业财务人员培训班。

12月1—2日 省政协副主席雍忠诚到资溪、金溪视察。

12月 市政协文史委出版第三期文史资料——《抚州宗教集要》，计24万字。

是年，市政协围绕人民群众反映比较强烈的“医药费过高，老百姓看病难”问题，对市卫生局及相关部门工作开展民主评议。此次评议既是市政协履行民主监督职能的一次探索和尝试，也是市政协关注民生的具体举措。

是年，通过举办情况通报会、寄发征集提案调研提纲、印发优秀提案汇编，引导委员提出精品提案，实现“委员人均一件提案”目标。

是年，市政协从市各民主党派、工商联、县（区）政协及有关部门聘请38名特约信息员。

2005年

1月11—14日 省政协党组副书记、常务副主席韩京承一行，到宜黄、乐安走访慰问困难群众。

1月22日 市政协机关被评为抚州市第三届文明单位。

1月底—6月底 市政协机关在全体党员中开展以实践“三个代表”重要思想为主要内容的保持共产党员先进性教育活动。

2月 市政协编印《政协抚州市第一届委员会第六次会议提案目录和优秀提案办理情况汇编》，共收录提案211件。

3月9—11日 市政协一届七次会议在抚州召开，出席委员198名。会议审议通过市委常委、市政协副主席、统战部部长王晓媛所作常务委员会工作报告和市政协副主席陈其辉所作提案工作情况报告；市政协副主席、农工党市委会主委汪重阳，市政协副主席、市工商联会长邹俐菁，市政协副主席、民建市委主委胡淑珠等8人作大会发言。市政协主席李品行作闭幕讲话。

同期，省政协副主席韩京承深入资溪县就保持共产党员先进性教育活动进行调研指导。

3月23日 市政协农村和农业委员会与市气象局联合举办纪念世界气象日宣传活动，召开学术报告会，开展气象咨询服务活动，共向市民发放宣传材料2000余份，接待咨询群众300余人。

3月24日 市政协农村和农业委员会全体会议通过《抚州市政协农村和农业委员会工作制度（试行）》。

4月11日 市政协经济技术委员会和浙江企业家联谊会共同召开“力促抚州经济发展”浙商恳谈会。浙江企业家联谊会企业代表和市直有关单位负责人共60余人参加会议。市长谢亦森、市政协主席李品行到会讲话。

4月11—13日 省政协副主席金异率调研组到抚州，就贯彻实施《中华人民共和国道路交通安全法》《中华人民共和国道路安全执行法》及交警队伍建设情况进行调研。

4月28日 省政协副主席、民进省委会主委刘运来一行到金溪县出席助教支农活动。

4月—10月 市政协港澳台侨委员会联合市委组织部、市委统战部、市人事局，共同开展抚州籍市外高层次人才专题调研。市直有关部门运用调研成果，充实抚州籍市外高层次人才库，编印抚州籍市外高层次人才手册。

5月7日 省政协副主席、省委统战部部长王林森到崇仁视察。

5月26日 全市县(区)政协第一次联谊会在东乡县举行。会议围绕人民政协如何紧扣中心履行基本职能、进一步提升政协工作水平这一主题进行交流和讨论。

6月24—25日 省政协副主席、省委统战部部长王林森一行到东华理工学院、黎川县就统战工作进行调研。

7月15日 全国政协常委舒圣佑到抚州视察城市化进程和工业园区建设情况。

10月—12月 市政协教文卫体委员会先后两次组织委员和文艺界人士，分别到临川嵩湖乡谢家村和东馆镇东馆村开展送戏下乡活动，1.4万余人次观看演出。

11月9—10日 全国政协“义务教育”调研组到抚州调研。

11月11—12日 省政协副主席黄定元率省政协书画社书画家到南丰写生采风。

11月15—18日 闽浙皖赣四省九市政协联谊会第十五次会议在抚州开幕，在鹰潭闭幕。此次联谊会由抚州、鹰潭两市政协共同举办，会议重点围绕人民政协如何加强委员管理、充分发挥委员主体作用这一主题，进行交流和探讨。省政协副主席黄懋衡到会祝贺并讲话。

12月3日 全国政协常委、省政协副主席、民盟省委会主委倪国熙一行到抚州，考察抚州三中校园建设。

是年，由市政协分管副主席带队，组成7个视察小组，对年初市长在政府工作报告中提出的8个重点建设项目和其他20余个建设项目实施进展情况开展大型视察，并形成专题报告报送市委、市政府。

2006年

1月14日 市政协社会和法制委员会联合市中级人民法院在市职业技术学院开展送法进校园活动，为该校400余名在校学生举办青少年预防违法犯罪法制讲座，帮助在校学生增强法制意识。

1月14—15日 省政协党组副书记、常务副主席韩京承到资溪县、黎川县走访慰问特困企业和困难群众。

2月23日 市政协一届二十七次常委会会议通过《政协抚州市委员会提案工作条例》修订稿。

3月23日 省政协副主席倪国熙到东华理工学院，就学习贯彻全国两会精神进行辅导讲座。

3月 市政协编印《政协抚州市第一届委员会第八次会议提案目录和优秀提案办理情况汇编》，共收录提案187件，其中优秀提案20件。

4月10日 省政协副主席、省委统战部部长王林森一行12人，到抚州市开展宗教工作调研。

4月11—13日 市政协一届八次会议在抚州召开，出席委员204名。会议审议通过市委常委、市政协副主席王晓媛所作常务委员会工作报告和市政协副主席陈其辉所作提案工作报告。会上，市政协副主席、农工党市委会主委汪重阳，市政协副主席、市工商联会长邹俐菁等7人作大会发言。会议表彰2005年度全市政协系统优秀调研报告、优秀提案、优秀社情民意。市政协主席李品行作闭幕讲话。

5月2日 浙江省政协副主席、省委统战部部长王培民一行，在江西省政协副主席、省委统战部部长王林森陪同下，到资溪县考察调研。

5月17—18日 省政协副主席刘运来率民

进省委会农村师资队伍建设调研组，到黎川县就农村师资队伍建设工作进行调研。

6月27日 抚州市召开2006年抚州（香港）外商恳谈会，省政协副主席、省委统战部部长王林森到会祝贺。

8月27—28日 省政协主席钟起煌就县域经济发展到资溪县进行调研。

9月17日 全国政协副主席李兆焯率全国政协委员赴赣视察团，到广昌县视察扶贫开发工作。全国政协常委、中国扶贫开发协会会长胡富国，中国扶贫开发协会常务副会长、中国工商银行党委副书记、副行长田瑞璋，全国政协常委、全国政协港澳台侨委员会副主任何添发随同视察。省政协副主席黄懋衡，省扶贫开发办主任张志豪等陪同视察。

11月 市政协一届三十一次常委会会议审议通过《关于加强委员队伍管理暂行规定》等制度，确保市政协工作规范有序开展。

11月 市政协副主席邹俐菁出席在韩国首尔召开的第八届世界华商大会。

12月1—2日 市政协举办统战政协理论报告会。省政协副主席、省委统战部部长王林森和省政协常委石弘宝到会作报告。市政协主席李品行主持报告会，315名政协委员聆听报告。

12月3—5日 市政协二届一次会议在抚州召开，出席委员303名，市委书记钟利贵到会讲话。会议选举产生市政协第二届委员会主席、副主席、秘书长和常务委员。李品行当选为主席，赵恩洪、周琪（女）、陈云斐、邹俐菁（女）、黄德宪、廖建辉、何建辉、郑友清当选为副主席，徐容宁（女）当选为秘书长。大会表彰2005年度全市政协系统优秀调研报告、优秀提案、优秀社情民意。李品行作闭幕讲话。

2007年

1月底 市政协会同市委台办，邀请以台湾黎明技术学院院长赵志扬先生为团长的台湾教育参访团到抚州访问，推进两岸文化、教育交流，加深相互了解，增强祖国大陆对台湾同胞的凝聚力。

2月9日 市政协二届一次常委会会议通过《关于评选优秀政协委员的实施意见》。

3月6日 市政协文史委员会在全市聘请熟悉本地情况、有文字功底、热心文史工作的43人为特邀文史撰稿人，同时聘请文史顾问8人。

3月13—14日 江苏省苏州市政协原常务副主席一行13人到抚州市考察交流。

3月16—18日 市政协二届二次会议在抚州召开，出席会议委员302名。会议审议通过市政协副主席周琪、赵恩洪所作常委会工作报告和提案工作情况报告。会上，市政协副主席、农工党市委会主委郑友清等8人作大会发言。市政协主席李品行作闭幕讲话。

4月17—19日 以省政协副主席朱张才为团长的省政协常委视察团到东乡、金溪两县视察。

4月11日 市政协二届四次主席会议决定，聘请李华青等8人为市政协第二届委员会文史顾问。

4月28日 省政协副主席刘运来到南丰调研。

5月18日 省政协办公厅和市政协办公室联合在抚州召开全省充分发挥委员主体作用座谈会。

5月27—30日 省政协副主席刘运来率调研组到南丰、乐安县调研。

6月28日 市政协港澳台侨委员会召开庆祝香港回归祖国十周年暨抚州发展座谈会。

9月 市政协教文卫体委员会举办“师画抚州”艺术名家采风行暨工艺陶瓷精品、书画名人名作品展活动。50余位国家级、省级工艺美术大师来抚采风，市政协文化体育界委员和有书画特长的委员参加活动。

9月—12月 市政协文史委创新文史征编形式，创办《抚州文史》期刊，分别以弘扬临川文化、展示洪门史料为重点，出版共计20万字的《抚州文史》一、二期。

10月17—18日 省政协副主席、省委统战部部长王林森到南城县、宜黄县和市城区调研。

10月25日 市政协社会和法制委员会在市检察院召开情况通报会，邀请市检察院负责人向市政协委员通报全市预防职务犯罪和查办商业贿赂情况。

10月30日—11月2日 贵州省政协副主席、民革中央常委马文骏一行，到抚州市考察教育文化情况。

11月9—10日 全国政协常委钟起煌到南丰考察南丰蜜桔产业发展情况，并出席2007年中国南丰国际蜜桔文化节开幕式。

11月 全国政协副主席陈奎元来赣就"贯彻落实中央五号文件精神，加强人民政协工作情况"进行调研，并听取抚州市政协工作汇报。

11月 市政协积极探索发挥委员作用新途径、新做法，首次开展评选优秀市政协委员活动，在县(区)设立市政协委员联络组。

12月10—11日 省政协副主席刘运来率省政协教文卫体委员会组织的艺术团到金溪县，开展主题为"贯彻十七大精神，推动社会主义文化大发展大繁荣"的送文化下乡活动。

12月21日 市政协二届七次主席会议审议通过《政协抚州市委员会提案审查工作实施细则(试行)》。

年底，由市政协编印的《抚州古建筑精萃》画册正式出版。该画册精选照片400余幅，分为古村民居、牌坊门楼、井桥塔寺、雕刻彩塑、苏区旧址五篇，再现抚州历史风貌。

2008年

1月7—8日 省政协副主席刘运来到临川区、东乡县走访慰问，并视察市城区部分重点工程。

1月7—9日 市政协二届三次会议在抚州召开，出席会议委员316名。会议审议通过市政协副主席邹俐菁所作常委会工作报告和市政协副主席赵恩洪所作提案工作情况报告；表彰2007年度市政协系统优秀政协委员、优秀提案、优秀调研报告及优秀社情民意。市政协主席李品行作闭幕讲话。

1月 市政协编印《中国人民政治协商会议抚州市第二届委员会第三次会议提案目录和优秀提案办理情况汇编》，共收录提案285件，其中优秀提案22件。

2月23—24日 省政协副主席李华栋率医卫界省政协委员到抚州灾区开展义诊活动，共有700余人次得到义诊，并向临川区捐赠2万余元药品。

4月17—18日 省政协副主席朱张才等到抚州市就特殊教育现状等工作进行调研。

4月21—22日 省政协主席傅克诚、副主席刘晓庄一行，到抚州市视察部分市城区重点建设项目，到资溪县调研灾后重建工作。

5月24日 全国政协文史和学习委员会副主任钟起煌到宜黄县参观考察。

5月—6月 市政协举办"火车站新区规划与建设"和"赣东大桥及南北延伸段规划与建设"两场咨政建言会，首次就重大项目建设情况开展民主监督。

6月13—15日 省政协副主席李华栋一行到抚州调研特色工业园区建设情况。

7月14—16日 省政协常务副主席王林森一行就抚州市红色资源保护、管理和开发利用情况进行调研。

7月16—18日 省政协副主席郑小燕率调研组到南城、黎川、南丰县就新农合制度建设进行专题调研。

7月 市政协将“抚河水环境保护和治理”列入常委会专题协商课题。调研后向市委、市政府报送《关于抚河流域水环境保护和治理的建议案》。市政府专题研究建议案，在充分吸纳政协建议的基础上制订《关于切实加强抚河流域水环境保护和治理工作的意见》，对污染严重企业实行关停并转，建立起保护抚河流域生态环境长效机制。

8月1日 在“全省归侨侨眷‘迎奥运、颂改革’书法大奖赛”颁奖仪式上，由市政协推荐参赛的作品有11件获奖，市政协港澳台侨委员会获得书法大赛优秀组织奖。

8月28日 省政协副主席汤建人到金溪、资溪县调研，并视察市中心城区部分重点项目。

9月4—6日 省政协副主席刘晓庄一行到黎川、资溪县，就生态公益林补偿工作进行调研。

9月10日 市政协港澳台侨委员会会同市台办、市外侨办、市招商局、市侨联联合举办全市港澳台侨代表人士庆祝改革开放三十周年暨中秋茶话会。

9月18日 省政协副主席陈清华一行，到抚州市调研省政协香港委员在抚州投资企业情况。

11月8—9日 省政协副主席刘晓庄率生态采风团就南丰生态旅游、生态农业、生态工业、生态城镇建设情况进行考察。

10月14日 市政协机关工会成立，并于当日召开的第一届一次会议通过《抚州市政协机关工会工作办法》。

11月15日 市政协派人赴福建省厦门市参加闽粤赣十三市政协“深化区域合作，促进海西发展”首届论坛。

11月18—20日 省政协副主席刘晓庄率省督查调研组到抚州市，就贯彻落实《中共中央关于加强人民政协工作的意见》《中共江西省委关于支持和保证人民政协履行职能发挥作用的意见》情况进行督查调研。

是年，在抗击冰雪灾害中，市、县（区）政协领导深入挂点县、乡、村指导抗灾救灾工作。全市政协系统共捐款20余万元，赴灾区义诊送药、捐赠药品2万多元，并组织文艺界委员到灾区慰问参加救灾的解放军官兵。

是年，四川省汶川县特大地震发生后，市政协机关中共党员捐献“特殊党费”10余万元，市、县（区）政协组织捐款60余万元，市、县（区）政协委员捐款400余万元。

是年，召开全市政协反映社情民意工作会议，从市政协委员、各民主党派、工商联、市县（区）政协聘请38位特约信息员，健全反映社情民意队伍网络。

是年，市政协文史委分别以抚州商帮、赣东傩舞、戏剧文化、建昌药帮为主要栏目，征编出版四期《抚州文史》季刊，共计60万字。

2009年

1月 市政协编印《政协抚州市第二届委员会优秀提案优秀社情民意汇编》（2009年度），共收录提案和社情民意261件，其中优秀提案和社情民意22件。

2月22—24日 市政协二届四次会议在抚州召开，出席会议委员312名。会议审议通过市政协副主席黄德宪所作常委会工作报告和市政协副主席赵恩洪所作提案工作情况报告，表彰2008年度全市政协系统优秀政协委员及优秀提案、优秀调研报告、优秀社情民意、优秀社情民意信息员。市政协主席李品行作闭幕讲话。

2月26—28日 省政协副主席李华栋一行到抚州，就引导与扶持返乡农民工就业创业问题开展专题调研。

3月—8月 市政协党组在市政协机关开展学习实践科学发展观活动。

4月18—20日 全国政协社会和法制委员会调研组到抚州市调研返乡农民工与统筹城乡就业工作。

6月29日 市政协二届十三次常委会会议审议通过《政协抚州市委员会关于加强委员队伍管理暂行规定(修改稿)》《政协抚州市委员会关于加强界别工作，发挥界别作用的实施意见(试行)》。

6月 市政协首次召开全市政协界别工作会议，并将每年11月定为市政协委员联系群众"界别活动月"。

7月1—2日 省政协副主席汤建人到资溪县视察工作。

7月22日 市政协接待到广昌县参加"魅力莲乡"采风活动的《澳门日报》《联合报》《中国时报》《中国摄影杂志》新浪网等内地及港澳台多家新闻媒体记者。记者们到广昌县驿前镇姚西村、明清古建筑群、围屋、明代古寺龙凤岩、河东雁塔等地采风。

8月5日 省政协副主席汤建人到挂点新农村建设点黎川县湖坊乡石陂村调研指导工作。

8月6—7日 省政协副主席刘晓庄率调研组到抚州，深入部分城建重点项目、工业园区企业和临川一中调研。

10月2日 市政协"农村和农业委员会"更名为"人口资源环境委员会"。

11月4—6日 省政协副主席汤建人率调研组到抚州调研。

11月6日 河北省政协主席刘德旺率考察团到抚州，参观考察抚州市经济社会发展情况。江西省政协副主席王林森等随同考察。

11月14—15日 全省政协港澳台侨工作座谈会在抚州召开。省政协副主席陈清华出席会议并讲话。

12月3日 省政协副主席汤建人率调研组，深入挂点的黎川县湖坊乡石陂村，开展送教送书下乡活动。

是年，市政协创新提案办理方式，采取将政协全会大会发言改为重要提案由市政协领导领衔督办、编印"重要提案摘报"送市领导批阅、新闻媒体报道、委员现场视察督办、面对面协商办案等形式，推动提案办理工作深入开展。

是年，召开全市优秀社情民意评选机制专题座谈会，出台《关于评选优秀社情民意的意见》，提出优秀社情民意评价标准和量化考核办法。

是年，市政协在《人民政协报》《光华时报》《抚州日报》等报刊发表新闻报道和调研、理论文章100余篇，其中《光华时报》头版头条9篇；选送9篇理论文章参加全省人民政协理论研讨会，获得三等奖1个、优秀奖2个。

是年，市政协文史委以改革开放三十年、书院文化、抚州禅宗、非物质文化遗产为主要栏目，征编出版四期《抚州文史》季刊，共计60万字。

年底，由市政协文史委编印的《游国恩传》正式出版发行。该书共15万字，翔实地记述了游国恩的一生和他的学术成就，成为一部研究游国恩的权威性资料。

2010年

1月17—19日 市政协二届五次会议在抚州召开，306名委员出席大会。会议听取并赞同市长张勇所作政府工作报告，审议并同意副主席廖建辉、赵恩洪代表政协抚州市第二届常委会所作工作报告和提案工作情况报告。会议选举王晓媛为主席，增补黄耀波为副主席。大会表彰2009年度全市政协系统优秀政协委员及优秀提案、优秀调研报告、优秀社情民意、优秀社情民意信息员。新当选的市政协主席王晓媛作闭幕讲话。

2月 市政协编印《中国人民政治协商会议抚州市第二届委员会第三次会议提案目录和优秀提案办理情况汇编》，共收录提案285件，其中优秀提案22件。

3月 市政协代表市委、市政府率团赴香港（东莞）开展招商引资活动，并单独引进投资1.3亿元的香港客商江西盈晖实业有限公司项目落户金巢工业园区。

4月15日 省政协主席傅克诚考察抚州市中心城区部分城建项目。同日，新疆政协赴赣考察团到抚州市考察。

4月22日 省政协副主席王林森率调研组，到抚州市考察市中心城区城市建设。

4月26日 市政协机关党组印发《关于在市政协机关推行腐败风险预警防控工作的实施方案》，初步构建覆盖市政协机关的腐败风险预警防控体系。

5月2—3日 省政协副主席胡幼桃深入资溪县就生态旅游产业发展进行调研。

5月10日 全市政协工作会议在抚州召开。会上下发《中共抚州市委关于进一步加强人民政协工作的实施意见》。

同日，省政协副主席郑小燕率调研组一行到抚州调研。

5月17—21日 市政协考察组一行5人，赴安徽省合肥、铜陵、池州等地进行学习考察活动。

6月2日 省政协副主席朱张才到抚州市，视察金巢经济开发区部分工业项目和市中心城区部分重点城建项目。

6月7日 省政协副主席刘晓庄一行到抚州，就“气象探测环境保护”开展专题视察。

6月7—9日 省政协副主席郑小燕到抚州市考察调研。

6月13日 市政协举办提案工作培训班，对市各民主党派、工商联、无党派人士、知识分子联谊会50余名委员进行系统的提案知识培训。

7月4日 省政协副主席陈清华一行到临川区云山镇云山村指导洪涝灾害灾后重建工作。

7月5日 省政协主席傅克诚到抚州市看望慰问受灾群众，检查指导恢复生产和灾后重建工作。

7月6日 省政协副主席郑小燕率救灾医疗队到抚州市开展救灾医疗义诊，并代表中国初级卫生保健基金会“管飞江西扶贫基金”、农工党省委会捐赠价值100万元的医疗药品。

7月8日 省政协副主席朱张才、刘晓庄分别率农业专家组到抚州市看望受灾群众，指导恢复农业生产和灾后重建工作。

8月6日 省政协副主席郑小燕率省政协委员到临川区为罗湖镇支村小学捐款5万元。

8月23—26日 闽浙赣皖四省九市政协联谊会第二十次会议在鹰潭（开幕）、抚州（闭幕）两地召开。各地政协围绕“紧扣中心、服务大局，发挥优势、履行职能，促进地方经济和社会发展”主题，进行广泛交流和深入探讨。抚州市政协在会上作“树立两种意识，打造有为政协”发言。市政协主席王晓媛致闭幕词。

8月25—26日 省政协调研组深入黎川县，就小水电健康有序发展进行专题调研。

9月13日 市政协在市行政中心一楼大厅，举办文史资料《北宋名儒——李觏》首发式。该书由市政协文史委与南城、黎川、资溪三县政协联合征编，江西人民出版社出版，全书26万字。

9月15日 抚州市政协书画社成立，市政协主席王晓媛任名誉社长，市政协副主席黄德宪任社长。在10月11日召开的第一次会议上，通过《抚州市政协书画社章程》、艺术资格审查委员会组成人员名单、特聘书画家名单，并在市博物馆举办庆祝市政协成立十周年暨全市书画精品展。

9月20日 市政协举行纪念政协抚州市委员会成立十周年暨迎国庆、贺中秋茶话会，社会各界人士200余人参会。

10月27日 省政协副主席胡幼桃到抚州

市，就非工口七个系统国有企业改革工作进行调研。

11月4日 全国政协民族和宗教委员会副主任仲兆隆、周明甫率调研组到抚州，就贯彻落实国务院《宗教事务条例》情况进行调研。省政协副主席郑小燕陪同调研。

11月7日 省政协副主席李华栋深入黎川县，就科普惠农工作进行调研。

同日，省政协副主席胡幼桃到东乡县视察“两区”（城区、工业园区）建设。

11月20日 全国政协副主席张榕明，省政协主席傅克诚等领导来抚参观中国鄱阳湖国际生态文化节抚州市展馆。

12月7—8日 全国政协副主席李金华、省政协主席傅克诚到抚州市考察。

是年，市政协把2010年确定为提案“落实年”，实行“政府领导领办、政协主席督办、专委会和民主党派联合促办、提案委员会全程催办、政协委员跟踪问效”等举措，推动提案办理有效落实。

是年，全市遭受历史罕见的特大洪涝灾害，市政协全力参与抗洪救灾。除全力做好责任堤段抢险和临川区9个受灾村灾后重建挂点帮扶工作外，还为灾区募集捐款1500余万元和价值约280万元的救灾物资。

是年，市政协机关获“全市目标管理考评综合先进单位”“市直招商引资先进单位”“全市综治工作先进单位”称号，市政协灾后重建工作组被市委、市政府评为帮扶临川灾区恢复生产和灾后重建工作先进工作组。

是年，市政协在机关深入开展以“撰写1篇调研文章、2条社情民意、读3本书、采写4条信息、5篇新闻稿件”为主要内容的“12345”竞赛活动，出台《关于进一步加强政协宣传工作的实施意见》，全年在报纸杂志上发表新闻报道、调研、理论文章300余篇，在省政协和市委、市政府信息刊物刊登信息32条。

2011年

2月20—22日 市政协二届六次会议在抚州召开。会议听取并赞同市长张勇所作的政府工作报告，审议并同意副主席何建辉、黄德宪代表市政协二届常务委员会所作工作报告和提案工作情况报告。会议进行大会发言，并表彰2010年度全市政协系统优秀政协委员及优秀提案、优秀调研报告、优秀社情民意、优秀社情民意信息员。出席会议的委员还视察了“两区”建设和抚河“两堤”除险加固工程建设。

3月31日 省政协副主席、民盟江西省委会主委刘晓庄到抚州市宣讲全国两会精神。

4月1—2日 省政协副主席胡幼桃深入临川区等地考察调研春耕备耕、防汛准备、山洪地质灾害防治及灾毁农田复耕等工作。

4月 市政协机关党组在市政协机关开展“学在岗位、提升素质，打造学习型、和谐型政协机关”活动。

4月26日 省政协副主席朱张才到资溪县和市中心城区部分重点城建项目调研。

5月12—13日 省政协主席傅克诚率省政协视察团到抚州市，就农田水利基本建设情况开展视察调研活动。省政协副主席朱张才、刘晓庄一同视察调研。

7月5—7日 市政协参加在福建省莆田市举行的闽赣湘三省九市“政协联谊、港铁联动”首次活动。出席会议的有福建省莆田市、三明市，江西省南昌市、抚州市、新余市、萍乡市，湖南省株洲市、湘潭市、长沙市等政协相关同志30多人。抚州市政协作《深化区域物流合作，共建向莆经济走廊》交流发言。

7月14日 市政协社会和法制委员会组织委员就贯彻落实市委《关于进一步加强几个重点领域预防腐败工作的意见》情况开展专题民主监督。

8月30—31日 省政协副主席汤建人率省政协“大力发展文化产业”跟踪问效调研组10人到抚州市，就文化产业发展情况进行调研。

9月 谢发明任市政协党组书记。

9月22—24日 市政协三届一次会议在抚州召开，出席会议委员330人。会议听取并赞同张和平所作政府工作报告，审议并同意王晓媛所作市政协二届常委会工作报告和黄德宪所作市政协二届常委会提案工作情况报告。会议选举产生政协抚州市第三届委员会主席、副主席、秘书长和常务委员会委员，谢发明当选为主席，黄德宪、陈云斐、廖建辉、郑友清、黄耀波、周付德、蔡青（女）、贾益纲当选为副主席，徐容宁（女）当选为秘书长。新当选的市政协主席谢发明作闭幕讲话。

9月 市政协文史委编辑出版《萧涤非传》，共计15万字，真实客观地记述萧涤非的一生。

10月 市政协机关党组在市政协机关干部党员中开展“鼓士气、顺民心、树新风”主题教育活动。

10月10日 市政协在市博物馆举办“纪念辛亥革命100周年全市书画展”，共展出书法、美术作品184幅。

10月26日 全国政协副主席王志珍一行到金溪县，就“农田水利”专题进行调研。

11月10—11日 市政协举办第三届市政协委员培训班，邀请省、市政协领导讲授新时期人民政协理论、怎样做一名合格的政协委员、如何撰写好政协提案、如何做好反映政协社情民意工作等知识。

11月15—12月15日 市政协以“为建设幸福抚州献计出力”为主题，组织25个委员界别广泛开展“界别活动月”活动。各界别共走访群众200余人，形成调研和大会发言材料20余篇；为群众义诊和提供科技、卫生、法律方面的咨询服务1000余人次，赠送药品价值40余万元；向90名学生提供10万余元的教育资助。

11月19—20日 全国政协副主席阿不来提·阿不都热西提到抚州市，就“推进发展现代农业，确保农产品有效、安全供给”进行专题调研。全国政协常委、经济委员会主任张左己，副主任刘江、柴松岳等随同调研。省政协主席傅克诚、副主席朱张才等陪同调研。

11月—12月 市政协提案委员会积极拓宽提案征集渠道，首次在《抚州日报》《临川晚报》、抚州电视台、抚州论坛网站和抚州市政协网站刊登“市政协向社会公开征集提案线索的公告”，归纳整理出16条有价值线索，编入“提案征集参考提纲”。

12月13日 市政协经济技术委员会委员30余人对全市保障性住房工程建设情况进行专题视察，并赴重庆学习考察，形成《关于我市保障性住房建设情况的视察报告》，为市委、市政府完善保障性住房建设提供借鉴的思路与办法。

12月14日 省政协副主席汤建人一行到南丰视察南丰蜜桔销售情况。

12月28日 省政协主席傅克诚一行到临川区，走访慰问敬老院老人、重点优抚对象、城乡低保户和困难企业。

是年，市政协文史委先后以“抚州院士”“庆祝建党九十周年”“抚州辛亥人物”和“抚州水利”为主要栏目，征编出版四期《抚州文史》季刊，共计68万字。

2012年

2月17日 市政协“港澳台侨委员会”更名为“港澳台侨和外事委员会”。

2月20—22日 市政协三届二次会议在抚州市召开，出席大会委员338名。会议听取并赞同市长张和平所作政府工作报告，审议并同意主席谢发明、副主席黄耀波代表政协抚州市第三届委员会常务委员会所作工作报告和提案工作情况报告。会议补选市政协第三届委员会常务委员，进行大会发言。市政协主席谢发明作闭幕讲话。会议期间组织观看临川版采茶戏《牡丹亭》。

2 月 27 日 根据市政府部署和要求，市政协机关召开作风整治动员大会，开展“效能作风整治”专项行动。

3 月 7 日 为学习借鉴外地政协史料征编经验，市政协领导带队赴山东省济宁市、泰安市和江西省上饶市学习考察，汲取经验，拓宽思路。

4 月 25—26 日 省政协副主席刘晓庄率领省政协人口资源环境委员会生态采风团一行 20 余人，到宜黄县开展生态采风活动。同期，省政协副主席陈清华到崇仁考察。

5 月 21 日 市政协常委会组成人员及机关工作人员廉政教育活动在市廉政党校举行。市政协主席谢发明讲授廉政党课。

5 月 23 日 市政协制订《关于改进工作作风、密切联系群众的具体措施》。

5 月 27 日 省政协原副主席叶学龄一行，到乐安流坑古村及水南古樟树林调研。

6 月 20 日 市政协文史馆成立，这是江西省首个注册登记的政协文史馆。文史馆聘请 4 名顾问和 40 名馆员，开展抚州文史资源的发掘、抢救、整理和编撰工作。

7 月 19—21 日 省政协主席黄跃金到抚州市考察调研。

8 月 13—14 日 省政协副主席李华栋到资溪县调研旅游产业和有机农业发展情况。

8 月 27—28 日 副省长、省知联会副会长谢茹，省政协副主席、民盟江西省委会主委刘晓庄，省政协副主席、农工党江西省委会主委郑小燕分别率调研组深入广昌县调研。

9 月 4 日 省政协副主席汤建人率民进省委会、省政协教卫文体委、江西赣商联合总会考察调研组，深入广昌县开展“同心聚力广昌行”项目帮扶活动。

10 月 6 日 省政协副主席肖光明一行 3 人到崇仁县调研。

10 月 为进一步提升提案工作社会参与度，市政协首次在市政府网、市政协网开展全市素质教育问卷调查，参与网民 2000 余人，收到有效问卷 1200 余份。

10 月 26—28 日 省政协副主席陈清华率省政协港澳委员返赣视察团一行，到抚州市考察指导保障性住房建设等工作。

11 月 3 日 方国兴书画瓷艺展在抚州市博物馆开展。全国政协民族和宗教委员会副主任、省政协原主席傅克诚出席开展仪式并观看展览。

11 月 28 日 市人民政协理论研究会成立大会在抚州召开。会议通报市人民政协理论研究会筹备情况，审议通过《抚州市人民政协理论研究会章程》和研究会第一届常务理事会名誉会长、会长、副会长、秘书长、副秘书长名单。

12 月 18 日 市人大常委会外侨民宗工委、市政府外事侨务办、市政协港澳台侨和外事委、市侨联在市政协召开市“四侨”联席会议第一次会议。

12 月 市政协出版《务实创新、履职奉献——抚州市政协三届一次会议以来履职成果集》一书，全书共计 30 余万字，分 6 个篇章，收录稿件 132 篇。

是年，先后接待湖北政协赴赣考察团、省政协港澳委员“保障性住房建设”视察团等到抚州市考察视察。

是年，市政协在《人民政协报》《中国政协》《光华时报》等报纸杂志发表新闻报道和调研文章 110 余篇，其中在《光华时报》头版头条发表重头稿件 8 篇，在省政协和市委、市政府信息刊物刊登信息 54 条，市政协宣传工作在全省政协系统名列前茅。

是年，市政协文史委征编出版以“文化世家”“品读抚州”“抚州道教”“苏区岁月”为主要栏目的4期《抚州文史》季刊和一本《岁月留痕——抚州一百古村落行摄记》史料专辑，共计 76 万字。

2013年

1月3—5日 市政协三届三次会议在抚州召开，出席大会的委员336名。会议听取并赞同市长张和平所作政府工作报告，审议并同意主席谢发明、副主席黄耀波代表市政协三届常委会所作工作报告和提案工作情况报告；表彰市政协三届一次会议以来优秀市政协委员、优秀提案、优秀调研报告、优秀社情民意、宣传信息工作先进单位。

1月17日 省委检查考核第四组组长、省政协主席黄跃金，出席抚州市2012年度落实党风廉政建设责任制和推进惩防体系建设检查考核大会并讲话。同日，黄跃金还到黎川县走访慰问。

3月 市政协经济技术委员会组织部分委员赴福建省莆田市、三明市，就加强港铁联运、促进区域合作进行学习考察。

4月 市政协经济技术委员会与文昌里旧城改造领导小组赴浙江省考察衢州、湖州、杭州和绍兴等市历史街区改造工作。

5月7—8日 省政协副主席郑小燕到抚州市，就积极稳妥推进政协工作向新社会组织、新经济组织、产业、科技园区等领域延伸进行专题调研。

5月13—14日 省政协副主席肖光明率专题调研组到黎川县、南城县，就和谐秀美乡村建设工程贯彻落实情况开展专题调研。

6月1—2日 湖北省政协副主席李宗柏率考察团到抚州考察。

6月 市政协根据省政协要求，首次设立“特聘港澳台侨委员”制度，吸纳抚州市港澳台侨特殊人才为市政协委员，推动政协工作创新发展。

7月8—9日 全国政协原副主席张怀西到抚州考察。

7月16—18日 省政协主席黄跃金到抚州市考察调研。

8月23日 市政协举行全市首批“特聘港澳台侨委员”授聘仪式，6名为全市经济社会发展作出贡献的港澳台侨优秀企业家被聘为市政协“特聘港澳台侨委员”。

9月 湖南省政协副主席袁隆平院士到崇仁县超级水稻示范基地视察。

10月21日 福建省莆田市政协副主席王玉宝率该市政协书画院一行20人到抚州市考察采风，并与市政协书画社举行笔会，共创作交流作品40多幅。

11月15—16日 全国政协常委、省政协副主席、农工党江西省委会主委郑小燕到广昌县开展捐赠帮扶活动。

11月26日 中央苏区闽赣省成立80周年纪念活动在黎川县举行，省政协主席黄跃金出席座谈会并讲话。同日，黄跃金还出席抚州市首届“汤显祖戏剧奖·小戏小品奖”大赛（决赛）开幕式。

11月26—27日 省委常委、省委统战部部长蔡晓明到广昌县，考察调研统一战线“同心·振兴广昌示范区”建设情况。省政协副主席、民盟江西省委会主委刘晓庄一同考察调研。

11月27—28日 全省政协经济委员会工作座谈会在抚州市召开。省政协党组副书记、副主席钟利贵讲话，省政协副主席孙菊生主持。

12月27日 全国政协原副主席、中华职业教育社理事长张榕明到广昌，考察指导职业技能教育和民建中央支持振兴发展赣南等原中央苏区工作，并到驿前镇高虎脑苏区振兴示范点和县职业中学、县二中调研。

是年，市政协首次将委员关注、群众期盼的20件关于“城市公交”提案进行集中协商办理，通过抚州门户网站和抚州市政协网站向社会发布问卷调查，吸引5000多名市民参与协商办理，促使城市公交问题得到解决。

是年，市政协领导牵头负责的新区火车站站前广场工程、市城区小街小巷路灯新建和改造工程、五峰路东西段道路工程、文昌里老城区改造、农民公寓建设工程、2013年保障性住房、总部经济中心等重点项目，均按照“项目化、时间表、责任人”要求，扎实有序推进。

是年，市政协文史委以“科举明星”“地名掌故”“抚州山水”“抚州遗珍”为主题，征编出版4期《抚州文史》季刊，并获江西省政协系统优秀文史图书奖。同时编印《饶漱石》名人专著，公开发行《人文抚州》丛书，共计150万字。

2014年

1月 市政协编辑《协商议政谋发展，创新履职促民生——抚州市政协2013年履职成果集》一书，全书共计22万余字，分6个篇章，收录稿件104篇。

2月17—19日 市政协三届四次会议在抚州召开，出席大会的委员共336名。会议听取并赞同市长张和平所作政府工作报告，审议并同意市政协主席谢发明、副主席郑友清代表市政协三届常委会所作工作报告和提案工作情况报告。出席会议的委员列席市三届人大四次会议。

2月28日 市政协机关深入开展党的群众路线教育实践活动，教育活动分“学习教育，听取意见”“查摆问题，开展批评”“整改落实，建章立制”三个阶段，至9月底结束。

4月10日 全国政协副主席、民建中央常务副主席马培华到抚州市，就民建基层组织建设进行调研。省政协副主席、民建江西省委主委孙菊生等参与调研。

4月14日 全国政协民族和宗教委员会副主任、青海省政协原主席白玛率全国政协民族和宗教委员会专题考察组一行到抚州考察。

4月23日 全国政协文史和学习委员会副主任、河北省政协原主席刘德旺，率全国政协文史和学习委员会专题调研组一行到乐安流坑古村，就城镇化进程中古村落保护工作进行专题调研。

8月15日 市政协制定《中共政协抚州市委员会党组工作规则》，并印发关于《政协抚州市委员会加强和改进调查研究工作的意见》的通知。

8月18日 全国政协常委、民盟中央副主席、上海市人大常委会副主任、民盟上海市委会主委郑惠强率民盟上海市委会调研组一行到广昌，就对口支援广昌县工作开展调研。全国政协常委、省政协副主席、民盟江西省委会主委刘晓庄陪同调研。

9月10日 市政协举办全市政协反映社情民意信息培训班。市政协机关、各县（区）政协和市各民主党派信息员，社情民意信息联系点信息专报员参加培训。

9月17—18日 全国政协常委、经济委员会主任周伯华率全国政协经济委员会调研组到抚州，就构建新型农业经营体系情况进行专题调研。

9月24日 省政协副主席、省科协主席李华栋一行，到资溪新云峰木业有限公司考察院士工作站工作进展情况。

11月15日—12月15日 市政协开展“界别活动月”活动。其间，动员和组织全市政协组织和政协委员开展“三进三服务”活动，1200多名市、县（区）政协委员深入基层一线，共开展扶贫济困、捐资助学、法律援助、送医送药、送教下乡等活动300余场（次），捐赠款物160余万元，惠及城乡群众5000余人。

11月 市政协出版《抚州市人民政协理论研究会2014年度论文选》一书，全书共计20余万字，收录论文43篇。

12月8日 全市政协理论研讨会在市政协常委会会议室召开，会议对全市政协理论研究与实践创新工作进行交流探讨，并邀请省政协办公厅副主任王国龙作“人民政协协商民主建设问题”学习辅导报告。

12月 市政协出版《倾力谋发展、真情惠民生——抚州市政协2014年履职成果集》一书，全书收录稿件94篇，分5个篇章，共计22万余字。

是年，市政协将“建设向莆铁路经济带”和“推进我市农业产业化升级”列为常委会协商议题，采取常委会专题协商暨资政会形式，组织10个调研组从不同角度就加强区域合作、增强发展动力建诤言、献良策。

是年，市政协着力完善提案办理协商机制，制定出台《民主评议提案办理工作办法》，首次对市环保局、商务局、规划局、农业局2014年提案办理工作进行民主评议，并将评议结果在一定范围内予以通报。

是年，市政协文史委征编出版以地名掌故、莲乡风物、名胜古迹楹联（上、下篇）、东乡红星为主要栏目的《抚州文史》季刊。同时编印《亲历抗美援朝》“三亲”口述史料，出版抚州文史丛书《千载文昌》《盱水研墨》《访古问贤》共计165万字。

2015年

1月7日 市委常委会会议同意市政协“学习文史委员会”更名为“文史委员会”，“经济技术委员会”更名为“经济委员会”，“法制社团委员会”更名为“社会和法制委员会”，“教文卫体委员会”更名为“教科文卫体委员会”，“港澳台侨和外事委员会”更名为“港澳台侨外事和民族宗教委员会”。更名后机构级格不变。

1月19—21日 市政协三届五次会议在抚州召开，出席大会的委员共318名。会议听取并赞同市长张和平所作政府工作报告，审议并同意市政协主席谢发明、副主席黄耀波代表市政协三届常委会所作工作报告和提案工作情况报告。会议补选徐建辉、柏林为副主席。

2月14—15日 省政协主席黄跃金到抚州市走访慰问困难群众，并就扶贫开发工作进行调研。

4月14—16日 全国政协常委、中华海外联谊会副会长、澳门康泽工商有限公司董事长廖泽云，中央统战部三局局长、中华海外联谊会秘书长郑钢森率中华海外联谊会考察团到广昌，开展“港澳台海外知名人士广昌行”经贸合作活动。

5月 全国政协常委、省政协副主席郑小燕率省政协调研组一行到抚州市，就文物古建筑消防安全工作进行调研。省政协常委、省政协社会和法制委员会主任张莉，省政协常委、省公安消防总队原政治委员王林波，省政协常委、省政协副秘书长栾波，省政协社会和法制委员会专职副主任李东山等随同调研。

5月25日 市政协机关开展“三严三实”专题教育活动。

6月23—24日 省政协教科文卫体委员会主任龚林儿、副主任毛学东等一行8人深入广昌，就《中华人民共和国非物质文化遗产法》贯彻落实情况进行调研。

7月16—17日 全国政协常委、省政协副主席、民建省委会主委孙菊生率省政协调研组一行来到抚州市，就为全省制定“十三五”规划建言献策工作进行调研。省政协人口资源环境委员会主任文红莲、副主任揭赣元，省政协办公厅副主任王国龙，省政协副秘书长、民盟省委会专职副主委任江南，省政协人口资源环境委员会专职副主任樊欣随同调研。

9月25日 全市各界人士中秋座谈会在市政协常委会会议室举行。市政协主席谢发明讲话，市政协副主席柏林主持，市政协秘书长徐容宁，市政协各界别委员代表、特聘港澳台侨委员及各民主党派、工商联、侨联和无党派人士代表共计70余人出席。

10月中旬 市政协主席谢发明等一行6人应邀赴台湾开展经贸交流活动，进一步推动抚台两地在经贸、农业、旅游等多方面交流、合作与发展。

11月17日 闽浙赣皖四省九市政协联谊会第二十五次会议在南丰县召开，会议就推进人民政协协商民主理论和实践进行研讨交流。会议期间，与会代表考察南丰县生态农业的发展情况。

12月下旬 市政协协助市委召开政协工作会议，并下发《中共抚州市委关于加强人民政协协商民主建设促进政协事业发展的意见》。《意见》对政协协商内容、形式、程序、保障等作出具体规定，进一步提高市政协协商民主制度化、规范化、程序化水平。

是年，市政协文史委分别以“汤翁拾遗”“抚州抗战”“农耕文化”“名人园里话名人”为主题，编印四期《抚州文史》。编纂出版《回忆人民公社》《中国传统村落—湖坪》两本文史专著，共计110万字。

2016年

1月14日 省政协副主席、民建省委会主委孙菊生到广昌县走访困难群众和调研工业产业发展情况。

1月16—17日 省政协副主席、民盟省委会主委刘晓庄到广昌县走访慰问困难群众，调研精准扶贫工作。

1月18—19日 省政协副主席胡幼桃深入乐安县走访慰问困难群众，调研精准扶贫工作。

1月19—21日 市政协三届六次会议在抚州召开，出席委员共356人（其中特聘委员12人）。会议听取和审议市政协主席谢发明所作市政协三届常委会工作报告和副主席柏林所作提案工作情况报告；表彰2015年度优秀市政协委员、优秀提案、优秀调研报告、优秀社情民意、宣传信息工作先进单位。

3月11—12日 赣州市政协主席曾新方一行12人，到抚州市考察县域工业发展情况。

4月26日 省政协副主席、九三学社江西省委会主委、省科协主席李华栋，率调研组深入宜黄县就“推动徐霞客游线文化旅游发展与精准扶贫”课题进行调研。

5月10日 全国政协委员、江西省政协原副主席刘上洋，全国政协常委、江西省政协原副主席、民革中央监督委员会副主任陈清华率调研组到黎川县，就贯彻落实国务院《关于支持赣南等原中央苏区振兴发展的若干意见》和省委、省政府《贯彻落实〈关于支持赣南等原中央苏区振兴发展的若干意见〉的实施意见》开展调研。

5月15—17日 全国政协常委、黑龙江省政协原副主席何小平到乐安县、黎川县，考察调研文化旅游产业发展情况。全国政协常委、江西省政协原副主席陈清华陪同调研。

5月26—27日 省政协副主席钟利贵到乐安、宜黄县，开展降低企业成本、优化发展环境政策宣讲，并调研乐安县有关企业，了解企业生产经营情况与困难。

5月27日 省政协副主席、民进省委会主委汤建人赴广昌县，开展农村资源禀赋情况调查暨“1%工程放飞足球梦想·‘六一’关爱农村留守儿童”活动。

5月30—31日 省政协党组副书记、副主席姚亚平率宣讲组，到南丰开展“降低企业成本、优化发展环境”专项调研和政策宣讲。

6月21日 浙江省温州市政协副主席夏克栋率“南戏遗存”考察组到乐安流坑考察。

7月25日 市政协机关举行“不忘初心、永跟党走”主题演讲比赛。

8月8—10日 省政协副主席郑小燕率视察组到抚州市，就“借助乡村旅游 推进精准扶贫工作”开展专题视察。

8月9—11日 广东省汕尾市政协副主席刘小静率考察组一行15人，到抚州市考察社会力量办学情况。

9月14日 黄晓波任政协抚州市委员会党

组书记。

9月24日 纪念汤显祖、莎士比亚、塞万提斯逝世400周年活动开幕式在抚州举行。全国政协副主席马飚出席并致辞，省委副书记、代省长刘奇致欢迎辞；省委常委、宣传部部长陈俊卿，省人大常委会副主任、省总工会主席谢亦森，省政协副主席汤建人、胡幼桃和中宣部、文化部、中国剧协、省直各单位、兄弟市等领导及有关国家使节出席。

9月25日 全国政协副主席马飚到金溪县竹桥古村考察。

10月19日 全国政协常委、甘肃省政协副主席德哇仓率团到抚州考察。

10月31日—11月2日 市政协四届一次会议在抚州召开，出席大会的委员350名。会议听取和审议谢发明所作工作报告和柏林所作提案工作情况报告；选举产生市政协第四届委员会主席、副主席、秘书长、常务委员；黄晓波当选为主席，黄耀波、刘菊娇（女）、郑友清、周付德、徐建辉、柏林、刘忠华、戴晓文当选为副主席，徐容宁（女）当选为秘书长。新当选的市政协主席黄晓波作闭幕讲话。

11月27日 2016年全国知名商会原中央苏区（抚州）行开幕式举行。省政协副主席、民建省委会主委、省促进非公有制经济发展领导小组副组长孙菊生，中央统战部五局局长、中国光彩事业促进会副会长兼秘书长张天昱讲话，市长张鸿星主持。

12月13日 中共政协抚州市委员会机关总支部委员会成立，刘海滨任总支部书记。

12月上旬 市政协集中培训新任政协委员227名，邀请汪玉奇、杨斌、王国龙、崔健四位省政协理论专家作专题辅导报告，提高委员参政议政能力和水平。

是年，市政协出版《宋明理学之桥——元·草庐吴澄》《独抱贞心——饶岱章诗选注》《抚州历代书画人文大观》《南城——洪门起源地》四辑文史资料丛书，共计120余万字。出版《抚州文史》季刊四期，共计40余万字。

2017年

1月10—12日 市政协四届二次会议在抚州举行，出席会议的委员335名。会议听取并赞同市长张鸿星所作政府工作报告；审议并同意市政协主席黄晓波代表市政协四届常委会所作工作报告和副主席柏林所作提案工作情况报告及其他报告、决议；各界别委员作大会发言。

3月27—29日 省政协党组副书记、副主席姚亚平一行7人到抚州市，就“特色小城镇建设”开展专题调研。

4月12日 农工党中央书画院、江西省政协、农工党江西省委会捐赠书画作品暨锦绣公益基金会成立仪式在抚州市举行。全国政协副主席、农工党中央常务副主席刘晓峰，省政协主席黄跃金出席。

4月13—14日，省政协副主席郑小燕率调研组一行，到东乡区就“未成年人司法保护及犯罪预防”开展实地调研。

4月20日 市政协成立机关落实全面从严治党主体责任工作办公室，以切实加强党风廉政建设和反腐败工作，推动机关全面从严治党各项工作再上新台阶。

5月17—19日 省政协副主席刘晓庄率调研组一行，到资溪县、乐安县就“促进我省少数民族地区特色旅游发展”开展实地调研。

6月17日 省政协副主席陈俊卿率调研组一行，到乐安县调研新农村建设情况。

6月26—27日 省政协副主席汤建人一行，到黎川县开展科技下乡活动。

7月25—26日 省政协党组副书记、副主席蔡晓明率调研组，到乐安县就“扶贫专项资金使用情况”开展专题调研工作。

8月—9月 市政协联合各县（区）政协及相

关市直部门，围绕加强抚河流域生态保护与综合治理，加快绿色产业发展开展专题调研，形成《把“绿水青山”变成“金山银山”——关于加强抚河流域生态保护与综合治理，加快绿色产业发展的调查报告》，提交市政协常委会会议专题协商。协商成果得到市委主要领导充分肯定，《光华时报》《现代抚州》《抚州日报》等报刊对专题调研报告取得成果进行详细报道。

9月24日 由江西省人民政府、中国人民对外友好协会和中国戏剧家协会联合主办的汤显祖戏剧节暨国际戏剧交流月活动在抚州开幕。全国政协副主席王正伟出席开幕式并讲话。省委副书记姚增科，中国人民对外友好协会副会长户思社，中国戏剧家协会分党组副书记顾立群，英国驻华大使吴百纳，西班牙驻华使馆副馆长歌华麓，英国驻广州总领事梅凯伦分别致辞。省委常委、宣传部部长赵力平，省政协副主席、民建省委会主委孙菊生等出席。副省长李利主持。

9月28日 全市各界人士中秋座谈会在市政协常委会会议室举行。市政协主席黄晓波出席并讲话，各界别委员代表，在抚港澳台胞、侨胞、侨属侨眷代表，各民主党派、工商联、侨联及无党派人士代表70余人参加。

10月12—13日 省政协副主席、民建江西省委主委孙菊生带队，到抚州市开展“加快我省国家生态文明试验区建设”专题调研并召开座谈会。

10月16—17日 省政协党组副书记、副主席蔡晓明率调研组到乐安县，就“扶贫专项资金使用情况”开展专题调研。

10月27—28日 河南省漯河市政协副主席宗万志率领漯河市政协农村工作委员会一行14人，围绕城市旅游及新型农业经营体系到抚州市调研。

11月10日 全市县（区）政协主席座谈会在黎川县召开，会议就“深入学习贯彻党的十九大精神，加强政协民主监督工作”进行专题研讨。

11月15日 鹰潭市政协副主席吴南平一行10人，围绕“推进市区优质教育资源共享”来抚州市调研考察。

12月31日 市政协协助市委出台《关于进一步加强和改进政协民主监督工作的实施意见》，为进一步推进政协民主监督制度化、规范化、程序化建设提供重要保障。

12月 市政协编纂出版《协商议政谱新篇，聚力共建新抚州——抚州市政协四届一次会议以来履职成果集》一书，全书收录稿件92篇，分6个篇章，共计22万字。

是年，市政协文史委以“文昌里文化”“广昌家风家规”等为主题，编印4期《抚州文史》，计40余万字，出版抚州文史丛书《临川词曲释评》，共计160万字。

2018年

1月7—9日 市政协四届三次会议在抚州召开，到会委员332人。会议听取并赞同市长张鸿星所作政府工作报告，审议并同意市政协主席黄晓波代表市政协四届常委会所作工作报告和副主席柏林所作提案工作情况报告。市领导出席开幕式和闭幕式，参与联组讨论，与委员互动交流。会议补选市政协第四届委员会副主席1名、常务委员3名。

2月8日 抚州市举行牡丹亭游园灯会开园仪式，省文化产业促进会会长、省政协原党组副书记、副主席刘上洋出席开园仪式。

3月27—28日 省政协副主席刘晓庄率视察组一行，到宜黄县曹山寺曹洞佛学院和临川区金山尼众佛学院就“我省宗教院校建设情况”开展专题视察。

5月16日 市政协主席黄晓波率团赴俄罗斯、芬兰等国考察交流。

6月5日 市政协机关开展为期一个多月的

习近平总书记关于加强和改进人民政协工作重要思想学习研讨活动。

7月10日 市政协召开习近平总书记关于加强和改进人民政协工作重要思想专题理论研讨会。

9月28—29日 2018年汤显祖戏剧节暨国际戏剧交流月活动开幕。全国政协副主席刘奇葆出席开幕式并讲话。省委副书记、代省长易炼红致辞。其间，刘奇葆还到市博物馆、汤显祖纪念馆、王安石纪念馆等地考察调研，全国政协人口资源环境委员会副主任黄跃金，省政协党组副书记、副主席陈俊卿等陪同调研。

10月26日 省委、省政协《关于加强和改进人民政协民主监督工作的实施意见》专题调研第一片区座谈会在抚州召开，省政协副主席陈俊卿对抚州市加强政协民主监督的务实举措和工作亮点给予充分肯定。

10月28日 第二届中医药文化大会在汤显祖大剧院举行。第二届中医药文化大会主席、十二届全国政协副主席马培华，十二届全国政协副秘书长何丞洁，江西省政协原副主席郑小燕，福建省政协原副主席陈绍军，国家中医药管理局原副局长、中国中药协会会长房书亭，国家中医药管理局原副局长、中国中医药信息研究会会长吴刚等领导，以及中医药高校校长、医院院长，专家学者、民间名医、健康领域企业代表等1200余人出席大会。

11月8日 市政协成立机关党委，下设4个党支部，在有关单位、企业、社区等设立30个中共党员委员工作站。建立党员委员直接联系服务群众制度，党组成员联系界别、党员委员联系党外委员制度，政协重要履职活动设立临时党组织等11项工作制度，确保政协党建工作有制可依、有章可循。

11月13日 省政协党组书记、主席姚增科到黎川县调研。

11月14日 市政协党组在市文化旅游投资发展有限公司举行中共党员委员工作站挂牌仪式，并分别向市红十字会、市实验学校、玉茗建设集团、明恒纺织集团等单位授牌。

11月14日 市政协联合市工商联、市党外知识分子联谊会举办“2018年抚州市非公经济金融研讨会”，邀请100多位民营企业家与银行、金融部门代表面对面沟通，为破解企业发展难题做出努力。

12月12日 全省首次政协系统党的建设工作座谈会在抚州召开。抚州市全面加强政协党建工作创新做法得到省政协和与会兄弟市政协的肯定和好评，《人民政协报》《光华时报》《抚州日报》作报道。

是年，市政协党组先后召开3次党组（扩大）会议，系统开展《习近平总书记关于加强和改进人民政协工作的重要思想专题摘编》学习。共组织开展各类专题学习、理论研讨37场次，学习培训3000余人次。

是年，市政协在全省率先出台《关于切实加强新时代人民政协党的建设工作的实施意见》，为全面加强全市政协系统党的建设提供重要遵循和坚实保障，省政协主席姚增科对此作出批示，予以高度评价。

是年，首次组织50名市政协委员到全国政协青岛培训基地集中学习培训。

是年，市政协文史委以“人文拾踪”“汤公文化（上下）”“回首40年”为主题，编印4期《抚州文史》；与乐安县、崇仁县政协合作出版《乐安民国风云录》《至德崇仁》两本专辑史料，共计100万字。

2019年

1月15—17日 市政协四届四次会议在抚州举行，出席会议的委员343名。会议听取并赞同政府工作报告及其他报告，审议并同意市政协主席黄晓波代表市政协四届常委会所作工作报告和副主席柏林所作提案工作情况报告。市领导出席开幕和闭幕会议，参与联组讨论，与委员互动交流。

1月16日 市政协四届十四次常委会决定，增设“农业和农村委员会”，“文史委员会”更名为“文化文史和学习委员会”。

2月12日 市政协机关开展“为谁执政、为谁执法”专题教育活动。

2月28日 市政协印发《市政协反映社情民意信息工作管理办法》。

3月6—8日 湖北省潜江市政协主席申东辉一行12人，到抚州市考察推动戏剧文化发展工作。

3月13日 市政协机关深入开展解放思想“三问”（我们的差距在哪里？为什么有差距？我们怎么办？）大讨论活动。

3月14日 山西省政协副主席、吕梁市委书记李正印率吕梁市党政代表团，到抚州市考察脱贫攻坚、文化旅游、现代农业、新农村建设等工作。

3月18日 省政协副主席、省工商联主席雷元江带队到抚州市考察中医药及大健康产业发展情况，南昌商会联合总会执行会长、博能集团董事长温显来等企业家参加考察。

4月18日 “三区三州”深度贫困地区“智慧村医”健康扶贫工作研讨会在抚州市召开。中央统战部副部长、全国工商联党组书记、常务副主席徐乐江讲话，全国工商联副主席谢经荣主持会议。省政协副主席、省工商联主席雷元江和西藏自治区政协副主席、工商联主席阿沛·晋源致辞。参会人员还到广昌、临川两地实地考察“智慧村医”健康扶贫工作经验做法。

4月26日 成立中共政协抚州市委员会机关纪律检查委员会。

5月11日 全国政协副主席何维率全国政协人口资源环境委员会专题调研组到抚州市，就生态文明建设开展调研。

5月24日 河南省政协副主席、民革省委会主委李英杰一行，到宜黄县、金溪县就“农村人居环境整治和美丽乡村建设”开展专题考察。

6月3日 宜春市政协副主席蔡佩兰率考察组到抚州市，考察交流政协党的建设工作。

6月12—14日 市政协主席黄晓波率市政协学习考察组赴吉安市、赣州市，围绕“加强党性锻炼，不忘初心使命，推进政协工作提质增效”主题，在井冈山和于都接受革命传统教育，并考察两地政协创新特色工作和经济高质量发展情况。市政协班子成员、各县（区）政协主席参加考察。

7月8—12日 市政协组成专题调研组就县域经济发展情况到崇仁、东乡、黎川等县开展调研，并赴全国百强县（市）——湖北省宜都市、仙桃市学习考察，形成专题协商调研报告。

7月22—23日 省政协党组副书记、副主席陈俊卿率调研组，到抚州调研VR及相关产业发展情况。

9月6日 省政协党组书记、主席姚增科到挂点联系的抚州高新区走访民营企业，就营商环境改善与干部作风转变开展专题调研。

9月9—10日 中共中央政治局常委、全国政协主席汪洋先后到抚州、南昌等地，深入宗教活动场所了解情况，并主持召开宗教工作座谈会，听取有关方面意见建议。

9月11日—11月底 市政协印发《中共政协抚州市委员会党组“不忘初心、牢记使命”主题教育工作方案》，并成立主题教育领导小组及办公室，开展为期两个月的主题教育活动。

9月23日 由市政协机关、市委统战部主办的全市庆祝中华人民共和国暨人民政协成立70周年文艺会演在抚州职业技术学院演奏厅上演。

10月15日 市政协庆祝中国人民政治协商会议成立70周年书画摄影作品展在抚州市博物馆开幕。展览共展出书画、摄影作品200余件，充分反映抚州市70年间发生的巨大变化和取得的辉煌成就。

10月19日 2019汤显祖戏剧节暨国际戏剧交流月活动开幕式在抚州举行。全国政协副主席李斌讲话，省政协主席姚增科代表省委、省政府致辞，副省长吴忠琼主持开幕式。

11月7日 党外代表人士学习中共十九届四中全会精神座谈会召开。市委常委、统战部部长、市政协党组副书记韦萍主持会议并讲话。市人大常委会副主任、民建市委会主委段院龙，市政协副主席、民革市委会主委刘忠华，市政协副主席、市工商联主席戴晓文等党外代表人士发言。

11月14日 市政协邀请吉安市政协原主席龙波舟讲授"不忘初心、牢记使命"主题教育专题党课。

12月26日 市政协党组印发《关于开展"红旗工作站""红旗党支部"和"党员示范岗"评比活动的实施办法》的通知，开始在全市政协系统评比"红旗工作站"和在市政协机关评比"红旗党支部"和"党员示范岗"。

同日，市政协党组印发《市政协领导密切联系委员制度》《市政协党组与各民主党派、工商联和无党派人士联系制度》《市政协党组成员联系走访无党派人士界、宗教界委员实施办法》，进一步加强市政协与各民主党派、工商联、无党派和宗教界人士的联系，充分发挥他们在人民政协中的作用。

是年，市政协分别以"盱江医学""曾巩千年""回眸70年""抚州千金陂"为主题编印4期《抚州文史》，共计50余万字。

2020年

1月18日 在省政协十二届三次会议召开期间，住抚省政协委员聚焦文化、养老、产业、交通、医疗等领域，认真履行委员职责，积极建言资政，向大会提交提案20件。

1月19日 市政协党组"不忘初心、牢记使命"主题教育总结会议召开。

2月18日 省政协党组书记、主席姚增科到挂点联系的抚州高新区，调研企业疫情防控和复工复产情况。

2月中下旬 市政协组织委员和相关专家多次深入县（区）和企业，开展"两宣一帮"活动，了解疫情防控情况，开展复工复产调研，以政协专报形式，向市委、市政府报送《关于"疫情"下企业复工复产的问题和建议》，得到市委、市政府领导重视。

3月3日 市政协主席黄晓波一行到挂点的金溪县，实地察看华晨香料、思派思香料等企业及大坊荷兰创意村项目建设点，督促指导金溪县统筹疫情防控和经济社会发展工作。

3月4日 市委机构编制委员会批复，同意设立市政协文史馆，为市政协办公室下属正科级全额拨款事业单位。

4月16日 省政协副主席刘卫平一行，到南城县就《省政府办公厅关于印发〈江西南城"建昌帮"中医药振兴发展实施方案〉的通知》贯彻落实情况开展调研。

5月7—8日 市政协四届五次会议在抚州召开。

5月—9月 市政协围绕全市推进脱贫攻坚工作，通过部门协商座谈、县（区）实地走访、外地学习考察等方式开展调研，形成《书写高质量脱贫攻坚"抚州答卷"——关于抚州市持续推进脱贫攻坚巩固提升脱贫成效的调查报告》，为市委、市政府提供决策依据。

5月16—17日 福建省莆田市政协党组书记、主席周青松一行16人，到抚州就港铁联运建设与临港产业发展方面的经验和做法进行学习和考察。

5月 市政协协助市委召开全市政协工作会议，出台《关于新时代加强和改进人民政协工作的实施意见》。

6月3—4日 全国政协人口资源环境委员会副主任、省政协原主席黄跃金到抚州市，就生态文明建设、国家历史文化名城创建、数字经济、传统村落集中连片保护利用等工作进行调研。

6月 市政协机关多措并举深入推进“好人主义之害”学习教育。

7月9日 省政协党组书记、主席姚增科到挂点联系的抚州高新区调研走访。省政协秘书长汪爽随同调研。

7月中旬 市政协开展“提高民生保障，加强我市传染病救治体系及能力建设”专题调研，向市委、市政府报送《加强传染病救治体系及能力建设的调研报告——我市新冠肺炎疫情防控工作取得成效及启示》专题调研报告，报告得到市党政领导及有关部门的重视和肯定。

8月10日 市政协主席黄晓波深入挂点的临川区荆公路街道办事处，就五皇殿社区、荆公路社区创建国家卫生城市工作进行调研督导。

8月24日 市政协首次参加在北京召开的全国地方政协工作经验交流会，提交《以党建为引领，推动履职工作提质增效》书面发言材料。市政协创新工作，探索开展“中共党员委员工作站+政协界别活动”履职形式，建立30个中共党员委员工作站，得到全国政协肯定，《人民政协报》给予专门报道。

9月 市政协教科卫体委委员在主席黄晓波带领下，深入县（区）调研，外出学习考察，形成《中医抗疫显特效，守正创新天地宽—抚州市中医药抗击新冠肺炎疫情调查与建议》，得到市委、市政府主要领导及相关部门肯定。

9月 新成立的文昌里中共党员委员工作站，收集《关于激活文昌里旅游市场的建议》等10条社情民意，在文昌里组织文化界别委员演出2场（次），被市政协评为2020年度流动红旗中共党员委员工作站。

10月27日 福建省龙岩市政协一行12人，到临川一中就基础教育发展开展考察活动。

11月9日 市政协组织住抚省政协委员和部分市政协委员视察抚州市数字经济发展情况。

12月2—3日 全国政协副主席、京昆室主任卢展工率全国政协京昆室考察团到抚州，围绕“戏曲创作和演出要坚持与时代同步伐、以人民为中心”等有关工作进行考察调研。全国政协京昆室副主任王文章、边发吉、杨承志等参加考察调研；省政协副主席李华栋陪同考察调研。

12月3—4日 省政协副主席刘卫平一行到抚州，就脱贫攻坚工作开展调研。

是年，市政协加大文史征编力度，以“红色故事”“科技精英”“汤公文化”“纪念谭公”为主题编印四期《抚州文史》。与江西高校出版社、抚州市档案馆合作公开出版《临川古诗释注》《汤显祖故事》两本史料专辑，共计近百万字。

2021年

1月11日 省政协副主席、省党外知识分子联谊会会长谢茹深入广昌县驿前镇坪背村，走访慰问部分困难群众。

1月 成立市政协机关影响发展环境突出问题专项整治领导小组，开展对系统内影响发展环境突出问题的专项整治工作。

2月22日 王宏安任政协抚州市委员会党组书记。

2月27日—3月1日 市政协四届六次会议在抚州举行，到会委员312名。会议听取并赞同政府工作报告；审议并同意市政协四届常委会工作报告和提案工作情况报告；审议通过《关于接受黄晓波同志辞去政协抚州市第四届委员会主席职务的决定》；选举王宏安为政协抚州市第四届委员会主席。

3月12日 市政协党组印发《政协抚州市委员会机关公务员平时考核细则（试行）》，加强对本系统机关公务员的考核和管理。

3月25日 根据中央、省委、市委的部署和要求，市政协党组成立党史学习教育领导小组及办公室，组织开展党史学习教育活动。

4月12日 全国政协十三届四次会议精神专题宣讲报告会在抚举行，全国政协常委、省政协副主席、民盟省委会主委刘晓庄作宣讲报告。

4月19日 市委机构编制委员会批复同意设立市地方政协工作研究中心，为市政协办公室所属正科级公益一类事业单位。

5月25日 市政协制定"关于开展党史学习教育专题读书班暨'我为群众办实事'实践活动"方案。27日，市政协党组书记、主席王宏安带领市政协机关全体党员干部到宜黄县开展学习教育活动。

6月1日 省政协副主席雷元江率调研组一行，到抚州市就"社区居家养老服务体系建设与城市养老服务高质量发展"专题开展调研。

6月2日 市政协党组印发《中共政协抚州市委员会党组关于开展政治谈话的实施方案》，开展对本系统市管干部政治谈话工作。

8月4日 抚州谋划建设碳中和试验区专题座谈会在市政协四楼会议室召开。市政协主席王宏安出席并讲话，市政协副主席帅歌柳主持。

9月2日 贺喜灿任政协抚州市委员会党组书记。

同日，省政协副秘书长、办公厅主任杨木生一行到金溪调研文化旅游工作。

9月15—17日 省政协副主席刘晓庄率调研组一行16人，到南丰县、宜黄县、临川区调研"乡村振兴点有关工作"和宗教产权确权登记情况。

10月26—28日 市政协五届一次会议在抚州举行，会议实到委员326名。市委书记夏文勇在开幕式上讲话。会议听取并赞同高世文所作政府工作报告；审议并同意王宏安代表市政协四届常委会所作工作报告和副主席所作五年提案工作情况报告；选举产生市政协第五届委员会主席、副主席、秘书长、常务委员，贺喜灿当选为主席，谭小平、刘忠华、戴晓文、曾月兴、伍旭鸿、唐永文、刘胜（女）、王彬当选为副主席，颜建平当选为秘书长。

10月26日 市委书记夏文勇到市政协五届一次会议各界别讨论组，看望政协委员。

11月3—4日 四川省政协副主席刘成鸣一行9人到宜黄县、抚州高新区考察防范化解安全生产领域重大风险有关情况。

11月10—11日 省政协副主席李华栋率调研组一行到乐安县，就乡村振兴工作开展调研，并召开座谈会。

11月22日 市政协出台《政协抚州市第五届委员会关于加强市政协领导班子自身建设的意见》。

11月24日 市政协党组书记、主席贺喜灿深入市城区调研挂点重点项目建设情况，宣讲党的十九届六中全会精神。

12月6—7日 全国政协常委、省政协副主席李华栋率省政协九三学社界别委员，就"以全域旅游发展引领生态价值实现"到抚州市开展专题视察。

12月9日 市政协对全体委员和机关干部近400人进行集中培训，着力提高其协商议政能力和水平。

12月30日 市政协印发《政协抚州市委员会中共党员委员工作站创建方案》，进一步加强全市政协中共党员委员工作站建设。

是年，省政协主席姚增科对抚州市委、市政府重视支持政协工作的做法给予高度评价，批示以《赣协通报》名义转发各设区市政协借鉴参考。

是年,市政协文化文史和学习委员会分别以“建党百年”“荆公千年”“纪念晏公”“益王家族出土文献”为主题,编印四期《抚州文史》资料,并公开出版《围棋与抚州》史料专辑,该书填补抚州市围棋文化研究的空白。

2022年

1月5—6日 省政协副主席、民盟省委会主委刘晓庄到南丰县走访慰问。

1月21日 省政协党组书记、主席姚增科到抚州走访调研,看望慰问困难群众、优抚对象、敬老院及困难企业。

2月23—25日 市政协五届二次会议在抚州召开。

2月25日 市政协机关与临川区政协机关联合举办“协力前行·奋进突破”主题党日活动。

3月2—4日 市政协党组书记、主席贺喜灿率市政协班子成员、办公室及专委会负责人、县(区)政协主席,赴吉安市、赣州市学习考察。

3月8—9日 省政协调研组到抚州市就贯彻落实中共中央办公厅《关于加强和改进新时代市县政协工作的意见》精神情况开展调研。

4月15日 市委书记夏文勇等市四套班子领导到中国移动抚州分公司调研市政协中共党员委员工作站建设情况。

4月19日 市委书记夏文勇,市委常委、组织部部长肖妮娜调研市政协中共党员委员工作站等重点工作推进情况并召开座谈会。

5月10—11日 省政协党组书记、主席姚增科在抚州调研,并视察抚州幼师高专中共党员委员工作站。

5月11日 市政协参加全国政协“推动完善生态产品价值实现机制”视频协商调研座谈会并作发言。

5月12—17日 省政协调研组到抚州就“加大城市老旧小区改造力度与提升城市功能品质”“做优做强做大我省电子信息产业”及“产业链链长制运行情况”开展调研。

5月24日 省政协副主席尹建业一行到乐安、金溪两县开展“生态产品价值实现机制”专题调研。

5月25日 全国政协常委、省政协副主席谢茹率调研组到抚州就“总结我省经验,优化招商引资方式方法”开展专题调研。

6月9日 省政协港澳台侨和外事委员会组队到抚州开展政协委员联系访谈民营企业活动。

6月28—29日 省政协副主席李华栋率调研组到乐安县,就乡村振兴等工作开展调研。

7月6—8日 省政协调研组到抚州就幼儿教育工作开展调研。

7月26—27日 省政协副主席李华栋到资溪县、金溪县开展“科企”对接活动。

8月26日 市委老干部局为市政协机关退休党支部获全省离退休干部“示范党支部”授牌。

9月5日 省政协组织中央和省内部分新闻媒体到抚州市,开展“喜迎党的二十大·红土地上看变化”2022新闻媒体基层政协行活动。

9月19日 省政协党组副书记、副主席陈俊卿参加抚州市县(区)政协“一县一品牌”工作交流会议并讲话。市委书记夏文勇出席并讲话;市政协党组书记、主席贺喜灿主持会议。

9月22日 全市政协系统“喜迎二十大、永远跟党走”文艺会演在汤显祖大剧院举行。市委书记夏文勇、市委副书记李高兴、市人大常委会主任王宏安、市政协主席贺喜灿等市四套班子在家领导观演。

9月22—23日 省政协副主席、省工商联主席谢茹率省政协港澳委员和特邀海外侨胞代表到抚州开展“促进提升对外开放水平”专题视察。

10月13日 省政协副主席雷元江率调研组到抚州市专题调研“推进新形势下‘五型’政府建设”工作。

10月18日 省政协党组成员、秘书长汪爽率调研组到广昌县开展调研暨红色走读活动。

10月31日—11月1日 省政协党组副书记、副主席陈俊卿率调研组到抚州宣讲党的二十大精神，并就“全面深化省属国有企业改革”开展调研座谈。

11月10日 省政协党组书记、主席姚增科到挂点联系的抚州高新区宣讲党的二十大精神，并调研产业发展情况。

11月11日 省政协副主席李华栋到乐安县宣讲党的二十大精神并开展调研。

11月17日 “学习宣传贯彻党的二十大精神，深化国家生态产品价值实现机制试点”研讨会在资溪县举行。省政协副主席尹建业、市委书记夏文勇出席会议并讲话。

12月18日 市政协召开五届六次常委会会议。

12月20—22日 市政协五届三次会议在抚州召开。

2023年

1月3日 省政协副主席李华栋到乐安县走访慰问低保户、特困供养对象、优抚对象、防止返贫监测对象、困难企业、重点园区。

1月18日 省政协副主席、省工商联主席谢茹到广昌县走访慰问困难群众。

2月8日 市政协党组书记、主席贺喜灿到广昌县、南丰县视察调研“莲心”政协品牌建设工作和傩文化传承保护工作。

3月22—23日 广东省潮州市政协副主席郑锦鹏率考察组一行到抚州考察食品产业、文旅融合发展等工作。

3月28—29日 民革中央副主席兼秘书长李惠东率调研组到抚州专题调研生态康养产业发展情况。

4月6日 市委书记魏晓奎到市政协机关走访看望机关干部，并进行座谈交流。

4月27日 安徽省池州市政协党组书记、主席张夏林，副主席刘会秋一行到抚州学习考察竹产业发展情况。

4月29日 第十二届全国政协副主席齐续春出席“抚州生态康养太极周”启动仪式。次日，齐续春出席抚州市生态康养名城座谈会。

5月20日 河南省许昌市政协副主席刘瑞红率队到抚州市，就“高质量建设城乡融合”和政协工作进行学习考察。

6月7日 省政协副主席、省工商联主席谢茹一行到崇仁县、东乡区开展基层商会参与“万企兴万村”行动专题调研。

7月11日 省政协副主席卢天锡到抚州市调研。

7月11—13日 省政协副主席辜清率队到抚州，就“大力推动我省戏曲传承与发展”开展调研。

8月1日 市政协举办经济形势专题通报会，市委副书记、市长高世文应邀作专题报告。

8月3日 团中央维护青少年权益部调研组到抚州市，调研“模拟政协提案”工作。

8月29日 浙江省嘉兴市政协考察组一行到抚州学习考察。

9月6—8日 湖北省咸宁市政协副主席郑凌率调研组到抚州，就古民居和传统村落保护利用工作进行考察调研。

9月18—19日 全国政协农业和农村委员会副主任黄玉治一行到抚州市就“深化农村土地制度改革，赋予农民更加充分的财产权益”开展专题调研。

9月19日 “文化抚州、梦想之舟”全市政协系统艺术作品展在市博物馆举办。市委书记魏晓奎，省委第三巡回督导组组长俞银先，民革省委会副主委、东华理工大学校长徐景坤出席开展仪式；省政协文化文史和学习委员会主任金志农、省文联副主席张越致辞；市政协党组书记、主席贺喜灿主持。

9 月 市政协领导带队赴陕西省延安市，参加长征沿线、革命老区市州政协“助推长征国家文化公园建设、助力革命老区振兴发展”协商联系会议第二次会议，并在会上作《在履职中促“双助”，在“双助”中求实效》主旨发言。

10 月 21 日 黑龙江省绥化市政协主席杨川庆率“创意设计产业”课题组到抚州市调研考察。

10 月 25 日 九三学社北京市西城区委医学专家团队到抚州市，在市立医院开展义诊活动。北京市政协副秘书长、九三学社北京市委专职副主委左小兵出席。

10 月 31 日—11 月 1 日 省政协副主席辜清率考察组一行到抚州保利华章希尔顿逸林酒店、临川仙盖山桃花源、金溪润浩国际垂钓中心等地，调研考察 2023 首届中国·抚州生态康养产业发展大会筹备工作情况。

11 月 14 日 市政协党组书记、主席贺喜灿率重点提案督办组一行到宜黄县、黎川县，就《打造“徐霞客游线标志地”，助力我市全域旅游》开展现场视察。

11 月 27—29 日 省政协副秘书长吴泉水率队到抚州开展加强和改进新时代市县政协工作专项督查。

12 月 6—7 日 全市政协主席读书会在崇仁召开。省委主题教育第三巡回督导组组长俞银先及成员应邀参加考察活动；省政协副秘书长、办公厅主任傅兆良应邀参加并讲话；市政协班子成员参加。

12 月 22 日 “我们的节日——品畲乡·闹冬至”活动在乐安县举行。省政协民族和宗教委员会副主任张勇，省民宗局党组成员、副局长李新华，副市长蔡青出席开幕式并致辞；市政协党组书记、主席贺喜灿，省政协民族和宗教委员会专职副主任姚鸿，省政协副秘书长、台盟江西省委专职副主委、省台联会会长徐友洪出席开幕式；市政协副主席刘胜主持开幕式。

2024 年

1 月 25 日 市政协党组书记、主席贺喜灿到东临新区督导安全生产工作。

2 月 6 日 2023 年市政协机关工作总结会召开。市政协党组书记、主席贺喜灿出席并讲话；市政协班子成员出席。

2 月 12 日 市政协党组书记、主席贺喜灿出席东临新区“三请三回（双返双创）”恳谈会暨招商推介会并讲话。

2 月 26—28 日 中国人民政治协商会议抚州市第五届委员会第四次会议在抚州召开。

3 月 18 日 市政协在金溪县浒湾镇山下议事厅召开《南丰蜜桔保护条例》立法协商会议。

3 月 20—21 日 省政协党组成员、副主席于秀明率队到宜黄县、南城县，就“赣种强芯——做好水稻种业文章，夯实粮食大省地位”月度协商课题开展调研。省政协常委、农业和农村委员会副主任潘晓华、詹丰兴，省政协委员、农业和农村委员会副主任卢姣龙随同调研。

4 月 9—10 日 河南省周口市政协副主席岳新坦率考察组一行到抚州市考察，商谈“抚州——周口书画联展”活动相关事宜。考察组一行先后到东乡区舒同博物馆、市博物馆、拟岘台、文昌里历史文化街区等处考察，并参观市政协文昌里中共党员委员工作站。

4 月 11—12 日 省政协副主席、民进省委会主委卢天锡率省政协教科卫体委员会调研组到抚州，就“立足江西特色优势，推动康养产业高质量发展”月度协商课题开展调研，并召开座谈会。

5月16—17日 全国政协副主席胡春华率全国政协农业和农村委员会调研组到抚州市围绕“健全农村金融服务体系，强化乡村振兴要素保障机制”开展调研。省政协副主席谢茹、于秀明随同。

5月22日 省工商联民营企业法治宣传教育工作培训班开班式暨抚州市招商推介会在市委党校举行。省工商联副主席周华爱出席并讲话，市政协副主席、市工商联主席戴晓文致辞。

6月2—4日 山西省晋城市政协副主席王学琦率考察组到抚州市调研考察，了解抚州市政协提案办理、提案双向评议和监督性提案推动当地经济社会发展等工作情况。

6月4日 市政协党组书记、主席贺喜灿主持召开“倡导良性婚俗、弘扬时代新风”月度协商会议并讲话。

7月18日 市政协党组书记、主席贺喜灿到东临新区调研山谷书院修护工作，并主持召开座谈会。

7月23日 市政协党组（扩大）会议召开。市政协党组书记、主席贺喜灿主持并讲话，副主席谭小平、刘忠华、曾月兴、伍旭鸿、唐永文、刘胜、王彬出席。

8月28日 全国工商联商会负责人培训示范班暨“百家商会进抚州”启动仪式在抚州举行。全国工商联党组成员、副主席汪鸿雁，省政协副主席、省工商联主席谢茹，全国工商联副主席黄代放讲话。市委书记魏晓奎致辞。市领导贺喜灿、漆海云等，以及来自全国知名商会的企业家共240余人出席。市委常委、市委统战部部长、市政协党组副书记郭新春主持启动仪式。

9月22日 庆祝中华人民共和国和人民政协成立75周年，江西抚州·河南周口·福建泉州三地政协书画作品联展活动在抚举办。

9月25日晚 “汤翁故里、古韵雅音”古琴名家音乐会抚州专场暨“太古遗音”全球百场巡演第50场音乐会在汤显祖大剧院举行。省政府党组成员陈小平，文化部原副部长周和平，市委书记魏晓奎，省外办主任范勇，中国非遗保护协会副会长兼秘书长张雅芳，市领导贺喜灿、漆海云、郭新春等出席。市委常委、市委宣传部部长廖晓勇致辞。市政协副主席刘胜主持。

10月18日 市政协党组理论学习中心组（扩大）集体学习会议暨市政协庆祝中国人民政治协商会议成立75周年座谈会召开。市政协班子成员出席。

10月23—24日 深圳市宝安区政协党组副书记、副主席李献荣率调研组一行，到抚州市就推动文旅深度融合发展和新兴产业集群发展工作开展调研。

10月26日 全市政协系统助力唱响“文化抚州、梦想之舟”品牌故事汇展演活动在抚州幼儿师范高等专科学校牡丹亭大剧院举行。市政协党组书记、主席贺喜灿致辞；市委常委、市委宣传部部长廖晓勇，副市长蔡青，市政协班子成员出席。

11月5日 吉安市政协副主席、民建吉安市委会主委彭仁才率调研组一行，到抚州市就“地方传统文化知识数据库建设工作”开展考察调研。

11月26日 市政协理论研究会成立大会在市政协四楼会议室召开。会议审议通过研究会章程，选举产生第一届抚州市政协理论研究会会长、副会长、秘书长、监事、其他理事等。

11月27—28日 全市政协系统“一县一品牌”工作推进会在金溪县、黎川县召开。市政协党组书记、主席贺喜灿主持并讲话，市政协班子成员出席。

12月4日 全国政协经济委员会主任王国生率调研组到抚州，就“加快中部崛起”工作开展调研。全国政协经济委员会副主任马建堂、戴东昌，全国政协民族和宗教委员会副主任徐乐江，全国政协经济委员会委员毛定之、刘丽坚、黄群慧，全国政协委员吴锋刚、张玉清，全国政协经济委员会办公室二级巡视员张跃参加调研；省政协党组副书记、副主席陈俊卿，省政协经济委员会主任杨贵平陪同调研。

12 月 5—6 日 省政协副主席、民盟省委会主委辜清率视察组到金溪县、临川区开展“推进文旅深度融合发展”视察活动。省政协副秘书长、民盟省委会专职副主委刘新农参加。

12 月 13 日 市政协开展“行政复议”法治大讲堂活动，市政协党组书记、主席贺喜灿出席并讲话，市政协党组副书记、副主席谭小平主持。市司法局负责人作行政复议法律知识辅导，与会人员进行互动交流。

12 月 18 日 市政协党组书记、主席贺喜灿到抚州职业技术学院，为师生们讲授题为《学习榜样，矢志拼搏，汇聚中国式现代化建设的青春力量》的思政课。

12 月 19 日 市政协召开“深入挖掘临川文化核心元素”月度协商会议。市政协党组书记、主席贺喜灿出席并讲话。市政协副主席、民革市委会主委刘忠华主持。

12 月 26 日 市政协党组书记、主席贺喜灿率队调研抚州高新区中共党员委员工作站提质增效工作。

12 月 31 日 市政协联合临川区政协开展“文化抚州、奋进政协”机关工会联谊活动，市区政协领导班子成员和机关干部欢聚一堂，开展趣味运动和才艺展示。市委常委、副市长刘卫民和市人大常委会副主任、临川区委书记吴宜文应邀参加。

2025 年

1 月 8 日 市政协党组书记、主席贺喜灿到金溪县、东临新区和市城区走访慰问老党员和困难群众。

1 月 8 日 市政协召开“加强小区物业管理，提升基层治理水平”月度协商会。市政协党组书记、主席贺喜灿讲话，市政协党组成员、副主席曾月兴主持。

1 月 8 日 市政协经济委员会在抚州高新区中共党员委员工作站举办“链上相遇、共谋发展”汽车产业高质量发展“政企夜话”主题沙龙活动。

1 月 13 日 省政协副主席、省工商联主席谢茹到广昌县调研指导定点帮扶工作，并看望驻村工作队队员。省工商联党组成员、副主席李文强，省工商联党组成员、秘书长胡冬生随同调研。

1 月 13 日 省政协副主席、民进省委会主委卢天锡到南城县走访慰问。省政协办公厅一级巡视员郑仙桃参加。

1 月 22—24 日 中国人民政治协商会议抚州市第五届委员会第五次会议召开。

第一章　组织机构

中华人民共和国成立后至1985年5月，抚州地区一级未设政协组织，县（市）政协工作由地委统战部指导。1985年6月20日，政协江西省第五届委员会常委会第十二次会议决定，设立政协江西省委员会抚州地区联络处，作为省政协驻抚州地区办事机构。1995年8月31日，政协江西省第七届委员会常委会第十三次会议决定，政协江西省抚州地区联络处改为政协江西省抚州地区工作委员会，为省政协派驻抚州地区的专门工作机构。2000年10月，伴随着抚州撤地设市，16—18日，政协抚州市第一届委员会第一次全体会议召开，抚州市政协正式成立。

抚州市政协主要职责是：围绕团结和民主两大主题，履行政治协商、民主监督、参政议政三大职能；对国家大政方针和本行政区域内重要举措以及经济建设、政治建设、文化建设、社会发展、生态文明建设中的重要问题，在决策之前和决策实施中进行协商；对国家宪法、法律和法规的实施，对本行政区域内重大方针政策、重大改革举措、重要决策部署贯彻执行情况，涉及人民群众切身利益实际问题解决落实情况，国家机关及其工作人员的工作等，通过提出意见、批评、建议进行协商式监督；对本行政区域内政治、经济、文化、社会生活和生态环境等方面重要问题以及人民群众普遍关心的问题，开展调查研究，反映社情民意，进行协商讨论；通过调研报告、提案、建议案或其他形式，向市委、市政府及有关部门提出意见和建议。

市政协从2000年10月至2025年1月，历经5届。历届市政协在省政协悉心指导下，在中共抚州市委正确领导和市政府大力支持下，充分发挥专门协商机构作用，坚持发扬民主和增进团结相互贯通、建言资政和凝聚共识双向发力，广泛动员和组织政协各参加单位和广大政协委员，围绕中心、服务大局、关注民生、促进发展，认真履职尽责，坚持守正创新，生动活泼、富有成效、有序推进政协各项工作，为促进抚州经济发展和社会和谐稳定作出积极贡献。

第一节　政协江西省委员会抚州地区联络处

1985年6月20日，政协江西省第五届委员会常委会第十二次会议决定在各地区成立省政协地区联络处机构，抚州地区设立的政协机构全称为：中国人民政治协商会议江西省委员会抚州地区联络处。政协抚州地区联络处为省政协派出工作机构，在抚州地委领导下开展工作，业务上受省政协指导。

一、主要职责

根据1988年10月省政协六届常委会第三次会议通过的《中国人民政治协商会议江西省委员会地区联络处工作简则》规定，政协地区联络处主要职能是：受省政协委托，负责同本地区县（市）政协联系，对本地区县（市）政协贯彻执行新时期统一战线方针政策和省政协全委会、常委会决议、决定进行督促、检查；根据地委和省政协要求，指导本地区县（市）政协工作；负责同本地区全国政协委员和省政协委员联系，组织他们知情出力；及时向地委和省政协反映本地区政协工作情况和政协委员意见、建议、要求。

二、领导机构

1985年6月政协抚州地区联络处设立初期未定级格，设主任1人。1988年6月13日，经中共江西省委研究决定，中共江西省委办公厅（赣办字〔1988〕46号）《通知》明确：省政协地区联络处为地级机构，设主任1人、副主任2—3人，现任干部原职级不变。12月31日，中共江西省委办公厅（赣办字〔1988〕83号）《通知》明确：省政协地区联络处暂不设立党组。省政协地区联络处主任可列席有关地委委员会议。

历任政协抚州地区联络处负责人

主　任： 陈　元（1985.6—1988.10）
高丕凯（1988.10—1991.9）
张火春（1991.9—1995.8）

副主任： 陈　元（1988.10—1992.9）
吕东壁（1988.10—1992.9）
黄俊秀（1989.2—1995.8）
王福生（1990.4—1995.8）
李　宾（1993.1—1995.8）
丁长华（女，1994.9—1995.8）
王扬光（1995.6—1995.8）

三、工作机构

1985年6月，政协抚州地区组织设立初期没有明确机构级格，未设专职干部，由地委统战部兼管；8月8日，地委办公室《关于成立省政协抚州地区联络处的通知》确定，经地委研究，同意成立省政协抚州地区联络处，定编3人。1987年3月，地区编委增加政协地区联络处编制1个；7月，设立政协地区联络处办公室，级别为科级。

1988年6月，政协抚州地区联络处升格为地级机构，办公室同时升格为正处级。办公室设秘书科、联络科，级别为科级。秘书科主要负责机关文件管理、宣传调研和文史资料征编工作；联络科主要负责做好住抚省政协委员联络服务和县（市）政协工作联系沟通，以及委员和县（市）政协来人接待等工作。9月，省机构编制委员会与省政协办公厅联合发文，规定政协地区联络处办公室定编5至8人，联络处主任、副主任不包括在上述编制内。10月20日，根据地委《关于调整地直党政群机关行政编制的通知》精神，政协地区联络处增加行政编制2个，加上原有的4个编制，共有6个编制。1989年6月，政协抚州地区联络处办公室设宣传文史科、咨询联络科；1990年10月，宣传文史科更名为秘书科，咨询联络科更名为联络科；1991年6月7日，政协抚州地区联络处办公室增设文史科。

政协抚州地区联络处办公室负责人

主　任： 汪伟中（1993.5—1995.8）

副主任： 汪伟中（1989.8—1993.5）
刘勇建（1993.5—1995.8）

第二节　政协江西省委员会抚州地区工作委员会

1995年8月，政协江西省委员会抚州地区联络处改为政协江西省委员会抚州地区工作委员会。政协抚州地区工作委员会仍为省政协派出的工作机构，在抚州地委领导下开展工作，业务上受省政协指导。

一、主要职责

根据1995年12月，省政协七届第十四次常委会会议通过的《政协江西省委员会地区工作委员会条例》规定，地区工作委员会主要职能是：参与本地区的政治、经济和社会活动，履行政治协商、民主监督、参政议政职能。具体工作职责是：负责在本地区组织实施省政协所作的决议、决定；对地区行政公署及其工作部门、地区中级人民法院、省人民检察院地区分院的重要工作，听取情况通报，提出意见和建议，实行民主监督；联系本地区省政协委员，组织委员进行视察、调研、学习等活动，反映社情民意；督促本地区有关单位、部门办理省政协委员提出的提案；指导本地区县（市）政协的工作；承办省政协交办的其他事项。

二、领导机构

1995年8月，省政协七届十三次常委会会议决定，政协江西省抚州地区政协联络处改为政协江西省抚州地区工作委员会，为地级机构，设主任、副主任和秘书长。成立工委主任、副主任和秘书长组成的主任办公会议，集体履行工作职责。

历任政协抚州地区工委负责人

主　任：张火春（1995.8—1997.12）
王样生（1997.12—2000.10）

副主任：黄俊秀（1995.8—1997.9）
王福生（1995.8—1999.7）
李　宾（1995.8—2000.6）
丁长华（女，1995.8—2000.10）
王扬光（1995.8—2000.10）
陈其辉（1996.5—2000.10）
李抚生（1996.5—2000.10）
郑良健（1997.1—2000.10）
曹二俚（2000.1—2000.10）

政协抚州地区工委领导分工（1996年1月）

主　任：

张火春，主持工委全面工作；

副主任：

黄俊秀，协助主任分管“三胞”联谊方面工作；

王福生，协助主任分管工委机关工作和提案方面工作；

李　宾，协助主任分管学习、文史和教卫文体方面工作；

丁长华，协助主任分管法制、社团方面工作；

王扬光，协助主任分管经济、科技方面工作；

陈其辉，协助主任分管民主党派方面工作。

政协抚州地区工委领导分工调整（1999年8月）

主　任：

王样生，主持工委全面工作；

副主任：

李　宾，协助主任主持工委全面工作和日常工作，兼管政协提案方面工作；

丁长华，协助主任分管工委法制社团方面工作；

王扬光，协助主任分管工委经济、科技方面工作；

陈其辉，协助主任分管工委与民主党派和非公有制经济人士联系工作；

李抚生，协助主任分管工委教文卫体方面工作；

郑良健，协助主任分管工委“三胞”联谊方面工作；

秘书长：

汪伟中，协助主任、副主任处理工委日常工作和机关工作，并协助主任分管工委学习文史方面工作。

三、工作机构

1996年10月，根据中央、省委关于政协机构改革精神，按照精简、统一、效能原则，地委批准《政协抚州地区工作委员会机关机构改革方案》，政协抚州地区工委设办公室，级格为正处级，办公室内设机构联络科改为“信息调研科”，文史科改为“宣传文史科”。地区工委机构编制数增至16个。1997年11月，地委组织部批复同意政协工委机关设置主任科员和副主任科员共2名。

历任政协抚州地区工委办公室负责人

主　任：汪伟中（1995.8—2000.9）

副主任：刘勇建（1995.8—1997.1）

徐容宁（女，1997.1—2000.9）

第三节　政协抚州市委员会

2000年10月，抚州撤地改市，中国人民政治协商会议抚州市第一届委员会第一次会议于2000年10月16—18日在抚州市召开，政协抚州市委员会正式成立，依据《中国人民政治协商会议章程》规定开展工作，履行职能。

一、主要职责

依据章程规定，政协抚州市委员会为中国共产党领导的多党合作和政治协商的一级地方专职机构，其主要职能为：1. 依据全国政协章程和《政协全国委员会关于政治协商、民主监督、参政议政的规定》所确定的组织形式及建言程序，对全市大政方针以及政治、经济、文化和社会生活中的重要问题，在决策之前进行协商和就决策过程中的重要问题进行协商。2. 组织委员视察、参观和调查，通过建议案、提案和其他形式对国家宪法、法律和法规的实施，重大方针的贯彻执行，国家机关及其工作人员的工作进行民主监督。3. 宣传和贯彻执行国家的宪法、法律和各项方针政策，促进大团结、大联合，推动社会力量积极参加抚州市社会主义物质文明、精神文明建设事业，协助国家机关打击经济领域和其他领域破坏社会主义的犯罪活动。4. 收集、反映社情民意，协助党和政府改进工作，提高效率，加强廉政建设。5. 调整处理统一战线各方面的关系和政协内部合作的重要事项。6. 通过各种形式，积极传播先进思想，开展爱祖国、爱人民、爱劳动、爱科学、爱社会主义公德以及理想、道德和纪律的宣传教育工作。7. 密切联系国家机关和其他有关组织，在政治、法律、经济、教育、科学技术、文化艺术、医药卫生、体育等方面开展调查研究等活动，围绕抚州市的工作大局建言献策，并推动和协助社会力量兴办各种有利于社会主义的事业。8. 组织和推动委员在自愿的基础上学习马列主义、毛泽东思想、邓小平理论、“三个代表”重要思想、科学发展观和习近平新时代中国特色社会主义思想，学习时事政治，学习和交流业务及科学知识。9. 宣传和参与贯彻执行国家关于统一祖国的方针政策，开展同台港澳同胞、海外侨胞和各界人士的联络，促进祖国统一大业的实现和港澳地区的繁荣与稳定。10. 宣传和协助党和政府贯彻执行国家民族宗教政策、知识分子政策、外交政策，推动加强民族团结和海外联谊工作，广泛凝聚共识。11. 根据统一战线组织的特点进行关于中国近代史、现代史、红色文化等文史资料征集、研究和出版。12. 加强同各级政协的联系，交流经验，研究抚州市各级政协具有共同性的问题，对县（区）政协工作进行指导。

二、领导机构

（一）政协抚州市委员会筹备组

2000年6月23日，根据《国务院同意江西省撤销抚州地区设立地级抚州市的批复》和省人民政府《关于撤销抚州地区设立地级抚州市的通知》精神，抚州地区撤地设市筹备工作拉开序幕。在地委统一领导下，政协各项筹备工作有序推进。7月中旬，地委、行署领导带队赴赣州、吉安等地考察撤地设市经验做法。结合抚州实际，遵照政协章程和中央、省委有关规定，地委于2000年7月28日向省委呈报《关于筹备召开中国人民政治协商会议抚州市第一届委员会第一次会议的请示》。同时，地委、行署领导多次向省委、省政协、省委统战部汇报政协抚州市第一届委员会第一次会议筹备情况。2000年8月16日，省委常委会研究同意《关于筹备召开中国人民政治协商会议抚州市第一届委员会第一次会议的请示》，同时下达抚州撤地设市问题纪要。按照省委要求，地委迅速组建"撤地设市筹备工作领导小组"，地委书记罗筱玉任组长。筹备领导小组下设五个筹备机构，"政协会筹备组"为五个筹备机构之一。政协会筹备组由地委、地区政协工委、地委组织部、地委统战部有关领导组成，筹备组下设秘书处和组织处，具体负责筹建市政协前期工作。

政协抚州市第一次会议筹备委员会

2000年9月26日，经中共抚州地委研究决定，成立政协抚州市第一届委员会第一次会议筹备委员会。筹委会由中共、各民主党派、工商联、人民团体和各族各界代表人士共39人组成。筹备组下设秘书处和组织处，具体负责筹建市政协的前期工作。

政协抚州市第一次会议筹备委员会组成人员

主　任：李品行

副主任：王样生　黄昕明　刘　定

邱敬禹　陈其辉　李抚生

汪重阳　陈云斐　邹俐菁（女）

胡淑珠（女）

政协抚州市第一次会议筹备委员会工作机构

秘书处（设在政协地区工委办公室）：2000年9月26日，设立政协抚州市委员会第一次会议筹备组秘书处，具体负责筹建市政协前期工作。秘书处主要职能是：1. 起草会议通知、议程、日程、开幕词、闭幕词、政治决议、主持词、领导讲话、工作要点（草案）、主席团公告等；2. 配合综合协调办公室会务组，负责委员通知书、委员证、大会列席证、工作人员证、委员简历表、文件袋等各种证件的设计制作和发放；3. 办理委员和列席人员报到，核发委员证、出席证、列席证、工作证，负责大会预备会、主席团会议及各次大会通知、记录和会议议定事项的落实；4. 会后，负责会议文件的汇编工作；5. 负责大会会务工作，配合搞好宣传报道和安全保卫工作。

筹委会秘书处负责人：汪伟中、徐容宁

组织处（设在地委统战部）：2000年9月26日，设立政协抚州市委员会第一次会议筹备组组织处。其主要职能是：1. 负责政协委员、常务委员建议名单推荐、提名、汇总、名单说明；2. 提出大会主席团、主席团常务主席、执行主席、秘书长、副秘书长名单（草案）和说明；3. 提出大会邀请上主席台就座人员名单和列席人员名单（草案）；4. 经市委批复，成立大会临时党组织；5. 提出政协主席、副主席、秘书长、常委候选人建议名单及说明；6. 起草筹备工作报告、选举会主持词、选举办法（草案）、选举程序；7. 提出总监票人、监票人、总计票人、计票人名单（草案），负责选票发放和计票工作；8. 办理委员和列席人员编组；9. 负责政协委员简历分发、填写；10. 负责委员联络工作。

筹委会组织处负责人：李耕生、周木杨

（二）政协抚州市第一届委员会

政协抚州市第一届委员会产生于2000年10月，至2006年12月届满。第一届委员会有222名委员、30名常务委员。常务委员会由主席、副

主席、秘书长和常务委员组成，主持市政协日常工作。

主　席：王样生（任至2001年6月）
　　　　李品行（2002年9月选举）

副主席：黄昕明（任至2004年6月）
　　　　刘　定　　邱敬禹　　陈其辉
　　　　李抚生　　汪重阳　　陈云斐
　　　　邹俐菁（女）
　　　　胡淑珠（女，任至2006年4月）
　　　　王晓媛（女，2002年3月补选）

秘书长：汪伟中（任至2004年3月）
　　　　徐容宁（女，2004年3月补选）

常务委员（按姓氏笔画排序）：

邓小玲（女）　付御祥　冯国发
刘忠华　刘菊娇（女）　李　坚
李雨田　李耕生　汪丽萍（女）
吴菁菁（女）　何泽龙　李晓浩
郁佩珍（女）　陈　克　张志坚
张　帆　聂荣光　郑友清
郑小吉　周　勇　黄国夫
黄更昌　容乔生　徐日进
释印空（女）　童举希　戴晓文
魏巧生

（以下为2002年3月增补）

郑跃文　索学金

政协抚州市第一届委员会主席、副主席、秘书长分工（2000年11月2日）

主　席：

王样生，主持市政协全面工作；

副主席：

黄昕明，协助主席分管机关日常工作和政协办公室工作；

刘定、胡淑珠，协助主席分管"三胞"联谊、法制社团专门委员会工作；

邱敬禹、汪重阳、陈云斐、王扬光（督导员），协助主席分管经济科技、农业和农村工作专门委员会工作；

陈其辉，协助主席分管提案委员会工作；

李抚生、邹俐菁，协助主席分管教文卫体、学习文史专门委员会工作；

秘书长：

汪伟中，协助主席、副主席分管机关日常工作，负责与民主党派和工商联的联系工作。

2002年5月，副主席王晓媛分管市政协与各民主党派、工商联的联系工作；助理巡视员刘志高协助主席分管经济技术、农村和农业工作委员会的工作。

2004年3月，秘书长徐容宁协助主席分管办公室工作。

（三）政协抚州市第二届委员会

政协抚州市第二届委员会产生于2006年12月，至2011年9月届满。第二届委员会有315名委员、53名常务委员。常务委员会由主席、副主席、秘书长和常务委员组成，主持市政协日常工作。

主　席：李品行（任至2010年1月）
　　　　王晓媛（女，2010年1月选举）

副主席：赵恩洪（女，任至2010年1月）
　　　　周　琪（女）陈云斐
　　　　邹俐菁（女，任至2010年1月）
　　　　黄德宪　　廖建辉
　　　　何建辉　　郑友清
　　　　黄耀波（2010年1月选举）

秘书长：徐容宁（女）

常务委员（按姓氏笔画排序）：

王　勇　王　昱　王志畅
韦　萍（女）　占水晶　占贤忠
付晓荣　何　明　汤祖继
刘忠华　刘国芳　吴水凤（女）
吴　岚（女）　吴文宇　何晓晖
李小鹏　吴维权（女）　张　帆
张志坚　辛建华（女）　汪荣贵
李贵根　杨更生　周文明
陈水明　陈显明　连佩忠
周晓琴（女）　林恩展　周木杨
周金生　郑荣钦　范书祥
郑小平　罗晓宾　徐友洪

祝国荣　　夏小青　　段院龙
涂香莲（女）章克敏（女）涂国卿
谢亨舜　　章新友　　游林清
谢天放　　廖　燕（女）释印空（女）
雷东水　　戴晓文

（以下为2009年补选）

刘静波　　胡志方　　魏　绮（女）

（2010年1月补选）

刘海滨

政协抚州市第二届委员会主席、副主席、秘书长分工（2006年12月14日）

主　席：

李品行，主持市政协全面工作；

副主席：

赵恩洪，协助主席分管机关日常工作和政协办公室、提案委员会工作；

周琪、郑友清，协助主席分管教文卫体委员会工作；

周琪、邹俐菁，协助主席分管港澳台侨委员会工作；

黄德宪、陈云斐、廖建辉，协助主席分管农村和农业委员会工作；

廖建辉、黄德宪、陈云斐，协助主席分管经济技术委员会工作；

何建辉、赵恩洪、邹俐菁：协助主席分管社会和法制委员会工作；

何建辉、郑友清，协助主席分管文史委员会工作。

秘书长：

徐容宁，协助主席分管办公室工作。

政协抚州市第二届委员会主席、副主席、秘书长分工调整（2010年3月10日）

主　席：

王晓媛，主持市政协全面工作；

副主席：

周　琪、郑友清：协助主席分管教文卫体委员会工作；

周　琪、黄德宪：协助主席分管港澳台侨委员会工作；

陈云斐、何建辉：协助主席分管社会和法制委员会工作；

黄德宪、郑友清：协助主席分管提案委员会工作；

廖建辉、黄耀波：协助主席分管经济技术委员会工作；

何建辉、廖建辉：协助主席分管文史委员会工作；

黄耀波、陈云斐：协助主席分管人口资源环境委员会工作；

秘书长：

徐容宁：协助主席分管办公室工作。

（四）政协抚州市第三届委员会

政协抚州市第三届委员会产生于2011年9月，至2016年11月届满。第三届委员会有330名委员、46名常务委员。常务委员会由主席、副主席、秘书长和常务委员组成，主持市政协日常工作。

主　席：谢发明

副主席：黄德宪　　陈云斐　　廖建辉
郑友清　　黄耀波　　周付德
蔡　青（女）贾益纲

（以下为2015年1月补选）

徐建辉　　柏　林

秘书长：徐容宁（女）

常务委员（按姓氏笔画排序）：

王　勇　　王　彬　　王胜国
邓慧萍（女）刘国芳　　刘忠华
刘海滨　　朱　萍（女）何　明
吴　军　　吴　辛　　吴茶香（女）
吴晓妮（女）吴维权（女）张　帆
张志坚　　李　凌　　李启明
李建明　　李清萍（女）杨正荣
连佩忠　　陈水明　　陈显明
周金生　　林德明　　罗晓宾
郑小平　　郑荣钦　　段院龙
胡海荣　　夏小青　　徐　友
涂国卿　　涂香莲（女）

郭淑萍（女）章克敏（女）黄双龙
释印空（女）廖　燕（女）戴员生
戴晓文　　魏建平
（以下为2012年2月补选）
吴　昊（女）杨春高　　林垂都
章　勤　　龚雪华
（2015年1月补选）
陈　辉

政协抚州市第三届委员会主席、副主席、秘书长分工（2011年9月29日）

主　席：

谢发明，主持市政协全面工作；

副主席：

黄德宪，协助主席分管机关日常工作和政协办公室工作；

黄德宪、贾益纲，协助主席分管港澳台侨委员会工作；

陈云斐、蔡　青，协助主席分管教文卫体委员会工作；

廖建辉、周付德，协助主席分管文史委员会工作；

廖建辉、周付德，协助主席分管经济技术委员会工作；

郑友清、蔡　青，协助主席分管社会和法制委员会工作；

黄耀波、郑友清，协助主席分管提案委员会工作；

黄耀波、陈云斐，协助主席分管人口资源环境委员会工作；

秘书长：

徐容宁，协助主席、副主席分管机关日常工作。

（五）政协抚州市第四届委员会

政协抚州市第四届委员会产生于2016年11月，至2021年10月届满。第四届委员会有350名委员、46名常务委员。常务委员会主持市政协日常工作。

主　席：黄晓波（任至2021年3月）
王宏安（2021年3月选举）

副主席：

黄耀波　刘菊娇（女）郑友清
周付德　徐建辉　柏　林
刘忠华　戴晓文
（2018年1月补选）
胡领高（后受刑事处罚）
（以下为2020年5月补选）
帅歌柳　吴建发（后受刑事处罚）
廖　燕（女）章克敏（女）

秘书长：徐容宁（女）

常务委员（按姓氏笔画排序）：

马　颖（女）	王　勇	王　彬
王钦铭	王裕良	邓久泉
甘少华	叶芝云（女）	付燕萍（女）
向　往（女）	邬丽梅（女）	刘　胜（女）
刘海滨	刘新萍（女）	许萍乡
李　凌	李建明	李信德
李淑雯（女）	杨利文	连佩忠
吴　辛	吴　昊（女）	吴　薇（女）
吴世伟	吴茶香（女）	吴胜兰（女）
吴晓妮（女）	邱京望	何　明
何海荣	汪志强	陈　辉
陈克胜（女）	林小红（女）	罗亦文（女）
郑振荣	赵卫平	胡会华
胡海荣	姜东兴	袁晓明
唐永文	涂国卿	黄文英（女）
黄国文	黄晓红（女）	黄港清
释学辉	曾无非	雷东水
裴　涛	魏志中	

（以下为2018年1月补选）

吴　军	郑荣钦	郑海云

政协抚州市第四届委员会主席、副主席、秘书长分工（2016年11月21日）

主　席：

黄晓波，主持市政协全面工作；

副主席：

黄耀波、刘菊娇，协助主席分管人口资源环境委员会工作；

刘菊娇、周付德，协助主席分管教科文卫体委员会工作；

郑友清、徐建辉，协助主席分管社会和法制委员会工作；

周付德、黄耀波，协助主席分管文史委员会工作；

徐建辉、戴晓文，协助主席分管经济委员会工作；

柏　林、郑友清，协助主席分管提案委员会工作；

刘忠华、柏　林，协助主席分管港澳台侨外事和民族宗教委员会工作；

秘书长：

徐容宁，协助主席处理机关日常工作。

政协抚州市第四届委员会主席、副主席、秘书长分工调整（2020 年 5 月 15 日）

主　席：

黄晓波，主持市政协全面工作；

副主席：

郑友清、章克敏，协助主席分管教科卫体委员会工作；

郑友清，协助主席分管社会和法制委员会工作；

刘忠华、郑友清，协助主席分管港澳台侨外事和民族宗教委员会工作；

戴晓文，协助主席分管文化文史和学习委员会工作；

帅歌柳，协助主席分管人口资源环境委员会工作；

帅歌柳、戴晓文，协助主席分管经济委员会工作；

吴建发（后受刑事处罚）、胡领高（后受刑事处罚），协助主席分管提案委员会工作；

廖　燕，不参与分工；

章克敏、刘忠华，协助主席分管农业和农村委员会工作；

秘书长：

徐容宁，协助主席处理市政协机关日常工作。

政协抚州市第四届委员会主席、副主席、秘书长分工调整（2021 年 3 月 2 日）

主　席：

王宏安，主持市政协全面工作；

副主席：

郑友清、章克敏：协助主席分管教科卫体委员会工作；

郑友清，协助主席分管社会和法制委员会工作；

刘忠华、郑友清，协助主席分管港澳台侨外事和民族宗教委员会工作；

戴晓文，协助主席分管文化文史和学习委员会工作；

帅歌柳，协助主席分管人口资源环境委员会工作；

帅歌柳、戴晓文，协助主席分管经济委员会工作；

吴建发（后受刑事处罚）、胡领高（后受刑事处罚），协助主席分管提案委员会工作；

廖　燕，不参与分工；

章克敏、刘忠华，协助主席分管农业和农村委员会工作；

秘书长：

徐容宁，协助主席处理市政协机关日常工作。

（六）政协抚州市第五届委员会

政协抚州市第五届委员会产生于 2021 年 10 月，至 2025 年 1 月未届满。第五届委员会有 346 名委员、55 名常务委员，常务委员会主持市政协日常工作。

主　席：贺喜灿

副主席：谭小平　刘忠华　戴晓文

曾月兴　伍旭鸿　唐永文

刘　胜（女）　王　彬

秘书长：颜建平

常务委员（按姓氏笔画排序）：

王丽红（女）	王建辉	王裕良
叶芝云（女）	申进东	向　往（女）
邬丽梅（女）	刘文平	刘海滨

刘新萍(女)　李　威　李建明
李淑雯(女)　杨小平　杨利文
吴　辛　吴　薇(女)　吴世伟
吴向红(女)　吴英权　吴胜兰(女)
邱江峰　何　明　何建江
张　彤　张志红(女)　陈　坚
陈振华　陈恩斌　罗　燕(女)
罗小刚　罗亦文(女)　周于凡
郑海云　胡军民　胡海荣
娄红玲(女)　祝毅思(女)　袁晓明
徐江英(女)　黄　瑛(女)　黄文龙
黄文英(女)　黄国文　龚冬根
章军旺　释学辉　曾无非
谢　婷(女)　谢文斌　谢爱隆
蔡礼明　谭海斌　魏　勤(女)
魏志中

(以下为 2024 年 2 月 28 日补选)

王新平　李信德
陈志祥　陈　萍

(以下为 2025 年 1 月 24 日补选)

金　超　徐　明
傅家科　释顿成(女)

政协抚州市第五届委员会主席、副主席、秘书长分工(2021 年 11 月 3 日)

主　席:

贺喜灿,主持市政协全面工作。

副主席:

谭小平,协助主席分管市政协办公室、社会和法制委员会工作。

刘忠华,协助主席分管市政协文化文史和学习委员会工作。

戴晓文,协助主席分管市政协教科卫体委员会工作。

曾月兴,协助主席分管市政协提案委员会工作。

伍旭鸿,协助主席分管市政协经济委员会工作。

唐永文,协助主席分管市政协人口资源环境委员会工作。

刘　胜,协助主席分管市政协港澳台侨外事和民族宗教委员会工作。

王　彬,协助主席分管市政协农业和农村委员会工作。

秘书长:

颜建平,协助主席处理市政协机关日常工作。

各位副主席和秘书长完成主席交办的其他工作。

2024 年 4 月 16 日,对部分政协抚州市第五届委员会副主席分工作调整。

副主席:

曾月兴,协助主席分管市政协港澳台侨和外事委员会、民族和宗教委员会工作。

刘　胜,协助主席分管市政协提案委员会工作。

抚州市政协一至五届主席、副主席、秘书长、副秘书长任职情况一览表

职务	姓名	性别	任职时间	职务	姓名	性别	任职时间
主　席	王祥生	男	2000.10—2001.6	副主席	黄昕明	男	2000.10—2004.6
	李品行	男	2002.9—2010.1		胡淑珠	女	2000.10—2006.4
	王晓媛	女	2010.1—2011.9		刘　定	男	2000.10—2006.12
	谢发明	男	2011.9—2016.11		邱敬禹	男	2000.10—2006.12
	黄晓波	男	2016.11—2021.3		陈其辉	男	2000.10—2006.12
	王宏安	男	2021.3—2021.10		李抚生	男	2000.10—2006.12
	贺喜灿	男	2021.10—		汪重阳	男	2000.10—2006.12

续表

职务	姓名	性别	任职时间	职务	姓名	性别	任职时间
副主席	邹俐菁	女	2000.10—2010.1	副主席	帅歌柳	男	2020.5—2021.10
	陈云斐	男	2000.10—2016.11		吴建发	男	2020.5—2021.10（后受刑事处罚）
	王晓媛	女	2002.3—2006.5		廖 燕	女	2020.5—2021.10
	赵恩洪	男	2006.12—2010.1		章克敏	女	2020.5—2021.10
	周 琪	女	2006.12—2011.9		谭小平	男	2021.10—
	何建辉	男	2006.12—2011.9		曾月兴	男	2021.10—
	黄德宪	男	2006.12—2015.1		伍旭鸿	男	2021.10—
	廖建辉	男	2006.12—2015.1		唐永文	男	2021.10—
	郑友清	男	2006.12—2021.10		刘 胜	女	2021.10—
	黄耀波	男	2010.2—2020.5		王 彬	男	2021.10—
	周付德	男	2011.9—2017.12	秘书长	汪伟中	男	2000.10—2004.3
	蔡 青	女	2011.9—2016.11		徐容宁	女	2004.3—2021.10
	贾益纲	男	2011.9—2016.11		颜建平	男	2021.10—
	徐建辉	男	2015.1—2020.5	副秘书长	徐容宁	女	2003.6—2004.3
	柏 林	男	2015.1—2020.5		陈水明	男	兼，2003.6—2015.6
	刘菊娇	女	2016.11—2017.6		张 帆	男	兼，2003.6—2015.10
	刘忠华	男	2016.11—		刘海滨	男	2009.12—
	戴晓文	男	2016.11—		郑荣钦	男	2015.10—2021.2
	胡领高	男	2018.1—2020.5（后受刑事处罚）		张志红	女	2024.1—

三、工作机构

2000年8月9日，政协抚州市第一届委员会大会筹备组向地委呈报《关于撤地设市政协工作中需要解决问题的请示》，提出市政协工作机构和办事机构设置意见。次年3月8日，市委机构编制委员会批复：鉴于撤地设市后市政协工作职能发生很大变化和目前正处在机构改革前期准备阶段等实际情况，为保证市政协各项工作正常开展，经2001年3月8日编委会研究，同意批复政协抚州市委员会机关增加事业编制15名。6月11日，市委机构编制委员会批复：同意市政协8个工作机构暂内设10个科（室），其中市政协办公室内设秘书科、行政接待科、宣传调查研究科3个科，学习文史委员会、提案委员会、经济技术委员会、教文卫体委员会、法制社团委员会、“三胞”联谊委员会、农村和农业委员会各内设1个办公室。共核定科级职数10名。

2002年10月28日，中共抚州市委办公室印发《政协抚州市委员会机关职能配置内设机构和人员编制规定》，批准政协抚州市委员会机关职能配置、内设机构和人员编制确定如下：1.办公室设3个职能科，即人事秘书科、宣传调研科、行政接待科。2.提案委员会、学习文史委员会、经济技术委员会、农村和农业委员会、教文卫体委员会、法制社团委员会、“三胞”联谊委员会共7个专门委员会各设1个办公室，均为正科级。3. 人员编制和领导职数：市政协机关行政编制26名，后勤事业编5名，专项事业编制7名。领导职数：秘书长1名，副秘书长1名，办公室主任1名，副主任1名，提案委员会、学习文史委员会、经济技术委员会、农村和农业委员会、教文卫体委员会、法制社团委员会、“三胞”联谊委员会县级职数各1名；科级职数11名，其中正科不超过10名。至2002年10月，市政协机关定编38名。

2003年9月26日，市政协一届十五次常委会会议决定：“学习文史委员会”更名为“文史委员会”；“法制社团委员会”更名为“社会和法制委员会”；“三胞联谊委员会”更名为“港澳台侨委员会”。更名之后，原任各专门委员会主任、副主任不变。至2003年12月，市政协机关实有人员34名。其中：县处级干部12人，科级以下干部15人，职工5人，厅级退休干部2人。

2006年12月26日，市编委《关于组建抚州市机关事务管理局等有关问题的通知》明确：撤销市政协办公室内设的行政接待科，组建市政协办公室机关后勤服务中心，为市政协办公室下属正科级事业单位，市政协机关5名后勤事业编制全部划入机关后勤服务中心；核定市政协办公室机关后勤服务中心正、副科级职数各1名。

2009年10月2日，市编委批复同意市政协农村和农业委员会更名为“人口资源环境委员会”，更名后机构级格不变。

2012年2月15日，市编委批复同意市政协“港澳台侨委员会”更名为政协抚州市委员会“港澳台侨和外事委员会”，更名后，机构级格不变。

2013年2月4日，市政协机关党组《关于市政协机关干部人事编制情况的报告》：市政协机关有总编制38个，其中公务员编制33个，事业编制5个；实有在编人员36人，其中，公务员31人，事业人员5人。4月17日，市编委印发《关于撤销市政协办公室机关后勤服务中心的通知》：经2012年12月13日市编委会议研究和2013年3月22日市委常委会会议审核，决定：1. 撤销市政协办公室机关后勤服务中心；2. 市政协办公室机关后勤服务中心事业编制置换成工勤人员聘用指标，并由市机构编制部门另行下达。按照“老人老办法”的原则，原在编的工勤人员工资待遇、身份维持不变，随着退休和调离等逐步消化。今后补充工勤人员，一律实行财政定额补助工勤人员聘用指标管理。

2014年9月9日，市编委批复同意政协抚州市委员会办公室增设委员联络科，增加科级职数1名，所需人员编制内部调剂解决。次年1月23日，市编委批复《关于市政协部分专门委员会更名的请示》，同意市政协“学习文史委员会”更名为“文史委员会”；“经济技术委员会”更名为“经济委员会”；“法制社团委员会”更名为“社会和法制委员会”；“教文卫体委员会”更名为“教科文卫体委员会”；“港澳台侨和外事委员会”更名为“港澳台侨外事和民族宗教委员会”，更名后，机构级格不变。

2019年1月16日，市政协四届十四次常委会会议通过《关于增设和调整专门委员会设置的决定》，设置市政协“农业和农村委员会”，将市政协经济委员会、人口资源环境委员会联系农业界和研究“三农”等职责调整到市政协农业和农村委员会；市政协文史委员会更名为“文化文史和学习委员会”，将教科文卫体委员会承担的联系文化艺术界等相关职责调整到文化文史和学习委员会；教科文卫体委员会更名为“教科卫体委员会”。3月9日，市委办印发《关于调整市政协机关机构编制事项的通知》：经市编委审定并报市委批准，市政协农业和农村委员会设专职副主任1名；委员会下设办公室，负责日常工作，核定科级职数1名。文史委员会办公室更名为文化文史和学习委员会办公室，教科文卫体委员会办公室更名为教科卫体委员会办公室。

2020年2月28日，市编委批复市政协机关有关机构编制事项：1. 同意市政协机关增加机关党委专职副书记职数1名（正科级），所需人员编制内部调剂解决。重新核定市政协机关科级职数14名，其中正科级不超过12名（含机关党委专职副书记1名）。2. 同意设立市政协文史馆，为市政协办公室下属正科级全额拨款公益一类事业单位，核定事业编制4名，设主任1名。

2021年1月，市政协办公室向市编委会提出《深化事业单位改革试点工作方案》：为理顺工作，强化其公益职能，撤销“市政协文史馆”，组建“抚州市地方政协工作研究中心”，为市政协办公室所属的正科级全额拨款公益一类事业单位，科级领导职数1正1副，主要承担开展地方政协工作理论与实践研究（1人）、政协文史工作（4人）、委员联络服务（1人）、政协提案工作管理平台（1人）、基层民主协商（1人）、民主监督（1人）、政协信息化建设（1人）等职能。4月9日，市委编委会议批复同意设立市地方政协工作研究中心，核定全额拨款事业编制7名；领导职数为主任1名（正科级）、副主任1名（副科级）；撤销市政协文史馆。

2024年4月，市政协港澳台侨外事和民族宗教委员会分设成港澳台侨和外事委员会、民族和宗教委员会，并增设两个县处级领导职数。

至2025年1月底，市政协工作机构有办公室、提案委员会、文化文史和学习委员会、教科卫体委员会、农业和农村委员会、经济委员会、人口资源环境委员会、社会和法制委员会、港澳台侨和外事委员会、民族和宗教委员会。机关核定编制41个，其中行政编制30个，事业编制7个，工勤编制4个；实有干部职工47人，其中厅级领导干部9人，处级干部21人，科级干部8人，事业人员5人，工勤人员4人。

（一）市政协办公室

2001年6月，市委机构编制委员会批复，同意市政协办公室内设秘书科、行政接待科、宣传调查研究科。市政协副秘书长兼办公室主任，配备办公室副主任2—3名。主要工作职责：1. 负责市政协全委会会议、常委会会议、主席会议、党组会议、机关党组会议、专委会和办公室联席会议的会务工作；2. 负责组织实施市政协全委会会议、常委会会议、主席会议、党组会议的决议、决定；3. 负责建立委员履职档案工作和委员联络服务工作；4. 负责市政协文（电）稿和领导讲话稿起草工作；5. 负责机关文电处理、文书档案、文印、机要保密、印鉴管理工作；6. 负责市政协宣传报道，收集反映各界人士意见、建议；7. 负责与市委办、市人大办、市政府办、各县（区）政协、各民主党派、工商联和政协参加单位联络沟通工作；8. 负责权限范围内人事和机构编制管理工作；9. 负责市政协接待工作；10. 负责市政协机关行政事务及后勤服务工作；11. 负责联系中共、特邀界别，并组织开展界别活动；12. 承办市政协领导交办的其他事项。

2024年12月底，市政协办公室内设人事秘书科、宣传调研科、委员联络科、地方政协工作研究中心。

历任市政协办公室主任、副主任

主　任：徐容宁（女，2000.12—2006.11）
乐启文（2006.11—2009.8，后受刑事处罚）
刘海滨（2009.12—）

副主任：陈水明（2001.3—2003.6）
乐启文（2003.6—2006.11，后受刑事处罚）
刘海滨（2006.11—2009.12）
龚雪华（2009.12—2012.3）
魏志中（2012.3—2016.2）
谢文斌（2018.4—2021.10）
周　伟（2021.10—）

人事秘书科　设立于2000年8月，系市政协办公室所属主要办事机构之一。主要职责是：1. 负责市政协、市政协办公室日常电文处理、文件核对以及文电收发、归档等管理工作；2. 负责市政协、市政协办公室文件编号、复印、印刷、邮寄、分发、保密等工作；3. 参与市政协领导讲话稿、重要文件起草工作，负责机关综合性文电起草工作；4. 参与市政协例会及重大活动会务和服务工作；5. 负责市政协办公室各类印章和介绍信使用、保管工作；6. 负责机关人事、编制管理、年度考核、委员考核、机关离退休干部服务、机关医保和工作证制发工作；7. 负责机关学习的组织实施；8. 负责市政协领导参加省政协、市委、市政府及有关部门会议、活动的通知、服务等工作；9. 负责与各县（区）政协办公室和各专门委员会办公室联络工作；10. 负责机关招商引资、目标考评有关报表、联络工作；11. 负责机关办公自动化联网建设工作；12. 完成领导交办的其他工作任务。

行政接待科 设立于 2000 年 8 月，2006 年 12 月撤销。系市政协办公室所属正科级办事机构之一。主要职责：1. 负责市政协机关行政事务管理、财务管理、财产管理、工资福利、劳动和安全保卫等机关后勤管理工作；2. 负责市政协重大会议的后勤保障和服务工作；3. 负责机关车辆的日常维护和检修，抓好司机的安全管理、汽车用油、维修和司机的学习和培训工作；4. 负责机关工作用车派遣工作；5. 负责机关离退休人员和老干部工作；6. 负责机关来人来客接待工作；7. 负责以机关工会、妇联名义组织的文娱活动；8. 完成领导交办的其他工作。

宣传调研科 设立于 2000 年 8 月，系市政协办公室所属正科级办事机构之一。主要职责：1. 围绕市委、市政府中心工作和市政协重大工作部署，开展调查研究，收集和综合处理信息；2. 负责编印《抚协通报》《抚州政协》《社情民意》等内部刊物；承办领导对《社情民意》批示的督办落实和反馈工作；3. 负责起草市政协全委会、常委会等重要文件、领导讲话稿，以及以市政协名义向省政协报送的工作报告和经验材料；4. 负责人民政协理论宣传、研究以及政协报刊发行工作；5. 负责《政协大事记》收集和编印工作；6. 负责抚州政协网信息编辑及网站维护和运营工作；7. 完成领导交办的其他工作。

委员联络科 设立于 2014 年 9 月，其前身为设立于 2006 年 12 月的市政协机关后勤服务中心，系市政协办公室所属正科级办事机构之一。其主要职责是做好委员联络服务和接待工作，为委员履行职责提供服务管理；做好住抚省政协委员、市政协委员的联络、服务、管理工作，委员基础信息和履职情况的收集、整理、分析，以及委员履职情况通报及考核；新形势下提高委员履职能力研究，探索发挥委员主体作用新方法和新途径，并制定、完善有关规章制度。

地方政协工作研究中心 成立于 2021 年 4 月 19 日，为市政协办公室所属正科级公益一类事业单位，核定科级领导职数一正一副。主要承担开展地方政协工作理论与实践研究、政协文史工作、政协提案工作管理平台、基层民主协商、民主监督、政协信息化建设、委员联络服务等职责。

市政协文史馆 2020 年 6 月，市编委正式批复设立市政协文史馆，为市政协办公室所属全额拨款事业单位，机构规格正科级，核定全额拨款事业编制 4 名，正科级领导职数 1 名。2021 年 4 月，市政协文史馆被撤销，其工作职能整合到市地方政协工作研究中心。

（二）提案委员会

成立于 2000 年 12 月，系政协抚州市委员会专门工作机构之一。专委会设专职主任、副主任各 1 名，兼职副主任若干名，下设正科级办公室作为其办事机构。

历任提案委员会主任、副主任

主　任： 陈其辉（2000.12—2006.11 兼）
祝国荣（2006.11—2012.3）
张　帆（2012.3—2015.10）
杨利文（2016.10—）

副主任： 祝国荣（2001.3—2006.11，专职）
游林清（2011.6—2014.9）
杨利文（2012.3—2016.10，专职）
甘军根（2022.4—，专职）

提案委员会办公室 设立于 2001 年 6 月，系提案委员会办事机构。办公室设主任1名，副主任1—2名，工作人员若干名。

（三）文化文史和学习委员会

2000年12月，成立政协抚州市委员会“学习文史委员会”；2003年9月，“学习文史委员会”更名为“文史委员会”；2010年9月，“文史委员会”更名为“文化文史和学习委员会”；2015年1月，“文化文史和学习委员会”更名为“文史委员会”；2019年1月，“文史委员会”更名为“文化文史和学习委员会”。设专职主任、副主任各1名，兼职副主任若干名，下设正科级办公室作为其办事机构。

历任文化文史和学习委员会主任、副主任

主　任：张志坚（2000.12—2006.11）
吴水凤（2006.11—2011.10）
吴　昊（女，2012.3—2019.1）
甘少华（2019.5—2021.10）
王新平（2022.4—）

副主任：王裕良（2009.4—2016.1，专职）
全　益（女，2020.4—2024.1，专职）
邹　芳（女，2024.4—，专职）

文化文史和学习委员会办公室　设立于2001年6月，系文化文史和学习委员会的办事机构。办公室设主任1名，副主任1—2名，工作人员若干名。

（四）经济委员会

2000年12月，成立政协抚州市委员会“经济技术委员会”；2015年1月，“经济技术委员会”更名为“经济委员会”。设专职主任、副主任各1名，兼职副主任若干名，下设正科级办公室作为其办事机构。

历任经济委员会主任、副主任

主　任：李雨田（2000.12—2003.6）
詹水晶（2003.6—2012.3）
龚雪华（2012.3—2016.9）
袁晓明（2017.6—2022.7）
徐　明（2024.4—）

副主任：杨　磊（2020.4—2021.10，专职）
付志超（2021.10—，专职）

经济委员会办公室　设立于2001年6月，系经济委员会的办事机构。办公室设主任1名，副主任1—2名，工作人员若干名。

（五）人口资源环境委员会

成立于2009年10月，系政协抚州市委员会专门工作机构之一。2009年10月，市政协“农村和农业委员会”更名为“人口资源环境委员会”；2010年1月8日，市政协二届十六次常委会会议正式通过更名。专委会设专职主任、副主任各1名，兼职副主任若干名，下设正科级办公室作为其办事机构。

历任人口资源环境委员会主任、副主任

主　任：陈水明（2010.1—2015.6）
魏志中（2016.2—）

副主任：吴萍香（女，2015.9—2016.2，专职）
傅芳群（女，2022.1—，专职）

人口资源环境委员会办公室　设立于2009年10月，系人口资源环境委员会的办事机构。办公室设主任1名，副主任1—2名，工作人员若干名。

（六）教科卫体委员会

2000年12月，成立政协抚州市委员会教文卫体委员会；2015年1月，“教文卫体委员会”更名为“教科文卫体委员会”；2019年1月，市政协四届十四次常委会会议决定“教科文卫体委员会”更名为“教科卫体委员会”。专委会设主任、副主任各1名，下设办公室作为其办事机构。

历任教科卫体委员会主任、副主任

主　任：李抚生（2000.12—2006.11兼）
张志坚（2006.11—2015.6）
王裕良（2016.1—）

副主任：唐平华（2001.3—2006.11，专职）
王新平（2019.3—2022.4，专职）
王进芳（2022.4—2024.7，专职）

教科卫体委员会办公室　设立于2001年6月，系教科卫体委员会的办事机构。办公室设主任1名,副主任1—2名,工作人员若干名。

(七)港澳台侨和外事委员会

2000年12月,成立政协抚州市委员会“三胞”联谊委员会;2003年9月,“三胞”联谊委员会更名为“港澳台侨委员会”;2012年2月,“港澳台侨委员会”更名为“港澳台侨和外事委员会”;2019年,“港澳台侨和外事委员会”更名为“港澳台侨外事和民族宗教委员会”。2024年4月,“港澳台侨外事和民族宗教委员会”分设为“港澳台侨和外事委员会”和“民族和宗教委员会”。专委会设专职主任、副主任各1名,兼职副主任若干名,下设正科级办公室作为其办事机构。

历任港澳台侨和外事委员会主任、副主任

主　任:刘　定(2000.12—2006.11,兼)
涂香莲(女,2006.11—2015.6)
袁晓明(2015.10—2017.6)
郑海云(2017.6—2022.1)
陈志祥(2024.1—2024.4)

副主任:涂香莲(女,2001.3—2006.11,专职)
袁晓明(2012.3—2015.9,专职)
范正庚(2021.10—,专职)

港澳台侨和外事委员会办公室　设立于2001年6月,系港澳台侨和外事委员会办事机构。办公室设主任1名,副主任1—2名,工作人员若干名。

(八)社会和法制委员会

2001年3月,成立政协抚州市委员会“法制社团委员会”;2003年9月,“法制社团委员会”更名为“社会和法制委员会”。专委会设专职主任、副主任各1名,兼职副主任若干名,下设正科级办公室作为其办事机构。

历任社会和法制委员会主任、副主任

主　任:吴菁菁(女,2000.12—2006.11)
付晓荣(2006.11—2012.3)
杨春高(2012.6—2015.6)
裴　涛(2016.1—2018.7)
谢文斌(2021.10—)

副主任:杨春高(2009.10—2012.3,专职)
郑海云(2012.3—2017.6,专职)
汤水慧(女,2021.10—,专职)

社会和法制委员会办公室　设立于2001年6月,系社会和法制委员会的办事机构。办公室设主任1名,副主任1—2名,工作人员若干名。

(九)农业和农村委员会

2000年12月,成立政协抚州市委员会“农村和农业委员会”;2009年10月,“农村和农业委员会”更名为“人口资源环境委员会”;2019年1月,重新设置“农村和农业委员会”,9月,“农村和农业委员会”更名为“农业和农村委员会”。专委会设专职主任、副主任各1名,兼职副主任若干名,下设正科级办公室作为其办事机构。

历任农业和农村委员会主任、副主任

主　任:聂荣光(2000.12—2003.6)
陈水明(2003.6—2009.12)
吴　辛(2021.10—2024.7)
傅家科(2024.9—)

副主任:吴萍香(女2020.5—,专职)

农业和农村委员会办公室　设立于2001年6月,系农业和农村委员会的办事机构。办公室设主任1名,副主任1—2名,工作人员若干名。

(十)民族和宗教委员会

2024年4月,成立政协抚州市委员会“民族和宗教委员会”。专委会设专职主任、副主任各1名,兼职副主任若干名,下设正科级办公室作为其办事机构。

历任民族和宗教委员会主任、副主任

主　任:陈志祥(2024.4—)

民族和宗教委员会办公室　设立于2024年4月,系民族和宗教委员会的办事机构。办公室设主任1名,副主任1—2名,工作人员若干名。

政协抚州市第一届委员会机构设置图

（2000 年 10 月至 2006 年 12 月）

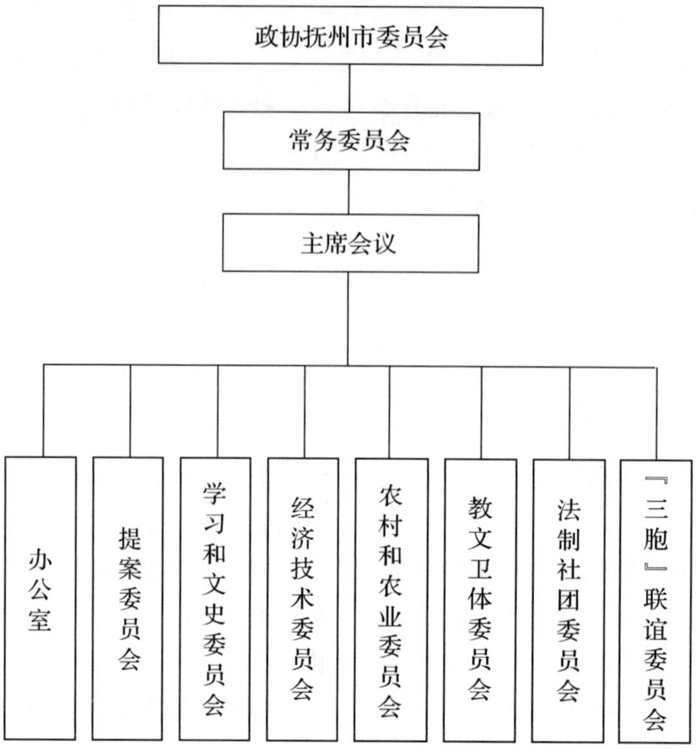

政协抚州市第二届委员会机构设置图

（2006 年 12 月至 2011 年 9 月）

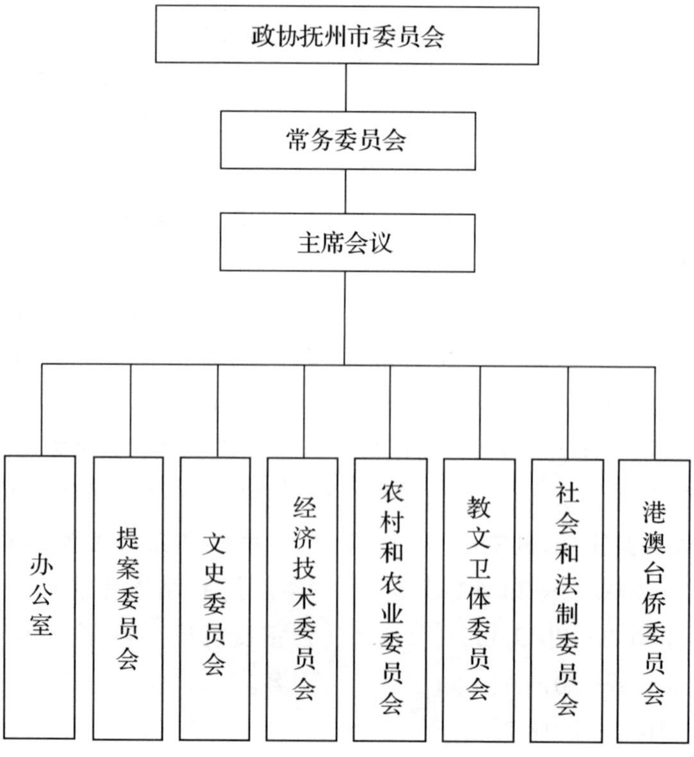

政协抚州市第三届委员会机构设置图

（2011 年 9 月至 2016 年 10 月）

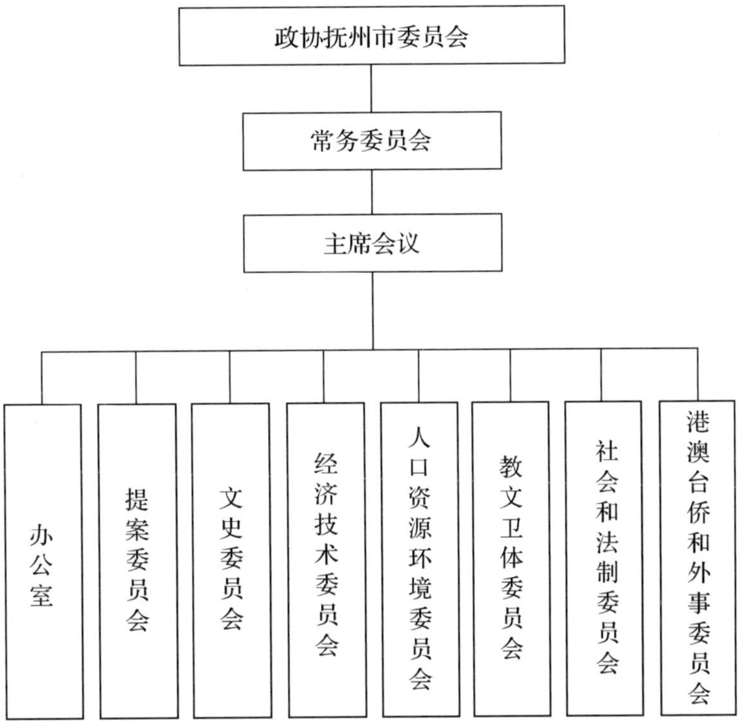

政协抚州市第四届委员会机构设置图

（2016 年 10 月至 2021 年 10 月）

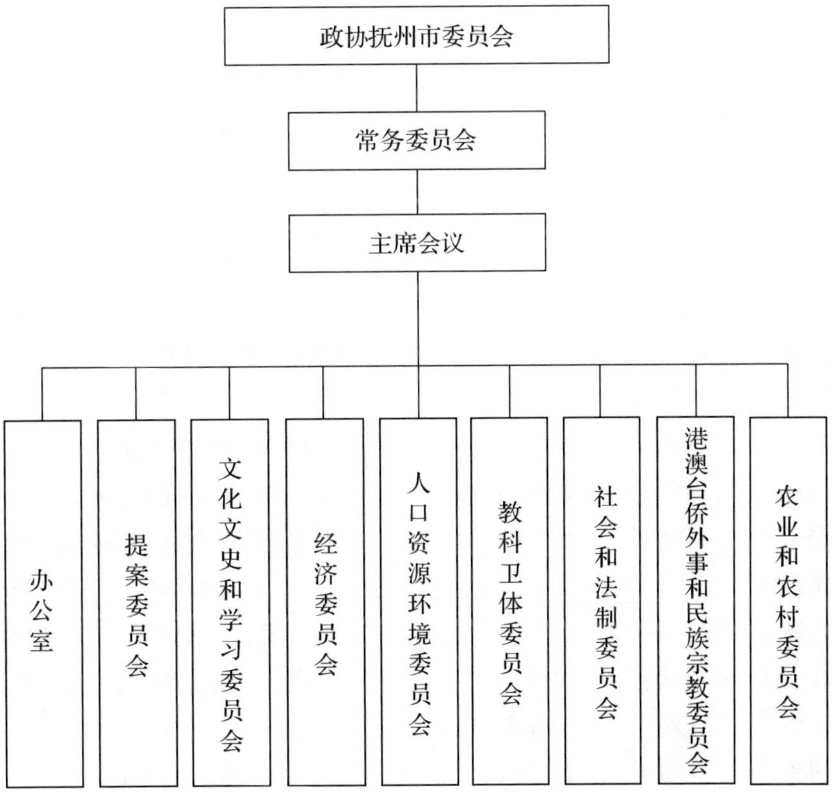

政协抚州市第五届委员会机构设置图

（2021 年 10 月至 2024 年 12 月）

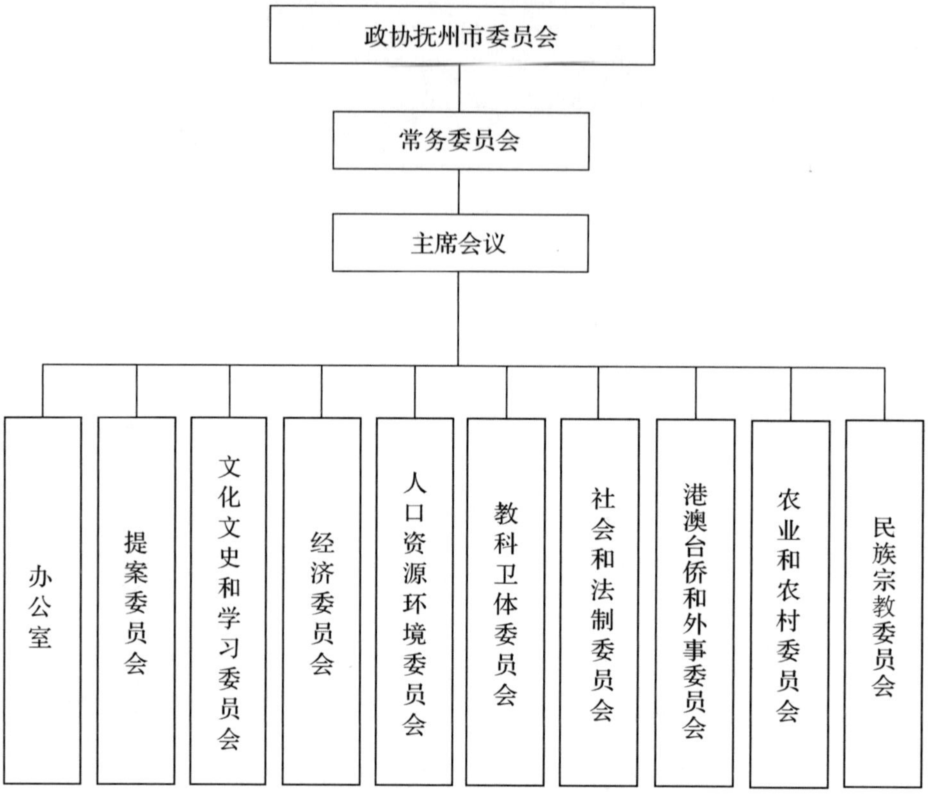

四、专委会组成人员

各专门委员会成员名单，按姓氏笔画排序。

（一）第一届委员会专门委员会组成人员

（2001 年 3 月 15 日）

提案委员会

主　任：陈其辉（兼）

副主任：冯国发　祝国荣（专职）　徐建辉　翁琴香（女）　童举希　熊堂和

委　员：吴文宇　汪苏生　钟小平　钟长林　徐印庚　熊小青（女）　超春云（女）　蔡晓东　薛　敏

学习文史委员会

主　任：张志坚（专职）

副主任：万斌生　刘紫春　饶乾坤

委　员：王士文　汤对堂　纪丽波（女）　刘国芳　夏雪庆　黄建荣

经济技术委员会

主　任：李雨田（专职）

副主任：付祖辉　张　伟　徐日进　徐福元

委　员：万维群　江天祥　李　坚　邹　辉　吴飘扬　郑小平　章江涛　黄国夫　郭国荣　屠建龙　黄瑛瑛（女）　谢建新

（2003 年 3 月增补）

占立新

农村和农业委员会

主　任：聂荣光（专职）

副主任：丁兆祥（后受刑事处罚）　张沪玉　聂晓恩　彭元煌

委　员：付彻祥　付剑夫　李　凌　孙丽萍（女）　延兴安　罗永顺　周新根　赵卫平　夏小青　廖莲梅（女）

教文卫体委员会

主　任：李抚生（兼）

副主任：万　锦　全跃龙　顾胜和
唐平华（专职）　戴凯旗

委　员：王胜国　刘忠华
汤绍云（女）　邱　瑾（女）
张茹兰（女）　郁佩珍（女）
彭年发　鄢素芬（女）
廖新华　戴小文

（2003年3月增补）
涂国卿

法制社团委员会

主　任：吴菁菁（女，专职）

副主任：邓小玲（女）　傅晓林
徐容宁（女）　梁　安（女）

委　员：龙镇泉　刘铭育　李稣光
张　帆　陈　欣（女）　何泽龙
郑泽林　罗建南（女）　曾洪龙

（以下为2003年3月增补）
刘　英（女）　徐秀琴（女）　韩国华
蔡子福

"三胞"联谊委员会

主　任：刘　定（兼）

副主任：李耕生　汪丽萍（女）
张伟平（女）　涂香莲（女，专职）

委　员：王建华　龙氏美（女）
付泽琼（女）　李　昊（女）
邹振华　吴建平
汪建国　陈国顺

（以下为2003年3月增补）
杨志诚　胡怀龙
娄芳芳（女）

（二）第二届委员会专门委员会组成人员

（2006年12月18日）

提案委员会

主　任：祝国荣

副主任：韦　萍（女）　郑济平　李建林
朱　萍（女）　李　凌

委　员：吴文宇　徐印庚　蔡晓东
薛　敏　刘忠华　吴胜茂
张建华　胡志华　罗国顺
乐小根　李钢华

文史委员会

主　任：吴水风（女）

副主任：王晓建　赵　臻（女）　张　帆
戴晓文　周泽南　刘国芳

委　员：黄建荣　夏雪庆　纪丽波（女）
李林荣　陈青峰　章克敏（女）
吴国华　陈泽堂　饶　芳（女）

经济技术委员会

主　任：詹水晶

副主任：黄武明　黄晓华　高富云
万贻茂　胥　瑶（女）　黄平辉
贡建东

委　员：陈济庭　屠建龙　邱　敏（女）
陈德勋　张建荣　林支新
杨亚新　蔡　力　范书祥
万应根　芦齐峰　章江涛
车济国

农村和农业委员会

主　任：陈水明

副主任：周晓新　曾福根
邹德贵　夏小青

委　员：龙　平　罗昌善　罗祖炜
唐永文　彭秋祥　余军林
付香兰（女）　付御祥　张沪玉
杨书斌　陈海平　郑振荣
赵卫平

教文卫体委员会

主　任：张志坚

副主任：辛建华（女）　顾胜和　何晓晖
孙高清

委　员：杨洁员　龙　剑　涂国卿
何乐琴（女）　白云飞　黄余良
戴　奔　谷　菊（女）　王　昱
刘细明　曾小天　陈胜华

吴　岚（女）喻华堂

社会和法制委员会

主　任：付晓荣

副主任：周木扬　汪丽萍（女）杨更生
梁　安（女）孔夏生　吴艳玉（女）

委　员：付晓林　陈海发　邓慧萍（女）
蔡滩水　杨明辉　吴　昊（女）
张　勇　付景彪　马　颖（女）
金旭初　周文明　黄港清
黄友平

港澳台侨委员会

主　任：涂香莲（女）

副主任：罗晓宾　雷东水　廖　燕（女）
章　勤　占贤忠　汪荣贵

委　员：卢　萍（女）郑荣钦　黄德超
王建华（女）王　勇　孙丽萍（女）
张晓燕（女）邹振华　饶宇航
李冬生　章正华　章　冰
谢天放

（三）**第三届委员会专门委员会组成人员**（2012年3月2日）

提案委员会

主　任：张　帆

副主任：郑济平　李林荣
游林清（专职）　张沥泉
李　凌　杨利文（专职）

委　员：汤祖继　乐小根　张志红（女）
张建华　杨小平　刘前进
郑启祥　张　勇　曹细春
蔡　盛（女）董建新　莫子涵（女）

文史委员会

主　任：吴　昊（女）

副主任：黄亚玲（女）　王惠霞（女）
戴晓文　周泽南　黄小明
王裕良（专职）

委　员：罗崇辉　段院龙　曹捷生
陈青峰　吴维权（女）吴胜茂
杨小建　李启明　郑小平
张爱民　汪乐民　纪丽波（女）
刘国芳　傅　瑛（女）饶　芳（女）

经济技术委员会

主　任：龚雪华

副主任：孙玉英（女）刘冰冰　黄晓华
周文明　吴鉴铭　祝曙光
徐建新　贡建东

委　员：张冲林　任星光　杨正荣
邹晓明　庄彬春　郑学诠
吴元暖　何海荣　吴世伟
徐晤明（女）　陈　佳（女）
邱　敏（女）　卢雅芳（女）
张蓉蓉（女）　黎咏峰

人口资源环境委员会

主　任：陈水明

副主任：袁任民　曾福根　罗祖伟
聂平太　夏小青

委　员：辛祥泰　杨书斌　唐永文
郑荣钦　蔡晓东　吴　强
王　勇　吴　辛　吴文宇
郑振荣　彭秋祥　龙　平
万英华（女）　艾艳萍（女）
余庆华（女）　祝　玫（女）
郑晓樵　黄文英（女）

教文卫体委员会

主　任：张志坚

副主任：孙云光　辛建华（女）甘少华
涂国卿　曾小天　吴乐明
鄢素芬（女）

委　员：万全阳　王　昱　王大冲
王胜国　龙　剑　华小明
何乐琴（女）吴　岚（女）张冬生
李淑雯（女）杨洁员　陈春梅（女）
陈胜华　侯龙清　唐　化（女）
梅雪奇　章克敏（女）彭国芳

社会和法制委员会

主　任：杨春高（2012年6月任）

副主任：万细武　蔡　菁　罗晓宾

黄奇伟　　　娄红玲(女)
傅志欣(女)　白　洋
郑海云(专职)
委　员:郭淑萍(女)　谢晓荣　　王　彬
黄港清　　　马　颖(女)
邓慧萍(女)　王建林
王雅兰(女)　李　群(女)
陈水和　　　周　红(女)
金　星　　　张志珍(女)
魏媛媛(女)　周文明

港澳台侨和外事委员会

主　任:涂香莲(女)
副主任:朱　萍(女)　吴茶香(女)
廖　燕(女)　徐友洪
黄德超　　　张　宇
袁晓明(专职)
委　员:章　勤　　　杨　皓　　杨更生
刘忠华　　　黄　琛(女)
付香兰(女)　戴员生
章正华　　　于　勤(女)
林翠英(女)　饶宇航
吴　刚　　　杨　平
黄志强　　　余忠造

(四) 第四届委员会专门委员会组成人员
(2016年12月5日)

提案委员会

主　任:杨利文
副主任:高晓英(女)　李　慷
胡会华　　　邹志坚
付晓红(女)　李　凌
董建新
委　员:唐　化(女)　杨小平
徐珊玲(女)　黄国文
于　勤(女)　吴霞英(女)
蔡乔乔(女)　蔡　盛(女)
张建华　　　艾玉如(女)
魏　玮(女)　艾华康
黄国华　　　饶伟斌

文史委员会

主　任:吴　昊(女)
副主任:陈菊莲(女)　　汪志强
黄小明　　　　雷东水
吴　华(女)　　张志红(女)
吴　岚(女)　　饶　芳(女)
委　员:姜东兴　　　高心琦(女)　邓子鹏
周于凡　　　熊　伟　　　黄文彪
谭海斌　　　方丽萍(女)　吴泉辉
黄　晨　　　徐　驰
叶芝云(女)　吴　军
林小红(女)　吕红红(女)
林保生

经济委员会

主　任:袁晓明(2017年6月任)
副主任:何　明　　　陆中和　　　唐永文
吴鉴铭　　　熊瑞环(女)　曾爱民
吴世伟(兼)　何海荣
委　员:杨正荣　　　徐晤明(女)　吴根福
桂世芳　　　戴　建　　　易德福
陈明辉　　　张建荣　　　李信德
赵品晓　　　黄宝安
刘新萍(女)　陈春梅(女)
艾　婧(女)

人口资源环境委员会

主　任:魏志中
副主任:廖金平　　　徐建云　　　邓久泉
乐小红(女)　聂平太　　　杨书斌
梁建民　　　马　颖(女)
委　员:赖昌明　　　黄文英(女)
余庆华(女)　郑振荣　　　龙　平
刘　华　　　章建岚(女)
冯燕萍(女)　张　勇
邹建明　　　丁应良　　　朱仁宽
廖小娟(女)　唐卫和　　　袁筱春
姚　黎(女)

教科文卫体委员会

主　任:王裕良

副主任：甘少华　涂国卿
刘　胜（女）　罗亦文（女）
戴寿昌　邱　敏（女）
夏婉燕（女）

委　员：付燕萍（女）　吴　薇（女）
王银茂　鄢素芬（女）　黄双龙
连佩忠　万晓定　王　昱
华小明　李小鹏　欧阳海华
喻华堂　帅凯晖　陈胜华
黄　卓　王　音（女）　甘志松
丁爱民　叶全裕　万全阳
郑学铃　周辉勤　范书祥

社会和法制委员会

主　任：裴　涛

副主任：娄红玲（女）　丁武安
吴晓妮（女）　白　洋　王　彬

委　员：王钦铭　黄　纲　符　伟
王雅兰（女）　张志珍（女）
高红梅（女）　周　红（女）
邓莘芸（女）　周　晶（女）
赵卫平　刘冬国　杨国飞
汪　亮　叶应钦　刘前进
李慧华（女）　李　群　孔友明
余志建

港澳台侨外事和民族宗教委员会

主　任：郑海云（2017年6月任）

副主任：吴茶香（女）　陈克胜（女）
郑宇乐　黄晓红（女）
吴世伟　黄港清

委　员：戴员生　胡志华　陈小临
张　锦（女）　杨　平　林翠英（女）
欧阳家平　黄　烨　满江生
张冠雄　释学辉　向　往（女）
王　萍（女）　刘敏龙　王　华

（五）第五届委员会专门委员会组成人员（2021年10月28日）

提案委员会

主　任：杨利文

副主任：申进东　吴向红（女）
李　锋　邵　沉　吴文新
姚华丰　杨　磊
甘军根（专职）

委　员：甘英辉　左敏华　卢碧兰（女）
刘　永　刘迎燕（女）　江　薇（女）
李　康　杨　柳（女）　杨小平
吴英权　吴忠鸿　邱剑文
邱翠青（女）　何光梅（女）
汪春香（女）　汪海贞（女）
陈春梅（女）　罗小刚
周　伟　周志遥　周荣旺
赵婧怡（女）　荀丽娜（女）
段兴礼　饶　翔　姚　黎（女）
郭丽丽（女）　郭新德
黄　艳（女）　黄多亮
章国华　彭婉玲（女）
蒋年德　廖　燕（女）

文化文史和学习委员会

主　任：王新平（2022年4月任）

副主任：谭海斌　方丽萍（女）
邹志坚　张志红（女）　丁潮康
杨正荣　余雪琴（女）　全　益（女）
邹　芳（女，专职）

委　员：于　勤（女）　王　音（女）
刘新萍（女）　汤师辉　李贵阳
李睿章　吴　薇（女）　吴泉辉
邱秀兰（女）　何　榕（女）
何建江　余　俊　余　鑫
张志刚　张建斌　陆红英（女）
陈　侃（女）　陈德庆
周辉勤　赵　云（女）
胡　楠（女）　胡海玉（女）
钭祖军　侯志才　姜　萍（女）
姚光辉　徐　驰　高　勇（女）
黄世高　黄国强　黄晓俊
龚育梅（女）　雷　佳（女）
蔡菁菁　颜小英（女）

经济委员会

主　任:袁晓明(任至 2022 年 7 月)
徐　明(2024 年 4 月任)

副主任:邱江峰　聂桂平　吴胜兰(女)
曾永亮　罗亚军　吴世伟
陈恩斌　付志超(专职)

委　员:王　潘　王小娟(女)艾华盛
尧晓孙　朱小康　朱子衡(女)
刘　燕(女)许建纲　许桂林
苏文露　李　威　李发清
吴　鹏　吴仉华　吴爱平
何　明　余忠造　汪　洋
汪　霞(女)张立成　陈　宇
林　涛　欧阳海华　欧阳家平
周锡仁　郑　兵　胡义华
段生根　徐金昌　徐莉敏(女)
黄国文　黄惠忠　曹　佳(女)
龚国庆　戢瑜安　蔡　辉

人口资源环境委员会

主　任:魏志中

副主任:李建光　余庆华(女)谢小辉
李彩梅(女)陈　华(女)张建华
杨　平　傅芳群(女,专职)

委　员:王丽红(女)龙志强
叶芝云(女)冯振然　刘文平
刘海涛　吴　华(女)何云峰
余才福　邹小华　邹裕明
汪胜波　陈　萍(女)陈　梅(女)
陈荣林　罗　杰　罗　燕(女)
周友华　赵庭平　祝刘林
敖亚明　徐江英(女)高自辉
高志坚　黄　华(女)黄　烨
黄　瑛(女)黄胜和　章晓云
曾新华　曾群浪　谢　婷(女)
谢爱隆　熊瑞进　魏　玮(女)

教科卫体委员会

主　任:王裕良

副主任:王建辉　万晓定　李建明
黄文龙　张　丽(女)　曾爱民
周于凡　王进芳(专职)

委　员:于杨青(女)王　华　方朝晖
邓棋卫　邓慧萍(女)
卢雅芳(女)付　强　乐　凯
刘小东　刘晓玲(女)　李乐珍
李淑雯(女)吴冬秀(女)
邱　春(女)张　伟　张　彤
张立亭　张棚花(女)　陈　坚
陈小梅(女)陈双鑫
范丽娟(女)林保生　宗文涛
赵　敏　胡　蜀(女)
胡奕芳(女)夏婉燕(女)　徐小智
黄纡寰(女)黄莉萍(女)　温良发
谢荣华　蔡　盛(女)　黎　飞

社会和法制委员会

主　任:谢文斌

副主任:娄红玲(女)蔡礼明　衷建军
罗亦文(女)陈振华　黄文英(女)
辛清龙　汤水慧(女,专职)

委　员:于建军　王丰生　王钦铭
孔友明　刘　军　江少辉
李信德　李雄伟　连卫振
吴开发　吴英龙　邱　敏(女)
何　鸣　余　珍(女)汪来福
张志珍(女)陆小娣(女)林　涛(女)
周友财　郑燕华(女)赵　玲(女)
胡天雪(女)胡志华　贺梅芳
黄惠婷(女)黄智武　符　伟
章军旺　傅　辉　舒菊兰(女)
曾红茂　谢昕宇(女)詹文玲(女)

港澳台侨和外事委员会

主　任:郑海云(任至 2022 年 1 月)
陈志祥(2024年1月任至2024年4月)

副主任:龚雪华　黄秀兰(女)郑宇乐
龚冬根　胡海荣　向　往(女)
释学辉　范正庚(专职)

委　员:王光荣　王志勇　王秀英(女)

邓　军　艾　婧（女）帅凯晖
兰　卫　兰启东　伍逸萍（女）
刘志强　江　燕（女）李　靖
李小雄　李雪梅（女）余小慧（女）
余琳娜（女）张胜义　陈淑文（女）
罗　藤　罗天贵　郑振华
胡毅鹏　姜　晖　徐莉萍（女）
高心琦（女）龚小茂　龚言英（女）
释圣空（女）释崇度　曾振凯
谢树英（女）蓝天虹（女）雷　丽（女）
熊晓斌　魏　勤（女）

农业和农村委员会

主　任：吴　辛（任至 2024 年 7 月）
傅家科（2024 年 9 月任）

副主任：彭　钢　曾无非　潘军荣
邬丽梅（女）袁晓泉　黄　勃
黄宝安　吴萍香（女，专职）

委　员：万英华（女）王小明
朱琴琴（女）刘全华　江永霞（女）
许继文　李慧华（女）杨良裕
何子琴（女）余卉鑫　邹吉和
张爱群（女）林小红（女）易宗庆
罗　莹（女）周　晶（女）周淑华（女）
封木忠　赵　群（女）胡军民
祝毅思（女）姚国良　高昊峰
席　军　黄　珊（女）黄　勇
黄　琴（女）黄国安　龚文茂
龚若蕾（女）彭　青（女）彭　蓥
蒋详松　熊小红（女）潘晨辉

民族和宗教委员会

主　任：陈志祥（2024 年 4 月任）

副主任：龚雪华　向　往（女）张立成
释顿成（女）张胜义

第四节　中共政协抚州市委员会党组织

市政协党组是中共抚州市委的派出机构，是加强党对政协工作全面领导的组织形式，在全市政协组织中发挥把方向、管大局、保落实的领导作用，确保党中央大政方针和省委、市委决策部署的贯彻落实，确保政协始终在党的领导下主动负责、协调一致地开展工作。

党组由党组书记、副书记和成员组成。党组书记负责党组的全面工作，副书记协助书记工作。党组主要职责是：1. 传达学习党的路线方针政策和中央、省委、市委重要文件、决议、指示及有关会议精神，结合政协工作实际，提出贯彻实施意见。2. 推动参加人民政协的各民主党派、人民团体和各族各界人士自觉接受中国共产党领导，使党的主张成为各民主党派、人民团体和各族各界人士的广泛共识。3. 研究市政协履行职能的重大问题，决定涉及市政协全面性工作的方针，指导县（区）政协工作。4. 研究决定市政协召开的重要会议、市政协重要文件和市政协领导代表市政协所作的工作报告、讲话；审定以市政协党组名义上报市委的请示、报告；研究决定市政协年度工作要点和工作总结，并向市委报告。5. 按照市委统一部署和政协章程规定，配合市委有关部门研究换届时有关界别设置、政协委员名额、人选和常务委员人选以及届中委员、常委调整的有关问题，并提出意见建议。对市政协工作机构和机关内设机构的设定、调整提出意见；按照干部管理权限和规定，研究决定市政协机关有关人事事项。6. 维护政协委员和政协参加单位的合法权益；对严重违反政协章程或者严重违反政协全体会议、常务委员会决议的委员提出给予处分的建议。7. 研究市政协党的建设和思想政治工作，领导机关党组工作；研究决定机关党组提交的重要事项。8. 研究市政协加强党风廉政建设工作，切实履行好党风廉政建设主体责任。党组书记是市政协党组党风廉政建设第一责任人，对党组责任范围内的党风廉政建设负总责；党组成员按各自分工，对各自分工范围内的党风廉政建设负责。党组成员必须严格遵守党风廉政建设各项规定，自觉接受监督。

市政协机关党委是市政协机关基层党组织，按照市直机关工委安排，在市政协机关党组指导下，紧密结合政协机关工作实际，宣传和执行党的路线、方针、政策，充分发挥党员先锋模范作用，组织党内外干部职工，努力完成市政协所担负的任务。其主要职责是：1. 组织党员认真学习马列主义、毛泽东思想、邓小平理论和"三个代表"重要思想、科学发展观、习近平新时代中国特色社会主义思想，学习党的路线方针政策及决议，学习党的基本知识、科学文化知识和政协统战知识。2. 对党员进行教育、管理和监督，提高党员素质，增强党员党性。3. 严格党的组织生活，开展批评和自我批评，维护和执行党的纪律，监督党员切实履行义务，保障党员的权利不受侵犯。4. 坚持密切联系群众，经常了解群众和党员对党的工作的批评和意见，维护群众正当权利和利益，做好群众思想政治工作。5. 充分发挥党员和群众的积极性、创造性，发现培养和推荐他们中间的优秀人才、鼓励和支持他们在改革开放和中国特色社会主义现代化建设中贡献自己的聪明才智。6. 对要求入党的积极分子进行教育和培养，做好经常性发展党员工作。

市政协机关党支部在市政协机关党委领导下开展工作，充分发挥基层党组织在政协工作中战斗堡垒作用，严格执行"三会一课"制度，积极组织党员活动，强化党员教育管理；积极做好发展党员工作，为政协工作培育后备力量。机关党委下辖第一支部、第二支部、第三支部和退休干部支部。截至 2024 年底，市政协机关支部先后发展新党员 7 名，其中有 4 名党员先后被选用、提拔到机关处级领导岗位上。

市政协各级党组织在政协工作中发挥政治核心作用，为巩固和发展最广泛爱国统一战线，促进人民政协事业不断向前发展提供坚强保证。

一、中共政协抚州地区联络处党组

中共政协抚州地区联络处党组书记、副书记、成员均由联络处主任、副主任兼任。下辖中共政协抚州地区联络处党支部。1989 年 9 月，高丕凯任党组书记；1991 年 12 月，高丕凯离任，由抚州地委副书记张火春兼任政协地区联络处党组书记。

历任中共政协抚州地区联络处党组成员

书　记：高丕凯（1989.9—1991.12）
张火春（兼，1991.12—1995.8）
成　员：陈　元（1989.9—1992.9）
吕东壁（1989.9—1992.9）
黄俊秀（1989.9—1995.8）
王福生（1990.11—1995.8）
李　宾（1993.9—1995.8）
汪伟中（1993.9—1995.8）

中共政协抚州地区联络处支部委员会

1988 年 1 月 3 日，中共抚州地区直属机关工委批准成立中共政协抚州地区联络处支部委员会，隶属于地委机关党总支部，由书记、委员组成。

历任中共政协抚州地区联络处支部委员会成员

书　记：汪伟中（1988.1—2000.9）
委　员：王佐卿（1988.9—1989.8）
徐建辉（1991.4—1996.6）
唐平华（1991.8—2000.9）
刘勇建（1993.6—1997.5）
陈水明（1997.4—2000.9）
徐容宁（女，1997.6—2000.9）

二、中共政协抚州地区工作委员会党组

1995 年 8 月，根据江西省政协第七届常委会第十三次会议决定，中共中国人民政治协商会议江西省委员会抚州地区联络处党组改称中共中

国人民政治协商会议江西省委员会抚州地区工作委员会党组。

中共政协抚州地区工作委员会党组成员

书　记：张火春（1995.8—1998.2）
王样生（兼，1998.2—2000.9）

副书记：王福生（1998.2—1999.7）
李　宾（1999.7—2000.6）
曹二俚（2000.6—2000.9）

成　员：黄俊秀（1995.8—1997.12）
王福生（1995.8—1998.1）
李　宾（1995.8—1999.7）
丁长华（女 1995.8—2000.9）
王扬光（1995.8—2000.9）
陈其辉（1995.8—2000.9）

中共政协抚州地区工作委员会支部委员会

政协抚州地区联络处改称为政协抚州地区工委后，其党支部随之改为工委党支部，隶属关系不变，仍隶属于地委机关党总支部。

三、中共政协抚州市委员会党组

2000年9月28日，根据中共江西省委员会《关于抚州地区撤地设市领导班子候选人的批复》文件，成立中共政协抚州市委员会党组。

历任市政协党组书记、副书记、成员

市政协第一届委员会党组

书　记：王样生（2000.9—2001.7）
李品行（2002.8—2006.12）

副书记：黄昕明（2000.10—2004.6）
刘　定（2000.10—2006.12）
王晓媛（女，2002.1—2006.8）

成　员：邱敬禹（2000.9—2006.12）
陈其辉（2000.9—2006.12）
王晓媛（2001.3—2002.1）
汪伟中（2000.9—2004.2）
徐容宁（女，2004.2—2006.12）

市政协第二届委员会党组

书　记：李品行（2006.12—2010.1）
王晓媛（女，2010.1—2011.9）

副书记：朱章明（2006.8—2011.9）

成　员：赵恩洪（2006.11—2010.1）
黄德宪（2006.11—2011.9）
廖建辉（2006.11—2011.9）
何建辉（2006.11—2011.9）
黄耀波（2010.1—2011.9）
徐容宁（女，2006.12—2011.9）

市政协第三届委员会党组

书　记：谢发明（2011.9—2016.9）

副书记：朱章明（2011.9—2015.7）
李建林（2015.7—2016.9）

成　员：黄德宪（2011.9—2015.1）
廖建辉（2011.9—2015.1）
黄耀波（2011.9—2016.10）
周付德（2011.9—2016.10）
徐建辉（2015.1—2016.10）
柏　林（2015.1—2016.10）
徐容宁（女，2011.9—2016.10）

市政协第四届委员会党组

书　记：黄晓波（2016.9—2021.2）
王宏安（2021.2—2021.9）

副书记：韦　萍（女，2016.9—2021.9）

成　员：周付德（2016.10—2017.12）
徐建辉（2016.10—2020.4）
柏　林（2016.10—2020.4）
胡领高（2018.1—2021.3，后受刑事处罚）
帅歌柳（2020.4—2021.9）
吴建发（2020.4—2021.9，后受刑事处罚）
廖　燕（女，2020.4—2021.9）
徐容宁（女，2016.10—2021.9）

市政协第五届委员会党组

书　记：贺喜灿（2021.9—）

副书记：郭新春（2021.10—）
谭小平（2021.9—）

成　员：曾月兴（2021.9—）
伍旭鸿（2021.9—）

颜建平（2021.10— ）

四、中共政协抚州市委员会机关党组织

（一）中共政协抚州市委员会机关党组

2000年10月政协抚州市委员会成立后，中共政协抚州地区工作委员会机关党组履行市政协机关党建工作职能。2002年2月23日，市委（抚字〔2002〕9号）批复同意成立中共政协抚州市委员会机关党组。2002年4月3日，市委（抚干发〔2002〕35号）批复，市政协机关党组成员为汪伟中、徐容宁、张志坚、李雨田、聂荣光、吴菁菁（女），汪伟中任书记，徐容宁任副书记。2021年10月，五届市政协产生后，调整新的机关党组成员，颜建平任党组书记，刘海滨、魏志中任党组成员。2024年7月，增补王裕良、杨利文为机关党组成员。

历任中共政协抚州市委员会机关党组成员

书　记：汪伟中（2000.10—2004.2）
徐容宁（女，2004.2—2021.10）
颜建平（2021.10— ）

副书记：徐容宁（女，2002.4—2004.2）
陈水明（2003.8—2015.6）

成　员：张志坚（2002.4—2015.8）
李雨田（2002.4—2005.4）
聂荣光（2002.4—2005.4）
吴菁菁（女，2002.4—2006.9）
詹水晶（2003.4—2014.9）
刘海滨（2012.4— ）
裴　涛（2016.3—2018.6）
魏志中（2018.6— ）
王裕良（2024.7— ）
杨利文（2024.7— ）

（二）中共政协抚州市委员会机关委员会

2018年11月8日，市直机关工委批复中共政协抚州市委员会机关党组，同意成立中共政协抚州市委员会机关委员会，下设第一党支部、第二党支部、第三党支部和退休党支部4个党支部。2024年11月，第三党支部被撤销。2019年5月6日，市政协机关召开党员大会，选举刘海滨、杨磊、谢文斌、王新平、吴萍香、祝国荣、吴志贤为中共政协抚州市委员会第一届机关委员会委员，刘海滨任书记，杨磊任专职副书记，谢文斌任学习委员，王新平任宣传委员，吴萍香任群工委员，祝国荣任统战委员，吴志贤任组织委员。2024年5月29日，市政协机关召开全体党员大会，选举产生新一届机关党委和机关纪委班子。大会以无记名投票方式，选举陈志祥、周伟、徐敏、游依玲、肖蕾5人为机关党委委员，徐敏、吴强、周映华3人为机关纪委委员。随后，新一届机关党委召开第一次全体委员会议，选举陈志祥为机关党委书记，周伟、徐敏为机关党委副书记，徐敏兼任机关纪委书记。

中共政协抚州市委员会历届机关委员会成员

书　记：刘海滨（2019.5—2024.5）
陈志祥（2024.5— ）

副书记：杨　磊（2019.5—2021.10）
王新平（2021.10—2023.7）
谢文斌（2023.7—2024.5）
周　伟（2024.5— ）
徐　敏（2024.5— ）

委　员：谢文斌（2019.5—2023.7）
王新平（2019.5—2021.10）
吴萍香（女，2019.5—2024.5）
祝国荣（2019.5—2024.5）
吴志贤（2019.5—2023.6）
游依玲（女，2024.5—2024.11）
肖　蕾（女，2023.6— ）
周小洁（女，2024.11— ）

（三）市政协机关纪律检查委员会

2019年3月25日，市政协机关党组向市直机关工委提出成立市政协机关纪律检查委员会的请示，得到批复后于5月6日在市政协机关召开党员大会，选举产生中共政协抚州市委员会第一届机关委员会和第一届机关纪律检查委员会。市政协机关纪律检查委员会由杨磊、吴志贤、甘军根3人组成，杨磊任书记。2024年5月29日，市政协机关召开全体党员大会，选举产生新一届

机关党委和机关纪委班子。徐敏、吴强、周映华3人当选机关纪委委员，徐敏兼任机关纪委书记。

市政协机关纪律检查委员会成员

书　记：杨　磊（2019.5—2021.10）
王新平（2021.10—2023.7）
谢文斌（2023.7—2024.5）
徐　敏（2024.5—）

委　员：吴志贤（2019.5—2024.5）
甘军根（2019.5—2024.5）
吴　强（2024.5—）
周映华（女，2024.5—）

（四）中共政协抚州市委员会机关总支部委员会

2016年12月9日，市政协机关召开党员大会，选举产生中共政协抚州市委员会机关总支部委员会。刘海滨、谢文斌、王新平、吴萍香、吴志贤5人当选委员，刘海滨任书记，谢文斌任副书记，王新平任宣传委员，吴萍香任纪检委员，吴志贤任组织委员。2019年5月6日，成立中共政协抚州市委员会机关委员会，机关总支部委员会自然撤销。

中共政协抚州市委员会机关总支部委员会组成人员

书　记：刘海滨（2016.12—2019.5）

副书记：谢文斌（2016.12—2019.5）

委　员：王新平（2016.12—2019.5）
吴萍香（女，2016.12—2019.5）
吴志贤（2016.12—2019.5）

（五）中共政协抚州市委员会机关支部

2001年4月，市直属机关工委批复：同意成立中共抚州市政协机关新一届支部委员会。2016年12月，成立中共抚州市政协机关退休干部支部委员会。2019年6月，在原中共抚州市政协机关支部委员会的基础上，分别成立中共抚州市政协机关第一、二、三支部委员会。2003年，市政协机关支部共有党员30名；2016年有党员36名；2019年有党员49名（含预备党员1名）；2021年有党员（含退休干部党员）58名。2000年10月至2021年10月，共发展党员7名。2024年，市政协机关有4个党支部，分别是机关第一党支部，支部书记周伟；机关第二党支部，支部书记范正庚；机关第三党支部，支部书记汤水慧；机关退休干部党支部，支部书记祝国荣。4个党支部在市直机关工委和机关党委领导下，组织机关党员开展党组织生活。

中共抚州市政协机关新一届支部委员会

2001年4月成立，隶属市直属机关工委。2003年6月，市政协机关党支部进行换届选举，产生市政协机关新一届党支部。2005年12月，市政协机关党支部再次进行换届选举，市政协机关党支部委员由李卫东、王裕良、龚雪华、杨磊等组成。

书　记：徐容宁（女，2001.4—2004.2）
乐启文（2005.12—2006.10，后受刑事处罚）

副书记：祝国荣（2001.4—2005.12）

委　员：李卫东（2005.12—2006.10）
王裕良（2005.12—2016.12）
龚雪华（女，2005.12—2016.9）
杨　磊（2005.12—2016.12）

中共政协抚州市委员会机关第一支部委员会

成立于2019年3月，由谢文斌、吴志贤、游依玲等人组成，谢文斌任书记。2021年10月届中调整，支委由周伟、吴志贤、游依玲组成，周伟任书记。截至2024年底有党员16名。

书　记：谢文斌（2019.3—2021.10）
周　伟（2021.12—）

委　员：吴志贤（2019.3—2023.6）
游依玲（女，2019.3—）
肖　蕾（女，2023.6—）

中共政协抚州市委员会机关第二支部委员会

成立于2019年3月，由吴萍香、周映华、甘军根等人组成，吴萍香任书记。2021年3月届中调整，支委由范正庚、周映华、万琳等人组成，范正庚任书记。截至2024年底有党员17名。

书　记：吴萍香（女，2019.3—2021.3）

范正庚（2021.3—）

委　员：周映华（女，2019.3—）

甘军根（2019.3—2021.3）

万　琳（女，2021.3—）

中共政协抚州市委员会机关第三支部委员会

成立于2019年6月，由王新平、邹芳、吴强组成，王新平任书记。2020年11月9日支部改选，支委由吴强、朱国民、邹芳组成，吴强任书记。2021年10月支部改选，支委由汤水慧、朱国民、邹芳组成，汤水慧任书记。2019年有党员9名，2021年有党员11名，2024年有党员11名。2024年11月，机关第三支部被撤销。

书　记：王新平（2019.6—2020.11）

吴　强（2020.11—2021.10）

汤水慧（女，2021.10—2024.11）

委　员：吴　强（2019.6—2020.11）

朱国民（2020.11—2024.11）

邹　芳（女，2019.6—2024.11）

中共政协抚州市委员会机关退休干部支部委员会

成立于2016年12月，由市政协机关退休中共党员组成。支委由祝国荣、付晓荣、张志坚组成，祝国荣任书记。2019年12月支部换届，原支部成员不变，增加付志超、李琼2人为联络员。2016年有党员15名，2021年有党员24名。2024年6月28日，机关退休干部支部改选，袁晓明任书记，李琼为组织委员，姜华芳为宣传委员。2024年底有党员27名。

书　记：祝国荣（2016.12—2024.6）

袁晓明（2024.6—）

委　员：傅晓荣（2016.12—2024.6）

张志坚（2016.12—2024.6）

李　琼（女，2024.6—）

姜华芳（女，2024.6—）

五、市政协全体委员会临时党组织

为加强党对政协会议的领导，确保顺利完成会议各项议程，各届市政协召开全会前，根据需要成立相关党组织。

2000年8月10日，《中国人民政治协商会议抚州市第一届委员会第一次会议筹备工作实施方案》经市委批复，同意成立大会党的临时组织。2020年4月26日，为加强党对政协工作全面领导，确保市政协四届五次会议各项议程顺利完成，按照《中共抚州市委关于切实加强新时代人民政协党的建设工作的实施意见》要求，市政协党组研究决定，在市政协四届五次会议各大会联组中设立7个临时党支部。2021年2月，在四届六次会议各大会联组中设立6个临时党支部。2021年10月，市委决定成立市政协五届一次会议临时党委，市政协党组决定成立7个临时党支部。

临时党组织主要职责是：在上级党组织的领导下，积极宣传和贯彻执行党的路线、方针、政策，引导党员委员自觉贯彻党组织意图，保证会议始终围绕主题，健康有序进行，确保会议各项议程顺利完成；负责召集党员会议，组织党员活动；组织和教育党员带头发扬民主，积极参政议政，充分发挥党员的先锋模范作用和示范引领作用，认真做好凝心聚力工作，努力营造良好的政治协商氛围；组织和教育党员讲政治、顾大局、守纪律，切实落实中央八项规定精神，严格依法照章办事，带头执行大会的有关规定和大会作出的决定；及时向上级党组织反映政协委员的意见和建议；积极主动做好会议期间的思想政治工作，及时完成上级交给的临时性任务；及时正确掌握有关信息动态，鼓励先进，树立正气。

（一）四届五次会议临时党支部（7个），于2020年4月26日成立

第一临时党支部（第一、第二联组。界别：中共、共青团青联、农业、民革、民盟、民建、民进）

书　记：何　磊（后受刑事处罚）

副书记：徐建云

委　员：吴茶香　　胡会华　　李　慷

第二临时党支部（第三、第九联组。界别：农

工党、九三学社、无党派人士、特邀）

书　记:高自辉

副书记:邱江峰

委　员:吴忠鸿　　曾　彪　　易忠华

第三临时党支部（第四联组。界别:工会、妇联、侨联和台联、少数民族宗教）

书　记:高晓英

副书记:何远生

委　员:郑宇乐　　龚冬根　　兰　卫

第四临时党支部（第五联组。界别:工商联、经济、社会福利和社会保障）

书　记:陆中和

副书记:娄红玲

委　员:丁武安　　徐晤明　　陈明辉

第五临时党支部（第六联组。界别:教育、文化体育）

书　记:华小明

副书记:鄢素芬

委　员:王　昱　　帅凯晖　　王　音

第六临时党支部（第七联组。界别:社会科学、医药卫生）

书　记:陈菊莲

副书记:戴寿昌

委　员:邹志坚　　丁爱民　　甘志松

第七临时党支部（第八联组。界别:科技、科协、新闻出版）

书　记:黄文彪

副书记:谭海斌

委　员:雷东水　　杨书斌　　曾爱民

（二）四届六次会议临时党支部（7个），于2021年2月24日成立

第一临时党支部（第一、第二联组。界别:中共、共青团青联、农业、民革、民盟、民建、民进）

书　记:何　磊（后受刑事处罚）

副书记:徐建云

委　员:吴茶香　　胡会华　　李　慷

第二临时党支部（第三、第九联组。界别:农工党、九三学社、无党派人士、特邀）

书　记:高自辉

副书记:邱江峰

委　员:吴忠鸿　　曾　彪　　易忠华

第三临时党支部（第四联组。界别:工会、妇联、侨联和台联、少数民族宗教）

书　记:高晓英

副书记:徐珊玲

委　员:郑宇乐　　龚冬根　　兰　卫

第四临时党支部（第五联组。界别:工商联、经济、社会福利和社会保障）

书　记:陆中和

副书记:娄红玲

委　员:吴鉴铭　　徐晤明　　陈明辉

第五临时党支部（第六联组。界别:教育、文化体育）

书　记:华小明

副书记:鄢素芬

委　员:王　昱　　帅凯晖　　王　音

第六临时党支部（第七联组。界别:社会科学、医药卫生）

书　记:陈菊莲

副书记:戴寿昌

委　员:邹志坚　　丁爱民　　甘志松

第七临时党支部（第八联组。界别:科技、科协、新闻出版）

书　记:黄文彪

副书记:谭海斌

委　员:杨书斌　　曾爱民　　付云飞

（三）五届一次会议临时党委、临时党支部（7个），于2021年10月18日成立

临时党委

书　记:贺喜灿

副书记:郭新春　　肖妮娜　　谭小平

委　员:曾月兴　　伍旭鸿

第一临时党支部（第一、第二联组。界别:中共、共青团青联、农业、民革、民盟、民建、民进）

书　记:申进东

副书记:吴向红

委　员:李建光　　符　伟　　郭丽丽

第二临时党支部(第三、第九联组。界别:农工党、九三学社、无党派人士、特邀)

书　记:高自辉

副书记:邱秀兰(女)

委　员:何云峰　　杨　磊　　江永霞(女)

第三临时党支部(第四联组。界别:工会、妇联、侨联和台联、少数民族宗教)

书　记:娄红玲(女)

副书记:郑宇乐

委　员:吴开发　　兰　卫　　兰启东

第四临时党支部(第五联组。界别:工商联、经济、社会福利和社会保障)

书　记:邱江峰

副书记:聂桂平

委　员:姚华丰　　戢瑜安　　连卫振

第五临时党支部(第六联组。界别:教育、文化体育)

书　记:谭海斌

副书记:万晓定

委　员:黄文龙　　帅凯晖　　王　音(女)

第六临时党支部(第七联组。界别:社会科学、医药卫生)

书　记:王建辉

副书记:邹志坚

委　员:温良发　　吴泉辉　　朱小康

第七临时党支部(第八联组。界别:科技、科协、新闻出版)

书　记:张爱群(女)

副书记:吴文新

委　员:曾爱民　　袁晓泉　　何　榕(女)

第五节　群团组织

一、市政协机关工会

2008 年 9 月 1 日,经市直属机关工会同意,成立市政协机关工会。2008 年 10 月 14 日,市政协机关工会一届一次会议召开,通过《抚州市政协机关工会工作办法》,选举产生市政协机关工会第一届委员会。2019 年 5 月 15 日进行换届,选举产生市政协机关工会第二届委员会。2024 年 2 月 4 日,召开全体会员大会,选举产生市政协机关工会第三届委员会。

市政协机关工会第一届委员会成员

主　席:刘海滨(2008.10—2019.5)

副主席:郑海云(2008.10—2019.5)

组织委员:杨利文(2008.10—2019.5)

经济审查委员:周映华(女,2008.10—2019.5)

女工委员:全　益(女,2008.10—2019.5)

市政协机关工会第二届委员会成员

主　席:郑海云(2019.5—2024.2)

副主席:吴萍香(女,2019.5—2024.2)

组织委员:杨　磊(2019.5—2021.10)

经济审查委员:周映华(女,2019.5—2024.2)

女工委员:全　益(女,2019.5— 2023.12)

市政协机关工会第三届委员会成员

主　席:王裕良(2024.2—)

副主席:汤水慧(女,2024.2—)

委　员:周映华(女,2024.2—)

肖　蕾(女,2024.2—)

钟　能(2024.2—)

二、市生态摄影研究会

2009 年 1 月 12 日,市政协教文卫体委员会批准成立“抚州市生态摄影研究会”,挂靠教文卫体委员会,接受其监督指导。2021 年 11 月,市生态摄影研究会发布注销公告,宣布正式注销。2023 年 2 月 16 日,市生态摄影研究会被抚州市民政局撤销登记。

三、市政协书画社

2010年9月15日，市民政局批复同意成立抚州市政协书画社，挂靠市政协，接受市政协监督和指导。市政协书画社的宗旨是通过书画创作和艺术交流活动，提高会员文化品位，增强政协凝聚力，为弘扬临川文化，宣传抚州，促进社会和谐发展作贡献。2010年10月11日，市政协书画社举行成立大会，通过抚州市政协书画社章程、社长会议组成人员名单。后因人员变动，市政协书画社自动解放。

四、市人民政协理论研究会

2012年10月11—26日，市社会科学界联合会、市民政局相继批复同意成立"抚州市人民政协理论研究会"。该会是从事人民政协理论与实践研究和宣传的学术团体，业务主管单位为市社会科学界联合会，登记管理机关为市民政局，挂靠单位为市政协办公室。主要研究范围是：制定人民政协理论与实践研究计划，确定理论研究课题；组织、推动人民政协理论和实际问题研究、讨论，在本市建立和扩大人民政协理论研究队伍；组织会员之间的协作，交流学术思想和理论研究信息，评选优秀研究成果；开展人民政协理论宣传，总结人民政协工作经验，编辑印发理论研究刊物和资料；反映本市人民政协理论工作者要求，维护会员正当权益；加强同省政协及省内外设区市政协理论研究单位及有关理论研究单位联系与合作，交流理论研究信息和成果。

2023年2月16日，因人员变动过大，抚州市人民政协理论研究会被市民政局撤销登记。

市人民政协理论研究会成员

（2012年11月28日，市人民政协理论研究会第一届常务理事会审议通过）

名誉会长：谢发明

会　　长：黄德宪

副 会 长：徐容宁　刘海滨　吴茶香　罗崇辉　黄亚玲　周泽南

秘书长：徐容宁（兼）

副秘书长：陈水明　张志坚　涂香莲　张　帆　吴　昊　龚雪华　杨春高　魏志中

市人民政协理论研究会常务理事

（2012年11月28日，经市人民政协理论研究会第一届会员代表大会审议通过）

王雅兰　任文华　刘　胜　刘海滨
吕小汉　江春芳　余东安　吴　昊
吴秀英　吴茶香　张　帆　张志坚
张爱民　李利报　李春华　杨春高
邵　沉　陈水明　陈恩斌　周泽南
武小龙　罗崇辉　郑荣钦　唐　化
徐　萍　徐容宁　徐群英　涂香莲
郭淑萍　黄亚玲　黄伟燕　黄港清
黄德宪　龚雪华　熊瑞环　戴晓文
魏志中

2024年11月26日，市政协理论研究会重新成立。大会审议通过研究会章程，选举产生新一届抚州市政协理论研究会会长、副会长、秘书长、监事、理事等。

市政协理论研究会成员

会　长：颜建平

副会长：刘海滨　黄小刚　潘军荣　黄凤根　张志红　徐　敏

秘书长：张志红（兼）

监　事：魏志中

理　事：王裕良　杨利文　谢文斌　王新平　陈志祥　徐　明　邓　军　邓保良　乐　华　梅建忠　李有华　毕　朝　吴升良　罗　莹　冯志榕　周国富　詹晓武　周承德　吴根茂　吴文新　段传国　曾国华

五、市政协老年人体育协会

市政协老年人体育协会成立于2017年4月

28 日。该协会为市政协机关增强退休干部职工体质、提高健康水平、丰富精神文化生活的群众性组织。协会每年定期组织 2 次健身走和钓鱼活动，经常开展活动，参加全市老年人体育活动。先后获得 2017—2022 年度全市老年“体育工作先进单位”、抚州市第四届（2019 年）老年人健身体育运动会“体育道德风尚奖”“钓鱼比赛优秀奖”等荣誉。

老年人体协成员

主　席：祝国荣（2017.4—2024.6）
袁晓明（2024.6— ）

副主席：张志坚（2017.4—2024.6）

秘书长：付晓荣（2017.4—2024.6）

六、市政协文史馆

成立于 2012 年 6 月 20 日，为具有统一战线性质的群团组织，挂靠市政协，不占人员编制，由市政协文史委员会管理，依据《抚州市政协文史馆章程》开展活动，聘请社会有专长的知名人士担任馆员。2021 年 4 月，市政协文史馆被撤销。

市政协文史馆成员

名誉馆长：谢发明

馆　长：廖建辉

副馆长：周付德

秘书长：吴　昊（女）

副秘书长：刘海滨　黄亚玲（女）　王惠霞（女）　黄小明　戴晓文　周泽南　王裕良

第二章 历届全会

依据《政协抚州市委员会关于政治协商、民主监督、参政议政的实施细则》，抚州市政协每年至少举行1次全体会议，每届政协第一次全体会议由大会预备会议选举的大会主席团主持，届内其他各次会议由本届常委会召集和主持。全体委员会议主要职权和议事范围：选举主席、副主席、秘书长和常务委员；听取和审议常务委员会工作报告和提案工作情况报告；讨论并通过有关决议；听取和讨论本级政府在人民代表大会上所作政府工作报告和其他重要报告，参与对重要问题的讨论，提出意见建议。全体会议期间，除组织委员分组讨论外，还组织委员进行大会发言或书面发言和提出提案。可视情召开由有关委员参加的专题协商座谈会，分别邀请党政领导以及有关部门负责同志参加，沟通情况，听取大会发言和专题协商座谈会发言，并就有关问题作出说明。会议的日期、议程、日程由主席会议提出建议，其中日期提交常务委员会会议决定，议程、日程提交常务委员会会议审议，并提交全体会议预备会议通过。每届第一次全体会议日期由上一届常务委员会会议决定，议程、日程由上一届常务委员会会议提出建议，提交全体会议预备会议通过。市政协第一届任期内共举行全体会议8次；第二、第三、第四届委员会任期内各举行全体会议6次，第五届委员会至2025年1月已举行全体会议5次。

第一节 历次全会会议决定

全体委员会议召开之前，须经地方党委同意或经市政协常委会会议研究，确定会议的召开日期和议程。

一届一次会议 1. 报中共抚州地委同意，经政协抚州市第一届委员会第一次会议筹备委员会研究决定，政协抚州市第一届委员会第一次会议于2000年10月16—18日在抚州市召开。2. 会议议程：选举政协抚州市第一届委员会主席、副主席、秘书长、常务委员；审议通过政协抚州市第一届委员会第一次会议决议；听取中共抚州市委书记讲话；政协抚州市第一届委员会主席讲话。

一届二次会议 1. 政协抚州市第一届委员会常务委员会第二次会议决定，政协抚州市第一届委员会第二次会议于2001年3月26日在抚州市召开。2. 会议议程：听取和审议政协抚州市第一届委员会常务委员会工作报告；列席抚州市第一届人民代表大会第二次会议；传达省政协八届四次会议精神；审议通过政协抚州市第一届委员会第二次会议决议；审议通过政协抚州市第一届委员会提案委员会关于一届二次会议提案审查情况的报告；市政协领导讲话。

一届三次会议　1.政协抚州市第一届委员会常务委员会第六次会议决定，政协抚州市第一届委员会第三次会议于2002年3月26日在抚州市召开。2.会议议程：听取中共抚州领导同志讲话；听取和审议政协抚州市第一届委员会常务委员会工作报告；听取和审议政协抚州市第一届委员会第二次会议以来提案工作情况的报告；列席抚州市第一届人民代表大会第三次会议；传达省政协八届五次会议精神（书面）；选举事项；审议通过政协抚州市第一届委员会提案委员会关于一届三次会议提案审查情况的报告；审议通过政协抚州市第一届委员会第三次会议决议；市政协领导讲话。

一届四次会议　1.政协抚州市第一届委员会常务委员会第九次会议决定，政协抚州市第一届委员会第四次会议于2002年9月29日在抚州市召开。2.听取市政府主要领导通报全市经济形势和招商引资情况；补选政协抚州市第一届委员会主席；市政协主席讲话；听取中共抚州市委书记讲话。

一届五次会议　1.政协抚州市第一届委员会常务委员会第十一次会议决定，政协抚州市第一届委员会第五次会议于2003年1月4日在抚州市召开。2.会议议程：听取和审议政协抚州市第一届委员会常务委员会工作报告；听取和审议政协抚州市第一届委员会第三次会议以来提案工作情况的报告；列席抚州市第一届人民代表大会第四次会议；审议通过政协抚州市第一届委员会提案委员会关于一届五次会议提案审查情况的报告；审议通过政协抚州市第一届委员会第五次会议决议；市政协领导讲话。

一届六次会议　1.政协抚州市第一届委员会常务委员会第十七次会议决定，政协抚州市第一届委员会第六次会议于2004年3月3日在抚州市召开。2.会议议程：听取和审议政协抚州市第一届委员会常务委员会工作报告；听取和审议政协抚州市第一届委员会第五次会议以来提案工作情况的报告；列席抚州市第一届人民代表大会第六次会议；表彰优秀提案；审议通过政协抚州市第一届委员会提案委员会关于一届六次会议提案审查情况的报告；审议通过政协抚州市第一届委员会第六次会议决议；市政协领导讲话。

一届七次会议　1.政协抚州市第一届委员会常务委员会第二十三次会议决定，政协抚州市第一届委员会第七次会议于2005年3月9日在抚州市召开。2.会议议程：听取和审议政协抚州市第一届委员会常务委员会工作报告；听取和审议政协抚州市第一届委员会第六次会议以来提案工作情况的报告；列席抚州市第一届人民代表大会第七次会议；审议通过政协抚州市第一届委员会提案委员会关于一届七次会议提案审查情况的报告；审议通过政协抚州市第一届委员会第七次会议决议；市政协领导讲话。

一届八次会议　1.政协抚州市第一届委员会常务委员会第二十八次会议决定，政协抚州市第一届委员会第八次会议于2006年4月11日在抚州市召开。2.会议议程：听取和审议政协抚州市第一届委员会常务委员会工作报告；听取和审议政协抚州市第一届委员会第七次会议以来提案工作情况的报告；列席抚州市第一届人民代表大会第八次会议；表彰全市政协系统2005年度优秀提案、优秀调研报告、优秀社情民意；审议通过政协抚州市第一届委员会提案委员会关于一届八次会议提案审查情况的报告；审议通过政协抚州市第一届委员会第八次会议决议；市政协领导讲话。

二届一次会议　1.政协抚州市第一届委员会常务委员会第三十一次会议决定，政协抚州市第二届委员会第一次会议于2006年12月3日在抚州市召开。2.会议议程：听取中共抚州市委书记讲话；听取和审议政协抚州市第一届委员会常务委员会工作报告；听取和审议政协抚州市第一届委员会关于提案工作情况的报告；列席抚州市第二届人民代表大会第一次会议；选举政协抚州市第二届委员会主席、副主席、秘书长、常务委员；审议通过政协抚州市第二届委员会第一次会议决议；新当选市政协主席讲话。

二届二次会议 1. 政协抚州市第二届委员会第二次会议于2007年3月6日在抚州市召开。2. 会议议程：听取和审议政协抚州市第二届委员会常务委员会工作报告；听取和审议政协抚州市第二届委员会关于一届八次会议以来提案工作情况的报告；大会发言；列席抚州市第二届人民代表大会第二次会议；表彰全市政协系统2006年度优秀提案、优秀调研报告、优秀社情民意；审议通过政协抚州市第二届委员会提案委员会关于二届二次会议提案审查情况的报告；审议通过政协抚州市第二届委员会第二次会议决议；市政协主席讲话。

二届三次会议 1. 政协抚州市第二届委员会常务委员会第五次会议决定，政协抚州市第二届委员会第三次会议于2008年1月7日在抚州市召开。2. 会议议程：听取和审议政协抚州市第二届委员会常务委员会工作报告；听取和审议政协抚州市第二届委员会关于二届二次会议以来提案工作情况的报告；大会发言；列席抚州市第二届人民代表大会第三次会议；表彰市政协2007年度优秀政协委员及优秀提案、优秀调研报告、优秀社情民意；审议通过政协抚州市第二届委员会提案委员会关于二届三次会议提案审查情况的报告；审议通过政协抚州市第二届委员会第三次会议决议；市政协主席讲话。

二届四次会议 1. 政协抚州市第二届委员会常务委员会第十一次会议决定，政协抚州市第二届委员会第四次会议于2009年2月22日在抚州市召开。2. 会议议程：听取和审议政协抚州市第二届委员会常务委员会工作报告；听取和审议政协抚州市第二届委员会关于二届三次会议以来提案工作情况的报告；大会发言；列席抚州市第二届人民代表大会第四次会议；选举事项；表彰市政协2008年度优秀政协委员及优秀提案、优秀调研报告、优秀社情民意；审议通过政协抚州市第二届委员会提案委员会关于二届四次会议提案审查情况的报告；审议通过政协抚州市第二届委员会第四次会议决议；市政协主席讲话。

二届五次会议 1. 政协抚州市第二届委员会常务委员会第十六次会议决定，政协抚州市第二届委员会第五次会议于2010年1月17日在抚州市召开。2. 会议议程：听取和审议政协抚州市第二届委员会常务委员会工作报告；听取和审议政协抚州市第二届委员会关于二届四次会议以来提案工作情况的报告；大会发言；列席抚州市第二届人民代表大会第五次会议；选举政协抚州市第二届委员会主席、副主席，补选常委；表彰市政协2009年度优秀政协委员及优秀提案、优秀调研报告、优秀社情民意、优秀社情民意信息员；审议通过政协抚州市第二届委员会提案委员会关于二届五次会议提案审查情况的报告；审议通过政协抚州市第二届委员会第五次会议决议；新当选市政协主席讲话。

二届六次会议 1. 政协抚州市第二届委员会常务委员会第二十二次会议决定，政协抚州市第二届委员会第六次会议于2011年2月13日在抚州市召开。2. 会议议程：听取和审议政协抚州市第二届委员会常务委员会工作报告；听取和审议政协抚州市第二届委员会关于二届五次会议以来提案工作情况的报告；大会发言；列席抚州市第二届人民代表大会第六次会议；表彰市政协2010年度优秀政协委员及优秀提案、优秀调研报告、优秀社情民意、优秀社情民意信息员；审议通过政协抚州市第二届委员会提案委员会关于二届六次会议提案审查情况的报告；审议通过政协抚州市第二届委员会第六次会议决议；市政协主席讲话。

三届一次会议 1. 政协抚州市第二届委员会常务委员会第二十五次会议决定，政协抚州市第三届委员会第一次会议于2011年9月22—24日在抚州市召开。2. 会议议程：听取中共抚州市委领导讲话；听取和审议政协抚州市第二届委员会常务委员会工作报告;听取和审议政协抚州市第二届委员会关于提案工作情况的报告;列席抚州市第三届人民代表大会第一次会议;选举政协抚州市第三届委员会主席、副主席、秘书长、常务委员;审议通过政协抚州市第三届委员会第一次会议决议;新当选市政协主席讲话。

三届二次会议 1. 政协抚州市第三届委员会常务委员会第二次会议决定,政协抚州市第三届委员会第二次会议于 2012 年 2 月 20—22 日在抚州市召开。2. 会议议程:听取和审议政协抚州市第三届委员会常务委员会工作报告;听取和审议政协抚州市第三届委员会常务委员会关于二届六次会议以来提案工作情况的报告;大会发言;列席抚州市第三届人民代表大会第二次会议;审议通过政协抚州市第三届委员会提案委员会关于三届二次会议提案审查情况的报告;审议通过政协抚州市第三届委员会第二次会议决议;市政协主席讲话。

三届三次会议 1. 政协抚州市第三届委员会常务委员会第七次会议决定,政协抚州市第三届委员会第三次会议于 2013 年 1 月 3—5 日在抚州市召开。2. 会议议程:听取和审议政协抚州市第三届委员会常务委员会工作报告;听取和审议政协抚州市第三届委员会常务委员会关于三届二次会议以来提案工作情况的报告;大会发言;列席抚州市第三届人民代表大会第三次会议;表彰市政协三届一次会议以来优秀政协委员、优秀提案、优秀调研报告、优秀社情民意、宣传信息工作先进单位;审议通过政协抚州市第三届委员会提案委员会关于三届三次会议提案审查情况的报告;审议通过政协抚州市第三届委员会第三次会议决议;市政协主席讲话。

三届四次会议 1. 政协抚州市第三届委员会常务委员会第十二次会议决定,政协抚州市第三届委员会第四次会议于 2014 年 2 月 17—19 日在抚州市召开。2. 会议议程:听取和审议政协抚州市第三届委员会常务委员会工作报告;听取和审议政协抚州市第三届委员会常务委员会关于三届三次会议以来提案工作情况的报告;大会发言;列席抚州市第三届人民代表大会第四次会议;审议通过政协抚州市第三届委员会提案委员会关于三届四次会议提案审查情况的报告;审议通过政协抚州市第三届委员会第四次会议决议;市政协主席讲话。

三届五次会议 1. 政协抚州市第三届委员会常务委员会第十七次会议决定,政协抚州市第三届委员会第六次会议于 2015 年 1 月 19—21 日在抚州市召开。2. 会议议程:听取和审议政协抚州市第三届委员会常务委员会工作报告;听取和审议政协抚州市第三届委员会常务委员会关于三届四次会议以来提案工作情况的报告;大会发言;列席抚州市第三届人民代表大会第五次会议;补选政协抚州市第三届委员会副主席、常委;审议通过政协抚州市第三届委员会提案委员会关于三届五次会议提案审查情况的报告;审议通过政协抚州市第三届委员会第五次会议决议;市政协主席讲话。

三届六次会议 1. 政协抚州市第三届委员会常务委员会第二十三次会议决定,政协抚州市第三届委员会第六次会议于 2016 年 1 月 19—21 日在抚州市召开。2. 会议议程:听取中共抚州市委领导讲话;听取和审议政协抚州市第三届委员会常务委员会工作报告;听取和审议政协抚州市第三届委员会常务委员会关于三届五次会议以来提案工作情况的报告;大会发言;列席抚州市第三届人民代表大会第七次会议;审议通过政协抚州市第三届委员会提案委员会关于三届六次会议提案审查情况的报告;审议通过政协抚州市第三届委员会第六次会议决议;市政协主席讲话。

四届一次会议 1. 政协抚州市第三届委员会常务委员会第二十八次会议决定,政协抚州市第四届委员会第一次会议于 2016 年 10 月 31—11 月 2 日在抚州市召开。2. 会议议程:听取中共抚州市委领导讲话;听取和审议政协抚州市第三届委员会常务委员会工作报告;听取和审议政协抚州市第三届委员会关于提案工作情况的报告;列席抚州市第四届人民代表大会第一次会议；选举政协抚州市第四届委员会主席、副主席、秘书长、常务委员；审议通过政协抚州市第四届委员会第一次会议决议；新当选市政协主席讲话。

四届二次会议 1. 政协抚州市第四届委员会常务委员会第一次会议决定，政协抚州市第四届委员会第二次会议于 2017 年 1 月 10—12 日在抚州市召开。2. 会议议程：听取和审议政协抚州市第四届委员会常务委员会工作报告；听取和审议政协抚州市第四届委员会常务委员会关于三届六次会议以来提案工作情况的报告；大会发言；列席抚州市第四届人民代表大会第二次会议；审议通过政协抚州市第四届委员会提案委员会关于四届二次会议提案审查情况的报告；审议通过政协抚州市第四届委员会第二次会议决议；市政协主席讲话。

四届三次会议 1. 政协抚州市第四届委员会常务委员会第六次会议决定，政协抚州市第四届委员会第三次会议于 2018 年 1 月 7—9 日在抚州市召开。2. 会议议程：听取中共抚州市委书记讲话；听取和审议政协抚州市第四届委员会常务委员会工作报告；听取和审议政协抚州市第四届委员会常务委员会关于四届二次会议以来提案工作情况的报告；大会发言；列席抚州市第四届人民代表大会第三次会议；审议通过政协抚州市第四届委员会提案委员会关于四届三次会议提案审查情况的报告；审议通过政协抚州市第四届委员会第三次会议决议；市政协主席讲话。

四届四次会议 1. 政协抚州市第四届委员会常务委员会第十三次会议决定，政协抚州市第四届委员会第四次会议于 2019 年 1 月 15—17 日在抚州市召开。2. 会议议程：听取中共抚州市委书记讲话；听取和审议政协抚州市第四届委员会常务委员会工作报告；听取和审议政协抚州市第四届委员会常务委员会关于四届三次会议以来提案工作情况的报告；大会发言；列席抚州市第四届人民代表大会第四次会议；审议通过政协抚州市第四届委员会提案委员会关于四届四次会议提案审查情况的报告；审议通过政协抚州市第四届委员会第四次会议决议；市政协主席讲话。

四届五次会议 1. 政协抚州市第四届委员会常务委员会第十七次会议决定，政协抚州市第四届委员会第五次会议于 2020 年 5 月 7—8 日在抚州市召开。2. 会议议程：听取和审议政协抚州市第四届委员会常务委员会工作报告；听取和审议政协抚州市第四届委员会常务委员会关于四届四次会议以来提案工作情况的报告；大会发言；列席抚州市第四届人民代表大会第五次会议；补选政协抚州市第四届委员会副主席；审议通过政协抚州市第四届委员会提案委员会关于四届五次会议提案审查情况的报告；审议通过政协抚州市第四届委员会第五次会议决议；市政协主席讲话。

四届六次会议 1. 政协抚州市第四届委员会常务委员会第二十二次会议决定，政协抚州市第四届委员会第六次会议于 2021 年 2 月 27—3 月 1 日在抚州市召开。2. 会议议程：听取中共抚州市委书记讲话；听取和审议政协抚州市第四届委员会常务委员会工作报告；听取和审议政协抚州市第四届委员会常务委员会关于四届五次会议以来提案工作情况的报告；大会发言；列席抚州市第四届人民代表大会第六次会议；大会选举；审议通过政协抚州市第四届委员会提案委员会关于四届六次会议提案审查情况的报告；审议通过政协抚州市第四届委员会第六次会议决议；市政协主席讲话。

五届一次会议 1. 政协抚州市第四届委员会常务委员会第二十六次会议决定，政协抚州市第五届委员会第一次会议于 2021 年 10 月 26—28 日在抚州市召开。2. 会议议程：听取中共抚州市委书记讲话；听取和审议政协抚州市第四届委员会常务委员会工作报告；听取和审议政协抚州市第四届委员会关于提案工作情况的报告；列席抚州市第五届人民代表大会第一次会议；选举政协抚州市第四届委员会主席、副主席、秘书长、常务委员；审议通过政协抚州市第五届委员会第一次会议决议；新当选市政协主席讲话。

五届二次会议　1. 政协抚州市第五届委员会常务委员会第一次会议决定，政协抚州市第五届委员会第三次会议于 2022 年 1 月 23—25 日在抚州市召开。2. 会议议程：听取中共抚州市委书记讲话；听取和审议政协抚州市第五届委员会常务委员会工作报告；听取和审议政协抚州市第五届委员会常务委员会关于四届六次会议以来提案工作情况的报告；大会发言；列席抚州市第五届人民代表大会第二次会议；审议通过政协抚州市第五届委员会提案委员会关于五届二次会议提案审查情况的报告；审议通过政协抚州市第五届委员会第二次会议决议；市政协主席讲话。

五届三次会议　1. 政协抚州市第五届委员会常务委员会第六次会议决定，政协抚州市第五届委员会第三次会议于 2022 年 12 月 20—12 日在抚州市召开。2. 会议议程：听取中共抚州市委书记讲话；听取和审议政协抚州市第五届委员会常务委员会工作报告；听取和审议政协抚州市第五届委员会常务委员会关于五届二次会议以来提案工作情况的报告；大会发言；列席抚州市第五届人民代表大会第三次会议；审议通过政协抚州市第五届委员会提案委员会关于五届三次会议提案审查情况的报告；审议通过政协抚州市第五届委员会第三次会议决议；市政协主席讲话。

五届四次会议　1. 政协抚州市第五届委员会常务委员会第十一次会议决定，政协抚州市第五届委员会第四次会议于 2024 年 2 月 26—28 日在抚州市召开。2. 会议议程：听取中共抚州市委书记讲话；听取和审议政协抚州市第五届委员会常务委员会工作报告；听取和审议政协抚州市第五届委员会常务委员会关于五届三次会议以来提案工作情况的报告；大会发言；列席抚州市第五届人民代表大会第四次会议；补选政协抚州市第五届委员会常委；审议通过政协抚州市第五届委员会提案委员会关于五届四次会议提案审查情况的报告；审议通过政协抚州市第五届委员会第四次会议决议；市政协主席讲话。

五届五次会议　1. 政协抚州市第五届委员会常务委员会第十七次会议决定，政协抚州市第五届委员会第五次会议于 2025 年 1 月 22—24 日在抚州市召开。2. 会议议程：听取中共抚州市委书记讲话；听取和审议政协抚州市第五届委员会常务委员会工作报告；听取和审议政协抚州市第五届委员会常务委员会关于五届四次会议以来提案工作情况的报告；大会发言；列席抚州市第五届人民代表大会第五次会议；补选政协抚州市第五届委员会常委；审议通过政协抚州市第五届委员会提案委员会关于五届五次会议提案审查情况的报告；审议通过政协抚州市第五届委员会第五次会议决议；市政协主席讲话。

第二节　市政协第一届委员会全体会议

2000 年 10 月 16—18 日，政协抚州市第一届委员会全体会议召开。政协抚州市第一届委员会任期自 2000 年 10 月—2006 年 12 月，共召开 8 次全体会议。

一、历次全体会议

第一次全体会议　2000 年 10 月 16—18 日在抚州艺术剧院召开。出席会议委员 222 名；特邀 27 人；列席 1 人。省政协副主席黄定元到会致贺词。会议听取市委副书记李品行所作《关于中国人民政治协商会议抚州市第一届委员会第一次会议筹备工作情况的报告》。会议选举产生政协抚州市第一届委员会。选举王样生为政协抚州市第一届委员会主席；选举黄昕明、刘定、邱敬禹、陈其辉、李抚生、汪重阳、陈云斐、邹俐菁、胡淑珠为政协抚州市第一届委员会副主席；选举汪伟中为政协抚州市第一届委员会秘书长；选举邓小玲（女）、付彻祥等28位同志为政协抚州市第一届委员会常务委员。市委书记罗筱玉、市政协主席王样生分别在闭幕会上讲话。

第二次全体会议 2001年3月26—28日在抚州艺术剧院召开。出席会议委员222名；特邀27人；列席17人。听取和审议副主席黄昕明所作政协抚州市第一届委员会常务委员会工作报告；全体委员列席抚州市第一届人民代表大会第二次会议；会议听取副主席陈其辉所作关于省政协八届四次会议精神传达报告；审议通过政协抚州市第一届委员会提案委员会关于一届二次会议提案审查情况报告。市政协主席王样生在闭幕式上讲话。

第三次全体会议 2002年3月26—28日在市委小礼堂召开。出席会议委员201名；特邀28人；列席20人。市委书记出席开幕式并发表讲话。会议听取和审议通过副主席邱敬禹所作政协抚州市第一届委员会常务委员会工作报告；听取和审议通过副主席陈其辉所作政协抚州市第一届委员会第二次会议以来提案工作情况报告；审议通过政协抚州市第一届委员会第三次会议决议；听取副主席陈其辉所作省政协八届五次会议精神传达提纲。会议补选王晓媛为政协抚州市第一届委员会副主席；补选郑跃文、索学金为政协抚州市第一届委员会常委。会议接受王样生辞去政协抚州市第一届委员会主席、委员的职务请求。全体委员列席抚州市第一届人民代表大会第三次会议。副主席黄昕明作闭幕讲话。

第四次全体会议 2002年9月28—29日在市委小礼堂召开。会议应到委员229名，实到193名；特邀27人。市委书记出席开幕式并发表讲话。会议听取市政府市长钟际跃关于全市经济形势和招商引资情况的通报。会议补选李品行为政协抚州市第一届委员会主席，新当选主席李品行作闭幕讲话。

第五次全体会议 2003年1月4—6日在市委小礼堂召开。出席会议委员213名；特邀27人；列席33人。会议听取和审议副主席黄昕明所作政协抚州市第一届委员会常务委员会工作报告；听取和审议副主席陈其辉所作政协抚州市第一届委员会常务委员会关于一届三次会议以来提案工作情况报告；全体委员列席抚州市第一届人民代表大会第四次会议；审议通过政协抚州市第一届委员会提案委员会关于一届五次会议提案审查情况报告；审议通过政协抚州市第一届委员会第五次会议决议。汪重阳、杨志诚、张冬生等委员在会上作交流发言；市政协主席李品行作闭幕讲话。

第六次全体会议 2004年3月3—5日在市委小礼堂召开。出席会议委员190名；特邀26人；列席26人。会议听取和审议副主席王晓媛所作政协抚州市第一届委员会常务委员会工作报告；听取和审议副主席陈其辉所作政协抚州市第一届委员会常务委员会关于一届五次会议以来提案工作情况报告；全体委员列席抚州市第一届人民代表大会第六次会议。会议审议通过政协抚州市第一届委员会提案委员会关于一届六次会议提案审查情况报告；审议通过政协抚州市第一届委员会第六次会议决议。会议对一届二次会议至一届五次会议期间48件优秀提案进行表彰；邹俐菁、李贵根、戴凯旗等委员在会上作交流发言。会议补选徐容宁为政协抚州市第一届委员会秘书长。市政协主席李品行作闭幕讲话。

第七次全体会议 2005年3月2—4日在市委小礼堂召开。出席会议委员216名；特邀26人；列席24人。会议听取和审议副主席王晓媛所作政协抚州市第一届委员会常务委员会工作报告；听取和审议副主席陈其辉所作政协抚州市第一届委员会常务委员会关于一届六次会议以来提案工作情况报告；全体委员列席抚州市第一届人民代表大会第七次会议。会议审议通过政协抚州市第一届委员会提案委员会关于一届七次会议提案审查情况报告；审议通过政协抚州市第一届委员会第七次会议决议。会议接受黄昕明辞去政协抚州市第一届委员会副主席、委员职务。会议对全市政协系统2004年度15件优秀调研报告、18件优秀提案、7件优秀社情民意进行表彰。汪重阳、王胜国、李贵根等委员在会上作交流发言。市政协主席李品行作闭幕讲话。

第八次全体会议　2006年4月11—13日在市委小礼堂召开。出席会议委员216名；特邀26人；列席24人。会议听取和审议副主席王晓媛所作政协抚州市第一届委员会常务委员会工作报告；听取和审议副主席陈其辉所作政协抚州市第一届委员会常务委员会关于一届七次会议以来提案工作情况报告；全体委员列席抚州市第一届人民代表大会第八次会议。会议对全市政协系统2005年度18件优秀提案、15件优秀调研报告、3件优秀社情民意进行表彰。审议通过政协抚州市第一届委员会提案委员会关于一届八次会议提案审查情况报告；审议通过政协抚州市第一届委员会第八次会议决议。会议接受胡淑珠辞去政协抚州市第一届委员会副主席、委员职务。市政协主席李品行作闭幕讲话。

政协抚州市第一届委员会第一次会议主席团、秘书长名单

（2000年10月17日，政协抚州市第一届委员会第一次会议预备会议通过）

主席团（39人，按姓氏笔画排列）：

王样生	郑小玲（女）	付彻祥
冯国发	刘忠华	刘　定
刘菊娇（女）	李抚生	李　坚
李雨田	李耕生	李晓浩
吴菁菁（女）	何泽龙	邱敬禹
邹俐菁（女）	汪伟中	汪丽萍（女）
汪重阳	张　帆	张志坚
陈云斐	陈　克	陈其辉
郁佩珍（女）	周　勇	郑小吉
郑友清	胡淑珠（女）	聂荣光
徐日进	容乔生	黄更昌
黄国夫	黄昕明	释印空（女）
童举希	戴晓文	魏巧生

秘书长：汪伟中

政协抚州市第一届委员会第一次会议主席团常务主席名单

（2000年10月17日，政协抚州市第一届委员会第一次会议主席团第一次会议通过）

王样生	黄昕明	刘　定
邱敬禹	陈其辉	李抚生
汪重阳	陈云斐	邹俐菁（女）
胡淑珠（女）		

二、一届市政协委员

王样生	华兴榉（女）	刘　定
李耕生	邱敬禹	汪伟中
陈　克	陈其辉	郑泽林
徐建辉	容乔生	黄昕明
曾洪龙	熊堂和	李品行
索学金	韩国华	蔡子富
车济国	刘忠华	李贵根
汪建国	徐秀琴（女）	黄国昌
熊小青（女）	樊小勇	王豫章（女）
勾松华（女）	李　坚	杨志诚
汪苏生	胡淑珠（女）	徐印庚
孙丽萍（女）	邹　辉	张　帆
陈云斐	周军辉	周新根
夏雪庆	潘凤仙（女）	薛　敏
邓　华	余军林	张　勇
童举希	廖莲梅（女）	郑荣钦
娄芳芳（女）	付泽琼（女）	刘海燕（女）
吴文宇	何乐琴（女）	何泽龙
汪重阳	张茹兰（女）	饶福珊
黄　伟	彭家洱	冯国发
汤祖继	李抚生	邹献捷
张伟男	连衍钦	宁俊华
李　旭	李晓浩	白洋男

刘　波	郑小平	郑友清	万维群	付祖辉	李雨田
章江涛	王晓岚(女)	杜庄龙	罗永顺	夏小青	徐日进
李津良(女)	吴维权(女)	黄瑛瑛(女)	徐金昌	徐福元	屠建龙
傅晓林	蔡　青(女)	魏巧生	彭元煌	韩光海	谢建新
占立新	刘菊娇(女)	余　娜(女)	戈京汉	许自淡	吴建平
张晓燕(女)	陈　欣(女)	罗建南(女)	吴飘扬	邹俐菁(女)	陈明生
徐容宁(女)	黄小萍(女)	超春云(女)	陈国顺	周　勇	郭文林
揭慧芳(女)	谢　群(女)	刘　英(女)	樊国豪	罗清文	王建茵(女)
吴泽民	李南珍(女)	官桂春	付彻祥	李　凌	邹明珠(女)
赵卫平	付剑夫	吕小汉	张沪玉	延兴安	周金生
江天祥	李家驿	何　明	聂荣光	聂晓恩	郭德宗
张志良	周一文	徐仁生	蔡晓东	陈国祥	徐雪明
陈　平	胡怀龙	郭国荣	马洪刚	王胜国	孔庆官
黄国夫	阎淑娜(女)	詹水晶	刘龙章	吴建国	邹振球
王文千	陈根生	王建华(女)	武跃旗	郁佩珍(女)	顾胜和
龙氏美(女)	张伟平(女)	陈　涛	黄德祥	彭年发	鄢素芬(女)
彭碧蓉(女)	占和季	乐思洪	唐　化	全跃龙	连佩忠
汪丽萍(女)	邹振华	徐友洪	周小平	郑小吉	涂国卿
龙镇泉	兰爱花(女,畲族)		廖新华	戴凯旗	郭跃文
朱育华	李稣光	钟长林	邓小玲(女)	邓善满	付复新
释印空(女)	刘铭育	李　旻(女)	伍勇斌	刘有山	江新华
李　靖	徐明儿	梁　安(女)	李金生	李瑞林	吴菁菁(女)
万　锦	刘国芳	汤绍云(女)	邱自湘	辛象其	张文勤
纪丽波(女)	吴晓妮(女)	邱　瑾(女)	张志坚	陈向军(女)	郑文胜
张冬生	段文华	黄更昌	宗吉生	胡忠庭	胡爱民
李良华	万斌生	王士文	徐爱玉(女)	翁琴香(女)	黄明儿
刘紫春	何　兰(女)	黄建荣	黄德洋	银光灿	章玉善
张乐明	汤对堂	周宾荣	董华春	黎应根	魏友旗
饶乾坤	熊文清	戴晓文			

第三节　市政协第二届委员会全体会议

2006年12月3—5日，政协抚州市第二届委员会全体会议召开。政协抚州市第二届委员会任期自2006年12月—2011年9月，共召开6次全体会议。

一、历次全体会议

第一次全体会议　2006年12月3—5日在市行政中心主会场召开。出席会议委员274名；

特邀36人;列席16人。市委书记钟利贵到会讲话。会议听取和审议副主席陈云斐所作政协抚州市第一届委员会常务委员会工作报告;听取和审议副主席邹俐菁所作政协抚州市第一届委员会常务委员会关于提案工作情况报告;审议通过政协抚州市第二届委员会第一次会议决议。全体委员列席抚州市第二届人民代表大会第一次会议。会议选举李品行为政协抚州市第二届委员会主席;选举赵恩洪、周琪、陈云斐、邹俐菁、黄德宪、廖建辉、何建辉、郑友清为政协抚州市第二届委员会副主席;选举徐容宁为政协抚州市第二届委员会秘书长;选举王勇、王昱等50位同志为政协抚州市第二届委员会常务委员。市政协主席李品行作闭幕讲话。

第二次全体会议　2007年3月16—18日在市行政中心主会场召开。出席会议委员297名;特邀36人;列席18人。会议听取和审议副主席周琪所作政协抚州市第二届委员会常务委员会工作报告;听取和审议副主席赵恩洪所作政协抚州市第二届委员会常务委员会关于一届八次会议以来提案工作情况报告;郑友清、张志红、张帆等委员作大会发言;全体委员列席抚州市第二届人民代表大会第二次会议。会议对全市政协系统2006年度18件优秀提案、12件优秀调研报告、3件优秀社情民意进行表彰。会议审议通过政协抚州市第二届委员会提案委员会关于二届二次会议提案审查情况报告;审议通过政协抚州市第二届委员会第二次会议决议。市政协主席李品行作闭幕讲话。

第三次全体会议　2008年1月7—9日在市行政中心主会场召开。出席会议委员296名;特邀37人;列席18人。会议听取和审议副主席邹俐菁所作政协抚州市第二届委员会常务委员会工作报告;听取和审议副主席赵恩洪所作政协抚州市第二届委员会常务委员会关于二届二次会议以来提案工作情况报告;马颖、章克敏、赵卫平等委员作大会发言;全体委员列席抚州市第二届人民代表大会第三次会议。会议对市政协2007年度31名优秀市政协委员、20件优秀提案、9篇优秀调研报告、3篇优秀社情民意进行表彰。会议审议通过政协抚州市第二届委员会提案委员会关于二届三次会议提案审查情况报告;审议通过政协抚州市第二届委员会第三次会议决议。市政协主席李品行作闭幕讲话。

第四次全体会议　2009年2月22—24日在市行政中心主会场召开。出席会议委员295名;特邀37人;列席21人。会议听取和审议副主席黄德宪所作政协抚州市第二届委员会常务委员会工作报告;听取和审议副主席赵恩洪所作政协抚州市第二届委员会常务委员会关于二届三次会议以来提案工作情况报告。全体委员列席抚州市第二届人民代表大会第四次会议。会议同意何晓晖、韦萍2人辞去政协抚州市第二届委员会常委、委员职务;补选刘静波、胡志方、魏绮3人为政协抚州市第二届委员会常务委员。会议审议通过政协抚州市第二届委员会提案委员会关于二届四次会议提案审查情况报告;审议通过政协抚州市第二届委员会第四次会议决议。会议以书面形式传达省政协十届二次会议精神。会议对市政协2008年度24名优秀市政协委员、22件优秀提案、11篇优秀调研报告、7篇优秀社情民意、8名优秀社情民意信息员进行表彰奖励。市政协主席李品行作闭幕讲话。

第五次全体会议　2010年1月17—19日在市行政中心主会场召开。出席会议委员294名;特邀37人;列席22人。会议听取和审议副主席廖建辉所作政协抚州市第二届委员会常务委员会工作报告;听取和审议副主席赵恩洪所作政协抚州市第二届委员会常务委员会关于二届四次会议以来提案工作情况报告。全体委员列席抚州市第二届人民代表大会第四次会议。会议同意接受李品行辞去政协抚州市第二届委员会主席职务;同意接受赵恩洪、邹俐菁辞去政协抚州市第二届委员会副主席职务。会议补选王晓媛为政协抚州市第二届委员会主席;补选黄耀波为政协抚州市第二届委员会副主席;补选刘海滨为政协抚州市第二届委员会常务委员。会议审议通过政协抚州市第二届委员会提案委员会关于二届五次会议提案审查情况报告；审议通过政协抚州市第二届委员会第五次会议决议。张帆、吴维权、李凌等委员作大会发言。会议对2009年度30名优秀市政协委员、22件优秀提案、10篇优秀调研报告、9篇优秀社情民意、6名优秀社情民意信息员进行表彰奖励。会议期间，委员们集中视察文昌大道整治改造、南门大道建设、抚州名人雕塑园建设、凤岗河湿地公园建设、梦湖工程等市中心城区重点项目和工业项目建设情况。新当选市政协主席王晓媛作闭幕讲话。

第六次全体会议 2011年2月20—22日在市行政中心主会场召开。出席会议委员292名；特邀37人；列席24人。会议听取和审议副主席何建辉所作政协抚州市第二届委员会常务委员会工作报告；听取和审议副主席黄德宪所作政协抚州市第二届委员会常务委员会关于二届五次会议以来提案工作情况报告。会议审议通过政协抚州市第二届委员会提案委员会关于二届六次会议提案审查情况报告；审议通过政协抚州市第二届委员会第六次会议决议。全体委员列席抚州市第二届人民代表大会第六次会议。周金生、戴晓文、傅晓林等委员作大会发言。会议对市政协2010年度30名优秀市政协委员、25件优秀提案、15篇优秀调研报告、10篇优秀社情民意、8名优秀社情民意信息员进行表彰奖励。会议期间，委员集中视察“两区”建设和抚河“两堤”除险加固工程建设情况。市政协主席王晓媛作闭幕讲话。

政协抚州市第二届委员会第一次会议主席团和秘书长名单

（2006年12月2日，政协抚州市第二届委员会第一次会议主席团第一次会议通过）

主席团（68人，按姓氏笔画排序）：

王　勇	王　昱	王志畅
韦　萍（女）	付晓荣	占水晶
占贤忠	刘　定	刘国芳
刘忠华	汤祖继	何　明
何建辉	何晓晖	吴　岚（女）
吴文宇	吴水凤（女）	吴维权（女）
张　帆	张志坚	李小鹏
李抚生	李品行	李贵根
杨更生	汪荣贵	汪重阳
辛建华（女）	连佩忠	邱敬禹
邹俐菁（女）	陈云斐	陈水明
陈其辉	陈显明	周　琪（女）
周文明	周木杨	周金生
周晓琴（女）	林恩展	罗晓宾
范书祥	郑小平	郑友清
郑荣钦	段院龙	祝国荣
赵恩洪	夏小青	徐友洪
徐容宁（女）	涂国卿	涂建忠
涂香莲（女）	章克敏（女）	章新友
黄德宪	游林清	谢天放
谢亨舜	释印空（女）	雷东水
廖燕（女）	廖建辉	戴晓文

秘书长：徐容宁（女）

政协抚州市第二届委员会第一次会议主席团常务主席名单

（2006年12月2日，政协抚州市第二届委员会第一次会议主席团第一次会议通过）

李品行	刘　定	邱敬禹
陈其辉	李抚生	汪重阳
赵恩洪	周　琪（女）	陈云斐
邹俐菁（女）	黄德宪	廖建辉
何建辉	郑友清	

二、二届市政协委员

李品行	赵恩洪	黄德宪
廖建辉	何建辉	徐容宁（女）
谢亨舜	韦　萍（女）	周木杨
罗晓宾	郑济平	辛建华（女）
朱　萍（女）	章　勤	黄武明
周　琪（女）	刘忠华	李贵根
李冬生	黄港清	车济国
刘细明	龙　剑	章正华

吴 辛	崔惠康	陈云斐	张勔文	汪荣贵	章新友
张 帆	黄建荣	陈泽堂	黄双龙	章江涛	张 勇
夏雪庆	薛 敏	潘凤仙（女）	艾志华	付景彪	李钢华
孙丽萍（女）	蔡晓东	章克敏（女）	徐金昌	黄美香（女）	汤庆慧（女）
吴国华	王耀华	段院龙	吴 军	黄晓华	何晓晖
徐印庚	郑小平	彭秋祥	杨亚新（女）	蔡 力	李易东
乐小根	安 辉（女）	章 冰	白云飞	杨书斌	张沪玉
张志红（女）	祝 玫（女）	张恩东	谢克强	黄福生	何 明
姜东兴	王志畅	李 凌	李小鹏	陈海平	郑振荣
饶 芳（女）	谭满根	罗亦文（女）	赵卫平	付彻祥	张茹兰（女）
汪重阳	郑友清	涂国卿	邱永华	张志良	黄友平
吴文宇	潘锋华	李 冰	张卫栋	张从俊	祝国荣
陈丽娜（女）	黄 伟	管淑辉（女）	李建林	张立亭	周泽南
罗 斌	刘海燕（女）	王 彬	张志坚	吴水凤（女）	汤祖继
罗吾菊（女）	郑荣钦	王 勇	罗俊红（女）	付建平	占水晶
张展适（女）	余军林	陈昌林	万贻茂	高富云	黄平辉
徐庆平	吴贺华	洪美珍（女）	王文千	屠建龙	陈德勋
周跃文	夏红英（女）	李抚生	张建荣	李永进	衷建平
邹俐菁（女）	戴晓文	陈显明	夏小青	占贤忠	林支新
游林清	王建茵（女）	周 勇	吴亚明	李启明	刘建平
张建华	王秀娟（女）	饶宇航	陈水明	曾福根	罗祖炜
邱 敏（女）	万应根	邓 华（女）	黄永辉	罗昌善	岑礼余
施能宗	邓斗新	吴正顺	黄谷雨	林垂都	唐永文
李彩梅（女）	朱以兴	傅晓林	龙 平	范书祥	杨军华
程怡新	胥 瑶	李 群	张寿荣	彭贞红（女）	汤小平
魏媛媛（女）	林恩展	赵国升	顾胜和	黄余良	戴 奔
毛庆年	芦齐峰	陈济庭	彭远明	喻华堂	谷 菊（女）
花宜抚	蔡滩水	艾 玮（女）	唐 化（女）	王 昱	董雪梅（女）
李 娜（女）	陈海发	邓慧萍（女）	吴建国	李世森	丁安丽（女）
鄢小龙	王志勇	涂香莲（女）	雷玉英（女）	曾小天	陈胜华
赵 臻（女）	卢 萍（女）	吴艳玉（女）	纪丽波（女）	刘国芳	吴 岚（女）
卢碧兰（女）	周晓琴（女）	付香兰（女）	夏婉燕（女）	罗春明	黄 震
陈 佳（女）	黎光美（女）	游娟娟（女）	张冬生	方丽华（女）	王晓健
阎淑娜（女）	吴 薇（女）	廖 燕（女）	李林荣	陈青峰	王 琼（女）
黄德超	罗国良	徐友洪	吴胜茂	孙高清	杨洁员
贡建东	王建华（女）	谢天放	胡珊珊	连佩忠	吕小汉
邹振华	黄 琛（女）	郭德宗	郭文林	付 键	何乐琴（女）
吴 昊（女）	陈国彬	罗国顺	张晓燕（女）	吴平庚	梁 安（女）

杨更生	孔夏生	杨明辉	邱志诚	邓水保	段云来
曾亦农	周金生	胡志华	杨继平	张仕龙	黄应根
黄清香（女）	李　靖	徐明儿	李履才	李明亮	张国英
雷东水	马　颖（女）	蓝智平	吴茶香（女）	杨水生	鲍峰庭
李稣光	杨水清	释印空（女）	曾建军	黄明儿	喻怀祥
释学辉	释体明	袁益生	张文勤	方树成	黄文龙
汪丽萍（女）	金旭初	周文明	蓝忠民	刘世昌	辛象其
黄金祥	廖喜玉（女）	刘　定	邱秀兰（女）	刘　翔	梅　勇
邱敬禹	陈其辉	付晓荣	周晓新	邹德贵	甘志松
罗火生	洪水昌	黄晓慧（女）	吴维权（女）		

第四节　市政协第三届委员会全体会议

2011 年 9 月 22—24 日，政协抚州市第三届委员会全体会议召开。政协抚州市第三届委员会任期自 2011 年 9 月—2016 年 10 月，共召开 6 次全体会议。

一、历次全体会议

第一次全体会议　2011 年 9 月 22—24 日在抚州汤显祖大剧院召开。出席会议委员 294 名；特邀 36 人；列席 31 人。市委书记出席开幕式并发表讲话。会议听取和审议市政协主席王晓媛所作政协抚州市第二届委员会常务委员会工作报告；听取和审议市政协副主席黄德宪所作政协抚州市第二届委员会常务委员会关于提案工作情况报告。全体委员列席抚州市第三届人民代表大会第一次会议。会议审议通过政协抚州市第三届委员会第一次会议决议。会议选举产生政协抚州市第三届委员会主席、副主席、秘书长、常务委员，选举谢发明为政协抚州市第三届委员会主席；选举黄德宪、陈云斐、廖建辉、郑友清、贾益纲、黄耀波、周付德、蔡青为政协抚州市第三届委员会副主席；选举徐容宁为政协抚州市第三届委员会秘书长；选举王勇、王彬等 43 位同志为政协抚州市第三届委员会常务委员。市政协主席谢发明作闭幕讲话。

第二次全体会议　2012 年 2 月 20—22 日在市行政中心三楼主会场召开。出席会议委员 284 名；特邀 41 人；列席 28 人。会议听取和审议市政协主席谢发明所作政协抚州市第三届委员会常务委员会工作报告；听取和审议市政协副主席黄耀波所作政协抚州市第三届委员会常务委员会关于二届六次会议以来提案工作情况报告；张从俊、周金生、段院龙等委员作大会发言。全体委员列席抚州市第三届人民代表大会第二次会议。会议审议通过政协抚州市第三届委员会提案委员会关于三届二次会议提案审查情况报告；审议通过政协抚州市第三届委员会第二次会议决议。会议补选吴昊、杨春高、林垂都、章勤、龚雪华为政协抚州市第三届委员会常务委员。

第三次全体会议　2013 年 1 月 3—5 日在市行政中心三楼主会场召开。出席会议委员 304 名，特邀 41 人，列席 29 人。会议听取和审议市政协主席谢发明所作政协抚州市第三届委员会常务委员会工作报告；听取和审议市政协副主席黄耀波所作政协抚州市第三届委员会常务委员会关于三届二次会议以来提案工作情况报告；吴世伟、杨正荣、吴元暖等委员作大会发言。

全体委员列席抚州市第三届人民代表大会第三次会议。会议审议通过政协抚州市第三届委员会提案委员会关于三届三次会议提案审查情况报告；审议通过政协抚州市第三届委员会第三次会议决议。会议表彰市政协三届一次会议以来39名优秀市政协委员、27件优秀提案、15篇优秀调研报告、7篇优秀社情民意及4个宣传信息工作先进单位。市政协主席谢发明作闭幕讲话。

第四次全体会议　2014年2月17—19日在市行政中心三楼主会场召开。出席会议委员300名；特邀41人；列席24人。会议听取和审议市政协主席谢发明所作政协抚州市第三届委员会常务委员会工作报告；听取和审议市政协副主席黄耀波所作政协抚州市第三届委员会常务委员会关于三届三次会议以来提案工作情况报告；吴胜兰、李启明、周金生等委员作大会发言。全体委员列席抚州市第三届人民代表大会第四次会议。会议审议通过政协抚州市第三届委员会提案委员会关于三届四次会议提案审查情况报告；审议通过政协抚州市第三届委员会第四次会议决议。会议表彰全市政协2013年度39名优秀市政协委员、28件优秀提案、18篇优秀调研报告、7篇优秀社情民意及6个宣传信息工作先进单位。市政协主席谢发明作闭幕讲话。

第五次全体会议　2015年1月19—21日在市行政中心三楼主会场召开。出席会议委员274名；特邀40人；列席15人。会议听取和审议市政协主席谢发明所作政协抚州市第三届委员会常务委员会工作报告；听取和审议市政协副主席黄耀波所作政协抚州市第三届委员会常务委员会关于三届四次会议以来提案工作情况报告；罗亦文、吴文宇、姜东兴等委员作大会发言。全体委员列席抚州市第三届人民代表大会第五次会议。会议审议通过政协抚州市第三届委员会提案委员会关于三届五次会议提案审查情况报告；审议通过政协抚州市第三届委员会第五次会议决议。会议补选徐建辉、柏林为政协抚州市第三届委员会副主席；补选陈辉为政协抚州市第三届委员会常务委员。会议表彰全市政协2014年度20名优秀市政协委员、24篇优秀提案、17篇优秀调研报告、8篇优秀社情民意及6个宣传信息工作先进单位。

第六次全体会议　2016年1月19—21日在市行政中心三楼主会场召开。出席会议委员344名；特邀40人；列席35人。会议听取和审议市政协主席谢发明所作政协抚州市第三届委员会常务委员会工作报告；听取和审议市政协副主席柏林所作政协抚州市第三届委员会常务委员会关于三届五次会议以来提案工作情况报告；杨正荣、李彩梅、黄金玉等委员作大会发言。全体委员列席抚州市第三届人民代表大会第七次会议。会议审议通过政协抚州市第三届委员会提案委员会关于三届六次会议提案审查情况报告；审议通过政协抚州市第三届委员会第六次会议决议。会议表彰全市政协2015年度28名优秀市政协委员、23篇优秀提案、16篇优秀调研报告、7篇优秀社情民意及8个宣传信息工作先进单位。

政协抚州市第三届委员会第一次会议主席团和秘书长名单

（2011年9月21日，政协抚州市第三届委员会第一次会议预备会议通过）

主席团（58人，按姓氏笔画排序）：

王　勇	王　彬	王胜国
王晓媛（女）	邓慧萍（女）	刘国芳
刘忠华	刘海滨	朱　萍（女）
何　明	吴　军	吴　辛
吴茶香（女）	吴晓妮（女）	吴维权（女）
张　帆	张志坚	李　凌
李启明	李建明	李清萍（女）
杨正荣	连佩忠	陈云斐
陈水明	陈显明	周琪（女）
周付德	周金生	林德明
罗晓宾	郑小平	郑友清
郑荣钦	段院龙	胡海荣

夏小青　徐友洪　徐容宁（女）
涂国卿　涂香莲（女）　贾益纲
郭淑萍（女）　章克敏（女）　黄双龙
黄德宪　黄耀波　谢发明
释印空（女）　廖　燕（女）　廖建辉
蔡　青（女）　戴员生　戴晓文
魏建平

秘书长：徐容宁（女）

政协抚州市第三届委员会第一次会议主席团常务主席名单

（2011年9月21日，政协抚州市第三届委员会第一次会议主席团第一次会议通过）

王晓媛（女）　谢发明　周　琪（女）
陈云斐　黄德宪　廖建辉
郑友清　黄耀波　周付德
蔡　青（女）　贾益纲

二、三届市政协委员

刘冰冰　刘海滨　朱　萍（女）
吴茶香（女）　杨更生　周付德
林德明　郑济平　徐容宁（女）
黄德宪　黄耀波　谢发明
廖建辉　艾　婧（女）　刘冬国
张沥泉　张思君　陈　佳（女）
陈恩斌　袁　静（女）　杨　钢
黄深谋　章带荣（女）　艾华康
龙　平　汤小平　吴　辛
吴　强　陈水明　林垂都
罗昌善　罗祖伟　范书祥
聂平太　黄　勃　袁筱春
黄永辉　黄国文　彭贞红（女）
曾福根　蔡永享　魏建平
邓慧萍（女）　刘忠华　刘细明
向　往（女）　吴　刚　杨正荣
周　琪（女）　贾益纲　黄文英（女）
黄港清　潘军荣　戴员生
王耀华　吴　岚（女）　吴国华
张　帆　李淑雯（女）　杨小平
陈云斐　陈军辉　陈春梅（女）
候龙清　章克敏（女）　蔡乔乔（女）
蔡晓东　马满满（女）　乐小根
张志红（女）　张蓉蓉（女）　李启明
郑小平　姜东兴　段院龙
祝　玫（女）　章　冰　傅　瑛（女）
彭秋祥　于　勤　李　凌
罗亦文（女）　饶　芳（女）　黄　卓
彭道锋　万英华（女）　王　彬
王清瑜　艾艳萍（女）　吴文宇
周　红（女）　罗伍菊（女）　郑友清
郑晓樵　涂国卿　郭淑萍（女）
黄金玉（女）　揭仁贵　管淑辉（女）
王　勇　余庆华（女）　吴贺华
邱志萍（女）　陈昌林　周跃文
郑启祥　郑荣钦　唐永文
章建岚（女）　黎咏峰　王建林
江志勇　江春芳　何　明
余旗勇（女）　宋贝贝（女）　张　勇
张建华　李　群（女）　陈仲灿
陈显明　周金生　赵　锋
饶宇航　夏小青　章新友
黄双龙　黄军良　游林清
戴晓文　王义刚　何远生
陈水和　罗国良　金　星
黄　震　游娟娟（女）　谢晓荣
魏媛媛（女）　王惠霞（女）　王雅兰（女）
付香兰（女）　付晓红（女）　叶芝云（女）
吴　薇（女）　吴凌云（女）　吴晓妮（女）
杨全娣（女）　娄红玲（女）　徐晤明（女）
魏　绮（女）　余忠造　张　宇
杨　平　林翠英（女）　徐友洪
涂香莲（女）　黄　琛　黄志强
黄德超　廖　燕（女）　马　颖（女）
乐师彦　兰接福　吴　华（女）
张冠雄　钟　琴（女）　释印空（女）
释学辉　满江生　蓝智平
孙峥嵘　庄彬春　汤庆慧（女）

吴　军	吴　昊(女)	吴世伟	连佩忠	杨洁员	周小平
吴正顺	吴胜兰(女)	李彩梅(女)	姚飞鸿	饶南文	章正华
陈国祥	陈德孟	陈德勋	邓棋卫	卢雅芳	叶全裕
胡海荣	徐建新	徐金昌	帅金高	刘国兴	刘前进
赖文英(女)	蔡　青(女)	丁武安	吴鸿强	张寿荣	李小红(女)
王文千	何海荣	吴元暖	杨书斌	杨亚新(女)	杨国飞
吴鉴铭	岑礼余	张从俊	罗春明	郑振荣	曹细春
张冲林	张建荣	张爱民	黎　明(女)	戴　奔	刘雪娥(女)
汪乐民	贡建东	邱　敏(女)	何乾丰	吴维权(女)	黄晓华
邹晓明	周文明	郑学诠	彭明高	吴胜茂	张志珍(女)
涂赣平	袁任民	郭德宗	李林荣	陈青峰	黄小明
任星光	许　瑶(女)	邱慧敏(女)	万　鸣	方树成	刘世昌
罗晓宾	祝曙光	徐明儿	江瑞庆	过初良	吴英龙
黄奇伟	黄清香(女)	龚育梅	张小仕	张文勤	李以庚
傅志欣	王　昱	王胜国	李建明	李履才	杨　皓
付建平	华小明	张志坚	杨吉荣	杨水生	杨党华
张冬生	林　红(女)	胡党梅(女)	杨继平	周保华	辛象其
唐　化(女)	彭国芳	董雪梅(女)	邱志诚	陈　勤	洪水昌
鄢素芬(女)	蔡　盛	万全阳	赵　立	聂小乐	梅　勇
邓　烽	邓　华(女)	甘少华	黄文龙	黄平辉	黄冬生
刘国芳	纪丽波(女)	吴乐明	黄来盛	黄明儿	黄祖光
陈胜华	胡永生	梅建忠	黄晓红	喻怀祥	揭秉华
梅雪奇	曾小天	白　洋	曾建军	谢光明	蓝忠民
何　兰(女)	李清萍(女)	杨小建	雷祥根	董建新	魏友旗
邱树华	周文明	周泽南	辛祥泰	章　勤	李春华
罗　莹(女)	罗崇辉	曹捷生	李和明	莫子涵	杨文华
黄亚玲(女)	蔡　菁	王大冲	黄相清	龚雪华	汤祖继
龙　剑	何乐琴(女)	吴平庚	杨春高	李小鹏	

第五节　市政协第四届委员会全体会议

2016年10月31日至11月2日，政协抚州市第四届委员会全体会议召开。政协抚州市第四届委员会任期自2016年10月至2021年10月，共召开6次全体会议。

一、历次全体会议

第一次全体会议　2016年10月31日至11月2日在市行政中心会议中心三楼主会场

召开。出席会议委员307名；特邀43人；列席29人。市委书记到会讲话。会议听取和审议市政协主席谢发明所作政协抚州市第三届委员会常务委员会工作报告；听取和审议市政协副主席柏林所作政协抚州市第三届委员会常务委员会关于提案工作情况报告；审议通过政协抚州市第四届委员会第一次会议决议；全体委员列席抚州市第四届人民代表大会第一次会议。会议选举产生政协抚州市第四届委员会主席、副主席、秘书长、常务委员。选举黄晓波为政协抚州市第四届委员会主席；选举黄耀波、刘菊娇（女）、郑友清、周付德、徐建辉、柏林、刘忠华、戴晓文为副主席；选举徐容宁为秘书长；选举马颖（女）、王勇等53位同志为政协抚州市第四届委员会常务委员。市政协主席黄晓波作闭幕讲话。

第二次全体会议　2017年1月10—12日在市行政中心会议中心三楼主会场召开。出席会议委员307名；特邀43人；列席29人。会议听取和审议市政协主席黄晓波所作政协抚州市第四届委员会常务委员会工作报告；听取和审议市政协副主席柏林所作政协抚州市第四届委员会常务委员会关于三届六次会议以来提案工作情况报告；全体委员列席抚州市第四届人民代表大会第二次会议。审议通过政协抚州市第四届委员会提案委员会关于四届二次会议提案审查情况报告；审议通过政协抚州市第四届委员会第二次会议决议。罗亦文、杨正荣、刘胜等委员作大会发言。市政协主席黄晓波作闭幕讲话。

第三次全体会议　2018年1月7—9日在市行政中心会议中心三楼主会场召开。出席会议委员310名；特邀45人；列席25人。会议听取和审议市政协主席黄晓波所作政协抚州市委员会常务委员会工作报告；听取和审议市政协副主席柏林所作政协抚州市委员会常务委员会关于四届二次会议以来提案工作情况报告；全体委员列席抚州市第四届人民代表大会第三次会议。会议审议通过政协抚州市第四届委员会提案委员会关于四届三次会议提案审查情况报告；审议通过政协抚州市第四届委员会第三次会议决议。蔡乔乔、黄港清、罗亦文等委员作大会发言。会议同意刘菊娇、周付德辞去政协抚州市第四届委员会副主席职务的请求。会议补选副主席1名，补选吴军、郑荣钦、郑海云为常务委员。会议表彰全市政协2017年度31名优秀市政协委员、26篇优秀提案、16篇优秀调研报告、6篇优秀社情民意及6个宣传信息工作先进单位。市政协主席黄晓波作闭幕讲话。

第四次全体会议　2019年1月15—17日在市行政中心会议中心三楼主会场召开。出席会议委员301名；特邀45人；列席26人。市委书记到会发表讲话。会议听取和审议市政协主席黄晓波所作政协抚州市委员会常务委员会工作报告；听取和审议市政协副主席柏林所作政协抚州市委员会常务委员会关于四届三次会议以来提案工作情况报告；全体委员列席抚州市第四届人民代表大会第四次会议。会议审议通过政协抚州市第四届委员会提案委员会关于四届四次会议提案审查情况报告；审议通过政协抚州市第四届委员会第四次会议决议。吴岚、高心琦、李建明等委员作大会发言。会议表彰全市政协2018年度29名优秀市政协委员、26篇优秀提案、16篇优秀调研报告、5篇优秀社情民意及7个宣传信息工作先进单位。市政协主席黄晓波作闭幕讲话。

第五次全体会议　2020年5月7—8日在市行政中心会议中心三楼主会场召开。出席会议委员319名；特邀44人；列席6人。会议听取和审议市政协主席黄晓波所作政协抚州市委员会常务委员会工作报告；听取和审议市政协副主席柏林所作政协抚州市委员会常务委员会关于四届四次会议以来提案工作情况报告；全体委员列席抚州市第四届人民代表大会第五次会议。会议同意黄耀波、徐建辉、柏林辞去政协抚州市第四届委员会副主席职务的请求。会议补选帅歌柳、廖燕（女）章克敏（女）等四人为政协抚州市第四届委员会副主席。杨正荣、吴岚、陈明辉等委员作大会发言。会议审议通过政协抚州市第四届委员会提案委员会关于四届五次会议提案审查情况报告；审议通过政协抚州市第四届委员会第五次会议决议。会议表彰全市四届政协第四次会议以来，新冠疫情防控工作优秀市政协委员20名、2019年度履职工作优秀市政协委员24名，27篇优秀提案、20篇优秀调研报告、5篇优秀社情民意、6个宣传信息工作先进单位、5个反映社情民意信息工作先进单位。首次表彰中共党员委员红旗工作站3个。市政协主席黄晓波作闭幕讲话。

第六次全体会议 2021年2月27日至3月1日在市行政中心会议中心三楼主会场召开。出席会议委员310名；特邀45人；列席6人。市委书记到会讲话。会议听取和审议黄晓波所作政协抚州市第四届委员会常务委员会工作报告；听取和审议市政协副主席所作政协抚州市第四届委员会常务委员会关于市政协四届五次会议以来提案工作情况报告；全体委员列席抚州市第四届人民代表大会第六次会议。会议同意黄晓波辞去政协抚州市第四届委员会常务委员会主席职务的请求；同意雷冬水辞去政协抚州市第四届委员会常务委员会委员职务。会议选举王宏安为政协抚州市第四届委员会主席。会议审议通过政协抚州市第四届委员会提案委员会关于市政协四届六次会议提案审查情况报告；审议通过政协抚州市第四届委员会第六次会议决议。吴岚、李冬生、曾群浪等委员作大会发言。会议表彰全市四届政协五次会议以来2020年度30名优秀市政协委员、27篇优秀提案、22篇优秀调研报告、5篇优秀社情民意、6个宣传信息工作先进单位、5个反映社情民意信息工作先进单位、3个中共党员委员红旗工作站。新当选的市政协主席王宏安作闭幕讲话。

政协抚州市第四届委员会第一次会议主席团和秘书长名单

（2016年10月30日，政协抚州市第四届委员会第一次会议预备会议通过）

主席团（66人，按姓氏笔画排序）：

马　颖（女）	王　勇	王　彬
王钦铭	王裕良	邓久泉
甘少华	叶芝云（女）	付燕萍（女）
向　往（女）	邬丽梅（女）	刘　胜（女）
刘忠华	刘海滨	刘菊娇（女）
刘新萍（女）	许萍乡	李　凌
李建明	李信德	李淑雯（女）
杨利文	连佩忠	吴　辛
吴　昊（女）	吴　薇（女）	吴世伟
吴茶香（女）	吴胜兰（女）	吴晓妮（女）
邱京望	何　明	何海荣
汪志强	陈　辉	陈云斐
陈克胜（女）	林小红（女）	罗亦文（女）
周付德	郑友清	郑振荣
赵卫平	胡会华	胡海荣
柏　林	姜东兴	袁晓明
徐建辉	徐容宁（女）	唐永文
涂国卿	黄文英（女）	黄国文
黄晓红（女）	黄晓波	黄港清
黄耀波	释学辉	曾无非
谢发明	雷东水	裴　涛
戴晓文	魏志中	

秘书长：徐容宁（女）

政协抚州市第四届委员会第一次会议主席团常务主席名单

（2016年10月30日，政协抚州市第四届委员会第一次会议主席团第一次会议通过）

谢发明	黄晓波	陈云斐
黄耀波	刘菊娇（女）	郑友清
周付德	徐建辉	柏　林
刘忠华	戴晓文	徐容宁（女）

二、四届市政协委员

王　勇	邓久泉	刘海滨
魏　玮	吴茶香（女）	李　慷
杨利文	陈　辉	周付德

柏 林	胡会华	徐建辉	吴 军	吴胜兰（女）	张寿荣
徐容宁（女）	黄晓红（女）	黄晓波	张建华	李宇平	李彩梅（女）
黄耀波	谢发明	谢晓宇	邹吉和	陈顺锋	周志遥
王钦铭	龙志强	肖建明	赵 锋	黄军良	龚育梅（女）
连卫振	徐 韡	梅明阳	戴晓文	乐美红（女）	刘冬国
符 伟	黄 纲	谢小辉	何远生	杨国飞	汪 亮
谢树英	丁应良	艾华康	陈 华（女）	胡敏绮（女）	徐珊玲（女）
龙 平	朱仁宽	汤建新	熊庆文	王雅兰（女）	付晓红（女）
许萍乡	吴德志	杨国伟	冯燕萍（女）	张志珍（女）	陈克胜（女）
邹建明	陈小华	林兵泉	周鹏燕	罗亦文（女）	郑燕华（女）
胡文军	徐建云	聂平太	徐江英（女）	高红梅（女）	高晓英（女）
黄 勃	黄国文	赖昌明	赖文英（女）	吴世伟	杨 平
廖小娟（女）	魏志中	刘忠华	陈少泉	林翠英（女）	欧阳家平
吴 辛	张 锦（女）	杨正荣	郑宇乐	袁晓明	黄 烨
陈小临	周抚阳	胡志华	黄 琛（女）	龚冬根	马 颖（女）
饶伟斌	黄 珊（女）	黄文英（女）	兰 卫	兰启东	向 往（女）
黄港清	戴员生	吕红红（女）	张冠雄	龚小茂	释学辉
邬丽梅（女）	吴 岚（女）	吴国华	释崇度	满江生	孔繁林
李淑雯（女）	杨小平	陈云斐	王 华	冯志榕（女）	刘敏龙
陈春梅（女）	姚 黎（女）	唐 化	庄彬春	汤庆慧	吴正顺
唐卫和	黄国华	蔡乔乔（女）	张建荣	李信德	贡建平
邓子鹏	艾 婧（女）	刘新萍（女）	邱京望	陈明辉	陈恩斌
吴霞英（女）	张志红（女）	周于凡	陈德勋	林保生	胡海荣
姜东兴	胥莲香（女）	饶赤明	赵庭平	徐金昌	曾小智（女）
席 红（女）	高心琦（女）	熊 伟	蔡滩水	张棚花	丁武安
于 勤（女）	刘菊娇（女）	李 凌	王军球	何海荣	吴根福
邱 敏（女）	欧阳海华	范书祥	吴爱平	吴福清	吴鉴铭
黄 卓	王 彬	邓萃芸（女）	杨 正	陆中和	陈建明
刘和平	何子琴（女）	汪永荣	周 红	周九龙	周晓健（女）
邹炳德	周 红（女）	周 晶（女）	季智强	林 涛	林小红（女）
郑友清	郑晓樵	赵卫平	徐晤明（女）	桂世芳	袁彼春
涂国卿	黄金玉（女）	揭仁贵	梁建民	黄剑鸣	董建新
刘 华	刘晓玲（女）	余庆华（女）	熊炳生	叶应钦	刘迎燕（女）
吴贺华	郑启祥	郑振荣	刘前进	许 瑶（女）	吴晓妮（女）
胡玥玲（女）	唐永文	章建岚（女）	李伟才	李慧华（女）	杨全娣（女）
黄辉才	曾群浪	王志勇	娄红玲（女）	段 鑫（女）	温良发
邓斗新	帅金高	白 洋	万晓定	王 昱	王裕良
孙小林	汤丽娜（女）	何 明	付燕萍（女）	刘 胜	华小明

吴　薇(女)	李小鹏	陈　侃(女)	黄耀伦	曾爱民	漆小勇
黄双龙	喻华堂	鄢素芬(女)	戴　建	付云飞	黄　晨
熊建红(女)	蔡　盛(女)	王　音(女)	彭明高	曾无非	雷东水
王银茂	帅凯晖	甘少华	吴胜茂	黄小明	黄文彪
吴　昊(女)	杨吉荣	陈胜华	谭海斌	魏建明	吴建国
周辉勤	胡永生	饶　芳(女)	吴剑秋	曹捷生	江瑞庆
夏婉燕(女)	徐建元	孔友明	章志芳	过初良	章燕萍(女)
方丽萍(女)	余志建	吴　华	邓　军	曾　彪	桑　辉
吴泉辉	李建明	汪志强	高自辉	谢光明	邱江峰
邹志坚	陈菊莲(女)	郭文华	李以庚	吴瑞云	刘文波
蒋年德	裴　涛	丁爱民	陈　刚	万　鸣	邓泉兴
邓棋卫	叶全裕	甘志松	杨卫国	吴忠鸿	揭秉华
李雪梅(女)	杨　柳	连佩忠	易忠华	杨金耀	何建江
单银根	周小平	戴寿昌	黄武平	廖金平	乐小红(女)
叶　标	叶芝云(女)	朱　博	程胜文	王　萍(女)	熊瑞环(女)
江　鸿	许建纲	张卫忠	李剑平	赵品晓	艾玉如(女)
张学文	李　群(女)	杨书斌	黄宝安	张　勇	万全阳
肖青峰	邱灿毅	陈洲洋	郑学铨		
易德福	罗小刚	徐　驰			

第六节　市政协第五届委员会全体会议

2021年10月26—28日，政协抚州市第五届委员会全体会议召开。政协抚州市第五届委员会自2021年10月—2025年1月届中，共召开5次全体会议。

一、历次全体会议

第一次全体会议　2021年10月26—28日在抚州市举行，会议应到委员346名，实到326名。市委书记夏文勇在开幕式上发表讲话。出席会议委员列席市人大五届一次会议，听取并赞同市长高世文所作政府工作报告，审议并同意政协抚州市第四届委员会常务委员会工作报告和提案工作情况报告。大会选举贺喜灿为政协抚州市第五届委员会主席，选举谭小平、刘忠华、戴晓文、曾月兴、伍旭鸿、唐永文、刘胜(女)、王彬为副主席，颜建平为秘书长。大会还选出王丽红(女)、王建辉等55名常务委员。

第二次全体会议　2022年1月23—25日在抚州举行。应到委员346名，实到318名。会议学习讨论中共抚州市委书记夏文勇在开幕大会上的讲话，听取、讨论并赞同市人民政府市长高世文所作政府工作报告；讨论并赞同市中级人民法院工作报告、市人民检察院工作报告和其他报告；审议通过贺喜灿所作政协抚州市第五届委员会常务委员会工作报告和曾月兴所作政协抚州市第五届委员会常务委员会提案工作情况报告。7名委员在开幕式上作大会发言。出席会议委员列席市人大五届二次会议。

第三次全体会议　2022年12月20—22日在抚州市举行。会议应到委员366名，实到302

名。会议学习讨论中共抚州市委书记夏文勇在开幕大会上的讲话，听取、讨论并赞同市人民政府市长高世文所作政府工作报告；讨论并赞同市中级人民法院工作报告、市人民检察院工作报告和其他报告；审议通过戴晓文代表政协抚州市第五届委员会常务委员会所作工作报告和曾月兴代表政协抚州市第五届委员会常务委员会所作提案工作情况报告。5名委员在开幕式上作大会发言。出席会议委员列席市人大五届三次会议。

第四次全体会议 2024年1月26—28日在抚州市行政会议中心举行。大会应到委员362名，实到351名。会议学习讨论中共抚州市委书记魏晓奎在开幕大会上的讲话；听取、讨论并赞同市人民政府市长高世文所作政府工作报告；审议并通过贺喜灿代表政协抚州市第五届委员会常务委员会所作工作报告和曾月兴代表政协抚州市第五届委员会常务委员会所作提案工作情况报告。讨论并赞同市中级人民法院工作报告、市人民检察院工作报告和其他报告。8名委员在开幕式上作大会发言。出席会议委员列席市人大五届四次会议。

第五次全体会议 2025年1月22—24日在抚州市行政会议中心举行。大会应到委员356名，实到342名。会议学习讨论中共抚州市委书记范小林在开幕大会上的讲话；听取、讨论并赞同市人民政府代市长胡剑飞所作政府工作报告；审议并通过贺喜灿代表政协抚州市第五届委员会常务委员会所作工作报告和刘胜代表政协抚州市第五届委员会常务委员会所作提案工作情况报告。讨论并赞同市中级人民法院工作报告、市人民检察院工作报告和其他报告。8名委员在开幕式上作大会发言。出席会议委员列席市人大五届五次会议。会议补选了政协抚州市第五届委员会常务委员4名。

政协抚州市第五届委员会第一次会议主席团和秘书长名单

（2021年10月25日，政协抚州市第五届委员会第一次会议预备会议通过）

主席团（74人，按姓氏笔画排序）：

王　彬	王丽红（女）	王宏安
王建辉	王裕良	帅歌柳
叶芝云（女）	申进东	伍旭鸿
向　往（女）	邬丽梅（女）	刘　胜（女）
刘文平	刘忠华	刘海滨
刘新萍（女）	李　威	李建明
李淑雯（女）	杨小平	杨利文
吴　辛	吴　薇（女）	吴世伟
吴向红（女）	吴英权	吴胜兰（女）
邱江峰	何　明	何建江
张　彤	张志红（女）	陈　坚
陈振华	陈恩斌	罗　燕（女）
罗小刚	罗亦文（女）	周于凡
郑友清	郑海云	胡军民
胡海荣	柏　林	娄红玲（女）
祝毅思（女）	贺喜灿	袁晓明
徐江英（女）	徐容宁（女）	唐永文
黄　瑛（女）	黄文龙	黄文英（女）
黄国文	黄耀波	龚冬根
章军旺	章克敏（女）	释学辉
曾无非	曾月兴	谢　婷（女）
谢文斌	谢爱隆	蔡礼明
廖　燕（女）	谭小平	谭海斌
颜建平	戴晓文	魏　勤（女）
魏志中		

秘书长：徐容宁（女）

政协抚州市第五届委员会第一次会议主席团常务主席名单

（2021年10月25日，政协抚州市第五届委员会第一次会议主席团第一次会议通过）

王宏安	贺喜灿	谭小平
郑友清	刘忠华	戴晓文
帅歌柳	廖　燕（女）	章克敏（女）
曾月兴	伍旭鸿	唐永文
刘　胜（女）	王　彬	徐容宁（女）
颜建平		

二、五届市政协委员

王宏安	帅歌柳	申进东
伍旭鸿	刘海滨	杨利文
吴向红(女)	陈振华	周　伟
柏　林	贺喜灿	徐容宁(女)
黄耀波	曾月兴	谢爱隆
廖　燕(女)	谭小平	颜建平
全　益(女)	刘忠华	汤师辉
邱翠青(女)	何　鸣	余　俊
赵　云(女)	胡志华	黄文英(女)
黄世高	蔡菁菁	潘军荣
邬丽梅(女)	刘迎燕(女)	杨　柳(女)
杨小平	汪春香(女)	陈春梅(女)
周荣旺	饶　翔	姚　黎(女)
郭新德	黄多亮	章克敏(女)
曾无非	谢树英(女)	艾　婧(女)
伍逸萍(女)	刘　胜(女)	刘志强
刘新萍(女)	江　燕(女)	李　靖
李小雄	张志红(女)	陈淑文(女)
胡毅鹏	高心琦(女)	李　威
何　明	何光梅(女)	邵　沉
欧阳海华	胡海玉(女)	曹　佳(女)
雷　佳(女)	万英华(女)	王　彬
何子琴(女)	余卉鑫	周淑华(女)
郑友清	封木忠	胡军民
祝毅思(女)	黄莉萍(女)	彭　青(女)
彭　蓥	熊小红(女)	甘英辉
刘晓玲(女)	余庆华(女)	周友华
周志遥	唐永文	黄　华(女)
黄胜和	章军旺	章晓云
曾新华	曾群浪	王志勇
王丽红(女)	叶芝云(女)	刘文平
吴　华(女)	吴英权	吴胜兰(女)
汪胜波	张建华	陈　梅(女)
罗　燕(女)	罗小刚	赵庭平
徐江英(女)	黄　勃	黄　勇
黄　艳(女)	黄　瑛(女)	谢　婷(女)

魏　勤(女)	龙志强	李　康
吴　鹏	吴开发	辛清龙
陈　华(女)	高　勇(女)	黄国强
黄智武	王钦铭	李睿章
余　珍(女)	祝刘林	贺梅芳
郭丽丽(女)	黄惠婷(女)	符　伟
曾红茂	谢小辉	张　丽(女)
张志珍(女)	陆小娣(女)	陈　侃(女)
林小红(女)	罗亦文(女)	郑燕华(女)
赵　玲(女)	娄红玲(女)	黄　珊(女)
黄纾寰(女)	舒菊兰(女)	谢昕宇(女)
詹文玲(女)	王　华	王光荣
刘　永	刘小东	李信德
李彩梅(女)	李雄伟	邱　春(女)
邱江峰	余才福	张　彤
张棚花(女)	陈双鑫	陈荣林
陈恩斌	林保生	胡海荣
高昊峰	黎　飞	戴晓文
于　勤(女)	杨正荣	吴文新
何　榕(女)	侯志才	谢荣华
于杨青(女)	卢雅芳(女)	付　强
许桂林	李乐珍	杨良裕
汪　霞(女)	陈小梅(女)	陈德庆
范丽娟(女)	罗天贵	宗文涛
钭祖军	姚国良	袁晓泉
徐　驰	徐莉敏(女)	龚育梅(女)
蒋年德	曾爱民	左敏华
杨　平	余小慧(女)	罗　藤
郑宇乐	郑海云	徐莉萍(女)
龚冬根	龚言英(女)	曾振凯
丁潮康	王　音(女)	方丽萍(女)
帅凯晖	李贵阳	张志刚
张建斌	周辉勤	胡　楠(女)
段兴礼	谭海斌	魏　玮(女)
孔友明	朱小康	吴英龙
吴泉辉	余　鑫	余琳娜(女)
邹志坚	汪　洋	汪来福
汪海贞(女)	林　涛(女)	龚国庆

谢文斌　熊晓斌　王　潘
王小娟（女）　艾华盛　朱子衡（女）
刘　燕（女）　许建纲　苏文露
连卫振　吴世伟　吴爱平
余忠造　陆红英（女）　陈　宇
林　涛　周锡仁　郑　兵
胡义华　段生根　袁晓明
聂桂平　徐金昌　黄国文
戢瑜安　曾永亮　刘全华
许继文　李建光　李慧华（女）
吴　辛　邹吉和　罗　莹（女）
周　晶（女）　赵　群（女）　席　军
黄　烨　黄　琴（女）　黄国安
黄宝安　龚文茂　龚若蕾（女）
彭　钢　蒋详松　潘晨辉
魏志中　万晓定　王裕良
方朝晖　邓慧萍（女）　李淑雯（女）
邱剑文　张　伟　张立亭
陈　坚　胡　蜀（女）　姜　晖
夏婉燕（女）　黄文龙　蔡　盛（女）
廖　燕（女）　颜小英（女）　李　锋
何建江　张爱群（女）　赵婧怡（女）
姜　萍（女）　王建辉　王新平
邓棋卫　乐　凯　朱琴琴（女）
李雪梅（女）　周于凡　胡奕芳（女）
徐小智　温良发　于建军
刘　军　李建明　邱　敏（女）
余雪琴（女）　邹裕明　胡天雪（女）
姚华丰　彭婉玲（女）　傅　辉
蔡礼明　兰　卫　兰启东
向　往（女）　张胜义　郑振华
龚小茂　释圣空（女）　释学辉
释崇度　蓝天虹（女）　王小明
王丰生　王秀英（女）　邓　军
卢碧兰（女）　冯振然　尧晓孙
刘海涛　江　薇（女）　江少辉
江永霞（女）　李发清　杨　磊
吴　薇（女）　吴仉华　吴冬秀（女）
吴忠鸿　邱秀兰（女）　何云峰
邹小华　张立成　陈　萍（女）
欧阳家平　易宗庆　罗　杰
罗亚军　周友财　赵　敏
荀丽娜（女）　姚光辉　敖亚明
衷建军　高自辉　高志坚
黄秀兰（女）　黄晓俊　黄惠忠
龚雪华　章国华　蔡　辉
熊瑞进　雷　丽（女）
（以下为 2024 年 1 月 26 日补选）
王波华　王太红　王建荣
王淑晖　付志超　伍政华
刘　弘　汤水慧（女）　李　喆
邹　杨　陈　峰　陈志祥
范正庚　易忠华　易建文
罗　俊　金　超　谢　琨
谢海荣
（以下为 2024 年 4 月 15 日补选）
徐　明　冯　乐　覃莉芸（女）
（以下为 2024 年 12 月 27 日补选）
傅家科　释顿成（女）　刘　凯
余　娜（女）

第七节　大会发言

2003 年 1 月 4 日，市政协一届五次全体会议首次安排汪重阳、杨志诚、张冬生等 12 位委员在会上作交流发言。自此，委员交流发言列为市政协委员全体会议期间的一项重要内容安排，成为委员建言献策的重要方式和固定平台。从 2003 年 1 月 4 日市政协一届五次全体会议到 2025 年 1 月 22 日市政协五届五次全体会议，先后有 197 位委员在会上作交流发言。

市政协一届六次至五届五次全体会议委员（委员单位、界别）交流发言一览表

届次（时间）	序号	发言人	发言题目	备注
一届五次会议（2003年1月4日）	1	汪重阳	与时俱进话招商	
	2	张志坚	穷财政办大教育更需要拉长民办教育短腿	
	3	张　帆	关于进一步做大做强我市高等教育的思考	
	4	吴菁菁	招商引资的初步成果要靠进一步优化环境来巩固	
	5	张冬生	农村集体土地承包经营权流转的问题与建议	
	6	李　凌	我市农村税费改革后的隐患与对策	
	7	胡淑珠	营造诚信是加快发展抚州经济的当务之急	
	8	涂香莲	切实做好教育引导工作促进涉外婚姻健康发展	
	9	杨志诚	关于解决我市“三农”问题的几点思考	
	10	陈云斐	努力在我市建成全国最大的杂交水稻制种基地	
	11	黄德祥	农村中小学网点布局调整后的新问题亟待解决	
	12	胡爱民	深入调查研究、竭诚建言献策——做好政协调研工作之浅见	
一届六次会议（2004年3月3日）	1	邹俐菁	加快非公经济发展，为抚州经济崛起作出新的更大贡献	
	2	何泽龙	我市城市建设存在的问题及对策思考	
	3	李贵根	关于做好我市退耕还林工程建设的建议	
	4	戴凯旗	加快农村药品“两网”工程建设，力促农民用上放心药	
	5	廖连梅	请保护抚河	
	6	胡淑珠	拆迁纠纷不容忽视，百姓利益应予保护	
	7	张　帆	关于我市高中阶段教育发展的思考	
一届七次会议（2005年3月9日）	1	汪重阳	落后不应是抚州的“专利”	
	2	王胜国	紧紧围绕农业综合生产能力建设，推动抚州农村水利大发展	
	3	李贵根	凸显特色，促进我市旅游业发展	
	4	徐印庚	加快财源建设，促进经济和财政的良性互动	
	5	邹俐菁	认清必要性增强紧迫感，加快我市行业协会的培育与发展	
	6	胡淑珠	改革征地补偿办法，构建被征地农民权益长效保障机制	
	7	廖连梅	要切实重视青少年思想道德教育	
	8	张　帆	临川教育集团要名实相符	

续表

届次（时间）	序号	发言人	发言题目	备注
一届八次会议（2006年4月11日）	1	汪重阳	改变落后话赶超——再谈落后不应是抚州专利	
	2	邹俐菁	着眼民营经济迅猛发展，努力加快中小企业信用担保机构建设	
	3	刘菊娇	推进义务教育均衡发展，为建设优质教育区夯实基础	
	4	周　勇	关于社会主义新农村建设村镇规划的几点思考	
	5	徐印庚	关于实施我市农产品品牌战略的几点建议	
	6	王胜国	关于加强我市未成年人思想道德建设的几点建议	
	7	邹明珠	发展树莓生产 是农民增收新途径	
二届二次会议（2007年3月16日）	1	郑友清	辉煌下的忧思——对抚州基础教育的思考	
	2	吴　昊	走新型工业化道路是民营企业的必由之路	
	3	张志红	基层政府如何在新农村建设中有所作为	
	4	张　帆	推进南丰蜜桔产业化进程的几点建议	
	5	熊海发（后受刑事处罚）	对抚州市城市防洪工程规划建设的建议	
	6	马　颖	坚持“四个”并重，大力推动工业园区产业发展	
	7	刘忠华	关于进一步激活我市城区商贸市场的建议	
	8	吴文宇	全民创业话赶超	
二届三次会议（2008年1月7日）	1	马　颖	大力推行清洁生产，走可持续发展之路	
	2	章克敏	关于我市人才问题的思考和建议	
	3	赵卫平	关于抚州市文化生态名城建设的几点建议	
	4	夏小青	化解乡村债务的几点建议	
	5	郑荣钦	关于促进抚州专业市场繁荣发展的建议	
	6	张　帆	尽快建立和完善我市农村社会保障体系	
	7	黄港清	关于推进我市生猪生产发展的建议	
	8	付晓荣	破解执行难题，维护公平正义，促进社会和谐	
二届四次会议（2009年2月22日）	1	黄友平	加速产业集聚 加快工业崛起——从崇仁机电、金溪香料发展看产业聚集	
	2	张　帆	我市农村耕地抛荒现象不容忽视	
	3	吴　辛	强化监管，不断提升强农惠农资金使用效益	
	4	赵卫平	城市园林建设的不良倾向应引起重视	
	5	唐永文	扩大农村消费需求的几点对策	
	6	罗亦文	搭好创业台，掀起创业潮	

续表

届次（时间）	序号	发言人	发言题目	备注
二届五次会议（2010年1月17日）	1	张　帆	健全司法救助体系，构建和谐平安抚州	
	2	吴维权	正视问题，妥善应对，切实做好群众信访工作	
	3	李　凌	提高物业管理水平，提升人居环境质量	
	4	魏　绮	大力加强武功妇女教育培训，为抚州工业发展提供不竭动力	
	5	章克敏	优化资源配置，推进我市基础教育均衡发展	
	6	孔夏生	加大村级财务监管刻不容缓	
	7	罗晓宾	扎实推进农村清洁工程	
	8	段院龙	强化水土保持，服务生态立市	
	9	赵卫平	山上提质，山下增绿，科学推进造林绿化“一大四小”工程	
二届六次会议（2011年2月）	1	周金生	做大做强旅游产业，寻求区域经济发展新突破	
	2	张　帆	让夕阳绽放得更加美丽——对发展我市养老服务事业的思考与建议	
	3	戴晓文	因“势”造“市”，打造抚州古玩艺术名都	
	4	傅晓林	综合社会保险“安全网”，构建和谐劳动关系	
	5	罗崇辉	把抚州打造成为特色鲜明的海西农副食品加工产业基地	
	6	顾胜和	政府为主导，公民办并举，合力破解“入园难”	
	7	郑振荣	让菜篮子不再沉重	
	8	李建林	保护抚州文化遗产迫在眉睫	
三届二次会议（2012年2月）	1	张从俊	大力发展战略性新兴产业，加快推进抚州新型工业化	
	2	周金生	加强“两委两组”建设，夯实社会管理基础	
	3	段院龙	加强农业综合开发，助力幸福抚州建设	
	4	杨文华	建设集群商品批发市场，推动抚州商贸物流快速发展	
	5	谢晓荣	重工资平等协商，促劳资双方和谐	
	6	章克敏	加快实施重大项目带动，着力发展我市汽配产业	
	7	付香兰	开发宗教文化资源，推动旅游产业发展	
	8	唐永文	做强茶产业，绿叶变黄金	
	9	杨正荣	创“梦戏”品牌，建文化强市	
三届三次会议（2013年1月）	1	吴世伟	树立共生发展理念，增强园区发展活力	
	2	杨正荣	走近农业科技的春天	

续表

届次（时间）	序号	发言人	发言题目	备注
	3	吴元暖	优化政策措施，加快小微企业发展	
	4	王　彬	农村建房乱象亟待强力整治	
	5	唐永文	化解中小企业融资“坚冰”	
	6	章克敏	发挥文化生态优势，大力发展休闲产业	
	1	民建市委会	保障城市饮水安全，服务幸福抚州建设	书面发言材料
	2	市政协社会福利和社会保障界别	构建失独群体养老保障机制，完善社会养老服务体系建设	
	3	市政协医药卫生界别	完善院前急救体系，保障群众生命安全	
	4	民进市工委	多管齐下同发力，共破园区招工难	
三届四次会议（2014年2月）	1	吴胜兰	倾力打造现代物流业，助推抚州经济快发展	
	2	李启明	挖掘赣东旅游资源，打造抚州旅游综合板块	
	3	周金生	补齐农村医疗短板，夯实民众健康基础	
	4	罗亦文	发展电子商务，助推经济腾飞	
	5	王　勇	发展居家养老，构建和谐家园	
	6	段院龙	加快土地流转，释放土地活力	
	7	王　彬	完善体制机制，实行依法信访	
	8	戴员生	保护抚河环境，永保一河清水	
三届五次会议（2015年1月）	1	罗亦文	抓住资本市场机遇，加快企业上市步伐	
	2	吴文宇	关于推进抚州生态文化建设的几点建议	
	3	姜东兴	推进农业机械化，加快实现农业现代化	
	4	黄港清	创建院士工作站，助推经济新发展	
	5	章克敏	健全有效治理机制，妥善化解医疗纠纷	
	6	郑振荣	预防和减少未成年人违法犯罪刻不容缓	
	7	黄　琛	“营改增”应成为物流企业新的起点	
	1	市政协经济界别	坚持创新驱动发展战略，推动工业转型升级	书面发言材料
	2	市政协妇联界别	建立长效救助机制，促进留守儿童健康成长	
三届六次会议（2016年1月）	1	杨正荣	把凤岗河沿线打造成彰显汤显祖品牌的文化经济带	
	2	李彩梅	破解发展瓶颈，促进工业转型升级	
	3	黄金玉	加快精准扶贫的思考与建议	

续表

届次（时间）	序号	发言人	发言题目	备注
	4	蔡晓东	以信息产业园建设为抓手，推进区域信息产业示范区建设	
	5	张志红	我市退耕还林存在的问题不容忽视	
	6	饶　芳	以汤显祖纪念活动为载体，持之以恒打造“华夏蒙都、才子之乡”品牌	
	7	余庆华	发展生态林业，助推绿色崛起	
	1	民盟市委会	打好脱贫攻坚战必须重视留守儿童问题	书面发言材料
	2	市政协文化体育界别	推进体育社团建设，培育体育消费群体	
四届二次会议（2017年1月）	1	罗亦文	擦亮文化名片，打造“戏剧之都”	
	2	杨正荣	创新，打造抚州百亿企业的集聚地	
	3	刘　胜	挖掘文化生态资源，发展乡村休闲旅游新业态	
	4	杨小平	未雨绸缪，打造畅通城市	
	5	赵卫平	重振“建昌帮”雄风，加速中药产业崛起	
	6	郑振荣	因病致贫返贫更需精准帮扶“医治”	
	7	邬丽梅	加强商会组织建设，助力全面建成小康新抚州	
四届三次会议（2018年1月）	1	蔡乔乔	让久违的乡村文化记忆成为推动乡村发展的力量	
	2	黄港清	如何破解我市人才工作瓶颈	
	3	罗亦文	拥抱互联网时代，推动我市工业向“智”造迈进	
	4	李建明	健全养老服务体系，助推建成小康新抚州	
	5	邓子鹏	全面推进垃圾分类，实现市县垃圾减量化资源化无害化处理	
	6	刘和平	加强食品安全监管，让群众吃得放心安心	
	7	傅燕萍	让智慧医疗更多惠及抚州百姓	
四届四次会议（2019年1月）	1	吴　岚	让千年文脉奔涌不息——推进千金陂申报“世界灌溉工程遗产”	
	2	杨正荣	打好“三城同创”的提升战	
	3	高心琦	健全生态产品价值实现机制，打赢生态脱贫攻坚战	
	4	李建明	破解种地难题，助推乡村振兴	
	5	陈恩斌	着力优化营商环境，促进民营经济发展	
	6	于　勤	推进国有景区“三权分离”，促进我市旅游产业健康发展	
	7	邓莘芸	提升乡村医疗卫生水平，推进健康乡村建设	
	1	市党外知联会	发展乡村民俗经济，助力乡村振兴	书面发言材料

续表

届次（时间）	序号	发言人	发言题目	备注
四届五次会议（2020年5月）	1	杨正荣	打赢我市“金山银山”的生态经济战	
	2	吴　岚	牢记习近平总书记殷殷嘱托，答好红色基因传承之卷	
	3	陈明辉	推动建筑业高质量发展，重塑我市“建筑之乡”辉煌	
	1	民进市委会	全力化解“入园难、入园贵”问题——加快我市学前教育发展的对策建议	书面发言材料
	2	九三学社市委会	扶持种粮大户，保障粮食安全	
	3	农工党市委会	发挥生态优势，发展绿色农业，打造全国知名的绿色有机农产品示范市	
	4	民建市委会	突出药食同源特色，打造食品产业新增长极	
	5	市无党派知识分子联谊会	以数字农业新视角推动“三位一体”农合联组织建设	
	6	民盟市委会	保障农村饮水安全，让老百姓喝上放心水	
四届六次会议（2021年2月）	1	吴　岚	做强农业“芯片”端牢手中“饭碗”	
	2	李冬生	吹响进军二千亿数字强市的号角	
	3	曾群浪	加强社区工作者队伍建设，提升城镇基层治理能力	
	4	王　彬	织密公共卫生防护网，构建新型安全公共卫生服务体系	
	5	张志红	坚持绿色发展，推动“碳普惠制”走深走实	
	6	吴胜兰	集优成势，下好智慧养老先手棋	
	7	邱　敏	扬优成势，乘势而上，加快推动我市民宿业高质量发展	
	8	陈恩斌	关于提升金融服务民营企业高质量发展的思考与建议	
	1	民盟市委会	扬优成势，赋能我市经济发展新动力	书面发言材料
	2	民革市委会	打造书法产业第一城，为才子之乡增添新名片	
五届二次会议（2022年1月）	1	曾无非	乘势而上，抚州在大南昌都市圈建设中大有可为	
	2	杨正荣	打赢工业发展三大攻坚战	
	3	姜　萍	播撒阳光的种子——关于我市青少年学生心理健康问题的思考	
	4	李　威	抢抓机遇，聚力攻坚，推动我市绿色农产品精深加工产业高质量发展	
	5	高心琦	找准乡村振兴关键支点，培育新时代的职业农民	
	6	黄胜和	提升企业研发能力，推进科技创新体系建设	
	7	余卉鑫	拓宽“两山”转化路径，推动生态产品价值实现	

续表

届次（时间）	序号	发言人	发言题目	备注
	1	市工商联	做好延链补链强链文章，促进抚州工业高质量发展	书面发言材料
	2	农工党市委会	实现富民兴农，蔬菜产业堪大任	
	3	民进市工委	强龙头，补链条，助推新能源汽车及零部件产业高质量发展	
	4	农工党市委会	加快推进农业机械化升级，助推乡村振兴	
	5	民建市委会	以智能制造赋能传统产业，推动工业转型升级	
五届三次会议（2022年12月）	1	邬丽梅	激活业委会小细胞，促进小区治理大和谐	
	2	林　涛	守正创新，敢做善为，推动抚州中医药全产业链跨区域发展	
	3	李　威	用好红色资源，赓续红色血脉，加快推进长征国家文化公园（抚州段）建设	
	4	全　益	打造宜居宜业宜商的汽车新城	
	5	周淑华	善待水利，造福农业	
	1	市工商联	提升维权服务水平，助力营商环境优化升级	书面发言材料
	2	九三学社市委会	解决“三个不清”，推进村级集体经济健康持续发展壮大	
	3	市党外知联会	关于医养融合提升养老服务能力建设的思考	
	4	民革市委会	数智赋能，让传统工业焕发新活力	
	5	民建市委会	强监管，优服务，助推我市民营医疗机构高质量发展	
五届四次会议（2024年2月）	1	邱翠青	加大戏曲传承与发展，助力唱响“文化抚州，梦想之舟”品牌	
	2	汪春香	让舌尖上的抚州，香飘中华	
	3	陈小梅	破解农村基础设施管护难题，推动乡村振兴之路走深走实	
	4	伍逸萍	让东乡野牛稻在保护中焕发光彩	
	5	朱琴琴	施良策，育良医，保健康	
	6	魏　玮	关于破解我市生育率持续下降问题的对策与建议	
	7	陈恩斌	完善信用修复机制，优化民营企业发展环境	
	8	王淑晖	加强慢性病健康管理，助力生态康养名城建设	
五届五次会议（2025年1月）	1	蔡菁菁	立足特色优势，推进生态康养产业高质量发展	
	2	饶　翔	健全劳动纠纷处理机制，维护好新就业形态劳动者权益	
	3	汪　霞	逐“新”而行，以“质”谋远打好强攻工业大抓产业主动仗	

续表

届次（时间）	序号	发言人	发言题目	备注
	4	曹　佳	下好统筹优化教育资源配置的“先手棋”	
	5	黄莉萍	做实县域“医共体”，铺设百姓“健康路”	
	6	曾群浪	抚州中医药发展现状及对策建议	
	7	陈双鑫	打破市场壁垒，畅通民营企业进入公共行业渠道	
	8	罗　燕	破解村集体“三资”监管难题，助力乡村振兴提质增效	

第三章　工作会议

政协常务委员会会议、党组会议、主席会议及各类工作会议，是人民政协围绕主题、履行职能，研究部署工作的重要形式。

第一节　政协抚州地区联络处会议

政协抚州地区联络处会议是联络处履行职能和研究部署工作的重要形式，主要包括主任会议和工作会议。

一、主任会议

1985 年 6 月，政协抚州地区联络处设立初期，人员编制较少，工作处于摸索实践阶段，召开会议较少。1988 年 6 月，省委明确政协抚州地区联络处为地级单位并配备主任、副主任后，逐步建立主任会议制度，集体履行工作职责。

二、工作会议

联络处不定期召开各种专项工作会议、座谈会议，加强对县（市）政协工作部署、联络、指导。1986 年 4 月至 1995 年 8 月联络处存续期间，共召开 10 余次各类大型工作会议。

1986 年 4 月 2—4 日，政协地区联络处召开全区政协工作座谈会，传达贯彻省政协在萍乡召开的全省文史资料工作会议精神，讨论和部署全区政协工作。各县（市）政协主席、秘书长以及地委统战部等有关部门 29 人参加会议，地委副书记黄昕明到会看望与会人员。

1987 年 9 月 16—17 日，政协地区联络处与地委统战部联合召开全区政协统战工作座谈会。会议中心议题是：提高思想认识，树立新的观念，改进工作方法，开创新的局面，使政协、统战工作在新的历史时期更好地为“四化”建设服务。各县（市）政协主席、副主席、调研员、统战部部长和上届离休、退休的政协主席、副主席、秘书长、统战部部长以及地区人大联络处、地区对台办、侨办和省驻抚新闻单位负责人共 139 人参加会议。地委巡视员、政协抚州地区联络处主任陈元和地委统战部部长杨裕隆共同主持会议。省政协副主席吴永乐，秘书长刘玉瑞，地委书记王忠贤，行署专员舒惠国等省地领导到会指导并讲话。同年 12 月 25—26 日，政协地区联络处在临川县召开全区政协工作座谈会。各县（市）政协主席、秘书长及有关部门负责人共32人参加会议，地委巡视员、政协地区联络处主任陈元与地委统战部部长杨裕隆共同主持会议。会议主题是，学习党的十三大精神，进一步做好抚州地区政协工作。地委书记王忠贤、副书记张火春到会讲话。会议提出，要更好发挥人民政协政治协商、民主监督作用，积极主动开展工作，树立高度责任感和事业心，坚决克服“汇报工作靠面子、联系工作靠牌子、开展活动靠票子、广交朋友靠杯子”现象，以出色成绩开创政协工作新局面。

1988年9月16—19日，政协地区联络处在南城、宜黄两个片区分别召开全区宣传文史、咨询联络工作座谈会，各县（市）分管机关工作政协主席（或副主席），县（市）政协办公室主任、宣传文史科科长、咨询联络科科长参加会议。政协地区联络处办公室主任汪伟中先后主持两个片区的会议；政协抚州地区联络处主任陈元、地委统战部部长杨裕隆分别参加片区座谈并讲话。会议总结交流各县（市）宣传文史、咨询联络工作经验。10月18—25日，华东地区第六次政协文史资料工作协作会议在南昌举行，10月26日在抚州闭幕。出席会议的有江苏、山东、安徽、浙江、福建、上海、南京和江西等省市政协领导、文史资料委员会负责人以及文史工作干部共35人。全国政协文史资料出版社负责人应邀莅会指导。与会代表根据党的十三届三中全会精神，回顾了前次协作会议以来文史资料工作，交流各地取得的新经验，研讨新形势下面临的新任务。会议期间，与会人员先后赴萍乡、吉安、井冈山等地市的老革命根据地参观考察。10月25日抵达抚州，参观王安石纪念馆、汤显祖墓；10月26日，会议在抚州闭幕，省政协主席吴平参加闭幕会。

1989年9月6—8日，政协地区联络处在崇仁县召开全区政协工作会议。会议主要内容是，传达贯彻全省办理政协委员提案工作经验交流会议精神和全省地市政协秘书长、办公室主任会议精神，总结和回顾上半年工作，研究部署下一步工作任务。各县（市）政协主席、秘书长（或办公室主任）、宣传文史科、联络咨询科科长或副科长参加会议。政协地区联络处主任高丕凯讲话，动员全区政协委员旗帜鲜明反对资产阶级自由化。

1990年3月16—17日，政协地区联络处在宜黄县召开全区政协提案工作座谈会。各县（市）政协主席或分管提案工作的副主席和承办提案工作的副主任共46人参加会议。会议学习中共十三届六中全会公报，联络处副主任吕东壁主持会议，联络处副主任黄俊秀传达全国、全省政协提案工作座谈会精神，联络处副主任陈元作总结讲话。

1991年4月12日，政协地区联络处召开全区政协宣传报道工作会议，各县（市）分管学习宣传工作的副主席及秘书长（办公室主任）参加会议。会议主要内容是认真贯彻全区县（市）政协主席会议精神，总结和回顾1990年全区政协宣传报道工作，研究和部署1991年工作。联络处主任高丕凯、副主任陈元到会讲话。

1992年6月30—7月5日，政协地区联络处在临川县举办全区政协乡（镇）工作委员会主任培训班。主要内容是进一步明确政协乡（镇）工作委员会职责；总结交流政协乡（镇）工作委员会工作经验；研究探讨如何加快农村奔小康步伐。全区政协乡（镇）工作委员会主任、各县（市）政协分管副主席参加培训。

1994年8月13日，召开全区政协工作座谈会。会议传达全省地区联络处座谈会议精神，总结和交流上半年工作，研究和探讨在经济转轨过程中人民政协工作。地委书记刘德旺、副书记刘定出席会议并讲话。政协抚州地区联络处主任张火春在会上作《进一步提高政协工作实效，为确保今年改革、发展和稳定目标的实现作出新贡献》的讲话。

第二节　政协抚州地区工作委员会会议

政协抚州地区工作委员会会议是工委履行职能和研究部署工作的重要形式，主要包括主任办公会议和工作会议。

一、主任会议

1995年8月，政协抚州地区工作委员会成立由主任、副主任、秘书长组成的主任办公会议，主要是重点研究事关全区政协工作部署、计划安排、人事任免等重大事项，集体履行工作职责。

二、工作会议

1995年8月至1999年9月，政协抚州地区工委每年至少召开1次全区县(市)政协主席会议，共召开9次。1999年9月至2000年上半年，每季度召开1次县(市)政协主席会议，联络、指导县(市)政协工作。

1995年，政协抚州地区工委贯彻落实中共中央关于加强政协工作的通知和《政协全国委员会关于政治协商、民主监督、参政议政的规定》，在崇仁县召开全区政协工作会议进行具体部署。地委书记陈梅芳对各级党委在加强和改进政协工作领导，实现协商监督规范化、制度化建设方面提出具体要求。会后，各县(市)政协围绕会议精神，进行认真研究和部署，提出贯彻意见和措施，使人民政协履行职能进一步规范化、制度化。

1996年4月11日，政协抚州地区工委召开全区县(市)政协主席会议。会议传达贯彻全国政协八届四次会议精神；学习全国政协主席李瑞环在全国政协八届四次全会闭幕会上的讲话；听取南城县政协、崇仁县政协、宜黄县政协经验介绍。会议就如何做好政协目标管理、社情民意反映和机关自身建设工作情况进行交流和讨论，提出意见和建议。工委主任张火春，副主任李宾、王扬光、陈其辉分别讲话。

1997年1月8日，政协抚州地区工委召开全区县(市)政协主席会议，总结和交流开展“三胞”联谊、招商引资工作情况和经验。工委主任张火春、副主任陈其辉分别讲话；黎川、资溪县政协分别作《加大招商引资力度，为振兴县域经济服务》《立足自身优势，积极招商引资》经验介绍。12月10日，地区工委召开全区县(市)政协主席会议，研究交流全区政协组织学习宣传十五大精神经验，总结全区政协1997年主要工作成绩，部署1998年主要工作任务。《光华时报》副总编辑熊宝华到会指导。临川、东乡、黎川政协在会上作交流发言。

1998年3月25—27日，政协抚州地区工委在金溪县召开全区县(市)政协主席会议，主要议题是学习政协章程、全国政协规定、省政协实施办法，探讨逐步实现政治协商、民主监督、参政议政规范化、制度化。金溪、南城政协作工作经验介绍。同年8月19日在广昌县召开全区政协主席会议，主要议题是围绕科技服务年工作开展交流研讨，广昌、临川政协作经验介绍。

1999年4月8—9日，政协抚州地区工委在南城县政协召开全区县(市)政协主席会议，学习李瑞环《在全国政协九届二次会议闭幕会上的讲话》和叶选平所作《中国人民政治协商会议第九届全国委员会常务委员会工作报告》。7月6—7日，政协抚州地区工委在金溪县召开全区县(市)政协主席会议，总结交流如何当好县(市)政协主席的经验和做法。10月10—11日在临川市召开全区县(市)政协主席会议，交流探讨提案工作经验；各县(市)政协主席和分管提案工作的副主席参会。

2000年6月9日，全区县(市)政协主席会议在崇仁县召开。会议的主要内容是：总结交流全区政协运用例会形式，发挥政协优势，履行政协职能，为全区改革开放、经济发展和社会稳定建言献策的经验和做法。会上各县市政协结合各自工作实际，总结实践经验，并进行交流。9月19—20日，政协抚州地区工委在南丰县召开全市政协主席会议，总结交流人民政协开展调查研究工作经验。

第三节　政协抚州市委员会会议

2000年10月，选举产生抚州市政协第一届委员会。自此开始，一至五届政协全体会议闭会期间，政协抚州市委员会工作会议更加规范化和制度化，成为履行政协职能和研究部署政协工作的重要载体。

一、常委会会议

常务委员会由主席、副主席、秘书长和常务委员组成，按政协章程行使职权。常务委员会会议一般每季度举行1次，必要时，可适当增加会议次数。会议的日期、议题在主席会议决定后，由办公室提前通知各位常委。常务委员会会议由主席主持，也可由主席委托的副主席主持。常务委员会会议主要职权和议事范围：决定、召集并主持政协全体会议（每届第一次全体会议由会议选举主席团主持）；审议提交全体会议的文件；讨论决定常务委员会会务工作中重大问题；协商讨论党委、政府大政方针以及群众生活的重大问题，提出建议和意见；审议重要的视察报告、专题调查报告、重要提案；审议通过提交党委、人大及其常委会或人民政府的重要建议案；审议专门委员会工作报告；协商决定本届政协参加单位、委员名额和人选变更及下届政协参加单位、委员名额和人选；决定本届委员会各专门委员会、办公室设置，任免其主任、副主任和专门委员会委员；任免本届委员会副秘书长；代表本届委员会联系和指导下级政协委员会的工作；决定有关表彰、奖励、处分事项；组织实施政协章程和政协有关规定提出的任务和政协全国委员会、政协江西省委员会所作的全国性、全省性决议；组织实施本届委员会全体会议通过的决议。常务委员会会议可根据需要邀请党政有关领导及部门负责人到会，就有关情况和问题进行通报和说明。政协办公室要提前向党委或政府提出通报题目和报告人的建议。举行常务委员会会议时，可以吸收政协副秘书长、办公室和各专门委员会负责人、各委员活动小组组长中的非常委、县（区）政协主席（或1名副主席）、在抚省政协委员列席会议。视议题需要，每次会议列席人员范围可以灵活掌握。在人民代表大会召开前，举行政协常务委员会会议协商讨论政府工作报告（征求意见稿）。

（一）一届委员会常委会会议（2000.10—2006.12）

第一届委员会共举行常委会会议31次。

第一次会议　2000年12月18日在市政协常委会会议室举行。会议分别由市政协副主席刘定、黄昕明主持。会议审议通过设置提案委员会的决定和人事名单；审议通过常委会《规则》《守则》《通则》。

第二次会议　2001年3月14日在市政协常委会会议室举行。会议协商讨论政府工作报告；审议通过市政协一届二次会议常委会工作报告和报告人；审议通过关于召开市政协一届二次会议议程和日程；通过政协抚州市第一届委员会增补委员名单；通过市政协人事任命名单；通过市政协专门委员会组成人员名单；通过《实施细则》和《提案工作条例》。

第三次会议　2001年6月28日在市政协常委会会议室举行。会议听取全市“严打”整治斗争情况通报；审议通过市政协6个专委会《工作简则》。

第四次会议　2001年10月10日在市政协常委会会议室举行。会议学习中共中央十五届六中全会精神；听取全市招商引资情况通报；听取提案办理情况通报；审议通过关于同意王样生同志辞去市政协主席、委员职务的决定。

第五次会议　2001年12月28日在市政协常委会会议室举行。会议听取抚州整顿规范市场经济秩序工作情况通报；审议通过市政协2001年工作总结和2002年工作安排；审议通过四个视察报告；审议通过关于同意彭元煌、孔庆高辞去一届市政协委员的决定(草案)。审议通过市政协第一届委员增补委员名单(草案)。

第六次会议　2002年3月8日在市政协常委会会议室举行。会议协商讨论政协工作报告。

第七次会议　2002年3月27日在抚州宾馆五号楼会议室举行，市政协副主席黄昕明主持会议。会议审议市政协一届三次会议选举事项说明；审议通过市政协一届三次会议选举办法(草案)；审议通过市政协一届三次会议选举大会总监票人、监票人名单(草案)；审议通过市政协一届三次会议提案审查报告(草案)；审议通过市政协一届三次会议决议(草案)。

第八次会议　2002年6月27日在市政协常委会会议室举行，市政协副主席黄昕明主持会议。各县(区)政协主席或副主席列席会议。会议审议通过一届八次常委会会议议程和日程；听取市政府副市长李小三通报招商引资工作情况；听取市政协副主席汪重阳传达省政协八届二十一次常委会会议精神。

第九次会议　2002年9月11日在市政协主席会议室举行，市政协副主席黄昕明主持会议。上午，会议审议通过一届四次会议议程和日程安排；听取市政府副市长柯建中通报全市税费改革情况；听取李耕生作增补委员情况说明。会议举行分组讨论。下午，副主席刘定主持会议继续分组审议：审议通过关于召开市政协一届四次会议的决定；审议通过市政协一届四次会议草案和议程；审议通过《关于同意童举希、邓小玲同志辞去市政协第一届委员会常务委员、委员职务的决定》；审议通过市政协第一届委员会增补委员名单；审议通过市政协第一届委员会主席候选人名单；审议通过市政协第一届委员会人事任免决定。

第十次会议　2002年9月29日在市委小礼堂主席台举行。会议审议通过一届四次会议选举办法；审议通过一届四次会议总监票人、监票人名单。

第十一次会议　2002年12月13—14日在市政协主席会议室举行。13日上午，市政协副主席邱敬禹主持会议，审议通过会议议程和日程；听取市政府副市长王俊纲作政府工作报告起草情况说明和通报市政协一届三次会议以来提案办理工作情况；市政协秘书长汪伟中作常委会工作报告、提案工作报告起草情况说明；市政协副主席王晓媛作委员调整情况说明。14日上午王晓媛主持会议，汪伟中作《政协常委会工作报告》《提案工作报告》修改情况说明；表决通过一届五次会议的决定；表决通过政协一届五次会议议程草案和日程；表决通过关于同意黄国夫同志辞职的决定；表决通过关于增补委员的决定。

第十二次会议　2003年1月5日在抚州召开。会议审议通过《市政协一届五次会议提案审查报告(草案)》；审议通过《市政协一届五次会议决议(草案)》，并决定将以上草案提请委员分组审议，提交大会表决通过。

第十三次会议　2003年3月7日在抚州召开。会议传达省政协九届一次常委会会议精神。听取关于市政协常委会2003年工作要点起草情况说明，讨论并原则通过市政协常委会2003年工作要点。

第十四次会议　2003年6月18日在抚州召开。会议听取市政府副市长周琪关于抚州市职业教育工作情况汇报，审议通过《关于发展抚州职业技术教育的调查报告》；协商讨论全市职业教育问题；审议通过《关于同意李旻、陈欣辞去市政协一届委员会委员职务的决定》；增补陈水明为一届市政协委员；审议通过市政协一届委员会人事任免名单。

第十五次会议　2003年9月26日在抚州召开。会议听取市政府副市长王俊纲关于全市农业产业化经营现状和今后工作思路、发展目标、发展原则、发展措施等情况通报；审议通过《做大做强龙头企业，进一步推进农业产业化，加快农民致富奔小康的步伐》调研报告；通过市政协第一届委员会关于部分专门委员会更名的决定，原“学习和文史委员会”更名为“文史委员会”，“法制社团委员会”更名为“社会和法制委员会”，“三胞联谊委员会”更名为“港澳台侨委员会”。会上，3位省市政协委员就如何扶持龙头企业、加快抚州市农业产业化发展进程发言。

第十六次会议　2003年12月25日在抚州召开。会议审议通过政协抚州市第一届委员会第十六次常委会会议议程和日程；听取市委副书记、常务副市长鲍小慧所作关于市政府对市政协一届五次会议以来提案办理情况通报；听取市政协秘书长汪伟中所作关于市政协2003年工作总结起草情况说明；听取市政协各专委会2003年工作情况汇报；分组审议市政协2003年工作总结和市政协一届五次会议以来提案办理工作情况报告及市政协各专委会2003年工作总结；审议通过关于撤销杜庄龙政协抚州市第一届委员会委员资格的决定。

第十七次会议　2004年2月17—18日在抚州召开。会议听取市政协常务委员会工作报告和提案工作报告起草情况、市政府工作报告起草情况的说明；审议通过关于召开市政协一届六次会议的决定及会议议程（草案）、日程；通过市政协常委会工作报告、提案工作报告和报告人名单；通过市政协关于表彰优秀提案的决定；通过市政协2004年工作要点；审议通过相关人事事项。

第十八次会议　2004年3月4日在抚州召开，市政协主席李品行主持会议。会议审议通过关于增补徐容宁为政协抚州市第一届委员会秘书长候选人的决定；审议通过市政协一届六次会议提案审查情况；审议通过市政协一届六次会议决议（草案）。

第十九次会议　（资料缺失）

第二十次会议　2004年6月24日在抚州召开。会议听取副市长柯建中关于全市农村合作经济组织发展情况通报；听取市政协副主席汪重阳所作《关于全市农村合作经济组织的调查报告》；听取东乡丝瓜络协会、资溪面包协会、崇仁麻鸡行业协会、金溪合市镇葡萄协会、黎川食用菌合作社等农村合作经济组织典型经验介绍；会议分组审议《关于全市农村合作经济组织调查报告》，对全市农村合作经济组织发展问题进行专题协商。

第二十一次会议　2004年9月30日在抚州召开。会议听取市政府秘书长赵元泰关于全市工业园区建设情况通报；听取市政协副主席汪重阳所作《关于全市工业园区建设情况的调查报告》；分组协商讨论全市工业园区建设情况和市政协关于全市工业园区建设情况调查报告；审议通过人事事项。

第二十二次会议　2004年12月9日在抚州召开。会议听取副市长周琪关于市政协一届六次会议以来提案办理工作情况通报；听取市政协秘书长徐容宁关于市政协2004年工作总结和2005年工作要点起草情况说明和关于“三优”评先工作说明。听取市政协办公室、各专委会2004年工作总结和2005年工作要点汇报。分组审议市政协一届六次会议以来提案办理工作情况通报和市政协2004年度全市政协系统“三优”评选结果。

第二十三次会议　2005年2月18日在抚州召开。会议听取市政协常务委员会工作报告和提案工作报告起草情况、市政府工作报告起草情况的说明；审议通过关于召开市政协一届七次会议的决定及会议议程草案、日程；通过市政协常委会工作报告、提案工作报告和报告人名单；通过有关人事事项。

第二十四次会议　2005年3月10日在抚州召开。会议审议通过市政协一届七次会议提案审查情况报告（草案）；审议通过市政协一届七次会议决议（草案）。

第二十五次会议　2005年6月20日在抚州召开。大会审议通过政协抚州市一届二十五次常委会会议议程和日程；审议通过《关于全市农村税费改革后乡镇财政困境和出路的调查报告》，并进行分组讨论审议。市委副书记陈小青应邀到会讲话。

第二十六次会议　2005年8月16日在抚州召开。大会审议通过政协抚州市一届二十六次常委会会议议程和日程；审议通过《关于全市非公有制经济发展情况的调查报告》，结合学习贯彻市委、市政府《关于推动全民创业、加快富民兴市实施意见》进行分组讨论审议。

第二十七次会议　2006年2月23日在抚州召开。会议以分组讨论形式审议通过市政协常委会2006年工作要点；市政协办公室、各专委会汇报2005年工作简况和2006年工作重点；审议通过全市政协系统2005年"三优"评选名单；审议有关人事事项。

第二十八次会议　2006年3月30日在抚州召开。会议听取市政协常务委员会工作报告和提案工作报告起草情况、市政府工作报告起草情况的说明；审议关于召开一届八次会议的决定及会议议程草案、日程；通过市政协常委会工作报告、提案工作报告和报告人名单；通过有关人事事项。

第二十九次会议　2006年4月12日在抚州召开。会议审议通过市政协一届八次会议提案审查情况报告（草案）；审议通过市政协一届八次会议决议（草案）。

第三十次会议　2006年6月30日在抚州召开。会议审议通过政协抚州市一届三十次常委会会议议程；听取市政协农村和农业委员会《关于全市村镇规划管理情况的调查报告》；听取各县（区）政协、市直有关部门所作关于农民增收、文化设施建设、发展新产业等方面调查报告；分组协商讨论抚州市新农村建设中的新情况、新问题、新对策。市委副书记陈小青应邀到会讲话。

第三十一次会议　2006年11月24日在抚州召开。会议听取市政府领导作关于政府工作报告（征求意见稿）起草情况说明；听取市政协秘书长作关于政协抚州市第一届委员会常务委员会工作报告和提案工作报告（审议稿）起草情况说明；听取市委统战部负责人作关于二届市政协委员提名推荐情况说明；分组讨论和审议市政协两个工作报告（审议稿）；协商讨论政府工作报告（征求意见稿）；审议通过关于召开市政协二届一次会议的决定、市政协二届一次会议议程和日程、《关于加强委员队伍管理暂行规定》和有关人事事项。

（二）二届委员会常委会会议（2006.12—2011.9）

第二届委员会共举行常委会会议25次。

第一次会议　2007年2月9日在市政协常委会会议室举行。市政协主席李品行主持会议，副主席赵恩洪、周琪、陈云斐、邹俐菁、黄德宪、廖建辉、何建辉、郑友清，秘书长徐容宁出席；各县（区）政协主席，在市区的省政协委员，未担任常委的市政协办公室负责人，各民主党派市委会专职副主委，市工商联、无党派知识分子联谊会负责人应邀列席。会议听取市政协秘书长作关于市政协常委会2007年工作要点起草的说明；听取办公室、各专委会汇报2007年工作要点，听取市委统战部领导作有关人事事项说明。会议表决通过市政协常委会2007年工作要点，通过关于评选优秀市政协委员的实施意见，通过有关人事事项。

第二次会议　2007年3月12日抚州举行。市政协主席李品行主持会议，副主席赵恩洪、陈云斐、黄德宪、廖建辉、郑友清，秘书长徐容宁出席。市委常委、常务副市长谢发明应邀到会；各县（区）政协主席，未担任市政协常委的办公室负责人，各民主党派市委会专职副主委、市工商联和无党派知识分子联谊会的负责人应邀列席。会议听取市政府领导作关于政府工作报告（征求意见稿）起草情况说明；听取市政协秘书长作关于政协抚州市第二届委员会常务委员会工作报告和关于市政协一届八次会议以来提案工作报告（审议稿）起草情况说明；听取市政协秘书长作关于全市政协系统2006年度“三优”评选情况说明；听取市委统战部负责人作关于二届市政协界别委员调整情况说明；分组讨论和审议市政协两个工作报告（审议稿）；协商讨论政府工作报告（征求意见稿）；审议关于召开市政协二届二次会议的决定；审议通过市政协二届二次会议议程、日程（草案）；审议全市政协系统2006年度“三优”评选获奖名单；通过有关人事事项。

第三次会议 2007年6月29日在市政协常委会会议室举行。市政协副主席周琪主持会议。主席李品行，副主席邹俐菁、黄德宪、廖建辉、郑友清，秘书长徐容宁出席。市委副书记李舰海应邀到会讲话，市委常委、金巢经济开发区党工委书记熊云鹏，副市长周小平，省政协常委汪重阳应邀到会；各县（区）政协主席、工业园区管委会书记或主任，在市区的省政协委员，未担任常委的市政协办公室负责人，各民主党派市委会专职副主委，市工商联、无党派知识分子联谊会、市直有关单位负责人应邀列席。会议听取临川、黎川、崇仁、宜黄等工业园区作典型发言；听取市政协副主席廖建辉所作《关于工业园区如何在赶超发展中担当重任的调查报告》；听取市委统战部负责人作有关人事事项说明，并进行分组讨论审议；会议通过有关人事事项。

第四次会议 2007年9月22日在市政协常委会会议室举行。市政协副主席邹俐菁主持会议。主席李品行，副主席赵恩洪、周琪、陈云斐、何建辉，秘书长徐容宁出席。市政府秘书长余建平应邀到会；在抚部分省政协委员，各县（区）政协主席或副主席、市政协各专门委员会负责人，各民主党派市委会专职副主委，市工商联、无党派知识分子联谊会、市直有关单位负责人应邀列席。会议听取市政府秘书长余建平通报市社会保险体系建设情况；听取市政协各调研组作有关养老保险、医疗保险、失业保险情况调查报告；听取部分常委发言；分组协商讨论关于市社会保险体系建设的新情况、新问题、新对策。

第五次会议 2007年12月28日在市政协常委会会议室举行。市政协副主席黄德宪主持会议。主席李品行，副主席赵恩洪、周琪、陈云斐、邹俐菁、何建辉、郑友清，秘书长徐容宁出席。市委常委、常务副市长谢发明应邀到会，各县（区）政协负责人，未担任市政协常委的办公室负责人，各民主党派市委会专职副主委、市工商联和无党派知识分子联谊会负责人，市发展改革委、市卫生局负责人应邀列席会议。会议听取市政府领导作关于政府工作报告（征求意见稿）起草情况说明；听取市政府领导通报二届二次会议以来提案办理情况；听取市发展改革委、市卫生局领导作关于提案办理情况发言；听取市委统战部领导作关于市政协委员第二届委员会委员增补和界别调整说明；听取市政协秘书长作关于政协抚州市第二届委员会常务委员会工作报告和提案工作报告（审议稿）起草情况说明和关于市政协系统2007年度“四优”评选情况说明；听取各专委会、办公室2007年度工作汇报；分组讨论和审议市政协两个工作报告（审议稿）；协商讨论政府工作报告（征求意见稿）；审议关于召开市政协二届三次会议的决定；审议通过市政协二届三次会议议程、日程（草案）；审议市政协2007年度“四优”评选名单；审议市政协第二届委员会委员增补名单；通过有关人事事项。

第六次会议 2008年1月8日在抚州举行。市政协主席李品行主持会议，副主席赵恩洪、周琪、陈云斐、邹俐菁、黄德宪、廖建辉、郑友清，秘书长徐容宁出席。各县（区）政协负责人，未担任市政协常委的办公室负责人，各民主党派市委会专职副主委、市工商联和无党派知识分子联谊会的负责人应邀列席。会议审议市政协二届三次会议提案审查报告(草案)和市政协二届三次会议决议(草案)。

第七次会议　2008年3月29日在抚州宾馆多功能会议厅举行。市政协主席李品行主持会议,副主席赵恩洪、周琪、邹俐菁、黄德宪、廖建辉、何建辉、郑友清,秘书长徐容宁出席。各县(区)政协主席、秘书长或办公室主任,各民主党派市委会、市工商联、无党派知识分子联谊会负责人和社情民意信息员参加会议。会议专题研究反映社情民意工作,讨论审议《抚州市关于加强反映社情民意工作的实施意见》《关于开展抚河流域生态环境保护调研的工作预案》。市政协领导向社情民意信息员颁发聘书。

第八次会议　2008年6月3日在抚州举行。市政协主席李品行主持会议,副主席赵恩洪、周琪、陈云斐、邹俐菁、黄德宪、廖建辉、郑友清,秘书长徐容宁出席。市委常委、副市长黄牡香应邀到会。在抚部分省政协委员,各县(区)政协主席或副主席、市政协各专门委员会负责人,未担任常委的市政协办公室负责人,各民主党派市委会专职副主委,市工商联、无党派知识分子联谊会、市直有关单位负责人应邀列席会议。会议听取市政协调研组所作《关于完善全市社会救助体系情况的调研报告》;听取市教育局、市房管局、市司法局、市残联典型发言;分组协商讨论关于抚州市社会救助体系建设中的新情况、新问题、新对策。

第九次会议　2008年9月17日在市政协常委会会议室举行。市政协副主席何建辉主持会议。市政协主席李品行,市委常委、市政协党组副书记、统战部部长朱章明,市政协副主席赵恩洪、周琪、陈云斐、邹俐菁、黄德宪、廖建辉、郑友清,秘书长徐容宁出席。各县(区)政协主席,各民主党派市委会、市工商联、无党派知识分子联谊会负责人,未担任常委的市政协机关副县级干部列席会议。部分驻抚省政协委员和市环保局、建设局、城管局、卫生局、农业局、经贸委、中小企业局负责人应邀参加会议。会议听取市政协调研组所作《关于抚河流域水环境保护和治理的调研报告》;听取市政协党组和市委统战部作有关人事事项的说明。会议通过《关于抚河流域水环境保护和治理的调研报告》,通过有关人事事项。市委常委、副市长张新龙到会讲话。

第十次会议　2008年12月23日在市政协常委会会议室举行。市政协副主席赵恩洪主持会议。主席李品行,副主席周琪、陈云斐、邹俐菁、黄德宪、廖建辉、郑友清,秘书长徐容宁出席。会议审议通过市政协2008年工作总结,各专委会、办公室2008年工作总结及2009年工作思路。通过有关人事事项。

第十一次会议　2009年2月16日在市政协常委会会议室举行。市政协副主席周琪主持会议。主席李品行,副主席赵恩洪、陈云斐、邹俐菁、黄德宪、廖建辉、何建辉、郑友清,秘书长徐容宁出席。市委常委、常务副市长谢发明应邀到会;各县(区)政协负责同志,未担任市政协常委的办公室负责人,各民主党派市委会专职副主委、市工商联和无党派知识分子联谊会负责人应邀列席。会议听取市政府领导关于政府工作报告(征求意见稿)起草情况说明;听取市政府领导《关于二届三次会议以来提案办理情况通报》;分组讨论和审议市政协常委会工作报告和提案工作报告(审议稿);协商讨论政府工作报告(征求意见稿);审议通过关于召开市政协二届四次会议的决定、市政协二届四次会议议程和日程、全市政协系统2008年度“五优”评选获奖名单;通过有关人事事项。

第十二次会议　2009年2月23日在市政协常委会会议室举行。市政协主席李品行主持会议,副主席赵恩洪、周琪、陈云斐、邹俐菁、黄德宪、廖建辉、何建辉、郑友清,秘书长徐容宁出席。会议审议通过政协抚州市第二届委员会第四次会议选举办法以及总监票人、监票人名单;通过提案审查报告;通过有关决议及有关人事事项。

第十三次会议　2009年6月29日在市政

协常委会会议室举行。市政协副主席陈云斐主持会议。主席李品行，副主席赵恩洪、周琪、邹俐菁、黄德宪、廖建辉，秘书长徐容宁出席。市委常委、副市长黄牡香应邀出席会议，在抚部分省政协委员，各县（区）政协主席或副主席、市政协各专门委员会负责人，各民主党派市委会专职副主委，市工商联、无党派知识分子联谊会、市直有关单位负责人应邀列席会议。审议通过《关于培育主导产业，引导产业集聚，建设特色工业园区的调研报告》；听取市政协副主席作《市政协党组学习实践科学发展观分析检查报告（评议稿）》起草情况说明；听取《抚州市政协领导班子2008年度考核民主测评情况》通报，并进行分组讨论审议。会议对《市政协党组学习实践科学发展观分析检查报告》进行评议；讨论《拓宽经营城市路径，提高城市经营水平》课题；通过《关于培育主导产业，引导产业集聚，建设特色工业园区的调研报告》；通过《关于加强委员队伍管理暂行规定（修改稿）》；通过《关于加强界别工作，发挥界别作用的实施意见》。

第十四次会议 2009年8月3日在市政协常委会会议室举行。市政协主席李品行主持会议，副主席赵恩洪、周琪、陈云斐、邹俐菁、黄德宪、廖建辉、郑友清，秘书长徐容宁出席。市政府副市长、市公安局局长刘安东应邀出席；各县（区）政协主席，未担任常委的市政协机关副县级干部，各民主党派市委会专职副主委，市工商联、市无党派知识分子联谊会负责人列席；市林业局、水利局、财政局、经贸委、中小企业局等单位负责人应邀参加会议。会议听取市政协副主席赵恩洪所作《关于我市保护森林资源加强生态建设提高可持续发展能力的调查报告》；审议通过《关于我市保护森林资源加强生态建设提高可持续发展能力的调查报告》；通过有关人事事项。

第十五次会议 2009年12月22日在市政协常委会会议室举行。市政协主席李品行主持会议，副主席周琪、陈云斐、黄德宪、郑友清，秘书长徐容宁出席；各县（区）政协主席，未担任常委的市政协机关副县级干部，各民主党派市委会专职副主委，市工商联、市无党派知识分子联谊会负责人列席。会议审议通过市政协2009年工作总结及2010年工作建议；审议通过市政协2009年度“五优”（优秀市政协委员、优秀提案、优秀调研报告、优秀社情民意、优秀社情民意信息员）评选名单；通过有关人事事项；听取市政协各专委会、办公室汇报2009年工作总结及2010年工作思路。

第十六次会议 2010年1月8日在市政协常委会会议室举行。市政协主席李品行主持会议，副主席赵恩洪、周琪、陈云斐、邹俐菁、黄德宪、郑友清，秘书长徐容宁出席；市委常委、副市长黄牡香应邀出席；各县（区）政协主席，未担任常委的市政协机关副县级干部，各民主党派市委会专职副主委，市委统战部、市工商联、市无党派知识分子联谊会和市公安局、市教育局、市城市管理行政执法局负责人参加会议。会议听取市政府领导作政府工作报告起草情况说明和关于市政协二届四次会议以来提案办理情况通报；听取市公安局、市教育局、市城管局有关提案办理情况发言。会议通过关于召开政协抚州市第二届委员会第五次会议的决定；通过政协抚州市第二届委员会第五次会议议程（草案）和日程；通过市政协第二届委员会常务委员会工作报告和市政协二届四次会议以来提案工作情况报告；通过市政协农村和农业委员会更名决定；通过有关人事事项。

第十七次会议 2010年1月18日在市政协常委会会议室举行。市政协副主席黄德宪主持会议。副主席赵恩洪、邹俐菁、廖建辉、何建辉、郑友清，秘书长徐容宁出席。市委常委、统战部部长朱章明作有关人事事项说明。会议协商审议《关于同意李品行和赵恩洪、邹俐菁同志辞去政协抚州市第二届委员会主席和副主席职务的决定（草案）》；审议《政协抚州市第二届委员会第五次会议选举办法（草案）》；审议《政协抚州市第二届委员会第五次会议总监票人、监票人名单

（草案）》；协商审议《政协抚州市第二届委员会主席、副主席候选人名单（草案）》；审议通过《市政协二届五次会议提案审查报告（草案）》和《市政协二届五次会议决议（草案）》。

第十八次会议　2010年1月19日在抚州举行。会议协商确定《关于同意李品行和赵恩洪、邹俐菁同志辞去政协抚州市第二届委员会主席和副主席职务的决定（草案）》和《政协抚州市第二届委员会主席、副主席、常务委员候选人名单（草案）》；通过《政协抚州市第二届委员会第五次会议选举办法（草案）》；通过《政协抚州市第二届委员会第五次会议总监票人、监票人名单（草案）》。

第十九次会议　2010年7月30日在市政协常委会会议室举行。市政协副主席黄耀波主持会议。主席王晓媛，副主席周琪、陈云斐、黄德宪、廖建辉、何建辉、郑友清、黄耀波，秘书长徐容宁出席。各县（区）政协主席或副主席、市政协各专门委员会负责人，各民主党派市委会专职副主委，市工商联、无党派知识分子联谊会、市直有关单位负责人应邀列席会议。会议协商讨论《关于如何大力实施项目带动战略，促进抚州赶超发展的调查报告》；听取市政协抗洪救灾工作情况通报；学习《关于政协抚州市委员会全体会议、常务委员会会议请假的规定》（试行）；听取市委统战部领导作有关人事事项说明；审议通过有关人事事项。市委常委、副市长陈日武应邀出席并讲话。

第二十次会议　2010年9月28日在市政协常委会会议室举行。市政协主席王晓媛主持会议，副主席周琪、陈云斐、黄德宪、廖建辉、郑友清、黄耀波，秘书长徐容宁出席。市委常委、常务副市长谢发明应邀出席。各县（区）政协主席或副主席、市政协各专门委员会负责人，各民主党派市委会专职副主委，市工商联、无党派知识分子联谊会、市直有关单位负责人应邀列席。会议协商讨论《抓住关键，彰显特色，力促抚州在鄱阳湖生态经济区建设中有更大作为》调查报告；传达学习全省设区市政协主席座谈会精神。

第二十一次会议　2010年12月25日在市政协常委会会议室举行。市政协主席王晓媛主持会议，副主席周琪、陈云斐、黄德宪、廖建辉、何建辉、郑友清、黄耀波和秘书长徐容宁出席。市委书记甘良淼应邀到会讲话。各县（区）政协主席或副主席、市政协各专门委员会负责人，各民主党派市委会专职副主委，市工商联、无党派知识分子联谊会、市直有关单位负责人应邀列席。会议专题协商《中共抚州市委关于制定全市国民经济和社会发展第十二个五年规划的建议（征求意见稿）》；书面汇报市政协2010年工作总结及2011年工作思路，市政协办公室、各专委会2010年工作总结及2011年工作要点。会议通过市政协2010年工作总结及2011年工作思路；通过有关人事事项。

第二十二次会议　2011年1月21日在市政协常委会会议室举行。市政协副主席周琪主持会议。主席王晓媛，副主席周琪、陈云斐、黄德宪、廖建辉、何建辉、郑友清、黄耀波和秘书长徐容宁出席。市委常委、常务副市长谢发明应邀出席；各县（区）政协主席、市政协各专门委员会负责人，各民主党派市委会专职副主委，市工商联、无党派知识分子联谊会、市直有关单位负责人列席。会议通过《关于召开政协抚州市第二届委员会第六次会议的决定》；通过《政协抚州市第二届委员会第六次会议议程和日程》；通过《政协抚州市第二届委员会常务委员会工作报告》和《市政协二届五次会议以来提案工作情况报告》；通过市政协2010年度“五优”评选名单以及有关人事事项。

第二十三次会议　2011年2月21日在市政协常委会会议室举行。市政协主席王晓媛主持会议，副主席周琪、陈云斐、黄德宪、廖建辉、何建辉、郑友清和秘书长徐容宁出席。会议审议通过《政协抚州市第二届委员会第六次会议提案审查报告（草案）》和《市政协二届六次会议决议案（草案）》。

第二十四次会议 2011年6月24日在市政协常委会会议室举行。市政协副主席黄德宪主持会议。主席王晓媛，副主席周琪、陈云斐、廖建辉、何建辉、郑友清及秘书长徐容宁出席。市委副书记吴伏生应邀到会讲话。副市长、市公安局局长袁才华应邀出席；各县（区）政协主席、市政协各专门委员会负责人，各民主党派市委会专职副主委，市工商联、无党派知识分子联谊会和市直有关单位负责人等列席。会议审议通过《关于全市加强和创新社会管理的调查报告》；讨论全市发展学前教育情况；通过《市政协提案工作条例（修订草案）》以及有关人事事项。

第二十五次会议 2011年9月15日在市政协常委会会议室举行。市政协副主席陈云斐主持会议。主席王晓媛，副主席黄德宪、廖建辉、郑友清、黄耀波及秘书长徐容宁出席。市政府秘书长余建平应邀出席。会议审议通过政府工作报告（征求意见稿）；审议通过政协抚州市第二届委员会常务委员会工作报告和提案工作报告；审议通过关于召开政协抚州市第三届委员会第一次会议的决定；通过有关人事事项。

（三）三届委员会常委会会议（2011.9—2016.12）

第三届委员会共举行常委会会议28次。

第一次会议 2011年11月11日在市政协常委会会议室举行。市政协副主席黄德宪主持会议。主席谢发明，副主席陈云斐、廖建辉、郑友清、贾益纲、黄耀波、周付德、蔡青及秘书长徐容宁出席。各县（区）政协主席，未担任常委的市政协机关县级干部，各民主党派市委会专职副主委，市工商联、市无党派知识分子联谊会、市直有关单位负责人应邀列席。会议审议通过《关于发挥文化生态优势，做大做强抚州旅游产业的调查报告》。市政府副市长刘菊娇应邀到会讲话。

第二次会议 2012年2月13日在市政协常委会会议室举行。市政协副主席陈云斐主持会议。主席谢发明，副主席黄德宪、廖建辉、郑友清、贾益纲、黄耀波、周付德、蔡青及秘书长徐容宁出席。各县（区）政协主席，未担任常委的市政协机关县级干部，各民主党派市委会专职副主委，市工商联、市无党派知识分子联谊会，市直有关单位负责人应邀列席。会议协商讨论《政府工作报告（征求意见稿）》；通报市政协二届六次会议以来提案办理情况；书面传达学习省政协十届五次会议主要精神；通过《政协抚州市第三届委员会常务委员会工作报告（审议稿）》《政协抚州市第三届委员会常务委员会关于市政协二届六次会议以来提案工作情况的报告（审议稿）》《关于召开政协抚州市第三届委员会第二次会议的决定》《政协抚州市第三届委员会第二次会议议程（草案）》和日程、市政协三届二次会议提案审查委员会名单以及有关人事事项。

第三次会议 2012年2月17日在市政协常委会会议室举行。市政协副主席廖建辉主持会议。主席谢发明，副主席黄德宪、陈云斐、郑友清、贾益纲、黄耀波、蔡青及秘书长徐容宁出席。会议传达学习省政协主席张裔炯在省政协十届五次会议闭幕大会上的讲话；学习市委、市政府《关于开展“六项专项行动”转变干部作风创优发展环境的意见》；审议通过《市政协常委会2012年工作要点》；审议通过《市政协港澳台侨委员会更名的决定》；审议通过有关人事事项。

第四次会议 2012年2月21日在市政协常委会会议室举行。市政协主席谢发明主持会议，副主席黄德宪、陈云斐、廖建辉、贾益纲、黄耀波、周付德、蔡青及秘书长徐容宁出席。会议审议通过《政协抚州市第三届委员会第二次会议选举办法（草案）》《政协抚州市第三届委员会第二次会议总监票人、监票人名单（草案）》《市政协三届二次会议提案审查报告（草案）》《市政协三届二次会议决议（草案）》。

第五次会议 2012年6月21日在市政协常委会会议室举行。市政协副主席郑友清主持会议。主席谢发明，副主席黄德宪、陈云斐、廖建辉、贾益纲、黄耀波、周付德、蔡青以及秘书长徐容宁出席。各县(区)政协主席，未担任常委的市政协机关县级干部，各民主党派市委会专职副主委，市工商联、市党外知识分子联谊会、各相关市直单位负责人应邀列席会议。会议传达学习省政协十届六次会议主要精神(书面)；审议通过《发掘资源，彰显特色，培育壮大抚州文化支柱产业》调查报告；通过有关人事事项。市政府副市长李吉应邀到会讲话。

第六次会议　2012年10月7日在市政协常委会会议室举行。市政协副主席贾益纲主持会议。主席谢发明，副主席黄德宪、陈云斐、廖建辉、黄耀波、周付德及秘书长徐容宁出席。各县(区)政协主席、副主席，各民主党派市委会专职副主委，市直有关单位负责人应邀列席会议。会议审议通过《市政协三届常委会第六次会议暨加快推进工业经济发展资政会议议程(草案)》；审议通过《关于我市打好工业强攻战，加快推进工业发展的调研报告》；8位市政协委员围绕如何“打好工业强攻战，加快推进工业发展”作专题发言；讨论《策应向莆铁路开通，加快抚州商贸物流业发展》课题；审议通过《关于我市打好工业强攻战，加快推进工业发展的调研报告》；通过有关人事事项。市委常委、市政府副市长周小平应邀到会讲话。

第七次会议　2012年12月17日在市政协常委会会议室举行。市政协副主席郑友清主持会议。主席谢发明，副主席黄德宪、陈云斐、黄耀波、周付德、蔡青和秘书长徐容宁出席。市政府副市长周小平应邀出席会议。会议听取周小平所作政府工作报告(征求意见稿)起草情况说明和关于市政协三届二次会议以来提案办理情况通报；审议通过《政协抚州市第三届委员会常务委员会工作报告》《政协抚州市第三届委员会常务委员会关于市政协三届二次会议以来提案工作情况的报告》《关于召开政协抚州市第三届委员会第三次会议的决定》《政协抚州市第三届委员会第三次会议议程(草案)》和日程；通过市政协三届一次会议以来优秀市政协委员、优秀提案、优秀调研报告、优秀社情民意和宣传信息先进单位评选名单；通过市政协办公室、各专委会2012年工作总结及2013年工作要点。

第八次会议　2013年1月4日在市政协常委会会议室举行。市政协主席谢发明主持会议，副主席黄德宪、陈云斐、廖建辉、贾益纲、黄耀波、周付德、蔡青及秘书长徐容宁出席。会议审议通过《市政协三届三次会议提案审查报告(草案)》；通过《市政协三届三次会议决议(草案)》。

第九次会议　2013年6月19日在市政协常委会会议室举行。市政协副主席黄耀波主持会议。主席谢发明，副主席黄德宪、陈云斐、郑友清、廖建辉、贾益纲、周付德、蔡青及秘书长徐容宁出席。市政府副市长魏建新应邀出席。会议审议通过《政协抚州市第三届委员会常务委员会第九次会议暨加快县域经济发展资政会议议程(草案)》；审议通过《解放思想，科学定位，加快赶超——关于我市县域经济发展情况的调研报告》；6位市政协委员围绕“如何加快县域经济发展”作专题发言。市委常委、农工部部长熊云鹏到会讲话。

第十次会议　2013年9月29日在市政协常委会会议室举行。市政协副主席蔡青主持会议。主席谢发明，副主席黄德宪、陈云斐、廖建辉、郑友清、贾益纲、黄耀波及秘书长徐容宁出席。会议审议通过《关于加快推进抚州新型城镇化快速发展的调研报告》。

第十一次会议　2013年12月26日在市政协常委会会议室举行。市政协副主席黄德宪主持会议。主席谢发明，副主席陈云斐、廖建辉、郑友清、黄耀波、蔡青及秘书长徐容宁出席。会议审议通过政协抚州市第三届委员会常务委员会工作报告；通过政协抚州市第三届委员会常务委员会关于市政协三届三次会议以来提案工作情况报告；通过2013年度优秀市政协委员、优秀调研报告、优秀提案、优秀社情民意和宣传信息工作先进单位评选名单。

第十二次会议　2014年1月17日在市政

协常委会会议室举行。市政协副主席陈云斐主持会议。主席谢发明，副主席黄德宪、郑友清、贾益纲、黄耀波、蔡青及秘书长徐容宁出席；市委常委、常务副市长陈日武和市政府秘书长喻大荣应邀出席会议。会议听取并协商讨论陈日武代表市政府所作政府工作报告（征求意见稿）起草情况说明；听取喻大荣代表市政府所作的市政协三届三次会议以来提案办理情况通报；审议通过关于召开政协抚州市第三届委员会第四次会议的决定；审议通过政协抚州市第三届委员会第四次会议议程和日程。

第十三次会议 2014年2月18日在抚州召开。会议审议通过《市政协三届四次会议提案审查报告（草案）》《市政协三届四次会议决议（草案）》。

第十四次会议 2014年6月13日在抚州召开。会议听取市工信委、市商务局、抚州高新区管委会、南城县政协、南丰县政协、黎川县政协代表围绕如何建设向莆铁路经济带的资政发言，审议通过《关于抚州市建设向莆铁路经济带的调研报告（审议稿）》；通过有关人事事项。

第十五次会议 2014年9月24日在市政协常委会会议室举行。市政协副主席郑友清主持会议。主席谢发明，副主席贾益纲、黄耀波、周付德、蔡青及秘书长徐容宁出席。市政府副市长魏建新应邀出席会议并作关于抚州市特色农业产业化情况介绍。审议通过《让抚州特色农产品在全国叫响——关于强力推进我市特色农业产业化升级的调查与建议（审议稿）》《政协抚州市委员会民主评议提案办理工作办法（审议稿）》；通过有关人事事项。

第十六次会议 2014年12月26日在市政协常委会会议室召开。市政协副主席陈云斐主持会议。主席谢发明，副主席黄德宪、贾益纲、黄耀波、周付德、蔡青及秘书长徐容宁出席。会议审议通过《政协抚州市第三届委员会常务委员会工作报告（审议稿）》《政协抚州市第三届委员会关于市政协三届四次会议以来提案工作情况的报告（审议稿）》《2014年度优秀市政协委员、优秀调研报告、优秀提案、优秀社情民意和宣传信息工作先进单位评选名单（审议稿）》。

第十七次会议 2015年1月16日在市政协常委会会议室举行。市政协主席谢发明主持会议，副主席陈云斐、廖建辉、郑友清、贾益纲、黄耀波、周付德及秘书长徐容宁出席；市委常委、常务副市长于秀明应邀出席。会议听取了于秀明代表市人民政府所作政府工作报告（征求意见稿）起草情况说明和关于市政协三届四次会议以来提案办理情况的通报；审议通过《关于召开政协抚州市第三届委员会第五次会议的决定》；审议通过《政协抚州市第三届委员会第五次会议议程（草案）》和日程；会议还审议了其他事项。

第十八次会议 2015年1月20日在汝水宾馆会议室举行。市政协主席谢发明主持会议，副主席黄德宪、陈云斐、廖建辉、郑友清、贾益纲、黄耀波、周付德、蔡青及秘书长徐容宁出席。会议协商审议《关于同意黄德宪、廖建辉同志辞去政协抚州市委员会副主席职务的决定（草案）》《市政协三届五次会议选举办法（草案）》《市政协三届五次会议总监票人、监票人名单（草案）》；协商审议《政协抚州市第三届委员会补选副主席名单（草案）》。会议审议通过《市政协三届五次会议提案审查报告（草案）》；通过《市政协三届五次会议决议（草案）》。

第十九次会议 2015年1月21日在汝水宾馆会议室举行。市政协主席谢发明主持会议，副主席黄德宪、陈云斐、廖建辉、郑友清、贾益纲、黄耀波、蔡青及秘书长徐容宁出席。会议协商确定《关于同意黄德宪、廖建辉同志辞去政协抚州市第三届委员会副主席职务的决定（草案）》；通过《市政协三届五次会议选举办法（草案）》《市政协三届五次会议总监票人、监票人名单（草案）》；协商确定《政协抚州市第三届委员会副主席、常务委员候选人名单（草案）》。

第二十次会议 2015年6月3日在市政协

常委会会议室举行。市政协副主席郑友清主持会议。主席谢发明，副主席陈云斐、贾益纲、黄耀波、周付德、蔡青、徐建辉、柏林及秘书长徐容宁出席。会议通过《市政协三届二十次常委会会议暨加快抚州现代服务业发展资政会议议程》；讨论市中心城区小升初免试就近入学课题；审议通过《适应经济新常态，培育增长新动力——关于加快抚州现代服务业发展的调研报告》；通过有关人事事项。市委常委、常务副市长于秀明应邀出席。

第二十一次会议　2015年10月19日在市政协常委会会议室举行。市政协副主席贾益纲主持会议。主席谢发明，副主席陈云斐、郑友清、黄耀波、周付德、蔡青、徐建辉、柏林及秘书长徐容宁出席。会议传达学习省委政协工作会议精神；审议通过《适应生态文明新常态，展现绿色崛起新作为——关于抚州全面推进生态文明建设的调查与建议》；通过有关人事事项。市政府副市长魏建新应邀出席。

第二十二次会议　2015年12月25日在市政协常委会会议室举行。市政协主席谢发明主持会议，副主席陈云斐、郑友清、贾益纲、黄耀波、周付德、蔡青、徐建辉、柏林及秘书长徐容宁出席。会议审议通过《政协抚州市第三届委员会常务委员会工作报告》《市政协三届五次会议以来提案工作情况的报告》；审议通过《2015年度优秀市政协委员、优秀调研报告、优秀提案、优秀社情民意和宣传信息工作先进单位评选名单》。

第二十三次会议　2016年1月7日在市政协常委会会议室举行。市政协副主席周付德主持会议。主席谢发明，副主席陈云斐、郑友清、贾益纲、黄耀波、蔡青、徐建辉、柏林及秘书长徐容宁出席。市委常委、常务副市长于秀明应邀出席。会议听取于秀明所作《政府工作报告(征求意见稿)》和关于市政协三届五次会议以来提案办理情况通报；听取市财政局、抚州高新区主要负责人分别就市本级、抚州高新区2015年预算平衡情况和2016年预算草案所作的通报；会议通过关于召开政协抚州市第三届委员会第六次会议的决定；通过政协抚州市第三届委员会第六次会议议程和日程。

第二十四次会议　2016年1月20日在汝水宾馆会议室举行。市政协主席谢发明主持会议，副主席陈云斐、郑友清、贾益纲、黄耀波、周付德、徐建辉、柏林及秘书长徐容宁出席。会议审议通过《市政协三届六次会议提案审查报告(草案)》，《市政协三届六次会议决议(草案)》；通过有关人事事项。

第二十五次会议　2016年2月24日在市政协常委会会议室举行。市政协副主席蔡青主持会议。主席谢发明，副主席陈云斐、郑友清、贾益纲、黄耀波、周付德、徐建辉、柏林及秘书长徐容宁出席。会议传达学习习近平总书记视察江西重要讲话精神和省政协十一届四次会议主要精神；审议通过市政协常委会2016年工作要点；通过有关人事事项。

第二十六次会议　2016年6月20日在市政协常委会会议室举行。市政协副主席柏林主持会议。主席谢发明，副主席陈云斐、贾益纲、黄耀波、周付德、蔡青、徐建辉及秘书长徐容宁出席。会议审议通过《强化“第一动力”，激发创新活力——关于我市实施创新驱动发展战略的调研报告》。

第二十七次会议　2016年9月9日在市政协常委会会议室举行。市政协副主席徐建辉主持会议。主席谢发明，副主席陈云斐、黄耀波、周付德、蔡青、柏林及秘书长徐容宁出席。市政府副市长肖承贵应邀出席。会议审议通过《绿色养生健康养老——关于加快发展抚州健康养生养老产业的调查报告》；通过有关人事事项。

第二十八次会议　2016年10月24日在市政协常委会会议室举行。市政协主席谢发明主持，市政协党组书记黄晓波，市委常委、统战部部长、副市长韦萍，市政协副主席黄耀波、周付德、蔡青、徐建辉及秘书长徐容宁出席。会议传达学习市第四次党代会主要精神；协商讨论《政府工作报告(征求意见稿)》;审议通过《政协抚州市第三届委员会常务委员会工作报告和提案工作报告(审议稿)》《关于召开政协抚州市第四届委员会第一次会议的决定(草案)》《政协抚州市第四届委员会第一次会议议程(草案)和日程(草案)》;通过有关人事事项。

(四)四届委员会常委会会议(2016.12—2021.10)

第四届委员会共举行常委会会议26次。

第一次会议 2016年12月27日在市政协常委会会议室举行。市政协副主席黄耀波主持会议。主席黄晓波,副主席刘菊娇、周付德、徐建辉、柏林、刘忠华、戴晓文及秘书长徐容宁出席。会议听取政府工作报告(征求意见稿)起草情况说明和市政协三届六次会议以来提案办理情况通报;听取市本级、抚州高新区2016年预算平衡情况和2017年预算草案;协商讨论政府工作报告(征求意见稿);审议通过《关于召开政协抚州市第四届委员会第二次会议的决定(草案)》《政协抚州市第四届委员会第二次会议议程和日程(草案)》《政协抚州市第四届委员会常务委员会工作报告》和《市政协三届六次会议以来提案工作情况报告》。

第二次会议 2017年1月11日在汝水宾馆会议室举行。市政协主席黄晓波主持会议,副主席黄耀波、刘菊娇、郑友清、周付德、徐建辉、柏林、刘忠华、戴晓文及秘书长徐容宁出席。会议审议通过《市政协四届二次会议提案审查报告(草案)》《市政协四届二次会议决议(草案)》。

第三次会议 2017年1月13日在市政协常委会会议室举行。市政协副主席郑友清主持会议。主席黄晓波,副主席黄耀波、周付德、徐建辉、柏林、刘忠华、戴晓文及秘书长徐容宁出席;市政府副市长蔡青应邀出席会议。会议审议通过《政协抚州市委员会关于东乡县撤县设区后有关事项的决定(草案)》。

第四次会议 2017年6月29日市政协常委会会议室举行。市政协主席黄晓波主持会议,副主席黄耀波、郑友清、周付德、徐建辉、柏林、刘忠华、戴晓文及秘书长徐容宁出席。会议审议并通过《关于发挥抚州文化优势,积极创建国家级汤显祖文化产业示范园区专题调研报告(审议稿)》和有关人事事项。

第五次会议 2017年9月28日在市政协常委会会议室举行。市政协主席黄晓波主持会议,副主席黄耀波、周付德、柏林、刘忠华、戴晓文及秘书长徐容宁出席。市政府副市长肖承贵应邀出席会议。会议审议通过《把"绿水青山"变成"金山银山"——关于加强抚河流域生态保护与综合治理,加快绿色产业发展的调查报告》。

第六次会议 2017年12月27日在市政协常委会会议室举行。市政协主席黄晓波主持会议,副主席黄耀波、郑友清、徐建辉、柏林、刘忠华、戴晓文及秘书长徐容宁出席。市政府副市长肖承贵应邀出席会议。会议听取肖承贵代表市政府所作的《政府工作报告(征求意见稿)》起草情况说明和市政协四届二次会议以来提案办理情况说明;听取市财政局、抚州高新区主要负责人分别就市本级、抚州高新区2017年预算执行情况和2018年预算草案所作的通报;协商讨论政府工作报告(征求意见稿);审议通过《关于召开政协抚州市第四届委员会第三次会议的决定(草案)》;通过《政协抚州市第四届委员会第三次会议议程(草案)和日程(草案)》;审议通过《市政协第四届委员会常务委员会工作报告(审议稿)》《市政协四届二次会议以来提案工作情况报告(审议稿)》;通过《2017年度优秀市政协委员、优秀提案、优秀调研报告、优秀社情民意和宣传信息工作先进单位评选名单(审议稿)》;通过有关人事事项。

第七次会议 2018年1月6日在汝水宾馆会议室举行。市政协主席黄晓波主持会议,副主席黄耀波、郑友清、徐建辉、柏林、刘忠华、戴晓文及秘书长徐容宁出席。会议审议通过《政协抚州市第四届委员会常务委员会关于增补委员的决定》《关于同意周付德同志辞去政协抚州市第四届委员会副主席、委员职务的决定》。

第八次会议　2018年1月8日在汝水宾馆会议室举行。市政协主席黄晓波主持会议，副主席黄耀波、郑友清、徐建辉、柏林、刘忠华、戴晓文及秘书长徐容宁出席。会议审议通过《政协抚州市第四届委员会第三次会议选举办法（草案）》《政协抚州市第四届委员会第三次会议总监票人、监票人名单（草案）》；协商审议《政协抚州市第四届委员会副主席、常务委员候选人名单（草案）》；通过《政协抚州市第四届委员会第三次会议提案审查报告（草案）》《政协抚州市第四届委员会第三次会议决议（草案）》。

第九次会议　2018年1月9日在汝水宾馆会议室举行。市政协主席黄晓波主持会议，副主席黄耀波、郑友清、徐建辉、柏林、刘忠华、戴晓文及秘书长徐容宁出席。会议通过《政协抚州市第四届委员会第三次会议选举办法（草案）》《政协抚州市第四届委员会第三次会议总监票人、监票人名单（草案）》；协商确定《政协抚州市第四届委员会副主席、常务委员候选人名单（草案）》。

第十次会议　2018年4月28日在市政协常委会会议室举行。市政协主席黄晓波主持会议，副主席黄耀波、郑友清、柏林、刘忠华、戴晓文及秘书长徐容宁出席。会议听取省委党校常务副校长曾志刚作题为《学习习近平新时代中国特色社会主义思想和品格》专题报告；通过有关人事事项。

第十一次会议　2018年7月12日在市政协常委会会议室举行。市政协主席黄晓波主持会议，副主席黄耀波、柏林、刘忠华、戴晓文及秘书长徐容宁出席。会议审议通过《把抚州戏剧唱起来，让“临川四梦”走出去——关于依托汤翁戏剧品牌，繁荣抚州演艺市场的调研报告》；通过有关人事事项。

第十二次会议　2018年10月12日在市政协常委会会议室举行。市政协主席黄晓波主持会议，副主席黄耀波、郑友清、刘忠华出席。市委常委、副市长张朋应邀出席。会议审议通过《高起点规划、高标准建设、高质量发展，把东临新区打造成抚州经济发展新的增长极——关于东临新区建设与发展问题的调查报告》。

第十三次会议　2019年1月10日在市政协常委会会议室举行。市政协主席黄晓波主持会议，副主席黄耀波、郑友清、柏林、刘忠华及秘书长徐容宁出席。市委常委、市政府常务副市长、市委秘书长谭小平应邀出席会议。会议听取谭小平代表市政府所作《政府工作报告（征求意见稿）》起草情况说明和市政协四届三次会议以来提案办理情况说明；听取市财政局、抚州高新区主要负责人分别就市本级、抚州高新区2018年预算执行情况和2019年预算草案所作通报；协商讨论《政府工作报告（征求意见稿）》；审议通过《关于召开政协抚州市第四届委员会第四次会议的决定（草案）》《政协抚州市第四届委员会第四次会议议程（草案）和日程（草案）》《政协抚州市第四届委员会常务委员会工作报告（审议稿）》《市政协四届三次会议以来提案工作情况报告（审议稿）》；审议通过《2018年度优秀市政协委员、优秀提案、优秀调研报告、优秀社情民意和宣传信息工作先进单位评选名单（审议稿）》；通过有关人事事项。

第十四次会议　2019年1月16日在市政协常委会会议室举行。市政协主席黄晓波主持会议，副主席郑友清、徐建辉、柏林、刘忠华、戴晓文和秘书长徐容宁出席。会议审议通过《政协抚州市第四届委员会常务委员会关于增设和调整专门委员会设置的决定》《市政协四届四次会议提案审查报告》《市政协四届四次会议决议》。

第十五次会议　2019年5月31日在市政协常委会会议室举行。市政协主席黄晓波主持会议，副主席黄耀波、郑友清、徐建辉、柏林、戴晓文及秘书长徐容宁出席。市政府副市长徐国义应邀出席会议。会议传达学习习近平总书记视察江西时的重要讲话精神；听取《以创新为引领 以改革为动力 搞活做优旅游产业——关于全力推进我市旅游市场改革创新的调查报告（审议稿）》

情况说明；观看市政协网络议政远程协商电视专题片；通过有关人事事项。

第十六次会议 2019年11月14日在市政协常委会会议室举行。市政协主席黄晓波主持会议，副主席黄耀波、徐建辉、柏林、刘忠华、戴晓文出席。市委常委、市政府副市长刘苍牧应邀出席。会议传达学习中共十九届四中全会精神和中央政协工作会议精神；听取并审议《贯彻新理念，把握新机遇，奋力推进县域经济高质量发展——关于加快全市县域经济高质量发展的调查报告（审议稿）》。

第十七次会议 2020年4月24日在市政协常委会会议室举行。主席黄晓波主持会议，副主席黄耀波、郑友清、徐建辉、柏林、刘忠华、戴晓文及秘书长徐容宁出席。市委常委、市政府常务副市长、市委秘书长谭小平应邀出席会议。会议听取谭小平代表市政府所作《政府工作报告（征求意见稿）》起草情况说明和市政协四届四次会议以来提案办理情况说明；听取市财政局、抚州高新区主要负责人分别就市本级、抚州高新区2019年预算执行情况和2020年预算草案所作的通报；传达学习省委政协工作会议精神；协商讨论政府工作报告（征求意见稿）；审议通过《关于召开政协抚州市第四届委员会第五次会议的决定（草案）》《政协抚州市第四届委员会第五次会议议程和日程（草案）》；审议通过市政协常委会工作报告和提案工作报告（审议稿）；通过《市政协四届四次会议以来优秀市政协委员、优秀提案、优秀调研报告、优秀社情民意、宣传信息工作先进单位和流动红旗中共党员委员工作站评选名单》；通过有关人事事项。

第十八次会议 2020年5月7日上午在市政协常委会会议室举行。市政协主席黄晓波主持会议，副主席黄耀波、郑友清、徐建辉、柏林、刘忠华、戴晓文和秘书长徐容宁出席。会议邀请各组召集人参加；省政协指导组负责人到会指导。会议审议通过《政协抚州市第四届委员会第五次会议选举办法（草案）》《政协抚州市第四届委员会第五次会议总监票人、监票人名单（草案）》；协商审议《政协抚州市第四届委员会副主席候选人名单（草案）》；通过有关人事事项。

第十九次会议 2020年5月7日下午在市政协常委会会议室举行。市政协主席黄晓波主持会议，副主席黄耀波、郑友清、徐建辉、柏林、刘忠华、戴晓文和秘书长徐容宁出席。会议邀请各组召集人参加，省政协指导组负责人到会指导。会上，各组召集人汇报各组委员讨论和审议情况。会议审议通过《政协抚州市第四届委员会第五次会议选举办法（草案）》；通过《政协抚州市第四届委员会第五次会议总监票人、监票人名单（草案）》；协商确定《政协抚州市第四届委员会副主席候选人名单（草案）》；审议通过《政协抚州市第四届委员会第五次会议提案审查情况的报告（草案）》；通过《政协抚州市第四届委员会第五次会议决议（草案）》。

第二十次会议 2020年9月10日在市政协常委会会议室举行。市政协主席黄晓波主持会议，副主席郑友清、刘忠华、帅歌柳、廖燕、章克敏及秘书长徐容宁出席。市政府副市长蔡青应邀出席会议。会议传达学习全国地方政协工作经验交流会精神；听取并审议《中医抗疫显特效，守正创新天地宽——抚州市中医药在抗击新冠肺炎疫情中的作用及启示（审议稿）》。

第二十一次会议 2020年11月30日在市政协常委会会议室举行。市政协主席黄晓波主持会议，副主席郑友清、刘忠华、廖燕、章克敏及秘书长徐容宁出席。市政府副市长蔡青应邀出席会议。会议传达学习中共十九届五中全会精神；专题协商抚州市持续推进脱贫攻坚巩固提升脱贫成效问题。

第二十二次会议 2021年2月23日在市政协常委会会议室举行。市政协主席黄晓波主持会议，副主席郑友清、刘忠华、帅歌柳、廖燕、章克敏及秘书长徐容宁出席。市委常委、常务副市长谭小平应邀出席会议。会议听取谭小平代表市政府所作政府工作报告（征求意见稿）起草情况说明和市政协四届五次会议以来提案办理情况说明；听取市财政局、抚州高新区主要负责人分别就市本级、抚州高新区2020年预算执行情况和2021年预算（草案）所作的通报；传达学习省政协十二届四次会议精神；协商讨论《政府工作报告（征求意见稿）》；审议通过《关于召开政协抚州市第四届委员会第六次会议的决定（草案）》《政协抚州市第四届委员会第六次会议议程和日程（草案）》《市政协常委会工作报告（审议稿）》《提案工作报告（审议稿）》《市政协四届五次会议以来优秀市政协委员、优秀提案、优秀调研报告、优秀社情民意、宣传信息工作先进单位和流动红旗中共党员委员工作站评选名单（审议稿）》；通过有关人事事项。

第二十三次会议　2021年2月28日在汝水宾馆会议室举行。市政协主席黄晓波主持会议，副主席郑友清、刘忠华、戴晓文、帅歌柳、廖燕、章克敏及秘书长徐容宁出席。会议审议通过《政协抚州市第四届委员会第六次会议选举办法（草案）》《政协抚州市第四届委员会第六次会议总监票人、监票人名单（草案）》《政协抚州市第四届委员会有关候选人名单（草案）》《政协抚州市第四届委员会第六次会议提案审查报告（草案）》《政协抚州市第四届委员会第六次会议决议（草案）》。

第二十四次会议　2021年3月1日在汝水宾馆会议室举行。市政协主席黄晓波主持会议，副主席刘忠华、戴晓文、帅歌柳、廖燕、章克敏及秘书长徐容宁出席。会上，各组召集人汇报各组委员讨论和审议情况；会议审议通过《政协抚州市第四届委员会第六次会议选举办法（草案）》《政协抚州市第四届委员会第六次会议总监票人、监票人名单（草案）》《政协抚州市第四届委员会有关候选人名单（草案）》。

第二十五次会议　2021年5月28日在市政协常委会会议室举行。市政协党组书记、主席王宏安主持会议，副主席郑友清、刘忠华、戴晓文、帅歌柳、廖燕、章克敏及秘书长徐容宁出席。会议听取“百年大党的光辉历程和深刻启迪”专题辅导报告；通过有关人事事项。

第二十六次会议　2021年10月20日在市政协常委会会议室举行。市政协主席、市人大常委会党组书记、主任候选人王宏安主持会议，市政协党组书记、主席候选人贺喜灿，市委常委、统战部部长、市政协党组副书记郭新春，市政协党组副书记、副主席候选人谭小平，市政协副主席郑友清、刘忠华、戴晓文、帅歌柳、廖燕及秘书长徐容宁出席。会议传达学习市第五次党代会精神；协商讨论《政府工作报告（征求意见稿）》；审议通过《政协抚州市第四届委员会常务委员会工作报告和提案工作报告》《关于召开政协抚州市第五届委员会第一次会议的决定（草案）》《政协抚州市第五届委员会第一次会议议程和日程（草案）》；通过有关人事事项。

（五）五届委员会常委会会议（2021.10—2025.1）

第五届委员会至2025年1月共举行常委会会议19次。

第一次会议　2022年1月20日在市政协常委会会议室举行。市政协党组书记、主席贺喜灿主持并讲话；市委常委、市政府副市长马莉应邀出席；市政协副主席谭小平、刘忠华、戴晓文、曾月兴、伍旭鸿、唐永文、刘胜、王彬及秘书长颜建平出席。会议听取马莉代表市政府所作《政府工作报告（征求意见稿）》起草情况说明和市政协四届六次会议以来提案办理情况说明；听取市财政局、抚州高新区主要负责人分别就市本级、抚州高新区2021年预算执行情况和2022年预算草案所作通报；协商讨论《政府工作报告（征求意见稿）》；审议通过《关于召开政协抚州市第五届委员会第二次会议的决定（草案）》《政协抚州市第五届委员会第二次会议议程（草案）和日程（草案）》、市政协常委会工作报告和提案工作报告；通过有关人事事项。

第二次会议　2022年1月24日在市政协常委会会议室举行。市政协党组书记、主席贺喜灿主持；市政协副主席谭小平、刘忠华、戴晓文、曾月兴、伍旭鸿、唐永文、刘胜、王彬及秘书长颜建平出席。会议审议通过《政协抚州市第五届委员会提案委员会关于五届二次会议提案审查情况报告（草案）》《政协抚州市第五届委员会第二次会议决议（草案）》。

第三次会议 2022年4月27日在市政协常委会会议室举行。会议传达学习习近平总书记在中央政协工作会议暨庆祝中国人民政治协商会议成立70周年大会上重要讲话精神，市委书记夏文勇、市委副书记李高兴在市政协重点工作调研推进会上讲话精神；审议通过《关于建设忠诚为民务实奋进政协的实施意见（审议稿）》《关于开展"政协工作突破年"活动实施方案（审议稿）》；通过有关人事事项。

第四次会议 2022年6月29日在市政协常委会会议室举行。市政协党组书记、主席贺喜灿出席并讲话；市政协副主席谭小平、刘忠华、戴晓文、曾月兴、唐永文、刘胜、王彬及秘书长颜建平出席。会议协商讨论《强攻"一号发展工程"助推经济加"数"发展——关于我市数字经济发展情况的调查报告（审议稿）》；听取抚州市数字经济发展情况汇报；通过有关人事事项。

第五次会议 2022年9月28日在市政协常委会会议室举行。市政协党组书记、主席贺喜灿出席会议并讲话；市政协副主席谭小平、刘忠华、戴晓文及秘书长颜建平出席；市政协副主席曾月兴主持会议。会议协商讨论《对标"大湾区"筑好"栖凤巢"——关于推进"一号改革工程"打造一流营商环境的调研报告（审议稿）》。

第六次会议 2022年12月18日在市政协常委会会议室举行。市政协党组书记、主席贺喜灿出席会议；市委常委、市政府常务副市长谭赣明应邀出席；市政协副主席谭小平、戴晓文、曾月兴及秘书长颜建平出席；市政协副主席伍旭鸿主持会议。会议听取谭赣明代表市政府所作《政府工作报告（征求意见稿）》起草情况说明和市政协五届二次会议以来提案办理情况说明；听取市财政局、抚州高新区主要负责人分别就市本级、抚州高新区2022年预算平衡情况和2023年预算草案所作的通报；协商讨论《政府工作报告（征求意见稿）》；审议通过《政协抚州市第五届委员会常务委员会工作报告（审议稿）》和《提案工作报告（审议稿）》《关于召开政协抚州市第五届委员会第三次会议的决定（草案）》《政协抚州市第五届委员会第三次会议议程（草案）和日程（草案）》；《市政协2022年度优秀市政协委员、优秀提案、优秀调研报告、优秀社情民意信息、宣传信息工作先进单位和先进中共党员委员工作站评选名单（审议稿）》；通过有关人事事项；增补20名市政协委员。

第七次会议 2022年12月21日在市政协常委会会议室举行。市政协党组书记、主席贺喜灿出席，市政协副主席谭小平主持，副主席刘忠华、戴晓文、曾月兴、伍旭鸿、王彬及秘书长颜建平出席。会议邀请各组召集人参加。会议审议通过《政协抚州市第五届委员会第三次会议决议（草案）》和《政协抚州市第五届委员会第三次会议提案审查报告（草案）》。

第八次会议 2023年3月30日在市政协常委会会议室举行。市政协党组书记、主席贺喜灿出席并讲话，副市长薛强应邀出席，市政协副主席谭小平、刘忠华、戴晓文、王彬及秘书长颜建平出席。市政协副主席曾月兴主持。会议协商讨论"全市建筑业转型升级三年倍增行动"工作情况，审议通过《关于开展"政协工作提质年"活动的实施方案（审议稿）》《关于加强和改进专门委员会建设的实施办法（审议稿）》和《关于政协委员联系界别群众工作的制度（审议稿）》。会前，市政协还组织开展"全市建筑业转型升级三年倍增行动"专题视察活动。

第九次会议 2023年7月7日在市政协常委会会议室举行。市政协党组书记、主席贺喜灿出席并讲话；市委常委、南城县委书记彭银贵，副市长黄智迅，江西中医药高等专科学校校长涂国卿应邀出席；市政协副主席谭小平、刘忠华、戴晓文、曾月兴、伍旭鸿、唐永文、刘胜、王彬及秘书长颜建平出席；市政协副主席伍旭鸿主持。会议听取全市中医药发展相关情况汇报，协商讨论并通过《四力齐驱借势而为，助推我市中医药高质量发展（审议稿）》。会前，市政协还组织开展“推动抚州市中医药发展”专题视察活动。

第十次会议　2023 年 10 月 21 日在市政协常委会会议室举行。市政协党组书记、主席贺喜灿出席并讲话。副市长蔡青应邀出席；市政协副主席谭小平、刘忠华、刘胜、王彬及秘书长颜建平出席；市政协副主席唐永文主持会议。会议传达学习习近平总书记考察江西时重要讲话精神；听取蔡青作抚州市生态康养产业发展相关情况通报；协商讨论并通过《关于助力唱响“文化抚州、梦想之舟”品牌 推动我市生态康养产业发展的调查报告（审议稿）》。

第十一次会议　2024 年 1 月 26 日在市政协常委会会议室举行。市政协党组书记、主席贺喜灿主持并讲话。市委常委、市政府常务副市长漆海云应邀出席，市政协副主席谭小平、刘忠华、戴晓文、曾月兴、伍旭鸿、唐永文、刘胜、王彬出席。会议传达学习省政协十三届二次会议精神；听取漆海云代表市政府所作《政府工作报告（征求意见稿）》起草情况说明和市政协五届三次会议以来提案办理情况说明；听取市财政局、抚州高新区主要负责人分别就市本级、抚州高新区 2023 年预算执行情况和 2024 年预算草案所作的通报；协商讨论《政府工作报告（征求意见稿）》；审议通过《关于召开政协抚州市第五届委员会第四次会议的决定（草案）》《政协抚州市第五届委员会第四次会议议程及日程（草案）》《政协抚州市第五届委员会常务委员会第四次全会工作报告（审议稿）》《中国人民政治协商会议抚州市第五届委员会常务委员会关于市政协五届三次会议以来提案工作情况的报告（审议稿）》《2023 年度优秀市政协委员、优秀调研报告、优秀提案、优秀创新案例、宣传工作先进单位、反映社情民意信息工作先进单位及先进个人、中共党员委员先进工作站名单（审议稿）》以及有关人事事项。

第十二次会议　2024 年 2 月 26 日在市政协常委会会议室举行。市政协党组书记、主席贺喜灿主持；市政协副主席谭小平、刘忠华、戴晓文、曾月兴、伍旭鸿、唐永文、刘胜、王彬出席。会议审议通过《政协抚州市第五届委员会第四次会议常务委员选举办法（草案）》《政协抚州市第五届委员会第四次会议选举大会总监票人、监票人名单（草案）》；协商审议《政协抚州市第五届委员会常务委员候选人名单（草案）》。

第十三次会议　2024 年 2 月 27 日在市政协常委会会议室举行。市政协党组书记、主席贺喜灿主持；市政协副主席谭小平、刘忠华、戴晓文、曾月兴、伍旭鸿、唐永文、刘胜、王彬出席。会议听取各组召集人关于各组委员讨论和审议情况汇报，审议通过《关于接受何明等同志请求辞去政协抚州市第五届委员会常务委员职务的决定（草案）》《政协抚州市第五届委员会第四次会议常务委员选举办法（草案）》《政协抚州市第五届委员会第四次会议选举大会总监票人、监票人名单（草案）》；协商确定《政协抚州市第五届委员会常务委员候选人名单（草案）》；审议通过《政协抚州市第五届委员会第四次会议决议（草案）》《政协抚州市第五届委员会第四次会议提案审查情况的报告（草案）》。

第十四次会议　2024 年 4 月 15 日在市政协常委会会议室举行。市政协党组书记、主席贺喜灿讲话；市政协副主席谭小平、刘忠华、曾月兴、伍旭鸿、唐永文出席；市政协副主席刘胜主持。会议传达学习习近平总书记在全国两会期间的重要讲话及全国两会精神；审议通过《2024 年度市政协协商工作计划（审议稿）》和《关于市政协开展“大抓落实年”活动的实施方案（审议稿）》；通过有关人事事项。

第十五次会议　2024 年 7 月 2 日在市政协常委会会议室举行。市政协党组书记、主席贺喜灿讲话；市政协副主席谭小平、刘忠华、戴晓文、曾月兴、伍旭鸿、刘胜出席；市政协副主席王彬主持。会议听取关于全市有色金属产业链工作推进情况通报；审议通过《抢抓机遇、扬优成势——关于我市有色金属精深加工产业发展的调研报告（审议稿）》；通过有关人事事项。

第十六次会议 2024年9月29日在市政协常委会会议室举行。市政协党组书记、主席贺喜灿讲话；市政协副主席刘忠华、戴晓文、曾月兴、伍旭鸿、唐永文、王彬出席；市政协副主席谭小平主持。会议传达学习习近平总书记在庆祝中国人民政治协商会议成立75周年大会上的重要讲话精神；围绕全市农村一二三产融合发展进行专题协商；通过有关人事事项。

第十七次会议 2024年12月27日在市政协常委会会议室举行。市政协党组书记、主席贺喜灿讲话；市委常委、市政府副市长刘卫民应邀出席；市政协副主席谭小平、戴晓文、曾月兴、伍旭鸿、唐永文、刘胜、王彬出席；市政协副主席刘忠华主持。会议听取刘卫民代表市政府所作《政府工作报告（征求意见稿）》起草情况说明和市政协五届四次会议以来提案办理情况说明；听取市财政局、抚州高新区主要负责人分别就市本级、抚州高新区2024年预算执行情况和2025年预算草案所作说明；协商讨论《政府工作报告（征求意见稿）》；审议通过《政协抚州市第五届委员会常务委员会工作报告（审议稿）》和《提案工作报告（审议稿）》《关于召开政协抚州市第五届委员会第五次会议决定（草案）》《政协抚州市第五届委员会第五次会议议程和日程（草案）》；通过有关人事事项。

第十八次会议 2025年1月22日在市政协常委会会议室举行。市政协党组书记、主席贺喜灿主持；市政协副主席谭小平、刘忠华、戴晓文、曾月兴、伍旭鸿、唐永文、刘胜、王彬出席。会议听取市委统战部负责同志关于政协抚州市第五届委员会补选政协常委候选人情况的说明，审议《政协抚州市第五届委员会第五次会议常务委员选举办法（草案）》《政协抚州市第五届委员会第五次会议选举大会总监票人、监票人名单（草案）》，协商审议《政协抚州市第五届委员会常务委员候选人名单》。

第十九次会议 2025年1月23日在市政协常委会会议室举行。市政协党组书记、主席贺喜灿主持；市政协副主席谭小平、刘忠华、戴晓文、曾月兴、伍旭鸿、唐永文、刘胜、王彬出席。会议审议通过《关于接受谢爱隆等同志请求辞去政协抚州市第五届委员会常务委员职务的决定（草案）》《政协抚州市第五届委员会第五次会议常务委员选举办法（草案）》《政协抚州市第五届委员会第五次会议选举大会总监票人、监票人名单（草案）》；协商确定《政协抚州市第五届委员会常务委员候选人名单》；审议通过《政协抚州市第五届委员会第五次会议决议（草案）》《政协抚州市第五届委员会第五次会议提案审查情况的报告（草案）》。

二、党组（主席）会议

市政协党组在市委直接领导下开展工作，在政协组织中起核心领导作用。党组由党组书记、副书记和成员组成。党组书记负责党组全面工作，副书记协助书记工作。党组实行集体领导与个人分工相结合制度。凡属党组职权范围内的重大问题，必须按照民主集中制原则，经党组集体讨论决定。会议由党组书记召集主持，也可由党组书记委托副书记或其他党组成员召集主持。根据议题，由会议主持人决定，可邀请有关人员列席。党组会议必须有半数以上党组成员到会方能举行。研究人事问题时须有三分之二以上党组成员到会方能召开。党组会议讨论决定重大问题时，要充分发扬民主，取得大多数党组成员同意。

一届市政协党组会议一般单独举行；二届市政协党组会议有单独举行，也有与市政协主席会议合并举行；三届、四届、五届党组扩大会议基本上与主席会议合并举行。2000年11月至2003年12月，市政协党组共举行21次会议；2005年至2009年之间，部分党组会议未记明次数。二届、三届、四届、五届党组会议与主席会议合并记述。

主席会议由主席、副主席、秘书长组成，处理常务委员会重要日常工作。主席会议一般每月召开1次，会议由主席主持，也可由主席委托副主席主持。会议议程由主席或主持会议的副主席提出。主席会议主要职权和议事范围：决定、召集并主持本届委员会常务委员会会议和以政协名义召开的工作会议；审议提请常务委员会议审议的议案和文件；审议重要的视察报告、专题调查报告、建议案和提案；处理常务委员会重要日常工作；安排协商讨论政治、经济、文化和社会生活中的重要问题。主席会议在协商讨论重要问题时，可邀请党政领导或有关部门负责人到会通报有关情况，听取意见。举行主席会议时，可吸收政协副秘书长、办公室和各专门委员会负责人以及与议程有关的其他人员列席。党组（扩大）会议与主席会议合并举行时，会议由市政协党组书记主持。二届市政协后期至三届、四届、五届，主席会议通常与党组会议合并举行。

（一）一届市政协党组、主席会议

一届市政协党组会议

第一次党组会议 2000年11月1日在市政协党组会议室召开。市政协党组书记王样生主持会议，市政协党组成员黄昕明、刘定、邱敬禹、陈其辉、汪伟中出席会议。会议研究主席分工；研究四省九地市政协联谊会议有关事宜；研究市政协机关编制；研究有关干部推荐人选。

第二次党组会议 2000年12月29日在市政协党组会议室召开。市政协党组书记王样生主持会议，市政协党组成员黄昕明、刘定、邱敬禹、陈其辉、汪伟中出席会议。会议传达市委关于政协干部提名名单；研究第二次主席会议议程；传达市廉政建设通报会议精神；研究参加省政协工作会议事宜。

第三次党组会议 2001年1月18日在市政协党组会议室召开。市政协党组书记王样生主持会议，市政协党组成员黄昕明、刘定、邱敬禹、陈其辉、汪伟中出席会议。会议研究向市委组织部报送副县级干部人选事宜。

第四次党组会议 2001年6月6日在市政协党组会议室召开。市政协党组书记王样生主持会议，市政协党组成员黄昕明、刘定、邱敬禹、陈其辉、王晓媛出席会议。会议研究第七次主席会议议程和一届三次常委会会议议程；研究关于加强与市各民主党派、工商联联系的制度。

第五次党组（扩大）会议 2001年7月31日在市政协党组会议室召开。市政协党组副书记黄昕明主持会议，市政协党组成员刘定、邱敬禹出席会议，市政协副主席李抚生、陈云斐列席会议。会议听取市政协招考机关工作人员面试情况汇报，研究确定有关事宜。

第六次党组会议 2001年8月16日，市政协党组副书记黄昕明主持会议，市政协党组成员刘定、邱敬禹、陈其辉、王晓媛、汪伟中出席会议。会议听取市政协招考机关工作人员考核情况和用人建议汇报，研究确定有关事宜。

第七次党组会议 2001年11月5日在市政协主席会议室召开。市政协党组副书记黄昕明主持会议，市政协党组成员刘定、邱敬禹、陈其辉、王晓媛、汪伟中出席会议。会议传达市委常委会会议关于乡镇合并有关事宜的精神，研究贯彻落实意见；听取市政协委员视察情况的汇报，研究做好相关工作的意见；研究市政协一届五次常委会会议议程；听取市政协一届委员会增补委员的通报。

第八次党组会议 2001年12月17日在市政协主席会议室召开。市政协党组副书记黄昕明主持会议，市政协党组成员刘定、邱敬禹、陈其辉、王晓媛、汪伟中出席会议。会议研究一届六次常委会会议和一届三次全体委员会议有关事宜；听取市政协第一届委员会增补委员情况汇报，研究具体意见。

第九次党组会议 2002年1月4日在市政协主席会议室召开。市政协党组副书记黄昕明主持会议，市政协党组成员刘定、邱敬禹、陈其辉、王晓媛、汪伟中出席会议。会议审议一届七次主席会议议程；研究召开市政协一届三次会议工作方案；审议市政协机关2001年经费和2002年预算情况；研究走访慰问有关事宜；会议还研究其他事项。

第十次党组会议 2002年2月25日在市政协主席会议室召开。市政协党组副书记黄昕明主持会议，市政协党组成员刘定、邱敬禹、陈其辉、王晓媛、汪伟中出席会议。会议传达省委关于提名王晓媛同志任职通知精神；研究一届十五次主席会议议题；研究一届六次常委会会议议程；听取赴上饶、景德镇、鹰潭考察情况汇报，研究贯彻落实意见；研究专委会经费问题，部署相关工作。

第十一次党组会议 2002年3月18日在市政协主席会议室召开。市政协党组副书记黄昕明主持会议，市政协党组成员刘定、王晓媛、邱敬禹、陈其辉、汪伟中出席会议。会议研究成立市政协机关党组事宜；研究有关临时党委事项；研究主席招商引资经费使用事宜；研究市政协成立机关业务工作考评机构事宜。

第十二次党组会议 2002年6月13日在市政协主席会议室召开。市政协党组副书记黄昕明主持会议，市政协党组成员刘定、王晓媛、邱敬禹、陈其辉、汪伟中出席会议。会议研究一届十九次主席会议议程；讨论全市社会保障情况议案，协商有关完善事宜；研究组织县（区）政协主席赴外省学习考察事宜。

第十三次党组会议 2002年8月26日在市政协主席会议室召开。市委书记主持会议，宣读省委关于李品行同志任市政协党组书记的通知，对加强政协机关党的建设提出要求。

第十四次党组会议 2002年8月29日在市政协主席会议室召开。市政协党组书记李品行主持会议。市政协党组成员黄昕明、刘定、王晓媛、邱敬禹、陈其辉、汪伟中出席会议。会议研究一届四次会议工作方案，部署有关工作事宜；研究市政协一届委员会委员增补情况；研究县（区）政协主席外出考察事宜。

第十五次党组会议 2002年10月29日在市政协主席会议室召开。市政协党组书记李品行主持会议，市政协党组成员黄昕明、刘定、陈其辉、汪伟中出席会议，市政协办公室主任徐容宁列席会议。会议传达市政府全体会议和形势报告会议精神，研究贯彻意见；研究组织市政协常委调研视察事宜，确定农村税费改革、教育改革、投资环境三个调研课题；听取市政协机关招商引资情况汇报，研究加强招商引资工作意见；研究召开市政协一届五次会议问题；研究市政协机关党组成员调整事宜。

第十六次党组会议 2002年12月10日在市政协主席会议室召开。市政协党组书记李品行主持会议，市政协党组成员黄昕明、刘定、王晓媛、邱敬禹、陈其辉、汪伟中出席会议。会议听取市委统战部关于一届市政协委员变动调整情况汇报，研究有关意见。

第十七次党组会议 2003年1月22日在市政协主席会议室召开。市政协党组书记李品行主持会议，市政协党组成员黄昕明、刘定、王晓媛、邱敬禹、陈其辉、汪伟中出席会议，市政协办公室主任徐容宁列席会议。会议听取政协机关春节走访老同志计划安排，研究具体意见；研究机关各委室人事问题；听取市政协2002年经费运行情况汇报；听取市政协机关扶贫点工作情况汇报；研究换届后退下来的主席座谈会有关事宜；听取市政协一届委员会委员增补情况通报；传达省政协九届一次会议精神。

第十八次党组会议 2003年2月28日在市政协主席会议室召开。市政协党组书记李品行主持会议。市政协党组成员黄昕明、刘定、王晓媛、邱敬禹、陈其辉、汪伟中出席会议。会议传达省政协一届常委会会议精神；研究市政协2003年工作要点；研究一届十三次常委会会议议程；研究有关人事问题；研究机关招商引资事宜。

第十九次党组会议 2003年5月27日在市政协主席会议室召开。市政协党组书记李品行主持会议，市政协党组成员黄昕明、刘定、王晓媛、邱敬禹、陈其辉、汪伟中出席会议。会议研究提请一届十四次常委会会议通过的人事任免名单；研究一届二十四次主席会议议程；研究增补陈水明同志为市政协委员事宜；听取市委督查组对市政协机关检查情况的汇报，研究整改意见。

第二十次党组会议　2003年9月8日在市政协主席会议室召开。市政协党组书记李品行主持会议，市政协党组成员黄昕明、刘定、王晓媛、邱敬禹、陈其辉、汪伟中出席会议。会议研究市政协一届十五次常委会会议议程、日程；审议《关于我市农业产业化龙头企业发展情况的调查报告》，研究成果转化意见；研究市政协一届专门委员会更名、人事事项；研究在抚省政协委员赴赣州异地视察有关事项。

第二十一次党组会议　2003年12月17日在市政协主席会议室召开。市政协党组书记李品行主持会议，市政协党组成员黄昕明、邱敬禹、陈其辉、汪伟中出席会议。会议研究市政协一届十六次常委会会议议程、日程；研究市政协2003年工作总结，讨论2004年工作初步安排；讨论全市下岗职工再就业议题，研究建言献策意见；审议通过关于撤销杜庄龙委员资格的决定。

第二十二次党组会议　2005年4月19日在市政协主席会议室召开。市政协党组书记李品行主持，党组成员刘定、王晓媛、邱敬禹、陈其辉、徐容宁参加。会议研究保持共产党员先进性主题教育有关事宜、人事事项，以及党组专题组织生活会有关事宜。

第二十三次党组会议　2005年12月15日在市政协主席会议室召开。市政协党组书记李品行主持，党组成员刘定、王晓媛、邱敬禹、陈其辉、徐容宁参加。会议研究市政协办公室副主任提任事宜。

第二十四次党组会议　2006年1月6日在市政协主席会议室召开。市政协党组书记李品行主持，党组成员刘定、王晓媛、邱敬禹、陈其辉、徐容宁参加。会议研究有关人事事项。

一届市政协主席会议

市政协第一届委员会主席会议从2000年10月至2006年12月，共召开24次会议。

第一次主席会议　2000年11月1日在市政协主席会议室召开。市政协主席王样生主持会议，市政协副主席黄昕明、邱敬禹、陈其辉、李抚生、汪重阳、陈云斐、邹莉菁、胡淑珠出席会议。会议研究市政协班子成员分工、四省九地市联席会议有关工作，以及拟向市委、市政府请示市政协编制问题。

第二次主席会议　2000年12月19日在市政协主席会议举行。市政协主席王样生主持会议，市政协副主席黄昕明、刘定、邱敬禹、陈其辉、李抚生、汪重阳、陈云斐、邹俐菁、胡淑珠，秘书长汪伟中出席。会议协商讨论市政协专委会设置、一届一次常委会会议安排、《常委会工作规则》《守则》《通则》，研究市政协财务机构设置，听取考察组赴南昌、九江、景德镇市学习情况汇报，传达省政协工作会议精神，研究部署有关工作。

第三次主席会议　2000年12月28日在市政协主席会议室召开。市政协主席王样生主持会议，市政协副主席黄昕明、刘定、邱敬禹、陈其辉、李抚生、汪重阳、陈云斐、邹俐菁、胡淑珠，秘书长汪伟中出席。会议审议通过《专委会工作通则》有关章节修改事宜，决定由有关副主席或秘书长签发施行。

第四次主席会议　2001年3月1日在市政协主席会议室召开。市政协主席王样生主持会议，市政协副主席黄昕明、刘定、邱敬禹、陈其辉、李抚生、汪重阳、陈云斐、邹俐菁、王扬光，秘书长汪伟中出席。会议研究一届市政协二次常委会会议议程；研究专委会专职副主任、办公室副主任建议人选，确定按程序报市委研究任命；审议《市政协视察简则》和《专委会主任联席会议制度》，研究贯彻实施意见；研究招商引资有关事宜，部署具体工作安排。

第五次主席会议　2001年3月13日在市

政协主席会议室召开，市政协主席王样生主持会议，市政协副主席黄昕明、刘定、邱敬禹、陈其辉、李抚生、汪重阳、陈云斐、邹俐菁、胡淑珠、王扬光，秘书长汪伟中出席。会议协商通过市政协一届二次会议常委会工作报告；审议通过关于召开市政协一届二次会议的决定；审议通过市政协专委会组成人员名单；审议通过《提案工作条例》《与民主党派联系的制度》；审议通过市政协一届二次会议日程；研究增补委员人选。

第六次主席会议 2001 年 4 月 10 日在市政协主席会议室举行。市政协主席王样生，副主席黄昕明、刘定、邱敬禹、陈其辉、李抚生、陈云斐出席。会议听取关于市政协一届二次会议提案立案整理情况汇报，研究确定重点提案。

第七次主席会议 2001 年 6 月 7 日在市政协主席会议室召开。市政协主席王样生，副主席黄昕明、刘定、陈其辉、李抚生、陈云斐、王扬光、汪重阳、邹俐菁出席。会议听取赴西藏、青海、湖南、广西、贵州、山东、辽宁、黑龙江、吉林以及西南学习考察情况汇报，研究贯彻落实意见；研究招商引资事宜，调度相关工作；审议通过《关于组织县（区）、市政协委员参加活动的意见》《关于主席、副主席督办提案的意见》《关于召开市政协一届五次常委会会议议程》《专门委员会工作简则》，部署市政协专委会下半年工作。

第八次主席会议 2001 年 7 月 3 日在市政协主席会议室召开。市委副书记李品行，市政协副主席黄昕明、刘定、邱敬禹、陈其辉、李抚生、陈云斐、胡淑珠、汪重阳出席。会议传达省委关于王样生同志任南昌市委副书记、常委、纪委书记的决定，市委提名免去王样生同志抚州市政协党组书记、主席职务，明确由副主席黄昕明主持市政协工作。

第九次主席会议 2001 年 7 月 20 日在市政协主席会议室召开。市政协副主席黄昕明主持会议，市政协副主席刘定、陈其辉、李抚生、汪重阳、陈云斐、邹俐菁、胡淑珠，秘书长汪伟中出席。会议审议通过《市政协委员培训方案》《面试领导小组成员名单》《抚州市政协专门委员会业务经费和管理暂行办法》；听取赴上海招商引资情况汇报，部署相关工作。

第十次主席会议 2001 年 7 月在市政协主席会议室召开。市政协副主席黄昕明主持会议，市政协副主席邱敬禹、李抚生、汪重阳、陈云斐、邹俐菁、胡淑珠出席。会议研究市政协机关招考工作人员事宜，部署安排有关工作。

第十一次主席会议 2001 年 8 月在市政协主席会议室召开。市政协副主席黄昕明主持会议，市政协副主席刘定、邱敬禹、李抚生、汪重阳、邹俐菁、陈云斐出席会议。会议研究市政协机关招考工作人员考核对象事宜。

第十二次主席会议 2001 年 8 月 16 日在市政协主席会议室召开。市政协副主席黄昕明主持会议，市政协副主席刘定、邱敬禹、陈其辉、李抚生、汪重阳、陈云斐、邹俐菁、胡淑珠、秘书长汪伟中出席。会议传达学习市委关于补充招考机关工作人员实施方案；通报市政协党组会议研究机关招考工作有关事宜；审议市政协一届五次常委会会议议程；会议一致同意王样生同志辞去抚州市政协主席职务，决定按政协章程办理。

第十三次主席会议 2001 年 11 月 5 日在市政协主席会议室召开。市政协副主席黄昕明主持会议，市政协副主席刘定、邱敬禹、陈其辉、李抚生、汪重阳、邹俐菁，秘书长汪伟中出席。会议听取关于委员视察工作意见起草说明；传达学习省政协文史工作会议精神；研究市政协一届三次会议大会发言组稿选稿事宜；听取讨论市政协机关招考工作人员情况汇报。

第十四次主席会议 2002 年 1 月 4 日在市政协主席会议室召开。市政协副主席黄昕明主持会议，市政协副主席刘定、邱敬禹、陈其辉、李抚生、汪重阳、陈云斐、邹俐菁、胡淑珠出席。会议审议市政协一届三次会议工作方案；通报市政协 2001 年经费使用情况；听取提案委关于编印《提案汇编》的经费报告，明确有关事宜。

第十五次主席会议 2002 年 2 月 8 日在市

政协主席会议室召开。市政协副主席黄昕明主持会议,市政协副主席刘定、邱敬禹、陈其辉、李抚生、汪重阳,秘书长汪伟中出席。会议审议一届三次会议常委会工作报告和提案工作报告;听取市委统战部关于增补市政协副主席、常委、委员情况说明;审议市政协一届六次常委会会议议程;审议通过关于召开市政协一届三次会议的决定(草案)。

第十六次主席会议　2002年3月7日在市政协主席会议室召开。市政协副主席黄昕明主持会议,市政协党组副书记、副主席、市委统战部部长王晓媛,市政协副主席刘定、邱敬禹、李抚生、陈云斐、邹俐菁,秘书长汪伟中出席会议,市政协各专委会主任列席会议。会议听取市政协委员构成情况通报,研究相关事宜。

第十七次主席会议　2002年3月19日在市政协主席会议室召开。市政协副主席黄昕明主持会议,市政协副主席刘定、邱敬禹、陈其辉、李抚生、汪重阳、陈云斐、邹俐菁,市政协秘书长汪伟中出席。会议审议市政协一届三次会议发言材料;审议市政协一届三次会议总监票人、监票人名单;听取市政协一届三次会议大会秘书组会议筹备工作情况汇报。

第十八次主席会议　2002年5月10日在市政协主席会议室召开。会议审议市政协各专委会工作要点;通报市政协4月份招商引资情况,研究市政协主席、副主席分工。

第十九次主席会议　2002年6月13日在市政协主席会议室召开。会议研究审议一届三次常委会会议议程;传达学习省政协八届二十一次常委会会议精神,研究贯彻落实意见;研究农村和农业委员会人事任免问题;协商讨论教文卫体委员调研报告。

第二十次主席会议　2002年8月29日在市政协主席会议室召开。市政协党组书记李品行主持会议,副主席黄昕明、刘定、邱敬禹、陈其辉、王晓媛、李抚生、汪重阳、陈云斐、邹俐菁、胡淑珠,助理巡视员刘志高,秘书长汪汪伟中出席。会议宣读市委关于李品行任党组书记的决定;研究关于召开一届四次全体委员会议有关事宜;研究一届九次常委会会议议程和日程。

第二十一次主席会议　2002年10月29日在市政协主席会议室召开。市政协主席李品行主持会议,副主席黄昕明、刘定、陈其辉、李抚生、陈云斐、邹俐菁、胡淑珠,助理巡视员刘志高,秘书长汪伟中出席。会议传达市政府全体会议和形势报告会议精神;研究关于常委会视察工作,听取市政协机关招商引资情况汇报;研究召开一届五次全体会议有关事宜;传达省政协《光华时报》发行工作会议精神和四省九市政协联谊会会议精神。

第二十二次主席会议　2002年11月29日在市政协主席会议室召开。市政协主席李品行主持会议,副主席黄昕明、刘定、陈其辉、李抚生、陈云斐、邹俐菁、胡淑珠,助理巡视员刘志高,秘书长汪伟中出席。会议审议通过市政协一届十一次常委会会议议程;协商讨论市政协常委会工作报告和提案工作报告;研究市政协一届五次会议大会发言、参观工业园区、主席分工、常委会工作报告和提案工作报告人选等事项。

第二十三次主席会议　2003年3月5日在市政协主席会议室召开。会议传达省政协九届一次常委会精神;审议通过市政协常委会2003年工作重点和市政协一届十三次常委会会议议程;研究有关专委会更名问题;研究参加全省十一市政协联谊会事项;研究关于增补专委会委员事项;审议《关于加强对县(区)政协工作指导的暂行办法》。

第二十四次主席会议　2003年5月28日在市政协主席会议室召开。会议研究提请一届十四次常委会会议通过的人事任免名单;研究一届十四次常委会会议议程、日程;审议通过市政协秘书长、副秘书长工作规则;审议通过关于增补陈水明同志为一届市政协委员职务和同意李旻、陈欣辞去一届市政协委员职务的决定;听取关于全市职业教育情况调研情况汇报;听取学习文史委“关于全省文史工作研讨会”主要精神和关于黎川等6县文史工作情况调查汇报；听取办公室关于召开县（区）政协秘书长会议暨政协反映社情民意信息工作会议工作预案汇报。

（二）二届市政协党组、主席会议

二届市政协党组会议

第一次党组会议 2007年1月26日在市政协主席会议室召开。市政协党组书记李品行主持，市委常委、统战部部长、市政协党组副书记朱章明，市政协党组成员赵恩洪出席会议。会议研究提拔副县级干部人选事宜。

第二次党组会议 2007年12月3日在市政协主席会议室召开。市政协党组书记李品行主持，市委常委、统战部部长、市政协党组副书记朱章明，市政协党组成员赵恩洪、黄德宪、廖建辉、何建辉、徐容宁出席会议。会议研究届中委员调整、界别调整以及增补市政协副秘书长事宜。

第三次党组会议 2008年11月3日在市政协主席会议室召开。市政协党组书记李品行主持，市委常委、统战部部长、市政协党组副书记朱章明，市政协党组成员赵恩洪、黄德宪、廖建辉、何建辉、徐容宁出席会议。会议研究推荐市政协有关同志到县（区）任职事宜；研究对全市就业和再就业情况进行专题视察安排；会议决定对不履行委员职责的委员进行除名。

第四次党组会议 2009年3月25日在市政协主席会议室召开。市政协党组书记李品行主持，市政协党组成员赵恩洪、黄德宪、廖建辉、徐容宁出席会议。会议审议市政协党组学习实践科学发展观活动实施方案，研究贯彻落实意见。

第五次党组会议 2009年6月15日在市政协主席会议室召开。市政协党组书记李品行主持，市政协党组成员黄德宪、廖建辉、徐容宁出席会议。会议研究市政协第十三次常委会会议题，决定将培育工业主导产业、修改管理委员办法、加强界别工作意见作为会议协商议题。

第六次党组会议 2009年7月17日在市政协主席会议室召开。市委常委、统战部部长、市政协党组副书记朱章明，市政协党组成员赵恩洪、黄德宪、廖建辉、徐容宁出席。会议研究有关人事事项。

二届市政协主席会议

市政协第二届委员会主席会议从2006年12月至2011年8月，共召开33次会议，有时党组会议与主席会议合并举行。

第一次主席会议 2006年12月14日在市政协主席会议室召开。市政协主席李品行主持会议，副主席赵恩洪、周琪、邹俐菁、黄德宪、廖建辉、何建辉、郑友清，秘书长徐容宁出席。会议研究主席、副主席工作分工；研究调整专委会与政协界别对口联系问题；确定各专委会委员名单；审议各专委会、办公室2006年工作总结及2007年工作计划；审议《关于建立市委、市政府有关部门与市政协专门委员会对口联系制度的通知》；审议《关于加强与市各民主党派、工商联、无党派联系的制度》。

第二次主席会议 2007年1月16日在市政协主席会议室召开。市政协主席李品行主持会议，副主席赵恩洪、周琪、邹俐菁、黄德宪、廖建辉、何建辉、郑友清，秘书长徐容宁出席。会议审议通过市政协二届一次常委会会议议程和日程；审议2006年市政协工作总结和研究2007年市政协工作要点；研究《关于评选优秀市政协委员的实施意见》和《市政协领导挂点县（区）政协安排意见》；审议通过界别活动小组及县（区）市政协委员联络小组负责人名单、各专委会2007年工作要点；研究市政协新办公楼搬迁事宜；通报机关管理制度制定情况。

第三次主席会议 2007年3月7日在市政协主席会议室召开。市政协主席李品行主持会议，副主席赵恩洪、周琪、邹俐菁、黄德宪、廖建辉、何建辉、郑友清，秘书长徐容宁出席。会议审议市政协二届二次常委会会议议程和日程（草案）；审议关于召开市政协二届二次会议的决定（草案）；决定市政协二届二次会议期间主席、副主席工作分工；审议关于政协抚州市第二届委员会第二次会议秘书处工作机构及负责人名单；审议市政协二届二次会议议程和日程（草案）；审议市政协二届常委会工作报告和一届八次会议以来提案工作情况的报告（审议稿）；审议全市政协系统2006年度“三优”评选获奖名单；审议市政协二届二次会议各组召集人名单。

第四次主席会议　2007年6月18日在市政协主席会议室召开。市政协主席李品行主持会议，市委常委、市委统战部部长、市政协党组副书记朱章明，市政协副主席周琪、陈云斐、邹俐菁、黄德宪、郑友清，秘书长徐容宁出席会议，市委统战部副部长罗晓宾应邀参加会议。会议审议通过市政协二届三次常委会会议议程和日程；审议《创新发展方式，提高开发效率——关于工业园区如何在赶超发展中担当重任的调研（征求意见稿）》；协商讨论全市社区居委会建设情况和通过有关人事事项。

第五次主席会议　2007年8月30日在市政协主席会议室召开。市政协主席李品行主持会议，副主席赵恩洪、周琪、邹俐菁、黄德宪、廖建辉、何建辉、郑友清，秘书长徐容宁出席。会议研究《市政协二届四次常委会会议议程和日程（草案）》；审议《全市社会保险体系建设问题的三个调研报告（征求意见稿）》。

第六次主席会议　2007年12月3日在市政协主席会议室召开。市政协主席李品行主持会议，副主席赵恩洪、周琪、邹俐菁、黄德宪、廖建辉、何建辉、郑友清，秘书长徐容宁出席。会议研究关于召开市政协二届三次会议有关事项；研究市政协2007年度工作总结及2008年工作思路；研究市政协2007年度优秀市政协委员、优秀提案、优秀调研报告、优秀社情民意评选办法。

第七次主席会议　2007年12月21日在市政协主席会议室召开。市政协主席李品行主持会议，副主席赵恩洪、周琪、邹俐菁、黄德宪、廖建辉、何建辉、郑友清，秘书长徐容宁出席。会议审议市政协二届五次常委会会议议程和日程（草案）；审议市政协第二届委员会常务委员会工作报告和提案工作报告（审议稿）；审议市政协2007年度“优秀市政协委员、优秀提案、优秀调研报告、优秀社情民意”评选名单；审议政协抚州市委员会提案审查工作实施细则（试行）（草案）。

第八次主席会议　2008年2月26日在市政协主席会议室召开。市政协主席李品行主持会议，副主席赵恩洪、周琪、邹俐菁、黄德宪、廖建辉、何建辉、郑友清，秘书长徐容宁出席。会议传达市长甘良淼在听取市政协全民创业政务环境视察汇报时的讲话要点，研究贯彻落实意见；研究市政协2008年重点工作责任分工；研究关于召开市政协二届七次常委会会议议程和日程（草案）；研究关于抚州中心城区卫星城镇建设、如何控制重特大安全事故发生、社会救助体系建设三个调研方案；通过有关人事事项。

第九次主席会议　2008年3月3日在市政协主席会议室召开。市政协主席李品行主持会议，副主席赵恩洪、周琪、邹俐菁、黄德宪、廖建辉、何建辉、郑友清，秘书长徐容宁出席。会议学习《市委、市政府关于2008年招商引资工作的意见》，专题研究市政协机关2008年招商引资工作。

第十次主席会议　2008年3月28日在市政协主席会议室召开。市政协主席李品行主持会议，副主席赵恩洪、周琪、邹俐菁、黄德宪、廖建辉、何建辉、郑友清，秘书长徐容宁出席。会议审议讨论《关于加强反映社情民意工作的实施意见》和《关于开展抚河流域生态环境保护调研的工作预案》。

第十一次主席会议　2008年4月8日在市政协主席会议室召开。市政协主席李品行主持会议，副主席赵恩洪、周琪、邹俐菁、黄德宪、廖建辉、何建辉、郑友清，秘书长徐容宁出席。会议专题研究市政协机关向全市遴选5名公务员有关事宜。

第十二次主席会议　2008年6月13日在市政协主席会议室召开，市政协主席李品行主持会议。会议审议《关于完善全市社会救助体系的建议案》《关于“抚河流域水环境保护和治理”调研工作方案》。

第十三次主席会议 2008年8月12日在市政协主席会议室召开。市政协主席李品行主持会议，副主席赵恩洪、周琪、邹俐菁、黄德宪、廖建辉、何建辉、郑友清，秘书长徐容宁出席。会议审议通过《全市政协反映社情民意工作会议工作方案》，决定9月1日在黎川县召开全市反映社情民意工作会议。

第十四次主席会议 2008年9月8日在市政协主席会议室召开。市政协主席李品行主持会议，副主席赵恩洪、周琪、邹俐菁、黄德宪、廖建辉、何建辉、郑友清，秘书长徐容宁出席。会议审议通过《市政协二届九次常委会会议议程和日程（草案）》《关于抚河流域水环境保护和治理的调研报告》，研究部署成果转化工作。

第十五次主席会议 2008年9月27日在市政协主席会议室召开。市政协主席李品行主持会议，副主席赵恩洪、周琪、邹俐菁、黄德宪、廖建辉、何建辉、郑友清，秘书长徐容宁出席。会议审议通过《关于抚河流域水环境保护和治理的建议案》；研究《关于全市民生工程视察实施方案》。

第十六次主席会议 2008年12月16日在市政协主席会议室召开。市政协主席李品行主持会议，副主席赵恩洪、周琪、邹俐菁、黄德宪、廖建辉、何建辉、郑友清，秘书长徐容宁出席。会议审议市政协二届十次常委会会议议程和日程（草案）；研究市政协2008年工作总结（草案）；审议通过市政协2008年度"五优"评选实施意见；通过有关人事事项。

第十七次主席会议 2009年2月6日在市政协主席会议室召开。市政协主席李品行主持会议，副主席赵恩洪、周琪、邹俐菁、黄德宪、廖建辉、何建辉、郑友清，秘书长徐容宁出席。会议传达市委书记甘良淼在听取市政协工作汇报时的讲话要点，研究贯彻意见；审议《市政协2009年工作要点（审议稿）》；审议通过《市政协第二届委员会常务委员会工作报告和市政协二届三次会议以来提案工作情况报告（审议稿）》；审议通过《市政协二届十一次常委会会议议程（草案）和日程（草案）》《关于召开政协抚州市第二届委员会第四次会议的决定（草案）》《政协抚州市第二届委员会第四次会议议程（草案）和日程（草案）》；审议通过市政协2008年度"优秀市政协委员、优秀提案、优秀调研报告、优秀社情民意、优秀社情民意信息员"评选名单。

第十八次主席会议 2009年6月22日在市政协主席会议室召开。市政协主席李品行主持会议，副主席赵恩洪、周琪、邹俐菁、黄德宪、廖建辉、何建辉、郑友清，秘书长徐容宁出席。会议研究市政协二届十三次常委会会议议程（草案）和日程（草案）；审议《关于培育主导产业，引导产业集聚，建设特色工业园区的调研报告》；审议《政协抚州市委员会关于加强委员队伍管理暂行规定（修改稿）》；审议《政协抚州市委员会关于加强界别工作，发挥界别作用的实施意见》及相关文件。

第十九次主席会议 2009年8月3日在市政协主席会议室召开。市政协主席李品行主持会议，副主席赵恩洪、周琪、邹俐菁、黄德宪、廖建辉、何建辉、郑友清，秘书长徐容宁出席。会议研究市政协二届十四次常委会会议议程（草案）和日程（草案）；审议《关于保护森林资源，加强生态建设，提高可持续发展能力的调查报告》；通过有关人事事项。

第二十次主席会议 2009年12月15在市政协主席会议室召开。市政协主席李品行主持会议，副主席赵恩洪、周琪、邹俐菁、黄德宪、廖建辉、何建辉、郑友清，秘书长徐容宁出席。会议审议通过《市政协二届十五次常委会会议议程（草案）和日程（草案）》《市政协二届五次会议议程（草案）和日程（草案）》《市政协2009年工作总结及2010年工作建议（草案）；审议通过市政协2009年度"优秀市政协委员、优秀提案、优秀调研报告、优秀社情民意、优秀社情民意信息员"评选名单》；通过有关人事事项。

第二十一次主席会议 2010年1月5日在市政协主席会议室召开。会议审议通过政协抚州市第二届委员会常务委员会工作报告(审议稿);审议通过政协抚州市第二届委员会常务委员会关于市政协二届四次会议以来提案工作情况报告(审议稿);审议通过市政协二届十六次常委会会议议程(草案)和日程;审议通过关于召开政协抚州市第二届委员会第五次会议的决定(草案);研究市政协二届五次会议有关事宜;审议通过市政协2009年度优秀市政协委员增补名单。

第二十二次主席会议　(资料缺失)

第二十三次主席会议　2010年5月7日在市政协主席会议室召开。市政协主席王晓媛主持,市政协副主席周琪、陈云斐、黄德宪、廖建辉、何建辉、郑友清、黄耀波及秘书长徐容宁出席。会议学习《中国共产党党员领导干部廉洁从政若干准则》,研究贯彻落实意见;传达学习有关文件和会议精神,研究贯彻意见;通报全市政协工作会议筹备工作情况,讨论研究第二季度市政协常委会协商议题。

第二十四次主席会议　2010年6月12日在市政协主席会议室召开。市政协主席王晓媛主持会议,市委常委、统战部部长、市政协党组副书记朱章明,市政协副主席周琪、陈云斐、黄德宪、廖建辉、何建辉、郑友清、黄耀波及秘书长徐容宁等出席。会议传达学习贯彻中央《规划纲要》深化干部人事制度改革培训班上的讲话精神;研究通过关于召开市政协十九次常委会有关事项;审议《关于如何大力实施项目带动战略,促进抚州赶超发展的调查报告》和《关于政协抚州市委员会全体会议、常务委员会议请假的规定(试行)》;研究召开四省九市政协第二十次联谊会有关事宜。

第二十五次主席会议　2010年7月6日在市政协主席会议室召开。市政协主席王晓媛主持,市政协副主席周琪、陈云斐、黄德宪、廖建辉、何建辉、郑友清、黄耀波及秘书长徐容宁出席。会议学习省政协党组发给市政协的慰问电及傅克诚主席来抚讲话精神,研究贯彻意见;听取市政协领导抗洪救灾和挂点帮扶情况的汇报;讨论通过《关于在恢复生产和灾后重建工作中发挥政协组织和政协委员作用的通知(讨论稿)》;通报市政协机关近期有关工作;传达市委常委会精神,研究贯彻意见。

第二十六次党组(主席)会议　2010年7月27日在市政协主席会议室召开。市政协党组书记、主席王晓媛主持会议,市委常委、统战部部长、市政协党组副书记朱章明,市政协副主席周琪、陈云斐、黄德宪、廖建辉、郑友清、黄耀波及秘书长徐容宁出席。会议审议《王晓媛同志在市政协二届十九次常委会会议上的讲话(审议稿)》;听取市政协抗洪救灾和灾后重建工作情况汇报;通过有关人事事项。

第二十七次主席会议　2010年9月14日在市政协主席会议室召开。市政协主席王晓媛主持会议,市政协副主席周琪、陈云斐、黄德宪、何建辉、郑友清、黄耀波及秘书长徐容宁等出席。会议传达9月9日召开的市委常委会会议主要精神;研究关于召开市政协二届二十次常委会会议有关事项;审议《关于抚州如何在鄱阳湖生态经济区建设中有更大作为的调查报告》和《关于赴福建省学习海西经济区建设的考察报告》;通报庆祝市政协成立十周年暨迎国庆贺中秋六项活动进展情况;各专委会、办公室汇报工作。

第二十八次主席会议　2010年11月25日在市政协主席会议室召开。市政协主席王晓媛主持会议,市政协副主席周琪、陈云斐、黄德宪、何建辉、郑友清、黄耀波及秘书长徐容宁等出席会议。会议学习省委主要领导《关于推进学习型党组织建设的几点意见》;传达省政协十届十五次常委会会议精神;传达省政协专委会主任会议精神;传达闽粤赣十三市政协"海西论坛"会议精神;听取市政协二届五次会议以来提案办理情况汇报;研究关于召开市政协二届二十一次常委会会议有关事项;听取市政协机关近期有关工作情况汇报。

第二十九次党组(主席)会议　2011年1月7日在市政协主席会议室召开。市政协党组书记、主席王晓媛主持会议，市委常委、统战部部长、市政协党组副书记朱章明，市政协副主席周琪、陈云斐、黄德宪、廖建辉、何建辉、黄耀波及秘书长徐容宁出席。会议审议市政协党组2011年工作要点，审议通过市政协第二届委员会常务委员会工作报告（审议稿）、市政协二届五次会议以来提案工作情况的报告（审议稿）以及关于召开市政协第二十二次常委会会议和市政协二届六次会议有关事项，审议2010年度优秀市政协委员、优秀提案、优秀调研报告、优秀社情民意及优秀社情民意信息员推荐名单，听取市政协机关党组2011年工作思路汇报。

第三十次主席会议 2011年1月31日在市政协主席会议室召开。市政协主席王晓媛主持会议，市政协副主席周琪、陈云斐、黄德宪、廖建辉、何建辉、郑友清、黄耀波及秘书长徐容宁等出席会议。会议学习中共江西省委在《求是》杂志2011年第2期上署名文章《江西省推进人民政协政治协商制度建设的实践与思考》，研究贯彻意见；学习省长吴新雄对抚州工作批示精神，提出贯彻意见；传达市委书记甘良淼在市委常委会上对政协工作指示精神，研究贯彻意见；审议王晓媛同志在市政协二届六次会议闭幕大会上的讲话；通报市政协二届六次会议召开时间调整事项。

第三十一次主席会议 2011年4月6日在市政协主席会议室召开。市政协主席王晓媛主持会议，市政协副主席周琪、黄德宪、廖建辉、何建辉、郑友清、黄耀波及秘书长徐容宁等出席。会议学习市委、市政府《关于严格执行涉农收费政策严禁向农民乱收费，切实加强农民负担监督管理工作的紧急通知》及市委《关于进一步贯彻落实党的各项强农惠农政策 从源头上杜绝乱征税乱收费的紧急通知》、市委办《关于印发市委统战〈关于做好全市各县（区）政协换届有关工作的实施意见〉的通知》；市政协领导交流县（区）督导信访维稳、“三包为民”工作情况；听取《中共抚州市委关于进一步加强人民政协工作的实施意见》贯彻落实的督查情况汇报；审议市政协二届六次会议重点提案；审议“纪念辛亥革命100周年全市书画作品展”工作方案；听取“闽赣湘九市政协联盟港铁联动”活动有关情况汇报；研究市政协二届第二十四次常委会会议有关事项；听取市政协机关汇报2011年主要工作计划及近期工作有关情况汇报。

第三十二次主席会议 2011年6月20日在市政协主席会议室召开。市政协主席王晓媛主持会议，市政协副主席周琪、陈云斐、黄德宪、廖建辉、郑友清及秘书长徐容宁等出席。会议学习中共中央办公厅转发《中共政协全国委员会关于〈中共中央关于加强人民政协工作的意见〉贯彻落实情况》的通知；审议《关于我市加强和创新社会管理的调研报告》（讨论稿）；审议《市政协提案工作条例（修订草案）》；听取市政协二届第二十四次常委会会议有关事项的汇报；审议《关于对市委〈关于进一步加强几点重点领域预防腐败工作的意见〉贯彻落实情况进行民主监督的工作方案》；听取市政协机关近期有关情况汇报；研究有关人事事项。

第三十三次主席会议 2011年8月15日在市政协主席会议室召开。市政协主席王晓媛主持会议，副主席周琪、陈云斐、黄德宪、廖建辉、何建辉、郑友清、黄耀波及秘书长徐容宁等出席会议。会议学习胡锦涛总书记“七一”重要讲话精神，研究贯彻意见；学习省委副书记、代省长鹿心社在抚州调研座谈时的讲话精神，研究贯彻意见；传达学习全市换届选举工作会议主要精神及市委统战部《关于市政协换届人事安排工作的请示》精神，研究贯彻意见；研究成立市政协人民政协理论研究会有关事项；研究编辑《抚州市政协2011年履职成果集》有关事项；听取首届闽赣湘九市“政协联谊、港铁联动”活动情况汇报。

（三）三届市政协党组（主席）会议

市政协第三届委员会党组（主席）会议从2011年9月至2016年10月，共召开50次会议。

部分党组会议与主席会议合并举行。

第一次党组(主席)会议　2011年9月29日在市政协主席会议室召开。市政协党组书记、主席谢发明主持会议,市委常委、统战部部长、市政协党组副书记朱章明,市政协巡视员周琪,市政协副主席陈云斐、廖建辉、郑友清、贾益纲、黄耀波、周付德、蔡青及秘书长徐容宁出席。会议学习市第三次党代会和市两会精神,传达《中共抚州市委关于进一步加强领导班子和干部队伍建设的决定》,研究贯彻意见;研究召开市政协三届一次常委会、举办新委员培训班和港澳台侨委员会更名事项;听取关于纪念辛亥革命100周年书画展筹备工作汇报;通过有关人事事项。

第二次党组(主席)会议　2011年11月28日在市政协主席会议室召开。市政协党组书记、主席谢发明主持会议,副主席黄德宪、陈云斐、廖建辉、郑友清、贾益纲、黄耀波、周付德、蔡青及秘书长徐容宁出席会议。会议学习习近平同志文章《谈谈调查研究》;审议《关于市政协领导挂点县(区)政协的安排》《关于完善市委、市政府有关部门与市政协专门委员会对口联系制度的通知》(代拟稿)《关于召开全市县(区)政协主席座谈会的预案》和《关于全市保障性住房建设情况的视察方案》;研究部署年前市政协重点工作。

第三次党组(主席)会议　2011年12月20日在市政协主席会议室召开。市政协党组书记、主席谢发明主持会议。会议传达全省政协提案工作座谈会、港澳台侨和外事工作学习座谈会、社会和法制委员会工作座谈会、省政协理论研究会成立大会、全省设区市政协秘书长座谈会会议精神,研究贯彻落实意见;研究《关于召开政协抚州市第三届委员会第二次会议有关问题的请示》;审议《政协抚州市委员会关于特聘港澳台侨委员的聘任办法(草案)》;审议《政协抚州市第三届委员会常务委员会工作报告》;审议市政协2012年调研视察课题;审议《政协抚州市第三届委员会各专门委员会兼职副主任建议名单》;审议《关于增补三届市政协委员的建议》。

第四次主席会议　2012年2月9日在市政协主席会议室召开。市政协主席谢发明主持会议,副主席黄德宪、陈云斐、廖建辉、郑友清、贾益纲、黄耀波、周付德、蔡青以及秘书长徐容宁出席会议。会议传达学习《市委办、市政府办关于进一步规范领导干部公务活动勤俭办一切事业的通知》,传达省政协十届五次会议精神,审议通过市政协三届二次常委会会议议程(草案)和日程;审议通过《关于召开市政协三届二次会议的决定》;审议通过《市政协三届二次会议议程(草案)》和日程及有关事项;审议通过《市政协提案工作报告(审议稿)》;审议通过《市政协三届二次会议提案审查委员会名单》;审议通过《市政协三届二次会议秘书处工作机构及职责》;审议市政协2012年调研视察课题;研究2012年市政协机关招商引资工作。会议还审议了其他事项。

第五次主席会议　2012年3月20日在市政协主席会议室召开。市政协主席谢发明主持会议,副主席黄德宪、陈云斐、廖建辉、黄耀波、周付德、蔡青及秘书长徐容宁出席。会议传达学习全国政协十一届五次会议精神,听取文史委员会赴山东济宁、泰安和江西上饶学习考察情况汇报,研究部署有关工作。

第六次主席会议　2012年3月31日在市政协主席会议室召开。市政协主席谢发明主持会议,副主席黄德宪、陈云斐、廖建辉、郑友清、黄耀波、周付德、蔡青及秘书长徐容宁出席。会议传达学习《中共中央办公厅、国务院办公厅印发〈关于进一步加强人民政协提案办理工作的意见〉的通知》和省委副书记尚勇作出的有关批示;传达省政协主要领导在省政协机关干部大会上的讲话精神;研究审议《关于发掘文化资源,做大做强文化产业的调查报告》;研究审议“市长领办、主席督办、专委会督办”的重点提案;研究审议市政协三届五次会议(常委会会议)工作预案;研究审议关于召开全市县(区)政协主席座谈会工作预案；研究审议《关于县（区）政协内设机构和人员编制情况的调查报告（审议稿）》；传达省政协理论研究会2012年第一次常务理事会精神和省政协第一期新闻写作培训班的有关情况。

第七次主席会议 2012年6月19日在市政协主席会议室召开。市政协主席谢发明主持会议，市政协副主席黄德宪、陈云斐、廖建辉、贾益纲、黄耀波、周付德、蔡青和秘书长徐容宁出席。会议传达学习了省政协十届六次会议精神；研究了市政协文史馆成立有关事项。

第八次主席会议 2012年8月9日在市政协主席会议室举行。市政协主席谢发明主持会议，市政协副主席黄德宪、陈云斐、黄耀波、周付德、蔡青，市政协秘书长徐容宁出席。会议学习胡锦涛总书记在省部级主要领导干部专题研讨班开班式上重要讲话精神，传达学习省政协十届二十五次常委会主要精神，通报省政协考察组赴黑龙江、吉林两省学习考察情况，研究贯彻意见。

第九次主席会议 2012年9月26日在市政协主席会议室召开。市政协主席谢发明主持会议，市政协副主席黄德宪、陈云斐、廖建辉、贾益纲、黄耀波、周付德和秘书长徐容宁出席。会议传达学习《中共江西省委办公厅、江西省人民政府办公厅关于进一步加强人民政协提案办理工作的实施意见》；传达省政协十届二十六次常委会会议精神；审议《关于我市打好工业强攻战，加快推进工业发展的调研报告》及委员发言材料；研究市政协三届六次常委会会议有关事项；审议《关于召开全市县（区）政协秘书长、办公室主任会议工作预案》；审议《抚州市政协三届一次会议以来履职成果集》编辑方案。

第十次主席（扩大）会议 2012年11月20日在市政协主席会议室召开。市政协主席谢发明主持会议，市政协副主席黄德宪、廖建辉、贾益纲、黄耀波及市政协秘书长徐容宁出席。会议传达贯彻中共十八大精神；传达学习省人大、省政府、省政协换届工作会议精神；审议《关于召开政协抚州市第三届委员会第三次会议有关问题的请示》；审议市人民政协理论研究会成立有关事项；传达学习全省政协工作经验交流会议主要精神；审议《市政协三届一次会议以来优秀市政协委员、优秀提案、优秀调研报告、优秀社情民意和宣传信息工作先进单位评审活动的实施意见》。

第十一次主席会议 2012年12月12日在市政协主席会议室召开。市政协主席谢发明主持会议，市政协副主席黄德宪、廖建辉、郑友清、黄耀波和秘书长徐容宁出席。会议传达学习《中共江西省委关于认真学习贯彻中央政治局改进工作作风、密切联系群众八项规定的通知》；审议《市政协常委会工作报告（审议稿）》《市政协三届二次会议以来提案工作报告（审议稿）》《2013年市政协调研视察课题》《市政协三届一次会议以来优秀政协委员、优秀提案、优秀调研报告、优秀社情民意和宣传信息先进单位评选名单》《关于召开市政协三届三次会议的决定（草案）》和《市政协三届三次会议议程（草案）和日程（草案）》；审议通过《关于进一步加强人民政协提案办理工作的实施意见（代拟稿）》《市政协三届七次常委会会议议程（草案）和日程》和《市政协三届三次会议秘书处工作机构及职责》；审议《市政协办公室、各专委会2012年工作总结和2013年工作要点》。

第十二次主席会议 2013年1月29日在市政协主席会议室召开。市政协主席谢发明主持会议，副主席黄德宪、陈云斐、廖建辉、郑友清、黄耀波、周付德、蔡青及秘书长徐容宁出席。会议传达省政协十一届一次会议和省政协十一届一次常委会会议精神，学习市委、市政府《关于改进工作作风、密切联系群众的若干规定》，审议市人民政协理论研究会2013年工作要点，部署市政协有关工作。

第十三次主席会议 2013年3月26日在市政协主席会议室召开。市政协主席谢发明主持，市政协副主席陈云斐、廖建辉、郑友清、贾益纲、黄耀波、周付德、蔡青和秘书长徐容宁出席。会议传达学习全国政协十二届一次会议精神，研究贯彻落实意见。

第十四次主席会议　2013年5月22日在市政协主席会议室召开，市政协主席谢发明主持会议。会议传达省政协理论研究会2013年常务理事会议及理论研讨会论文征集主要精神；审议《关于改进工作作风、密切联系群众的具体措施（审议稿）》和《市政协主席会议工作规则（审议稿）》；研究全市县（区）政协主席座谈会有关事宜和《市政协特聘港澳台侨委员建议名单》，部署市政协有关工作。

第十五次主席会议　2013年6月17日在市政协主席会议室召开，市政协主席谢发明主持会议。会议传达学习省委书记强卫在抚州调研时讲话精神；传达贯彻省政协十一届二次常委会会议主要精神；审议《解放思想，科学定位，加快赶超——关于全市县域经济发展情况的调研报告（审议稿）》；研究市政协三届九次常委会会议暨加快县域经济发展资政会有关事项。

第十六次主席会议　2013年8月13日在市政协主席会议室召开，市政协主席谢发明主持会议。会议总结2013年以来履职工作，研究部署下一阶段的工作；传达贯彻省委十三届七次全会精神和设区市政协主席座谈会精神；审议关于组织在抚省政协委员开展"保护森林资源，发展林业经济"视察活动方案；办公室、各专委会负责人汇报工作情况及下步工作打算。

第十七次主席会议　2013年9月18日在市政协主席会议室召开。市政协主席谢发明主持会议，市政协副主席黄德宪、陈云斐、廖建辉、郑友清、贾益纲、黄耀波、蔡青及秘书长徐容宁出席。会议传达学习中共抚州市委办公室、抚州市人民政府办公室《关于在全市开展党政领导干部违反规定接受和赠送现金、有价证券、支付凭证问题专项治理活动的通知》和市纪委《关于在"纠'四风'，树新风"教育月期间开展集中监督检查的通知》等有关文件精神；审议《关于加快推进抚州新型城镇化发展的调研报告（审议稿）》《关于召开市政协专题理论研讨会暨学习报告会工作方案（草案）》；研究市政协三届十次常委会会议有关事项。

第十八次主席会议　2013年11月20日在市政协主席会议室召开。市政协主席谢发明主持会议，副主席陈云斐、廖建辉、郑友清、贾益纲、黄耀波、蔡青和秘书长徐容宁出席。会议传达学习党的十八届三中全会精神；听取驻吉安、抚州两市省政协委员视察团在赣州开展"加快赣南等原中央苏区振兴发展"专题视察情况汇报；研究审议《关于制定市政协年度协商计划的办法》和《关于开展2013年度优秀市政协委员、优秀提案、优秀调研报告、优秀社情民意、宣传信息工作先进单位评选的实施意见》；传达全省政协有关会议精神，布置有关工作。

第十九次党组（主席）会议　2013年11月7日在市政协主席会议室举行。市政协主席谢发明主持会议，市政协副主席黄德宪、陈云斐、廖建辉、郑友清、黄耀波、蔡青和秘书长徐容宁出席。会议传达学习《中共中央关于薄熙来严重违纪违法案及其教训的通报》和全市领导干部会议精神，研究贯彻落实意见。

第二十次主席会议　2013年12月24日在市政协主席会议室召开。市政协主席谢发明主持，副主席黄德宪、陈云斐、廖建辉、郑友清、贾益纲、黄耀波、蔡青及秘书长徐容宁出席。会议传达学习《中共中央办公厅、国务院办公厅关于印发〈党政机关国内公务接待管理规定〉的通知》和全省政协社情民意工作会议、全省政协经济委员会、教科文卫委员会、人资环委员会工作座谈会议精神，研究贯彻落实意见；审议通过市政协常委会工作报告（审议稿）、2014年市政协调研视察课题（审议稿）、市政协提案工作报告（审议稿），2013年度优秀市政协委员、优秀调研报告、优秀提案、优秀社情民意和宣传信息先进单位评选名单，市政协三届十一次常委会会议议程（草案）。

第二十一次主席会议　2014年1月15日在

市政协主席会议室召开。市政协主席谢发明主持会议，副主席黄德宪、陈云斐、廖建辉、郑友清、黄耀波、蔡青和秘书长徐容宁出席。会议传达省政协十一届四次常委会、全省政协港澳台侨和外事委员会工作座谈会会议精神；学习《中共抚州市委关于全面深化改革的实施意见（讨论稿）》；审议《市政协常委会 2014 年工作要点（审议稿）》《市政协经济技术委员会和教文卫体委员会更名有关事项》；审议通过《市政协三届四次会议有关事项》《市政协三届四次会议秘书处工作机构及职责（审议稿）》《市政协三届十二次常委会会议议程（草案）和日程（草案）》。

第二十二次主席会议 2014 年 1 月 27 日在市政协主席会议室召开。市政协主席谢发明主持会议，市政协副主席黄德宪、陈云斐、廖建辉、郑友清、黄耀波、蔡青和秘书长徐容宁出席。会议传达学习省政协十一届二次会议精神，对新一年市政协工作提出具体要求。

第二十三次党组（主席）会议 2014 年 2 月 26 日在市政协主席会议室召开。市政协党组书记、主席谢发明主持会议，市委常委、统战部部长、市政协党组副书记朱章明，市政协副主席黄德宪、廖建辉、贾益纲、蔡青及秘书长徐容宁出席。会议传达学习《市委、市政府关于大力推进清廉抚州建设开展六大清廉行动的意见》和市纪委三届四次全会精神；审议市政协党组、市政协机关开展党的群众路线教育实践活动工作方案，部署相关工作。

第二十四次主席会议 2014 年 4 月 3 日在市政协主席会议室召开。市政协主席谢发明主持会议，市政协副主席黄德宪、陈云斐、廖建辉、郑友清、黄耀波、周付德、蔡青及秘书长徐容宁等出席。会议学习习近平总书记在兰考县委常委扩大会议上重要讲话精神；传达市委书记致全市各县（区）和各单位党的群众路线教育实践活动第一责任人并督导组长的一封信；传达省人民政协理论研究会第四次常务理事会议精神；研究审议市政协党组成员赴县（区）开展党的群众路线教育实践活动走访调研工作安排；审议确定市政协三届四次会议重点提案；审议通过市政协 2014 年度协商计划。

第二十五次党组（主席）会议 2014 年 4 月 28 日在市政协主席会议室举行。市政协党组书记、主席谢发明主持会议，市政协副主席黄德宪、陈云斐、廖建辉、郑友清、黄耀波、周付德、蔡青及秘书长徐容宁等出席。会议传达学习习近平总书记“三严三实”讲话主要精神和市委书记致全市各县（区）、各单位教育实践活动第一责任人并督导组长的第二封信，研究部署贯彻意见；市政协党组成员结合思想、工作和作风实际，对照焦裕禄精神和“三严三实”要求，谈体会、查不足，开展批评和自我批评。

第二十六次党组（主席）会议 2014 年 5 月 28 日，市政协党组查摆问题专题会议在市政协主席会议室举行。市政协党组书记、主席谢发明主持会议，省委第十一督导组副组长陈峰反馈情况并讲话，市委常委、统战部部长、市政协党组副书记朱章明，市政协党组成员黄德宪、廖建辉、黄耀波、周付德、徐容宁出席会议。市政协副主席陈云斐、贾益纲、蔡青和市政协办公室、各专委会主要负责人及 4 名市政协委员代表列席会议。会上，与会市政协党组成员围绕为民务实清廉主题，对照“三严三实”要求，聚焦“四风”，突出问题，对市政协党组执行中央八项规定和省委、市委关于改进作风有关规定，以及加强作风建设方面存在的突出问题进行梳理查摆，提出整改意见。

第二十七次党组（主席）会议 2014 年 6 月 9 日在市政协主席会议室召开。市政协党组书记、主席谢发明主持，副主席黄德宪、陈云斐、廖建辉、贾益纲、黄耀波、周付德、蔡青及秘书长徐容宁出席。会议传达学习市委常委会会议精神、省委党的群众路线教育实践活动领导小组办公室《关于指导开好市、县领导班子专题民主生活会需要把握的几个具体问题》，研究贯彻意见；审议《市政协党组专题民主生活会工作方案》；讨论审议《关于抚州建设向莆铁路经济带的调查报告》;研究《关于增加市政协“特聘港澳台侨委员”的报告》、市政协港澳台侨和外事委员会更名及增加专委会委员事项;审议市政协三届十四次常委会会议有关事项;通报有关人事事项。

第二十八次党组(主席)会议　2014年6月17日,市政协党组在市政协主席会议召开专题民主生活会。市政协党组书记、主席谢发明,党组副书记朱章明、党组成员黄德宪、廖建辉、黄耀波、周付德、徐容宁参加会议,省委第十一督导组副组长陈峰到会指导。市政协非中共党员副主席陈云斐、贾益纲、蔡青,以及市政协机关党组成员和市政协委员代表列席会议。会议专题学习习近平总书记在指导河南省兰考县委常委班子专题民主生活会上重要讲话、省委书记强卫在指导南昌市委常委班子专题民主生活会上重要讲话和常务副省长在指导抚州市委常委班子专题民主生活会上重要讲话精神。会议通报市政协党组专题民主生活会准备工作情况。谢发明代表市政协党组作对照检查。随后,谢发明带头,政协党组班子成员逐一作个人对照检查,开展批评和自我批评。

第二十九次党组(主席)会议　2014年6月19日在市政协主席会议室召开。市政协党组书记、主席谢发明主持会议,市政协副主席黄德宪、陈云斐、廖建辉、贾益纲、黄耀波、周付德、蔡青及秘书长徐容宁出席。会议审议通过《市政协党组班子查摆问题整改责任表》,并研究相关事项。

第三十次党组(主席)会议　2014年8月14日在市政协主席会议室召开。市政协党组书记、主席谢发明主持会议,副主席黄德宪、陈云斐、廖建辉、郑友清、贾益纲、黄耀波、周付德、蔡青及秘书长徐容宁出席。会议传达学习习近平总书记在中央政治局第十六次集体学习时的重要讲话、省委十三届九次全体会议精神、全省政协第六次提案工作座谈会精神和市委党的群众路线教育实践活动领导小组印发《关于做好党的群众路线教育实践活动整改落实、建章立制等环节工作的实施方案》,研究贯彻意见;审议《中共政协抚州市委员会党组工作规则(审议稿)》《政协抚州市委员会关于加强和改进调查研究工作的意见(审议稿)》《政协抚州市委员会办公室整治“文山会海”的办法(试行)》《关于举办市政协社情民意信息联络员培训会议工作方案(审议稿)》《政协抚州市委员会民主评议提案办理工作办法(审议稿)》;研究《关于调整市政协“特聘港澳台侨委员”的建议名单》;听取市政协机关党组关于党的群众路线教育实践活动工作汇报;通报有关人事事项。

第三十一次党组(主席)会议　2014年8月25日在市政协主席会议室召开。市政协党组书记、主席谢发明主持会议,市政协副主席黄德宪、陈云斐、郑友清、黄耀波、周付德、蔡青及秘书长徐容宁等出席;省委第十一督导组联络员刘春滚出席会议并讲话。会议专题研究讨论市政协党组集中解决“四风”问题加强作风建设整改工作方案、深入开展“四风”突出问题专项整治方案、解决“四风”突出问题制度建设计划,安排教育实践活动整改落实、建章立制等环节工作。

第三十二次主席会议　2014年9月22日在市政协主席会议室召开,市政协主席谢发明主持会议。会议传达学习中央党的群众路线教育实践活动领导小组《关于认真学习贯彻习近平总书记在听取兰考县委和河南省委党的群众路线教育实践活动情况汇报时重要讲话精神的通知》精神,交流学习体会;审议《让抚州特色农产品在全国叫响——关于强力推进抚州特色农业产业化升级的调查与建议(审议稿)》;审议《召开全市县(区)政协主席座谈会的工作预案》;审议《关于召开市政协专题理论研讨会的工作预案》;审议通过《市政协特聘港澳台侨委员管理办法》;研究市政协三届十五次常委会会议有关事项。

第三十三次主席会议　2014年10月31日在市政协主席会议室召开。市政协主席谢发明主持会议,副主席黄德宪、陈云斐、郑友清、贾益纲、黄耀波、蔡青及秘书长徐容宁出席。会议传达学习党的十八届四中全会精神、十八届中央纪委四次全会精神、全省政协文史委员会主任会议精神、闽浙赣皖四省九市第二十四次联谊会精神；审议通过《关于开展“界别活动月”活动的通知》《关于对〈切实加强抚河流域水环境保护和治理工作的意见〉执行情况开展专题民主监督的实施方案》和《市政协民主评议提案办理工作方案》；听取市政协书画社与市海西商会举办书画联展有关情况汇报，研究部署有关工作。

第三十四次主席会议 2014年12月25日在政协主席会议室召开。市政协主席谢发明主持，副主席黄德宪、陈云斐、郑友清、贾益纲、黄耀波、周付德、蔡青和秘书长徐容宁出席。会议传达学习全省政协宣传工作会议精神和全省政协教文卫体委员会、经济委员会、社会法制委员会工作座谈会议精神，研究贯彻意见；审议《市政协常委会工作报告（送审稿）》《2015年市政协调研视察课题（送审稿）》《市政协三届四次会议以来提案工作情况的报告（送审稿）》《2014年度优秀市政协委员、优秀提案、优秀调研报告、优秀社情民意和宣传信息工作先进单位评选名单（送审稿）》和《市政协三届十六次常务会议议程及日程（草案）》。

第三十五次党组（主席）会议 2015年1月16日在市政协主席会议室召开。市政协党组书记、主席谢发明主持会议，市政协副主席陈云斐、廖建辉、郑友清、贾益纲、黄耀波、周付德及秘书长徐容宁出席。会议审议通过《关于召开政协抚州市第三届委员会第五次会议的决定（草案）》《中国人民政治协商会议抚州市第三届委员会第五次会议议程（草案）》《市政协三届五次会议期间主席、副主席工作分工》《中国人民政治协商会议抚州市第三届委员会常务委员会第十七次会议议程（草案）》《中国人民政治协商会议抚州市第三届委员会常务委员会第十七次会议日程（草案）》；会议还审议了其他事项。

第三十六次主席会议 2015年2月2日在市政协主席会议室召开，市政协主席谢发明主持会议。会议传达学习《中共中央关于加强社会主义协商民主建设的意见》精神、十八届中央纪委五次全会精神、省纪委十三届五次全会精神、省政协十一届三次会议主要精神，研究贯彻落实意见；审议市政协常委会2015年工作要点；研究主席、副主席、秘书长分工事宜。

第三十七次主席会议 2015年3月20日在市政协主席会议室召开，市政协主席谢发明主持会议，副主席陈云斐、郑友清、贾益纲、黄耀波、周付德、蔡青、柏林及秘书长徐容宁出席。会议传达学习习近平总书记参加江西代表团审议时的重要讲话精神、全国政协十二届三次会议及省政协十一届十一次常委会会议精神、省市政协港澳台侨和外事工作座谈会主要精神，研究贯彻意见；审议《市政协理论研讨会2015年工作要点》《市政协三届五次会议重点提案》和《关于市政协文史馆馆长改任人选及增聘市政协文史馆顾问的报告》，部署相关工作。

第三十八次主席会议 2015年4月24日在市政协主席会议室召开。市政协主席谢发明主持会议，副主席陈云斐、郑友清、贾益纲、黄耀波、周付德、蔡青、柏林及秘书长徐容宁出席。会议专题学习讨论如何迅速贯彻落实省委书记强卫关于《抢抓机遇，乘势而上，促进抚州高新区产业升级、发展升级》批示精神，研究贯彻落实意见。

第三十九次党组（主席）会议 2015年5月25日在市政协主席会议室召开。市政协党组书记、主席谢发明主持会议，市政协副主席陈云斐、郑友清、贾益纲、黄耀波、周付德、蔡青、徐建辉、柏林及秘书长徐容宁出席。会议传达学习贯彻《中共江西省委关于加强作风建设营造良好从政环境的意见》精神；讨论审议《关于加快抚州现代服务业发展的调查报告》；审议通过《市政协党组关于开展“三严三实”专题教育实施方案》；审议市政协三届二十次常委会会议有关事项；通过有关人事事项。

第四十次主席会议 2015年8月25日在市政协主席会议室召开。市政协主席谢发明主持会议，副主席郑友清、贾益纲、黄耀波、周付德、蔡青、徐建辉及秘书长徐容宁出席。会议传达学习省委《关于进一步加强政协工作充分发挥人民政协在发展协商民主中重要作用的意见(征求意见稿)》、市委《关于在全市开展解放思想“三问”大讨论活动的通知》《关于落实“把纪律挺在前面”要求的工作意见(送审稿)》《抚州市“把纪律挺在前面”先行先试工作配套制度(方案)》《抚州市党员干部行为规范(送审稿)》《关于进一步加强全市机关作风建设的实施意见(送审稿)》以及全省政协提案工作座谈会等会议文件精神，研究贯彻落实意见；审议《关于召开全市县(区)政协主席座谈会的工作方案》；听取“适应生态文明新常态，实现绿色崛起新作为”常委会协商课题进展情况汇报。

第四十一次主席会议　2015年9月30日在市政协主席会议室召开。市政协主席谢发明主持会议，副主席陈云斐、郑友清、黄耀波、周付德、徐建辉、柏林及秘书长徐容宁出席。会议传达学习省委政协工作会议精神、省政协十一届十三次常委会会议精神、《中共江西省委关于进一步加强政协工作充分发挥人民政协在发展协商民主中重要作用的意见》精神，研究贯彻意见；审议《适应生态文明新常态，展现绿色崛起新作为——关于在生态文明建设中力创“抚州样板”的调查与建议(送审稿)》、市政协三届二十一次常委会会议议程(草案)和日程(草案)以及《闽浙赣皖四省九市政协第25次联谊会工作方案(送审稿)》。

第四十二次主席会议　2015年11月27日在市政协主席会议室召开。市政协主席谢发明主持会议，副主席陈云斐、郑友清、黄耀波、周付德、蔡青、徐建辉、柏林及秘书长徐容宁出席。会议传达学习中共十八届五中全会精神、省政协十一届十四次常委会会议精神、全省设区市政协主席座谈会议精神、《光华时报》2016年度新闻宣传发行工作会议精神、全省政协科教文卫体委员会工作座谈会议和全省政协社会和法制委员会工作座谈会议精神，研究贯彻意见；学习《中国共产党廉洁自律准则》和《中国共产党纪律处分条例》；审议《中共抚州市委关于加强人民政协协商民主建设促进政协事业发展的意见(代拟稿)》《市政协2016年度调研视察课题》。

第四十三次主席会议　2015年12月25日在市政协主席会议室召开。市政协主席谢发明主持会议，副主席陈云斐、郑友清、贾益纲、黄耀波、周付德、蔡青、徐建辉、柏林及秘书长徐容宁出席。会议审议《市政协常委会工作报告(送审稿)》《市政协提案工作报告(送审稿)》《2015年度优秀市政协委员、优秀调研报告、优秀提案、优秀社情民意和宣传信息工作先进单位评选名单》《市政协三届二十二次常委会会议议程及日程(草案)》。

第四十四次主席会议　2016年1月7日在市政协主席会议室召开。市政协主席谢发明主持会议，副主席陈云斐、郑友清、贾益纲、黄耀波、周付德、蔡青、徐建辉、柏林及秘书长徐容宁出席。会议审议《关于召开政协抚州市第三届委员会第六次会议的决定(草案)》《市政协三届六次会议议程、日程(草案)》《市政协三届六次会议期间主席、副主席工作分工》《市政协三届二十三次常委会会议议程、日程(草案)》等有关事项，研究部署相关工作。

第四十五次主席会议　2016年2月24日在市政协主席会议室召开。市政协主席谢发明主持会议，副主席陈云斐、郑友清、贾益纲、黄耀波、周付德、蔡青、徐建辉、柏林及秘书长徐容宁出席。会议传达学习习近平总书记视察江西重要讲话精神和全省设区市政协经济委工作座谈会精神，研究贯彻意见；审议市政协常委会2016年工作要点和《市政协三届二十五次常委会会议议程(草案)》以及有关人事事项，部署相关工作。

第四十六次主席会议　2016年4月25日在市政协主席会议室召开。市政协主席谢发明主持会议，副主席陈云斐、贾益纲、周付德、蔡青、徐建辉、柏林及秘书长徐容宁出席。会议专题学习中央、省委及市委“两学一做”学习教育动员部署视频会议精神，传达学习全省政协人口资源环境委员会工作座谈会、市委《关于开展巡查工作的实施意见》和市委办、市政府办《关于进一步规范公务接待工作的通知》精神，审议通过《市政协2016年度“市长领办、主席督办、专委会促办”重点提案及实施方案》，研究贯彻落实意见。

第四十七次主席会议 2016年6月17日在市政协主席会议室召开。市政协主席谢发明主持会议，副主席陈云斐、黄耀波、周付德、蔡青、徐建辉、柏林及秘书长徐容宁出席。会议专题学习习近平总书记关于“两学一做”第二专题“实事求是闯新路”论述摘编，交流学习体会；听取市政协机关党支部“两学一做”学习教育情况及下一步工作安排汇报；审议《强化“第一动力”，激发创新活力——关于抚州实施创新驱动发展战略的调研报告（审议稿）》《召开全市县（区）政协主席座谈会的工作预案》和市政协三届二十六次常委会会议有关事项。

第四十八次（党组）主席会议 2016年9月8日在市政协主席会议室召开。市政协党组书记、主席谢发明主持，市政协副主席贾益纲、黄耀波、周付德、蔡青、徐建辉、柏林及秘书长徐容宁出席。会议传达学习中共抚州市委办公室转发《省委巡视办关于2016年省委第二轮巡视发现倾向性问题的通报》的通知、省政协理论研究会会议精神；审议《绿色养生健康养老——关于加快发展抚州健康养生养老产业的调查报告》；研究市政协三届二十七次常委会会议有关事项。

第四十九次党组（主席）会议 2016年10月12日在市政协主席会议室召开。市政协党组书记、主席谢发明主持，市政协党组书记黄晓波，市委常委、统战部部长、副市长韦萍出席。出席会议的还有市政协副主席陈云斐、黄耀波、周付德、蔡青、徐建辉、柏林及秘书长徐容宁。会议传达学习市第四次党代会精神；审议关于召开市政协四届一次会议的决定（草案）；审议市政协四届一次会议议程和日程（草案）；审议市政协四届一次会议秘书处工作机构及职责。

第五十次党组（主席）会议 2016年10月24日在市政协主席会议室召开。市政协党组书记黄晓波主持会议，市政协主席谢发明，市委常委、统战部部长、副市长韦萍，市政协副主席黄耀波、周付德、蔡青、徐建辉及秘书长徐容宁出席。会议听取并审议《市政协三届二十八次常委会会议议程和日程（草案）》《市政协三届常委会工作报告和提案工作报告（审议稿）》；协商审议《政协抚州市第四届委员会委员人选建议名单和常委候选人建议名单》。

（四）四届市政协党组（主席）会议

市政协第四届委员会党组（主席）会议从2016年11月至2021年10月，共召开38次会议，绝大多数情况下，党组（扩大）会议与主席会议合并举行。

第一次党组（主席）会议 2016年11月21日在市政协主席会议室召开。市政协党组书记、主席黄晓波主持会议，市委常委、统战部部长、市政协党组副书记韦萍，市政协副主席黄耀波、刘菊娇、周付德、徐建辉、柏林、刘忠华、戴晓文，秘书长徐容宁出席。会议传达学习省第十四次党代会精神；研究市政协主席、副主席、秘书长工作分工安排；研究市政协领导及办公室、专委会联系界别分工安排；审议关于举办四届市政协新委员培训班工作方案；审议关于开展“界别活动月”工作方案。

第二次党组（主席）会议 2016年12月27日在市政协主席会议室召开。市政协党组书记、主席黄晓波主持会议，副主席黄耀波、刘菊娇、周付德、徐建辉、柏林、刘忠华、戴晓文及秘书长徐容宁出席。会议传达学习了省政协十一届二十一次常委会会议、全省设区市人民政协理论研究会会长座谈会暨2016年人民政协理论研讨会、2016年《光华时报》办报用报座谈会、全省政协教科文卫体委员会学习工作座谈会、全省设区市政协社会和法制委员会工作会议、全省政协民族和宗教工作座谈会、全省政协港澳台侨和外事工作座谈会精神，研究了贯彻意见；审议《关于召开政协抚州市第四届委员会第二次会议的决定(草案)》《市政协四届二次会议议程、日程(草案)》《市政协四届二次会议期间主席、副主席工作分工》《市政协四届一次常委会会议议程、日程(草案)》《市政协常委会工作报告(送审稿)》《市政协提案工作报告(送审稿)》和《市政协 2017 年调研视察课题(送审稿)》；听取市政协机关“四进四联四帮”连心小分队工作汇报，安排部署相关工作。

第三次党组(主席)会议　2017 年 1 月 13 日在市政协主席会议室召开。市政协党组书记、主席黄晓波主持会议，市政协副主席黄耀波、郑友清、周付德、徐建辉、柏林、刘忠华、戴晓文及秘书长徐容宁出席；副市长蔡青应邀出席会议。会议听取《市人民政府关于东乡县撤县设区有关事项的通报》，审议通过《政协抚州市委员会关于东乡县撤县设区后有关事项的决定(草案)》。

第四次党组(主席)会议　2017 年 6 月 28 日在市政协主席会议室召开。市政协党组书记、主席黄晓波主持会议，市委常委、统战部部长、市政协党组副书记韦萍，市政协副主席黄耀波、刘菊娇、郑友清、周付德、徐建辉、柏林、刘忠华、戴晓文及秘书长徐容宁出席会议。会议传达学习贯彻《中共江西省委关于加强和改进人民政协民主监督工作的实施意见》精神、市委办《关于进一步加强和规范市级领导干部请假报备工作的通知》精神和省人民政协理论研究会常务理事会、全省设区市政协提案工作座谈会、省政协“降成本、优环境、促发展”专项民主监督情况通报会精神；通报赴上海、江苏开展“抚商才子大走访”活动情况和市政协 2017 年度重点提案筛选情况；审议市政协四届四次常委会会议议程(草案)和日程(草案)、《关于“发挥抚州文化优势，积极打造国家级汤显祖文化产业示范园区”专题调查报告(审议稿)》；研究有关人事事项。

第五次党组(主席)会议　2017 年 8 月 23 日在市政协主席会议室召开。市政协党组书记、主席黄晓波主持会议，副主席黄耀波、郑友清、周付德、徐建辉、柏林、刘忠华、戴晓文及秘书长徐容宁出席。会议审议《关于召开市、县(区)政协主席座谈会的工作方案(审议稿)》；部署市政协电子政务协同办公系统有关事宜；听取市政协机关“四进四联四帮”连心小分队工作汇报，部署相关工作。

第六次党组(主席)会议　2017 年 9 月 27 日在市政协五楼会议室召开。市政协党组书记、主席黄晓波主持，副主席黄耀波、周付德、柏林、刘忠华、戴晓文及秘书长徐容宁出席会议。会议传达学习市委办《关于进一步严肃工作纪律改进工作作风的通知》精神；审议《把“绿水青山”变成“金山银山”——关于推进抚河流域生态保护与综合治理，力促绿色产业健康发展的调查报告》和《市政协 2017 年中秋座谈会方案》；通报赴浙江丽水考察畲族文化保护传承及汤显祖戏剧文化弘扬有关情况；研究市政协四届五次常委会会议有关事项。

第七次党组(主席)会议　2017 年 12 月 14 日召开。市政协党组书记、主席黄晓波主持会议，副主席黄耀波、郑友清、徐建辉、柏林、刘忠华、戴晓文及秘书长徐容宁出席会议。会议传达学习市委办《关于转发〈中共中央办公厅印发习近平总书记关于进一步纠正“四风”、加强作风建设重要批示的通知〉的通知》精神，研究贯彻意见；审议市政协常委会工作报告和 2018 年调研视察课题。

第八次党组(主席)会议　2017 年 12 月 26 日在市政协主席会议室召开。市政协党组书记、主席黄晓波主持会议，副主席黄耀波、郑友清、徐建辉、柏林、刘忠华、戴晓文及秘书长徐容宁出席会议。会议传达学习《鹿心社同志在省委常委(扩大)会议上讲话》精神，研究贯彻意见；审议《关于召开政协抚州市第四届委员会第三次会议的决定(草案)》《政协抚州市四届三次会议议程

（草案）及日程（草案）》《市政协四届三次会议期间主席、副主席工作分工》《市政协提案工作报告（送审稿）》《2017年度优秀市政协委员、优秀提案、优秀调研报告、优秀社情民意和宣传信息工作先进单位评选名单（送审稿）》《市政协四届六次常委会会议议程及日程（草案）》；通过有关人事事项。

第九次党组（主席）会议 2018年4月16日在市政协会议室举行。市政协党组书记、主席黄晓波主持会议，市委常委、统战部部长、市政协党组副书记韦萍，市政协副主席黄耀波、郑友清、柏林、刘忠华及秘书长徐容宁出席。会议传达学习省委书记、省长刘奇在走访省政协机关时的讲话精神，研究贯彻意见；研究部署市政协领导挂点脱贫攻坚和项目建设工作；审议《市政协四届十次常委会会议议程及日程（草案）》；通过有关人事事项。

第十次党组（主席）会议 2018年7月9日在市政协主席会议室举行。市政协党组书记、主席黄晓波主持会议，市委常委、统战部部长、市政协党组副书记韦萍，市政协副主席黄耀波、柏林、刘忠华、戴晓文及秘书长徐容宁出席。会议专题学习《习近平总书记关于加强和改进人民政协工作的重要思想专题摘编》，交流学习体会；传达学习《中国共产党巡视工作条例》；审议《把抚州戏剧唱起来，让“临川四梦”走出去——关于依托汤翁戏剧品牌，繁荣我市演艺市场的调查报告（征求意见稿）》；审议《市政协四届十一次常委会会议议程及日程（草案）》；通过有关人事事项。

第十一次党组（主席）会议 2021年8月19日在市政协五楼主席会议室召开。市政协党组书记、主席黄晓波主持会议，市委常委、统战部部长、市政协党组副书记韦萍，副主席黄耀波、郑友清、柏林、刘忠华、戴晓文及秘书长徐容宁出席。会议专题学习《习近平总书记关于加强和改进人民政协工作的重要思想专题摘编》，交流学习体会；会议传达学习省政协党组《关于请各设区市政协党组向本市市委报告，建议市委专题听取汇报的通知》和《省政协领导同志批示通知》精神，研究贯彻意见；会议审议通过《关于组织部分市政协委员赴全国政协培训中心开展培训的工作方案（送审稿）》。

第十二次党组（主席）会议 2018年10月11日在市政协主席会议室举行。市政协党组书记、主席黄晓波主持会议，市委常委、统战部部长、市政协党组副书记韦萍，市政协副主席黄耀波、郑友清、刘忠华及秘书长徐容宁出席。会议传达学习习近平总书记在全国宗教工作会议上的重要讲话精神、习近平总书记对《关于大力推进有力有效解决违纪违法宗教活动》调研报告重要批示精神，研究贯彻落实意见；专题学习《中国共产党纪律处分条例》；审议《高起点规划、高标准建设、高质量发展，把东临新区打造成抚州经济发展新的增长极——关于东临新区建设与发展问题的调查报告（审议稿）》；审议《市政协四届十二次常委会会议议程及日程（草案）》；研究向不再连任的三届市政协委员颁发纪念牌事宜。

第十三次党组（主席）会议 2018年11月8日在市政协主席会议室举行。市政协党组书记、主席黄晓波主持会议，市委常委、统战部部长、市政协党组副书记韦萍，市政协副主席郑友清、刘忠华、戴晓文及秘书长徐容宁出席。会议传达学习中共中央办公厅《关于加强新时代人民政协党的建设工作的若干意见》、全国政协党组《关于认真学习贯彻〈关于加强新时代人民政协党的建设工作的若干意见〉的通知》、中共抚州市委《关于切实加强新时代人民政协党的建设工作的实施意见》文件精神；传达学习省政协主席姚增科对中共抚州市委《关于切实加强新时代人民政协党的建设工作的实施意见》批示精神；研究关于学习贯彻中共抚州市委《关于切实加强新时代人民政协党的建设工作的实施意见》实施方案及分工方案（讨论稿），部署相关工作。

第十四次党组（主席）会议 2018年12月19日在市政协主席会议室举行。市政协党组书记、主席黄晓波主持会议，副主席黄耀波、郑友清、柏林、刘忠华及秘书长徐容宁出席。会议专题学习《习近平总书记关于加强和改进人民政协工作的重要思想专题摘编》，传达学习全省政协系统党的建设工作座谈会精神，研究部署下一步工作。

第十五次党组（主席）会议　2019年1月9日在市政协主席会议室举行。市政协党组书记、主席黄晓波主持会议，市委常委、统战部部长、市政协党组副书记韦萍，市政协副主席黄耀波、郑友清、柏林、刘忠华及秘书长徐容宁出席。会议传达学习省委办公厅印发的《关于加强新时代全省政协党的建设工作的实施意见》；审议《关于召开政协抚州市第四届委员会第四次会议的决定（草案）》《市政协四届四次会议议程及日程（草案）》《市政协四届四次会议期间主席、副主席工作分工》《市政协常委会工作报告和提案工作报告（送审稿）》《市政协2019年调研视察课题（送审稿）》《2018年度优秀市政协委员、优秀调研报告、优秀提案、优秀社情民意和宣传信息工作先进单位评选名单（送审稿）》《市政协四届十三次常委会会议议程及日程（草案）》和市政协四届四次会议期间设立临时党支部有关事项。

第十六次党组（主席）会议　2019年3月29日在市政协主席会议室召开。市政协党组书记、主席黄晓波主持，市委常委、统战部部长、市政协党组副书记韦萍，市政协副主席黄耀波、郑友清、徐建辉、柏林、刘忠华、戴晓文及秘书长徐容宁出席。会议传达学习全国两会精神，市政协党组及主席会议成员结合各自工作实践和履职感悟，围绕“深入学习贯彻全国两会精神，结合解放思想‘三问’大讨论活动，扎实做好政协履职工作”主题进行专题研讨。

第十七次党组（主席）会议　2019年5月29日在市政协主席会议室召开。市政协党组书记、主席黄晓波主持会议，市委常委、统战部部长、市政协党组副书记韦萍，市政协副主席黄耀波、郑友清、徐建辉、柏林、戴晓文及秘书长徐容宁出席。会议传达学习习近平总书记在推动中部地区崛起工作座谈会和省委、省政府工作汇报会上的重要讲话精神、《中国共产党党组工作条例》，研究贯彻意见；审议《市政协主席、副主席、秘书长工作分工（送审稿）》《市政协庆祝人民政协成立70周年系列活动工作方案（送审稿）》《以创新为引领，以改革为动力，搞活做大旅游产业——关于全力推进我市旅游市场改革创新的调查报告（征求意见稿）》《市政协四届十五次常委会会议议程及日程（草案）》；听取市政协机关“四进四连四帮”连心小分队年度工作汇报；通过有关人事事项。

第十八次党组（主席）会议　2019年7月8日在市政协主席会议室召开。市政协党组书记、主席黄晓波主持会议，副主席黄耀波、郑友清、徐建辉、柏林及秘书长徐容宁出席。会议学习《中国共产党党员教育管理工作条例》；传达抚州市创建国家卫生城市迎检冲刺誓师大会精神，研究贯彻落实意见。

第十九次党组（主席）会议　2019年8月16日在市政协主席会议室召开。市政协党组书记、主席黄晓波主持会议，市委常委、统战部部长、市政协党组副书记韦萍，市政协副主席黄耀波、郑友清、徐建辉、柏林、刘忠华、戴晓文及秘书长徐容宁出席。会议传达学习习近平总书记在“不忘初心、牢记使命”主题教育工作会议上重要讲话精神、《中共中央关于在全党开展“不忘初心、牢记使命”主题教育的意见》和全国政协主席汪洋在庆祝人民政协成立70周年理论研讨会上讲话精神；研究部署市政协有关工作。

第二十次党组（主席）会议　2019年9月11日在市政协主席会议室召开。市政协党组书记、主席黄晓波主持会议，市委常委、统战部部长、市政协党组副书记韦萍，市政协副主席黄耀波、郑友清、徐建辉、柏林、刘忠华、戴晓文及秘书长徐容宁出席。会议传达学习习近平总书记在“不忘初心、牢记使命”主题教育工作会议上重要讲话精神、“不忘初心、牢记使命”主题教育第一批总结暨第二批部署会议精神、全省“不忘初心、牢记使命”主题教育第一批总结暨第二批部署会议精神；审议通过市政协党组“不忘初心、牢记使命”主题教育工作方案和市政协主席、副主席、秘书长工作分工安排，部署安排相关工作。

第二十一次党组(主席)会议 2019年11月12日在市政协主席会议室召开。市政协党组书记、主席黄晓波主持会议，副主席黄耀波、徐建辉、刘忠华、戴晓文及秘书长徐容宁出席。会议传达学习《中共中央关于坚持和完善中国特色社会主义制度推进国家治理体系和治理能力现代化若干重大问题的决定》、全国政协《关于学习贯彻中国共产党第十九届中央委员会第四次全体会议精神和中央政协工作会议精神的决议》和中共中央纪委机关、中共中央组织部、中央“不忘初心、牢记使命”主题教育领导小组《关于第一批主题教育单位开好“不忘初心、牢记使命”专题民主生活会的通知》精神；审议《贯彻新理念，把握新机遇，奋力推进县域经济高质量发展——关于加快全市县域经济高质量发展调查报告(征求意见稿)》和《市政协四届十六次常委会会议议程及日程(草案)》，部署相关工作。

第二十二次党组(主席)会议 2020年2月27日在市政协主席会议室召开。市政协党组书记、主席黄晓波主持会议，市委常委、统战部部长、市政协党组副书记韦萍，市政协副主席黄耀波、郑友清、徐建辉、刘忠华、戴晓文及秘书长徐容宁出席。会议传达学习习近平总书记在统筹推进新冠肺炎疫情防控和经济社会发展工作部署会议上重要讲话精神、在北京调研指导新冠肺炎疫情防控工作时重要讲话精神、2月12日和26日中共中央政治局常务委员会会议精神、2月21日中共中央政治局会议精神、2月24日全国政协党组专题会议精神、全省全市统筹推进疫情防控工作和经济社会发展工作部署会议精神和省政协党组会议暨十二届第四十七次主席会议精神，研究贯彻落实意见。

第二十三次党组(主席)会议 2020年4月14日在市政协主席会议室召开。市政协党组书记、主席黄晓波主持会议，市委常委、统战部部长、市政协党组副书记韦萍，市政协副主席黄耀波、郑友清、徐建辉、柏林、刘忠华、戴晓文及秘书长徐容宁出席。会议传达学习习近平总书记在决战决胜脱贫攻坚座谈会上重要讲话精神、3月27日中共中央政治局会议精神、4月8日中共中央政治局常务委员会会议精神，以及十九届中央纪委四次全会和省纪委十四届五次全会、市纪委四届五次全会精神、中共中央办公厅印发的《党委(党组)落实全面从严治党主体责任规定》、省政协工作会议精神，研究贯彻落实意见；审议《市政协常委会工作报告和提案工作报告(审议稿)》。

第二十四次党组(主席)会议 2020年4月24日在市政协主席会议室召开。市政协党组书记、主席黄晓波主持会议，市委常委、统战部部长、市政协党组副书记韦萍，市政协副主席黄耀波、郑友清、徐建辉、柏林、刘忠华、戴晓文及秘书长徐容宁出席。会议审议《关于召开政协抚州市第四届委员会第五次会议的决定(草案)》《政协抚州市第四届委员会第五次会议议程(草案)》《市政协四届五次会议期间主席、副主席工作分工》《市政协四届四次会议以来优秀市政协委员、优秀提案、优秀调研报告、优秀社情民意、宣传信息工作先进单位和流动红旗中共党员委员工作站评选名单(送审稿)》《市政协四届十七次常委会会议议程及日程(草案)》；通过有关人事事项。

第二十五次党组(主席)会议 2020年5月15日在市政协主席会议室召开。市政协党组书记、主席黄晓波主持会议，市委常委、统战部部长、市政协党组副书记韦萍，市政协副主席郑友清、刘忠华、戴晓文、帅歌柳、廖燕、章克敏及秘书长徐容宁出席。会议传达学习中共中央政治局常务委员会会议精神、习近平总书记在山西考察时重要讲话精神、中共中央党外人士座谈会会议精神、中央全面深化改革委员会第十三次会议精神、省委书记刘奇在抚考察调研时讲话精神、全市“好人主义之害”解放思想大讨论活动动员大会精神、全市创国卫暨全民清扫活动动员大会精神，结合政协工作实际，研究贯彻意见；审议通过《市政协主席、副主席、秘书长分工安排（审议稿）》。

第二十六次党组（主席）会议　2020年7月30日在市政协主席会议室召开。市政协党组书记、主席黄晓波主持会议，市委常委、统战部部长、市政协党组副书记韦萍，市政协副主席郑友清、刘忠华、戴晓文、帅歌柳、廖燕、章克敏及秘书长徐容宁出席。传达会议学习习近平总书记重要署名文章《充分认识颁布实施民法典重大意义，依法更好保障人民合法权益》《中国共产党领导是中国特色社会主义最本质的特征》、在中央政治局第二十一次集体学习时重要讲话、在企业家座谈会上的重要讲话、在吉林考察时重要讲话精神和《中共中央办公厅关于印发〈党委（党组）意识形态工作责任制实施办法〉的通知》、省委十四届十一次全体（扩大）会议精神；集体研读《习近平谈治国理政》第三卷部分内容。

第二十七次党组（主席）会议　2020年8月6日在市政协主席会议室召开。市政协党组书记、主席黄晓波主持会议，市委常委、统战部部长、市政协党组副书记韦萍，市政协副主席郑友清、刘忠华、戴晓文、廖燕、章克敏及秘书长徐容宁出席。会议传达学习习近平总书记重要署名文章《贯彻落实新时代党的组织路线，不断把党建设得更加坚强有力》、习近平总书记在中共中央政治局第二十二次集体学习时重要讲话精神、7月28日中共中央党外人士座谈会、7月30日中共中央政治局会议、省政协十二届常委会第十二次会议、市委四届九次全体（扩大）会议精神，结合政协工作实际，研究贯彻意见；集体研读《习近平谈治国理政》第三卷部分内容。

第二十八次党组（主席）会议　2020年9月4日在市政协主席会议室召开。市政协党组书记、主席黄晓波主持会议，市委常委、统战部部长、市政协党组副书记韦萍，市政协副主席郑友清、刘忠华、戴晓文、帅歌柳、廖燕、章克敏及秘书长徐容宁出席。会议传达学习习近平总书记重要讲话、重要指示批示精神，以及中央重要会议精神、全国地方政协工作经验交流会议精神，研究贯彻意见；审议《中医抗疫有奇效，守正创新天地宽——抚州市中医药在抗击新冠病毒疫情中的作用及启示（征求意见稿）》和《市政协四届二十次常委会会议议程及日程（草案）》；研读习近平总书记有关重要署名文章。

第二十九次党组（主席）会议　2020年10月30日在市政协主席会议室召开。市政协党组书记、主席黄晓波主持会议，副主席刘忠华、戴晓文、帅歌柳、廖燕、章克敏及秘书长徐容宁出席。会议传达学习习近平总书记近期重要讲话重要指示批示精神、中共中央办公厅《关于巩固深化“不忘初心、牢记使命”主题教育成果的意见》以及省委书记刘奇来抚考察调研时讲话精神，研究贯彻意见，部署相关工作。

第三十次党组（主席）会议　2020年11月5日在市政协主席会议室召开。市政协党组书记、主席黄晓波主持会议，市委常委、统战部部长、市政协党组副书记韦萍，市政协副主席郑友清、刘忠华、戴晓文、帅歌柳、廖燕、章克敏及秘书长徐容宁出席。会议传达学习党的十九届五中全会精神、习近平总书记有关重要署名文章和中央全面深化改革委员会第十六次会议、省政协十二届常委会第十三次会议、2020年《江西政协报》办报用报座谈会精神，以及全省、全市领导干部会议精神，研究部署贯彻落实意见。

第三十一次党组（主席）会议　2020年11月26日在市政协主席会议室召开。市政协党组书记、主席黄晓波主持会议，市委常委、统战部部长、市政协党组副书记韦萍，市政协副主席郑友清、刘忠华、廖燕、章克敏及秘书长徐容宁出席。会议传达学习习近平总书记重要讲话重要指示批示精神、重要署名文章以及习近平总书记关于《中共中央关于制定国民经济和社会发展第十四个五年规划和二〇三五年远景目标的建议》的说明；审议《书写高质量脱贫攻坚“抚州答卷”——关于抚州市持续推进脱贫攻坚巩固提升脱贫成效的调查报告（征求意见稿）》及《市政协四届二十一次常委会会议议程及日程（草案）》；传达学习市新型冠状病毒感染的肺炎疫情防控指挥部办公室《转发关于进一步加强常态化疫情防控有关工作的通知》和《转发关于进一步压实"五方责任"抓紧抓实抓细今冬明春疫情防控工作的通知》精神。市政协党组成员结合工作实际就学习贯彻党的十九届五中全会精神作交流发言。

第三十二次党组（主席）会议 2021年1月15日在市政协主席会议室召开。市政协党组书记、主席黄晓波主持；市委常委、统战部部长、市政协党组副书记韦萍，市政协副主席郑友清、刘忠华、戴晓文、帅歌柳、章克敏及秘书长徐容宁出席。会议传达学习习近平总书记在省部级主要领导干部学习贯彻党的十九届五中全会精神专题研讨班开班式上重要讲话精神、全市影响发展环境突出问题专项整治工作动员大会会议精神以及近期省市有关疫情防控会议文件精神，研究贯彻意见；部署关于影响发展环境突出问题专项整治工作。

第三十三次党组（主席）会议 2021年2月23日在市政协主席会议室召开。市政协党组书记、主席黄晓波主持会议，副主席郑友清、刘忠华、帅歌柳、廖燕、章克敏及秘书长徐容宁出席会议。会议审议《关于召开政协抚州市第四届委员会第六次会议的决定（草案）》《政协抚州市第四届委员会第六次会议议程及日程（草案）》《市政协四届六次会议期间主席、副主席工作分工》《市政协常委会工作报告（送审稿）》《市政协2021年调研视察课题（送审稿）》《市政协提案工作报告（送审稿）》《市政协四届五次会议以来优秀市政协委员、优秀提案、优秀调研报告、优秀社情民意、宣传信息工作先进单位和流动红旗中共党员委员工作站评选名单（送审稿）》《市政协四届二十二次常委会会议议程及日程（草案）》。通过有关人事事项。

第三十四次党组（主席）会议 2021年5月28日在市政协主席会议室召开。市政协党组书记、主席王宏安主持会议，市委常委、统战部部长、市政协党组副书记韦萍，市政协副主席郑友清、刘忠华、戴晓文、帅歌柳、廖燕、章克敏及秘书长徐容宁出席会议。会议审议《市政协四届二十五次常委会会议议程及日程（草案）》。通过有关人事事项。

第三十五次党组（主席）会议 2021年8月19日在市政协主席会议室召开。市政协党组书记、主席王宏安主持会议，市委常委、统战部部长、市政协党组副书记韦萍，市政协副主席郑友清、刘忠华、戴晓文、帅歌柳、廖燕、章克敏及秘书长徐容宁、市委组织部部务委员谢爱隆出席。会议听取市委有关人事事项安排建议。会议通过《关于撤销周建平政协抚州市第四届委员会委员资格的决定》。

第三十六次党组（主席）会议 2021年10月8日在市政协主席会议室召开。市政协主席王宏安主持会议，市政协党组书记、市政协主席候选人贺喜灿，市委常委、统战部部长、市政协党组副书记郭新春，市政协党组副书记、副主席候选人谭小平，市政协副主席郑友清、刘忠华、戴晓文、帅歌柳、廖燕、章克敏及秘书长徐容宁出席。会议协商酝酿《五届市政协委员初步人选建议名单》。

第三十七次党组（主席）会议 2021年10月12日在市政协主席会议室召开。市政协主席、市人大常委会党组书记、主任候选人王宏安主持会议，市政协党组书记、主席候选人贺喜灿，市委常委、统战部部长、市政协党组副书记郭新春，市政协党组副书记、副主席候选人谭小平，市政协副主席郑友清、刘忠华、戴晓文、廖燕及秘书长徐容宁、市委统战部副部长张全明出席。会议协商酝酿《政协抚州市第五届委员会常委候选人提名人选名单》。

第三十八次党组（主席）会议 2021年10月20日在市政协主席会议室召开。市政协主席、市人大常委会党组书记王宏安主持会议，市政协党组书记、主席候选人贺喜灿，市委常委、统战部部长、市政协党组副书记郭新春，市政协党组副书记、副主席候选人谭小平，市政协副主席郑友清、刘忠华、戴晓文、帅歌柳、廖燕及秘书长徐容宁出席。会议传达学习习近平总书记在中央民族工作会议上的重要讲话精神、习近平总书记在中央党校（国家行政学院）中青年干部培训班开班式上重要讲话精神、习近平总书记在纪念辛亥革命110周年大会上重要讲话精神，全国政协系统党的建设工作经验交流会精神、《中共江西省委办公厅转发〈省纪委省监委关于刘奇同志赴抚州市开展政治谈话情况的报告〉的通知》、市第五次党代会精神、市委书记夏文勇在全市"我为群众办实事"实践活动专题推进会上讲话精神；审议《关于召开市政协五届一次会议的决定（草案）》《市政协五届一次会议议程和日程（草案）》《市政协四届常委会工作报告和提案工作报告（审议稿）》《市政协四届二十六次常委会会议议程和日程（草案）》审议通过市政协五届一次会议秘书处工作机构及职责；听取政协抚州市第五届委员会委员人选建议名单说明；通过有关人事事项。

（五）五届市政协党组（主席）会议

市政协第五届委员会党组（主席）会议从2021年11月至2025年1月，共召开33次会议。

第一次党组（主席）会议　2021年11月3日在市政协主席会议室召开。市政协党组书记、主席贺喜灿主持会议，市政协副主席谭小平、刘忠华、戴晓文、曾月兴、伍旭鸿、唐永文、刘胜、王彬和秘书长颜建平出席。会议传达学习习近平总书记在中央人才工作会议、在深入推动黄河流域生态保护和高质量发展座谈会上重要讲话精神，习近平总书记重要署名文章《扎实推动共同富裕》精神，10月18日中共中央政治局会议、10月20日省委常委会（扩大）会议、华东六省一市政协第二十八次提案工作座谈会、市政协五届一次会议精神，市委党史学习教育领导小组办公室《关于推进"我为群众办实事"实践活动走深走实的通知》和《市委组织部转发〈中共中央组织部关于领导干部及时报告个人有关事项的通知〉的通知》精神；审议《政协抚州市第五届委员会主席、副主席、秘书长分工安排（审议稿）》《政协抚州市第五届委员会办公室和各专门委员会联系界别工作安排（审议稿）》《政协抚州市第五届委员会关于加强市政协领导班子自身建设的意见（审议稿）》。

第二次党组（主席）会议　2021年11月18日在市政协主席会议室召开。市政协党组书记、主席贺喜灿主持会议，市委常委、统战部部长、市政协党组副书记郭新春，市政协副主席谭小平、刘忠华、戴晓文、曾月兴、伍旭鸿、唐永文、刘胜、王彬及秘书长颜建平出席。会议审议通过《政协抚州市委员会主席会议工作规则（审议稿）》《政协抚州市第五届委员会主席、副主席挂点联系县（区）政协工作安排（审议稿）》《政协抚州市第五届委员会专门委员会组成人员名单（审议稿）》；听取市政协机关工作情况的汇报；听取有关重点调研课题进展情况汇报。

第三次党组（主席）会议　2021年12月16日在市政协主席会议室召开。市政协党组书记、主席贺喜灿主持会议，市政协副主席谭小平、刘忠华、戴晓文、曾月兴、伍旭鸿、唐永文、王彬及秘书长颜建平出席。会议传达学习中央经济工作会议和省委常委会（扩大）会议、市委常委会（扩大）会议精神；传达学习习近平总书记在全国宗教工作会议上的重要讲话精神；听取市政协机关会议室装修改造和走廊大厅文化提升情况汇报；听取市政协机关公开招聘见习工作人员及抚州市地方政协工作研究中心人员选调情况汇报；审议通过《政协抚州市委员会关于加强委员联系服务管理暂行办法（审议稿）》；研究讨论《市政协中共党员委员工作站工作方案（讨论稿）》；听取省政协农业和农村委员会第三次全体会议暨设区市及省直管县政协农业和农村委员会工作座谈会在抚州召开相关情况汇报；听取市政协办公室、各专委会负责人近期工作总结及下一步工作打算汇报。

第四次党组（主席）会议 2022年1月20日在市政协主席会议室召开。市政协党组书记、主席贺喜灿主持会议，市政协副主席谭小平、刘忠华、戴晓文、曾月兴、伍旭鸿、唐永文、刘胜、王彬及秘书长颜建平出席。会议传达学习习近平总书记近期重要讲话和重要指示批示精神，以及省、市重要会议精神；审议并通过《关于召开政协抚州市第五届委员会第二次会议的决定、议程、日程（草案）》《市政协五届一次常委会会议议程及日程（草案）》《政协抚州市委员会常务委员会工作报告（审议稿）》《政协抚州市委员会常务委员会关于市政协四届六次会议以来提案工作情况的报告》以及有关人事事项。

第五次党组（主席）会议 2022年2月15日在市政协主席会议室召开。市政协党组书记、主席贺喜灿主持会议，市委常委、统战部部长、市政协党组副书记郭新春，市政协副主席谭小平、刘忠华、戴晓文、曾月兴、伍旭鸿、唐永文、刘胜、王彬及秘书长颜建平出席会议。会议传达学习习近平总书记近期重要讲话和重要指示精神，以及习近平总书记重要文章《努力成为可堪大用能担重任的栋梁之才》；传达学习全省深化发展和改革双“一号工程”推进大会精神；传达学习夏文勇、高世文在全市县处级主要领导干部学习贯彻党的十九届六中全会精神专题研讨班上讲话精神及市纪委五届二次全会精神；审议《2022年度市政协协商工作计划（审议稿）》《市政协关于开展“走进委员”活动工作方案（审议稿）》《关于赴吉安市、赣州市学习考察的活动方案（审议稿）》《2022年度重点督办提案预选件》《五届市政协委员培训计划安排（审议稿）》；听取各专委会“一委一特色”、创建中共党员委员工作站及开展六大调研课题情况汇报。

第六次党组（主席）会议 2022年3月14日在市政协主席会议室召开。市政协党组书记、主席贺喜灿主持会议，市政协副主席谭小平、刘忠华、戴晓文、曾月兴、伍旭鸿、唐永文、王彬及秘书长颜建平出席。会议传达学习2022年全国两会精神和全省、全市领导干部会议精神；传达学习习近平总书记近期重要讲话精神及重要署名文章；传达学习市委办公室、市政府办公室《关于进一步厉行节约坚持过紧日子的实施意见》，以及全省政协社会和法治工作座谈会暨省政协社法委全体会议精神；审议市政协机关常委会会议室及接待室维修调整相关事宜；听取市政协农业和农村委员会关于省政协农业和农村委员会第三次全体会议暨设区市及省直管县政协农业和农村委员会工作座谈会筹备情况、关于开展“走进委员”活动工作相关情况汇报。

第七次党组（主席）会议 2022年4月24日在市政协主席会议室召开。市政协党组书记、主席贺喜灿主持会议，市政协副主席谭小平、刘忠华、戴晓文、曾月兴、伍旭鸿、唐永文、刘胜、王彬及秘书长颜建平出席。会议传达学习习近平总书记近期重要讲话精神及重要署名文章以及省、市近期重要会议精神；审议《市政协五届三次常委会会议议程及日程（草案）》《关于建设忠诚为民务实奋进政协的实施意见（审议稿）》《关于开展“政协工作突破年”活动的实施方案（审议稿）》《市政协党组党史学习教育专题民主生活会暨汲取肖毅等案教训专题民主生活会整改方案（审议稿）》《抚州市人民政协志编纂工作方案（审议稿）》事宜和人事事项；听取各专委会近期工作情况及下一步工作安排的汇报。

第八次党组（主席）会议 2022年6月8日在乐安县召开。市政协党组书记、主席贺喜灿主持会议，市政协副主席谭小平、刘忠华、戴晓文、曾月兴、伍旭鸿、唐永文、刘胜、王彬，市政协原副主席郑友清、帅歌柳、廖燕、章克敏及秘书长颜建平出席。会议传达学习近期中央重要会议和习近平总书记重要讲话重要文章精神，省委书记易炼红文章《关于提升基层治理水平的调研和思考》，省政协党组书记、主席姚增科及副主席尹建业、谢茹到抚州调研时讲话精神，省委办公厅《关于加强和改进新时代市县政协工作的二十条措施》精神；审议《关于在全市政协系统开展“委员走进百家民营企业”活动方案(送审稿)》《关于开展“喜迎二十大·奋进突破年”主题活动工作方案(送审稿)》;听取市政协办公室和各专委会有关工作汇报。

第九次党组(主席)会议　2022年6月28日在市政协主席会议室召开。市政协党组书记、主席贺喜灿主持会议,市政协副主席谭小平、刘忠华、戴晓文、伍旭鸿、唐永文、王彬及秘书长颜建平出席。会议传达学习习近平总书记近期重要讲话精神及重要署名文章、中共中央印发的《中国共产党政治协商工作条例》和6月17日中共中央政治局会议精神;审议《市政协“喜迎二十大委员看变化”视察活动工作方案(审议稿)》《市政协五届四次常委会会议议程及日程(草案)》和《强攻“一号发展工程”助推经济加“数”发展——关于我市数字经济发展情况的调查报告(审议稿)》;传达学习全省政协系统反映社情民意信息工作视频座谈会议精神,并研究贯彻落实意见。

第十次党组(主席)会议　2022年8月31日在市政协主席会议室召开。市政协党组书记、主席贺喜灿主持会议,市政协副主席谭小平、刘忠华、戴晓文、曾月兴、伍旭鸿、唐永文及秘书长颜建平出席。会议集中学习《习近平谈治国理政》第四卷(节选);传达学习习近平总书记在省部级主要领导干部专题研讨班上的重要讲话精神及近期重要讲话、重要署名文章、重要回信精神,全省设区市政协秘书长暨办公室主任工作交流座谈会精神;审议《关于贯彻落实中共江西省委办公厅〈关于加强和改进新时代市县政协工作的二十条措施〉责任分工方案(送审稿)》《关于省政协对市县综合考核有关指标责任分工的方案(送审稿)》;听取打造“智慧政协”推进情况、市政协各专门委员会关于“一委一特色”工作推进情况、“我们的节日”中秋节台商台企联谊话团结活动方案制定情况、市政协“喜迎二十大·永远跟党走”文艺晚会准备进展情况,以及市政协信息化平台建设情况汇报。

第十一次党组(主席)会议　2022年9月27日在市政协主席会议室召开。市政协党组书记、主席贺喜灿主持会议,市政协副主席谭小平、刘忠华、戴晓文、曾月兴、唐永文,原副主席郑友清及秘书长颜建平出席。会议传达学习习近平总书记重要讲话精神、重要署名文章,省委书记易炼红调研文章,全省、全市稳增长、防风险、保稳定、惠民生工作部署会议精神;审议《市政协五届五次常委会会议议程及日程(草案)》《对标“大湾区”筑好“栖凤巢”——关于推进“一号改革工程”打造一流营商环境的调研报告(审议稿)》《抚州政协年鉴编辑工作方案(审议稿)》。

第十二次党组(主席)会议　2022年10月25日在市政协主席会议室召开。市政协党组书记、主席贺喜灿主持会议,市政协副主席谭小平、刘忠华、戴晓文、曾月兴、伍旭鸿、唐永文,市政协一级巡视员柏林,市政协原副主席郑友清、廖燕、章克敏及秘书长颜建平出席。会议传达学习中共二十大、中共二十届一中全会、习近平总书记重要讲话精神,以及全省、全市领导干部会议精神;审议《市政协学习宣传贯彻中共二十大精神阶段性安排(讨论稿)》。

第十三次党组(主席)会议　2022年12月18日在市政协主席会议室召开。市政协党组书记、主席贺喜灿,副主席戴晓文、曾月兴、伍旭鸿及秘书长颜建平出席会议,市政协党组副书记、副主席谭小平主持会议。会议传达学习习近平总书记近期重要讲话精神和中央经济工作会议精神,以及中央、省、市三级关于加强换届风气监督的文件精神。审议《市政协五届六次常委会会议议程及日程》《关于召开政协抚州市第五届委员会第三次会议的决定(草案)》《政协抚州市第五届委员会第三次会议议程(草案)、日程(草案)》《政协抚州市第五届委员会常务委员会工作报告(审议稿)》《政协抚州市委员会常务委员会关于市政协五届二次会议以来提案工作情况的报告(审议稿)》《市政协2022年度优秀市政协委员、优秀提案、优秀调研报告、优秀社情民意信息、宣传信息工作先进单位和先进中共党员委员工作站评选名单（审议稿）》。

第十四次党组（主席）会议 2023年1月17日在市政协主席会议室召开。市政协党组书记、主席贺喜灿主持会议，市政协副主席谭小平、刘忠华、戴晓文、曾月兴、伍旭鸿、唐永文、刘胜、王彬及秘书长颜建平出席。会议传达学习习近平总书记最近重要讲话精神及重要署名文章，省政协十三届一次会议、省委经济工作会议、市委五届三次全体（扩大）会议、市委经济工作会议精神；审议《政协抚州市第五届委员会专门委员会组成人员名单》；研究市政协2023年春节前后重点工作安排。

第十五次党组（主席）会议 2023年2月3日在市政协主席会议室召开。市政协党组书记、主席贺喜灿主持会议，市政协副主席谭小平、刘忠华、曾月兴、伍旭鸿、唐永文、刘胜、王彬，市政协原副主席郑友清及秘书长颜建平出席。会议研究讨论民革中央、省政协到抚州召开生态康养大会相关事宜，听取抚州市政协志与抚州市政协年鉴编纂进展情况汇报，并研究部署其他工作事项。会后，与会人员到抚州高新区中共党员委员工作站进行观摩指导。

第十六次党组（主席）会议 2023年3月23日在市政协主席会议室召开。市政协党组书记、主席贺喜灿主持会议，市政协副主席谭小平、刘忠华、戴晓文、曾月兴、刘胜及秘书长颜建平出席。会议传达学习习近平总书记近期重要讲话精神、重要署名文章，以及中共中央、国务院印发的《党和国家机构改革方案》、中共中央办公厅印发的《关于在全党大兴调查研究的工作方案》和《中国人民政治协商会议章程修正案》；审议《市政协五届九次常委会会议议程及日程（草案）》《开展"建筑业转型升级三年倍增行动"视察活动工作方案》，以及《关于开展"政协工作提质年"活动的实施方案（审议稿）》；研究布置省政协农业和农村委员会在抚州召开全委会及2023年度市政协重点提案预选工作等；会议还部署其他工作。

第十七次党组（主席）会议 2023年4月24日在市政协主席会议室召开。市政协党组书记、主席贺喜灿主持会议，市政协副主席谭小平、刘忠华、曾月兴、伍旭鸿、唐永文、刘胜、王彬及秘书长颜建平出席。会议传达学习习近平总书记最新重要讲话、重要文章精神和中央及省、市重要会议精神；听取"抚州生态康养太极周"活动筹备、"诵咏二十大，聚力新征程——书香政协·以诗联侨灵谷峰诗会"活动筹备、全市政协系统一季度反映社情民意信息工作、抚州市政协志、抚州市政协年鉴、"智慧政协"平台建设等工作情况汇报，并部署其他工作。

第十八次党组（主席）会议 2023年5月15日在市政协主席会议室召开。市政协党组书记、主席贺喜灿主持会议，市政协副主席谭小平、刘忠华、戴晓文、伍旭鸿、唐永文、王彬及秘书长颜建平出席。会议传达学习习近平总书记最新重要讲话、重要批示精神和中共中央重要文件精神；传达学习省委、省政府近期重要会议、重要活动精神，研究贯彻落实意见；审议《抚州文史》改版相关工作，并部署其他工作。

第十九次党组（主席）会议 2023年6月28日在市政协主席会议室召开。市政协党组书记、主席贺喜灿主持会议，市政协副主席谭小平、刘忠华、戴晓文、曾月兴、伍旭鸿、唐永文、刘胜、王彬及秘书长颜建平出席。会议传达学习习近平总书记近期重要讲话、重要署名文章、贺信以及中央重要会议精神；传达学习省委书记尹弘主持召开江西省委主题教育领导小组第三次会议时的讲话精神，省委副书记、省长叶建春，省委常委、省纪委书记、省监委主任马森述到抚州调研时的讲话精神，市委书记魏晓奎在2023年抚州市文化强市建设推进大会上的讲话精神及市纪委《关于开展自查自纠工作的通知》文件精神；传达省政协提案办理工作现场交流会会议精神；审议市政协近期相关工作方案，并部署其他工作。

第二十次党组（主席）会议 2023年7月31

日在市政协主席会议室召开。市政协党组书记、主席贺喜灿主持会议，市政协副主席谭小平、刘忠华、曾月兴、伍旭鸿、唐永文、刘胜、王彬及秘书长颜建平出席。会议传达学习习近平总书记近期重要讲话、重要署名文章、贺信及中央重要会议精神；传达学习省委书记尹弘在抚州调研时的讲话精神，省委十五届四次全会精神及市委五届四次全会精神，省委巡视反馈意见整改工作暨开展“九查九改”干部作风整顿活动动员部署会议精神等；审议《中共政协抚州市委员会机关党组关于开展“九查九改”干部作风整顿活动的实施方案（审议稿）》。

第二十一次党组（主席）会议　2023年8月25日在市政协主席会议室召开。市政协党组书记、主席贺喜灿主持会议，副主席谭小平、刘忠华、戴晓文、曾月兴、伍旭鸿、唐永文、刘胜、王彬，原副主席郑友清、章克敏及秘书长颜建平出席。会议传达学习习近平总书记近期重要讲话、重要指示精神及贺信、回信、重要署名文章；传达学习省委书记尹弘在8月18日主持省委理论学习中心组集体学习时讲话精神；听取《抚州政协工作辑录》《抚州市政协志》编纂工作、“文化抚州、梦想之舟”全市政协系统艺术作品展工作进展情况汇报；审议《全市政协系统贯彻落实市委五届四次全体（扩大）会议精神全员行动方案（审议稿）》《擦亮环评审批“抚务周到”品牌月度协商会工作方案（审议稿）》《关于持续推进我市环评审批工作的专题视察报告（审议稿）》；研究部署其他工作。

第二十二次党组（主席）会议　2023年10月20日在市政协主席会议室召开。市政协党组书记、主席贺喜灿主持会议，市政协副主席谭小平、戴晓文、唐永文、刘胜、王彬，原副主席章克敏及市政协秘书长颜建平出席。会议传达学习省政协办公厅关于2023年度全省市县综合考核“加强党委对政协工作的领导”有关事项工作提示、省政协办公厅关于印发《2023年前三季度各单位反映社情民意信息来稿及采用情况》通知文件精神；审议《市政协五届十次常委会会议议程及日程（草案）》《关于助力唱响“文化抚州、梦想之舟”品牌、推动我市生态康养产业发展的调查报告（审议稿）》；听取“法惠千企”法治大讲堂活动实施方案、“文化抚州、梦想之舟”全市政协系统艺术作品展工作完成情况汇报；研究部署其他工作。

第二十三次党组（主席）会议　2023年11月3日在市政协主席会议室召开。市政协党组书记、主席贺喜灿主持会议，市政协副主席谭小平、刘忠华、曾月兴、伍旭鸿、唐永文、刘胜、王彬及秘书长颜建平参加。会议传达习近平总书记近期重要讲话、重要指示精神及贺信、回信、重要署名文章精神；传达学习省委书记尹弘到抚州调研时讲话精神和设区市市委书记座谈会精神，全市县（区）委书记座谈会、三季度经济形势分析暨综合考核工作推进会精神，《关于印发〈纪检监察机关（机构）协助党委（党组）开展政治谈话工作流程〉的通知》文件精神；审议《市政协组织县（区）委员看发展暨集中培训活动方案（审议稿）》；听取2023首届中国·抚州生态康养产业发展大会筹备情况汇报及第六届中国康养产业发展论坛情况汇报；研究部署其他工作。

第二十四次党组（主席）会议　2023年11月29日在市政协主席会议室召开。市政协党组书记、主席贺喜灿主持会议，市政协副主席刘忠华、戴晓文、曾月兴、唐永文、刘胜、王彬及秘书长颜建平出席。会议传达学习习近平总书记近期重要讲话、重要指示精神及重要署名文章；听取2023首届中国·抚州生态康养产业发展大会完成情况汇报；审议市政协党组主题教育检视整改进展情况报告，以及《关于召开全市政协系统警示教育大会工作方案（审议稿）》《举办全市政协主席主题教育读书会工作方案（审议稿）》《深化校企合作　服务产业发展月度协商会工作方案（审议稿）》《让职业教育在产业土壤中绽放绚丽之花——关于深化校企合作，服务产业发展的调研报告（征求意见稿）》。

第二十五次党组(主席)会议 2024年1月26日在市政协主席会议室召开。市政协党组书记、主席贺喜灿主持会议,市政协副主席谭小平、刘忠华、戴晓文、曾月兴、伍旭鸿、唐永文、刘胜、王彬出席。会议传达学习习近平总书记近期重要讲话、重要指示精神及重要署名文章,省委十五届五次全体(扩大)会议、市委五届五次全体(扩大)会议暨市委经济工作会议精神,省政协十三届二次会议精神,省纪委十五届四次全会、市纪委五届四次全会精神,以及2023年度省人民政协理论研究会理事会议暨专题理论研讨会精神;审议《市政协五届十一次常委会会议议程及日程(草案)》《关于召开政协抚州市第五届委员会第四次会议的决定(草案)》《政协抚州市第五届委员会第四次会议议程(草案)、日程(草案)》《政协抚州市第五届委员会常务委员会第四次全会工作报告(审议稿)》《中国人民政治协商会议抚州市第五届委员会常务委员会关于市政协五届三次会议以来提案工作情况的报告(审议稿)》,以及《2023年度优秀市政协委员、优秀调研报告、优秀提案、优秀创新案例、宣传工作先进单位、反映社情民意信息工作先进单位及先进个人、中共党员委员先进工作站名单(送审稿)》;研究人事事项。

第二十六次党组(主席)会议 2024年4月12日在市政协主席会议室召开。市政协党组书记、主席贺喜灿主持会议,市政协副主席谭小平、刘忠华、曾月兴、伍旭鸿、唐永文、刘胜出席。会议传达学习近期习近平总书记重要讲话、重要指示、重要文章精神,中共中央办公厅印发的《关于在全党开展党纪学习教育的通知》精神及中央党的建设工作领导小组会议精神,中共中央政治局常委、国务院总理李强在江西调研时的讲话精神,省委书记尹弘来抚考察调研时的讲话精神,省政协提案委员会全体会议暨设区市政协提案工作座谈会精神,市委督查工作领导小组暨整治形式主义为基层减负专项工作机制会议精神;审议《市政协五届十四次常委会会议议程及日程(草案)》《2024年度市政协协商工作计划(审议稿)》《关于市政协开展“大抓落实年”活动的实施方案(审议稿)》《关于调整部分市政协领导班子成员工作分工(审议稿)》;听取各专委会组成人员调整情况汇报;通过有关人事事项。

第二十七次党组(主席)会议 2024年5月30日在市政协主席会议室召开。市政协党组书记、主席贺喜灿主持会议,市政协副主席谭小平、戴晓文、伍旭鸿、唐永文、刘胜、王彬出席。会议传达学习习近平总书记近期重要讲话、重要指示精神及贺电、慰问电、重要署名文章精神;审议《全市政协系统助力唱响“文化抚州、梦想之舟”品牌故事汇展演活动实施方案(送审稿)》;听取全国政协农业和农村委员会调研组来抚开展专题调研情况汇报,月度协商会方案和相关调研报告,市政协专题考察组赴泉州市、厦门市学习考察有关情况汇报,市政协经济委员会关于赴安徽、北京、广东等地学习考察有色金属精深加工产业发展情况汇报,“山下议事厅”协商平台建设调研情况汇报,市政协反映社情民意信息情况汇报和抚州书院文化调研进展情况汇报。

第二十八次党组(主席)会议 2024年6月26日在市政协主席会议室召开。市政协党组书记、主席贺喜灿主持会议,市政协副主席谭小平、刘忠华、曾月兴、伍旭鸿、唐永文、刘胜、王彬出席。会议传达学习习近平总书记近期重要讲话、重要指示精神及贺电、会谈、重要署名文章精神;审议《市政协五届十五次常委会会议议程及日程(草案)》《抢抓机遇,扬优成势——关于我市有色金属精深加工产业发展的调研报告(审议稿)》《全市政协履职能力培训班实施方案(审议稿)》《抚州市政协智库专家推荐初步人员名单(审议稿)》;听取抚州市政协理论研究会筹备进展、市政协反映社情民意信息、《抚州政协工作辑录》和《建言集萃》编撰工作情况汇报;研究有关人事事项。

2024年7月23日，市政协党组（扩大）会议召开。市政协党组书记、主席贺喜灿主持会议，副主席谭小平、刘忠华、曾月兴、伍旭鸿、唐永文、刘胜、王彬出席。会议专题学习中共二十届三中全会精神和全省、全市领导干部会议精神，研究贯彻落实意见。

第二十九次党组（主席）会议　2024年7月25日在市政协主席会议室召开。市政协党组书记、主席贺喜灿主持会议，市政协副主席谭小平、刘忠华、曾月兴、伍旭鸿、唐永文、刘胜、王彬出席。会议传达学习习近平总书记近期重要讲话、重要指示精神和会谈、贺信、重要署名文章及中共中央重要会议精神；传达学习省委党纪学习教育工作专班第四次会议精神以及群众身边不正之风和腐败问题集中整治有关要求；审议《2024年下半年市政协重要活动工作安排（送审稿）》《市政协"加快城市垃圾和生活污水治理，助力城市品质提升"月度协商会工作方案（审议稿）》《擦亮城市环境底色，绘就美丽抚州蓝图——关于"加快城市垃圾和生活污水治理，助力城市品质提升"的调研报告（审议稿）》；听取抚州高新区中共党员委员工作站优化提升以及修改完善《抚州市政协志》有关情况汇报。

第三十次党组（主席）会议　2024年8月27日在市政协主席会议室召开。市政协党组书记、主席贺喜灿主持会议，市政协副主席谭小平、刘忠华、曾月兴、伍旭鸿、唐永文、刘胜及原副主席章克敏出席。会议传达学习习近平总书记近期重要讲话、重要指示精神及会谈、贺信、重要署名文章精神，中共中央办公厅《整治形式主义为基层减负若干规定》等文件精神；审议《关于"擦亮抚州高中教育品牌"月度协商会工作方案（审议稿）》以及《实施名校引领，驱动集群发展——关于擦亮抚州高中教育品牌的调查报告（审议稿）》《住抚省政协委员和住县（区）市政协委员、部分县（区）政协委员联合开展"看发展，看变化，看成就"异地视察活动实施方案（送审稿）》和《太古遗音——古琴全球音乐会第50场次（江西省抚州市专场）、古琴文化讲座及古琴艺术研讨会活动方案（审议稿）》；听取《创新工作案例集》编纂工作进展情况，全市政协系统助力唱响"文化抚州、梦想之舟"品牌故事汇展演活动进展情况以及抚州、周口、泉州三地书画联展活动有关情况汇报。

第三十一次党组（主席）会议　2024年9月29日在市政协主席会议室召开。市政协党组书记、主席贺喜灿主持会议，市政协副主席谭小平、刘忠华、戴晓文、曾月兴、伍旭鸿、唐永文、刘胜、王彬出席。会议传达学习习近平总书记近期重要讲话、重要指示、重要署名文章精神及中共中央重要会议精神；传达学习中共中央、全国政协庆祝中国人民政治协商会议成立75周年大会以及江西省庆祝中国人民政治协商会议成立75周年座谈会精神，研究贯彻落实意见；传达学习省委书记尹弘来抚考察调研时讲话精神；传达学习中央党的建设工作领导小组会议和省委、市委常委会会议精神，对市政协党组党纪学习教育进行总结；审议《市政协五届十六次常委会会议议程及日程（草案）》；审议《关于我市农村一二三产融合发展的调研报告（审议稿）》；研究相关人事事项。

第三十二次党组（主席）会议　2024年11月19日在市政协主席会议室召开。市政协党组书记、主席贺喜灿主持会议，市政协副主席谭小平、刘忠华、戴晓文、曾月兴、伍旭鸿、刘胜、王彬出席。会议传达学习习近平总书记近期重要讲话、重要指示精神和会谈、贺信、重要署名文章及中共中央重要会议精神；传达学习省委组织部《关于领导干部说情打招呼、违规干预选人用人行为典型案例及其警示教训的通报》及印发《关于进一步加强全省干部队伍管理监督的若干措施》通知文件精神；审议《2024年11月—2025年上半年市政协重要活动预安排表（审议稿）》《全市政协系统"一县一品牌"工作推进会工作方案（审议稿）》《提升中共党员委员工作站履职能力建设责任落实表（审议稿）》；听取"发挥司法所职能作用、促进‘法律明白人’品牌升级”课题调研及月度协商会议、提升高新区中共党员委员工作站等履职平台能力建设、《抚州市政协志》编纂进展情况汇报，并研究其他事项。

第三十三次党组（主席）会议 2024年12月27日在市政协主席会议室召开。市政协党组书记、主席贺喜灿主持会议，市委常委、市委统战部部长、市政协党组副书记郭新春参加，市政协副主席谭小平、刘忠华、戴晓文、曾月兴、伍旭鸿、唐永文、刘胜、王彬出席。会议传达学习习近平总书记近期重要讲话、会谈、贺信、重要署名文章及中共中央重要会议精神；传达学习省委经济工作会议精神；审议《市政协五届十七次常委会会议议程及日程（草案）》以及《关于召开政协抚州市第五届委员会第五次会议的决定（草案）》《政协抚州市第五届委员会第五次会议议程及日程（草案）》《政协抚州市第五届委员会常务委员会工作报告（审议稿）》《政协抚州市委员会常务委员会关于市政协五届四次会议以来提案工作情况的报告（审议稿）》；听取《抚州市政协志》编纂情况、“深入挖掘临川文化核心元素”课题调研及月度协商会议情况、关于“携手同行共筑梦想——纪念抚州市政协成立40周年”主题征文活动情况汇报；研究有关人事事项。

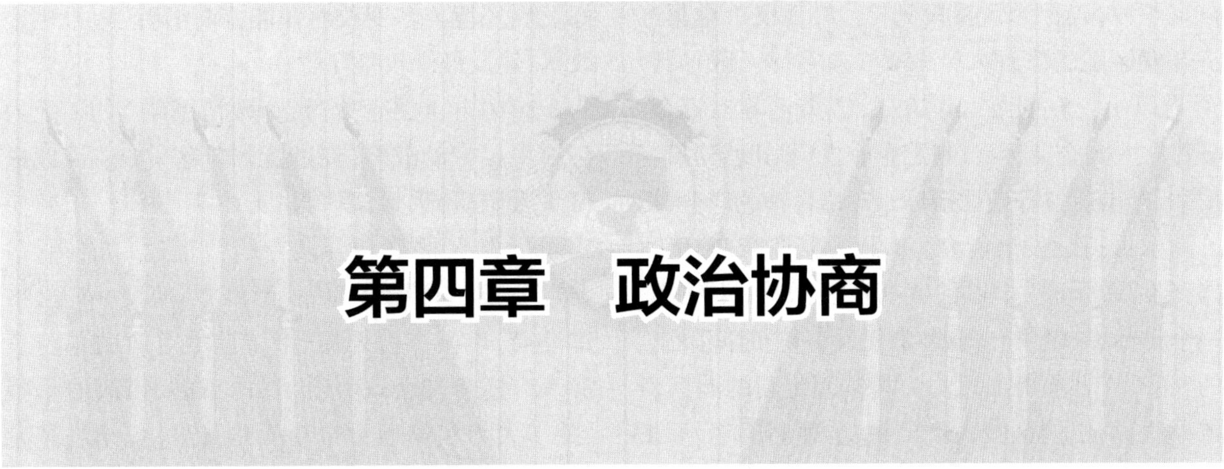

第四章　政治协商

政治协商是人民政协组织的重要职能，是对全市大政方针及政治、经济、文化和社会生活中重要问题在决策之前进行协商和就决策执行过程中重要问题进行协商。主要包括：贯彻党和国家大政方针重要决策、重大部署和重要措施；提请人民代表大会审议重要报告；国民经济与社会发展规划以及对国民经济发展影响重大建设项目；体制改革方案和重大改革决策；社会主义精神文明建设和社会主义民主法治建设中重要问题以及重要法规草案；重要人事安排；市属县、区行政区划变动；群众生活中的重大问题；政协内部重要问题以及有关爱国统一战线方面的其他重要问题。

市政协政治协商主要形式：全体委员会议协商，常务委员会会议协商，主席会议协商，专题座谈协商会，政协党组受党委委托召开座谈会等。在充分运用现行协商形式基础上，市政协针对不同层次、不同内容、不同要求，采用大范围讨论、小范围座谈、公开协商、内部沟通等灵活多样的办法，使协商活动生动活泼、卓有成效。

市政协不断推进政治协商工作创新。四届市政协探索网络议政、远程协商等形式，提高协商实效。2019 年 5 月，市政协四届十五次常委会首次采取“远程协商”形式协商推进抚州旅游市场改革创新课题，取得较好成效。此后，网络议政、远程协商正式成为市政协政治协商的重要形式。

第一节　重大决策协商

2000 年 10 月抚州市政协成立以来，前后五届政协重点围绕全市发展大政方针及经济、社会、文化、生态、新兴产业等重大课题开展政治协商，积极建言献策，谋略资政。

一、工业经济建设协商

2007 年 4 至 5 月份，市政协联合各县（区）政协对全市工业园区进行全面调研，形成专题调研报告。6 月 29 日，市政协二届三次常委会会议专题协商这一课题，向市委、市政府呈报《工业园区如何在抚州赶超发展中担当重任》专题报告，提出建议：1. 深化思想认识，营造全市上下共促园区发展氛围。学习借鉴浙江经验，上下充分搅动，形成主攻工业、决战园区合力。2. 实行园区党工委书记负责制，在严格考核、优胜劣汰的基础上，强化园区班子权威，提高自主管理能力。3. 科学核定职权，确保园区授权到位。4. 建议市金巢经济开发区配备管理人员150人左右，县（区）园区50人以上。5. 创新运作方式，多渠道筹措资金。6. 建立入园企业标准，制定企业投资强度、建筑容积率、产出效益等硬性指标。7. 培育特色产业，提升园区可持续发展能力。8. 致力安商亲商，优化园区发展环境。学习借鉴浙江园区"一个项目、一个目标、一名领导、一名责任人、一个时间限制"的"五个一"服务制度。9. 科学制定新的园区考核办法，突出园区投入产出率、土地利用率、用工就业率和财政贡献率等效益指标，提升园区运行效率。

2009年4月至6月，市政协在充分调研基础上，汲取湖北黄冈等地经验，形成《关于培育主导产业、引导产业集聚、建设特色工业园区的调研报告》。6月29日，市政协二届十三次常委会会议专题协商这一课题。市委常委、市政府副市长黄牡香和全市工业园区党工委书记（主任），市经贸委、中小企业局、发展改革委、招商局等单位负责人应邀参加会议，会议就调研成果进行充分讨论协商。会后，向市委、市政府呈报《关于如何培育工业主导产业，引导产业集聚，建设特色工业园区》专题报告，提出建议：1. 找准产业定位。在主导产业选择上，要因地制宜，立足优势资源和优势产业，主攻大项目、拳头产品。2. 科学规划产业。市本级工业园和临川区工业园要学习借鉴湖北黄冈"一园数区"模式，统一规划，统一布局，市区共建，一体发展。3. 选准培育模式。选择一批市场前景好、产品竞争力强、附加值高的企业作为扶持对象，做大做强龙头企业，发挥龙头示范带动效应，通过"补链""修链""拉链"，形成产业集群。4. 实施产业招商。编制主导产业"产业图谱"，对上游项目"追根溯源"，对下游项目"顺藤摸瓜"，提高招商引资的针对性和实效性。5. 加大政策扶持力度。将特色工业园区建设列入市重点工程项目管理，优先供地，优先安排专项资金，重点支持特色园区在基础设施、产品质量检测、环境治理等方面的建设。6. 营造良好发展环境。转变政府职能，深化行政审批制度改革，建设最优政务环境。

2010年4月至5月，市政协围绕"如何大力实施项目带动战略，促进抚州赶超发展"课题进行深入调研，形成调研报告。7月30日，市政协二届十九次常委会会议专题协商这一课题，市委常委、常务副市长陈日武和市发展改革委、市建设局、市城市规划局、市工信委等有关单位负责人应邀参加会议。会后，向市委、市政府呈报《关于大力实施项目带动战略，促进抚州赶超发展》专题报告，提出建议：1. 项目就是生产力，抓项目就是抓赶超发展，始终坚持一切围绕项目转、一切为了项目干。2. 明确抓项目责任主体，强化全民抓项目创新意识，使一切工作和各项事业项目化，以源源不断的项目支撑带动全市经济社会持续赶超发展。3. 坚持把抓大项目放在项目工作的重中之重，形成主导产业明确，龙头企业带动力强的产业群和项目链。4. 明确重点，合力主攻大项目，进一步解决项目带动难问题。5. 解放思想，多渠道筹措资金，进一步解决项目融资难问题。6. 进一步激活民间投资，继续大力发扬创业精神，落实创业扶持政策，吸引成功人士、大学生、农民工回乡创业。7. 制定鼓励扶持企业改制上市政策，对企业进入上市辅导期的，给予100万元至300万元借款资助，企业成功上市后，转为奖励资金。9. 建议成立项目土地审批领导小组，对项目用地严格把关，控制用地规模。

2012年9月28日，市政协三届六次常委会会议专题协商加快推进工业经济发展课题。会上，市政协调研组作《做优做强工业经济夯实幸福抚州基石——关于抚州打好工业强攻战加快推进工业发展的调研报告》，8位市政协委员从不同角度对加快工业经济发展进行资政建言。市委常委、副市长周小平和有关部门负责人参加讨论。提出建议：1. 在工业园区建设上借鉴芜湖市经验，引入公司制开发模式，实行政企分开，将园区建设由政府行为向企业行为转化，成立市、县

(区)工业园区投资开发公司,全权负责园区内土地开发经营,对入园企业孵化投资,增强招商帮扶企业能力。2. 注重发展产业集群,提升工业发展集聚力。3. 制定加强本土企业发展意见,鼓励本土企业做强做大。4. 注重实施人才战略,提升工业发展后续力。5. 在金巢开发区建立集研发、中试生产和综合配套服务为一体的市级科技创新中心和人才公寓,建设一批产品研发、检验检测、技术推广等公共技术服务平台。6. 注重优化发展环境,着力提升工业发展竞争力。

2016 年 4 月至 5 月,市政协联合县(区)政协组成 7 个课题组,采取实地调查与统计分析相结合的方式深入县(区)广泛调研,并赴武汉江岸区、湖南浏阳市学习考察,对抚州如何实施创新驱动发展战略进行深入研究,形成 1 个总调研报告和 6 个建言资政材料。6 月 20 日,市政协三届二十六次常委会会议暨“实施创新驱动、推动产业升级”资政会专题协商这一课题,听取 6 位市政协委员和企业家资政建言。市政府副市长刘菊娇参加协商讨论。6 月 23 日,市政协向市委、市政府呈报专题报告,提出建议:1. 建立以创新发展为导向的考核机制,引导市县(区)政府增强战略定力,坚持创新驱动发展战略不动摇。2. 强化企业创新主体地位,激发企业创新活力。引导企业树立创新意识,鼓励企业加大研发投入,支持企业建立技术创新平台。3. 强化政策供给落地,优化创新创业环境。完善配套政策促落实,加强政策督查促落实,建立绩效评估机制促落实。4. 强化人才队伍建设,建设创新人才高地。5. 强化产业集群创新,构建创新生态链条。制定《促进产业技术创新联盟加快发展的意见》,把培育创新型产业集群作为促进产业升级的重要抓手,建立创新型产业集群成长服务体系,推动本地企业技术联盟,鼓励关联企业协同创新,合作共赢。

2019 年 8 月至 10 月,市政协组成专题调研组,围绕加快全市县域经济高质量发展课题开展深入调研,赴湖北省宜昌市、仙桃市学习考察,形成调研报告。11 月 14 日,市政协四届十六次常委会会议专题协商“加快抚州县域经济高质量发展”课题。市委常委、市政府副市长刘苍牧参加协商讨论。提出建议:1. 抢抓机遇,以更加创新的举措,推动县域经济高质量发展。2. 建立以创新发展为导向的考核机制,提升促进创新政策的实施效果。3. 制定“四新”经济发展专项规划,以“四新”产业改造提升现有的传统产业。4. 着力壮大特色产业,筑牢县域经济高质量发展支撑。5. 主攻重大项目,厚植县域经济高质量发展实力。6. 统筹融合发展,做好产城融合、城乡融合文章,倍增县域经济高质量发展效应。7. 构建大开放格局,搭建服务平台,加强工作指导。

2022 年 8 月,为及时总结我市国企改革经验,推进我市国有企业改革走深走实,促进国有经济持续健康稳定发展,市政协组成专题调研组,在市国资委、市发展改革委、市工信局、市大数据中心等部门和单位大力支持配合下,历时 2 个多月,就“我市国有企业改革”课题进行深入调研并形成报告《启航新征程,扬帆再出发,纵深推进我市国有企业改革走深走实》。报告建议:1. 集中资源做精做强主业,苦练内功,着力提升生产经营能力,确保企业经营收入增速高于全市经济增速。2. 拓宽收入渠道,积极“靠大联强”,壮大实体化项目营收,增强企业发展后劲。3. 加强精细管理,对经营项目算账要精要细,努力提升企业运营质量和绩效。对标一流、对标行业先进,全面提升企业管理体系和管理能力建设。4. 加强国有企业资产负债约束,明晰产权,积极稳妥化解以企业债务形式形成的地方政府存量隐性债务。5. 完善行政事业单位与国企人才双向交流任职机制,打通人才流动、引进渠道,不拘一格地引进一批能力强、素质高、经验丰富的专业型紧缺人才,为企业发展提供人才支撑。

2023 年 3 月,市政协围绕助力振兴抚州实体经济、夯实工业基础、打好工业创新发展强攻战,主席会议成员牵头召开座谈会 13 次,调研走访企业 37 家,并赴北京、苏州、深圳等地学习考察，全面摸清全市“专精特新”企业发展现状，形成推进企业智改数转、构建梯度培育体系和实施产业融通入链等意见建议得到有关部门关注重视。2024年1月，市政协将《锚定目标，坚定信心，努力锻造我市经济高质量发展强引擎——关于我市“专精特新”企业发展的调查报告》报送给市委、市政府作决策参考。报告建议：1. 深化思想认识，不断提高“专精特新”企业数量、质量和比重。2. 聚力扶优扶强，加大科技创新力度，推进企业智改数转。3. 形成产业特色，构建梯度培育体系，实施产业融通入链。4. 优化营商环境，完善公共服务体系，优化融资服务保障。5. 注重引才引智，强化工业人才引进，加大政策支持力度。紧盯深入实施“建筑业转型升级三年倍增行动”，组织委员以“实地视察+协商审议”方式，开展“建筑业转型升级三年倍增行动”专题视察活动，形成《持续擦亮抚州“建筑之乡”品牌》视察报告，提出继续做大做强装配式建筑龙头企业、加大对中小建筑企业帮扶力度、加入省装配式建筑材料与信息化产业联盟等20余条意见和建议，为市委、市政府科学决策提供有益参考。

2024年4月，市政协就“做大做强产业基础，努力把我市打造成国家级有色金属精深加工产业基地”进行专题协商调研。有色金属产业作为抚州市“2＋4”主导产业和首位产业，在全市工业高质量发展中居于核心地位。为此调研组历时两个多月，先后深入高新区和8个县（区），就全市有色金属产业发展情况进行认真调研，走访企业32家，召开不同层次座谈会16次、专题研讨会4次，广泛听取和吸纳意见，并经市政协五届十五次常委会审议通过，形成《关于我市有色金属精深加工产业发展的调研报告》。报告就发展抚州市有色金属产业创新性提出6条建议：1. 全力引进江铜集团投资抚州，积极培育龙头企业。2. 成立抚州市有色金属产业研究院，为产业发展提供智力支撑。3. 成立有色金属产业基金，为有色金属企业转型升级提供更多的金融支持。4. 千方百计降低有色金属产业物流成本。5. 因势利导，加快发展铝加工产业。6. 借鉴外地铜工艺品加工经验，大力发展铜文化产业。建议得到市委、市政府高度重视，特别是提出的创新金融产品与服务，融入市政府出台《关于金融支持有色金属精深加工产业发展的若干措施》文件中，得到充分吸纳。

二、农业农村建设协商

2006年3月，市政协联合市建设局、县（区）政协围绕全市新农村建设规划管理等11个专题进行深入调研，形成17篇调研报告。6月30日，市政协一届三十次常委会会议专题协商“新农村建设”这一课题，形成协商报告呈报市委，提出建议：1. 认识把握新农村建设特殊性，采取切合实际的方法，搞好富有个性和特色的新农村建设。2. 牢固树立长期作战思想，打好新农村建设持久战。3. 明确农民的主体地位，发挥村民理事会的作用，调动广大农民参与新农村建设的积极性和创造性。4. 从最迫切的问题入手，量力而行，尽力而为，突出重点，有序推进。5. 认真总结好典型、好经验，抓点带面，稳步发展。

2020年7月至11月，市政协围绕持续推进脱贫攻坚巩固提升脱贫成效课题，采取实地调研与座谈协商相结合方式深入开展调查研究，形成《书写高质量脱贫攻坚“抚州答卷”——关于抚州市持续推进脱贫攻坚巩固提升脱贫成效的调查报告》。11月30日，市政协四届二十一次常委会专题协商“关于抚州市持续推进脱贫攻坚巩固提升脱贫成效”课题，市政府副市长蔡青参加协商讨论。会后，市政协向市委、市政府呈报专题协商报告，提出建议：1. 坚持以特色产业为引领，拓宽贫困户持续增收渠道。依托南丰蜜桔、崇仁麻鸡、广昌白莲、东乡生猪等主导产业，发挥科技创新驱动作用，打造一批龙头企业，带动农民就近、就地就业增收。2. 加大公共实训基地建设，充分利用职业技术院校和培训机构，结合当地产业特色，健全就业技能培训载体。3. 坚持以健康扶贫、兜底保障为主攻难点，筑牢贫困群众致贫返贫“安全屏障”。4. 坚持以保障农村饮水安全为基本要求，让贫困群众喝上放心水。统筹城乡发展，全面推进城乡供水一体化；争取政策经费支持，保障运行管理可持续；规范运行管理，保障水质水源安全。5. 坚持以扶志扶智及持续帮扶为突破口，不断激发贫困群众脱贫内生动力。

2024 年 6 月，市政协将“推进我市农村一二三产业融合发展”列为常委会专题协商课题。在市政协分管副主席率领下，市政协农业和农村委会同市委政研室、市农业农村局、市林业局等单位组成专题调研组，深入有关县（区）和企业实地调研，召开不同层次的座谈会，深入了解抚州农业产业融合发展现状，并赴陕西、四川等地学习考察，汲取成功经验与做法。形成《关于我市农村一二三产融合发展》专题调研报告。报告认为，近年来，抚州不断培育新型经营主体，激发“三产”融合活力；提振农产品加工业，健全“三产”融合链条；推进农文旅结合，打造“三产”融合新业态；拓展农产品销售，畅通“三产”融合渠道。农村一二三产业融合发展取得一定进展，但仍存在“一产缺规模，二产缺龙头，三产缺品牌；企业缺技术，行业缺服务，发展缺资金”等问题。为此报告建议：1. 发挥资源优势，完善产业链条。2. 促进规模经营，建设原料基地。3. 大力内培外引，壮大龙头企业。4. 实施品牌战略，提高产品质量。5. 创新融资机制，加大金融扶持。6. 加强人才建设，推进科技创新。7. 发展数字农业，拓展销售渠道。8. 加强组织领导，增强政策保障。

三、文化社会建设协商

2011 年 10 月，市政协联合相关部门专家就“发挥文化生态优势，做大做强抚州旅游产业”课题进行专题调研，并赴湖南、湖北学习考察，借鉴外地经验，形成《关于发挥文化生态优势，做大做强抚州旅游产业的调查报告》。11 月 11 日，市政协三届一次常委会专题协商“发挥文化生态优势，做大做强抚州旅游产业”课题，市政府副市长刘菊娇和市委农工部、市旅游局、市文化局、市风景名胜管理局负责人应邀参加会议。会后，向市委、市政府呈报专题报告，提出建议：1. 在“规划”上强推动。聘请国内外知名专家制定出台《全市旅游产业发展总规》，引导县（区）科学规划，精心实施。2. 在“平台”上做文章。把汤显祖大剧院打造成张家界魅力湘西大剧院；立足梦湖梦岛，张扬临川文化，演绎有梦有戏魅力。3. 在“宣传”上下功夫。实施整体推销、节庆促销、全面营销，建设抚州旅游资讯网、旅游服务热线，形成全方位、多层次、立体化的宣传体系，打造吸引游客的“强磁场”。4. 在“政策”上求保障。制定优惠政策，把旅游项目与工业项目同等对待，同招商，同考核，同奖惩。

2012 年 3 月下旬，市政协就全市文化产业发展情况进行专题调研，形成《整合资源，彰显特色，精心将抚州打造成文化生态休闲的乐园》调研报告。6 月 21 日，市政协召开三届五次常委会会议专题协商这一课题，向市委、市政府提出建议：1. 把文化产业作为先导性、战略性、支柱性产业来培育，为建设殷实文明和谐幸福抚州提供强大的思想保证、精神动力和舆论支持。2. 面向国家级规划设计单位招标，编制抚州市近、中、长期文化产业发展总体规划，配套制定贯彻《江西省文化产业发展促进条例》的实施办法，力争通过三五年努力，使抚州文化产业成为支柱性产业。3. 加强学术研究，做足“汤翁”文章，构建交流平台，开发系列产品。4. 做大城区休闲娱乐产业，做强乡村休闲旅游产业，做精市县文化休闲旅游景区。5. 强化扶持，着力优化文化产业发展环境。通过手机电视、网络广播电视、网络游戏、移动多媒体广播电视、公共视听载体等新兴传播载体进行宣传，为发展抚州文化产业营造良好的社会舆论氛围。

2014 年 6 月，为进一步了解和推进全市关爱“失独”家庭工作，市政协人资环委与市人口计生委联合组成专题调研组对抚州市“失独”

家庭情况进行全面摸底，并前往黎川、东乡县开展实地调研，通过调查，形成《关爱“失独”家庭，情暖“失独”父母——关于我市化解“失独”家庭困境的调查报告》。报告认为，“失独”家庭需要各级政府重视和关怀，需要社会各界同情和关爱。要加快建立和完善以政府为主导，社会组织、社区和家庭共同参与的社会支持体系，建立解决“失独”家庭问题长效机制，力争在更多领域、更多层面将“失独”家庭统筹纳入制度安排，努力增强关爱“失独”家庭工作前瞻性、针对性、协作性和社会性。提出建议：1. 建立“失独”家庭信息数据库。2. 完善分类服务政策措施。3. 加大帮扶救助力度。4. 完善专门养老服务场所。5. 帮助“失独”家庭保持正常社会联系。

2017 年 6 月 29 日，市政协四届四次常委会专题协商“发挥抚州文化优势，积极创建国家级汤显祖文化产业示范园区”课题。市政府副市长徐国义和市文广新局、市旅发委等单位负责人参加协商讨论。会后，向市委、市政府呈报专题协商报告，提出建议：1. 牢牢把握总体方向，确立园区总体规划，抓好一批重点项目。2. 完善机构，建立健全运营管理机制。3. 出台政策，建立政府财政担保基金，撬动、放大、吸引、融汇更多金融资本、社会资本投资文化产业发展。4. 积极与中国美术学院、北京舞蹈学院、中国传媒大学、上海戏剧学院及本地高校开展校企合作，制定校际合作规划，创新产学研模式，培养一批适应文化产业发展需要的创新型、高层次本地实用人才。

2018 年 7 月 12 日，市政协四届十一次常委会专题协商“把抚州戏剧唱起来，让‘临川四梦’走出去——关于依托汤翁戏剧品牌，繁荣抚州演艺市场”课题。市政府副市长徐国义和市文广新局、市旅发委等单位负责人参加协商讨论。会后，向市委、市政府申报专题协商报告，提出建议：1. 争取在国家层面设立汤显祖国际戏剧节（一年一届），努力做成国际文化品牌。2. 对盱河高腔·乡音版《临川四梦》《牡丹亭》和音乐剧《汤显祖》等剧目进行深度打磨、精雕细琢，推出不同的演出版本，贴近不同观众，扩大受众范围。3. 全面理顺文化事业与文化产业、政府扶持与市场化发展、文化搭台与经济发展等各种关系，出台导向性、可操作性意见。4. 积极与中国戏曲学院、上海戏剧学院等专业院校合作，输送一批本土优秀人才开展业务提升、专项培养，锻造一批领军人才。5. 搭建精准平台，推动临川四梦走出去。办好汤显祖国际戏剧节，全力打造国际戏剧交流平台，通过引进国内外优秀剧目展演、戏剧工作坊、戏剧高峰论坛等活动，促进抚州戏剧与世界戏剧对话、交流，学习先进艺术理念。

2019 年 3 月至 5 月，市政协围绕推进抚州旅游市场改革创新课题深入开展调查研究，形成《以创新为引领，以改革为动力，搞活做优旅游产业——关于全力推进我市旅游市场改革创新的调查报告》。5 月 31 日，市政协四届十五次常委会专题协商“关于全力推进抚州旅游市场改革创新”课题。市政府副市长徐国义和市文广新旅局、市发展改革委、市财政局等单位负责人参加协商讨论。会后，向市委、市政府呈报专题协商报告，提出建议：1. 出台《全市旅游市场及景区景点体制机制改革实施方案》，将旅游资源管理权和经营权分离，把 17 家 4A 以上景区定为首批试点景区，抓点带面，推进改革落地。2. 坚持“一景一策、重点突出、有的放矢”原则，结合景区实际，采取管理经营机构＋多业经营模式、管理机构＋公司经营模式、整体转让管理经营权模式、委托管理模式、特许经营模式、混合所有制模式等六种改革路径，对全市景区景点进行体制机制改革创新，分类施策，激活动力，提高运行效益。3. 出台推进旅游业与其他产业深度融合实施意见，以创建国家全域旅游示范区为引领，突出“古色、绿色、红色”特点，丰富“旅游＋ N”多种新业态，形成“农业围绕旅游增价值，工业围绕旅游出产品，服务业围绕旅游成规模”的旅游大产业格局。4. 围绕吃、住、行、游、购、娱等要素，完善产业链条，提升旅游市场服务配套能力。5. 建议将旅游龙头项目列入年度巡察内容，坚持五年如一日，年年看变化，久久为功，持续关注，打造旅游龙头。

2022 年，围绕“保护传统街区和历史古建”课题，市政协会同市住建局，组建委员、专家、部门三结合调研组，从 5 月份开始，深入汤家山、汝东园、荆公路、州学岭区、延陵路、义门巷等 6 条历史文化街区和黎川县历史文化街区，开展协商式监督调研，形成《活化利用历史文化，擦亮名城“金名片”——关于保护市中心城区历史文化街区和历史建筑的调研报告》。报告建议：1. 保留肌理，提升名城历史价值。2. 理顺关系，建立健全管理体系。3. 拓宽渠道，加快保护资金筹集。4. 丰富业态，持续做好活化文章。市委书记夏文勇等领导作出批示，市住建局、市文广新旅局等部门采纳并落实相关建议。围绕“推进东临新区高教园区建设”课题，市政协于 10 月份启动调研，与东临新区及有关职能部门深入协商，凝聚共识，向市委、市政府报送《高起点规划，高标准建设，着力打造全省一流高教园区——关于抚州高教园区建设情况的调研报告》。

2023 年 9 月至 10 月，为助力抚州唱响“文化抚州、梦想之舟”品牌，市政协以“加快抚州戏曲传承与发展”为题开展调查研究，先后赴广昌、宜黄、临川等县（区）地调研，通过座谈交流、实地察看、个别访谈、电话访谈等形式，全面了解抚州戏曲文化传承与发展情况。在此基础上形成《加大戏曲传承与发展　助力唱响“文化抚州　梦想之舟”品牌——关于加快抚州地方戏曲传承与发展的调研报告》。报告建议：1. 加快戏曲人才队伍建设，注重人才梯队培养。一是重点培养领军型戏曲人才；二是健全新生戏曲人才培养方式；三是健全新生戏曲人才培养方式。2. 加大精品创排力度，创新戏曲演绎传播方式。一是持续复排经典传统剧目；二是打磨提升优秀剧目；三是创新戏曲演绎形式。3. 创新体制机制，提升院团市场化能力。一是做大做强国有专业院团；二是构建激励制度；三是扶持文艺院团发展。

2024 年 3 月至 11 月，市政协会同市文广旅局就“深入挖掘临川文化核心元素”课题深入临川、东乡、南城、崇仁等县（区）实地调研，并与当地文化人士、专家学者座谈交流，认真研讨。12 月 19 日，市政协召开“深入挖掘临川文化核心元素”月度协商会，形成专题调研报告，报送市委、市政府、临川文化系以临川古治属为核心，涵盖现今抚州 13 个县（区）的人文、风物、哲学、教育、文学、艺术、科学、技术、医理、学术、宗教、民俗、体育、语言、建筑、美食、名胜等诸多领域，辐射邵武、南岭、庐陵、洪都和浙皖、瓯闽部分领地，是独具特色、承上启下、继往开来的区域文化。调研组自上而下了解各县（区）对临川文化的看法，从内到外拜访各类文化专家，从厚到薄阅读各类临川文化书籍，多渠道熟悉各地文化宣传品牌，着力挖掘临川文化核心元素，探索临川文脉基因与密码，提炼出体现地域特色、朗朗上口的文化宣传品牌，使临川文化得到更好地传播、弘扬。调研归纳出临川文化十大核心元素，即才子文化、戏曲文化、书院文化、诗书文化、中医药文化、商帮文化、宗教文化、农耕文化、红色文化、古村落文化。

四、生态法治建设协商

2015 年 7 月至 9 月，市政协围绕《适应生态文明新常态，展现绿色崛起新作为》课题，联合县（区）政协及市直部门进行深入调研，在学习借鉴四川省成都市成功经验基础上，形成《适应生态文明新常态，展现绿色崛起新作为——关于抚州全面推进生态文明建设的调查与建议》。10 月 19 日，市政协三届二十一次常委会专题协商“关于抚州全面推进生态文明建设”课题。市政府副市长魏建新和市发展改革委、市环保局等单位负责人参加协商讨论。会后，市政协向市委、市政府呈报专题协商报告，提出建议：1. 首要之基是形成共识凝聚力量。形成抢抓发展机遇共识，形成生态经济协调发展共识，形成高位推动共识。

2. 关键之举是科学规划布局。高起点划定生态保护红线，高水平编制发展规划，高标准创建生态文明先行示范县（区）。3. 当务之急是提升生态环境承载力。大规模推进城市绿化，大手笔推进生态建设，大力气加强环境综合治理。4. 重中之重是推动产业升级。着力抓好有机生态农业，着力抓好低碳循环工业，着力抓好现代服务业。5. 根本之策是创新体制机制。构建科学的决策机制，建立健全评价考核制度，完善生态补偿机制，建立生态文明建设多元投资机制。6. 长久之计是弘扬生态文化。强化生态文明宣传，倡导生态文明行为，推进生态文化品牌建设。

2017 年 9 月 28 日，市政协四届五次常委会专题协商“把绿水青山变成金山银山——关于加强抚河流域生态保护与综合治理，加快绿色产业发展”课题。市政府副市长肖承贵和市发展改革委、市环保局等单位负责人参加协商讨论。协商成果呈报市委、市政府，提出建议：1. 以生态保护为根基，注入“变”的丰厚资本。加强山林保护利用，让山林更绿；加强水源保护，让水质更优；加强大气保护，让空气更净；加强城乡环境治理，让城乡更美。2. 以打造“河长制”升级版为抓手，扭住“变”的牛鼻子。紧紧扭住抚河流域生态保护与综合治理“龙头工程”，打好“清河道、治污水、建项目、兴产业”四套组合拳，全力做好生态修复的“加法”、生态损耗的“减法”、生态开发的“乘法”、生态保护的“除法”，使之“河畅、水清、岸绿、景美”。3. 以有机生态农业为引领，转换“变”的新模式。按照“全区域产业链”新思路，朝着绿色安全有机智慧农业迈进，实现绿色升华。4. 以低碳循环工业为重点，提升“变”的新动能。向生态园区要效益，向战略性新兴产业要效益，向企业节能减排要效益。5. 以集约高效服务业为导向，培育“变”的新业态。主攻“全域旅游”，深挖文化产业，聚力健康养老。以争创国家名片为招牌，不断提升“变”的品牌价值。以强化政策扶持为保障，增强“变”的有力支撑。强化财政扶持，强化绿色金融支撑，强化人才科技支撑。

2022 年 2 月，围绕“整治工程建设领域围标、串标的对策建议”课题，市政协组织部分市政协常委、工商建筑界政协委员、相关部门专家学者成立调研组，与市住建局、市发展改革委、市公安局、市交通局、市水利局、市公共资源交易中心等相关部门进行对口协商，向相关企业负责人了解情况，多次召开专题座谈会进行协商。7 月形成《伸长“标后”监管短腿　倒推招投标工作规范运行——关于整治工程建设领域“围标、串标”行为的几点建议》，建议提出：1. 明确招标主责，落实标后监管主体；2. 规范履约行为，压实标后监管内容；3. 搭建技术平台，畅通甄别预警网络；4. 构建诚信体系，推进标后信息应用；5. 出台认定办法，规范标后协查机制；6. 保持高压态势，严肃标后惩戒措施。

2022 年 7 月至 8 月，市政协围绕“全市生态产品权益类贷款”课题，与市发展改革委、市金融办、市林业局等部门进行多轮协商，形成《炼就绿水青山金手指，点活生态权益贷款流——抚州市生态产品权益类贷款情况的调研报告》，得到省、市领导重视。市委主要领导作出批示：创新金融产品更加注重对实体产业发展的支持。省政协以专报名义报送省委、省政府，并获得省委、省政府主要领导批示肯定。

2023 年 9 月，市政协围绕助推开展生态产品价值实现机制建设，线上参加全国政协“推动建立生态产品价值实现机制”主题远程协商会，在全国政协的会议上讲述抚州“两山”转化路径故事。围绕完整准确全面贯彻绿色发展理念，形成《抚州市关于大力发展节能环保产业，促进全面绿色转型预调研报告》，多条建议对策被省政协采纳。围绕认真践行“两山”理论，开展“擦亮环评审批‘抚务周到’品牌”专题视察，提出 11 条具体建议，形成的《报告》被市委主要领导作出肯定性批示，转至相关部门抓好落实。围绕助推 GEP 核算运用，在资溪县召开生态产品价值评估核算应用研讨会，总结推介抚州市在生态产品核算与应用体系上的探索实践，助力完善生态产品价值实现机制形成共识。

2024 年 4 月，市政协围绕泸溪河巡河专项治理开展调研协商。组织部分委员深入资溪、南城、金溪三县先后对沿河乡村、河道治理工程等建设现场开展巡河调研，详细了解水质监测设备运行情况、数据收集和分析流程，实地察看河道清淤、护岸加固等情况，并与相关乡镇河长开展协商交流，共同商讨流域水环境存在的突出问题和解决办法，推动相关流域企业污染、养殖污染、农业面源污染、河面漂浮物和河湖“四乱”问题的深化治理。11 月，组织部分政协委员和九三学社社员，对廖坊水利枢纽工程管理运行情况进行实地视察。视察组对廖坊水利枢纽工程各项管理工作给予肯定，认为工程在保障防洪安全、促进水资源合理利用以及推动地方经济发展等方面发挥重要作用。同时，委员们对廖坊水利枢纽工程运行、维护以及未来发展规划积极建言献策，为推动水利工程运行管理贡献政协智慧和力量。

2024 年 10 月，在市政协社法委青创空间工作站举行月度协商会议，就“发挥司法所职能作用，促进‘法律明白人’品牌升级”课题进行专题协商。市政协党组副书记、副主席谭小平主持会议并讲话。市政协委员和调研组成员，市委政法委、市委社工部、市司法局、市民政局、市编办、市农业农村局等单位负责人，临川区、崇仁县、宜黄县、乐安县等基层代表共计 40 余人参加。会上，调研组就课题调研情况作说明，市司法局通报有关情况，11 人作会议发言，市司法局及市直有关部门现场作回应，在充分协商基础上形成建议 40 多条，达到以协商提高调研质量、推动部门工作效果。

五、新兴产业建设协商

2015 年 4 月至 5 月，市政协联合县（区）政协组成 7 个调研组，采取实地调查与统计分析相结合的方式进行大量调研，形成《适应经济新常态，培育增长新动力——关于加快抚州现代服务业发展的调研报告》。6 月 3 日，市政协召开三届二十次常委会会议暨加快抚州现代服务业发展资政会，专题协商这一课题。市委常委、常务副市长于秀明参加协商讨论，6 位委员资政建言。提出建议：1. 明确规划定位。制订《2015—2020 年抚州市现代服务业发展空间布局与规划》，明确全市现代服务业的发展定位、发展重点、空间布局。建立市县（区）互动的“例会制”“案例制”等高位协调机制，推进重大现代服务业项目高质量发展。2. 完善扶持政策。从信贷、土地和奖励扶持等方面制订鼓励政策，设立市级现代服务业发展基金，重点扶持先导性、成长性现代服务业发展，重点支持基础性、龙头性现代服务业项目建设。3. 建设一批低成本、便利化、全要素、开放式的众创空间，为大众创业、万众创新，发展现代服务业搭建载体。4. 发挥职业教育主导作用，建设“抚州市公共技能实训中心”，打造市级技能提升公共平台，办好产教融合人才培养基地和职业能力提升基地，为抚州经济社会发展提供人才支撑。

2016 年 6 月至 8 月，市政协联合县（区）政协及相关部门围绕加快发展抚州健康养生养老产业进行深入调研，在学习借鉴四川成都、浙江丽水经验的基础上，形成《绿色养生健康养老——关于加快发展抚州健康养生养老产业的调查报告》。9 月 9 日，市政协三届二十七次常委会专题协商“关于加快发展抚州健康养生养老产业”课题，市政府副市长肖承贵和市民政局、市卫计委等单位负责人参加讨论。会后，向市委、市政府呈报专题协商报告，提出建议：1. 建立医疗机构与养老机构协作机制，开通与全国一、二线城市医疗机构预约就诊绿色通道，开展远程医疗、定点定期医疗会诊服务。2. 充分发挥文化资源优势，打造一批“文养”示范项目基地。3. 依托临川温泉自然资源特色，突出山水文化和养生文化，打造集温泉养生、文化旅游、生态休闲于一体的新品牌。4. 以资溪、乐安、金溪、宜黄为重点，充分利用自然山水、原生态古村落、特色小镇等旅游资源，谋划一批避暑度假区块，开发建设生态休闲养生旅游目的地。5. 开发“观光＋体验＋餐饮”等系列项目基地，打造一批叫响全国全省的生态休闲农业和养生养老项目。6. 新建城区和居住小区，按标准配建养老设施。

2022 年初，为加快抚州市创建“全省一流的数字经济创新发展区”步伐，市政协确定把“推动数字经济‘一号工程’建设”作为常委会专题协商课题，4 月中旬组成专题调研组深入高新区和 11 个县（区）进行调研。调研组先后召开不同层次座谈会 18 次，走访企业 50 多家，并以“党员委员工作站”为基地，召开 8 次专题研讨会，广泛听取和吸纳意见，形成《强攻“一号发展”工程，助推经济加“数”发展——我市数字经济发展情况的调查报告》，报告提出：1. 大力普及数字经济知识。2. 确立数字经济首要地位。3. 优化职能部门干部队伍。4. 聚力推进全省数据备份中心建设。5. 抢占信息安全产业发展先机。6. 做大做强信息技术应用创新产业。7. 大力发展新能源汽车电子及锂电产业。8. 持续推进电子商务产业发展。9. 做好“北斗运用”大“文章”等 16 条切实可行意见的建议。6 月 29 日，市政协召开五届四次常委会会议，专题协商数字经济发展课题。会上通报《抚州市推进数字经济发展情况》，对数字经济发展情况调查报告作说明，3 位市政协委员围绕协商主题，从不同角度作专题发言，与会市政协常委和市工信局、市发展改革委等部门负责人面对面进行协商交流，为抚州市数字经济发展提出具有前瞻性和可操作性意见建议。市委书记夏文勇对协商报告作出批示，要求市政府和相关职能部门“针对调查报告提出的工作建议，结合当前实际，制定一个两年发展计划，重点列出可实施项目，推动数字经济发展取得新突破、更大成效。”市政府在研究制定《抚州市推进数字经济发展的实施意见》过程中，充分吸纳了政协建议。

2023 年 3 月，市政协围绕市委提出的“打好一个强攻战、实现五个新跨越”工作主线，和“助推抚州中医药发展”主题，深入南城、宜黄等地实地调研，并赴宜春、樟树等地学习考察。在前期调研基础上，分析提炼，并征求多个职能部门意见，形成调研报告。6 月 28 日，市政协党组（扩大）会议对调研报告进行审议。7 月 7 日，常委会会议听取全市中医药发展相关情况汇报，协商讨论并通过《四力齐驱，借势而为，助推我市中医药高质量发展（审议稿）》。市委常委、南城县委书记彭银贵，副市长黄智迅，江西中医药高等专科学校校长涂国卿应邀出席，对市政协调研报告予以积极评价。会后，根据协商意见，该委对调研报告再次修改完善，形成《传承创新，借势而为，推动我市中医药高质量发展——关于我市中医药发展情况的调研报告》。

2023 年，市政协联合市文广新旅局、民革市委会，围绕“助力唱响‘文化抚州，梦想之舟’品牌，推动抚州生态康养产业发展”课题，赴四川、山西及南昌、宜春、上饶等地学习考察，深入部分县（区）及有关市直单位开展调查研究，全面了解抚州生态康养产业发展资源和优势、短板和弱项，研究探讨提出合理化建议，形成调研报告。报告认为，生态康养产业是“一业兴、百业旺”的综合性产业，不仅是重要民生产业，也是拉动经济增长的新引擎。抚州生态环境、自然禀赋、文化资源、区位条件优势显著，只要坚定信心决心，实现生态文化产品价值转化，必将蹚出一条产业发展新路。为此建议：1. 统一思想认识。将发展生态康养产业作为抚州重要产业和一张新城市名片打造。2. 突出“三个聚焦”。即聚焦生态、聚焦文化、聚焦产业，正推动生态康养产业延链、强链、补链，形成产业集聚、功能完善的生态康养产业圈。3. 实现“两个突破”。一方面，实现生态康养具象化突破；另一方面，实现生态康养体验化突破。4. 强化品牌塑造。做好品牌顶层设计，精心举办好 2023 首届中国·抚州生态康养产业发展大会，加强宣传推介。5. 坚持整体推进。实行高位推动，示范带动，多方联动。6. 积极培育市场。争取各类支持，撬动民间资金，加大保障力度。

第二节　发展大事协商

市政协注重发挥政协委员人才库、智慧仓优势，围绕全市经济社会发展大事开展协商讨论，积极建言献策。

一、讨论政府工作报告

市政协历次全体会议均分组协商讨论政府工作报告，并将委员意见、建议归纳综合后呈送市委、市政府决策参考，不断提升政协参政议政功能。

2001年3月市政协一届二次会议期间，委员们分组讨论政府工作报告，提出经济发展建议：1.持续优化投资环境，形成聚精会神抓发展的良好氛围。2.着力提高财政收入占国民生产总值的比重，逐渐减少行政事业性收费及罚没收入。加快经济结构调整，提高二产比重。3.将工作重点放在发展第三产业上，同时加快个私经济发展。4.加强WTO新形势下机遇与挑战研究工作，跟上时代要求。提出农业和农村工作建议：1.对乡镇企业进行二次革命，实现管理水平现代化，提高科技含量。2.放开思路，改善环境，用政策吸引农民进城经商、建房、办企业。3.在调整农业产业结构中不能忽视粮食生产这个优势，重点抓好优质产品的质量。4.不能忽视做好农民的思想政治工作。提出文化教育和医疗卫生工作建议：1.抚州出现名牌学校学生分配难现象，造成人才流失，要引起重视。2.加大政府投入，完善社会劳动保障体系，尽快实施职工基本医疗保险制度。3.加大旅游业发展投入，王安石、汤显祖、舒同等名人纪念馆要扩大规模，建一些人造景观，以吸引游客，留住游客。

2002年3月市政协一届三次会议期间，委员们分组讨论政府工作报告，提出意见建议。关于经济发展：1.要历史全面客观地看待抚州现状，对抚州的发展要有信心。2.招商引资是抚州超常发展的必由之路，政协要积极参与，不争论，干实事，努力实践，为抚州发展作出积极的贡献。3.对重大决策要狠抓落实，加大宣传，使全市人民了解工作的进展情况。关于农业农村工作：1.加大对农业研究机构的投入，将全市有关农业科研究机构组建成农科院。2.大力发展农业生产，切实减轻农民负担。关于文化教育和医疗卫生：1.加强职业技术教育，树立正确的教育理念，转变市民对职业教育的态度。2.加大重视基础教育投入，擦亮教育之乡品牌。3.适时推进乡镇卫生院人权事权财权改革。关于交通和城市建设：1.加快昌抚公路建设，改善抚州开放环境。2.在加快城市化建设进程中，重视抓好城市绿化工作。3.建设新城区，配套设施要跟上去。关于文化旅游：1.加大对流坑宣传力度，挖掘潜力，加强内部管理。2.抚州第三产业发展滞后，高档娱乐消费场所很少，应建一个四星级宾馆。

2003年1月市政协一届五次会议期间，委员们分组讨论政府工作报告，提出意见建议。关于工业发展和招商引资：1.企业转制后，销售额大了，但税收却少了，要加强税收征管力度。2.进一步整治营商环境，营造良好的招商引资氛围。要降低招商成本，变群众性招商为专业性招商，重视本地企业发展。3.政协委员要敢于建言资政，献计献策。关于教育医疗卫生和社会保障：1.卫生体制改革要按照国务院的统一部署，有序有效推进。2.义务教育投入不足，建议政府适当调整学校收费标准。3.加强与东华理工学院的联系，提升学校服务抚州发展的贡献度。关于交通和城市建设：1.重视抓好抚州铁路建设，提升抚州区位优势。2. 城镇建设要有统一规划，严格按规划操作，一任接着一任干。关于文化旅游：1. 建议在市区园盘搞几个历史名人雕塑，提高抚州文化品位。2. 王安石和汤显祖两个历史名人，在抚州只有两个馆，除此看不到很多东西。3. 抚州旅游招商要有统一规划，注重保护好生态。

2004 年 3 月市政协一届六次会议期间，委员们分组讨论政府工作报告，对全市经济和社会发展提出建设性意见和建议。1. 进一步加大招商引资力度，优化投资环境，大力发展开放型经济。2. 完善工业园区建设，培植优强企业，加快工业化进程。3. 调整产业结构，培植龙头企业，落实农民增收政策，着力破解“三农”难题。4. 加大基础设施建设力度，加强城市规划建设管理，提升城市化水平。5. 深化教育卫生改革，创新机制体制，增强发展的活力。6. 发展社会事业，完善保障体系。7. 加强民主法制建设，改进干部工作作风，改善群众生活，维护社会稳定。

2005 年 3 月市政协一届七次会议期间，委员们分组讨论了政府工作报告。委员们认为，2004 年全市人民高举邓小平理论和“三个代表”重要思想伟大旗帜，认真贯彻落实科学发展观，坚持实施“一招三化”发展战略，经济社会加快发展，经济运行质量提高，发展后劲增强，社会保持稳定，人民群众生活进一步改善。成绩来之不易，是市委、市政府坚持用科学的态度、发展的办法解决前进中各种困难矛盾问题的结果，是全市干部群众同心协力、突破难点、求真务实、理性操作的结果。委员们围绕实现“十五计划”开好局和促进经济社会发展提出了建设性意见建议。

2006 年 12 月市政协二届一次会议期间，委员们分组讨论政府工作报告，围绕“赶超发展、提速进位”这个主题，提出建设性意见建议。关于主攻工业和优化环境：1. 主攻工业，赶超发展，要搞好招商引资，做大做强主导产业。2. 进一步营造亲商、安商的良好环境。3. 对非公经济的中小企业贷款限制较多，要引起重视。关于城市建设：1. 防止房地产开发过热，避免出现城市空壳化；严禁破坏文化建筑遗产，防止城市文化边缘化。2. 加强抚北工业园区环境整治工作，提升招商引资承载功能。关于新农村建设：1. 加强农村的小水利建设。2. 新农村建设自来水工程不宜投入过大，防止群众因消费过高而弃用，造成投资浪费。3. 新农村建设要注重文物文化遗产保护，保护好临川文化根基。关于深化教育卫生体制改革：1. 降低小学成班率，提高教学质量。2. 加强职业教育教师队伍建设，提升职业教育教学水平。3. 加大卫生事业投入，解决好普通老百姓看病难、看病贵问题。关于加强社会保障工作方面：1. 建议三年内确保社保覆盖工业园区所有企业。2. 低保在城镇已做到应保尽保，农村低保工作要认真解决。3. 加大残疾人群帮扶力度，多渠道筹集资金投入助残工作。关于培养人才：1. 设立建议奖和创新奖，以推动创新工作开展。2. 完善市行政学院设施建设，引进高素质人才充实教师队伍。关于发展文化旅游事业：1. 加大专项经费投入，维护名人纪念馆运行发展。2. 制定政策扶持抚州采茶戏，注重采茶戏创作和青年演员培养。切实落实抢救宜黄戏措施，让古戏发扬光大。

2007 年 3 月市政协二届二次会议期间，委员们分组讨论政府工作报告，围绕发展与和谐两大主题，提出意见建议。关于主攻工业优化环境：1. 希望政府有更多办法，帮助企业解决好企业用工难问题。2. 全市招商引进的木材加工企业，已经影响抚州资源环境，要采取措施加以整治。3. 加强科学技术工作，建立完善创新人才引进机制。关于新农村建设：1. 重视农村文化设施建设，让广大农民有文化活动场所。2. 要加大乡村乱建房、非法占用耕地整治力度，有效保护好耕地。关于深化教育卫生体制改革：1. 临川教育集团组建以来，相当部分师资被用于培养非临川籍的孩子。建议政府加大资金投入，扶持基础教育。2. 发展职业教育要把教育与企业用工有机结合起来，瞄准行业需求，定向向企业输送技术工人。3. 建议各级政府要明确职责，加大对农村医疗的投入，扶持乡镇卫生院，大力开展新型农村合作医疗。关于城市建设方面：1.抚州房价涨幅过高应引起有关部门重视。2.抚州发展规划要有长期性，不能因为领导岗位变动规划也跟着变动。3.在城市管理方面，对于弱势群体、小商小贩，不能堵，而要疏，城市管理要人性化。关于加强交通建设：建议南城、南丰、金溪收费站对本地客货车和当地客商车辆给予免费。关于社会保障工作：1.民政部门应建立救助机制，解决110送往医院需紧急救治但无支付医药费用的伤病人员的医疗费用。2.抚州社保覆盖面较小，建议有关部门加大对民营企业的检查和监督，要求企业为职工搞好社保。3.加强廉租房制度监管，让真正特困户住上新房。关于思想文化建设：1.积极保护临川文化古迹，把抚州文物点串成线让人参观，充分展示抚州的文化底蕴。2.建议每逢重要节日、纪念日，学校与基地都积极主动组织未成年人到各爱国主义教育基地去瞻仰、参观。关于人才队伍建设：1.评职称要公开、公平、公正，留住人才。2.通过老年科协，把离退休高级科技人员组织起来，充分发挥离退休高级科技人员作用。

2008年1月市政协二届三次会议期间，委员们分组讨论政府工作报告，提出意见建议，关于主攻工业方面：1.利用抚州生态优势，走资源节约型、环境友好型之路，引进高科技项目。2.招商引资采取看新不看老、现场验资评比的办法，确保招商引资工作取得实效。3.主攻工业需要长期坚持，任务指标安排要实事求是。关于基础设施建设：1.对各地方“一河两岸”工程，要统一规划布局，不能一哄而上。2.高度重视鹰潭至瑞金到汕头铁路项目申报工作。3.城市基础设施要注重环保，污水处理厂、橡胶坝等建设都要考虑环保问题。关于文化生态名城建设：1.建设文化名城要加强古建筑维修，突出文化内涵。2.抚州旅游发展要以临川文化、生态绿色旅游以及五大温泉（资溪法水、临川温泉、崇仁汤溪、南丰清水湾、黎川暖水）、四大名山（大觉山、军峰山、麻姑山、大华山）为重点，展开规划设计。3.建议抢救采茶戏。关于发展农业：1.新农村建设不能搞成新村建设，要确定一个规划，加强对农民的科技教育。2.新农村建设要把有限的扶助资金集中起来，用到刀刃上去，不能撒胡椒面，更不能好大喜功、互相攀比，要科学规划，有效发展。关于可持续发展：1.政府定的工作目标要体现赶超，但也要考虑历史原因和经济基础。2.在引进项目时，要注意环境保护。抚河上游建了两个造纸厂，直接排污到抚河里，应引起重视。关于教育医疗卫生：1.抚州新区中小学和幼儿园建设要列入市重点项目建设，改善市城区基础教育教学条件。2.加强职业教育，按照社会需要设置专业，培养本地需要人才，打造几个响当当的品牌。3.引导民营医院发挥自身优势，发展特色专科医院，实行错位竞争，良性循环，共同发展。关于社会保障：1.提高最低生活保障标准，多拿出岗位留给“4050”人员转岗，照顾弱势群体。2.加大对弱势女性群体的扶助，加强对下岗女职工再就业培训工作。

2009年2月市政协二届四次会议期间，委员们分组讨论政府工作报告，提出意见建议。关于工业发展：1.理清思路，确定招商主攻区域、主攻产业、主攻项目。2.金巢经济开发区应确定主导产业，抓好重点企业，帮助企业做大做强。3.注重塑造企业品牌，培育知名品牌，发展循环经济。4.在优化投资环境、人居环境等各个方面多下功夫。关于“三农”问题：1.制定切实有效措施，保护南丰蜜桔这一金字品牌。2.重视粮食生产，将粮补发给种粮农民。3.县（区）尽快成立林业产权交易中心。关于城市建设：1.尽快实施“妇女儿童活动中心”城市建设项目。2.抓好已建成重点项目经营管理工作，如体育馆、图书馆、博物馆、汤显祖大剧院等，要搞好经营，使其功能发挥，产生良好效益。3.加大房地产扶持力度，借鉴外地经验，给予开发商一定土地补贴，减免税费，让房价降下来，促进房地产业健康发展。关于生态环境方面：1.橡胶坝建成后，水位抬高，污水滞流，容易造成污物沉积和水体污染，对城区取水口水质影响很大。2. 人民公园作为抚州的一面镜子，水污染比较严重，有损抚州形象，建议加强管理和治理。关于交通建设：1. 将广昌至建宁高速公路作为地方加密高速公路，申报列入江西省 2020 年高速公路网，争取纳入全省高速公路建设计划。2. 县际之间断头路较多，给群众出行带来不便，建议加大工作力度。3. 吉抚高速公路立项已好几年，建议尽快争取上级有关部门开工建设。关于科教文卫：1. 东华理工大学新建教学楼用地问题一直没有得到落实。2. 建议将崇仁师范升格为大专或独立办校。3. 汤显祖大剧院有名无实，不能编排汤显祖戏剧，使临川文化得不到更好弘扬，要引起重视。关于旅游：1. 发展旅游产业，不能遗漏灵谷峰和金山寺。2. 应组织“精品”线路对外促销，加强发展旅游产业工作考核。关于社会保障：1. 抓就业工作要与市场相结合，人力资源培训要加大力度。2. 在政策和信息方面给予扶持和引导，为返乡农民工创业提供帮助。3. 每年给予农村老年人（70 岁以上）100 元养老金扶助。关于人才队伍建设：1. 拓展女性干部培养渠道，加大女性干部培养力度。2. 人才引进要根据需求而定，注重实际效果、实际能力，不能因学历条件而阻碍优秀人才引进。3. 抚州企业界急需科技、营销、管理等实用型人才，要大力引进。要加强与抚州籍在外工作人才的联系。

2010 年 1 月市政协二届五次会议期间，委员们分组讨论政府工作报告，提出了意见建议。关于经济发展：1. 以向莆铁路建设和融入海西经济区为契机，瞄准台湾，大力开展对台招商引资。2. 在工业园区规划设立台湾园，对在抚台商企业生存状况进行调查摸底，帮助解决实际问题，增强台资企业根植性。3. 实行优惠政策，加大奖励力度，鼓励企业上市。关于“三农”：1. 尽快发展蔬菜流通市场，扶持蔬菜类加工企业发展。2. 着力培育农业龙头企业，加快推进农业产业化进程。3. 建议新农村建设应把农村道路建设放在首位；农村垃圾处理应坚持科学安排，在试点基础上逐步推广，不要出现二次污染。关于城市建设：1. 成立策应鄱阳湖生态经济区和海西经济区工作机构，摸清国家政策，制定实施规划，做好产业和政策对接。2. 建议重点工程在施工过程中，应尽量减少对周边环境的影响，特别要注意及时清洁路面。3. 市区公共厕所、流动厕所太少，要加快建设。关于生态环境：1. 在推进工业化和城镇化的同时，着力强化环保意识，发展循环经济。2. 加强水土保持综合治理工作，保护好抚州的青山绿水，尤其是抚河源头要封山育林，实行最严格的保护。关于交通建设：1. 建议在市区规划建设一条高档次的步行街。2. 建议改善抚北大桥到抚北工业园区的路况。关于科教文卫：1. 建议在中小学校设立生存教育课程，进一步加强学生心理健康教育和素质教育。2. 组建文化产业投资公司，加大对文艺人才的培养，引导文化产业健康发展。在市区文化遗址旁设立名人碑刻或雕像，以历史名人命名的街道应设立名人生平事迹碑刻。关于人力资源和社会保障：1. 对建设部门专业人才编制给予放宽，以便引进高素质专业人才。2. 加强外出务工人员养老保险续保工作。3. 将阳光津贴发放情况列入年终考核。关于作风建设：1. 坚决治理会议多、检查多、考核多“三多”问题。2. 加强对有价值资料档案的收集整理，对重点建设项目相关资料要移交档案局妥善保管。

2011 年 9 月市政协三届一次会议期间，委员们分组讨论政府工作报告，提出意见建议。关于打好“三大战役”：1. 完善园区发展规划，将金巢经济开发区与抚北工业园区合并，以节省资源，避免重复建设。2. 培植主导产业要选择具有成长性、带动性和特色性的产业。3. 建立科学有效的招商引资考评体系，从企业用工量、用水量、用电量、税收、金融、社保等方面进行考评。4. 加快职业技术教育发展步伐，培养更多应用技术型人才。关于县域经济发展大会战：1. 重点加快县域工业发展，打好工业强攻战，对于引进工业项目考评不仅要重数量更要重质量。2. 改革县（区）考评机制，不能助长数据风、浮夸风。对那些有权力制定考评规则的部门要加强监督，使考评真正成为发展的风向标。关于推进新型城镇化：1. 在新城区加快大型商场、金融、社区医疗、教育、菜市场等配套设施建设，提升新城区人气。建议精心策划，结合教育园区和文昌里改造，打造一流的抚河两岸特色城市景观。2. 列出时间表，尽快争取海关等涉外机构进驻抚州。关于推进社会事业发展：1. 抚州一中硬件设施较差，希望政府能在建校 110 周年时加大资金投入，完善硬件设施。2. 设立保护非物质文化遗产专项基金，打造好非物质文化遗产传承专业队伍。3. 加大红色旅游资源保护和开发利用。中央正在搞苏区县评审，被评定为苏区县将享受很多国家优惠政策。关于保障和改善民生：1. 引入市场竞争机制，打破行业垄断，加强行业管理，规范殡葬收费行为。2. 加强廉租房建设分配监管，保证公平，让真正困难家庭受益。

2012 年 2 月市政协三届二次会议期间，市政协委员分组讨论政府工作报告，提出意见建议。关于推进“三大战役”：1. 出台政策文件，把“三不招”机制落到实处。实行以商招商、代理招商、委托招商、奖励招商，让有威望、有能力的客商为抚州招商引资工作作出贡献。2. 重视科技创新，培育新兴产业，促进支柱产业发展。3. 制定微小企业发展扶持意见，使微小企业在资金、技术、用工上得到帮扶，促进微小企业做强做大，引导微小企业集群发展。4. 加大工作力度，切实解决工业用地、企业招工、融资困难等瓶颈问题。关于发展现代农业：1. 对农业特色产业进行调研，在此基础上出台有关扶持政策，促进抚州农业特色产业可持续发展。2. 出台有关政策文件，解决粮食加工企业规模小、品质差、效益低问题，促进粮食加工产业做大做强。3. 加大油茶产业扶持力度，做大做强抚州油茶产业。4. 将林业工作站纳入县乡（镇）两级管理，切实加大天然林保护力度，严厉打击偷盗林木行为，促进生态环境保护。关于繁荣现代服务业：在制定旅游规划时考虑前瞻性，注重旅游品牌建设，组建好旅游管理委员会，设立旅游发展专项资金。关于推进新型城镇化：1. 结合保障性住房建设，有效控制县乡房价，促进小城镇房地产业健康发展。2. 节能减排不容乐观，有关部门要信守承诺，说到做到。3. 尽快撤销 316 国道洋洲立交桥收费站。关于保障和改善民生：1. 全市师资缺口较大，尤其是农村条件差，年轻教师留不住，建议实行“定向招生、定向培养、定向就业”政策。2. 加强文化艺术界对外交流，通过交流寻找差距，开阔眼界，不断提高全市文化艺术整体水平。3. 针对目前存在的看病贵、看病难等问题，建议在推进医药卫生改革方面出台一些切实有效的政策措施。4. 加强社会管理，尤其要加强弓箭、刀具等危险用品的管理。

2013 年 1 月市政协三届三次会议期间，市政协委员分组讨论政府工作报告，提出意见建议。关于推进“三大战役”：1. 支持鼓励企业加大研发力度，增强企业核心竞争力。2. 切实帮助企业解决用地、招工、融资、员工培训等难题，为企业发展壮大做好服务工作。加大对引资企业闲置土地清理整顿力度，督促企业履行合约，扩大生产规模，发挥土地最大效益。3. 对县（区）考核指标设置应科学合理，不要面面俱到，建议只对经济发展、社会稳定等大指标进行考评。关于发展现代农业：1. 重视解决好农业产业化人才和扶持问题，出台相关文件，指导全市农业产业化发展。2. 加大农村桥梁建设力度，修旧建新，方便农民出行。3. 加强抚州农业科研机构建设，切实整合抚州现有农业科研资源，注入资金，招收人才，为现代农业发展提供智力支持。关于繁荣现代服务业：1. 加强旅游景点管理，提高景区人员素质，促进抚州旅游产业发展壮大。2. 重视生态文明建设，树立大生态理念，切实转变生态文明建设就是“种树造林”的传统观念。关于加强城镇管理服务：1. 加大城区公共交通建设投入和整治力度，切实解决公交车辆脏、旧、挤、不按时和出租车拒载、乱涨价等现象。2. 加强全市环境保护工作，从环境监测能力、执法手段、执法条件上制定更加严格的措施，着力解决污水处理厂监管不到位、运行不规范等现象，为市民提供安全舒适生活环境。关于保障和改善民生：1.加强学前教育，将幼儿园建设列入小区规划和城镇建设规划。2.支持艺术创作事业，健全激励机制，设立艺术创作奖励基金，促进抚州艺术创作健康发展。3.加大农村村卫生所的建设力度，切实解决农民看病难的问题。

2014年2月市政协三届四次会议期间，委员们分组讨论政府工作报告，提出意见建议。关于打好“三大战役”：1.全市只有5家省级科技园，建议加大国家级科技园建设力度，重视工业园区孵化园、创业园建设，出台优惠政策，方便小企业入园发展成长。2.重视向莆铁路沿线生产力布局，用活用好向莆铁路交通优势。3.进一步提高园区土地利用效率，倡导建设多层厂房，增加容积率，谨防企业圈地投机行为。关于发展现代农业：1引导农田依法、有序流转，充分发挥农田效益，保障粮食安全。2.对农产品加工项目在融资方面给予工业项目同等优惠，促进全市农产品深加工发展。3.建立长效机制，切实治理农村脏乱差现象，提升农村清洁工程实效。关于繁荣现代服务业：1.引进大型旅游企业，加大旅游资源整合力度，合力开发南丰、资溪、黎川等地丰富的旅游资源，提升全市旅游产业竞争力。2.加大对民办养老机构在政策、资金、土地等方面的扶持力度，在房地产开发中规划建设好老年公寓。3.加快居家养老服务中心建设，设立日托所、医疗保健站、休闲娱乐室，解决居家养老服务设施缺乏的问题，推进居家养老服务健康发展。关于加强城镇管理服务：1.加快文昌里改造进度，尽快建成“一河两岸”城市格局。加大新区超市、农贸市场等生活设施建设力度，做旺新城区人气。2.开通市城区至崇仁县、东乡县的1小时城际公交，为群众出行提供方便。关于保障和改善民生：1.重视基础教育品牌背后的危机，正确看待基础教育品牌，深化改革，切实化解矛盾。加强民办幼儿园资质审批，规范民办幼儿园办学行为。2.加强突发性传染病医疗体系建设，提升公共卫生应急能力。

2015年2月市政协三届五次会议期间，委员们分组讨论政府工作报告，提出意见建议。关于打好“三大战役”：1.全市好企业很多，但上市工业企业只有1家，建议加大扶持企业上市工作力度。2.县（区）工业园区应设立创业孵化园，扶持小微企业加快发展；加大对企业创新研发奖励力度，激发企业技术创新活力。3.鼓励电子商务产业发展，财政在融资上予以担保，引进营销人才，解决住房教育问题。关于发展现代农业：1.林业生态补偿机制不到位、补偿面积有限，建议提高公益林补偿标准。2.加大抚州土特产宣传力度，充分利用各地商会做好推介工作，做大做强抚州土特产业。3.重视乡镇农业技术队伍建设，加大培训力度，提升农业生产的科技化水平。关于繁荣现代服务业：1.大力发展农业特色产业，建立企业拓展培训基地、企业白领农庄、双休日等休闲基地，形成特色旅游。2.加强居家养老服务体系建设，成立社区居家养老服务中心。3.加大对发展现代服务业的政策扶持，培养现代服务业专业人才。关于加强城镇管理：1.加强公交行业管理，在公交车上设置文明礼让、尊老爱幼等语言提示，规范公交运营。2.成立老年人管理机构，保障老年人活动经费，切实做到老有所为、老有所养、老有所学。关于保障和改善民生：1.出台政策支持教育集团充分整合资源，发挥临川教育品牌优势，创办优质民办中学，以吸引外地学生来抚就学。2.重视基层医疗队伍建设，加大对卫生系统基础设施的投入。关于依法治市：1.加大对“抢、盗、劫”等违法犯罪行为打击力度，加大警力布控，形成震慑威力。2.强化法制宣传，引导群众依法有据地反映合理诉求，对无理取闹的闹访、缠访等予以严厉打击。3.对非法集资问题应予以重视，早做预警。

2016年10月市政协四届一次会议期间，委员们分组讨论政府工作报告，提出意见建议。关于壮大工业产业：1.抚州工业基础薄弱，要找准战略定位，让民企入抚、央企入抚、外企入抚。2.着力解决企业融资难、政策扶持弱、政策执行较慢、执行中打折扣等营商环境问题。3. 建议政府与企业联合建安居房，供外地人才居住，以此吸引留住外来人才。关于繁荣现代服务业：1. 把发展旅游业摆上重要位置，做好资溪大觉山、乐安流坑等精品旅游项目。2. 集中打造王安石、汤显祖等文化名人品牌，利用名人效应打造"才子之乡"文化名片。3. 把洪门文化纳入大临川文化范畴，予以研究宣传，增强临川文化影响力。关于农村环境整治：加强农村垃圾处理，以"村收集、乡镇转运、县处理"方式进行，防止二次污染。关于保障和改善民生：1. 建议中小学实行"小班制"（每班 40–50 人）教学。建议加强民办幼儿园资质审批，规范民办幼儿园办学，特别是民办幼儿教育小学化倾向应予以正确引导和管理。2. 建议再筹建一家三甲医院，减轻市第一医院就医压力。3. 充分利用抚州天然氧吧优势，规划发展一批健康养生养老项目，吸引江浙沪老人到抚州养生养老。

2017 年 1 月市政协四届二次会议期间，委员们分组讨论政府工作报告，提出意见建议。关于产业发展方面：1. 加大对建筑业支持力度，加快成立建筑行业融资平台，规范建筑业招投标行为。2. 积极转变发展理念，在"碳排放指标""用地指标"等方面多想办法，以实现资源换效益、时间换效益、空间换效益，走集约高效发展之路。3. 在县域经济发展综合考评时吸纳人大代表、政协委员中的专家学者参与。关于现代服务业发展：1. 加大对旅游资源整体建设、整体宣传力度，在突出县域特色、差异化发展的同时，注重全市旅游资源整体推介。2. 借鉴浙江做法，将散落在村镇的古建筑移入文昌里集中保护。3. 树立大文化理念，把东乡书法文化和红色文化、南城洪门文化纳入临川文化范畴，予以建设和宣传。关于城镇建设管理：1. 对建成的乡村环保设施，应加强维护管理，落实管理人员，明确职责，确保各项设施正常运转。2. 出台相关物业管理法规，规范物业管理，保障城镇居民生活环境与安全。关于保障和改善民生：1. 重视 30 万人口以下县的特殊教育工作，在普通学校设立两三个特教班。2. 在建设村级卫生室的同时，加大基层医疗人才培养力度，提高基层医疗人员待遇，提高基层医疗保障水平。3. 把医疗事故鉴定与医疗过错鉴定合二为一，以利处理医疗事故纠纷。

2018 年 1 月市政协四届三次会议期间，委员们分组讨论政府工作报告，提出意见建议。关于推动产业升级：1. 重视产业招商的规模效应，切实巩固"双返双创"成果，帮助已引进企业做好产业链延伸和上下游产业链配套，推动产业集聚、集群发展。2. 切实提升全市招商引资层次和水平，积极推行委托招商，提高招商针对性和成功率。3. 开展政策落实"回头看"，提升"放管服"质量，落实好"最多跑一次"便民服务，为客商提供良好投资环境。关于统筹城乡发展：1. 加快市中心城区至东乡区快速通道建设，加速抚州中心城区与东乡城区对接。2. 加强对市城区建筑施工、道路施工等工程管理，对一些影响居民正常生活的施工现场，应予以依法处置。3. 积极推进抚州智慧城市信息中心建设，着力打造集平安城市、应急指挥、智慧城管、智慧环保、智慧交通、社会服务管理信息化等综合指挥调度平台，实现城市治理精准化。关于推进生态文明示范市建设：1. 强化生态文明意识教育宣传，引导全社会践行绿色生产方式和生活方式，增强全社会生态文明意识。2. 建立生态文明建设考核奖惩机制，鼓励企业和单位认真落实各项举措，将生态文明建设情况向社会公开，接受社会监督。3. 坚决落实市中心城区烟花爆竹禁燃规定，为市民提供良好居住环境。4. 筹划申请 2021 年全省第五届花博会，可在东临新区、三翁小镇和抚州植物园 3 个地方选取。关于补齐民生短板：1. 制定优秀教师管理办法，在福利待遇、职级晋升等方面出台制度，留住优秀教师。2. 启动妇幼保健机构管理模式改革，建立以市级妇幼保健机构为核心、县级妇幼保健机构为成员的妇幼保健集团，有效应对二胎政策放开实施后对产儿科服务需求增加的挑战，保障妇女儿童身体健康和生命安全。

2019年1月市政协四届四次会议期间，委员们分组讨论政府工作报告，提出意见建议。关于脱贫攻坚：1.结合乡村实际情况，侧重产业扶贫，加强农民技能培训，推进扶智教育。2.脱贫攻坚举措要再精准、再精细，选准产业扶贫项目，切实用好产业扶贫资金，简化项目审批手续。3.发挥企业家在脱贫攻坚中的作用，多为家乡和社会作贡献。关于强攻工业：1.采取切实措施引进留住高层次人才，营造有利于创新创业的良好环境，打造“美国硅谷”式科技创新园区。2.深入企业详细解读扶持政策落实情况，进行细化，增强操作性，促进政策落地。3.针对不同行业及主导产业，制定差异化扶持措施，更好地扶持民营经济发展。关于生态文明建设：1.大力抓好三江湿地生态修复、温泉生态文明样板区等重大生态修复工程建设。2.抓住居民消费升级机遇，推进食品产业升级，实现食品产业高端化、规模化。关于乡村振兴：1.把抓工业与发展农村主导产业结合起来，实现工业与农业相结合，提高农产品附加值，稳定增加农民收入。2.加大绿色有机农产品基地建设步伐，加大对设施蔬菜基地建设补贴力度。关于创造优良人居环境：1.优化市中心城区BRT运行模式，引进BRT经营管理人才，科学规划BRT线路与公交线路，真正做到方便于民。2.推进“三城同创”。发挥舆论导向作用，在新媒体或广播电视台开办专栏节目，让更多市民了解这项工作，积极响应，共同参加。3.适应老龄社会趋势，充分发挥社区结对帮扶党员干部的作用，向老年人宣讲预防金融诈骗、保健品传销等知识，防止老人被欺诈。关于民生保障：1.重视中小学教师队伍建设。增加中学高级职称指标，加大人才引进力度，完善人才激励机制。2.加大对中医投入，加快中医人才引进步伐，提高中医人才待遇，增加中医药人才数量。在抚州建一个智慧型国医馆，更好地带动抚州中医药发展。3.设立非转基因保护区，建设绿色食品大粮仓。从生产源头和销售渠道加强对“地沟油”管理，加大打击和惩罚力度。4.以汤翁戏曲为主体，以王安石、曾巩、舒同、李井泉等抚州名人为体裁，创作和拍摄一些短小经典的戏曲和出版一系列抚州名人书籍，生产一系列抚州名人艺术品、礼品和纪念品。

2020年5月市政协第四届委员会第五次会议期间，委员们分组讨论政府工作报告。委员们认为，2019年，市委、市政府团结带领全市人民，坚持以习近平新时代中国特色社会主义思想为指导，深入学习贯彻习近平总书记视察江西重要讲话精神，坚持用新发展理念指导发展、用生态文明建设统领发展，大胆探索经济发展和生态文明水平提高相辅相成、相得益彰的发展新路，全市各项事业迈出新步伐、取得新成绩。政府工作报告总结2019年工作客观全面、实事求是，安排2020年工作思路清晰、目标明确、措施有力、切实可行。委员们以高度的政治责任感，围绕疫情防控常态化背景下抚州经济社会发展中的重大问题、事关国计民生的热点问题，畅所欲言，建言献策。

2021年2月市政协第四届委员会第六次会议期间，委员们分组讨论政府工作报告。委员们认为，2020年，市委、市政府团结带领全市人民，坚持以习近平新时代中国特色社会主义思想为指导，深入学习贯彻习近平总书记视察江西重要讲话精神，扎实做好“六稳”工作，全面落实“六保”任务，统筹疫情防控和经济社会发展取得重大成果，“十三五”顺利收官，脱贫攻坚目标如期高质量完成，全面建成小康社会取得历史性成就。政府工作报告总结去年工作客观全面、实事求是，安排“十四五”发展目标任务以及2021年主要工作，思路清晰、重点突出、措施有力、切实可行。

2021年10月，在市政协五届一次会议期间，全体政协委员分成9个联组协商讨论政府工作报告。委员们紧扣“全面建设富裕协调美丽和谐幸福的现代化新抚州”这个主题，围绕全市政治、经济、文化、社会和生态文明建设等方面深入协商交流，积极建言献策，提出许多具有参考价值的意见建议，展现新一届市政协委员昂扬向上、奋发有为的履职风貌。

2022年12月，市政协五届三次会议期间，市政协委员分组讨论政府工作报告。委员们聚焦"打好一个强攻战、实现五个新跨越"重点任务，围绕"强力推进工业发展、深化大农业发展、务实推进生态文明建设、加快推进城市建设、精准办好民生实事、深入推进改革创新"等6个专题进行联组讨论。

2024年2月，市政协五届四次会议期间，市政协委员分组讨论政府工作报告，聚焦"唱响'一大品牌'、实施'六大战略'、推进'三大建设'"的决策部署，围绕"全力推进工业强市、深入推进农业立市、扎实推进生态兴市、精准推进商贸活市、强力推进文化旺市、全面推进治理安市"等6个专题进行深入、认真协商议政，积极建言献策。一致表示，将以饱满的热情、高度的政治使命感和责任感，立足发展大局、饱含民生情怀、思谋发展良策，做到积极履职，为奋力谱写中国式现代化抚州篇章作出新的更大贡献。

2025年1月，市政协五届五次会议期间，市政协委员分组讨论政府工作报告，围绕"强攻工业大抓产业""加快现代农业发展""生态优先统筹城乡""深化改革扩大开放""改善民生促进和谐""强化治理维护稳定"六个专题进行联组协商议政。委员们纷纷表示，将以饱满的政治热情、昂扬的精神状态、务实的工作作风，紧紧围绕全市经济社会发展大局，认真履行职责，积极建言献策，为奋力谱写中国式现代化抚州篇章贡献智慧和力量。

二、讨论全市发展规划

2001年3月，市政协一届二次会议协商讨论《抚州市国民经济和社会发展第十个五年计划纲要（草案）》。会议认为，《十五计划纲要（草案）》贯彻了中共抚州市委一届二次全会精神，从15个方面勾画了实现抚州现代化建设第三步战略目标和抚州新世纪发展蓝图，符合抚州实际，体现全市人民根本利益和共同愿望。委员们对实施"十五"计划充满信心，就抚州加快发展、结构调整、改革开放、科技进步、提高全市人民生活水平、社会主义精神文明和民主法制建设、反腐倡廉、维护稳定等方面，向市委、市政府提出意见建议：1. 加快扩大经济总量是抚州最紧迫的任务。提高人民群众物质文化生活水平、解决经济和社会生活中的各种矛盾与问题、缩小与全省经济发展平均水平的差距，必须确定超常发展目标定位，敢于赶超先进，力争在五年内，使抚州经济达到全省中等发展水平。2. 把推进经济结构战略性调整贯穿于经济发展始终。以加速工业化为核心，以发展现代农业为基础，以加快城镇化为依托，推动经济结构战略性调整。坚持在经济发展中推进经济结构调整，在经济结构调整中保持快速发展。3. 以改革开放总揽全局。以改革促发展，全面推进体制创新，大力调整和改善所有制结构，不断提高国有经济整体素质，大幅度提高非公有制经济在全市经济总量中的比重，发挥非公有制经济在加快发展和推动结构调整中的重要作用。4. 以开放促开发，进一步提高对外开放水平和招商引资水平。努力提高经济增长质量和效益，增强经济综合实力，实现市、县本级财政收入和城乡居民收入持续快速增长。5. 坚持两手抓两手硬，促进物质文明和精神文明共同发展，高度重视人口、资源、生态环境问题，促进国民经济可持续发展。

2006年4月，市政协第一届委员会第八次会议协商讨论《抚州市国民经济和社会发展第十一个五年规划纲要（草案）》，会议赞同《抚州市国民经济和社会发展第十一个五年规划纲要（草案）》。会议认为，抚州"十一五"规划纲要（草案），坚持以科学发展观统领经济社会发展全局，着眼加快发展和富民兴市，提出今后五年经济社会发展总体要求、奋斗目标、主要任务和办法措施，切合实际，鼓舞人心。委员们围绕这一规划纲要，向市委、市政府提出意见建议：1. 实现抚州崛起，关键在工业，希望也在工业。主攻工业是抚州快速崛起的必由之路，决战工业是抚州赶超型发展的当务之急，必须举全市之力主攻工业、培植财源，增强发展后劲。2. 大力推进产业技术升级，加快传统产业改造，积极发展高新技术产业，更加注重发展循环经济，切实提高工业增长质量。3. 进一步加大招商引资工作力度，改进招商方式，提高招商效果，支持和鼓励全民创业，全力打造工业园区，做大做强支柱产业和核心企业，创新体制机制，努力走出一条具有抚州特色的新型工业化路子。4. 按照“生产发展、生活宽裕、乡风文明、村容整洁、管理民主”的总体要求，把生产发展作为新农村建设的基础，立足当前，着眼长远，统筹规划，逐步推进，因地制宜，量力而行，讲究科学，突出特色，推进新农村建设。要相信群众，依靠群众，尊重农民意愿，体现农民需求，把这个最大最好的民心工程，真正办成惠及农民、得到农民群众拥护的工程。5. 注重城乡、区域协调发展，注重事业的建设和进步；要高度关注并切实解决与群众利益密切相关问题，实施积极的就业政策，千方百计扩大就业，加快推进社会保障体系建设，让困难群众得到更多关爱和帮助。

2008 年 5 月 18 日，市政协在市会议中心一楼多功能厅举行火车站新区规划与建设咨政建言会。省建设厅副厅长、国家一级注册建筑师马志武，南昌大学原常务副校长、国家一级注册建筑师李嗣垦，省建设厅规划处处长、注册规划师李道鹏，中铁电气化局合武客运专线指挥长陈建明，南昌市规划院院长陈明远，南昌市建筑设计院总建筑师曹文峰，东华理工大学土木与环境工程学院院长刘金辉、文法学院副教授章军华等省内外专家作发言，提出前瞻性、针对性、指导性意见。市委副书记、市长甘良森，市委常委、市政府常务副市长谢发明参加咨政建言会。此前，市政协邀请省市知名专家先后三次实地察看，并与市规划部门和中铁四院负责同志进行交流。会议向市委、市政府呈报《关于火车站新区规划与建设咨政建言会意见要点》：1. 要体现科学发展观的基本要求。着眼抚州城市未来发展，充分考虑新区的预留用地。预留好随着城市发展需要建轻轨，接纳其他铁路线等的用地。在编制“火车站新区规划”时，不仅要考虑抚州未来交通发展战略，还要考虑抚州与周边县（区）联动发展战略。建议抚州火车站离高速公路远一些，站房建筑面积应该尽可能大一些，20000 平方米都可以，这对抚州火车站下一步发展成较大铁路枢纽站有利。充分考虑未来交通发展趋势，把赣东大道（新区段）双向四车道改为双向六车道，以备今后公交专用线运行；把外环路上下穿站前大道地道由二车道改为四车道，以备外环路成为主干道的可能。2. 要突出以人为本的基本理念。交通要实现零距离对接，火车站与长途汽车站实行零距离换乘，采用自动电梯相连接。公共设施用地要相对集中紧凑，中小学校等公共设施不要布置在主干道两侧，尽可能放到支路上去，既可减少噪声污染和交通安全隐患，又可发挥土地资源优势。火车站枢纽地区的道路交通组织的专题规划要重点深化。要处理好火车站、汽车站、公交站、出租车、社会停车等功能关系。火车站配套工程包括站前广场、公交车站、长途汽车站、社会停车场等，离站前广场要有一定距离，避免进出火车站车辆造成堵塞。交通集散要处理好大的交通接口。外环路与高速公路下线衔接问题；外环路、站前广场、站前大道交通组织问题，以便人员、车辆顺利进入站前广场。3. 要彰显抚州城市发展基本定位。充分体现生态文化名城城市理念。规划要重视生态环境建设，要保留现有的仙临山和凤岗河景观建设，形成有山有水的城市特征，在全国也是独一无二的。站前广场前搞一个湖面和生态公园，可增加城市生气。车站站房建设要注意体现抚州地方特色。车站周边的规划、建筑要与车站尽可能协调一致，注意建筑物高低搭配、外部装饰风格、颜色的协调。新火车站商业区域要凸显抚州商邦文化与客家文化双重主题。可将凤岗河蓄水面积扩大成湖命名为“凤凰湖”；将仙临山改称凤凰山，山丘上建阁楼；将凤岗河沿岸建成抚州商帮文化艺术生态长廊。4. 要立足高起点、高标准、高质量、高水平的规划和建设。城市用地要与城市道路功能相协调相匹配。赣东大道两侧不能按商业街进行设计，可以布置大型公共建筑。充分考虑外环路的交通性，两侧不应都布置商业建筑。高档宾馆不应建在火车站边上，站前路应考虑建一些酒店、公寓、商务办公等建筑，行政办公建筑就不要考虑。5. 结合人防工程建设，做好地下空间规划，将各条道路交叉口连接起来。管线、排污等城市市政工程配套设施建设，要适度超前，最好要能够达到50年不落后。

2008年6月29日，市政协就赣东大桥及南北延伸段规划与建设举办咨政建言会。省人大原副主任万学文、省交通设计院原院长、国家设计大师、八一大桥主设计人员车宇琳、省公路局总工程师胡钊芳、南昌市规划局副局长、规划设计院院长陈明远、原抚州地区建设局副局长王景阳、市城市规划设计院院长杨小平等省内外专家在会上发言，提出具有前瞻性、针对性、指导性意见；市委副书记李舰海、市政府副市长陈日武参加咨政建言会。会议向市委、市政府呈报《关于赣东大桥及南北延伸段规划与建设咨政建言会意见要点》：1. 大桥的设计要建立在明确三个定位基础上。要明确定位沿河路在城市总体规划中的功能；要明确定位此桥是城市桥梁还是公路桥梁；要明确定位自行车上不上桥。2. 大桥选址要立足当前并放眼长远。从长远来看，跨河大桥有两个方向是一定要跨过去的，一个是赣东大道北端，一个是经九路北端。这两条路从道路的宽度、位置看，都有建桥的必要。宜先在赣东大道北端建一座桥，随着城市的发展，今后再在经九路北端建一座桥。大桥选址宜设在规划的经九路附近。规划的经九路是城区西边的一条主干道，将大桥建在经九路附近有利于城区西边和梦湖区域的发展，有利于交通组织，可与西外环路连接起来形成北外环路，使城区交通更加便利。3. 桥的造型要体现实用性和景观性的完美结合。赣东大桥作为抚州进出南昌的门户，外形一定要充分体现抚州文化之邦的特色。桥梁建设既要从经济性、文化性、交通性等方面考虑，也要从安全性、耐久性、时代性、美观性等方面考虑。4. 要考虑各方面的综合因素。最关键是要从城市总体框架来考虑。建议在城市总体规划中把抚州城市路网系统理一理，主干道系统绝大部分是交通性的道路，尽可能往南延伸，不要出现过多的丁字路口和断头路；特别是经九路要理一理，把经九路一直往南延伸，与南部的路网系统相连，形成与梦湖的连接。合理做好南北桥头的规划。南桥头的高架下面，包括公路出口用地，尽可能避免摆放一些大型的、人流量、车流量大的公共设施，同时要把这块地的支路网加密。赣东大桥建成后，南桥头将形成标志性地段，所以住宅少做一点，特别是小高层、多层建筑就不要做，影响景观。北桥头周边目前没有规划，但要预留好与北沿河路相交的位置。在大桥的规划与建设中，应将桥梁永久性通航标志、交通安全设施等同步设计、同步施工、同步验收。

2010年12月25日，市政协二届二十一次常委会会议专题协商讨论了《中共抚州市委关于制定全市国民经济和社会发展第十二个五年规划建议征求意见稿》。市委书记甘良淼出席会议；市发展改革委主任姚瑞宗受市委委托向常委会会议作关于《建议》有关情况的说明。市政协常委会组成人员分3个组进行讨论，7位委员代表各专委会作专题发言。大家一致表示，《建议》立意高、视野宽、思路新、举措实，是一个比较成熟的文件稿，具有很强的前瞻性、务实性、指导性。《建议》通篇以科学发展观为指导，体现了中共十七届五中全会精神，符合抚州实际，符合全市人民共同意愿，鼓舞人心，切实可行。《建议》实事求是总结了“十一五”时期全市经济社会发展取得的巨大成就，科学分析“十二五”时期抚州发展面临的机遇和挑战，确定了“十二五”时期抚州经济社会发展指导思想、总体目标、工作重点和重大举措，为抚州中长期的发展指明方向和路径。常委们向市委、市政府提出修改意见建议：1. “十二五”规划应积极倡导包容性增长，即倡导机会平等的增长，人民群众公平合理地分享经济增长，规划中确定的主要目标过于强调效益优先原则，人民群众充分享受发展成果没有更好地体现出来。2. 要科学分析抚州财政收入中的国税和地税结构，制定合理的财税增长目标。3. 要对“十一五”规划执行情况进行梳理，其中未完成但又符合发展要求的目标任务应在“十二五”规划中进行量化规划，以避免产生发展断层。4. 把争取抚州机场、核电等重大项目作为工作的重中之重，在规划中多用些文字表述。5. 增加发展现代农业方面的内容，如创新经营体制、完善经营格局；做大做强龙头企业，推进农业产业化；提高科技含量，增强农产品竞争能力；加快农业基础设施建设，夯实发展后劲；加快发展农民合作组织，带动区域经济发展等。6. 增加一些扶持临川区、东乡县发展的具体举措。7. 增加“高等教育要上一个新台阶，抚州职业技术学院、江西中医药高等专科学校要围绕‘专升本’目标，巩固提高专科办学质量，提升办学层次，扩大办学规模，支持东华理工大学、南昌大学抚州医学分院做大做强”。8. 将“实现城镇职工、城镇居民、农村居民基本医疗保险全覆盖”修改为“巩固和完善城镇职工、城镇居民、农村居民基本医疗保障全覆盖，不断提高医疗保障水平”。

2016 年 1 月，市政协三届六次会议协商讨论《抚州市国民经济和社会发展第十三个五年规划纲要（草案）》。会议认为，《“十三五”规划纲要（草案）》高举中国特色社会主义伟大旗帜，以邓小平理论、“三个代表”重要思想、科学发展观为指导，深入贯彻习近平总书记系列重要讲话及省委十三届以来全会精神，落实省委“发展升级、小康提速、绿色崛起、实干兴赣”十六字方针，以及市委“高位谋势、精准发力、敢于担当、跨越发展”总体工作要求，按照“四个全面”战略布局和“五位一体”总体布局，以“提前翻番、同步小康”为总目标，以创新、协调、绿色、开放、共享的新发展理念为导向，以“五化”同步为主要路径，以创新为动力，积极推进“融入南昌，对接海西，建设向莆经济带”发展战略，实施“一核两带四区”战略布局，努力实现“南昌大都市副中心城市、江西对接‘21 世纪海上丝绸之路’的桥头堡、全省生态文明先行示范市、全国历史文化名城”的战略定位，全面建成宜居宜业宜游的幸福抚州，符合实际，完全赞成。委员们围绕修改完善《纲要》，向市委、市政府提出意见建议：1. 坚持创新发展，激发内生动力。充分发挥市场配置资源的决定性作用，正确处理好政府与市场的关系，加快推进重点领域和关键环节改革，建设统一开放、竞争有序的现代市场体系，有效激发市场主体创造力，全面奠定推动经济社会持续健康发展的制度基础；围绕转方式、调结构，大力实施创新驱动发展战略，充分发挥企业创新主体作用，加速推进科技与经济深度融合，加强创新成果同产业发展和现实生产力的对接，激发全社会创新活力和创造潜能，全面提升创新对经济增长和产业升级的贡献度。2. 坚持协调发展，推动五化同步。统筹谋划全市经济布局和城乡发展，促进城乡协调发展。加速信息化与工业化深度融合，提升新型工业化、城镇化对农业现代化的带动效应，把绿色化贯穿于工业化、信息化、城镇化和农业现代化的全过程，使五化同步成为推动抚州发展升级的重要路径。3. 坚持绿色发展，转变发展方式。围绕建设全省生态文明先行示范市的总体目标，把生态文明理念贯穿于经济社会发展全过程和各领域，大力发展绿色产业，加快推行绿色低碳循环的生产方式，倡导全社会践行节约健康环保的生活方式，大力改善提升生态环境质量。4. 坚持开放发展，提升区域地位。围绕“融入南昌、对接海西、建设向莆经济带”发展战略，以更加主动、更加开放的姿态，加强互动对接、合作共赢，推进全方位、宽领域、高层次对外开放，全面提升抚州在全省乃至全国区域格局中的地位和作用。5. 坚持共享发展，增进人民福祉。围绕解决好人民群众最关心最直接最现实的利益问题，持续加大就业、教育、医疗、社会保障等民生工程实施力度，加快推进基本公共服务均等化，加强和创新社会治理，保障社会公平正义，让全体人民更广泛参与发展过程、更公平享受发展成果，全面增强人民群众的获得感，提升群众的幸福指数。

2021 年 3 月，市政协四届六次会议协商讨论《抚州市国民经济和社会发展第十四个五年规划和二〇三五年远景目标纲要（草案）》。会议认为，这个文件全面贯彻了党的十九大和十九届二中、三中、四中、五中全会精神，全面落实《中共抚州市委关于制定国民经济和社会发展第十四个五年规划和二〇三五年远景目标的建议》部署要求，提出的主要目标、重点任务和重大举措，符合抚州实际，体现了高质量跨越式发展的时代要求，反映全市人民共同意愿。委员们围绕修改完善《规划纲要》，向市委、市政府提出意见建议：1. 大力保护挖掘种质资源，尽快选育出更多、更好的突破性农作物新品种，减少对外种子依赖。2. 加快构建平时“预防为主、分工明确、高效协同、监测服务”，战时“统一指挥、反应迅速、防治并重、规范救治”的科学规范、运行高效的新型安全公共卫生服务体系。3. 瞄准能源结构、用能水平、政策体系三方面，实现能源结构持续优化、用能水平持续提升、政策体系逐步完善，为如期实现碳达峰碳中和目标开好局，推动“碳普惠”走深走实。4. 深入了解民营企业金融需求，回应民营企业关切和诉求，做好银企融资对接，为民营企业提供可靠、高效、便捷的金融服务。5. 坚持把社区工作者队伍建设作为抓基层党建工作的核心关键，着力构建社区工作者“选育管用”全链条培养机制，建设一支数量充足、结构合理、管理规范、素质优良的社区工作者队伍。

2022 年 8 月至 9 月，市政协紧紧围绕市第五次党代会提出的将抚州打造成具有“100 平方公里、100 万人口”中心城区宏伟蓝图，会同市自然资源局、市住建局、市城管局组成联合调研组，以“提升城市功能品质，实现‘双百’目标”为课题，历时 2 个月，深入临川、东乡、高新、东临四地开展专题调研并形成报告。报告认为，市中心城区作为全市发展的龙头引擎，对市域实现高质量发展至关重要。全面提升城市品质内涵，城市集聚功能和创新功能才能得到充分发挥。报告建议：1. 持续深化体制改革，激活城市发展动力。2. 提速推进区域融合，聚力擘画发展蓝图。3 加大产业创新发展的力度，助推产业提质增量。4. 坚持战略规划引领，推动高教园区集群发展。5. 践行人民城市理念，打造高品质生活区。通过以上举措，注重彰显特色，秉持“注重细节、讲究品质、力求极致”的态度，进一步彰显文化特色，保护和弘扬传统优秀文化，形成独特城市建筑符号、文化符号，增强城市可识别性，为品质提升注入文化内涵，彰显城市特色、展示城市魅力。同时不断提升管理水平，持续深入开展城市环境综合整治，加大城市行政执法力度，以法治化、引导化、柔性化思维和方式，切实规范市民行为。充分发挥互联网、物联网、云平台等载体作用，加快建设“城市大脑”，进一步提升城市管理水平，完成向智慧城管、智能城管转型升级。

2023 年，随着抚州大力引进比亚迪汽车项目，围绕“打造宜居宜业宜商的汽车新城”，市政协委员积极提出建议。1. 高标准打造新城设施美好未来。产业园区规划范围 8.92 万平方公里，按 10 万员工规划推算，未来产业园可建成人口 30 万至 50 万的一座宜居新城。政府应统筹城市生产、生活需求，推进智慧城市建设，打造产城融合汽车新城。高标准建设好比亚迪配套生活小区，如员工宿舍、幼儿园、中小学、娱乐体育场所，增开公交线路；打造大型商业综合体，新建酒店餐饮、商贸服务等；打造企业 15 分钟生活娱乐圈，充分满足员工衣食住行游乐购教医养等方面巨大需求。2. 高效率推进新城政策落地生“金”。应坚持力量向新城集中、资源向新城集聚、政策向新城倾斜，迅速发起新城建设新攻势。紧盯比亚迪上下游行业出台补链延链新政策，推进一期“满园”二期“开园”“双园”工程。同时，还应出台大项目支持政策，升级实施“项目大会战”，抢抓国家、省、市各类专项资金，用此类大项目提升新城创新水平大跨越。3. 高规格领航新城人才百花齐放。搞活一座城，人才是关键。应坚持留才与用才"双向发力"，聚天下英才而用之，用出精彩。产业园加大用才力度，每个环节都是战场，每个岗位都是英雄，产业园现有员工2万人，应进一步加大对他们购房、购车、充电等方面支持力度，赋权激励，让每位员工都幸福满满、成就满满。

2024年2月，在市政协五届四次会议上委员提出"培育壮大我市新能源汽车产业链"的建议。建议认为，抚州加快构建以新能源汽车及零部件产业为核心的"一核多极"现代化产业体系，推动制造业高质量发展已迫在眉睫。当前抚州在发展新能源汽车产业方面存在短板和瓶颈：一是产业链缺少战略性规划，尚未形成规模集群效应。二是企业研发动能不足，产品缺乏市场核心竞争力。为此提出建议：1. 促进产业链创新融合发展。2. 加大政策引导扶持力度。3. 促进产业联动和抱团发展。4. 做好人才"引育用留"工作。通过以上措施，将抚州打造成集研发、制造、销售于一体的新能源汽车整车和新能源汽车零部件基地。

三、讨论改革发展重要举措

2001年10月，市政协一届四次常委会会议协商讨论全市招商引资工作。大家一致认为，2001年市委、市政府把招商引资工作作为解放思想、加快发展重中之重来抓，思路清晰，目标明确，措施有力，成效明显。但是，与周边市相比，还有差距，还要加大力度，改进方法，迎头赶上。协商后向市委、市政府呈报专题报告，提出意见建议：1. 在招商引资方法上，应重点组织小分队招商和企业家招商，不能采用大兵团、大呼隆的做法，可采用小分队形式，有重点，有目的，不定期外出招商，才能降低招商成本，取得较好效果。2. 加大舆论宣传力度，从领导、部门、工作人员做起，形成"人人都是环境，我就是环境"良好发展氛围。3. 招商引资中心要尽快建立全市招商引资项目库，搞好科学论证，提高项目库质量。4. 实行"五个结合"，提升招商效果。即大型组团与小分队出击相结合，一家招商与多家招商相结合；党政部门与厂矿企业招商相结合；对外宣传与内塑形象相结合；改善硬环境与抓好软环境相结合。5. 对那些破坏招商引资环境的人和事要严肃查处，要敢于动真格。6. 招商引资不能饥不择食，不能为求暂时的经济发展，以破坏生态环境为代价。7. 要立足本地实际，发挥本地名优特产如南丰蜜桔、广昌白莲、崇仁麻鸡、宜黄百合、南城淮山、临川葛粉等优势，做到"人无我有，人有我优"，有针对性地引进科技含量高、能够进行深度开发和加工增值的项目，做强做大这些产业，促进当地经济发展。

2011年4月至5月，市政协围绕"如何加强和创新社会管理"课题，深入黎川、资溪、南丰、乐安等县进行调研，形成调研报告。6月24日，市政协二届二十四次常委会会议，专题协商讨论这一课题。市委副书记吴伏生，市政府副市长、市公安局局长和市委政法委、市中级人民法院、市检察院、市公安局、市司法局、市民政局等有关单位负责人应邀参加会议。协商讨论后向市委、市政府呈报《更新观念，强化管理，提升服务——关于抚州加强和创新社会管理的调查报告》，提出意见建议：1. 更新观念是前提，要采取有力措施切实转变社会管理理念。加强市民道德和法制教育，利用临川文化中爱国爱家等传统美德，教育群众爱国守法、明礼诚信，理性依法表达利益诉求。2. 发展经济是基础，要把保障和改善民生作为社会管理创新的出发点和落脚点。把群众普遍关心的低保、社保、医保、就业等民生问题作为各级政府实施民生工程的重点，进一步扩大社会保障覆盖面，妥善解决好改革发展中的历史遗留问题，切实保障好特殊困难群体的基本生存需求，从源头上主动解决问题、减少社会矛盾。3. 社会协同是关键，要着力形成党委和政府与社会力量互联互动社会管理和公共服务网络。按照培育发展与管理监督并重的思路，尽快出台全市规范和发展社会组织实施意见，对社会组织登记、管理、参与政府购买服务等作出明确规定，重点扶持发展经济类、公益慈善类和城乡社区组织，依法加强对政治类、法律类、宗教类社会组织监管。4. 完善机制是保障，要建立部门齐抓共管社会管理联动机制。按照“谁主管、谁牵头、谁负责”原则，出台相关文件，建立常态化、精细化安全管理机制，落实政府各职能部门和单位法人责任，对重大安全事故实行严格责任追究制。

2020 年，市政协围绕开发区体制机制改革、云计算大数据产业发展、提升林质林相、增加城区优质教育资源供给、残疾人权益保障、传染病救治体系及能力建设、围棋文化产业发展等抚州改革发展重点问题、老百姓关注热点问题开展专题调研。专题调研成果得到市委、市政府肯定和相关部门的积极采纳，促进相关工作。《关于我市省级开发区体制机制改革创新的调查报告》，市政府主要领导予以充分肯定，市政府充分吸纳政协建议，以报告为蓝本出台《关于深入推进全市省级开发区体制机制改革创新的实施意见》。

2021 年 12 月，市政协围绕“推进政务服务数字化改革”调研课题，组建专题调研组，经过广泛深入调研，访谈窗口人员和办事群众，充分征求各方意见，并学习借鉴外地经验，形成《改革最是艰难事，唯有勇毅向前行——关于推动我市政务服务数字化改革三年攻坚行动落实情况的调研报告》。市委书记夏文勇作出批示：调研报告反映了政务服务中存在的问题，提出了很好的建议，下一步要梳理出具体问题，分轻重缓急，定出时间表，由分管领导牵头解决，助推抚州政务服务数字化改革走深走实。各地各相关单位认真吸纳调研成果，积极推动“三年攻坚行动”落实，着力打造“城区 10 分钟、乡镇 30 分钟”政务服务圈，唱响“抚务周到”营商环境服务品牌。

2022 年，市政协把“推进营商环境改革　构筑一流服务环境”作为常委会协商课题，及时成立调研组，全面走访相关部门单位，深入各县（区）了解营商环境现实情况与存在问题。同时，融合市营商环境“一号改革工程”推进专班、市政协委员走进百家民营企业、各民主党派专项民主监督活动等工作成果，参阅外地经验材料，考察广东省、赣州市等地市做法，认真梳理典型案例，科学分析调查问卷，深入分析研究提炼，形成《对标“大湾区”筑好“栖凤巢”——推进“一号改革工程”打造一流营商环境的调研报告》。9 月 28 日，市政协召开五届五次常委会会议，专题协商营商环境“一号改革工程”。市政协主席、副主席及秘书长到会，邀请市委常委、常务副市长谭赣明出席。会上通报抚州市营商环境情况，对推进“一号改革工程”打造一流营商环境调研报告作说明，与会市政协常委分 3 个小组，和市发展改革委、市工商联等部门负责人面对面进行协商沟通，形成共识。调研报告上报后，得到市委、市政府主要领导高度重视，市委书记夏文勇作指示，请有关单位针对反映的问题，落实整改措施，营造更好营商环境，助力抚州经济高质量发展。

2023 年，市政协着眼唱响“周密周全、说到做到”的“抚务周到”营商环境品牌，就“全市环评审批‘抚务周到’”课题开展专题视察，重点围绕破解影响环评审批的堵点精准建言，形成《擦亮环评审批“抚务周到”品牌》报告，提出增强建设单位环评意识和加大宣传、注重环评机构管理、健全环评法律机制、发挥公众主体作用、提升环评审批效率、把控污染物总量指标六个方面 11 条具体建议，被市委主要领导作出肯定性批示，转至相关部门抓好落实。市政协紧扣纵深推进市属国有企业改革走深走实这一目标，对“我市国有企业改革情况”课题进行专题调研，全面系统总结近年来抚州市从顶层设计上破题，对市属国有企业开展一系列“伤筋动骨”“强身健体”改革举措及成果，并深入分析改革存在的难点堵点，针对性、条目式提出建议对策 13 条，有效助推改革落实落地，不断激发企业活力和发展动能，助力全市经济高质量发展。

2024 年 2 月，市党外知识分子联谊会就“一件事一次办”改革工作提出建议。建议认为，抚州“一件事一次办”改革工作虽取得一定实效，但仍存在“共享数据质量不高、系统流转效率不畅、部门主动意识不强、推广宣传力度不大”等问题。为此提出建议：1. 强化主体责任制。市卫健、民政、残联、退役军人事务、公安、人社、市场监管、教体等“一件事一次办”改革牵头部门，应严格落实牵头主体责任，不定期进行督查，及时跟踪问效。2. 完善共享数据信息。市大数据中心应积极履行数据目录编制、数据共享归集和数据更新管理职能，推进市大数据服务平台建设，实现政务数据跨地区、跨部门、跨层级共享互通。3. 加大宣传推广力度。相关部门应开展“出生一件事”“社会救助一件事”“公民身后一件事”“扶残助残一件事”“军人退役一件事”等业务培训，加大宣传推广力度，提高“一件事一次办”知晓度和办件量。

四、讨论法律法规和地方规章

2001年6月28日，市政协一届三次常委会会议协商讨论《关于全市“严打”整治斗争情况的通报》。协商成果向市委、市政府呈报专题报告，提出意见建议：1. “严打”整治工作取得成绩，但打击力度还要加强，要进一步提升效果。2. 学习外地经验，引进先进科技模式，为社会治安人员提供查找案情的手段、方法和数据。3. 严打不能就事论事，要从源头防治。收缴枪支弹药，不能发现才去收缴，要从源头上杜绝枪支弹药非法制造、销售。4. 对一些罪大恶极的在逃犯要尽快抓捕归案，对带黑社会性质犯罪势力头目打击力度要更大点，对一些重特大案件要及时侦破。5. 牢固树立长期作战思想，及时解决“严打”整治斗争中遇到的困难问题，加大对政法部门人力、物力、财力支持。6. 注意舆论导向宣传。7. 抓好公安队伍建设，着力提高公安干警职业道德和技术素质。8. 公开宣判的形式应经常搞，以提高对罪犯的威慑力。

2002年8月至9月，市政协会同市妇联通过发放问卷调查表和座谈等方式对全市贯彻实施《中华人民共和国婚姻法》新规情况进行协商讨论，提出意见建议：1. 加强领导，明确责任，努力扩大普法宣传成效。加强民政、司法、法院、妇联等部门普法宣传与协调合作，找准新《婚姻法》普法薄弱环节，将普法重心放在农村基层和城市街道，运用电视、广播宣传和采取送法下乡等多种群众喜闻乐见的形式，多渠道进行宣传，把新《婚姻法》宣传贯彻工作做到千家万户，使之家喻户晓，人人皆知。2. 完善机制，构筑社会化维权格局。建立妇联与法院、民政、司法、公安等职能部门通力协作的维权机制，凝聚维权合力，加大对侵权行为打击和处理力度，有效保护妇女、儿童和老人合法权益，遏制侵权行为发生。3. 严格登记管理，坚决制止非法婚姻。民政部门要加强婚姻登记管理队伍建设，定期对婚姻登记管理人员进行培训、考核，撤换不合格人员，以切实提高婚姻登记管理人员业务素质和依法办事能力，杜绝违法登记行为。完善民政监督、执法机制，加强对违法婚姻监督、执法检查，充分运用法律、行政、经济等手段，制止早婚、未婚先育、结婚不登记等违法婚姻的发生。4. 强化司法保障，预防和制止家庭暴力，严厉打击重婚等犯罪行为。

2012年12月，为全面了解抚州基层司法所建设情况，切实推进基层司法所规范化建设，市政协社会法制委员会组织部分市政协常委、委员对全市基层司法所建设情况进行专题视察。委员们实地察看临川区孝桥和温泉镇司法所，听取市司法局情况汇报，并就进一步加强抚州基层司法所建设进行座谈讨论。形成《关于我市基层司法所建设情况的视察报告》，报告建议：当务之急是要切实落实好市政府有关文件，做到“三个提高”“两个落实”。“三个提高”就是提高认识，提高素质，提高效能。“两个落实”就是落实人员编制，落实经费保障。只有这样，才能把司法行政基础工作夯实、打牢，才能把乡镇街道承担的司法行政职能综合、配套、强化起来。

2022年8月，市政协围绕全市基层社会治理，会同市司法局组成专题调研组，采取“上下联动、左右协同”方式，向11个县（区）和19个市直单位征集有关推进基层社会治理典型案例76个。并深入到临川、东乡、南丰、黎川、乐安等地，通过听、看、问、访，实地了解情况并就基层社会治理问题进行深度协商。对提升基层社会治理现代化水平提出建议：1.推进“五治”深度融合，促进要素充分保障，打造共建共治共享基层社会治理体系。2.推进体制机制创新，促进基层权责一致，构建充满活力高效有序的社会治理格局。3.推进基层民主建设，发挥群众主体作用，筑牢基层社会治理坚实基础。4.推进工作品牌建设，发挥典型示范作用，提升基层社会治理现代化水平。同月，市政协与市人民检察院共同举办企业法治大讲堂。市政协主席贺喜灿，分管副主席谭小平、副主席曾月兴，市人民检察院检察长温珍奎出席并讲话，市检察院两名副检察长、第三检察部负责人及临川、金溪、宜黄、崇仁等4个县（区）承办案件业务检察官现场授课、以案说法、答疑释惑，驻抚省政协委员、市政协经济、工商联界别委员及企业家代表共计80余人参加。大家就企业涉及法律问题进行协商互动，取得良好成效。10月，市政协组织法律、科技界别委员，就司法局起草的《抚州市促进科技创新若干规定（草案）》开展立法协商，提出“由市、县（区）政府组织编制科学技术发展规划”“草案中增加科创平台建设条文”等10多条意见、建议，市司法局予以采纳，对文件内容进行修改完善。

2023年8月，围绕重点提案——《关于超龄劳动者参加工伤保险的建议》，市政协社法委组织承办人与提案人进行面对面协商，促成提、办双方达成一致意见。市政府制定出台《抚州市补充工伤保险办法（试行）》，将未纳入《工伤保险条例》涵盖范围的五类特定人员纳入补充工伤保险参保范围，推动涉及多数人利益的重大民生问题的解决。

2024年，市政协主动作为，争取市委、市政府重视，在全省设区市中率先制定《抚州市政府立法协商工作制度》。该工作制度明确开展立法协商应当遵循的原则、范围、职责分工，以及协商环节、协商事项、协商形式、协商对象发表意见方式和协商成果应用等，为推进立法协商实践提供指导和遵循。3月，应市司法局邀请，市政协社法委牵头与农业和农村委共同就《抚州市南丰蜜桔保护条例（草案）》，在金溪浒湾“山下议事厅”举办第一次立法协商会议。法律、农业方面市政协委员、专家，市司法局、农业农村局、林业局、南丰县政府及南丰、临川、南城、黎川、金溪等“南丰蜜桔”主产区政府主管部门共计20余人参加。经协商，提出意见建议59条，采纳54条。8月，应市司法局邀请，在青创空间工作站，市政协社法委牵头就《抚州市住宅电梯安全管理若干规定（草案）》议题，举行第二次立法协商会暨专家论证会。与会市政协委员、智库专家、律师、市直相关部门及电梯生产、销售、维保，开发商，物业、街办、社区等社会人士代表30余人，与法规起草单位、起草专家热烈讨论，深度协商，充分论证，从行文规范、条文内容、法律效力等方面提出70多条修改完善意见。

第三节　民生要事协商

市政协坚持以人民为中心协商理念，围绕劳动就业、社会保障、教育和医疗卫生等民生课题和热点、难点问题开展协商，向市委、市政府提出建设性意见建议。

一、协商劳动就业与社会保障

2002年6月，市政协就全市社会保障情况，向市委、市政府提出建议：1.进一步强化责任，加大政府对社会保障工作的支持力度。各级政府应切实担负起社会保障责任，加强劳动保障部门与其他部门之间的协调配合，大力支持劳动保障部门充分运用行政、法律和舆论等手段开展养老保险、失业保险征缴以及社会保险征缴扩面等各项工作，确保工作到位。2. 采取过硬措施，努力扩大社会保险覆盖面。加大劳动保障政策的社会宣传力度，通过深入企业、社区、职工中广泛开展宣传，做好企业法人、私营企业和个体工商户以及广大职工的工作，积极争取社会各界对社会保障工作的理解和支持。3. 加强劳动力市场建设，尽快形成以市场为导向的就业机制。大力规范劳动力市场，建立空岗报告制度。从市场需求出发，尽快形成以市场为导向的就业机制，有效引导下岗失业人员自主创业和自谋职业。4. 积极稳妥地推进下岗职工出中心工作，理顺劳动关系。5. 加大再就业投入，建立就业困难群体托底机制和社会救助体系。

2003 年 12 月，市政协就全市下岗职工再就业工作，向市委、市政府提出意见建议：1. 统筹兼顾，将促进再就业与本地经济发展有机结合起来，努力增加就业岗位。建议各级政府把解决就业和促进再就业纳入国民经济和社会发展规划中通盘考虑，以经济发展促广泛就业，以广泛就业保证社会稳定。2. 加大政策落实力度，大力推进下岗职工再就业。各级领导干部要从转变作风入手，狠抓再就业各项政策的落实，把解决下岗困难职工再就业问题同加强城市的保洁、保安、保绿和交通协管等社会服务事业结合起来，重点帮助“4050”下岗失业人员解决好再就业问题。3. 强化再就业技能培训，完善公共就业服务体系。按照“市场引导培训，培训促进就业”的思路，以市场需求为导向，对下岗失业人员开展多层次、多形式的职业技能培训和转业、转岗培训，突出培训的实效性和针对性，着力提高下岗职工再就业率。4. 加强劳动监察，严格规范企业用工行为。妥善处理好招商引资与规范劳动力市场秩序的关系，支持劳动保障部门依法开展劳动执法监察，加大劳动保障执法监察力度。5. 完善社会保障体系，切实保障下岗职工基本生活。进一步加强“两个确保”和“城市低保”工作，认真做好“三条保障线”的衔接，稳步推进下岗职工出中心和基本生活保障向失业保险的平稳过渡。6. 加大舆论宣传，树立新的用人观和择业观，形成全社会都来关心再就业工作的良好氛围。

2014 年 7 月 16 日，市政协对市国税局工作进行视察，召开对口协商座谈会，就“优化税收环境、促进经济发展”进行协商讨论。会后，市政协向市委、市政府呈报《优化税收环境促进经济发展协商建议》，提出建议：1. 各级政府应把加强税收工作摆在更加重要的位置，切实解决税收执法过程中存在的问题，推进依法治税工作深入开展。2. 在规划经济发展布局时，统筹考虑市本级经济与县（区）经济的协调发展，培育新的税源增长点。完善税收考核机制，市本级引进的企业不按行政区域划分，实行谁引进谁主管，加大对引进单位在市本级入库税收的考核。3. 合理确定税收增长幅度，充分发挥税收的“调节器”功能。4. 各级政府要根据国税部门工作任务变化，合理安排国税系统日常经费预算，帮助协调解决国税系统在基本建设、基层建设、信息化建设等方面困难，弥补国税部门经费缺口，为国税部门依法征管、改善工作生活条件提供财力保障。

2022 年 6 月，市政协社法委就“破解园区企业用工难题”开展专题调研，形成《“困局”之忧与“破局”之道》专题调研报告。市委书记夏文勇作出批示，调研报告提出了“破局”之策。报告建议：1. 加强招聘平台建设，强化公共就业服务。为企业提供更加多元化招聘服务平台，形成良好的“就业找市场、用工找平台”用工环境。2. 强化企业用工指导服务，优化企业用工管理。指导企业根据生产经营特点合理确定招聘条件，帮助企业改善用工管理，完善各种劳动规章制度。3. 发挥职业技术院校主渠道作用，壮大技能人才队伍。开展常态化大规模多方式职业技能培训,着力提升劳动者素质,扩大人才有效供给。4. 改善企业内外环境,提高企业留工实力。构建积极、健康、和谐的企业文化,拓宽员工发展空间,让企业成为员工干事创业的乐土。5. 加快推进产业集群发展,提升协调服务效能。实现产业发展与产业招商、产业用工协调推进,创新招工方式,增强招工效果。

2023 年 9 月至 10 月,市政协就“深化校企合作,服务产业发展”开展调研。调研组走访市教体局、人社局、市属职业院校、高新区代表企业,深入到南城、东乡、金溪、资溪等县(区)企业、中职(技工)院校实地察看。通过调研发现,职校融通、校企合作存在一些不足之处,如社会认可程度尚待提高,产教融合实现机制亟需优化,校企合作“两张皮”问题突出,职业院校办学条件亟需改善等。为此建议:1. 引领社会风尚,推进大众意识由“重普轻职”向“普职并重”转变。2. 注重顶层设计,推动产教融合由“各自为战”向“集群互补”转变。3. 统筹协调机制,推动校企合作由“隔河相望”向“两相情愿”转变。4. 加大支持力度,推动职业院校由“被动适应”向“自主提升”转变。

二、协商城市发展与公共服务设施建设

2007 年 6 月 18 日,市政协二届四次主席会议协商讨论全市社区居委会建设工作。会议认为,社区是社会的细胞,建设和谐社区是构建和谐社会的基础。加强社区居委会建设是各级党委、政府的重要职责,也是夯实基层基础建设的当务之急。建议:1. 创新社区居委会管理体制和运行机制。科学合理设置社区规模,完善社区运行机制,改革社区管理体制。2. 建立社区经费保障机制。加大财政投入力度,拓宽多元化筹资渠道,加强社区财务管理。3. 切实解决社区居委会工作用房问题。4. 加强社区工作者队伍建设。通过公开招聘、民主选举、竞争上岗等多渠道、多形式从大中专毕业生、下岗职工、复退军人中选拔政治素质好、文化程度高、工作能力强的优秀中青年人才充实到社区工作者队伍。5. 加强对社区工作的领导,成立领导小组,协调和指导社区工作,切实解决社区居委会建设中存在的突出问题。市政府吸纳政协意见,制定出台《抚州市关于进一步加强社区建设、构建和谐社区的意见》,明确各职能部门在社区建设中的职责和义务,推动社区居委会建设规范、有序开展。

2009 年初,市政协就“拓宽城市经营路径,提高经营城市水平”课题组成调研组开展广泛调研,并于 6 月中旬赴山东临沂、河南许昌学习考察。在此基础上,形成《以创建省级、国家级(冠名)城市为载体,努力开创市中心城区建设新局面》的调研报告。6 月 29 日,市政协二届十三次常委会会议协商讨论这一报告。会议认为,选好(冠名)城市载体,提高城市建设水平是实现抚州赶超发展的重要途径。抚州作为一个传统农业大市,工业化、城市化一直滞后于全国、全省平均水平。经过努力,城市建设取得可喜成绩,市中心城区已经有了美好的发展蓝图,为创建省级、国家级(冠名)城市奠定了良好的基础;具备提升城市建设水平的优势,为创建省级、国家级(冠名)城市创造了良好的条件;以创建省级、国家级(冠名)城市为载体,将推进抚州城市建设目标早日实现。建议:1. 要规划未来,聚集财富。规划要高起点,描绘抚州的未来发展蓝图;规划要充分体现抚州的特色;健全规划体系,加强规划管理。2. 要量力适度,稳步推进。根据现有的财力、物力确定城市建设的规模速度;在城市建设项目实施中要分步实施、稳步推进;正确处理好城市建设中近期与长远目标的关系;科学化解举债风险。3. 要以民利为先,各方共赢。在城市建设中首先要牢固树立以人为本的观念,做到民利为先;市政公用事业问计于民,拆迁补偿让利于民;正确处理好群众、政府与开发商三者共赢的关系。4. 要解放思想,创新思路。创新城中村农民安置方式;创新国有资产市场运作机制;创新城市建设中制度规范;挖掘文化底蕴,打造城市名片。5. 强

化领导，统一政令。在城市建设中要强化政府的权威；部门要有大局意识，高度协调一致；采取坚决措施，破除部门利益。

2012年10月7日，市政协三届六次常委会会议协商讨论“策应向莆铁路的开通，加快推进抚州商贸物流业的发展”课题。会议认为，抚州商贸物流业面临难得的发展机遇。物流业发展的全球性浪潮和国家一揽子规划政策出台，为抚州商贸物流业发展带来前所未有的“天时”；抚州在中部地区战略区位优势，为抚州商贸物流业发展提供了得天独厚的“地利”；全市上下心齐、气顺、风正、劲足的发展氛围，为抚州商贸物流业发展营造了凝心聚力的“人和”。建议：1. 立足于“高”，用战略的眼光定位商贸物流业。建议把发展商贸物流业作为经济发展的重要支撑，作为跨越发展的重要举措，作为战略性新兴产业，坚持政府引导与企业主体相结合，集约发展与集聚发展相并重，区域物流与城乡物流发展相协调。2. 着眼于“大”，用跨越的胆气助推商贸物流业。培育商贸物流“大企业”，引进商贸物流“大项目”，构建商贸物流“大通道”。3. 致力于“活”，用优质的环境保障商贸物流业。营造宽松的政策环境，营造开放的市场环境，营造良好的人才环境。

2014年4月至6月，市政协经济技术委组织开展“抚州建设向莆铁路经济带”专题调研，并赴福建省福州、莆田、厦门和浙江省温州、宁波、台州进行学习考察、吸取经验，形成《加强区域合作　增强发展动力——关于我市建设向莆铁路经济带的调查报告》。报告认为，向莆铁路给抚州带来机遇与挑战，建设向莆铁路经济带是抚州推进对外开放、打造发展升级版的战略选择，建设向莆铁路经济带应着力避免只有交通上的“带”，而无经济上的“带”。建议：1. 立足赣闽，放眼浙粤，从更广区域谋划向莆铁路经济带。2. 因势利导，错位发展，统筹向莆铁路沿线产业布局。3. 科学规划，合理布局，有序推进现代物流业发展。4. 抢抓机遇，明确定位，打造好高铁新区聚集区。5. 更新观念，突出特色，提高旅游产业对经济的贡献率。6. 多措并举，招才引智，构筑抚州发展人才高地。

2022年12月，在市政协五届三次全会上，委员们围绕政府工作报告就加快推进城市建设方面，提出建议：1. 部分住宅小区乱堆乱倒、乱贴乱画、乱种乱养等问题突出，部分市民素质不高，文明意识不强，表现为随地吐痰、乱扔果皮纸屑，乱倒垃圾等。建议积极开展物业管理规范提升行动，深入开展社区环境专项整治行动，集中进行整治，无物业小区由所在地社区负责督导协调做好小区管理工作，指导组建业主委员会；转变和提升管理模式，将开展老旧小区改造与加强基层党建、创新社会治理等结合起来，有效改善老旧小区居民居住环境。2. 在老旧小区项目改造立项阶段，应广泛听取群众意见建议，推动项目建设由“政府配餐”向“群众点菜”方式转变；在项目实施过程中，建议加强施工质量监管，加大督查落实力度，确保民生工程更暖民心。3. 加快智慧城市建设步伐，积极做好“数字”基础设施建设——完善第五代移动通信（5G）网络部署，为未来高效、高品质智慧城市建设打下坚实基础，把抚州建成智慧、宜居的人文城市。4. 重视解决地下自来水管网年久老化问题。一些县（区）老城区地下自来水管网年久老化问题突出，不增加水压，高楼层无水可用或水流量太小，一增加水压又经常爆管，爆管处一经维修，一般居民家放出的自来水都是污水、铁锈水。5. 加快提升公共交通便捷率，加快改善东乡、东临新区到中心城区交通条件，开辟中心城区快速交通。6. 在城市建设中应注重社区便民服务站建设，打通政务服务就近办、快速办“最后一公里”。构建市、县、乡三级政务服务体系，实现政务服务事项跨区域、跨层级收件，“三级联办”“全市域通办”，全力推进基层治理体系和治理能力现代化，让老年人办事就近办、身边办。

2022年12月，在政协抚州市五届三次会议上，委员就“合理建设和管理电动车充电桩”提出建议。随着抚州经济发展、产业提升和人民群众生活水平日益提高，电动车市场迅速扩大，目前全市新能源汽车保有量超 1.1 万辆，电动汽车正广泛走进市民生活，充电基础设施也随之成为群众关心的民生事项。近几年抚州市不断加大新能源汽车充电设施建设力度，但目前仍存在充电桩分布不均、小区内安装充电桩困难、公共充电桩故障频发、被占用较普遍、充电价格不一致等情况。建议：1. 将充电设施建设纳入城市规划。2. 加大充电桩或充电设备设施投入。3. 提升充电桩安全性。4. 完善充电服务价格体系。5. 强化运营方对充电桩的管理维护责任。

2024 年 7 月 29 日，市政协围绕“加快城市垃圾和生活污水治理助力城市品质提升”的主题召开月度协商会，积极为城市管理建言献策出力。会议指出，要深化思想认识，高度重视政协月度协商工作，聚焦市委、市政府重大议题与民生热点问题，深入基层调研，积极建言资政，进而凝聚发展共识，汇聚攻坚合力，同心助力抚州高质量发展。要提高政治站位，全力以赴做好城市垃圾和生活污水治理这一民心工程，努力创造宜业、宜居、宜乐、宜游良好环境。要强化系统思维，相关职能部门要主动担责、合力共为，以钉钉子精神不断提升城市精管善治水平；环保企业要主动作为，全力抓好科技创新和成果转化，努力实现科技赋能、降本增效；各县（区）政协要积极协助党委政府，加大宣传力度，弘扬时代新风。要夯实工作作风，抓好工作落实，身体力行作出表率，发动引导更多群众参与城市环境综合整治提升行动中去，让人民群众有更多获得感和幸福感。

2025 年 1 月 8 日，市政协就“加强小区物业管理，提升基层治理水平”召开月度协商会。会议认为，要充分认识到推动“加强小区物业管理，提升基层治理水平”重要意义，从战略和全局的高度看待物业治理工作，切实增强责任感和使命感，聚焦问题、面向未来，共同打造温馨家园，不断提升群众的幸福指数。要积极探索“加强小区物业管理，提升基层治理水平”的方法路径，坚持以问题为导向，提高物业服务水平，助力城市基层治理水平不断提升；要努力形成“加强小区物业管理　提升基层治理水平”工作合力，牢固树立“一盘棋”理念，强化协调配合，扎实抓好这项与群众切身利益密切相关的系统工程。

三、协商教育公平与医疗保障

2011 年 6 月 24 日，市政协二届二十四次常委会会议协商讨论全市发展学前教育课题。会议一致认为，在市委、市政府领导和重视下，全市学前教育得到不断发展。特别是 2006 年市政府在黎川县召开“全市学前教育工作现场会”之后，各县（区）学前教育发展步伐明显加快。建议：1. 明确政府责任，确保学前教育事业健康发展。市、县（区）政府要把幼儿教育纳入教育事业发展的整体规划之中，统筹谋划，科学布局，既要立足当前，又要兼顾长远；既要满足现实需求，又要符合教育发展规律。2. 整合教育资源，重点发展农村幼儿园。建议按国务院“广覆盖、保基本”要求，多种形式扩大学前教育资源；实行以公办幼儿园为主、政府投入为主、公办教师为主的“三为主”原则，把办好乡镇中心幼儿园作为推动农村学前教育的重要抓手。3. 制定优惠政策，积极扶持民办幼儿园。建议各级政府根据《中华人民共和国民办教育促进法》，结合实际，解放思想，积极探索，充分运用政策工具和调控手段，进一步扶持、资助社会力量办园。4. 认真执行教师准入规定，开展幼儿教师注册登记，严把新招聘教师入口关，在学历、专业、年龄等方面切实提高准入门槛，对已在岗教师要限期取得资格证，从入口上保证幼儿教师队伍的质量。5. 强化行政管理，营造学前教育发展良好氛围。

2013 年 9 月至 10 月，市政协组织部分常委、委员及有关部门领导，深入市中心城区、南丰县等 11 个医疗机构和建设项目进行实地视察，并多次召开座谈会，就促进抚州医疗服务体系进一步完善，为群众提供安全、有效、方便、价廉的基本医疗服务展开协商调研。调研形成《抚州市医疗服务体系建设情况的视察报告》，报告认为，近年来抚州深化医药卫生体制改革取得一定成绩，医疗服务网络日趋完善，医疗服务品质不断提升，综合改革逐步深化。但仍面临不少问题和困难，建议：1. 加大医疗资源配置力度，让人民群众看得上病。2. 完善医疗服务保障机制，让人民群众看得起病。3. 提升医疗机构服务能力，让人民群众看得好病。4. 扭转市民对健康的认识，让人民群众更少得病。副市长刘菊娇作批示，市卫生部门专题研究报告建议，积极推进医疗服务体系建设不断完善，如开展全市卫生系统临床技能大比武、“服务百姓健康”行动、异常健康事件模拟演练等。

2015 年 6 月 3 日，市政协三届二十次常委会会议协商讨论市中心城区小升初免试就近入学课题。会议认为，市中心城区从 2014 年开始执行义务教育免试就近入学政策，按照“免试就近划片；公开、公平、公正；免费入学；以县为主、属地管理”的原则，精心组织，周密安排，有序操作，总体运行平稳，社会各界基本满意。建议：1. 列上议事日程，高位推动就近入学工作。落实政策要求，坚持刚性原则，明确工作目标。2. 细化操作办法，确保招生平稳有序。制定统一招生方案，合理划定学区范围，严格审核学生资格，明确招生录取顺序，及时公开招生信息。3. 加大保障力度，着力促进教育公平。完善联动机制，强化纪律约束，推进均衡发展。大力推进集团化办学模式，积极扩充优质教育资源；积极推进校长教师合理交流，采取交流、支教、挂职锻炼等形式，提高薄弱学校的师资水平，以均衡发展推进教育公平，切实办好人民满意教育。

2021 年 10 月至 11 月，市政协围绕“推动我市公立医院高质量运营发展”，组成调研组深入职能部门和南丰、崇仁、资溪三县实地调研，并形成《精细管理　提质增效　推动我市公立医院高质量运营发展》调研报告。报告建议：1. 统筹优质医疗资源，完善分工协作机制。2. 健全人才培育机制，保障医院发展“智库”。3. 完善医院运营机制，激发医院发展活力。4. 统筹各项政策和资金，营造良好发展环境。通过行政管理、财政投入、绩效考核、医保支付等激励约束措施，引导各级各类医疗机构落实功能定位，以提升基层医疗卫生服务能力为导向，以业务、技术、管理、资产等为纽带，探索建立包括医疗联合体、对口支援在内的多种分工协作模式，完善管理运行机制，更好地落实分级诊疗制度，实现“小病不出乡，大病不出县”。使我市公立医院高质量运营发展，满足人民群众对医疗保障的需求。

2022 年，市政协围绕精准办好民生实事中的教育事业，提出建议：1. 优化招生政策，赋予临川教育集团三所学校单独设置招生代码征集志愿的权限；出台相关标准，强化对小学基础教育办学质量的评估与督导，持续擦亮抚州教育品牌。2. 妥善安置临川一中实验学校原聘用教师，赋予市直学校对六所部属师范院校公费师范生的招聘自主权，开辟面向社会公开选调优秀教师，尤其是学科竞赛高级教练员的渠道，并出台切实可行的薪酬待遇及保障政策。3. 调整、改革现行职称评聘机制，拓宽中青年教师职称评聘上升通道，进一步激发教师工作热情。4. 应将初中提质增效项目延伸到小学阶段，加快建立参加初中课后服务提质增效活动的优秀学生免试中考、直升高中的工作机制，让学生安心提前进入高中学科竞赛集训。5. 市中心城区城南片区学校人满为患，建议通过“建、改、收、联、调”等方式，进一步化解市中心城区城南片区学校“大校额”现象，缓解适龄儿童入学难问题。

2023 年 12 月，市政协围绕“深化校企合作，服务产业发展”课题进行协商建言。会前，市政协教科卫体委员会进行专题调研，数易其稿形成高质量调研报告。报告分析我市产业发展技能型人才支撑需要，提出把学生的目标、学校的目标、企业的目标定位于我市产业链现代化建设“2416”行动计划的大坐标中等 12 条具体建议。市委、市政府领导等相继批示，并将其吸纳进我市贯彻落实《江西省深化职业教育技工教育改革服务产业高质量发展的若干措施》实施方案中。

2024年2月，在市政协五届四次全会上，委员提出“采取积极政策，培育优秀医生，确保市民健康”的医疗保障建议。具体建议：1.以加强学科建设为基础，不断提高诊疗水平。集中优势资源重点打造、引导市级重点专科朝着“专、精、特”方向发展，形成年龄、知识、职称、学历等结构合理的学科建设队伍，进一步提升专科技术水平和医疗质量。2.以培养内生人才为核心，不断壮大后备生力军。把培养本地内生人才作为重点，以把技术留下来，把人才培养出来为目标，不断提升人才科研能力和诊疗能力。3.以完善投入机制为保障，突出彰显医院公益性。引进社会资本进行合作发展，提高医院人员经费保障，减轻医院运营压力，让公立医院更安心地治病救人，更好地彰显公益性。

2024年9月，市政协召开“擦亮抚州普通高中教育品牌”专题月度协商会。会议指出，各地各部门要以学习贯彻党的二十届三中全会精神为动力，进一步提高政治站位，切实增强做好高中教育改革发展工作责任感和使命感，坚持问题导向，积极探索实施新课程、新教材、新高考改革，充分发挥教育对抚州高质量发展基础性、战略性、根本性作用。要坚持以人民为中心发展理念，遵循教学规律，坚持分层分类发展，加强基础教育各学段有效衔接，统筹抓好小学、初中教学质量提升，建立具有抚州特色学科竞赛体系，推动高中教育优质特色发展。要全面落实教育优先发展战略，加快构建齐抓共管格局，引领各界群众理解、支持教育工作，营造教育改革发展良好环境，持续擦亮抚州普通高中教育品牌，为加快建设教育强市奠定坚实基础。

四、协商医药发展与生态康养

2016年10月，市政协人口资源环境委员会就抚州市健康养老养生产业发展开展调研，先后赴县（区）实地视察与部门座谈交流，并赴四川成都、浙江丽水学习考察，对抚州如何整合优势资源发展中高端健康养生养老产业，培育经济发展新增长极进行研究，形成《绿色养生，健康养老——关于加快发展抚州健康养生养老产业的调查报告》。报告认为，抚州生态环境优美，养生资源丰富，区位交通便捷，具有得天独厚发展健康养生养老产业优势，但民间社会养老机构与日益增长的健康养老养生需求存在巨大差异。抚州要充分整合优势资源，强化“健康养生养老＋”思维，围绕“生态抚州、天然氧吧、养生福地”定位，建成一批各具特色健康养生养老示范基地，形成一批竞争力强、经济社会效益显著的服务机构和产业集群，将“夕阳”事业打造成“朝阳”产业。建议：1.打造“六大”养生养老示范项目基地，即医养、文养、汤养（温泉）、旅养、农养、区养（小区）。2.强化政府引领，加强部门联动。3.加大政策扶持，促进加快发展。3.创建“智慧养老”平台，延伸服务触角。4.加强人才培训，提高服务水平。

2020年5月，市政协教科卫体委员会和市卫健委围绕中医药抗击新冠肺炎疫情课题，坚持实地调研与座谈协商相结合、了解情况与征求意见相结合的方式深入调研，形成《中医抗疫显特效，守正创新天地宽——抚州市中医药抗击新冠肺炎疫情调查与建议》。9月10日，市政协四届二十次常委会会议协商讨论中医药在抗击新冠病毒疫情中的作用课题。市政府副市长蔡青参加会议，市财政局、市医保局、市人社局、市农业农村局等十余个有关单位负责人与市政协常委一起听取和讨论。建议：1.聚焦责任使命，优化中医事业发展环境。健全管埋机构，加大宣传力度。建议定期举办“盱江医学”和“建昌帮”中医药发展论坛，挖潜发挥“盱江医学”和“建昌帮”在振兴抚州中医药的特殊作用，建设抚州中医药文化宣教基地、展示场所，努力擦亮“盱江医学”和“建昌帮”金字招牌。2.加大扶持力度，助力传统医学创新发展。强化财政扶持。建议市县两级财政将中医经费实行预算单列，并推行东乡和南丰的做法，对中医医疗机构实行差额拨款单位全额财政补贴的政策，推动中医医疗机构的中医药服务占比提升。3. 理顺体制机制，强化专业人才队伍建设。建议市卫健、人社部门要制定出台激励性的中医药高素质人才引进、培养办法；建议落实名中医培养计划、制定“新型学徒”规定，各级中医机构内试行设立名老中医传承工作室，在全市开展“名医传承”工作，切实开展中医药师师承教育。4. 服务人民健康，提升中医中药综合服务能力。建议在全市各级医疗机构开展经方培训工作，并通过市政府推动打造盱江医学流派名老中医师和建昌帮特色中药炮制技艺老药工进行学术经验交流的平台，真正形成抚州中医药特色品牌。

2022 年，抚州市党外知识分子联谊会提交《关于做强抚州中医药产业，助推绿色产业体系构建几点建议》。该提案就具体实施《抚州市中医药发展规划（2016—2025）》提出建议：1. 提高认识，形成合力。2. 发扬优势，盘活资源。3. 主动对接，积极创新。4. 突出名医文化宣传，将茶文化、香文化等这些雅俗共赏的文化与书院文化结合起来，开展中医药文化讲学传播。也可以和宗教文化结合起来，开展佛医、道医与名医文化宣传。5. 不断丰富临川文化内涵建设，打造独具特色“盱江医学”中医文化产业品牌。

2023 年，市政协组成专题调研组，围绕“助推抚州中医药发展”主题深入南城、宜黄等地实地调研，并赴宜春、樟树等地学习考察，形成调研报告。6 月 28 日，市政协党组（扩大）会议暨五届十九次主席会议对调研报告进行审议。7 月 7 日，市政协召开五届九次常委会会议，听取全市中医药发展相关情况汇报，协商讨论全市中医药高质量发展课题。市委常委、南城县委书记彭银贵，副市长黄智迅，江西中医药高等专科学校校长涂国卿应邀出席。会后，根据协商意见，市政协形成《传承创新，借势而为，推动我市中医药高质量发展——关于我市中医药发展情况的调研报告》。市委书记、市长和分管副市长分别对报告作出批示。市长批示：“这份调研报告对我市中医药发展现状、问题分析得比较到位，提出的建议实在、可行，请相关部门结合我市改革方案，切实抓好落实”。报告中多条意见建议被《抚州市中医药综合改革先行区建设方案》等文件采纳。

为推动生态康养名城建设，市政协将“助力唱响‘文化抚州　梦想之舟’品牌，推动我市生态康养产业发展”课题列入 2023 年第三季度常委会协商议题。市政协联合市文广新旅局、民革市委会组成调研组，深入市中心城区、南城、资溪、宜黄、乐安等县及市直有关单位调研，并赴攀枝花、晋城等市康养产业发展先进之地学习取经。10 月 20 日，市政协召开五届二十二次主席会议，协商讨论《关于助力唱响“文化抚州　梦想之舟”品牌、推动我市生态康养产业发展的调查报告（审议稿）》。10 月 21 日，市政协召开五届十次常委会会议，进行专题协商。会议期间，市政府副市长蔡青通报抚州市生态康养产业发展相关情况，市政协副主席刘忠华就调查报告起草情况作说明；与会市政协常委和市文广新旅局、市发展改革委、市卫健委、市农业农村局、市林业局、市民政局等部门负责人，面对面进行协商沟通，达成共识，提出许多具有前瞻性和可操作性的意见。经修改完善的调研报告上报后，获市党政主要领导批示肯定。“实现康养‘具象化、体验化’”等建议得到采纳，在承办 2023 首届中国·抚州生态康养产业发展大会得到体现。

2024 年 2 月，在市政协五届四次全会上，市政协委员就“加强慢性病健康管理，助力生态康养名城建设”提出提案。提案认为，省委十五届四次全会赋予抚州建设生态康养名城的职责使命。当前，心脑血管病、糖尿病、高血压等慢性疾病患者人数和死亡人数日益增多，慢性病已经成为危害居民健康、影响生态康养名城建设的重要因素。主要表现在：健康素养不足；配套建设不足；激励机制不足。建议：1. 明确职责，实施科技赋能，在“管”字上求突破。2. 三医联动，实施要素赋能，在“合”字上下功夫。3. 找准定位，实施品牌赋能，在“特”字上做文章。

第四节　协商情况通报

召开情况通报会,是市政协履行政治协商、参政议政和民主监督职能的一种重要形式。市政协从一届至五届,根据社会经济发展状况适时召开情况通报会,邀请相关领导或政府组成部门通报情况,交流意见,为委员资政建言创造条件。

一、一届市政协协商情况通报

市政协成立初期,主要围绕经济社会发展重要工作召开情况通报会。

2001年6月,市政协经济技术委员会就全市上半年国民经济及社会发展计划、财政收支完成情况、全年经济发展态势预测等方面工作举行情况通报协商会。市计委通报上半年全市国民经济和社会发展计划完成情况、全年经济发展态势预测、2001年经济运行特点、存在不足和对应措施;市财政局通报上半年全市财政收支计划完成情况。

2002年8月,市政协经济技术委员会、农村和农业委员会联合召开全市城市规划、建设情况通报会。市建设局负责人通报全市城市规划、建设、管理、经营以及重点项目招商引资工程进展等情况,委员们就如何加强城市规划和建设管理、合理利用土地和闲置资源、优化环境、加快城建招商引资等方面提出可行性建议。

2003年4月,市政协社会和法制委员会先后召开社会治安综合治理、城市居民最低生活保障和法院改革与执行工作情况通报会,分别邀请相关部门负责人向委员通报情况,并实地视察了市社会福利中心和法院硬件建设情况。10月,市政协经济技术委员会召开全市经济运行和财政收支情况通报会。委员们对市发展计划委、财政局工作给予充分肯定,并就重点项目开发储备、加快园区建设、提升招商引资质量、培植新的经济增长点、开“源”节“流”、培植新财源,增强经济发展后劲等方面提出许多可行性建议。12月,市政协农村和农业委员会在市林业局召开全市退耕还林情况通报会。市林业局负责人通报全市退耕还林情况,委员们就如何巩固退耕还林成果、招商引资与生态环境保护、增加农民收入等方面提出可行性建议。

2004年4月9日,市政协港澳台侨委员会召开全市外贸形势情况通报会,邀请市外经贸局领导通报情况。委员们就如何进一步促进抚州市开放型经济的发展提出建设性的意见和建议。9月22日,市政协农村和农业委员会召开全市贯彻《中华人民共和国农村土地承包法》(以下简称《农村土地承包法》)情况通报会。市农业局通报基本情况,委员们对全市如何进一步贯彻实施《农村土地承包法》提出建议和对策。11月,市政协社会和法制委员会先后召开市刑释解教人员安置帮教和残疾人工作情况通报会,分别邀请市司法局、市残联领导向委员们通报情况,并视察市司法局抚北镇安置帮教基地和镇司法所。通报会共提出意见和建议20多条。

2005年4月至7月,市政协社会和法制委员会先后召开全市反腐倡廉和精神文明建设情况通报会,分别邀请市监察局、市精神文明办领导向委员们通报情况。两次通报会,委员们共提出意见和建议20多条,推动该项工作开展。5月24日,市政协港澳台侨委员会在市政协常委会会议室召开海峡两岸关系及今后发展趋势和党的对台方针政策情况通报会,帮助委员了解情况,掌握政策,更好地参政议政,为实现祖国的统一大业服务。市委台办领导通报情况,对国家制定颁布的《反分裂国家法》进行讲解，委员们就进一步加强抚州市港澳台侨工作、促进祖国统一大业提出建设性意见和建议。6月21日，市政协农村和农业委员会召开全市林权改革情况通报会。市林业局通报了全市林权改革基本情况，委员们充分肯定现阶段全市林改工作取得的成绩，并就目前全市林改工作存在的问题和困难提出了4条意见和建议。

2006年6月2日，市政协社会和法制委员会召开抚州市弱势群体法律援助情况通报会，邀请市直有关单位通报情况，并视察临川区法律援助中心、利群律师事务所和三松律师事务所，引导委员在知情明政的情况下，有针对性地开展参政议政。9月28日，市政协农村和农业委员会召开全市气象事业发展情况通报会，通报全市气象事业发展基本情况，充分肯定全市气象工作所取得成绩，并对发展全市气象事业、服务和谐社会提出意见和建议。11月，市政协教文卫体委员会召开情况通报会，邀请市卫生局通报全市新型农村合作医疗试点情况，并就存在的困难和问题听取委员的意见。委员们对试点情况取得的成绩给予肯定，并就认真解决好“农民个人筹资收缴难、人员经费服务配套难、管理难”等问题，提出了意见和建议。

二、二届市政协协商情况通报

二届市政协召开情况通报会内容主要涉及农业农村工作和社会治安综合治理方面。

2007年8月，市政协农村和农业委员会先后召开全市农村人口出生性别比和全市农技推广体系建设两个情况通报会，为委员知情参政搭建平台，对有关部门改进工作起到积极作用。10月25日，市政协社会和法制委员会在市检察院召开情况通报会，邀请市检察院负责人向市政协委员通报全市预防职务犯罪和查办商业贿赂情况。会上，委员们就加强预防职务犯罪和查办商业贿赂工作提出10多条意见和建议。

2008年8月12日，市政协社会和法制委员会在市总工会召开情况通报会，邀请市总工会领导向市政协委员通报全市维护职工合法权益情况。委员们就如何维护职工合法权益提出了10多条意见和建议。11月中旬，市政协农村和农业委员会在资溪县召开全市“四无”水电站清理整顿情况通报会。委员们提出相关管理部门要从源头治理，业主开工前必须严格按照国家规定基本建设程序进行报批等建议。

2009年8月上旬，市政协农村和农业委员会在市林科所召开情况通报会，邀请市林科所负责人向农业界、九三学社界委员通报全市林业科研与推广情况。委员们提出解放思想，创新体制机制；建立经济绩效考核，发挥人才、资源优势等10多条建议，得到市林科所的积极采纳。9月上旬，市政协农村和农业委员会在市人口计生委召开情况通报会，邀请市人口计生委负责人向农业界、九三学社界市政协委员通报全市社会抚养费征收管理使用情况。委员们从建立健全执法机制和利益导向机制等方面提出许多真知灼见。

2010年10月，市政协社会和法制委员会组织召开全市社会治安情况通报会。市公安局通报2010年以来全市社会治安情况，委员们对抚州市社会治安工作取得的成绩给予充分肯定，并结合平时收集、掌握的社情民意，就进一步维护全市社会治安稳定有序，切实提升全市公众安全感提出意见和建议。11月23日，市政协港澳台侨委组织召开对台暨宗教工作情况通报会。市台办、市民族宗教局通报抚州市对台工作和宗教工作情况，委员们对近年来抚州市对台和宗教工作取得的成绩予以充分肯定，提出意见建议。

2011年7月8日，市政协召开二届市政协教文卫体委调研视察成果转化通报会。市教育局、文化局、卫生局、体育局、药监局等部门就相关调研视察报告中建议落实情况进行通报。市政协教文卫体委近20名委员参加会议。会议认为，近年来，各相关部门十分重视政协调研成果，积极采纳委员意见和建议，有力推进教育、文化、卫生、体育、食品安全等社会事业发展。各位委员要一如既往关注抚州经济和社会发展，坚持不懈，通过调研视察等方式提出更多更好的建议。各相关部门要积极作为，认真执行中央、省、市各项决策部署，为发展教育、文化、卫生、体育等各项社会事业做出更大贡献。

三、三届市政协协商情况通报

三届市政协情况通报内容主要围绕党风廉政建设、教育、医疗和司法等方面进行。

2012 年 5 月 28 日，市政协教文卫体委员会组织召开情况通报会，邀请市财政局领导向委员、教文卫体等部门通报“十一五”期间抚州市财政对教育、文化、卫生、体育事业投入情况，委员们与市财政局领导面对面地建真言、献良策。所提意见建议得到市财政局采纳，2013 年市级总预算的报告中，把“确保教育投入达到法定增长”等要求列入财政工作的重点。

2013 年 6 月，市政协教文卫体委员会召开深化医药卫生体制改革情况通报会，让委员与卫生部门领导面对面协商，相关建议得到部门的重视和采纳，对卫生工作起到积极推动作用。8 月，市政协社会和法制委员会邀请市检察院向委员通报全市未成年人刑事检察工作情况。委员们与市检察院负责人面对面地进行沟通交流，并就深入推进未成年人刑事检察工作、预防和减少未成年人犯罪积极建言献策。

2014 年 5 月 29 日，市纪委召开党风廉政建设情况通报会，向住抚市政协委员通报今年以来全市党风廉政建设情况。通报会指出，2013 年抚州党风廉政建设和反腐败工作取得明显成效，惩治腐败更加有力，干部作风更加清新，改革创新更加有效。抓好党风廉政建设是全社会共同的责任，全市政协委员要率先熟悉和了解抚州在党风廉政建设方面的新思路、新举措和新成效，一如既往地关心、支持全市反腐倡廉建设，进而积极地参与到市委、市政府各项工作中来。要认清形势，做把握大局的“明白人”。与市委在思想上同心，共同维护好抚州风清气正的大好局面；与市委目标上同向，共同维护好抚州党风廉政建设的良好形象；与市委工作上同步，共同维护好抚州在全省党风廉政建设中应有位置。要体察民情，做联系群众“贴心人”。当好方针政策“宣传员”、民情民意“联络员”、献计献策“参谋员”。要以身作则，做勤政廉政“带头人”。重品行，带头弘扬以爱国主义为核心的民族精神和以改革创新为核心的时代精神；重形象，不断加强自身修养，增强敬业、守法、为民、奉献意识；重监督，与纪检监察机关、行政机关和司法机关监督相结合，构成全方位监督体系。

2015 年 9 月，市政协社会和法制委员会在市中级人民法院召开全市司法公开工作情况通报会，对市中级人民法院司法公开工作进行视察。视察组一行参观新建的诉讼服务中心、远程视频庭审（提讯）法庭、指挥中心，听取相关工作情况汇报，并就深入推进司法公开工作积极建言献策。

四、四届市政协协商情况通报

四届市政协一次会议期间，有关专委会召开三次情况通报会。

2016 年 3 月 29 日，市政协经济委员会在市科技局召开“实施创新驱动、推动产业升级”情况通报会，邀请市科技局负责人向市政协委员通报抚州市“实施创新驱动、推动产业升级”情况，并召集市人社局、市工信委、东华理工大学等市直单位、大专院校有关人员进行座谈。

2016 年 4 月 27 日，市政协社会和法制委员会召开情况通报会，邀请市人力资源和社会保障局负责人通报抚州非公企业参加社会保险工作情况。会上，市社保局、就业局、医保局负责人分别通报近年来抚州非公企业参加社会保险基本情况、存在问题及下步工作打算，并就委员关心的各项保险政策当场答疑解惑。委员们对近年来抚州非公企业参加社会保险工作取得成绩给予充分肯定，并提出加大宣传力度，提高各级各类人员社保意识；整合力量、多措并举，进一步推进征缴扩面工作；调整缴费比例，合理确定缴费基数等意见和建议。

2016年7月20日，市政协教科文卫体委员会召开汤显祖逝世400周年纪念活动进展情况通报会，听取市文广新局、文联、广播电台、抚州日报社等相关单位工作进展情况说明。

五、五届市政协协商情况通报

2022年1月10日，市人民法院和市检察院工作情况党外人士通报会召开。会上，大家对过去一年市法、检“两院”的工作成绩给予充分肯定，并就相关工作提出意见建议。会议指出，社会主义协商民主是我国人民民主的重要形式，市各民主党派、工商联和无党派人士要始终保持同中国共产党同心同德、团结奋斗的政治本色，切实筑牢团结合作的思想政治基础，在参政议政上建有用之言、献务实之策，当好市委的好参谋、好帮手、好同事。大家要在围绕中心、服务大局上勇于担当、争立新功，紧紧围绕市委“打好一个强攻战、实现五个新跨越”总要求，争做工业强攻战的急先锋和排头兵，积极开展好以商招商工作，切实夯实抚州工业发展基础。要在自身建设上严要求、当表率，在广大成员、会员中积极开展“八扬八治”深化作风建设活动，涵养风清气正政治生态，为全面建设富裕协调美丽和谐幸福现代化新抚州凝心聚力，以优异成绩迎接党的二十大胜利召开。

2023年5月24日，市政协人资环委在中共党员委员工作站举办“以高水平生态环境保护，推进抚州营商环境优化升级”情况通报会。会议通报抚州市2020年以来生态环境保护工作情况，以“同参与、共守护，奋力打造美丽江西抚州样板”为题，向与会委员和代表介绍生态环境保护职责、环境影响评价审批和生态环境执法监管等3个方面内容。一是创新推出“模拟审批”“减免处罚”“意见征集”三项制度，助企纾困解难。二是聚力打造“审批清单”“普法清单”“监管清单”，帮企业蓄势发展。三是严格落实“审批服务一对一”“企业服务面对面”“群众服务点对点”三项服务，为企业排忧解难。

2023年8月1日，市政协举办经济形势专题通报会。市委副书记、市长高世文应邀作专题报告；高世文结合深入贯彻落实党的二十大精神和习近平总书记视察江西重要讲话精神，全面贯彻落实省委十五届四次全会和市委五届四次全会精神，从“上半年怎么看”“下半年怎么办”两个方面通报相关情况。他运用翔实的数据和事例，从产业发展迈出新步伐、扩大内需实现新进展、改革开放呈现新气象、人民生活得到新改善、社会治理取得新成效等方面，介绍全市上半年经济社会发展情况。高世文指出，抚州经济呈现回稳向好态势，但也面临不少问题，只有解决好这些问题，才能保持经济平稳健康发展。希望全市政协系统继续发扬优良传统，旗帜鲜明讲政治，围绕中心献良策，立足本职建新功，服务群众见真情，为全面建设社会主义现代化新抚州贡献更多智慧和力量。会议以视频形式开到各县（区）政协。

2023年12月29日，全市人民法院工作和检察工作情况通报协商会召开。会上，市法检两院主要负责人分别通报了2023年法检“两院”工作情况。与会人员先后作交流发言，并就相关工作提出意见建议。会议强调，要提高政治站位，充分认识协商民主的重要性，有效发挥多党合作和政治协商作用，完善工作机制，为党外人士知情明政、参政履职提供保障。要围绕中心大局，不断提高多党合作和政治协商工作质效，聚焦优化营商环境和唱响“文化抚州、梦想之舟”品牌工作开展专项民主监督，提出高质量意见建议，使专项民主监督的成效转化为推动高质量发展的成果。要加强自身建设，全面提高多党合作和政治履职能力，加强对党外人士的教育管理，团结带领各自成员支持法检工作，实现政治协商实效和法治建设成效同步提升。

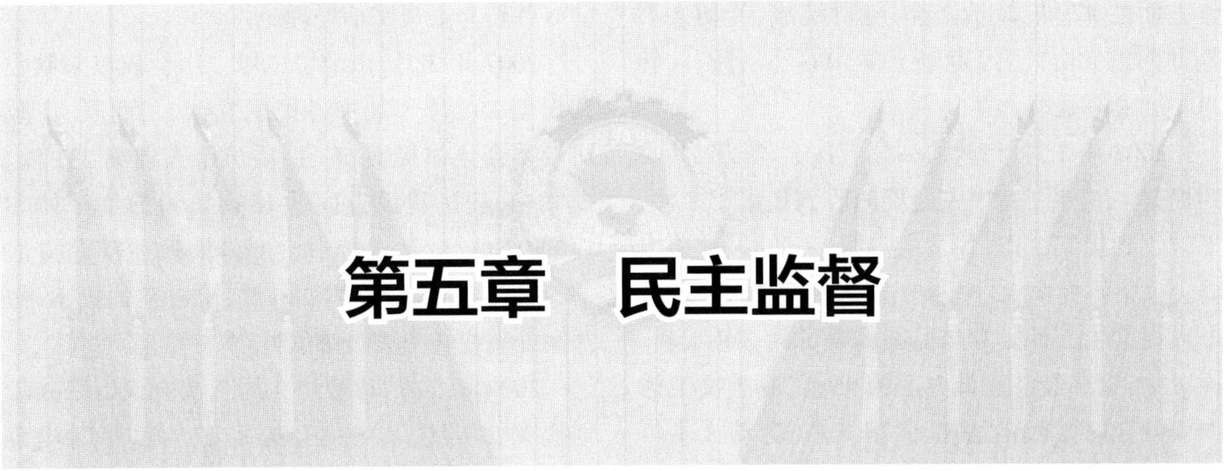

第五章　民主监督

民主监督是人民政协三大主要职能之一，主要是通过提出建议和批评，协助党和国家机关改进工作，提高效率，克服官僚主义。政协章程规定，民主监督是对国家宪法法律和法规的实施、重大方针政策贯彻落实、国家机关及其工作人员工作，通过建议和批评进行监督。市政协高度重视民主监督工作，通过委员提案、委员视察、委员举报、大会发言、反映社情民意等形式提出批评和建议，取得明显成效。

第一节　提案工作

市政协委员和参加政协各民主党派、各人民团体以及政协各专门委员会，围绕全市经济社会发展和民生实事，运用提案方式建言资政，履行政治协商、民主监督、参政议政职能，推动政协工作不断迈上新台阶。2001 年 3 月，市政协召开一届二次会议，通过《中国人民政治协商会议抚州市委员会提案工作条例》《政协抚州市第一届委员会第二次会议提案工作方案》，开始征集办理提案。至 2024 年底，市政协围绕中心，服务大局，在认真抓好提案征集、审查、立案、交办、督办、反馈、跟踪等各项日常性工作的同时，积极探索创新，推动提案工作朝规范化、制度化方向发展，并取得积极成效。提案意见、建议获得市委、市政府及有关部门重视和采纳，转化为加强改进推动工作的重要举措，为促进抚州社会经济发展作出积极贡献。

一、提案征集和立案

2001 年 3 月，市政协一届二次会议以来共收到提案 183 件。其中会议期间收到提案 175 件，平时收到提案 8 件；各民主党派、工商联、市政协专委会等集体提案 19 件，委员联名提案 20 件。提案中，有关经济建设方面的 85 件，科教文卫体方面的 58 件，政治法律、党群统战、劳动人事等方面的 32 件。经审查立案 175 件，其中 5 件内容相同的作并案处理，3 件转为委员来信处理。

2002 年 3 月，市政协一届三次会议以来共收到提案 197 件。其中会议期间收到提案 193 件，平时收到提案 4 件；各民主党派、工商联、政协专委会等集体提案 27 件，委员联名提案 30 件，委员个人提案 140 件。参与提案的委员共 255 人次。提案中，围绕经济建设方面的 116 件，科教文卫体方面的47件，政治法律、党群统战、劳动人事等方面的33件。经审查立案196件，有1件转为委员来信处理。

2003年1月，市政协一届五次会议以来共收到提案175件。其中大会期间收到提案173件，平时收到提案2件；各民主党派、工商联、政协专委会等集体提案32件，委员联名提案31件，委员个人提案112件。参与提案的委员共228人次。提案中，围绕经济建设方面的95件，科教文卫体方面的35件，政治法律、党群统战、劳动人事等方面的39件。经审查立案169件，未立案的6件，其中4件内容相同作并案处理，有2件转为委员来信处理。

2004年3月，市政协一届六次会议以来共收到提案229件，提案数量大幅度增加。其中各民主党派、工商联、政协专委会等集体提案59件，委员联名提案31件。参与提案的委员310人次。提案中，有关经济建设方面的110件，科教文卫体方面的48件，党群统战、人事劳动及其他方面的52件。经审查立案210件。未立案的提案，作并案处理或转为委员来信处理。2004年，通过举办情况通报会、寄发征集提案调研提纲、印发优秀提案汇编，引导委员提升提案质量，实现委员人均一件提案目标。

2005年3月，市政协一届七次会议以来共收到提案187件。其中各民主党派、工商联、市政协专委会等集体提案53件，委员联名提案26件。参与提案的委员232人次。提案中，工农商贸方面的28件，城建交通方面的78件，科教文卫体方面的42件，政治法律、人事劳动、党群统战方面的37件。经审查立案181件，未立案的6件转为委员来信处理。

2006年3月，市政协一届八次会议以来共收到提案193件。其中各民主党派、工商联、市政协专委会等集体提案53件，委员个人提案134件。提案中，经济建设方面的109件，科教文卫体方面的42件，有关政治法律、党群统战、社会保障方面的37件。经审查立案187件，未立案的6件转为委员来信处理。

2007年3月，市政协二届二次会议以来共收到提案298件。其中各民主党派、工商联、市政协专委会集体提案55件，委员个人提案231件。提案中，经济建设方面的138件，科教文卫体方面的92件，政治法律、社会保障、民生问题方面的56件。经审查立案286件，未立案的提案，作并案处理或转为委员来信处理。

2008年2月，市政协二届三次会议以来共收到提案291件，其中大会提案275件，平时提案16件。各民主党派、工商联集体提案53件，市政协专委会提案11件，委员个人提案221件。提案中，围绕发展是硬道理理念的提案134件，关注民生改善民生方面的提案87件，促进社会和谐方面的提案64件。经审查立案285件，未立案的提案，作并案处理或转为委员来信处理。

2009年1月，市政协二届四次会议以来共收到提案264件，其中各民主党派、工商联集体提案36件，市政协专委会提案8件，委员个人提案220件。提案中，围绕全市经济发展、城乡建设方面的122件，构建和谐社会、促进抚州社会进步方面的78件，服务百姓、保障和改善民生方面的61件。经审查立案261件。未予立案的3件作为委员来信处理。

2010年2月，市政协二届五次会议以来共收到提案260件，其中各民主党派、工商联、无党派、市政协专委会以及有关界别等集体提案53件，委员个人提案207件。提案中，围绕工业强市、园区发展、城乡建设、低碳经济、“三农”工作、公共设施等方面的提案122件，围绕文化教育、医药卫生、就业创业等方面的提案83件，围绕民主法制、司法正义、信访工作等方面的提案46件。经审查立案251件，未予立案的9件，其中6件作为并案处理，3件作为委员来信处理。11月至12月，市政协提案委员会为拓宽提案征集渠道，首次在《抚州日报》《临川晚报》、抚州电视台、抚州论坛网和抚州市政协网刊登“市政协向社会公开征集提案线索的公告”，并归纳整理16条有价值的线索，编入《提案征集参考提纲》。

市政协二届六次会议后，市政协常务委员会认真贯彻落实科学发展观，不断创新提案工作思路，一方面，提早向全体委员发送征集提案《通知》和《提案参考选题》，引导委员紧紧围绕市委、市政府中心工作和人民群众普遍关心的问题，选好课题，深入调研，着力提升提案的针对性和有效性。另一方面，不断激发民主党派、工商联、无党派人士和市政协专委会的积极性，多次召开提案工作座谈会，动员引导大家运用提案参政履职，政协参加单位和委员的提案积极性空前高涨，提案质量明显提高。同时，先后多次举办提案工作培训班，提高委员撰写提案的质量。

2011年2月，市政协二届六次会议以来共收到提案237件。其中各民主党派、工商联、无党派、市政协专委会及有关界别等集体提案58件，委员个人提案171件。提案中，围绕牢固树立发展为大、发展为先、发展为重的理念，紧扣加快抚州赶超发展主题的提案109件，围绕教育文化卫生广电体育计生等方面的提案56件，围绕访民情、集民意、聚民智、解民忧提出的民生提案64件。经审查立案229件，未予立案的8件提案，其中5件作为并案处理，3件作为委员来信处理。

2012年1月，市政协三届二次会议以来共收到提案265件，其中各民主党派、工商联、党外知联会、市政协专委会等集体提案38件，委员个人提案221件。提案中，围绕实施“三大战役”、加快城市建设、发展现代农业、发展现代服务业等方面的提案124件，围绕实施科教兴市战略、做大做强文化旅游产业、推进城乡医疗体制改革等方面的提案64件，围绕养老服务、社会管理、社会救助等方面的提案71件。经审查立案259件，未予立案的6件提案，其中5件作为并案处理，1件作为委员来信处理。

2013年1月，市政协三届三次会议以来共收到提案285件，其中各民主党派、工商联、党外知联会、市政协专委会等集体提案61件，委员个人提案212件。提案中，围绕经济发展升级、结构优化，推动全市科学发展、跨越发展方面的提案106件，围绕发展社会事业和改善民生方面的提案113件，围绕加强和创新社会管理、促进社会和谐稳定方面的提案54件。经审查立案273件，未予立案的12件提案，其中7件作为并案处理，5件作为委员来信处理。

2014年2月，市政协三届四次会议以来共收到提案327件，其中大会提案263件，平时提案64件。提案中，各民主党派、工商联、党外知联会、政协专委会等集体提案72件，委员个人提案238件。提案类别分别是：工交财贸25件，农林水利18件，城乡建设68件，科教文卫体60件，社会法制66件，党群统战19件。经审查立案310件，未予立案的17件，其中14件作为并案处理，3件作为委员来信处理。

2015年1月，市政协三届五次会议以来共收到提案278件，其中大会提案251件，平时提案27件；各民主党派、工商联、党外知联会、市政协专委会、界别等集体提案62件，委员个人提案200件。提案中，经济建设方面的133件，教育、科技、文化、卫生、体育等方面的61件，社会法制、党群统战及人民生活方面的68件。经审查立案262件，未予立案的16件，其中12件作为并案处理，4件作为委员来信处理。

2016年1月，市政协三届六次会议以来共收到提案283件，其中各民主党派、工商联、党外知联会、市政协专委会、界别等集体提案77件，委员个人提案193件。提案中，经济建设方面的126件，科技、教育、文化、卫生、体育等方面的87件，社会法制、党群统战方面的57件。经审查立案270件，未予立案的13件，其中9件与委员进行沟通说明，4件作为委员来信处理。

2017年1月，市政协四届二次会议以来共收到提案324件，其中大会提案282件，平时提案42件；各民主党派、工商联、党外知联会、市政协专委会、界别等集体提案70件，委员个人提案243件。提案中，经济建设方面的159件，科技、教育、文化、卫生、体育等方面的83件，社会法制、党群统战方面的 71 件。经审查立案 313 件，未予立案的 11 件提案，作为委员来信处理。

2018 年 1 月，市政协四届三次会议以来共收到提案 309 件。其中大会提案 244 件，平时提案 65 件；各民主党派、党外知联会、市政协专委会等集体提案 62 件，委员个人提案 238 件。提案中，围绕全市工业转型升级、产业结构调整、低碳经济发展、农业农村及城市经济发展等方面的 130 件，围绕教育、卫生等人民群众最关心、最直接、最现实的利益方面的提案 83 件，围绕全市法制建设、民政社保、食品安全、脱贫攻坚、物业管理等社会热点难点方面的提案 87 件。经审查立案 300 件，未予立案的 9 件提案，与委员进行沟通说明，作为委员来信处理。

2019 年 1 月，市政协四届四次会议以来共收到提案 308 件。其中大会提案 262 件，平时提案 46 件；各民主党派、党外知联会、市政协专门委员会等集体提案 79 件，委员个人提案 225 件。提案中，围绕全市经济建设方面的提案 106 件，围绕社会发展方面的提案 135 件，围绕城市管理方面的提案 63 件。经审查立案 304 件，未予立案的 4 件提案，与委员进行沟通说明，作为委员来信处理。

2020 年 5 月，市政协四届五次会议以来共收到提案 211 件，其中大会提案 184 件，平时提案 27 件；各民主党派、党外知联会、市政协专委会等集体提案 46 件，联名提案 32 件，委员个人提案 97 件。提案类别：工交财贸方面 26 件，农林水利方面 17 件，城乡建设方面 25 件，科教文卫体方面 54 件，社会法制方面 41 件，党群统战方面 12 件。经审查立案 202 件，暂不立案的 9 件提案，4 件做并案处理，5 件会后商请提案者补充完善，或转为委员来信处理。

2021 年 2 月，市政协四届六次会议以来共收到提案 257 件，其中大会提案 228 件，平时提案 29 件。各民主党派、党外知联会、市政协专门委员会等集体提案 82 件，联名提案 26 件，委员个人提案 113 件。提案类别：经济建设方面 64 件，政治建设方面 18 件，文化建设方面 21 件，社会建设方面 102 件，生态文明建设方面 16 件。经审查立案 249 件，未予立案的 8 件提案，3 件做并案处理，5 件会后商请提案者补充完善或转为委员来信处理。

四届政协期间，政协委员、政协各参加单位和各专门委员会，瞄准稳增长、促改革、调结构、惠民生、防风险等重要决策部署，紧扣我市“三大”攻坚、产业发展、生态文明、县域经济、基本民生、项目建设、招商引资、科技创新、作风建设、“六稳”“六保”、疫情防控、工业三年倍增等重大问题提出提案，为党委政府科学决策、制定规划、出台文件提供重要参考，为推动全市经济社会高质量发展发挥重要作用。五年来，共收到提案 1409 件，经审查立案 1368 件。在立案提案中，委员提案 1021 件，民主党派、工商联、政协各专门委员会、界别、界别小组等集体提案 347 件。

2022 年 1 月，政协抚州市第五届委员会第二次会议期间，广大市政协委员、政协各参加单位和各专门委员会坚持以习近平新时代中国特色社会主义思想为指导，深入学习中共十九大和十九届历次全会精神，及省第十五次党代会、市第五次党代会精神，贯彻落实市委经济工作会议要求，紧紧围绕市委市政府“打好一个强攻战、实现五个新跨越”目标任务，奋进突破年，展现新作为，积极通过提案建言资政、凝聚共识。截至 2022 年 1 月 24 日上午 12 时，共收到提案 313 件。提案委员会按照工业发展、乡村振兴、城市建设、生态文明、改革创新、民生福祉 6 大类进行分类审查，立案 290 件。其中，工业发展方面 31 件，乡村振兴方面 37 件，城市建设方面 69 件，生态文明方面 16 件，改革创新方面 44 件，民生福祉方面 93 件。立案提案中，市各民主党派、工商联、知联会、政协各专门委员会等集体提案 75 件，联名提案 40 件，委员个人提案 175 件。暂不立案的 23 件，会后将商请提案者补充完善，或转为委员来信处理。

2022 年 12 月，政协抚州市第五届委员会第三次会议期间，广大市政协委员、政协各参加单位和各专门委员会围绕市委提出的“打好一个强攻战、实现五个新跨越”工作主线，积极通过提案建言资政。截至2022年12月21日共收到提案337件。提案委员会按照工业发展、农业发展、生态建设、文旅发展、改革创新、民生实事6个大类进行分组审查，立案305件。其中工业发展43件、农业发展26件、生态建设14件、文旅发展34件、改革创新73件、民生实事115件。立案提案中，市各民主党派、工商联、知联会、政协各专门委员会等集体提案42件，联名提案35件，委员个人提案228件。暂不立案提案32件，6件提案作并案处理，其他提案在会后商请提案人补充完善，或转为委员来信处理。

2024年2月，市政协五届四次会议以来，市政协委员、政协各参加单位和各专门委员会，坚持以习近平新时代中国特色社会主义思想为指导，深入学习贯彻中共二十大精神和习近平总书记考察江西重要讲话精神，聚焦唱响“一大品牌”、实施“六大战略”、推进“三大建设”目标要求，积极通过提案建言资政、凝聚共识。共提交提案393件，其中大会提案337件、平时提案56件，经审查立案361件。其中工业经济33件、农业农村35件、生态建设18件、商贸流通29件、文旅发展33件、教育卫生61件、民生实事71件、社会治理51件。立案提案中，市各民主党派、工商联、知联会、政协各专门委员会等集体提案80件，联名提案55件，委员个人提案196件，提出提案的委员达487人次。从办复情况看，提案得到解决或基本解决的213件，正在解决或已列入计划拟解决的148件。

2025年1月，市政协五届五次会议期间，广大政协委员、政协各参加单位和各专门委员会坚持以习近平新时代中国特色社会主义思想为指导，全面贯彻中共二十大和二十届二中、三中全会精神，持续深入贯彻习近平总书记考察江西重要讲话精神，聚焦“走在前、勇争先、善作为”的目标要求，围绕市委五届七次全会暨市委经济工作会议部署，深入实际，调查研究，察社会民生实情，献改革发展之策，提交提案履职建言。截至1月23日上午11时，共收到提案295件，经审查，立案251件，其中“模拟政协提案”转化立案34件。立案提案中，委员个人及联名提案194件，各民主党派、市工商联、党外知联会等界别和市政协专门委员会提案57件。其中，工业经济方面37件，占14.7%；农业农村方面26件，占10.4%；生态文明方面32件，占12.8%；改革创新方面45件，占17.9%；民生实事方面68件，占27.1%；社会治理方面43件，占17.1%。44件暂不立案提案中，15件作并案处理，其他29件将在会后商请提案人补充完善，或转为社情民意信息处理。

二、提案办理和督办

2001年3月，市政协一届二次会议以来共审查立案提案175件，会后市委、市政府分别召开交办会，及时将提案交由41个部门和有关县(区)办理。截至2002年2月底，175件提案全部办复完毕，办复率为100%。所提意见和建议采纳后，有关问题得到解决或列入计划解决的152件，占86.9%。对因条件限制等原因一时难以解决的提案，承办单位实事求是地作说明。根据反馈意见，绝大多数提案者对提案办理情况表示满意或基本满意。同月，市政协提案委员会制定《市政协提案委员会提案督办工作制度》《关于市政协领导督办提案实施方案》，并对部分提案承办重点部门进行督办，推动提案办理落实。

2002年3月，市政协一届三次会议以来审查立案提案196件。大会闭幕后，市委、市政府及时召开提案交办会，将立案的提案交由53个部门和有关县(区)办理。截至2002年12月，196件提案全部办复，办复率为100%。所提意见和建议得到采纳落实的56件，“落实率”为28.6%；有关问题正在解决或列入计划解决的129件，占提案总数的65.8%；因条件限制等原因一时难以解决的11件，占5.6%。从反馈意见看，绝大多数委员对办理情况表示满意或基本满意；委员对办理情况不满意的，由承办单位重新办理，或向委员沟通情况，争取理解。为加强提案办理工作，2002年初，市政府办公室制发《关于认真办理人大代表建议、政协提案的意见》，对办理好政协提案提出具体要求。各承办单位进一步完善提案办理制度，有力地推动提案办理落实。市政协认真落实提案督办责任制，强化领导领衔督办制度，市政协领导选定8件提案，通过视察、调研与协商座谈相结合等方式，督促提案办理落实。明确由提案委员会主任、副主任为责任人，带领5个组，每个组负责督办3个承办较多的单位，运用联合督办、跟踪督办、上门跟踪等多种方式，有力地推动一些办理难度大、涉及多个部门办理的提案得以落实。

2003年1月，市政协一届五次会议以来共审查立案提案169件。大会闭幕后，市委、市政府及时召开提案交办会，将立案提案交由56个单位和有关县（区）办理。截至2003年12月，169件提案全部办理答复。所提意见和建议被采纳并得到落实的65件，占提案总数的38.5%；有关问题正在解决或列入计划逐步解决的95件，占比56.2%；因条件限制等原因一时难以解决的9件，占比5.3%。对提案者反馈意见的132件，对办理情况表示满意或基本满意的130件，满意率高达98.5%。市政协一届五次会议后，政协提案工作引起社会广泛关注，迈出新的步伐。一是领导重视，提案督办更加有力。市委常委、市政府副市长和市政协主席、副主席领衔督办提案力度更大，各承办单位全面建立“一把手”负责制。二是创新方式，提案办理效果更好。通过采取联合督办、调研督办、现场办案、协商办案等多种形式，提案督办得到全面有效的落实。三是规范程序，提案办理更加有序。市政协制定实施《关于优秀提案评选量化评分实施细则》，建立完善提案征集、审查、立案、督办、服务工作制度，完善工作程序。市政府办公室下发《政协提案办理工作制度》，规范提案收文登记、分工承办、答复落实、征求意见、总结归档等工作。各承办单位制定具体实施细则，建立交办、催办、审核、答复、落实等制度，确保提案办理科学有序。

2004年3月，市政协一届六次会议以来，共立案提案210件。会后，市委、市政府与市政协分别召开提案交办会，将立案的提案交由66个有关部门以及县（区）政府办理。截至2004年12月10日，立案提案全部办理完毕，办复率高达100%。提案意见建议被采纳落实的68件，占比32.4%；列入计划逐步解决的133件，占比63.3%；因条件限制或其他原因暂不能解决的9件，占比4.3%。在提案办理中，市政协积极探索督办工作新途径：一是主席督办注重调研。督办提案大多采取实地调研视察方式，增强了督办的针对性和实效性。二是分组督办抓住重点。由提案委成员和部分政协委员组成督办组，对各承办单位一把手负责办理的提案进行检查，推动提案问题解决。三是跟踪督办突出难点。筛选部分有代表性的提案，要求承办单位“二次办理”并予答复，促使81件提案由“B类”转化为“A类”，使一批积案难案得到落实。

2005年3月，市政协一届七次会议以来，共立案提案181件。会后，市委、市政府及时召开提案交办会，交由63个部门和县（区）政府办理。截至2006年1月，立案提案已全部办理完毕，办复率高达100%。市政协积极引导承办单位结合部门工作，将提案办理作为保持共产党员先进性教育活动的具体成果，作为改进工作、改进作风、完善决策的具体行动，采取座谈协商、上门走访、电话联系等多种形式，听取意见，真情交流，精心办理。

2006年3月，市政协一届八次会议以来，共立案提案187件。会后，市政协及时召开提案交办会议，交由63个部门和县（区）政府办理。截至2006年12月底，所有提案全部办复完毕，提案办复率高达100%，提案意见建议被采纳落实的40件，占比21.4%；有关问题被列入计划解决的142件，占比76%；因条件限制或其他原因暂不能解决的5件，占比2.6%。提案者对提案办理结果满意或基本满意的比例高达98.5%。是年办理提案的主要特点是：一是通过多种方式督促办理落实。除日常电话催办、协商办案外，市人大、市政府、市政协还开展联合督办，通过抓重点带一般，推动办理工作落地见效。二是推进疑难案件办理落实。筛选30多件涉及多个部门办理的疑难案件，商请市委、市政府“两办”牵头办理，取得明显效果。三是注重跟踪问效，提升办理“回复率”和“满意率”。

2007年3月，市政协二届二次会议以来，共立案286件。会后，市政协召开提案交办会议，交由63家单位和县（区）政府办理。截至2007年12月11日，提案全部办复，办复率高达100%。其中意见建议解决或基本解决的92件，占比32.2%；正在解决或列入计划逐步解决的182件，占比63.6%；因条件限制或其他原因暂不能解决的12件，占比4.2%。收到提案者反馈意见表243件，对提案办理结果表示满意的212件，基本满意的31件。在提案办理中，市政协注重提高质量，着力抓好重点督办、分组督办、协调落实，推动提案办理工作深入有效。

2008年1月，市政协二届三次会议以来，审查立案提案285件。会后，市委、市政府召开会议，交由68家单位和县（区）政府办理。截至2008年年底，提案全部办理完毕并答复提案者。意见建议被采纳或解决和基本解决的81件，占比28.4%；正在解决或列入计划解决的193件；占比67.7%；因政策或条件所限暂时难以解决的1件，占比3.9%。收到提案者回复的249件，回复率达86.9%，对提案办理结果表示满意或基本满意的比例高达98%以上。在提案办理中，市政协首次把提案分为意见建议和具体问题“两大类”。对具体问题类提案，通过持续跟踪督办、深入现场督办，推动问题妥善解决。

2009年2月，市政协二届四次会议以来，共立案提案261件。会后，市委、市政府将提案交由68家单位和县（区）政府办理。截至2009年底，提案均办复完毕。提案意见建议得到采纳并基本解决的78件，占比29.9%；正在解决或列入计划解决的176件，占比67.4%；因政策原因或条件所限不能解决的7件，占比2.7%。收到提案者回复函227件，回复率为87%，提案者对办理结果都表示满意或基本满意。在提案办理中，市政协遴选15件提案，按工业交通、城乡建设、改善民生等5个专题，以《重要提案摘报》呈报市委、市政府主要领导，同时采取主席督办、带案督办、联合跟踪、二次办案等方式推动办理落实。

2010年1月，市政协二届五次会议以来，共立案提案251件。会后，市委、市政府将提案交由市法院、市检察院、市直部门和县（区）政府共62家单位承办。截至2010年底，提案全部办复。提案得到落实或基本落实的95件，占比37.8%；正在解决或列入计划解决的153件，占比61%；因政策原因暂时不能解决的3件，占比1.2%。提案者对办理结果满意的244件，占比97.2%；表示基本满意的5件，占比2%；未反馈回复函的2件。在具体工作中，市政协探索建立“督重点、促全面”“分层次、多形式”立体式督办体系，提案办理取得新成效。一是高位推动促落实。积极开辟新途径，筛选7件重大提案，争取由市长领办，取得新的突破。二是多方联动促落实。市政协联合市委、市政府“两办”，共同推动提案办理落到实处。三是合力推动促落实。制定实施《市政协办公室、专委会与市各民主党派、工商联、无党派联合督办提案实施方案》，凝聚工作合力。

2011年2月，市政协二届六次会议以来，共立案提案229件。会后，市委、市政府将提案交由市、县（区）70家单位承办。截至2011年12月底，提案均办复完毕。提案得到采纳落实或基本解决的88件，占比38.6%；正在解决或列入计划解决的137件，占比59.8%；因政策原因或条件所限不能解决的4件，占比1.6%。收到提案者回复函226件，回复率高达98.7%，提案者对办理结果都表示满意或基本满意。在提案办理中，突出重点，强化落实，彰显成效，通过市长领办、主席督办、联合督办、跟踪督办等有效方式，推动多件“B

类”提案转化升级为“A类”，也使“B类”提案继续办理成为承办单位的普遍共识。

2012年2月，市政协三届二次会议以来，共立案提案259件。会后，市委、市政府将提案交由市、县（区）69家单位承办。截至2012年底，提案均办复完毕。提案得到采纳落实或基本解决的111件，占比42.9%；正在解决或列入计划解决的143件，占比55.2%；因政策原因或条件所限暂时不能解决的5件，占比1.9%。收到提案者回复函257件，其中对提案办理结果表示满意的249件，占比96.1%；基本满意的7件，占比2.7%。对办理不满意的提案，市政协强化措施，推动二次办理。在提案办理过程中，市政协积极构建政府、政协、办公室、专委会、党派团体、政协委员共同参与的“六位一体”提案督办新机制，建立“多层次、经常性、立体化”督办模式，进一步推动了提案办理落实。一是市政府领导领衔办理提案与“两办”督办相结合。领衔办案的市政府副市长亲力亲为，通过签批办理意见、组织召开协调会等形式，使办理工作落到实处。二是市政协领导督办提案与委员参与相结合。市政协主席、副主席督办提案时，邀请相关界别委员参与，强化民主监督，提升督办效果。三是政协专委会与党派团体联合督办提案相结合。充分利用专委会与对口部门联系紧密的组织优势，选择涉及面广、落实难度大的提案，开展联合督办，增强落实效果。

2013年1月，市政协三届三次会议以来，共立案提案273件。会后，市委、市政府将提案交由市、县（区）66家单位承办。截至2013年底，提案均办复完毕。提案得到采纳落实或基本解决的112件，占比41%；正在解决或列入计划解决的159件，占比58.3%；因政策原因或条件所限暂时不能解决的2件，占比0.7%。在提案办理工作中，开展同类提案集中协商办理，探索建立了提案机构与提案人、承办单位、新闻媒体四方协作机制，开创了联合办理、整体推进、协调高效的工作新局面。

2014年2月，市政协三届四次会议以来，共立案提案310件。会后，市委、市政府将提案交由市、县（区）63家单位承办。截至2014年底，提案均办复完毕。提案得到采纳落实或基本解决的129件，占比41.6%；正在解决或列入计划解决的179件，占比57.8%；因政策原因或条件所限暂时不能解决的2件，占比0.6%。为进一步加强提案办理工作，市政协出台《政协抚州市委员会民主评议提案办理工作办法》，首次开展民主评议提案办理工作，成立以主席为组长的评议工作领导小组，由副主席带领4个专委会，分别对市环保局、商务局、规划局、农业局提案办理工作进行民主评议，增强提案承办单位责任心和使命感。

2015年1月，市政协三届五次会议以来，共立案提案262件，会后，市委、市政府将提案交由市、县（区）73家单位承办。截至2015年底，提案均办复完毕。提案得到采纳落实或基本解决的112件，占比42.7%；正在解决或列入计划解决的149件，占比55.4%；因政策原因或条件所限暂时不能解决的5件，占比1.9%。是年，市政协将提案办理纳入常委会专题协商，邀请社会人士直接参与，通过主席、副主席领衔督办重点提案，采取实地视察、召开座谈会等协商形式进行提案督办，全面提升提案办理协商效果。

2016年1月，市政协三届六次会议以来，共立案提案270件。会后，市委、市政府将提案交由市、县（区）70个单位承办。截至2016年底，提案均办复完毕。提案得到采纳落实或基本解决的116件，占比43%；正在解决或列入计划解决的154件，占比57%。委员们对提案办理结果充分肯定，满意率高达到99%。在提案办理过程中，除继续抓好市政府领导领办、市政协主席、副主席领衔督办、各专委会和民主党派联合促办重点提案外，还进一步加大提案办理专题协商力度、深度和广度，提案办理效果进一步提升。

2017年1月，市政协四届二次会议以来，共立案提案313件。会后，市委、市政府将提案交由市、县（区）57个单位承办。截至2017年底，提案均办复完毕。提案得到采纳落实或基本解决的135件，占比43.1%；正在解决或列入计划解决的178件，占比56.9%；委员们对提案办理结果充分肯定，满意率高达99.4%。是年，市政协积极开展提案全过程办理协商，在提案提交、审查、交办、督办等各个环节强化了协商效果。加强与党委、政府督查部门沟通联系，对“不满意”提案，开展联合督办，增强督办权威性和针对性。

2018年1月，市政协四届三次会议以来，共立案提案300件。会后，市委、市政府将提案交由市、县（区）71个单位承办。截至2018年底，提案均办复完毕。提案得到采纳落实或基本解决的138件，占比46%；正在解决或列入计划解决的162件，占比54%。委员们对提案办理结果给予充分肯定，收到回复件299件，293件表示满意，6件基本满意。委员满意率高达99%。为抓好民生类提案办理工作，市政协采取重点提案督办和同类提案协商办理方式，将“健全养老服务新体系，助推建成小康新抚州”等21件提案作为市长领办、市政协领导督办、市政协专委会与民主党派联合督办重点提案，加大督办力度，促进提案有效办理；将17件涉及精准脱贫的提案打包，纳入市政协2018年度协商计划，办理过程中既深入一线调研，又与扶贫、教育、卫生、民政等部门面对面协商，取得良好监督效果。

2019年1月，市政协四届四次会议以来，共立案提案304件。会后，市委、市政府将提案交由市、县（区）63个单位承办。截至2019年底，提案全部办复完毕。提案得到采纳落实或基本解决的148件，占比48.7%；正在解决或列入计划解决的156件，占比51.3%。委员们对提案办理结果给予充分肯定，收到委员回复件300件，其中表示满意的293件，表示基本满意的7件。市政协坚持把提案办理作为开展民主监督的重要途径，创新方式方法，推动提案办理取得明显成效。市政协主席会议加强对重点提案筛选把关、督促办理，“市长领办”、市政协领导领衔督办的24件重点提案都得到较好落实。市政协还首次将提案办理工作纳入《抚州市督促检查考核工作计划》，联合党委、政府督查部门，对市政协四届四次会议以来立案的304件提案的办理情况进行全面督查，取得良好成效。

2020年5月，市政协四届五次会议以来，共立案提案202件。会后，市委、市政府将提案交由市、县（区）55个单位承办。经过各方共同努力，提案所提问题已经解决的113件，占55.9%；正在解决的89件，占44.1%。收到回复件202件，其中满意200件、基本满意2件。在提案办理中，市政协坚持平时督促与集中督查、重点督办与全面检查相结合，向50家办理单位主要领导发出提示函，通过领导批办、跟踪协调、现场调度、实地视察、协商座谈等多种形式，实行全过程跟踪、全方位督促，加快办理进程，提升落实效果。

2021年2月，市政协四届六次会议以来，共立案提案249件。会后，市委、市政府将提案交由市、县（区）50个单位办理。截至2021年底，提案所提问题已解决的126件，占比50.6%；正在解决的123件，占比49.4%。委员们对提案办理结果表示充分肯定，249件提案全部收到委员回复，其中满意241件，基本满意8件。按照市政协党组安排，从提案中梳理11项相关提案，作为市政协机关班子成员党史学习教育“我为群众办实事”任务清单，市政协主要领导多次调度落实，形成《用好“四步法”，着力打造协商为民提案履职品牌》经验材料，获得全省一等奖，得到省政协主要领导批示肯定。创新开展市政协专委会提案课题委员视察工作，形成专题调研报告呈报市委、市政府，解决一批群众关心的烦心事、操心事，为党委、政府补短板强弱项提供有益方案，提升政协提案建言资政层次和水平。

2022年1月，市政协五届二次会议以来，共立案418件，内容涉及我市工业发展、乡村振兴、城市建设、生态文明、改革创新、民生福祉等方面，交由76个地方和单位办理，办结率100%。提案所反映问题已经解决78件，基本解决138件，正在解决或列入计划逐步解决202件。委员们对提案办理结果予以了充分肯定，418 件提案全部收到委员回复，其中满意 410 件，基本满意 8 件。2022 年，我市首次开展党政主要领导领办重点提案工作，市委、市政府主要领导各自领衔督办 2 件重点提案，高位推动提案办理取得实效，发挥示范引领作用。创新开展模拟政协提案工作，征集抚州开放大学学生 176 人次提交的 148 件模拟提案，经政协委员调研转化立案的 31 件交职能部门，得到办理落实。创新推出“提案办理协商社区圆桌会”，在临川区青云街办芝山社区建立相对固定工作点，就“老旧小区改造”等多个提案课题，邀请政协委员、专家学者、社区居民与职能部门圆桌围坐，居民群众先后 100 多人次参与提案办理协商，促进了一批民生实事的解决落地。新一届市政协积极实践、大胆创新，以新的开局推动提案工作迈上新阶段。

2022 年 12 月，市政协五届三次会议以来，共立案提案361件，全部按时办结。各承办单位坚持把提案办理作为年度重要任务，领导亲自研究部署，带头参加协商，带组深入调研，带队上门汇报办理情况，通过与政协委员面对面交流协商，努力使每一件提案办理都让政协委员了解实情、参与其中，取得理解和支持，推动提案办理落到实处。市政协持续推进提案办理工作创新，在广泛征求提案的基础上，报请市委、市政府研究确定“打造宜居宜业宜商的汽车新城”“数字经济赋能我市工业高质量发展”“打造‘徐霞客游线标志地’，助力我市全域旅游”等 44 件重点提案，实现市委、市政府、市政协领导领办督办全覆盖。党政领导班子成员通过签批督办、主持召开办理推进会、专题督查等多种方式，广泛开展层级高、力度大、效果好的重点提案办理协商，卓有成效地开展重点提案集中办理协商月、提案办理协商社区圆桌会等系列活动，推动一大批提案意见建议纳入党政决策程序，转化为推动抚州经济社会发展、部门工作改进的具体政策举措，领办的 18 件重点提案件件办成“样板”，形成提案工作“抚州样板”。《江西政协报》以“抚州市党委、政府高质量办好 18 件政协重点提案”为题对抚州市提案工作予以专题报道。通过发挥重点提案办理示范引领作用，带动全年政协提案工作不断提质增效。

2024 年 2 月，市政协五届四次会议以来，共立案 359 件提案，通过联合督办、上门督办、电话督办、“不满意提案”督促二次办理等多种途径，推动全年提案办理提速增质，至 12 月底，全年立案的 359 件提案已全部办结，收到委员回复 359 件，全部为满意。这些提案内容丰富、重点突出，涉及产业发展、改革创新、民生实事、生态建设等多个方面，集中反映广大人民群众和社会各界对加快抚州经济社会发展的热切期盼，也充分体现政协委员对党委政府工作关注和支持。通过专题调研深化提案内容，提案办理整体质量不断提升。《关于如何破解农村单身男青年婚姻危机的建议》《传承“亲邻睦邻”传统美德，激发“居民自治”新活力的建议》等提案，承办部门、提案委员等相关人员深入街道社区、乡镇农村，组织召开座谈会 12 场次，开展有效问卷调查 1517 份，深化提案内容，形成专题调查报告，为党委政府决策提供有益参考。通过深入调研，90 多件提案进一步深化内容，为部门办理提案提供创新思路、务实举措，提案办理取得更好成效，助推全年提案办理整体质量提升。一大批提案建议为市委、市政府科学决策提供重要参考，转化为推动抚州经济社会发展的具体政策举措，有力有效地推动我市各项工作实现新发展、取得新成绩、获得新突破，充分展现人民政协作为专门协商机构在推进全过程人民民主中的重要作用。

三、典型提案选录

2019 年 12 月，为庆祝人民政协成立 70 周年，充分展示市政协成立近 20 年来提案发挥独特作用和产生重要影响，市政协第四届委员会开展市政协成立以来产生重要影响优秀提案评选工作。在市各民主党派、工商联、党外知识分子联谊会、有关人民团体、政协各专门委员会广泛推荐基础上，共评出20件优秀提案予以表彰。连同2020至2024年评选出的优秀提案，这里从中选录部分典型提案入志。

（一）关于“禁止在市内燃放烟花爆竹”的建议

张志坚委员2001年3月在市政协一届二次会议上提出：每逢喜庆时节，人们都要沿袭传统习俗燃放烟花爆竹。然而，硝烟弥漫之后，影响安全和环境的负面效应很大。近年来，鞭炮制造业竞相上马，违规操作经常导致爆炸事故；燃放鞭炮酿成血案、引发重大火灾时有发生；造成高强度噪音和遍地垃圾，令居民和环卫工人苦不堪言，有碍“创文化名城”目标。为此建议：1. 要统一认识，尤其要认清燃放鞭炮与“创文化名城”的关系。2. 要研究禁令的有关规则。3. 要明确有关部门责任。4. 要做好宣传工作。5. 要加强对烟花爆竹制造业的管理。

办理情况：抚州市、临川区政府采纳有关建议，研究措施，发布文件和公告，市城区于2017年实行集中燃放，至2018年全面实现禁放，为抚州市“创文化名城”“创全家卫生城市”作出贡献。同时，安全生产部门对不符合生产条件的烟花爆竹作坊进行取缔，对符合生产条件的厂家进行安全检查，强化安全生产措施，避免生产事故发生。

（二）关于“进一步提高政府采购效率”的建议

民建抚州市委会2003年1月在市政协一届五次会议提出：政府采购制度将公共支出直接纳入财政部门监督之下，使各单位分散的采购活动，按照法定的程序和统一方式，在“公开、公正、公平”原则下，通过市场竞争方式实现，不仅有效地遏制采购活动中“猫腻”，而且把财政支出行为控制在预算范围之内和公共监督之下，实现对财政资金的监督由价值形态向实物形态转变，提高财政支出效率。但由于政府采购制度是新生事物，市政府采购效率与预期仍存在一定差距。其主要原因是：政府采购范围窄，项目单一；政府预算制度还未完善，采购随意性较大；政府采购成本大，节约财政资金缩水；同时，机构设置也不尽合理。为此建议：1. 加大对《中华人民共和国政府采购法》（以下简称《政府采购法》）宣传力度，提高做好政府采购工作的重要认识，推进政府采购步入良性发展轨道。2. 建立健全政府采购管理体制，政府采购管理机构与政府采购中心必须分设，职能分开。市政府采购中心应加强对各县（区）的业务指导，尝试开展转移支付业务工作。建立以市级为中心的商品信息库、专家评委库、供应商资料库，实现“三库”资源共享，提高政府采购规模效应。3. 扩大政府采购规模范围。尽快制定政府采购目录，扩大经常性商品和服务项目，增加专业购置项目和财政性资金工程建设项目。4. 切实做好政府采购预算和采购计划的编制工作。5. 加强政府采购资金监督管理。政府采购资金应在保持单位资金所有权和使用权不变的情况下，设立国库单一账户，政府采购资金收支都在该账户中反映，将政府采购资金与业务经费彻底分离。政府采购合同执行后，由财政部门直接按采购资金拨付给供应商。同时，还要加强对分散采购支付行为的监督。

办理情况：市政府办公室采纳有关建议并作出回复：抚州市政府采购工作自1999年开始运行以来，已步入良性循环发展轨道，集中采购规模、范围逐步扩大，采购程序公开、透明，节资率稳定在10%以上，采购监督有效执行，政府“阳光采购”影响力日益加强。但政府采购工作仍存在采购范围不宽、项目较少、计划性不强、采购规模效益还有待发挥的不足。我们将以《政府采购法》实施为契机，采取切实措施，开展政府采购预算，完善政府采购相关制度，进一步扩大政府采购范围，提高财政资金使用效益。一是提高政府采购工作的计划性。从2002年度开始对劳动、教育等4部门进行部门预算编制试点，2003年部门预算的编制范围扩大到18个部门。在编制部门预算中，已纳入政府采购预算内容。同时，还要求各单位按季报送采购计划。二是进一步健全政府采购管理体制。市政府正在抓紧研究制定政府采购管理机构和执行机构分设方案以及县(区)政府采购机构设置问题,实现政府采购监管与执行分离和市、县(区)政府采购联动。三是扩大政府采购范围。逐步扩大将一些服务类和工程类项目纳入集中采购目录,适当提高政府采购限额。四是完善政府采购资金集中拨付制度。凡单位列入政府采购目录的货物、工程或服务并委托采购中心采购的,根据采购合同需要付款时,由用户签验收单,采购中心签署支付意见,由设在总预算的政府采购专户直接拨付给供应商。今后,还要进一步完善政府采购资金集中拨付制度,设立国库单一账户,将政府采购资金与业务经费彻底分离,把纳入政府采购范畴的分散采购资金也实行集中支付。五是加大政府采购宣传力度。进一步做好宣传工作,使全社会支持政府采购工作。六是加大政府采购工作监管力度。通过争取纪检监察、审计、财政等部门支持和配合,不定期对各单位政府采购执行情况进行检查和审计,加强对政府采购资金监管,使政府采购工作顺利实施。

(三)关于“失地农民生存与发展问题”的建议

农工党抚州市委会2005年3月在市政协一届七次会议上提出:我市在加快城市建设进程中,有相当部分农民土地被征用。土地是农民最重要的生产资料,是农民的生活保障,也是农村社会稳定的基础。由于大量征占耕地,使很多农民失去土地。造成部分失地农民种田无地、就业无岗、社保无分,生活水平下降。为此建议:1. 按市场经济规律对失地农民给予合理的土地补偿。2. 建立健全失地农民社会保障机制,以解决失地农民的养老、医疗问题。3. 提供优惠政策,加大扶持力度。4. 建立对失地农民再就业培训机制,为失地农民再就业创造良好条件。5. 引进项目,兴办企业安置农民。6. 积极探索土地流转等有效安置形式。

办理情况:市政府采纳有关建议,明确采取如下措施:1、严格兑现征地补偿费。一是建立征地补偿费财政专户。在征地前,将征地补偿费用足额缴入专户,坚决杜绝先用后征、少征多用、截留拖欠、挪用征地费用、征地不与农民协商等现象;二是制定土地补偿费在农村集体经济组织内部分配办法,规范分配使用账务处理程序;三是将土地补偿费使用和管理情况纳入农村财务公开和民主管理内容;四是建立土地补偿费专项审计制度;五是按法定最高标准拨付征地补偿费后,被征地农民尚不能保持原有生活水平的,从国有土地有偿使用收益中划出一定资金给予补贴。2、强化征地费用分配监管。对拨付给被征地农村集体经济组织的征地补偿安置费,国土资源部门配合农业、审计等有关部门要对分配使用情况进行监督。3、强化失地农民的职业技能培训。通过免费培训的形式,对失地农民创业给予技术指导和金融优惠扶持。4、进一步促进失地农民就业。实行全方位免费就业服务,大力开发公益性岗位,积极探索土地流转的有效安置形式,引导农民进行土地流转。5、逐步开展失地农民的养老保险和医疗保险。养老保险参保比例按城镇个体户的比例参保,医疗保险参照我市困难企事业单位的办法解决。

(四)关于“理顺我市中心城区管理体制”的建议

张志红委员2007年3月在市政协二届二次会议上提出:我市在创建园林城市活动中,城市环境卫生有了很大改观。但是,城市管理尚未跟上,存在市区两级管辖范围不清、城管部门职责不明、居委会、街道办卫生管理职能未能落实等问题,要尽快理顺城市管理体制。为此建议:1. 重新划分管辖区域,明确街办管理职责,消除管理盲区,做到城市管理全覆盖。2. 创新管理体制,实行重心下移,把中心城区小街小巷环境卫生清扫保洁和各项管理的主要权限交给街道办事处和居委会,充分发挥街道办事处和居委会的城市管理职能。3. 理顺管理职能。形成纵横清晰、分工协作、齐抓共管、各尽其职的职能管理体系,美化城市环境、提升城市品位。

办理情况:市规划局回复:所提意见具有建

设性，将积极采纳。抚州撤地设市以来，根据有关文件精神，已形成抚州城市规划市区二级管理模式，界定了市、区、金巢经济开发区城市规划管理范围，发挥临川区积极性，促进上顿渡城区发展，推动金巢开发区城市管理职能提升。市城管局市容所回复：所提意见很好，将积极采纳。一是完善清扫保洁制度，建立长效机制。市中心城区主次干道实行17小时清扫保洁，一般街道保洁时间不低于12小时，严格按照管理考评标准，实行“定岗、定责、定人”，确保清扫保洁工作连续性、稳定性、时效性；二是加大环境卫生整治力度。对重点区域、主要道路、城中村、城乡接合部、农贸市场周边、临时摊位等环境卫生做到不留死角。增建城市公厕，彻底解决如厕难问题。增建市生活垃圾卫生填埋场，生活垃圾无害化处理量年达299.8万吨。开展常态化“洗城行动”，对市中心城区主次干道、背街小巷、非机动车道、人行道、果壳箱、交通护栏等环卫设施进行全面清洗。完善城区垃圾分类服务链，已对城区无物业小区垃圾四分类果壳箱投放116个，全面提升城市洁净度、清爽度。

（五）关于“广昌县城以南区域严禁开发南丰蜜桔”的建议

李履才委员2008年3月在市政协二届三次会议上提出：南丰蜜桔是南丰县地方名特优柑橘良种，在国外内享有很高盛誉，有着其他水果无法比拟的品种、地域和市场优势。由于广东、广西、湖南、湖北、浙江及本省赣州市不少地方曾发生柑橘溃疡病、黄龙病和大小实蝇等检疫性病虫害，南丰蜜桔是唯一还未沾染的“净土”。如上述区域接壤的地方开发南丰蜜桔，通过苗木嫁接，果品出售，将病虫害传染我市并传播蔓延，将对我市南丰蜜桔产业健康可持续发展造成毁灭性打击。由于宜黄、黎川分别有军峰山等山脉阻挡，山那边海拔较高，基本不种植柑橘，因此，只有广昌的西南部区域有可能传进这些检疫性病虫害。为此建议：广昌县城的西南部区域应禁止开发南丰蜜桔，以形成隔离带，阻断检疫性病虫害传播渠道。市农业局应切实分片监督管理，确保广昌县城西南区域不栽种南丰蜜桔，确保南丰蜜桔能健康持续发展。

办理情况：市农业局采纳建议并回复：南丰蜜桔黄龙病和桔小实蝇防控的成败，决定着南丰蜜桔开发的成败，也决定着“双百工程”的成败。市委、市政府和市农业局对此非常重视，紧急采取了措施：1.6月下旬组织市、县有关领导及专家到赣州的宁都，抚州的广昌对柑橘检疫性病虫害入侵及防控问题进行调研，并向省、市有关部门及领导呈送调研报告。2.7月上旬在市行政中心召开市直及“双百工程”重点县（区）有关领导、专家参加的有关会议；中旬市政府下发《关于切实做好柑桔黄龙病和桔小实蝇防控工作的通知》；下旬举办全市主要柑桔技术骨干参加的“柑桔检疫性病虫防控技术培训班”。3.市政府号召全市主动打好预防战。制定防控预案，开展疫情普查和监测，强化苗木管理，建立疫情隔离带，严格植物检疫，组织科研攻关，开展保险试点，坚决打赢南丰蜜桔病虫害防控战，确保“双百工程”的成功实施。

（六）关于“加快我市‘城外’地区旧城改造步伐”的建议

市政协港澳台侨委员会2009年2月在市政协二届四次会议上提出：近年来，抚州市新城区建设取得令人瞩目的成绩，一大批重点工程规划与建成，使城市面貌发生根本改观。但是，旧城区改造工作力度不大，尤其是文昌桥以东文昌街办辖区“城外”地区，面貌却没有丝毫改变，这对城市形象的全面提升无疑具有一定的负面影响。为此提议：市委、市政府在加快新城区建设的同时，要高度重视老城区改造工作，为老城区群众创造一个安居乐业的良好环境。一是抓紧搞好老城区规划完善工作；二是财政每年拿出一部分资金，用于老城区的改造，争取每年几件群众看得见摸得着的实事。三是要用好用活政策，加强招商引资工作，借助外资搞好老城区改造和建设。文昌里老城区是汤显祖故里，如果这个项目做好了，对于提升抚州知名度、加快抚州赶超发展，有着极大促进作用。

办理情况：抚州市房产管理局回复：意见很好，将积极采纳。抚州“城外”老城区尤其是文昌里，作为抚州市一个文化品牌集中地，对其恢复和修缮，加快改造和建设十分重要。市委、市政府成立抚州市文昌里工程建设领导小组，着重对文昌里具体实施改造。省建设厅已将文昌里改造工程列入抚州市危旧房、低洼地改造项目计划，计划分三步实施：第一步，对文昌里旧城改造进行拆迁摸底调查，编制项目建设可行性研究报告，该项工作现已完成。文昌里旧城改造规划和设计方案已通过专家评审，现正在作进一步修改。第二步，在该区域范围内征用四块土地兴建安置房，安置文昌里旧城改造拆迁户，目前该项工作正在实施。第三步，在实施文昌里改造过程中，按照“高起点规划、高标准建设”要求，做到与保障性住房建设、文物保护、完善城市功能、优化城市环境“四个相结合”。截至 2018 年，老城区文昌里经过改造和建设，已成为具有明清建筑风格的人文景观商业区，成为抚州市建设“生态文化名城”新亮点。

（七）关于“将梦湖（风岗河）打造成国家级湿地公园”的建议

赵卫平、曾福根、杨书斌委员 2009 年 2 月在市政协二届四次会议上提出：目前梦湖及风岗河改造（抚八线——梦湖段）工程已基本建成，成为抚州城市建设一大亮点和广大市民休闲、娱乐和旅游的好去处。但梦湖及风岗河改造工程也存在重防洪和城市公园功能，而忽视湿地功能，湿地资源没有得到科学开发和修复，湿地景观不突出等一些不足之处。为此建议：1. 明确定位，提升品位。要以国家城市湿地公园标准，科学规划、精心施工，将梦湖（风岗河）打造成一个“以湖为心，以河为脉，以绿为体，以山为衬”的国家级城市湿地公园。2. 科学规划，合理布局。成立梦湖（风岗河）国家湿地公园建设领导小组，进一步摸清梦湖（风岗河）流域湿地资源，适当扩大公园规模和范围，合理设置建设湿地景观区、鸟类观赏生态区、湿地农业示范区、湿地生态教育基地等区域。3. 突出特色，精心建设。严格保护现有湿地资源和湿地景观，积极推进河道、景观水体护坡驳岸生态化、自然化建设与修复，继续推进梦湖、风岗河两岸绿化建设，最终形成“一泓碧水、芦苇摇曳、荷花盛开、白鹭翱翔”的景象。

办理情况：市林业局回复：市林业局对此提案认真研究，采取以下措施：一是及时向市委、市政府、省林业厅作汇报，争取领导支持。二是以文件形式向市政府请示，要求成立梦湖湿地公园管理处，并将梦湖湿地公园绿地（含水面）土地证划入市林业局。三是指定一名副局长牵头负责组成工作组，正在对梦湖（风岗河）湿地公园的范围、面积以及境内湿地资源进行调查摸底。四是已将梦湖（风岗河）湿地公园列入抚州市湿地总体规划重点优先发展项目，并上报省主管部门。同时，准备与财政、发展改革委、土管、城建、园林等部门密切配合，全力做好该项工作。

（八）关于“进一步做大做强农产品加工业”的建议

市政协人口资源环境委员会 2011 年 2 月在市政协二届六次会议上提出：市委、市政府提出实现“两个转变”，即由农业大市向工业强市转变，由经济弱市向经济强市转变。做大做强农产品加工业，是实现“两个转变”的重要途径和战略举措。建议：1. 制订发展规划。在“十二五”规划中，把农产品加工业作为主攻工业的一个重要支点，作为重要支柱产业来谋划，提出发展目标、重点和政策措施。2. 建立农产品加工小区。在市县工业园区规划建设农产品加工专属小区，搞好基础设施和厂房建设。根据不同类别，在加工小区里分别划分食品工业区、竹木制品区、工艺品区等不同功能区。3. 出台扶持政策。4. 组建相关机构重点抓。成立农产品加工业领导小组，由工信委牵头，农业、林业、扶贫、农业开发、发展改革委、财政以及相关金融单位为成员。实行目标考核，列入县(区)年终考评范畴，坚持不懈地把农产品加工业做大做强。

办理情况：市县(区)两级工信委在“十二五”规划中都将农产品加工业，特别是绿色食品加工作为支柱产业，把做大做强农产品加工业作为我市由传统农业向现代工业转变的重要支点，科学规划布局，推动产业招商，凝聚发展合力，力争三年成形五年见效。

(九) 关于“对抚州古村古建开展普查保护”的建议

吴昊、黄亚玲、艾艳萍委员2012年2月在市政协三届二次会议上提出：抚州市古村、古建筑资源丰富，建筑造型精美，城乡各处星罗棋布，是不可再生的宝贵资源。但是，由于思想观念陈旧、维护经费不足、缺乏监管保护措施以及年代久远等原因，现存古村古镇古建筑日渐衰败，有的损毁严重，亟需保护和修缮。为此建议：1. 全面普查，建立长效机制。对全市古村古建进行详细调查，登记造册，张榜公告，挂牌保护。2. 科学规划，制定发展目标。在全面系统普查的基础上，组织专家学者编制《古村、古建筑保护利用规划》，有计划分期分批地对古建筑进行修缮保护。3. 建章立制，实现科学管理。出台相关规章制度，实施“拆旧建新”，尽可能保留具有历史、艺术、科学价值的古建遗存。4. 落实经费，助力保护开发。采取争取上级支持、加大地方投入、融汇社会资金等方式筹措经费，推动工作取得进展。5. 适度开发，打造古村旅游品牌。借鉴外地成功经验，在条件成熟的地方适度开发，增加地方与农民收入，形成保护、整治、开发的良性循环。

办理情况：市政协联合市文化局开展专题调研，形成《抢抓机遇扬优成势切实加强古村落保护开发工作——关于我市打造国家级、省级历史文化名镇名村的调查报告》，呈报市委、市政府。市政府张勇市长作出批示：请市文化、旅游、建设等相关部门认真研究落实，拟申报广昌县驿前镇等15个村为国家级历史文化名镇名村，金溪县合市镇游垫村等21个村为省级历史文化名镇名村。

(十) 关于“水库承包养鱼养鸭污染水质应中止承包”的建议

刘国芳、甘少华梅雪奇委员2013年1月在市政协三届三次会议上提出：抚州灵谷峰车家水库，原是一池碧水，清澈见底，形成灵谷峰一道著名景点。近年来，由于水库被人承包养鱼养鸭，水库受到严重污染，水质变绿发黑，一泓清水不复存在。据了解，全市75%以上中小型水库和不少大型水库都承包给农民养鱼养鸭，承包人投放大量饲料，导致水质迅速恶化。该做法违背科学发展观，得不偿失。水库承包养鱼养鸭带来很多危害：1. 大量投放各种饲料，导致水质变绿发黑发臭，严重污染。2. 污染水灌溉庄稼，污染农田；渗入地下，污染地下水；一场大雨，污水流入抚河，又污染抚河水。为此建议：1. 坚决不能在洪门水库、廖坊水库养鱼养鸭。否则，直接影响抚河水质。2. 对全市大中小型水库进行排查，凡承包养鱼养鸭的水库，一律依法中止合同，该赔偿的给予农民赔偿。3. 一些非饮用水源的水库，可以继续承包，但只能自然养殖。

办理情况：市政府高度重视，出台《抚州市水库水质污染专项整治实施意见》，承办单位重点对全市水库养殖水污染情况进行清查整治，全市1021座承包养殖水库，有93座终止或协商退出养殖承包合同，867座签订补充承包协议，获得社会广泛赞誉。

(十一) 关于“加快土地流转释放土地活力”的建议

段院龙委员2014年2月在市政协三届四次会议提出：土地流转是推进农业产业化重要途径，我市土地承包经营权流转存在一些不容忽视的问题：新型主体占比低，土地流转质量不高；服务体系不完善，土地流转渠道不畅；流转行为不规范，流转过程纠纷不断；农业保险不给力，土地流转活力不够。为此建议：1. 以提高土地流转质量为抓手，培育新型农业经营主体。要重视培育现代新型职业农民，鼓励发展家庭农场，将生产要素适当集中，提高劳动生产率、土地产出率和经济效益。2. 以保障农民合法权益为前提，加快确权登记工作步伐，将农户的土地承包经营权物权化，使其合法权益得到法律的有力保护。3. 以建立土地流转市场为平台，完善土地流转服务体系建设。抓好县乡村三级土地流转服务体系建设，利用上下贯通的三级平台，为土地流转双方提供便捷服务。4. 以规范土地流转行为为重点，加强土地流转监督管理，重点加强土地流转档案管理。5. 以保护流转双方利益为根本，建立健全风险调节机制。

办理情况：抚州市已全面开展农村土地承包经营权确权登记颁证，建设三级经营权流转服务中心，成立经营纠纷调解仲裁委员会，为土地流转工作打下良好基础。目前，已起草《关于加快农村土地流转促进规模经营发展的意见》，待征求意见进一步完善后颁布实施。

（十二）关于“以汤显祖纪念活动为载体打造抚州文化品牌”的建议

民进抚州市委会 2016 年 10 月在市政协三届六次会议上提出：今年是汤显祖、莎士比亚逝世 400 周年。抚州市认真贯彻落实国家主席习近平提出的中英两国共同纪念汤显祖、莎士比亚的指示精神，正在拟定纪念活动暨第三届汤显祖艺术节策划方案，组织和举办好纪念汤显祖逝世 400 周年活动。开展纪念汤显祖活动，对于弘扬临川文化，进一步推动抚州文化产业发展，打造“全国历史文化名城”，建设文化强市，加快绿色崛起、跨越发展具有重要意义。在今年开展纪念活动之后，要立足长远，以汤显祖纪念活动为载体，持之以恒地打造“华夏梦都、才子之乡”品牌，不断提升抚州知名度和影响力，为此建议：1. 抓紧编制纪念活动总体规划，为纪念活动持续开展建立长效机制。2. 大力争取国家部委支持，为打造汤显祖文化品牌提供坚强保障。3. 加强与专业机构和高校合作，积极开展中外文化交流活动。4. 大力推动汤显祖作品改编制作，鼓励其与金融科技等跨界融合。5. 推动群众性戏剧活动开展，让汤显祖文化品牌大放光彩。

办理情况：抚州市文广新局作出回复，认为建议很好，将在工作中认真采纳。1. 根据建议要求，目前已经形成抚州市《2016 年纪念汤显祖逝世 400 周年活动总体工作方案》，准备年内在国内外开展 45 项纪念活动，并联合海外侨团倡议设立“汤显祖纪念日”和在美国硅谷筹建汤显祖纪念馆。2. 根据市委领导批示，有关部门已组织人员起草相关纪念汤显祖、弘扬汤显祖艺术的总体规划，并多次到省政府、国家文化部沟通协调争取支持。为加强汤显祖戏剧艺术研究，已成立抚州汤显祖国际研究中心。该中心为全员聘任制纯学术研究机构，是国际性、专业性的汤显祖学术研究高端平台。3. 已与全国剧协形成良好的合作关系，并成功举办三届中国抚州汤显祖艺术节活动。同时，与中国动漫集团董事长正在商议以动漫等形式表现汤显祖剧目问题。4. 正在大力推动群众性戏剧活动，先后多次引进外地院团来抚演出。同时，积极支持群众性戏剧活动，自 2015 年始，每年均举办抚州采茶戏大展演。

（十三）关于“大力推进抚河流域生态综合治理”的建议

邱敏委员 2017 年 1 月在市政协四届二次会议上提出：目前，抚河流域生态保护和综合治理一期工程建设计划提上工作日程，全市水利建设“百日大会战”“清河行动”也在紧锣密鼓进行中，“河长制”“山长制”管理体制创新推进，抚河流域生态保护和综合治理工作迈出新步伐。为更好地推进抚河流域生态治理，特提出如下建议：1. 尽快制定完善抚河流域生态保护和综合治理中长期规划。2. 尽快启动小流域生态综合治理试点，建议选择 1 至 2 处合适的小流域先行开展“五水共治”（治污水、防洪水、排涝水、保供水、抓节水）试点，打造出治水生态标杆，发挥示范引领作用。3. 积极争取上级对抚河流域生态保护及综合治理补偿资金。4. 全面推进“五水共治”各项基础性工作，有计划、有步骤地开展村容整治、垃圾分类、畜禽退养、管网建设、污水处理、生态美化等工作。

5. 充分发挥考核的指挥棒作用。对市现有年度目标考核体系进行调整优化，加大抚河流域生态治理的分值权重，并对上、中、下游县（区）提出不同考核要求，打造越来越多绿色发展样板。

办理情况：市政府已审定抚河流域生态保护及综合治理总体规划并报请省发展改革委批复，待批复后实施。现已积极启动抚河浒湾至三江口示范流域综合治理，及时开展“五水共治”工作。同时，制定市生态补偿管理办法，完善考核评价制度，逐步提高生态文明指标考核权重，扎实推进全市生态文明建设。

（十四）关于“打造抚州‘百亿企业’集聚地”的建议

杨正荣、黄港清委员 2017 年 1 月在市政协四届二次会议上提出：市委、市政府提出要推动博雅欣和、迪比科、新能源动力电池、森鸿电子信息、海利不锈钢、自立铜业、精品铜科等一批骨干企业跃上百亿台阶，令人鼓舞，充满期待。抚州至今还没有一家百亿企业，这是一场硬仗，没有后路，更无退路，只有勇往直前的冲锋路。一要瞄准世界第一，吹响百亿企业战的冲锋号。企业要实现超常裂变成长，仅靠自己苦撑硬拼，或仅与一般的高校、科研院所合作，是很难有翻天覆地的大建树的。为此，要在短时间内实现我市百亿企业的目标，就必须要有勇做世界第一的雄心壮志，引领世界科技独创独有的发展新方向，掌握新一轮全球科技竞争的战略主动，猎取到世界第一的最核心技术或产品。二要瞄准产业第一，投身百亿企业战的主战场。加大创新力度，不断注入新元素，全力推进产业转型升级，聚焦产业优化升级，培育壮大更多产品群、产业群，打造好新产业的经济增长引擎。当前，我市不少产业正处于一个转型升级的关键时期，南丰蜜桔等产业，正好可以借此机会，延长蜜橘的红酒、果醋、果糕等精深加工产业链，实现百亿产值目标。三要瞄准人才第一，打好百亿企业战的攻坚战。要树立“人才第一”的观念，通过特聘、设立院士工作站等柔性手段，加大院士等高端人才引进力度。要完成百亿企业作战计划，应有院士团队这样的技术总指挥，他们是攻破技术壁垒的主要力量。院士工作站的建设，有利于提高企业竞争力。四要瞄准环境第一，保障百亿企业战的大发展。应举全市洪荒之力，建设一流创新环境。各级政府应多增加创新工作的投入力度，营造一个尊重人才的浓厚氛围。

办理情况：市政府下发《关于加快培育百亿企业实施意见（试行）的通知》，首批筛选确定 8 户企业作为百亿企业重点培育对象，指导各企业分别制定百亿目标年度实施计划，并各相关职能部门深入开展调研，创优企业发展环境，着力强化科技服务，成立科技服务工作组，开展科技专家精准帮扶，组建科技创新平台，助推企业早日实现百亿目标。

（十五）关于“重塑‘建筑之乡’辉煌打造抚州旗舰型建筑企业集团”的建议

谢小辉委员 2017 年 1 月在市政协四届二次会议上提出：近年来，抚州本地建筑企业飞速发展，但与省内兄弟市的国有龙头建筑企业相比，差距还很大。我市建筑企业要想在竞争日益激烈的环境下求生存，唯一出路就是不断做大做强，转型升级。为此建议：一是提供更多项目支撑。建议主管部门组织到发达地区、兄弟地市学习调研，制定操作性强的招投标办法，抚州市大型交通基础设施和公共服务设施项目优先选择本地建筑企业实施。二是开通高端专业技术人才引进绿色通道，为重塑抚州“建筑之乡”辉煌储备人才力量。三是提供更高更大发展平台。通过重组、兼并、股份合作等形式整合全市优质施工、设计、监理企业，加快打造一个资产规模大、经济效益好、管理水平高、核心竞争力强的旗舰型国有建筑公司集团企业，积极争取进入资本市场，为重塑抚州“建筑之乡”辉煌贡献力量。

办理情况：将抚州综合得分排序前五名的市域内注册建筑企业优选为全市骨干建筑企业，为本地大型建筑企业获取项目创造更好的条件。同时，相关部门为抚州市建筑企业做大做强、持续发展认真履行职能、提供服务，在帮助企业维权、解决融资难问题、设立农民工工资专户、人才引进开通绿色通道等方面给予大力支持，并整合全市优质施工、设计、监理企业，注入优质国有资产，加快打造大型旗舰建筑企业，为重塑抚州“建筑之乡”辉煌迈出坚实步伐。

（十六）关于“做强中医药产业助推绿色产业体系构建”的建议

李淑雯委员 2017 年 1 月在市政协四届二次会议上提出：抚州中医药产业有着深厚的历史文化底蕴和较好的发展基础，但目前没有中医药产业的完整规划，药材种植规模小、品牌效益差、相关的专业技术人才流失较为严重，全市中医药产业总体呈现大而不强的发展态势。如何优化产业布局，发掘中医药产业发展潜力，应用先进适用技术改造提升传统中医药产业，培育一批产业配套、效益优良、竞争力强、辐射面广的产业集群，成为摆在全市面前的一道难题。为此建议：一是制定中医药产业发展政策导向。对中医药产业种植、加工、养生、保健等全产业链的构建和人才培养进行认真研究和部署，助推中医药种植和生产企业发展。二是助推中医药产业协同发展。鼓励中药材规范化种植，提高制药质量标准。探索中医与养老、疗休养、旅游等紧密结合。引导扶持品牌龙头企业做大做强。三是打造中医药文化产业园基地。鼓励支持企业通过自建、联建或与高校、科研院所共建方式，建设中医药文化产业园基地。建设一个融中医药文化、旅游、中药资源开发利用于一体、绿色可持续发展模式的“中医药文化创意产业园”。四是科技创新助推中医药产业发展。加快重点中药企业技术改造，抓重点品种，抓共性产业化技术。五是加快中医药产业人才培育。培育中医药人才，培育一批中医药学科带头人和技术骨干，积极引进一批在全国中医药方面有重要影响的高层次人才和抚州市中医药发展急需、紧缺人才，造就更多的知名中医，建设名老中医工作室，支持名老中医著书立说、传授临床经验。六是长远规划中医药产业发展。坚持产业规划先行，尽快制定包括中医药材种植、加工、养生、保健等全产业链的整体发展规划。要把中医药产业作为战略性新兴产业来抓，注重培育龙头骨干企业、延长产业链，大力实施产业招商，促进产业集聚、集群、集约发展。

办理情况：市委、市政府将中医药产业列为抚州市重点发展的六大新兴产业之一，作为十三项重点工作之一进行重点部署，出台《进一步加快中医药发展的意见》和《中医药发展规划（2016—2025 年）》，下发 2017 年工作要点，切实推动该项产业得到大发展。截至 2024 年底，全市已初步形成高新区、东乡、南城 3 个医药产业板块，初步形成医药产业集群和产业链。

（十七）关于“着力推荐千金陂申报‘世界灌溉工程遗产’”的建议

民盟抚州市委会 2019 年 2 月在市政协四届四次会议上提出：“蜀有都江堰，赣有千金陂”。抚州千金陂这座古代大型水利工程，是抚河两岸子民勤劳智慧的结晶，被誉为抚河上的“都江堰”。保护抚河千金陂遗址，发掘其深厚的历史文化内涵，申报千金陂“世界灌溉工程遗产”，具有非常重要的历史和现实意义。为此建议：1. 利用电视、广播、报刊、网络等大众媒体，扩大“千金陂”遗产地社会知名度和市场影响力，提升抚州国际知名度、美誉度，彰显抚州文化魅力，为“文化抚州”增添强劲动力。2. 编制和完善“千金陂”遗产保护与利用发展规划，防止重复性、破坏性开发建设。3. 严厉打击破坏遗产地资源的一切行为，保护、建设、利用好“千金陂”独有的自然景观和人文景观，保证合理开发和永续利用。4. 建立诸如“千金陂”数字博物馆、“千金陂”水能利用展示区等精品项目。5. 充分运用市场机制，推动遗产地保护与旅游产业的融合，使其成为抚河文化带的鲜明标志和闪亮名片，为流动的抚河文化经济催生新辉煌。

办理情况：市政府采纳建议，确定千金陂申报“世界灌溉工程遗产”一事由市水利局主办，市文广新旅局提供资料协办。回复指出，千金陂是位于抚州城东抚河干流上的1处古代水利设施，始建于唐代，现保存的基础为明天启四年所建。2017年抚州市公布该遗址为市级文物保护单位。中洲围是始建于唐代，后经历代补充沿用至今的农田灌溉工程。2019年6月，在抚州汝水宾馆召开千金陂·中洲围申报世界灌溉工程遗产专家评估会，会议由国家灌溉排水委员会常务副秘书长、国际灌溉排水委员会荣誉副主席丁昆仑主持，江西省水利厅副厅长蔡勇，抚州市副市长徐国义参会。评估会上专家组一致认为千金陂·中洲围灌溉工程在区域经济、历史和文化发展中发挥重要作用，见证抚州社会发展，作为灌溉工程遗产，具有突出历史价值、科技价值、文化价值和生态价值，同意千金陂·中洲围申报世界灌溉工程遗产。年底，千金陂·中洲围灌溉工程入选第六批世界灌溉工程遗产名录，后又入选长江安澜见证之旅线路。下一步将参照四川都江堰打造5A级景区旅游模式，通过招商引资，建设抚州水利博物馆及国家水利风景区，以及水上运动、龙舟比赛、沙滩游乐等项目，引爆抚州旅游产业发展。

（十八）关于“补齐农村集体经济短板助推脱贫攻坚成效巩固”的建议

张志红、胥莲香委员2020年5月在市政协四届五次会议期间提出：抚州市脱贫攻坚战已持续四年多，取得明显成效，已进入最后收官阶段。然而，一些地方农村集体经济仍然是短板，集体经济较强的村占比较低，“空壳村”现象依然存在，主要原因是推动力度不大、规划质量不高、政策落实不够、资金投入不足、带动效应不强等造成的。为此建议：1. 强化领导，加大推动力度。2. 高层设计，完善发展规划。3. 多管齐下，糅合政策资源。4. 加大投入，提供资金保障。5. 选好人才，发挥引领作用。

办理情况：市农业农村局采纳有关建议并作出回复：近年来，抚州市村级集体经济不断发展壮大，呈现出“发展快、态势好、动力足、活力强”的良好局面。下一步将继续用好建议成果，着力做好四篇文章：一是持续发展壮大特色农业产业，做好“以产兴财”文章。二是充分运用产权制度改革成果，做好“以地生财”文章。三是全面加强农村集体资产管理，做好“理财聚财”文章。四是认真落实各类强村扶持政策，做好“帮扶助财”文章。推动全市农村集体经济发展向更高层次、更高水平迈进，巩固脱贫攻坚成果。

（十九）关于“提高我市科技成果转化能力建设水平”的建议

于勤委员2021年2月在市政协四届六次会议上提出：科技成果转化是科技工作的重点。但是，目前抚州市的科技成果转化率较低，对经济发展的贡献也有待提高。其主要原因：一是高水平科研人才不足。科研人员主要集中在高校和科研院所，抚州市缺乏这两种平台。二是科技成果转化的机构不足。科研人才脱离市场，科技成果转化缺乏标准和指引。三是政府和企业科研力量投入少而分散，产学研合作机制不完善，科技创新与成果转化能力不强，以企业为创新主体的局面没有形成等问题，影响了全市经济的高质量发展。为此建议：一要健全科技成果转化机制，积极推进科技创新高校成果转化平台建设。二要出台相应的政策和保障措施，引导科技人员、人才向企业流动。三要鼓励和支持企业依靠科研机构和高等院校取得更高层次的研发成果，在开放、共享理念和市场机制下，采用成果转让或许可、作价投资、合作合股等多种市场化方式实现科技成果的转化。四要提升科技成果转化过程服务能力，鼓励科技中介服务机构发展，支持中介服务机构提升服务能力和加强服务体系建设。

办理情况：市科技局采纳有关建议并作出回复：市委、市政府高度重视科技成果转化工作。2020年5月印发《关于推进科技强市的实施意见》，明确提出加快科技成果转移转化，鼓励科技成果交易，积极构建科技成果交易平台，组织开展网上科技服务和科技成果在线交易，全市科技创新政策得到进一步优化，科技成果转化机制得到不断完善。近年来，市委、市政府高位推动全面科技合作，全市71个市直一类单位与124家国内外高校、科研院所建立科技合作关系，柔性引进人才 1081 人次，实施合作项目 645 项。在市级科技计划项目中，明确优先支持与高校和科研院所合作的科技项目，鼓励企业与高校、科研院所通过合作开发、委托开发和技术咨询等各种方式实现科技成果的研发和转移转化。从 2020 年开始，在市级科技计划项目中单独拿出 200 万元，重点用于支持重大科技成果转化项目，并争取获得更多的省科学技术奖励。同时，不断提升科技创新服务水平。充分发挥科技项目服务中心、科技服务大市场等科技专业服务机构优势，为本地企业和省内外高校、科研院所牵线搭桥，把企业的需求和最新的前沿科技成果有机结合起来。已建立常态化的科技创新技术需求库，积极组织与高校、科研院所进行对接。认真贯彻执行《江西省网上常设技术市场技术交易补助管理办法》，为参与的项目单位落实好补助政策。

（二十）关于“市中心城区城南新区学校规划建设”的反思和建议

王裕良、王银茂等 22 位委员 2021 年 2 月在市政协四届六次会议上提出：近年来，市中心城南新区高档住宅楼、商业写字楼拔地而起，商业圈、高铁圈等配套设施颇具规模，但学校建设相对滞后，导致该区域大校额大班额现象严重。为完善城南新区城市功能，推进高新区产城融合发展，加大惠民、利民、便民力度，提出如下建议：1. 成立由高新区和市相关部门组成的议事领导机构，及时推进配套学校的规划建设。2. 高新区要认真履行义务教育“以县为主”的管理体制，配优配齐教育管理队伍，完善教育服务功能，落实属地规划建设学校职责。3. 自然资源部门要统筹规划城南新区学校建设项目，按相关规定划拨建设用地。督促解决城南新区学校“规而不建”的问题。严格按规定、标准督促开发商配建中小学校和幼儿园。4. 住建部门要加强对城南新区学校建设项目设计、施工建设、验收、移交的监管，落实住宅小区配建的中小学校幼儿园与项目首期同步规划、同步设计、同步施工、同步竣工投入使用的要求。5. 财政部门要合理安排学校建设投入，积极支持城南新区学校建设。6. 教育部门要统筹城南新区学校学区划分，并将热点学校生源进行分流。选优配强新建成学校师资队伍，避免热点学校出现“择校热”的现象。

办理情况：抚州高新技术产业开发区委员会采纳有关建议并作出回复：高新区现有义务教育阶段学校 24 所，教职工 832 人，在校学生 15908 人。有幼儿园 41 所，在园幼儿 7351 名。2013 年至 2020 年，全区共投入 3.3 亿余元用于新建和改扩建建设，新增城区学位 10000 个。为统筹推进化解“大班额”工作，高新区成立消除义务教育“大班额”工作领导小组，出台《关于消除义务教育“大班额”的实施意见》，并于 2021 年 3 月份完成消除“超大班额”任务。“十四五”期间，高新区将继续加大投入，拟投资 12.75 亿元，新建和改扩建 7 所学校，计划于 2023 年底以前全部投入使用，届时将新增城区义务教育学位 17610 个，加上现有的城区义务教育学位 13600 个，将达到 31210 个义务教育学位的规模，同时增加 2450 个高中教育学位。高新区作为抚州市中心城区的重要组成部分，是全市新城发展的重要载体。教育是最大的民生工程，是面向未来的事业。面对繁重的学校建设任务，面对群众的殷切期望，高新区深感责任重大。将在市委、市政府坚强领导下，努力推进教育事业发展向更高标准、更高层次迈进，全面推进高新区教育再上新台阶，实现新跨越。

（二十一）关于“落实政务‘一网通办’提高服务效率”的建议

2022 年，民盟抚州市委会提交提案《落实政务“一网通办”提高服务效率》该提案认为，市委、市政府提出要大力推进政务数字化服务，建立健全运用互联网、大数据、人工智能等技术手段进行行政管理的制度规范，以数字化转型驱动生产方式、生活方式和治理方式变革。目前各级政府在推进“赣政通”和“赣服通”工程，许多行业也在建设“智慧工程”。但这些却并没有完全让群众有获得感，这就是因为轻视“一网通办”。

"一网统管"让群众和企业感觉被管得更细更严，需要上报的信息数据更多，"一网通办"没有跟上，服务能力没有跟上，大家获得感就少，营商环境体验就没那么好。为此建议：1. 强化"一网通办"意识，提高服务效率。2. 强化以企业和群众业务为导向，推进"一网通办"进程。3. 强化"放管服"改革为突破，融合贯通服务精细化。要围绕"人"这个核心，推进政务服务"一网通办"、区域治理"一网统管"两网融合，打造精细化、智能化"数据管理"新模式。

办理情况：市政务服务管理局积极采纳有关建议并于6月20日作出回复：今年以来，抚州主动对标广州、深圳等一流营商环境标杆城市，大力实施政务服务数字化改革三年攻坚行动，成立由市委、市政府主要领导任"双组长"的高规格领导小组，出台《关于纵深推进"放管服"改革全力推进政务服务数字化的若干措施》，以市大数据服务平台、智慧政务服务一体化支撑平台、企业全生命周期服务平台等11个政务服务数字化改革重点项目为牵引，加快打造"全市域通办"标杆城市，努力唱响"'抚'务周到"政务品牌。截至目前，686个高频事项实现"全市域通办"哪里近哪里办，让企业群众畅享就近办事便利。具体措施是：1. 统一标准支撑全市通办。推进事项标准化精细化梳理，推进政务服务平台标准化规范化建设，推进政务服务人员标准化职业化管理。2. 数字赋能助力全域通办。打通数据壁垒，推进证照电子化，优化网上办事平台。3. 优化服务推进全域通办。优化审批机制，推进"一件事一次办"改革，组建"四办小赣事队伍"，提升惠企服务水平。2022年抚州投入4000多万元推进市大数据平台等6个系统升级改造，市县（区）两级政务服务事项网上可办率分别提高到99.39%、97.76%，位居全省第一。

（二十二）关于"利用新能源汽车头部企业优势打造'工业三年倍增'新增长点"的建议

2022年，市政协委员胡义华提交提案《利用新能源汽车头部企业优势资源打造"工业三年倍增"新增长点》。该提案认为，汽车及零部件产业是抚州市重要产业，经过近几年培育发展和转型升级，产业质量效益有一定提高，但产业规模总量还不够大。目前汽车行业在"双碳"目标政策导向下，汽车电动化已势不可挡，抚州市应抓住比亚迪整车落地投产机遇，引导比亚迪优先利用抚州本地优势资源，促成抚州汽车零部件产业快速发展，扩大规模。为此建议：为打造"工业三年倍增"新增长点，应该加强行业引导；整零并重，持续加大汽车关键零部件产业培育力度；大力支持抚州市职业技术学院新能源汽车相关专业建设；出台与比亚迪配套供货相关奖励政策；加大推广使用力度。

办理情况：该提案提出后，市财政局、市教育体育局、市工信局、抚州高新技术产业园区、市数字经济投资集团公司等单位积极回应，采取措施吸收建议，进行落实。工信局加强与省工信厅对接，申报争取比亚迪委托大乘汽车代工资质，加快新能源汽车产业园项目建设步伐，启动新能源汽车产业发展规划，规范新能源汽车配套服务设施建设，创新新能源汽车发展推进机制。同时，目前积极完善产业发展政策措施，快速推进比亚迪新建设施项目建设，全力服务比亚迪项目投产见效，强化产业链生态建设，持续推进充电基础设施建设。市财政局加大财政资金对首位产业（主导产业）和优势企业支持力度。2022年市财政预算安排工业创新发展三年倍增行动资金1.1亿元，对包括新能源汽车及零部件产业在内的企业上台阶、企业智能化改造、创新平台建设与新产品开发等给予财政奖补支持，全力打好工业创新发展强攻战。同时，会同有关部门积极争取上级资金支持，推动抚州汽车产业高质量发展。教育部门大力支持各中职、高职院校新能源汽车相关专业的建设，根据企业需求，扩大招生规模，抓好各个层次新能源汽车产业人才的培养工作，为抚州新能源汽车产业快速发展做好人才储备。市数字经济投资集团公司2022年在抚州市建设充电桩500根，打造中心城区3公里充电生态圈。

市数字经济投资集团公司秉持科学规划、适度超前理念，按照“五个统一”基本原则，即“统一规划、统一标准、统一建设、统一平台、统一运营”，在抚州市建立以公共交通枢纽为核心多层次、现代、高效智慧充电网，为公交、出租、网约、物流、环卫、私家车等电动汽车提供高效、便捷、安全充电服务。抚州编制新能源汽车产业发展规划，加快新能源汽车产业园项目建设步伐，全力打造抚州新能源汽车全产业链“生态圈”，一座用工近十万、营收超千亿、占地达万亩的新能源汽车之城拔地而起。

（二十三）关于“大力推进长征国家文化公园（抚州段）建设”的建议

2022年，市政协委员黄艳提交提案《大力推进长征国家文化公园（抚州段）建设》。该提案认为，建设长征国家文化公园（抚州段），是新时代继承和发扬长征精神的重要举措，对推动长征文化遗产保护和利用、探索文旅融合新路意义重大。为此建议：1. 深入挖掘长征红色文化底蕴，围绕广昌、黎川、金溪、资溪等，串联长征沿线红色人物与故事，形成抚州长征红色基因谱系。2. 积极保护长征文物资源，建立健全长征国家文化公园（抚州段）文物保护体系，做好历史建筑和遗址修缮保护工作，实施长征革命旧址展示利用工程。3. 建设一批长征示范项目，高标准编制《长征国家文化公园（抚州段）建设规划》，建立高规格协调机制，成立建设领导小组，全力实施“一园、一院、一道”项目建设，打造“长征国家文化公园”全国样板，结合乡村振兴探索文旅融合。4. 大力宣传抚州长征精神与品牌，推出一批抚州段长征精神文化主题突出的文艺精品。

办理情况：广昌县人民政府积极采纳有关建议并作出回复：广昌是“长征国家文化公园江西段建设保护规划”19个重点建设区之一，广昌围绕广昌保卫战、高虎脑战役等遗址保护和红色故事讲述为核心，对广昌县范围内长征主题红色文化资源进行统一整合，全力推进长征国家文化公园（广昌段）建设项目。进展情况如下：1. 编制高质量项目规划，谋划广昌保卫战遗址保护利用项目，长征前夕激战红色旅游项目等重点项目。2. 推进项目落地实施，打造广昌县古建筑保护修缮与开发利用项目。3. 争取上级政策支持，结合实际报送恳请中宣部同意支持新建“长征前夕战役”纪念馆事项。“中央红军长征故事从广昌讲起”成为广泛共识，“品牌引领”红色文化产业发展与文化事业进步效果逐步彰显。

（二十四）关于“大力发展康养产业助推抚州乡村振兴发展”的建议

2023年，市政协委员林涛、龚若蕾提交提案《大力发展康养产业助推抚州乡村振兴发展》。该提案认为，随着社会不断发展，人们对身体、身心健康显得尤为重要，特别是大家经历疫情以后对身体健康和生活环境更为关注。为发挥自身优势，打造老百姓最需要关注的产品出来，打破自身劣势，让大家为自身健康来抚州旅游、观光、养心、养生、养身、养老。就发展康养产业提以下几点建议：一、摸清家底、规划先行，对抚州康养产业进行定位布局分步实施。二、打造IP、提炼优势，根据自身特色，提炼自身优势，打造抚州特有的IP。三、采用产业思维来推进实施，并将周边产业进行整合发展。四、以点带面、先行发展，加快抚州康养产业快速发展。五、出台政策、培育龙头。根据抚州康养产业发展需求，市委、市政府出台发展思路，重点扶持一批康养产业。

办理情况：市民政局积极采纳有关建议并作出回复：近年来，抚州坚持以习近平新时代中国特色社会主义思想为指导，认真贯彻落实习近平总书记关于养老服务工作重要论述，按照省委、省政府工作部署，全面推进抚州养老服务事业与产业健康有序协调发展。对照大力发展康养产业助推抚州乡村振兴发展建议，重点开展以下工作：1. 大力推进“强基工程”，筑牢养老体系之基。2. 大力实施“赋能行动”，出台相关涉老惠老政策文件。3. 大力推动“康养结合”，充分利用自然环境，打造综合养老基地。11月10日，以“康养抚州·梦想之舟”为主题的2023首届中国·抚州生态康养产业发展大会召开，全国政协常委、副秘书长、民革中央副主席兼秘书长李惠东为抚州授牌“民革中央康养产业实践基地”。

（二十五）关于“打造‘徐霞客游线标志地’助力我市全域旅游”的建议

2023年，市政协委员姚华丰、吴文新、江薇、付强、陈春梅提交提案《打造“徐霞客游线标志地”，助力我市全域旅游》。该提案认为，抚州境内徐霞客旅游线路自然和文化遗存点，不仅促进文物保护，更推动文物保护理念普及，为推进文旅融合发展和乡村振兴提供文化支撑。为此建议：1. 要把徐霞客游线资源（遗产）保护和利用放到推动徐霞客游线申遗、建设美丽中国、提高全民族文化科学素质全局中去思考、设计和规划，并付诸行动。2. 要注重进一步挖掘和深入研究徐霞客游线自然、文化遗产价值，为传承中华优秀传统文化，弘扬徐霞客科学精神奠定坚实基础。3. 在保护基础上，让徐霞客游线资源（遗产）活起来，实行文化和旅游结合，打造精品旅游路线，推动基层和区域旅游发展，促进经济转型升级，造福百姓，进一步增强保护和利用徐霞客游线资源（遗产）的内动力和自觉性。

办理情况：2023年6月27—28日，市政协提案委员会会同市政府督查部门赴金溪、南城、乐安等地，就该提案办理工作开展先期督查。11月14日，市政协主席贺喜灿率重点提案督办组一行深入宜黄县、黎川县开展提案办理现场视察并召开座谈会。市政府副市长蔡青陪同视察，市政协副主席曾月兴主持座谈会，市政协秘书长颜建平参加。督办组一行深入宜黄二都谭纶文化公园、南源芙蓉山、黎川古城等“徐霞客游线标志地”开展实地视察。督办组听取市文广新旅局及徐霞客抚州游线沿途金溪、南城、黎川、南丰、宜黄、崇仁、乐安等7县政府情况汇报，认为打造“徐霞客游线标志地”是推动国家层面申报世界线性文化遗产的基础性工作，发掘、整理徐霞客游历线路中的文化或自然遗存点，是“让书写在古籍里的文字活起来”的具体体现。督办组强调，各县要把推进“徐霞客游线标志地”申报作为贯彻落实市委五届四次全会精神、唱响“文化抚州、梦想之舟”一大品牌、推动抚州市生态康养名城建设重要内容抓紧抓实，要全市一盘棋，统筹谋划、系统推进，确保此项工作在全省乃至全国走前列。要活化利用徐霞客游线资源，推进霞客文化和旅游深度融合，连点成线，发挥徐霞客游线标志地“珠与线”文化辐射作用，打造精品旅游路线，列入生态康养体验线路，助力抚州市“生态康养名城”建设，借助文化旅游彰显和传播抚州霞客文化，助力唱响“文化抚州、梦想之舟”品牌。该提案办理协商成果分别以《让“徐霞客游线”成为撬动抚州旅游的支点》《打造“徐霞客游线标志地”，唱响“文化抚州　梦想之舟”品牌》为题在《人民政协报》《现代抚州》刊登。

（二十六）关于“协同推进农田水利设施建设管理高质量发展”的建议

2023年，民进抚州市工委提交提案《提升管网效用，助推乡村振兴，协同推进农田水利设施建设管理高质量发展》。该提案认为，水利是农业的命脉，农田水利承载着保障国家粮食安全、乡村振兴、农业供给侧结构性改革等重要功能，对基层群众生产生活有着重要作用。为进一步加强全市农田水利基础设施建设，提升管网效用，有效防汛抗旱，促进农业现代化，助推乡村振兴，协同推进农田水利设施建设管理高质量发展，提出建议：1. 统筹规划，协同推进农田水利项目实施，推进灌区建设、灌区改造，抓好高标准实施。2. 因地制宜，切实加强农田水利运管，明确部门管理职责，加强建设管理，加强运行管护。3. 敢于亮剑，创新机制体制出实招，深化农业水价综合改革，提升基层水利服务能力，创新工程管护模式。4. 攻坚克难，大力实施高标准农田建设，精心打造试点，完善管理机制，强化管护利用，形成广昌县、东乡区“五位一体”，资溪县、崇仁县、南丰县、东临新区“六位一体”，黎川县、乐安县“七位一体”，南城县、临川区“八位一体”，宜黄县、金溪县“九位一体”管护格局。

办理情况：市水利局积极采纳有关建议并作出回复，市水利局对提案认真研究，采取以下措施：一、协同推进高质量发展，打造农田水利设施建设管理高质量发展试点灌区。二、大力推进灌区建设，积极谋划新建大中型灌区，申报2023—2025年中型灌区续建配套与节水改造项目，科学编制全省农田灌溉规划工作。三、全面推进农村公共基础设施管护体制改革，构建全市农村公共基础设施“5＋N”管护格局。四、深化农田水利综合改革，拓展管护领域，延伸服务链。

（二十七）关于“优化营商环境推进全市经济高质量发展”的建议

2024年，市政协委员吴冬秀提交提案《关于优化营商环境推进全市经济高质量发展的建议》。该提案认为，好的营商环境是发展之基、活力之源，是招商引资的“强磁场”，是市域形象的“金名片”。为此建议：1. 强化土地保障。2. 提升交通硬件设施和服务水平。大力推进抚州机场建设；大力推进铁路规划建设；大力推进水路运输规划建设；提升交通便民服务水平。3. 缓解融资难题。加大基金扶持力度，促进产业升级；加强信贷投放力度，助力实体经济快速发展；加快企业上市步伐，不断拓宽企业融资渠道；加快发展现代金融，激发金融改革创新活力。4. 注重招才引智。搭建优质平台集聚人才；打造优质生态成就人才；完善优质配套服务。

办理情况：一是建设“抚务周到”品牌。建立《抚州市营商环境“以评促改”专项活动问题整改清单》，督促各地各职能部门全面对照分析，切实整改提升。制定《2024年度抚州市优化营商环境提升行动方案》《促进民营经济发展壮大若干措施责任分工方案》，全市域推广“政企茶话会”制度，2024年以来共召开76场政企茶话会，梳理并解决问题423个。出台《关于进一步优化政策环境，加强“抚务周到”营商环境品牌建设的实施意见》，推动在更大范围内实现惠企政策“一站式、点对点、无障碍”直达经营主体。启动营商环境领域突出问题专项治理行动，重点治理“新官不理旧账”、妨碍全国统一大市场建设、影响民营经济健康发展、行政执法不规范、影响政务服务和行政效能以及中介机构“乱象”等6个方面的问题。二是保障土地供应。坚持规划统筹引领、加大存量土地盘活处置力度、积极开展农村集体经营性建设用地入市试点，确保重大交通、能源、水利等专项规划项目的用地保障。三是优化交通服务。进一步完善市中心城区城市公交服务网络和城际交通网络，目前已新开通园区接驳专线5条，优化3路、37路、旅游3路公交线路，有效解决抚州工业园区群众出行难的问题。四是缓解融资难题。积极架构政银协作体系、多措并举推动企业上市、强化民企融资担保体系等举措，在抚金融机构已全部入驻市金融服务平台，实名注册认证企业数超过26000家，通过平台实际信用放款金额为307.83亿元，规模位居全省第一方阵。五是注重招才引智。强化政策保障、紧扣需求引才、抓好平台建设、推进“百千万”人才工程、实施“百名博士进百家企业”引才行动5项细化举措。2023年引进各类人才10689人，其中博士57人、硕士611人，引才总数位居全省第二。

（二十八）关于“推进数字经济“一号发展工程”，加快形成新质生产力”的建议

2024年，市政协委员蓝天虹、张建华、吴世伟、詹文玲、刘新萍、于杨青、余珍、朱子衡、徐莉萍、向往联名提交提案《关于立足我市实际，用活用好现有资源，产融结合深入推进数字经济“一号发展工程”，加快形成新质生产力的建议》。该提案认为：近年来，数字经济的浪潮席卷全球，抚州紧跟时代潮流，在推动未来产业发展上赛道选取准、谋篇布局早，成果斐然。抚州企业应积极把握新一轮科技革命和产业变革新机遇，加快形成新质生产力，在竞争新格局中抢占先机。为此建议：1、多措并举，破解资金短缺难题。进一步加快审批速度，做到“即审即批即放”。加大对人工智能发展领域资金投放，赋能抚州“千行百业”。2、借力发展，补齐人才技术短板。3、放眼全国，参与国标制定。

办理情况：为进一步促进数字经济全面发展，相关部门强化统筹规划，全力谋划发展。1. 出台相关政策，营造发展氛围。相继出台《抚州市"十四五"数字经济发展规划》《抚州市制造业数字化转型实施方案（2023—2025）》《抚州市打造全市域人工智能全场景应用试验场三年行动计划（2024—2026年）》《关于加快推进全市科技招商工作实施意见》等系列文件。举办全市数字经济专题培训班、"全景抚州"数字技术应用场景供需对接会暨招商项目签约活动、数智赋能革命老区高质量发展论坛等系列活动。2. 强化保障措施，增强资金支持。出台《关于进一步加大金融支持实体经济发展的若干措施》《抚州市科技金融支持创新创业若干措施》。市委、市政府与中国银行抚州分行、中国农业银行抚州分行等多家银行机构建立全面战略合作，落实财政保函及风险补偿资金池相结合方式，各县（区）相应出台"科贷通"管理办法。3. 细化支持举措，提升服务质效。重新签订《工创通三方合作协议》（2024年），《协议》规定：风险发生后，市数投集团承担代偿资金80%，中行承担20%。4. 强化数字赋能，补齐人才短板。明确强化数字领域企业家、壮大数字工程人才、数字经济应用型人才队伍建设，强化对标先进，鼓励企业积极参与国标制定。

（二十九）关于"让东乡野生稻在保护中焕发光彩"的建议

2024年，民建抚州市委会提交提案《关于让东乡野生稻在保护中焕发光彩的建议》。该提案认为，东乡野生稻是目前世界上纬度最高、分布最北、抗寒性最强的国家二级保护野生植物。作为全省唯一普通野生稻，它的发现为我国乃至全球培育抗寒水稻提供重要基因，被誉为"植物界的大熊猫"。为大力推进野生稻原生境保护区建设与野生稻博物馆建设等重大项目，守好种质资源，深挖文化潜能方面取得更好成效，为此建议：1. 组建专业管护机构。2. 加强宣传力度，提升区域稻作文化影响力、旅游吸引力和产业竞争力。3. 充分利用好稻种资源价值。挖掘独特生物研究价值和丰富历史文化内涵。

办理情况：东临新区积极采纳有关建议并作出回复：为加大对辖区"东乡野生稻"保护、宣传、利用力度，围绕当前亟须破解"守稻"难题，主要做了以下三个方面工作：一、提供要素保障，落实有力管护。在人员力量、资金保障、技术支撑在项目建设方面不断提升。二、深挖农旅资源，宣传稻作文化。以优美田园风光和特色农俗文化为农旅依托，打造集农业遗产、特色农产品、民俗民宿及田园康养为核心内容的乡村振兴综合示范项目。三、谋划开放利用，提升稻种价值。积极推出野生稻米深加工产品，推动野生稻品牌建设，带动新区稻米产业链全面发展。通过以"江西省东临新区野生稻等农业野生植物原生环境保护区建设项目"为抓手，深挖农旅资源，扩大稻作文化传播，开展种质基因研究，推动产业发展。

第二节　专题视察

政协委员视察是人民政协根据章程规定，组织委员进行实地考察，了解情况，反映意见，提出建议和批评，履行政协职能的一种重要形式。抚州市政协高度重视委员视察工作，从政协抚州地区联络处、政协抚州地区工作委员会开始，每年都要组织政协委员视察，后来逐渐形成制度。

一、政协抚州地区联络处委员视察

1986年3月21—23日，政协抚州地区联络处首次组织在抚省政协委员，对地区烟草专卖局、乡镇企业管理局及抚州市工商行政管理局、物资局进行参观视察。

1989 年 2 月 29—31 日，政协抚州地区联络处组织在抚地、市直属单位的省政协委员、抚州市政协主席共 23 人，分成五个小组，到地区农业局、林业局、工商局、税务局、生资公司进行为期 3 天的参观视察，并形成视察情况报告。

1990 年上半年，政协抚州地区联络处组织在抚部分省政协委员，分别到南城、金溪、临川、崇仁等县和地直单位，就农业工作、粮食压库、廉政建设等专题进行视察，形成专题报告，对加强改进工作提出参考意见，得到地委、行署重视好评，大部分意见都被采纳。

1991 年 2 月 22—27 日，政协抚州地区联络处组织在抚省政协委员，分别深入资溪、黎川、广昌三县，就贯彻落实党的十三届七中全会和省委九届二次全会精神情况、县十年发展规划和“八五”计划制定情况、一九九〇年国民经济计划执行和一九九一年国民经济计划安排情况、产业结构调整和“六六一”工程第一仗实施情况、冬季油菜生产管理和水利冬修情况以及县政协工作情况进行调研视察，形成专题视察情况报告，引起地委、行署高度重视。12 月 25—28 日，政协抚州地区联络处组织在抚省政协委员，对江西富奇汽车厂、汽车底盘厂、车辆开关厂、纺织机械厂、第二丝绸总厂、抚州丙纶厂、减震器厂、二纺厂和抚州市洋洲乡电池厂等 9 家企业进行视察，提出正确处理好速度与效益、挖掘内部潜力与改善外部环境、深化改革与扩大开放等工作建议。同时，就全区“菜篮子”工程、特色农业、水土保持、个体私营经济、实施“科教兴区”战略等重大问题，进行深入调研和视察，形成专题报告，所提建议引起地委、行署重视，转发有关部门贯彻执行。

1992 年和 1993 年 8 月中旬，政协抚州地区联络处组织在抚省政协委员，对卖粮难、农民负担和房改等问题进行视察，提出许多工作建议，引起地委、行署重视，有关问题得到迅速解决。对全区加强宏观调控、发展乡镇企业和“三高”农业、反腐倡廉等问题进行调研视察，撰写有关视察报告 28 篇，提出工作建议 116 条，引起党委、政府重视，推动相关工作，发挥政协参政议政作用。

二、政协抚州地区工作委员会委员视察

1995 年 11 月下旬，政协地区工委组织在抚地直单位省政协委员，对临川、东乡、金溪、南城四县（市）“菜篮子”工程建设情况进行视察，就存在的困难和难题提出解决意见和建议，引起地委、行署领导高度重视，地委政研室编发《决策参考》专集。

1996 年，政协抚州地区工委先后三次组织在抚地直单位省政协委员，到地区教委、地区农业局以及资溪、黎川、南城、南丰、广昌等县，就全区职业教育、特色农业、水土保持工作进行视察，就全区职业教育和特色农业发展过程中存在的困难和问题，以及对广昌县水土保持工作提出的建设性意见建议，引起地委、行署重视，并转发视察报告。

1997 年 11 月 25—27 日，政协地区工委组织在抚地直单位省政协委员，就全区个体私营经济现状、存在问题进行视察。委员们听取地区工商局及临川市、崇仁县个体私营经济发展情况汇报，实地视察 13 家个体私营企业，并同地方领导、私营企业主、个体工商户代表座谈。通过视察、座谈、分析，形成视察情况报告，对如何加快抚州地区个体私营经济发展提出意见和建议，引起地委、行署重视，召开会议对有关工作进行部署。

1998 年 11 月，地区政协工委组织在抚地直单位省政协委员，围绕“科教兴区”战略实施情况进行视察。在听取地区科委、教委和金溪、东乡、乐安、宜黄县政府领导情况介绍后，深入有关企业、学校等 20 个单位实地视察和座谈，深感各地领导和群众科教意识明显增强，全区“科教兴区”战略取得显著成效。根据视察情况，委员们联名撰写《关于推进宜黄县省级水稻制种基地建设》报告，获得行署领导批示肯定。

1999 年 9 月 6—10 日，地区政协工委组织在抚地直单位和部分县的省政协委员，对黎川、金

溪两县灾后重建工作进行视察，听取地区民政局和黎川、金溪两县领导情况介绍，观看黎川县灾情录像片，深入黎川县洵口、厚村灾民新村及水毁工程修复处了解情况，考察珊利、社萍、栗塘、潭溪等乡镇“三菇”生产基地，视察金溪县陈坊积乡锦墩、齐港、岐山灾民新村，在黎川县召开灾区村干部和灾民代表座谈会，形成专题视察报告，引起地委、行署领导重视。

三、政协抚州市委员会委员视察

（一）第一届委员会委员视察

2001 年 7 月，市政协教文卫体委员会对撤地设市后抚州市第一届运动会筹备工作进行视察。委员们认真了解和察看市运动会场地、器材、经费、开（闭）幕式等方面筹备情况后，对各项筹备阶段工作给予充分肯定，对市体委在解决经费困难等方面措施表示赞同，对继续做好筹备工作和加快发展抚州体育事业提出希望建议，市体委专门召开会议进行贯彻落实。11 月，市政协组织法制和社会团体界别委员，对市公安机关“严打”整治斗争情况进行专题视察。委员们听取市公安局工作情况汇报，视察临川区公安局“严打”整治战果陈列室、临川区第一看守所、市公安局交警支队电子监控指挥中心和市公安局有关科室工作成果，对公安机关“严打”整治斗争成效给予充分肯定，并针对工作中存在的问题提出 5 条意见建议：加强公安队伍建设，健全完善内部管理制度；严格“收支”两条线管理；依靠和发动群众共同参与社会治安综合治理；改善物质装备条件，加强治安防范；扩大宣传，争取社会和群众理解与支持。意见建议引起市政府和市公安局重视，推动全市“严打”整治斗争深入开展。

2001 年 9—12 日，市政协组织农村经济工作视察组到宜黄、崇仁两县视察农村经济工作，两县市政协委员参与本县视察。视察组分别听取宜黄、崇仁两县关于“如何围绕农民增收，发展农村经济”情况汇报，深入宜黄二都、黄陂和崇仁桃源、巴山四个乡镇的 15 个村、厂、园、场进行实地视察。视察后认为，宜黄、崇仁两县在围绕农民增收、发展农村经济方面思路清晰，目标明确，措施到位，成效明显。宜黄县立足县情，把整个县域经济工作定位在生态立县上，积极做好“退耕还林”和“华南虎”这两篇文章，成效明显。崇仁县立足资源优势，加大农村改革力度，打好“农业招商”牌，走活“土地流转”和“劳务输出”两步棋，农村经济工作迈出可喜步伐。视察后形成专题情况报告，引起市委、市政府重视，对报告成果进行贯彻落实。

2001 年 11 月中下旬，市政协组织教文卫体与学习文史界别委员开展全市社会力量办学情况专题视察。委员们通过对市教委以及临川区、金溪县、东乡县部分社会力量创办学校的视察，深入了解全市社会力量办学兴起与发展基本情况、社会力量办学基本思路和经验困难问题，形成《关于我市社会力量办学的视察报告》，从改变观念、支持鼓励、建章立制、统筹安排、正确引导等方面提出切实可行的建议，引起市政府和市教育局重视，加强改进有关工作。

2001 年 12 月 5—7 日，市政协组织城市建设视察组一行 20 余人对抚州市城市建设有关情况进行视察。委员们认真听取市、区城建部门有关情况汇报，重点察看荆公路水厂、南区水厂、文昌桥维修工程、马家山绿地广场、南门大道、行政新区、赣东大道北延伸段、上顿渡城区、环卫垃圾处理厂和市区主要街道亮化工程，召开由供水、城建监察、环卫、园林等单位参加的座谈会，听取有关单位意见，形成视察情况报告，引起市委、市政府重视，制发文件，部署推动工作。

2001 年 12 月 10—14 日，市政协组织招商引资工作视察组对市招商引资中心、市金巢经济开发区管委会和金溪、南丰县招商引资工作进行视察。通过听取情况汇报、实地视察 18 家外资企业、与 20 多位客商代表座谈，全面了解全市招商引资工作情况，形成视察情况报告，获得市委、市政府领导批示，推动促进全市招商引资工作。与此同时，组织市直单位 33 名市政协委员和在广昌、南城县的市政协委员，赴广昌、南城两县进行民营经济视察，现场察看广昌县昌顺集团公司、温氏淀粉糖业有限公司、南城县松翔啤酒有限公司、汽车运销集团公司等20家民营企业，召开民营企业负责人座谈会、视察组成员讨论会。视察组对民营经济发展需要解决的问题，提出改进办法和努力方向。将视察情况向广昌、南城两县政府作反馈。视察结束后，形成《关于视察民营经济发展情况的报告》，报市委、市政府及有关部门参考。

2002年11月上旬，市政协“三胞”联谊委员会与法制社团委员会组成招商引资环境视察组，实地走访和考察13家外资企业和工业园区，当面征询16户客商的意见，向50家外资企业发放问卷调查表，形成招商引资环境视察报告，对进一步改善和优化抚州市招商引资环境，提出意见和建议，引起市政府重视，推动促进相关工作。与此同时，市政协组织经济技术委员会、农村和农业委员会、提案委员会委员，赴黎川、南城、临川三县（区）着重视察抚州市农村税费改革进展、农民减负政策落实、乡镇人员分流和教育网点布局调整等配套改革情况。委员们针对税费改革带来的问题以及如何进一步做好农村税费改革工作，提出中肯意见和建议。视察组每到一处，分别在乡（镇）、村委会召开座谈会，还深入到农户家中了解税费改革情况，视察结束后形成视察报告，引起市委、市政府重视，推动促进有关工作。11月下旬，市政协组织法制社团委员会委员，对市天主教堂、市（区）基督教协会、临川金山寺等宗教单位场所进行视察，与广大宗教界人士进行深入座谈，听取宗教界人士意见建议，就宗教重点问题进行探讨，就加强改进宗教工作增进共识，形成视察报告，引起市委、市政府和市宗教局重视，推动有关工作。

2003年6月，市政协教文卫体委员会视察抚州前进学校。该校是市农工党创办的民营职业技术学校。通过实地察看办学设施和听取情况介绍，委员们对该校长期坚持正确办学理念和科学管理方法，保证就读生源充足、毕业生能够全部就业表示赞赏，对进一步促进学校健康发展提出建议：要切实转变观念，营造良好职教氛围；要切实重视职业技术教育，制定优惠政策，从人、财、物多方面支持职教发展；要抢抓机遇，力争职教在近几年有一个较大发展，拉长职教这条短腿。这些建议，引起教育主管部门和学校重视，推动促进相关工作。6月25日，市政协组织法制社团委员会委员视察市公安局禁毒工作。通过听取情况汇报、观看禁毒宣传画展、视察市强制戒毒所、与一线缉毒干警进行座谈交流，委员们对缉毒工作有了深刻认识，对加强改进禁毒工作提出建议对策，引起市公安局重视，在工作中予以采纳落实。

2003年8月5日，市政协“三胞”联谊委员会对抚州市部分台资侨资企业进行专题视察，针对台侨资企业生产经营中存在的困难问题，提出建议和对策，及时向市政府报送专题视察报告。市政府领导作出批示，要求有关部门认真做好整改工作。9月12日，市政协教文卫体委员会对全市民办教育发展情况进行专题视察。听取市教育局和宜黄、黎川、临川两县一区情况汇报，实地察看宜黄安石中学、黎川三中、临川腾桥高级中学、抚州创新科技学校及8所民办幼儿园，全面了解全市民办教育发展基本状况、办学思路、管理经验以及存在的困难和问题，形成《抚州市民办教育管理情况的视察报告》，从加大《中华人民共和国民办教育促进法》（以下简称《民办教育促进法》）宣传、加强宏观调控、整顿民办教育市场、引导民办教育向职业教育方向发展等方面提出建议，引起市政府和市教育局的重视，制定出台有关政策，推动民办教育健康发展。12月2日，市政协组织部分住抚省政协委员和市政协委员，对市检察院和临川区检察院工作进行视察，听取市、区检察院工作情况通报，视察市、区检察院硬件建设，提出10多条意见和建议，引起两级检察机关的重视，召开有关会议贯彻落实。

2004年1月中旬，市政协教文卫体委员会深入金溪、广昌两县，就农村药品监督网络和供应网络建设情况进行视察，形成《规范管理，方便群众——关于金溪、广昌两县农村药品“两网”建设视察情况的报告》，获得市委、市政府领导批示，编发《抚州工作交流》，推动促进相关工作。7月12日，市政协经济技术委员会对东临公路建设情况进行视察，市公路局、交通局就全市公路建设情况进行通报。委员们就加强改进工作提出5条建议。即：要抢抓机遇，正视困难，继续把公路建设作为拉动经济发展和方便群众生活生产的一项重要工作，坚持不懈地抓紧抓好；要积极筹措建设资金，克服“等要”思想，加大对公路建设的投入；要突出重点，集中财力办大事，在技术指导、物资供应、资金供给上给予倾斜；要牢固树立质量意识，在加快工作进度的同时，强化对公路建设的监督，确保公路建设质量；要加强对道路的管护工作，对各种车辆特别是超载、超重的车辆严加管理，依法查处；要切实维护农民群众合法权益，不得拖欠农民工工资和农民征地拆迁费。引起市政府分管领导重视，责成有关部门认真落实。

2004年11月底，市政协社会和法制委员会对市检察院和宜黄县检察院、东乡县检察院工作进行视察。委员们深入临川区消防大队一中队、市(区)公安局指挥中心、荆公路派出所和孝桥治安查报站等单位现场察看，提出建设性意见建议30多条，全部被有关部门采纳，推动相关工作。

2005年5月至11月，市政协教文卫体委员会就全市文化市场管理情况进行专题视察，听取市文化、新闻出版、工商、公安、体育等部门情况通报，实地视察和走访部分文化经营单位，了解网吧市场、出版物市场、音像市场、娱乐市场等方面情况，形成《关于我市文化市场管理情况的视察报告》。报告建议：搞好规划，改进宏观调控；理顺关系，形成监管合力；依法行政，整顿规范秩序；健全机构，加强队伍建设；优化结构，发展文化产业。报告引起市政府领导高度重视，市政府进行专题研究，推动工作整改落实。

2005年10月，为了解全市黄栀子、金银花、池蝶蚌等产业和大亚木业原料林基地建设情况，市政协组织部分农业界别委员对临川区、崇仁县、宜黄县、南城县、金溪县进行实地视察。视察组先后深入临川区高坪镇黄栀子种植基地、嵩湖乡金银花种植基地、苍源药业有限公司，崇仁县六家桥乡杨树种植基地、桃源乡湿地松种植基地，宜黄县二都镇楠木林基地、凤岗镇湿地松及杨树种植基地，南城县洪门水库开发公司、徐家乡池蝶蚌繁育中心，金溪县黄栀子基地、市水科所池蝶蚌研发示范基地进行现场察看，与基地及企业代表30余人进行座谈。委员们对全市金银花、池蝶蚌等产业的蓬勃发展给予充分肯定，针对黄栀子、池蝶蚌、大亚木业原料林产业基地建设中存在的问题，分别提出针对性意见建议，得到有关县(区)和基地建设部门认同和好评。视察报告引起市委、市政府重视，推动相关工作。

2005年10月12日，市政协教文卫体委员会对“汤显祖艺术中心”和“市体育中心”规划进展情况进行专题视察，形成《关于对汤显祖艺术中心和市体育中心视察的报告》。报告对“两个中心”项目规划进展情况进行如实反映，对“两个中心”项目规划进展滞缓的原因进行详细分析，提出建议：成立“两个中心”筹建领导小组；尽快确定“两个中心”具体位置；尽快落实“两个中心”建设资金来源方式；现有体育场和体育馆要予以保留；工程建设问题由市投资公司具体操作，工程监理由文化、体育部门具体负责。报告引起市委、市政府重视，相关建议得到采纳，成为决策方案后推动工作。10月中旬，市政协社会和法制委员会对行政中心建设和河滨商城拆除项目进行视察。委员们充分肯定市投资公司和临川区在这两个城市重点项目建设中所做的大量工作、付出的辛勤努力，同时根据项目实施实际情况提出一些有益的可操作性的意见和建议。通过委员视察，引起市委、市政府重视，使得河滨商城拆除项目资金在11月份落实到位，项目也由此进入实质性操作阶段。

2005年11月，市政协社会和法制委员会对全市重大建设项目及在建项目进行视察，形成《关于对市区8个重点建设项目的视察报告》，引起市政府和有关部门重视，推动重点工程项目建设规范有序发展。12月，市政协社会和法制委员会对黎川、南城县人民法院和市中级人民法院工作进行视察。在视察中，委员们认真学习，全面了解情况，与部门和基层同志深入交流，对加强改进人民法院工作提出建设性意见建议，视察报告受到市中级人民法院领导的肯定和好评，有效推动两级法院工作。市政协社会和法制委员会对全市贯彻实施《中华人民共和国道路交通安全法》(以下简称《道路交通安全法》)情况进行视察。听取市交警支队关于全市贯彻实施《道路交通安全法》情况通报，深入市嘉庆驾校、交警支队唱凯中队、指挥中心实地察看，与交警部门和基层同志进行深入交流，在全面了解情况、总结分析矛盾问题基础上，向交警部门提出民主监督意见，通过视察报告促进市交警支队加强对无牌、无证摩托车整治，加快对改造后的赣东大道路标划线工作。市政协文史委员会对市重大建设项目进展情况进行视察，先后赴市公路局及水电局，就抚州市丰洛、资茶、林崇线建设及“一河两岸”、付家堤工程、凤岗河流域工程、玉茗橡胶坝公路改建等重大工程进行专题视察。认真听取公路、水利部门汇报，实地察看工程工地建设情况，与有关领导和专业人员进行座谈交流。委员们充分肯定工程规划建设的巨大社会效益，对建设中亟须解决的问题，从四个方面提出对策建议，引起挂点领导和公路、水利部门高度重视，及时整改有关问题，推动工程建设健康发展。

2006年4月，市政协经济技术委员会和市建设局、城市管理执法局、城市规划处等部门负责人对市人民公园规划建设情况进行专项视察。视察组在认真听取东华理工学院关于市人民公园规划建设情况介绍后，深入市人民公园进行实地察看，发现公园内“脏乱差”现象非常严重，影响周边环境。为此，视察组形成《市人民公园脏乱差问题亟须整治》视察报告，提出整治意见：制定方案，分步实施；限定时间，拆除搬迁；明确主体，清理死角；制定制度，规范管理。报告引起市委、市政府高度重视，市政府召开专题协调会，推动整治工作落地见效。配合省政协，就全市农村公共事业发展与民主管理问题进行视察。先后深入南丰县、临川区新农村建设示范点实地考察，形成视察报告。建议：新农村建设要以科学发展观为指导，结合当地实际制定切实可行的实施方案，要从解决群众最关心、需求最迫切、见效最容易的问题入手，加强农村改厕、修路、通电、通有线电视等基础设施建设，让老百姓走上平坦路、喝上干净水、用上卫生厕、住上整洁房，切实改善农村生产生活条件。该视察报告得到省市领导好评，推动农村公共事业发展，提升农村民主管理水平。

2006年6月2日，市政协社会和法制委员会利用情况通报会沟通直接的特点，选择弱势群体法律援助这一社会普遍关注的问题，邀请市司法局领导向委员们通报情况，并视察临川区法律援助中心、利群律师事务所和三松律师事务所，有针对性地开展参政议政。委员们对进一步做好法律援助工作，提出加大《法律援助条例》宣传和经费保障力度、健全完善县(区)法律援助机构和工作队伍、加强乡镇基层司法所建设、提高法律援助工作者综合素质和办案水平、坚持以人为本积极开展好法律援助工作等建设性意见和建议，使法律援助这项利民工程能惠及更多贫困群众。

2006年7月，市政协经济技术委员会对全市安全生产工作进行视察，形成《关于我市安全生产情况的视察报告》。报告对全市安全生产形势总体平稳给予充分肯定，就进一步落实安全生产责任、加大安全生产宣传教育力度、加大安全投入、强化安全监管装备、加强安全监管力量等方面，提出建设性意见建议。市政府领导作出批示，市安监局专门召开会议进行研究，利用报告成果推动工作。同月，市政协社会和法制委员会对宗教工作开展视察，听取市民族宗教局关于全市宗教工作情况通报，实地视察宗教活动场所，与宗教界人士进行座谈交流。委员们对全市宗教工作取得的成绩给予肯定，对如何引导宗教与社会主义社会相适应，利用好抚州市宗教资源，为构建社会主义和谐社会和促进抚州经济发展服务提出意见建议，促进有关工作开展。

（二）第二届委员会委员视察

2007 年 6 月 3 日，市政协教文卫体委员会对全市高考组考准备工作进行视察。委员们实地察看市高招办和临川一中、抚州一中、临川二中等考点，听取市教育局组考准备情况介绍，与有关人员进行座谈交流，就加强改进组考工作提出具体建议。教育部门积极采纳，迅速强化工作措施，配齐应急发电设备，确保 2007 年抚州市高考工作顺利进行。8 月 3 日，市政协组织教文卫体委员会委员专题视察抚州市公共卫生基础设施建设情况。委员们听取市卫生局工作情况介绍，实地考察市卫生防疫疾控中心、医学科学研究所、卫生监督所和市第一人民医院公共卫生设施情况，与专业人士和基层医护人员进行座谈交流，就加快建立全市公共卫生体系、推进公共卫生基础设施建设中的短板问题，梳理矛盾，分析原因，提出建议对策，形成视察报告。市政府和市卫生局采纳落实有关建议，促进全市公共卫生工作迈出新步伐。

2007 年 10 月 8 日，市政协农村和农业委员会就廖坊水库水资源开发利用保护情况进行专题视察。委员们在实地察看、听取汇报后，对市政府及相关部门在水资源开发利用保护方面所做工作给予肯定，建议市政府及相关部门继续加大水资源开发利用保护力度。在保证社会和经济发展用水量的前提下，尽快制定水资源保护规划，逐步解决水环境污染问题，确保库区下游居民用水安全；有关执法部门要加大对库区内拦网开发和从事采砂、取土、淘金等非法行为的打击力度，并对当事人给予经济和法律制裁。这些对策建议，引起廖坊水库管理局高度重视，召开会议对建议事项全面部署，切实加强和改进相关工作。13—15 日，市政协教文卫体委员会，先后就公共卫生基础设施建设、文化设施建设等课题进行视察。听取情况介绍，察看工作现场，进行座谈交流，总结工作经验，梳理矛盾问题，提出意见建议，引起卫生、工商、文化、商务等部门和金巢开发区重视，制定出台系列工作措施，推动作风转变，优化商务环境，促进工作落实。

2007 年 11 月上旬，市政协组织 20 多位委员就“优化全民创业政务环境”开展专题视察。委员们深入金巢开发区、临川区和市直部门实地调研，通过“听、看、谈”等多种形式，听取有关部门情况介绍，与市场主体进行座谈交流，了解全民创业基本态势和存在问题，梳理创业主体建议，提出优化政务环境具体意见，引起市委、市政府和有关部门重视，编发《政务内参》，出台相关措施，促进有关工作。中旬，市政协经济技术委员会对广昌县、崇仁县全民创业政务环境情况进行视察。视察组在实地察看部分创业典型后，先后召开创业主座谈会和县直相关部门负责人座谈会，形成视察报告。报告对广昌、崇仁县全民创业工作给予充分肯定，针对存在的问题，提出加强改进工作意见建议，得到广昌、崇仁县政府和有关部门好评，推动全市全民创业工作深入开展。

2007 年 11 月下旬，市政协农村和农业委员会对宜黄、乐安两县的全民创业政务环境进行专题视察。通过视察，委员们充分肯定宜黄、乐安两县全民创业工作取得的成绩，针对存在问题提出四点建议，得到宜黄、乐安县委、县政府采纳和好评，促进两县全民创业工作。11 月底，市政协社会和法制委员会和市各民主党派、工商联，到市中级人民法院和崇仁县、黎川县人民法院，对抚州市人民法院执行工作进行专题视察。通过听取情况通报、实地察看了解情况，对解决“执行难”问题提出意见和建议，形成《破解执行难题，服务赶超发展，促进社会和谐——关于我市人民法院执行工作的视察报告》，引起市中级人民法院重视，专题研究该报告成果，对有关问题进行整改部署，推动相关工作。

2008年6月8日，市政协教文卫体委员会就药品安全问题进行视察。委员们听取市食品药品监管局情况介绍，察看部分重点制药企业和二级以上综合医院药品安全管理情况，明察暗访部分药品流通企业，形成视察报告，提出建议：进一步增强做好药品安全工作的责任感和紧迫感；进一步强化对药品生产企业实行系统化监管；进一步对药品经营企业实行规范化监管；进一步对医疗机构实行专业化监管；进一步对药品安全实行常态化监管。这些建议，引起市政府和市食品药品监管局重视，完善药品安全监督体系，强化药品监督运行机制。

2008年7月下旬，在北京奥运会召开前夕，市政协教文卫体委员会对抚州市群众体育基础设施建设情况进行视察，为更好地弘扬奥林匹克精神，促进全市群众体育事业的发展提出切实可行的建议，引起市体委重视，专题研究建议所提的问题，部署丰富多彩的群众性体育活动，掀起了抚州“迎奥运、强健身、促体育”高潮。9月下旬，市政协农村和农业委员会及九三学社市委会对全市气象工作进行专题视察。听取气象运行情况介绍，察看市、县（区）气象服务现场，提出提升气象服务能力建议。市气象局对建议进行研究部署，改进相关工作。

2008年11月5—8日，市政协经济技术委员会对抚州金巢经济开发区和南丰县就业和再就业工作进行视察。实地察看部分劳动密集型企业、培训基地，先后召开就业再就业群体座谈会和相关部门负责人座谈会。委员们对金巢开发区和南丰县就业和再就业工作给予充分肯定，针对工作中的问题提出意见建议：要引导农民用好土地补偿安置费，把失地农民纳入社会保障范畴；要整合各类培训资金，增强就业再就业培训的实效性和针对性；要密切关注“4050”失业群体就业，拓宽就业渠道；要让失地农民享受下岗职工同等待遇，在政策和资金上进行扶持。这些建议，引起市委、市政府和有关县（区）的重视，对建议意见进行研究部署，推动相关工作。11月12—13日，市政协社会和法制委员会对东乡县就业和再就业实施情况进行专题视察。视察组深入分析金融风暴冲击下，企业经营困难和民工返乡潮等给当地就业和再就业所造成的影响，就如何化危机为转机、引导返乡农民以创业促就业、加强劳动者技能培训等方面提出意见建议，引起有关部门和东乡县的重视，专题听取建议情况汇报，对有关工作进行部署。11月下旬，市政协农村和农业委员会就崇仁、宜黄两县就业再就业工作进行专题视察。视察组对两县就业再就业工作给予充分肯定，提出要密切关注外出务工人员“返乡潮”带来的就业新问题，进一步做好“4050”下岗失业人员及“零就业”家庭就业工作，发挥小额贷款与扶持政策的作用，高度重视劳动合同签约。这些建议形成视察报告，获得市直有关部门和两县的重视，强化工作举措，推动全市就业再就业工作得到较快发展。

2008年12月5日，市政协社会和法制委员会和市各民主党派、工商联对市、县检察工作进行视察。视察组在了解情况、掌握政策的基础上，积极议政建言，反映社情民意，对检察工作提出20多条意见建议，被市检察院采纳，有力推进全市检察工作。8—9日，根据市政协安排，由部分市政协常委、委员组成的第三视察组赴金溪县视察就业和再就业工作情况，形成专题视察报告，引起有关部门和金溪县重视，推动相关工作。

2009年7月8日，市政协社会和法制委员会对全市消防工作进行专题视察。实地察看市消防部门119火警指挥中心、消防部队营房和装备、市政公共消防基础设施建设，形成《筑牢消防安全防线构建和谐平安抚州——关于我市消防工作情况的视察报告》，从建立消防经费保障机制、搞好消防基础设施建设、加强消防装备配备、加大消防安全宣传力度四个方面，对筑牢消防安全防线、构建和谐平安抚州提出意见建议。市政府全文转发报告，要求各地各有关部门认真整改，进一步加强全市消防工作，共筑全市消防安全防线。15日，市政协教文卫体委员会对全市广播电视村村通工程建设情况进行视察。视察组在听取市广电局、南城县和江西七〇八台情况通报后，深入南城县新丰街镇张家边村、汾水村和建昌镇余家园村、江西七〇八台进行实地察看，与乡村干部进行座谈交流，就提高覆盖面、加快工作进程、如期实现工作目标等问题提出意见建议，引起市文广新局重视，成立调研组赴各地调研摸排，全力推动全市广播电视村村通工作。

2009年11月2日，市政协教文卫体委员会对市城区小学校园建设情况进行视察。察看临川区、高新区等6所学校，与教育主管部门负责人和学校教师座谈交流。视察组在肯定成绩的同时，就进一步加快教育改革发展、提高城乡学校办学质量、增强教师职业吸引力、推进义务教育均衡发展等问题提出意见建议，引起教育主管部门和基层学校重视，对视察意见进行专题研究，并有针对性地加强和改进工作。3日，市政协港澳台侨委员会到乐安县龚坊镇，对江西台大农业科技园有限公司进行视察。视察组听取市台办和台大农业科技园负责人工作介绍，现场察看产业发展情况，就优化台资企业发展环境、加强对台招商引资工作、强化台资企业跟踪服务等问题提出意见建议，引起市委、市政府和市台办、乐安县政府重视，出台关于优化台资企业服务环境的意见，得到广大台商好评。8日，市政协组织农业界、九三学社界委员视察廖坊水利枢纽工程，对如何保护和开发利用好廖坊水库资源、加强与廖坊灌区工程建设衔接、提高工程防汛抗旱能力、提升工程综合运行效率等问题提出意见和建议，引起市委、市政府重视，有关意见写入政府工作报告，获得有关部门好评。

2010年5月，市政协人口资源环境委员会和农业界、九三学社界委员到崇仁县视察病险水库除险加固情况。委员们听取崇仁县情况汇报，察看三座水库除险加固现场，与当地干部群众进行座谈交流，就摸清病险水库基数、抢抓政策机遇、强化工作调度、加快工作进程、提高工程质量等问题提出意见建议。这些意见和建议引起市水利部门和崇仁县政府高度重视，市水利部门由班子成员带队，分4组对全市病险水库除险加固情况进行专题调研，出台措施，推进工作。

2010年6月10—11日，市政协社会和法制委员会对抚州市检察机关反渎职侵权工作进行视察。在听取情况介绍、查阅有关资料、观看有关录像、现场座谈交流的基础上，委员们对全市检察机关反渎职侵权工作取得的成绩给予充分肯定，针对检察机关反渎职侵权工作在执法办案环境、队伍素质、机构设置、体制机制和侦查办案能力等方面存在的问题和不足，提出切实可行的对策建议，引起市检察院重视，市检察院印发视察报告，落实工作措施，推动相关工作。

2010年8月，市政协教文卫体委员会对抚州市“非物质文化遗产传承与保护”开展专题视察，将发现问题和委员意见建议整理后，形成《关于我市非物质文化遗产保护和传承的视察报告》，获得市政府领导批示。市文化局制定落实意见，出台《关于公布抚州市第一批非物质文化遗产代表性传承人的通知》等文件，从而改善代表性传承人待遇，促进全市非物质文化遗产保护传承。

2010年9月2日，市政协教文卫体委员会对抚州市竞技体育后备人才培养情况进行视察。在听取情况介绍、现场察看市体育学校教育教学、与体校师生座谈交流基础上，形成专题视察报告。市政府副市长刘菊娇对报告中反映的问题高度重视，召集相关部门专题研究，积极推进抚州市竞技体育事业的发展。3日，市政协社会和法制委员会和市民主党派对市公安局看守所进行视察。视察组实地察看在押人员生产、生活情况，对市看守所在安全监管、文明监管方面所付出的辛勤劳动给予肯定，对加强改进看守工作提出意见建议。视察报告引起市公安局重视，进行专题研究部署，完善相关工作措施。

2010年9月26日，市政协经济技术委员会和人口资源环境委员会对市中心城区生态园林建设情况开展专题视察。视察组听取市园林绿化局关于市中心城区园林绿化建设和养护管理工作情况汇报，实地察看东临桥头公园、牡丹亭影视基地、抚河大道滨河绿地、汝水森林公园、西湖湖滨公园等8个生态建设项目，围绕如何做好市中心城区生态园林建设工作进行座谈讨论，形成《关于市中心城区生态园林建设的视察报告》，引起市委主要领导重视，市委办公室《抚州工作交流》全文刊发。中秋、国庆节前夕，市政协组织教文卫体委员会委员，对市“食品安全监管工作”进行了视察，形成专题视察报告。市政府对报告作出批示，推动市食品药品监管局、市工商局等六部门开展食品安全专项整治活动，有力地净化全市食品安全环境。

2010年11月9日，市政协社会和法制委员会对抚州市试行社区矫正工作进行视察。听取市司法局社区矫正工作情况汇报，实地察看临川区上顿渡司法所社区矫正工作开展情况，就如何进一步推进社区矫正工作积极建言献策，形成《关于我市试行社区矫正工作情况的视察报告》。报告从健全保障体系、完善工作机制、创新帮扶模式、提升科学监管水平等四个方面提出意见和建议，引起市委、市政府重视，市政府分管领导召开专题调度会议，推动建议落地见效。

2010年12月3日，市政协人口资源环境委员会和部分农业界、九三学社界委员到临川区温泉镇、抚北镇(含展坪乡)、湖南乡、云山镇，就市城区卫星镇培育和建设情况进行视察，形成专题视察报告。市建设局、临川区充分吸纳政协建议，将上述4个卫星镇纳入重点建设乡镇，并积极向上级争取政策支持。6日，市政协社会和法制委员会对全市公安交通管理工作进行视察。委员们在听取情况介绍、现场查看交通情形、组织座谈交流后，对全市道路交通集中整治成效给予充分肯定，并就加强道路交通基础设施建设、规范执法、透明收费等方面提出意见建议，意见和建议被市公安局和市交警支队全面采纳，并向市政协专题反馈贯彻落实情况。16日，市政协组织40多名委员对抚州市人力资源和社会保障工作进行视察。视察组深入市创业孵化园、贸易广场创业示范街、市人力资源和社会保障局办公大楼等场所，实地考察市人力资源和社会保障局在推进全民创业、服务民生、促进发展等方面工作情况，对视察中发现的困难和问题，提出有针对性意见和建议，促进市人力资源和社会保障局发现矛盾、整改问题，推动民生民本工作深入开展。

2011年5月，市政协社会和法制委员会到市民政局和市残联视察民生工作。通过实地察看和听取情况汇报，形成《关于我市民生和残联民生工作视察报告》，市政府主要领导和分管领导分别作出批示，市政府第六十四次常务会议就市中心城区老年公寓建设项目用地问题进行专题研究。10日，市政协社会和法制委员会和不同界别的10名委员到市公安局巡警支队开展调研视察活动，察看巡警支队设在主要街道的3个工作岗亭，召开干警和群众座谈会，听取沿街群众的意见，向社会宣传巡警工作，指出工作中的不足，获得市公安局重视和采纳，改善巡视工作环境，争取社会关注和支持。27日，市政协教文卫体委员会就市中心城区农贸市场食品安全监督情况进行视察，形成专题视察报告。市政府对报告作出批示。市食品安全办公室和相关监管部门采纳政协建议，开展食品安全“严打”行动，取得明显成效。30日，市政协主席会议成员及部分常委对林业建设情况进行专题视察，在听取情况介绍、现场视察工程项目、组织座谈交流后，形成视察报告，将委员提出的26条意见建议编印《抚州政协信息》专刊，报送市委、市政府领导参阅。

2011年7月3日，市政协教文卫体委员会就社会网吧运行情况进行视察。视察组实地察看6家大中小型网吧，临时抽查2家网吧，并形成视察报告。市委、市政府、市政协主要领导分别对报告作出批示。市文化、工商、公安等相关职能部门根据领导批示精神，迅速开展暑期文化市场专项整治行动，加大对网吧巡查力度和密度，网吧违法违规经营现象得到有效遏制。7至8月，市政协港澳台侨委员会就全市畲族民族乡村经济社会发展开展专题视察。在听取情况介绍、考察乡村经济发展项目、组织座谈交流后，形成《我市畲族民族乡村经济社会发展情况的视察报告》，市政府副市长勒世标对报告作出批示，市民族宗教局采纳政协建议并制定落实意见。

（三）第三届委员会委员视察

2011年12月6日，市政协人口资源环境委员会和部分农业界、九三学社界别委员十余人就市农科所科研成果进行专题视察，形成《抓紧构建现代农业科研体系》界别提案，引起市农业部门高度重视，将建议成果全面转化为工作举措。13日，市政协主席会议成员、部分常委、委员30余人，对全市保障性住房工程建设情况进行专题视察。听取市房管局关于抚州市保障性住房建设情况的汇报，实地察看公租房在建项目民心佳园、廉租房在建项目祥和家园和二仙桥花园建成小区，围绕进一步做好保障性住房工作进行座谈讨论，形成专题视察报告。报告对全市保障性住房建设所取得成果给予充分肯定，针对存在问题提出加大政策宣传力度，统筹编制建设规划，要突破用地资金瓶颈，完善分配管理制度，健全住房保障运行机制等意见建议。报告引起市委、市政府的高度重视，市政府常务会研究后，要求有关部门抓好落实。

2011年，市政协还围绕关系国计民生的重点课题，先后就广播电视电影工作、民政和残联民生工作等开展主席会议视察，这些视察由于层次高、选题准，所提建议针对性和可操作性强，得到党委、政府和被视察单位的高度重视，起到较好的咨政建言作用，扩大政协视察影响，增强视察监督效果。

2012年3月，市政协经济技术委员会对抚州市信息化发展情况进行视察。听取市电信部门关于信息化发展情况汇报，实地察看市“天网”工程并赴南昌参观省电信信息化展厅和“光网城市”建设。视察组充分肯定抚州市信息化建设所取得的成绩，对如何以信息化为引擎，推进幸福抚州建设进行讨论分析，提出意见和建议，并形成视察情况报告。报告引起市委、市政府高度重视，市政府常务会议进行专门研究部署。19日，市政协组织部分港澳台侨界委员，就抚州市创建“森林抚州”情况进行视察。在听取市林业局和崇仁县情况介绍后，深入崇仁县六家桥乡七分村杨树基地、六家桥乡车上村、长圳村“森林村庄”示范点、江西红润苗木有限公司苗木基地现场调研考察，与政企负责人进行座谈交流，访谈基层干部群众，形成专题视察报告。报告引起市政府和市林业局重视，专题部署安排相关工作。

2012年4月19日，市政协经济技术委员会对抚州市工商流通领域食品安全监管工作进行视察。视察组深入豪德贸易广场食品批发企业、市副食品百货行业商会、步步高超市等食品经营单位实地察看，在广泛听取市、县（区）工商管理部门、食品经营户和群众意见建议基础上，向市委、市政府报送《齐抓共管严格执法——打造放心食品消费环境的视察报告》，报告所提意见建议得到市政府积极采纳，市委《现代抚州》全文刊载报告内容。

2012年6月5日，市政协教文卫体委员会就市中心城区学前教育发展情况进行视察。调研组到市保育院、临川区利民嘉苑幼儿园、金巢学前教育中心实地调研，与规划、住建和学前教育机构负责人座谈交流，全面了解入园儿童的情况，对加强改进学前教育工作提出意见建议。市政府副市长刘菊娇对视察报告作出指示，要求市教育局认真阅研，着力推动学前教育发展。

2012年7月18日，市政协港澳台侨委员会到抚州市重点城建和旅游项目拟岘台施工现场进行视察，详细了解工程进展情况，就如何进一步推动抚州旅游产业健康快速发展提出意见建议，引起市政府和市旅游局重视，专题研究建议成果，安排相关工作。7月底至8月上旬，市政协教文卫体委员会就医患纠纷调处机制运行情况进行视察。委员们听取市卫生局、市司法局、市医调所和市第一人民医院情况汇报，调研医院和医调所开展医患纠纷调处案例，学习景德镇经验，与多方人士开展座谈交流，形成专题视察报告。市委常委、政法委书记黄牡香对报告作出批示，市综治委等部门认真抓好落实，使医患纠纷调处工作取得明显进展。

2012年9月至10月，市政协教文卫体委员会就市中心城区学前教育发展情况进行跟踪问效视察，并形成视察报告。视察报告得到市政府副市长刘菊娇批示，市教育局充分采纳报告成果，加快学前教育发展步伐，市保育院新园区建设工程被列入2013年市本级重点工程建设项目。市政协社会和法制委员会对抚州市基层司法所建设情况进行视察。在实地察看和听取市司法局工作情况汇报基础上，形成《关于我市基层司法所建设情况的视察报告》。报告提出要做到“三个提高”（提高认识、提高素质、提高效能）、“两个落实”（落实编制人员、落实经费保障）意见建议，引起市委、市政府高度重视，责成市司法局专题研究，抓好落实。

2012年11月21日，为了解2009年至2012年全市基层农技推广体系运行情况，促进全市基层农技推广体系健康发展，市政协农业界别和九三学社市委会部分委员到金溪县就农技推广体系运行情况进行专题视察，形成视察报告，被金溪县委、县政府全面采纳。2009年中央一号文件下发后，金溪县率先在全省正式出台《金溪县农技推广体系改革与建设（试点）实施方案的通知》，得到省农业厅高度肯定，被称为“金溪模式”。

2013年3月12日，市政协组织经济界别部分省市政协委员，对市建设银行服务地方经济发展情况进行视察。视察组听取市建设银行情况介绍，召开银企沟通座谈会，就增进银企互信、推进银企合作进行协商交流，形成《发挥金融正能量，助推抚州新发展——关于对市建行服务地方经济发展情况的视察报告》。市委主要领导作出批示，要求市委金融办充分吸纳报告意见，有效搭建政银企对接平台。市委金融办制定《做好政银企对接工作方案》，先后召开多场政银企对接会，推动对接工作深入开展。

2013年5月中下旬，市政协教文卫体委员会开展“完善管理运行机制，最大限度发挥大型文体场馆设施效益”的专题视察。

2013年6月18日，市政协人口资源环境委员会到临川区东馆镇开展农业综合开发专题视察，形成视察报告。报告提出引入市场机制、选准开发模式、筛选开发项目、促进农民增收等意见建议，引起市政府和临川区政府重视，推动相关工作。

2013年7月31日，市政协社会和法制委员会到市红十字会，对抚州市应急救护培训情况开展专题视察，形成《关于加强和普及群众性应急救护培训的建议》提案，建议营造氛围，提高应急救护培训的社会知晓率；多措并举，健全协调共管保障机制。有关部门采纳建议，推动相关工作。

2013年8月27日，市政协社会和法制委员会到抚州市检察院、广昌县检察院，就抚州市未成年人刑事检察工作开展视察活动。视察组与市县检察院工作人员面对面进行交流，就深入推进未成年人刑事检察工作、预防和减少未成年人犯罪积极建言献策，引起市、县检察院重视，进一步完善未成年人刑事检察工作机制。月底，市政协组织部分住抚省政协委员到金溪、资溪、南城三县对森林资源保护和林业经济发展情况进行视察。视察组认为，三县森林资源保护工作取得明显成效，林业经济健康平稳发展，虽然面临一些困难和挑战，但森林资源保护和林业经济发展仍有很大空间和潜力。视察组就加强改进工作提出意见建议，被市林业部门和三县全面采纳。

2013年9月8—10日，市政协教文卫体委员会委员到市中心城区、南丰县的11个医疗机构进行视察，多次召开协商座谈会，查找和分析存在问题的原因，提出让人民群众“看得上病、看得起病、看得好病、更少得病”的建议。市政府副市长刘菊娇作出批示，市卫生部门认真采纳委员建议，积极推进医疗服务体系各项工作。

2013 年 11 月 5 日，市政协教文卫体委员会到临川、崇仁、乐安等县（区）的 12 所中小学校和幼儿园，开展基础教育均衡发展情况专题视察，就教学质量、教学设施、师资力量等问题面对面与部门领导深入协商，提出优化网点布局、推进集团办学、加强教师培训、加快学校建设等多条建议，被教育主管部门和有关县（区）采纳，推动义务教育县域一体化基本均衡工作取得突破。13—15 日，市政协经济技术委员会对抚州建筑业发展情况进行视察，形成《做大做强建筑产业，重塑“建筑之乡”品牌——关于我市建筑业发展情况的视察报告》，报告提出要充分重视，切实把建筑业放到支柱产业位置；深化改革，积极推动建筑业与金融机构对接合作；扶优扶强，大力支持建筑企业转型升级；聚贤引智，努力构筑建筑业“人才高地”；重塑抚州“建筑之乡”品牌等意见建议，意见和建议得到市委、市政府肯定和采纳，推动相关工作。

2014 年 7 月 20 日，为发挥税收对经济发展的促进作用，市政协经济技术委员会对市国税局工作进行视察，就“优化税收环境、促进经济发展”进行协商讨论，建议加强市本级税源建设，充分体现市本级“领头雁”应有地位；合理确定税收增长幅度，充分发挥税收“调节器”功能；加强税收执法能力建设，充分发挥国税的“主力军”作用。建议得到市委、市政府及市国税部门重视，有关部门强化工作措施，推动税收工作。

2014 年 8 月 5 日，为切实保障人民群众舌尖上的安全，市政协把“食品生产加工环节监管”列为视察课题，组织委员、专家、部门三结合的队伍，深入企业开展视察，形成《下最大力气监管，确保舌尖上的安全的视察报告》。市长和两位副市长对报告均作出批示。市质监、食品药品监管、工商等监管部门认真研究落实，有力地保障全市生产加工环节食品安全。13 日，市政协经济技术委员会对市电网建设及电力保障情况进行视察。视察组到抚州市供电公司和 220 千伏城南输变电工程施工现场，实地察看项目建设运行，形成《加快电网建设步伐，助推抚州经济发展——关于我市电网建设的视察报告》，报告得到市委常委、副市长周小平充分肯定，市政府借鉴并吸纳视察报告中意见和建议，印发《关于加强电力设施改迁项目管理的通知》。

2014 年 9 月 8 日，市政协社会和法制委员会对抚州市残疾人扶贫基地和创业基地建设情况进行视察，形成《关于加大农村残疾人扶贫基地建设扶持力度的建议》提案，从“加大对残疾人扶贫基地建设资金的政府投入力度、积极构建多元化的社会结对帮扶机制”两方面提出建议，经有关部门办理后，推动相关工作。

2014 年 10 月 13 日，市政协教文卫体委员会就进一步推进全市文联系统发挥群众社团在文化大发展大繁荣中的积极作用开展视察。在广泛调研、深入座谈、积极协商基础上，提出“让抚州文学艺术在江西、在全国争得一席之地”等 9 条建议，得到有关部门重视采纳，强化工作举措，完善运行机制。

2014 年 11 月 5 日，市政协港澳台侨委和外事委员会对资溪县乌石镇新月畲族村产业发展情况进行专题视察，针对少数民族产业发展中存在的问题，向市委、市政府及有关职能部门提出意见建议，市政府认真采纳，列入年度工作日程。20 日，市政协人口资源环境委员会就抚河水环境保护问题赴广昌、南城、南丰三县开展专题视察。视察组采取明察暗访的方式，实行听取领导汇报与实地察看相结合，了解群众呼声与现场答疑解惑相结合，详细了解干部群众对当前抚河水质环境保护的意见和要求，形成《关于切实加强抚河流域水环境保护和治理工作的视察报告》。市政府作出批示：视察结果可信可用，请市环保局督促认真整改，积极运用建议做好工作。市环保局及时反馈相关县政府，给 3 家企业下发整改通知书，取得明显成效。

2015 年 5 月 10 日，市政协社会和法制委员会就全市“构建立体化社会治安防控体系，促进平安抚州建设”情况进行专题视察，形成《关于我市社会治安视频监控“天网”工程建设运行情况的视察报告》，被市委政法委充分吸收，纳入抚州“天网”工程三年规划，推动工作得到落实。

2015年7月22日，市政协港澳台侨外事和民族宗教委员会就“挖掘宗教文化特色，恢复法眼宗祖庭”课题，视察临川区温泉景区崇寿禅院规划建设工作，提出“把法眼宗祖庭重建打造成抚州旅游品牌亮点”的建议，引起市旅游局和市宗教局重视，将建议内容纳入工作规划。

2015年9月10日，市政协教文卫体委员会就“如何发挥体育社团作用”进行专题视察，形成《推进体育社团建设，培育体育消费群众》的大会发言，得到市政府领导重视和相关部门的采纳落实。15日，市政协经济技术委员会对轻纺城市场环境进行视察。视察组召集规划、消防、城管、安监等职能部门，就消防安全隐患问题进行“会诊”，并形成专题视察报告。报告提出狠抓市场环境整治、拆除违章建筑、畅通消防安全通道、完善消防基础设施、切实消除火灾隐患等建议。市长张鸿星作出批示，确定由一名副市长牵头对轻纺城市场环境问题进行实地调研，加大整治力度。

2015年10月9—12日，市政协经济技术委员会就抚州市贯彻落实省政府《关于支持抚州深化区域合作加快发展的若干意见》情况进行视察，形成专题视察报告。市政府作出批示，要求将报告建议纳入《2016年加强区域合作意见》，以文件形式固化下来，在加强昌抚合作的同时，进一步加大与海西重点城市合作。20日，市政协人口资源环境委员会就加强气象为农业服务问题开展专题视察，形成《关于切实加强气象为农业服务的视察报告》，引起市气象局重视，推动出台《抚州市人民政府关于加快推进气象现代化建设的意见》，促进气象事业健康发展。

2015年11月5日，市政协人口资源环境委员会就林业科技推广进行专题视察，深入分析林业科技推广面临的形势和任务，针对人才匮乏、经费保障不力等问题提出意见建议，引起市政府分管领导和市林业局、财政局重视，推动有关问题解决落实。

2016年6月12日，市政协港澳台侨委外事和民族宗教委员会到金溪县开展古村落保护工作专题视察。视察组听取情况介绍，察看保护现场，梳理矛盾问题，对加强改进保护工作提出意见建议。意见和建议得到金溪县委、县政府的高度重视，经过专题研究后强化了保护工作措施，并争取了中央和省市一批保护项目。

（四）第四届委员会委员视察

2016年11月25日，市政协人口资源环境委员会就全市气象灾害防御体系建设开展专题视察，形成专题视察报告。报告得到市气象部门积极采纳，推动全市气象灾害防御体系建设。

2016年12月上旬，市政协人口资源环境委员会就推进精准扶贫实现脱贫致富开展专题视察，并形成专题视察报告。市委书记对报告作出批示：调查报告很好，有成绩，有问题，有建议和对策，请农工部、扶贫局等部门研究，在具体工作中吸收运用。有关部门落实批示精神，推动精准扶贫工作。

2017年8月5—9日，市政协教科文卫体委员会到南城县、南丰县开展“挖掘徐霞客游线资源，助推旅游产业发展”专题视察，提出“加强领导，实现全市一盘棋统筹；注重保护，护好标志地独有特征；跨界融合，以工业理念抓徐霞客游线资源开发；挖掘内涵，弘扬徐霞客精神文化”等15条建议，激发相关县对徐霞客游线资源保护开发积极性，助力抚州旅游产业开发和发展。

2017年10月11日，市政协港澳台侨外事和民族宗教委员会开展“落实宗教政策，促进宗教和谐健康发展”专题视察。调研组到临川区、宜黄县等地部分宗教场所调研，与宗教界人士和部分信众座谈交流，并针对问题提出意见建议。意见和建议引起市政府分管领导和市民族宗教局重视，专题调度建议落实，强化工作举措。18日，市政协经济委员会就全市“三新”产业（新兴产业、新型业态、新商业模式）发展情况进行专题视察，形成专题视察报告。报告得到市委、市政府主要领导批示和肯定，要求有关部门认真采纳，全力推进“三新”产业加快发展。

2017 年 11 月 9 日，市政协人口资源环境委员会围绕现代农业示范园建设开展专题视察，对视察中发现的问题，以提案和社情民意形式向市政府及相关部门提出了意见建议，有力地推动全市现代农业示范园建设。26 日，市政协港澳台侨外事和民族宗教委员会到抚州中科健康体检中心开展界别视察，为委员搭建知情明政平台，获得企业法人好评。

2017 年 12 月 5—7 日，市政协人口资环环境委员会围绕农村环境整治，到市委农工部、东乡区、崇仁县开展专题视察，提出要营造全民参与浓厚氛围、理顺工作机制、严格实施考核、推行市场运营、坚持规划先行、统筹终端设施建设、搞好资本运作、强化法治保障、出台政策支持、强化垃圾分类处理体系建设等 18 条意见建议，得到市委农工部充分采纳，推动全市农村环境综合整治全面展开。

2018 年 4 月上旬，市政协经济委员会就全市贯彻落实“降成本优环境促发展”政策情况进行专题视察。调研组到市高新技术开发区、临川、东乡、宜黄等县（区）相关部门和企业，重点了解省“130 条”和市“38”条政策贯彻落实情况，就融资、用工、用电、物流等问题进行认真研讨，提出“树立长效意识，进一步推进政策落实；树立问题导向，进一步破解发展难题；提升服务质量，进一步优化发展环境”等 20 余条对策建议，引起市委、市政府主要领导高度重视，分别批示市发展改革委（优化办）认真落实，市委《现代抚州》全文刊发了报告。

2018 年 5 月 12—14 日，市政协教科文卫体委员会结合“委员活动日”，以“中医药产业发展”为主题开展专题视察。实地考察临川区仙盖山仙草馆、仙药馆、中医馆，江西荣裕集团中药 GAP 种植基地，全面地了解中草药培育、种植、销售、深加工和中医文化传承等情况，提出“围绕适宜种植的中草药品种，规划建设一批质量好品位高中药种植基地；依托抚州市深厚的中医药文化和独有资源、特色资源，加大招商引资力度，提升中药深加工潜力；依托旅游快速发展之势，发展中医药健康旅游等相关产业”等 7 条建议，市政府分管领导批示有关部门认真抓好落实。

2018 年 8 月 28 日，市政协港澳台侨外事和民族宗教委员会到临川区就“我市智慧百乡千村医养服务工作建设情况”开展专题视察，并形成视察报告。报告所提建议得到市卫计委重视，要求有关机构认真抓好落实。

2018 年 10 月 15—17 日，市政协教科文卫体委员会就“提升食品检验检测能力，打造食品安全放心城市”开展专题视察。视察组听取市食品药品监督管理局、市市场和质量监督管理局、市农业局、市粮食局、市卫生和计划生育委员会相关情况汇报，实地视察市食品药品检验所、农贸市场、市农产品质量安全检验检测中心，赴东乡区粮油化验室、超市、疾控中心详细了解粮油检测、食品抽检、食品风险监测等情况，提出加强改进工作意见建议。建议引起市政府重视，要求有关部门整改落实。

2019 年 5 月 8—9 日，市政协教科卫体委员会和市委宣传部、市文广新旅局、市委党校等部门就苏区红色革命文化保护利用进行专题视察。视察组深入宜黄、金溪、南丰等县，通过看革命遗址、听红色故事、想对策建议，形成《抚州苏区文化保护利用存在的问题与建议》报告。报告提出“摒弃‘等靠要’思想，增强保护红色资源紧迫感和责任感；加大保护力度，切实维护红色革命遗址遗迹、旧址旧居的历史风貌；积极行动、科学规划，大力挖掘红色文化历史内涵”等建议，引起市政府和有关县重视，助推苏区红色革命文化保护利用工作。

2019 年 11 月 3—5 日，市政协教科卫体委员会到南城县麻姑集团、博君生态农业和广昌县丰登农业科技、致纯食品、嘉新正食品等企业进行视察，提出“把食品加工产业作为脱贫后巩固提升的重要手段，推动产业实现更高质量发展；提升品质，扩大面积，占领市场，提高产品附加值；各职能部门要各司其职，主动作为，把企业当作自己的‘亲人’，既加大监管，又把服务融入监管中来”等建议，得到县政府和企业肯定，推动一批问题解决。12日，市政协社会和法制委员会到金溪县就“公益诉讼”工作开展视察。视察组实地察看左坊镇非法炼铝厂污染情况，听取当地村民意见建议，就相关污染问题督促当地政府予以重视并关停涉事企业，并就检察公益诉讼制度在推动法治政府建设、维护社会公平正义方面存在的问题提出意见建议，引起市检察院、市环保局等部门重视，加强改进相关工作。13日，市政协港澳台侨外事和民族宗教委员会就“落实宗教政策，引导宗教和谐健康发展”课题开展专题视察，就加强改进工作提出意见建议，引起市民族宗教局重视，推动相关问题得到解决。

2019年11月20—27日，市政协经济委员会就抚州市建筑业发展情况进行专题视察，并向市委、市政府报送《推动高质量发展，重铸建筑业辉煌——关于我市建筑业发展情况的视察报告》。报告提出“确立建筑产业发展的支柱地位、落实扶持政策、优化发展环境、提供金融支持、加大法律援助、打造聚集高地、推动企业发展升级”等意见建议，得到市委、市政府高度重视和充分肯定。市政府召开专题会议进行研究，制定《抚州市人民政府关于促进建筑业高质量发展的意见》。

2020年10月15—18日，市政协教科卫体委员会和市教育体育局到黎川、宜黄等县就“进一步优化我市中小学网点规划布局，解决城镇化进程加快带来的优质教育资源矛盾”问题开展专题视察，提出4条建议：推动项目建设，新增有效学位；城乡积极互动，盘活教育资源；积极挖潜增量，扩班分流学生；抓好队伍建设，培育优质师资。建议得到市政府分管领导和相关部门重视，助推相关工作发展。

2020年11月18日，市政协农业和农村委员会与人口资源环境委员会到市中心城区及垃圾火力发电厂，开展了市容环境和生活垃圾无害化运处情况专题视察。委员们实地察看市城区的垃圾中转站、生活垃圾分类点、中节能抚州环保能源有限公司垃圾焚烧火力发电项目，提出增加建设环卫设施、全面清理卫生死角、提高环卫机械化作业率等20多条意见建议，得到有关部门采纳重视，推动相关工作。

2020年12月1日，市政协港澳台侨外事和民族宗教委员会就“抚州海关运行情况”进行专题视察，提出可行性意见建议。5日，市政协经济委员会就“构建数字经济新引擎”主题开展专题视察，向市委、市政府分别报送《关于持续推进数字经济“一号工程”，全力打造高质量发展新引擎的视察报告》，市委、市政府主要领导作出批示，市政府职能部门进行专题研究，推动数字经济工作健康发展。

2021年5月12日，市政协人口资源环境委员会专题视察廖坊水利枢纽灌区二期工程。视察组在听取情况介绍、现场察看工程进展、座谈交流经验问题基础上，提出意见建议20余条。市廖坊水利枢纽管理局认真采纳落实，有力地助推廖坊水利枢纽灌区二期工程建设进程。

（五）第五届委员会委员视察

2021年11月13日，市政协人口资源环境委员会围绕“市容环境卫生和生活垃圾无害化处理”主题开展专题视察。视察组实地视察名人雕塑园垃圾中转站、丰源宜合生活垃圾分类点、垃圾焚烧火力发电项目，提出意见建议20余条。意见和建议得到市城管局的采纳，为不断提升抚州市城市环境卫生及城市品位贡献智慧。

2022年6月6日，市政协组织提案视察组到乐安县山砀镇桥幼儿园、戴坊镇小曹幼儿园，就农村幼儿园消防验收工作开展提案视察督办活动，并与市教体局、市住建局等相关职能部门就解决农村学校缺少双路水、双路电无法进行消防验收等问题进行协商，推动解决相关问题。

2022年6月至7月，市政协组织省、市、县三级政协委员200余人，分别赴临川区、高新区、文昌里历史文化街区和乐安县，开展“喜迎二十大·委员看变化”专题视察活动。视察组先后实地视察华宸农业蔬菜科技产业园、抚州新能源汽车科技产业园、江西深根铜箔科技有限公司、中阳德欣科技有限公司、互联网产业园、文昌里历史文化街区等地。此次视察活动特色明显：一是视察内容更聚焦。紧扣“打好一个强攻战，实现五个新跨越”主题，涵盖工业、农业、第三产业、建筑业、数字经济、文化旅游等多个方面示范点。二是覆盖范围更广泛。市政协主席会议成员带队，常委全程参与，省政协委员、市政协委员，各民主党派、市工商联、市知联会负责同志参加。三是目的任务更明确。委员主动提交“委员作业”，坚持凝聚共识和建言资政双向发力，广泛凝聚起继续前行、砥砺奋进的智慧和力量。视察后，形成《赣抚大地尽显生机——抚州市政协开展“喜迎二十大·委员看变化”专题视察之感》《感受发展变化，凝聚奋进力量——抚州市政协赴乐安县开展“喜迎二十大，委员看变化”的视察报告》，得到省市领导充分肯定。

2022年8月3日，市政协组织提案视察组到东临新区就“湖南乡孔家桥交通管理”工作开展现场视察。视察组针对孔家桥车流量大、交通状况混乱，机动车、非机动车以及行人较多且杂乱无章等问题，提出针对性意见建议：一是人性化设置护栏，划分斑马线，重点是在桥头设立斑马线或者设立天桥，有效避免行人通过时交通事故发生。二是加强路边集市管理，建议在附近设立一个小型农贸市场，或将小商小贩集中安排在就近的农贸市场。三是新建一个停车场，建议交通部门在孔家桥附近建设一个大型停车场，解决大量来往汽车路边乱停乱靠的问题。东临新区管委会积极采纳落实委员建议，采取有力措施，不断规范孔家桥道路交通，确保安全、文明、有序、畅通。

2022年10月10日，市政协组织委员深入南城县开展“喜迎二十大　委员看变化”视察活动。视察组先后视察南城县政协中共党员委员工作站、国凌电子科技、嘉泰数控科技、金必达科技、星驰电子科技、锐凯科技、蔚乐科技和徐家镇排头村设施蔬菜基地等处。大家充分肯定南城县经济社会发展取得的成绩，认为南城县政协紧扣县委、县政府中心工作，履职显担当、建言见水平，政协工作呈现有为有位、蒸蒸日上的良好势头，着力打造“南事有我”履职特色品牌，真正做到“南”事收集无“门槛”、“南”事协商无“盲区”、“南”事督办无“梗阻”。

2023年上半年，市政协教科卫体委员会同市卫健委，组织“基层卫生服务体系建设”专题视察组走基层、摸情况、找问题、寻对策，形成《强化基层服务体系建设，筑牢乡村医疗卫生网底——关于我市基层卫生服务体系建设情况》视察报告，就发现的七个问题逐条提出针对性建议，促进基层卫生服务机构进一步满足群众基本医疗卫生需求，扎实推进基层医疗卫生服务体系建设。

2023年，市政协紧盯深入实施“建筑业转型升级三年倍增行动”，组织委员以“实地视察＋协商审议”方式，开展“建筑业转型升级三年倍增行动”专题视察活动，形成《持续擦亮抚州“建筑之乡”品牌》视察报告，提出继续做大做强装配式建筑龙头企业、加大对中小建筑企业帮扶力度、加入省装配式建筑材料与信息化产业联盟等20余条意见和建议，为市委、市政府科学决策提供有益参考。

2023年5月，市政协聚焦助推高教园区项目加快建设，采取“实地视察＋专题座谈”形式，组织班子成员、部分省市政协委员和相关部门主要负责人共计60余人深入东临新区赣东学院、江西航空职业技术学院、赣东职业技术学院等项目建设现场，开展专题视察活动。针对项目建设过程中存在的要素保障尚未完全到位、功能配套设施建设滞后和公共资源统筹意识不强等三大方面问题，提出“凝聚共识，进一步加快项目建设速度；各司其职，进一步加大政策扶持力度；全力推进，进一步保障要素聚集强度；超前谋划，进一步提升功能融合高度”的意见建议，被市委主要领导批转抓好落实。

2023年7月至8月，市政协紧贴深入实施“农业立市”的战略部署，围绕抚州市农田水利建设存在的短板和弱项，就“农田水利设施建设与管护”课题开展专题调研，提出调动“政企社”三方力量、坚持“点线面”立体修复和注重“规建管”整体推进等18条建议，为粮食稳产增产、乡村全面振兴提供政协智力支撑。为助力加快培育蔬菜百亿产业，组织委员先后到崇仁县、乐安县就设施蔬菜发展情况开展专题视察，帮助委员企业解决一批实际问题，并提出着力培植壮大龙头企业、激发市场活力、增强科技含量、创建名优品牌等针对性对策建议，被相关部门研究办理。

2023年8月28日，市政协组织提案视察组深入市城区抚州健强第五医院、抚州东信第六医院、抚州姆樱医院等地视察我市民营医疗机构发展情况。视察组建议民营医疗机构要积极扩展业务范围，推动跨界发展，要从疾病诊疗向健康管理发展，从实际诊疗向预防、保健等领域发展，提升用户全方位健康服务体验，增强用户忠诚度，实现医疗机构自身长足发展。针对委员提案提出的问题，市卫健委回应表示，将进一步强化监管，不断完善机构自治、行业自律、政府监管、社会监督相结合多元化综合监管体系，同时加强民营医疗机构党的建设，切实发挥党组织引领作用。市医保局也表示，将进一步加强与民营医疗机构对接，加强监督管理，形成良性工作关系，在保障人民群众生命健康权益中支持民营医疗机构规范发展。

2024年6月13日，市政协人资环委组织部分委员、专家学者等一行16人，先后到钟岭水厂、市汝水生态水厂水源地保护区实地察看，并召开座谈会，市住建局、市生态环境局、市水利局、市公安局水上分局等相关单位负责人分别介绍了饮用水水源地保护区划分、安全保障、水质监测和突发事件应急机制等水源保护工作的主要成效和举措。

2024年6月26日，市政协提案委员会深入崇仁县国品麻鸡企业就“崇仁麻鸡产业发展”情况开展提案视察活动。针对存在的问题，视察组向市发展改革委、市农业农村局、市商务局、市市场监管局、崇仁县政府等单位部门提出诚邀广东温氏、江苏立华、湖南湘佳3家全国排名前三的地方黄羽肉鸡龙头企业来崇仁投资崇仁麻鸡产业、打造抚州市物流中转分拣中心降低物流成本、帮助将“崇仁麻鸡”纳入国家级品种资源保护名录、帮助崇仁县尽快成功申报“崇仁麻鸡地理标志证明商标”、争取将崇仁县麻鸡菜品尽早纳入“赣菜十大名菜名录”、加大对崇仁麻鸡产业项目资金等方面政策扶持等六条针对性、可操作性强的意见建议，加快推进崇仁麻鸡产业高质量发展。

2024年9月10—12日，市政协社会和法制委员会先后到乐安县、宜黄县、黎川县和市检察院，就“促进‘刘莹姐姐工作室’品牌推广运用”课题开展协商式民主监督视察，并召开促进“刘莹姐姐工作室”品牌推广运用视察工作座谈会。视察组一行先后深入乐安县“刘莹姐姐工作室”未成年人保护中心、县下大街社区、县实验学校，宜黄县“东陂镇刘莹姐姐工作站”示范点、县检察院“刘莹姐姐工作室”，黎川县“刘莹姐姐工作室”、县家庭教育指导服务中心、县第一中学“刘莹姐姐工作站”和县青少年法治教育基地等地。通过实地走访、听取汇报、现场交流等方式，详细了解“刘莹姐姐工作室”品牌推广以及社区、学校站点建设等情况，并提出具体指导意见和建议。座谈会上，市检察院通报全市“刘莹姐姐工作室”工作情况，市教体局、市妇联、团市委作交流发言，市政协委员代表提出意见建议。

2024年11月12日，市政协组织崇仁县政协视察组前往金溪县开展“看发展、看变化、看成就”市内异地视察活动。视察组一行访企业、进工厂，走古街、穿古巷，一路看、一路问，学习借鉴金溪县在发展工业以及文旅产业方面的经验做法，感受中共十八大以来，金溪县经济社会发展的变化与成就。委员们一致表示，要以此次视察为契机，认真学习金溪先进理念和经验做法并运用到工作实践中来，不断开阔思路、拓宽眼界，把交叉视察收获转化为履职新成效，积极为两地深化文化交流和经贸合作牵线搭桥，为推动两地经济社会和政协事业发展凝聚力量，为发展新质生产力、推进工业创新发展聚势赋能。

2024年11月21日，市政协组织临川区政协视察组赴东乡区开展"看发展、看变化、看成就"市内异地视察活动。视察组先后来到江西永冠科技发展有限公司、区政协经济界别"连心桥"（江西荣华人工智能产业园）、江西台德智慧科技有限公司、江西养乐星生物科技有限公司、区政协工商联界别"连心桥"（东乡区浙江商会）等地，认真听取相关情况介绍，详细了解东乡区招商引资、项目建设、优化营商环境成效以及政协协商平台建设等工作开展情况，切身感受东乡区经济社会发展与日俱进的生动景象。异地视察为委员们拓宽视野、开阔思路和增进交流、互学互鉴提供了良好机会和渠道。通过视察，大家交流探讨、参观学习，进一步增强服务意识和履职能力。

第三节 重点工作监督

市政协对重点工作的监督，主要着重于市场管理规范、城市公共事业、乡村振兴治理及其他专项工作方面，涉及教育、医疗、卫生、体育、食品安全、工程建设、政风行风、新农村建设等国计民生问题。市政协适时抓住群众最为关心、社会反映强烈的热点难点问题，通过深入视察和调研，加大监督力度，发现问题，提出改进意见和建议，推动工作取得进展。

一、市场管理规范监督

2004年1月，市政协教文卫体委员会组织视察组深入金溪、广昌县视察农村药品监督网络和供应网络建设工作，并就今后加强全市农村药品"两网"建设提出意见和建议。同年，市政协围绕人民群众反映比较强烈的"医药费过高，老百姓看病难"问题，对市卫生局及相关部门工作开展民主评议。在经过深入调查研究，掌握大量第一手资料的基础上，委员们对相关部门工作进行点评，对医药费用"虚高"原因进行深入分析，提出6条针对性措施，引起市委、市政府的高度重视。市政府下发专项整治工作方案，责成市政府纠风办等5家单位联合整治，促进卫生和医疗部门行风转变。

2006年10月，市政协教文卫体委员会对全市食品安全监管情况进行调研，形成《关于我市食品安全监管情况的调查报告》。该报告得到市政府分管领导批示，有关部门对报告中的意见和建议进行了落实。

2007年11月，由市政协主席、副主席分别带队，各专委会和办公室共同参与，分县（区）和市直组织11个视察小组，并广泛吸纳县（区）市政协委员、民主党派委员共计150余人，对"抚州全民创业政务环境"进行专题视察。市政协主席会议综合各小组情况，形成综合视察报告报送市委、市政府。市政府常务会议进行专题研究，市直有关部门针对存在问题进行认真整改，促进抚州全民创业政务环境改善。

2008年，市政协社会和法制委员会以关注民营企业发展为主题举办"委员活动日"，组织委员视察抚州振宇实业发展有限公司及嘉禾肉类加工联合有限公司，并针对市内生猪屠宰市场存在的问题，及时向市（区）政府及有关部门反映《加大生猪定点屠宰监管力度，切实打造"放心肉"工程》的社情民意，引起有关部门重视。市商业行业管理办会同工商部门对市区肉食品市场进行联合执法检查，使市内生猪屠宰市场存在问题得到较好解决。

2010年中秋、国庆节前夕，市政协教文卫体委员会对“食品安全监管工作”进行专题视察，并形成专题视察报告。市政协主席王晓媛、市政府副市长刘菊娇对视察报告作出批示，促成市食品药品监管局、市工商局等6部门开展食品安全专项整治活动，有力地净化全市食品安全环境。2011年5月，市政协教文卫体委员会就市中心城区农贸市场食品安全监督情况进行专题视察，并形成专题视察报告。市政府副市长对报告作出批示。市食品安全办公室和相关监管部门采纳市政协建议，开展食品安全“严打”行动，取得明显成效。

2012年4月，市政协经济技术委员会就市工商流通环节食品安全监管工作进行专题视察。委员们实地察看部分商场企业，听取市工商局关于流通环节食品安全监管情况汇报，就加强食品安全监管工作积极建言献策，向市委、市政府报送《齐抓共管严格执法——打造放心食品消费环境的视察报告》。报告中加强食品安全公共检测能力建设，提升食品安全监管水平；突出重点领域，不断扩大监管覆盖面等建议，得到市政府积极采纳。同年7月，市政协社会和法制委员会陪同省政协调研组深入市本级和临川区、南城县部分农业种植点、食品加工企业和餐饮单位，就“贯彻实施《中华人民共和国食品安全法》（以下简称《食品安全法》）、加强食品安全监管”开展专题调研，为省政协调研提供大量第一手资料和素材，顺利完成省政协调研组在抚专题调研组织协调工作。

2014年3月，市政协经济技术委员会应邀参加调整城区管道天然气价格及建立天然气价格联动机制听证会，并就天然气市场价格调整问题积极建言。8月，市政协教文卫体委员会组织委员、专家、部门三结合视察队伍，深入市中心城区、临川区、南丰县16个食品企业（小作坊），开展食品生产加工环节监管视察，并形成《下最大力气监管，确保舌尖上的安全》报告。报告得到市政府领导肯定，市质监、食品药品监管、工商等监管部门对报告中提出的问题和建议认真研究采纳，加大监管力度，确保全市生产加工环节食品安全。

2015年，市政协组织委员对轻纺城市场环境进行视察，并召集规划、消防、城管、安监等职能部门对轻纺城市场消防安全隐患问题进行“会诊”，形成专题视察报告。报告提出狠抓市场环境整治，拆除违章建筑，畅通消防安全通道，完善消防基础设施，切实消除火灾隐患等建议。报告得到市长张鸿星批示，市政府领导召集有关部门对轻纺城市场问题进行实地调研，并积极采纳报告中的建议，加大对轻纺城市场消防安全隐患和环境整治力度。

2018年10月，市政协教科卫体委员会围绕“提升食品检验检测能力，打造食品安全放心城市”课题开展专题视察，与部门面对面协商，提出意见建议，为部门开展食品检验检测工作提供可借鉴思路。

2022年10月，市政协教科卫体委员会联合九三学社市委会在高新区工作站举办“添加剂防腐剂与食品安全”科普知识讲座，市政协委员及九三社员共70余人参加，对合理健康饮食，提高食品安全生活质量和健康观念有更科学的认识。

2024年6月，市政协社法委就“高校周边流动摊贩治理”议题开展专题微协商，并召开座谈会。会议听取市属三所高校反映校园周边流动摊贩设点经营情况及相关职能部门工作意见，强调要切实提高思想认识，充分认识到整治高校周边流动摊贩的重要性、紧迫性，全面落实“四个最严”要求，强化校园周边食品安全及食品摊贩监管。要全面增强工作责任感，切实依法履职，针对高校周边流动摊贩占道经营、环境卫生等问题，认真研究制定具体工作措施，督促流动摊贩规范经营，提高守法经营责任意识，保障高校学生食品安全与营养健康。要增强工作合力，深化部门合作，加强协同共治，建立长效机制，持续开展学校周边流动摊贩、外卖进校等整治活动，不断巩固整治成效，优化提升高校周边环境和城市品质。会前，调研组还走访视察了抚州幼儿师范高等专科学校校外流动摊贩点位与校内美食城，认真听取摊贩及学生相关意见建议。

二、城市公共事业监督

2004年8月至9月，市政协教文卫体委员会针对全市基层公共卫生网络建设存在不足的问题，进行专题调研。调研组听取了市卫生局、疾病控制中心、市卫生监督所及黎川、广昌、南丰三县的情况介绍，并深入市一些卫生网点及三县的部分乡镇卫生院、村卫生室进行实地调查，对加强全市基层公共卫生网络建设提出了意见和建议。

2007年8月，市政协教文卫体委员会专题视察抚州市公共卫生基础设施建设情况，并形成视察报告。市卫生局采纳落实有关建议。10月，市政协教文卫体委员会赴资溪、乐安、东乡3县开展义务教育经费保障机制调研，形成专题调研报告，副市长刘菊娇作出批示，市教育局积极落实各项建议。

2008年，在北京奥运会召开前夕，市政协教文卫体委员会对群众体育基础设施建设情况进行视察，为促进抚州市群众体育事业发展提出切实可行建议。

2009年11月，市政协教文卫体委员会视察市城区小学校园建设情况。委员们在肯定成绩的同时，提出进一步推进均衡教育，让更多的老百姓享受优质教育资源；学习借鉴外地经验，促进教育城乡一体化等建议。

2010年3月至4月，市政协港澳台侨委员会会同民革市委会组成联合调研组，就抚州市“养老服务体系建设”开展专题调研，形成《关于我市养老服务体系建设的调研报告》。市政府对调研报告作出批示。市民政局等有关单位采纳政协建议，出台有关政策措施，促进抚州市养老服务事业发展。

2012年9月至10月，市政协教文卫体委员会就市中心城区学前教育发展情况进行跟踪问效视察，有效推动了学前教育发展。

2013年5月下旬，市政协教文卫体委员会开展“完善管理运行机制，最大限度发挥大型文体场馆设施效益”专题视察，探讨大型文体场馆效益发挥不佳的深层次原因，提出“因馆制宜，选择科学合理的运行机制；精心打造，聚旺城区娱乐休闲的人气；创新机制，培育一支优秀的文体人才队伍；强化保障，激发大型文体场馆活力”等建议供领导决策参考。有关部门采纳建议后，汤显祖大剧院利用率明显得到提高，市体育中心人气日旺，图书馆人流量日增，博物馆参展渐多。6月，市政协教文卫体委员会召开深化医药卫生体制改革情况通报会，让委员与卫生部门领导面对面协商，委员们提出“强化卫生服务能力建设，提升宜居城市的含金量；充分研究现行政策，做好项目规划，争取更多的项目和资金；加强医德医风建设，加大人才引进力度，建设一支高素质的医疗服务队伍；加快综合性医院建设，注重特色医院建设，扩大服务半径；深入开展全民健康教育，着力推进基本公共卫生服务均等化”建议，建议得到医疗卫生部门的重视和采纳，对医疗卫生工作起到积极推动作用。9月，市政协教文卫体委员会深入市中心城区、南丰县等地，就医疗机构和建设项目进行实地视察，召开协商座谈会。

2014年8月，市政协经济技术委员会对市电网建设及电力保障情况进行视察。10月，市政协教文卫体委员会围绕“爱国卫生工作如何紧密围绕市民健康”主题，组织委员与市爱国卫生办公室协商座谈，从增强市民卫生意识、提升市民素质、加大宣传等方面积极建言献策。11月25—26日，市政协就《切实加强抚河流域水环境保护和治理工作的意见》执行情况开展专题民主监督，形成专题民主监督报告报市政府及相关职能部门。

2015年9月，市政协教科文卫体委员会就“推进医疗县乡一体化，提升基层医疗服务能力”开展专题调研，召开协商座谈会，提出“利用‘互联网＋’，创新交流渠道，提升基层医疗技术水平；完善制度建设，实现县乡医疗机构集团化发展，提高医护人员地位和待遇”等10条建议。

2016年4月至7月，市政协教科文卫体委员会就中医医疗机构发展开展专题调研，形成专题调研报告得到市委、市政府主要领导充分肯定并批示，《抚办通报》予以全文刊发，有力促进抚州市中医医疗机构的发展。

2020年10月，市政协教科卫体委员会就“进一步优化我市中小学网点规划布局，解决城镇化进程加快带来的优质教育资源矛盾”这个热点问题开展专题视察。

2021年11月，市政协人口资源环境委员会围绕“市容环境卫生和生活垃圾无害化处理”主题开展专题视察。

2022年4月，市政协提案委员会结合提案办理情况，就“推进老旧小区改造”进行调研，开展多场次提案办理社区协商，推动一批具体问题解决。市政协动员市各民主党派、工商联、知联会围绕进一步深化“推进老旧小区改造”课题开展调研，通过情况通报、专题视察、协商座谈等方式，积极资政建言。先后组织部分政协委员深入临川区三纺宿舍小区、市供电局宿舍小区、富奇汽车厂宿舍小区、市委老宿舍小区等地开展调研视察，召开有职能部门、政协委员、专家学者、居民代表等30多人参加的“提案办理协商社区圆桌会”，形成一批有价值的协商成果。围绕“既有住房加装电梯”“国有物业进驻老旧小区”等相关内容，通过小切口选题、高频次协商，提出意见建议。为切实推动“老旧小区改造”这一惠民工程高质高效完成好，通过听取情况通报、开展实地调研视察、召开协商座谈会等广泛听取意见，提出如下建议：1. 广泛宣传发动群众，变“要我改”为“我要改”。2. 切实加强部门联动，变“单打独斗”为“协同作战”。3. 努力拓宽资金来源，变“单一渠道”为“多元投资”。4. 建立健全管理机制，变“阶段攻坚”为“长效管理”。

2023年7月，市政协组织调研组就“抚州市医疗机构服务能力现状”课题，先后赴市卫健委、市第一人民医院、临川区、东乡区、金溪县等地开展实地调研，发现存在的问题：诊疗水平难以满足人民群众就医需求；人才激励政策较为保守，难以留住人才；医联体、医共体建设不到位，资源整合难度大；部分公立医院运营负担沉重，发展受限。建议：1. 强化举措，推进学科建设统筹规划，提升整体服务水平。2. 突破现状，加大人才招引力度，破解引才困境。3. 联建共建，提高医疗资源使用效率。4. 数字赋能，提升群众就医体验舒适度。5. 加大投入，以减轻医院运营压力并提升医疗服务能力。

2023年9月至10月，为了解市城区社会救援队伍发展状况，市政协社会和法制委员会深入市直相关部门、高新区社会救援队伍等开展实地调研并形成调研报告。报告充分肯定了市城区社会救援队伍在应急救援、疫情防控和志愿服务等工作中取得的成效，但也指出存在着一些短板和瓶颈问题：经费筹措难，装备保障难，技能提升难，队员参保难。为此建议：1. 尽快研究制定抚州《关于培育支持和规范社会救援力量发展的指导意见》。2. 建立行之有效的指挥、协调机制。3. 在经费装备、技能培训、人员参保上对社会应急救援队伍给予更多扶持。4. 加强对社会救援人员的理论、体能和技能培训。5. 推动完善社会救援队伍保险保障制度。6. 引导全社会理解、关心、支持社会救援队伍发展。

2024年5月至6月，市政协人口资源环境委员会会同市城管局、市生态环境局组成联合调研组就“加快城市垃圾和生活污水治理”课题开展专题调研，深入有关县（区），走访相关企业，收集一手资料，多次召开小型座谈会，征集各方意见，形成《擦亮城市环境底色，绘就美丽抚州蓝图——关于“加快城市垃圾和生活污水治理”的调研报告》。调研发现，抚州在城市垃圾和生活污水治理方面存在诸多困境。生活垃圾方面存在管理体系薄弱、分类投放乏力、收运模式陈旧等问题。生活污水方面存在集中收集率较低、建设改造资金短缺、雨污分流改造缓慢等问题。为此建议：1. 持续在生活垃圾治理上聚力攻坚。强化法制建设构建高效治理体系，加强普法宣传深化垃圾分类普及，推进垃圾分类基础设施建设与资源整合。2. 集中在生活污水治理上寻求突破。加速污水管网基础建设，创新投融资体制机制，有序推进雨污分流改造。

三、农业农村领域监督

2002 年 11 月上旬，市政协经济委员会、农业和农村委员会和提案委员会，组织部分市政协委员赴黎川、南城、临川三县（区），重点视察农村税费改革进展、农民减负、减负政策落实、乡镇人员分流和教育网点布局调整等配套改革情况。委员们针对税费改革带来的问题以及如何进一步做好农村税费改革工作等方面，提出中肯的意见和建议。

2003 年 6 月至 8 月，市政协组成专题调研组，对如何发展壮大龙头企业，加快抚州市农业产业化发展和农民致富奔小康问题进行深入调研，形成调查报告。在此基础上，市政协一届十五次常委会会议对此进行充分协商讨论，并听取有关专家和政府职能部门意见。市政协一届二十七次主席会议汲取大家智慧，形成《关于做大做强龙头企业，加快抚州市农业产业化发展和农民致富奔小康步伐的建议案》，提出“充分认识培育龙头企业是推进农业产业化发展的关键；以名特优产品和农业资源为依托，大力开展招商引资工作；选择一批有希望的龙头企业进行重点扶持；实施名牌战略，推行标准化生产；抓好基地建设，夯实龙头企业发展基础”等 5 条建设性意见和建议，供市政府研究。市政府及有关部门采纳建议案内容，出台《关于加快发展我市农业产业化龙头企业的意见》，对于促进全市农业产业化发展、助推农民致富奔小康发挥积极作用。7 月至 8 月，市政协教文卫体委员会围绕农村卫生院现状进行深入调研，形成《关于抚州市农村卫生院现状的调查报告》。该报告在省政协九届三次常委会会议上进行研讨交流。

2004 年 3 月，市政协经济委员会配合省政协经科委做好来抚“农民务工环境”专题调研，并形成报告，市委、市政府主要领导对报告作出批示，引起有关部门高度重视，促进全市农民务工环境的改善。5 月，市政协农村和农业委员会联合市委农工部、市农业局，对全市农村合作经济组织发展情况进行专题调研，并形成调查报告。在此基础上，市政协召开一届二十次常委会会议对此进行专题协商。市政协一届三十三次主席会议汲取大家智慧，形成《关于积极支持农民实行新的联合与合作，引导农村合作经济组织健康发展》建议案，提出要将发展农村合作经济组织列入重要议事日程；给农村合作经济组织合法地位；给予政策扶持；坚持发展原则，加强引导并逐步规范等 4 条建设性意见和建议，报送市政府研究。市政府以参阅件的形式转发各县（区）政府及有关部门，并充分吸收政协建议，出台《关于加快培育发展和规范管理农村专业经济协会的意见》。

2005 年 4 月至 6 月，市政协、市人大农（工）委组成联合调研组，就农村税费改革后乡镇财政状况问题开展专题调研，并形成调查报告。在此基础上，市政协一届二十五次常委会进行专题协商，形成《关于我市农村税费改革后乡镇财政如何走出困境的建议案》，提出乡镇财政走出困境，关键是要进行综合性改革，根本是要发展经济，重点是要明确事权和财权，着力点是要搞好机构改革，要切实抓好廉政建设等建议。市委采纳政协的建议，以市委名义形成《关于农村税费改革后乡镇财政困境及对策建议的报告》，报送省委、省政府。事后，全市农村开展乡镇机构改革，将农村税费改革推向深入，使政协调研成果得到充分利用。6 月至 7 月，市政协教文卫体委员会与农村和农业委员会组成调研组，对全市农村医疗现状进行专题调研，形成《关于全市农村医疗现状的调查报告》。市委主要领导作出批示，要求各县（区）结合实际，认真落实。

2006 年 3 月至 4 月，市政协农村和农业委联合市建设局，吸收专家委员组成调研组对新农村建设规划管理开展调研。5月，市政协根据新农村建设“五新一好”目标列出12个备选课题，由县（区）政协和市直有关部门选择1—2个课题，有针对性地开展细化调研，形成17篇共6万余字的调研报告集。在此基础上，常委会会议进行专题协商，形成《关于专题协商我市新农村建设情况报告》，连同凝聚委员智慧和心血的调研报告集，报送市委、市政府，为破解新农村建设难题提供可供参考的思路。

2007年4月，市政协教文卫体委员会组织委员深入南丰、宜黄、崇仁等县（区），对抚州市新型农村合作医疗试点以来的情况进行专题调研，形成《关于我市新型农村合作医疗试点情况的调查报告》。市政府领导对报告作出批示，市直有关部门对调查报告提出的意见和建议进行认真落实。至2008年6月，许多问题得到解决，如全市参合农民在乡镇卫生院、县级定点医院、省市定点医院和非定点医院的补偿比例，分别由2007年的60%、45%、35%、25%提高到2008年的75%、60%、40%、30%；参合农民人均补助由40元增加到80元；用两年左右时间取消家庭账户等。

2009年5月至6月，在市政协四位副主席带领下，市政协由四个专委会组成四个调研组，深入全市11个县（区）、22个乡镇（场），对全市森林资源培育、保护、管理和开发利用，以及林业产权制度改革后出现的新情况、新问题进行深入调查，形成专题调查报告，并经过市政协常委会会议协商讨论，形成《关于我市保护森林资源加强生态建设提高可持续发展能力的建议案》。市委、市政府主要领导和分管领导对《建议案》予以充分肯定，并作出重要批示。市政府根据建议案出台有关文件，调研成果得到较好地转化和运用。

2011年，市政协人口资源环境委员会在全会上提出《关于做大做强农产品加工业》提案，并列为该年政协主席领衔督办提案。同年6月，市政协人口资源环境委员会召开提案督办协商座谈会。通过协商座谈，市工信委、农业局等部门统一认识，推进提案落实。12月，市政协人口资源环境委员会就市农科所科研成果进行专题视察。

2012年7月至9月，市政协人口资源和环境委员会就贯彻落实《抚州市人民政府关于加快油茶产业发展的意见》情况进行专题调研，形成《破解油茶产业难题稳步推进健康发展》专题调研报告。市政府主要领导对调研报告作出批示，促进全市油茶产业健康发展。9月至10月，市政协提案委员会在督办《建议对抚州古村古建开展普查保护》提案时，引入调研协商机制，邀请有关界别专家型委员和文物专家组成专题调研组，深入实地勘查，形成《抢抓机遇，扬优成势，切实加强古村落保护开发工作》调查报告，市政府主要领导作出批示，要求认真研究抓好落实。

2013年5月，市政协人口资源环境委员会就如何实施“放心粮油”工程开展调研式监督，形成《实施“放心粮油”工程，保障粮油质量安全》专题调研报告。市政府主要领导作出批示：“民以食为天，请市粮食局借鉴吸收建议，拿出具体实施意见提交研究。”经市政府第九次常务会议专题研究，审议通过《关于推进放心粮油工程实施意见》。市粮食局、工商局、质监局等相关部门积极行动，开展集中专项整治，有效地构筑起食品安全的“防火墙”。6月，市政协人口资源环境委员会到临川区东馆镇开展农业综合开发进行专题视察。

2014年7月至9月，市政协人口资源环境委员会率调研组，围绕“强力推进抚州市特色农业产业化发展升级”专题协商议题，赴临川、南丰等9个县（区）进行实地调查，充分收集了基层群众的意见建议并形成调查报告。市委分管领导对报告作出批示，市农业局积极采纳吸收报告相关建议，正式出台《抚州市人民政府关于支持农业产业化龙头企业发展的实施意见》。《光华时报》《现代抚州》等报刊均对抚州市特色农业产业化升级专题调研报告取得的成果进行详细报道。

2015年6月，市政协港澳台侨委员会就“做大乡村旅游产业，加快建设旅游强市”课题开展专题调研，并向市政府报送高质量调研报告。报告得到市政府领导的高度重视和充分肯定，对推动全市乡村旅游产业发展具有重要参考价值。市旅游部门吸纳调研成果，制定发展乡村旅游的一系列措施，并先后多次召开乡村旅游推介会。该报告还在《现代抚州》杂志全文刊发。10月至11月，市政协人口资源环境委员会就加强气象为农服务、林业科技推广开展专题视察，形成专题视察报告，推动出台相关政策。

2016年12月，市政协人口资源环境委员会就推进精准扶贫实现脱贫致富开展专题视察，对精准扶贫工作中存在的问题提出建议，取得较好成效。

2017年6月，市政协人口资源环境委员会组织委员与建设、规划等职能部门分3个调研组赴崇仁、宜黄、南城、南丰、东乡和临川6个县（区），就乡村规划和农民建房管理开展专题调研，形成《加强村庄规划，建设美丽乡村——关于全市乡村规划和农民建房管理的调研报告》，得到市委、市政府主要领导充分肯定和批示。市建设局根据调研报告，草拟《抚州市农村建房规划管理办法》，政协建言成果得到较好转化运用。8月，市政协港澳台侨外事和民族宗教委员会就民族地区脱贫攻坚工作开展专题调研，形成《加大精准帮扶力度，同步建成全面小康——关于我市少数民族地区同步建成小康社会的调研报告》，得到市党政领导高度重视和充分肯定，并要求政府和相关单位对所提建议进行专题研究。8月至9月，市政协人口资源环境委员会联合各县（区）政协及相关市直部门，围绕加强抚河流域生态保护与综合治理，加快绿色产业发展开展专题调研，形成《把“绿水青山”变成“金山银山”——关于加强抚河流域生态保护与综合治理，加快绿色产业发展的调查报告》，提交市政协常委会会议专题协商。市发展改革委在向国家发展改革委汇报材料中吸纳借鉴了报告的部分意见和建议。

2017年11月至12月，市政协人口资源环境委员会围绕现代农业示范园建设、农村环境整治先后开展专题视察活动，所提意见建议得到相关部门采纳，有力推动该两项工作全面展开。

2018年6月，市政协社会和法制委员会联合市农业局、环保局组成专题调研组，深入南城、南丰、崇仁、东乡和临川5个县（区）实地察看农村畜禽养殖场及粪污处理站（点）、部分种植基地及生态农业示范点，并赴外地学习取经，形成《关于我市农村面源污染防治工作情况的调查报告》。报告得到市委主要领导批示，并要求有关部门要对全市农村污水处理设施情况搞一次调查，推动已建的正常运行，未建的按适合的模式建好，筛选适合的污水处理模式予以推广；找到薄膜、农药空瓶等收集处理办法；研究化肥、农药减量的方法。市农业局、环保局等部门积极采纳报告中的建议，落实市委领导要求，有力地推动全市农村面源污染防治工作。

2018年10月，市政协港澳台侨外事和民族宗教委员会就健康扶贫工作深入各县（区）乡镇开展专题调研，形成《关于我市智慧百乡千村健康医养扶贫工程情况的调研报告》，报告的意见和建议得到相关部门采纳。同月，市政协人口资源环境委员会围绕培植乡村产业课题，深入东乡、南丰、乐安、广昌等县（区）进行调研座谈，并赴山东济宁、潍坊、威海等市学习考察，形成《培植产业是乡村振兴的必由之路——关于我市实现乡村振兴战略的调查与建议》。市委主要领导对调研报告作出批示，并转市政府分管领导、农工部、农业局研究落实。市政府采纳调研报告相关意见建议，将推进“两特一游”产业发展、绿色生态农业“十大行动”、现代农业示范园区建设、智慧农业建设等相关内容列入2019年政府工作报告中，有力地推动全市乡村产业的发展。

2019年4月，市政协港澳台侨外事和民族宗教委员会就“大力发展全域旅游，助推决胜全面小康”课题开展调研，形成调研报告。报告建议相关部门加大旅游扶贫和招商引资力度，引进扶贫特色产业，如花卉、茶叶种植和水产养殖等，实施“旅游＋农业”“旅游＋文化（包括红色文化）”“旅游＋生态”模式，推动旅游相关联合产业的发展，带动民族村的发展和增收。6月，市政协社会和法制委员会围绕“培育农村主导产业，提高精准扶贫效益”课题，深入崇仁、南城、乐安、广昌、黎川等县开展调研座谈，形成《培育农村主导产业，提高精准扶贫效益——关于我市产业扶贫工作的调研报告》。报告得到市委、市政府主要领导批示，并转市扶贫办及各县（区）研究采纳。

2020年5月至11月，市政协农业和农村委员会围绕脱贫攻坚工作开展调查研究，形成《书写高质量脱贫攻坚“抚州答卷”——关于抚州市持续推进脱贫攻坚巩固提升脱贫成效的调查报告》。市政协召开四届二十一次常委会，市扶贫办、市农业农村局、市人社局等有关单位负责人与市政协常委一道听取和讨论该调查报告。市委书记作出批示：“转扶贫办研究。报告所提问题，请予以重视，所提建议在做好脱贫攻坚与乡村振兴衔接时予以充分研究。”7月，市政协人口资源环境委员会组织提案督办组深入临川区，就《应对旱魔肆虐，加强农村小水利灌溉设施建设势在必行》提案开展重点提案督办，有力推动农村小水利灌溉设施的建设。

2021年7月至8月，市政协社会和法制委员会就“营造崇德向善的新时代新乡风，健全自治、法治、德治相结合的乡村治理体系”课题，到金溪、东乡、广昌等县（区），开展专题调研，形成《深化乡风文明建设，助力乡村全面振兴——关于我市乡风文明建设实践成效、短板弱项与路径选择的调查》专题调研报告，报送市委、市政府。9月至11月，市政协农业和农村委员会组织专题调研组，围绕“做大做强乡村旅游产业，助力乡村振兴战略实施”课题，深入金溪、乐安、资溪等地进行专题调研，形成《做大做强乡村旅游产业　助力乡村振兴战略实施》的调研报告。报告从把稳整体规划“方向盘”，点燃产品特色“新引擎”，强化营销宣传“扬声器”，激活管理经营“加速器”，注重人才建设“助推剂”等五个方面提出18条有针对性意见建议。

2021年11月，就如何落实市委、市政府决策部署，发展设施蔬菜，打造百亿产业，推动乡村振兴，市政协成立专题调研组，深入本市设施蔬菜基地实地调研，前往宁都、南昌等市学习考察，经过多方征求意见，形成调研报告。报告认为，抚州发展设施蔬菜产业具备一定基础和条件，有适宜的气候、良好的基础、潜在的市场、较高的效益，提出8条建议：1. 制定科学合理的产业规划。2. 出台精准集成的扶持政策。3. 探索切实可行的发展模式。4. 培育示范引领的龙头企业。5. 打造集中连片的发展格局。6. 创建具有特色的区域品牌。7. 构建系统完整的服务体系。8. 拉长蔬菜发展的产业链。

2022年3月，就“如何提高种粮积极性”课题，市政协教科卫体委员会牵头组成调研组，先后走访市发展改革委、市农业农村局等涉农部门了解情况，深入金溪、黎川等县的种粮农民、粮食加工企业中开展实地调研并形成专题调查报告。报告建议：1. 切实提高耕地种植条件。2. 精准种粮交粮奖补发放。3. 发挥粮食收购保护作用。4. 完善烘干仓储基础设施。5. 推动地方政策与金融支持。6. 构筑完整的农业技术及农技人才体系。市委书记批示，“调研报告反映了当前种粮存在的主要问题，请市农业农村局认真研究，制定能落地操作的政策措施，最大限度解决存在的问题，提高种粮积极性，确保粮食安全任务的完成”。市农业农村局及时召开会议进行专题研究，力促措施建议落地。

2023年10月，市政协专题调研组围绕破解农产品买卖“两难”，提升消费帮扶效果这一群众普遍关注的热点民生课题进行调研。调研组和市乡村振兴局、市商务局、市农业农村局分管领导到金溪县浒湾镇山下村、崇仁县相山镇、宜黄县东陂镇、黎川县湖坊乡等地开展实地调研，走进田间地头，访谈基层种植大户及群众30多人，召开座谈会5次。通过深入调研，发现目前存在扶贫产品“供运产销”衔接尚未厘清，导致农民卖不畅、消费者买不好“两难”，影响消费帮扶效果，形成报告《破解农户产品买卖“两难”，提升消费帮扶效果》，提出意见和建议：1. 优化布局，不断提升服务农户产业链的广度和深度。2. 强化品牌，不断拓展农户产品的销售渠道。3. 提质增效，不断提升农产品领域的人才培养和保障力度。

2024 年 2 月，在市政协五届四次全会期间，市政协委员就“促进农村人口回流，加快乡村全面振兴”提出提案。提案认为，目前人口外流已成为制约乡村振兴高效推进的一个瓶颈，人才缺失成为农业农村可持续发展面临的一大难题。建议全市上下采取有力措施，促进农村人口回流，激发乡村振兴内生动力，促进乡村振兴高效推进。1. 深化农村改革，激发乡村发展活力。2. 坚持产业引领，增强乡村造血能力。3. 打造宜居环境，增添乡村持久魅力。4. 加强宣传动员，提升乡村磁吸引力。

四、其他专项工作监督

2004 年 7 月，市政协对东临公路建设情况开展民主监督，组织部分委员进行视察。市公路局、交通局就全市公路建设情况进行通报。委员们在充分肯定全市公路建设所取得成绩的同时，就公路建设提出切实可行的意见和建议。委员们指出，要抢抓机遇，正视困难，继续把公路建设作为拉动经济发展和方便群众生活生产一项重要工作，坚持不懈地抓紧抓好；要积极筹措建设资金，克服“等要”思想，加大对公路建设投入；要突出重点，集中财力办大事，在技术指导、物资供应、资金供给上给予倾斜；要牢固树立质量意识，在加快工作进度的同时，强化对公路建设监督，确保公路建设质量；要加强对道路的管护工作，对各种车辆特别是超载、超重的车辆严加管理，依法查处；要切实维护农民群众合法权益，不得拖欠农民工工资和农民征地拆迁费。同年，市政协开始运用民主评议方式开展专项工作民主监督。围绕人民群众反映比较强烈的“医药费过高，老百姓看病难”问题，对市卫生及相关部门工作开展民主评议，有效促进卫生和医疗部门行风转变。

2005 年 10 月，市政协教文卫体委员会根据市政协的统一部署，对“汤显祖艺术中心”和“市体育中心”规划进展情况进行专题视察，开展民主监督，形成《关于对汤显祖艺术中心和市体育中心视察的报告》，供市委、市政府决策参考。同月，市政协组成 7 个视察小组，对全市 28 个重点建设项目实施和进展情况进行民主监督，并形成专题报告，报告从拓宽筹资渠道、加强项目协调、实行分类指导等方面提出建议，市政府主要领导召开多个重点项目建设现场会，加大协调督促力度，加快重点工程建设速度。12 月，市政协文史委员会开展对市重大建设项目进展情况进行实地视察，指出建设中亟须解决的问题，提出切实可行的对策建议。

2008 年，市政协首次运用咨政建言形式开展民主监督。市政协就“火车站新区规划与建设”“赣东大桥及南北延伸段规划与建设”举办两场专题咨政建言会，提出 60 多条具有建设性和可操作性的建议，市规划部门和项目单位吸纳 17 条建议，使向莆铁路抚州客运站站前新区控规顺利通过评审，赣东大桥规划与设计得到进一步完善。

2010 年至 2012 年 7 月，市政协把一些关系国计民生的重点课题，提升到主席会议层面开展视察，进行民主监督，先后就市中心城区重点项目建设、抚河唱凯堤和中洲堤除险加固工程等开展 10 多次主席会议视察。这些视察由于层次高、选题准，所提建议针对性和可操作性强，得到党委、政府和被视察单位高度重视。市政协就贯彻落实市委《关于进一步加强几个重点领域预防腐败工作的意见》情况开展专题民主监督，这次专题民主监督是将党委的纪律监督与人民政协的民主监督有机结合的一个创新举措，对助推全市反腐倡廉工作起到积极作用。市政协港澳台侨委员会组织部分委员，深入抚州市重点城建和旅游项目拟岘台施工现场进行视察，详细了解工程进展情况，并就如何进一步推动抚州旅游产业健康快速发展提出意见和建议。

2012年以后，市政协开始探索开展特约民主监督，先后向市有关部门委派或抽调45名特约监督员、审计员、督导员，参与党政部门组织的有关专项检查，应邀参加民主评议行风、政务环境测评、城市规划听证会、价格调整听证会等；向执纪执法和窗口服务单位派遣65名行风政风评议员，参与民主测评；多次组织委员旁听法院庭审，把民主监督的触角延伸到社会各方面，促进全市政风行风和部门作风转变。

2022年7月至8月，为深入贯彻落实习近平生态文明思想，践行绿水青山就是金山银山理念，进一步健全生态产品价值实现试点机制，加速推动抚州生态产品权益类贷款工作走深走实，市政协人口资源环境委员会与市发展改革委、市金融办、市林业局等部门组成调研组，赴资溪、宜黄、乐安、临川、金溪等县（区）着重就生态产品权益类贷款情况深入调研，开展民主监督，学习借鉴参照浙江丽水、湖州经验做法，形成报告《炼就绿水青山金手指，点活生态权益贷款流》。报告认为，自2019年9月获批全国第二个“国家生态产品价值实现机制试点市”以来，抚州积极推进生态产品权益类贷款工作，通过绿色信贷等手段，创新一系列生态产品权益类贷款，先后推出“农地经营贷款”“林权抵押贷款”“古屋贷贷款”等金融业务，为生态产品价值实现注入金融活水，为全市经济社会发展和乡村振兴提供巨大助力。但同时也存在一些短板，对生态产品权益类贷款工作认识不足；金融机构创新及政策支持力度不够；生态产品权益类贷款结构不合理。为此提出建议，1. 提高责任担当意识，形成推进生态产品权益类贷款工作新合力。2. 完善绿色金融机制，加快探索生态产品权益类贷款工作新路径。3. 调整优化贷款结构，积极推动生态产品权益类贷款工作取得新成效。

2023年9月至10月间，市政协就“坚决守住粮食安全‘压舱石’，让‘赣抚粮仓’更丰实”为题开展调研式监督。市政协与市发展改革委、市农业农村局相关负责人，赴临川区连城中心粮库、腾桥镇松岗村、东馆镇永，兴米业等地开展实地调研，听取临川区政府工作情况汇报，并与临川区发展改革委、区粮食局、区农业农村局、区财政局、区自然资源分局、区市场监督管理局，以及临川区东馆镇、腾桥镇等基层一线干部和种粮大户、粮食加工流通企业代表开展座谈交流，了解情况，摸清问题，共商对策，形成调查报告《坚决守住粮食安全“压舱石”，让“赣抚粮仓”更丰实——关于我市粮食安全的调查和思考》。报告认为，作为农业大市，抚州一直以来高度重视粮食安全工作，坚决落实粮食安全党政同责要求，科学部署，全力推进，粮食安全各项政策措施得到全面贯彻、有效落实。但也存在一些短板弱项，给粮食增产丰收带来一定压力。为此建议：1. 全面落实粮食安全责任。2. 多措并举调动种粮积极性。3. 着力推动粮食全产业链发展。4. 持续加强粮食生产社会化服务。5. 不断补齐影响粮食安全短板。6. 全面增强粮食安全监管能力。

2024年2月，在市政协五届四次全会上，市政协委员就“加强电竞酒店监管”提交提案。提案认为：近年来，一种集电竞体验和酒店服务相结合的新兴业态——电竞酒店悄然爆火。但当前电竞酒店普遍存在行业类别归属不明、存在监管“真空”现象、执法监督不够有力等问题，加强电竞酒店监管，消除监管盲区，净化行业环境刻不容缓。为进一步加强未成年人保护，填补电竞酒店等娱乐场所监管盲区，建议：1. 强化联合执法。市场监管、文广新旅、公安等部门加强日常监督检查，定期开展联合检查，及时依法查处违规违法犯罪行为。2. 实施电竞酒店登记准入机制。采取技术手段防止未成年人入住无限制上网，切实保护未成年人成长。3. 强化宣传培训。强化业主责任意识、法律意识、安全意识。4. 加大处罚力度。从严从重从快顶格处罚，不断营造风清气正的法治社会。相关部门认真办理提案，采取有效措施，进一步加强了电竞酒店监管。

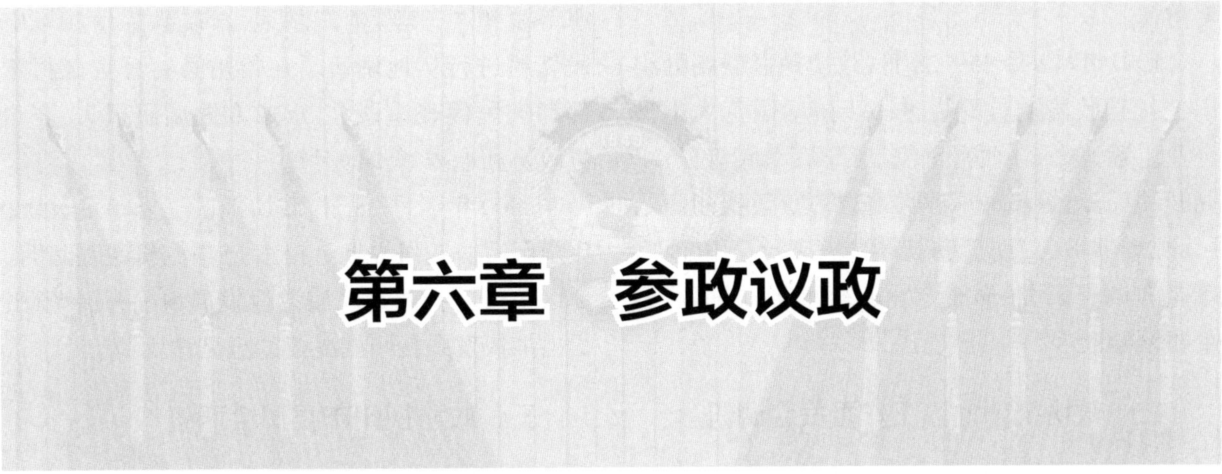

第六章　参政议政

参政议政是人民政协的重要职能。市政协成立以来，围绕本行政区域内政治、经济、文化、社会生活和生态环境等方面重要问题，以及人民群众普遍关心的问题，开展调查研究，反映社情民意，进行协商讨论。通过调研报告、提案、建议案或其他形式，向市委、市政府及有关部门提出意见和建议，为改革开放和中国特色社会主义现代化建设献计献策。

第一节　调查研究

调查研究是政协委员履行职责的重要形式。调研工作由市政协根据年度工作计划，组织专门委员会或联合党政部门、民主党派和人民团体、县（区）政协进行。

各届市政协，每年均制定调研计划，确定调研课题，提出调研实施方案，明确调研牵头领导，由各工作机构组织实施；每次调研形成专题报告，提交市政协常委会会议或主席会议审议，综合审议意见形成专题报告或建议案呈报市委、市政府供领导决策参考。

2005 年 3 月 4 日，政协抚州市第一届委员会第七次全体会议首次设立全市政协系统“优秀调研报告”表彰项目，表彰全市优秀调研报告 15 篇。自此，每次全会均会评选表彰一批优秀调研成果。截至 2024 年 12 月，共表彰优秀调研报告 265 篇。

一、政协抚州地区联络处调研

政协抚州地区联络处时期，以组织住抚省政协委员开展调研为重点，配合做好省政协委员来抚调研联络服务工作。

1987 年 3 月 24—28 日，政协地区联络处组织住抚省政协委员一行 15 人，赴乐安革命老区考察调研，深入乡镇村、中小学校、医务所、防疫站、乡镇企业了解情况，就老区建设和经济、文化事业发展提出意见建议，引起地委、行署和乐安县重视。

1991 年 2 月 22—27 日，政协地区联络处组织在抚省政协委员，深入资溪、黎川、广昌三个边远县，调研视察中共十三届七中全会和省委九届二次全会精神贯彻情况、经济发展规划、产业结构调整等情况，形成专题调研报告，引起地委、行署重视。

1991年12月25—28日，政协地区联络处组织住抚省政协委员围绕进一步搞活国营大中型企业主题，深入江西富奇汽车厂、汽车底盘厂、车辆开关厂、纺织机械厂、第二丝细总厂、抚州丙纶厂、减震器厂、二纺厂和抚州市洋洲乡蓄电池厂等企业调查研究，形成专题调研报告，获得地委主要领导批示。

二、政协抚州地区工作委员会调研

政协抚州地区工委时期，每年制定调研计划，组织在抚省政协委员开展调研视察。

1996年11月26—29日，政协地区工委组织住抚省政协委员9人就抚州职业教育和特色农业发展情况进行广泛调研，对抚州职业教育和特色农业发展提出一些建设性意见，调研报告引起地委行署和地区教委、地区农业局重视。

1997年11月25—27日，政协地区工委组织住抚省政协委员就全区个体私营经济发展情况进行专题调研，对如何加快抚州个体私营经济发展提出意见建议。

1998年11月24—27日，根据省政协办公厅要求，政协地区工委组织住抚省政协委员对全区“科教兴区”战略实施情况进行调研。调研组深入金溪县对桥乡天子科农业立体开发区、崇麓乡新世纪农特产品烘干厂、实验小学、县一中；东乡县华绿集团、泰丰药业有限公司、东乡三中；乐安县工业小区、敖溪豌豆生产点、乐安三中、龚坊中学；宜黄县二都乡山前村毛竹林基地、宜黄一中等20余个单位进行实地调研，与企业、学校领导座谈。地区科委、教委和四县政府领导听取委员们情况反馈，全部采纳调研报告成果。

1999年9月6—10日，根据省政协办公厅通知要求，政协地区工委组织在抚地直单位省政协委员，对黎川、金溪两县灾后重建工作进行专题调研。听取地区民政局，黎川、金溪县政府介绍情况，观看黎川县灾情录像片，深入黎川县洵口、厚村灾民新村及水毁工程修复处，社苹、粟塘、潭溪等乡镇“三菇”生产基地，金溪县陈坊积乡灾民新村进行实地调研。在黎川县召开灾区村干部和灾民代表座谈会，形成专题调研报告，获得省政协和地委、行署好评。

2000年3月28日，政协地区工委印发《2000年全区政协调研提纲》，提出15项调研课题。4月，地区工委就抚州地区旅游业发展情况开展调研，提出加快发展抚州旅游业的意见建议。

三、政协抚州市委员会调研

市政协每年围绕经济社会发展重点、热点、难点问题和市委、市政府中心工作制定调研课题，由常委会领导牵头实施；每次调研形成调研报告，提交常委会会议或主席会议审议讨论后送市委、市政府决策参考。

（一）一届市政协调研

2001年8月至9月，市政协教文卫体委员会对全市乡镇卫生院现状进行深入调查。调研认为，全市乡镇医疗技术装备配置投入不足，服务质量和医疗技术水平不够，人员素质低，工作责任差，工资改革走入困境，医疗机构失控，卫生院职能未能发挥。建议：1. 局乡共管，以局为主。2. 局乡分工，各司其职。县卫生局主要管理职责：对全县农村卫生机构进行统一领导，具有人事任免权。乡镇政府主要职责：思想政治和党建工作，推荐选拔乡镇卫生院院长，巩固完善三级防保网络，推行合作医疗，实现初级卫生保健目标，支持巩固乡镇卫生院发展。3. 政府的财政差补应该按省政府的政策要求足额到位。4. 调整医疗结构布局优化卫生资源配置。以“调整、充实、强化、提高”为方针，建设市、县（区）属医疗卫生机构，突出其医疗、预防、保健中心地位。以宜活则活、宜专则专、宜小则小、功能到位为原则，完善乡镇卫生院建设。调研报告引起市委、市政府重视，市卫生局采纳报告成果，深化乡镇卫生院改革。

2001年10月，市政协“三胞”联谊委员会配合港澳地区省政协委员返赣视察团对乐安流坑进行考察调研，形成《关于加快对流坑古村保护利用的建议》呈报省政府办公厅。调研认为，流坑村以规模宏大的传统建筑、风格独特的村落布局而闻名遐迩。古建筑及遗址面积近7万平方米基本保存完好，组群完整，街巷仍为传统风貌，不愧是古村文化的经典，是我国古典民居建筑中的明珠，也是为数不多的人类文明瑰宝。建议：1. 将流坑古村列为江西省近期申报世界文化遗产的单位。流坑古村真实性、完整性与和谐的环境，得到国内外诸多著名专家、学者一致肯定；流坑古村与其他类似遗产相比较，具有自身特点，独树一帜。2. 加大对流坑古村宣传力度。充分发挥流坑村在旅游和中华民族传统文化教育中的独特功能，将流坑村辟为江西发扬中华民族传统文化的学习、宣传、教育基地。3. 调动各方力量，加大对流坑古村保护利用工作的投入。尽快开工建设自来水工程、农网改造工程、交通设施配套工程等项目。4. 多方筹措资金，设立流坑古村保护专项资金，对古村分段、分片地进行修复。调研报告引起省市县重视，广泛采纳报告成果。

2001年10月中旬至12月，市政协经济技术委员会和民建抚州市委员会组成全市医药工业发展专题调研组，先后走访市卫生局、医药公司、统计局、计委、经委、科委等有关部门，深入临川、东乡、南城、南丰、广昌等县（区）制药企业，采取现场察看、座谈讨论、个别访问、填写调查表、网上查阅等多种形式，开展调查研究，形成《对我市医药工业发展情况的调查与思考》呈报市政府。调查认为，全市医药工业经过几十年的艰苦创业，经历从无到有、从小到大的发展历程，已初见规模和成效。但企业规模偏小，整体效益欠佳；资金投入匮乏，融资渠道不畅；宏观引导力度不够，产业和产品结构调整进度缓慢；技术创新力量不足，创新体系尚未建立；医药工业管理体制有待理顺。建议：1. 进一步解放思想，提高认识，营造加快医药工业发展氛围。2. 成立市医药行业协会，由政府牵头，医药企业、医药专业院校、科研院所和有关部门人员组成，统筹协调医药工业发展，发挥行业协会在规划布局、咨询服务、科技信息和对外联络等方面的作用，充当好政府与企业的桥梁和纽带。3. 统筹安排通过GMP认证，避免一哄而上，造成资金、人力和时间浪费，逐步兼并、淘汰、整合市内技术含量低、没有市场前景的制药企业，彻底改变抚州医药工业规模小、水平低、效益不高的局面。4. 政府设立“抚州市新药研究开发风险基金”，降低企业研发新药风险。5. 对全市制药企业负责人进行知识更新培训，掌握现代企业管理知识，加紧熟悉WTO中规则，提高企业市场竞争能力。调研报告获得市委、市政府领导批示，转化为推动全市医药工业发展的重要举措。

2001年10月中旬，市政协法制社团委员会对全市非公有制经济发展法制环境情况进行专题调研。收集11个县（区）书面材料，召开10余次座谈会，走访9个市直有关部门，深入崇仁、东乡、南城、临川四县（区）实地察看崇仁江西变电设备总厂、东乡恒安（江西）卫生用品有限公司、南城机制胶丸厂、南城汽车运销集团总公司等20余家外资和民营企业及五皇殿商城，广泛听取非公有制经济人士的意见和建议。调研认为，全市各地将非公有制经济发展列上重要议事日程，加大政策扶持力度，采取一系列措施综合整治，取得初步成效，使非公有制经济在全市有了较大发展。建议：1. 广泛利用各种新闻媒体，采取多种形式，在干部和群众中深入开展宣传教育，充分认识加快非公有制经济发展、改善法制环境的重大意义。2. 对政策法规暴露出来的缺陷不足，要及时堵缺补漏，修改完善有关条款规定，为非公有制经济发展提供强有力法律保障。3. 结合正在进行的撤并乡（镇）和即将进行的政府机构改革，积极精简机构，压缩编制，分流人员。4. 加强对非公有制经济发展环境的监督检查，及时总结推广经验，帮助指导解决存在的问题和困难。5. 每年举办1—2期个私大户、重点非公企业人员培训班，进行“爱国、守法、敬业”教育，不断提高法制观念、纳税意识和经营管理水平。调研报告获得市委、市政府主要领导批示，转化为推动非公有制经济发展的重要成果。

2002年4月上旬，市政协配合省政协调研组深入抚州市区、黎川县、崇仁县，对抚州市优化环境与经济发展情况进行专题调研，形成《关于抚州市优化环境与经济发展情况调查报告》呈报市委、市政府。调研认为，新一任市委、市政府班子从招商引资、加快发展客观需求出发，进一步解放思想，更新观念，提出以招商引资为各项工作总抓手，用“四铁”（铁下心来，铁面无私，铁的纪律，铁的手腕）精神整治优化经济发展环境，使抚州投资环境发生显著变化，来抚投资兴业的客商明显增多。但少数职能部门思想认识不到位，办事效率不高；“吃饭”问题仍是一些部门乱收费的根源；青少年犯罪日益成为一大社会问题。受家庭、社会、学校、教育等诸多因素影响，近年来青少年犯罪在一些地方呈逐年上升趋势。建议：1. 进一步加大广大党员干部和市民，特别是行政执法人员思想教育力度，做到家喻户晓，深入人心。2. 充分运用行政和法律手段全力推动政府各项政策措施实施，确保政令畅通和政策兑现，树立政府诚信形象，增加企业和投资者对政府的信赖度。3. 应结合政府机构改革，精简机构，压缩编制，分流人员，实现减员增效，避免人员多、执法乱的恶性循环。4. 在执法部门落实执法责任制和错案责任追究制，建立健全内部监督、制约机制。5. 采取措施激活民间投资，启动民间资金，帮助企业拓宽融资渠道。调研报告获得市委书记批示，引起市政府和有关部门高度重视。

2002年5月，市政协教文卫体委员会会同市药品监督管理局组成联合调查组，重点对全市13家药品生产企业的GMP认证实施进程进行调查。分析企业GMP认证基本情况、存在问题，提出针对性意见建议，形成调研报告并报送市政府研究。调研认为，全市明确规定GMP认证时限的药品生产企业有13家（不含南城医药公司建昌帮饮片厂、江西中医药学校饮片厂、南城胶囊厂、南丰医用氧厂、丰临医疗器械厂），通过结构调整及优化组合，创造了可喜的成绩，为抚州经济发展做出较大贡献。建议：1. 技术上加大帮扶企业GMP认证力度。市政府成立药品生产企业GMP认证协调领导小组，从已通过CMP认证的企业或药监部门聘请技术骨干组成GMP专家组，负责协调、指导GMP认证有困难的企业。2. 在土地征用、水电增容、地方税费等方面出台优惠扶持政策，把医药企业作为全市龙头产业来培育发展。3. 加大招商引资引智力度，为药品生产企业提供人才智力保障。4. 组建抚州医药工业集团或成立医药行业协会。调研成果转化为市委、市政府有关文件，推动全市药品生产企业发展。

2002年9月下旬，市政协农村和农业委员会与市林业局对全市长防林工程建设情况进行专题调研，通过实地考察、走访、座谈和综合分析，形成《抚州市长防林工程建设情况的调查报告》呈报市政府。调研认为，1990年启动长防林工程建设以来，全市各县（区）以荒山造林、封山育林为重点，着力抓好层层责任制和造林招标等关键环节，长防林工程建设成效明显。但长防林项目资金尚未落实到位，经营主体单一和经营机制不活，林种、树种结构单一、效益不高，管护工作相对薄弱。建议：1. 加大资金投入，强化资金管理，确保配套资金及时到位、项目资金专款专用。2. 巩固完善林业生产责任制，积极推进林业资源有偿流转，全面放开林地、林木的使用权和经营权，鼓励有技术、有资金、有积极性的经营者，通过租赁、承包、拍卖、股份合作等多种形式，取得林地经营权。3. 充分发挥科研机构作用，采取优化结构的方式、绩效与报酬挂钩的形式，鼓励科技人员创造性地发挥才能。4. 建立健全乡（镇）、村、组护林联防网络，切实加强乡（镇）、村、组对幼林抚育管护、封山育林的实施力度，确保长防林建设后续管理落实到位，重点加大对无证砍伐、偷盗林木和无证运输林木等违法犯罪行为的打击力度，严格森林执法。调研成果引起市政府和市林业局高度重视，转化为推动抚州长防林工程建设重要举措。

2003年10月，市政协经济技术委员会就全市工业、粮食、商业、供销、物资等部门所属国有企业改制情况进行专题调研，形成《关于全市国有企业改制情况的调查报告》。调研认为，全市国有工业统计口径的277户企业中，改革255户，其中实行产权制度改革的有156户。这些企业均已实现资产交接，大多数收购资金如期到位，企业职工得到妥善安置，生产经营形势普遍好转。但资金缺口大，职工安置难。建议：1. 提高认识，转变作风，加强领导，周密部署，全力推进国企改制各项工作。2. 按照积极稳妥淘汰一批的原则，切实抓住国家减轻中小企业债务负担政策机遇，对浪费资源、污染严重、资不抵债劣势企业通过依法关闭破产，实现有序退出。3. 加大对部分重点、难点企业改革政策支持力度，各县（区）要按照“谁家孩子谁家抱”的责任范围，不等不靠，加快国有企业改革进程。4. 按照“先易后难”的原则，合理分配力量，加快改制进度。5. 建立健全公司法人治理结构，规范企业运作，深化企业内部劳动人事分配制度改革，转换经营机制，全面推进制度创新、技术创新、管理创新。调研成果引起市国有企业改革领导小组高度重视，召开专门会议进行贯彻落实。

2003年10月，市政协文史委深入各县（区），对全市宗教文化资源情况进行专题调研。调研认为，抚州宗教历史贡献大，唐末五代时期，抚州宗教就被称为“天下禅河中心”，对外交流影响深远。但宗教遗存损毁加剧，宗教史料散失严重，宗教资源开发乏力，抢救挖掘亟待加强。建议：1. 注重资源保护，组织专门力量对抚州宗教古物、庙藏文物等宗教资源进行全面普查，建立登记档案，对重大历史活动场所进行抢救性修复，做到修旧如旧，对重点场所和要害部位建立专人值守制度，确保文物安全。2. 针对有关史料散失严重的情况，尽快抢救、挖掘、整理宗教史料。3. 在全面评估抚州宗教文化资源开发价值的基础上，结合实际情况，拿出一份注重资源保护且在开发目的、开发程度及实施计划上有科学安排的总体规划。加强对外宣传力度，改变“养在深闺人未识”现象，提升抚州宗教对外开放度。调研成果被市宗教局充分采纳，成为宗教工作重要抓手。

2004年3月至4月，按照省政协统一安排，市政协文史委员会联合市文化局就全市农村文化生活进行专题调研。深入南城县株良镇路东村、崇仁县礼陂镇下寺坊村、宜黄县二都乡、桃陂乡等地，通过座谈、走访和发放调查问卷等多种形式进行实地调研，形成调研报告呈市政府研究。调研认为，市委、市政府始终把发展农村文化事业、丰富农民文化生活放到重要位置，把送文化下乡列为十件实事之一，加强基层文化建设。建议：1. 统一管理，把乡村文化建设列入各级政府目标管理，纳入城乡建设总体规划，有计划地加以推进和发展。2. 按省府厅发〔2002〕37号文件要求，解决好机构设置和人员编制问题。按照抚府办发〔2003〕15号文件“每个乡镇要配备2—3名专职人员，编制在乡镇现有总体编制内解决”的要求抓好落实。3. 加大农村文化建设投入，乡镇每年文化投入不少于3000元，确保都有农民综合活动场所，增加农村文化必备设施、娱乐设施和一定数量图书。4. 认真开展“文化下乡”活动，丰富农民文化生活，满足群众文化需求，激活农村文化市场。调研成果列入市政府年度工作范畴，促进农村文化工作。

2004年11月，市政协社会和法制委员会就全市残疾人事业发展情况进行专题调研，形成《关于全市残疾人事业发展情况的调查报告》送市政府参考。调研认为，自1991年5月《中华人民共和国残疾人保障法》施行以来，抚州各级政府高度重视，把发展残疾人事业纳入当地经济和社会发展总体规划，为保障残疾人合法权益，创造“平等、参与、共享”社会环境，做了大量工作。但残疾人生产生活状况依然严峻，脱贫致富任重道远。建议：1. 广泛开展《残疾人保障法》《江西省实施〈残疾人保障法〉办法》宣传教育，提高依法维护残疾人权益的自觉性，努力营造有利于残疾人平等参与和共享的良好社会环境，形成关心支持残疾人事业的社会风尚。2. 尽快出台《抚州贯彻残疾人保障法》《江西省实施〈残疾人保障法〉办法》综合性优惠政策。3. 财政部门尽快落实市直统发工资单位财政代扣残疾人就业保障金工作。4. 发挥市区政府主导作用，协调各方积极参与，支持社区整合社会资源，逐步建立为残疾人服务社区医疗、康复、办事网络，提升服务残疾人事业社会功能。调研成果被市民政局、市残联充分采纳，成为工作抓手。

2005 年 4 月至 6 月，遵照市委书记指示，市政协组成课题组对“临川文化遗产”进行专题调研。通过“调查摸底”“实地调研”和“形成报告”三个阶段，形成《关于临川文化遗产的调查报告》。调研认为，临川文化遗存资源丰富，底蕴深厚，是抚州引以为豪的宝贵财富。名人文化底蕴深厚，名扬中外；古代建筑历史悠久，典雅奇巧；自然风光钟灵毓秀，独特神奇；革命旧址种类齐全，数量众多；民俗文化源远流长，多姿多彩。建议：1. 统一思想认识，加强领导，夯实开发基础。总结经验教训，对符合保护条件的文化遗存升级保护，对名存实亡的要敢于取消摘牌。2. 对全市临川文化资源进行整理、研究、建档。3. 将抚州市区建设成临川文化特色鲜明主题城区；突出资溪生态特色，将大觉山建设成集观光、休闲于一体的旅游福地；立足乐安古建特色，将流坑古村建设成明清建筑珍品展示中心。4. 以宜黄县禅宗文化、南城县麻姑山、南丰县傩舞、广昌县“莲”文化为龙头，创造抚州旅游文化特色。5. 加大宣传力度，创新宣传模式、构建宣传平台。8 月 15 日，市委书记召集市领导和相关部门负责人，听取调研组专题汇报，对调研报告予以肯定，要求有关部门予以采纳，保护开发利用好临川文化遗产，为富民兴市服务。

2005 年 7 月，市政协社会和法制委员会就全市社会养老保险情况进行专题调研，形成《关于全市社会养老保险情况的调查报告》。调研认为，抚州自 1987 年开展社会养老保险以来，经过十多年的发展，社会养老保险覆盖面、资金规模、保障水平取得明显进步，保障功能进一步发挥。但基金征缴难度增大，进展不平衡，开源较少，接续不畅，供需矛盾较为突出。建议：1. 加大宣传教育力度，营造依法、自觉参保的良好社会氛围。大力宣传社保政策的政府强制性、社会性和公平性原则，切实提高宣传成效。2. 加强目标管理考核力度，强化养老保险支出地方风险机制，推动县（区）加大征缴力度，增强基金实力，提高抗风险能力。3. 强化对社保扩覆工作的组织领导，增强企业依法为劳动者参保的法律义务和社会责任，不把企业免缴养老保险费作为招商引资的优惠条件。4. 加大对社会养老保险工作的财政投入，增加业务经费和宣传经费，做到有人做事、有钱办事。调研成果引起市政府重视，分管领导专门召开会议采纳建议，部署推动工作。

2006 年 5 月，市政协教文卫体委员会和教育专家对全市幼儿教育发展情况进行专题调研，形成《关于全市幼儿教育发展情况的调查报告》。调研认为，全市幼儿教育发展较快，幼儿园数量增加较多，规范管理做了不少工作，有一定成效。但教育水平不高、管理力量薄弱、布局不合理、发展不平衡、优质幼儿园不多的状况没有明显改变，幼儿教育离基本普及还有较大差距，与经济社会发展和群众需求不相适应。建议：1. 适时研究部署全市幼儿教育工作，尽快制定出台《关于加强幼儿教育改革与发展的意见》。2. 建立督导评估制度，对幼儿教育定期督导检查、评估定级，对符合条件的发放办园许可证，对不合格的幼儿园限期整改，对问题严重或整改后仍达不到要求的坚决取缔。3. 加大对幼儿教育的投入，把发展幼教经费纳入财政预算，并按一定比例增长。4. 加强教育培训，提高幼儿教师素质。办好东华理工学院行知分院幼师专业、增设职业技术学院幼师班，适当扩大招生规模，逐步增加农村生源比例，实行定向分配政策和保护措施，为农村提供合格的师资来源。调研成果引起市教育局重视，纳入工作规划。

2006 年 10 月下旬，市政协教文卫体委员会和市食品安全监管部门，对全市食品安全监管工作情况进行专题调研，形成《关于全市食品安全监管情况的调查报告》送市政府研究。调研认为，全市食品生产经营管理秩序逐步好转，制售假冒伪劣食品的违法犯罪行为得到有效遏制。建议：1. 加强宣传教育，增强社会食品安全意识，提升消费者安全维权意识。2. 强化食品源头污染治理，加强对生产、加工、流通和消费环节的监管。3. 设立食品质量安全举报电话，畅通消费者申诉渠道，完善举报奖励办法，发挥群众监督举报的威慑作用。4. 制定相关地方性条例，统一组织协调食品安全工作，将食品安全管理工作纳入目标考评。5. 对全市食品安全检验、检测机构建设进行统一规划，打破部门、行业和区域界限，形成布局合理的食品安全检测网络。报告获得市政府分管领导批示，市食品药品安全监督局进行了专题研究。

（二）二届市政协调研

2007 年 1 月至 2 月，市政协港澳台侨委员会对全市希望工程工作情况进行专题调研，形成《关于全市希望工程有关情况的调查报告》送市政府参考。调研认为，抚州于 1991 年开始实施希望工程 15 年来，希望工程在改善全市基础教育办学条件，降低贫困家庭少年儿童辍学率，增强尊师重教氛围，弘扬中华民族扶危济困、助人为乐的传统美德等方面发挥了重要作用。但资金严重不足，建校标准不高，缺乏科学规划，布局不尽合理。建议：1. 从战略高度充分认识希望工程对于推进全民教育、提高农村人口素质、促进农村经济和社会各项事业协调发展的重大意义，进一步重视倡导和支持希望工程建设。2. 在建设新的希望学校之前，应采取有力措施分阶段解决现有希望学校的困难问题，切实贯彻落实“百年大计，教育先行”的方针。3. 按照“因地制宜、区别对待”的原则，重新制定农村中小学教师编制标准，适当放宽山区和偏远地区中小学及教学点的师生比例。4. 对全市希望学校开展一次全面建档挂牌工作，统一称号、统一编号、统一归档。5. 加大监管工作力度，把希望工程这件好事办好。调研成果引起教育、共青团等部门的重视，推动了工作整改落实。

2007 年 4 月至 7 月，市政协教文卫体委员会对全市新型农村合作医疗试点情况进行专题调研。调研组深入南丰、黎川、宜黄、崇仁等县察看乡镇卫生院、农医所、村卫生所，询问征求农民对新农合的看法意见，在金溪县召开 2007 年新农合专题汇报会议，形成《关于全市新型农村合作医疗试点情况的调查报告》呈送市政府参考。调研认为，自 2004 年 7 月新农合工作在南丰县开展以来，市县认真贯彻落实中央和省政策精神，做了大量工作，取得重要阶段性成果。但新农合在制度设计上存在一定局限性、在运行机制上还不尽完善。建议：1. 请市政府积极向省人大建议，用法规形式确立本省新型农村合作医疗制度指导思想、基本原则、责任主体、工作程序，明确各级政府及相关部门责任，对合作医疗筹资渠道、财政投入、经费保障、人员机构、工作流程等做出刚性规定，从法规层面确保合作医疗长期稳定发展。2. 市政府要督促有关职能部门，在分析总结三年新农合经验和基金运行情况基础上，按照“以收定支、量入为出、逐步调整、保障适度”原则，认真测算、科学制定、适时调整、合理细化农民医疗费用补偿方案。3. 督促各县（区）政府发动县乡干部和其他力量进村入户做好工作，讲清参加新农合好处作用，讲清合作医疗具体政策规定，百分之百地把政策带给群众。调研成果引起市政府和市卫生局的重视，有关建议被写入 2008 年政府工作报告。

2007 年 4 月至 7 月，市政协港澳台侨委员会与市委台办、市外侨办、市招商局联合对全市港澳台侨资源情况进行专题调研。重点调查临川、南城、南丰、广昌 4 县（区），走访重点对象 23 人、企业 14 家，形成《发挥港澳台侨优势，推进抚州赶超发展——关于全市港澳台侨资源情况的调查报告》呈送市政府参考。调研认为，抚州港澳台侨资源人数较多、分布较广、人才济济，在推进赶超发展中发挥重要作用。但与其他地市相比，数量仍然偏少，尤其是港澳台侨人士来抚投资较少。建议：1. 进一步解放思想，更新观念，提高对港澳台侨引资引智的责任感和使命感。2. 不断开拓创新，积极探索以侨为桥、以侨引侨的新路子，精心打造好引进港澳台侨的载体平台。3. 建议成立港澳台侨资企业家协会或联谊会，帮助港澳台侨资企业协调解决有关问题。市政府常务会议对调研报告进行专题研究，推动相关工作。

2007 年 8 月，市政协社会和法制委员会对全市未成年人违法犯罪情况进行专题调研，形成《全市未成年人违法犯罪情况的调查报告》呈送市政府参考。调研认为，抚州未成年人违法犯罪保持整体平稳态势，但低龄化、暴力化、群体化、成人化趋势明显。违法犯罪主体趋于低龄化，犯罪类型多样化，侵财性案件所占比重大，共同作案较多。建议：1. 市综治委要根据影响未成年人违法犯罪的主要因素，在对预防未成年人违法犯罪工作原有的学校法制教育、网吧管理、社区预防、有无专项工作经费和抓好上级工作部署五项考评内容的基础上，增加社会闲散未成年人的普查摸底、农村留守儿童和服刑人员未成年子女的教育、未成年人活动场所的建设等内容，使预防未成年人违法犯罪工作更加深入细致。2. 各级教育部门要平等分配义务教育资源，狠刹中小学择校风，切实改变片面追求升学率的办学思想，实现从“应试教育”向“素质教育”转变。3. 教育部门要加强与妇联、团委密切合作，在社区创办家长学校或家庭教育指导中心，通过举行家长会、举办教育知识讲座、开辟家长法制课堂等形式，引导家长树立正确的家庭教育观，提高科学教育子女的能力。4. 各级文化部门要与公安、工商、新闻出版等单位密切协作，坚持不懈地开展“扫黄”“扫非”斗争，加强文化市场监管，严肃查处传播淫秽、色情、凶杀、暴力的出版物和含有诱发未成年人违法犯罪等有害内容的游戏软件产品。调研成果获得市委、市政府领导批示，推动工作齐抓共管合力共为。

2007 年 10 月至 11 月，市政协农村和农业委员会及市林业局，就全市林权制度改革后如何引导规范森林资源流转和完善林改配套措施进行专题调研，形成《关于引导规范森林资源流转完善林改配套措施的调查报告》呈送市政府参考。调研认为，全市通过林改，增加林农收入，明晰山林产权，调动林农积极性，为林业可持续发展、农村经济发展乃至全市经济社会发展奠定良好基础。但流转工作比较乱，随意性大，造成资产流失。建议：1. 切实加强领导，建立森林资源流转监督指导制度，规范森林资源流转秩序，对林农流转行为进行有力指导。2. 建立完善林权交易管理机构，行使林权证发放、林权登记、林地承包合同管理、林权抵押登记等职责。落实人员编制，保障工作经费，规范交易和收费行为。3. 规范森林资源流转合同的订立和履行，对不当流转行为进行限制，确保农村林地依法规范有序流转。4. 建立灵活有效的激励机制，组织林业科技人员为林农提供面对面的服务，通过实施林业科技“上山入户”工程，促进林业科技与生产相结合，提高林业的综合效益。调研成果被市委农工部和市林业局采纳，推动相关工作。

2008 年 3 月至 5 月，市政协经济技术委员会联合市委政研室，就如何加强安全生产工作，遏制重特大安全事故发生开展专题调研，形成《关于加强安全生产坚决遏制重特大事故的调研报告》呈送市政府研究。调研认为，全市安全生产还存在企业主体责任没有落实、部门监管不力、安监部门综合监管能力弱、政府安全生产投入不足等问题。建议：1. 落实企业安全生产责任制和责任追究制，加强企业安全生产管理机构人员配备，强化企业安全投入。2. 实行“谁牵头，谁负责”联合工作机制，严格执法。3. 对全市安全生产监管体制进行调整与改革，合理界定、划分安监局与各专项监管机构的工作定位、工作层次及职能范围，建立统一、高效、权威的安全生产综合监管体系。4. 在一把手负总责前提下，按照“谁主管、谁负责”原则，把安全生产责任分解到各个分管领导，明确党政班子成员对分管口和分片挂点县（区）、乡（镇）安全生产工作负责，建立主要领导、分管安全生产领导和行业分管领导责任共担机制，确保安全生产高位推动。调研报告获得市长甘良淼批示，推动相关工作落实。

2008年7月，市政协抚河流域水环境保护与治理调研组赴崇仁县、乐安县就抚河流域乐安县、崇仁县水环境保护与治理开展专题调研，形成《关于抚河流域乐安、崇仁两县水环境保护与治理的调查报告》呈送市委、市政府参考。调研认为，两县党委政府对水环境保护与治理情况比较重视，采取有效措施，较好地保护水环境。但一些矿产企业污染严重、危害极大，工业企业环保设施严重滞后，生活污水直排现象严重，生活垃圾处理不达标，农业面源污染日趋严重。建议：1. 加大宣传，提高认识，形成自觉保护水环境的良好氛围。树立倡导保护环境就是发展经济的理念，推动社会更加重视环境保护工作。2. 加大力度，积极治理好重点污染企业。努力协调各方，促进721矿尾砂坝的综合治理。3. 进一步做好企业环境影响评价工作，督促企业完善污水处理设施，做好生产废水处理工作，使其达标排放。4. 尽快建成城市污水处理厂，尽早实施垃圾无害化处理；结合新农村建设，加强农业生态能力建设。调研报告经市政府分管领导批示后，有关部门得到很好落实。

2009年5月，根据市政协统一部署，教文卫体委就如何发挥政协委员界别作用进行调研，形成《关于发挥好政协界别作用的调查报告》。调研认为，二届市政协以来，按照《政协抚州市委员会关于各专门委员会同政协界别对口联系实施办法》要求，围绕抚州政治、经济、社会发展的工作重心，畅通界别委员参政议政渠道，充分发挥教育、文化体育、医药卫生、农工党四个界别优势，为抚州赶超发展、和谐发展献策出力。建议：1. 尽快制定充分发挥界别作用的操作性文件。2. 与时俱进设置界别，科学合理设定界别人数和比例。3. 激发委员参政议政热情，突出界别委员主体作用。建议强化政协委员管理，建立界别群众推荐政协委员的选拔制度；理顺界别与委员所在单位的关系；搞好委员培训，提高委员素质，增强委员的责任感和参政议政的能力。4. 搭建界别作用发挥平台，不断拓宽界别活动形式。建立界别召集人制度，建立副主席直接联系界别制度；建立界别与政府相关职能部门对口联系制度，与政协界别相对应的政府部门应采取向该界别委员通报情况、联合调研等方式，定期或不定期地征询界别的意见，为界别开展活动创造条件；建立县（区）政协委员活动机制。调研报告引起市政协党组和市委统战部重视，进一步加强和改进界别工作。

2009年5月至6月，市政协组织调研组就保护森林资源加强生态建设提高可持续发展能力开展专题调研。深入黎川、资溪两县听取了情况汇报，召开林业、森林公安、林场、环保、水利部门负责人座谈会和木竹加工企业、林农代表座谈会，实地察看部分林场、木竹加工企业、退耕还林点，赴福建三明市进行学习考察，形成《关于资溪、黎川两县保护森林资源加强生态建设专题调研的报告》呈送市委、市政府参考。调研认为，两县按照省市总体部署和工作要求，加快森林资源培育步伐，强化森林资源保护，优化生态环境。但管理体制不顺，经营机制不活、保护体系不优、林业产业发展缓慢，部门职能转变滞后。建议：1. 进一步在林业管理体制机制上改革创新，解放和发展林业生产力。2. 进一步提高科学经营水平，探索建立以林下经济、生态旅游、野生动物的驯养、珍稀植物的培育为主的公益林经营管理模式，增加农民收入，缓解公益林保护与利用之间的矛盾。3. 进一步完善森林保护体系，坚持培育与保护并举，促进生态林业可持续健康协调发展。4. 进一步培植林业产业发展，在重点林区建立林产工业专业园，努力引进知名林业集团公司落户。5. 进一步下放权力，尽量做到能放在乡（镇）级的不放在县级，能放在县级的尽量不放在市级。调研成果获得林业部门重视，形成工作抓手，推动相关工作。

2010年3月至10月，市政协港澳台侨委员会和11个县（区）政协及市直有关单位，围绕抚州“对接海西经济区发展，打造江西对接海西经济区桥头堡”课题进行深入调研，赴福建省福州、厦门、泉州、莆田、三明、南平等6市学习考察，汲取先进经验，形成《关于抚州融入海西经济区建设的调查报告》呈报市委、市政府。调研认为，2009年5月14日，国务院颁布《关于支持福建省加快建设海峡西岸经济区的若干意见》，抚州被国家整体列入海西经济区发展战略，是加快发展重大机遇。抚州融入海西经济发展具有良好基础优势，但与“海西”区域城市，尤其是与福建省城市相比思想上存在差距、工作上不够主动、措施上不够有力。建议：1. 解放思想，切实抓住“海西”发展机遇。以新一轮思想大解放引领新一轮科学发展，切实把握“海西”发展机遇，以开阔的眼界和超凡的魄力实现抚州的赶超发展。2. 积极谋划，主动实现规划政策对接。要主动与国家、省及海西经济区规划相衔接、相统一。3. 抓住关键，努力实现主导产业的对接融合。4. 强化措施，进一步完善融合的平台和手段。尽快与区域内各设区市建立党政领导和部门联席会议及互访机制，每年定期组织领导层磋商和互访，以高位推动，促进区域有效融合和发展。调研成果引起市委、市政府主要领导重视，市长张勇作出批示，将建议列入对接海西主要举措。

2010年10月至11月，市政协教文卫体委员会对全市义务教育均衡发展情况进行专题调研。调研组赴临川、金溪、崇仁、东乡听取市县情况介绍，察看学校教育教学，组织座谈交流，访谈基层教师，形成《让优质教育惠及每一个孩子——抚州市义务教育均衡发展情况的调查报告》呈送市委、市政府。调研认为，市委、市政府重视关心义务教育，基本保障义务教育经费，加强师资队伍建设，改善薄弱学校环境，推进城镇学校建设，调整学校网点布局，规范学校办学行为。但经费投入总量不足，办学标准较低，教学质量城乡不均衡，“择校热”依然存在。建议：1. 坚持城乡一体，制定城乡教育均衡同步规划。扩大优质教育资源，让更多的孩子接受高水平的教育。2. 按照《中华人民共和国义务教育法》“三个增长”规定和《国家中长期教育改革和发展规划纲要》要求，分担相应的义务教育经费，力争2012年全市财政性教育经费占GDP比例达到4%的水平，确保教师工资等政策性待遇落实到位。3. 合理调整布局，推动城乡办学条件同步改善。4. 优化农村师资，实现城乡教师素质同步增强。5. 健全监督体系，促进城乡教育质量同步提升。报告引起市政府重视，副市长刘菊娇批示后，市教育局进行专题部署。

2010年11月至12月，市政协社会和法制委员会就“如何建立化解矛盾纠纷的有效机制，构建和谐社会”课题深入临川、东乡等6县（区）进行专题调研，实地考察乡镇（街道）、村（居），召开各个层面座谈会，广泛听取各方面对我市矛盾纠纷化解工作意见和建议，形成《有效化解各类矛盾纠纷，力促社会和谐稳定——关于全市矛盾纠纷化解工作情况的调研报告》呈送市委、市政府研究。调研认为，全市各级党委、政府坚持“一手促发展，一手保稳定”，高度重视矛盾纠纷化解，不断创新矛盾纠纷化解工作机制，全市矛盾纠纷化解工作成效显著，创造许多典型经验和成功做法。建议：1. 着力提高广大群众的法制意识，切实引导群众合理表达诉求。2. 进一步强化基层组织建设，进一步加强社会治安综合治理基层基础工作，充分发挥乡镇（街道）化解矛盾纠纷的枢纽作用。3. 源头防范，健全和完善“三调联动”机制。建议政府及部门办事公开、公正、公平、透明，最大限度地畅通社情民意渠道，尊重群众的知情权、参与权和监督权，真正做到科学决策、民主决策。4. 狠抓落实，建立健全人民调解保障机制。调研成果被市委政法委采纳，推动相关工作。

2011年4月至5月，市政协港澳台侨委员会对全市对台招商引资工作情况进行专题调研，形成《关于对台招商引资工作的调查报告》呈送市政府参考。调研认为，在各级党委、政府的高度重视下，全市对台招商引资渠道不断拓宽，环境不断优化，取得积极成效。但引进台资企业总量少，质量不高；对台招商系统性研究不够，吸引力不强。建议：1. 认清形势，抢抓机遇，在思想上增强紧迫感。2. 完善政策，优化环境，在筑巢上多下实功夫。3. 多措并举，内引外联，在招商上发挥主动性。4. 建立健全配套服务机制，做到一个窗口对外，一站式服务，简化办事手续，提高工作效率。对重大项目实行专人负责制，全程跟踪服务，限期完成。项目建设"全方位"服务体系。5. 各级教育和卫生部门要及时制定出台具体的优待台商及有关人员的细则和办法。调研成果被市商务局和市台办采纳，推动相关工作。

2011 年 7 月，市政协主要领导带领部分市政协常委、委员，对市委《关于进一步加强几个重点领域预防腐败工作的意见》的贯彻落实情况进行专题民主监督调研。调研组听取市纪委监察局、相关职能部门和南城县委、县政府关于重点领域预防腐败工作情况汇报，实地察看南城县公共资源交易中心、国库支付中心和行政服务中心，召开专题座谈会，形成调研报告。调研认为，全市贯彻落实《意见》取得了明显成效。但对贯彻落实《意见》的认识不够到位，重点领域和关键环节制度和政策不够健全，重点领域和关键环节监管不够到位。建议：1. 加大宣传，进一步营造重点领域预防腐败的良好氛围。2. 加强监管，进一步规范重点领域和关键环节权力运行。3. 健全制度，进一步完善重点领域预防腐败的长效机制。4. 形成合力，进一步强化重点领域预防腐败的责任追究。严格落实"一岗双责"的要求，明确责任范围、任务分解、责任分工。5. 将几个重点领域负有领导责任的党政领导干部在行使公共权力过程中的"不作为、无作为、乱作为"等纳入问责范围，规定重点领域问责的具体情形、方式和程序。调查报告引起市委主要领导和市纪委重视，纳入市委常委会会议和市纪委常委会会议议题研究部署。

（三）三届市政协调研

2012 年 5 月至 6 月，市政协社会和法制委员会围绕"加强村级组织建设，提升社会管理水平"课题，采取视察与调研、预调研与重点调研相结合的方式，深入东乡、黎川县进行专题调研，形成调研报告。调研认为，全市村级组织建设在探索中前进，基层党组织覆盖面不断拓展，村"两委"班子配备渐趋优化，村民自治意识日益增强。建议：1. 狠抓核心不放。以巩固党在农村的组织基础、群众基础为着力点，强化村级党组织的领导地位，为全面推进基层组织建设提供坚强的组织保证。2. 服务好群众。以加强执政能力建设为切入点，不断改进村级党组织的领导方式和工作方式，增强基层组织为群众服务的意识。3. 做强村级财力。积极探索增加村级集体收入的有效途径。4. 提升干部能力。以提高村党支部书记素质为关键，着力增强村干部引领发展的能力。5. 培育新型农民。通过广泛宣传教育，引导农民从更高程度上了解社会主义新农村的美好愿景，认识当前利益和长远利益的关系，消除"建设新农村是政府的事、与我无关"的错误思想，增强热爱家乡的感情，培养作为农村主人翁的自豪感和责任感，切实发挥农民的主体作用。调研成果被市委组织部、市委农工部采纳，出台相关文件，促进有关工作。

2012 年 7 月至 8 月，市政协提案委员会围绕督办市政协三届二次会议重点提案《关于对抚州古村古建开展普查保护的建议》，深入金溪、东乡、乐安、临川等 8 个县（区）近 20 个村镇开展实地调查，先后多次召开专题座谈会，形成《抢抓机遇扬优成势，切实加强古村落保护开发工作——关于抚州打造国家级、省级历史文化名镇名村的调查报告》呈送市委、市政府。调研认为，抚州历史悠久，文化积淀深厚，古村落资源丰富，文物遗存数量多、价值高、内涵丰富，文化元素众多，且现状保存较好、能较完整地反映一定历史时期的历史风貌和格局。建议：1. 成立抚州市古村落申报国家级、省级历史文化名镇名村项目领导小组，由分管副市长担任组长，各县（区）政府、文化、建设、规划、发展改革委、财政、农工部等部门分管领导为成员，办公室设市文化新闻出版局。2. 由市文化新闻出版局提供申报文书制式范本，各县（区）认真做好前期准备工作。3. 对已具备申报资质的古村落立即确定保护范围，划定核心保护区和建设控制地带，对保护区域内的建设项目实施严格控制，禁止村民随意拆毁改建，确保“拆新保旧、修旧如旧”，防止“重申报、轻保护，边申报、边破坏”现象发生。4. 学习借鉴国内历史文化名镇名村保护经验，运用科学设计手段，积极探索适合抚州的保护规划编制方式方法。5. 尽快出台《抚州市历史建筑认定办法》《抚州市古村落保护实施办法》《抚州市历史文化名镇名村保护工作方案》，对古村落保护开发予以政策扶持。调研成果引起市政府重视，副市长刘菊娇作出批示，市文化新闻出版局进行专题研究。

2012 年 7 月至 9 月，市政协人口资源环境委员会围绕如何确保稳步持续推进抚州油茶产业健康发展课题，深入临川区和崇仁、乐安、广昌县进行专题调研，赴宜春市学习考察，形成《破解油茶产业难题，稳步推进健康发展——关于加快抚州油茶产业发展的调查报告》。调研认为，2012 年，市委、市政府以战略眼光制定《抚州市人民政府关于加快油茶产业发展的意见》，抚州油茶产业发展呈现良好态势。建议：1. 加大政府资金补助是鼓励企业或农户积极参与种植油茶最有效的“神丹妙药”。2. 推广“公司＋基地＋农户”的联合经营模式，建立专业协会和专业合作社，培育林农主力军。3. 搞好油茶分类经营，推广先进适用技术，加强技术人才队伍建设。4. 注重与环境保护有机结合，严格遵守“四不栽”原则，鼓励开发户采取大穴和隔行条垦方式进行整地，机械整地推广等高反坡条带、保留条带斜坡植被、条带内侧整“竹节沟”等水保措施。调研成果被市政府和市林业局采纳，推动油茶产业加快发展。

2013 年 3 月 27—29 日，市政协经济技术委员会就“加强港铁联动、促进区域合作”问题赴福建省莆田、三明进行学习考察。通过座谈交流、实地考察港口和火车站建设，感受了莆田、三明两市发挥向莆铁路大动脉作用和加快发展的强烈愿望、澎湃激情与赶超速度，形成《赴莆田、三明市考察港铁联动的报告》。报告建议：1. 加强与国家、省海关等部门的沟通和联系，申请尽快设立抚州海关，以便加强与莆田、福州等地海关的对接，共同协商货物报关、检验检疫、通关等事宜，为对外贸易发展提供便利条件，推动开放型经济发展。2. 争取中央电视台和江西、湖南、福建卫视，对向莆铁路通车后带动沿线城市经济发展的生动事实进行宣传讲解，扩大向莆铁路的对外开放、经济互动、资源共享、融合发展功能，带动人流、物流、商流、资金流、信息流，形成向莆铁路沿线经济繁荣带。3. 积极争取国家有关部门支持，在物流园区内设立海关、检验检疫机构；引进一批进出口贸易公司和精通报关业务的专业人员，为企业提供进出口报关服务。调研成果引起市委、市政府重视，纳入工作安排。

2013 年 5 月至 6 月，市政协人口资源环境委员会委员及粮油部门专家，就全市如何实施“放心粮油”工程课题开展调研，赴萍乡、宜春市学习考察，形成《实施“放心粮油”工程保障粮油质量安全——关于抚州尽快实施“放心粮油”工程的调查报告》呈送市政府。建议：1. 市政府成立“放心粮油”工作领导小组，组织协调全市“放心粮油”工程实施工作。出台《“放心粮油”工程实施意见》《关于开展中心城区粮油直供配送工作实施方案的通知》等文件，将“放心粮油”工程纳入“万村千乡市场工程”和现代物流规划，争取政策和资金支持。2. 农业、质监部门应加强对粮油生产过程的质量监督，保障粮油的农药残留、重金属等指标符合食用标准，保障终端粮油消费的安全。3. 全面构建布局合理的“放心粮油”经营网络，制定统一管理办法，支持鼓励民营企业加盟。4. 建立粮食加工环节、粮油入店选择、储存环节、销售环节等各个环节的质量标准及管理制度。5. 广泛宣传实施“放心粮油”工程的重大意义，让城乡消费者真正了解什么样的粮油产品是安全放心的，拒绝消费伪劣产品。报告获得市政府分管领导批示，有关部门进行专题研究。

2013年5月至6月，市政协社会和法制委员会采取分组调查与集中视察、座谈讨论与问卷调查、市内调研与市外取经相结合的方式，深入临川区、崇仁县和市房管、建设等部门，并前往广州市白云区进行学习考察，就加强全市城市住宅小区物业管理问题进行了专题调研，形成《加强物业管理构建和谐社区为建设幸福抚州奠定基础——关于全市城市住宅小区物业管理情况的调查报告》呈送市政府。报告建议：1. 在优化舆论环境上造声势。坚持虚功实做，把宣传物业管理法规与建设和谐抚州、四城同创、创建文明小区文明户的宣传培训结合起来，提升城市文明素质。2. 以《中华人民共和国物权法》《住宅专项维修资金管理办法》《江西省物业管理条例》《抚州市住宅小区物业管理用房配置办法》为指导，尽快制定配套规章制度。3. 按照“两级政府、三级管理、四级网络”要求，完善规范物业管理行政管理体系，街道（乡镇）设立物业管理站，配备专职人员，加强基层物业管理工作队伍建设。调研报告引起市政府和有关部门重视，推动市区物业管理得到加强。

2013年5月至6月，市政协港澳台侨和外事委员会就全市“湿地保护与建设”课题开展专题调研。调研组在各县（区）预调研的基础上，选择南丰、南城、东乡、宜黄4县进行实地调研，全面了解了全市湿地保护与建设情况，认真分析研究存在的突出问题，形成《保护湿地资源建设幸福抚州——关于全市湿地保护与建设情况的调查报告》报市政府。调研认为，丰富的湿地资源与良好的生态环境，是抚州弥足珍贵的财富和优势。全市以湿地公园建设为抓手，湿地资源保护走在全省前列，已建成湿地公园数列全省第1位。建议：1. 加大宣传教育，增强全社会的湿地保护意识。2. 市县（区）政府成立湿地保护与建设领导小组，由政府一名领导担任组长，研究制定湿地保护管理协调制度，加强对湿地保护建设工作的领导协调。3. 编制我市湿地保护总体规划，明确保护目标、建设布局、重点项目和政策措施。4. 尽快制定全市保护和建设湿地的实施细则，形成责任明确、分工合理的工作体系，对破坏湿地行为追究法律责任。5. 把湿地保护与建设纳入国民经济发展计划，列入公共财政预算，建立湿地生态效益补偿基金制度和长期稳定的资金投入机制。调研成果被市政府采纳，有关部门认真落实。

2014年6月至7月，市政协港澳台侨和外事委员会对全市外资及港澳台投资企业发展情况进行专题调研，形成《坚持深化改革努力破解外资及港澳台投资企业发展难题——关于抚州外资及港澳台投资企业发展的调查报告》，呈送市政府参考。调研认为，外资及港澳台投资企业发展问题，既是经济问题，又是政治问题，影响抚州对外开放形象。发展环境不优，办事大厅功能不全，部门服务意识不强，亲商工作不够热忱，影响外资及港澳台投资企业发展。建议：1. 优化发展环境，使外资及港澳台投资企业发展拥有良好的“气候”。2. 培植优势产业，使外资及港澳台投资企业发展拥有强大的“支撑”。3. 拓宽融资渠道，使外资及港澳台投资企业发展拥有流动的“血液”。4. 培育员工队伍，使外资及港澳台投资企业发展拥有不竭的“后劲”。调研报告引起市政府重视，市商务局、市台办进行专题研究。

2014年7月至8月，市政协社会和法制委员会深入临川东乡黎川就全市养老机构发展情况进行专题调研，形成《打造民生事业亮点，推进养老机构发展——关于抚州养老机构发展情况的调研与思考》，呈送市政府参考。调研认为，按照通行的国际标准计算，抚州在2009年进入老龄社会。“未富先老”，对抚州经济可持续发展、社会和谐稳定，特别是养老保障和养老服务提出严峻挑战。建议：1. 强化市政府养老服务体系建设工作领导小组的权责，明确各个部门在养老服务体系建设中的职能作用，为养老事业发展提供强有力组织保证。2. 全面落实市政府《关于进一步推进和完善全市养老服务体系建设的意见》精神，按照不低于本级财政收入2%的标准安排养老服务事业发展经费，并在三年内每年提高1%，达到财政收入的5%。3.按照生态园林化、规模化、职业化、现代化要求，推进市县城区老年公寓（中心敬老院）建设，每年新增1000张公办专业养老床位。实现养老服务机构建设与城市功能对接，机构集中养老与居家养老对接，满足城乡社区多层次养老服务需求。调研成果被市民政局采纳，形成工作举措。

2014年10月至11月，市政协教文卫体委员会就"抚州职业技术学院如何为加快发展提供人才支撑"课题进行专题调研，形成《做特做强抚州职院，服务地方加快发展》报告，呈送市委、市政府参考。调研认为，在市委、市政府重视和支持下，抚职确定"用5年时间建成全省示范性高等职业院校"和"成为全市'三大战役'技能型人才培养培训基地"目标，取得一定成效，呈现良好发展势头。但整体办学实力还比较弱，服务抚州经济社会发展之手相对较软，社会支持氛围不浓。建议：1.加强内涵建设，激发办学活力，不断提升服务区域经济发展能力。2.协调人保、工信委、农业、扶贫、旅游、商务等职能部门培训项目放在抚职开班，充分发挥抚职培训资源的最大效益。按照赣财教拨〔2013〕185号文件要求，在抚职生均经费3600元的基础上，将生均公共经费由目前的1000元提高到2000元。3.组建政府主导、行业牵头、企业和学校参与的职教联盟，实现经费统筹、招生统筹、师资统筹、教学统筹。建议被市政府和有关部门采纳，推动抚州职院加快发展。

2015年6月至7月，市政协港澳台侨外事和民族宗教委员会对全市乡村旅游产业发展情况进行专题调研，形成《做大乡村旅游产业，加快建设旅游强市——关于全市乡村旅游产业发展情况的调查报告》，呈送市政府研究。调研认为，在如火如荼的旅游热潮中，乡村旅游异军突起，成为旅游业的新宠，抚州先天条件好，发展乡村旅游大有可为。但发展定位不明，缺乏科学规划；资源挖掘不够，缺乏品牌特色；资金投入不大，缺乏产业规模。建议：1.从推动"发展升级、小康提速、绿色崛起"、"融入南昌、对接海西"和建设"南昌旅游休闲后花园"战略高度，对发展乡村旅游产业进行认识定位，把发展乡村旅游产业作为兴市强市的重要战略。2.尽快制定抚州乡村旅游产业发展总体规划和景区开发建设规划纲要，合理布局乡村旅游景点和线路，明确板块特色、项目重点和发展目标。3.加快项目建设，形成产业规模。4.搞好宣传策划，提升品牌形象。5.统筹技能培训与人才发展计划，将乡村旅游专业纳入全市职业教育体系规划，鼓励支持高等院校加快乡村旅游人才培养，建设高素质乡村旅游管理队伍。调研成果被市县广泛采纳，推动乡村旅游规划发展。

2015年10月至11月，市政协社会和法制委员会深入高新区、崇仁、宜黄等县（区）就抚州民营企业法治环境情况进行专题调研，形成《优化法治环境，助推民营企业健康发展——关于抚州民营企业法治环境的调研与思考》，呈送市委、市政府研究。调研认为，全市认真贯彻市委、市政府关于依法治市决策部署，促进法治环境不断优化，助推民营企业快速发展。但仍然存在行政执法不作为、乱作为的现象，政务服务不优质、不细致等问题影响民营企业发展。建议：1.做好减政放权工作，搞好减放权项目衔接落实，定期对政府规章和规范性文件进行清理审查，凡与上位法相抵触或不一致的，该修改的修改，该废止的废止。2.对现有行政执法主体的执法资格进行重新确认，坚决清理地方和部门越权制定的行政收费项目。3.完善调解仲裁机制和法律服务机制，推进政府购买社会服务和中介服务市场化，力求民企快速发展和守法经营"两促进"。4.围绕优化发展环境，以行政处罚和行政许可为重点，开展行政执法专项检查和明察暗访，及时曝光并立案查处违法行政案件。调研报告引起市委、市政府重视，多位领导作出批示，推动相关工作。

2016年6月至7月，市政协社会和法制委员会深入南城、宜黄及市直有关部门，就全市公共法律服务体系建设开展专题调研，形成《加快构建覆盖城乡公共法律服务体系，推进依法治市战略实施——关于全市公共法律服务体系建设的调研与思考》。调研认为，全市公共法律服务体系建设取得明显成效，但仍存在公共法律服务界限不清晰、平台不健全、社会认知度不高等情况。建议：1. 对照省委、省政府《关于建立全省公共法律服务平台的意见》，制定具体《实施意见》，成立公共法律服务体系建设协调领导小组，各部门分工负责，相互配合、相互协作，为有效开展工作提供组织保障。2. 完善法律服务体系建设，建立工作运行机制。3. 加强公共法律服务窗口建设，为群众提供"窗口化""一站式"法律服务。4. 将公共法律服务体系建设经费纳入财政预算，建立政府购买公共法律服务机制。5. 切实落实"谁执法谁普法"、以案讲法制度，创新普法宣传形式，营造浓厚法制宣传氛围。调研成果引起市司法局重视，进行专题研究落实。

2016 年 8 月至 9 月，市政协教科文卫体委员会对全市中医医疗机构发展情况进行专题调研，形成《做强中医医疗机构提升中医药服务能力调研报告》，呈送市委、市政府参考。调研认为，做强中医医疗机构满足人民群众多层次多样化健康服务需求，是抚州振兴中医药产业的客观需要和必然选择，但抚州中医医疗机构不仅数量少、规模小，中医药服务能力和水平也居于全省后位。建议：1. 切实提高中医医疗服务能力，让中医姓"中"。加快市属三级中医院组建步伐，落实中医医院标准化建设工程，大力加强市属综合医院和县（区）人民医院的中医科室建设，增加中医药设备和中医药人员配备。2. 加快中医药人才培育，让名医有"名"。安排专项资金，加大对名老中医后勤保障力度，建设名老中医工作室，支持名老中医著书立说、传授临床经验，培育一批中医药学科带头人和技术骨干。3. 拓展中医养生保健服务，让特色更"特"。在有条件的综合医院、乡镇卫生院、社区卫生服务中心和有条件的村卫生室提供保健按摩、足疗、针灸、中药熏蒸、中药特色理疗等特色诊疗项目。

（四）四届市政协调研

2017 年 2 月至 3 月，市政协港澳台侨外事和民族宗教委员会联合市旅发委、市民宗局、市佛教协会，对"灵谷峰景区优环境、促发展"课题进行专题调研，形成《关于"灵谷峰景区优环境、促发展"的调查报告》，呈送市委、市政府参考。调研认为，灵谷峰因其独特的地理位置、人文景观和宗教文化，逐渐成为抚州近郊休闲旅游热点景区和宗教信众朝拜之地。但寺庙管理陷于混乱，停水断电时有发生，环境卫生脏乱不堪，安全隐患令人担忧，景区采石破坏严重。建议：1. 针对当前灵谷峰管理混乱、环境恶化、纠纷频发的实际情况，在灵谷峰进入实质性开发之前，当务之急应尽快恢复景区稳定秩序。2. 确定灵谷峰法定主体，明确市佛教协会为灵谷峰法定主体，厘清灵谷峰寺山地（林）归属，以避免因权属纠纷引发矛盾。3. 参照浙江普陀山、安徽九华山等地管理模式，根据灵谷峰顶上山形地貌，将佛、道、儒分成三个山头规划建设和管理，并采取三教合一、统一管理模式，各教享有自主管理权，但总体上以佛教为主，其他两教配合。4. 严禁毁林采石，加强景区保护。5. 确定发展思路，实现区域发展，将灵谷峰景区发展纳入全市发展大格局。建议被市政府和市民族宗教局采纳，对相关工作进行专题研究部署。

2017 年 6 月至 7 月，市政协经济委员会委员和专家学者组成 2 个调研组，对全市实施"百亿企业"培育工程情况进行深入调研，赴赣州、宁波、苏州等地学习考察，形成《培育大企业打造强引擎挺起抚州工业经济发展的脊梁——关于全市实施"百亿企业"培育工程情况的调查报告》，呈市委、市政府参考。调研认为，实施"百亿企业"培育工程，充分体现市委、市政府审时度势、高瞻远瞩、敢于担当的胆识气魄，但思想认识存在误区，层次水平存在差异，要素供给存在制约，发展环境存在不足。建议：1. 强化政府主导，进一步发挥目标引领作用。2. 强化政策扶持，进一步增强企业发展动能。3. 强化项目引进，进一步培植百亿企业增长点。深入分析研究全市重点培育企业和主导产业集中集聚集约特点，通过补链延链强链，提升产业集聚能力。4. 强化担当实干，进一步完善服务保障机制。市政府分管副市长对调研报告作出批示，有关部门认真研究落实调研成果。

2017年7月至8月，市政协社会和法制委员会深入崇仁、宜黄、南城、南丰、东乡和临川6个县(区)，就全市乡村规划和农民建房管理工作开展专题调研，形成《加强村庄规划，建设美丽乡村——关于全市乡村规划和农民建房管理的调研报告》，呈市委、市政府参考。调研认为，全市村庄规划编制加快推进，“两违”建房势头得到有效遏制，农民居住条件显著改善。但村镇建设规划执行受阻，农民建房盲目攀比，违建现象依然多发，土地浪费现象严重。建议：1. 按照“立足当前、着眼长远、适当超前”的要求，修编完善乡镇土地利用总体规划以及集镇发展规划、村庄建设规划，既要彰显前瞻性、科学性，又要因地制宜、量力而行，注重现实可行性。2. 按照“规划先行、政策引导、村民自愿、多元投入”原则，科学制定实施村庄改造整治计划，盘活农村存量建设用地，积极稳妥地推进农村建设用地整治。3. 认真执行抚办发〔2016〕33号文件规定，制定实施细则，建立农民建房长效管理机制，纳入年度目标考核，采取规划、建设、国土等部门联合审批方式，提高审批效能。4. 赋予乡镇一定的审批把关权责，形成以主管部门为管理主体、以乡镇村组干部为责任主体的管理机制。5. 依法严厉打击严重“两违”建筑。报告引起市政府和市委农工部、市建设局重视，研究制定相关措施，推进村庄规划建设工作。

2018年8月至9月，市政协港澳台侨外事和民族宗教委员会就“抚州智慧百乡千村健康医养扶贫工程”进行专题调研，形成《关于抚州智慧百乡千村健康医养扶贫工程情况的调研报告》，呈市委、市政府研究。调研认为，市委、市政府在全国率先实施智慧百乡千村健康医养扶贫工程试点建设，惠泽10多万名重点人群，为基层卫生事业发展带来蓬勃生机。但信息孤岛未能打破，数据安全未能打造，管理机制未能打通，应用能力未能打实。建议：1. 精准破“壁”，数据互联互通能力再提升。加快建设抚州“大数据”计算中心，提升互联互通功能。2. 精准发“力”，智慧医疗持续能力再提升。积极促成与优质企业的合作，由投资企业牵头，联合网络、银行、保险、基金会等运营主体，共同建立“智慧百乡千村健康合作基金”，以市场运作机制保障平台维护升级，为项目长效运营提供资金保证。3. 精准建“制”，基层卫生服务能力再提升。落实市政府办公室《关于印发智慧百乡千村健康医养扶贫工程考核奖励资金使用管理办法(暂行)的通知》精神，调动乡村医生积极性。报告获得市委主要领导批示，市卫健委积极推动相关工作。

2019年5月至6月，市政协经济委员会深入抚州高新区部分市政协委员企业和外向型企业调研走访，着重了解在中美贸易摩擦新形势下全市外向型企业生产经营情况、存在的困难问题，听取企业对政府有何意见建议，形成《关于当前全市部分外向型企业面临困难和问题的报告》呈送市委、市政府参考。调研认为，中美贸易摩擦给外贸出口带来明显下行压力，企业出口欧美订单明显减少，一些企业纷纷转向开拓“一带一路”国家市场。建议：1. 坚定企业发展信心。请挂点领导专题深入企业了解情况，解决问题，帮助企业树立发展信心。2. 建立政府、银行、企业三方联动机制，简化“财园通信贷通”手续，放宽贷款周期，争取变一年一贷为三年一贷，取消三方担保协议门槛，减少企业因启用过桥资金还贷而增加运行财务成本。由市政府牵头，建立供应链基金，为企业提供金融服务。3. 充分发挥工业项目投资引导基金、科技创新投资引导基金、高新技术引导基金作用，加大外向型企业新技术运用、自动化改造升级等技改资金帮扶力度。4. 支持企业开拓新的市场，融入“一带一路”国家市场。

调研成果引起市政府和金融部门重视，及时采取有效措施化解外资企业矛盾问题。

2019 年 6 月，市政协社会和法制委员会深入南城、黎川、崇仁、乐安、广昌 5 个县，就全市产业扶贫工作开展专题调研，形成《培育农村主导产业，提高精准扶贫效益——关于全市产业扶贫工作的调研报告》，呈送市委、市政府参考。调研认为，市委、市政府坚持把产业扶贫作为决战脱贫攻坚、决胜全面小康的重要抓手，多措并举，成效显著。但项目选择困难，支柱产业不多，带动能力不强。建议：1. 增强政治意识，强化统筹协调，明确发展目标，理清作战思路，完善扶持政策，夯实主体责任，久久为功，持续发力。2. 尽快制定完善产业扶贫规划，把产业扶贫与乡村振兴有机结合，与现代农业、乡村旅游业、电商业等优势产业相结合，选准支柱产业，科学谋划产业发展方向，优化产业布局。3. 整合政策、资金、资源，集中力量，全力引进和支持扶贫龙头企业壮大规模，补齐加工短板，完善产业链条，增强辐射带动力。4. 统筹整合各类产业项目资金和扶贫项目资金，设立特色产业扶贫发展基金，重点用于培育主导产业、实施重点项目、壮大市场主体、发展村集体经济等方面，通过市场主体带动创业就业，让贫困群众依托产业链增收致富。报告获得多名市领导批示，市政府进行专题研究。

2019 年 7 月至 11 月，市政协教科卫体委员会和部门专家成立调研组，深入县（区）及相关单位就抚州苏区文化保护利用进行调研，多次听取部门意见，广泛开展协商讨论，形成《抚州苏区文化保护利用存在的问题及建议》，呈送市委、市政府参考。调研认为，抚州是中央苏区北部屏障，在中国军史上占有极其重要的地位。但对红色资源挖掘不够、定位不准、保护不力、利用不足。建议：1. 借鉴山东临沂、河南信阳做法，成立保护开发领导小组，把红色革命遗址打造成习近平新时代中国特色社会主义思想宣传阵地，打造成“不忘初心、牢记使命”主题教育基地，打造成弘扬革命精神、传承红色基因的青少年第二课堂。2. 坚持抢救性与预防性保护相结合、文化资源与周边环境相结合，切实保护好红色革命文化遗址遗迹、旧址旧居的历史风貌。3. 出版一批红色读物。在结集出版《中央苏区抚州行》《抚州红色文化通览》后，以广大青少年和群众喜闻乐见的形式，挖掘、征集、整理、出版一批有关抚州的党史名人、革命文物、革命故事读物，进一步扩大抚州红色文化知名度和影响力。4. 大力发展红色旅游。如第四次反“围剿”主战场。市委宣传部召集有关部门进行专题研究，推动苏区文化保护工作有效开展。

2019 年 8 月至 9 月，市政协港澳台侨外事和民族宗教委员会就全市居家养老服务业发展情况开展专题调研，形成《关于全市居家养老服务现状的调查及情况分析》呈市委、市政府参考。调研认为，市委、市政府高度重视养老服务工作，2018 年争取到全国居家社区养老服务改革试点。但服务内容不全，服务方式不全，健康保障不全，宣传推广力度不够，衔接互动不紧。建议：1. 尽快制定出台抚州市养老服务体系建设发展三年行动计划（2019—2021），科学编制居家养老专项规划，与全市经济发展规划、区域卫生规划、城乡建设规划及服务业、中医药健康产业、生态旅游等专项规划衔接融合。2. 按照试点先行、稳步实施、逐步铺开的发展思路，扶持居家养老服务由精神慰藉、娱乐活动向助餐送餐、日托照料、医疗服务等基本领域发展，逐步延伸至紧急救助、家政服务、法律援助等领域。3. 推广智慧健康养老产品及服务，促进信息技术和智能设备在养老服务领域深度应用。4. 建立社区卫生服务站与二级以上综合医疗机构“双向转诊”绿色通道，将其确立为本地区居家养老“医护康养”培训和指导中心。5. 支持江西中医药高专、抚州职业技术学院、南昌大学抚州医学院，根据用人需求导向，开设养老护理专业，打造养老专业人才培育基地，做到精准培养、定向就业。调研报告获得市政府分管领导批示，民政部门专题研究部署。

2020 年 7 月至 9 月，市政协港澳台侨外事和民族宗教委员会围绕全市新冠疫情防控及传染病救治体系和能力建设情况，深入临川、南丰等县（区）和赣州市进行专题调研，形成《加强传染病救治体系及能力建设的调查报告》呈送市委、市政府。调研认为，新冠疫情发生以来，市委、市政府率先在全省启动高级别公共卫生应急响应，率先采用大数据防控手段，有针对性地制定管控措施，赢得社会好评。但救治体系不够健全，基础设施比较薄弱，专业人才缺乏。建议：1. 按照“分级负责、多方筹资，资源整合、合理布局，统筹兼顾、平战结合，科学建设、分步实施”原则，尽快制定“全市传染病医疗救治体系建设中长期规划”和《加快提升公共卫生防控救治能力的实施方案》，将传染病医疗救治体系建设纳入“十四五”卫生健康规划。2. 坚持硬件建设和软件建设相结合，切实做到软硬件建设并重，合理建设一定数量的 ICU 病房和负压病房，配齐配全急救、监护、手术、消毒等基本医疗设施。3. 坚持平战相结合，做到平战并重。4. 通过系统化医疗管理，把健康“战略关口前移”，打通“防”“治”通道，提升未来医院“医防融合”竞争力。5. 充分发挥“盱江医学”、“建昌帮”及“曹山禅养馆”等抚州中医药优势，早期实施中医药介入治疗新冠肺炎病人。调研成果被市卫健委采纳，成为强化公共卫生工作重要举措。

2020 年 8 月至 10 月，市政协人口资源环境委员会围绕“提升林质林相推进林业强市建设”深入资溪、乐安、黎川和宜黄等县开展实地调研，形成《关于提升林质林相推进林业强市建设的调查报告》。调研认为，抚州市是江西省林业大市，市委、市政府高度重视林质林相提升，在全省率先开展全面封山育林、主要通道沿线森林美化彩化等工作，森林覆盖率多年来稳居全省前列。但林质林相水平不高，森林保护短板不少，林业投入后劲不足。建议：1. 加速推进国家储备林建设，大力提高森林质量；推进全市封山育林，确保森林资源持续全面增长。2. 以深入实施林长制为抓手，全面落实森林资源保护责任；加强林业综合执法管理，打击森林资源破坏行为。3. 加快林地“所有权、承包权、经营权”三权分置林权改革，规范林地流转操作流程；建立健全公益林收购与补偿政策；多渠道筹集绿化造林资金。4. 加快绿色经济发展，提高林业经济效益。调研报告被市林业局采纳，推动全市生态文明建设。

2020 年 10 月至 12 月，市政协文化文史和学习委员会深入抚州市围棋协会、崇仁、宜黄、黎川、南城、金溪及赣州南康等地，实地开展抚州围棋文化产业化专题调研，形成《以“才子围棋”为支点，打造中国围棋文化“抚州样板”的调研报告》呈送市委、市政府。调研认为，抚州围棋历史悠久，经过两千多年发展，在中国围棋文化史上占有重要地位，是当代极具活力的“全国围棋之乡”。建议：1. 将打造中国围棋文化“抚州样板”纳入抚州“十四五”文化发展规划，设立“才子围棋”文化智能产业园，鼓励扶持社会资本投资兴办围棋文化产业实体，开展围棋文创产品研发生产。2. 借鉴山东日照、云南保山等地经验，争取中国围棋协会与市政府签署战略合作协议，将“全国围棋文化产业示范市”“全国围棋启蒙老师培训基地”“全国围棋夏令营、冬令营”“全国围棋文化与旅游合作基地”“中国围棋国家队集训基地”“中国围棋文化对外交流中心”等国家级围棋文化基地落户抚州。3. 围绕“全国围棋之乡”建设，普及推广围棋知识和围棋文化，做大抚州围棋人口。4. 加快文昌里历史街区“中国围棋文化城”规划建设，打造全国唯一极具文化底蕴的“中国围棋文化城”，鼓励支持建立名人围棋道场等培训基地。调研成果引起市委、市政府重视，市教育体育局专题研究落实。

2021 年 4 月至 7 月，市政协经济委员会就全市实施工业创新发展三年倍增行动开展专题调研，形成《实施工业倍增升级，推进抚州跨越发展——关于全市实施工业创新发展三年倍增行动的调查报告》，呈送市委、市政府参考。调研认为，实施工业创新发展三年倍增行动，是市委、市政府科学研判抚州发展形势，审时度势、加压奋进作出的重大决策部署。但完成目标任务压力较大、项目成果转换率低、科技创新能力和质量较低、支撑发展要素不健全。建议：1. 坚定不移地把工业作为立市之本、强市之基，在全市牢固树立“大抓工业、抓大工业”浓厚氛围，久久为功，长期抓、反复抓，做大存量挖潜力、做优增量强支撑，全力以赴推动工业经济高质量发展。2. 对现有产业进行全面梳理研究，尽快确定首位产业，作为抚州工业三年翻番的着力点和“主引擎”，持之以恒、全力推进。3. 充分利用广昌白莲、南丰蜜桔、崇仁麻鸡等特色资源以及抚州水资源优质丰富等生态优势，大力发展农业（食品）精深加工，努力打造绿色食品生产基地，做大做强做响食品加工产业。4. 紧跟国家政策导向，认真分析投资动向和市场需求，全力引进和支持好项目、大项目落地建设。调研成果获得市政府主要领导批示，市发展改革委、市工信局积极采纳建议推动工业倍增工作。

2021 年 7 月至 8 月，市政协社会和法制委联合市委宣传部，先后深入广昌、东乡、金溪等县（区）对全市乡风文明建设开展专题调研，召开市县两级有关部门负责人座谈会，形成《深化乡风文明建设，助力乡村全面振兴——关于抚州乡风文明建设实践成效、短板弱项与路径选择的调查》，呈送市委、市政府参考。调研认为，党的十九大以来，抚州乡风文明建设进行了一系列生动实践，呈现出丰富多彩的工作亮点，取得明显成效。但农业生产性服务不普惠导致乡风文明建设缺乏强有力组织承载体，乡村各类理事会作用发挥不够好，难以成为整合农村“自治”有效力量。建议：1. 坚持把服务好“五个振兴”作为乡风文明建设重点工程和政策导向。2. 坚持把聚焦农村生产性服务、乡村建设、环境治理等突出问题作为乡风文明建设突破口。3. 坚持高度重视建构法规约束、道德约束、政策约束等相辅相成的价值评价体系。4. 坚持积极探索融合“道德评议，法律明白人，‘绿宝’机制”的乡风文明建设实践形式。5. 坚持不断完善推进乡风文明建设“责任引领、示范引领、品牌引领”工作机制。调研成果被市委宣传部和市民政局采纳，推动相关工作。

2021 年 8 月至 9 月，市政协组织政协委员和有关专家，围绕推动全市公立医院高质量运营课题，深入相关职能部门和南丰县、崇仁县、资溪县实地调研，形成《精细管理，提质增效，推动全市公立医院高质量发展》报告，呈送市委、市政府参考。调研认为，市委、市政府高度重视医疗卫生事业发展，加大投入强化举措，优化布局，着力提升医疗服务能力，推动公立医院取得长足发展。但医疗服务水平相对滞后，体制机制改革还不到位，配套政策和服务衔接不紧密。建议：1. 统筹保障医院基础建设和设备购置。围绕传染病隔离救治、疾病预防控制、县级医院提标扩能、优质医疗资源下沉、妇幼健康、中医中药发展等方向，切实加大财政卫生投入，谋划一批重点项目，有针对、有重点、有计划、有步骤地改善市县医疗资源发展不充分不完善短板弱项，有效减少卫生资源重复设置。2. 围绕事业发展需要，根据医疗卫生重点项目建设进展情况，精准核算医疗卫生人才需求，制定高层次复合型医学人才、战略人才、领军人才的培养引进计划，并抓好落实。3. 进一步明确各级各类公立医院分级诊疗职能，推动错位特色发展，实现“功能完善、配套齐全、学科优质、设备先进、管理科学、群众满意”医疗服务体系。4. 统筹政策资金，营造良好发展环境，统筹利用医保、财政资金，保障公立医院有效运营。调研报告经市政府分管领导批示后，市卫健委充分采纳，推动公立医院高质量发展。

（五）五届市政协调研

2021 年 11 月，为落实市委主要领导关于名人雕塑园问题的批示精神，由市政协分管领导牵头成立调研组，组织部分市政协委员和相关部门专业人士，采取实地调研视察、召开座谈会、走访征求意见、外出学习考察等方式，就“名人雕塑园内‘名人’雕塑移至凤岗河湿地公园集中安置”及如何进一步做好服务管理、功能提升等问题进行专题调研。经过调研，并征求相关专家、文化学者、名人后代以及当年项目建设者、规划者、参与者等各方意见，大家一致认为，名人雕塑园内名人雕塑不宜搬移。主要理由有：1.若搬移，将极有可能引起社会广泛热议。2.将违背名人本人和名人后代的情感认同。3.将损坏名人雕塑园内基础设施。4.会被取消国家4A级旅游景区名称。5.将影响2022年凤岗河国家湿地公园验收。同时建议，要进一步加强名人雕塑园服务管理、功能提升工作；进一步明晰名人雕塑园功能定位；进一步完善名人雕塑园规划设计；进一步提升名人雕塑园管理水平。

2022年4月，市政协提案委员会就“推进老旧小区改造工作”课题组织部分政协委员深入临川区三纺宿舍小区、市供电局宿舍小区、富奇汽车厂宿舍小区、市委老宿舍小区等地开展调研，并召开有职能部门、政协委员、专家学者、居民代表等30多人参加的座谈会，形成《关于抚州市“老旧小区改造”的调查报告》。

2022年5月至6月，市政协港澳台侨外事和民族宗教委员会深入东临新区就高教园区建设开展专题调研，并赴九江共青城和贵阳清镇市学习考察，汲取先进经验做法，形成《高起点规划　高标准建设　着力打造全省一流高教园区——关于抚州高教园区建设情况的调查报告》。调研认为，抚州高起点规划、高标准建设，着力打造抚州高教园区，可为顺利实现市第五次党代会提出的推进市中心城区“100万人口、100平方公里”的“双百”目标、为才子之乡提升高等教育量质并举奠定坚实基础。市委、市政府把高等教育作为推进抚州发展的重要着力点，在东临新区规划建设占地约15平方公里的高教园区，顺应国内经济发展大势，符合抚州发展实际，有助于抚州区域经济结构优化升级，将成为抚州新的经济增长点。建设高教园区将为抚州高质量发展提供强大人才支撑。建议，1.要坚持以“统”为抓手，实现组织健全、机制完善。2.要坚持以“校”为重点，实现人才强市、聚力赶超。3.要坚持以“新”为理念，实现科技创新、内涵发展。4.要坚持以“文”为引领，实现文化育人、传承创新。5.要坚持以“产”为动力，实现以产兴城、产城一体。市委书记对报告作出批示，市教体局和东临新区及时召开会议进行专题研究，并充分吸纳建议，力促意见建议落地。

2022年8月至9月，市政协人口资源环境委员会会同市自然资源局、市住建局、市城管局组成以“提升城市品质，实现‘双百’目标”为课题开展专题调研，深入临川、东乡、高新、东临四地展开调研，形成《“双百”扬帆正当时，中流尚需同“击水”——关于提升城市功能品质，实现“双百”目标的调查报告》。调研认为，抚州打造“双百”新抚州成效明显，正不断让城市形象“立”起来，经济发展“快”起来，人民幸福指数“升”起来。但在推动“双百”城市建设中仍存在一些阻力和困难。建议：1.持续深化体制改革，激活城市发展动力。2.提速推进区域融合，聚力擘画发展蓝图。3.加大产业创新发展的力度，助推产业提质增量。4.坚持战略规划引领，推动高教园区集群发展。5践行人民城市理念，打造高品质生活区。

2023年9月至10月，围绕着力建好用好中共党员委员工作站这一协商议事平台，市政协组建专班，深入挂点社区五皇殿社区和东临新区、崇仁、广昌等地开展实地调研，并召开座谈会征求意见，形成调查报告《关于建好用好中共党员委员工作站的实践与思考》。报告认为，中共党员委员工作站建成和投入使用，不仅切实解决以往政协工作“有亮点、没看点”问题，实现委员履职常态化，使“年委员、季常委”成为历史，而且破解“两个薄弱”问题，使各专委会既有坚强班子，又有强壮队伍，走出一条专委会人员不足情况下自我挖潜的新路。主要表现在：推动市政协工作面貌焕然一新；示范带动县（区）政协实现创先争优；紧扣服务中心大局协商议政成绩斐然。为充分发挥中共党员委员工作站政治引领、凝心聚力、协商议政、收集民意、界别活动等阵地作用，积极开展协商议政、建言献策，进一步推动抚州政协协商民主再上新台阶，推动全市政协工作再创新局面，同时建议：1. 加强工作站政治引领作用。2. 深挖政协委员议政潜力。3. 建立制度推动成果转化。4. 进一步提升工作站使用效率。

2023 年 9 月至 11 月，为深入贯彻落实习近平总书记考察江西时提出“走在前、勇争先、善作为”的标准和要求，充分发挥专门协商机构作用，更好围绕中心、服务大局，进一步推动全市政协工作提质增效，市政协围绕“推动全市政协工作高质量发展”主题深入东临新区、五皇殿社区和崇仁、广昌、宜黄、黎川等地开展调查研究。通过走访县（区）政协机关、挂点企业、社区、中共党员委员工作站等，广泛征求意见建议，形成调查报告《聚焦“走在前、勇争先、善作为”的标准要求　努力建设“忠诚为民务实奋进”的政协——推动全市政协工作高质量发展调研报告》。报告认为，五届市政协始终坚持努力建设“忠诚为民务实奋进”的政协，争创新时代政协“第一等的工作”。加强政治引领，在建设“忠诚的政协”上有新作为；树牢宗旨意识，在建设“为民的政协”上有新举措；服务中心大局，在建设“务实的政协”上有新成效；坚持改革创新，在建设“奋进的政协”上有新突破。但在推动政协工作高质量发展方面还存在一些不足。建议：1. 在解放思想中凝聚共识。加强党的全面领导，加强思想政治引领，持续强化系统思维。2. 在开拓进取中提质增效。紧扣中心大局开展履职，紧扣民生实事开展履职，紧扣凝聚共识开展履职。3. 在扬长补短中激发活力。厚植优势，推动工作站建设持续走深走实；补齐短板，提升市县政协民主监督工作实效；强化弱项，推进政协协商向基层延伸。4. 在固本兴新中提升能力。加强专委会规范化建设，加强“两支队伍”建设，持续深化作风建设。

2023 年 10 月，市政协党组针对市、县（区）两级政协在履行民主监督上存在不愿监督、不会监督、不敢监督，政协民主监督职能发挥不够，效果不够明显的情况，开展专题调研。调研组先后赴东乡区政协、宜黄县政协开展实地调研，并组织部分市政协机关、各民主党派市委（工委）、市工商联和市党外知联会有关负责人交流座谈，广泛收集问题、听取意见建议。调研认为，相对于政治协商、参政议政，政协民主监督职能作用发挥还显得相对薄弱。主要表现在：专项民主监督活动开展较少；民主监督形式较为单一；民主监督工作机制有待完善；民主监督成效不够明显。建议：1. 转变思想观念，深化对民主监督工作的认识。2. 突出监督重点，推动专项监督走实走深。3. 融合监督形式，推动民主监督工作提质增效。4. 健全工作机制，促进民主监督制度化、规范化、程序化。5. 建强组织队伍，提高民主监督工作能力水平。

2023 年 7 月，市政协经济委就抚州建筑业目前发展状况开展调研。调研组先后深入南城县、临川区及市直部分建筑企业了解情况，并与相关职能部门和部分建筑企业代表进行座谈和交流。通过调研发现，当前抚州建筑业总体上落后于形势发展。主要表现在：企业数量虽多，整体实力偏弱；社会效益不足，带动能力偏小；创新驱动不够，发展潜力受缚。同时在发展理念上也存在差距，思想观念相对滞后；体制机制不够完善；企业融资仍然困难；建筑人才十分短缺。调研认为，抚州是传统建筑业大市，发展建筑产业具有得天独厚的优势。在新形势下，应擦亮“建筑之乡”品牌，重铸建筑业辉煌，更好地服务地方经济发展。建议：1. 提高站位，确立建筑产业发展的支柱地位。2. 高位推动，落实建筑产业发展的扶持政策。3. 搭建平台，打造建筑产业发展的聚集高地。4. 扶优扶强，推动建筑企业发展的提质升级。

2024 年 5 月，围绕“擦亮抚州普通高中教育品牌”，市政协教科卫体委员会采取外出考察与实地调研、座谈讨论与发放问卷相结合等形式，下县（区）、进学校开展调查研究，形成《实施名校引领，驱动集群发展——关于擦亮抚州普通高中教育品牌的调研报告》。报告认为，近年来，抚州大力推动高中教育普及化、特色化发展，取得一定成绩。传承教育品牌，优先发展理念得到进一步强化；夯实发展基础，争先创优活力得到进一步激发；深化综合改革，教育教学质量得到进一步提升。但抚州高中教育也面临新问题，临川教育品牌荣光不再；优质生源涵养内忧外困；教师队伍建设压力倍增；高中学校运行渠道不畅；学科竞赛举步维艰。为擦亮抚州高中教育品牌，建议：1. 高度重视，齐抓共管，重塑抚州名校新形象。创新发展理念，打造抚州名校，支持品牌建设。2. 优化资源，特色发展，打开集群发展新格局。实施“雁阵式”联办模式，建立“赋能式”管理机制，创新“贯通式”培养模式。3. 源头治理，挖潜赋能，激活自主发展新态势。赋予学校充分的管理自主权，完善高中师资补充及转岗机制，激活教职员工工作积极性。4. 强化竞赛，完善体系，建立量化考核新机制。上下贯通推动竞赛强基，推动高中育人方式变革，健全发展督导考核机制。

2024 年 7 月，市政协社法委与市司法局组建专题调研组就“发挥司法所职能作用，促进‘法律明白人’品牌升级”开展调研。调研组采取多点察看、分片座谈、专访约谈、统计调查等方式，形成《夯实基层基础，提升品牌品质——关于发挥司法所职能作用促进“法律明白人”品牌升级的调研报告》。报告认为，抚州市自 2015 年试点实施“法律明白人”培养工程以来，经过多年实践和发展，创出“抚州样板”，形成“抚州经验”，上升为“全国部署”，打造出一个在全国叫得响的法治品牌。但随着乡镇机构改革的深入，进一步发挥司法所职能作用、促进“法律明白人”品牌升级，也存在一些担忧。如何依靠现有基础和条件，进一步发挥好司法所职能作用，促进“法律明白人”品牌升级，不断推进市域社会治理现代化，建议：1. 厘清司法所和平安法治办的职责关系，整合工作力量。2. 进一步夯实司法所工作基础，提高司法行政工作效能。3. 加强乡镇统筹协调，依托司法所做实“法律明白人”培养工作。4. 对“法律明白人”培养工作进行系统总结，丰富“抚州经验”，提高品牌成色。5. 鼓励基层推进工作创新，形成培养“法律明白人”活跃跃的经验创造。6. 摒弃行政化思维，按照“专而优、重实用”的原则，打造高质量“法律明白人”队伍。7. 加强有针对性的培训培养，提高“法律明白人”法律素养和能力水平。8. 完善工作机制，促进“法律明白人”作用充分发挥。

2024 年 6 月至 7 月，市政协人口资源环境委员会联合市城管局、市生态环境局组成调研组，先后赴临川、东乡、高新、南丰等地，就“加快城市垃圾和生活污水治理”课题开展实地调研。召开由中节能、华赣劲旅、市污水处理厂、蓝德环保科技等涉及生活垃圾、建筑垃圾、生活污水治理等第三方企业参加专题座谈会，认真听取企业在运营中存在的问题和建议，形成《擦亮城市环境底色　绘就美丽抚州蓝图》调研报告。调研报告主要阐述抚州城市垃圾和生活污水治理态势，从生活垃圾、生活污水、建筑垃圾、第三方治污企业等四个方面，分别指出抚州城市垃圾和生活污水治理工作存在的突出问题，并参照宜春、上饶两市经验做法，针对性提出对策建议，力求推进城市垃圾减量化、资源化、无害化，补短板强弱项。调研报告得到市委、市政府高度重视，要求相关单位吸纳其中建议，完善工作举措，协商议政效果明显。

2024 年 12 月，市政协经济委赴资溪县对“以竹代塑”产业进行专题调研。调研组深入高阜镇笋竹两用林复合经营示范基地、“以竹代塑”部分重点生产企业等地，并与部分乡镇、企业和相关部门负责人进行座谈交流，详细了解资溪县在推进“以竹代塑”工作方面具体实践和取得的成效。通过调查发现，资溪县“以竹代塑”产业发展存在竹资源开发利用率不充足、竹产业多元化结构不完备、生产加工企业规模和产量整体偏小等问题。建议：1. 进一步夯实资源基础，增强“以竹代塑”新动能。2. 进一步改善产业结构，培育“以竹代塑”新产能。3. 进一步强化要素保障，营造“以竹代塑”新环境 4. 进一步拓宽竹产品应用市场，提升“以竹代塑”新效能。

一届市政协至五届市政协调研情况一览表（部分）

时间	调研课题	调研单位
2001.8—9	促进全市乡镇卫生院发展	教文卫体委
2001.10	加快对流坑古村保护利用	“三胞”联谊委
2001.10	加快全市医药工业发展	经济技术委
2001.10	非公有制经济发展法制环境	法制社团委
2002.4	全市优化环境与经济发展	配合省政协调研组
2002.5	全市社会保障	法制社团委
2002.5	抚州药品生产企业 GMP 工作	教文卫体委
2002.9	抚州长防林工程建设	农村和农业委
2003.10	全市国有企业改制	经济技术委
2003.10	全市宗教文化资源	文史委
2004.3—4	推动有全市农村文化生活发展	文史委
2004.11	全市残疾人事业发展	社法委
2005.4—6	调查临川文化遗产	文史委
2005.7	全市社会养老保险	社法委
2006.5	全市幼儿教育发展	教文卫体委
2006.10	全市食品安全监管	教文卫体
2007.1	全市希望工程实施	港澳台侨委
2007.4—7	全市新型农村合作医疗试点	教文卫体委
2007.4—7	港澳台侨资源	港澳台侨委
2007.8	全市未成年人违法犯罪	社法委
2007.10—11	全市林权制度改革结束后如何引导规范森林资源流转和完善林改配套措施	农业和农村委
2008.3—5	加强安全生产工作	经济技术委
2008.7	抚河流域乐安、崇仁两县水环境保护与治理	市政协第二调研组
2009.5	如何发挥政协委员界别作用	教文卫体委
2009.5—6	保护森林资源加强生态建设提高可持续发展能力	市政协第四调研组
2010.3—10	抚州融入海西经济区建设	港澳台侨委
2010.10—11	抚州市义务教育均衡发展	教文卫体委
2010.10—11	有效化解各类矛盾力促社会和谐稳定	社法委
2011.4—5	全市对台招商引资工作	港澳台侨委

续表

时间	调研课题	调研单位
2011.7	进一步加强几个重点领域预防腐败工作	教文卫体
2012.5—6	全市村级组织建设	社法委
2012.7—8	古村落保护利用	提案委
2012.7—9	抚州油茶产业健康发展	人口资源环境委员会
2013.3	加强港铁联动、促进区域合作	经济技术委
2013.5—6	实施“放心粮油”工程	人资环委
2013.5—6	住宅小区物业管理	社法委
2013.5—6	全市湿地保护与建设	港澳台侨和外事委
2014.6—7	抚州外资及港澳台投资企业发展	港澳台侨和外事委
2014.7—8	全市养老机构发展	社法委
2014.10—11	抚州职业技术学院如何为加快发展提供人才支撑	教文卫体委
2015.6—7	全市乡村旅游产业发展	港澳台侨委
2015.10—11	优化法治环境，助推民营企业健康发展	社法委
2016.6—7	全市公共法律服务体系建设	社法委
2016.8—9	全市中医医疗机构发展	教文卫体委
2017.2—3	“灵谷峰景区”优环境促发展	港澳台侨和外事委
2017.6—7	全市实施“百亿企业”培育工程	经济委
2017.7—8	加强村庄规划，建设美丽乡村	社法委
2018.8—9	智慧百乡千村健康医养扶贫工程	港澳台侨和外事委
2019.5—6	全市部分外向型企业面临的困难和问题	经济委
2019.6	培育农村主导产业，提高精准扶贫效益	社法委
2019.7—11	抚州苏区文化保护利用	教科卫体委
2019.8—9	全市居家养老服务业发展	港澳台侨和外事民宗委
2020.7—9	全市新冠疫情防控	港澳台侨和外事民宗委
2020.8—10	全市生态文明建设	人资环委
2020.10—12	抚州围棋文化产业化	文化文史和学习委
2021.4—7	实施工业创新发展三年倍增行动	经济委
2021.7—8	全市公立医院高质量运营发展	教科卫体委
2021.7—8	深化乡风文明建设，助力乡村全面振兴	社法委
2021.11	抚州名人雕塑园景区功能优化	提案委

续表

时间	调研课题	调研单位
2022.1	《寻梦牡丹亭》实景剧运维问题	经济委
2022.4—6	我市数字经济发展情况	经济委
2022.5	建设高教园区	港澳台侨和外事民宗委
2022.7—9	推进“一号改革工程”，打造一流营商环境	教科卫体委
2022.8—11	国有企业改革情况	经济委
2022.9	提升城市功能品质	人资环委
2023	抚州生态康养产业发展	文化文史和学习委
2023	社会应急救援力量规范化建设	社法委
2023	加强农田水利设施建设与管护	农业和农村委
2023.10	政协机关干部队伍建设	政协办公室
2023	抚州建筑业发展情况	经济委
2024	实施名校引领，驱动集群发展	教科卫体委
2024.4	有色金属精深加工产业发展	经济委
2024.7	加快城市垃圾和生活污水治理	人资环委
2024.6	倡导良性婚俗，弘扬时代新风	提案委
2024.12	推进我市农村一二三产业融合发展	农业和农村委
2024.10	深入挖掘临川文化核心元素	文化文史和学习委
2024.	发挥基层司法所职能作用	社法委
2024.11	加强小区物业管理	港澳台侨委、民族宗教委

第二节　专题研讨

1985 年起，政协江西省委员会抚州地区联络处、抚州地区工委和政协抚州市委员会按照“围绕中心，服务大局，关注民生，促进发展”的要求，注重理论与实际相结合，先后围绕一些重大课题开展专题研讨，举办理论研讨会，收集一批有理论深度、有应用价值、有学术水平的论文，汇集一批思想性、针对性、操作性很强的研究成果，为地委、行署，市委、市政府决策和落实提供有益参考。

一、一届市政协专题研讨

2001 年 4 月，抚州市政协与吉安市政协在抚州召开“临川文化与庐陵文化的关系”研讨会议，两地专家学者就临川文化与庐陵文化的比较关系及其在赣文化中的地位价值进行研讨。会议认为，临川与庐陵，一衣带水，山峦毗邻，唇齿相依，历史上临川与庐陵下属郡县的隶属关系曾相互交叉，商贾贸易频繁，人民交往密切，物产、集贸、交通互为网络，互为补充，特别是两地文化区域学者有深厚的亲缘关系，临川文化与庐陵文化实乃相互依存、相互发展的文化因子，也可谓是区域文化交流的一个楷模。临川文化与庐陵文化经过千百年锤炼发展，已成为赣文化的两大支柱，对于促进抚州吉安乃至江西发展都起着十分重要的作用。会议提出建立临川文化与庐陵文化研讨交流机制，培育研讨队伍，定期开展研讨交流，促进两地文化深度交流。

2001年5月和8月，市政协联系工作实际，围绕如何推进“两化”建设，先后召开两次专题研讨会议。与会政协委员和专家学者围绕推进政协工作规范化、制度化建设开展研讨，提出建设性意见建议。市政协综合研讨意见建议，向市委进行专题报告。市委、市政府采纳研究成果，下发《关于进一步加强人民政协工作的实施意见》《关于建立市委、市政府有关部门与市政协专门委员会对口联系的通知》，转发《政协抚州市委员会关于政治协商、民主监督、参政议政的实施细则》，促进人民政协工作朝着规范化制度化迈进。

2004年11月10—11日，全省设区市政协第十一次联谊会在抚州召开，会议重点围绕人民政协如何做好新时期社情民意收集及反映工作进行广泛交流和深入探讨，全省设区市政协主要负责人参加会议。省政协副主席、省工商联会长金异到会祝贺并讲话，抚州市委副书记陈小青介绍抚州经济社会发展情况，市政协主席李品行致欢迎辞。会议认为，了解和反映社情民意是人民政协实践“三个代表”重要思想的具体体现，是人民政协履行职能的一项基础性、经常性工作，必须一如既往、认真负责地做好，为党和政府了解民情、体察民意、集中民智、科学决策提供参考。会议收到南昌、九江、萍乡、赣州、宜春、吉安、鹰潭、新余、景德镇等10市政协论文11篇，抚州市政协在会上作《发挥优势突出特色切实做好反映社情民意工作》交流发言。会议推动新时期政协社情民意收集及反映工作上水平上台阶。

2005年5月26日，全市县（区）政协第一次联谊研讨会在东乡县举行，会议围绕“人民政协如何紧扣中心履行基本职能，进一步提升政协工作水平”专题，进行广泛交流和深入研讨。全市11个县（区）政协主席、秘书长（办公室主任）、专委会主任共50余人参加会议。市政协主席李品行，市委常委、市政协副主席王晓媛，市政协副主席李抚生、邹俐菁，市政协秘书长徐容宁出席会议。会议认为，全市政协组织围绕实现抚州经济跨越式发展，立足中心，服务大局，积极履职，建言立论有的放矢，工作水平不断提高，开拓了政协工作新境界。会议提出，全市政协要紧扣市委、市政府重点工作多谋精准之策、多担发展之责、多尽落实之力，拿出更多有针对性的真招实招助推抚州实现跨越式发展目标。

2005年11月15日，闽浙赣皖四省九市政协联谊会第十五次会议在抚州召开，会议重点围绕“人民政协如何加强委员管理，充分发挥委员主体作用”专题，进行广泛深入研讨交流。南平、黄山、金华、丽水、衢州、上饶、景德镇、鹰潭和抚州等8市政协主席、副主席、秘书长共30余人出席会议。省政协副主席黄懋衡，抚州市委书记到会祝贺并讲话。市委副书记、市政协主席出席会议。会议收到经验交流材料8篇，各地代表在会上进行交流发言，重点围绕加强对政协委员管理和“三化”建设、充分发挥委员主体作用、促进政协组织更好地履行职能、服务经济发展与和谐社会建设进行总结探索。会议认为，交流材料各具特色，富有借鉴作用，对于推进新时期人民政协工作将产生积极的影响。会议强调，人民政协是最广泛的爱国统一战线组织，政协履行职能的主体是委员，发挥作用的基础在委员，要发挥好人民政协“人才库”“智囊团”这一独特优势，为经济社会发展建真言献良策。

二、二届市政协专题研讨

2007年5月18日，省政协办公厅和市政协在抚州温泉宾馆联合举办全省充分发挥委员主体作用座谈研讨会。省政协办公厅、《光华时报》领导莅临会议指导，各设区市政协办公室负责人参加会议。会上，抚州市政协介绍充分发挥委员主体作用经验做法，黎川、南丰、乐安、广昌县政协负责人以及市政协委员分别作专题发言。各设区市政协围绕发挥委员主体作用进行座谈研讨。会议认为，发挥政协委员主体作用，是人民政协加强自身建设的重要组成部分。受多种因素的影响，政协委员从推荐产生、学习提高到履职服务还存在不少问题，严重影响主体作用发挥。会议提出发挥委员主体作用的主要途径：优化结构，提高素质；加强联系，增进感情；延伸职能，突出骨干；丰富载体，创新服务。

2008年5月和6月，市政协举办“火车站新区规划与建设”、“赣东大桥及南北延伸段规划与建设”两场咨政建言会。会上，省内外知名专家和委员提出了60多条具有建设性和可操作性的意见建议。市委、市政府主要领导认为政协的咨政建言非常及时，对做好项目大有裨益。市规划部门和项目单位吸纳19条咨政建言会建议，助力向莆铁路抚州客运站站前新区规划顺利通过评审。同时充分运用咨政建言成果，进一步完善赣东大桥规划与设计。

2010年5月25日，全市政协提案工作座谈研讨会在金溪县召开。市政协提案委员会组成人员、11个县（区）政协分管提案工作的副主席和提案委主任，以及市政协办公室负责人，金溪县委、县政府、县政协主要领导参加会议。市政协主席李品行出席会议并讲话。市各县（区）政协总结交流提案工作经验体会，研究探讨做好提案工作方法途径，进一步明确提案工作努力方向。会议要求，政协提案工作必须牢牢把握服务发展、改善民生、推动和谐三大主题，明确工作思路，坚定服务目标；树立务实标准，拓宽工作路子，把能否帮助解决问题、推动工作、维护人民群众切身利益作为衡量工作成效的标准；抓住提案征集、办理、跟踪问效三个环节，不断创新工作举措，推动政协提案工作取得更大实效。

2010年7月30日，市政协召开工会、妇联、共青团和青联、少数民族宗教界别召集人和联络员座谈研讨会，就如何开展好界别活动、发挥界别作用进行研究探讨。各界别召集人和联络员就如何开展好界别活动、发挥好界别作用畅所欲言。会议认为，为加强界别工作，市政协于2010年6月份出台《关于加强界别工作发挥界别作用的实施意见（试行）》及6个附属文件，从活动内容、主要形式、保障服务、考核表彰等方面规范界别工作，使界别活动有章可循。发挥界别作用有利于增强政协委员履职意识和责任感，拓宽参政议政途径，履行民主监督职能，活跃界别工作。各界别应在选好活动主题、调动委员参与上多想办法，积极反映界别群众意见和呼声。会议要求，加强界别工作是政协组织加强自身建设、活跃政协工作、提高履职水平的需要。各界别要按照市政协要求，认真开展好界别活动，做到活动主题鲜明、内容丰富、形式活跃、效果彰显，高质量地完成界别工作任务，使界别作用得到充分发挥。

2010年8月23—26日，由鹰潭市政协和抚州市政协共同承办的闽浙赣皖四省九市政协联谊会第二十次会议在两地召开。福建省南平市，浙江省丽水市、金华市、衢州市，安徽省黄山市及江西省上饶市、鹰潭市和抚州市政协代表出席会议。市政协主席王晓媛致闭幕词。会议收到经验交流材料8篇。各地政协围绕“紧扣中心、服务大局，发挥优势、履行职能，促进地方经济和社会发展”主题，进行广泛交流和深入探讨，展示各地政协充分发挥自身优势，围绕党政工作全局，积极履行政协职能，扎实抓好政协自身建设等方面所取得的成效。会议认为，本次会议增进了各地政协之间的学习和友谊，拓展了履行政协职能的思路和方法，对政协更好地服务当地经济发展与和谐社会建设，不断提高人民政协科学化水平产生积极影响和作用。会议提出，闽浙赣皖四省九市政协联谊会联系面广，信息量大，互补性强，是各成员政协工作互相促进、共同发展的好形式，应当坚持下去，使之更加富有成效。

三、三届市政协专题研讨

2011年12月15日，全市县（区）政协主席座谈会在南丰县召开，专题研讨创新政协工作和加强自身建设。市政协党组书记、主席谢发明出席并讲话，市政协班子成员和各县（区）政协主席出席会议。会议总结回顾换届以来政协工作，畅谈认识，交流经验，提出努力方向。会议要求，创新是推动政协事业发展、增强政协工作活力的不竭源泉。面对新形势新任务，全市政协组织要不断创新思路，根据政协工作性质、特点和规律，强化有为和谐意识，做到以有为求有位，以和谐求团结。要不断创新工作方式，增强政协履职成效，把参政议政着力点放在事关建设幸福抚州和当地经济发展大局的重大问题上，放在打好"三大战役"、建设幸福抚州的具体举措研究上，努力多建有用之言，多献务实之策。

2012年7月16日，全市县（区）政协主席座谈会在广昌县召开，专题研讨新形势下创新专题调研的方式和途径。市政协党组书记、主席谢发明讲话，市政协班子成员和各县（区）政协主席出席会议。会议总结调研工作情况，畅谈调研工作认识，交流调研工作经验。会议强调，专题调研作为一项重要基础性工作，为政协履职尽责提供广阔舞台。会议要求，全市各级政协组织要科学选取专题调研的用力方向，增强贴近度，提升服务力，紧扣事关抚州发展的综合性、全局性、前瞻性问题和民生热点、难点问题开展调查研究，不断提升专题调研工作的针对性和实效性。要科学把握专题调研价值取向，在调研成果运用上进一步强化转化意识和督办意识，不断探索调研成果转化规律和特点，制定具有普遍指导意义的制度，不断推进调研工作制度化规范化。

2012年10月25日，全市县（区）政协秘书长、办公室主任会议在金溪县召开，专题研讨创新政协机关工作。市政协党组书记、主席谢发明到会讲话，各县（区）分管办公室工作的副主席、各县（区）政协办公室主任参加会议。会议总结各县（区）政协去年换届以来机关工作取得的成绩，交流创新机关工作鲜活经验。会议认为，政协机关是政协组织的日常运转机构，在政协工作中起着上下沟通桥梁和左右联系纽带作用，承担着组织、参谋、协调、联络、综合等多方面重要职责，其工作水平关系着人民政协的履职成效，关系着人民政协作用有效发挥。会议提出，要大力加强人民政协机关建设，着力锻造过硬工作作风，全面提升工作效能和工作水平，全力打造有活力、有合力、有业绩的政协机关，为政协有效履行职能、顺利开展工作提供有力保障。

2013年5月29日，全市县（区）政协主席座谈会在黎川县召开，会议专题研讨新形势下创新专题视察工作方式途径。市政协党组书记、主席谢发明出席并讲话，市政协班子成员和各县（区）政协主席出席会议。会议总结回顾近年来专题视察工作开展情况，畅谈对政协专题视察工作的认识和经验做法。会议指出，全市政协组织把专题视察作为履行职能、强化监督重要抓手，注重视察选题的针对性、视察形式的灵活性和成果转化的多样性，在促进党政科学决策和决策落实方面发挥积极作用，取得丰硕履职成果。会议要求，全市各级政协组织要从打好"三大战役"、建设幸福抚州的高度，深化对专题视察工作的重要认识，准确把握视察工作定位，紧紧围绕重大方针政策的贯彻落实、决策执行中的重大建设项目、关系国计民生的重大问题，组织委员视察，不断增强视察工作针对性和实效性。

2014年12月5日，全市县（区）政协主席座谈会在南丰县召开，专题研讨提升人民政协履职能力。市政协党组书记、主席谢发明出席并讲话，市政协班子成员和各县（区）政协主席出席会议。会议总结交流全市政协推进履职能力现代化建设的经验做法,深入探讨创新政协履职工作方式途径。会议指出,全市政协把履职能力建设贯穿于工作实践,通过以学习提升履职素质、以创新激发履职活力、以实干增强履职实效、以制度夯实履职基础,积极拓展履职平台,创新履职形式,健全履职机制,在加强履职能力建设、推进履职能力现代化方面作出积极探索,创造鲜活经验和工作业绩。会议要求,面对新形势新任务,全市政协要从保持维护核心的履职定力、发挥协商民主的履职效力、挖掘建言献策的履职潜力、增强服务群众的履职实力、营造团结协作的履职合力等方面,大力推进政协履职能力现代化建设,充分发挥好人民政协作为协商民主的重要渠道作用,以新的工作实践扎实推动政协履职工作再上新台阶,为建设殷实文明和谐幸福抚州做出新的更大贡献。

2014 年 12 月 8 日,全市“人民政协与协商民主”专题研讨会在抚州召开。会议邀请省政协办公厅副主任王国龙作“人民政协协商民主建设问题”学习辅导报告,对政协理论研究与实践创新工作进行交流探讨,5 名论文作者在会上作交流发言。会议认为,与时俱进是推进政协工作的基本经验,不断创新是政协工作的不竭动力。新时期新形势要求政协在履行工作职能时,必须与时俱进,不断研究新情况,解决新问题,探索新途径。会议提出,要围绕政治协商创新履职方法。对每一个协商课题制订协商计划,做好协商准备,使每次协商都做到有的放矢、言之有物、言之有据、言之有理。要围绕民主监督创新履职方法。在完善会议、视察、提案等监督形式基础上,进一步积极探索民主监督新形式。要围绕参政议政创新履职方法。突出工作重点,围绕经济发展主要任务,选择有前瞻性战略性问题,努力把调查搞得更深一些,把问题解剖得更细一些,分析得更透一些,所提意见建议更实一些,更多地进入党政领导决策视野。要围绕调查研究创新履职方法。树立精品意识、集中力量抓重点课题,力争每年有几篇精品调研报告被党委重视、政府认可、社会支持、群众点赞。

2015 年 11 月 5 日,全市县(区)政协主席座谈研讨会在金溪县召开,专题研讨如何提升政协履职能力水平。市政协党组书记、主席谢发明出席并讲话,市政协班子成员和各县(区)政协主席出席会议。会议总结交流全市政协推进基层协商民主建设经验做法,深入探讨如何提升政协履职能力水平问题。会议认为,全市各级政协坚持围绕中心,服务大局,把协商民主贯穿履行职能的全过程,丰富协商形式,拓宽协商范围,创新协商载体,提升协商成效。会议要求,要深刻领会习近平总书记系列重要讲话精神,认真贯彻落实中央、省委决策部署,以服务发展大局、破解群众难题为重点,进一步强化协商的针对性;要通过创新载体,增强协商灵活性;要跟踪问效,注重协商实效性;要激发活力,调动委员主动性,确保政协协商民主在基层得到落实,扎实推动政协履职工作再上新台阶,为助推抚州绿色崛起、跨越发展作出新的更大贡献。

2015 年 11 月 17 日,闽浙赣皖四省九市政协联谊会第二十五次会议在南丰县召开。市政协党组书记、主席谢发明出席会议并致辞,福建省南平市,浙江省衢州市、金华市、丽水市,安徽省黄山市,江西省上饶市、鹰潭市、景德镇市政协领导参加会议。会议就推进人民政协协商民主理论和实践进行研讨交流,协商通过闽浙赣皖四省九市政协联谊会第二十五次会议纪要。会议认真学习习近平总书记关于人民政协事业发展一系列重要指示精神,学习研讨《中共中央关于加强社会主义协商民主建设的意见》《中央办公厅关于加强人民政协协商民主建设的实施意见》《中国共产党统一战线工作条例》(试行)精神。会议提出,推进人民政协协商民主理论和实践,要坚持品质导向,推升协商高度;要坚持问题导向,提升协商精度;要坚持成果导向,聚焦协商准度。

2016 年 6 月 22 日,全市县(区)政协主席座谈研讨会在宜黄县召开，专题研讨发挥政协优势助推绿色发展的问题。市政协党组书记、主席谢发明出席并讲话，市政协班子成员和各县（区）政协主席出席会议。会议就“发挥政协优势，助推绿色发展”课题进行专题探讨。会议认为，近年来，全市各级政协紧紧围绕绿色发展战略，深入协商议政，积极履职尽责，提出了不少有益的思路方略，形成一批有用的建言成果，开展一些有效的监督活动，为抚州绿色崛起、跨越发展作出积极贡献。会议提出，市委已吹响绿色发展总号角，全市各级政协要着力培养绿色履职思维，把心思和精力凝聚到助推绿色发展上来，切实加大绿色建言力度，积极为巩固和提升生态优势思与谋，为保护和治理生态环境鼓与呼，为培育和壮大绿色产业践与行。要广泛凝聚绿色发展共识，积极倡导绿色生活方式，充分利用政协平台，发挥委员辐射作用，多角度、深层次做好宣传带动工作，大力营造全社会万众一心共促绿色发展良好氛围。

四、四届市政协专题研讨

2017 年 11 月 10 日，全市县（区）政协主席座谈会在黎川县召开。市政协党组书记、主席黄晓波出席并讲话，市政协班子成员和各县（区）政协主席出席会议。会议就“深入学习贯彻党的十九大精神，加强政协民主监督工作”课题进行专题研究探讨。会议认为，全市各级政协紧紧围绕党委政府中心工作，创新监督形式，丰富监督载体，完善监督机制，政协民主监督工作成效明显，为我市科学发展、绿色崛起，全面建成小康新抚州作出积极贡献。会议要求，要把学习宣传贯彻党的十九大精神作为政协组织首要政治任务，全面准确领会党的十九大精髓要义，坚持以上率下，深入基层一线，认真抓好学习宣讲，不断把学习贯彻党的十九大精神引向深入。要突出工作重点，牢牢把握政协民主监督是政治性、协商式、建设性监督的定位，紧紧围绕党政关注的重点、改革发展的难点、群众关注的热点开展民主监督，通过创新民主监督形式，发挥舆论监督作用，拓展民主监督渠道，切实完善民主监督运行机制、成果转化机制和保障机制，努力推进我市政协民主监督工作创新发展。

2018 年 7 月 10 日，市政协专题理论研讨会在抚州召开，市政协党组书记、主席黄晓波主持会议，市委常委、统战部部长、市政协党组副书记韦萍，市政协班子成员出席。会议围绕加强和改进政协民主监督、提升履职能力建设、推进提案工作高质量发展等方面进行研讨交流。会议认为，习近平总书记关于加强和改进人民政协工作的重要思想是习近平新时代中国特色社会主义思想的重要组成部分，深刻阐明人民政协地位作用、职责使命和实践要求，对发展党的人民政协理论作出原创性贡献，是指引新时代人民政协工作的强大思想武器。会议提出，要把学习领会习近平总书记关于加强和改进人民政协工作重要思想作为长期政治任务，着力在学懂弄通做实上下功夫，切实担当起新时代人民政协的新使命。要坚持学思领悟，注重学用结合，不断加强全市政协履职能力建设。

2018 年 11 月 14 日，市政协经济委员会和市工商联、市党外知识分子联谊会举办“2018 年抚州市非公经济金融研讨会”，邀请 100 多位民营企业家与银行、金融部门面对面沟通，为破解民营企业金融难题献计出力。会议认为，党的十八大以来，以习近平同志为核心的党中央高度重视非公经济发展，多次强调“两个毫不动摇”“三个没有变”，一再释放发展民营经济的强烈信号。抚州非公经济贡献了全市约 60% 的 GDP、70% 的固定资产投资、超 80% 的税收收入、90% 以上的新增就业。非公经济兴，则全市经济兴；非公经济强，则全市经济强。会议建议：全市各级各部门要围绕解决非公经济发展面临的“市场冰山、融资高山、转型火山”，进一步深化改革，继续去疴除弊、简政放权，让企业减压降负、轻装上阵；继续疏浚滞流、舒筋活血，切实解决企业用地、人才及融资等痛点；继续提气安心、保驾护航，保障民营企业家合法的人身和财产权益，保障企业合法经营；继续厚植土壤、优化环境，坚决打破制约民营企业发展的“卷帘门”“玻璃门”“旋转门”，为企业营造公平竞争环境；继续把好分寸、守住底线，完善政策执行方式，构建亲清新型政商关系，真正做到民营企业有所求，政府有所应；民营企业有所望，政府有所为。

2019年9月12日，市政协“不忘初心、牢记使命”主题教育工作会议在市政协四楼会议室召开，会议专题研讨“不忘初心、牢记使命”主题教育工作。市政协党组书记、主席，市政协主题教育领导小组组长黄晓波主持并讲话，省委第九巡回指导组副组长作指导讲话，市委常委、统战部部长、市政协党组副书记韦萍，市政协班子成员出席。会议传达学习习近平总书记在“不忘初心、牢记使命”主题教育工作会议上重要讲话精神、“不忘初心、牢记使命”主题教育第一批总结暨第二批部署会议精神、全省“不忘初心、牢记使命”主题教育第一批总结暨第二批部署会议精神和全市“不忘初心、牢记使命”主题教育工作会议精神。会议认为，市政协党组以高度的政治自觉、思想自觉、行动自觉，围绕主题教育目标要求和市委“高质量有特色走前列”的要求，迅速召开市政协“不忘初心、牢记使命”主题教育工作会议，为扎实开展主题教育开好头、起好步，打下扎实思想政治理论基础。会议强调，开展好“不忘初心、牢记使命”主题教育是市政协的一项重要政治任务，必须进一步深化思想认识，提高政治站位，切实增强开展主题教育的责任感和使命感，深刻领会开展主题教育的重大意义，牢牢把握主题教育目标要求，以饱满的政治热情、严实的工作作风、良好的精神状态投身到主题教育中来。要精心组织实施，把学习教育、调查研究、检视问题、整改落实贯穿主题教育全过程，在守初心中铸忠诚，在真作为中担使命，在找差距中补短板，在抓落实中见成效，高标准高质量推进主题教育。

2020年12月15日，全市县（区）政协主席座谈会在南城县召开，专题研讨地方政协创新亮点工作。市政协党组书记、主席黄晓波主持会议并讲话，各县（区）政协主席及市政协办公室负责人参加会议。会上，各县（区）政协主席围绕当地政协创新和亮点工作进行交流研讨。会议认为，2020年以来，市政协以党建为引领，探索开展“中共党员委员工作站＋政协界别活动”的履职形式，打造政协党建特色品牌；围绕党政工作大局，聚焦开发区体制机制改革、数字经济、脱贫攻坚等课题开展专题协商议政和调研视察活动，各项履职工作取得较大成绩。会议提出，2021年是“十四五”规划的开局之年，也是市、县（区）政协履行职能承前启后的重要一年。面对新的形势和任务，全市各级政协要以党的十九届五中全会精神为指引，进一步创新思路，强化举措，围绕抚州高质量跨越式发展多献良策；围绕描绘好新时代抚州改革发展新画卷凝聚共识；围绕开好政协全会早做准备，以更加饱满的工作热情和更加务实的工作作风，推动政协事业创新发展。

2021年8月4日，抚州谋划建设碳中和试验区专题座谈研讨会在市政协四楼会议室召开。市政协党组书记、主席王宏安出席并讲话，市政协副主席帅歌柳主持。会上，市发展改革委、市统计局、市林业局、市住建局等相关部门负责人立足抚州实际，紧密结合部门工作职责，分别从产业选择、能源战略、项目选择、林业碳汇交易、城市建筑碳排放、“绿宝”碳普惠、交通运输行业路径选择等七个角度，详细介绍了抚州谋划建设碳中和试验区的具体思路和举措。与会人员围绕抚州谋划建设碳中和试验区开展研讨。会议建议：各牵头单位及配合部门要充分认识课题调研的重要意义，做好“抚州谋划建设碳中和试验区”专题调研，这是加快推动抚州高质量跨越式发展、实现碳达峰碳中和目标任务的重大举措；要做精做优七个子课题调研报告，加强向上对接，把政策研究透，把工作做扎实，找准产业、能源、项目、林业碳汇交易、城市建筑碳排放、“绿宝”碳普惠、交通运输等行业领域“双碳”的切入点，系统、精准推进重点领域绿色低碳转型，努力探索创造更多可复制可推广的抚州经验；要精心周密组织实施，科学设计调研方案，细化实化调研内容和调研提纲，明确每一个阶段的重点任务，加强实地调研的针对性和实效性，提出具有前瞻性、可操作性的意见建议，形成有分量、可参考的建言精品，为市委、市政府决策提供有益参考，助推我市碳中和试验区建设。会议成果引起市委、市政府高度重视，市委常委会会议听取汇报，部署相关工作。

五、五届市政协专题研讨

2021 年 12 月，市政协党组书记、主席贺喜灿主持召开创建中共党员委员工作站专题研讨会。市政协办公室、社法委、团市委负责人及社法委兼职副主任、部分市政协委员参加。研讨会认为，创建中共党员委员工作站是新时代推进协商民主工作实践、拓展委员履职渠道、提升政协工作质效的现实需要，值得探索和创新。社法委与团市委协作，在具有界别群众基础的青年创业基地创建第一个工作站，形成示范标准，为其他专委会和县（区）政协提供建站“样板”。会议明确，创建工作站要坚持“五个重要”目标定位，即政治引领的重要阵地、凝心聚力的重要平台、协商议政的重要渠道、反映民意的重要途径、界别活动的重要载体。要形成“六有”标准，即有场地、有标识、有制度、有计划、有记录、有成果。要发挥好“三个作用”，即发挥党建促进履职引领作用、发挥政协专门协商机构作用、发挥中共党员委员先锋模范作用。

2022 年 2 月 28 日，市政协中共党员委员工作站建设比学互鉴座谈会在中国移动抚州分公司召开。市政协党组书记、主席贺喜灿主持并讲话。市政协班子成员参加。座谈会上要求，市政协要着力推动中共党员委员工作站标准化规范化建设，重点打造“一委一特色”工作，扎实推进、奋进争先，努力创造新时代政协“第一等的工作”。由“要我建”向“我要建”转变，持续接力做好中共党员委员工作站标准化规范化建设，跑出加速度，创造新亮点；必须正确处理好中共党员委员工作站“建”与“用”的关系，以建促用，以用促建，相辅相成，相得益彰，推动政协工作更好地延伸到基层服务群众，努力实现政治引领的重要阵地、凝心聚力的重要平台、协商议政的重要渠道、反映民意的重要途径、界别活动的重要载体“五个重要”目标；必须把建立中共党员委员工作站与“一委一特色”工作有机结合起来，充分发挥好中共党员委员工作站重要载体作用，突出专委会的特色，融入专委会元素，成为全面展示“一委一特色”工作的平台窗口，努力建设忠诚务实为民奋进的政协，彰显政协新作为。当天，市政协班子成员率队深入江西三松律师事务所、抚州龙鑫生态养殖有限公司、抚州幼儿师范高等专科学校、文昌里历史文化街区、抚州开放大学、开明国学、中国移动抚州分公司等 7 处中共党员委员工作站开展观摩视察。

2022 年 9 月 19 日，市政协在宜黄县召开全市县（区）政协“一县一品牌”工作交流会议。省政协党组副书记、副主席陈俊卿，市委书记夏文勇出席并讲话。省政协副秘书长吴泉水，市委领导李高兴、郭新春及市政协班子成员出席会议。市政协党组书记、主席贺喜灿主持会议。陈俊卿对抚州市政协工作给予充分肯定，强调要百尺竿头，再上新台阶，形成更多可推广的抚州经验，努力争创新时代政协“第一等的工作”，以优异成绩迎接中共二十大胜利召开。夏文勇在讲话中强调要做实作响“一县一品牌”，坚持在守正、求实、创新、提升上下功夫，提高“一县一品牌”工作层次和水平。会上，各县（区）政协汇报“一县一品牌”工作情况。会前，与会人员考察宜黄县部分企业、中共党员委员工作站和文史驿站。

2023 年 4 月 30 日，抚州市生态康养名城座谈会召开。十二届全国政协副主席、民革中央原常务副主席齐续春出席并讲话；市委副书记、市长高世文汇报抚州市生态康养产业发展情况；民革江西省委会主委熊皓出席；市政协主席贺喜灿主持。各县(区)、抚州高新区、东临新区主要领导和分管领导,市、县(区)相关部门负责人,全市重点景区、民营医院以及生物医药、中医药、养生养老、地产建筑、酒店民宿等行业重点企业负责人等近200人参会。在听取抚州市生态康养产业发展情况汇报后,齐续春对抚州市生态康养产业发展给予充分肯定。齐续春强调,要坚持以习近平新时代中国特色社会主义思想为指导,深入践行"绿水青山就是金山银山"理念,以"生态优先、绿色发展"为导向,始终"把人民的生命和健康放在第一位",坚持用国际视野、全局观念、中国特色、产业思维,结合本地实际和本地特色发展康养产业,为建设"健康中国"作出抚州贡献,并以攀枝花市、晋城市、溧水区的发展转型为例,对发展康养产业的意义和经验做法进行深入浅出的剖析和全面讲解。高世文表示,抚州市将以此次座谈会召开为契机,出台《抚州市创建生态康养名城三年行动计划》,成立生态康养名城建设领导小组及工作专班,认真筹备首届中国·抚州生态康养产业发展大会,因地制宜打造生态康养产业特色示范基地,全力推进生态康养名城建设,努力打造生态康养产业发展抚州样板。

2023年12月6—7日,全市政协主席读书会在崇仁召开。省委主题教育第三巡回督导组组长俞银先及成员应邀参加考察活动;省政协副秘书长、办公厅主任傅兆良应邀参加并讲话;市政协党组书记、主席贺喜灿讲话;市委常委、市委统战部部长、市政协党组副书记郭新春及市政协班子成员参加。市委主题教育办第一联络组成员应邀参加考察活动。读书会上,各县(区)政协就"一县一品牌"建设,市政协办公室、各专委会就"一委一特色"及规范化建设以PPT形式开展工作研讨交流。会议期间,与会人员还参观市政协办公室和各专委会规范化成果展,实地考察崇仁县科创中心中共党员委员工作站、中医院中共党员委员工作站、巴山镇政协工作联络组委员工作室和江西伊发电力科技有限公司、江西恒翔电气有限公司、崇仁县国品麻鸡有限公司。

2024年5月,市政协党组副书记、副主席谭小平在抚州高新区孵化园中联智慧科技公司主持召开创建"法治服务中心"工作研讨会。市政协社法委、市中级人民法院、市司法局、民革市委会、中联智慧科技公司等有关负责人及部分市政协委员、法律工作者参加。会议认为,创建"法治服务中心"是践行习近平法治思想的具体体现,是推进法治化营商环境建设的有效举措,是提高委员履职质效的重要平台。中联智慧科技公司设立"法治服务中心",具有广泛联系服务园区企业的独特优势,有利于实现用法治力量护航企业发展目标。会议确定由市政协社法委牵头,联合市司法局、市中级人民法院民事审判第二庭、民革市委会市直社会法制支部,在中联智慧科技公司创设"法治服务中心",将四家单位打造的"法治助企""有法帮你·智能服务""法润园区·法惠千企""法治之家"品牌融合起来,吸纳一批有志于服务企业的法律界委员、律师和法务工作者,采取常态化联系、固定日坐诊、预约式上门等方式,为园区企业开展法治宣传、法治体检和法律援助等服务,以特有的法治方式帮助企业纾困解难、健康发展。

2024年11月27—28日,全市政协系统"一县一品牌"工作推进交流研讨会在金溪县、黎川县召开。市政协党组书记、主席贺喜灿主持并讲话,市政协班子成员和各县(区)政协主席出席,与会人员先后来到金溪县浒湾镇乔治山庄、江西鑫科环保高新技术有限公司、陆坊村"'心'事有约"政协委员协商议事厅,以及黎川县肖笑委员工作室、"书香政协·智汇煲都"黎事好协商工作站、江西祥川生物科技有限公司、江西省康舒陶瓷有限公司和彭美华委员工作室,实地视察金溪、黎川两地经济社会发展情况,观摩政协"一县一品牌"亮点特色工作。会议要求,要进一步深化思想认识、聚焦中心大局、激活品牌活力,持续提升"一县一品牌"影响力。会议期间,各县(区)政协就"一县一品牌"工作推进情况进行交流研讨。

第三节　重要建议

重要建议是人民政协将调研、提案、视察、监督等重要成果，通过政协全体会议、党组会议、主席会议或常委会会议协商审议所形成的咨政成果，以调研报告、建议案形式报党委、政府作为决策咨询参考，是政协组织履行参政议政职能重要载体。政协地区联络处、政协地区工委时期，开始将委员调研成果以建议案形式报告地委行署。一届至五届市政协充分发挥人才库、智慧仓优势，组织委员大兴调查研究之风，形成大量有思想、有观点、有论据、有建议的调研报告。对提出意见建议比较成熟，具有决策咨询重要参考价值的成果，通过常委会会议或主席会议协商审议，以调研报告或建议案的形式报送市委、市政府或有关部门，为其提供决策参考，为市政协履行参政议政职能、提升建言咨政能力起到重要作用。

一、经济建设发展建议

（一）关于“加快抚州农业产业化发展和农民致富奔小康”的建议案

2003 年 6 月开始，市政协组成专题调研组，对“做大做强龙头企业，加快全市农业产业化发展和农民致富奔小康”问题进行深入调研，形成专题调研报告。9 月 26 日，市政协一届十五次常委会会议，听取副市长王俊纲关于全市农业产业化发展情况的通报，协商讨论市政协调研组专题报告，市委农工部、市农业局负责人应邀参会。在此基础上，市政协一届二十七次主席会议审议协商讨论意见，形成建议案呈市政府研究。《建议案》提出：1. 充分认识培育龙头企业是推进农业产业化发展的关键。2. 以名优特产品和农业资源为依托，把抚州名优特农产品作为重点招商引资项目，着力引进资金技术雄厚的高新技术企业，来抚投资兴办龙头企业，推进抚州农业产业化发展的进程。3. 选择一批龙头企业进行重点扶持。制定市级龙头企业认定标准，出台鼓励扶持政策，整顿和规范市场秩序，想龙头企业所想，急龙头企业所急，帮龙头企业所需。4. 实施名牌战略，推行标准化生产。对企业每创一个国家级、省级品牌分别给予 3 万元和 2 万元的奖励。引导优质大米、南丰蜜桔、广昌白莲、崇仁麻鸡、临川西瓜五种特色产品推行标准化生产，对生产原料、生产过程和产品质量的全过程进行监测。5. 抓好基地建设，夯实发展基础。引导基地建设向专业化、规模化、标准化、集约化方向发展，鼓励龙头企业通过定向投入、定向服务、定向收购等方式，加强与农户和农村中介组织的合作，建立起与农民利益共享、风险共担的利益共同体，形成以龙头企业和基地建设为纽带，贸工农一体化、产加销一条龙、农科教相结合的组织体制，以及市场牵龙头，龙头带基地，基地连农户的农业产业化生产经营格局。建议引起市委、市政府重视，市委农工部和市农业局采纳，形成工作文件。

（二）关于“大力支持农村合作经济组织健康发展”的建议案

2004 年 5 月，市政协农村和农业委员会联合市委农工部、市农业局，对全市农村合作经济组织发展情况进行专题调研，形成专题调研报告。6 月 24 日，市政协一届二十次常委会会议专题协商这一报告，形成《关于积极支持农民实行新的联合与合作，引导农村合作经济组织健康发展的建议案》呈市政府研究。《建议案》提出：1. 将发展农村合作经济组织列入重要议事日程，适时召开全市农村合作经济组织发展座谈会，总结经验，交流情况，分析问题，研究对策。在此基础上，制定《关于促进农村合作经济组织健康发展的意见》，推动合作组织规范有序发展。2. 赋予农村合作经济组织合法地位。对具备企业法人条件的农村合作经济组织，工商行政管理机关要予以登记注册。符合国务院《社团管理条例》的各类技术协会，民政部门应予以社团法人登记。3. 给予政策扶持。在财政支农资金中安排一块、从农业产业化资金中切出一块，支持合作经济组织发展。依法依规成立的合作经济组织，通过向农户提供技术服务和劳务所得收入免征所得税；销售自产农产品及其简单加工的自产农产品，可免征增值税，或适当降低税率。4. 引导企业依法合规经营。农村合作经济组织必须制定章程，弘扬契约精神，坚持民主办社，重大事项由社员大会或社员代表大会决定。建议案获得市委、市政府分管领导批示，形成了有关部门工作举措。

（三）关于“全市农村税费改革后乡镇财政如何走出困境”的建议案

2005 年 4 月至 5 月，市政协和市人大组成联合调研组，就农村税费改革后乡镇财政状况问题开展专题调研。6 月 20 日，市政协一届二十五次常委会会议协商审议《关于全市农村税费改革后乡镇财政困境和出路的调查报告》，形成建议案报市委、市政府研究。《建议案》提出：1. 乡镇财政走出困境，关键在于综合性改革。建议进一步深入调查，综合研究相应的配套改革措施，形成综合改革方案，全面深化农村改革，巩固税费改革成果。2. 乡镇财政要走出困境，根本在于发展经济。以名优特产品和农业资源为依托，开展招商引资，走好借助外力发展农业、农村经济这步棋，大力推进农业产业化发展的进程；通过制定和执行扶持农业产业化发展的政策性规定，重点扶持一批有希望的龙头企业，带动特色经济的发展，实现一县数品、多乡一品的格局。3. 乡镇财政走出困境，重点在于明确事权财权。科学界定乡村事权财权，调整完善乡镇管理体制，做到事权与财权相结合、责权利相统一，凡有利于乡镇经济发展和统一协调、统一管理的事，都应下放到乡镇。4. 乡镇财政走出困境，着力点在于搞好机构改革。根据乡镇的人口、面积、经济状况、财政实力等确定公务员数量，因岗定人，确定编制。5. 乡镇财政走出困境，要切实抓好廉政建设。抓好廉政建设，加强对乡村干部清正廉洁教育，树立勤俭节约之风，管好“车子、筷子、红包”，积极推行政府采购制度，提高资金使用效益。市委、市政府吸纳政协建议，出台相关政策文件。

（四）关于“积极鼓励全民创业大力发展非公经济”的建议案

2005 年 6 月，市政协组织调研组就积极鼓励全民创业大力发展非公经济问题进行深入调研，形成专题调研报告。8 月 17 日，市政协一届二十六次常委会会议专题协商讨论这一议题，经市政协主席会议审议，形成建议案呈送市委、市政府研究。《建议案》提出：1. 搭建非公经济创业平台。进一步完善园区管理体制和政策导向，完善基础设施建设，切实搞好配套服务，实行一厂一策，着力解决园区企业存在的实际困难和问题，创造良好的园区环境，使工业园区成为外来投资者、本地创业者的投资热土、创业乐园。2. 优化非公经济用电环境。按照《中华人民共和国电力法》规定，指导所有的工业企业与供电企业签订《供用电合同》，明确双方权利义务，确保用电、供电企业双赢。3. 研究制定金融系统支持非公经济发展政策，明确支持民营企业信贷不低于当年新增贷款总量的 50%，切实增强银行支持地方经济建设的责任感。4. 打造民营企业诚信机制。开展民营企业诚信教育，引导民营企业构建诚实守信、遵纪守法、健康文明的企业文化，树立民营企业良好的社会形象。5. 创新非公经济工作机制。将市个体私营经济领导小组更名为“全民创业和发展民营经济领导小组”，加强工作统筹协调。市委、市政府对建议进行研究部署，推动全民创业和民营经济发展。

（五）关于“纵深推进我市国有企业改革走深走实”的建议

2022 年 8 月至 11 月，为纵深推进我市国有企业改革走深走实，市政协经济委员会就“国有企业改革”课题开展专题调研，在市国资委、市发展改革委、市工信局、市大数据中心、市农业农村局、市文广新旅局、市住建局等部门和单位的大力支持配合下，形成专题调研报告。报告认为，国企改革激发企业活力和发展动能，为抚州市高质量跨越式发展夯实了基础。但是，仍有一些问题需要逐步化解。为此建议：1. 集中资源做精做强主业，苦练内功、强化创新，推进企业“瘦身健体”，着力提升生产经营能力，强化企业成本管控，确保企业经营收入增速高于全市经济增速。2. 选准赛道，支撑发展；拓宽收入渠道，积极“靠大联强”，壮大实体化项目营收，增强企业发展后劲。3. 加强精细管理，对经营项目算账要精、要细、要有效益，努力提升企业运营质量和绩效。4.“对标一流”、对标行业先进，全面提升企业管理体系和管理能力建设。5. 要坚决遏制政府隐性债务增量。加强国有企业资产负债约束，依法规范资本运作，明晰产权，积极稳妥化解以企业债务形式形成的地方政府存量隐性债务。6. 由财政统筹化债资金来源、方式，并及时纳入财政预算。存在资金缺口的，由市属国有企业通过及时上缴国有资本收益或购买土地等方式，由财政归集资金专项用于化解隐性债务。7. 采取实施企业周转便利类金融工具，在符合金融监管的前提下，积极对接有关金融产品，平滑到期债务。8. 积极破解国有企业人才发展困境，进一步深化人事制度改革，制定相关政策措施，打通人才流动、引进渠道，不拘一格引进一批能力强、素质高、经验丰富的专业型紧缺人才，为企业发展提供人才支撑。9. 建立完善人才吸引、培养、使用激励机制，切实做好招才引智工作，加强专业技术人才和高技能人才队伍建设，切实做到“既引得进、又留得住”，防止企业人才流失。10. 唱响“建筑之乡”品牌，大力推进建筑设计院改革，积极引进一批三甲设计院落户抚州，以市场换空间，以新思维引领抚州建筑业高质量发展。市委书记夏文勇批示：“请市国资委认真研究、充分吸纳政协意见建议，在2023年进一步深化国资国企改革中取得更好绩效。”市国资委充分吸纳调研成果推动工作；市属国资国企改革发展得到省政协、省国资委领导高度评价。

（六）关于我市“专精特新”企业发展的建议

2023年5月，市政协经济委员会组成专题调研组，在市工信局、市发展改革委等部门的大力支持配合下，就抚州市“专精特新”企业发展情况进行深入调研。其间，先后召开座谈会13次，调研走访企业37家，并赴北京、苏州、深圳等地学习考察，汲取经验，形成《锚定目标，坚定信心，努力锻造我市经济高质量发展强引擎——关于我市“专精特新”企业发展的调查报告》。报告认为，近年来，抚州不断优化发展环境，激发企业发展动能，全市“专精特新”企业如“雨后春笋”蓬勃发展，呈现出花团锦簇的可喜局面。但全市“专精特新”企业发展仍存在一些亟待解决的突出问题。为此建议：1. 深化思想认识。坚持把发展“专精特新”企业作为实施工业强市战略的重要抓手和有效途径，不断提高“专精特新”企业的数量、质量和比重。2. 聚力扶优扶强。加大科技创新力度，推进企业智改数转。3. 形成产业特色。构建梯度培育体系，实施产业融通入链。4. 优化营商环境。完善公共服务体系，优化融资服务保障，拓展服务聚合行动。5. 注重引才引智。强化工业招才引智，深化职业技能教育，加大政策支持力度。

（七）关于“我市农村一二三产业融合发展”的建议案

2024年9月，市政协围绕推动抚州市农村一二三产业融合发展协商议政。市政协农业和农村委会同市委政研室、市农业农村局、市林业局等单位组成专题调研组，深入有关县（区）和企业实地调研，召开不同层次座谈会，深入了解抚州农业产业融合发展现状，并赴陕西、四川等地学习考察，汲取成功经验与做法，形成专题调研报告。经常委会专题协商形成建议案。《建议案》认为，虽然抚州农村一二三产业融合发展取得一定进展，但仍存在不足，突出表现为：一产缺规模，二产缺龙头，三产缺品牌；企业缺技术，行业缺服务，发展缺资金。《建议案》提出：1. 发挥资源优势，完善产业链条。2. 促进规模经营，建设原料基地。3. 大力内培外引，壮大龙头企业。4. 实施品牌战略，提高产品质量。5. 创新融资机制，加大金融扶持。6. 加强人才建设，推进科技创新。7. 发展数字农业，拓展销售渠道。8. 加强组织领导，增强政策保障。通过以上措施，着力解决农业规模化经营水平不高，龙头企业带动力不强，农产品流通渠道不畅，产业要素供给不足等短板弱项，推动农村一二三产业融合发展迈上新台阶。

二、社会文化发展建议

（一）关于“加快发展抚州职业技术教育”的建议案

2002 年 11 月，市政协组织调研组对发展抚州职业技术教育问题进行深入调研，学习新余市发展职业技术教育经验，形成《关于发展抚州职业技术教育的调查报告》。2003 年 6 月 18 日，市政协一届十四次常委会会议专题协商讨论这一报告，经市政协一届二十五次主席会议审议，形成《关于发展抚州职业技术教育的建议案》呈送市委、市政府研究。《建议案》提出：1. 提高思想认识，营造职业技术教育发展的良好社会氛围。把职业技术教育同普通教育同等对待，为职业技术教育创造一个良好的外部环境和宽广的发展平台。2. 理顺管理体制，加强政府对职业技术教育的统筹规划。成立以政府“一把手”为组长的职教领导机构，强化市职教委的职能，充实其办事机构，统筹管理全市各级各类职业技术学校，实行“政府主管、部门联办、一校多制、各负其责”的办学体制，使之更好地适应市场经济需要。3. 整合教育资源，集中力量办好职业技术教育示范学校。建议抓紧做好抚州职业技术学院的筹建和资源整合工作，突出特色，努力办成全市职业技术教育的龙头示范学校。4. 创新办学模式，大力发展民办职业技术教育。积极鼓励联合办学、跨行业办学，以及校企合作、股份制办学等多种形式，以形成办学主体多元化、办学层次多样化的职业技术教育格局。市委、市政府采纳建议，副市长周琪听取汇报，市教育局加快抚州职业技术学院筹建，强化职业教育工作举措。

（二）关于“全面提高全市政府采购效率”的建议案

民建市委会在 2003 年市政协一届五次全体会议上提出《关于提高政府采购效率》的提案。提案认为，自 1999 年抚州市政府采购工作开展以来，4 年共节约财政资金 1727 万元，节约率为 11.5%，但全市政府采购的范围规模仍然偏小，占财政支出比重偏低。2002 年，全市实际纳入政府采购资金仅占财政支出的 2.7%。全市政府采购现状同制度推进的要求相比，仍存在较大差距。该提案被列为重点提案，由市政协领导领衔督办。在督办过程中，通过深入调查，综合分析，认为该提案切中时弊，政府采购工作亟待加强。2003 年 7 月 11 日，政协抚州市第一届委员会第二十五次主席会议审议通过《关于提高全市政府采购效率的建议案》呈送市政府研究。《建议案》提出：1. 理顺管理体制，规范政府采购工作。落实《中华人民共和国政府采购法》（以下简称《政府采购法》）规定，实现政府采购中心从财政部门分离，管理机构与执行机构分设、职能分开，形成相互制约机制，以改变目前既当“裁判员”又为“运动员”的状况。2. 扩大采购范围，加强政府采购的计划性。将医疗设备、专用设备、计生设备、教学仪器设备、机械设备等货物类纳入政府采购范围，把市政公用设施、城市绿化、污水和垃圾处理、园林建设、路灯亮化工程、修缮装饰工程等工程类，以及包括印刷、出版、工程监管、车辆保险、汽车加油和维修、会议等服务类的政府采购工作开展起来。3. 制定配套制度，建立操作机制和监督机制。根据《政府采购法》的规定，结合抚州实际，进一步制定完善配套的规章制度和操作程序，完善政府采购监督体系，形成以财政部门为主，纪检监察、审计及其他有关部门共同配合的监督机制。市委常委会会议和市政府常务会议分别审议建议案，推动政府采购工作健康发展。

（三）关于“加快培育卫星（中心）镇”的建议案

2008年初，根据市委主要领导出题，市政协农村和农业委员会和临川区政协、市直相关部门组成调研组，赴上顿渡、温泉、唱凯、云山、罗针、罗湖、腾桥、东馆、孝桥、抚北、展坪、湖南等12个乡镇进行专题调研，先后召开座谈会13次，实地察看乡镇所在地城镇建设情况，之后赴萍乡市和浙江省衢州市、金华市、江苏省扬州市学习考察，形成专题调研报告。2月26日，市政协主席会议协商审议“如何建设培育抚州中心城区周边卫星（中心）镇，加速抚州城镇化进程”课题，形成建议案呈市委、市政府研究。《建议案》提出：1. 在腾桥、云山规划设立工业功能区，明确产业定位，突出特色产业培育，主动对接市工业园区和抚北工业园区，形成卫星镇工业功能区与市、区工业园区既有明确产业分工，又有协作配套发展格局。同时利用规划、环保执法、用地控制等手段严格限制新上企业零星布点，给卫星镇工业功能区更为优惠的政策，拉动其区域和周边乡镇企业向工业功能区集中。2. 腾桥、云山、抚北三镇根据抚州“十一五”规划和市中心城区总体规划，聘请具有乙级资质以上规划单位，在2008年年底前编制和完善城镇建设总体规划，并与土地利用规划、基本农田保护规划、环境保护等规划有机衔接。编制和完善供水、供电、供气、交通、通信、环保、生态、消防等专项规划。3. 将抚北镇的供水纳入市主城区供水范围，云山、腾桥要修缮供水设施，确保水质、水压、水量，达到安全供水的要求。4. 将抚北的垃圾处理纳入市中心城区统一管理。在云山建设一个大型垃圾填埋场，主要负责云山、唱凯、罗湖、罗针等北线乡镇垃圾处理，在腾桥建设一个大型垃圾填埋场，主要负责腾桥、东馆等南线乡镇垃圾处理。5. 将腾桥、云山、抚北三镇所在地的村委会改为居委会，实行社区化管理，把管理触角深入到最基层。6. 市财政从2008年起，每年安排100万元设立卫星镇建设奖励资金，区财政按1:1的标准进行配套。7. 市委、市政府下发《关于加快培育卫星镇的若干意见》，明确卫星镇建设的扶持政策和措施。市委、市政府成立加快培育卫星镇领导小组，负责对卫星镇建设工作进行调度、协调、交流指导、督查考核。建议案引起市委、市政府重视，主要领导听取情况汇报，部署相关工作。

（四）关于“健全和完善全市社会保险体系”的建议案

2007年7月至8月，市政协组成养老、医疗、失业保险3个课题组，深入全市11个县（区）对全市社会保险体系建设进行一次全面调研，并赴江苏镇江、扬州和山东青岛、淄博及安徽蚌埠市学习考察，形成专题调研报告。9月21日，市政协二届四次常委会会议对调研报告进行协商讨论，形成《关于健全和完善全市社会保险体系的建议案》呈市委、市政府研究。《建议案》提出：1. 加强宣传，提高认识，着力营造社会保险体系建设浓厚氛围。2. 依法行政，强化手段，切实加大社会保险扩面征缴力度。按照“大数法则”“社会共济”原则，把工业园区企业和大型超市、宾馆、酒店、足疗等职工年龄较轻、利润较高的新兴行业纳入缴费范围，扩大覆盖面，优化结构，增强全市社会保险基金支撑能力。3. 加大投入，优化结构，确保社保基金足额支付。积极采取措施，调整财政支出结构，逐步提高社会保险在财政支出中的比重，按照社会保险预算管理办法，在财政预算中做好养老保险收支缺口平衡。4. 改革体制，创新机制，大力提升社会保险管理水平。学习借鉴江苏镇江医保管理经验，实行城镇职工和城镇居民基本医疗保险与新型农村合作医疗“三网合一”，通过先行试点，建立统一的医保经办体系、统一的信息管理系统和统一的服务网络，提高医疗保障运行效率。5. 健全机构，提升素质，切实加强社保机构能力建设。出台政策或指导性意见，在机构设置、人员编制、工作经费上予以保障。市政府常务会议对建议案进行研究，推动全市社会保险工作迈出新的步伐。

（五）关于“保护好市中心城区历史文化街区和历史建筑”的建议

2022年5月至7月，市政协文化文史和学习委员会和市住建局，组织部分委员、专家及部门领导，围绕“保护好市中心城区历史文化街区和历史建筑”开展协商式监督，赴临川区、高新区和文昌里进行集中调研，并形成《活化利用历史文化 擦亮名城“金名片”——关于保护市中心城区历史文化街区和历史建筑的调研报告》。报告认为，2022年1月11日国务院批复我市入选国家历史文化名城，说明抚州名城历史价值特色鲜明，名城保护举措有效实施，名城活化利用成效初显。但对标国内成熟的历史文化街区，还存在不足：名城历史价值深挖不够，名城保障体系完善不够，名城保护资金缺口很大，名城活化利用困难不少。为此建议：1. 保留肌理，提升名城历史价值。深入挖掘整理遗址遗迹，提高古街古建修缮工艺，提升其在中国城市文化发展中的独特价值和影响。2. 理顺关系，建立健全管理体系。加快相关立法工作提供法治保障，健全保护机构着力推进名城保护工作，建立长效机制构建防护体系。3. 拓宽渠道，加快保护资金筹集。市财政将历史文化保护资金列入财政年度预算，主动对接国家和省直住建、发改、财政、文旅、文物等相关部门争取上级支持，吸引有专业实力、有情怀的企业、社会组织及个人参与名城保护利用。4. 丰富业态，持续做好活化文章。深入挖掘名城历史文化遗产的内涵，运用多种形式，灵活利用古建筑价值，探索文旅融合新途径。持续举行汤显祖国际戏剧交流月活动，推进“有戏有梦”的抚州“走出去”。创新举办“历史文化保护传承的抚州实践研讨会”，探索形成历史文化保护传承“抚州模式”。加大历史文化街区及其活化利用宣传力度，在全社会形成浓厚的保护传承历史文化氛围。

（六）关于“加快抚州地方戏曲传承与发展”的建议

2023年10月，为助力唱响“文化抚州 梦想之舟”品牌，市政协文化文史和学习委员会就“加快抚州戏曲传承与发展”课题，先后赴广昌、宜黄、临川等县（区）实地调研，通过座谈交流、现场察看、个别谈话、电话访谈等形式，全面了解抚州戏曲文化传承与发展情况，分析戏曲文化发展所存短板及产生原因。调查发现，目前抚州戏曲传承与发展存在人员队伍青黄不接；精品力作屈指可数；体制机制运转困难；戏曲市场不断萎缩；戏曲传播形式单一；地方重视程度不够等问题。为此建议：1. 加快戏曲人才队伍建设，注重人才梯队培养。重点培养领军型戏曲人才，健全新生戏曲人才培养方式，营造良好戏曲传承环境。2. 加大精品创排力度，创新戏曲演绎传播方式。持续复排经典传统剧目，打磨提升优秀剧目，创新戏曲演绎形式。3. 创新体制机制，提升院团市场化能力。做大做强国有专业院团，构建鼓励激励制度，扶持文艺院团发展。

（七）“关于推进长征国家文化公园（抚州段）建设”的建议

2024年2月，在市政协五届四次会议上，委员提交“推进长征国家文化公园（抚州段）建设可持续发展”的提案。提案认为，近年来，市委、市政府高质量推进长征国家文化公园（抚州段）建设，将长征国家文化公园作为重大文化工程、政治工程、民生工程和党建工程抓紧抓实，打造一批红色旅游精品线路及青少年研学游、军事游等研学精品线路。为推进长征国家文化公园（抚州段）建设可持续发展，建议：1. 持续“加力”顶层设计。聚焦重点任务清单，制定印发《抚州市长征国家文化公园“建、管、用”一体化推进实施方案》。2. 持续“用力”推进项目建设。大力融入数字技术，实现文化数字传承。3. 持续“发力”宣传教育。组织长征纪念活动；做好长征品牌宣传；创新教育打卡模式。4. 持续“聚力”融合共建。支持重点建设区融合产业发展；支持重点建设区融合区域发展。

三、生态环境保护建议

（一）关于“加强抚河流域水环境保护和治理”的建议案

2008年6月至8月，市政协动员全市政协系统力量，由主席、副主席带队，组成5个调研小组，分赴10个县（区）和金巢经济开发区，重点调研影响抚河流域水环境的工业“三废”、城市生活污水、城镇垃圾、医疗废物、农业面源污染等问题，掌握情况，发现问题，征询意见，经过反复讨论、多次协商，提出工作建议。9月17日，市政协二届九次常委会会议专题协商抚河流域水环境保护和治理课题，经市政协主席会议审议，形成《关于抚河流域水环境保护和治理的建议案》呈报市委、市政府研究。《建议案》提出：1.深化认识，着力形成保护抚河流域水环境的浓厚氛围。保护抚河流域水环境就是发展抚州生产力，正确处理好经济发展与环境保护的关系、快速崛起与可持续发展的关系、当代发展与子孙后代发展的关系，一手抓经济发展，一手抓环境保护。2.铁心硬手，严厉整治“五小”企业及矿产污染企业。对全市“五小”企业及矿产污染企业进行全面清查整顿，提高治理效能。3.标本兼治，坚决遏制工业污染源头。落实“三个坚决不搞”要求，对不符合环保要求、严重污染环境、破坏生态的项目，实行环保一票否决制。对一些有影响的重污染企业，实行领导“挂牌”督办。4.科学规划，大力推进城镇污水处理厂建设。将沿抚河大道的医学分院、七二一矿安居小区等重点单位的生活污水通过管网引入城区污水收集管道，以确保荆公路水厂、南区水厂取水口水质安全。5.清洁生产，科学治理农业面源污染。强化监管，禁止生产流通和使用高毒高残留农药。6.多管齐下，加大城镇和农村生活垃圾处理力度。7.规范管理，切实加强医疗废物处置。尽快出台《关于加强医疗废物管理的若干规定》，对医疗废物收集、运送、贮存、处置以及监督管理等活动进行规范，着力解决部门职责不清、管理无序问题。8.强化监管队伍，切实提高环保监管能力水平。成立抚河流域水环境保护治理领导小组，统筹协调解决流域保护治理的重大问题。认真研究市县环保局组建后出现的问题，切实改变当前环保部门机构设置与工作职能不相适应、人员紧缺和素质低、检测能力薄弱的状况，不断提高环保执法水平。建议案引起市委、市政府高度重视，主要领导听取汇报，安排相关部门认真抓好落实。

（二）关于“保护森林资源，加强生态建设，提高可持续发展能力”的建议案

2009年5月至6月，市政协组成调研组，围绕保护森林资源加强生态建设课题，深入全市11个县（区）进行专题调研，并赴福建省三明、浙江省丽水学习考察，汲取先进经验，形成调研报告。8月18日，市政协二届十四次常委会会议专题协商讨论调研成果，形成《关于抚州保护森林资源加强生态建设提高可持续发展能力的建议案》呈报市委、市政府研究。《建议案》提出：1.深化认识，牢固树立森林资源保护与可持续发展理念。坚持保护优先，在保护中开发，在开发中保护。2.强化森林保护，建立完善森林生态效益补偿机制。从加强抚河流域水土保持综合治理出发，将抚河源头及各大型水库周围、通道两旁、城市周边及生态脆弱地区的森林划为生态公益林，争取纳入国家级和省级生态公益林项目建设，建立市县（区）生态公益林，实行封山育林，禁止砍伐，减少泥沙流入抚河。3.有序利用，以龙头企业推动林产工业健康发展。督促县（区）依据本地森林资源状况，制定政策措施，对现有木竹加工企业进行全面清理整顿，通过重新审核发证，关闭一批资源消耗大、环境污染重、经济效益差和无证无照的小型木竹加工企业、家庭作坊式的木材锯板厂。4.激发活力，大力推进林业产权制度配套改革。在县（区）探索推进小片间伐经营，按照“公益林管死、商品林放活”的分类经营原则，推行按林木年龄由大到小排序分配采伐指标，激发

林农营林积极性。根据林业要素市场建设需要，尽快解决好林业产权交易中心场地、人员、经费和林权管理中心、森林资源收储拍卖中心、森林资产评估中心建设问题，加大评估人员业务培训和资质认证，促进森林资源规范有序流转。5. 依法治林，切实提高林业行政执法能力。采取只批机构，人员编制由市林业局内部调剂的方式解决上述五个机构设置问题。各县（区）按要求建设好一支 50 人的专业森林消防队，落实编制经费人员。6. 齐抓共管，形成全社会参与森林资源保护的合力。按照《中共中央国务院关于加快林业发展的决定》要求，落实县乡（镇）政府林业建设任期目标管理责任制，将保护培育森林资源工作纳入年度考核和各级干部任期目标责任制，严格考核奖惩。建议案引起市委、市政府重视，市政府出台了相关文件，加强改进了林业生态工作。

（三）关于“拓宽‘两山’转化路径，推动生态产品价值实现”的建议

2022 年 1 月，市政协五届二次全会上，农工党市委会提出建议，拓宽“两山”转化路径，推动生态产品价值实现。建议认为，抚州积极探索“两山”转化路径，在实现生态产品价值转换上，机制不断成熟、措施逐步完善、渠道日益多元，组建绿色保险产品创新实验室，成立资源统一整合、资产统一营运、资本统一融通的资溪“两山银行”，建立健全 202 个生态产品绿色项目库，整合山林、土地、水体等碎片化生态资源，在实现生态资源向资产资本转化上，取得良好成绩。但也要清醒地看到抚州生态产品在实现价值转换上，存在以下问题：1. 生态产品价值实现转换的金融政策支撑力度不够。2. 生态产品的价值评估和交易市场化机制有待完善。3. 生态产品的收储、托管和处置机制仍未健全。4. 生态产品的风险管控机制仍需探索。为此建议：1. 创新金融支撑生态产品价值实现方式。进一步完善“两权”抵押贷款，继续探索推出河权承包、河道采砂权、畜禽智能洁养贷等多种绿色金融产品。做强“古村落金融贷”，加快推进金融机构将碎片化的生态资源，收储整合形成优质高效的资源资产包，通过资本赋能和市场化运作，探索创新绿色金融，推动生态资源转变成资本资金。2. 打造国家生态产品价值实现机制抚州标准。全面开展市域生态系统生产总值核算试点，探索把生态产品价值核算基础数据纳入国民经济核算体系，实行国民生产总值、生态产品价值“双核算”。加快构建生态产品确权、核算、评估、交易、绿色金融、农产品区域品牌和绿色生活等江西省地方标准、国家标准，形成可复制、可推广的经验做法。3. 健全国家生态产品价值实现机制抚州规范。加快推广资溪“两山银行”生态资产收储、运营、处置标准化模式，探索建立企业生态产品价值评价机制，完善健全价值评估体系。加强“两山”干部培训和专业技术人员引进，强化生态产品价值核算人才支撑。4. 建立绿色金融风险缓释机制。探索建立生态产品信用评价机制和征信体系，打响“两山银行”品牌，制定正、负面清单，构建生态金融信用机制，为绿色发展赋能，为企业融资增信。

（四）关于“大力推行‘绿宝’碳普惠”的建议

2023 年 9 月至 10 月，市政协邀约市发展改革委、市碳普惠办、市生态环境局、市委金融办、市机关事务管理局、“绿宝”运营平台相关负责人，就“大力推行‘绿宝’，碳普惠”进行一对一交谈，了解情况，听取意见。同时，到市移动公司、临川区上顿渡、江西思极智云数字科技有限公司实地调研，召开座谈会，听取情况介绍。通过调研，形成《植“绿”于心，化“碳”为宝——关于抚州“绿宝”碳普惠的调查与思考》的调研报告。报告认为，市委、市政府高度重视碳普惠工作，2017 年 8 月率先打造“绿宝”碳普惠公共服务平台。通过平台运营拉动，极大促进“绿宝”碳普惠的推广。其社会效益显著，生态效益突出，经济效益可观。但同时也存在“行政推动后续力量减弱，普通民众参与程度不高，商业激励方式较为单一，减碳价值难以按市场化兑现”等影响“绿宝”碳普惠推广的问题。为此建议：1. 以强有力行政措施持续推动品牌推广。进一步强化组织保障，加强工作部署和调度，强化考核激励措施，加强工作谋划和向上争取政策支持，促进省、市两级平台融合贯通，提升在全省乃至全国的影响力。2. 广泛宣传发动吸引更多普通市民参与。加快推进“绿色低碳科普教育基地”建设，进一步提升“绿宝”碳普惠知晓率、注册率、使用率，广泛开展绿色低碳生活科普宣传教育和“绿宝”平台推广活动，让生态文明理念深入人心。3. 着力构建长期可持续的碳普惠生态圈。本着“惠民、惠商、惠农”原则，鼓励社会资本参与碳普惠机制建设和运营，扩大碳普惠商家联盟，加强与商业、企业对接，推进以市场化运作为特点的商业激励模式。4. 探索实现减碳价值的现实路径。加快《碳普惠管理办法》出台，积极推行零碳会议，探索建立“碳积分、碳减排量、碳资产”三位一体碳资产管理体系，通过畅通个人碳排放交易渠道，形成碳币产生、消纳良性循环机制，促进绿色低碳行为传播和普及。

（五）关于“创造生态财富，加快推进我市‘森林四库’建设”的建议

2024 年 1 月，民建抚州市委会提出，抚州要以林长制改革为抓手，充分挖掘涵水为库、聚财为库、积粮为库、储碳为库等多元“森林四库”财富，持续做好建设有方、管理有序、保护有力、增长有效森林资源培育、管理、利用工作，为打造美丽中国江西样板树立“抚州标杆”。建议认为，抚州在推动扩大绿量、提高绿质、增强绿效上仍有较大提升空间。表现在：林业资源供给不优，生态效益有待提升；林业经营水平不高，生态保护任务艰巨；林业产业竞争不强，市场潜力有待挖掘；林业保障能力不足，金融创新渠道狭窄。为进一步将抚州“高颜值”森林资源和“高质量”经济发展有机结合，实现在生态保护前提下的资源变资产、资产变资金、资金变资本四级转换，推动抚州绿水青山转化为金山银山，为此建议：1. 加强森林水库建设，优化资源供给。2. 加强森林粮库建设，扩大资产规模。3. 加强林业钱库建设，促进资金增值。4. 加强林业碳库建设，拓宽资本路径。

四、民生福祉保障建议

（一）关于“进一步完善全市社会救助体系”的建议案

2008 年 3 月至 4 月，市政协社会和法制委员会组织 3 个调研组，深入全市 9 个县（区）对全市社会救助体系建设进行专题调研，市政协二届八次常委会会议对调研报告进行协商讨论。6 月 13 日，市政协二届十二次主席会议审议通过《关于完善全市社会救助体系的建议案》，呈市委、市政府研究。《建议案》提出：1. 规范操作，完善城乡最低生活保障制度。由纪检监察部门介入城乡低保申请审核过程，对市区低保对象进行一次全面清理。强化城乡低保公开监督机制，做到审批政策、申请对象、低保标准、救助水平“四公开”，接受社会监督，畅通进出渠道，做到“应保尽保，应退尽退”。2. 降低救助门槛，着力解决困难群众重病、疑难病救助问题。按照省民政部门要求，将医疗救助内容从大病救助放宽到医疗救助上来，取消医疗救助病种和起付线限制，将救助对象扩展到城乡低保“边缘户”。3. 理顺管理体制，提高敬老院管理水平。按照理顺体制、完善机制、加强管理的要求，制定出台加强敬老院管理意见，明确县（区）民政局和乡镇在敬老院管理上的人事共管职责。4. 健全机构，建立教育救助管理网络。尽快成立市、县（区）学生资助管理中心，机构设市、县（区）教育局，落实人员编制、工作经费。由学生资助管理中心对社会帮扶助学进行统筹管理，提高教育救助实效，促进教育公平公正。5. 优化配置，增强住房救助实效。合理配置资源，多建廉租住房，适量建设经济适用住房。加强对经济适用住房和廉租住房申请、受理、评议、审核监督，促进住房救助公开公正透明。6. 落实责任，推动法律援助事业健康发展。把法律援助经费列入财政预算，让群众享受更好的法律援助服务。建议案被市政府全面采纳，推进全市社会救助体系建设。

（二）关于“推动我市公立医院高质量运营发展”的建议

2021年10月至11月，市政协教科卫体委员会就“推动我市公立医院高质量运营发展”，深入相关职能部门和南丰、崇仁和资溪三县开展专题调研，形成专题报告。报告认为，近年来，市委、市政府高度重视医疗卫生事业发展，加大投入，强化举措，优化布局，着力提升医疗服务能力，推动公立医院取得长足发展。医疗资源扩容成效明显。医药卫生体制改革持续深化。推动中医药“三位一体”融合发展。医疗质量和服务能力不断提升。但也存在明显的问题：医疗服务水平相对滞后，医疗人才短缺情况严重，体制机制改革还不到位，配套政策和服务衔接不紧。为此建议：1.统筹优质医疗资源，完善分工协作机制。统筹保障医院基础建设和设备购置，抓好医学学科建设，完善医疗卫生机构分工协作机制。2.健全人才培育机制，保障医院发展“智库”。加大人才培养力度，深化“卫生引智”工程，完善人才引进政策。3.完善医院运营机制，激发医院发展活力。明晰医院功能定位，落实绩效考评用人制度，彰显抚州中医特色。4.统筹各项政策和资金，营造良好发展环境。统筹利用医保、财政资金，形成合力，保障公立医院正常运营。深化支付方式改革，在保底的情况下探索扩大支付范围、结余留用等动态管理体系；迅速推进诊疗服务电子化进程，打通医疗服务电子化最后一个关卡。进一步理清公立医院和项目承建单位的职责、权限和工作流程，加快项目建设进度和提高建设质量。市政府领导对此建议作出批示，市卫健委认真采纳报告中的意见建议。

（三）关于“积极推进老旧小区改造”的建议

2022年4月，市政协提案委员会围绕“老旧小区改造”开展提案办理协商，共包括“加快老旧小区改造，推动城市功能与品质再上新台阶”“关于我市棚户区和老旧小区改造的问题与建议”“关于实施国有物业进驻老旧小区试点的建议”“关于加快推进老旧小区既有住宅加装电梯的建议”“关于解决老旧小区安装电梯难的建议”“缓解老旧小区停车难问题的几点建议”“关于加快推进老旧预制板房改造的建议”“关于缓解老旧小区停车难的建议”和“关于加大我市城中村和棚户区环境整治的建议”9件提案。为了把该类提案办理工作抓实，市政协提案委深入临川区三纺宿舍小区等地开展调研视察，并召开“提案办理协商社区圆桌会”，形成一批有价值的协商成果。主要建议：1.广泛宣传发动群众，变“要我改”为“我要改”。要做耐心细致的宣传发动工作，切实激发居民群众“主人翁”意识，做到真心拥护、积极支持、主动参与改造。2.切实加强部门联动，变“单打独斗”为“协同作战”。各相关部门牢固树立“一盘棋”思想，切实强化全局意识，相互支持、密切配合、主动作为，形成上下一心、条块结合、各方参与、齐抓共建的工作格局。3.努力拓宽资金来源，变“单一渠道”为“多元投资”。一方面积极争取中央专项资金支持，另一方面要运用市场化方式推动社会力量参与老旧小区改造。4.建立健全管理机制，变“阶段攻坚”为“长效管理”。将社区治理能力建设融入改造过程，通过组建小区物业、业委会等，结合改造同步完善小区治理结构、健全小区长效管理机制，切实提升居民群众的获得感幸福感。

（四）关于“关于医养融合提升养老服务能力建设”的建议

2022年12月，在市政协五届三次全会上，市党外知联会就“医养融合提升养老服务能力建设”提出提案。提案认为，抚州目前养老服务体系发展现状与市民群众日益增长的养老需求之间的供需矛盾日益突出。抚州市现有60岁及以上老年人口62.71万人，老龄化率17.52%，其中65岁及以上人口为42.6万人，80岁以上高龄老人7.5万人；失能和部分失能老年人约10.18万人，占比16.23%。预计到2025年，全市65岁及以上人口将突破54万人，占总人口比重超13%。老年人口持续增长的趋势和老年人家庭高龄化、空巢化、失能化、养老功能弱化等问题，对养老服务也提出更高要求。目前制约医养融合发展的主要原因有：1.政策引领难，激励效应仍显不足。2.资源整合难，管理机制尚不完善。3.兴办机构难，社会参与热情不高。4.人才培养难，服务水平亟待提升。为此建议：1.整合管理职能。进一步强化民政部门在养老服务发展中统筹推进、督促指导、监督管理等职能，理顺卫健部门在老龄事业发展、医养结合、老年健康服务等方面的综合协调和组织实施职能，建立健全统筹联动、步调一致的良好工作机制，从根本上解决“养老不管医、治病不养老”问题。2.强化政策引领。围绕资金补贴、用地保障、投融资、税费减免等方面，研究出台可操作性的政策保障措施。加大扶持优惠政策，做到既扶持养老机构，又鼓励医疗机构，更惠及老年群体，调动社会各方面积极性，形成医养融合养老事业发展合力。3.充实人才队伍。制定有针对性的人才引进政策，给予多方面优惠待遇。拓展养老人才培育渠道，每年定向培养养老管护人才。在各县（区）建立区域性养老服务实训基地，提高养老服务队伍专业水平。4.丰富养老模式。大力发展康养养老。大力推进养老事业与观光旅游、休闲养生、健康医疗深度融合，发展候鸟式养老、旅游养老等新兴业态。大力发展居家养老。高标准做好居家养老服务中心规划布局，切实增强社区养老的服务功能。大力发展智慧养老。整合智慧百乡千村健康医养扶贫工程，推动健康养老产业智慧化发展。

（五）关于“加快推进我市社会应急救援力量规范化建设”的建议

2023年7月，市政协社会和法制委员会就“加快推进我市社会应急救援力量规范化建设”课题进行调研协商，形成《让“逆行”的风景更加靓丽——关于推进我市社会应急救援力量规范化建设的调研报告》。报告认为，自2016年我市成立第一支社会应急救援队伍——抚州市蓝天救援队以来，社会应急救援力量不断发展壮大。他们积极投身于应急救援、疫情防控和志愿服务等工作，向险而行，展现出最美“逆行者”的担当与风采。但我市社会应急救援队伍发展也面临“经费难筹措，装备难保障，技能难提升，队员难参保”等瓶颈制约。为此建议：1.着力在宏观政策上推进队伍建设规范化。尽快研究制定我市《关于培育支持和规范社会应急救援力量发展的指导意见》，合理控制社会应急救援队伍发展数量，加强社会应急救援队伍党的建设，完善社会应急救援队伍接受境外资金监管机制。2.着力在科学调度上推进队伍管理规范化。各级应急管理部门负责指导并推动本行政区域内的社会应急救援队伍建设，明确社会应急救援队伍参与应急救援的职责和范围，建立行之有效的指挥协调机制，加强对社会应急救援舆情工作的管理。3.着力在破解“四难”上推动队伍发展规范化。出台更多政策措施扶持社会应急救援队伍，探索建立物资装备整合共享机制，加强对社会应急救援人员技能培训，完善社会应急救援队伍保险保障制度，引导全社会理解、关心、支持社会应急救援队伍发展。4.着力在培优做强上推进队伍自身建设规范化。按照规范化、专业化、标准化要求推进自身建设，组建市级社会应急救援联盟，促进社会应急救援队伍之间进行分工合作。提出的建议引发相关部门对社会应急救援力量的关心和重视，有力推动市、县（区）在建设、管理、使用社会应急救援力量方面更趋科学、走向规范。

（六）关于“倡导良性婚俗，弘扬时代新风”的建议

2024年6月，市政协提案委员会围绕“倡导良性婚俗，弘扬时代新风”深入开展调研。调研组先后召开座谈会12场次，听取市本级及崇仁、临川、金溪文明办、民政、总工会、团委、妇联等部门情况通报；深入崇仁、临川、金溪、广昌、乐安等县（区）街道社区、乡镇农村，召开镇村干部、居（村）民群众、“婆婆”“丈母娘”“新婚”“准新婚”青年男女、

"红娘""媒婆"、红白理事会成员及"五老"人员专题调研座谈会；并开展个别访谈、入户调查、问卷调查等，认真查找问题，研究对策建议。形成《强化约束，"全域一体"推进我市婚俗改革——关于"倡导良性婚俗，弘扬时代新风"的调查报告》。报告认为，抚州婚俗改革虽然取得一定成效，但不少地方婚俗领域还存在攀比彩礼、大操大办、铺张浪费等问题，高价彩礼"娶不起"、名目繁多人情礼金"送不起"等情况一定程度存在。为此建议：1.强化组织领导，让良性婚俗氛围"浓"起来。2.强化正向引导，让良性婚俗导向"立"起来。3.强化婚介管理，让良性婚俗服务"优"起来。4.强化制度执行，让良性婚俗机制"活"起来。5.强化示范带动，让良性婚俗约束"硬"起来。

第四节　社情民意信息

社情民意信息是将人民群众对方针政策、决策落实、基层探索、群众首创、民生福祉等关心议论较多的普遍性突出性问题，通过收集、分类、整理、加工，形成可传递利用作为领导决策参考的文字成果。向党委、政府和上级政协组织反映基层社情民意信息，是政协参加单位经常性基础性重要工作，是人民政协履行职能的重要载体和形式。

历届市政协高度重视社情民意信息工作，明确在市政协党组和主席会议领导下，由市政协办公室组织实施，具体负责信息收集、编辑、报送、跟踪、反馈及考核等相关工作。市政协各专门委员会协助做好社情民意信息工作，督促指导联系界别委员增强社情民意信息观念、增加社情民意信息报送，提高社情民意信息质量。

市政协《社情民意》创刊于1996年，先后由政协抚州地区工委办公室、政协抚州市委员会办公室主办，主要报送省政协和地委、行署及主要领导；撤地设市后报送省政协和市委、市政府主要领导。1996年创刊至2024年12月，共编发594期，刊发信息3871条，获得市委、市政府领导批示280余条。

一、信息收集整理

政协抚州地区联络处、政协抚州地区工委时期，反映社情民意信息被列入重要议事日程，1989年设立宣传文史科（1997年改为调研信息科），具体负责社情民意信息征集、编审报送和对县（区）政协社情民意信息工作进行指导。为有效搭建社情民意信息工作平台，1986年5月创办《政协联络简讯》，1996年6月创办《社情民意》，1997年3月创办《政协信息》，推动社情民意信息工作制度化、规范化进程。

2001年10月11日，政协抚州市一届四次常委会会议通过《关于加强反映社情民意工作的意见》，明确反映社情民意必须遵循以下原则：1.必须坚持以邓小平理论和党的基本路线为指导，忠实体现"三个代表"要求；2.了解反映社情民意，必须服从服务于经济发展、社会稳定、人民富裕目标；3.坚持实事求是原则，反映社情民意必须真实、全面、准确、及时地报送；4.坚持体现政协特色，在坚持围绕中心、服务大局的前提下，侧重反映其他渠道不易掌握、不易反映、难以得到的社会情况和群众意见；侧重于反映统一战线内部高、中层人士的看法，包括少数人的不同意见；侧重于反映各个界别和特殊群体要求，包括那些人数不很多，但需要合理兼顾的意见。

次年3月，市政协明确反映社情民意的主要渠道：1.注意在全体会议、常委会会议或其他重要会议期间收集、整理和反映社情民意；2.各专委会在组织委员视察、调查等各项活动中将委员了解的情况和所提意见、建议加工整理成社情民意；3. 充分利用调查报告、视察报告、简报、提案及委员发言、来信来访等材料，从中发掘社情民意；4. 定期向委员发征集社情民意函，主动征集社情民意；5. 加强与各民主党派市委会、市工商联及参加政协的各群众团体联系，广泛收集社会各界人士反映的社情民意；6. 加强与县（区）政协联系协作，及时通报社情民意需求要点，广泛征集各地社情民意。

2006 年，市政协下发《关于进一步做好反映社情民意工作的通知》，要求充分调动委员积极性，发挥委员主体作用，把市政协反映社情民意工作提高到一个新水平。在常委会会议室举办全市政协反映社情民意信息培训班，市政协机关、各县（区）政协和市各民主党派信息员，社情民意信息联系点信息专报员参加培训。专题召开反映社情民意信息工作研讨会，建立健全以会代训、专刊反映、落实责任、表彰奖励的工作运行机制和规范编报、及时反馈的信息传递机制，反映信息渠道进一步畅通，报送信息的积极性充分调动，社情民意信息进入领导决策层的数量质量显著增多，全市政协反映社情民意信息工作迈出新步伐。

2008 年 3 月 28 日，市政协二届七次常委会审议通过《关于加强反映社情民意工作的实施意见》，推动社情民意信息工作规范化制度化经常化进程，形成上下联动、左右互动、信息互通的工作体系，社情民意信息工作取得新突破。先后两次召开全市政协反映社情民意工作会议，把反映社情民意列为“主席工程”，建立“一体两翼”工作新格局，对优秀社情民意信息和优秀信息员进行表彰，打造一批精品信息，年度内共有 18 条社情民意信息获得领导批示。同时注重从调研、视察、委员发言和提案中提炼编发报送社情民意信息，拓宽信息渠道，提升信息层次，增强信息咨政性，强化信息服务性。

2009 年，市政协把反映社情民意信息作为关注民生和社会舆情的重要载体，把提高社情民意信息质量作为履职参政的重要抓手，明确目标，落实任务，强化考评。7 月份专题召开全市优秀社情民意评选机制座谈会，出台《关于评选优秀社情民意信息的意见》，从重要性、真实性、可行性、实效性四个方面明确评价标准和量化考核办法，为反映社情民意信息指明方向。

2011 年，三届市政协把反映社情民意信息作为听民声、传民意、聚民智的重要途径，建立健全信息沟通、每月汇稿、跟踪问效等工作机制，提升信息工作运行效率。市政协主要领导高度重视，经常过问、调度、指导反映社情民意工作，对《社情民意》每期必读，对重要信息及时作出批示，在参加省政协十届四次全会期间，带头撰写社情民意，组织在抚省政协委员向大会反映社情民意信息 4 篇，获得省政协领导高度评价，推动社情民意信息工作迈上新台阶。

随后几年，市政协首次在委员企业建立 4 个社情民意联系点，更加有效地搭建政协委员与市场主体和社会广大群众沟通平台，拓宽社情民意信息来源，增强信息真实性、针对性和有效性，信息质量进一步提高，决策参考性不断提升。充分发挥 19 个社情民意联系点作用，不断完善重点社情民意信息编审报送和跟踪问效机制，加强信息报送人员业务培训，信息报送队伍迅速扩大，信息报送量大大提升，报送信息质量全面提高。

2017 年，四届市政协发挥社情民意“直通车”优势，落实省政协开展“反映社情民意信息活动年”活动，制定工作目标，明确工作任务，开展业务培训，组织采编竞赛，安排评选活动，推动创先争优工作。

2019 年 12 月，市政协制发《反映社情民意信息工作管理办法》，提出社情民意信息主要分为三种类型：一是议政建言类。主要针对当前经济社会发展的重点、难点工作以及人民群众普遍关心的热点、焦点问题，提出具有前瞻性、针对性、可操作性的意见建议。二是民主监督类。主要围绕党委政府重大决策部署、重大改革举措、重大投资项目、重大民生工程推进落实过程中存在的问题，提出加强改进预案和监督性意见建议。三是综合反映类。主要反映中央、省、市重大决策实施后基层群众反映及意见，出现的新情况、新问题、新进展等。《办法》进一步促进社情民意信息工作的科学化规范化制度化进程。

2021年10月抚州市政协五届一次会议后，市政协十分重视社情民意工作，把反映社情民意信息作为全市政协系统履职一项重要基础性工作来抓，采取硬核举措，组建专门队伍，建立较为完善的激励考核机制，全市反映社情民意信息工作取得突破性成果。2022年，抚州市政协在设区市政协中一跃成为全省先进，名列第三。

2023年，市政协建立健全反映社情民意信息工作机制，形成"政协主席——分管领导——专委会主任——政协委员"的四级责任链条，安排专人做好反映社情民意信息收集、上传、统计、通报等相关工作。打造"专委会＋对口联系民主党派"联合共同体，创新推行双周通报、月调度工作制度。市政协委员和市政协机关干部紧紧围绕经济发展、就业教育、医疗养老、社会管理等党政关心、社会关注的焦点、热点，积极反映社情民意信息。其做法在全省政协反映社情民意信息工作座谈会上作典型发言。市政协再次获全省政协反映社情民意信息工作先进单位。通过市政协引领示范，各县(区)政协纷纷加大向省政协反映社情民意信息力度，实现量质齐升，东乡区政协、金溪县政协综合成绩进入全省前十。

二、信息编辑报送

2001年，一届市政协精心选择有社会影响、党政机关关注、委员反映强烈的问题，通过《社情民意》内部刊物报送市党政领导阅处，共编发《抚州政协简讯》7期、《社情民意》12期，刊登社情民意信息60条。其中，党政领导签字督办13条。《抓紧修好抚州新桥至黄巢东路路段问题》《加强全市卧铺车客运行业管理工作》《着力解决农村中小学教师工资发放问题》等社情民意信息，引起党政领导高度重视。

随后几年，市政协把反映社情民意列入年度工作重点，加大领导力度，完善工作机制，健全信息网络，从市各民主党派、工商联、县(区)政协及有关部门聘请38名特约信息员，年度内社情民意信息收集报送量明显增加。其中市政协编发的社情民意信息《农产品标准化刻不容缓》《降价销售更要讲诚信》等被《光明日报》《中国信息报》《中国改革报》采用，引起国家有关部门重视，产生良好社会反响；《塑造抚州新形象，为经济超常发展夯实基础》在市政协一届三次全会上发言，获得市委、市政府主要领导批示。《关于尽快解决城区群众和学生乘公交车难的问题》获得市政府主要领导批示，市建设局迅速解决，多家新闻媒体作系列报道，产生良好社会影响。

2006年至2009年，共编发《抚州政协》25期，编辑信息518条，被省政协信息刊物采用22条；通过《社情民意》向市委、市政府报送信息151条。其中，《尽快保护好近现代名人游国恩的故居》《新农村建设要重视文物保护》等信息引起市委领导高度重视，推动问题得到及时解决，获得社会好评。《建议尽快调整增设至市行政新区的公交线路》等重要信息引起领导和部门重视，促进问题及时解决，产生良好社会反响。《关于要求对市豪德贸易广场经营户在运输环节给予扶持的建议》《关于开展违规网吧专项整治行动的建议》等信息经市委、市政府领导批示后，引起有关部门重视，推动问题解决，加强改进工作。

2011年，市政协加强社情民意信息编辑报送工作，全年共编发《抚州政协》7期，编辑信息126条，通过《社情民意》向市委、市政府报送信息18条，其中党政领导签批及有关部门反馈落实10件。《关于尽快修建经九路(晏殊大道)的建议》《加强新形势下社区管理和建设的建议》《在市行政中心设置电动车充电点的建议》等信息经市委、市政府领导批示后，市政协跟踪问效，有关部门及时作出反应，推动问题迅速解决。

2012 年至 2016 年，三届市政协加大信息编发力度，促使一批热点、难点问题得到落实解决。其中《关于整合市区两级财政预算资金，加快配置 60 米以上云梯消防车的建议》等信息经市政府领导批示后，市政协跟踪问效，促进有关问题及时落实解决，获得消防部门好评。《关于尽快修补部分城区坑注不平道路的建议》等信息经市政府领导批示后，市政协跟踪问效，推动有关问题及时解决，引起良好的社会反响，强化信息服务的民生关注。《开启徐霞客游线标志地申报工作，加快我市旅游开发步伐》《关于拆除市中心城区部分交叉路口花篱的建议》《关于在抚州职业技术学院北大门增设交通安全设施的建议》等重要信息经市政府领导批示后，市政协及时跟踪问效，推动问题全面落实解决。

2018 年至 2021 年，四届市政协共收集各类信息 589 条，编发《社情民意》141 期。其中经省政协报送省委 6 件；报送全国政协 4 件，全国政协采用 1 件。一批涉及城市管理、交通出行、环境保护等方面的信息，推动有关部门加强调查研究，及时整改解决矛盾问题，强化工作举措，提升服务能力，获得良好社会反响。《关于农家书房与公共图书馆融合发展的建议》《关于加强新农村建设后期管护的建议》分别被全国政协和省委采用，引起领导重视，推动两项难点问题在更高层面得到重视解决。《关于"疫情"下企业复工复产的问题和建议》《关于激活文昌里旅游市场的建议》等信息得到市政府及相关部门重视采纳，推动反映问题得到较好解决。《关于创新林权质押融资模式》被省委采用，推动相关问题在省级层面得到重视解决；《关于加快优质医疗资源建设的建议》等信息获得市政府及相关部门重视采纳，推动反映问题列入工作计划，增加医疗卫生重点项目 3 个。

2023 年，五届市政协锚定反映社情民意信息持续站位全省"第一方阵"的目标，创新性地建立双周通报、每月调度等工作机制，推动市政协委员和市政协机关干部，紧紧围绕经济发展、就业教育、医疗养老、社会管理等党政关心、社会关注的焦点、热点积极报送社情民意信息。全年编报《社情民意》简报 10 期，向省政协反映社情民意信息 346 条，其中转报全国政协 71 条，转报省委 41 条，均创历史最好成绩。市政协先进做法在全省政协反映社情民意信息工作座谈会上作典型发言。

2024 年，市政协坚持把反映社情民意信息作为一项经常性、基础性工作抓紧抓实，召开全市政协系统反映社情民意信息工作推进会，制定《关于进一步做好反映社情民意信息工作的实施办法（试行）》，组建特邀信息员工作队伍，成立工作专班，建立定期会商约稿机制，推动信息工作从"数量求胜"向"质量取胜"转变。全年累计报送社情民意信息共计 290 条，其中转报全国政协、省委 63 条，《食品安全监管执法领域存在"四难"问题亟待破解》《警惕中职教育"去农化"》等 7 条信息被全国政协或省委采用。

三、信息跟踪反馈

2003 年至 2004 年，一届市政协通过《社情民意》向市委、市政府报送信息 29 条，全部获得市委、市政府领导批示。其中《市委党校老师要求不再承担招商引资任务》获得市委书记批示，要求认真统筹研究，随后取消市委党校招商引资任务；《要高度重视换届后少数领导干部更换小汽车添置现代化办公用品现象》引起市纪委重视，经过专题调查研究后，下发《关于加强对领导干部公务用车管理的紧急通知》，促进全市党风廉政建设。关于农村普及九年义务教育问题的 6 点建议，引起市委主要领导高度重视并作出批示，市政府出台《关于加强农村教育工作的决定》；《加强抚州殡葬业收费的管理与监督》引起市委、市政府领导高度重视，责成市民政、监察、工商、财政等部门组成联合检查组，督促市殡葬管理处认真整改，取消六项不合理收费；

《严格按标准为部队供应军粮》由市政府领导作出批示，督促市粮食局抓好落实，部队官兵感到非常满意。

2008年至2010年，二届市政协共编发《抚州政协》23期，编辑信息462条，通过《社情民意》向市委、市政府报送45条，获得市级领导签批12条，市领导批示及有关部门反馈落实25件。《加大生猪定点屠宰监管力度，切实打造市区“放心肉”工程》《南丰县部分房地产开发企业反映该县城市建设规费收取存在不合理现象》《对城区公交车路线进行调整的建议》等信息，引起党政领导和有关部门高度重视，使问题及时得到解决，较好地发挥社情民意“直通快车”的作用。《关于加强乡（镇）集镇建设和管理的几点建议》获得市委、市政府主要领导批示后，市委督查组进行专项督查，促进乡镇卫生环境改善。《应切实保持护好抚州采茶戏》《建议在赣东大道延伸段与竹山路的交叉路口尽快安装红绿灯》等信息经市政协主要领导批示后，市文化部门精心编排《牡丹亭》在汤显祖艺术节上演出，加强采茶剧传承保护工作；市交警经过现场勘查后，采纳信息建议，保证两个路口交通秩序顺畅。《建议纠正殡葬服务中的不正之风》《牡丹亭杜府影视拍摄基地亟待开发利用》《市工业园区空气污染急需关注》等信息经党政领导批示后，引起有关部门重视，及时解决问题，丰富了政协履职内涵，产生良好社会反响。

2015年，三届市政协共收集重要社情民意信息103条，编报《社情民意》33期，向省政协报送社情民意信息15条。其中《推进农业机械化过程中存在的问题》等3条信息得到省政府领导签批，引起省有关部门重视，提升信息服务质量。《尽快整顿抚州火车站交通秩序》《关于为即将开园的市保育院新园区提供交通安全保障的建议》等重要信息经市政府领导批示后，市政协及时跟踪问效，促进有关问题得到较好解决，获得社会好评。

2017年，四届市政协共收集整理社情民意121件，编报《社情民意》32期，向省政协办公厅报送社情民意信息26件。其中《关于建立企业工伤事故处理多方联动调解机制的建议》等12件社情民意信息被省政协《建言献策》采用，推动一些普遍性民生问题在省级层面得到重视解决；《建议将市气象防灾减灾中心建设尽早纳入市重点项目计划》《市保育院新园区东大门交通安全应引起重视》等重要社情民意，经市政府领导批示后，市政协及时跟踪落实，促进问题解决，推动相关工作。

2020年，市政协及时反映社情民意，共收集整理156条，向省政协报送56条，编发《社情民意》36期。《关于“疫情”下企业复工复产的问题和建议》《关于激活文昌里旅游市场的建议》等重要社情民意得到市政府及相关部门重视采纳，推动反映问题得到较好解决。

五届市政协更加重视社情民意信息跟踪反馈工作。2023年2月，《关于进一步优化我市营商环境的建议》被评为2022年度市政协优秀社情民意。建议以服务企业为导向，参考北京等发达地区做法，进一步优化水、电、气接入，对水、电、气、消防等行业部门加强事前事中事后监管。进一步压缩国土、建设、园林、交通、城管等建设相关部门行政审批环节，充分利用抚州APP、抚州发布、魅力抚州等新媒体渠道实现一次性告知，最多跑一次甚至不见面审批。对违法违规干扰企业正常经营行为，依法依规查处。该建议促使市发展改革委出台《进一步优化提升营商环境实施方案》，市政务服务管理局出台《抚州市政务服务数字化改革三年攻坚行动方案》等一系列法规性文件，涵盖事项标准化、打通系统壁垒、推进数据应用等方面内容，从根本上解决“系统不通、数据不通、业务不通”问题，持续提升群众满意度获得感。以企业群众“最多跑一次”或“一次都不跑”为目标，强力推进互联共享、流程再造、通道拓展、服务下沉，充分运用信息化手段解决企业和群众反映强烈的办事难、办事慢、办事繁等问题。

2001年—2024年市政协社情民意信息征编、上报、反馈情况一览表

时间	编发（条）	上级采用（条）	反　馈
2001	60	市委、市政府信息采用10条。	《抓紧修好抚州新桥至黄巢东路路段问题》《加强全市卧铺车客运行业管理工作》《着力解决农村中小学教师工资发放》等社情民意反映情况引起市委、市政府重视。
2002	92	省政协采用5条，市委、市政府信息采用15条。	《农产品标准化刻不容缓》《降价销售更要讲诚信》等被《光明日报》《中国信息报》《中国改革报》采用。《塑造抚州新形象，为经济超常发展夯实基础》在政协一届三次全会上发言。
2003	140	省政协采用42条，市委、市政府信息采用35条。	《市委党校老师要求不承担招商引资任务》的社情民意上报后，市委书记作出批示，随后免除市委党校招商引资任务。《要高度重视换届后少数领导干部更换小汽车、添置现代化办公用品现象》的建议，市纪委专门下发《关于加强对领导干部公务用车管理的紧急通知》。
2004	210	报送市委、市政府信息14条。	《农村普及九年义务教育问题》的建议，引起市委主要领导高度重视并在专刊上作出批示。《加强抚州殡葬业收费管理与监督》的建议，市委、市政府领导高度重视，责成有关部门认真调查，坚决制止乱收费和定价过高行为。
2005	180	报送市委、市政府信息12条。	《尽快解决城区群众和学生乘公交车难的问题》社情民意，促动市建设局采取措施解决群众普遍关心的热点问题，市多家新闻媒体对此作系列报道。
2006	100	省政协信息采用9条，报送市委、市政府信息16条。	《尽快保护好近现代名人游国恩的故居》《新农村建设要重视文物保护》等社情民意反映的情况和问题，引起市委领导高度重视。
2007	96	报送上级40条	《建议尽快调整增设至市行政新区的公交线路》等反映群众诉求的重要信息引起党政领导和有关部门重视，使问题得到及时解决。
2008	162	报送上级45条，领导签批12条。	《加大生猪定点屠宰监管力度，切实打造市区“放心肉”工程》《南丰县部分房地产开发企业反映该县城市建设规费收取存在不合理现象》《对城区公交车路线进行调整的建议》等事关发展和民生问题重要信息，引起党政领导和有关部门的高度重视，使问题及时得到解决。
2009	160	报送上级45条；领导签批26条。	《关于要求对市豪德贸易广场经营户在运输环节给予扶持的建议》《关于开展违规网吧专项整治行动的建议》等社情民意，经市委、市政府领导批示后，大部分得到落实和解决。
2010	150	领导签批25条	《关于加强乡（镇）集镇建设和管理的几点建议》的社情民意，市委、市政府主要领导批示后，市委督查组进行专项督查，促进乡镇卫生环境改善。《应切实保护好抚州采茶戏》《建议在赣东大道延伸段与竹山路的交叉路口尽快安装红绿灯》的社情民意，市政协及时转交有关部门办理，抓好跟踪问效。

续表

时间	编发（条）	上级采用（条）	反　馈
2011	126	报送上级18条，领导签批落实10件。	《关于尽快修建经九路（晏殊大道）的建议》《加强新形势下社区管理和建设的建议》《在市行政中心设置电动车充电点的建议》等社情民意，市委、市政府领导批示后，市政协及时抓好跟踪问效，促使有关部门加大工作落实力度。
2012	80	领导签批落实 21 件	领导签批的社情民意均得到落实。
2013	90	领导签批落实 30 件	《关于整合市区两级财政预算资金，加快配置 60 米以上云梯消防车的建议》等重要社情民意，经市政府领导批示后，市政协及时抓好跟踪问效，促使有关问题得到落实解决。
2014	106	报送上级 13 条	《关于尽快修补部分城区坑洼不平道路的建议》等社情民意，经市政府领导批示后，市政协及时抓好跟踪问效，促进有关问题得到及时解决。
2015	103	报送上级 15 条	《推进农业机械化过程中存在的问题》《尽快整顿抚州火车站交通秩序》《关于为即将开园的市保育院新园区提供交通安全保障的建议》等社情民意得到市政府领导签批，促进有关问题得到较好解决。
2016	110	报送上级 17 条	《开启徐霞客游线标志地申报工作，加快我市旅游开发步伐》《关于拆除市中心城区部分交叉路口花坛的建议》《关于在抚州职业技术学院北大门增设交通安全设施的建议》等社情民意，经市政府领导批示后，市政协及时抓好跟踪问效，问题得到较好解决。
2017	121	向省政协报送 26 条	《建议将市气象防灾减灾中心建设尽早纳入市重点项目计划》《市保育院新园区东大门交通安全应引起重视》等社情民意，经市政府领导批示后，市政协及时抓好跟踪落实，促进有关问题得到较好解决。
2018	125		《关于抚州火车站周边环境急需整治的建议》《加快我市新能源汽车充电桩建设的建议》等社情民意得到市委、市政府领导批示和职能部门回复，问题得到及时解决。
2019	152	向省政协、省委报送 40 条，报送全国政协 4 条。	《关于农家书房与公共图书馆融合发展的建议》《关于加强新农村建设后期管护的建议》分别被全国政协和省委采用。
2020	156	向省政协报送 56 条	《关于“疫情”下企业复工复产的问题和建议》《关于激活文昌里旅游市场的建议》等社情民意得到市政府及相关部门重视采纳，推动反映问题得到较好解决。

续表

时间	编发（条）	上级采用（条）	反　馈
2021	156	向省政协报送 89 条	《关于创新林权质押融资模式》被省委采用。《关于加快优质医疗资源建设的建议》得到市政府及相关部门重视采纳，推动问题得到较好解决。
2022	163	转报全国政协 28 条，转报省委 31 条。	《关于开发利用冬闲田和发展装配式建筑》等重要信息被上级部门采用，推动相关问题在国家和省级层面得到重视和解决。
2023	346	转报全国政协 71 条，转报省委 41 条。	《基层医院医保定额存在六大困惑》《加强农村青年党员发展培养和使用的建议》被全国政协采用。
2024	290	转报全国政协、省委 63 条	《耕地“山上”换“山下”试点工作面临“四难”》《食品安全监管执法领域存在“四难”问题亟待破解》《警惕中职教育“去农化”》等 7 篇信息被全国政协或省委采用。

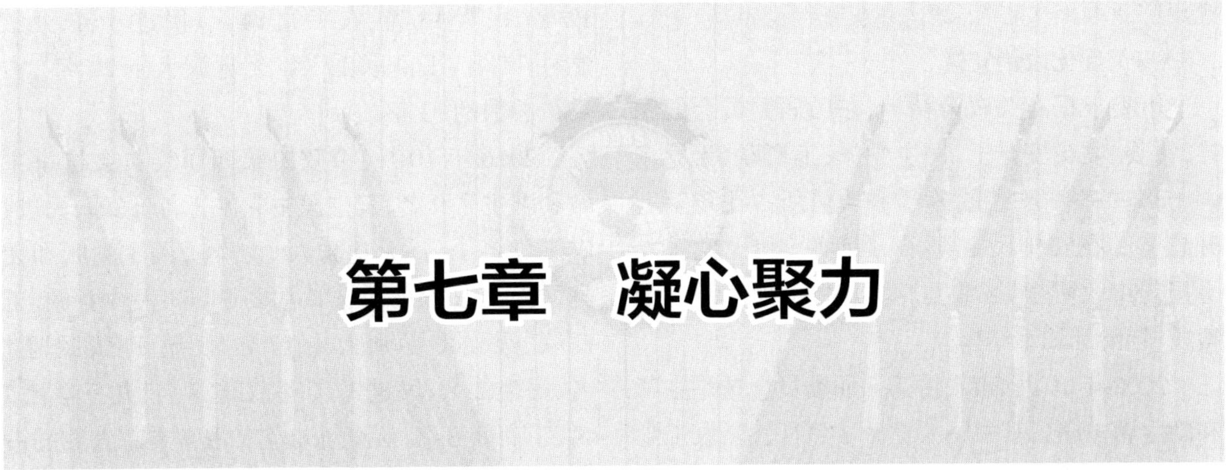

第七章　凝心聚力

人民政协作为中国共产党领导的专门协商机构，始终坚持团结和民主两大主题，最大限度调动一切积极因素，团结一切可以团结的人，汇聚起共襄伟业的强大力量。加强思想政治引领、广泛凝聚共识是政协组织的重大政治责任。抚州市政协高度重视凝聚共识工作，在共同思想政治基础上，通过人民政协制度运行、民主程序和有效工作，把党的主张转化为社会各界的共识，努力使人民政协成为坚持和加强党对各项工作领导的重要阵地、用党的创新理论团结教育引导各族各界代表人士的重要平台、在共同思想政治基础上化解矛盾和凝聚共识的重要渠道，为实现抚州高质量发展做出积极贡献。

第一节　统一战线

人民政协作为中国共产党领导下的爱国统一战线组织，因团结而生、依团结而存、靠团结而兴，肩负着为中华民族伟大复兴凝心聚力的重要使命。人民政协作为统一战线组织，其工作范围和对象是：民主党派成员；无党派人士；党外知识分子；少数民族人士；宗教界人士；非公有制经济人士；新的社会阶层人士；出国和归国留学人员；香港同胞、澳门同胞；台湾同胞及其在大陆的亲属；华侨、归侨及侨眷；其他需要联系和团结的人员。市政协高度重视统战工作，牢牢把握团结奋斗时代要求，充分发挥“重要阵地、重要平台、重要渠道”作用，推动各族各界人士在党的旗帜下心往一处想、劲往一处使，切实担负起“落实下去”和“凝聚起来”政治责任。

一、民主党派及人民团体

至2024年底，抚州市内有中国国民党革命委员会（简称“民革”）、中国民主同盟（简称“民盟”）、中国民主建国会（简称“民建”）、中国民主促进会（简称“民进”）、中国农工民主党（简称“农工党”）、九三学社六个民主党派及抚州市工商业联合会（简称“工商联”）、抚州市党外知识分子联谊会（简称“知联会”）。为加强与各民主党派、工商联、无党派人士团结与合作，1996年，中共抚州地委出台《关于坚持和完善中国共产党领导的多党合作和政治协商制度的实施办法》。地（市）政协结合实际，认真贯彻执行，采取多形式、多领域、多渠道，开展团结联谊工作，为建设发展抚州广泛凝聚人心、汇聚力量。

（一）优化政治安排

市委根据有关政策精神，在历届委员会的领导、常委、委员安排上，民主党派、工商联、无党派人士都占有一定比重，常委和委员所占比重呈上升趋势。在安排民主党派、工商联、和无党派人士担任市政协领导、常委、委员时，更加注重政治素质、年龄和知识结构。

2000年10月，市政协第一届委员会选举主席和副主席10名，其中民主党派2名（民盟、农工党各1名），无党派界别人士2名，民主党派和无党派人士占40%。选举常委53名，其中民主党派、工商联、无党派人士8名（民革、民盟、民建、民进、工商联、无党派各1名，农工党2名），占常委总人数的15.1%。选举委员222名，其中民主党派、工商联、无党派界别人士55名（民革8名、民建8名、民盟9名、农工党11名、九三学社5名、工商联9名、无党派人士5名），占委员总数的24.8%。

2006年12月，市政协第二届委员会选举主席和副主席9名，其中民主党派3名（民革、民盟、农工党各1名），无党派人士1名，民主党派和无党派人士占44%。选举常委53名，其中民主党派、工商联、无党派界别人士14名（民革3名、民盟3名、民建1名、农工党2名、九三学社2名、工商联1名、无党派2名），占常委总人数的占26.4%。选举委员315人，其中民主党派、工商联、无党派界别人士96名（民革8名、民建8名、民盟9名、农工党11名、九三学社5名、工商联9名、无党派人士5名），民主党派、工商联和无党派人士占委员总数的30.5%。

2011年9月，市政协第三届委员会选举主席和副主席9名，其中民主党派3名（民革、民盟、农工各1名），民主党派占33%。选举常委46名，其中民主党派、工商联、无党派界别人士15名（民革3名、民盟2名、民建1名、民进1名、农工党3名、九三学社2名、无党派3名），占常委总人数的占32.6%。选举委员330名，其中民主党派、工商联、无党派界别人士105名（民革12名、民建12名、民盟13名、农工党14名、民进6名、九三学社11名、工商联17名、无党派人士20名），占委员总数的31.8%。

2016年10月，市政协第四届委员会选举主席和副主席9名，其中民主党派3名（民革、民进、农工党各1名、无党派人士1名），民主党派和无党派人士占44%。选举常委54名，民主党派、工商联、无党派界别人士17名（民革3名、民盟1名、民建2名、民进1名、农工党3名、九三学社2名、工商联3名、无党派2名），占常委总人数的占31.5%。选举委员350名，其中民主党派、工商联、无党派界别人士109名（民革12名、民建12名、民盟13名、农工党14名、民进7名、九三学社11名、工商联20名、无党派人士20名），占委员总人数的31.1%。

2021年10月，市政协第五届委员会选举主席和副主席9名，其中民主党派4名（民革、民建、农工党、九三学社各1名），无党派人士1名，民主党派和无党派人士占55.6%。选举常委55名，民主党派、工商联、无党派界别人士19名（民革1名、民盟4名、民建3名、民进2名、农工党2名、九三学社1名、工商联3名、无党派3名），占常委总人数的34.5%。选举委员346名，其中民主党派、工商联、无党派界别人士106名（民革12名、民建12名、民盟13名、农工党12名、民进7名、九三学社11名、工商联19名、无党派人士20名），占委员总人数的30.6%。

市委对于各民主党派、工商联、无党派人士在政治上的安排，是中国共产党领导的多党团结合作的具体体现。同时，也为各民主党派、工商联、无党派人士参与政治协商、参政议政和民主监督提供重要条件，从而确保各民主党派、工商联、无党派人士参政权。

（二）调动积极因素

2000年10月市政协一届一次全体会议以来，市政协每次全体会议按界别分组，民主党派、无党派人士委员均占两组，其中民革、民盟、民建、民进会员为一组；农工党、九三学社、无党派人士委员为一组。工商联参与其他界别组。各民主党派、工商联、无党派委员与其他界别委员一道，共同参与市政府、市政协有关报告审议，讨论政治经济社会发展问题，为抚州改革发展稳定建言献策。2003 年 1 月，市政协一届五次全体会议首次安排各民主党派、工商联、无党派委员作大会发言，为民主党派、工商联、无党派人士参政议政、建言献策搭建重要平台。2007 年 3 月，市政协二届二次全体会议共安排 7 人发言，均为民主党派、工商联和无党派人士。此后，市政协每次全体会议上均安排 5 至 7 名民主党派、工商联和无党派人士委员作大会发言或书面发言，充分发挥各民主党派、工商联、无党派委员参政议政、民主监督作用。2004 年 2 月，市政协推选民革抚州市主委、市政协副主席周琪出席全国政协十届一次会议，这是抚州市政协委员首次出席全国政协会议并当选全国政协委员，充分体现市政协对民主党派人士的重视和关心。2019 年 2 月，市政协四届四次全体会议期间，为进一步加强党对市政协工作的领导，确保会议各项议程顺利完成，市政协党组在各大会联组设立 7 个临时中共党支部。此后，市政协每次全体会议期间，均会根据需要设立会议临时中共党支部，发挥中共党员委员在政协会议中的政治引领作用。

1996 年 10 月，中共抚州地委下发《关于坚持和完善中国共产党领导的多党合作和政治协商制度的实施办法》，就全区政治协商、民主监督、对口联系、情况通报等制度进行规范，建立地委、行署领导与民主党派成员和无党派知名人士交友联谊制度。2001 年 6 月，为进一步发挥民主党派、工商联在人民政协中的作用，把市政协建设成为各党派、各人民团体、各界代表人士团结合作、参政议政的重要场所，市政协党组制定下发《关于加强与市各民主党派、工商联联系的制度》，就加强市政协与市各民主党派、工商联的联系作出具体规定。2006 年，市政协作出各专委会与 25 个界别对口联系分工决定，其中提案委员会对口联系中共、特邀、民主促进会；经济技术委员会对口联系经济、科学技术、工商联、民建；农村和农业委员会对口联系农业、九三学社；文史委员会对口联系新闻出版、社科、民盟；教文卫体委员会对口联系文化体育、教育、医药卫生、农工党；社会和法制委员会对口联系共青团和青联、工会、无党派、社会保障、法律；港澳台侨委员会对口联系台联和侨联、妇联、民革、少数民族宗教；各办公室对口联系负责做好有关协调和服务工作。2015 年 10 月，市委办下发《关于调整市委领导与市各民主党派、工商联、党外知识分子联谊会、新阶层代表人士联谊会交友联谊的通知》，将市委领导与各民主党派市委会（工作委员会）、市工商联、市党外知识分子联谊会、市新的社会阶层代表人士联谊会联系分工和交友联谊作出调整。2019 年 12 月，市政协印发《市政协党组与各民主党派、工商联和无党派人士联系制度》通知，进一步加强市政协党组与各民主党派、工商联和无党派人士的联系，充分发挥他们在人民政协中的作用。2021 年 11 月，市政协第五届委员会对办公室和各专委会联系界别分工作出调整：其中办公室联系特邀界别；提案委员会联系中共、民盟界别；文化文史和学习委员会联系民革、文化体育、新闻出版、科协界别；经济委员会联系经济、民主促进会、社科界别；人口资源环境委员会联系九三学社、无党派人士界别；教科卫体委员会联系工商联、科学技术、教育、医药卫生界别；社会和法制委员会联系工会、共青团、青联、妇联、社会福利与社会保障界别；港澳台侨外事和民族宗教委员会联系民建、侨联和台联、少数民族宗教界别；农业和农村委员会联系农工党、农业界别。

通过走访活动增进团结了解，调动积极因素。长期以来，全市政协系统深入开展“联系委员、关心委员、服务委员、支持委员”大走访活动，市政协领导经常走访各民主党派、工商联机关，做到“有请必到”“有求必应”，联络感情，增进了解。通过“五个一”活动调动积极性。2003 年，市政协为发挥委员主体作用，开展以服务中心、履行职能为主要内容的“五个一”活动，要求委员每年至少“参加一次调研视察、提交一件提案、反映一条社情民意、提出一条建议、提供一条招商引资项目信息”。各民主党派、工商联、无党派人士委员积极参与，贡献力量，进一步激发和调动了他们参政议政的政治热情和勇于开拓的工作激情。通过界别活动增强团结动力。2009年8月，市政协召开首次界别工作会议后，确定每年11月份为“界别活动月”。此后，每年组织“界别月活动”，邀请各民主党派、工商联、无党派人士委员参与，充分发挥他们的专业专长优势，为群众送科技、送文化、送卫生下乡，深受群众欢迎。通过专题活动凝聚智慧。经常组织形势通报会、专题研讨会、外出考察等活动，督其建诤言，引其议实政，聚其真智慧。通过联谊活动增进团结友谊。每逢中秋、国庆、春节，市政协均要举办各界人士联谊会，欢聚一堂，共叙友情，共谋发展，增进团结，广聚合力。2023年，出台《政协抚州市委员会关于市政协主席、副主席、秘书长联系界别工作的意见》。对市政协主席会议成员界别工作进行具体分工，进一步密切市政协领导班子与界别和委员的联系，充分调动各界别委员积极性，更好地发挥政协界别优势和作用。

（三）强化参政议政

市政协高度重视和支持各民主党派、工商联、无党派人士委员运用提案、调研、视察和反映社情民意等方式，参政议政，建言献策，共谋抚州发展。2001年以来，市政协每年召开各民主党派、工商联、无党派委员提案工作座谈会，鼓励各界人士积极提案，优先提案课题。积极组织各民主党派、工商联、无党派人士委员参与调研、视察活动，反映社情民意信息，撰写精品提案，提升监督能力。市政协一届委员会以来，各民主党派、工商联累计提交提案1033件，个人提案3360件。集体提案约占总立案提案数的20%；个人提案约占总立案提案数的65%。刘菊娇、周金生等民主党派人士82件提案被列入重点督办提案，156件提案被评为省市优秀提案，大多数提案建议得到市委、市政府及相关部门的积极采纳运用，为促进抚州加快发展发挥重要作用。各民主党派、工商联、无党派人士积极参与调研、视察和反映社情民意活动，形成调研成果78个，撰写视察成果63个，报送信息1432条，一大批成果引起市委、市政府重视，获得省、市级领导批示，被市委、市政府和有关部门采纳，推动促进工作。

2020年7月，市政协副主席、民革市委会主委刘忠华带队进行专题调研，形成《加强传染病救治体系及能力建设的调查报告》引起市委、市政府主要领导高度重视，促进抚州市传染病救治体系及能力建设，为抗击新冠疫情作出贡献。

2023年9月14日，市政协副主席、市工商联主席戴晓文率队赴金溪县，就校企合作、服务产业发展工作进展情况开展调研。在金溪县中等职业学校，调研组一行先后参观汽修实训室、实训楼直播室、计算机云教室等设施，并听取有关情况汇报。调研组建议充分发挥学校师资优势、县域产业优势，围绕产教融合，实现教需结合、教学相长，以校企深度融合、产教深度融合培养出适岗型的高素质技能人才；进一步挖掘潜力，不断拓宽、发展和创新产教融合渠道与项目，加快产教融合发展步伐，为地方经济社会发展提供强有力科技支持和人才保障。

2024年9月13日，市政协副主席、农工党市委会主委王彬深入崇仁县，开展专项民主监督并就唱响“文化抚州、梦想之舟”品牌工作进行调研。调研以座谈会形式进行，会上有关人员汇报崇仁县优化营商环境工作及“文化抚州、梦想之舟”品牌建设情况，各相关部门作交流发言。调研组建议认真学习贯彻习近平文化思想，自觉担负起新的文化使命，深入挖掘抚州文化内涵，研究整理文化资源，多渠道引进培育文化业态，深化文旅融合，紧盯市场、狠抓产品，持续讲好“文化抚州”传承故事，生动展示“梦想之舟”精彩航程。

2024年12月，抚州市各民主党派专项民主监督和大调研情况汇报会召开。市委书记范小林出席并讲话；市政协领导贺喜灿、刘忠华、戴晓文、唐永文、刘胜、王彬出席；市委常委、市委统战部部长郭新春主持。会上，民革市委会、民盟市委会、民建市委会、民进市工委、农工党市委会、九三学社市委会先后发言。范小林对市各民主党派专项民主监督和大调研成效给予充分肯定。他指出，市各民主党派调查研究深、问题找得准、对策建议实，形成的调研成果站位高、选题准。要进一步发挥各民主党派、工商联、无党派人士人才和智力优势，持续推动民主监督和大调研工作走深走实，促进新型政党制度在抚州落地落实，凝心聚力谱写中国式现代化抚州篇章。

二、民族宗教事务

负责组织政协委员学习、宣传、贯彻国家有关民族宗教方面的方针政策；组织政协委员就国家有关民族宗教政策贯彻执行情况开展调研、视察，提出意见、建议和提案，协助和推动民族宗教政策贯彻落实。

（一）筑牢民族共同体意识

抚州是汉族与少数民族杂居地区。据2013年统计，域内有少数民族如畲族、满族、蒙古族、壮族等，共计16297人，占抚州总人口的0.44%。其中畲族12866人，占少数民族总人口的79%，其他少数民族3431人，占少数民族总人口的21%。全市有1个少数民族乡，8个少数民族村委会，28个少数民族村小组，主要分布在乐安、资溪、宜黄、崇仁、南丰等8个县。市政协和其他相关部门，始终关心少数民族，在团结和带领少数民族发扬民主、发展经济文化和助力奔小康方面做了大量工作，取得显著成效。

2000年10月，市政协一届一次全体会议召开，在25个界别中设立少数民族宗教界别，确保民族宗教人士参加人民政协的权利。

2011年6月，围绕少数民族脱贫攻坚和乡村振兴，市政协组织委员深入调查研究，落实党的民族政策，做好民族地区发展规划，增强民族乡村发展动力。加大对民族地区在基础设施建设、产业结构调整上的帮扶力度，集中力量帮助发展教育、科技兴农、培养人才，支持乡村振兴。同年8月，市政协组织港澳台侨和少数民族界委员，就抚州市畲族民族乡村经济社会发展情况开展专题视察。视察以乐安县金竹畲族乡少数民族村为重点，认真听取情况汇报，与职能部门和少数民族村干部群众进行座谈，形成《关于我市畲族民族乡村经济社会发展情况的视察报告》，引起市委、市政府重视后，推动民族地区毛竹林低改、敬老院、卫生院、乡村公路等问题解决，促进当地特色产业发展。

2013年5月，市政协就全市贯彻落实《江西省少数民族权益保障条例》情况向市委作出汇报，认为有关地区和部门在帮助少数民族加快发展和维护合法权益方面做了大量工作，少数民族同胞在政治、经济、文化、社会等各方面权益得到充分保障，平等、团结、互助、和谐社会主义民族关系不断巩固和发展，全市民族地区呈现出经济快速发展，社会团结稳定良好局面。

2014年11月，市政协民族宗教与港澳台侨界别的部分委员赴资溪县乌石镇新月畲族村视察该村产业发展情况。新月畲族村是抚州市少数民族聚居地之一，有畲族人口395人。近年来，该村坚持“一村一品”发展方向，把发展苗木种植作为支柱产业，通过“以龙头带基地，以基地促产业”的发展模式，建成3个面积达1000多亩的苗木基地，形成60多个利润高、珍稀优质的苗木品种，年产值200多万元，村集体经济由空白发展到50多万元，村民人均年收入由800元增加到近万元，成为远近闻名的“小康村”。委员们通过实地视察和了解情况，就发展少数民族经济提出意见和建议。建议要高度重视民族地区产业发展工作，加快少数民族群众奔小康步伐；要强化科学发展理念，搞好产业规划，打造民族地区优势产业；要建立帮扶机制，加大资金投入，切实加强对少数民族乡村经济发展帮扶力度。2014年全市共有少数民族省政协委员2人，市政协委员5人，县政协委员9人，少数民族在政协工作中发挥较好作用。

2017年5月，市政协港澳台侨外事和民族宗教委员会就“加大帮扶力度，实现全市少数民族地区精准脱贫”开展专题调研，形成调研报告，为加快全市民族地区脱贫致富步伐，与全市同步建成小康社会贡献意见建议。

2019年，市政协积极推动民族乡、民族村示范点建设。鼓励政协委员和广大干部群众积极参与少数民族模范单位、模范个人投票评选活动。在庆祝中华人民共和国成立70周年之际，乐安县金竹畲族乡被评为全国民族团结进步模范集体，资溪乌石镇新月畲族村党支部书记兰秀林被评为全国模范个人，为抚州争得荣誉。

2021年9月，市政协港澳台侨外事和民族宗教委员会到资溪、乐安等县（区）少数民族乡村，就“扬优成势，乘势而上，推动我市民宿业高质量发展”专题进行调研，走访了资溪畲族村、组和乐安金竹畲族乡村，实地察看少数民族乡村旅游产业和民宿业发展情况，对保障民宿旅游食宿安全进行深入探讨，助推少数民族乡村振兴发展。

2023年12月，市政协港澳台侨外事和民族宗教委员会在乐安县金竹畲族乡举办“我们的节日——品畲乡·闹冬至”系列民俗文化活动。全县各景区游客如织，带动食宿、餐饮、农特产品等销售额大幅上升，“我们的节日——品畲乡·闹冬至”活动期间累计接待游客超4万人次。江西2套“都市现场”网络直播间点击量高达350万人次，直播带货观看者达10万人。群众幸福指数爆棚，不少老年村民直言这是过冬至节有记忆以来最有意义、最为热闹、最具带动性的一次。

2024年，市政协举办以唱响“文化抚州、梦想之舟”品牌的“书香溢政协，阅读向未来”2024世界读书日、“七十五载逢盛世，同心共筑谱华章——红歌传基因，童心赞祖国”“关注普遍眼健康”——第29个全国“爱眼日”活动和“魅力畲乡放光芒，‘双富’助推齐发展——我们的节日·2024资溪新月第九届畲族民俗文化节”等系列活动。通过这些活动，激发家国情怀，凝聚各方共识，团结民族宗教力量，助力抚州经济社会发展。

（二）加强宗教事务协商

截至2024年底，抚州市有佛教、道教、天主教、基督教、伊斯兰教等教派，有爱国宗教团体30余个，宗教场所300多处。市政协始终坚持我国宗教中国化方向，积极引导宗教与社会主义社会相适应，把加强思想政治引领、广泛凝聚共识，作为履职工作的中心环节，重视发挥宗教界委员紧密联系界别群众的独特优势，突出团结统战功能，提升全市宗教事务治理水平。

2002年11月，市政协法制社团委员会对市天主教堂、市区基督教协会、临川金山寺等宗教活动场所进行视察，与广大宗教界人士进行深入座谈讨论，就共同关心的问题相互学习探讨，广泛听取宗教界人士意见建议，认真反映社情民意，引导信教群众有序开展宗教活动，为提升宗教治理能力献计出力。

2004年，市政协社会和法制委员会配合省政协社会和法制委员会调研组，深入临川、崇仁等地方宗教场所，对抚州“依法管理宗教事务情况”进行调查。

2006年7月，市政协社会和法制委员会对全市宗教工作进行视察，听取市民族宗教局领导关于抚州市宗教工作情况通报，实地视察市基督教主恩堂、临川大金山寺两处宗教活动场所，并与宗教界人士进行座谈。委员们在肯定全市宗教工作在规范管理信教群众、维护社会安定团结方面所取得成绩的同时，对两处宗教组织依靠自身力量，加强基础设施建设，为信教群众创造良好的宗教活动场所所做出的努力给予赞扬，并对如何发挥和利用好市宗教优良文化传统，为构建社会主义和谐社会和促进抚州经济发展服务提出建议。同时，鼓励各宗教组织继续发扬爱国爱教传统，积极引导宗教与社会主义社会相适应。

2008年6月，市政协社会和法制委员会先后配合省政协社会和法制委就灾后群众生产生活和风景名胜区宗教场所管理及宗教院校建设情况进行调研，向调研组客观地反映抚州实际情况。

2010年11月，市政协社会和法制委员会配合全国政协民族和宗教委调研组到抚州，就《宗教事务条例》贯彻落实情况开展调研。

2011年，市政协坚持党的宗教基本方针，全面贯彻党的宗教信仰自由政策，依法管理宗教事务。坚持独立自主自办原则，积极引导宗教与社会主义社会相适应。坚持和发展中国特色社会主义宗教理论，坚持我国宗教中国化方向。坚持以“导”的态度对待宗教，保护合法、制止非法、遏制极端、抵制渗透、打击犯罪，构建积极健康的宗教关系。结合省、市政协民族宗教委员会落实《宗教事务条例》，组织委员深入宜黄曹山寺、临川金山寺等宗教场所调研。加强与宗教人士沟通联系，积极为宗教人士解决困难，化解矛盾。积极推动“国旗、宪法和法律法规、社会主义核心价值观和中华优秀传统文化”四进宗教场所。推动各级政府将宗教活动场所建设纳入土地利用总体规划和城乡规划。

2012年4月至5月，市政协港澳台侨和外事委员会就“宗教文化资源”进行专题调研。调研组在各县（区）和市直有关单位预调研的基础上，重点选择宜黄、南城、金溪、资溪、临川五个县（区）进行实地调查，广泛听取和吸纳各方意见，认真进行分析和研究，形成专题调查报告，并报市委、市政府决策参考。

2016年11月，全省政协民族和宗教工作座谈会在抚州召开。省政协副主席、民盟江西省委会主委刘晓庄出席并讲话，抚州市委副书记于秀明到会致辞，抚州市政协主席黄晓波出席，全省各设区市政协分管民族宗教工作的副主席、相关专门委员会负责人参加会议。会议就如何做好新时期政协民族和宗教工作进行交流和研讨。是年，市政协港澳台侨和外事委员会积极引导宗教界开展慈善活动，在“宗教慈善周”活动期间，全市宗教界共募善款21.2万元。

2017年10月，市政协组织市民族宗教事务局和宗教界别委员赴崇仁、资溪等地的宗教场所进行视察，督促县民族宗教事务局和宗教场所负责人依法管理宗教事务，发挥宗教正能量，并派发《宗教事务条例》2000余册，发送宗教政策法规宣传短信5000多条，刷写标语100多处。市政协还组织委员先后走访宗教活动场所20多处，走访宗教人士30多人次，认真宣传党的民族宗教政策，做好团结联谊工作。

2018年3月，市政协领导陪同省政协副主席刘晓庄率视察组到宜黄县曹山寺曹洞佛学院和临川区大金山尼众佛学院，就“我省宗教院校建设情况”开展专题视察。

2019年，市政协港澳台侨外事和民族宗教委员会到临川区温泉景区崇寿禅院，现场协调各方解决项目建设中交通、用地、用水、用电、用沙等方面的难题，处理景区道路和崇寿禅院同步建设所带来的施工矛盾冲突，使崇寿禅院这个新建项目得以顺利进行。

2020年年初，为抗击新冠肺炎疫情，市政协港澳台侨外事和民族宗教委员会第一时间联络对口部门和相关单位，对全市宗教场所认真开展排查，积极采取“暂停宗教活动场所对外开放、停止所有群众性宗教活动”等有效措施，严防人员聚集性传染，切实阻断疫情传播途径。同时，充分利用统战平台向全社会发出慈善募捐倡议，宗教界委员踊跃募捐善款、口罩、防护服以及防护监测器材、药物等急需紧缺物资支援抗疫。宗教界人士主动请缨参与湖北武汉疫区和抚州市疫情防控工作。宜黄曹山寺自行组建中医团队，研配中药饮剂苇梗清瘟颗粒包抗击疫情，共捐出38万包苇梗清瘟颗粒投入江西、湖北医学临床使用，成效显著。曹山寺养立法师及其团体的中医治疗方案被江西省科学技术厅、江西省中医药管理局选入“中医药防治新冠肺炎研究应急专项联合立项项目”，获江西省药监局批复，受到省、市领导肯定和表扬。

2020年9月，市政协领导陪同省政协副主席、民盟省委会主席刘晓庄深入宜黄县、南丰县和临川区，就宗教场所产权登记情况进行调研。刘晓庄一行先后到宜黄曹山寺、石巩寺，南丰崇真寺，临川金山寺，实地了解三县（区）宗教场所产权确权登记情况。要求有关部门要深入贯彻落实习近平总书记关于宗教工作的重要论述，全面落实党的民族宗教工作基本方针。要严格依法行政，主动协调各相关部门，做好宗教活动场所不动产权登记工作，将民族宗教工作与乡村振兴工作相结合，推动经济社会发展再上新台阶。

2021年，市政协港澳台侨外事和民族宗教委员会加强对委员和民族宗教界人士的联络和走访工作。先后走访宗教活动场所及民族乡村多处，看望释学辉、释崇度、龚小茂、兰启东等宗教和民族人士多次，同时，密切关注崇寿禅院、石巩寺等宗教场所的建设及资溪、乐安民族乡村的发展情况等，宣传党和政府民族宗教方面的有关方针政策，扩大团结面，增进与广大爱国友好人士的团结和友谊。

2023年11月15—16日，市政协港澳台侨外事和民族宗教委员会配合省政协民宗委到临川大金山寺、金溪疏山寺、东乡清湖古寺等宗教活动场所，就“爱国爱教好、民主管理好、安全稳定好、环境整洁好、服务社会好”宗教活动场所创建工作开展民主监督性调研。调研组先后到大金山寺、崇寿禅院、正觉古寺、圣诺瑟大教堂、疏山寺、清湖古寺等宗教活动场所，现场了解宗教界推进全面从严治教、开展宗教活动场所“五好”创建情况，详细察看场所宗教文化长廊，交谈询问场所民主管理、教职人员学习生活及宗教活动开展等情况，鼓励宗教界人士在“五好”场所创建中加强管理、提升修为。同时听取宗教干部、宗教界人士及群众对推进宗教事务依法治理的意见建议。

2024年7月，市政协民族和宗教委员会配合省政协民族和宗教委员会就“引导宗教团体发挥积极作用，推进宗教事务依法管理”和宗教活动场所开展“五好”创建情况开展专题调研，向省政协报送有关调研报告，提出一系列有针对性的意见和建议。加强对民族宗教界人士联络和走访工作，多次走访宗教活动场所及民族乡村，看望宗教和民族人士，密切关注宗教场所建设及资溪、乐安民族乡村发展情况，宣传党和政府民族宗教方针政策，增进团结和友谊。

三、港澳台同胞及海外侨胞

抚州市在海外的港澳台同胞、海外侨胞有11000余人，市区内有港澳台同胞、海外侨眷属约45610人，回国定居港澳台同胞、海外侨胞350余人，来抚州市投资兴业的港澳台同胞、海外侨胞约300人。做好与他们的联系和团结工作，充分调动他们的积极性，为抚州经济和社会发展服务，是市政协港澳台侨工作的重要内容。

2001年6月，在庆祝建党80周年之际，市政协组织“三胞”委员召开专题学习座谈会，认真学习中国共产党历史和新时期党的统一战线方针、政策及理论，深入研讨中国共产党成立80周年来的辉煌成就，促使与会“三胞”委员进一步坚定对社会主义的信念，增强对改革开放和社会主义现代化建设的信心，增强对党和政府的信任。同时，邀请市委对台办负责人和市外事侨务办负责人通报有关情况，让“三胞”委员了解台湾海峡两岸形势以及党和国家对台对侨重大决策，更好地知情出力，献计献策。

2002年8月至11月，市政协港澳台侨专委会联合市人大常委会外侨民宗工委、市委台办、市外事侨务办，在全市范围内开展历时3个月的“三胞”“三属”及重点人士基本情况的调查摸底工作，全面掌握全市“三胞”“三属”及重点人士的基本情况，为市委、市政府及有关部门决策提供依据。中秋节前夕，市政协领导率领港澳台侨专委会专程看望台湾籍同胞卓宝珠女士和省政协委员、台属罗国良母子，令他们十分感动，表示要为祖国统一和抚州招商引资贡献力量。11月，港澳台侨专委会组织“三胞”委员及时收看党的十六大开幕式，认真聆听江泽民同志所作的《全面建设小康社会，开创中国特色社会主义事业新局面》报告，深刻领悟江泽民“三个代表”重要思想，不断提升政治业务素质。春节期间，市政协领导深入到“三胞”委员和重点“三胞”人士所在单位及家庭开展走访，了解思想状况，关心工作生活，送去党和政府的关怀。

2003年4月，市政协港澳台侨委员会与市委统战部、市人大常委会外事侨务民族宗教工委、市政府外事侨务办联合组成调查组，对全市归侨侨眷及合法权益保护情况开展专题调研，全面了解抚州市归侨侨眷情况特点，针对个别地方在贯彻落实《中华人民共和国归侨侨眷权益保护法》中存在的问题，及时向市委、市人大、市政府报送专题调查报告，得到高度重视并落实，《人民政协报》作相关报道。8月，市政协组织港澳台侨委员会委员对部分台资和侨资企业进行专题视察，针对企业生产经营中的困难问题，向市政府报送专题报告。市政府领导作出批示后，有关部门认真做整改落实。

2004年，市政协坚持以联谊为纽带，以活动为载体，不断加强与委员和港澳台侨人士及眷属的联系沟通和团结。以《中华人民共和国归侨侨眷权益保护法实施办法》重新修订颁发为契机，与市外侨办、市人大外事侨务民族宗教工委、市侨联一起，在全市范围内开展学习宣传《侨法》活动，进一步扩大"保护法"和"实施办法"的影响，推动全社会知"侨法"、懂"侨法"、贯彻"侨法"。在香港回归祖国七周年之际，举办庆祝香港回归七周年座谈联谊活动，促进港澳台侨界别委员进一步加深对"一国两制"方针的理解。深入开展上门走访活动，全年共走访委员和港澳台侨眷属20多人次，走访对口联系单位近10次，送去温暖，传递关心，增进理解。

2005年6月，市政协接待香港王氏港建（集团）有限公司总经理、中国侨联名誉委员、香港缅华互助会副会长林富强，香港路易企业有限公司主席、香港缅华互助会副会长吕栋梁，香港大丰行金顺洗水厂董事长、香港缅华互助会会长林朝开一行来抚州市考察，宣传抚州形象，洽谈合作事宜，建立抚港联系机制。

2006年4月，市政协组织召开全市政协港澳台侨工作学习座谈会，传达贯彻全省政协港澳台侨工作学习座谈会精神，研讨新形势下提高政协港澳台侨工作水平的新思路、新途径，交流政协港澳台侨工作经验体会，进一步明确港澳台侨工作方向。会后，组织与会人员和部分港澳台侨界别政协委员，赴港澳地区进行为期6天的学习考察活动，加强与港澳同胞联谊交友。6月，市政协组织港澳台侨委员会委员，就抚州市港澳台侨资企业发展情况开展专题调研，形成《关于我市港澳台侨资企业发展情况的调查报告》，市政府领导对此作出重要批示，《江西政协信息专刊》报送省政府领导参阅。12月，市政协港澳台侨委员会与台联和侨联等界别建立对口联系，强化有关协调服务工作。

2007年2月上旬，市政协与市台办共同接待以台湾黎明技术学院院长赵志扬先生为团长的台湾教育参访团来访，积极推进两岸民间交流交往。市政协副主席周琪、邹俐菁会见参访团全体成员，陪同访问东华理工学院、临川一中和抚州一中。通过座谈、交流和实地考察，联络感情，增进友谊，建立联系，台湾教育参访团认为抚州市教育发展和人才培养经验值得学习借鉴，表示将进一步推动两地文化教育交流合作。4月至7月，市政协港澳台侨委员会与市台办、市外事侨务办、市招商局组成联合调查组，对"在抚投资兴业的港澳台侨企业"和"海（境）外抚州籍重点人士"开展专题调研，全面了解和掌握"海（境）外抚州籍重点人士"及抚州市港澳台侨企业发展的基本情况，建立联系机制，促进抚州对外开放。6月中旬，组织抚州电视台深入江西苎麻纺织有限公司、豪德贸易广场开发有限公司等多家港澳台侨资企业，采访全国劳模、省政协委员、港商林锦聪先生等在港澳台侨客商，制作专题片在抚州电视台播出，产生良好社会反响，激发港澳台侨商在抚州投资兴业的积极性，坚定扎根抚州的发展信心。6月25日，市政协以庆祝香港回归十周年为契机，隆重召开"庆祝香港回归十周年暨抚州发展座谈会"，邀请70多位在抚投资兴业的港澳台侨商和市政协港澳台侨界别委员以及市直有关部门负责人欢聚一堂，畅谈在“一国两制”方针指引下，香港回归祖国十年来取得的伟大成就和抚州市改革开放、经济社会发展的大好形势以及港澳台侨人士在抚投资兴业的成功业绩，市委、市政府高度重视，在港澳台侨代表人士中引发热烈反响，激发他们爱国爱乡和为抚州贡献的热情。

2008年1月至2月，全市350户、1100余名归侨侨眷遭受雨雪冰灾，海外侨胞捐款18万元，羊毛衫2500件，棉袄1000件，全部发放给灾区侨眷，获得侨眷们高度评价。5月，市政协组织抚州港澳台侨侨眷30件作品，参加全省归侨侨眷“迎奥运、颂改革”书法大奖赛，5件作品获奖，增进与侨眷联系交流。5月，全市归侨侨眷为四川大地震筹集赈灾款130多万元，获得市委、市政府领导表扬。9月，市政协举办“全市港澳台侨代表人士庆祝改革开放三十周年暨中秋茶话会”，邀请在抚的60多位港澳台侨代表人士与市委、市政府市政协领导座谈联谊，积极为抚州发展献计献策，在港澳台侨同胞中引起热烈反响。10月，组织港澳台侨界部分委员和归侨侨眷，赴新疆、西安等地学习考察，与当地各界人士交流交往，广交朋友，开阔视野，增进团结，加深友谊。10月，市政协召开市台办、市人大外事侨务民族宗教工委、市政府外事侨务办、市侨联联动座谈会，加强与市直对口联系部门、县（区）政协联系沟通，统一思想，互相促进，形成合力共为的工作格局。

2009年6月至7月，市政协港澳台侨委员会和市台办、市人大外事侨务民族宗教工委、市政府外事侨务办、市侨联人员，深入广昌、乐安、黎川、金溪等县就港澳台侨人士捐资建校管理情况进行调研，实地考察学校建设情况，形成专题调查报告。市政府分管副市长作出批示，市教育局进行整改落实。7月，市政协副主席周琪接待来抚州市广昌县参加“魅力莲乡”采风活动的《澳门日报》《联合报》《中国时报》《中国摄影杂志》、新浪网等多家新闻媒体记者，陪同深入广昌县驿前镇姚西赏莲区、明清古建筑群、围屋、明代古寺龙凤岩、河东雁塔等地采风，欣赏驿前莲花灯会和甘竹孟戏表演，主动宣传抚州人文环境和改革发展形势，20多篇稿件在港澳台地区进行了相关报道。

2011年6月，为使抚州积极融入海西经济区，成为台湾和东南沿海发达地区产业转移的重要承接区，市政协开展抚州市对台招商引资工作专题调研活动。在各县（区）、金巢经济开发区和市直有关单位预调研的基础上，选择台资企业相对较多的金巢经济开发区、南城县进行重点调研，召开相关部门领导和台资企业代表座谈会，并到部分台资企业走访，征询台商意见建议，形成《认清形势，抢抓机遇，切实加强对台招商引资工作——关于我市对台招商引资工作的调查报告》，引起市政府重视。

2012年12月，市政协港澳台侨和外事委员会和市人大外事侨务民族宗教工作委员会、市人民政府外事侨务办公室、市归国华侨联合会，为加强工作联系，促进协作，形成合力，共同推进抚州市侨务工作，召开市“四侨”联席会议第一次会议。会议认为，近年来，市“四侨”紧紧围绕市委、市政府中心工作，凝聚侨心，汇集侨智，激发广大归侨侨眷投身幸福抚州建设，做了大量卓有成效的工作。会议明确，市“四侨”联席会议采用轮流召集的办法，由各成员单位轮值承办，每年召开2次，每次会议明确一个主题，主要任务是：学习涉侨法律法规，传达上级侨务工作精神，宣传侨务工作方针政策；互通侨务工作信息；研究讨论侨务工作，特别是“四侨联动”工作；共同处理涉侨事宜。会议确定，“四侨”部门联合对全市“侨情”开展全面调查摸底，在春节前夕走访慰问重点和贫困侨胞侨眷。会议要求，“四侨”部门要深刻理解对侨工作新要求，坚持为大局服务和为侨服务相统一，以建立联席会议制度为契机，通过“四侨”联动，加强沟通协作，整合资源，关心关爱广大侨胞侨眷，努力形成大合作工作格局，实现侨务工作大作为，不断开创侨务工作新局面。

2013年初，市政协对全市港澳台侨资企业情况开展摸底调查，发放《在抚投资兴业的港澳台侨人士调查表》，对港澳台侨资企业进行分类登记，形成《关于全市港澳台侨资企业发展情况的调查报告》。全市共有港澳台侨资企业264家，其中港资企业176家，澳资企业7家，台资企业49家，侨资企业32家。报告提出了《港澳台侨资重点企业名单》，作为今后市政协重点联系服务对象。3月，市政协建立与市重点港澳台侨资企业联系制度，确定联系全市20家重点港澳台侨资企业，定期上门走访，主动为企业排忧解难，先后解决10多个发展中的困难问题，获得港澳台侨商广泛好评。8月，市政协举行全市首批"特聘港澳台侨委员"授聘仪式，福建省国安投资发展有限公司江西分公司董事长王铭钦（香港籍）、江西隆昌生物能源科技有限公司总经理叶建平（香港籍）、江西三隆纺织发展有限公司董事长蔡滩水（香港籍）、台大农业科技有限公司董事长张恒台（台湾籍）、江西阳光谷物有限公司执行董事林腾光（加拿大籍）、江西丰华地产实业公司董事长艾志华（加拿大籍）等6名优秀企业家被聘为"特聘港澳台侨委员"，为促进港澳台侨资企业发展打造了良好平台。12月，召开市"四侨"联席会议第二次会议。会议认为，各成员单位按照"加强联系、沟通情况、协调工作、形成合力"的宗旨，认真执行《抚州市"四侨"联席会议制度》，相互交流、密切协作、资源共享、优势互补，形成工作合力，推动全市侨务工作向纵深发展。会议强调，要牢牢把握以人为本、为侨服务的宗旨，切实解决侨胞、侨眷和侨商最关心最直接最现实的利益问题，不断凝聚侨心、汇集侨智、发挥侨力，为建设幸福抚州发挥积极作用。

2014年，市政协坚持为港澳台侨资企业服务的理念，充分发挥专门协商机构优势，想方设法为港澳台侨资企业排忧解难。在市政协分管领导的关心下，妥善协调解决委员企业与周边村民的纠纷矛盾，先后为港资企业江西隆昌生物能源科技有限公司、台资企业江西台大农业科技园有限公司、侨资企业宜黄县恩达农牧发展有限公司，协调解决多起发展中的困难问题，赢得企业信赖和好评。

2015年10月，市政协组织以谢发明主席为团长的一行六人考察团，赴台湾开展经贸交流活动。围绕休闲旅游、生态农业、机械制造等产业招商，通过拜会、座谈、洽谈、考察等方式，介绍江西和抚州经济社会发展情况，走访市政协特聘台湾同胞委员、在台抚州籍知名人士和在抚投资台企总部，与台湾各界人士广泛接触交流，宣传推介抚州人文特色和产业发展优势，促进两地往来，加深两地感情，推动两地合作发展。

2017年至2018年，市政协加强对港澳台侨委员、重点港澳台侨资企业人士联络和走访工作，先后走访江西宽年特种油墨有限公司、江西大川鞋业有限公司、抚州珍展鞋业有限公司、江西嘉盛精密纺织有限公司、江西乔治休闲山庄等30多家港澳台侨资企业，广泛宣传对台、侨务方针政策，扩大团结面，增进团结和友谊。

2019年5月，在市政协组织推荐下，抚州市台协创会会长、江西嘉盛精密纺织有限公司董事长李嘉芳荣获"抚州市五一劳动奖章"，台资企业广昌立骅科技股份有限公司荣获"抚州市工人先锋号"称号，抚州市台协会长、江西宽年印刷材料有限公司董事长林志和被评为"抚州市模范慈善家"。抚州市台协创会会长、江西精密嘉盛纺织有限公司董事长李嘉芳，抚州籍台胞、江西旅台同乡总会总会长黄珍，江西旅台同乡总会副总会长、坊盛实业公司董事长龚兴生，被评为"赣台交流合作突出贡献人物"，在全市台商台企中产生强烈反响，增强台商台企投资发展信心。6月，市政协联络"全国创业孵化示范基地"江西天势资产管理有限公司，探讨双方合作领域，成功申报中国侨联"侨胞之家"项目，举行归侨创新创业座谈会、抚州归侨投资项目介绍会、抚州归侨创业创新沙龙会、归侨侨眷读书沙龙等活动，产生良好效果。

2021年12月，市政协领导陪同省政协港澳台侨和外事委员会副主任邓杰、陈建，围绕“学党史见行动”“我为群众办实事”主题，深入抚州市挂点侨资企业“抚州海虹医疗废弃物处置有限公司”开展走访调研，帮助企业解决一批实际困难。

2022 年 9 月 9 日，中秋佳节即将来临之际，市政协在宜黄县中秋小镇举行“我和我的祖国”台胞台商台属联谊座谈会，两岸同胞欢聚一堂，共庆佳节、共叙友谊、共谋发展。市委书记夏文勇出席并讲话；省政协副秘书长、省台盟专职副主委、省台联会长、赣州市政协副主席徐友洪致辞；市政协主席贺喜灿主持座谈会。夏文勇指出，抚州取得的每一分成绩、每一次进步，都离不开各位台胞台商台属的鼎力支持和热忱参与。衷心希望大家一如既往关心抚州、支持抚州，为推动两岸融合发展发挥更大作用、作出更大贡献。座谈会上台胞台商台属代表踊跃发言，畅谈感想。与会人员观看了联谊晚会。此次活动既拓展深化专委会协商议政、凝聚共识渠道，又创新打造台胞台商台属联络联谊、建言献策阵地，以真情实意拉近心灵契合，浓厚同胞亲情，增进在抚台商台胞台属归属感。

2023 年 1 月 14 日，抚州市举行港澳台侨界代表人士“共迎新春·同叙乡情”联谊活动。市委常委、市委统战部部长、市政协党组副书记郭新春致辞；市人大常委会副主任温勤，市政协副主席、民建市委会主委刘胜出席。郭新春首先向全市广大港澳同胞、台湾同胞及海内外华人华侨、归侨侨眷及海外留学生致以诚挚问候和美好祝福。他指出，刚过去的一年，全市上下紧紧围绕“打好一个强攻战、实现五个新跨越”的工作主线，各方面工作呈现进位赶超的强劲发展态势。这些成绩的取得，离不开广大港澳同胞、台湾同胞和侨界人士的大力支持。希望广大港澳台侨人士一如既往地关心支持抚州的发展，发挥好人才荟萃、智力密集、联系广泛的独特优势，积极宣传抚州，当好抚州对外交流的推动者；主动投资抚州，当好抚州经济社会发展的参与者；自觉兴业抚州，当好抚州改革创新的践行者，加快全面建设现代化新抚州步伐。

2024 年，市政协加强与港澳台同胞、海外侨胞、归侨侨眷联系交流，参加全国政协举办的第十六届海峡论坛·第七届两岸基层治理论坛并作交流发言，联合市侨办等部门举办“侨‘联’文化赣鄱，情‘满’才子之乡”江西海内外华侨华人 2024 龙年云春晚活动。利用港澳台侨专委会联系港澳台侨特殊群体密切、广泛的特点，传递乡情乡音，凝聚爱国力量。

第二节 团结联谊

抚州政协组织成立以来，围绕民主和团结两大主题，发挥统一战线组织和专门协商机构作用，组织各界人士开展多形式、多层次的团结联谊活动，加强横向交流合作，拓宽政协工作领域，为凝聚人心，增进共识，巩固发展爱国统一战线作出积极贡献，促进政协工作进步发展。

一、友好交流互鉴

市政协采取“走出去”“请进来”的方式，与省内外政协组织广泛联系，深入开展多领域、多渠道的合作交流，通过相互学习，取长补短，宣传抚州，增长见识，开阔视野，更新观念，促进工作。

1990 年 4 月，闽浙赣皖四省九地市政协联谊会成立，抚州地区政协与福建省南平地区，浙江省衢州地区、金华市、丽水地区，安徽省黄山市，江西省鹰潭市、上饶地区、景德镇市政协建立横向联系交流制度；6 月，与福建省龙岩市政协开展经济协作、文史资料交流；与新疆、内蒙古、黑龙江、江苏、贵州、云南等13个省(区)的25个地(市)建立横向联系。10月,以政协抚州地区联络处主任高丕凯为团长,政协抚州地区联络处副主任黄俊秀、地委统战部部长杨裕隆为副团长,由各县(市)政协主席组成的抚州地区政协工作学习考察团一行21人,赴辽宁、河北、北京进行为期24天的学习考察活动。11月,闽赣两省13县(市)政协统战工作横向联系会议在广昌县召开,会议交流研讨政协统战工作,建立交流协作机制。

1991年9月,政协地区联络处负责人参加在安徽省黄山市召开的闽浙皖赣四省九地市政协联谊会第二次会议。联谊会主旨是加强相互之间联系,增进彼此之间友谊,并就政协有关工作开展交流和研讨。至2021年,该联谊会共召开25次,其中1995年、2000年、2005年、2010年的联谊会由抚州地(市)政协和鹰潭市政协共同主办;2015年的联谊会由抚州市政协单独主办,在南丰县召开。

1993年11月下旬,根据省政协安排,政协地区工委组织地直单位省政协委员,赴吉安地区吉安市和新干县学习考察发展乡镇企业和"三高"农业经验做法,写出考察报告供地委行署领导参考。通过考察开阔委员视野,提高委员参政议政水平。

1995年,政协地区工委先后组织两批县(市)政协主席,赴黑龙江省黑河市和松花江地区、云南省昆明市以及四川省成都市、乐山市政协学习考察政协工作。

1996年11月,政协地区工委和部分县(市)政协领导一行12人,赴江苏省张家港市学习考察。次年10月,政协地区工委副主任王福生、丁长华、王扬光率东乡、金溪、南丰、宜黄县政协主席一行8人,先后学习考察陕西省西安市、新疆维吾尔自治区和所辖吐鲁番、喀什地区、昌吉回族自治州等地政协工作。

2000年8月,政协抚州地区工委办公室及县市政协秘书长(办公室主任)一行10人,到贵州省政协学习考察机关工作。

2001年5月,市政协组织有关专委会人员,先后到湖南省衡阳市、永州市、湘潭市,广西壮族自治区桂林市、北海市,贵州省遵义市、安顺市进行对口学习考察。8月,市政协主席王样生率领部分县(区)政协主席赴贵、陕、湘、鲁等省部分市学习考察。同月,市政协组织"三胞"委员先后到赣县、大余县、南康市、章贡区等地,学习考察政协发挥"三胞"委员作用、为振兴地方经济服务的经验做法。9月,市政协组织在抚省政协委员对萍乡市民营经济发展情况进行考察。10月,市政协副主席李抚生率学习文史委员会干部,赴赣州市政协学习考察文史工作经验。同月,市政协邀请港澳省政协委员来抚视察,就千年古村流坑开发利用保护进行座谈交流。会上港澳省政协委员捐赠资金38万元,用于流坑建一所希望小学。

2002年1月,市政协领导率法制社团委员会一行6人,赴辽宁省葫芦岛市、黑龙江省哈尔滨市对口学习考察,形成《关于赴葫芦岛、哈尔滨市政协学习的考察报告》,增长见识,开阔视野,启迪思维,推动工作。4月,市政协赴上海市招商引资工作组一行7人,先后到长宁、宝山、金山、浦东新区政协学习考察。

2003年10月,市政协社会和法制委员会委员赴山东省济南市、青岛市和山西省太原市政协就社法委工作进行学习考察,交流工作。同月,市政协组织驻抚省政协委员考察组一行14人,对赣州市民营经济发展情况进行了为期4天的考察。同月,市政协文史委员会和教文卫体委员会委员赴湖北省宜昌市、四川都江堰市政协学习考察。11月,市政协赴四川都江堰、湖北宜昌等市政协,学习考察新形势下履行职能、服务经济发展的经验做法。11月,市政协举办全市各县(区)政协第一次联谊会,至2010年8月,共举办了全市各县(区)政协联谊会12次,举办地点大多在各县(区),主要目的是加强市与县(区)政协之间的联系和交流,增进彼此友谊,共同促进政协工作。

2004年5月底至6月初,市政协社会和法制委员会委员一行11人，赴江苏省南京市政协就社会和法制委员会工作进行考察学习。6月中旬，上海市金山区政协考察团一行12人来抚州考察，走访在抚投资的上海市金山区政协委员、民营企业家王学军和部分贫困学生，为22名贫困学生每人送去1000元学费及学习用品。10月下旬，全国政协常委、省政协副主席、民盟省委会主委倪国熙率省政协委员和有关专家、学者及作家、新闻工作者到资溪马头山和大觉山，就生态旅游资源的开发进行考察和采风。

2005年10月，市政协社会和法制委员会赴陕西、甘肃省部分地市学习考察政协履职工作经验，通过实地考察，座谈交流，找到工作差距，增强服务赶超发展的紧迫感和使命感。

2007年1月底，市政协会同市委台办邀请以台湾黎明技术学院院长赵志扬先生为团长的台湾教育参访团到抚州访问，推进两岸文化、教育交流，加深了解，增强祖国大陆对台湾同胞的凝聚力。3月中旬，江苏省苏州市政协原常务副主席一行13人来抚州学习考察。10月底，市政协组织部分委员及县（区）文史工作人员赴海南、广西等地考察，学习新形势下政协履行职能、服务地方经济社会发展经验。10月底至11月初，贵州省政协副主席、民革中央常委马文骏一行，到抚州市考察教育文化情况。10月，市政协社会和法制委员会赴西藏、江苏、山东开展学习考察活动。

2008年8月，市政协组织文史工作者赴新疆、陕西等地考察，学习外地创新征编形式、提升文史工作水平经验。10月，市政协社会和法制委员会部分委员赴云南、贵州开展学习考察活动。

2009年7月，市政协接待参加广昌县“魅力莲乡”采风活动的《澳门日报》《联合报》《中国时报》《中国摄影杂志》、新浪网等内地及港澳台的多家新闻媒体记者。12月中下旬，市政协组织部分县（区）政协、市直单位主要负责人及企业界人士共11人，组成抚州市经贸考察团应邀赴台湾进行为期7天的考察活动。

2010年4月，新疆政协赴赣考察团到抚州市考察。5月，市政协一行5人，赴安徽省合肥、铜陵、池州等市进行为期5天的学习考察活动。次年7月，闽赣湘三省九市“政协联谊、港铁联动”首次活动在福建省莆田市举行，莆田市、三明市、南昌市、抚州市、新余市、萍乡市、株洲市、湘潭市、长沙市政协代表30多人出席会议。抚州市政协作了《深化区域物流合作，共建向莆经济走廊》的交流发言。10月，市政协组织驻抚省政协委员考察组一行14人，对赣州市民营经济发展情况进行为期4天的考察。11月，市政协组织委员和文史工作者赴云南、贵州等地考察，了解外地政协征编动态，学习创新模式、服务地方的好思路、好做法。

2012年3月，市政协领导带队赴山东济宁、泰安和江西上饶市学习考察政协史料征编经验，汲取先进做法，拓宽工作思路。10月，市政协组织部分委员赴重庆等地学习考察社会和法制工作经验。同年，先后接待湖北政协赴赣考察团、省政协港澳委员“保障性住房建设”视察团、天津市政协等到抚州市进行考察视察。

2013年3月，市政协经济技术委员会赴福建省莆田、三明市，就加强港铁联运、促进区域合作进行学习考察，形成《加强对接，扩大宣传，促进共赢——关于赴莆田、三明市考察港铁联运的报告》，获得市委、市政府主要领导充分肯定。4月，市政协经济技术委员会与文昌里旧城改造领导小组赴浙江省衢州、湖州、杭州和绍兴等市考察历史街区改造工作，向市委报送《改善环境提升品位打造景区创建名城的考察报告》，为科学规划改造文昌里历史街区提供重要参考。6月初，湖北省政协副主席李宗柏率考察团到抚州市考察。8月，市政协文史委赴内蒙古考察，学习文史征编工作好思路、好方法。

2014年6月，贵州省铜仁市政协到抚州市就“农村外出务工人员返乡创业就业情况”开展学习考察活动，通过相互交流，进一步拓展工作思路。次年6月下旬，江苏省常州市政协副主席杨平平率团来抚州市考察历史街区和宗教文化场所建设，先后察看市天主教堂、正觉寺和黎川历史老街，交流宗教场馆和历史街区保护与建设方面的管理体会。7月，湖南省张家界市政协社会和法制委员会来抚州市考察调研社会治安综合治理"三调联动"工作情况，交流工作体会，探讨创新办法。

2016年3月，赣州市政协主席曾新方一行12人，来抚州市考察县域工业发展情况。6月，浙江省温州市政协副主席夏克栋率"南戏遗存"调研组到抚州乐安县流坑村考察。8月，广东省汕尾市政协副主席刘小静率考察组一行15人，到抚州市考察社会力量办学情况。

2017年4月，市政协在深入县（区）调研，并赴西安曲江新区、深圳华侨城集团等地学习的基础上，将"发挥抚州文化生态优势，积极打造国家级汤显祖文化产业示范园"作为常委会专题协商课题，形成专题协商报告，为全市文化产业发展贡献了智慧。10月底，河南省漯河市政协副主席宗万志一行14人，围绕城市旅游及新型农业经营体系建设课题，来抚州市考察调研。11月，鹰潭市政协副主席吴南平一行10人，围绕"推进市区优质教育资源共享"到抚州市调研考察。同年，广西玉林市政协、山东菏泽市政协考察团来抚州考察，就"强化扶贫资金监管，助力精准扶贫""规范物业管理，促进和谐社区建设"等方面进行工作交流和业务探讨，展示抚州市良好形象。

2018年5月，市政协主席黄晓波率团赴俄罗斯、芬兰等国考察交流。9月，2018汤显祖戏剧节暨国际戏剧交流月活动在抚州开幕，市政协领导参与陪同和接待国内外来宾。10月，市政协组织委员赴广西玉林市、四川蒲江县，学习考察农村面源污染防治经验，就有关问题进行深入交流。

2019年3月，湖北省潜江市政协主席申东辉一行12人，到抚州市考察"推动戏剧文化"发展。同月，山西省政协副主席、吕梁市委书记李正印率吕梁市党政代表团，到抚州市考察脱贫攻坚、文化旅游、现代农业、新农村建设等工作。5月底，广西柳州市政协考察组到临川区、东乡区考察"加强农村人居环境整治，提升美丽乡村综合治理水平"工作成效。10月，2019汤显祖戏剧节暨国际戏剧交流月活动开幕式在抚州举行，市政协领导参与国内外来宾接待工作。次年7月，市政协组织委员和市相关部门负责人赴江苏昆山、泰兴等地学习考察，形成《关于我市省级开发区体制机制改革创新的调查报告》，获得市委、市政府主要领导批示肯定。10月，福建省龙岩市政协一行12人，到抚州市临川一中就基础教育发展进行学习考察。

2021年6月，鹰潭市政协副主席吴泉水一行，到抚州市黎川县、乐安县学习考察文化建设和田园综合体建设，促进农民增收有关情况。同年，市政协组织县（区）政协主席、中共党员委员工作站站长到宜春市学习考察基层协商的好经验、好做法。同年，市政协副主席帅歌柳作为全省建立健全生态产品价值实现机制宣讲团成员，以"生态产品价值实现的抚州实践"为题，赴景德镇、宜春和中国浦东干部学院宣讲授课，产生了良好反响。

2022年3月2—4日，抚州市政协党组书记、主席贺喜灿率市政协班子成员、办公室及专委会负责人、县（区）政协主席，赴吉安市、赣州市学习考察。在吉安市，抚州考察组先后参观高铁新区、神岗山公园等城市建设重点项目和南亚新材料科技有限公司、吉安生益电子有限公司等工业企业，以及井冈山市神山村。考察组怀着无比崇敬的心情，向井冈山革命烈士陵园敬献花圈，深切缅怀革命先烈，重温入党誓词，坚定理想信念。在赣州市，考察组先后参观苏区干部好作风陈列馆、中央红军长征出发地纪念园、二苏大革命旧址等。同时，考察组还与吉安市、赣州市政协领导交流探讨创新新时代政协工作经验与做法。

2023年，市政协持续深化交流合作、上下联动。全国政协农业和农村委员会、省政协，以及广东江门、安徽池州等地政协40余批次到抚州开展调研视察活动；9名省政协主席会议成员全部到抚州调研指导。

2023年6月29—30日，市政协党组副书记、副主席谭小平率机关负责人赴泉州市学习考察，并与泉州市政协签署为期四年的《对口合作框架协议》，合作协议包括建立主席联席会议机制、开展协同调研、建立调研成果互鉴机制、建立文史资料互通机制、助力经贸合作等7个方面内容，旨在共同携手为两地经济、社会、文化、旅游等各领域搭建跨区域协商和交流平台，开展互利合作，寻求互惠共赢，助推两地经济社会高质量发展。考察组还学习考察了泉州市相关企业和政协工作。

2023年9月，市政协党组副书记、副主席谭小平率队赴陕西省延安市，参加长征沿线、革命老区市州政协“助推长征国家文化公园建设、助力革命老区振兴发展”协商联系会议第二次会议，并在会上作《在履职中促“双助”，在“双助”中求实效》主旨发言。会议邀请中国延安干部学院副院长赵耀宏教授作延安精神专题讲座。江西省赣州市、吉安市、抚州市，以及四川省、贵州省、云南省、甘肃省、重庆市、陕西省等10省19个市州政协领导及有关负责人出席会议。六个市州政协围绕“互学互鉴、共商共建，助推长征国家文化公园建设提质增效”主题作主旨发言，其他参会单位作书面交流。会议期间，与会人员考察长征国家文化公园建设和革命老区振兴发展情况，考察延安新区，参观杨家岭革命旧址、瞻仰延安革命纪念馆，开展红军长征纪念林植树活动。

2024年，市政协认真落实抚州与泉州两地政协合作框架协议，赴泉州市、厦门市学习考察政协工作创新和经济社会发展情况，为双方企业家搭建相互交流平台，促进两地企业家经贸交流合作。广东、上海、安徽、河南、西藏等10余个省份政协组织和省内兄弟单位来抚考察、交流30余批次，进一步扩大“朋友圈”、增进“共识度”、强化“协同性”。加强与全国政协、省政协沟通联系，配合全国政协、省政协来抚开展调研视察活动10余批次。

2024年7月，市政协副主席、民革市委会主委刘忠华率机关负责人和部分县（区）政协主席前往四川省凉山州、雅安市，参加长征沿线、革命老区市州政协“助推长征国家文化公园建设、助力革命老区振兴发展”协商联系会议第三次会议，并在会上作《传承红色基因续写“双助”华章》书面发言。江西、福建、广东等14个省市的24个市州政协、28个县（市、区）政协相关负责人参会。20个市州政协在会上签订《长征沿线革命老区20市州友好政协合作框架协议》《长征沿线革命老区20市州文旅宣传推介合作框架协议》《长征沿线革命老区20市州融媒体合作框架协议》等4个协议文件。会议期间还实地考察中央红军驻地旧址、红军巧渡金沙江遗址，深入了解红色文化资源的传承保护、乡村振兴产业的发展及生态文明建设的情况。

二、重要纪念活动

1990年9月，全区各级政协通过多种形式庆祝中华人民共和国成立四十周年和人民政协成立四十周年，讴歌人民政协光辉历程，扩大人民政协在群众中的影响。

1994年9月，为庆祝人民政协成立四十五周年，《江西日报》等九家新闻单位组成采访组到抚州采访政协工作。

1999年9月，全区各级政协举行庆祝人民政协成立50周年大会，开展形式多样的庆祝活动。

2007年6月，市政协召开庆祝香港回归十周年暨促进抚州发展座谈会，共叙香港回归十年巨大成就，共商抚州发展大计，共话抚州美好明天。

2008年9月，市政协会同市台办、市外侨办、市招商局、市侨联，联合举办全市港澳台侨代表人士庆祝改革开放三十周年暨“中秋”茶话会，引起热烈反响。

2010年9月，市政协举行纪念政协抚州市委员会成立十周年暨迎国庆贺中秋茶话会，社会各界人士200余人参会。

2011年10月，市政协在市博物馆举办“纪念辛亥革命100周年全市书画展”，共展出书法、美术作品184件。

2013年11月，中央苏区闽赣省成立80周年纪念活动在黎川县举行，省市政协领导出席并参与有关活动。

2016年9月，纪念汤显祖、莎士比亚、塞万提斯逝世400周年活动开幕式在抚州隆重举行，市政协领导参与系列纪念活动，接待上级领导及外宾。

2019年9月，由市政协、市委统战部主办的全市庆祝中华人民共和国暨人民政协成立70周年文艺会演，在抚州职业技术学院举行。10月，抚州市庆祝中国人民政治协商会议成立70周年书画摄影作品展在市博物馆举行。共展出书画、摄影作品200余件，集中反映抚州70年巨大变化和辉煌成就。

2021年7月，市政协开展庆祝中国共产党成立一百周年纪念活动，举行文艺会演，举办书法绘画摄影作品展，组织观看爱国影片，开展征文评选活动，征集文史资料30篇，评选表彰20件优秀提案，营造积极向上的氛围。

2022年9月22日，全市政协系统“喜迎二十大、永远跟党走”文艺会演在汤显祖大剧院举行。整场演出有合唱、情景表演、诗朗诵等12个节目，内容丰富、形式多样，充分展现了全市政协系统牢记习近平总书记嘱托，用赤诚书写使命和担当，共创新时代政协“第一等的工作”。

2023年9月，“文化抚州、梦想之舟”全市政协系统艺术作品展在市博物馆举办。共展出原创的各类书法、美术、摄影、雕刻等文艺作品160余件，展出时间为18天，共3000余人参观了书画展。

2024年9月，庆祝中华人民共和国和人民政协成立75周年江西抚州·河南周口·福建泉州三地政协书画作品联展活动在抚州市举办。活动共展出书画作品160余幅，历时20天。此次联展活动推动三地政协事业和文化建设融合发展。

2024年9月25日，“汤翁故里，古韵雅音”古琴名家音乐会抚州专场暨“太古遗音”全球百场巡演第50场音乐会在汤显祖大剧院举行，为观众献上了一场传统音乐艺术盛宴。音乐会现场，十余名来自全国各地的古琴名家同台演出，精彩呈现了《牡丹亭·皂罗袍》《平沙落雁》《长门怨》《广陵散》等经典曲目，尽展琴音之美。

2024年9月29日，全市统一战线庆祝新中国成立75周年暨多党合作和政治协商制度确立75周年座谈会召开。会上，统一战线各领域代表人士作交流发言。会前，与会人员参观抚州市统一战线庆祝中华人民共和国成立75周年美术书画展。

2024年10月18日，市政协党组理论学习中心组（扩大）集体学习会议暨市政协庆祝中国人民政治协商会议成立75周年座谈会召开。市政协班子成员、各委（室）负责人、县（区）政协主席、住抚省政协委员和部分市政协委员共计100余人参加，13位同志作了交流发言。

2024年10月26日，全市政协系统助力唱响“文化抚州，梦想之舟”品牌故事汇展演活动在抚州幼儿师范高等专科学校牡丹亭大剧院举行，共展出朗诵、讲故事、情景表演等形式多样的19个节目，并安排8个节目在线上展播。

三、各界人士联谊

1987年4月，抚州地区海外联谊会成立，其主要宗旨就是充分利用各种关系和有利条件，同台湾、港澳和海外人士建立通信联系，为他们回乡探亲、参观旅游、学术文化交流提供服务。联谊会由行署专员舒惠国担任名誉会长，地委副书记张火春、行署副专员杜锦福、地委巡视员陈元担任名誉顾问，地委统战部部长杨裕隆担任会长。截至2000年，政协地区联络处（工委）接待大批回乡探亲、参观旅游、学术文化交流的台港澳及海外人士，增进感情，加深友谊，为祖国统一事业发挥积极作用。

2001年至2019年，市政协在每年中秋、国庆、春节及重大纪念日期间，均以茶话会、座谈会等形式，邀请各界人士联欢，叙友情、话改革、促统一，加强沟通联系，增进了解团结，广聚发展合力。

2001年9月，市政协与市委统战部、市委对台办、市外事侨务办、市招商引资中心、市外经贸局，联合举办各界人士中秋茶话会，邀请了120多位“三胞”“三属”代表、市民主党派代表、工商联代表、外商代表、“三胞”委员和归国留学人员代表，与市委、市政府领导欢聚一堂，共庆中秋佳节，共话改革开放20年伟大成就。

2002年9月，市政协与市海外联谊会、市委统战部、市人大常委会外侨民宗工委、市委对台办、市外事侨务办、市招商引资中心、市外经贸局联合，在市交通宾馆举办各界人士中秋茶话会，邀请80多位“三胞”“三属”代表及各界人士代表欢聚一堂，共庆中秋佳节，共商抚州发展大计。春节前夕，市政协在市玉茗大酒店举办各界人士迎春联谊会，市政协领导与“三胞”委员和各界人士叙友情，话改革，谋发展，促统一。

2003年9月8日，市政协组织港澳台侨界别的委员，参加市委、市政府举办的全市各界人士中秋茶话会，与市党政领导和各界人士联欢，使港澳台侨界别委员知情明政，感受温暖，增强了对党的思想认同、感情认同。次年中秋节前夕，市政协组织港澳台侨、民主党派和工商联委员，参加市委、市政府举办的全市各界人士中秋茶话会，加深委员对改革开放形势的认识。

2005年8月，市政协组织选拔港澳台侨委员3名歌手，参加省政协港澳台侨委员会主办的全省“崛起的红土地”侨声歌咏比赛，加强与其他地区港澳台侨委员的友谊，其中2名歌手夺得大赛三等奖。

2006年9月29日，市政协在市军峰宾馆为港澳台侨委员举办迎“国庆”、庆“中秋”联谊座谈会，畅叙乡情友情，进一步巩固发展新时期爱国统一战线；进一步拓宽团结面、联系面，团结港澳台及海外一切可以团结的朋友，为振兴中华、统一祖国作出新贡献。

2007年6月，市政协隆重举办“庆祝香港回归十周年暨抚州发展座谈会”，邀请70多位在抚投资兴业的港澳台侨商和港澳台侨界别委员欢聚一堂，畅谈在“一国两制”方针指引下，香港回归祖国十年的伟大成就和抚州改革发展稳定的大好形势，为抚州发展献计献策。

2008年9月10日，市政协联合市台办、市外侨办、市招商局、市侨联，举办全市港澳台侨代表人士庆祝改革开放三十周年暨中秋茶话会，市委、市政府领导及各界代表60余人参会。会议畅谈了改革开放三十年取得的伟大成就，盘点了抚州经济社会发展的巨大变化，增强了为抚州赶超发展贡献力量的决心。

2009年3月，市政协举办“新时期党的对台方针政策”专题讲座会，邀请省台联会长何大欣就新时期党的对台方针政策作专题报告，政协港澳台侨界别委员、县（区）政协港澳台侨工作者和各民主党派、工商联的负责人参加会议。

2010年9月，市政协举行庆祝市政协成立十周年暨迎国庆贺中秋茶话会，邀请200多名各界代表与市领导座谈联欢。

2011年9月，市政协举办“贺中秋、迎国庆”茶话会，200多名各界代表与市四套班子领导欢聚一堂，共叙友谊，共谋发展，增强了建设幸福抚州的信心决心。次年9月26日，市政协“贺中秋、迎国庆茶话会”在抚州荣誉国际酒店举行。

2013年9月17日，市政协中秋茶话会在市政协常委会会议室举行。市政协各专委会、各民主党派、工商联、党外知联会负责人及港澳台侨和外事委员会委员参加会议。

2014年9月，市政协中秋座谈会在市政协常委会会议室举行。市政协各界别委员代表、特聘港澳台侨委员及各民主党派、工商联、侨联及无党派人士代表共计60余人参会。大家叙乡情友情、议经济社会发展，表达了对抚州明天的美好祝愿。

2015年9月和2016年9月，市政协连续举行中秋座谈会，邀请港澳台侨界委员和市政协各界别委员、各民主党派、工商联、侨联及无党派人士代表60余人参会，大家共聚一堂，叙乡情友情、议经济社会发展，展示了人民政协民主团结和协商议政的政治优势，增进了团结，坚定了信心。

2017年9月和2018年9月，市政协连续召开各界人士中秋座谈会，邀请各民主党派、工商联、无党派人士代表，港澳台胞、侨胞及亲属代表，在抚州投资创业的港澳台侨资企业代表进行中秋联谊，大家共聚一堂，共话团圆，共谋发展。

2024年2月4日，为密切与党外知识分子、非公有制经济人士、新的社会阶层人士的沟通联系，市政协港澳台侨和外事委员会联合市侨办、市海联会在文昌里历史文化街区举办"侨　'联'文化赣鄱，情'满'，才子之乡"江西海内外华侨华人2024龙年云春晚活动，来自阿联酋、菲律宾、马来西亚、法国等国家侨领和归侨侨眷代表200余人参加。活动通过舞蹈、杂技、相声、情景剧、器乐表演等形式，向海内外侨胞送上龙年新春祝福，同时展现中华优秀文化，推介才子之乡抚州历史人文风貌。

第三节　史料征编

政协文史资料工作是政协总体工作的重要组成部分。市政协对文史资料工作十分重视，采取多种形式，加强对文史资料的征集、挖掘、研究、编辑和出版工作，取得丰硕成果。

一、史料征集

文史资料征集原则要求。1988年1月，全区政协工作座谈会提出，文史资料征集要切实按照"三亲"（亲历、亲见、亲闻）、"三要素"原则和要求来开展：一要征集亲历亲见亲闻资料；二要征集前人未曾提供过的新史料；三要征集重大事件、重要人物等资料；四要分专题征集某段历史、某件大事、某个人物的资料，不搞"大杂烩"。1989年9月，全区政协工作会议上提出，文史资料工作要在"深、广、真"字上下功夫，进一步解放思想，广征博采，深挖史料潜力，多途径组织稿件。1997年12月，全区政协主席会议强调，要通过多种方式展现政协文史资料工作的特色：一要多种途径组稿，除充分利用档案中原始资料外，还要向社会广泛征集资料；二要着重抢救活资料；三要严格文史资料用稿审批手续；四要由综合型资料向专辑型资料发展。

文史资料征集对象范围。市政协文史资料征集主要是侧重于党史、军史以外的近代史和现代史资料。其征集对象是各界民主人士、专家、学者、实业家、民族宗教人士、海外侨胞等。同时，文史资料征集面向整个统战系统，包括各级政协委员、政协联系的各界人士、各民主党派和无党派人士、各人民团体、知名人士，以及散居社会人士等。文史资料征集范围包括政治、军事、经济、文化、教育、科学技术、民族、宗教、华侨、社会等，除全国政协概括的十个方面外，市政协文史资料征集逐步向四个方面拓展：一是向体现地方特色、服务地方发展的文史资料拓展；二是向寻觅挖掘与印证史料有关的历史图片、函电、日记、契约、账册、笔记等遗留实物拓展；三是向收集港、澳、台及海外文史资料拓展；四是向健在的历史当事人征集带有"抢救"性的珍贵史料拓展。

文史资料征集方式方法。文史资料征集初期，政协抚州地区联络处设立宣传文史科，主要负责《人民政协报》《光华时报》《文史大观》的发行、县（市）政协文史资料交流和全区政协文史资料搜集整理。1991 年 6 月，专设文史科，负责制订计划、组织和推动政协委员和各界人士撰写文史资料；积极做好文史资料征集、出版和发行工作；加强各方面联系，搞好文史资料协作工作；认真研究文史资料工作新情况、新问题，不断总结交流经验，做好各类资料收集整理和保管工作。2001 年 3 月，市政协成立学习文史委员会，确定每年文史资料的选题方向，建立文史资料索引，通过实地考察走访，与市直部门、县（区）政协合作、举办纪念活动、向社会及个人征稿等方式征集史料。2007 年，市政协创办《抚州文史》期刊，开辟“峥嵘岁月”“往事追忆”“史海钩沉”“红色苏区”“潮涌赣东”“红色往事”“革命故事”等专栏，向党史系统、档案系统、有关单位、社会和个人广泛征集和挖掘红色资源。2008 年，市政协采取电话约稿、网上征稿、上门索稿、召开征编座谈会或调度会征稿等形式，实现征稿方式多样化，拓宽征稿渠道。2009 年至 2010 年，市政协两次召开文史顾问座谈会，广泛征求文史顾问和专家学者意见，制定《抚州市政协 2009—2011 文史资料征编工作规划》，按照广征博采、突出特色的原则，提出史料征集范围、内容和指导原则，成为文史资料征集出版工作重要指导性文件，促进文史资料工作向纵深发展。同时，广泛联系县（区）政协和史志部门，深入走访相关撰稿人，丰富扩大文史稿源。为深入挖掘红色资料，采取编印《抚州文史》红色专辑方式，使红色资料征集更加系统全面。2014 年，在征集内容方面，把抢救“文革”前史料摆在突出位置；在征集方式方面，创新征集手段，采用纸质资料与口述音像资料并进的方法。2015 年纪念中国人民抗日战争暨世界反法西斯战争胜利 70 周年和 2021 年庆祝中国共产党“建党百年”时，采取举办纪念活动征集挖掘资料，取得可喜成果。

文史资料征集情况。1985 年至 1991 年，全区各县（市）政协共征集文史资料 2680 篇，710 万字，图片 190 幅。1992 年至 1994 年，全区共征集文史资料 620 篇、186 万字、图片 86 幅。

2002 年至 2004 年，市政协将史料征编定位于加强抚州对外宣传，服务两个文明建设。通过强化市直部门和县（区）政协协作，深入县（区）实地考察，查阅档案和历史书籍资料数百万字，挖掘了一批新史料，完成《探古揽胜话流坑》《临川地方戏剧史》《抚州宗教史》3 部专辑 80 多万字史料的征集。

2005 年至 2006 年，市政协开展抚州市文物古建筑的图文资料征集工作。利用临川文化遗产专题调研和协同省政协文史委在抚州开展相关工作之际，共拍摄征集赣东文物、古建筑方面图片资料 3000 余幅，文字资料 2 万多字。与市教委密切配合，征集抚州市建国初期和“文革”前高等教育发展的“三亲”史料 3 万多字。积极协助省政协文史委编辑《江西古民居》，为其征集提供图片 80 余幅，文字 1 万余字。

2007 年至 2008 年，市政协成立以市政协主席李品行为主任、相关单位领导和专家为委员的编委会，聘请文史顾问，补充完善了特约撰稿人队伍，年龄结构得到改善，征编工作力量进一步充实。以弘扬临川文化、展示洪门史料为重点，征集资料 20 余万字。以“改革开放三十年”为专题，征集史料近 3 万字。以抚州商帮、赣东傩舞、戏剧文化、建昌药帮、历史人物为主题，邀请知名人士和相关部门撰写特色史料稿件，征集史料 60 万字。

2009 年至 2010 年，市政协围绕“抚州禅宗”“临川文化”“抚州区域历代封爵”“抚州非物质文化遗产”等主题征稿，征集史料 13 万余字；围绕编写《游国恩传》专辑，征集史料 13 万字。围绕《抚州文史》季刊出版，征集史料 60 万字。

2011 年，市政协分别以“抚州院士”“庆祝建党九十周年”“辛亥革命百年”“抚州水利”为主题，征集史料 68 万字，其中抚州水利史料 13 万字。围绕编写《萧涤非传》专辑，征集史料 15 万字。围绕编写《饶漱石传》专辑，征集史料 70 万字。

2012年3月，市政协领导带领人员赴山东济宁、泰安和江西上饶市学习考察，汲取经验，拓宽思路。6月，市政协文史馆成立，这是江西省首个注册登记的政协文史馆。文史馆聘请4名顾问和40名馆员，组织开展抚州文史资料的发掘、抢救、整理和编撰工作。市政协以“文化世家”“品读抚州”“道教文化”“苏区岁月”“岁月留痕—抚州一百古村落行摄记”为主题，征集图文史料76万字。同时，征集到大量一九四九年后至“文革”前的相关史料，累计达150万字。在征集“苏区岁月”专辑资料时，市档案局、市史志办提供了大量珍贵的红色史料，仅历史文稿就达39篇，特别是一批无产阶级革命家的回忆文章十分珍贵。同时，还征集特稿《抚州红色区域对中央苏区的作用及影响》，挖掘红色资料8万多字。

2013年，市政协以“科举明星”“地名掌故”“抚州山水”“抚州遗珍”为主题，征集图文资料48万字。在征编“抚州遗珍”资料时，召集市文化新闻出版局、市收藏协会相关负责人协调部署，丰富了稿源，形成了专稿。在纪念“抗美援朝”胜利60周年时，下发了《亲历抗美援朝》资料征集方案，引导县(区)开展史料抢救工作，采访抗美援朝亲历、亲见、亲闻者，整理汇总上报，共征集50多篇“三亲”文章和大量影像录音资料。

2014年，市政协在征编“莲乡风物”“东乡红星”增刊时，与广昌、东乡县政协和东乡红星精神研究会协作，由当地老同志、文史工作者，围绕拟定的提纲，分头进村入户，深入采访，征集史料，使得相关主题史料发掘深入，整理全面，考证翔实，共征集图文史料60万字。开展《洪门起源南城》《抚州的三年困难时期》《回忆人民公社》《亲历抗美援朝》专辑史料征集工作，共征集史料25万字。

2015年，市政协分别以“汤翁拾遗”“抚州抗战”“农耕文化”“名人园里话名人”“回忆人民公社”“中国传统村落大湖坪”为主题，征编史料近200万字。其中纪念中国人民抗日战争暨世界反法西斯战争胜利70周年活动，组织征编的《抚州文史》“抚州抗战”专辑，征集挖掘到“临川惨案绝人寰”“浙赣会战中的抚州之战”“抚州中共组织的抗日活动”等抗战资料文稿27篇，计9万字。与11个县(区)政协合作，征集红色资料53篇10万多字，向抚州农耕文化博物馆提供了一批图文资料。

2016年至2017年，市政协分别以“古村风光”“广昌家风家规”“汤公文化”“文昌里文化”为主题进行资料征集。围绕《临川词曲释评》《周文楠与毛泽东家族往事》《乐安民国风云》三本专著征集资料，总计近200万字。其中《临川词曲释评》一书，搜集和遴选了抚州从唐代至清末民初共81位作家的词曲作品209篇(首)。

2018年至2019年，市政协分别以“人文拾踪”“汤公文化”“回首40年”“盱江医学”“曾巩千年”“回眸70年”“抚州千金陂”为主题征集资料。与乐安、崇仁县政协合作，围绕《乐安民国风云录》《至德崇仁》两本专集和庆祝中华人民共和国和人民政协成立70周年征集史料，总计征集图文史料近200万字。

2020年，市政协分别以“红色故事”“科技精英”“汤公文化”“纪念谭公”为主题征集资料。与江西高校出版社、抚州市档案馆合作征集《临川古诗释注》和《汤显祖故事》两本专辑史料，总计征编史料近百万字。其中《临川古诗释注》一书，搜集和遴选了从晋朝到清末民初约1400年间，临川域内或与临川相关的共140名诗人创作的280首古诗，并加以释注和导读。

2021年，市政协以“建党百年”“荆公千年”“纪念晏公”“益王家族出土文献”为主题，以及编辑《围棋与抚州》专辑，与江西高校出版社、市委党史办、市档案馆、市红研会等单位合作，总计征集史料近百万字。其中以“建党百年”为主要内容编辑的《抚州文史》专刊，共征集挖掘到红色资料“黄陂和东陂战役”“抚州成立第一个党组织——中共临川支部”等27篇文稿，记述了抚州发生的重大战役战斗、抚州党史和革命史上的重要事件、抚州红色胜地等内容，介绍了毛泽东、周恩来、朱德等老一辈无产阶级革命家在抚州工作战斗的故事，展现了他们的赤子初心、为民情怀和英勇无畏的战斗精神，提供了生动具体的革命传统教育资料。

2022年，制定《抚州文史》整体征编规划，每年聚焦一个主题征集史料。2022年，聚焦抚州市获批国家历史文化名城，以荆公路、汤家山、州学岭、汝东园等历史文化街区为主题，征集史料50余万字，较好地展现街区的历史文化风貌，挖掘街区的历史文化内涵和当代价值，传承了临川文脉。

2023年，聚焦抚州市的中国历史文化名城广昌县驿前镇、金溪县浒湾镇和宜黄县棠阴镇、南城县上唐镇以及135个中国传统村落征集史料70余万字，客观、真实反映抚州市传统名镇名村的历史文化风貌。

2024年，聚焦书院文化，动员和组织全市政协系统力量和广大文史工作者，走访、调研、摸排、搜寻和查阅了大量的历史文献，对抚州古代书院的遗迹、文化底蕴、崇祀先贤、学术交流、藏书刻书、书院名人及教学活动等进行了深度挖掘，在发现书院数量、内容深度广度等方面都有大的突破，共征集到史料60余万字。聚焦庆祝中华人民共和国成立75周年、庆祝人民政协成立75周年、共产主义劳动大学三个主题，征集高质量史料19篇，3篇入选省政协《庆祝中华人民共和国成立75周年文史资料》、3篇入选省政协《庆祝人民政协成立75周年文史资料》。

二、史料研究

市政协文史资料研究工作遵循求实存真、精选慎编的原则，做到突出地方特色，选题分类科学合理，文章以史为据，资料具有权威性。

2004年，市政协开始对征集的史料进行研究，对每篇史料认真甄别，修正讹误。如征集到的基督教史料中，多处出现“差会”与“善会”两个机构名词。为搞清是同一个机构还是不同机构，经过多方查证，才了解到“差会”是外国基督教会向中国基督教会提供经费的专门机构，而“善会”是编史者对基督教会“行善”的误解或对“差”字形似的笔误。同时，对事实不清、存有矛盾的史料慎重采用。如有关北宋末期孟太后避难乐安观性寺的史料，征集的史料中有宋高宗平金之后到观性寺之说，而南丰县的史志也记录了孟太后避难该县的事，并有挖掘的“宋孟后千秋懿位”石碑为证。为此，市政协对两种资料、两种说法进行分析研究。认为，如果孟太后避难经乐安到南丰，皇帝接驾就不现实；如果孟太后是经南丰到乐安，从地理方位上看则与“太后由吉州到乐安”的史料就有矛盾。因此，本着对历史负责的态度，在史实不清的情况下，就删去了皇帝接驾一说。

2006年，在编辑《抚州古建精粹》过程中，市政协对征集来的大量史料进行分析研究，认真甄别，去伪存真。如临川区腾桥镇的曾栋牌坊和黄作牌坊相距不远，且都是明代为表彰个人功勋而建的旌表性建筑。文史委在核实建筑物上残留文字后，及时发现并纠正有关记录张冠李戴的错误。又如乐安罗田的明代木制斗拱门楼，有专家说这种门楼是江西罕见、全国少有，但遍查史料都没有相关记录及说法。本着对历史负责的态度，在画册中只作单纯图片介绍。

2007年，在《临川古建精粹》形成初稿后，市政协就画册的征编范围、章节编排、图文比例及版式设计等内容，进行认真研究和讨论，并向专业人员征求意见，再进行修改、补充和完善。经专家和领导审阅后，就其错漏讹误之处，又作了一次拾漏补缺式的大修改。通过专业支持及三级审稿制，该书达到了重点突出、图片清晰、文字简洁的效果。

2018年，市政协在征编“人文拾踪”过程中，注重对地方历史人物的挖掘和研究。如修则、吴铎、王相等抚州人物，长期湮没在历史尘埃中，他们的再现弥补了抚州历史人物的空白。又如王坚、徐心鲁、朱鼎臣等人，长期被误认为是他籍，经过反复考证，确认他们是抚州籍，他们的创作成就、学术贡献、历史功绩，弥补了抚州文化史上的空白。

2022年，挖掘整理临川文化中的勤廉因素，总结提炼蕴含其中的廉洁理念，编辑一期以勤廉文化为主题的《抚州文史》专辑，共收录29篇文稿，包括王安石、曾巩、汤显祖等廉政人物33个，将勤廉文化研究最新成果展示出来，用先贤的嘉言懿行、勤廉事迹、廉政思想助力抚州廉洁文化建设。

2023年，集思广益，改版提升《抚州文史》刊物。先后向江西高校出版社和市内专业设计人士、专家学者等广泛征求意见，形成改版方案并经市政协党组、主席会议审定通过。在保持刊物传承性、沉淀感基础上，突出文化主题，从封面设计、功能定位、内涵外延等方面进行提升，如封面“抚州文史”采取集舒同的字、篆刻用仿玺风格、印刷实现全彩等，力争做到图文并茂、美观大方，更好地适应阅读和审美需求。改版后，无论是品相、装帧，还是栏目内容都让广大读者耳目一新。

2024年，加大文史资料研究交流。与福建省泉州市、重庆市綦江区、广东省江门市、江苏省淮安市、安徽省池州市和马鞍山市、四川省泸州市、湖北咸宁市、广东省中山市等政协对口专委会互相寄送文史资料，同时与市党史办、市档案馆、市社科联、市图书馆等单位交流文史资料。

三、史料编辑出版

1988年10月，华东地区第六次政协文史资料工作会议于南昌召开、抚州闭幕，抚州政协文史资料征编出版工作开始正式提上议程。1990年，政协抚州地区联络处与福建省南平市，浙江省衢州、金华、丽水市，安徽省黄山市，江西省鹰潭、上饶、景德镇市的四省九地市政协建立联谊会，与新疆、黑龙江、江苏、云南等13个省（区）的25个地（市）建立横向联系，开展文史资料交流活动。

1985年至2001年，地（市）政协主要是指导和督促各县（区）做好文史资料的征编出版工作，各县（区）共编印出版文史资料60辑，计500余万字，发行43000余册，与全国26个省（市）、1530多个县以上单位进行了交流，流传到21个国家和地区。

2002年底，市政协出版首辑文史资料《探古览胜话流坑》，该书由江西人民出版社出版，省政协副主席喻长林作序。2003年底，出版第二辑文史资料《临川地方戏剧史》，该书20多万字，运用大量的傩祭戏、文人戏和民间小戏方面的史料，全面反映了抚州戏剧发展及其历史影响、地位和作用，从新的角度反映了临川文化的辉煌。2004年底，出版第三期文史资料《抚州宗教集要》，计24万字。

2007年3月，为进一步推动文史资料编辑出版工作，市政协在全市聘请特邀文史撰稿人43人，聘请文史顾问8人。4月，召开文史顾问和特约撰稿人座谈会，通过《抚州文史》创刊工作意见及相关事项，《抚州文史》正式创刊。分别以弘扬临川文化、展示洪门史料为重点，出版计20万字的《抚州文史》一、二期期刊。年底，还编印出版《抚州古建筑精萃》画册。该画册精选照片400余幅，分为古村民居、牌坊门楼、井桥塔寺、雕刻彩塑、苏区旧址五篇，再现抚州历史风貌。

2008年，为进一步加大文史资料编辑出版工作力度，市政协文史资料编辑出版形式由期刊改为季刊。当年分别以“抚州商帮”“赣东傩舞”“戏剧文化”“建昌药帮”为主要栏目，征编出版四期《抚州文史》，共计60万字。

2009年，市政协以“改革开放三十年”“书院文化”“抚州禅宗”“非物质文化遗产”为主要栏目，征编出版四期《抚州文史》，共计60万字。年底，出版发行《游国恩传》，该书共计15万字，翔实地记述了游国恩人生经历和学术成就，是一部研究游国恩权威性资料。

2010年9月，市政协在市行政中心一楼大厅举行《北宋名儒——李觏》首发式，这是抚州文史工作的首创之举。该书由市政协文史委与南城、黎川、资溪三县政协联合征编，江西人民出版社出版，全书共计26万字。

2011年9月，市政协编辑出版《萧涤非传》，该书共计15万字，真实客观地记述了萧涤非一生，展示其人格魅力、骄人成绩和杰出贡献。年底，又先后以"抚州院士""庆祝建党九十周年""抚州辛亥人物"和"抚州水利"为主要栏目，征编出版四期《抚州文史》，共计68万字。

2012年，市政协征编出版以"文化世家""品读抚州""抚州道教""苏区岁月"为主要栏目的四期《抚州文史》和一本《岁月留痕——抚州一百古村落行摄记》专辑史料，共计76万字。

2013年，市政协以"科举明星""地名掌故""抚州山水""抚州遗珍"为主题，征编出版四期《抚州文史》，荣获江西省政协系统优秀文史图书奖。编印《饶漱石》专著，编辑《人文抚州》丛书，共计150万字。

2014年，市政协征编出版以"莲乡风物""名胜古迹楹联（上、下篇）""东乡红星"为主要栏目的四期《抚州文史》。编印《亲历抗美援朝》"三亲"口述史料，出版"抚州文史丛书"《千载文昌》《盱水研墨》《访古问贤》，共计165万字。是年，《抚州文史》由零散期刊转向专题系列发展，用两期《抚州文史》收录全市各县（区）名联佳作。

2015年，是市政协文史资料出版字数最多，征编成果最为丰富的年份。以"汤翁拾遗""抚州抗战""农耕文化""名人园里话名人"为主题，编印四期《抚州文史》。编纂出版《回忆人民公社》《中国传统村落—湖坪》两本文史专著，共计110万字。

2016年至2021年四届政协期间，市政协征编出版《宋明理学之桥——元·草庐吴澄》《独抱贞心——饶岱章诗选注》《抚州历代书画人文大观》《南城——洪门起源地》四辑文史资料丛书，计520余万字。出版抚州文史丛书《临川词曲释评》，计160万字。与乐安县、崇仁县政协合作出版《乐安民国风云录》《至德崇仁》两本史料专辑，共计100万字。与江西高校出版社、抚州市档案馆合作，公开出版《临川古诗释注》和《汤显祖故事》两本史料专辑，共计近百万字。公开出版《围棋与抚州》史料专辑，该书填补了抚州市围棋文化研究的空白。先后以"文昌里文化""广昌家风家规""人文拾踪""汤公文化""回首40年""盱江医学""曾巩千年""回眸70年""抚州千金陂""红色故事""科技精英""汤公文化""纪念谭公""建党百年""荆公千年""纪念晏公""益王家族出土文献"等为主题，出版《抚州文史》24期，计210余万字。

2022年至2024年五届政协期间，市政协聚焦荆公路历史文化街区、州学岭历史文化街区、汤家山历史文化街区、汝东园历史文化街区、延陵路历史文化街区、义门巷历史文化街区，编辑出版四期《抚州文史》。聚焦全市"国字号"的古镇古村，编辑出版四期《抚州文史》，挖掘名镇名村历史文化内涵和当代价值，融史料性、学术性、知识性、生动性、可读性于一体。聚焦书院文化，邀请人民大学国学院教授、中国书院学会副会长、江西省书院研究会教授和专家，对抚州书院文化把脉并撰写专稿，共出刊4期《抚州文史》。

2023年，首次编纂出版《抚州政协工作辑录》，主要记录五届市政协（2021年10月—2022年12月）的履职工作，共15个栏目，45万余字，为各界全面认识抚州政协系统提供一个重要的窗口。同时把调研报告、大会发言、优秀提案和优秀社情民意信息，汇编成23万字的《建言集萃》出版。

2024年，聚焦政协特色亮点工作，动员和组织全市政协系统力量，认真总结、细心编排，继续出版《抚州政协工作辑录（2023.1—2023.12）》和《建言集萃（2023年）》，全面、客观、真实反映2023年抚州市政协工作高质量的发展历程。出版《抚州·周口·泉州政协书画联展作品集》，反映三地政协系统通过书画作品庆祝中华人民共和国成立75周年暨人民政协成立75周年。

第四节　社团活动

市政协社会团体，是经过依法注册登记的地方性、非营利性组织。市政协各社会团体在市政协领导下，围绕政协工作，运用各自特点，在联谊交友、服务中心工作、发展文化艺术事业、开展政协理论研讨等方面发挥积极作用，成为市政协工作一大亮点。

一、市政协书画社活动

2010年9月，抚州市政协书画社成立。该团体是统战性质的联谊组织，在市政协领导下，通过书画创作和艺术交流活动，弘扬中华优秀民族文化，发展海内外统一战线，促进祖国统一大业。书画社成立时选举了名誉社长、社长、副社长、秘书长、副秘书长等。10月，市政协书画社召开第一次会议，通过《抚州市政协书画社章程》，审议艺术资格审查委员会组成人员名单、特聘书画家24名。当年举办庆祝市政协成立十周年暨全市书画精品展，展出书画作品110幅，参观人数达3000多人次，推动人民政协文化繁荣发展。

2011年5月，举办纪念辛亥革命100周年书画精品展，共展出书法、美术作品184幅，观展达600人次，引起良好社会反响。春节前夕，组织部分书法家义务为机关干部职工书写春联300余副。派员参加宜春市政协书画研究会2011年新春年会，为宜春市政协委员书写书法作品50多件，受到宜春市政协委员的好评。

2012年3月，广东省书画家协会理事、惠州市惠阳区书法协会主席一行8人到抚州政协书画社举行笔会，交流书艺，互赠作品60多幅。4月，香港书法家协会主席、中国书法家协会会员方志勇，香港硬笔书法艺术协会主席、香港大学书法导师许雷明，应抚州市政协书画社邀请，到华夏笔都文巷进行实地考察，并在市政协书画社举行笔会，互赠作品20幅。10月，浙江省丽水市政协诗书画社15名画家在副主席何赤峰的带领下，到抚州市政协书画社举行书画笔会，双方共同创作花鸟画《四友图》，交流作品70余幅。11月，参加市委宣传部、东华理工大学主办的“喜迎党的十八大全市书画作品联展”，共展出作品25件。春节前夕，赴宜春市政协书画研究会参加新年笔会，交流书法作品100多副。

2013年5月，市政协书画社与乐安县人大书画社开展书艺交流，双方交流书法作品40多幅。10月，在市政协领导带领下，市政协书画社一行9人赴南城县举行笔会，市政协书画家与南城县政协书法家挥毫泼墨，即兴创作，交流书画作品40余幅。10月下旬，市政协书画社接待福建省莆田市政协副主席王玉宝率该市政协书画院一行20人来抚州采风，考察南城麻姑山道教文化，参观抚州市名人雕塑园，双方举行笔会，共创作交流作品40余幅。

2019年10月，为庆祝人民政协成立70周年，由市政协主办，市文广新旅局、市文联承办，市书法家协会、美术家协会、生态摄影家研究会协办，在抚州市博物馆举行书画摄影作品展，共展出书画、摄影作品200余件。作品题材广泛，主题明确，形式多样，风格各异，充分反映抚州市70年间，尤其是改革开放后发生的巨大变化和取得的辉煌成就。

2023年9月19—30日，市政协聚焦助力唱响“文化抚州、梦想之舟”品牌，联合省政协文化文史和学习委、省文联，在市博物馆共同举办“文化抚州、梦想之舟”全市政协系统文化艺术作品展，集中展出历届省、市、县三级政协委员，各民主党派、工商联、知联会和市县（区）政协机关干部创作的各类书法、美术、摄影、雕刻等文艺精品160余件，吸引近万人次观展，有效促进抚州文化的宣传和推广，广泛凝聚起助推“文化创新强市建设”强大合力。

2024年8月1日，市政协办公室、市退役军人事务局、抚州军分区政治工作处、市文学艺术联合会在市博物馆共同举行“跟党走·葆初心”之“翰墨书军魂”公益性艺术作品展开展仪式。本次活动展出书画、篆刻作品150余幅。

二、市生态摄影研究会活动

抚州市生态摄影研究会是依法在市民政局登记的地方性、非营利性社会团体。2009年5月成立，会员由党政部门、群众团体中专业摄影者和摄影爱好者自愿组成，主管单位为市政协教文卫体委员会，接受江西省生态摄影研究会业务指导。市生态摄影研究会贴近时代，关注民生，弘扬正气，宣传抚州，通过独特视角，运用光影艺术，创作大量摄影艺术精品，为推动抚州市文学艺术事业发展作出积极贡献。

2009年5月21日，市民政局下发《关于同意成立抚州市生态摄影研究会的批复》，同意“抚州市生态摄影研究会”成立并登记注册。6月5日，市生态摄影研究会召开第一次会员代表大会。会议通过了研究会章程，选举产生了研究会会长、副会长、理事。省政协原副主席、省摄影家协会名誉主席、省生态摄影家研究会会长叶学龄专程到会祝贺并讲话。与会人员还登上抚州第一高峰——军峰山进行摄影创作活动。

2010年，市生态摄影研究会紧紧围绕“为建设鄱阳湖生态经济圈以及抚州市生态文化名城而努力”目标，积极开展《抚河行》生态摄影考察活动。组织40余名会员赴廖坊水库对抚河及沿岸自然人文环境进行拍摄考察。市政协领导率部分市政协委员和市生态摄影研究会理事，深入广昌县驿前镇、盱江镇开展“抚河行”生态摄影采风活动，对驿前古镇姚西村荷花基地、盱江镇荷花基地、河东雁塔、莲花科技博览园等地进行考察拍摄，编印《抚州生态摄影》两期，推出一批有特色、有影响的精品力作，唤起社会对抚河生态的关心爱护。

2012年至2014年，市生态摄影研究会围绕“建设殷实文明和谐幸福抚州、创生态文化名城”目标，积极开展生态摄影考察和学术交流活动，组织外出摄影交流活动40余次。在乐安、资溪两县建立生态摄影拍摄基地；组织会员参加“建设鄱阳湖生态经济区，探索科学发展新路子”主题活动，为抚州生态名城建设而努力。广泛开展生态摄影活动，探索一条集体组织与小分队自发组织相结合的摄影采风形式；举办抚州古村摄影展，出版《岁月留痕——抚州一百古村落行摄记》，在国际及国内大型赛事上成果斐然。组织会员进乡村、入山区、贴近群众，运用摄影形式，记录抚州大自然的山山水水、花草禽鸟，积极宣传抚州良好的生态环境，获国际上摄影大赛金奖8个、银奖4个、绶带奖12个、优秀奖5个，获全国摄影大赛金银铜奖6个，获全省摄影大赛银铜奖3个，在南昌、抚州举办周抚阳之尼伯尔风情摄影展，为抚州经济社会发展作贡献。组织部分会员赴福建霞浦等地开展创作活动；举办“生态摄影”专题讲座，邀请江西省知名生态摄影家讲授野生珍禽等鸟类摄影理念与技巧。

2015年1月，抚州市召开两会期间，市生态摄影研究会在市行政中心会议一楼大厅举办摄影作品展，从600多幅作品中遴选120幅摄影作品，分为风光、古村、花、鸟四大类进行展出，受到与会代表及其他观众好评。

2019年4月，市生态摄影研究会联合市委宣传部、林业局、社科联等单位共同举办抚州市2019年“爱鸟周”活动暨“抚州百鸟”摄影展。2019至2020年两年间，市生态摄影研究会在国际摄影赛和国内省以上摄影赛事中，共获得金奖29幅、银奖22幅、铜奖32幅、优秀奖164幅。

2021年11月，市生态摄影研究会发布注销公告，之后按程序正式注销，各项活动停止。

三、市政协理论研究会活动

为加强政协理论研究工作，进一步增强政协理论研究工作的计划性和组织性，2012年11月28日，成立市人民政协理论研究会并召开第一次会议。会议通报市人民政协理论研究会筹备工作情况，审议通过《抚州市人民政协理论研究会章程》和研究会第一届常务理事会名誉会长、会长、副会长、秘书长、副秘书长名单。

2013年3月，市政协办公室印发市政协理论研究会2013年度工作计划和理论研讨选题，共列出理论研讨选题12个。11月，市政协出版《抚州市政协理论研究与实践论文选》一书，全书共计20余万字，收录论文56篇。12月，全市政协理论研讨会在市政协常委会会议室召开。会议总结市人民政协理论研究会成立一年来的工作，对全市政协理论研究与实践创新工作进行探讨，5位论文作者在会上作交流发言。

2014年4月，市政协办公室印发经市政协三届二十四次主席会议审议通过的市政协理论研究会2014年工作要点，工作要点着重强调要重点做好以“探索人民政协作为协商民主重要渠道作用的有效形式”为主题，开展一次专题调研活动；结合庆祝人民政协成立65周年，开展一次理论研讨活动；以理论研究成果为主要内容，汇编一本年度论文集；以理论研究会常务理事为对象，组织一次外出学习交流活动等四个方面的工作。10月，全市政协理论研讨会在市政协常委会会议室召开。会议总结了市政协理论研究会本年度工作，围绕“人民政协与协商民主”主题，研讨协商民主重大理论和实践问题，探索人民政协事业发展的规律，更好地运用科学理论指导和推动新时期的人民政协工作。会议邀请省政协办公厅副主任王国龙作“人民政协协商民主建设问题”学习辅导报告。会议收到论文28篇，选编24篇论文成册，评选表彰10篇优秀论文，并从中筛选6篇论文报送省政协理论研究会，全部入选《人民政协与协商民主文选》。11月，市政协出版《抚州市人民政协理论研究会2014年度论文选》一书，全书共计20余万字，收录论文43篇。

2015年11月，在抚州市南丰县召开的闽浙赣皖四省九市政协联谊会第二十五次会议，会议就推进人民政协协商民主的理论和实践进行研讨交流。次年，市政协积极向省政协报送理论研究成果，有17篇理论文章入选省政协理论研究会论文集。12月，市政协为提高委员参政议政能力和理论水平，对新任的227名委员进行集中培训，邀请汪玉奇、杨斌、王国龙、崔健四位省政协理论专家作专题辅导报告。

2018年7月，市政协召开专题理论研讨会，就习近平总书记关于加强和改进人民政协工作的重要思想进行研讨。市委、市政协、市委统战部主要领导参加。会议强调，开展习近平总书记关于加强和改进人民政协工作重要思想的学习研讨，是各级政协的一项重大政治任务，要把学习研讨活动与政协履职实践紧密结合起来，坚持理论联系实际，真学真懂真信真用，推动政协工作高质量发展。是年，市政协党组在政协机关系统开展《习近平总书记关于加强和改进人民政协工作的重要思想专题摘编》的专题学习和理论研讨。

2019年12月，徐容宁、刘海滨、杨利文《提案工作发挥人民政协“专门协商机构”作用浅析——以抚州市政协为个案研究》理论文章获省政协办公厅优秀论文一等奖。

2020年12月，市政协印发《关于加强新时代我市人民政协理论研究工作的实施意见》的通知，通知对全市政协理论研究工作的指导思想、基本原则、重点内容、组织实施等方面作了明确阐述，要求各县（区）政协、市政协各专门委员会结合实际，认真贯彻落实，为不断深化对新时代政协工作的规律性认识，积极探索政协履行职能的新途径新方法，为政协事业创新发展提供理论支持和智力支撑。

2021年12月，杨利文《坚守人民立场，打造履职品牌》理论文章获省政协办公厅优秀论文一等奖。2022 年 12 月，曾月兴、杨利文《全过程人民民主在基层政协的生动实践——以抚州市政协提案工作为例》理论文章获省政协办公厅优秀论文三等奖。

2023 年，市政协党组坚持“第一议题”学习制度，深入学习贯彻中共二十大精神、习近平总书记关于加强和改进人民政协工作的重要思想，形成以市政协党组理论学习中心组学习为引领，主席会议集体学、常委会专题学、委员个人学，交流研讨、“委员讲堂”等相配套的全方位、立体式的学习体系，市政协 3 篇体会文章，获评 2023 年省政协专题理论研讨征文“优秀论文”奖。

2024 年 11 月，成立新的抚州市政协理论研究会，7 篇理论文章获评省政协理论研究工作优秀论文。市政协召开庆祝中国人民政治协商会议成立 75 周年座谈会，组织住抚省政协委员和市、县政协委员代表开展专题理论研讨交流，深入学习贯彻习近平总书记在庆祝中国人民政治协商会议成立 75 周年大会上的重要讲话精神，回顾总结人民政协制度在抚州的生动实践，不断巩固和发展生动活泼、安定团结的政治局面。

第八章　专门委员会

市政协各专门委员会是在常务委员会和主席会议领导下组织委员履行职能、开展经常性活动的工作机构，是履行职责、保持运转、提升服务的重要保障。其主要职责是：根据政协章程和政协全体会议、常委会会议要求，组织委员学习座谈，为委员知情出力、履行职责创造条件；围绕党政中心工作，就本市政治、经济、文化和社会生活中重要问题开展专题调查研究，提出意见和建议；做好委员视察、提案服务工作，反映社情民意；为全体会议、常务委员会会议和主席会议准备议题材料等。市政协专门委员会通过坚持对口联系制度，加强与党政部门联系，列席有关会议，交换文件，通报工作。专门委员会根据工作需要，可邀请有关党政部门负责人参加专门委员会活动，通报情况，听取委员意见。长期以来，各专门委员会在市政协常务委员会和主席会议领导下，始终突出主题，围绕中心，遵照《专门委员会工作条例》，认真履行工作职责，突出“专”的优势、“联”的特点、“精”的实效，努力做好各项工作。通过发挥专委会作用，夯实工作基础，挖掘专门职能，坚持以史促干，激发履职热情，塑造人民政协良好形象。

第一节　提案委员会

委员提案工作是政协履行民主监督工作的重要组成部分。历年来，提案委员会认真履行工作职责，着力强化基层指导，不断总结工作经验，积极探索工作规律，提升提案工作制度化规范化科学化水平，增强提案服务政协全局的能力。

一、工作职责

提案委员会主要职能：1. 负责市政协全委会议期间及平时的提案征集、整理、审查、立案和交办工作；2. 负责对提案进行综合分析，充分利用提案资源，向党委、政府及有关部门反映重要信息；3. 负责对提案办理情况进行检查和督促，对办理不符合要求的，及时商请承办单位重新办理；4. 负责市政协提案工作的宣传报道；5. 负责向市政协全委会议、常委会会议、主席会议报告工作；6. 负责做好市政协主席督办、市政府领导督办和专委会督办提案的组织协调工作；7. 负责与本市各县（区）政协提案委员会的联系，做好指导工作；8. 负责与市委办公室、市政府办公室及各承办单位的联系；9. 加强与市政协委员和市各民主党派、工商联、无党派知识分子联谊会、有关人民团体及市政协其他专门委员会的联系与协作。

二、工作内容

（一）组织提案征集 每届政协都将提案工作列入重要议事日程，主席会议专题研究提案工作，常委会会议听取情况通报，全会报告提案工作，通过总结探索提前谋划年度提案、公开向社会征集线索、函商党派团体、召开选题协商座谈会等形式，围绕中心工作、关注民生实事印发选题参考，科学有效征集提案，增强提案的针对性和实效性。市政协一至五届期间，广大政协委员、各民主党派、人民团体和政协专门委员会，以高度的政治责任感和使命感，积极运用提案形式参政议政、建言献策，共提出提案 5124 件，经审查立案 4943 件，其中各民主党派、工商联、人民团体和政协专委会等集体提案 1284 件，委员个人提案 3659 件，没有立案的 181 件转为并案或委员来信处理。同时，认真开展优秀提案评选表彰工作，市政协一至五届共评选表彰优秀提案 389 件，激发政协委员和参加单位提案履职积极性。2019 年，为庆祝人民政协成立 70 周年，市政协评选 20 件产生重要影响的优秀提案予以表彰，充分展示提案协商履职独特优势。以后每届政协均对优秀提案予以表彰鼓励。坚持把政协提案作为协商民主重要形式、服务党政决策重要渠道，引导委员积极收集群众关注的热点、难点问题，使提案内容更能贴近社会、贴近实际、贴近群众。加强立案审查，始终坚持“三审把关”，确保提案的严肃性、科学性和可操作性。

（二）落实提案办理 高度重视政协提案办理工作，建立“市长领办”“主席督办”“联合督办”“跟踪督办”“网络督办”等工作机制，通过协商座谈、专题视察、书面批示等形式，采取电话联系、座谈调研、现场办案、集中协商、登门走访等方式，加大提案督办力度，提升提案办理层次，提案整体办复率为 100%，提案满意率达 98% 以上。2001 年，建立主席、副主席督办重点提案工作机制延续至今，成效显著；2008 年，由重点提案调研督办形成《高度重视，切实行动，坚决阻截防控柑桔黄龙病在我市发生的紧急报告》获市政府主要领导批示；2010 年，市政府办公室印发《关于开展政协提案“落实年”活动的实施方案》，建立市政协办公室、专委会与各民主党派、工商联、无党派联合督办提案机制，推动提案办理整体质量提升；2011 年，建立市政府领导领办提案工作制度，市政府正副市长每年带头领办的提案，办成样板推动工作；2012 年，首次通过网络搭建群众参与督办提案平台，在督办《还学生一个快乐的童年》重点提案工作中，网民 2000 多人次参与活动，产生良好反响；2019 年，创新开展网络议政、电视访谈协商议政活动，协商督办“小区物业管理”提案成为“不忘初心、牢记使命”主题教育重要成果，得到省委巡回指导组高度肯定；2020 年，向 50 家提案办理单位主要领导发出提示函，加快了办理进程；2021 年，结合党史学习教育活动，从提案中梳理“我为群众办实事”任务清单，推动一批社会民生问题得到解决。2023 年政协重点提案领办首次扩大到市委常委，党政领导班子成员通过签批督办、主持召开办理推进会、专题督查等多种方式，广泛开展层级高、力度大、效果好的重点提案办理协商，领办的 18 件重点提案件件办成“样板”，《江西政协报》以《抚州市党委政府高质量办好 18 件政协重点提案》为题予以专题报道。通过发挥重点提案办理示范引领作用，带动全年政协提案工作不断提质增效。一大批提案意见建议纳入党政决策程序，体现在相关发展规划、法律法规和制度文件中，转化为推动抚州经济社会发展、部门工作改进的具体政策举措，提案办理取得良好成效。2024 年，市委、市政府主要领导领办《关于优化营商环境推进全市经济高质量发展的建议》《关于立足我市实际，用活用好现有资源，产融结合深入推进数字经济“一号发展工程”，加快形成新质生产力的建议》等4件重点提案，通过签批、融入日常调研视察、市委、市政府督查部门专项督查等多种方式，推动部门办理落到实处，取得良好成效，发挥示范带动作用。

（三）完善提案机制　积极推进提案工作制度化建设，探索形成多元征集机制、引导生成机制、领导督办机制、归口交办机制、联合办理机制，增强提案工作运行活力。2001年3月，市政协一届二次常委会会议审议通过《中国人民政治协商会议抚州市委员会提案工作条例》《政协提案委员会提案督办工作制度》《关于市政协领导督办提案实施方案》，一届七次主席会议审议通过《市政协主席、副主席督办提案的意见》，提案工作开始有章可循；2003年制发《提案委员会提案督办工作制度（试行）》，2004年下发《政协抚州市委员会优秀提案评选办法（试行）》，2005年制定《关于办理政协提案的意见》，2006年对《提案工作条例》进行修订，2009年下发《关于开展界别提案工作实施办法》，2011年6月对《提案工作条例》再次进行修订，2012年两办联合下发《关于进一步加强人民政协提案办理工作的实施意见》，2019年将政协提案办理工作纳入《抚州市督查检查考核工作计划》，提案工作迈入制度化规范化科学化轨道。2023年，持续推进提案办理工作创新，报请市委、市政府研究确定“打造宜居宜业宜商的汽车新城”、“数字经济赋能我市工业高质量发展”、“打造‘徐霞客游线标志地’，助力我市全域旅游”等44件重点提案，重点提案实现市委、市政府、市政协领导领办督办全覆盖。卓有成效地开展重点提案集中办理协商月、提案办理协商社区圆桌会等系列活动，推动一大批提案意见建议纳入党政决策程序，转化为推动抚州经济社会发展、部门工作改进的具体政策举措，形成提案工作“抚州样板”。2024年，市党政班子副职根据各自工作分工，领办重点提案12件，通过领导签批、所在单位督促、承办部门办理“三结合”推动提案问题解决。既有市委督查部门“工作通知单”统一部署调度，也有常委部门“督办单”，还有“市政府领导领办督办重点提案专题调度会”等多形式、广参与，共推重点提案办理与全市各领域工作相互融合、相互促进。

（四）探索提案规律　积极深化提案工作研究，加强对外学习交流，坚持每年召开各民主党派、工商联、党外知联会提案工作座谈会，动员党派团体发挥组织优势，扩大提案社会参与，不断夯实提案工作社会基础，探索形成引导先行一步、选题紧跟脚步、协商与民同步、督办不落一步的“四步法”工作法，提案工作服务政协全局能力不断提升。2001年—2024年，先后有《调动各方面积极性，全面提高提案工作质量》《加大力度拓展广度发掘深度》《提升三个质量推动工作发展》《拓展政协提案工作民主协商途径》《坚持群众路线，不断提升提案工作水平》《在提案协商中服务群众》等理论文章、新闻稿件在中央、省市媒体刊登，多篇提案履职案例入选《省政协提案履职经验文集》。《浅析提案工作在发挥人民政协“专门协商机构”作用中的重要地位》《坚守人民立场打造履职品牌》两篇理论文章分获2019年度、2021年度省政协理论征文一等奖；《全过程人民民主在基层政协的生动实践——以抚州市政协提案工作为例》获2022年度三等奖。市政协提案工作彰显出鲜明的时代性、深刻把握规律性、富于创造性。

（五）创新特色品牌　五届市政协以来，提案委积极推进抚州开放大学中共党员委员工作站标准化、规范化、制度化建设，围绕“政治引领、凝心聚力、协商议政、收集民意、界别活动”五大目标，以打造“政协系统党建品牌、提案工作创新阵地”为定位，积极开展各项履职活动，积极发挥工作站学习研究提案工作、开展提案办理协商、收集社情民意“三个平台”作用。三年来，由委员牵头开展提案办理协商、专题视察、服务为民等活动40多场次，收集社情民意信息近100篇，《推进红色文化传承保护与发展》《农村“盗土卖土”现象多发需引起重视》等社情民意报送全国政协或省委。以工作站为平台，创新推出“模拟政协提案”的“一委一特色”工作模式，在实践中探索完善，建立起培训·征集、整理·审查、立案·交办、办理·反馈、评比·表彰“五环节”“十步骤”工作闭环，并不断向街道社区推广，形成可复制、可推广工作经验，取得良好成效。2022年，市政协作为全国唯一的政协组织代表受邀参加团中央“全国青少年模拟提案征集”线上交流活动。2023年获评团中央自2019年开展“模拟政协”工作以来首批“十大创新案例”。2024年，省政协提案委在全国政协第八次提案工作座谈会等多个全国性会议场合推介抚州模拟政协提案工作经验；“理响中国·讲好‘中国式商量’故事”网络主题采访团9家中央新闻媒体现场观摩报道“模拟提案”转正式提案办理协商议事会。“模拟政协提案”工作成为抚州市政协提案工作最鲜亮的特色品牌。

第二节　文化文史和学习委员会

市政协文化文史和学习委员会在市政协常务委员会和主席会议领导下，紧扣文化文史主题，以文史资料征编为载体，着力讲好抚州故事，弘扬抚州文化，服务政协履职，为促进抚州经济社会发展和文化繁荣做出积极贡献。

一、工作职责

文化文史和学习委员会主要职能是：1. 组织实施文史资料征编工作；2 接受上级业务指导，完成交办工作任务。加强对县（区）政协文史资料工作联系指导；3. 征集、编辑和出版抚州各个时期相关文史资料，提升文史资料“存史、资政、团结、育人”功能；4. 加强政治理论和文史业务学习，增强参政议政能力，并就文化强市建设等开展调查研究和协商议政；5. 负责与市直对口部门工作联系和协商，团结联系新闻出版界、社会科学界等界别委员，关注社情民意，积极建言献策；6. 加强机关横向团结协作，为市政协大局服务；7. 完成市政协常委会、主席会议交办工作。

二、工作内容

（一）积极建言献策　围绕市委、市政府中心工作特别是文化文史艺术等方面课题，开展专题调研和专题视察，积极建言献策。2001年10月至2024年，围绕“我市宗教文化资源优势状况”“抚州市文物保护和利用”“临川文化遗产情况”“实施赶超发展，创新体制机制问题”“发掘赣商历史文化资源，进一步推动全民创业”“围棋文化、围棋产业发展”等18个课题开展专题调研并形成专题报告，得到领导高度评价和相关部门采纳，促进全市文化事业发展。围绕“明清古建筑”“社会办学力量”“我市重大建设项目进展情况”“抚州古村落”“道教文化”“古村的保护开发”“曾巩文化园”“崇仁县浯樟村”等课题开展视察，提出切实可行意见建议，推动相关工作。配合省政协专题调研组在抚就“红色资源旅游开发”“加强我省基层公共文化基础设施建设，丰富人民群众文化生活”“历史文化建筑遗存保护和利用情况”“持续推动徐霞客游线文化旅游发展”“推进民俗和农耕文化博物馆建设　促进民间历史文化传承”“特色小镇”“戏曲传承和保护”等专题开展调研视察，推动有关建议在省级层面得到落实。2022年5月，组织委员深入山谷书院、文昌书院、崇儒书院等地，围绕抚州书院文化传承、保护和利用情况开展专题调研，详细了解各处文化研究、保护和传承、利用情况，与专家学者进行了交流研讨，并提出合理化建议，得到相关单位采纳，推动有关工作落地。

组建市政协委员、专家、部门三结合的调研组，围绕“保护好市中心城区历史文化街区和历史建筑”主题，深入汤家山、汝东园、荆公路、州学岭区、延陵路、义门巷等6条历史文化街区和黎川县历史文化街区调研，形成《活化利用历史文化，擦亮名城“金名片”——关于保护市中心城区历史文化街区和历史建筑的调研报告》，市委书记等领导作出批示，要求相关部门进行落实。市住建局、市文广新旅局等部门积极采纳并落实相关建议。2023年，为推动生态康养名城建设，就“助力唱响‘文化抚州，梦想之舟’品牌，推动抚州市生态康养产业发展”课题展开调研，联合市文广新旅局、民革市委会组成调研组，深入县(区)、市直单位调研，并赴康养产业发展先进地区学习取经，数易其稿形成调研报告，经市政协五届十次常委会会议协商审议通过，市委书记魏晓奎、市长高世文等领导作出批示，要求相关部门进行落实。2024年，把“挖掘抚州文化核心元素”作为年度协商议题，创新调研方式，从上而下了解各县(区)对抚州文化(临川文化)看法、从内到外拜访各类文化专家、从厚到薄阅读各类临川文化书籍，着力挖掘抚州文化核心元素，探索抚州文脉基因与密码，提炼出体现地域特色、朗朗上口的文化宣传品牌，使抚州文化(临川文化)得到更好地传播、弘扬。

(二)聚焦史料征编　按照文史工作服务经济建设、服务社会发展思路，突出统一战线特色和地域历史文化特点，坚持史料性、“三亲”性、统战性，着力把好史料关、政治关、文字关，广泛开展文史资料征集、研究、编辑和出版活动，取得丰硕成果。1984年至2000年，全区政协共征集文史资料3300篇，计896万字，图片276幅；编辑出版文史资料54辑，计1080篇380万字，图片140幅；被国内外采纳转载370篇，计58万字；与全国26个省(市)、1530个县以上单位进行交流，成果流传到21个国家和地区；编辑出版专辑6辑，195篇，计62万字，发行37000册。2000年10月至2024年底，市政协以《抚州文史》和专集史料为载体，致力弘扬抚州历史文化，围绕“千古一村”“临川地方戏剧”“抚州宗教”“临川文化”“抚州商帮”“赣东傩舞”“红色苏区”“抚州院士”“古建精粹”“抚州书院”等专题，征编出版《抚州文史》71期，专辑史料30辑，近1330万字，使王安石、汤显祖、吴澄、李觏、游国恩、萧涤非等抚州文化名人事迹和抚州地名掌故、科举明星、农耕文化等得到广泛宣传。其中《岁月留痕——抚州一百座古村落行摄记》被评为全省政协优秀文史图书。2021年换届以来，积极创新方式，实现专题化编撰方式，文史工作再上台阶。2022年，以抚州获批国家历史文化名城为契机，聚焦历史文化街区主题，编辑4期《抚州文史》，详细介绍荆公路、汤家山、州学岭、汝东园等6条历史文化街区，挖掘街区历史文化内涵和当代价值，传承临川文脉。2023年，聚焦全市“国字号”的古镇古村，编辑4期《抚州文史》，分别介绍广昌县驿前镇、金溪县浒湾镇、宜黄县棠阴镇、南城县上唐镇及135个中国传统村落，全面反映抚州传统名镇名村历史文化风貌，挖掘名镇名村历史文化内涵和当代价值。2024年，聚焦书院文化主题，与江西省书院研究会等单位合作，以北宋、南宋、元代、明清4个时期划分编辑4期《抚州文史》，重点对盱江书院、兴鲁书院、槐堂书屋、临汝书院、草庐书院、鳌溪书院、小陂书院、雯峰书院等10所书院进行挖掘整理，深化书院文化研究阐释，彰显书院文化重大历史、文化、教育和时代价值，着力擦亮抚州书院文化名片。

(三)拓展文史窗口　2001年9月至2024年底，组织委员和文史工作者赴四川都江堰、湖北宜昌、海南、广西、新疆、陕西、山西、山东等地学习考察，找到差距，开阔思路，促进工作，增强活力。2007年，创办《抚州文史》期刊，制订专辑出版规划，加强与各县(区)政协、市直有关部门协作，向社会和个人广泛征集文史资料，出版一批高质量史料，较好地宣传抚州历史文化。2009年后，《抚州文史》期刊分获江西省优秀连续性内部资料三等奖、江西省优秀连续性内部资料版式设计奖，并被评为全省政协优秀文史图书；市政协文化文史和学习委员会被评为全省政协系统文史资料征编工作先进单位。2012年，成立江西省首个注册登记的市政协文史馆，聘请4名文史馆顾问，遴选40名文史馆员，建立特约撰稿人队伍，进一步提升文史资料征编工作服务政协大局能力。2023年对《抚州文史》进行改版升级，由黑白印刷改为全彩印刷，内容更加丰富，装帧更加精美，读者反响良好。拓展范围，首次征集政协工作史料，完成3期年度《抚州政协工作辑录》和《建言集萃》编辑，较为全面总结反映五届市政协履职成效和创新举措，为社会各界全面认识抚州政协提供一个重要窗口，留下客观真实第一手资料，进一步扩大政协社会影响。

（四）搭建履职平台 2022年在文昌里历史文化街区河东湾创建市政协文昌里中共党员委员工作站。工作站因地制宜，精心设计制作，充分体现政协元素。站内布置思想政治、文化艺术、名人名著、抚州文史等图书，连通市图书馆电子图书库，为游客和居民提供线上线下阅读，打造出包含“书香政协”和“文昌讲坛”内容的“文史故事汇”特色品牌。工作站悬挂抚州采茶戏、宜黄禾杠舞等国家级非遗图片，以及白浒窑、白舍窑、傩面具等非遗传承人的作品，展示推介临川文化。同时，以“中共党员委员＋非中共党员委员＋界别＋民主党派＋相关单位＋文艺组织＋社区＋企业＋商户＋群众”的工作模式，成立四个心连心活动小组，建立樊登书店、荣誉文昌店、东乡仓社区居委会等14个委员连心点。坚持“共商共建共享”理念，积极开展主题讲座、专题协商、连心走访等活动，将工作站建设成为政协委员之家、民革党员之家、文艺爱好者之家、社区群众之家、青年志愿者之家、文明实践之家。建站以来，多位省市领导到站指导，池州市、潮州市、赣州市等20多批次省内外市政协到站观摩，6000余群众、游客到站开展活动或参观。举办22次会议，32期文化讲座，46期古琴、摄影、花艺培训，5次围棋比赛，40多次主题党日等活动。为推动活动开展，工作站建立心连心活动小组联席会议制度，制定年度工作计划、季度工作安排，一月一调度，一周一活动。2022年以来，以文史为主线，在以文聚力中更好地建好文史平台、讲好文史故事，传播好文史声音，培育好协商文化。一是建好文史平台。在市、县“书香政协”阵地和委员企业图书室，设置抚州文化文史阅读专区19个，营造浓厚书香氛围；联手市图书馆建设抚州文化文史阅读专区、建立图书馆分馆；在中共党员委员工作站打造讲习厅和悦读厅，让更多的人了解抚州文化。二是讲好文史故事。邀请专家学者、文化名人讲授抚州的名人和文化，开展了《千年名楼——拟岘台》《王安石与赵令畤》《曾巩一门六中创奇迹》等20多场讲座，着力打造“文昌讲坛”品牌。三是传播好文史声音。推进创刊以来《抚州文史》文稿数字化，并在微信公众号等媒体上推送，加强对外交流；制作抚州文化文史故事的短视频，通过新媒体广泛传播。四是培育好协商文化。成立“委员心连心”活动小组，加强与街区企业、商户和基层群众联系和服务，引导他们习惯协商，组织委员有序参与基层协商，为抚州经济社会发展作出贡献。

（五）坚守履职为民 历届文化文史和学习委员会委员都深入基层、深入群众，体察民意、倾听民声，认真撰写提案，积极反映社情民意，每年两会期间提交提案每人平均1.8件，反映社情民意每人平均0.4件，为群众关切的问题鼓与呼。2022年至2024年，共提交民生提案98件，撰写社情民意信息29篇，向省政协报送社情民意信息56篇，所提意见建议在更高层面得到解决和落实；依托委员工作站开展围棋比赛、古琴教学、花艺培训等公益活动，每周六向公众讲解“长征三部曲”《地球的红飘带》等红色题材故事，营造良好阅读氛围；积极参与市委、市政府挂点扶贫、防汛救灾等中心工作，开展服务基层、服务群众的“三下乡”活动以及委员界别活动，解决群众急难愁盼的问题。

(六) 加强队伍建设 注重组织引导委员加强政治理论学习,凝聚委员智慧,汇聚委员力量。每年召开专委会全体委员会议,以会议形式开展政治学习,提升委员政治业务素质;积极组织委员参加市政协主题教育和培训班活动,提交提案和社情民意,增强做好工作的责任感、使命感,提高参政议政履职水平。召开“临川文化与庐陵文化的关系”座谈会、全市政协文史工作座谈会、文史顾问和特邀撰稿人座谈会、社会科学和新闻出版界别委员座谈会、“抚州社会科学与经济社会发展研讨会”,加强文化文史研讨,建设锤炼委员队伍。制定专委会工作简则,严格按市政协规章制度办事,进一步提高专委会工作制度化、规范化、程序化水平。为适应新形势下政协文史工作,整合市、县文史专家力量,组建一支全市政协文史研究员队伍,形成市政协文史研究工作队伍“专家多、名人多、名家多、文人多”良好格局。积极探索新形势下政协文史工作新机制、新方法,推动文史工作创新发展。加强履职管理,把本委委员分成4个小组,由兼职副主任担任组长,激活委员履职积极性,形成常态化履职,改变了“季常委、年委员”现状。2022年以来,开展“走进委员”活动,增强委员对政协组织的认同感、归属感。

第三节　经济委会员

市政协经济委员会在常务委员会和主席会议领导下,遵照《专门委员会工作条例》要求,充分发挥职能优势,认真履行工作职责,积极探索工作规律,加强对县(区)政协对口专委会工作指导,为服务政协工作大局,促进抚州经济社会发展作出积极贡献。

一、工作职责

经济委员会的主要职能是:1. 组织委员加强理论和业务知识学习,提高理论素养和参政议政水平。2. 组织委员就我市中长期战略规划以及经济社会发展重大问题进行协商建言。3. 团结联系经济、科技、工商联等界别委员,开展座谈讨论、调研视察、咨询服务、收集社情民意等界别活动。4. 加强与市直对口部门的联系与合作,共同开展有关活动。5. 主动争取省政协经济委员会指导,积极完成其交办的各项工作。6. 加强机关团结协作,为市政协大局工作服务;加强对各县(区)业务联系指导。7. 认真做好各种活动资料立卷归档和委员履职情况建档工作。8. 完成市政协常委会、主席会议交办的其他工作。

二、工作内容

(一) 突出调查研究 紧紧围绕经济建设主线,深入调研,资政建言,共开展专题调研28次,其中承担常委会协商课题11次。2001年10月至2011年9月,先后开展“加快产业结构调整,大力发展医药工业”“加快国有企业改制步伐”“加快我市工业园区建设”“我市非公经济发展情况”“全市工业园区如何在赶超发展中担当重任”“全市安全生产工作”“保护抚河流域水环境”“培育主导产业,引导产业集聚,建设特色工业园区”“如何大力实施项目带动战略,促进抚州赶超发展”等专题调研。2011年10月至2024年底,先后开展“加快工业经济发展”“县域经济发展”“工业经济发展情况”“抚州融入区域合作”“建设向莆铁路经济带”“加快现代服务业发展”“实施创新驱动,推动产业升级”“实施‘百亿企业’培育工程”“东临新区建设与发展”“破解灵谷峰景区建设难题”“加快县域经济高质量发展”“省级开发区体制机制情况”“推进我市工业三年倍增行动”“乐安、宜黄工业园区建设”“乐安县委员企业发展情况”等专题调研。这些专题调研均形成专题报告，得到市委、市政府高度评价，为党政决策提供重要参考，对促进全市经济发展发挥积极作用。同时，配合省政协专题调研组到抚州市就“农民务工环境”“加快物流业发展”“建设特色工业园区”“大力发展战略性新兴产业，促进我省经济结构调整”“旅游产业发展”“电子信息产业发展”“乡村振兴”等专题开展调研，认真组织报送调研材料，做好协调、服务和接待工作。2023年，坚持把服务发展作为履职尽责的根本出发点和落脚点，紧扣党委、政府工作中心，科学选题，认真组织，形成一批有实情、有分析、有建议的建言资政成果。深入高新区和各县（区），就抚州“专精特新”企业发展情况进行深入调研，先后召开不同层次座谈会13次，走访企业37家，形成《锚定目标，坚定信心，努力锻造我市经济高质量发展强引擎——关于我市“专精特新”企业发展的调查报告》，提出“构建梯度培育体系”“实施产业融通入链”等五方面十条意见建议，为市委、市政府科学决策提供重要参考。2024年，市政协确定“做大做强产业基础，努力把我市打造成国家级有色金属精深加工产业基地”为常委会专题协商课题，调研组历时2个多月，深入高新区和8个县（区）就有色金属产业发展情况进行深入调研，走访企业32家，召开不同层次座谈会16次，专题研讨会4次，形成《关于我市有色金属精深加工产业发展的调研报告》，创新性提出6条切实可行的意见建议，得到市委、市政府高度重视，融入产业高质量发展实施方案予以落实。

（二）开展专题视察 积极践行群众路线，聚焦党政关注、群众关心的热点、难点和焦点问题，开展专题视察23次，取得丰硕成果。2001年10月至2011年9月，先后就“民营经济”“农村税费改革”“公路建设”“河滨商城、行政中心项目”“安全生产”“人民公园规划建设”“全民创业政务环境”“就业和再就业”“市中心城区生态园林建设”等专题开展视察，推动工作落实。2011年10月至2024年底，先后就“保障性住房建设”“市‘天网’工程”“工商流通领域食品安全监管”“建行服务地方经济发展”“加强港铁联运、促进区域合作”“历史街区改造”“抚州建筑业发展”“市电网建设及电力保障情况”“轻纺城市场环境”“贯彻落实省政府《关于支持抚州深化区域合作加快发展的若干意见》情况”“三新产业发展”“降成本优环境促发展政策落实”“全市建筑业发展”“云计算大数据产业发展”“构建数字经济新引擎情况”等专题开展视察活动，形成视察报告，获得市委、市政府和有关部门重视采纳，拓宽政协参政议政渠道。2023年11月，市政协联合市工信局、市文广新旅局、市文旅投以及抚州高新区等部门单位，举行为期两天的“县（区）政协委员看发展暨集中培训”活动，分批次参观抚州高新区新能源汽车产业园、文昌里历史文化街区，并依托市政协中共党员委员工作站平台，开展“委员讲堂”集中培训。活动期间，委员们一路走、一路看，一路听、一路议，亲身感受全市经济社会发展取得新发展、新变化、新成效，委员们结合相关单位专题辅导和演讲，对抚州新能源汽车产业和文旅产业发展提出相关建议。

（三）拓展沟通联谊 坚持以活动增活力的工作理念，举办情况通报会、座谈联谊会、银企对接会等20余次，密切委员之间联系，服务企业发展，增强专委会凝聚力。2003年4月，召开经济委员会全体委员和县（区）对口专委会工作人员会议，交流工作，联络感情，为拓展政协经济工作夯实基础；2015年，召开公共交通事业发展情况通报会，使政协委员既知情明政，又有针对性地建言献策；2020年6月，举办金融支持民营经济发展座谈会，搭建市委、市政府与企业家联系桥梁，有效解决企业发展中的困难和问题，产生良好的社会反响。2022年，采取“线上、线下、企业现场授课”三种形式,围绕国家宏观经济政策和经济社会发展问题由委员作主旨演讲。这种让委员唱主角、挑大梁的履职活动形式,既增强专委会工作活力和凝聚力,又提高委员综合素质和参政议政能力。先后举办《数字经济时代的"抚州探索"》《企业转型升级和数字化技术运用》《工业互联网助力数字化转型实践》《快速推动产业数字化转型升级》4期"委员讲堂",并就企业发展升级中的一些具体问题,进行把脉问诊、解剖麻雀,有针对性地帮助企业化解难点、痛点问题近10个。2023年,依托党员委员工作站平台,组成四个小组,调研走访20多家民营企业,详细了解新冠疫情后企业发展中存在的突出问题,形成并向有关部门报送《关于当前企业发展问题的报告》,推动一批事关企业发展问题解决落实。全年组织开展具有较大影响的活动6次,举办培训会、座谈会、银企对接会等活动20余次。做强做响"委员讲堂"履职品牌,使之成为推进政协工作的重要载体和展现政协委员风采的重要平台。2024年,加强委员之间、县(区)经济委之间工作联动,参加县(区)考察参观活动,就如何发挥经济委职能作用、更好履职尽责进行座谈交流,既交流工作,又联络感情。

(四)丰富界别活动　注重发挥界别特色,组织委员开展界别视察、送温暖、送科技下乡等活动,密切政协与社会关联度,维护社会和谐稳定。2010年至2013年,先后组织工商联、经济、科技界别委员,赴临川区连城乡、东乡县圩上桥镇、市金巢经济开发区崇岗镇、黎川县社苹乡前进村、临川区荆公路五皇殿社区、清风社区等地开展送温暖、送科技下乡、扶贫济困活动。2014年至2022年,组织相关界别委员及企业,先后筹款救治患白血病的东乡县大学生村官周游;捐款支援黎川县日峰镇店前村基础设施建设;捐款救济东乡区洪亮垦殖场孤寡老人和贫困学生;捐款支持抗击新冠肺炎疫情等。界别委员活动既给困难群众和集体送去了科技、资金、生活学习用品等,帮他们渡过难关,又为社会奉献爱心,密切党群干群关系。2023年,组织界别委员开展"看发展暨集中培训"活动。2024年,派员参加临川区政协赴江西电信工业互联网应用超市考察参观活动,不仅帮助委员增进了解数字化相关知识,还加深市、区政协工作联动。

(五)提高履职能力　市政协经济委紧紧围绕党政工作大局,切实落实"增强使命感、提振自信心、激活原动力、实现高质量"工作要求,坚持以中共党员委员工作站为载体,深入持久创建"委员讲堂"特色履职品牌。2022年以来,积极组织委员围绕国家宏观经济政策和经济社会发展问题作主旨演讲,截至2024年底,举办14期"委员讲堂",主题包括数字经济、工业创新发展强攻战、新质生产力培育、中共二十届三中全会精神宣讲、减税降费助推企业高质量发展等。通过让委员唱主角、挑大梁,"委员讲堂"日益成为加强思想政治引领、推进政协工作的重要载体和展现政协委员风采的重要创新平台,不仅帮助委员提高履职能力和水平、激发委员履职积极性、提升委员成就感,同时增强专委会凝聚力,团结调动委员为抚州高质量发展献计出力。围绕"打好工业创新发展强攻战""有色金属精深加工产业发展""大力发展新质生产力"等主题,进一步拓展"线上、线下、企业现场授课"等"委员讲堂"形式,采取"实地视察+讲座"形式,先后组织委员实地视察多家"专精特新"企业,结合企业发展实情举行讲座,收到良好效果。2024年底,与抚州高新区联合打造"政企夜话"沙龙。2025年1月8—24日,分别开展"链上相遇,共谋发展"汽车产业高质量发展、产业人才迎新春夜话两个主题沙龙活动,邀请10家链主企业及生态企业代表、7位国家级和省级重大人才入选企业家参加。企业家围绕新能源汽车及零部件、商用车底盘及零部件、改装车及零部件和高端精密制造等,就企业规划、产业聚集、产业协同、问题纾困、政策需求等畅所欲言,深入交流。

第四节　人口资源环境委员会

市政协人口资源环境委员会坚持围绕全市生态文明建设和人口资源环境领域两大中心建言资政，把加强思想政治引领、广泛凝聚共识贯穿于履职工作始终，有力地推动专委会工作抓实见效。

一、工作职责

人口资源环境委员会主要职能是：按照市政协常委会年度工作要点制定本委工作计划；组织委员学习党的路线、方针、政策和政协统战理论，提高委员的理论修养和参政议政水平；围绕全市发展总体目标，就人口、资源、环境方面的重要问题，组织委员开展调研视察、协商座谈、资政建言、民主监督等活动；主动争取省政协人资环委的工作指导，加强与市直对口联系部门、各县（区）政协相关部门的互动，共同推动工作；加强同本委委员、界别委员的联系，积极收集和反映社情民意；做好委员履职情况建档工作；完成市政协常委会、主席会议交办的其他工作。

二、工作内容

（一）强化政治引领　始终把思想政治建设摆在首位，坚持在市政协党组领导下开展各项工作，注重在履职建言中站稳政治立场，深刻领悟“两个确立”的决定性意义，增强“四个意识”、坚定“四个自信”、做到“两个维护”，确保专委会工作方向正确、行稳致远。2010 年至 2024 年，每年年初召开全体委员会议，邀请对口联系部门参加，及时跟进学习全国、省、市政协会议精神，总结上年度工作和讨论本年度工作要点。同时，经常组织集体学习、理论研讨、专题培训等，认真学习贯彻习近平新时代中国特色社会主义思想，开展好“不忘初心、牢记使命”“两学一做”“党史学习”等主题教育活动，把强化理论武装作为加强和改进专委会工作的“压舱石”，不断增强委员们做好新时代政协工作的责任感和使命感。通过开展集中研讨、委员悦读等活动，引领委员，紧紧围绕中共二十大报告中提出的发展方式绿色转型、环境污染防治等重大问题，切实做好建言资政和凝聚共识工作。加强政协委员思想政治建设，号召政协委员用习近平新时代中国特色社会主义思想凝心铸魂，以饱满的政治热情、强烈的责任担当、良好的精神状态履职尽责。

（二）聚焦协商议政　紧紧围绕全市关于人口发展战略、自然资源、生态环境等方面重点难点问题，经常性组织委员深入一线，调研视察，建言献策，做到参政有载体、议政有平台、建言有阵地、献策有渠道。聚焦抚州生态品牌，组织委员与职能部门对口协商，邀请生态方面的专家学者，通过讲座、调研、民主监督、议政等方式，讲生态政策、谈生态案例、话生态对策、活生态文章，打造生态“抚州样板”。广泛开展调研视察，提出一系列符合市情实际的意见建议，为打造生态美丽作出积极努力。2010 年至 2024 年，共组织报送专委会集体提案、委员个人提案共计 180 余件，组织专题视察并形成视察报告 20 余个，协助主席会议成员督办重点提案 4 件，开展民主监督 4 次，形成社情民意 120 余条。其中“发挥文化生态优势，做大做强抚州旅游产业”“加快发展抚州健康养生养老产业”“全面推进抚州市生态文明建设”“加强抚河流域生态保护与综合治理，加快绿色产业发展”等专题报告，由于主题重大、意义深远、调研深入、建议具体而进入党政决策层，为市委、市政府提供有益参考。社情民意《推进农业机械化过程中存在问题需重视》得到江西省政府副省长李炳军批示，为助推农业机械化作出贡献。2023 年 8 月至9 月，开展持续推进环评审批工作专题调研，实地调研前多次与有关负责环评审批的科室进行座谈交流，讨论确定调研提纲，商定调研方案后，组织委员、专家先后赴崇仁、乐安、南城等县开展实地调研，并与当地政府部门、企业代表进行深入交流。8 月 29 日，市政协主席贺喜灿主持召开“擦亮环评审批‘抚务周到’品牌”月度协商会，专题进行深度协商。通过多次座谈和征求意见，形成《擦亮环评审批“抚务周到”品牌》报告，得到市委、市政府高度重视，市委书记魏晓奎作出批示。2024 年 6 月至 7 月，就“加快城市垃圾和生活污水治理”课题开展实地调研，并召开涉及生活垃圾、建筑垃圾、生活污水治理的第三方企业参加专题座谈会，研讨可行性建议。政协主席领衔召开月度协商会议，专题进行深度协商，以高质量协商助推城市管理高质量发展。通过多次座谈和征求意见，最终形成《擦亮城市环境底色，绘就美丽抚州蓝图》调研报告，得到市委、市政府高度重视。

（三）助推民生改善　紧贴市委、市政府中心工作，始终把助推贫困地区脱贫致富作为一项重大政治责任，把脱贫攻坚帮扶工作作为履职重点，为打赢脱贫攻坚战倾注真情，作出积极努力。完成定点帮扶黎川县潭溪乡新庄村、日峰镇店前村的驻村扶贫工作，累计向扶贫村发放贷款 240 余万元，争取挂点单位帮扶资金 23 万元，帮扶工作成效明显。突出界别特色和委员专业优势，联系对口九三学社、农业界别成立志愿服务队，涵盖法律、医疗、科技、教育、文化等多个领域，从 2011 年开始，先后深入基层持续开展送医送药下乡义诊、关爱贫困学生“捐资助学”“法律服务进社区”、走访慰问贫困户等形式多样的扶贫济困活动，为群众解决民生难题，受益群众 1000 余人次，展现人资环委及有关委员履职尽责和务实担当。人口、资源、环境，事事关系国计民生，环资委把以人为本、反映民意作为履职的本质要求，把改善民生、服务群众作为履职的出发点和落脚点，把推动民生问题的解决贯穿于履职的全过程。2021 年，紧紧围绕百姓关注的乡村旅游、脱贫攻坚、抚河流域环境保护等课题，以政协特有的视角，充分运用调研视察、提案、社情民意等多种形式提出切实可行解决办法，真正做到参政为民着想、议政为民谋利、监督为民维权。围绕“市容环境卫生和生活垃圾无害化处理”主题开展专题视察，视察组先后实地视察名人雕塑园垃圾中转站、丰源宜合生活垃圾分类点、垃圾焚烧火力发电项目，并召开座谈会。针对存在的问题，委员提出增加建设环卫设施、全面清理卫生死角、提高环卫机械化作业率、推进环卫市场化运作、增加垃圾无害化处理经费、理顺各责任部门职责、落实“门前三包”责任等意见建议 20 多条，得到市城管局的采纳，为不断提升抚州市城市卫生环境及城市品位贡献智慧。2022 年 10 月，联合九三学社市委会举办“添加剂防腐剂与食品安全”科普知识讲座，4 名委员和专家为添加剂防腐剂及其对人体造成影响等健康科普知识做详细讲解，使大家对添加剂防腐剂有更深入了解，对合理健康饮食，提高食品安全生活质量和健康观念有更科学的认识。2024 年，组织部分委员赴钟岭水厂、市汝水生态水厂等水源地保护区开展专题视察，详细了解水源地供水覆盖范围、环境保护及水质监测等工作开展情况。与市住建局、生态环境局、水利局、公安局水上分局等单位，通过面对面协商，对如何加强供水保障和水源地保护工作、消除水源地安全隐患等问题积极建言献策。

（四）完善工作机制　认真贯彻落实中央政协工作会议精神，敢于求新、勇于求变、善于求质，以实践创新、理论创新、制度创新，不断推进专委会工作取得新进展。通过召开全体委员会议、对口联系单位座谈会等方式，围绕党政所需、群众所盼、政协所能，精心选定年度重点协商活动议题，做到有的放矢。制定年度专题调研、考察学习、视察调研、监督性调研等活动计划，将专委会全体委员分成人口、资源、环境三个小组，明确牵头人和实施时间，将有专业特长的委员和相关部门负责人吸收到调研活动中来，切实把参与者之“长”与调研事项之“专”有机结合，提升工作运行效率。根据调研主题，拓展调研渠道，丰富调研手段，创新调研方式，提升调研成果。“关于我市污水处理管网建设及运行情况的调研”课题，整合省市县三级政协人才智力资源，从不同视角、不同层面广泛征求意见建议，增强政协系统工作合力，提升履职服务水平。大力拓展履职服务半径，2023 年 9 月，专委会与九三学社市委会、九三学社北京西城区委会签订合作协议，邀请九三学社西城区委来抚开展“合作共建”医疗、商务共建活动，深化交流对接、互通互融、互促互进。本次“合作共建”义诊活动在抚州市立医院、临川区第一人民医院共诊查群众 200 余人次，助力提升抚州医务人员专业能力和医技水平，让百姓在家门口享受优质医疗资源。2024 年，就《关于破解我市生育率持续下降问题的对策与建议》重点提案办理情况开展协商督办，办理成效明显，提案建议中涉及生育、医疗、托幼、住房、教育等方面给予多孩家庭激励政策大部分得到落实，使婚育政策真正让利于民，助推抚州人口均衡发展。

（五）推进品牌建设 市政协人资环委在推进品牌建设方面主要体现在两方面：一是建设颇具特色的中共党员委员工作站。2022 年 9 月建设完高新区中共党员委员工作站，该站总面积 800 平方米，设有 7 个功能区，分别是委员接待室、委员培训室、委员风采室、履职展示厅、书香阅读厅、协商休闲厅和办公用房。工作站积极践行“人民政协为人民”的理念，以党建为引领，建设履职阵地，破解了“年委员、季常委”现象，工作站经常开展讲座、协商、联谊等活动，接待了 20 多批次的兄弟省市来视察和交流工作经验。二是打造了“委员话生态”工作品牌。人资环委积极践行习近平生态文明思想，立足抚州生态优势，坚持以高新区中共党员委员工作站为载体，着力推进“委员话生态”品牌建设，组织广大政协委员，联动对口协商职能部门，同时邀请生态方面的专家学者，通过委员讲座、委员调研、民主监督、委员议政等方式，讲生态政策、谈生态案例、话生态对策、活生态文章，擦亮抚州绿色发展品牌，持续擘画美丽新抚州。“委员话生态”开展以来，围绕生态文明建设、生态环境保护、绿色发展等主题，先后组织开展了 8 次调研、12 次视察、6 期生态讲堂、大型讲座 3 次、生态征文 1 次等系列活动，多次获得了省、市政协点赞和肯定，普及了生态知识和生态政策，提升了生态责任意识，引导了社会各界共同参与生态文明建设，共同推动抚州市生态文明发展。

第五节　教科卫体委员会

教科卫体委员会在市政协常务委员会和主席会议领导下，围绕教育、科技、卫生、体育等方面工作，立足岗位，发挥优势，积极联系、组织委员开展系列履职活动，为服务政协大局，促进全市经济社会发展作出积极贡献。

一、工作职责

教科卫体委员会主要职能：1. 根据市政协全委会、常委会和主席会议精神，制定年度工作计划，向常委会和主席会议报告工作。2. 组织委员加强学习，提高理论修养和参政议政水平。3. 组织开展教育、科技、体育、卫生等方面的专题调研视察、协商座谈、咨政建言等活动。4. 加强同本委委员、界别委员的联系，积极收集和反映社情民意。5. 通过座谈、调研等多种形式，为委员知情出力、建言献策、履行职能创造条件。6. 争取省政协教科卫体委员会指导，加强同各民主党派、工商联、县(区)政协对口专委会和对口联系部门的工作互动，推动工作。7. 完成市政协常委会、主席会议交办工作。

二、工作内容

（一）加强自身建设　注重加强学习，夯实履职基石，增强自身建设。每年召开一次全体委员会议，总结部署专委会工作，引导委员加强学习，明确目标，增强工作动力，提升履职能力。定期召开情况通报会，先后组织全市广播电视事业发展、全市文化产业规划发展、汤显祖逝世 400 周年纪念活动进展等情况，向常委会会议进行通报，使政协委员知情明政，增强建言献策针对性。组织召开座谈会，先后围绕如何提升新形势下履职能力水平、深化医药卫生体制改革、优化招商引资环境、增强专委会学习能力等主题，邀请专家委员和部门负责人，进行座谈交流讨论，广泛听取基层一线意见，锻炼提升委员队伍，形成许多建设性提案成果。立足优势开展宣传活动，先后举行“合理使用抗菌药咨询”“关爱生活、关爱健康——拒绝虚假药品、医疗器械、保健食品广告”“爱卫工作如何紧密围绕市民健康”等主题宣传活动，产生良好社会效果。创造性开展服务委员、提升素质系列沙龙活动，牵手市妇联、市卫健委先后开展“职业女性公务形象礼仪提升活动”“中医及养生保健运用”“校园食堂食品安全”“检验检测机构开放日”等委员沙龙活动，激发委员履职热情，推动政治业务学习走向深入。围绕中心服务大局，先后在江苏无锡、浙江宁波召开“抚州市招商引资新闻发布会”和企业家座谈会，积极推介抚州招商引资项目，先后引进招商项目 9 个，合同资金 36212 万元，实际进资 1354.72 万元。

（二）深入协商调研　把准调研主旨，精心提炼观点，关注成果转化，致力提升服务水平。2001 年 9 月至 2011 年 5 月，先后就“全市教育经费管理情况”“广昌县财务核算中心‘教育专柜’”“乡镇卫生院现状”“药品生产企业 GMP 认证”“我市职业教育情况”“我市农村卫生院工作”“抚州市农村普及九年义务教育情况”“医药费用高，老百姓看不起病问题”“全市旅游资源开发利用”等专题进行协商调研，形成一批高质量调研成果，推动相关工作落地见效。2011 年 5 月至 2024 年，先后就“发掘文化资源，做大做强文化产业”“抚州职业技术学院如何为加快发展提供人才支撑”“市中心城区小学升初中就近入学情况”“医疗县乡一体化”“文化与旅游深度融合”“中医医疗机构发展”“打造‘戏剧之都’发挥抚州文化优势——积极打造国家级汤显祖文化产业示范园”“加快抚州高等教育发展”“中医抗疫作用”“推动我市公立医疗机构高质量运营发展”等专题进行调研，为市委、市政府决策相关工作提供有力参考。2021 年，围绕“推动我市公立医疗机构高质量运营发展”课题，由对口单位领导、医药卫生界别委员及专家学者成立专题调研组赴南丰、崇仁、资溪县开展专题调研，并邀请市卫健委、市医保局等单位和市传染病医院、市妇女儿童医院等 13 个项目负责人，就发展方向、市场定位、运行模式等进行“面对面”协商，七易其稿形成《精细管理，提质增效，推动我市公立医院高质量运营发展》报告，供市委、市政府决策参考，得到市领导肯定。2023 年，就“深化校企合作，服务产业发展”，联合市教体局、市人社局走访市县有关部门、高新区及各县（区）代表企业，并深入相关中高职（技工）院校调研座谈，形成调研成果，组织市教体局、市发展改革委、市人社局、市财政局、市工信局等部门主要领导，各县（区）政协分管副主席及东临新区、高新区分管领导召开月度协商会，深度协商，从四个方面提出 12 条具体建议。2024 年 6 月至 8 月，就“如何擦亮抚州教育品牌”开展界别协商调研，会同市教体局成立专题调研组，先后前往相关部门、高中学校摸清情况，梳理问题，并赴南昌、长沙虚心求教、汲取经验。组织市政协主席会议成员、市教体局、人社局、县（区）政协、相关学校领导和教师、教育界别委员代表 60 余人召开月度协商会，形成《实施名校引领，驱动集群发展——关于擦亮抚州高中教育品牌的调查报告》，受到市委、市政府、市政协主要领导及相关部门充分肯定。

（三）组织视察考察 把关注民生、保障民生、改善民生作为履行职能的重要内容，通过视察等形式，切实履行好民主监督职能。2001年8月至2011年7月，先后就“乡镇卫生院现状”“全市民办教育管理情况”“全市旅游资源开发利用”“文化市场管理情况”“高考组考准备工作”“公共卫生基础设施建设”“药品安全”“群众性体育基础设施建设情况”“金溪县就业和再就业工作情况”等专题开展视察，化解一批矛盾，促进相关工作。2011年7月至2022年，先后就“力促委员提案得到有效办复”“医患纠纷调处机制”“学前教育跟踪问效”“发挥大型文体场馆设施效益情况”“完善医疗服务体系和基础教育均衡发展”“食品生产加工环节监管”“建立长效机制、创建文明城市”“发挥体育社团组织作用”“加快发展抚州健康养生养老产业”“挖掘徐霞客游线资源，助推旅游产业发展”“中医药产业发展情况”“提升食品检验检测能力，打造食品安全放心城市”“加大苏区红色革命文化保护和利用”等专题开展视察活动，引起市委、市政府和有关部门重视。2023年，会同市卫健委，组织医疗卫生界别市政协委员、专家，成立“基层卫生服务体系建设”专题视察组，走基层、摸情况、找问题、寻对策。形成《强化基层服务体系建设，筑牢乡村医疗卫生网底——关于我市基层卫生服务体系建设情况》视察报告，就发现的七个问题，逐条提出针对性建议，督促整改落实。2024年3月，组织本委委员赴抚州实验学校二部开展贯彻“落实国家‘双减’政策，助推课后服务提质增效”专题视察活动，提出相关建议。

（四）丰富界别活动 认真践行为民宗旨，积极履行职能，服务基层群众，发挥优势做好事、办实事。2001年9月，组织医药卫生界别委员和部分医疗专家、资深医师，深入农村开展送医送药、医疗咨询服务活动。2002年10月，组织医药卫生界别委员和部分医疗专家、资深医师，深入到临川区茅排乡，开展送医送药、医疗保健咨询服务活动。2003年8月，组织部分委员和医疗专家，在下岗职工较集中的抚纺医院（市第五医院）开展“医疗保健咨询与义诊”活动。2014年，组织教育界别委员和临川一中的全省十佳教师、骨干教师，赴乐安县增田中学开展“送教下乡、爱心助学”活动。持续开展捐资助学活动，牵手上海雪莲之花青少年儿童慈善基金会，2016年后每年来抚捐资助学，累计捐资捐物价值85万元。2020年12月，组织教育界别委员，到黎川县店前村开展扶贫送教活动。2021年5月，深入金溪县秀谷镇、陈坊积乡开展扶贫义诊活动，使界别活动常做常新，激发委员参政议政热情。2023年，开展“市政协委员‘爱心助学、激励成长’行动”，本委13名委员捐资3.9万元，结对帮助20名初中学生完成初中阶段学习。组织上海“雪莲之花”青少年儿童慈善基金会，赴乐安县水南小学、瑶前小学、牛田镇中心小学等学校分别开展为期三天的公益活动，进行公益教学、教师培训，并为学校捐赠电脑、打印机等物品，总价值6万多元。组织部分医疗界别委员、专家18人到广昌县尖峰乡开展义诊活动，免费筛查甲状腺癌、乳腺癌、前列腺肿瘤等，义务诊治冠心病、高血压、糖尿病等慢性疾病，诊疗病患240余名，送药87人次，开展心电图、B超检测200余人次。2024年1月、5月，协调上海雪莲之花青少年儿童慈善基金志愿者赴广昌、乐安开展慈善助学活动，共捐助教辅设备、学生用品等价值20余万元。通过微信平台向本专委会委员推送各种学习资料，主动走访委员，了解委员学习、工作和生活情况，为委员履职提供服务、搭建平台，激发委员履职积极性，不断提高履职能力和水平。

（五）打造特色品牌 教科卫体委依托2022年创建的中共党员委员工作站，发挥委员都是教育体育、科学技术、医药卫生和工商联界别高素质、高层次人才优势，打造“民生面对面·主题沙龙”特色品牌，致力引导委员关注民生福祉改善。关注百姓生活与社会需求热点、难点、堵点，发动委员开展民情调查、倾听社会呼声，有针对性服务民意所需。高教改革政策实施前后，部分学生需进行心理疏导，本委先后组织开展“委员学生面对面”活动，走进高校、高中开展“大学生职业生涯规划”“以青春之光铺好教育路上的基石”等不同主题沙龙活动，参与学生近3000人次，为大学生、成长期青少年纾困解忧。紧跟社会热点，紧随经济发展，紧扣沙龙主题，将对应界别政协委员、部门领导、行业精英等各界人士汇聚一堂，面对面地协商探讨解决方案。前后开展“如何避免谷贱伤农”“规范工程领域招投标”“公立医院高质量发展”等主题沙龙12场，邀请市发展改革委、市农业农村局、卫健委等相关部门领导与各行业、各阶层代表人士交流情况，共同探讨问题解决途径，拿出对策建议，相关部门据此出台一系列支持保障政策。“民生面对面·主题沙龙”活动成果进行“一对一”跟踪督办。结合成果种类与性质，采取不同方式办理。分别以提案建议、调研报告，专题汇报等形式，报送市委、市政府，供决策参考，或协调对应部门，引导社会力量，共同参与整改。

第六节　社会和法制委员会

社会和法制委员会在市政协常委会会议和主席会议领导下开展工作，是市政协围绕社会和法制方面履行职能的内设机构。该委坚持团结和民主两大主题，认真学习宣传国家和地方各项法律法规政策，围绕政治、经济、文化和社会发展总体目标，就民主法制建设、社会事业发展方面重要问题，人民群众普遍关心热点问题，深入开展专题调研及视察、考察、咨询等活动，并提出意见、建议或提案。

一、工作职责

社会和法制委员会主要职能是：1. 组织委员学习党的路线、方针、政策和政协理论、统战理论。2. 对国家宪法、法律和法规实施情况和重大方针政策贯彻情况进行民主监督。3. 围绕全市发展总体目标，就社会和法制方面重要问题、人民群众普遍关注的问题，深入开展调研、视察，提出意见建议。4. 围绕社会法制内容开展各种活动，为委员知情出力、履行职责搭建平台；指导并参加对口联系界别开展的专题调研和视察活动。5. 负责与市直对口部门联系和协商。6. 负责与省政协和县（区）政协对口专门委员会的联系。7. 加强机关部门团结协作，为市政协大局工作服务。8. 配合市政协办公室做好机关普法、综治、维稳等工作。9. 完成市政协常委会、主席会议交办工作。

二、工作内容

（一）创优履职平台　秉持“共建、共享、共为”理念，加强与对口联系单位协作，打造委员履职站点，搭建协商议政平台，畅通建言资政渠道。2021年社法委与团市委协作，在青年创业基地——青创空间创建首个中共党员委员工作站，明确“五个重要”（政治引领的重要阵地、凝心聚力的重要平台、协商议政的重要渠道、反映民意的重要途径、界别活动的重要载体）目标定位，形成“六有”（有场地、有标识、有制度、有计划、有记录、有成果）创建标准，注入社法特有“元素”（读书明德、凝聚青年、社法为民、连通一线、活跃界别），形成示范带动效应，为其他专委会和县（区）政协提供建站“样板”。工作站的建成和使用，极大改善了委员履职环境，激发委员履职热情，促进专委会工作和委员履职“双提升”。2024年，该委联合市司法局、市中级人民法院民事审判第二庭、民革市委会市直社会法制支部，在抚州高新区孵化园创建“法治服务中心”，将四家单位打造的“法治助企”“有法帮你·智能服务”“法润园区·法惠千企”“法治之家”

品牌融合起来，吸纳一批有志于服务企业的法律界委员、律师和法务工作者，采取常态化联系、固定日坐诊、预约式上门等方式，为园区企业开展法治宣传、法治体检和法律援助等服务，以特有的法治方式帮助企业纾困解难、健康发展。

（二）关注社会民生 围绕社会保障体系建设，先后就抚州市社会保障情况、城市居民最低生活保障、下岗职工再就业、社会养老保险、社会救助体系等课题持续开展专题调研，召开重点关切问题情况通报会，提出可行性建议，多份调研成果被市政府参阅件刊载，使一系列利民之事办实办好。2006年和2007年持续就社区建设开展专题调研，市委、市政府依据调研成果，出台《关于进一步加强市城区社区建设工作的意见》，使全市社区建设迈上新的台阶。撤地设市以来，牵头承办常委会专题协商5次、对口协商8次，领衔调研视察课题60多个，召开重点关切问题情况通报会50多场次，报送调研视察报告、社情民意获党政主要领导批示30余次，许多意见建议纳入党政决策视野，为服务政协工作大局、推动政协事业发展作出积极贡献。围绕残疾人事业发展情况、残疾人权益保障、特殊教育向高中阶段延伸等进行调研，开展协商，关心关爱弱势群体。围绕养老机构发展开展调研，建言助力解决养老之难。围绕民生工作开展监督性视察，推动相关问题得到有效解决。围绕基层社会治理情况开展调研，形成专题报告，并搜集整理本市基层社会治理典型案例86个，为推进市域社会治理现代化提供智力支持。

（三）助力法制建设 发挥专委会独特优势，围绕贯彻实施新《婚姻法》《中华人民共和国工会法》《江西省实施工会法办法》《中华人民共和国劳动法》《道路交通安全法》情况等深入研究，持续建言献策，引起有关部门重视。聚焦未成年人违法犯罪、城乡公共法律服务体系建设、非公有制经济发展法制环境、民营企业法治环境等课题进行座谈交流，提出意见建议，被主管部门全面采纳。就公安机关“严打”整治斗争情况、禁毒工作、未成年人刑事检察工作、法院执行工作、司法体制改革、消防工作、社会治安防控体系建设、社区矫正、基层司法所、宗教活动场所等工作开展视察，进行民主监督，形成建言专报并得到有关方面重视和采纳。连续多年举办法治大讲堂活动，推动普法工作进园区、进企业，帮助企业纾困解难办实事。创新开展立法协商工作实践，争取市委、市政府重视，在全省设区市率先制定《抚州市政府立法协商工作制度》。围绕《抚州市促进科技创新若干规定（草案）》《抚州市南丰蜜桔保护条例（草案）》《抚州市住宅电梯安全管理若干规定（草案）》，组织召开立法协商会议，邀请市政协委员、智库专家等相关人士，深度协商，充分论证，提出有价值的修改完善意见，协商成果得到充分采纳和广泛好评。

（四）深入协商议政 积极落实主席会议重点协商任务，围绕优化社会与经济发展、招商引资环境、行政审批制度改革、保护森林资源、乡村规划和农民建房管理、农村面源污染防治、产业扶贫等议题，积极推进协商议政，以丰富的建言成果助力抚州经济社会发展。对市直单位支援少数民族村组经济发展工作进行督促检查，就贯彻落实市委《关于进一步加强几个重点领域预防腐败工作的意见》、促进“刘莹姐姐工作室”品牌推广运用开展协商式民主监督，推动相关部门改进工作。就化解矛盾纠纷、加强和创新社会管理、村级组织建设、城市住宅小区物业管理、乡风文明建设等课题深入协商，在推进抚州治理体系和治理能力现代化建设中发挥积极作用。承办市委、市政府主要领导“点题”调研和主席会议重大课题调研任务，围绕推进政务服务数字化改革、破解园区企业用工难题、推进市域社会治理现代化、促进社会应急救援力量规范化建设、加快“绿宝”碳普惠推广、发挥司法所职能作用促进“法律明白人”品牌升级等课题，深入调研，深度协商，形成系列重要建言成果报送市委、市政府，为党政科学决策提供重要参考。

（五）优化服务保障 为破解专委会人员力量薄弱、工作基础薄弱的“两个薄弱”难题，制定充分发挥兼职副主任作用工作方案，推行领衔履职“四个一”机制，即每名兼职副主任分别领衔1个课题调研、领衔开展1次微协商、领衔上报1篇社情民意、领衔解决1个履职难题，形成“头雁领飞、群雁共进”履职生动局面。常态化加强与本委委员、对口单位联系，组织开展走访委员、走访对口单位及委员走进百家民营企业等活动。坚持每年就某个方面工作情况，邀请相关部门举办两至三次情况通报会，为委员知情明政搭建平台，创造条件。将专题调研与重点关切问题情况通报会联动设计，既把专题调研成果运用到情况通报会中，又利用情况通报会促进调研成果转化。受邀安排委员参加市中级人民法院开展的听证、庭审旁听等活动，拓宽对司法机关民主监督渠道。每年定期组织对口联系的工会、共青团青联、妇联、社会福利和社会保障界别，深入基层调研，广泛收集民意，形成调研和大会发言材料40余篇。积极组织委员投身社会公益活动，开展形式多样、各具特色的扶贫济困、捐资助学、送医送药、送教下乡等服务群众活动80余场。

（六）打造专委特色　紧紧围绕市委、市政府中心工作及市政协重点工作，立足于“专”，致力于“行”，持续推进履职工作实践，打造特色履职品牌。五届市政协成立以来，重点打造“微协商”品牌。紧扣“社会”和“法制”领域问题，坚持每月选定一个主题，采取小巧、灵活、互动方式，组织开展小范围、及时性、面对面“微协商”活动，聚少成多、聚小成大，于“细微处”巧解民生“关键事”，以“小切口”助力社会“大治理”。先后就城市共享单车规范停放、生育政策落实、家庭教育推广、企业用工、“三医”联动、应急救援队伍规范管理、特教事业发展、“贷你创业”助力行动、高校周边环境整治等问题开展30余期微协商活动，形成“社法微协商”工作品牌。通过一个个生动、鲜活“社法微协商”，激发委员履职热情，形成“委员唱主角、月月有协商”工作常态，彰显专门协商机构独特魅力。聚焦法治化营商环境建设，2022年至2024年，先后与市人民检察院、市中级人民法院、市司法局联合，分别以“以案说法”“‘法治助企’牵手‘法惠千企’”“行政复议”为主题，每年举办一次法治大讲堂活动，争取市就创中心为青年创业协会落实孵化项目资金30万元，协调创业贷款资金1100余万元，通过“线上”“线下”为1559家企业提供3906次对接服务，打造形成用法治力量服务企业发展“法治助企”履职品牌。

第七节　港澳台侨和外事委员会

港澳台侨和外事委市政协港澳台侨外事和民族宗教委员会员会按照工作职能（2024年4月，经市委批准，分设为“市政协港澳台侨和外事委员会”“市政协民族和宗教委员会”），积极与工商联、无党派人士、妇联、民革、民建、少数民族宗教、侨联和台联等界别委员，以及港澳台同胞、海外侨胞等爱国友好人士团结联谊，加强与界别群众沟通联系，听取界别群众意见，反映界别群众愿望，协调界别群众矛盾，凝心聚力，为祖国统一事业和抚州经济社会发展作出积极贡献。

一、工作职责

港澳台侨和外事委员会主要职能是：1. 学习贯彻科学发展观和“和平统一、一国两制”的基本方针，广泛开展对台宣传和联谊活动，努力服务祖国统一大业。2. 坚持以人为本、为港澳台侨服务的宗旨，加强与港澳台侨人士及其眷属、团体联系联谊，为促进抚州高质量发展服务。3. 围绕市委、市政府中心工作、民生和社会热点问题以及我市港澳台侨方面的重要问题开展调研视察、撰写提案、反映社情民意等活动。4. 密切联系台联和侨联、民革界别委员，积极开展界别活动，认真履行政协职能。5. 推进有关涉侨、涉台法律法规的贯彻实施，依法维护港澳台侨人士的合法权益。6. 加强与上下对口部门工作联系，密切机关部门协作，提升工作效能。7. 完成市政协常委会、主席会议交办工作。

二、工作内容

（一）强化政治引领　始终把强化政治引领摆在首要位置，积极组织引导界别委员加强政治理论、统战理论、业务知识学习，特别是学好习近平新时代中国特色社会主义思想及关于加强政协工作的重要讲话精神，积极参加各种主题教育活动。通过召开委员会主任会议和全体委员会议、全市政协港澳台侨外事和民族宗教工作学习座谈会、对口联系单位学习座谈会、委员学习研讨会，认真开展党的二十大、习近平总书记关于加强和改进人民政协工作的重要思想论述、省市委有关重要会议精神、党和国家有关港澳台侨外事及民族宗教工作的方针政策、政协统战理论知识等方面的学习活动，不断提高自身素质，提升履职水平。在学习和活动中，强化思想武装，自觉站稳政治立场，提高政治判断力、政治领悟力、政治执行力，坚决捍卫“两个确立”，增强“四个意识”、坚定“四个自信”、做到“两个维护”，坚守政治荣誉和职责使命，加强委员培训，不断提升履职能力和工作实效。建好用好中共党员委员工作站，树立党员委员标杆，激发专委会全体委员共同向“懂政协、会协商、善议政，守纪律、讲规矩、重品行”十八字看齐。以深入开展“主题教育”和“九查九改”活动为契机，不断完善专委会工作制度和唱响“一委一特色”品牌，提高为委员服务意识，鼓励委员积极参政议政、建言献策，为招商引资牵线搭桥。深入开展优秀政协委员评比，专委会自成立以来有40余人次被评为优秀政协委员，充分展现委员担当和作为。

（二）突出履职重点　运用提案、专题调研、视察、反映社情民意和信息等方式参政议政、建言献策、履职尽责。2001年至2024年，围绕“三胞”“三属”和外资企业招商引资、脱贫攻坚、营商环境、湿地耕地保护等重点课题，先后开展38个专题调研，其中《关于我市港澳台侨资企业发展情况的调查报告》《坚持深化改革，努力破解外资及港澳台投资企业发展难题》《加大精准帮扶力度，同步建成全面小康——关于我市少数民族地区同步建成小康社会的调研报告》《加强传染病救治体系及能力建设的调研报告——我市新冠肺炎疫情防控工作取得的成效及启示》等14个调研成果，获得全市优秀调研成果特别奖。围绕台资企业发展、少数民族乡村脱贫攻坚和村集体经济发展、落实宗教事务工作条例、台资企业现状、抚州海关运行情况、全域旅游发展、巩固脱贫攻坚成果等课题开展视察活动80余次，为党委政府决策工作提供依据。撰写提案290件，其中《采取切实措施，防止人才流失》《发展港澳台侨优势，加快抚州赶超发展》《加大工作力度，推进希望工程建设》《落实破产企业归侨退休生活补贴政策的建议》《引进和发展港澳台侨资企业的一些问题值得重视》等60余件提案被评为全市政协系统优秀提案。反映社情民意160余条，其中《完善城镇居民基本医疗保险制度的建议》《关于尽快启动新能源汽车充电桩规划和建设的建议》《关于加强236和316抚州段交通安全管理》等40余条社情民意，被评为全市政协系统优秀社情民意。与此同时，还就台情、侨情、海峡两岸形势、外贸形势、宗教工作情况、农村希望小学建设情况等召开情况通报会10余次，为委员知情议政、献计献策、履行职能创造条件。2024年，采取多项措施调动委员反映社情民意的积极性，搜集整理各个层面群众意见和呼声，报送社情民意信息60条。

（三）凝聚联谊力量　根据特定的联系和服务对象，积极开展联谊交友、凝心聚力活动。利用闽浙赣皖四省九地市联谊、闽粤赣十三市联谊、闽赣湘三省九市政协联谊港铁联动和全省十一地（市）政协联谊以及湘赣粤港澳中医药产业联盟等平台，组织召开或参与联谊交友、交往交流活动，共建共享聚合力；利用台办、台协会，侨办、侨协会构筑四侨联动平台，鼓励侨界人士返乡创业，以商招商、交往交流。利用春节、国庆、中秋等传统节日平台，举办各类联谊座谈会、茶话会60余场，邀请市政协各界别委员代表，共话友情，共谋发展。经常组织委员走访在抚港澳台胞、侨胞、侨属及其企业，宣传党的港澳台侨政策和“一国两制”方针，化解矛盾，增进团结，促进交流，凝聚力量。积极做好少数民族工作，争取政府加大对民族地区基础设施建设、产业结构调整上的帮扶力度，集中力量帮助民族地区发展经济、文化、教育，振兴乡村，促进民族团结进步。加强与宗教人士的沟通联系，积极为宗教人士解决困难，化解矛盾，推动“国旗、宪法和法律法规、社会主义核心价值观和中华优秀传统文化“四进”宗教场所。多次深入全市宗教场所，开展土地确权、造像整治、经费管理等督查督导，提升了履职服务能力。2023年至2024年，以抚州传统节日文化、民族宗教节日文化和乡风民俗活动文化等特色文化为内容，举行“我们的节日”活动。利用专委会联系港澳台侨和少数民族宗教界特殊群体优势，及联系海内外广泛的特点，传递乡情乡音，激发家国情怀，着力凝聚海内外共识，团结民族宗教力量，助力抚州经济社会发展。举办以唱响“文化抚州，梦想之舟”为品牌的“以诗联侨灵谷峰诗会”2024世界读书日活动；以“传统节日”为载体“迎新春、庆重阳、闹冬至”“2024资溪新月第九届畲族民俗文化节”等系列活动。春节前夕，本委联合相关部门在荣誉酒店举行港澳台侨界代表人士“共迎新春·同叙乡情”联谊活动，全市港澳台侨界代表人士100余人欢聚一堂，共话乡情，迎接新年。

（四）提升履职能力　认真组织委员学习政治理论，扎实开展好不同时期的主题学习教育活动，增强委员自身素质，提升委员履职能力。在委员中积极开展“五个一”活动，鼓励委员积极参政议政、建言献策，为招商引资牵线搭桥。鼓励和引导本委委员和民建会员充分利用提案参政议政，对重点提案专委会高度重视，与提案人进行面对面沟通，了解该提案的初衷和目的，并召开提案督办现场会，就提案中反映的意见建议逐一进行落实。“关于创建‘抚州窑口’陶瓷文化传承创新试验基地的建议”和“关于非物质文化遗产代表性传承人断层的思考及对策”提案得到有关承办单位高度重视，拿出具体得力措施，不仅从根本上解决问题，而且建立长效机制。组织界别委员开展送医送药送科技送温暖下乡、扶贫济困、捐资助学、结对帮扶等系列活动。2023年，联合民建市委会、临川区西大街街道办、抚州爱尔眼科医院组织开展“我们的节日——九九重阳节，关爱老年人眼健康”公益活动，为到来的市民提供基础视力检查、电脑验光、裂隙灯检查。通过活动提高老人们对眼健康的认识和关注度，为老人们的眼健康保驾护航。2024年，鼓励和引导本委委员和民建会员充分利用提案参政议政，与提案人进行面对面沟通，《关于小学阶段回归纸质作业布置批改的建议》和《关于加强社区消防安全工作的建议》提案得到有关承办单位高度重视，拿出具体得力措施，不仅从根本上解决问题，而且建立长效机制。积极参与招商引资引智、挂点扶贫、防汛抗旱、防疫救灾、创文巩卫、重点项目建设等全市中心工作，切实完成市政协主席会议、常委会会议和市政协领导交办的工作任务，为抚州经济社会发展贡献力量。

（五）创建活动品牌　结合自身工作职能和专委会资源特色，创新思路，积极谋划，推陈出新，创建专委会特色品牌。打造三个中共党员委员工作站。专委会为方便委员履职先后建立市非物质文化遗产传承基地党员委员工作站、职业技术学院党员委员工作站和灵谷峰景区党员委员工作站，这些站点建成方便委员履职，有利于社情民意收集。创建“我们的节日”活动品牌。2020年以来，专委会积极利用本专委会资源，联系省市有关单位，紧扣市委中心工作和民生所求，打造“我们的节日”品牌。其中比较有影响的活动有：2022 年 6 月 1 日，与东临新区合作在灵谷峰景区小学举办“‘双减’育未来、童心永向党”国际六一儿童节活动；2022 年 9 月 9 日，与宜黄县委、县政府合作举办“海峡两岸一家亲、中秋小镇话中秋”台商台胞台属中秋联谊系列活动；2023 年 1 月 14 日，与市统战、侨联、台联等单位合作举办“共迎新春、同叙乡情”海外侨胞网络喜迎新春活动；2023 年 12 月 22 日，与乐安县委、县政府在乐安金竹畲族乡联合举办“品畲乡、闹冬至”系列活动，仅 3 天活动，网上点击量达到 380 多万次，线下农产品销售近千万元。还有读书节、端午节、民俗文化节等活动，为全力打造专委会品牌特色，服务全市经济社会发展作出努力。

第八节　农业和农村委员会

农业和农村委员会按照职能定位，围绕中心服务大局，立足“三农”建言献策，发挥优势协商议政，选准角度强化监督，健身强体提升服务，为促进全市农业、农村发展和乡村振兴、新农村建设作贡献。

一、工作职责

农业和农村委员会主要职能：1. 围绕全市工作大局，聚焦“三农”工作，服务重点工作，组织委员开展调查研究，通过提交调研报告、视察报告、大会发言、提案、社情民意信息等方式积极协商议政。2. 围绕重大方针政策、重要决策部署的贯彻落实情况，通过多种形式，开展民主监督。3. 围绕农业、农村方面的重要问题以及人民群众普遍关心的问题，组织委员开展参政议政活动。4. 广泛联系委员和各界人士，听取意见、建议和批评，向市委、市政府及有关部门反映。5. 加强界别委员联系，开展界别协商活动。6. 加强对口联系交流协作，提升部门整体功能。7. 加强履职能力建设，提升干部、委员整体素质。8. 完成市政协常委会会议、主席会议交办工作。

二、工作内容

（一）立足“三农”履职　把服务“三农”、建言“三农”作为工作的出发点和落脚点，围绕农业产业、农村社会稳定、农民持续增收选准课题，深入调研，精心论证，为全市“三农”工作建诤言、献良策。聚焦“优化经济结构、促进经济发展”“放活流转、促进发展”“做好长防林工程建设”“全市农业产业化龙头企业的发展情况”“粮食补贴方式试点改革情况”“全市农民进城务工环境问题”“关于积极支持农民实行新的联合与合作，引导农村合作经济组织健康发展”“农村税费改革后乡镇财源建设”“全市农村医疗现状”“黄栀子、金银花、池蝶蚌产业和大亚木业原料林基地建设”“我市新农村建设情况”“森林资源流转”等课题开展专题调研，得到市委、市政府领导批示肯定，相关部门积极采纳，推动相关工作落实。就“关于临川区体制机制问题”“建设培育中心城区卫星镇”“抚河流域水环境保护与治理”“拓宽经营城市路径，提高城市经营水平”等重大问题组织协商议政，引起市委、市政府高度重视。选择“持续推进脱贫攻坚，巩固提升脱贫成效”“做大做强乡村旅游产业，助力乡村振兴战略实施”“设施蔬菜产业发展”等课题组织视察，推动一系列工作落地见效。配合省政协就“粮食补贴方式试点改革情况”“农村公共事业发展与民主管理问题”“农村信息化建设情况”“农业科技与新农村建设”“‘三农’保险与新农村建设问题”“引导与扶持返乡农民工就业创业问题”等问题组织协同调研，开阔视野，提升能力。2023年，发挥农业和农村委员会专长、专家、专业的“三专”优势，精选农业调研协商课题，围绕加强农田水利设施建设与管护、做强农业产业、振兴农村科技人才开展专题调研和对口协商，发挥对口联系部门专家优势，邀请他们共同参与课题调研，并充分听取“三农”专家意见，形成有问题、有建议的调研成果，为服务乡村振兴奉献智慧。深入农村一线，问需于民，及时收集社情民意，共向省政协报送社情民意110条，其中“关于提高农民种粮积极性的建议”“关于冬种存在的问题和建议”“基层农、林科研人才流失严重现象亟待重视”等社情民意被报送至省委和全国政协，促使问题在更高层面得到重视。2024年，将推动农村三产融合发展、强化农业科技人才支撑、做响农特产品品牌作为调研重点，深入有关县（区）调研，形成《重塑南丰蜜桔品牌肯定有希望，但需处理好几个关系》专题发言材料，在省政协农业农村委专题协商会上发言，得到省政协领导当场表扬。

（二）拓展服务功能 加强与对口的农业、林业、水利等涉农部门联系，积极搭建对口沟通平台，让委员知情明政，为部门帮忙助力。先后组织召开城市规划建设情况、退耕还林情况、贯彻《农村土地承包法》情况、林权改革情况、全市气象事业发展情况、农村人口出生性别比情况、农技推广体系建设情况、“四无”水电站清理整顿情况、林业科研与推广情况、社会抚养费征收管理使用情况等12个全市情况通报会议，既让委员了解相关工作，又使有关部门取得的成绩得到广泛宣扬，为存在的问题把脉问诊，得到部门和委员充分肯定。此外，还组织委员协商讨论地方政策法规、探索加强对台农业交流合作等，均取得较好成效。2023年至2024年，全力服务好委员，为委员知情明政、履行“三大职能”搭建平台，组织委员参加本委开展的各项履职活动和市政协组织的重要履职活动，增强委员对政协的认同感和归属感，如实记录委员履职档案。健全与市农业和农村局、市水利局等对口联系部门经常性联系机制，加强沟通联系，知晓部门工作，为专委会围绕中心开展工作提供支撑。

（三）加强视察监督 坚持寓监督于视察之中，围绕农业和农村工作的突出问题，先后组织委员开展了“农村经济工作”“农村税费改革”“廖坊水库水资源开发利用保护工作”“宜黄乐安全民创业政务环境”“全市气象工作”“崇仁宜黄就业再就业工作”“廖坊水利枢纽工程”“全市农业资源深度开发”“市容环境和生活垃圾无害化运输情况”等专题开展视察，推动了相关工作。坚持将督办提案作为民主监督的有效手段，先后就“加快无公害蔬菜工程建设步伐的建议”“大力发展我市以茶树菇为龙头的食用菌生产，迎接WTO的挑战”“关于强化我市职业教育的建议”“牢记习总书记殷殷嘱托，答好红色基因传承之卷”“关于三翁花园入园身份证核验环节的建议”等提案进行实地调查，召开现场督办会，推动提案建议落地落实。市文广新旅局采纳提案成果，加强红色文化旅游顶层设计，高起点编制《抚州市全域旅游发展规划》，提出“红色文化＋旅游”行动计划，并打造红色文化旅游精品景区。市文旅投公司采纳提案建议，实行三翁花园凭身份证核验进园制度。2022年，开展“稳定生猪生产”专题视察调研，形成《关于稳定生猪生产的若干意见建议》，市政府采纳相关建议并出台《抚州市关于稳定生猪生产若干措施的通知》。通知下发一个月后，组织委员与市农业农村局人员深入东乡区开展“稳定生猪生产”专项视察，详细了解通知精神落实情况，并与当地政府、农业部门负责人及养殖户开展座谈交流。会后针对当前养殖企业“融资难”“购买种猪难”等实际困难，积极向相关职能部门反映，建议由市属国企为养殖企业提供融资资金，购买种猪，确保全市生猪产业健康发展。该建议得到采纳，由市农投公司、市农垦集团出资5000万元从武汉购买母猪5000头。2024年，就农田建设与管护、农业科技人才建设、设施蔬菜发展等课题，组织部门专家和委员深入相关县（区）细致调研，精准建言，形成专题调研报告报市委、市政府和相关部门决策参考。

（四）提升委员素质 注重抓好委员素质提升，通过年初召开委员全体会议，听取委员年度打算，通报工作总体安排，协商年度履职目标，开展集中学习培训，使大家努力有方向，工作有计划，奋斗有目标，切实提升委员履职能力。以“强计划、建台账、重实效”为举措，推动主席会议部署的“全员行动”工作落地见效，让委员在参与全员宣传、全域调研、全方位履职中迸发激情、绽放风采。2005 年 3 月，在全体委员会议上对专委会会议召开、工作程序、专题调研、学习活动、联系协作等方面进行规范，对专委会委员和工作人员提出更高要求，使专委会各项活动日趋规范化、制度化。2006 年 3 月，与市气象局联合举办纪念世界气象日宣传活动，与气象工作者和基层群众面对面交流，普及委员农业气象知识。2007 年 8 月，举办专委会业务知识培训班，组织各县（区）相关专委会干部进行集中学习培训，全面提升干部履职素质。2022 年至 2024 年，倾力打造“与农民同坐一条板凳”品牌，为委员服务“三农”搭建平台，共举办农业技术培训、良种保护等特色活动 10 余场，提升委员素质，助力乡村振兴建设。组织开展形式多样、主题鲜明的活动，组织委员和种粮专家赴金溪县开展农业技术培训活动，与当地粮食种植企业开展座谈交流；赴东乡区开展“稳定生猪生产”专题视察；赴崇仁县就“崇仁麻鸡全产业链发展”开展专题视察；赴市农科所开展“我市种业振兴现状及发展方向”专题视察；赴金溪县浒湾镇山下村开展“学习贯彻中共二十大精神，奋进新征程”主题宣讲活动等。

第九节 民族和宗教委员会

民族和宗教委员会在常务委员会会议和主席会议领导下开展工作，围绕团结、民主两大主题，组织委员就民族、宗教方面的问题开展调查研究、专题视察及其他活动，大力宣传贯彻执行党的民族政策、宗教工作基本方针和民族、宗教法律法规，积极向市委、市政府建言献策。

一、工作职责

民族和宗教委员会工作职能：1. 团结和带领民族宗教界委员加强政治理论学习，通过视察、专题调研、提案和社情民意积极建言献策，促进民族团结进步、宗教和谐稳定，推动少数民族和民族地区经济社会发展。2. 积极引导宗教与社会主义社会相适应，提升爱国宗教团体的影响力和凝聚力，坚定走爱国爱教道路，充分发挥宗教界人士和信教群众在促进经济社会发展中的积极作用，维护宗教界合法权益。3. 密切联系少数民族、宗教界委员和代表人士，听取和反映他们的意见和建议。4. 通过走访、联谊、界别活动和开展专题协商、对口联系、助学义诊等活动，增强专委会的活力。5. 发挥民族宗教界人士在促进祖国统一、维护世界和平事业中的作用。6. 加强对口联系交流协作，提升部门整体功能。7. 加强履职能力建设，提升干部、委员整体素质。8. 完成市政协常委会会议、主席会议交办工作。

二、工作内容

市委于 2023 年底批准设立市政协民族和宗教委员会，2024 年 4 月正式组建民族和宗教委员会并任命主任。由于民宗委成立时间较短，工作刚刚起步，大多数处于摸索阶段，所以主要工作是配合上级政协工作安排和市委、市政府中心工作，以及市政协工作要求来开展。

2024年6月6日，市政协民族和宗教委员会、市政协港澳台侨和外事委联合市卫生健康委、临川区西大街，抚州爱尔眼科医院等单位在抚州市临川区羊城广场开展“关注普遍眼健康——第29个全国‘爱眼日’暨2024年抚州市爱眼健康公益行动”。活动旨在用实际行动守护抚州百姓眼健康，助力全年龄段人群远离眼疾困扰。

2024年9月30日，由抚州市政协港澳台侨和外事委员会、民族和宗教委员会主办，抚州市实验学校、抚州市音乐家协会协办的“红歌传基因·童心赞祖国”合唱音乐会在市实验学校举办。市政协党组成员、副主席曾月兴等出席活动。音乐会上，师生们表演合唱、联唱等多样的精彩节目，追忆红色历史，歌唱伟大祖国。“手绘家国梦·心燃爱国情”书画展览汇聚154幅书画作品。

第九章　服务基层

人民政协要围绕中心、服务大局，是由人民政协的性质定位所决定的。历届市政协各项工作和活动均围绕市委、市政府的大政方针和重大决策来开展，坚决遵循政协工作服务大局的重要原则，保证工作不偏离正确方向，做到中心突出、重点明确、效果良好。

第一节　参与中心

地（市）政协组织成立后，坚持围绕中心服务大局，积极参与党政中心工作，在挂点扶贫、招商引资、抗灾救灾、文明创建、服务基层、走访慰问等方面做了大量工作，得到党委、政府高度评价，受到人民群众广泛好评。

一、驻村帮扶

1990 年，根据地委、行署《关于地直机关单位建立支农联系点的意见》精神，政协地区联络处与乐安县航桥乡建立联系点，通过调查摸底、典型引路、重点扶持、以点带面等措施，帮助老区人民脱贫致富，扶贫工作取得显著成效。协助乡党委、政府落实“661 农业开发工程”，开发园艺场 200 亩，扩建和整修乡村公路，改善水利灌溉条件，农民人均纯收入由上年的 380 元增加到 520 元。

1992 年至 1997 年，政协地区联络处继续挂点扶贫航桥乡，着力改善基础设施，增强发展后劲，抓好科技兴农，调整产业结构，发展乡镇企业，培育市场机制，强化“造血”功能，推动经济发展，促进农民增收，摘掉“贫困帽子”，受到群众赞扬。1997 年，航桥乡工农业总产值达 3039.5 万元，乡镇企业产值达 1570 万元，农民人均纯收入 1228 元，乡财政收入 87 万元，分别是 1988 年的 11.3 倍、98.6 倍、5.2 倍和 11 倍。6 月，省老建委召开全省动员社会力量支援老区、贫困地区开发建设经验交流会议，政协地区工委作《注重扶贫实效，强化“造血”功能》经验介绍。

1998 年至 2004 年，地、市政协机关在定点扶贫工作中，切实解决扶贫点困难群众吃住穿问题，共发起三次献爱心活动，机关干部职工共捐款 7000 余元，衣物 300 余件。2002 年 7 月底，在挂点的南城县天井源乡和田螺石村，分别召开乡村两级扶贫工作座谈会，实地调研田螺石村贫困情况，帮助该村制定脱贫规划。2004 年，筹集资金修建天井源乡至田螺石村水泥路 5 公里，帮助新建村委会办公楼，资助打挖生活深井4口，赠送变压器两台，帮助栽种南丰蜜桔100亩，增强该村发展后劲。

2006年至2011年，按照市委要求，市政协领导在项目建设、新农村建设挂点等中心工作中主动作为、发挥作用。挂点拟岘台公园、江西中医药高等专科学校新校区建设、玉茗大道南延伸段及站前路建设工程、职业技术学院新校区建设二期工程等重点建设项目，坚持高起点规划，高标准建设，按期全面完成任务。2010年，全市遭受历史罕见的特大洪涝灾害，市政协挂点临川区9个村开展灾后重建帮扶工作，为灾区筹集捐款1500余万元和价值280万元的救灾物资，得到灾区人民广泛好评，市政协机关连续三年被市委、市政府评为全市扶贫挂点先进单位。

2012年至2016年，市政协组织工商联界别委员和部分企业家赴黎川县社苹乡前进村开展扶贫助困活动，为30多户困难家庭送去3万多元慰问金，让困难群众感受温暖关爱。积极做好东乡县马圩镇综治挂点帮扶工作，为该镇城乡低保困难人员和敬老院老人送上慰问金及物品价值1万余元，争取资金2万元改造赤岸村委会，受到当地村民好评。组织九三学社市委会成员到崇仁县白露乡白露村扶贫点开展扶贫帮困活动，走访慰问10户"五保户"，送去大米20袋、食用油10桶和慰问品。组织委员赴东乡县马圩镇和黎川县社苹乡走访慰问孤寡老人，送去牛奶、轮椅、大米、食用油、棉被等慰问物资价值2万余元。重点做好黎川县社苹乡综治挂点帮扶工作，经常深入乡镇基层，对其和谐平安创建活动进行指导。组织委员深入日峰镇店前村开展"爱心校服"捐赠活动，共捐赠47套冬装校服，为贫困学生送去温暖。春节前，市政协领导赴黎川县社苹乡走访慰问孤寡老人，为其送去棉被、食用油、牛奶、风扇等物资和慰问金。赴"四进四联四帮"挂点金溪县陈坊积乡润湖村，走访慰问20多户困难群众，送去大米、食用油等慰问物资。赴"四进四联四帮"联系点南城县新丰街镇田中村，调研指导精准扶贫、信访维稳、基层组织建设等工作。认真做好黎川县日峰镇店前村综治挂点工作，积极做好挂点企业江铃底盘有限公司、挂点乡村金溪县陈坊积乡润湖村脱贫攻坚、金秋助学等工作。

2015年6月至2021年8月，按照市委、市政府统一部署，市政协机关每年选派2—3名干部脱产下沉到黎川县日峰镇店前村开展"四进四联四帮"活动，全力打好精准扶贫攻坚战。帮扶期间，市政协党组坚持每年专题听取市政协机关"四进四联四帮"连心小分队的工作汇报，研究部署精准扶贫工作；市政协机关对帮扶村共实施扶贫项目21个，争取项目资金1580万元。市政协机关及派驻的第一书记，连续五年被评为全市脱贫攻坚工作先进单位和先进个人。

2017年至2020年，市政协积极做好乐安县牛田镇员陂村帮扶工作，组织企业家政协委员开展帮扶活动，为员陂村筹集村集体项目资金10万元，通过产业＋农户的方式帮助员陂村发展集体经济；主动对接侨资企业，解决员陂村10多户困难群众就业难题。至2020年底，员陂村原有77户贫困户全部实现脱贫，村基础设施全面改善，经济建设较快发展。做好金溪县陈坊积乡润湖村脱贫攻坚工作，共实施扶贫项目21个，争取项目资金1580万元。帮扶重点企业黎川县康舒陶瓷有限公司，帮助解决实际困难23个。

2021年，市政协领导先后3次深入乐安县牛田镇员陂村，进行脱贫攻坚成果巩固和乡村振兴工作指导，与脱贫户交流沟通，帮助他们解决实际困难。5月，深入抚州兴胜科技电子有限公司进行调研，帮助企业解决疫情带来的招工难问题。6月，到崇寿禅院现场办公，协调相关单位解决寺院建设用地问题。

2022年，市政协派出2名机关干部脱产驻村，统筹各方资源，持续加大对金溪县浒湾镇山下村的帮扶力度，帮助解决群众"急难愁盼"问题。一方面，压实结对帮扶责任，建立常态化走访机制，利用电话访谈和上户走访等形式及时了解29户脱贫户和3户监测户的情况，并在春节、端午、中秋等重要节日送上慰问物资。一年来，共拨付帮扶资金8万元，走访慰问金49200元。另一方面，大力争取项目资金，助推村集体经济发展，争取到项目11个，项目资金总计260.58万元。市政协机关派驻的第一书记被评为新时代赣鄱先锋人物。

2023年，市政协机关党组高度重视驻村帮扶工作，将驻村帮扶工作列为重要议事日程，定期研究部署驻村帮扶工作。驻村期间，工作队始终严格遵守工作纪律，坚持吃住在村、工作在村，真正做到“沉在村里、干在一线”。选派机关优秀干部，充实到乡村振兴驻村帮扶队，累计争取帮扶项目资金170余万元，拨付帮扶资金8万元。健全防返贫机制，帮扶的金溪县浒湾镇山下村建立村小组低收入人群信息比对工作联动机制，强化数据采集和分析应用，实现动态清零。实时更新工作台账，发现问题及时上报，及时落实帮扶措施。经过多次入户走访和会议分析研判，新增低保4人，帮助3人办理残疾证。脱贫户黄小花、监测户熊吉荣分别得到防返贫保险理赔金5972.76元和24531.3元。

2024年，市政协机关选派2名干部脱产下沉到金溪县浒湾镇山下村开展乡村振兴驻村帮扶工作。一年来，市政协及机关领导到该村调研指导乡村振兴工作、看望生活困难群众和驻村工作队二十余次，并每季度听取驻村工作队工作汇报，研究部署乡村振兴工作；市政协机关对帮扶村共实施乡村振兴项目5个，争取项目资金100余万元。当年，市政协机关派驻山下村第一书记被评为全市乡村振兴优秀驻村干部，帮扶村成功创建抚州市“红旗党支部”。

二、招商引资

1988年，政协地区联络处利用政协委员社会关系多、接触人员广、信息来源丰富的优势，积极引进资金近100万元，技术100余项，种子2000余公斤，信息300余条，有力服务了中心工作。

1997年1月，全区县（市）政协主席会议在抚州召开，总结和交流开展“三胞”联谊、招商引资工作情况和经验。

2002年，全市掀起招商引资热潮，市政协委员介绍30位客商来抚投资，实际进资项目68个，提供有价值招商信息200余条，提出80余条建议和对策。3月，市政协一届三次会议决定，在市政协委员中广泛开展招商引资“五个一”活动，即介绍一位客商、引进一个项目、提供一条信息、上报一项建议、办好一件实事，得到市政协委员的积极响应。市政协一届八次常委会对抚州市招商引资工作进行专题讨论，提出“要重视整体诚信水平，要注重项目储备库建设，要加强项目跟踪服务，要重视民间资本开发利用，要有一盘棋的格局，要端正对外商的态度，要进一步治理社会环境，一些小问题也不能忽视”等8条建设性意见和建议，引起省政协和市委、市政府重视。4月，市政协领导三次赴上海和浙江进行招商引资，与客商朋友进行多次洽谈，在宁波市召开宁波企业家座谈会，积极推介抚州市重点招商项目，现场解答有关问题；市政协与市交通局共同签订引进中核抚州金安铀业公司项目和跟踪服务协议，在公司选址、搬迁用地等方面做了大量跟踪服务工作。5月，市政协接待上海诚联物流中心董事长王俊权一行9人，带领他们深入崇仁、宜黄、东乡三县，对农业特色产品进行考察和项目洽谈；与浙商王克平签订府前路开发项目，主动做好跟踪服务工作。9月，接待宁波企业家考察团到市直单位和崇仁宜黄考察，签约崇仁县许访石英砂开采加工项目；签订在崇仁县兴办竹制地板加工项目、收购宜黄宜坤公司两个协议，达成一批投资意向。10月，与市委办联合引进客商投资540万元收购抚州市印刷厂，签订跟踪服务协议。11月，市政协常委对抚州招商引资环境进行专题视察，实地走访考察市工业园区13家客商企业，征询16户客商意见建议，向50家企业发放问卷调查，形成《关于我市招商引资工作中客商反映意见的情况报告》，获得市委、市政府领导高度评价。

2003年，市政协建立机关招商引资工作考评制度，规范项目洽谈、跟踪服务、协调落实等工作程序，规定县级干部每年引资100万元，科级干部25万元，工作人员提供有价值信息2条，掀起机关招商引资工作高潮。3月，引进浙商在抚州创办抚州唐氏绿业有限公司，在崇仁、宜黄建立花卉苗木基地70多亩。4月至5月，与杭州钢管集团、衢州新侨集团、台州海运集团、浙江龙腾集团、江西鸿运公司、江西新波投资公司等10多批客商进行接触，陪同客商到临川、东乡、南丰、南城实地考察，进行项目洽谈。6月，引进珠海客商在抚州创办抚州腾达汽车综合贸易公司，投资达1105万元。8月，接待上海华普博实业有限公司董事长赵瑞民一行，达成在抚州投资兴办建材市场意向；引进东乡文化广场建设项目和整体收购南丰长虹机械公司项目，总投资5.6亿元，当年实际进资2382万元。10月，与市计生委、供电局共同引进浙江诸暨越珠珍珠层粉厂项目，总投资1100多万元。

2004年，市政协引进南城中南碳业有限公司项目，当年实际进资360多万元。

2010年3月，市政协代表市委、市政府率团赴香港（东莞）开展招商引资活动。引进香港客商江西盈晖实业有限公司项目落户市工业园区，总投资1.3亿元。当年，市政协机关获“市直招商引资先进单位”称号。

三、抗灾救灾

1998年，抚州发生百年罕遇的洪涝灾害，在严重的洪涝灾害面前，政协地区工委领导下到挂点县（市）指挥抗洪抢险，全区政协机关200多名干部奔赴抗洪抢险第一线，涌现许多动人事迹，130人被评为“抗洪抢险先进个人”。组织医疗卫生界委员深入灾区治病防疫，先后为群众看病1.8万人次，免费送药12万元，为灾民消毒水井1498眼，发放消杀药品价值8万元，分发卫生常识资料1.7万份；组织委员向灾区捐款84万元，衣物棉被6453件；争取上级赈灾款48万元，全部拨付挂点扶贫单位。洪灾过后，地区政协工委派出机关干部参加全省万名干部下乡活动，指导和帮助灾区开展生产自救，重建家园。

2002年4月，市政协领导带领机关干部，实地查看唱凯圩水情，了解防汛抢险物资准备情况。5月，在唱凯镇政府牵头召开市直防汛抢险第四组主要负责人会议，提出在汛期保证通路、通电和备足防洪物资，确保汛期万无一失。6月中旬，市政协机关抗洪抢险人员赶赴防洪一线，在洪水超过警戒线1.5米并多次发现险情时，与镇村防汛抢险人员和村民一道日夜奋战，圆满完成防汛抢险任务。市政协领导先后赴南城光塔联圩、万坊联谊堤、徐家乡八堡堤、红光河堤、天井源胜利堤、东河堤、新丰街和新丰堤察看水毁工程设施情况，有关报告引起市防总重视。

2003年，市政协机关成立防治非典领导小组，建立非典防治工作信息报送制度。市政协领导深入挂点县（区）、乡、村，指挥督查指导防治非典工作，机关派出干部参加市委督查组，对市直单位开展防治非典工作进行督查。

2004年至2007年，市政协牵头组织相关单位和防汛小分队，深入临川区唱凯镇防汛堤段开展汛前工作检查，落实防汛事宜，将防汛工作落到实处。

2008年，抚州遭受百年一遇的雨雪冰冻灾害。在抗击雨雪冰冻灾害中，市政协领导深入挂点县（区）指导抗灾救灾，组织委员开展义诊、慰问解放军官兵和捐赠活动，全市政协系统累计捐款20余万元，捐赠药品2万多元。省政协副主席李华栋率医卫界省政协委员来抚州灾区开展义诊活动，700多人次接受诊疗，向灾区捐赠药品2万多元。5月，四川省汶川县发生特大地震后，市政协机关中共党员捐献“特殊党费”10余万元，市县（区）政协委员捐款400余万元，为灾区人民送去温暖。

2010年，全市遭受特大洪涝灾害，尤其是

"6·21"唱凯决堤以后，抗洪救灾成为压倒一切的工作。市政协全力参与抗洪救灾，做好责任堤段抢险和临川区9个受灾村的灾后重建帮扶工作，为临川灾区筹集捐款1500余万元和280万元救灾物资，为南城沙洲镇灾区送去大米500公斤，以及奶粉、方便面、莲子、棉被、蚊香等食品物品。省政协领导十分关心抚州灾情，7月初至8月初，省政协主席傅克诚和副主席陈新华、郑小燕、朱张才、刘晓庄先后深入临川区云山镇、罗湖镇看望慰问灾区群众，检查指导抗灾救灾工作，开展医疗义诊活动，向抚州灾区捐赠医疗药品100万元，为罗湖镇支村小学捐款5万元。是年，市政协灾后重建工作组被市委、市政府评为先进工作组。

2016年6月，市政协领导带领市质监局、抚州石化公司负责人，到临川区唱凯镇挂点堤段督导防汛工作，现场察看堤坝除险加固工程，详细了解防汛工作责任落实、应急值班、物资储备以及当前雨水情况，与镇村干部群众座谈交流，要求克服侥幸心理、麻痹思想和松懈情绪，充分做好防大汛、抢大险、抗大洪各项准备工作。

2020年至2022年，全市各级政协组织和广大政协委员全力抗击新冠疫情，捐款捐物累计达4190多万元，展现了政协作为和委员担当。政协各级领导干部深入县（区）、企业、社区和重点项目建设工地开展"两宣一帮"活动，帮助企业解决实际问题，促进复工复产复建。积极开展中共党员委员工作站联系民营企业和金融机构活动，先后走访民营企业68家、金融机构26家，为民营企业走出困境建言献策。机关党员干部职工积极参与"党员社区报到"工作，亮身份、表态度、勤值守，冲锋在疫情防控最前沿，展示政协干部良好精神风貌。

四、文明创建

2014年，市政协积极参与临川区荆公路街道办事处穆堂路社区文明社区创建工作，先后牵头开展文艺演出、道德讲堂、清洁卫生等多种群众活动，为社区筹集共建经费7.2万元，物资5000元，建成社区小游园和宣传长廊，社区面貌焕然一新。参与抚州市文明城市创建工作，组织干部开展文明交通劝导志愿服务。联合市民族宗教局、民革市委会、市科协，组织20多名农业科技医疗专家，到乐安县金竹畲族乡开展"送医送药送科技送温暖"活动，为群众看病700多人次，赠送药品1万余元，散发疾病预防和科普资料5000余册，举办油茶栽种和食用菌培育技术讲座，传授农业实用技术，受到群众热烈欢迎。

2015年，市政协积极参与临川区荆公路五皇殿社区"四进四联四帮"工作，筹集建设经费6万多元，开展卫生整治、交通疏导、文艺演出活动50多次，为群众看病体检460多人次，赠送药品1.5万余元，散发疾病预防资料2000余册，结对帮扶困难家庭30户，解决各种困难问题40多个。春节前，为每户困难家庭送去慰问金600多元。同时，联合九三学社市委会深入崇仁县马鞍镇开展扶贫义诊活动，为群众发放价值上千元的药品，散发保健传单200余份，直接受益群众300多人。

2017年至2019年，在创建全国卫生城市工作中，市政协领导率先垂范，深入挂点街道、社区现场开展工作，机关干部全员参与全民洗城、文明劝导等志愿活动，组织协调攻克违章搭建、修补基础设施等难题，获得市委、市政府和基层群众高度评价。同时，市政协班子成员对挂点牵头负责的市再生资源交易市场建设项目、市中心城区生活垃圾分类处理项目、科技大道和高新区职工之家建设项目、燕归路安置点公寓房建设工程、市城南新区供水管网工程等重点建设项目，做到常部署、勤调度，确保项目有序推进，工程按时竣工。

2020年，为应对新冠肺炎疫情，市政协港澳台侨外事和民族宗教委第一时间联络对口部门和相关单位，对全市宗教场所和少数民族乡村认真开展排查，积极采取"暂停宗教活动场所对外开放、停止所有群众性宗教活动"等有效措施，严防人员聚集性传染，切实阻断疫情传播途径。同时，充分利用向全社会发出慈善募捐倡议，民革、少数民族宗教和港澳台侨界委员闻令而动，踊跃募捐善款、口罩、防护服以及防护监测器材、药物和设备等急需紧缺物资近 700 万元。宜黄曹山寺组建中医团队，研配中药饮剂苇梗清瘟颗粒包，支援本市以及武汉、新余和景德镇等兄弟地市，共捐出 38 万包苇梗清瘟颗粒投入江西、湖北医学临床使用，成效显著。曹山寺中医团体的中医治疗方案被江西省科学技术厅、江西省中医药管理局选入“中医药防治新冠肺炎研究应急专项联合立项项目”，获省药监局批复，受到省、市领导肯定和表扬。

2022 年以来，市政协高度重视创国卫工作，精心部署，深化举措，落实责任，全身心投入到挂点社区创国卫工作之中。市政协领导率先垂范，带头深入挂点街道、社区现场开展工作，协调相关执法部门、市区两级帮创单位及街道、社区干部开展集中联合行动，合力攻克违章搭建、修补基础设施等难题。市政协机关干部全员参与，深入挂点的荆公路街办五皇殿社区开展全民洗城、劝导流动摊贩等志愿服务活动，并挤出办公经费，支持街道、社区攻克违章搭建、修补基础设施等难题。在创国卫第三方评估中，市政协班子成员及市政协机关挂点社区，以整洁的市容、良好的环境赢得评估组好评，为抚州成功创建国家卫生城市贡献政协力量。

2023 年，市政协机关全员下沉挂点社区，开展创文巩卫工作，努力当好文明行为的践行者、营造者、推动者。3 月，市政协领导深入挂点社区督导调研“创文巩卫”工作，并多次召开现场推进会。市政协领导先后来到临川区荆公路街道穆堂路社区、清风路社区，听取帮扶单位和社区负责人关于“创文巩卫”工作情况汇报，实地察看和指导社区环境卫生清洁、车辆规范停放等工作，现场提出整改意见和解决措施。要求对“创文巩卫”工作要提高思想认识，把推进全国文明城市创建和国家卫生城市复审工作放在重要位置。各帮扶单位要加大支持力度，为社区“创文巩卫”工作开展提供必要条件。要凝聚各方力量，采取有效措施精准发力。要以问题为导向，善于发现问题、全力解决问题。要发动群众广泛参与，营造携手共建美好家园的良好氛围。

五、走访慰问

2002 年至 2006 年，每年春节前，省政协主席朱治宏，省政协副主席黄懋衡、韩京承、刘运来、黄定元、殷国光等，先后分别走访慰问东乡、乐安、广昌、崇仁、宜黄、金溪、资溪、黎川、临川、南城等县（区）部分困难群众和困难企业。

2007 年至 2009 年春节前后，市政协领导走访政协文史顾问与部分特约撰稿人，听取工作意见建议，送去慰问品。走访对口联系单位，与对口联系单位相互交流情况，探讨协作意向。市政协领导陪同省政协副主席刘运来等到临川区、东乡县，走访慰问困难群众，视察市城区部分重点工程；走访慰问农村特困户、城市低保户、企业困难职工。

2010 年 5 月，市政协组织部分政协委员和市民革部分成员，深入临川区特殊教育学校走访慰问残疾学生，向学生们赠送 3000 多元少儿书籍和学习用品。

2011 年 12 月，市政协领导陪同省政协主席傅克诚到临川区，走访慰问敬老院老人、重点优抚对象、城乡低保户和困难企业。

2012 年 11 月和 2013 年 11 月，市政协与共青团和青联界别委员深入资溪县高田乡，走访慰问敬老院部分贫困学子，为敬老院送去猪肉、大米、食用油和牛奶等 4000 多元的生活用品，结对帮扶贫困学子 53 人，为学生送去 1 万元慰问金和 1 万余元学习用品。组织科学技术界别委员到临川区荆公路五皇殿社区、清风社区走访慰问困难群众，送去 6000 元慰问金和米油等生活必需品，向社区赠送科技书籍。

2014 年，市政协领导在国庆重阳双节来临之际，走访慰问文史馆老同志，征求工作建议，鼓励他们做好文史工作。11 月，组织工会界别企业家委员赴金溪县琅琚镇、对桥乡敬老院走访慰问孤寡老人，为老人送去慰问金和慰问品 1 万余元。

2015 年 2 月，市政协领导陪同省政协主席黄跃金到抚州市走访慰问困难群众，并就扶贫开发工作进行调研。

2016 年 1 月 14 日，市政协领导陪同省政协副主席、民建省委会主委孙菊生到广昌县走访困难群众，调研工业产业发展情况。16 日，陪同省政协副主席、民盟省委会主委刘晓庄到广昌县走访慰问困难群众，调研精准扶贫工作。18 日，陪同省政协副主席胡幼桃深入乐安县走访慰问困难群众，调研精准扶贫工作。5 月 26 日，陪同省政协副主席钟利贵到乐安县、宜黄县，走访部分困难企业，调研企业生产经营情况。11 月，市政协领导到金溪县润湖村走访慰问贫困户，送去棉被、食用油、大米等慰问物资和慰问金 3 万余元。

2017 年 7 月和 2018 年，市政协领导组织委员专家调研走访高新区 10 余家企业，组织座谈交流，听取意见建议，推动一批问题解决。先后走访江西乔治休闲山庄、抚州珍展鞋业有限公司、江西嘉盛精密纺织有限公司等 10 多家港澳台侨资企业，走访宗教活动场所 20 多处、宗教人士 30 多人次，认真宣传党的港澳台侨和民族宗教方针政策，增进团结友谊。

2020 年 7 月，市政协领导陪同省政协党组书记、主席姚增科到挂点联系的抚州高新区调研走访。年内，开展市政协常委、中共党员委员工作站站长联系民营企业和金融机构活动，走访 68 家民营企业、26 家金融机构，收集民营企业发展难题，了解金融惠企政策落实情况，为助力民营企业走出困境积极建言献策。

2021 年 1 月 11 日，市政协领导陪同省政协副主席、省党外知识分子联谊会会长谢茹，深入抚州市广昌县驿前镇坪背村，走访慰问部分困难群众。

2022 年 1 月，市政协领导陪同省政协党组书记、主席姚增科在抚州市走访调研，看望慰问困难群众、优抚对象、敬老院及困难企业；陪同省政协副主席、民盟省委会主委刘晓庄深入南丰县，走访慰问敬老院老人、农村低保常补对象、重点优抚对象、困难企业等，代表省委、省政府向他们送去慰问金和新年的祝福。

2022 年 5 月 10—11 日，市政协领导陪同省政协主席、党组书记姚增科在抚州市调研走访。省政协委员、省乡村振兴局党组成员、一级巡视员饶振华，省政协委员、省政协办公厅副主任、机关党委书记钟清滨随同。姚增科在市政协中共党员委员工作站听取运行情况介绍，充分肯定市政协“一委一特色”和县政协“一县一品牌”起步早、机制活，探索形成有效发挥委员主体作用的新路子。希望各项履职活动要重特色更重成色，有品牌更有品质，充分彰显专门协商机构服务党委政府中心工作的价值。希望坚持“市委、市政府出题目，市政协用心用情做文章”，同心同向抓党建、促发展、勇争先，实现高质量发展新跃升。

2023 年 1 月 3 日，市政协领导陪同省政协副主席李华栋深入乐安县走访慰问低保户、特困供养对象、优抚对象、防止返贫监测对象、困难企业、重点园区，送上党和政府的温暖与关怀，致以新春祝福和节日问候。

2024 年新春佳节到来之际，市政协党组书记、主席贺喜灿到抚州市中医医院走访慰问优秀人才——江西中医药高等专科学校主任中医师、二级教授陈建章，为其送去党和政府的温暖和关怀，并致以新春的美好祝福。希望大力实施“建昌帮”、盱江医学传人培养计划，深入挖掘研究、传承和推广国医大师的学术经验，培养一批中医名师传承团队和传承人，把弘扬杰出人才精神与人才培养有机结合，为抚州中医药事业高质量发展注入创新动力。副主席谭小平深入临川区、副主席刘忠华深入南城县、副主席戴晓文深入广昌县、副主席曾月兴深入东乡区、副主席伍旭鸿深入高新区、副主席唐永文赴崇仁县、副主席刘胜深入东临新区、副主席王彬深入金溪县开展春节走访慰问。

2025年1月13日，市政协领导陪同省政协副主席、省工商联主席谢茹深入广昌县调研指导定点帮扶工作，并看望驻村工作队队员。省工商联党组成员、副主席李文强，省工商联党组成员、秘书长胡冬生随同调研。市委常委、统战部部长、市政协党组副书记郭新春等陪同调研。同日，陪同省政协副主席、民进省委会主委卢天锡到南城县走访慰问，省政协办公厅一级巡视员郑仙桃参加。卢天锡一行先后到万坊镇南坑村、邓家边村、杨龙湾村，建昌镇万年桥村等地，看望慰问困难群众和福利院老人，并向他们送上慰问金和慰问品，送上党和政府的关怀及新春美好祝福。

第二节　指导基层

市政协成立以来，传承政协地区联络处、政协地区工委优良传统，多渠道加强与县（区）政协工作联系和业务指导，解决县（区）政协存在的突出问题，形成上下联动、推动工作的整体合力，共同推进全市政协工作向前发展。

一、加强业务指导

2000年10月至2025年1月，五届市政协在不同时期对县（区）政协工作的联络指导各具特色。

市政协成立初期，通过领导调研、邀请县（区）政协领导参与专题调研和视察、各专委会召开对口联系会议、制定工作指导办法等方式加强县（区）政协工作业务指导和工作联系。2003年，市政协密切同县（区）政协和委员联系并推出新动作。当年正值各县（区）政协换届开局之年，为了解和规范政协工作的开展，市政协领导深入各县（区）进行调研，听取工作汇报，提出指导性意见，并就政协工作中的一些共性问题与县（区）党政领导进行交流，帮助基层政协解决工作中遇到的实际困难和问题。市政协领导每到县（区），进政协门，见政协人，谈政协事，了解当地党委、政府重视和支持政协工作的情况，深受县（区）的欢迎。同时，市政协在开展专题调研和视察时，注意邀请县（区）政协一同参加，或就共同关心的课题进行联合调研。各专委会召开了对口业务工作会议，加强市、县（区）政协工作的交流，共同研究和探讨工作中的一些普遍性问题。2004年，按照《关于加强同县（区）政协工作指导的暂行办法》的要求，市政协领导深入各县（区）进行调研，与当地党政主要领导、政协领导和政协机关的同志进行座谈，了解当地党委、政府重视和支持政协工作的情况，总结县（区）政协履行职能的新成绩、新经验，征求对市政协工作的意见和建议，帮助呼吁解决工作中遇到的实际困难和问题。市政协及有关专委会进行调研时，注意邀请县（区）政协参加；在市政协组织外出考察时，安排县（区）政协主席参加；2005年，牵头建立县（区）政协联谊会制度，加强县（区）与县（区）之间政协工作的交流互动。2006年，市政协抓住学习贯彻中央《意见》这根主线，采取多种形式掀起学习贯彻《中共中央关于加强人民政协工作意见》新高潮。主动协助市委召开市直部门协调会，促成市委下发《市直有关部门贯彻落实（省委支持和保证人民政协履行职能发挥作用的意见）任务分工方案》，构建起重视和支持政协工作的责任体系。2008年，市政协以发挥委员主体作用和做好文史工作为主题，加强对县（区）政协联系和指导，密切市、县（区）政协的联系与交流，先后召开两次县（区）政协联谊会，在全市政协系统开展“优秀政协委员、优秀提案、优秀调研报告、优秀社情民意、优秀信息员”评选活动，提升政协系统整体水平。2010年，市政协以提案工作和莲花节为主题召开两次县（区）政协主席联谊会，加强县（区）政协工作指导。

2014年，市政协围绕推进政协履职能力现代化建设主题召开全市县（区）政协主席座谈会；市政协各专委会召开县（区）政协对口专门委员会工作座谈会，建立重大课题市、县（区）政协联合攻关机制。2015年，市政协围绕"基层政协如何推进协商民主建设"主题召开全市县（区）政协主席座谈会，就一些重大课题与县（区）政协进行联合调研。四届市政协注重提升全市政协工作整体水平，2016年，市政协领导在深入县（区）企业、乡村调研的同时，与县（区）政协共同探讨新形势下做好政协工作的方法和途径，进一步增强政协系统整体工作合力。2018年，市政协与县（区）政协积极联动，就一些重大课题开展联合调研，提升政协系统整体履职水平。

2021年11月，为进一步完善市、县（区）政协联系指导工作制度，增强全市政协上下协同整体合力，提升全市政协工作整体效能，市政协制定下发《政协抚州市第五届委员会关于主席、副主席挂点联系县（区）政协工作的通知》。通知规定主席、副主席每人分别挂点联系一至两个县（区），全面联系、指导各县（区）政协工作。

2021年换届以来至2024年底，市政协深入贯彻落实习近平总书记在中央政协工作会议暨庆祝中国人民政治协商会议成立70周年大会上的重要讲话等文件精神，指导每个县（区）政协根据自身实际和优势，创建一个具有鲜明政协特色和区域实情的履职品牌，推动新时代县（区）政协工作各具特色、创新发展。通过示范带动、调度点评、视察观摩等措施，11个县（区）政协"一县一品牌"创建工作扎实推进，履职平台各具特色、亮点纷呈，进一步彰显县（区）政协作为专门协商机构服务党委政府中心工作的价值。

二、解决突出问题

政协历来关心基层干部的成长。1997年在政协换届中，地委领导亲临政协抚州地区工委听取意见，强调要注重政协班子建设，挑选政治素质好、年纪较轻、工作能力强、热心工作的同志充实到政协机关。政协干部也纳入党政干部管理系列，对政协干部的培养、选拔、考核、任用、交流同党政干部一视同仁。1993年至1997年，全区政协组织提拔重用47人，实行双向交流达110多人。

市政协成立以来，把关心支持县（区）政协干部作为加强县（区）政协工作联系指导重要内容，经常就县（区）政协建设开展专题调研，如实向市委和县（区）党委反映县（区）政协工作情况，争取党委对政协工作和政协干部的关心支持。2006年4月，市政协对县（区）政协工作进行一次专题调研，就县（区）政协亟待解决的人员编制、内设机构、年轻副主席兼职、干部交流等问题提出意见，向市委报送《关于县（区）政协几个问题的请示》。市委对市政协反映的情况和提出的建议逐条进行研究和协调，并批转市政协的请示。按市委意见，县（区）委明确政协主席、副主席不占机关编制，统一规范专委会设置，安排45周岁以下副主席的兼职，解决县（区）政协存在的突出问题。

2011年，市政协以换届为契机，积极争取市委对政协工作的重视和支持，着力解决市、县（区）政协发展中存在的突出问题，为推进全市政协事业发展打基础。3月份在市县（区）换届前夕，市政协党组积极建议，促成由市委书记、市长督查办和市政协机关组成6个督查组对各县（区）贯彻落实市委《关于进一步加强人民政协工作的意见》情况进行一次专项督查，对各地贯彻市委《意见》中一些好的经验和做法进行总结，梳理一些问题，就加强政协自身建设向市委提出配齐配强县（区）政协领导班子；妥善安排好45周岁以下年轻副主席兼职问题；重视和加强政协委员队伍建设；加大政协机关干部培养、交流和使用力度；加大对政协工作的保障力度等6方面具体建议。市委常委会专门听取督查情况汇报，采纳政协提出的相关建议，并以市委文件形式将督查报告转发全市贯彻执行。这次督查由于时机选得准、声势大、效果好，在各县（区）引起强烈反响。

同时，加强对县（区）政协换届工作指导。2011 年 4 月 19 日，市政协党组向市委提出《关于建议换届中县（区）政协副主席交流任职的请示》，请求贯彻中央、省委和市委关于加强人民政协工作的有关精神，切实加大县（区）政协班子成员与党政班子交流力度，建议在 2011 年县（区）换届中，对担任县（区）政协副主席职务一届以上的、1960 年 1 月以后出生的、表现较好的交流到县（区）党政班子任职。5 月至 6 月，市政协主要领导先后深入崇仁、黎川、东乡、南丰县调研指导县（区）政协换届工作，详细了解各县（区）政协委员的规模、比例构成、提名原则和协商程序等方面情况，引导县（区）政协按照市委确定的基本原则和要求，进一步发挥主动性、调动积极性、配优代表性，扎实有效推进县（区）政协换届工作。市政协则认真做好二届市政协委员履职登记工作，为市政协换届提供参考和依据。

2023 年 11 月 27—29 日，省政协对抚州开展加强和改进新时代市县政协工作专项督查，并召开座谈会。座谈会上，督查组听取抚州市加强和改进新时代市县政协工作情况汇报，强调要加强党对政协工作全面领导，不断推动新时代政协工作提质增效；加强干部交流和委员培训，不断增强委员履职能力；充分发挥政协专门协商机构作用，奋力开创政协工作高质量发展新局面。督查组还深入东乡、宜黄、乐安和青创空间中共党员委员工作站等地开展实地督查，详细了解抚州市基层政协组织架构、人员配备、委员工作站建设等情况。

三、形成工作合力

2003 年 3 月 5 日，市政协一届二十三次主席会议审议通过《关于加强对县（区）政协工作指导的暂行办法》，提出：1. 市政协要同县（区）政协及时交流工作思路、工作安排、重要任务部署及各种重要信息；做好传达上级有关精神和推广基层政协工作经验等工作；重视倾听县（区）政协的意见和县（区）政协委员的建议。2. 市政协主席、副主席和秘书长每年至少到县（区）走访一次，了解和掌握县（区）政协的工作情况；到县（区）视察调研时，应约见当地政协主席，听取工作汇报。3. 市政协常委会邀请县（区）政协主席（或 1 名副主席）列席。4. 市政协适时召开全市政协工作经验交流会，县（区）政协主席或秘书长（办公室主任）座谈会，或其他形式的会议，研讨共性问题、沟通相互情况，推动各项工作的开展。5. 市政协办公室每年召开一次县（区）政协机关工作会议，采取以会代训的方法，对县（区）政协机关干部进行政协文秘、调研、信息等业务知识的培训。6. 市政协各专门委员会要加强同县（区）政协专委会的联系与合作，以调研课题为纽带，就共同关心的重要问题开展联合视察或专题调研，也可视情况召开对口工作研讨会。7. 市政协将适当组织县（区）政协领导外出参加学习考察活动。8. 市政协办公室宣传调研科负责承办联系指导县（区）政协的有关事宜。

2007 年 5 月，市政协出台《关于在县（区）设立市政协委员联络组的意见》，决定在各县（区）成立市政协委员联络组，负责与该县（区）市政协委员的联系工作。联络组由各县（区）政协主席任组长，县（区）统战部部长或有关领导任副组长。在县（区）政协办公室设立联络组办公室，负责对委员的联络和服务工作。市政协办公室配合县（区）市政协委员联络组开展工作，主动加强沟通、协调和服务，密切与县（区）市政协委员的联系。市政协委员联络组工作内容为：按照市政协的工作意见和要求，组织在县（区）市政协委员开展服务大局、履行职能“五个一”活动，了解他们发挥作用的情况，反映他们的意见和要求，帮助他们解决参加活动和工作中的实际困难；每年年底将委员开展活动、发挥作用的情况，向市政协办公室作一次书面汇报。活动方式为：每年组织县（区）市政协委员学习或活动一至二次；安排委员参加市政协组织的专题调研、视察和考察活动；经县（区）政协主席同意，组织县（区）市政协委员参加县（区）政协开展的有关活动；受市政协委托走访县（区）市政协委员。

2011 年 5 月至 6 月，市政协主要领导先后深入崇仁、黎川、东乡、南丰调研指导政协换届工作，市政协领导还深入挂点县（区）出席换届大会，实地指导县（区）政协换届工作。12 月 15 日，市政协在南丰县召开全市县（区）政协主席座谈会，总结交流全市县（区）政协换届以来创新政协工作和加强自身建设情况，征求对市政协 2012 年工作的意见建议。2012 年 10 月 25 日，全市县（区）政协秘书长、办公室主任会议在金溪县召开。会议认真总结各县（区）政协去年换届以来机关工作取得的成绩，交流各自创新机关工作的鲜活经验。2013 年 5 月 29 日，市政协在黎川县召开全市县（区）政协主席座谈会。会议认真总结回顾各县（区）政协近年来专题视察工作的开展情况，研究探讨新形势下创新专题视察工作的方式和途径；2015 年 1 月 5 日，市政协在金溪县召开全市县（区）政协主席座谈会。会议总结交流全市各级政协推进基层协商民主建设的经验和做法，深入探讨创新政协履职工作的方式和途径，并征求对市政协 2016 年工作的意见和建议。2016 年 6 月 22 日，市政协在宜黄县召开全市县（区）政协主席座谈会，各县（区）政协围绕“发挥政协优势，助推绿色发展”课题进行专题探讨。

2020 年 12 月 15 日，市政协在南城县召开全市县（区）政协主席座谈会，市、县（区）政协主席及市政协办公室负责人参加会议。会上，各县（区）政协主席围绕当地政协创新和亮点工作，以及对市政协 2021 年工作意见和建议分别进行交流发言。

2022 年 7 月 29 日，市政协在常委会会议室召开全市县（区）政协主席座谈会。市政协班子成员和县（区）政协主席出席会议，会议要求各县（区）认真总结工作成绩，进一步坚定信心、乘势而上，干出士气、干出底气，持续保持良好的发展势头。强调要激发委员履职热情，通过开展各项活动加强与委员的联系，不断扩大“朋友圈”，激发委员履职动力。会上，挂点联系县（区）政协的市政协班子成员作点评发言；各县（区）政协主席分别作“一县一品牌”情况汇报。

2022 年 9 月 19 日，在宜黄县召开全市县（区）政协“一县一品牌”工作交流会议。省政协党组副书记、副主席陈俊卿，市委书记夏文勇出席并讲话。省政协副秘书长吴泉水，市委副书记李高兴及市政协班子成员出席会议。陈俊卿对抚州市政协工作给予充分肯定，强调要百尺竿头，再上新台阶，形成更多可推广的抚州经验，努力争创新时代政协“第一等的工作”。夏文勇在讲话中强调要做实作响“一县一品牌”，坚持在守正、求实、创新、提升上下功夫，提高“一县一品牌”工作的层次和水平。会上，各县（区）政协汇报了“一县一品牌”工作情况。会前，与会人员考察了宜黄县部分企业、中共党员委员工作站和文史驿站。

2023 年 12 月 6—7 日，全市政协主席读书会在崇仁召开。省政协副秘书长、办公厅主任傅兆良出席会议并讲话，省委主题教育第三巡回督导组组长俞银先到会指导。市政协班子成员出席会议。读书会上，各县（区）政协就“一县一品牌”建设，市政协办公室、各专委会就“一委一特色”及规范化建设以 PPT 形式开展工作交流。会议期间，与会人员参观市政协办公室和各专委会规范化成果展，实地考察崇仁县科创中心中共党员委员工作站、中医院中共党员委员工作站、巴山镇政协工作联络组委员工作室和江西伊发电力科技有限公司、江西恒翔电气有限公司、崇仁县国品麻鸡有限公司。

2024 年 11 月 27—28 日，全市政协系统“一县一品牌”工作推进会在金溪、黎川召开。市政协班子成员出席会议。会议期间，与会人员先后来到金溪县浒湾镇乔治山庄、江西鑫科环保高新技术有限公司、陆坊村“‘心’事有约”政协委员协商议事厅，以及黎川县肖笑委员工作室、“书香政协·智汇煲都”黎事好协商工作站、江西祥川生物科技有限公司、江西省康舒陶瓷有限公司和彭美华委员工作室,实地视察金溪、黎川两地经济社会发展情况,观摩政协“一县一品牌”亮点特色工作。会议强调,要深学细悟做实习近平总书记在庆祝中国人民政治协商会议成立75周年大会上重要讲话精神,始终把习近平新时代中国特色社会主义思想作为统揽政协工作总纲,把党的领导贯穿政协工作全过程、各方面,发挥好各级政协党组把方向、管大局、保落实领导作用,以改革创新精神加强自身建设。要进一步深化思想认识、聚焦中心大局、激活品牌活力,持续提升“一县一品牌”影响力。推进会上,各县(区)政协就“一县一品牌”工作推进情况以PPT形式进行交流发言。

第三节　服务群众

抚州市政协组织紧紧围绕党委、政府中心工作,带领广大政协委员以回馈社会为己任,积极参与关爱弱势群体、支教助学、文明创建等公益爱心活动,为助力抚州社会经济建设、和谐社会发展作贡献。

一、科普咨询服务

1986年,全区政协组织各种咨询服务活动286次,举办科技培训班92期,受训人数达12329人次,技术讲座72场,听众达8640人次,印发各种科普资料12400多份,接待上门求技人数1590人次,为群众送医送药看病3000多人次、捐献图书2064册。

1988年,全区政协组织通过分期分批组织有技术专长的政协委员,到工厂、边远山区和贫困地区开展机械制图、杂优制种、技术传授和培训、巡回医疗、咨询等服务活动,受益人数达24486人次。群众称赞政协“人才库里多良才,为民服务记心怀,深厚情谊春常在,欢迎你们多多来”。

1989年,全区政协组织举办科技讲座30余期,听课群众5000余人次。1990年至1992年,全区政协举办各种培训班、技术讲座870多次,计有6.5万人参加;开展咨询活动580次,产生直接间接经济效益近1000万元;与13个集体企业挂钩,帮助抚州市第二印刷机械厂、炉具厂等单位调整产品结构,开发新产品,使QZ800型切纸机和节煤炉被评为全省优质产品,企业扭亏为盈。次年,全区政协充分发挥专委会群体优势和委员个体优势,组织开展科技、文化、卫生、农业推广、法律咨询等服务活动170余次,受到社会普遍赞誉和好评。

2006年1月,市政协联合市药监局在春天大药房、开心人大药房和怀仁药堂,开展大型药品分类管理宣传咨询活动,向群众宣传安全用药知识,发放宣传册4000多份,接受咨询300多人次。6月,联合市教委组织优秀骨干教师,赴乐安县流坑小学送教下乡,受到当地群众欢迎和好评。9月,联合市中级人民法院在市职业技术学院开展送法进校园活动,举办青少年预防违法犯罪法制讲座,教育学生树立正确的人生观价值观,学法懂法守法用法,做一个新世纪合格的大学生。

2011年11月,市政协联合九三学社市委会在金溪县浒湾镇洛城村开展下乡义诊活动,为500多名群众进行免费诊疗,发放药品价值4000余元。组织部分科技界别委员到东乡县圩上桥镇开展科技下乡活动,发放科技资料1500份,接待咨询群众近2000人。组织民建界别委员到临川区唱凯镇,开展医药农技法律“三下乡”活动,发放资料2000余份,发放药品3000余元,接受咨询近1000人次,接受义诊200多人次。

2012年3月,市政协在抚州职业技术学院举办以“送法进校园”为主题的委员活动日,采取现场法律咨询、法制讲座等形式,发放法律宣传书籍1000册，600多名学生听取预防青少年违法犯罪法制讲座。六一儿童节前夕，市政协组织政协委员、民盟盟员、爱心企业家深入宜黄县南源乡学校，开展“农村教育烛光行动”暨爱心捐赠活动，捐赠款物10万余元。

2016年9月，市政协协助中华社会救助基金会“雪莲之花”青少年儿童慈善基金志愿者，赴乐安县增田镇瑶前村小学开展“我要成为怎样的人”主题课、答题比赛、趣味游戏、捐助学习用品等志愿服务活动，让学生在开心教育中感受慈善互助精神。12月4日，在“国家宪法日”组织法律专家委员，赴市羊城广场开展“法律服务进社区”公益活动，为市民解答宪法、税务、劳动和社会保障、食品药品流通等方面的法律误区盲区问题，发放法律法规宣传资料数百套，接待咨询市民200余人次。

2022年10月，由医卫小组委员举办《新冠肺炎疫情防控知识》大讲堂。市政协委员及幼师高专的领导、师生400多人参加活动，为处于封闭管理状态的学校师生纾困解忧。联合市工商联、市第一医院，由该委医卫界委员组织在中阳广场等地开展3场市民营企业家健康知识系列专题讲座。

2023年10月，市政协社会和法制委与市中级人民法院、抚州高新区3家单位联合，举办“法治助企”牵手“法惠千企”法治大讲堂。邀请省委主题教育办第三巡回督导组、省高级人民法院领导观摩指导；市中级人民法院分管副院长就工伤保险、劳动争议、执行难、合同签订等法律问题进行授课；市直有关单位负责人、工商企业界、法律界委员及企业家代表130余人参加。市政协以此拉开“帮助企业纾困解难办实事”帷幕，使政协参与优化法治化营商环境、用法治力量护航企业发展变成具体化、可操作的现实。

2024年6月，市政协提案委员会联合民盟抚州市委会、临川区政协等单位在荆公协商吧荆公路街办五皇殿社区举行“中医药文化进社区宣传活动”暨“中医治疗睡眠障碍”专题知识讲座。江西中医药大学附属医院中医师由浅到深讲解中医诊断和芳香推拿疗法，在讲解同时对芳香推拿疗法穴位推拿进行手把手示范，让在场人员对中医治疗睡眠障碍有较清晰认识和了解。部分机关单位、市区政协委员以及社区群众代表近100人参加此次讲座。7月，农业农村委组织市农科所专家，在山下议事厅开设设施蔬菜栽培技术讲座，讲座分为讲授理论知识和现场教学两个环节，参加讲座的28户种植户连连称赞，称为他们送来实用技术。社法委联合市司法局、市中级人民法院在高新区孵化园创建“法治服务中心”，采取常态化联系、固定日坐诊、预约式上门等方式，为园区企业开展法治宣传、法治体检和法律援助等服务。市政协教科卫体委携手上海雪莲之花青少年儿童慈善基金会，深入广昌农村为学校五至九年级学生发放“青春健康包”，举办青春期知识讲座，助力学生身心发展。12月13日，市政协联合市司法局、抚州高新区，在高新区工作站举办“行政复议”法治大讲堂活动。市直有关单位负责人、部分驻抚省政协委员、市政协委员、市政协智库专家及工商企业界人士、青年创业协会会员等80余人参加。市司法局作《发挥行政复议制度优势，赋能法治化营商环境》专题辅导，与会人员参与交流互动。

二、送温暖献爱心

2001年至2003年，市政协组织医药卫生界委员和部分医疗专家，先后深入南丰县、临川区边远山区，开展医疗保健咨询服务活动，进行义诊300余人次，免费提供药品1.4万余元。

组织市第五医院医生在原抚州棉纺厂社区，开展“医疗保健咨询与义诊”活动，接待咨询300多人次，解答疑难问题100余个，免费治疗18人次，赠发保健资料200多份，产生良好社会反响。

2004年至2005年，市政协委员们立足自身岗位，积极献计出力，奋战在防治“非典”第一线，开展科技文化卫生“三下乡”活动，赴老区送医送药义诊咨询，用实际行动塑造人民政协的良好形象。市政协组织开展向残疾人献爱心活动，两名副主席当场认捐8000元资助三名贫困残疾人大学生。举办“关爱生活、关爱健康——拒绝虚假药品、医疗器械、保健食品广告”宣传活动，发放宣传资料2500余份，接受咨询1000余人次。组织委员和文艺界人士，分别到临川区嵩湖乡谢家村和东馆镇东馆村开展送戏下乡活动，1.4万人次观看演出，赢得农民群众广泛称赞。

2007年，市政协组织卫生界别委员到临川区云山镇开展送医送药下乡活动，咨询治疗500余人次，免费送药5000余元；组织文艺界委员到乐安县万崇镇送戏下乡，1200多位农民到场观看；组织教育界委员和优秀教师到东乡县杨桥乡中心小学送教下乡，传授先进教学理念和科学教学方法；组织工会、社会保障、法律界委员和金柏（香港）实业有限公司，在“六一”国际儿童节期间为崇仁县三山乡中心小学320名小学生每人赠送了一个爱心书包；在“重阳节”，联合市残联向市城区河滨花苑老年公寓的孤寡、残疾老人捐赠可折叠式轮椅。

2008年3月，市政协组织文艺界委员和省政协光华艺术团，在“抗冰救灾”中冒着严寒赴临川区腾桥镇向驻军官兵慰问演出；组织内科、儿科、眼科、骨科、呼吸科、耳鼻喉科等方面专家赴灾区义诊700多人次，捐赠药品2万多元。11月，组织部分消化内科、心血管内科、妇科、五官科、中医科、骨科等方面的市政协委员和医疗专家赴宜黄县黄陂镇送医送药，接诊近500人，发放健康教育宣传资料800多份，赠送药品3000多元。次年11月，市政协组织医药卫生界别委员赴乐安县公溪镇开展送医送药活动，为200多名村民进行诊疗，发放药品1500多元。

2013年6月至11月，市政协分别赴临川区河埠乡、太阳镇和广昌县驿前镇姚西村，开展“医药农技法律三下乡”“同心·振兴苏区·广昌行”“宣讲政策、服务基层”活动，向基层群众宣讲党的十八届三中全会精神，征求对农村发展、帮扶困难群众的意见建议，接受群众咨询3000人次，义诊600余人次，发放物资4万元。9至10月，积极参与全市开展爱国卫生月活动，组织大扫除，整治乱搭乱建、占道经营现象，为文明城市创建工作添砖加瓦。11月，分别深入金巢经济开发区崇岗镇、临川区七里岗乡开展“送医药、送科技、送温暖”活动，义诊200人次，为敬老院和贫困学生送去3万元慰问金。同月，到东乡县马圩镇开展送温暖下乡活动，看望慰问敬老院老人和部分低保户居民。

2018年1月，市政协联合团市委组织共青团界别委员到黎川县日峰镇店前小学开展“暖冬黎川行”活动，为45名孩子送去棉衣、书包、文具等用品1万余元。11月，组织教育界委员开展送教下乡活动，给黎川县日峰镇店前村小学送去7100元的课外读物和学习用品，带去先进教学理念和鲜活的教学形式。

2019年6月，市政协促成雪莲之花青少年慈善基金会和微笑明天慈善基金会与市教育促进会签订助学协议，向乐安县牛田镇水南小学捐赠“六一”学习用品260余套，在乐安临川开展校长领导力培训和村小教师儿童心理学培训。9月，争取雪莲之花青少年慈善基金会和微笑明天慈善基金会支持，向乐安县牛田镇水南小学和增田镇瑶前村小学捐赠校服243套。

2020年12月，市政协组织委员前往黎川县店前村，开展扶贫送教活动，为学校和贫困户送去防疫用品，给孩子们送去别开生面的示范课。组织医药卫生界别委员、医疗专家，筹措3.6万元家庭常用药品，深入金溪县秀谷镇、陈坊积乡开展扶贫义诊活动，为300多名农村基层病患者诊治。

2021年12月4日，市政协组织人资环委、九三学社界别委员，深入临川区高坪镇东源村开展扶贫帮困活动，为贫困学生发放书包、文具等学习用品，义诊服务贫困群众200多人次，赢得群众一致点赞。

2022年9月，市政协社法委、市民政局、市妇联、市残联等单位，深入到临川区罗湖镇邹阳村，开展“喜迎二十大·奋进感党恩”爱心帮扶活动，为29户困难群众每户安排帮困资金800元，为6名困难学生提供5800元助学资金，给村里送上轮椅、拐杖等助残物资折合人民币6000余元。10月，市政协在广昌县第一中学开展“市政协委员‘爱心助学、激励成长’行动”计划，13名委员与广昌一中20名初二学生结对，出资6万元助其完成初中阶段学习。继续牵线雪莲之花青少年慈善基金会，由上海市初中语文特级教师曹刚老师及其团队，为抚州开展两期“初中语文教师公益赋能在线培训”，发放培训奖品价值2万多元；为乐安县牛田镇水南小学、增田镇瑶前小学捐赠校服、鞋子、益智玩具包、办公电脑、培训奖品等，价值共计6.2万余元。

2023年6月，市政协与省政协港澳台侨对接联系董妈妈基金向临川连城乡中、小学困难学生捐赠资金6万余元。市政协与民建市委会积极筹集资金向灵谷峰小学捐赠“音乐教室”和图书室折合资金3.2万元。10月、11月，市政协人资环委邀请九三学社北京西城区委来抚开展“合作共建”医疗、商务共建活动，深化交流对接、在互通互融中互促互进。本次“合作共建”义诊活动在抚州市立医院、临川区第一人民医院共诊查群众200余人次，助力提升抚州医务人员专业能力和医技水平，让百姓在家门口享受优质医疗资源。联合九三学社市委会分赴临川大岗、宜黄县二都镇山前村，开展医疗专家大型义诊宣教活动，活动期间共服务基层群众300余人次，发放宣教资料300余册，让暖心义诊走进乡村。12月中旬，教科卫体委组织市政协医疗界别委员、医疗专家18人到广昌县尖峰乡，开展“送医下乡防癌筛查”义诊活动，免费筛查甲状腺癌、乳腺癌、妇产科肿瘤、前列腺肿瘤等，义务诊治冠心病、高血压、糖尿病等慢性疾病，当天诊疗乡村基层病患240余名。并开展心电图、B超检测200余人次，送药87人次。

2024年，市政协人资环委联合九三学社市委会，先后在崇仁马鞍、宜黄二都两地卫生院开展义诊活动，来自全科、老年科、营养科等医疗专家们，通过深入浅出地解读全民健康生活方式，传播和普及健康生活技能，并为居民提供义诊和健康咨询服务，累计接待群众300余人次，免费为群众测量血压、血糖共460余人次，发放卫生保健资料200余册。教科卫体委协调上海雪莲之花慈善基金，助力抚州农村教育事业。先后赴广昌、乐安开展慈善助学活动，共捐助教辅设备、学生用品价值24多万元。港澳委联合市科协、眼科医院等单位以“关注普遍的眼健康”为主题，开展一系列爱眼科普宣传活动，助力全年龄段人群远离眼疾困扰。开展“雪莲之花”捐资助学、义诊服务、法律援助等履职活动10余场次，惠及群众千余人。市政协提案委员会联合民建界别赴崇仁县礼陂镇红星村开展“送医药、送科技、送法律”三下乡活动。来自抚州市第一人民医院、临川区人民医院的医生认真细致地为前来求医问诊的群众检查诊治，耐心解答群众咨询，详细讲解一些常见疾病预防知识；律师用生动的语言向群众宣讲宪法、民法典等法律知识；农业专家给农民讲解如何科学种田及农作物防虫防病等知识。此次活动共提供义诊服务200余人次，捐赠1万元非处方人用药品和农药物资，发放医疗保健、种植养殖资料和法律知识宣传册500余份，获得当地百姓广泛好评。

第十章　自身建设

加强自身建设是政协履行职能和事业发展的基本要求，贯穿于政协各项工作全过程。政协抚州市委员会坚持将加强自身建设作为政协工作重要内容，通过不断完善机制、提高效能，持续夯实履职基础，着力推进政协工作制度化、规范化和程序化。坚持把加强自身建设作为履职重要保障，以学习强素质、以规范促有序、以作为树形象，不断强化政治建设、思想建设，夯实执政根基；不断加强组织建设、作风建设，建强建优领导班子、机关干部和委员队伍，促使政协工作迈上新台阶。

第一节　政治建设

人民政协作为政治组织，是中国特色的制度安排，是我国政党制度的政治形式和组织形式，有着鲜明的政治特征。加强人民政协政治建设，是体现人民政协政治属性的客观要求。抚州市政协认真贯彻《中共中央关于加强党的政治建设的意见》，始终把牢政治方向，推进政协工作高质量发展。

一、坚持党的领导

政协抚州地区联络处、政协抚州地区工作委员会时期，把坚持党的领导、争取党委重视作为做好政协工作的根本保障。1996 年 10 月 12 日，中共抚州地委下发《关于坚持和完善中国共产党领导的多党合作和政治协商制度的实施办法》，明确政协地区工委政治协商、民主监督主要形式。

市政协始终把坚持党的领导贯穿政治协商工作各方面全过程，坚持和完善重大事项向市委请示和报告制度，自觉维护党的领导，定期向市委汇报工作，始终在市委领导下开展工作，做到市委部署要求到哪里、政协的力量就汇聚到哪里，市委工作推进到哪里、政协作用就发挥到哪里，确保党的方针政策和各项决策部署落到实处。

2000 年，市政协以邓小平理论为指导，认真学习贯彻江泽民总书记在庆祝人民政协成立 50 周年大会上的讲话和全省政协工作会议精神，牢牢把握团结和民主两大主题，依靠全体委员和各参加单位的共同努力，认真履行职能，积极推进履行政治协商、民主监督、参政议政职能的规范化、制度化建设。

2001年初，全省政协工作会议召开后，市政协党组及时向市委常委会会议汇报会议精神，提出市政协在“两化”建设中需要市委解决的具体问题，得到市委高度重视。3月，市委召开全市政协工作会议，下发《关于进一步加强人民政协工作的实施意见》，明确加强党委对政协工作领导的具体要求。会后，市委转发《政协抚州市委员会关于政治协商、民主监督、参政议政的实施细则》，市委办、市政府办联合下发《关于建立市委、市政府有关部门与市政协专门委员会对口联系的通知》。各县（区）党委从实际出发，制定完善实施细则。市政协在日常工作中加强与市政府沟通和联系，市政府全力支持政协工作，下发《抚州市人民政府关于加强与市政协日常联系的试行办法》《关于人大代表建议政协委员提案办理工作的规定》。

2002年2月，市委批复成立中共抚州市政协机关党组。5月，市政协机关党组第一次会议通过《中共政协抚州市委员会机关党组工作规则》（试行），明确机关党组的工作职责和工作程序。

2003年6月30日，市政协机关党支部召开党员大会进行换届选举，产生市政协机关新一届党支部，由原隶属于市委机关党总支部改为直接隶属于市直机关工委。至此，市政协建立起市政协党组、市政协机关党组、机关党支部党的三级组织体系，共有中共党员30名。

2004年初，市政协党组向市委常委会专题汇报政协工作，主动参与对各县（区）委贯彻落实《市委关于进一步加强人民政协工作的实施意见》专项督查，并将督查情况向市委常委会作专题汇报。

2010年，市政协在年初目标制定上，主动将党组工作要点及年内调研、视察课题送交市委常委会会议审议，使政协工作方向明确、目标具体、心中有谱、行动有力。在工作任务安排上，主动围绕市委、市政府决策部署开展履职活动，维护大局、融入大局、服务中心、推动发展；在项目建设、招商引资、改善民生和维护稳定等方面积极作为，得到市委、市政府和社会各界肯定好评。市委、市政府主要领导经常给市政协出题目、提要求，市政协重大活动“有请必到”、重要建议“有文必批”、重点需求“有求必应”。5月，市委召开全市政协工作会议，市委主要领导到会讲话，黎川、南丰县委在会上作典型发言。会议下发《中共抚州市委关于进一步加强人民政协工作的实施意见》，获得省政协高度评价，《人民政协报》《光华时报》分别作长篇报道，引起各地广泛关注。全市各级政协组织认真贯彻《意见》精神，出台一系列工作举措，推进政协工作制度化规范化科学化。据统计，当年市委主要领导就加强政协工作和有关协商议题先后作5次讲话、6次批示，市政府多次召开政府常务会议研究采纳政协建议。外地政协先后来人来电，学习借鉴经验。

2014年8月，制定《中共政协抚州市委员会党组工作规则》，规范党组主要职责、会议制度、民主生活会制度和理论学习制度。

2016年12月13日，成立中共政协抚州市委员会机关总支部委员会，市政协机关党的组织建设和组织体系进一步完善。

2018年，市委在全省率先出台《关于切实加强新时代人民政协党的建设工作的实施意见》，把政协党建纳入党委工作总体布局，一体谋划，一同推进。市委主要领导多次到政协调研指导，要求“积极创造政协系统党建工作抚州经验”。市政协党组印发《贯彻意见》，严格执行重大问题请示报告制度，坚持把常委会工作报告、党组工作要点、年度协商计划、重大调研视察课题、重大履职活动等，报经市委批准后实施，确保政协工作与党委同心同向。明确政协党组和机关党组领导的政治职能，要求树立“党建+”理念，推进“连心、强基、模范”三大工程，建立督查考核机制，组织开展“流动红旗党支部”、党员示范岗创先争优活动，增强政协基层党组织战斗力。11月8日，成立中共政协抚州市委员会机关委员会，下设第一、第二、第三和退休干部党支部等4个党支部。11月16日，市委批复市政协党组，同意政协抚州市委员会党组在市政协各专门委员会设立3个分党组，各分党组设委员3名，其中书记1名，由有关专委会党员主任和兼职党员副主任担任。

2019年，市政协党组创新党建工作载体、拓展党建活动平台，在有关单位、企业、社区设立30个中共党员委员工作站，采取"中共党员委员＋非中共党员委员＋界别＋专委会(或县区政协)特色工作"模式，实现党的组织对党员委员全覆盖，党的工作对政协委员全覆盖。建立党员委员直接联系服务群众制度，党组成员联系界别、党员委员联系党外委员制度，政协重要履职活动设立临时党组织等11项工作制度。11月14日，市政协党组在市文化旅游投资发展有限公司举行中共党员委员工作站挂牌仪式，并分别向市红十字会、市实验学校、玉茗建设集团、明恒纺织集团等单位授牌。12月12日，全省政协系统首次党的建设工作座谈会在抚州市召开，《人民政协报》《光华时报》《抚州日报》对抚州市全面加强政协党建工作的创新做法作长篇报道，全国政协和省政协给予充分肯定。

2020年，市政协党组压实党建工作责任，切实扛起管党治党主体责任，定期研究政协党建工作，把党的建设要求落实到政协工作各方面和全过程。进一步完善政协党组、机关党组、机关党委、机关党支部四级党组织体系，形成主体明确、职责清晰，上下衔接、环环相扣的党建工作机制。5月，协助市委召开全市政协工作会议，转发《市委关于新时代加强和改进人民政协工作的实施意见》，在全市政协系统掀起学习热潮。8月24日，全国政协在北京召开全国地方政协工作经验交流会，市政协《以党建为引领，推动履职工作提质增效》印发会议交流。

2010年、2014年、2015年，市政协机关支部3次获评市直属机关党的工作目标考核优秀基层党组织；2019年6月，市政协机关党委获评市直机关先进基层党组织；2020年6月，市政协机关退休干部支部获评全市离退休干部先进集体。

2021年，市政协党组在切实履行管党治党主体责任的过程中，重点抓好党建工作述职评议和先进党支部、中共党员委员红旗工作站、党员示范岗评比表彰等创先争优活动，不断推进基层党组织"三化"建设。市政协机关党组印发《关于创建全市离退休干部"示范党支部"的实施方案》，按照全面抓实"三化"建设的部署要求，采取定量与定性相结合的方式，在硬件建设上做到"十有"，在软件建设上做到规范有序，打造离退休干部"示范党支部"。

2022年，制定《市政协机关创建"模范党支部"实施方案》，第三党支部紧扣创评标准，把握关键步骤，着力推进党建工作和业务工作相互促进，取得明显成效。经过创评、PPT汇报、民主测评、量化评分等环节，市政协机关第三党支部获得佳绩，被中共抚州市委命名为全市"模范党支部"。退休干部党支部以"示范党支部"创建为抓手，不断推进老干部工作迈上新台阶，4月被授予全市离退休干部"示范党支部"称号，7月被授予全省离退休干部"示范党支部"称号。

2023年，市政协把抓好党建作为最大的政绩，规范完善政协党组、机关党组、机关党委、机关党支部、临时党支部"五位一体"工作体系，纵深推进中共党员委员工作站"党建＋履职"阵地建设，全面推进党的建设与履职工作深度融合，实现党的组织对党员委员全覆盖、党的工作对政协委员全覆盖。8个专委会均建成中共党员委员工作站，每个工作站均实现"六有"目标，即有场地、有标识、有制度、有计划、有记录、有成果。至年底，8个工作站共开展履职活动122场次，参与委员和界别群众达16000余人次，有力推动政协工作创新发展、提质增效。

2024年，市委高度重视政协工作，新任市委书记上任当天就到市政协机关调研指导，听取意见建议，提出具体要求，并亲自给政协"点题"调研，为政协工作把脉定向；市政府新任主要领导第一时间走访市政协机关，多次听取政协工作汇报、参加政协重要活动。市政协党组充分发挥把方向、管大局、保落实领导作用，对中共中央决策部署及省委、市委工作要求，第一时间传达学习，研究贯彻落实措施，确保党的领导在政协见行见效。自觉将政协工作置于市委领导之下，严格执行请示报告制度，重大问题、重要事项和重点工作安排及时向市委报告，年度协商计划报请市委批准后实施。

二、把握政治方向

政协组织成立以来，始终坚持党的领导，确保正确政治方向，团结引领政协参加单位和各民主党派、人民团体和社会各界人士，不断增进政治认同、思想认同、理论认同、情感认同，把市委的决策部署转化为各党派、各团体、各阶层、各界人士的普遍共识，不断汇聚推动经济社会发展的磅礴力量。

2006年，市政协向市委常委会专题汇报学习贯彻《中共中央关于加强人民政协工作的意见》《中共江西省委关于支持和保证人民政协履行职能发挥作用的意见》情况，提出进一步加强人民政协工作任务和措施。主动协助市委召开市直部门协调会，市委下发《市直有关部门贯彻落实〈省委支持和保证人民政协履行职能发挥作用的意见〉任务分工方案》，在全市构建起重视和支持政协工作责任体系。

2011年4月，市政协印发《关于开展“学在岗位、提升素质，打造学习型、和谐型政协机关”活动的实施方案》，把加强思想理论建设摆在机关建设的首位，组织开展主题鲜明、内容丰富、形式多样的学习培训活动，引导机关干部职工深入学习政治理论，提高思想认识，巩固共同思想政治基础。

2013年，市政协党组围绕建设学习型政协组织目标，采取主席会议、常委会会议、专委会会议、机关集中学习等形式，认真学习中共十八大、十八届三中全会和习近平总书记系列重要讲话精神。

2016年以来，市政协党组坚持把学习贯彻习近平新时代中国特色社会主义思想作为政治协商工作的总纲，及时跟进学习习近平总书记重要讲话和指示批示精神，持续在学懂弄通做实上下功夫，班子成员增强“四个意识”、坚定“四个自信”、做到“两个维护”，自觉在思想上政治上行动上同以习近平同志为核心的党中央保持高度一致。

2021年11月，市政协主动对标对表全国政协和省政协工作部署，认真贯彻落实市第五次党代会精神，制定《关于加强市政协领导班子自身建设的意见》，提出20条具体措施。

2022年5月，市政协印发《关于建设忠诚为民务实奋进政协的实施意见》，提出建设“忠诚为民务实奋进的政协”奋斗目标。建设“忠诚的政协”，就是坚持政治统领，旗帜鲜明讲政治，始终把坚持党的领导贯穿于政协履职全过程、各方面，自觉在思想上政治上行动上同以习近平同志为核心的中共中央保持高度一致，确保中共中央、省委、市委决策部署在政协得到不折不扣地落实。建设“为民的政协”，就是聚焦履职为民，始终遵循人民政协为人民的履职理念，深入体察民情，倾听人民呼声，通过提案、社情民意、建议案等反映百姓诉求，协助党委、政府破解民生难题、增进民生福祉、促进社会和谐。建设“务实的政协”，就是围绕中心大局，紧扣抚州改革发展稳定中的重大问题，勇当实干家，不当旁观者，多建睿智之言、多提管用之策，用实实在在的工作业绩，彰显政协作为。建设“奋进的政协”，就是瞄准提质增效，解放思想、开拓创新、提振精神，争创新时代政协“第一等的工作”，力争在全省政协系统走前列、争一流。

2023年，市政协坚持人民政协政治属性，加强政治理论学习，用习近平新时代中国特色社会主义思想凝心铸魂，使政协履职思想基础更加牢固，确保全市政协事业始终沿着正确方向前进。市委高度重视政协工作，充分发挥总揽全局、协调各方的领导核心作用，专题听取市政协党组工作汇报，研究审定市政协常委会工作报告、重点协商计划等重要事项，确保政协经常性工作及履职实践的正确方向。

2024年，市政协始终把党的政治建设摆在首位，带头严守党的政治纪律和政治规矩，坚决捍卫“两个确立”，增强“四个意识”、坚定“四个自信”、做到“两个维护”。坚定不移把党对政协工作的全面领导落到实处，确保政协全会、党的建设等重大事项、重要问题及时向市委请示报告。主动请市委点题，确定年度协商重点课题，以市委办、市政府办、市政协办名义下发2024年年度协商计划，确保政协事业始终沿着正确方向前进。

三、提升政治能力

市政协加强政治能力建设，按照“懂政协、会协商、善议政”的要求，不断提升班子成员、政协委员政治能力。

2003年，按照省委和市委的部署，市政协班子成员分期分批参加省委党校的“三个代表”重要思想研讨班学习，联系政协工作实际，在深入上下功夫，在研究上作文章，以“三个代表”重要思想指导政协工作实践。县（区）换届后，市政协组织新当选的县（区）政协主席参加全国、省政协理论研讨和学习培训；各县（区）政协举办新委员培训班，认真学习统战、政协理论和业务知识，提高参政议政水平。按照市委要求，市政协分期分批轮训机关处级和科级干部。机关干部结合全市开展的“两问三视四比”学习教育活动，撰写大量读书笔记和心得体会，提高思想境界。通过学习培训，把思想统一到党的十六大精神上来，把“三个代表”重要思想贯彻到履行职能各项工作中，为做好新时期政协工作打下坚实思想基础和理论基础。4月26日，市政协召开主席会议，专题学习新修改的政协章程。会议要求各级政协组织和政协委员深入学习，广泛宣传，把人民政协各项工作进一步推向前进。

2016年至2017年，市政协机关党支部召开“两学一做”第一专题集中学习会，市政协主席以党员身份参加学习讨论，并结合政协工作实际，畅谈自身所思、所悟、所得。制定《市政协机关2017年党员固定活动日方案》，规范机关党组织生活，推动机关党建工作规范有序开展。

2018年7月，市政协党组开展诵读红色家书主题活动，全市政协委员、机关干部接受革命传统教育，坚定理想信念，在党史学习教育和革命传统教育中提升政治能力。11月，市政协党组印发《中共抚州市委关于切实加强新时代人民政协党的建设工作的实施意见》，政协党组和政协机关党组制定习近平新时代中国特色社会主义思想年度学习计划，重点学习贯彻习近平新时代中国特色社会主义思想和党的十九大精神、学习贯彻习近平总书记关于加强和改进人民政协工作的重要思想，结合学习省委、市委重要会议精神、相关业务和经济文化科学知识。

2021年，市政协贯彻落实中共中央决策部署和省委、市委工作要求，坚持学党史与悟思想融会贯通、办实事与开新局同向发力，围绕学史明理、学史增信、学史崇德、学史力行，组织开展学习16场次，市政协班子成员作研讨发言22人次，形成机关全体党员干部参与、整体提升的学习格局。

2022年，市政协主动对标对表全国政协和省政协工作部署，认真贯彻落实市第五次党代会精神。聚焦履职为民，始终遵循人民政协为人民的履职理念，深入体察民情，倾听人民呼声，反映百姓诉求，协助党委、政府破解民生难题、增进民生福祉、促进社会和谐。围绕中心大局，紧扣抚州改革发展稳定中的重大问题，勇当实干家，多建睿智之言、多提管用之策，用实实在在的工作业绩，彰显政协作为。5月，市政协下发《关于印发〈开展“政协工作突破年”活动的实施方案〉的通知》，推出开展“政协工作突破年”活动实施方案。《方案》提出总体要求、工作目标、重点任务和组织领导等，对重点任务落实责任部门，是一个指导性、可操作性都很强的方案。随后，各责任部门认真负责地按方案要求进行实施并取得良好效果。瞄准提质增效，解放思想、开拓创新，争创新时代政协“第一等的工作”，在全省政协系统走前列、争一流。

2023 年，市政协不定期地组织开展政治理论和业务知识的学习，切实提高全体政协委员和政协机关干部思想政治素质及业务素质，提升履职水平，增强执行党的各项政策的自觉性。市政协党组提出“政协工作提质年”方案，并认真抓好组织实施。引导机关党员坚定理想信念，砥砺初心，淬炼党性，不断提高机关党员干部的政治判断力、政治领悟力、政治执行力，着力在各项工作中作示范，勇争先。同时把模范机关“质量提升年”活动、创建“模范党支部”纳入市政协 2023 年度重点工作内容，确定责任人员和完成时间，实现挂图作战。

2024 年，市政协进一步坚定立场、把牢方向，以更高站位强化“工作落实年”，提升政治能力。把习近平新时代中国特色社会主义思想作为统揽政协工作的总纲，不断提高政治判断力、政治领悟力、政治执行力，深刻领悟“两个确立”的决定性意义，增强“四个意识”、坚定“四个自信”、做到“两个维护”，切实担负起“落实下去、凝聚起来”的政治责任。

四、开展政治谈话

为落实好管党治党主体责任，推进全面从严治党向纵深发展，推动全市政协系统政治生态持续向上向好，市政协党组按照市委部署要求，开展年度政治谈话。政治谈话对象是全市政协系统市管干部，非党员干部不开展政治谈话，但要接受谈话；主要采取个别谈话方式进行，根据工作需要，少量采取集体谈话方式。

2021 年 12 月 13 日，市政协党组下发《2021 年度市政协党组政治谈话工作方案》。政治谈话内容以习近平新时代中国特色社会主义思想为指导，深入学习贯彻习近平总书记在庆祝中国共产党成立 100 周年大会上的重要讲话精神，认真贯彻落实党的十九大以来的历次全会精神和中央政协工作会议及省委政协工作会议精神，坚持和加强党的全面领导，坚持党要管党、全面从严治党。主要围绕理论武装情况、履职尽责情况、“我为群众办实事”情况、落实管党治党责任情况、遵守纪律规矩情况、汲取肖毅、方百春案件教训情况、所在单位政治生态情况七个方面进行。市政协党组成员坚持把思想政治工作贯穿始终，坚持问题导向，按照分工扎实开展政治谈话工作，做到见人见事见思想，并形成《政治谈话情况报告单》《政治谈话情况汇总表》上报。

2022 年 9 月 7 日，市政协党组下发《2022 年度市政协党组政治谈话工作方案》。政治谈话重点围绕作风建设主题，结合党的创新理论武装、推进全面从严治党、所在单位政治生态及了解掌握的苗头性、倾向性问题和其他需要监督提醒、批评教育的有关情况，谈思想认识、职责使命、责任落实、问题表现、对策举措，是开展落实中央八项规定精神十周年“回头看”活动和深化“八扬八治”活动内容之一。谈话工作按照“强化政治引领、规范工作流程、抓好督促落实”三个方面的要求，扎实有序开展，取得良好效果，并形成《抚州市领导开展政治谈话情况报告单》《抚州市领导开展政治谈话情况汇总表》上报。

2023 年，市政协党组根据《中共江西省委办公厅关于进一步规范政治谈话工作的通知》精神，采取个别谈话和集体谈话方式，组织开展政治谈话。谈话围绕“两个确立”“两个维护”，履职尽责、担当作为、贯彻落实中央八项规定精神等方面，结合党的创新理论武装、推进全面从严治党、所在单位政治生态及了解掌握的苗头性、倾向性问题和其他需要监督提醒、批评教育的有关情况等，谈思想认识、职责使命、责任落实、问题表现、对策举措。特别是从政治上看、从政治上抓，将严禁违规吃喝行为作为本次政治谈话必谈内容，督促领导干部尤其是“一把手”认真学习贯彻落实《关于坚决防止违规吃喝歪风反弹回潮落实“十个严禁”纪律要求的通知》要求，推动形成“关键少数”以上率下的头雁效应，坚决纠正“小节论”“影响发展论”等错误思想，坚决防止违规吃喝歪风反弹回潮。开展政治谈话的领导是市政协厅级党组成员，市政协党外副主席需要参加自己挂点县（区）政协领导班子谈话。政治谈话对象是全市政协系统市管干部（含非党员干部）。市政协主要领导分别与班子成员和各委办主任开展一对一谈心谈话，与市政协机关干部开展集体谈心谈话，鼓士气、压担子、提要求、教方法，激发机关干部精气神。

2024年，为全面落实好管党治党主体责任，纵深推进全面从严治党，根据《省委办公厅关于深入开展政治谈话进一步提升谈话质效的通知》精神，按照市纪委工作要求，市政协厅级党组成员紧扣“四个聚焦”重点内容，对机关县处级干部和各县（区）政协班子成员开展政治谈话，在思想政治工作上下功夫，突出重点、抓住关键、走深走实，真正让党员干部在压力传导中拧紧思想政治“螺丝”、上紧纪律规矩“发条”。

第二节　思想建设

长期以来，抚州市政协党组织深入学习贯彻党的历次全会精神，积极开展“三讲”教育、“三个代表”重要思想学习教育、保持共产党员先进性教育活动、学习实践科学发展观活动、党的群众路线教育实践活动、“三严三实”专题教育、“两学一做”学习教育、“不忘初心、牢记使命”主题教育和党史学习教育等主题教育活动，不断巩固共同思想政治基础，动员、带领广大政协委员为实现中华民族伟大复兴中国梦不懈奋斗。

一、加强政治理论学习

全市各级政协组织把加强政治学习、强化理论武装贯穿于政协工作始终。1989年，政协抚州联络处以改革精神加强自身建设，从过去以自身教育为主，转向学习与知情、学习与议政相结合，认真学习贯彻中共十三届三中全会精神和全国政协七届一次会议精神，开展生产力标准学习讨论，进行治理整顿学习座谈；逐步深化对人民政协性质地位作用的认识，克服“协商监督不灵、参政议政无用、咨询服务难搞、当个委员无权”等消极悲观思想，树立自尊自爱自强自奋思想，增强做好政协工作光荣感和责任感。

2000年，市政协成立初期，为适应新形势对政协工作的新要求，在加强思想建设方面坚持把学习放在首位。市政协领导坚持参加市委中心组学习，认真学习江泽民总书记“三个代表”重要思想和中共十五届五中全会精神，认真学习贯彻江泽民总书记在庆祝人民政协成立50周年大会上的讲话精神和中央统战工作会议精神，加快实现思想和工作方式上的角色转变。

2001年，市政协党组针对撤地设市的特定历史环境，加强政协理论学习和工作研讨，先后召开两次会议进行专题研讨，政协领导积极撰写理论文章。按照中央和省委、市委部署，市政协机关组织开展“三个代表”学习教育活动和解放思想教育活动，机关党员干部认真查摆自身在思想观念、思维方式、工作作风方面的突出问题，制定整改方案，扎实进行整改。通过教育活动，机关干部理想、信念、社会公德、职业道德进一步增强，机关管理实现正规、有序，全体工作人员精神面貌焕然一新。是年，市政协在人手少、任务重的情况下，顺利完成政协各项例会、委员视察调研等组织服务工作；完成省政协委员来抚视察和省内外20余批来客接待任务。

2002年7月，市政协组织开展“塑造江西人新形象”主题教育活动。通过主题教育，推进“求新思变、开明开放、诚实守信、善谋实干”精神在市政协机关落到实处。

2003年3月至5月，根据市委安排，市政协组织开展“两问三视四比”教育活动。在全体机关干部中开展去年我为抚州发展做了什么、今年我为抚州发展打算做什么；引领机关干部视事业重如山、视名利淡如水、视团结如生命，比境界、比眼界、比干劲、比贡献。

2004年4月，市政协召开主席会议专题学习新修改的政协章程。会议要求各级政协组织和政协委员深入学习、广泛宣传，把人民政协各项工作进一步推向前进。

2006年，以创建学习型、服务型、创新型、和谐型机关为目标，市政协机关开展树立社会主义荣辱观、《江泽民文选》和中共十六届六中全会精神等专题学习活动，形成“抓作风、促效能、创事业”良好氛围。以打造“政协文化”、塑造“政协精神”为目标，政协文史委员会集中精力，征编画册《抚州古建精萃》，精选照片400幅，整理临川文化遗存资料3万字。

2009年，市政协党组开展深入学习实践科学发展活动，结合工作实际，精心组织实施，扎实开展学习调研、分析检查、整改落实工作，三个阶段共11个环节工作。通过听辅导报告，通读学习资料，进行学习交流讨论，增强在履行服务职责中贯彻落实科学发展观的自觉性。市政协机关获2009年度市直机关目标管理考评先进单位、招商引资先进单位和招商引资先进团队，各项业务工作在全省政协系统处于领先位置。

2010年，市政协把建设学习型政协组织作为提高政协履职科学化水平的重要途径，建立和完善市政协主席会议、常委会会议和机关集中学习制度，以科学理论引领工作方向。以开展创先争优活动为抓手，在政协机关强化干部职工创先争优、争创一流意识，不断提高政协工作科学化水平，政协自身建设呈现出新气象、新面貌。分别邀请省政协党组副书记、副主席王林森和省委党校常务副校长龚培兴现场作专题辅导报告，政协机关和各参加单位300多人次参与学习。市政协主要领导带头作宣讲报告，推动机关学习深入开展。各专委会组织委员学习提案、反映社情民意等方面的知识，提高委员履行职能的能力和水平。

2011年，市政协围绕提升政协工作科学化水平，在机关开展学在岗位、提升素质活动，着力打造学习型、和谐型、有为型机关，增强机关工作活力。坚持健全完善机关各项学习制度，不断创新学习方式，丰富学习内容，集中学习胡锦涛总书记在省部级主要领导干部社会管理及其创新专题研讨班上重要讲话和《中共中央关于加强人民政协工作的意见》精神，牢牢把握政协履职方向。印发《关于开展“学在岗位、提升素质，打造学习型、和谐型政协机关”活动的实施方案》《2011年度学习计划》，加强机关政治、理论、业务、党史、人文、地理、历史、写作、摄影、文化等知识学习，拓宽干部理论视野，提高干部思想认识，增强干部“提笔能写、开口能讲、遇事能办，下去能做”的能力，机关面貌焕然一新。

2013年，市政协党组采取主席会议、常委会会议、专委会会议、机关集中学习等形式，认真学习中共十八大、十八届二中、三中全会和习近平总书记系列重要讲话精神；举办3次常委会集体学习，邀请省、市专家学者就学习贯彻中共十八届三中全会精神和省委十三届七次全会精神作专题辅导报告，着力提升政协委员和机关干部的理论素养。

2015年，市政协深入贯彻落实中共十八届四中、五中全会精神和习近平总书记系列重要讲话精神，按照市委“高位谋势、精准发力、敢于担当、跨越发展”的总要求，发挥协商民主重要渠道和专门协商机构作用，围绕中心谋发展、服务群众惠民生、增进共识聚合力，为助推抚州绿色崛起、跨越发展作出积极贡献。市政协党组积极开展“三严三实”专题教育。5月25日，市政协党组召开“三严三实”专题教育动员部署会暨专题党课，对市政协党组开展“三严三实”专题教育进行部署，并以《以“三严三实”为标尺，做新时期政协好干部》为题讲授党课。

2016年，市政协坚持以学习为先导，深入学习中共十八大和十八届三中、四中、五中、六中全会精神、习近平总书记系列重要讲话精神和治国理政新理念新思想新战略，组织收看习近平总书记在庆祝中国共产党成立95周年大会和纪念红军长征胜利80周年大会上的重要讲话精神。市政协党组、市政协机关党组组织开展“两学一做”学习教育活动。6月6日，市政协机关党支部召开“两学一做”第一次专题集中学习会。

2017年，市政协坚持把理论学习特别是学习贯彻中共十九大精神摆在突出位置，创新学习形式，丰富学习内容，加强宣传引导，坚定正确政治方向。市政协党组坚持学习贯彻中共十九大精神和省第十四次党代会、市第四次党代会精神，专题研究贯彻落实意见，引导广大委员和政协干部牢固树立并自觉增强“四个意识”、坚定“四个自信”，切实增强同以习近平同志为核心的党中央保持高度一致的政治自觉、思想自觉和行动自觉，确保市政协事业沿着正确的政治方向前进。中共十九大闭幕后，市政协通过召开党组（扩大）会、县（区）政协主席座谈会、机关专题学习会、专家辅导报告会，迅速在全市政协系统掀起学习贯彻热潮。按照市委要求，市政协班子成员深入各自挂点县（区）宣讲中共十九大精神，确保学习贯彻中共十九大精神做到原原本本、深入系统、反复持久、结合实际、学以致用。

2018年，市政协扎实开展习近平总书记关于加强和改进人民政协工作的重要思想学习研讨活动，制定《习近平总书记关于加强和改进人民政协工作的重要思想学习研讨活动实施方案》，市委主要领导通过视频会议给全市政协委员和机关干部作专题学习辅导报告，全程参加市政协专题理论研讨会。市政协党组（扩大）会议3次专题学习《习近平总书记关于加强和改进人民政协工作的重要思想专题摘编》。市政协先后组织开展各类专题学习、理论研讨37场次，学习培训3000余人次。通过边学边改、立行立改，市、县（区）两级政协共查摆各类问题55项，整改落实45项。总结履职实践中行之有效的做法和经验，撰写30篇理论研讨文章，上报省政协。《加强和改进新形势下政协民主监督的实践与思考》《新时代提案办理要有新作为》等理论文章在《光华时报》上发表。

2020年，市政协把学习贯彻习近平新时代中国特色社会主义思想、中共十九届五中全会精神、《习近平谈治国理政》第三卷，跟进学习习近平总书记最新重要讲话要求作为市政协党组理论学习中心组首要内容，持续在学懂弄通做实上下功夫。市政协党组理论中心组共开展11次集中学习和专题研讨。先后召开市政协党组（扩大）会议、市政协常委会、县（区）政协主席座谈会等集中学习、研讨交流。1月19日，市政协党组召开“不忘初心、牢记使命”主题教育总结会议。

2021年，市政协党组认真贯彻落实中共中央决策部署和省委、市委工作要求，坚持学党史与悟思想融会贯通、办实事与开新局同向发力，在学史明理、学史增信、学史崇德、学史力行上取得较大成效。组织开展学习16场次，市政协班子成员作研讨发言22人次，形成机关全体党员干部参与、整体提升的学习格局，推进党史学习教育常态化。专题学习习近平总书记在庆祝中国共产党成立一百周年大会上的重要讲话精神，及时跟进学习习近平总书记最新重要讲话精神，持续学习中央政协工作会议精神，增强思想自觉、政治自觉和行动自觉。

2022年，严格落实“第一议题”学习制度，认真组织学习贯彻习近平新时代中国特色社会主义思想、《习近平谈治国理政》第四卷、习近平总书记视察江西讲话精神和习近平总书记在中央政协工作会议暨庆祝中国人民政治协商会议成立70周年大会上的讲话，及最新最近重要讲话精神，全面贯彻落实中央和省委、市委加强和改进新时代市县政协工作的部署要求，着力强化理论武装，强化队伍建设。10月后，组织传达学习中共二十大、二十届一中、二中全会，全国及省两会精神，深入开展宣传宣讲，用党的创新理论指导实践、推动工作。

2023年，坚持把深入学习习近平新时代中国特色社会主义思想作为筑牢思想政治基础、坚定政治定力的根本指针，坚持党组会议“第一议题”学习制度，建立“党组成员导学、重点发言、全体研讨”学习制度，形成以市政协党组理论学习中心组学习为引领，主席会议集体学习、常委会专题报告学习、委员学习研讨、“委员讲堂”等相配套的全方位、立体式、科学化学习体系，实现“学理论—谈认识—明方法—促落实”的目标。举行12次党组理论学习中心组学习会、12次主席会议和3次常委会会议，就中共二十大精神、习近平总书记考察江西重要讲话精神等内容开展专题学习、交流研讨，深刻领悟“两个确立”的决定性意义，坚决做到“两个维护”，自觉把思想和行动统一到中共中央决策部署上来。

2024年，把学懂弄通做实习近平新时代中国特色社会主义思想作为首要政治任务，持之以恒落实“第一议题”学习制度，全年召开党组会议、理论学习中心组集体学习会、委员读书会等学习活动40多场次，常态化开展委员读书、理论学习和政治培训，推动党的创新理论入脑入心、走深走实、见行见效，深刻领悟“两个确立”的决定性意义，增强“四个意识”、坚定“四个自信”、做到“两个维护”。采取“实地考察＋座谈交流”形式，不断提升学习质效。成立抚州市政协理论研究会，加强对习近平总书记关于加强和改进人民政协工作的重要思想学习宣传和理论研究。5篇文章获评省政协“协商与城市文化”优秀论文、2篇文章入选省政协2024年度专题理论研讨征文活动优秀论文。

二、学习推广先进经验

政协抚州地区联络处和工委时期，积极向先进地区学习，在学习中解放思想、开阔眼界，在学习中交流互鉴、推介抚州。

1990年10月至11月，政协地区联络处领导率全区各县（市）政协主席一行21人赴辽宁、河北、北京进行为期24天的考察活动。考察团先后与大连市、丹东市、沈阳市、北京崇文区以及新金县、宽甸县、辽中县等政协领导进行座谈，听取经验介绍和发挥政协职能作用的情况。1996年11月，政协地区工委主任率领部分县（市）政协领导一行12人赴江苏省张家港市学习考察。学习考察期间，听取了张家港市两个文明建设情况以及市政协充分发挥优势、积极主动为两个文明建设服务的情况介绍，参观梁丰高级中学、菜篮子工程基地、市农贸市场、沙钢集团、华润集团公司和保税区。1997年10月，政协地区工委组织东乡、金溪、南丰、宜黄等县政协主席一行8人，赴陕西省西安市、新疆维吾尔自治区所辖吐鲁番、喀什地区、昌吉回族自治州学习考察，探寻适合经济发展和政协工作的新路子。1999年5月至6月，政协地区工委领导分批带领部分县市政协主席学习考察了内蒙古、新疆、贵州三省区政协工作。学习三地人民政协如何围绕经济工作中心，认真履行政协职能，更好地为经济建设服务。考察期间，与内蒙古自治区、呼和浩特市、新疆乌鲁木齐市、贵州省贵阳市政协的领导和有关专委会的负责人进行了座谈，听取了他们的经验介绍。2000年8月，政协地区工委办公室带领全区县市政协秘书长（办公室主任）赴贵州省政协机关学习考察政协机关建设。

市政协成立以来，与全国先进地区政协建立广泛联系，通过学习考察，推介抚州，带回经验。初期，注重对口考察学习，注重招商引资、经济建设和政协能力建设。2001年4月至5月，市政协各专委会及部分县（区）政协主席在市政协主席、副主席的带领下，带着“如何发挥政协职能，做好新时期政协工作”的课题，分4个组到本省十多个兄弟市学习考察。之后，有关专委会又分别到赣州、吉安等地进行对口考察学习。通过学习考察，解放思想，开阔眼界，启迪思路，既学到外地先进经验，又了解到本市经济、社会发展实际情况。5月至6月，市政协带领农村和农业委赴陕西、甘肃、内蒙古三省考察政协工作，途经西安、兰州、敦煌、乌鲁木齐，沿途受到四地政协热情接待。在12天学习考察过程中，与四地政协交流座谈，交换文件。通过实地参观学习，对西部大开发和政协工作有了全面了解，增长见识，学习经验。考察沿途，向当地党政军领导散发《抚州投资指南》等宣传资料，广泛宣传抚州、介绍抚州。

2002年1月，市政协法制社团委员会组织委员一行6人赴辽宁省葫芦岛市政协、黑龙江省哈尔滨市政协就法制社团工作进行对口学习考察，学习经验，交流工作，同时宣传介绍抚州，形成《关于赴葫芦岛、哈尔滨市政协学习的考察报告》。

2002年4月9—15日，市政协领导带领市政协赴上海招商引资工作组一行7人先后考察上海长宁、宝山、金山和浦东新区政协。考察主要以招商引资为工作重心，向所到区政协介绍抚州基本情况，宣传抚州的大开放战略。考察中，听取四区政协工作经验介绍，进行友好交谈。

2003年10月，市政协组织社法委同志和委员赴山东省济南、青岛市和山西省太原市政协就社法委工作进行学习考察，交流工作；文史委组织委员赴四川都江堰、湖北宜昌等市政协考察，学习兄弟市政协在新形势下履行职能、服务地方经济经验。

2004年5月27日至6月2日，市政协领导带领社法委同志和委员一行11人赴江苏省南京市政协就社法委工作进行学习考察，与南京市政协进行了座谈、研讨，相互介绍工作，交流经验，同时宣传介绍抚州，开辟招商渠道。

2005年6月，市政协参加省政协社法委在高安市举行的全省政协社法委工作研讨会，在会上作“坚持创新求实，提升工作水平”的交流发言。

2006年10月，市政协社法委赴陕西、甘肃省学习考察。通过学习外地省市工作经验，探索他们的发展历程，帮助委员开阔视野，拓宽思路，更新观念，增强了赶超发展的紧迫感和使命感。

2007年8月，市政协组织相关人员赴江苏镇江、扬州和山东青岛、淄博及安徽蚌埠市学习考察健全和完善全市社会保险体系经验。10月，市政协社法委部分委员赴西藏、江苏、山东开展学习考察；10月底，市政协文史委委员及部分县（区）文史工作人员赴海南、广西等地考察，学习兄弟市政协在新形势下履行职能、服务地方经济的经验。

2008年，市政协组织文史工作者赴新疆、陕西等地考察，学习外地创新征编形式、服务地方经济经验；市政协组织社法委部分委员和界别委员赴云南、贵州开展学习考察活动。

2009年5月20—22日，市政协组织社法委相关人员赴福建省三明、浙江省丽水等市学习考察保护森林资源、加强生态建设经验。12月17—24日，应台北市两岸经贸文教交流协会邀请，市政协组织部分县(区)政协、市直单位主要负责人及企业界人士共11人的抚州市经贸考察团赴台湾进行了为期7天的考察活动，重点考察了台湾的高新技术产业、生态休闲观光农业、教育文化宗教旅游以及市政建设等；先后访问了台北、花莲、台东、垦丁、嘉义、云林、南投、桃园等多个县市，考察了汉光蔬菜水果生产合作社，拜会了江西省旅台同乡会总会、台北市江西同乡会，看望了在台抚州籍乡友。形成了《抚州市政协经贸考察团赴台考察报告》送市委、市政府，建议市政府对于台商重点集聚区，抽调专人，组织力量，加强联络，做好服务，以吸引更多的台商来抚投资兴业，得到市委、市政府的高度重视。

2010年年初，市政府将“对接海西经济区发展，打造江西对接海西经济区桥头堡”课题交给市政协调研。10月至11月，市政协领导率市政协港澳台侨委员会委员赴福建省福州、厦门、泉州、莆田、三明、南平六市学习考察，形成《融入海西大格局，促进抚州大发展——关于抚州融入海西经济区建设的调查报告》送市委、市政府参考。为此提出建议，要解放思想，强化抢抓机遇意识，强化开明开放意识，强化“先行先试”意识，强化加快融入意识，切实抓住“海西”发展机遇。要积极谋划，主动实现规划政策的对接融合，在规划上主动融入，政策上不断融合，项目上积极谋划，体制机制上不断创新。要努力实现主导产业的对接融合，大力推进工业的对接融入，加强农业的交流合作，实现物流的对接联网，深化旅游的全面合作。要强化措施，进一步完善融合的平台和手段，推动建立“海西”一体化组织与管理机构，不断拓展交流合作的平台，建立区域城市的战略联盟。

2010年5月17—21日，就“如何大力实施项目带动战略，促进经济社会赶超发展”课题，市政协主要领导率调研组一行5人赴安徽省合肥、铜陵、池州等市进行为期5天的学习考察活动。通过座谈交流讨论、实地考察项目等方式，学习三地在实施项目带动战略方面的先进经验和具体做法，考察团进行讨论总结，形成考察报告报送市委、市政府。建议：要坚定不移地实施项目带动战略，不断创新思路和方法，在破解难题中提高执行力和操作力。要在“带动”上狠下功夫，始终坚持把抓大项目，重点解决融资、用地、推进、管理等困扰项目带动战略实施的难点问题。要高起点、大手笔建设文化生态名城，把临川传统文化与现代抚州发展元素完美结合，打造全新的城市形象。要勤建有用之言，善谋发展之策，力干务实之事，把关注民生、促进和谐作为履职重点，运用提案、社情民意等方式，促进民生问题得到落实和解决。

2011年，市政协组织文史委委员和文史工作者赴云南贵州等地考察，了解当地政协征编动态，学习创新模式、服务地方的好思路、好做法。2012年10月，市政协组织社法委部分委员赴重庆等地学习考察。2013年3月，市政协文史委同志赴山东济宁、泰宁和本省上饶市学习考察。5月，市政协社法委陪同省政协调研组深入市本级和东乡县就“积极稳妥推进政协工作向新社会组织、新经济组织，产业、科技园区等领域延伸”进行调研；市政协组织文史委委员和文史工作者赴内蒙古考察，了解征编动态，加强工作交流。

2013年3月27—29日，市政协主要领导率市政协经济委有关人员就加强港铁联动、促进区域合作赴福建省莆田、三明市进行学习考察，形成《赴莆田、三明市考察港铁联动的报告》。建议：要加强与莆田港对接，积极构建出海快速通道，向上争取尽早设立抚州海关。要加大向莆铁路宣传力度，制作“梦圆之路”纪录片，开展沿线城市采风活动，联合举行简朴通车庆典。要加快我市物流园区建设速度，抢占无水港发展先机。要着力构建物流“大通道”，积极争取有关部门支持在物流园区内设立海关、检验检疫机构。6月，市政协组织人资环委委员及粮油部门有关专家赴萍乡、宜春市学习考察如何实施“放心粮油”工程经验。组织社法委部分委员会同市房管局相关人员赴广州市白云区学习考察城市住宅小区物业管理经验。

2015年11月，市政协社法委参加全省设（区）市政协社法委工作座谈会，与兄弟市政协社法委学习、交流工作。

2017年6月20—21日，市政协考察组一行9人赴赣州市学习考察推进大型重点工业发展方面的先进经验。7月12—16日，市政协考察组一行9人赴浙江省宁波市、江苏省苏州市学习考察推进大型重点工业企业发展方面的先进经验。9月3—9日，市政协考察组一行8人赴贵州省黔东南州、铜仁市、遵义市学习考察在少数民族精准扶贫和文化传承保护方面的先进经验。12月5—8日，市政协考察组一行7人赴浙江省杭州市、桐乡市学习考察新产业、新业态等新经济发展方面及特色小镇建设的先进经验。

2018 年，市政协社法委组织委员赴广西玉林市、四川蒲江县学习考察两地在“农村面源污染防治”方面的先进经验和做法，通过相互交流，进一步拓展工作思路。

2019 年 6 月 12—14 日，市政协学习考察组赴吉安、赣州，围绕“加强党性锻炼，不忘初心使命，推进政协工作提质增效”主题，在吉安井冈山和赣州于都接受革命传统教育，并实地考察两地政协创新特色工作和经济高质量发展情况。市政协班子成员、各县（区）政协主席参加考察活动。吉安市政府、市政协、赣州市政协主要领导等分别在当地陪同。在吉安，学习考察组先后来到市城市展示馆、市博物馆、井冈山革命博物馆、井冈山革命烈士陵园参观学习，重温入党誓词，表达市政协党组和全体党员干部学习弘扬井冈山精神、奋力推进新时代人民政协新发展的坚定决心。在赣州，学习考察组先后参观考察江西金力永磁科技股份有限公司、于都中央红军长征出发纪念园等地。赣州市政协在助推赣州经济高质量发展，特别是在着力发挥人民政协协商民主重要渠道作用等方面不少好经验、做法，令抚州学习考察组受益匪浅。

2020 年 5 月，市政协领导带领市政协教科卫体委相关人员赴贵州省黔南州、遵义市学习考察中医药抗击新冠肺炎疫情经验。9 月，市政协领导带领市政协港澳台侨外事和民族宗教委员会有关人员赴赣州市学习考察传染病救治体系和能力建设经验；10 月，市政协主要领导带领部分县（区）政协主席、部分市直中共党员委员工作站站长赴宜春市政协学习考察中共党员委员工作站建设和基层协商民主提质增效工作经验。同月，市政协领导带领市政协文史委相关人员赴赣州南康等地学习考察围棋文化产业发展经验。

2022 年 3 月 2—4 日，市政协主要领导率市政协班子成员、办公室及专委会负责人、县（区）政协主席，赴吉安市、赣州市学习考察。在吉安市，先后参观高铁新区、神岗山公园等城市建设重点项目和南亚新材料科技有限公司、吉安生益电子有限公司等工业企业，以及井冈山市神山村。考察组向井冈山革命烈士陵园敬献花圈，缅怀革命先烈，重温入党誓词，坚定理想信念。在赣州市，先后参观苏区干部好作风陈列馆、中央红军长征出发地纪念园、二苏大革命旧址等。考察组与吉安市、赣州市政协领导交流探讨创新新时代政协工作经验与做法。6 月 20—26 日，市政协围绕数字经济发展先后赴重庆、成都、南京等地考察学习。7 月 20—22 日，市政协考察组一行在浙江省丽水市，就丽水市公立医院高质量发展情况进行考察。深入丽水市莲都区、缙云县和青田县学习考察。8 月 18—20 日，市政协学习考察组一行 14 人到赣州市章贡区、瑞金市，就推进营商环境优化升级“一号改革工程”工作进行考察。

2023 年 5 月 22—26 日，市政协领导带领考察组赴浙江省四地市重点学习浙江省三级政协联动调研模式，并形成考察报告，在活动主题、联动方式、成果转化等方面提出建议。

2024 年 3 月 7—9 日，市政协主要领导率市政协领导班子成员、各县（区）政协主席、市政协办公室及各专委会主任一行 28 人，循着习近平总书记考察江西足迹，赴景德镇、上饶和鹰潭市学习考察政协工作创新和经济社会发展情况，采取“实地考察＋座谈交流”形式提升学习质效。这次学习考察市委高度重视，行程安排周全、内容设置丰富，是一次感恩奋进、提振精神之行，是一次解放思想、开阔眼界之行。在为期两天半的学习考察活动中，市政协考察组坚持市外与市内相结合，实地考察与座谈交流相结合，大家纷纷表示启迪了思维，理清了思路，受益匪浅、感触良多。考察结束后，考察组组织精干力量撰写考察报告，提出意见建议 30 多条，市委、市政府给予充分肯定。

三、强化宣传思想工作

市政协成立以来，宣传思想工作进一步加

强。2001年3月，市委《关于进一步加强人民政协工作的实施意见》提出：新闻单位要把宣传人民政协工作列入年度计划，抚州日报、电视台、广播电台等要开辟政协参政议政专栏、专题；要对政协全委会、常委会及政协委员重要视察、调研活动及时宣传报道。

市政协不断建立健全宣传思想工作机制，明确工作责任。于2001年先后制定《市政协机关信息新闻汇稿会议制度》《关于聘请特约信息员的办法（试行）》《市政协网站管理制度》《关于进一步加强政协宣传工作的实施意见》等文件，对政协宣传信息工作作出规范。市政协机关信息新闻汇稿会议主要研究讨论政协信息、新闻报道和反映社情民意工作。特约信息员由所在单位或部门推荐，经市政协办公室审核认定后颁发聘书。

一届市政协注重做好《人民政协报》《光华时报》《中国政协》等政协报刊的征订发行工作，多次被全国政协、省政协评为征订发行工作先进单位，多人被评为先进个人。

市政协在履行职能中不断加大宣传思想力度，经常在市本级媒体开辟专栏，宣传协商民主的新形式、新方法、新路径；市政协各专委会加强与对口联系单位协助，联合举办主题宣传日、主题征文、拍摄电视专题片等活动，推进政协履职宣传。2001年，市政协组织的委员视察、调研、督办等活动，抚州日报、抚州电视台及时进行了报道，有30篇反映政协工作的稿件、调研文章在《人民政协报》《中国教育报》《江西日报》《光华时报》《抚州日报》及省市电视台、广播电台上播发。2004年7月，市政协在《抚州日报》开辟“参政议政”专栏，以政协的视角关注改革、发展中的重大问题，反映人民群众关注的热点难点问题，以及市、县政协及政协参加单位履行职能的好经验、好做法。是年，专栏刊发5期，1.2万余字，宣传了政协工作，扩大了政协影响。2005年3月，市政协与市气象局联合举办了纪念世界气象日宣传活动。2006年，市政协电视专题片《学生夜班车》获全省政协好新闻评选二等奖。

二届市政协协调推进宣传思想和理论研究工作，及时宣传报道市委、市政府重视、支持政协工作和政协履职的创新成果。2008年，市政协在机关开展“撰写1篇调研文章、2条社情民意、读3本书、采写4条信息、5篇新闻稿件”即“12345”竞赛活动后，出台了《关于进一步加强政协宣传工作的实施意见》。是年，有100余篇新闻报道、调研报告和理论文章在《人民政协报》《光华时报》等报刊发表，其中有10篇重稿在《光华时报》头版头条刊登。2009年，市政协在各级报刊发表新闻报道和调研、理论文章100多篇，在《光华时报》头版头条发表了《抚州市政协专题调研成履职品牌》《抚州市政协建言献策上演精彩“连续剧”》等9篇稿件，扩大了政协工作影响。全省政协理论研讨会，抚州市政协选送9篇理论文章，获得1个三等奖、2个优秀奖。2010年，市政协在各级政协报刊和各级党报党刊发表新闻报道、调研、理论文章300多篇，在《光华时报》头版头条发稿10篇，在省政协和市委、市政府信息刊物刊登信息32条。2011年，市政协发表新闻报道、调研、理论文章300多篇，在省政协和市委、市政府信息刊物发稿28条，实现了政协工作电视上有影、广播里有声、报刊上有文。在机关强化创先争优意识，以宣传信息工作为抓手，营造比学赶超、争创一流的工作氛围。

三届市政协加强人民政协理论研究和宣传工作载体建设。2012年，成立抚州市人民政协理论研究会，建立市、县（区）政协宣传工作联动机制。当年在《人民政协报》《中国政协》《光华时报》及其他报纸杂志发表新闻报道和调研文章110余篇。其中在《光华时报》头版头条发稿8篇，在省政协和市委、市政府信息刊物发稿54条。2013年，市政协首次召开全市政协理论研讨会，编撰出版《抚州市政协理论研究与实践论文选》；加强与省政协理论研究会的互动，7篇文章入选省政协理论研究会论文集；在《人民政协报》《中国政协》《光华时报》等报纸杂志发表新闻稿件和调研文章150余篇。其中在《光华时报》头版头条发稿9篇，在江西省政协和抚州市委、市政府信息刊物刊登信息65条。市政协机关在《光华时报》的用稿数列全省设区市政协系统第一名。2014年，市政协在《人民政协报》《中国政协》《光华时报》等中央、省级媒体上稿160余篇，在省政协信息刊物刊登信息260余条。在《光华时报》的用稿数继续名列全省设区市政协系统第一。《应对"过道"效应——抚州市加快向莆铁路经济带建设》《抚州市政协倾情演绎保护"母亲河"连续剧》在《光华时报》头版头条刊登，并分获《光华时报》"好新闻"一等奖和二等奖。2015年4月，市政协举办全市政协宣传信息工作座谈会，省政协宣传信息处处长围绕"做好政协社情民意信息工作"作专题辅导报告。市各民主党派市委会(工委)、市工商联的负责人，各县(区)政协秘书长，市政协19个社情民意联系点联络员和部分市政协机关干部共40余人参加会议。是年，共在《人民政协报》《光华时报》等报纸杂志发表宣传和理论文章126篇；在2015年度江西省政协好新闻评选中，市政协机关获一等奖1个、二等奖2个、三等奖3个，提升抚州政协对外影响。

四届市政协加强宣传思想队伍建设和业务提升，及时报道委员各项履职活动。2016年，在《光华时报》和省政协《每日信息》发表稿件156篇；在省政协办公厅开展的2016年度政协好新闻、优秀社情民意评选中，市政协有5篇分获政协好新闻一、二、三等奖，2篇获优秀社情民意奖。2017年，市政协共在《人民政协报》《中国政协》《光华时报》等报纸杂志发表政协宣传和理论文章113篇，被省政协评为2017年度《光华时报》读报用报先进单位；在全省政协好新闻评选中，荣获一等奖1个、二等奖1个、三等奖2个。2018年，市政协在《人民政协报》《中国政协》《光华时报》等报纸杂志发表政协宣传和理论文章115篇，被省政协评为2018年度《光华时报》读报用报先进单位；在全省政协好新闻评选中，荣获一等奖1个、二等奖1个、三等奖2个。2019年，市政协在《人民政协报》《中国政协》《江西政协报》等报纸杂志发表政协宣传和理论文章136篇，信息宣传工作在全省设区市政协名列前茅，一些具有创新性和时效性的做法赢得各界好评。2020年，市政协在《人民政协报》《中国政协》《江西政协报》等报纸杂志发表政协宣传和理论文章127篇，抚州市政协信息宣传工作在全省设区市政协继续名列前茅，具有创新性和实效性的做法赢得各界好评。2021年，市政协机关共在《人民政协报》《中国政协》《江西政协报》等报纸杂志发表新闻稿件和调研文章110余篇，《抚州市政协接续作为促提质增效》《抚州市政协演绎脱贫攻坚"连续剧"》《抚州市政协委员同心战疫情》分获江西政协好新闻一、二、三等奖，有效宣传抚州和抚州市政协履行职能各项工作。

五届市政协进一步加强思想宣传工作，促使思想宣传工作迈上新台阶。2022年9月中旬，市政协办公室积极与省政协办公厅做好对接服务工作，省政协首次组织中央和省内近20家主流新闻媒体唯一选择抚州开展"喜迎党的二十大·红土地上看变化"基层政协行活动，对抚州市换届以来市县政协工作进行全方位、立体式采访报道。《江西政协报》专门推出抚州市"一县一品牌"政协行专栏，《抚州日报》联版刊发，深度报道抚州市"一县一品牌"创建工作和中共党员委员工作站履职故事。年内，《人民政协报》《中国政协》《江西日报》《江西政协报》、学习强国平台等报刊媒体刊发抚州政协新闻稿件200余篇，特别是9月19日，《江西日报》头版头条刊发《抚州创新打造履职品牌提升政协委员履职成效》，有力扩大抚州政协影响力。2023年持续加大宣传力度，在人民网、《人民政协报》《江西日报》等国家级、省级媒体刊稿200余篇，推动抚州政协工作在全国有声音、全省有影响。《构建“大宣传”格局，唱响政协好声音》先后被全国政协“政协君”“赣事好商量”等微信号公开转载。2024 年，省政协再次组织人民网、人民政协网等中央媒体深入抚州开展“讲好‘中国式商量’故事”主题采访活动。《创新开展“一委一特色”“一县一品牌”，推动政协履职提质增效》等多篇重稿在中国新闻网、《人民政协报》等报纸媒体上刊发。全年在《人民政协报》《江西日报》等国家级、省级媒体刊稿 100 余篇，讲好政协故事，发出政协好声音。

第三节　组织建设

市政协不断加强机关干部和委员队伍建设，培育政协文化，从严加强管理，定期组织培训，建立健全履职评价激励制度，从而提高机关干部工作效能和政协委员履职能力水平，努力开创人民政协事业新局面。

一、机关组织建设

市政协按照精干、统一、高效的要求，加强专门委员会及其办事机构建设。在专委会机构和人员配置上争取市委重视，在职能建设上建立和完善制度规则。

2001 年，市委批准市政协关于专门委员会设置和人员配备的报告，同意市政协在专委会设置上，除成立 6 个与省政协和兄弟市政协一致的专委会外，根据抚州属农业大区的特点，设立“农村和农业委员会”，作为市政协就农村和农业方面的大政方针、重大问题开展协商监督的工作机构。在人员配备上，市委一方面从有关部门和政协机关选调一批政治上成熟、工作经验丰富、年富力强的同志，配齐配强各专委会专职正副主任；另一方面，按照“公开、平等、竞争、择优”的原则，面向社会和全国高等院校应届毕业生公开考试，补充 10 名工作人员，为政协机关增添新的活力。3 月，市政协印发《关于政治协商、民主监督、参政议政的实施细则》，明确市政协机关及其专门委员会主要工作职责。

2003 年，在市委的重视和关心下，市政协机关干部队伍建设得到进一步加强，配备 3 名兼职副秘书长，提拔 2 名处级干部，机关内部选拔 8 名优秀年轻科级干部，调动机关工作人员积极性。2008 年，市政协增加 3 名专委会副主任职数，选调 5 名机关工作人员。2009 年，市政协机关党组坚持以制度管事，以事业和感情留人，营造不计名利、任劳任怨、奋发向上、争创一流的机关工作氛围，主动给年轻干部压担子、交任务，培养其独当一面的工作能力，提拔科级干部 6 人（其中由副主任科员提拔为科长 2 人，由副主任科员提拔为主任科员 4 人），重用 2 人（由副主任科员任用为副科长），增强机关凝聚力和战斗力。

2011 年，市政协把加强文化和业务相关知识学习作为建设学习型政协机关的重要内容，通过采取专题辅导、技能培训、知识竞赛等方式，调动干部学习的积极性，使机关上下呈现出重视学习、钻研业务的良好风尚。同时加强干部综合能力的培养。采取以会代训、举办培训班、开展演讲比赛等形式，加强对机关干部写作技能、电脑操作和网络知识、语言表达能力的培养。围绕“爱岗敬业、创先争优”主题，开展“庆七一”暨市政协机关演讲比赛，以此激发干部职工加强学习，提升自我，造就一批“站着能说、坐着能写”的机关干部队伍。加强干部人文素质培养。在机关开展中国传统文化知识普及学习，鼓励和倡导机关干部加强人文、历史、地理、哲学、社会科学、文学艺术以及养生、摄影、审美情趣等高品质生活知识学习，拓宽眼界、陶冶情操，不断提高机关干部文化素养和道德修养。

2015 年 12 月，市委印发《关于加强人民政协协商民主建设促进政协事业发展的意见》，提出按照精干统一高效的要求，加强政协专门委员会及其办事机构建设。要求市政协专门委员会的设置及其名称，应与省政协保持一致。各县（区）政协专门委员会的设置，数量上应统一，名称上应规范，既要符合各地实际工作需要，又要有利于市县（区）政协的衔接互动，提升全市政协组织协同协商水平。安排一定比例符合条件的政协机关干部担任专门委员会主任，配备专职副主任，并视情配备若干熟悉政协工作的同级副职级专职委员，保持政协工作连续性、稳定性，适应发挥政协职能需要，为市、县（区）政协机关配备与工作任务相适应编制数。

市政协党组加强机关干部管理，积极推进机关公务员职级并行工作。2019 年 6 月，市政协机关党组向市委提出《市政协机关公务员职务与职级并行制度工作方案》。8 月，市委组织部批复了核定市政协机关公务员职级和职数设置方案。同意市政协机关设置一级至四级调研员 4 名，其中一级调研员 1 名，二级调研员 1 名，三级四级调研员 2 名；设置一级至四级主任科员 14 名，其中一级二级主任科员 7 名，三级四级主任科员 7 名。

2020 年 5 月，市委印发《中共抚州市委关于新时代加强和改进人民政协工作的实施意见》进一步明确：加强政协机关干部队伍建设，进一步畅通政协干部的“进出口”，把政协机关干部培养、选拔、交流和使用纳入党委干部队伍建设总体规划和年度工作计划，加大政协机关同党政机关之间的干部交流力度，每届应有一定数量的政协机关干部与党政机关或其他部门干部双向交流，并形成长效机制。定期安排一定数量政协机关干部到基层实践锻炼，有计划选调政协机关中青年干部参加各级党校、行政学院学习培训。注重对政协机关党外干部的培养使用，应有党外代表人士担任政协专职副秘书长，各专门委员会主任、副主任中的党外代表人士应有适当比例。

2020 年 11 月，市政协党组制定《关于加强改进市政协专门委员会工作和制度建设的实施意见》，提出按照新时代人民政协事业发展的新要求，进一步健全完善专委会及其办公室内部工作机制，突出“专”的优势、“联”的特点、“精”的实效，更好发挥政协专门委员会的基础性作用。加强专门委员会干部的理论学习、专业培训、实践锻炼等，加大专门委员会和办公室的机关干部交流力度，并形成长效机制。

2021 年 3 月，市政协机关党组印发《政协抚州市委员会机关公务员平时考核实施细则（试行）》，提出“坚持党管干部原则；坚持把政治标准放在首位；坚持自我评价、领导评价、群众评价相结合；坚持客观公正、注重实绩、简便易行、民主公开”原则。明确考核内容为：以公务员岗位职责和阶段性工作任务目标为基础，及时全面考核公务员的德、能、勤、绩、廉，重点考核政治素质和工作实绩，考核结果分为“好、较好、一般、较差”四个等次。

2021 年 10 月至 2022 年，针对市政协专委会大多是“两人委”的现状，从三方面着手强化专委会建设。一是壮大专委会委员队伍。将 364 名委员按界别和行业全员编入到 8 个专委会，每个专委会管理 45 名左右委员，既便于委员常态化履职，又为每个专委会提供力量支撑，使专委会开展活动由以往少数人协商变成多数人履职。二是配齐专委会主任、副主任。争取市委重视政协工作，为市政协每个专委会配齐主任和专职副主任。三是配强兼职副主任。市委在每个专委会各挑选 7 名委员确定为兼职副主任。注重发挥兼职副主任在专委会中的界别召集人、带头人作用，实行兼职副主任履职活动项目化，做到人人肩上有担子，个个身上有任务。

2023 年，市委优化工作机制，为政协高质量履职提供强有力保障。加强政协专委会建设，增设县处级领导职数。推动各县（区）政协全面落实专委会不少于 5 个的要求，着力解决市县（区）政协基础工作薄弱问题。市政协研究出台《关于加强和改进专门委员会建设的实施办法》文件，明确专门委员会的职责任务8项，建立健全对口部门联系制度、情况通报会议制度、主任会议、全体会议等各项规章制度16项，专委会工作更加规范有序、有章可循。

2024年，市政协坚持正向激励与纪律约束并重，加强委员考核管理，选任优秀市政协委员担任专委会兼职副主任，推荐5名委员担任司法监督员、2名委员参加市纪委监委组织开展的集中整治专题调研座谈会议，进一步激发委员参政议政履职热情。正式将市政协"港澳台侨外事和民族宗教委员会"分设成"港澳台侨和外事委员会"和"民族和宗教委员会"，推动专委会履职方向更聚焦、专业特色更彰显。市委配齐配强民宗委、经济委、农业委三名专委会正职领导，使专委会工作步入规范、高效运转轨道。

二、界别基础建设

（一）界别设置 人民政协的界别是参加人民政协的各个党派、人民团体、各民族和各界人士在人民政协组织中的具体划分形式，也是政协会议的组织形式，反映爱国统一战线的各个组成部分。政协抚州市委员会界别设置是不断适应经济社会发展逐步调整和完善。

参照全国政协和省政协的组成，根据抚州地区实际情况，2000年10月，政协抚州市第一届委员会设置26个界别，即中国共产党、中国国民党革命委员会、中国民主同盟、中国民主建国会、中国农工民主党、九三学社、无党派人士，中国共产主义青年团、抚州市总工会、抚州市妇女联合会、抚州市青年联合会、抚州市工商业联合会、抚州市科学技术协会、抚州市归国华侨联合会、抚州市台胞联谊会、文化艺术体育界、科学技术界、社会科学界、经济界、农业界、教育界、新闻出版界、医药卫生界、社会福利界、少数民族宗教界、特邀。

2006年11月，二届一次会议设26个界别。2009年8月18日，二届市政协召开全市政协界别工作会议，就加强界别工作开展座谈讨论，下发《关于加强界别工作，发挥界别作用的实施意见》，对界别适时进行调整，把科协界和科技界合并，共青团界和青联界合并，台联界和侨联界合并，增设法律界。即：中共、共青团青联、农业、民革、民盟、民建、民进、农工民主党、九三学社、无党派人士、工会、妇联、侨联和台联、少数民族宗教、工商联、经济、社会福利与社会保障、教育、文化体育、社科、法律、医药卫生、科技、科协、新闻出版、特邀。二至四届委员会设25个界别。

2021年10月，第五届市政协设置25个界别，即：中共、共青团青联、农业、民革、民盟、民建、民进、农工党、九三学社、无党派人士、工会、妇联、侨联和台联、少数民族宗教、工商联合会、经济、社会福利和社会保障、教育、文化体育、社科、医药卫生、科技、科协、新闻出版、特邀。

（二）界别小组 市政协按党派、社会团体、行业、系统等基本组织单元，将委员分为若干界别小组，以小组为单元开展讨论和活动。市政协一届一次会议分13个界别小组，三次会议10个，五次会议10个，八次会议4个。此后，每届每次会议基本分为8至9个界别小组。二届一次会议分8个界别小组，六次会议9个界别小组；三届一次会议分9个界别小组，六次会议8个界别小组；四届一次会议分8个界别小组，六次会议9个界别小组；五届一次会议分9个界别小组，四次会议9个界别小组。

一届一次会议界别小组：第一组：中共；第二组：民革、民建；第三组：民盟、九三学社；第四组：农工党、无党派人士；第五组：共青团、青联；第六组：工会、妇联；第七组：科协、科技；第八组：侨联、台联、民族宗教、社会福利；第九组：文艺体育、社科、新闻出版；第十组：经济、工商联；第十一组：农业；第十二组：教育、医药卫生；第十三组：特邀。

四届六次会议界别小组：第一组：中共、共青团青联、农业；第二组：民革、民盟、民建、民进；第三组：农工党、九三学社、无党派人士；第四组：工会、妇联、侨联和台联、少数民族宗教；第五组：工商联、经济、社会福利与社会保障；第六组：教育、文化体育；第七组：社会科学、医药卫生；第八组：科技、科协、新闻出版；第九组：特邀。

五届一次会议界别小组：第一组：中共、共青团青联、农业；第二组：民革、民盟、民建、民进；第三组：农工党、九三学社、无党派人士；第四组：工会、妇联、侨联和台联、少数民族宗教；第五组：工商联、经济、社会福利和社会保障；第六组：教育、文化体育；第七组：社科、医药卫生；第八组：科技、科协、新闻出版；第九组：特邀。

（三）界别活动　2000年至2008年，委员（界别）活动主要围绕“五个一”“两为服务”主题开展。2009年8月市政协首次界别工作会议后，确定每年11月份为“界别活动月”。各界别根据自身特点，集中开展各具特色界别活动。

2003年，市政协在发挥委员主体作用方面开展以服务中心、履行职能为主要内容的“五个一”活动，要求委员每年至少“参加一次调研视察、提交一件提案、反映一条社情民意、提出一条建议、提供一条招商引资项目信息”，引导委员自觉把社会荣誉与社会责任统一起来，把积极参加政协活动与平时立足岗位建言献策统一起来，进一步激发和调动广大政协委员参政议政的政治热情和勇于开拓的工作激情。“五个一”活动开展以来，委员们立足自身岗位，积极献计出力，有的奋战在防治“非典”和防汛抗旱第一线，有的积极开展科技、文化、卫生“三下乡”活动，有的赴老区送医送药，为群众义诊和义务咨询。不同界别委员充分发挥自身优势，在自身岗位上做出不凡业绩，用行动塑造人民政协良好形象。同时开展参政议政“五个一”活动。即每位市政协委员每年至少参加1次专题调研或视察活动，至少提交1件有较高质量的提案，提交1条有价值的社情民意，提交1条加强和改进政协工作的建议，提交1条招商引资项目信息。调动委员履行政协职能积极性；开展招商引资“五个一”活动。即“介绍一位外商、引进一个项目、提供一条信息、上报一项建议、办好一件实事”。是年，市政协委员介绍30位外商来抚考察、投资；实际引进项目68个；提供有价值招商信息200多条；提出80多条建议和对策；直接或间接办实事100多件，充分发挥政协在促进招商引资中的人才库作用。

2004年7月和10月，市政协社会和法制委员会分别在市国安局、市各民主党派举行“委员活动日”，以沟通和联谊形式，加强委员与市国安部门、各民主党派和委员自身联系与交往，增进了解，促进友谊，密切合作。

2005年6月和11月，市政协社会和法制委员会分别组织委员到市中级人民法院旁听上诉人罗某与被上诉人江西文藻药业有限公司出资纠纷上诉一案、原告金冠（福建）食品有限公司与被告吴某计算机网络域名侵犯商标权纠纷一案庭审活动。对庭审中审判人员行为举止是否规范，庭审秩序和纪律是否严谨，实体处理是否有据，程序上是否公平、公正等每个庭审细节进行中肯评议，提出意见和建议。市中级人民法院领导对委员真诚建言表示衷心感谢，并表示要逐步将委员旁听法院案件庭审形成一种制度，自觉接受政协民主监督，努力促进审判公开、公平、公正。

2006年12月15日，市政协二届一次主席会议通过《各专门委员会同政协界别对口联系实施办法》提出：1.以全体会议、常委会会议为重要舞台，充分反映各界别意见，发挥界别作用。政协全体会议、常委会会议是履行职能最重要的形式，也是发挥界别作用最直接的途径。要注意安排代表界别大会发言；注重以界别名义提出提案；会议编组要考虑界别特点；根据会议安排邀请党政领导分别到界别听取委员意见或参加界别联组讨论。2.以专委会为重要依托，积极开展界别活动，推进界别活动经常化、规范化、制度化。每个界别可推选或指定2—3名委员，作为本界别开展经常性活动召集人；各专门委员会负责联系若干相关界别，与界别召集人保持密切联系，制定年度工作计划，开展界别座谈、调研、考察、讲座、联谊等多种形式界别活动。3.以提案为重要方式，集中界别集体智慧，反映界别共性要求，展现界别建言水平。要加大界别提案征集力度；鼓励委员就本界别关注问题，提出界别提案；主席督办重点提案时可邀请相关界别委员参加。4. 以调研视察为重要途径，充分发挥界别专业优势和智力优势。根据工作需要，有序地安排界别专题调研和视察活动，调研报告和视察报告可以界别名义报送。5. 以反映社情民意为重要渠道，充分反映界别意见和建议。界别委员密切联系本界别群众，能够及时地反映本界别群众呼声。要注重收集和反映各界别委员社情民意。可从各界别委员中聘请一批特约信息员，重点反映各界别所关注重要信息，突出社情民意工作界别特点。6. 积极探索发挥界别作用新方法、新途径，不断丰富界别活动形式，完善界别活动机制，努力提高界别活动实效。12 月，市政协明确各专委会与 25 个界别对口联系分工。提案委员会联系中共、特邀、民主促进会；经济技术委员会联系经济、科学技术、工商联、民建；农村和农业委员会联系农业、九三学社；文史委员会联系新闻出版、社科、民盟；教文卫体委员会联系文化体育、教育、医药卫生、农工党；社会和法制委员会联系共青团和青联、工会、无党派、社会保障、法律；港澳台侨委员会联系台联和侨联、妇联、民革、少数民族宗教；办公室负责做好有关协调和服务工作。

2007 年至 2008 年，市政协社会和法制委员会组织委员旁听市中级人民法院审理邓某与临川区第一人民医院医疗服务合同纠纷上诉一案的庭审，对庭审工作进行评议。旁听市中级人民法院对“上诉人天安保险抚州公司、天安保险抚州公司南城营销服务部与被上诉人南城长吉物流有限公司保险合同纠纷”一案庭审过程，对庭审效果进行评议。通过旁听庭审，委员对法院审理案件过程有了直观了解和认识，普遍感觉上了一堂生动法律课。市政协主席李品行在评议时指出：“政协通过旁听法院庭审的方式加强对司法机关的民主监督，不仅能增强监督的针对性和实效性，而且对委员来说也是一个接受法律教育的过程。”

2009 年，市政协制定出台《关于加强界别工作，发挥界别作用的实施意见》及 6 个附属文件，从活动内容、主要形式、保障服务、考核表彰等方面规范界别工作，建立和完善界别召集人、界别联络员、市政协领导和专委会联系界别等 6 项制度，使界别工作有章可循、有据可依。各界别根据自身特点，积极开展各具特色的界别活动。中共、特邀界别开展对农村清洁工程视察，形成专题材料。经济、科学技术界别通过深入座谈，形成《关于推进国有工业企业改制的几点建议》。农业界、九三学社界别开展走访委员活动。民革、民建、医药卫生、文化体育界别发挥自身优势，组织委员开展“防治糖尿病”义诊进社区及科技、医药、文艺“三下乡”活动，赢得人民群众广泛赞誉。在“活动月”期间，25 个界别共开展具有界别特点的调研、视察、提交提案、反映社情民意等活动达 40 多次，参与委员达 200 余人，提出有关建议、意见 300 多条。界别活动的蓬勃开展，使各界别与所代表群众的联系更为紧密，成为扩大公民有序政治参与和发挥委员主体作用的重要渠道。8 月 18 日，市政协召开全市首次界别工作会议，深化对界别工作的认识，对开展界别活动进行动员部署。会议就加强界别工作展开座谈讨论。

2010 年 3 月，根据市政协党组的统一部署，市政协机关开展为大局服务、为委员服务的“两为服务”活动，全面提升机关履职能力和服务水平。一是完善固话手机联系网络。市政协办公室在 2009 年年度总结会上发放《市政协通讯录》。二是建立电子信箱交流平台。利用电子平台，定期向委员推送有关文件，学习资料、相关制度等信息。三是完善走访委员联系制度。在保持到委员单位走访惯例的基础上，适时邀请委员到座谈、恳谈。四是继续开展“五个一”活动。即每位委员每年至少参加一次调研或视察，提一件有较高质量的提案，提一条有价值的社情民意，提一条加强和改进政协工作的建议，为经济社会发展和服务民生办一件实事。五是加强信息报送力度。完善委员参政议政档案，及时掌握委员参加市政协、界别、党派统一组织的各项活动，实践“五个一”活动，参与光彩事业、获得市级以上奖励、发表有关政协的理论文章、履行政协职能的经历或感言、个人事迹的报道等情况。是年，市政协突出界别工作特色，深入开展以“两为服务”（即为大局服务、为委员服务）为主要内容的“界别活动月”活动，形成界别调研报告、视察报告和大会发言材料23篇，走访、约谈委员150余人次，向界别委员发送贺卡、祝福短信80余条。

2011年，市政协突出界别特色，深入开展以“为建设幸福抚州献计出力”为主题的“界别活动月”活动。形成界别调研和大会发言材料30多篇，走访慰问困难群众150多户，送去30余万元的慰问金物品；为1000多位城乡群众开展义诊和提供科技、卫生、法律方面的咨询服务，并赠送40多万元的药品；全市90名学生得到博雅生物制药股份有限公司等企业及委员10万余元教育资助。

2012年3月30日，抚州市政协社会和法制委员会联合市司法局在抚州职业技术学院举行以“送法进校园”为主题举办的委员活动日，采取现场提供法律咨询服务、作专题法制讲座等形式，为100余名学生提供法律咨询，发放法律宣传书籍1000册，600多名学生到场听取预防青少年违法犯罪法制讲座。5月18日，市政协经济技术委员会举办“走进委员企业，献计企业发展”委员活动日活动，组织部分市政协委员视察江西骆驼橡胶有限公司并就如何支持中小企业发展畅所欲言，献计献策。界别活动蓬勃开展，架起党委、政府与群众之间的连心桥，进一步稳固和谐社会基石。11月至12月，市政协以“服务基层群众，献计幸福抚州”为主题，在25个界别中广泛开展“界别活动月”活动。各界别以专委会为依托，紧紧围绕宣传贯彻中共十八大精神，积极开展形式多样、各具特色的“送科技、送文化、送卫生、送法律”等服务群众活动。在活动月期间，各界别共形成调研和大会发言材料40多篇，走访慰问困难群众200多户，送去慰问金和物品价值50余万元，赠送价值40万元的药品，2000多位城乡群众得到科技、卫生、法律方面的咨询服务。

2013年8月23日，市政协在主席会议室举行全市首批“特聘港澳台侨委员”授聘仪式，6名为全市经济社会发展作出贡献的港澳台及国外优秀企业家被聘为首批市政协“特聘港澳台侨委员”。11月15日至12月15日，市政协以“践行为民宗旨、服务基层群众”为主题，在25个界别中广泛开展“界别活动月”活动。各界别以专委会为依托，围绕宣传贯彻中共十八届三中全会和江西省委十三届七次全会精神，积极开展形式多样、内容丰富的“送科技、送文化、送卫生、送法律、送教育”等服务群众活动。在活动月期间，各界别共形成调研和大会发言材料30多篇，走访慰问困难群众500多户，送去慰问金、书籍等物品价值100多万元，赠送价值60多万元的药品，3000多名城乡群众得到科技、卫生、法律方面的咨询服务。各界别委员用真诚、真情、真爱谱写出服务群众的动人乐章，彰显了政协的为民情怀，得到社会各界的普遍好评。

2014年11月至12月，市政协“界别活动月”活动月期间，动员和组织全市政协组织和政协委员开展“进社区、进园区、进乡村，服务中心、服务社会、服务群众”的“三进三服务”活动。1200多名市、县（区）政协委员深入基层一线，共同开展扶贫济困、捐资助学、法律援助、送医送药、送教下乡等服务群众活动。各界别以市政协专委会为依托，深入基层调研、广泛收集民意、共形成调研和大会发言材料25篇，开展形式多样、各具特色的捐资助学、送医送药、法律援助等服务群众活动15场次，捐款捐物56万元，惠及城乡群众3200多人。

2016年12月，市政协在25个界别中广泛开展“界别活动月”活动。其间，共形成调研和大会发言材料27篇，开展扶贫济困、捐资助学、法律咨询、送医送药、送教下乡等服务群众活动17场次，捐款捐物45万元，惠及城乡群众2200余人。此外，组织经济、工商联、科学技术、党外知联会等界别赴抚州职业技术学院开展送“现代金融知识”进校园活动。

2017年，市政协健全完善市政协领导和专委会对口联系委员制度，通过召开座谈会、上门面谈等形式，听取委员意见建议，帮助委员解决工作、生活中的实际困难和问题，切实让委员感受到政协组织的温暖。积极开展委员学习培训、情况通报活动，畅通委员知情明政渠道，让委员知上情、明市情、晓下情。加强委员履职管理，建立委员履职档案，规范委员履职行为，继续开展优秀市政协委员、优秀履职成果评选活动，激发委员参政议政热情。12月，市政协以“服务基层群众，助力抚州发展”为主题，组织25个界别350名市政协委员深入基层，宣讲中共十九大精神，开展调研视察，收集民情民意，共形成调研和大会发言材料27篇，开展扶贫帮困、捐资助学、法律咨询、送医送药等服务群众活动18场次，捐款捐物45万元，惠及2500余名城乡群众，得到群众拥护和称赞，取得良好社会效果。

2018年12月，市政协以“改进调研作风，服务基层群众”为主题，在25个界别开展“界别活动月”活动。各界别以专委会为依托，深入基层调研，广泛收集民意，共形成调研和大会发言材料22篇，开展形式多样、各具特色的扶贫济困、捐资助学、送医送药、送教下乡等服务群众活动19场次，惠及城乡群众2500余人，取得良好社会效果。

2019年，市政协充分发挥政协界别优势，改变以往年底集中开展“界别活动月”活动的做法，把界别活动融入专委会日常工作中，以专委会为依托，以中共党员委员工作站为平台，以服务基层群众为目标，开展界别调研视察、学习考察、社会服务等活动，推进界别活动不断创新。共开展各类界别履职、扶贫济困、捐资助学、送医送药、送教下乡等活动50余次，捐款捐物100多万元，惠及群众5000余人。

2020年，在巩固与法院、检察院对口联系制度的基础上，社法委组织委员多次参加市人民法院环境资源审判工作新闻发布会、宜黄7·12案件二审终审宣判、院外人士征求意见座谈会、省高院领导就“企业家保护和法治化营商环境”调研督导座谈会，市司法局关于《抚州市“门前三包”责任制管理规定（草案）》立法听证会、市交警支队直属一大队“316国道孝桥段固定测速点”听证会等活动。

2021年，市政协按照“懂政协、会协商、善议政，守纪律、讲规矩、重品行”要求，抓好政协委员队伍建设。落实市政协领导和专委会对口联系委员制度，健全党组成员联系界别、党员委员联系党外委员机制，帮助委员解决履职中遇到的困难和问题。委员全员编入相对应的专门委员会，各专委会通过委员集中学习、邀请对口部门召开情况通报会等形式，畅通委员知情明政渠道。加强委员履职管理，建立委员履职档案，定期通报委员履职情况，规范委员履职行为，调动委员履职积极性。

2022年3月中下旬至4月底，为加强市政协与全体市政协委员的交流联系，充分发挥委员主体作用，提升履职能力，推动全市政协工作提质增效，市政协开展“走进委员”活动，由市政协领导班子成员带队，办公室和各专委会负责人陪同，共分为十组，采取个别走访和集体走访相结合的方式进行。活动中，市政协领导班子成员带队对所有市政协委员进行全员走访，全面了解委员思想、生活、工作、履职等各方面情况，增强委员对政协组织的认同感、归属感，增强政协委员荣誉感和责任感，激发委员履职热情。

2023年，市政协出台《关于政协委员联系界别群众工作的制度》，规范每位政协委员联系3名以上本界别群众代表，每季度至少开展1次走访联系界别群众活动，每年至少报送1条界别社情民意信息，作为委员履职量化考评的重要内容和评选优秀履职委员的参考依据。当年常态化开展捐资助学、扶贫济困、义诊服务、法律援助等“我为群众办实事”界别活动30余场次，解决群众急难愁盼问题200余件。

2024年，围绕助推经济社会高质量发展建真言、献良策，全年累计开展调研协商、民主监督、委员视察、故事汇展演等重大履职活动20余场次，形成调研报告、建议案10件，获得市党政领导肯定性批示50余次；组织开展政协委员创业典型进高校、“雪莲之花”捐资助学、义诊服务、法律援助等履职活动10余场次，惠及群众千余人。

三、委员队伍建设

政协委员是政协工作的主体。政协抚州市委员会由中国共产党、各民主党派、无党派人士、人民团体、各少数民族和各界的代表以及特别邀请的人士组成，设若干界别。市政协按照“懂政协、会协商、善议政，守纪律、讲规矩、重品行”要求，提升委员议事协商能力，加强委员联络管理，开展优秀市政协委员、优秀履职成果评选活动，激发委员参政议政热情。

2008年1月9日，政协抚州市第二届委员会第三次会议首次对市政协2007年度31名优秀市政协委员进行表彰，颁发荣誉证书和奖品。此后，市政协每届每次全体会议都评选表彰优秀市政协委员。截至2024年，市政协五届四次会议共表彰优秀市政协委员389名。

（一）委员产生

政协委员产生一般经过提名推荐、协商确定建议名单、审议通过（将委员建议名单提交政协主席会议审议同意后，由常务委员会协商决定，经全体常务委员会组成人员过半数同意予以通过）、公布（包括通过新闻媒体向社会公布）4个步骤，增补委员的程序，亦需要经过以上4个步骤。在政协委员人选协商、酝酿、提名过程中，中共各级党委、各民主党派、人民团体始终注意坚持和把握德才兼备、统筹兼顾、合理安排的方针；坚持广泛性与代表性；坚持民主协商，按程序办事。政协委员安排的对象主要是：因工作需要的各级党政领导干部；民主党派、工商联、人民团体中的代表人士；无党派知名人士及民族宗教界的代表人士；在改革开放和社会主义建设中作出突出贡献的知识分子中的代表人士；在促进祖国和平统一事业中有影响、有作为的知名人士；财政金融、科技领域，以及骨干企业中的代表人士；拥护党的领导，爱国守法，有一定经济实力的非公有制经济组织的代表人士和新的社会阶层的代表人士；根据统一战线可持续发展的需要，在推荐人选中应有一定数量40岁以下的中青年代表人士；对巩固发展爱国统一战线有作用的其他方面有社会影响和代表性的人士。

一届委员产生　2000年8月28日，中共抚州地委召开撤地设市“三会”代表（委员）推选工作会议，根据有关文件精神，一届市政协委员初步人选由各县（市）、各民主党派省委会、地直各单位、各人民团体，中央、省驻抚单位酝酿推荐。8月29日开始，按党内和党外分工，中共委员人选报地委组织部，非中共委员人选报地委统战部。两部分分别在此基础上综合平衡，提出委员人选的建议名单。9月14日，地委统战部对党内外政协委员人选进行汇总，汇总名单先后征求地委组织部、抚州地区政协工委党组意见。9月27日，地委召开各界人士民主协商会，听取各界人士对政协委员安排工作的意见。根据各方面提出的意见，地委组织部、地委统战部对委员人选名单进行适当调整。9月28日，政协抚州市一届一次会议筹备委员会第一次会议协商通过委员人选名单。在推荐、提名、协商的整个过程中，贯彻充分酝酿、反复协商、发扬民主、按程序办事原则。中共党员委员人选主要考虑：1.有突出贡献和成就、代表性较强的人物；2.工作需要参加政协的有关方面领导干部。非中共委员人选主要把握：1.各民主党派、工商联、各有关人民团体的领导骨干；2.在改革开放和两个文明建设中有突出贡献的代表人物，特别是中青年知识分子。在促进祖国和平统一事业中有影响、有作为的知名人士；3.在维护国家统一、民族团结、社会稳定和推进经济、文化、教育事业发展中做出积极贡献的少数民族代表和宗教界人士；4.爱国、敬业、守法的非公有制经济优秀代表人士；5.其他方面对巩固和发展爱国统一战线有突出作用的代表人物。

二届委员产生 2006年7月28日，市委常委会会议对市委统战部《关于市政协换届人事安排工作的请示》进行研究，并报省委统战部批准，二届市政协委员由一届的291名增加到350名。8月10日，市委召开全市换届选举工作会议，对政协委员人选推荐工作进行部署。11月15日和11月23日，市委先后两次召开常委会会议，对政协人事安排、会议筹备工作进行全面安排。11月24日，市政协召开第三十一次常委会会议，协商通过政协抚州市二届一次会议政协委员名单，协商产生政协抚州市二届一次会议主席团、秘书长人选建议名单，协商提出政协抚州市二届一次会议议程和日程，决定于12月3日召开中国人民政治协商会议抚州市第二届委员会第一次会议。在政协委员人选协商、酝酿、提名过程中，中共各级党委、民主党派、人民团体始终坚持把握德才兼备、统筹兼顾、合理安排的方针；坚持广泛性与代表性；坚持民主协商，按程序办事。安排对象主要是：民主党派、工商联、各有关人民团体中的代表人士，无党派知名人士及民族宗教界的代表人物；在改革开放、物质文明、政治文明和精神文明建设中作出突出贡献的知识分子中的代表人物；在促进祖国和平统一事业中有影响、有作为的知名人士；财政金融、科技领域，以及经济界的代表人物；拥护党的领导，爱国守法，有一定经济实力的非公有制经济人士和自由择业者等新的社会阶层代表人物；对巩固发展爱国统一战线有作用的其他方面有社会影响和代表性的人物。

三届委员产生 三届市政协委员初步人选由各县（区）委、市直单位党委（党组）和市各民主党派、工商联、无党派知识分子联谊会以及各人民团体推荐、中共委员人选报市委组织部，非中共委员人选报市委统战部。2011年8月中下旬，各地、各单位贯彻市委换届选举工作会议精神，积极做好人选的推荐工作，共推荐委员人选540多名。9月初，市委组织部、市委统战部分别提出党内、党外政协委员初步人选名单，由市委统战部综合各方面情况进行汇总，并先后征求市委组织部、市政协党组意见。9月15日上午，市委委托市委组织部、市委统战部召开各界人士民主协商会，听取各界人士对政协委员安排工作的意见。9月15日下午，政协抚州市第二届常委会第二十五次会议协商通过第三届市政协委员人选名单。从推荐、提名、协商的整个过程看，始终贯彻充分酝酿、反复协商、发扬民主、按程序办事的原则。

四届委员产生 四届市政协委员初步人选由各县（区）委、市直单位党委（党组）和市各民主党派、工商联、无党派知识分子联谊会以及各人民团体进行酝酿，广泛推荐。为此，2016年10月8日，市委组织部、市委统战部联合下发《关于做好政协抚州市第四届委员会委员人选推荐工作的通知》，各地、各单位党委（党组）、各民主党派、各人民团体、各有关方面按照通知要求的委员推荐名额、资格条件、程序规定，积极做好人选的推荐工作，全市共推荐委员人选近千名。根据推荐情况，经过认真分析、研究筛选、综合平衡、条块结合、以块为主，同时充分考虑各民主党派、各人民团体的推荐人选和各县（区）、市直单位的推荐人选以及其他各方面的推荐人选，在综合分析研判的基础上，市委组织部、市委统战部分别提出了党内、党外政协委员的初步人选名单，全部人选名单由市委统战部汇总，经与各民主党派、各人民团体、各县（区）等有关方面充分协商后，还进一步征求市政协党组意见，慎重地提出委员初步人选建议名单。10月24日下午，政协抚州市第三届常委会第二十八次会议协商通过第四届市政协委员人选名单。10月25日上午，市委召开各界人士民主协商会，再次听取各界人士对政协委员安排工作的意见。四届委员人选的产生从推荐、提名、协商整个过程，始终贯彻充分酝酿、反复协商、发扬民主、按程序办事的原则。

五届委员产生 五届市政协委员初步人选由各县(区)委、市直单位党委(党组)和市各民主党派、工商联、党外知识分子联谊会及各人民团体进行酝酿,广泛推荐。为此,2021年9月13日,市委组织部、市委统战部联合下发《关于做好政协抚州市第五届委员会委员人选推荐工作的通知》,各地、各单位党委(党组)、各民主党派、各人民团体、各有关方面按照通知规定的委员推荐名额、资格条件、程序规定等,积极做好人选推荐工作,全市共推荐委员人选537名。根据推荐情况,经过认真分析、研究筛选、综合平衡、条块结合、以块为主,同时充分考虑各民主党派、各人民团体的推荐人选,各县(区)、市直单位推荐人选以及其他各方面推荐人选,在综合分析研判的基础上,市委组织部、市委统战部分别提出党内、党外政协委员初步人选名单,经与各民主党派、各人民团体及有关方面充分协商后,还进一步征求市政协党组意见,慎重提出委员初步人选建议名单。10月20日,市政协党组召开扩大会议,对候选人建议名单进行审议并予以通过。这届委员人选的产生,从推荐、提名、协商整个过程,始终贯彻充分酝酿、反复协商、发扬民主、按程序办事的原则,始终坚持把握德才兼备、统筹兼顾、合理安排方针,坚持广泛性与代表性,坚持民主协商,严格按程序办事。突出委员政治标准,严格委员道德标准,注重委员能力素质,确保委员总体质量。

(二)委员规模和特点

政协抚州市第一届委员会委员规模为255名,考虑到新的抚州市5个民主党派市委会和市工商联尚未组建,新的党外代表人士尚需培养过程,为此预留33名委员空额待届中增补。一届一次会议实际安排委员222名。人选具有三个特点:1.比例符合中央和省委的要求。222名委员中中共人士89名,占40%;非中共人士133名,占60%;妇女55名,占24.77%。2.年龄结构相对合理,知识结构较好。平均年龄43.82岁,30岁以下有6名,31—40岁有89名,41–50岁有71名,51–60岁有55名,60岁以上有1名,年龄最小的21岁,最大的79岁。具有大专以上学历191名,占86.03%;具有高级职称56名,占25.22%。3.具有广泛代表性和先进性。民主党派成员52名、占23.42%;地直单位和中央、省驻抚单位委员人选118名,占50.9%,各县(区)109名,占49.1%。委员中,有各民主党派、工商联、无党派人士以及民族、宗教等社会各界的代表人物,有许多专家、学者和劳动模范,荟萃了全市各行各业、各方面的代表人物,显示出智囊团和人才库的阵容,体现了抚州爱国统一战线的全貌。

政协抚州市第二届委员会委员规模为350名,考虑到届中调整问题,留出10%左右的空额,市政协二届一次会议委员实际安排数为315名。人选具有三个特点:1.比例适当,结构合理。中共党员128名,占40.3%;非中共人士187名,占59.7%;妇女委员77名,占24.4%;少数民族委员5人,占1.58%。2.年龄梯次优化,知识层次较高。委员平均年龄42.72岁。在315名委员中,30岁以下的委员有11名,50岁以下的委员占80%以上;具有大专以上学历的委员285名,占90.48%;具有副高以上职称的委员有86名,占27.3%。3.具有广泛代表性。市直单位和中央、省驻抚单位安排委员203名,占64.44%;各县(区)安排委员112名,占35.56%。荟萃了我市各行各业、各方面的代表人物,显示出智囊团和人才库的阵容,较全面地体现了我市爱国统一战线的面貌。

政协抚州市第三届委员会委员规模为360名,考虑到届中调整需要,预留了8%的委员名额,市政协三届一次会议委员实际安排数为330名。根据中央和省委有关文件关于“政协委员中,党内委员不多于40%,党外委员不少于60%”的规定,第三届市政协330名委员中,党内委员131人,占39.69%;党外委员199人,占60.31%;妇女委员93人,占28.18%;少数民族委员6人,占1.81%;具有大专以上学历的委员

306人，占92.73%；委员平均年龄43.62岁，年龄最小的为25岁，最大的为90岁。民主党派委员88人，占26.59%。第三届市政协委员中属于第二届市政协委员继续提名的有144名，占委员总数的43.64%。

政协抚州市第四届委员会委员规模为370名，考虑到届中调整需要，预留了20个委员名额，市政协四届一次会议委员实际安排数为350名。根据中央和省委有关文件关于“政协委员中，党内委员不多于40%，党外委员不少于60%”的规定，市政协四届一次会议350名委员中，党内委员140人，占40%；党外委员210名，占60%；妇女委员98人，占28%；少数民族委员7人，占2%；具有大专以上学历的委员267人，占76.3%；委员平均年龄46.4岁，年龄最小的为25岁，最大的为62岁。民主党派委员84人（其中各民主党派界别委员69人，其他界别委员15人），占24%。第四届市政协委员中属于第三届市政协委员继续提名的有109名，占委员总数的31.14%。

政协抚州市第五届委员会委员规模为370名，考虑到届中调整需要，预留了24个委员名额，市政协五届一次会议委员实际安排数为346名。根据中央和省委有关文件关于“政协委员中，党内委员不多于40%，党外委员不少于60%”的规定，市政协五届一次会议346名委员中，党内委员139人，占40%；党外委员207名，占60%；妇女委员122人，占35.3%；少数民族委员8人，占2.3%；具有大专以上学历的委员339人，占98%；委员平均年龄45.9岁，年龄最小的为24岁，最大的为59岁。第五届市政协委员中属于第四届市政协委员继续提名的有129名，占委员总数的37.3%，为保持市政协工作连续性奠定了良好基础。第五届市政协委员由各级党员领导干部、各民主党派成员、无党派代表人士、政协参加单位如工会、妇联、青联、侨联、台联、科技、文联、社联等单位代表人士，非公有制经济代表人士、新的社会阶层人士、民族宗教界人士以及其他方面的代表人士组成。

（三）委员培训和联络服务

1. 学习培训 市政协加强委员学习培训，提升委员议事协商能力，确保每位委员每届至少接受一次培训。每届委员产生后，市政协举办委员培训班，通过集中学习、专题培训、以会代训等形式提升委员履职能力。建立市政协领导与各专委会联系界别分工，为委员履职搞好服务；根据市政协领导变化和各专委会机构变化情况及时调整联系分工。

2001年，鉴于撤地设市这一特定的历史环境，市政协加强对政协委员的学习和培训，加快提高政协委员履行职能素质。市政协制订学习计划，重点学习十五届六中全会精神和社会主义市场经济理论、政协统战理论和政协业务知识。为使政协委员尽快进入角色，市政协机关编印了《政协工作学习资料》等业务资料供委员学习，在9月中下旬分两期举办了政协委员培训班，共177名委员参加，参训率达80%。通过一系列的学习和培训，为委员了解情况、扩大视野、熟悉政策、参政议政创造条件。

2011年，三届市政协以推进学习型机关建设为契机，开展以学习政协理论、政治历史、地理哲学、公务礼仪、写作摄影等为主要内容的“学在岗位、提升素质”学习实践活动；举办第三届市政协委员培训班，邀请省、市政协有关领导就政协基本理论和履职知识作专题辅导。

2016年12月，四届市政协在抚州市职业技术学院举办新委员培训班，主要培训内容为人民政协协商民主理论与实践、怎样做一名合格的政协委员、如何撰写好政协提案等。全体市政协委员参加培训。四届市政协组织85名市政协委员到全国政协青岛、北戴河培训基地集中学习培训，有效提升委员履职能力和水平。

2022年，五届市政协“请进来、走出去”并举，举办市政协委员培训班，邀请市政府主要领导和省政协履职专家授课，并印发《政协委员应知应会手册》；围绕“工业创新发展、乡村振兴、城市建设、生态文明、改革创新、民生福祉”主题，首次在全国政协培训基地及中组部指定的知名高校分期分批组织委员集中培训，不断增强委员履职本领。7月中下旬，围绕“工业创新发展”主题，在浙江大学组织60名委员进行专题学习培训，委员学习反响热烈，形成的培训总结和委员心得体会受到省政协主要领导和市委、市政府主要领导的批示肯定。

2023年，市政协组织240余名县（区）政协委员，分三批次开展“县（区）政协委员看发展暨集中培训”活动，实地视察新能源汽车产业园、文昌里历史文化街区等，邀请抚州高新区、市文广新旅局等负责人围绕工业创新发展、唱响“文化抚州、梦想之舟”品牌等主题作专题辅导，着力提升委员履职能力水平。

2024年，市政协把学懂弄通做实习近平新时代中国特色社会主义思想作为首要政治任务，持之以恒落实“第一议题”学习制度，常态化开展委员读书、理论学习和政治培训，推动党的创新理论入脑入心、走深走实、见行见效，深刻领悟“两个确立”的决定性意义，增强“四个意识”、坚定“四个自信”、做到“两个维护”。举办市县（区）政协委员履职能力提升培训班，教育引导广大政协委员珍视政治身份，锤炼政治品格，提高政治能力。

2. 联络服务　2016年11月，市政协为加强对委员的联络服务，对主席、副主席和办公室、各专委会联系界别工作进行分工。2023年3月，市政协印发《关于市政协主席、副主席、秘书长联系界别工作的意见》，对分工作出调整。主席贺喜灿联系中共、特邀界别；副主席谭小平联系工会、共青团青联、妇联、社会福利与社会保障界别；副主席刘忠华联系民革、文化体育、新闻出版、科协界别；副主席戴晓文联系工商联、科学技术、教育、医药卫生界别；副主席曾月兴联系民盟界别；副主席伍旭鸿联系经济、民主促进会、社科界别；副主席唐永文联系九三学社、无党派人士界别；副主席刘胜联系民建、侨联和台联、少数民族宗教界别；副主席王彬联系农工党、农业界别；秘书长颜建平联系特邀界别。

2019年12月，市政协党组印发《市政协密切联系委员制度》，进一步密切联系委员，充分调动委员参政议政的积极性和主动性。1. 开展走访看望活动，每年安排主席、副主席及党组成员重点走访党派负责人、政协常委及其所在单位、在社会上有较大影响和有代表性的委员及其所在单位。市政协班子成员到县（区）开展调研视察或参加其他活动期间，积极联系住当地市政协委员，通过邀请参加活动、走访、座谈等方式，通报情况，交流思想，听取意见。每年安排各专委会主任走访看望联系界别委员及其所在单位至少一次。2. 明确走访看望职责。走访看望委员时要主动向委员通报市政协近期的工作情况，认真听取委员及所代表界别的呼声、建议和要求，并征求委员对做好政协工作的意见、建议和要求；认真了解委员的学习、工作、生活情况，帮助委员协调解决存在的问题和困难；向委员单位介绍委员履职情况，征求委员所在单位的意见。3. 设立委员联系日。每月最后一个周五的下午作为委员联系日。主席、副主席在政协机关约请相关委员，听取委员对市政协工作及市委、市政府工作的意见、建议和反映的其他问题。4. 认真办理委员反映的意见和建议。5. 高度重视委员来信来访工作。6. 加强对委员的宣传报道。

2020年，市政协创新委员联系服务工作。安排主席、副主席及秘书长重点走访政协常委及其所在单位、在社会上有较大影响和有代表性的委员及其所在单位。市政协领导班子成员到县（区）开展调研视察或参加其他活动期间，积极联系住当地市政协委员，通过邀请参加活动、走访、座谈等方式，通报情况，交流思想，听取意见。安排各专门委员会主任走访看望联系本专门委员会委员及其所在单位至少一次。以中共党员委员工作站为平台，充分发挥中共党员委员在闭会期间的政治引领作用，联系带动非中共党员委员履职尽责，促进委员更好发挥本职工作中的带头作用、政协工作中的主体作用、界别群众中的代表作用。走访联系委员时主动向委员通报市政协近期的工作情况，认真听取委员及所代表界别的呼声、建议和要求，并征求委员对做好政协工作的意见、建议和要求；认真了解委员的学习、工作、生活情况；向委员单位介绍委员履职情况，征求委员所在单位的意见。设立委员联系日。把每月最后一个周五的下午列为委员联系日，主席、副主席在政协机关约请相关委员，听取委员对市政协工作及市委、市政府工作的意见、建议和反映的其他问题。认真办理委员反映的意见和建议。对委员提出的意见、建议，及时整理上报有关领导和部门，积极协调有关单位进行办理，并填写好走访委员登记表，同时跟踪反馈所提意见与建议的采纳、落实情况。加强对委员的宣传报道，通过新闻媒体、微信、公众号等，向社会广泛宣传政协委员的政治地位、职责及作用，报道委员参政议政的事迹、委员先进事迹，扩大政协委员在社会上的影响，激励和鼓舞委员更加富有成效地履行职责。

2022 年，市政协创新开展“政协干部走进委员”和“委员走进政协机关”双向互动活动，加强相互之间的联系。市政协班子成员带队对所有市政协委员进行委员走访，了解委员的思想、工作和生活状况，颁发委员荣誉牌和委员证。同时，邀请委员分期分批走进政协机关参加常委会和主席会等相关会议和活动，进一步增强委员对政协组织的认同感、归属感，不断提振政协委员和机关干部的精气神。

2023 年，出台《政协抚州市委员会关于市政协主席、副主席、秘书长联系界别工作的意见》。对市政协主席会议成员界别工作进行具体分工，进一步密切市政协领导班子与界别和委员的联系，参加所联系界别的专题调研、考察、座谈会、研讨会、学习报告会等活动，听取界别委员意见和建议；通过调研、视察、考察、走访、谈心谈话等多种形式，密切与委员的经常性联系，更好地发挥政协界别优势和作用。

2024 年，市政协充分发挥住抚省政协委员和市、县（区）三级政协委员智力优势，首次组织联合开展“看发展　看变化　看成就”异地视察活动，加强委员之间的联系。通过实地考察、座谈交流等形式，让委员亲身感悟在以习近平同志为核心的党中央关怀下，抚州感恩奋进、“旧貌换新颜”深刻变化，引导委员筑牢共同思想政治基础，全力践行习近平总书记“走在前、勇争先、善作为”殷殷嘱托，聚焦高质量发展、民生改善等方面，多建求真之言，多献务实之策，多出助推之力。

（四）委员管理

1. 制度建设　市政协明确委员的权利与义务，建立委员履职档案，统计委员履职情况，定期向党委有关部门和委员所在单位通报。

2001 年 3 月 1 日，市政协一届四次主席会议通过《政协抚州市委员会视察简则》，明确委员视察是民主监督的一种主要形式，是委员深入实际、联系群众、了解和反映民意，充分发挥“政治协商、民主监督、参政议政”职能的重要途径。视察目的，是通过实地视察，开阔视野，对国家方针政策的具体贯彻执行情况和工作中存在的问题和经验，向国家机关和其他有关部门提出意见和建议。视察对象主要是市属行政、企事业单位。视察内容要围绕党委、政府的中心工作，市政协全体会议和常委会会议的中心议题，以及群众关心的热点和难点问题。

2006 年，市政协坚持从创新委员管理方式入手，在把好委员入口关的基础上，争取市委的支持，市政协一届三十一次常委会通过《关于加强委员队伍管理暂行规定》，共 17 条。《规定》完善了委员履行职能管理和考核办法，大大增强委员履行职能的责任感。各县（区）在加强政协领导班子和干部队伍建设、增加工作经费等方面出台具体举措，全市政协工作呈现出党委重视、政府支持、政协主动、各方配合的生动活泼的局面。

2009年2月16日，市政协二届十一次常委会会议通过《关于加强委员队伍管理暂行规定》，明确：1. 委员应热爱祖国，拥护中国共产党的领导和社会主义事业，维护民族团结和国家统一，遵守宪法和法律，遵守政协章程，执行市政协全委会和常委会会议的决议，认真履行政治协商、民主监督、参政议政职能。2. 委员要积极参加学习活动，认真学习中央、省、市委关于政协工作的文件精神，学习经济、社会、文化、法律和科技新知识，参加学习培训、形势报告会、情况通报会、专题讲座等活动，增强履职本领。积极订阅学习资料，学习统战、政协理论和政协业务知识，提高参政议政水平。3. 委员、常委要积极参加政协全会、常委会。会前密切联系所代表的界别及群众，深入调查研究，积极反映界别、群众的意见和要求，为撰写提案、大会发言、会议讨论做好准备，踊跃建言献策；会后传达贯彻会议精神，落实任务，做好工作。4. 委员要积极投身"五个一"活动，每年至少要参加一次专题调研或视察活动，提一件有较高质量的提案，提一条有价值的社情民意，提一条加强和改进政协工作的建议，为经济社会发展和改善民生办一件实事。要积极参加所在专委会或对口联系专委会组织开展的调研、视察、情况通报、民主评议、界别活动、学习考察、联谊、扶贫帮困及科技、文化、卫生"三下乡"等有特色的政协活动，为抚州科学发展与和谐社会建设献计出力。委员的参政议政表现和社会贡献作为优秀市政协委员评选的重要依据。5. 市政协召开会议和组织活动，应书面或电话提前通知委员，委员与政协机关应保持经常性的联系沟通，工作单位、职务、联系电话等情况有变动的，应及时告知市政协办公室和对口联系的专委会，以便市政协开展的有关活动能及时准确通知。6. 委员必须按时参加政协会议和活动，因病或其他特殊原因不能按时参加政协活动的，须事先由本人请假，报政协活动的组织者批准。7. 建立委员参政议政档案。政协例会、重大活动实行考勤和缺席情况通报制度。政协委员参加全委会和常委会组织活动的考勤由市政协办公室负责，对到会、请假、缺席人员据实记载，存入委员参政议政档案；委员参加专委会活动的考勤由市政协各专委会负责，交市政协办公室汇总。办公室每两年将委员参加活动和会议的情况进行通报，并书面通知委员本人。

2022年，市政协不断加强委员履职管理，按照《加强委员联系服务管理暂行办法》，由专委会对每一位委员建立履职档案及廉政档案，定期通报委员履职及廉洁情况，要求委员守纪律、讲规矩、重品行，规范委员履职行为，进一步增强委员履职主动性和积极性。

2023年至2024年，市政协按照"党建引领、共建共享、共商共用"思路，创造性地推动市政协各专委会打造"中共党员委员工作站"特色履职阵地，全面推进党的建设与履职工作深度融合，实现党的组织对党员委员全覆盖、党的工作对政协委员全覆盖，加强对委员的管理。

2. 搭建平台　2022年，发挥市政协专委会兼职副主任界别工作召集人、带头人作用，明确任务，责任到人，定期开展履职活动。将全体委员编入8个专委会，每个专委会管理30—40名委员，使每个专委会既有坚强班子，又有强壮队伍，方便开展履职活动。在全省率先出台《关于政协委员联系界别群众工作的制度》，创新开展"政协机关干部走进委员"和"政协委员走进政协机关"双向互动活动，市政协领导班子成员带队对所有的市政协委员进行全员走访，全面了解委员思想、生活、工作、履职等各方面情况，并颁发委员荣誉牌和委员证；邀请委员分期分批走进政协机关参加常委会和主席会等相关会议和活动，不断增强委员对政协组织的认同感、归属感。

2023年至2024年，市政协充分利用"中共党员委员工作站"特色履职平台，积极开展履职活动。两年内8个工作站共开展履职活动152场次，参与委员和界别群众达16000余人次，解决群众急难愁盼问题40余个，为1500余家企业提供3900多次精准对接服务，有力推动政协工作创新发展、提质增效。组织省市县三级政协委员共2000余人，三级联动开展贯彻落实市委五届四次全会精神全员宣传、全域调研、全方位履职全员行动，推动全会精神“飞入寻常百姓家”，受众人数近10万人（次），形成调研报告近100篇，编报社情民意信息356条。

3. 撤销委员资格 依据《政协章程》，配合有关部门做好对涉嫌违纪违法的市政协委员的处理工作。2004年12月30日，市政协委员罗清文因行贿问题涉嫌犯罪，根据《政协章程》，市政协一届三十八次主席会议决定，撤销罗清文一届市政协委员资格；2006年10月，根据市纪委建议，依据政协章程，撤销罗永顺（原抚州国家粮食储备库主任，因严重违纪）一届市政协委员职务；2007年2月1日，市纪委提请政协抚州市第二届委员会撤销付威（涉嫌受贿）政协抚州市第二届委员会委员职务；2007年6月29日，根据市纪委建议，鉴于政协抚州市第二届委员会委员张卫东因涉嫌贪污罪，市二届政协常委会决定撤销其政协抚州市第二届委员会委员资格；2008年12月23日，根据市纪委建议，鉴于政协抚州市第二届委员会委员黄余良因涉嫌违法违纪，市二届政协常委会第十次会议决定撤销其政协抚州市第二届委员会委员资格；2020年4月24日，政协抚州市第四届委员会常务委员会第十七次会议审议通过关于撤销黄剑鸣同志（连续两年不参加市政协全体会议）政协抚州市第四届委员会委员资格的决定；2021年2月23日，政协抚州市第四届委员会常务委员会第二十二次会议审议通过，鉴于杨正涉嫌犯罪，根据中共抚州市委的建议，依照《中国人民政治协商会议章程》和有关规定，政协抚州市第四届委员会常务委员会第二十二次会议决定，撤销其政协抚州市第四届委员会委员资格；2021年8月19日，政协抚州市委员会第四届委员会第三十五次主席会议通过，撤销周建平政协抚州市第四届委员会委员资格。2023年，市政协严明政治纪律和政治规矩，构建“亲清”履职关系，其中因涉嫌违纪辞免委员2名，因涉嫌违法犯罪撤销委员资格2名，教育引导委员“懂政协、会协商、善议政，守纪律、讲规矩、重品行”。2024年9月29日，政协抚州市第五届委员会常务委员会第十六次会议决定，撤销黄火生政协抚州市第五届委员会委员资格。

第四节　作风建设

抚州政协组织自建立以来，高度重视作风建设，坚持求真务实，强化履职担当，推动政协工作提质增效。

一、政协抚州地区联络处作风建设

政协抚州地区联络处建立初期，即积极推进作风建设。1987年1月，政协地区联络处组织开展了党风检查，党员干部对照《中国共产党章程》《准则》自查自纠，提交自查报告；1989年，地区联络处坚持密切联系委员、实事求是，理论联系实际，坚持把为政协委员服务作为政协机关工作的宗旨。弘扬和蔼可亲待人、办事严谨、奉公守法的工作作风。政协领导和机关干部的事业心、责任心，服务性、廉洁性、工作协调能力，信息处理能力都得到增强；1993年7月27日至9月20日，地区联络处开展以加强党员干部思想作风建设为主要内容的机关作风整顿活动。政协地区联络处成立“整顿机关作风领导小组”，具体负责组织实施作风整顿各项工作。

二、政协抚州地区工作委员会作风建设

政协抚州地区工作委员会时期,注重以主题活动和制度保障推进作风建设。1995年10月—12月,政协地区工委组织开展解放思想大讨论暨整顿思想作风活动。

1997年,随着改革开放深入发展,政协地区工委始终坚持把作风建设作为政协机关建设重要环节来抓。积极开展"解放思想、改进作风"学习教育活动,进一步解放思想,更新观念,坚定信心,改进作风,为全区改革开放和社会发展服务。并在全区政协系统大力开展"比、学、赶、超"活动,努力改进作风。政协机关是联系政协委员和各界人士的"窗口",机关作风直接影响着政协形象和声誉。通过教育活动,一是形成作风严谨的好风气,不管是办文、办事,行动果断,反应迅速,非常严谨。二是形成团结协作的好风气,专委会与专委会之间,专委会与办公室之间都能配合默契,各项工作形成一股合力。三是形成勤奋好学的好风气,不仅学政治,而且学业务,学科技知识、法律知识,所书写的调查报告、工作简讯、社情民意、信息等文书都比较简明、易懂、规范。四是形成勤政廉洁的好风气,政协机关成为一个高效率、快节奏、廉洁自律的机关。

2000年6月,政协地区工委制定《地区工委办公室工作人员考勤奖励暂行办法》,建立日常工作考勤奖惩制度、节假日值班和加班奖惩制度,强化机关组织纪律。

三、政协抚州市委员会作风建设

政协抚州市委员会自成立以来,传承政协地区联络处、政协地区工委优良传统,赋予更新的内容更实的举措推进作风建设。2000年,成立不到半年时间的市政协在机关干部中开展以讲质量、讲效率、讲规范、讲协作、讲服务为主题的作风教育,使机关干部工作作风明显改观。是年,市政协在人手少、任务重的情况下,顺利完成政协全委会、常委会、主席会等各项例会工作;作为东道主,成功地举办闽浙赣皖四省九地市政协联谊会,有力地宣传抚州,扩大抚州知名度,加强与兄弟市政协横向联系;在市政府大力支持下,克服人员少、任务重的困难,顺利完成办公房搬迁任务。通过开展"三讲"教育和"回头看"以及"基层评议机关"活动,机关各项工作制度进一步完善,服务水平和工作效率进一步提高,机关干部政治和业务素质进一步增强。

2001年,市政协机关以开展"三个代表"学习教育活动和解放思想教育活动为契机,认真查摆自身在思想观念、思维方式、工作作风等方面的突出问题,进一步加强对机关干部理想信念、社会公德、职业道德教育,着力弘扬敬业精神、服务精神和创一流精神,使机关管理进一步规范、有序,机关工作人员精神面貌焕然一新。顺利完成政协各项例会、委员视察调研组织和服务工作;完成省政协委员来抚视察和省内外20余批来客等各类接待工作,机关全体工作人员既各负其责,又通力协作,服务水平和工作效率进一步提高,保证政协各项参政议政职能顺利开展。

2004年,市政协在全市政协系统掀起学习贯彻《中华人民共和国宪法》(以下简称《宪法》)和《中国人民政治协商会议章程》的热潮。进一步推进政协工作制度化、规范化、程序化建设,市政协机关建立目标考评责任制,量化工作标准,工作质量和服务水平不断提高,较好地完成全年目标任务。

2006年,市政协以创建学习型、服务型、创新型、和谐型机关为目标,在政协机关开展树立社会主义荣辱观、《江泽民文选》和十六届六中全会精神等专题学习活动,形成"抓作风、促效能、创事业"的良好氛围。

2008年,市政协机关以创建"学习型、创新型、和谐型"机关为目标,建立和完善机关工作目标责任制,将常委会工作要点确定的7个重要调

研课题分解到各专委会和办公室，责任到人，狠抓落实，高质量地完成各项调研任务。

2010年，市政协坚持用科学方法推进政协工作，不断健全和完善政协工作运行机制。建立市政协全体会议、常务委员会会议请假规定、委员约谈等制度，增强委员履行职能责任意识和纪律意识；完善主席会议、专委会和办公室联席会议制度，推进机关规范化运行；对机关各项制度进行重新梳理完善，建立健全机关公文处理、财物管理、请销假等9项制度，机关各项工作有制可依、有规可守、有序可循、科学有效。明确各专委会工作职责，在机关各委、办、室形成“年度工作有计划，月度工作有安排，重点工作有方案，本职工作有成效，样样工作争一流”工作格局。机关党支部被评为全市先进基层党组织。着力加强机关文化建设，成立抚州市生态摄影研究会、市政协书画社，对机关走廊大厅和会议室书法、美术和摄影作品进行调整和布置，组织机关干部职工在工作之余开展工间操等健身活动，营造团结和谐、积极向上的机关文化氛围。6月，市政协机关党组下发《关于深入开展创先争优活动的实施方案》，决定从2010年7月至2012年7月，在市政协机关党组织和党员队伍中开展“五好”“五带头”创建活动。“五好”即领导班子好、党员队伍好、工作机制好、工作业绩好、群众反映好；“五带头”即带头学习提高、带头争创佳绩、带头服务群众、带头遵纪守法、带头弘扬正气。活动分动员部署、全面推进、深化提高、表彰总结4个步骤推进，通过五好、五带头活动，在机关掀起争创先进基层党组织、争当优秀共产党员热潮。

2011年，市政协围绕打造“活力政协”目标，在机关深入开展了“五个一”活动，在春节期间和“七一”前夕，看望慰问机关离退休老同志；在机关干部职工中开展生日祝福活动；组织机关干部职工进行健康体检；在工作之余开展工间操等健身活动，给机关干部职工生活和工作注入生机和活力。通过以活动为载体，加强和谐型机关建设，营造“上下连心、内外和谐”的工作环境，机关文化生活丰富多彩。

2013年，市政协制定《市政协改进工作作风、密切联系群众的具体措施》，就精简会务活动、控制文件简报、改进公务接待以及公务用车、财务管理等进行明确规范。

2015年，市政协围绕建设学习型政协组织目标，坚持每周一机关例会学习制度，认真学习中央、省、市重要会议精神和政协统战理论，切实增强机关干部职工的理论素养。着力巩固和运用党的群众路线教育实践活动成果，扎实开展“三严三实”专题教育，引导机关干部强化党性修养，改进工作作风，增强践行“三严三实”的思想自觉和行动自觉。

2016年，市政协制定党组会议、主席会议和常委会会议议事规则，做到决策民主化、科学化。市政协班子成员分管专委会继续实行“双线分工”法，形成协同推进的工作格局。市政协机关较好地完成了招商引资、“四进四联四帮”、文明创建、绩效考核等各项中心工作任务。

2018年，市政协落实省委推进作风建设和市委“进一步解放思想，深入调查研究，切实改进干部作风”活动的要求，着力整改机关存在的“怕、慢、假、庸、散”等突出问题，使政协机关严起来、紧起来、实起来。在机关开展“亮身份、作承诺、比贡献、树形象”活动，举办“重温入党誓词，诵读红色家书”活动，机关干部的战斗力、凝聚力进一步增强。

2019年2月，市政协党组下发《关于成立市政协“为谁执政、为谁执法”专题教育领导小组的通知》。成立市政协“为谁执政、为谁执法”专题教育领导小组，由市政协党组成员组成，领导小组办公室具体负责指导、督促、检查、协调、督办等专题教育日常工作。3月，市政协机关党组制定《关于开展“为谁执政、为谁执法”专题教育实施方案》，提出通过专题教育，实现“践行宗旨上水平上台阶、党建工作上水平上台阶、作风建设上水平上台阶、服务群众上水平上台阶”的4大总体目标和“坚持人人参与、坚持正面教育、坚持注重实践、坚持服务群众、坚持务实高效”5大原则，深化作风建设，纠正领导干部中的“怕、假、乱”，整治机关干部中的“慢、庸、懒”。

2021年，市政协对标一流，推动工作理念、工作机制和履职形式创新，争创新时代政协“第一等”的工作。提出建设“忠诚务实为民奋进的政协”奋斗目标，要求市政协委员和机关干部增强使命感、提振自信心、激活原动力、实现高质量。市政协主要领导与机关干部谈心谈话，鼓士气、压担子、提要求、教方法，机关办会、办文、办事严谨高效，机关文化建设大力推进，机关干部的精神面貌焕然一新，工作作风得到有效转变。市政协领导班子成员主动参与市委、市政府中心工作，深入挂点县（区）、工业园区、乡村振兴村、重点项目建设工地，就经济社会发展、疫情防控、学习贯彻中央、省、市重要会议精神等进行实地调研指导、政策宣传，推动相关工作有效开展。主动争取省政协工作指导，借鉴省政协机关经验做法，进一步健全完善工作制度，制定出台《加强市政协领导班子自身建设的意见》《市政协主席、副主席挂点联系县（区）政协工作制度》《市政协中共党员委员工作站创建方案》；修订完善《主席会议工作制度》《市政协各专门委员会工作规则》《加强委员联系服务管理暂行办法》等一系列制度性文件，推进政协工作制度化、程序化，形成依章依规开展工作良好氛围。抓好中共党员委员工作站、“一委一特色”和“一县一品牌”三项重点创新工作，在加强规范化、标准化建设，做实工作方面提出新要求，力求做亮品牌，使之成为政协推动工作和委员履职的重要载体。

2022年，市政协制定《关于建设忠诚务实为民奋进政协的实施意见》《关于开展“政协工作突破年”活动实施方案》，使各项工作推进有重点、有举措、有抓手。推行机关中心工作分工责任制、重点调研课题领衔负责制。传承红色基因，激发奋进动力。以开展“八扬八治”深化作风建设活动为契机，坚持破立并进、纠树并举，建立完善改进作风、提升素质、推动落实的长效机制，机关办会、办文、办事更加严谨高效，机关文化建设大力推进，工作作风得到有效转变。

2023年，市政协精心组织抓好省委第七巡视组巡视抚州市反馈意见整改工作，全覆盖、常态化开展好政治谈话工作，做深做实巡视“后半篇文章”。扎实开展“九查九改”干部作风整顿和“科股长文化”专项整治活动，深入查摆整治机关干部作风存在的突出问题。深刻汲取吴建发、孔滨兵案件教训，坚持举一反三、引以为戒，先后开展市政协党组警示教育会议和市县（区）政协机关警示教育大会，教育引导全市政协机关干部筑牢拒腐防变的大堤，着力营造政协系统风清气正的政治生态。巩固打造“让党放心、人民满意”模范机关工作成果，不断完善机关制度，推进机关干部作风持续向上向好。坚持以开展“八扬八治”深化作风建设活动和“九查九改”干部作风整顿活动为契机，建立完善改进作风、提升素质、推动落实的长效机制，机关办会、办文、办事更加严谨高效，文化建设大力推进，工作效能进一步提升，干部精神面貌焕然一新。市政协机关连续三年在全市综合考核中获优秀等次。

2024年，市政协进一步加强机关作风建设，大力弘扬“马上就办、真抓实干”精神，制定《开展“大抓落实年”活动的实施方案》，全面推行责任清单制度，明确推进时序、完成时限，实行台账销号制管理。完善机关管理运行等工作机制，建设政协专家智库，出台《市政协组织外出调研学习考察管理办法》《关于加强和改进民主监督的实施办法》等各项规章制度16项，常态化开展政治理论和业务知识学习，着力提高机关综合协调、参谋助手、服务保障、执行落实能力水平，为新时代政协事业高质量发展提供有力支撑。

第五节 纪律建设

市政协党组全面履行管党治党政治责任，严格遵守政治纪律和政治规矩，认真履行全面从严治党主体责任，落实民主集中制、重大事项报告制度、“三会一课”制度、民主生活会和组织生活会制度、谈心谈话制度、民主评议制度，切实加强和规范党内政治生活，积极营造风清气正的政治生态。

一、工作纪律

市政协成立以来，强化廉政制度建设，把权力关进制度的笼子。2000年12月28日政协抚州市第一届委员会常务委员会第一次会议通过的《常务委员会组成人员守则》规定：常委会组成人员必须认真学习马列主义、毛泽东思想，学习邓小平理论，坚持党的基本路线和基本方针，坚持中国共产党领导的多党合作和政治协商制度，贯彻执行“长期共存、互相监督、肝胆相照、荣辱与共”的方针。政协常委会会议对全市的大政方针以及政治、经济、文化和社会生活中重要问题的协商讨论，常委会组成人员应当本着对人民、对社会主义事业负责的精神，实事求是地反映情况，严肃认真地提出意见和建议。2001年，市政协制定的《政协抚州市委员会关于政治协商、民主监督、参政议政的实施细则》第三条规定：政治协商、民主监督、参政议政的目的是发扬社会主义民主，反映社会各方面的意见和要求，为参加人民政协的各民主党派、无党派爱国人士、人民团体、少数民族人士和各界爱国人士发挥作用开辟畅通的渠道，集思广益，促进全市重大决策的科学化与民主化；监督国家宪法、法律、方针政策和地方性法规的贯彻执行，协助并推动我市国家机关改进工作，提高效率，克服官僚主义，反对腐败现象。《政协抚州市委员会委员视察简则》第七条规定：视察活动要厉行节约，做到勤俭、廉正。

2010年4月，市政协党组印发了《关于在市政协机关推行腐败风险预警防控工作的实施方案》，规范权力运行，强化廉政风险防控措施，健全完善廉政风险防控机制，落实岗位廉政风险防控责任机制，确保风险防控措施得到有效落实，及时化解廉政风险，避免苗头性、倾向性问题演化发展成违纪违法行为。

2013年，市政协制定《改进工作作风、密切联系群众的具体措施》，对精简会务活动、控制文件简报、改进公务接待，以及公务用车、财务管理等进行明确规范；修订《市政协主席会议工作规则》，规范主席会议议事程序。

2014年8月，市政协制定《中共政协抚州市委员会党组工作规则》。2017年4月，根据市纪委《关于设立落实全面从严治党主体责任工作办公室的通知》精神，机关党组研究决定，成立机关落实全面从严治党主体责任工作办公室，负责机关党组落实全面从严治党主体责任工作的统筹协调、督促落实和检查考核。2018年，市政协党组开展习近平总书记关于加强和改进人民政协工作的重要思想学习研讨活动，强化政治担当，认真履行管党治党、全面从严治党主体责任。加强对县（区）政协党的建设工作的指导，组织对《实施意见》贯彻落实情况开展调研检查，总结经验，及时发现和解决存在的问题。

2017年4月，市政协机关成立全面从严治党主体责任工作办公室，负责政协机关落实全面从严治党主体责任工作的统筹协调、督促落实和检查考核等职责，推进政协机关全面从严治党常态化、制度化。

2021年3月21日，市政协机关党组印发《政协抚州市委员会机关公务员平时考核实施细则（试行）》，推进市政协机关公务员平时考核规范化、制度化。

2022年，市政协制定出台《加强市政协领导班子自身建设的意见》等一系列制度机制，扎实开展"八扬八治"深化作风建设活动，全面加强党风廉政建设，全覆盖开展政治谈话和谈心谈话，积极创建模范机关和模范党支部，推动各项工作进一步严起来、紧起来、实起来。推行机关中心工作分工责任制、重点调研课题领衔负责制。

二、廉政教育

2009年，市政协机关党组从落实党风廉政建设责任制、加强干部职工廉政教育和抓好领导干部廉洁自律入手，认真做好党风廉政建设工作。按照市委关于党风廉政建设和反腐败工作任务分工的要求，及时充实调整了机关党风廉政建设暨惩治和预防腐败体系建设领导小组，明确了各自分工、相关职责，将党风廉政建设各项工作落到实处；按照市委关于推进惩治和预防腐败体系建设工作的意见，研究制定了目标明确、责任具体、措施有力的市政协机关惩防体系建设工作实施方案，并按照"一岗双责"的要求，将反腐倡廉工作列入机关年度工作计划。机关党组及时传达有关党风廉政建设的会议精神，传阅有关惩防体系建设的重要文件，研究分析反腐倡廉工作的新情况、新形势，解决惩防体系建设工作中遇到的实际问题，上报相关工作情况。围绕提高拒腐防变能力主题，组织机关干部职工认真学习《中国共产党纪律处分条例》《建立健全惩治和预防腐败体系工作办法》《中国共产党党员领导干部廉洁从政若干准则》等法规、条例，不断增强机关干部的党性观念和纪律意识。通过召开座谈会、个别谈心等多种形式，主动了解机关干部职工的思想状况，帮助解决思想上存在的问题，教育大家从身边人、身边事中汲取教训，筑牢道德和法纪防线。结合深入学习实践科学发展观活动，组织党员干部职工观看警示教育专题片等，切实加强廉洁自律教育。

2012年5月，市政协组织班子成员、部分常委和机关干部到市纪委廉政党校接受倡廉教育，市政协主要领导结合工作实际和个人感悟，为常委会组成人员上廉政党课，提高政协干部廉洁自律意识和拒腐防变能力；在机关建立和完善工作目标责任制，举办"永远忠于党、永远跟党走"演讲比赛，着力提高机关办文办会和服务大局、服务委员能力。

2014年，市政协党组要求要大力弘扬理论联系实际的优良学风，自觉深入实际、深入基层，虚心向基层和群众学习，总结基层干部群众的新创造、新经验，在学习和调研的基础上，每位党组成员每年牵头撰写1至2篇有理论深度、实践依据和决策参考价值的调研文章。机关党组成员要加强党章、党规学习，根据工作需要和本人情况，制定学习计划，坚持自学，养成良好的学习习惯。

2020年，市政协机关党组把党的建设要求落实到政协机关工作各方面和全过程，党组成员认真履行"一岗双责"，带头讲政治、抓学习，守规矩、转作风。构建机关党组、机关党委、机关党支部三级党组织体系，把机关各级党组织书记岗位责任，以清单形式固定下来，实行"月末提醒督促、季末检查通报、年末述职考核"，形成主体明确、职责清晰、上下衔接、环环相扣的党建工作链条。开展党组织书记抓党建工作述职评议和先进党支部、中共党员委员红旗工作站、党员示范岗评比表彰等创先争优活动，不断推进基层党组织标准化建设，把全面从严治党落实到每个支部、每位党员。

2022年3月，市政协机关开展多种形式警示教育活动。在机关微信群推送《习近平关于全面从严治党论述摘编（2021年版）》、习近平总书记重要讲话精神、习近平总书记在中央政协工作会议暨庆祝中国人民政治协商会议成立70周年大会上的讲话等学习资料，供全体党员、干部职工学习。组织机关党员、干部职工到市博物馆参观

《血染战红旗》《临川文化》《历史文明》等陈列展，现场感受抚州这块红色土地上开展的可歌可泣的红色革命历史和近现代史上老一辈革命家的家国情怀。组织全体党员、干部职工观看《零容忍》《“赶考”路上的迷失者》等警示教育片，让大家现场感悟我党自我革命的勇气和决心、反腐零容忍的坚决态度。组织学习“进京赶考”知识，并围绕“赶考”主题，结合“八扬八治”深化作风建设活动要求和警示教育学习体会作交流发言。7月12日在文昌里历史文化街区玉隆万寿宫举办《王安石的“五不”》勤廉文化讲座。市政协主要领导讲话，市政协班子成员、部分市政协委员和机关干部职工60余人参加活动。

2023年，深刻汲取吴建发、孔滨兵腐败案件教训，深入开展反腐倡廉廉政教育。坚持举一反三、引以为戒，先后召开市政协党组警示教育会议和市县(区)政协机关警示教育大会，播放警示教育片，市纪委、市监委相关负责人作专题辅导报告，市政协机关干部作表态发言，教育引导全市政协机关干部筑牢拒腐防变大堤，着力营造政协系统风清气正政治生态。巩固打造“让党放心、人民满意”模范机关工作成果，不断完善机关制度，推进机关干部作风持续向上向好。开展“3·23”警示教育活动，赴市博物馆参观“赣东烽火展”，观看警示教育片《赶考路上》第二集《以案促治》，进行座谈交流，使机关干部深受教育、震撼心灵、洗涤灵魂，为建设“忠诚为民务实奋进”政协凝聚力量。同时，在“政协机关党支部群”定期推送廉政文章，在机关例会上组织干部学习中央、省、市纪委有关廉政文章。机关各支部相继召开2022年度组织生活会暨民主评议党员会议。会上查摆问题精准，开展批评充分，民主氛围浓厚，整改措施务实，达到“红红脸、出出汗”的效果。

2024年，市政协进一步扎实开展党纪学习教育。牢牢把握“学纪、知纪、明纪、守纪”的总目标，认真落实各项“规定动作”，推进党纪学习教育见实效。以学习《中国共产党纪律处分条例》为重点，开展多形式、多层次的学习研讨活动22次，交流发言68人次。市政协党组及机关各级党组织书记讲纪律党课，将党纪、体会、事例、践行有机融合，推动机关党员干部把遵规守纪刻印在心、自觉接受约束和监督。推进政治谈心谈话常态化，有力推动机关党员干部把学习党纪过程转化为担当实干、助力发展过程。

三、监督检查

2001年，市政协党组高度重视廉政制度落实和工作监督检查。召开党员领导干部民主生活会，积极开展批评与自我批评，切实增强班子的团结力和凝聚力。结合深入学习实践科学发展观活动，组织干部职工对机关党组成员进行民主测评。坚持对重大开支、重要事务及人事任免等工作按规定进行公开，主动接受大家监督，增强工作透明度。认真执行《党政机关厉行节约制止奢侈浪费的若干规定》和各项财务审批制度，严格控制办公开支，压缩不必要的会议及外出经费，严禁利用公款大吃大喝，防止铺张浪费现象发生。要求领导班子成员发挥廉洁自律表率作用，生活上自觉守纪、严于律己，要求干部必须做到的，自己首先做到；要求干部不做的，自己坚决不做。

2012年以来，市政协强化全面从严治党工作监督检查。2014年5月29日，市政协召开党风廉政建设情况通报会，市纪委向市政协委员通报2014年全市党风廉政建设情况。市政协主席主持并讲话，市委常委、市纪委书记讲话。

2015年8月4日，市政协主席深入黎川县调研党风廉政建设主体责任落实情况，召开座谈会。在认真听取黎川县关于落实党风廉政建设主体责任情况的汇报后，提出抓党风廉政建设工作决心要大、措施要硬、特色要明、效果要好，要严格按照中央、省委和市委落实党风廉政建设主体责任的总体部署要求，从“党要管党、全面从严治党”的政治高度，创新思路，真抓实干，扎实推进党风廉政建设和反腐败工作。

2018年11月27日，市政协召开扫黑除恶专项斗争政协委员座谈会，听取市政协委员关于扫黑除恶专项斗争的意见、建议。会前，市政协邀请市委政法委领导向委员们通报抚州扫黑除恶专项斗争开展情况、存在问题及下一步工作打算，并与委员们进行座谈交流。座谈会上，委员们指出，要严惩“保护伞”，彻底摧毁经济基础，多措并举深入推进扫黑除恶工作；公检法机关在办好案的同时，还要通过积极参与社会治安综合治理、加强法治宣传和公民道德教育、广泛发动群众等多种手段，从源头上有效防控此类犯罪，使黑恶势力无处藏身。

2020 年，根据市委和市委巡察工作领导小组统一部署，市委第三巡察组对市政协机关开展为期 2 个月左右的巡察工作。4 月 20 日，市委第三巡察组巡察市政协机关党组工作动员会召开，市政协机关党组书记主持会议并作表态发言。9 月 1 日，市委第三巡察组巡察市政协机关党组情况反馈会议在市政协会议室召开，市委副书记，市政协党组书记、主席出席并讲话，市政协秘书长代表市政协机关党组作表态发言，进一步推动了政协机关的党风廉政工作。

2021 年，市政协机关党组向市委提交《关于加强党的建设履行全面从严治党主体责任情况报告》，报告 2020 年落实全面从严治党主体责任情况。2020 年，机关党组坚持把巡察整改作为增强“四个意识”、坚定“四个自信”、做到“两个维护”的具体行动，坚决扛起整改责任，梳理出四个方面 13 项问题和 58 条具体整改措施。整改期间，机关党组先后召开 3 次会议专题研究、调度巡察整改工作，针对巡察反馈指出的突出问题，加强内部审计监督，有效控制重点领域风险。

2023 年，扎实开展“九查九改”干部作风整顿和“科股长文化”专项整治活动，深入查摆整治机关干部作风存在的突出问题，针对监督检查出的问题制定整改措施并落实到位。市政协机关各支部相继召开 2022 年度组织生活会暨民主评议党员会议。会上查摆问题精准，开展批评充分，民主氛围浓厚、整改措施务实，达到“红红脸、出出汗”的效果。

第六节　制度建设

抚州政协组织成立以来，建立健全以政协章程为基础，以协商制度为骨干，覆盖党的建设、履职工作、组织管理、内部运行等各方面的制度，着力形成权责清晰、程序规范、关系顺畅、运行有效的制度体系，通过持续推进“两化”“三化”建设，实现政协工作制度化、规范化、程序化，推动全市政协工作高质量发展。

一、政协抚州地区联络处制度建设

政协江西省抚州地区联络处建立初期，受人员编制所限，与地委统战部合署办公，与地委统战部协同落实省政协有关工作部署。1988 年 10 月，省政协印发《中国人民政治协商会议江西省委员会地区联络处工作简则》，地区联络处依据《简则》履行各项职责，完成省政协赋予的各项任务。1990 年后，政协地区联络处逐步建立全区政协工作座谈会、全区政协主席会议和与县市政协联合视察等工作制度，加强对县市政协工作业务指导和联络服务。1993 年，在全区范围内进一步健全政协主席列席县市委常委会制度、政协例会制度、情况通报制度、对口联系制度、办理委员提案制度等共 12 项制度。对《关于加强县（市）政协与县（市）政府日常工作联系的试行办法》和《关于县（市）政治协商、民主监督的暂行实施办法》作修订和完善，县（市）委、政府审定后及时予以批转，从而把协商监督纳入制度化、规范化、经常化轨道，减少协商监督的随意性，为促进和保证党委政府决策科学化、民主化起积极作用。同时，完善和健全科室工作职责以及小车、财务、电话、接待等机关事务管理制度。

二、政协抚州地区工作委员会制度建设

1995年8月政协地区工委设立以来，按照《政协江西省委员会地区工作委员会工作条例》，认真履行政协工委各项职责，完成省政协赋予的各项任务，推进全区政协工作向前发展。建立《政协地区工委主任、副主任和秘书长办公会议制度》，重要工作、重大事项，集体研究、集体决策。1996年1月，地区工委制定下发《全区政协工作目标管理和考评方案》；4月，地区工委印发《全区政协工作目标管理考评意见》，将政协工作考评内容分为履行职能、调查研究、学习宣传、机关建设4大块、31个项目进行量化。考评采取100分制方式进行量化评分考核，对评分前三名予以表彰。1998年3月，地区工委制定《县市政协工作目标管理考查评分细则》，进一步细化对县市政协工作进行量化考核，奖励先进。2000年3月20日，地区工委印发《抚州地区2000年政协工作目标考核细则》，对县（区）政协履行职能、服务经济、宣传报道、机关建设等4个方面工作进行量化考核。2000年6月，地区工委制定《地区工委办公室工作人员考勤奖励暂行办法》，建立日常工作考勤奖惩制度、节假日值班和加班奖惩制度，强化机关组织纪律。

三、政协抚州市委员会制度建设

市政协成立以来，通过大力推进“两化”建设“三化”建设，建立健全各项规章制度。“两化”即政协工作规范化、制度化。市政协2001年2月从一届政协二次会议开始推进“两化”建设，相继制定《市政协关于政治协商、民主监督、参政议政的实施细则》《提案工作条例》《抚州市政协视察简则》《机关管理制度》等一系列配套制度31项，推进市政协工作步入规范化、制度化轨道。“三化”即政协工作规范化、制度化、程序化。在“两化”建设的基础上，市政协从2003年开始探索推进政协工作规范化、制度化、程序化建设的新方式，配合全国政协、省政协认真开展修改政协《章程》征求意见的工作，提出具体的修改建议。在履行职能的过程中，一方面坚持和完善原有的各项制度，一方面注意把实践中探索和总结的新鲜经验用制度的形式确定下来。至2024年底，研究制定《加强市政协领导班子自身建设的意见》《市政协主席、副主席挂点联系县（区）政协工作制度》；修订完善《主席会议工作制度》《关于加强和改进市政协专门委员会建设的实施办法》等规范化、程序化制度20余项。

（一）市政协重要文件 2000年年底，市政协一届一次常委会会议审议通过《市政协常务委员会工作规则》《专门委员会通则》《政协抚州市委员会视察简则》《常委会组成人员守则》《主席会议工作制度》等规章制度，政协工作规范化、制度化建设实现良好开局。2001年，市政协把“两化”建设作为撤地设市后市政协的起步工程来抓。一是争取党委从加强对政协工作的领导上进行规范。年初，在全省政协工作会议之后，及时向市委常委会会议汇报了会议精神，提出市政协在“两化”建设中需要市委解决的具体问题，得到市委高度重视。3月，市委专门召开全市政协工作会议，在会上下发《关于进一步加强人民政协工作的实施意见》，市委书记在会上对党委如何加强对政协工作的领导提出具体要求。会后，市委转发《政协抚州市委员会关于政治协商、民主监督、参政议政的实施细则》，市委办、市政府办联合下发《关于建立市委、市政府有关部门与市政协专门委员会对口联系的通知》。各县（区）党委从各自实际出发，制定和完善具体的可操作的贯彻《意见》和《通知》实施细则。二是联系政府从对政协工作的支持上进行规范。市政协在日常工作中加强与市政府沟通和联系，市政府也非常支持政协工作，下发《抚州市人民政府关于加强与市政协日常联系的试行办法》《关于人大代表建议政协委员提案办理工作的规定》，并成立提案办理科，配备专门人员抓好提案

办理工作。在提案交办会上，市政府专门进行研究部署，各承办单位都召开局（委）党组会议和局长（主任）办公会议，确定专人负责，一把手负总责。同时，市政府对政协机关内设机构、人员编制、办公用房以及各项活动经费都予以保证，为支持政协“两化”建设创造良好条件。三是结合政协实际从建章立制上进行规范。结合政协工作实际，制定一套具有较强操作性的工作规章制度。同时，根据工作需要，先后建立31项配套制度，使政协工作有章可循，操作有序，有条不紊，推进“两化”建设。为加强同县（区）市政协委员的联系，下发《关于组织县（区）市政协委员参加活动的意见》。2003年，市政协积极探索推进政协工作制度化、规范化、程序化建设的新方式，配合全国政协、省政协认真开展修改政协《章程》征求意见工作，召开省、市政协委员、民主党派成员、政协机关干部参加的座谈会，提出具体修改建议。在履行职能过程中，一方面坚持和完善原有的各项制度，一方面注意把实践中探索和总结的新鲜经验用制度的形式确定下来，使政协工作有章可循，有规可依。2006年，市政协把学习贯彻中央《意见》与政协“三化”建设有机结合。常委会着眼于履行职能的制度化、规范化、程序化建设，修订下发《提案工作条例》《关于办理政协提案的意见》等规范性文件。为适应新一届政协工作需要，制定并完善《关于各专门委员会同政协界别的联系实施办法》《关于建立市政协与市各民主党派、工商联、无党派联系制度的实施意见》，力求以制度创新带动工作创新，保证政协工作规范有序地开展。

不断修订完善各项规章制度，根据需要建立新的工作制度。2007年12月21日市政协二届七次主席会议审议通过《政协抚州市委员会提案审查工作实施细则》（试行）；2008年3月28日市政协二届七次常委会会议通过《关于加强反映社情民意工作的实施意见》；2009年6月29日市政协二届十三次常委会会议通过《政协抚州市委员会关于加强界别工作，发挥界别作用的实施意见》（试行）和《政协抚州市委员会关于加强委员队伍管理暂行规定》；2011年，市政协大力推进政协工作规范化、制度化建设。制定出台《市政协主席、副主席和办公室、各专委会对口联系界别分工以及市政协挂点县（区）政协制度》；提请市委、市政府出台《关于完善市委、市政府有关部门与市政协专门委员会对口联系制度的通知》。2013年5月市政协三届十四次主席会议修订了《主席会议工作制度》。2019年12月制定《市政协密切联系委员制度》。2020年，市政协大力推进政协规范化、制度化建设、程序化，制定市政协主席会议、常委会会议和机关集中学习制度，建立市政协全体会议、常务委员会会议请假规定和委员约谈制度，完善主席会议、专委会和办公室联席会议制度，健全机关内部管理制度，政协各项工作有制可依、有规可守、科学有效。

2021年至2022年，争取省政协工作指导，借鉴省政协机关经验做法，进一步健全完善工作制度，密集制定出台《加强市政协领导班子自身建设的意见》《市政协主席、副主席挂点联系县（区）政协工作制度》《市政协中共党员委员工作站创建方案》；修订完善《市政协主席会议工作制度》《市政协各专门委员会工作规则》《加强委员联系服务管理暂行办法》等一系列制度性文件，推进政协工作程序化、规范化、制度化，形成依章依规开展工作良好氛围。出台《开展“政协工作突破年”活动的实施方案》，深入贯彻落实市委“工作突破年”部署要求，努力争创新时代政协“第一等工作”。

2023年，出台《政协抚州市委员会关于市政协主席、副主席、秘书长联系界别工作的意见》。对市政协主席会议成员界别工作进行具体分工，进一步密切市政协领导班子与界别和委员的联系，更好地发挥政协界别优势和作用。出台《政协抚州市委员会关于政协委员联系界别群众工作的制度》。规范每位政协委员联系3名以上本界别群众代表，每季度至少开展1次走访联系界别群众活动，每年至少报送1条界别社情民意信息，作为委员履职量化考评重要内容和评选优秀履职委员参考依据。出台《政协抚州市委员会月度协商会实施办法（试行）》，聚焦抚州市经济社会发展和涉及群众切身利益突出问题，选取切口小、影响大的议题进行每月协商，并加强对协商成果转化跟踪问效，及时了解掌握采纳、办理和落实情况。出台《开展“政协工作提质年”活动的实施方案》，全面推进全市政协工作提质增效，争创新时代政协“第一等的工作”。制定《抚州市政协领导班子开展调查研究的实施方案》，扎实有序有效开展好调查研究工作。

2024年，市政协认真贯彻落实省委、市委开展“大抓落实年”活动工作要求，弘扬奋斗精神、崇尚真抓实干，锚定目标、大抓落实，切实以高质量落实推进政协工作高质量发展，决定开展“大抓落实年”活动，出台一系列工作制度和工作方案。《关于开展“大抓落实年”活动的实施方案》《关于进一步做好反映社情民意信息工作的实施办法（试行）》《市政协组织外出调研学习考察管理办法》《市政协专家智库建设工作方案》《加强住抚省政协委员和市、县（区）政协委员联动履职的实施方案》《市政协委员“服务为民”活动工作方案》等制度、方案的出台，进一步促进了政协提质高效履职。为完善人民政协民主监督机制，制定《政协抚州市委员会关于加强和改进民主监督工作的实施意见》。

（二）市政协党组重要文件 2001年3月，制定《关于加强与市各民主党派、工商联联系的制度》，明确市政协召开重要会议、组织重大活动、开展重要调查研究和视察时，主动邀请市各民主党派、工商联负责人参加；每年召开一次市各民主党派、工商联参政议政座谈会，听取各民主党派、工商联对加强人民政协工作的意见和建议，交流履行政治协商、民主监督、参政议政职能经验和体会，推进社会主义民主政治建设。2002年5月8日，市政协印发《中共政协抚州市委员会机关党组工作规则》，明确市政协机关党组的职责是：保证党的路线、方针、政策在市政协机关的贯彻落实；贯彻执行市委和市政协党组的决定；讨论和决定市政协机关的重大问题；按干部管理权限和人事管理规定，负责市政协办公室和各专门委员会内设科（室）科级以下（含科级）干部的任免和人事管理；指导市政协机关党组织的工作；团结非党干部和群众完成市委、市政协党组交给的任务。2014年8月制定《中共政协抚州市委员会党组工作规则》，明确市政协党组是中共抚州市委的派出机构，在市委直接领导下工作，在政协组织中起核心领导作用。党组由党组书记、副书记和成员组成。党组书记负责党组全面工作，副书记协助书记工作。2019年12月，制定《市政协党组与各民主党派、工商联和无党派人士联系制度》，明确市政协党组为各民主党派、工商联和无党派人士在政协发挥作用创造民主、宽松、和谐的环境；尊重和维护各民主党派、工商联成员和无党派人士的民主权利，真诚合作，平等协商，求同存异，为他们参政议政创造良好氛围；畅通各民主党派、工商联和无党派人士参政议政渠道，鼓励和支持他们建净言、献良策；支持各民主党派、工商联和无党派人士积极反映社情民意，反映群众诉求和社会动态，充分发挥其在协调关系、化解矛盾、理顺情绪、维护稳定等方面的重要作用；强化多党合作和政治协商制度建设的宣传，为各民主党派、工商联和无党派代表人士开展工作营造良好的社会舆论环境。市政协每年至少召开一次民主党派、工商联、无党派人士座谈会，听取他们对政协工作的意见、建议；市政协党组成员每人联系两三名民主党派或工商联、无党派人士，与他们交朋友，做到以诚相待，相互尊重，相互学习，合作共事；市政协党组成员每年走访所联系的民主党派（工商联）一两次，与所联系的民主党派（工商联）负责人谈心一次，必要时可随时走访；对各民主党派、工商联和无党派代表人士提出的意见和建议，认真负责地向市政协党组汇报反映。市政协党组有关会议邀请市各民主党派、工商联主要负责人和有关无党派代表人士列席；市政协全委会、常委会、专题座谈会邀请市各民主党派、工商联有关负责人和无党派代表人士列席参加，听取他们的意见和建议。市政协党组成员分管的专门委员会在开展调研、视察、考察，组织教育、文化、科普、医疗下乡及经济、法律知识咨询等活动时，根据业务特点和专业优势，可与民主党派、工商联联合开展活动或邀请民主党派、工商联有关成员和无党派代表人士参加。对各民主党派、工商联提案，市政协提案委员会应及时审查立案，为提案办理创造条件；对事关全局的重要提案，可报请主席会议审议通过后，作为政协建议案；市政协党组成员可采用领导督办提案的方式，加大对党派提案的督办力度，提高办理成效，并及时通报办理结果。积极推荐市政协委员中有专业特长的各民主党派、工商联成员和无党派代表人士担任司法机关和政府部门的特约监督员，明确职责权利，切实发挥作用。在日常工作中，大力支持特约监督员就宪法和法律的实施、重大方针政策的贯彻执行、国家机关及其工作人员的工作情况等通过建议和批评进行监督。建立市政协与各民主党派、工商联和无党派代表人士有关工作情况通报制度。

（三）市政协专委会主要制度　市政协高度重视专门委员会制度建设，推进专委会工作提质增效。为规范专委会工作，2000 年 12 月 28 日，市政协一届一次常委会会议通过《专门委员会通则》，明确专委会是在常务委员会和主席会议领导下的工作机构。按主席会议确定的分工，副主席协助主席分管专委会的工作。专委会的日常工作由主任或主任委托的副主任主持，秘书长负责协调。专委会根据市政协全体会议和常务委员会提出的任务，制订年度工作计划。年度末向常务委员会提交工作报告。提案委员会须向市政协全体会议作工作报告。2001 年 3 月 1 日，市政协一届四次主席会议通过《各专门委员会工作简则》《专门委员会主任联席会议制度》《各专门委员会和办公室联席会议制度》。为加强政协组织同委员，委员同所在界别群众的联系，发挥政协界别作用，提高委员履行职能的热情和参政议政水平，2006 年 12 月 15 日，市政协二届一次主席会议通过《关于各专门委员会同政协界别对口联系实施办法》；2008 年，市政协修订各专委会工作简则；2020 年 11 月，制定《关于加强改进市政协专门委员会工作和制度建设的实施意见》。

2023 年，为全面贯彻习近平总书记关于加强和改进人民政协工作的重要思想，充分发挥市政协专门委员会的作用，进一步增强工作活力，提高履职水平和成效，出台《政协抚州市委员会关于加强和改进专门委员会建设的实施办法》，明确专门委员会职责任务，建立健全对口部门联系制度、情况通报会议制度、主任会议、全体会议等各项规章制度 16 项，让专委会工作更加规范有序、有章可循。

（四）市政协机关管理制度　市政协把建立健全机关管理制度摆在重要位置，通过完善制度提升机关管理和工作效能。2001 年建立《市政协机关学习制度》《市政协机关管理制度》《市政协机关请销假制度》《市政协机关考勤制度》《市政协机关财务管理暂行规定》《市政协机关公务接待管理办法》《市政协机关公文处理暂行规定》《市政协机关车辆管理试行办法》，并于 2010 年 10 月进行修订；2010 年制定《市政协网站管理制定》《信息新闻汇稿会议制定》；2015 年 2 月制定《市政协机关退休干部工作制度》；2018 年，为进一步规范机关探望慰问工作，更好地体现人文关怀，营造互帮互助、团结友爱的良好氛围，增强市政协凝聚力，制定《市政协关心干部职工、政协委员生活若干事项的规定》；健全的工作和管理制度，保障政协机关有序高效运转。

2022 年，为进一步提高委员履职能力水平，建设新时代高素质委员队伍，真正做到“懂政协、会协商、善议政，守纪律、讲规矩、重品行”，制定《五届市政协委员届内集中轮训方案》，以提升市政协委员的专业知识，增强建言献策的针对性。

2023 年，市政协对已有的学习制度进行一次全面梳理，在深入研究讨论、广泛听取意见的基础上，建立健全行得通、做得实、长期管用的制度机制，确保学习贯彻党的创新理论常态长效。

2024 年，健全完善《市政协组织外出调研学习考察管理办法》，落实离抚报备、请假以及“两报告一承诺”等制度，常态化开展党员干部“八小时以外”监督管理，强化领导干部报告事项审核，做好领导干部个人有关事项报告工作。为进一步做好反映社情民意信息工作，引导全市政协系统有针对性地反映本行业、本部门、本领域的重要情况、工作建议和身边群众的急难愁盼问题，推进党委政府科学决策、民主决策，制定《关于进一步做好反映社情民意信息工作的实施办法（试行）》，推动信息工作高质量发展。

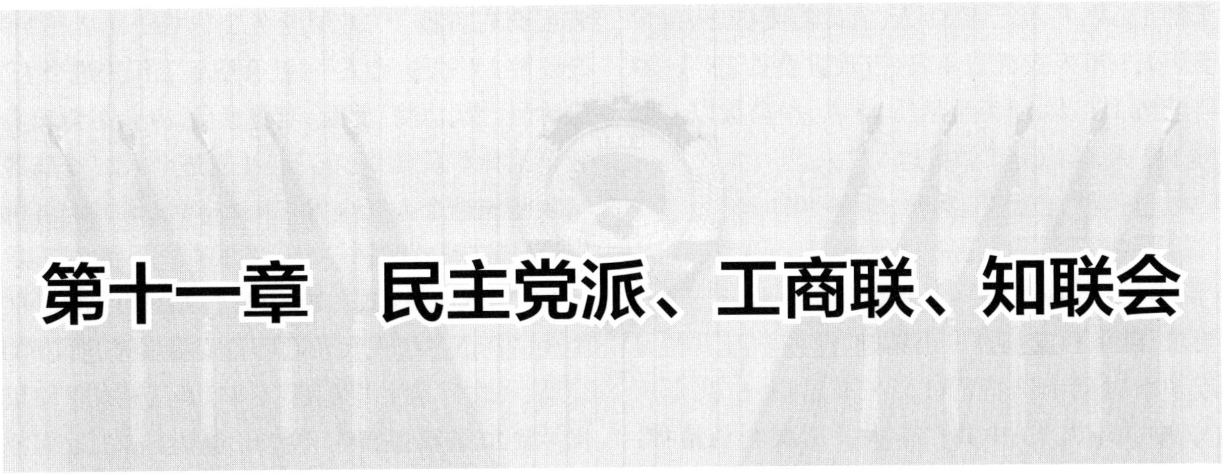

第十一章　民主党派、工商联、知联会

抚州市有民革、民盟、民建、民进、农工、九三学社六个民主党派和市工商联、党外知联会两个社会团体，大多成立于二十世纪八十年代后。它们是中国共产党领导的多党合作和政治协商制度中的参政党、参政团体，始终保持着同中国共产党同心同德、团结奋斗的政治本色，是中国共产党的好参谋、好帮手、好同事。各民主党派、工商联、党外知联会在全面加强自身组织建设、思想政治建设、履职能力建设、作风建设和制度建设的同时，始终围绕中心、服务大局、服务社会，积极开展民主监督，参政议政，建言履职，在政协工作中取得优异成绩，为抚州的建设、发展和稳定，为祖国统一事业作出重要贡献。

第一节　中国国民党革命委员会抚州市委员会

一、组织沿革

民革抚州市地方组织成立于1986年6月。初为民革抚州市（县级市）小组，钟经武任组长，民革党员4人；1988年，小组改由郑植德负责。1991年7月成立民革江西省抚州市支部，郑植德当选为支部主任委员，民革党员8人；1995年11月，支部改名为民革临川市支部，周琪当选为支部主任委员，民革党员11名。1997年11月，成立民革临川市委会（县级市），周琪当选为主任委员，民革党员26人。

撤地设市后，2000年12月25日，民革抚州市委会举行第一次全体党员大会，选举产生委员17名，周琪当选为主任委员，有民革党员65名。2006年9月8日，民革抚州市委会举行第二次全体党员大会，选举产生委员17名，周琪当选主任委员。2012年5月，民革抚州市委会举行第三次全体党员大会，选举产生委员19名，刘忠华当选主任委员。2015年10月，民革抚州市委会举行第四次全体党员大会，选举产生委员22名，刘忠华当选主任委员。2020年12月27日，民革抚州市委会举行第五次党员代表大会，选举产生委员22名，刘忠华当选为主任委员，李冬生（专职）、胡志华、黄文英、潘军荣为副主任委员，全益任秘书长。

截至2024年12月，民革抚州市委会共有15个支部、1个总支，设有内部监督委员会、企业家联谊会、法律服务中心以及4个专门委员会，党员总数240人，其中在职副厅级干部1人、处级干部 15 人、科级干部 51 人，省政协委员 2 人（常委 1 人）、市人大代表 4 人、市政协委员 22 人，本科学历 150 人、研究生学历 15 人，中高级以上职称 142 人，重点分工领域达 177 人。

二、主要活动

（一）自身建设 自觉践行“四新”“三好”要求，继承和发扬孙中山精神，深入学习贯彻习近平新时代中国特色社会主义思想，中共十八大、中共十九大、中共二十大及历次全会精神，以及《中共中央关于加强中国特色社会主义参政党建设的意见》等文件精神。不断强化“五大建设”，提升“五种能力”，先后开展“不忘合作初心，继续携手前进”“学党史、继传承、携手跟党走”“凝心铸魂强根基、团结奋进新征程”等系列主题教育，以及庆祝中华人民共和国成立 70 周年、迎接中国共产党成立 100 周年、纪念辛亥革命 110 周年等系列演讲比赛、主题征文、知识竞赛、文艺表演活动，参与人次达 2000 余人。主委刘忠华撰写的《想在一起，站在一起，干在一起》等理论文章分别被《江西政协报》《团结报》、团结网发表。出台《民革抚州市委会管理制度汇编》等规章制度，连续开展“九查九改”作风整顿活动和纪律学习教育，统筹推动“四位一体”自身建设，打造了 4 个民革党员之家，卫健支部党员之家获评民革中央“第二批优秀民革党员之家”，3 个支部获评民革全省“示范支部”。

2016 年民革市委会被民革中央授予“民革全国机关工作先进集体”称号，2015 年、2016 年连续两年被民革省委会评为“综合工作先进单位”称号，2023 年获评为民革全省“特别贡献奖”。周琪先后当选第八届全国人大代表、中国人民政治协商会议第十届全国委员会委员，民革中央第九至十一届委员会委员。杨正荣、全益、邱翠青等 5 人被民革中央分别授予全国“参政议政先进个人”“机关工作先进个人”“祖统工作先进个人”“宣传思想工作先进个人”等荣誉称号。胡志华、黄文英、潘军荣等 40 余名党员被民革江西省委会先后授予“基层党务工作先进个人”“参政议政工作先进个人”“社会服务工作先进个人”等称号。闵志梅、罗莹、李冬生等 70 余名党员分获全国林草系统“七五”普法先进个人、“全省脱贫攻坚先进个人”、全省“审计标兵”等各级各部门颁发的荣誉。

（二）参政议政 2000 年至 2024 年期间，向中央、省、市各级人大及政协提交提案及建议 600 余篇，《农村卫生“网底”不牢，居民健康保障堪忧》等 20 余篇提案作为省政协大会口头发言或书面发言，《加大戏曲传承与发展，助力唱响“文化抚州、梦想之舟”品牌》等 20 余篇大会发言材料得到市委、市政府主要领导签批，50 余篇提案被评为优秀市政协提案。2003 年，周琪向全国政协大会提交《关于加强农村卫生工作》的提案，中央电视台在《新闻联播》节目中对此进行报道。2015 年，刘忠华提交了《以三医联动破解看病难看病贵》提案在省政协十一届三次全会上作大会发言，并被评为省政协“优秀建言献策成果奖”。2019 年，刘忠华提交了《降低社保成本，纾民营企业之困》提案被评为省政协优秀提案。2020 年，《分级诊疗给力推，百姓看病不扎堆》等 5 篇课题被省政协大会作为大会书面发言材料。2021 年，杨正荣提交大会发言材料《吹响进军千亿数字经济强市的号角》，得到市委主要领导高度重视并签署落实意见。2022 年，李冬生提交的调研报告《江西资溪践行“两山”理念的探索与实践》入选民革中央重点课题选编。2023 年，市委会提交的《关于加快推进我省森林康养产业发展的建议》被民革省委会选为政党协商发言，得到中共江西省委副书记、省长叶建春充分肯定。2024 年，刘忠华、胡志华、黄文英、全益分别提交《建筑行业专家入库“赶集”等乱象亟待重视》《全面开展中医健康体检，促进中医传承创新跑出加速度》《逐步建立完善师范类高校“3＋2 专本贯通”人才培养机制》《乡村烂尾项目致土地资源浪费需重视》等 4 篇社情民意信息被省政协采纳，并转报全国政协或中共江西省委。2025 年，刘忠华在省政协十三届三次会议上提交《试行人才年金，构筑引才留才强磁场》等3篇提案，得到与会领导和委员们的一致认可。2012年、2013年、2014年市委会连续三年被民革江西省委会授予“参政议政工作先进集体”称号，2017年度获评“民革全国参政议政工作先进集体”称号，2023年度获评“民革全省参政议政工作先进集体”称号。

（三）民主监督　2017年至2021年，市委会连续5年对广昌县脱贫攻坚专项民主监督，深入贯彻落实中央脱贫攻坚“五个一批”“六个精准”要求，走访盱江镇际头村等村落20余个，实地察看农村基础设施建设，听取国家扶贫政策和驻村干部意见，形成多份工作方案、讨论交流、反馈报告等材料，为抚州全面建成小康社会奠定坚实基础，2021年度被民革中央授予“民革助力脱贫攻坚工作先进集体”称号。2022年至2024年，市委会持续对临川区、乐安县开展优化营商环境专项民主监督，形成《全面持续优化营商环境，激发高质量发展新动能》等多篇调研报告，并以政党协商形式向市四套班子做专题报告，多条建议被相关部门采纳。数名民革党员以市政协委员、市人大代表身份，担任市财政局、市医保局特邀监督员，积极参与行政事业单位资产管理、国企改革、医养结合试点等专题民主监督工作中。

（四）凝聚共识　坚持以中共为师，发挥自身特色优势，履行好参政党职能，为全面推进中华民族伟大复兴贡献民革智慧和力量。1998年6月，周琪主委率抚州市教育考察团赴台考察交流。2017年，市委会接待中国国民党高雄市党部基层精英参访团，密切与台关系。2018年，加强与市政协港澳台侨外事和民族宗教委员会和市台办联系，走访调研乔治山庄等三家台企，并与市台商协会开展联谊活动。2020年，主委刘忠华牵头调研抚州台资企业，提交《关于我市台资企业发展状况的调研报告》被评为市政协优秀调研报告。2021年，市委会深入走访江西嘉盛精密纺织有限公司等多家台企，免费提供政策解读和法律咨询，协助解决台企在资金等方面的困难。2023年，为全力助推抚州生态康养名城建设，主委多次赴民革中央争取支持，邀请全国政协副主席、民革中央常务副主席何报翔来抚出席“2023首届中国·抚州生态康养产业发展大会”并致辞，全国政协第十二届副主席、民革中央原常务副主席齐续春出席“抚州生态康养太极周”启动仪式，李惠东向抚州授牌“民革中央生态康养产业实践基地”，协助民革省委会在抚州举办“征求纪念江西民革成立70周年活动意见座谈会暨生态康养产业调研座谈会”。

持续唱响民革“博爱·牵手”社会服务品牌，全力配合民革省委会做好“同心·振兴广昌示范区”帮扶工作，围绕市政府“四进四联四帮”中心工作，每年定期组织医疗专家、骨干教师、专业律师到基层融合开展“送医、送药、送科技、送法律”下乡、“我为群众办实事”等系列社会服务活动，700余人次民革党员参与，接受免费咨询服务和义诊群众累计达1.8万余人次，全市民革党员、企业家为慈善、贫困救助帮扶、赈灾抗疫等各类捐款累计380多万元，捐赠药品、物资价值500余万元。2017年度市委会被民革中央授予“民革全国社会服务工作先进集体”，2018、2019年度被民革省委会授予“民革全省社会服务先进单位”。

第二节　中国民主同盟抚州市委员会

一、组织沿革

1982年之前，抚州市有谢恩和杨秉经两位盟员。1983年8月，成立民盟江西省抚州市（县级市）支部。谢恩任支部主委，有盟员5人。1985年11月，召开民盟抚州市（县级市）第一次盟员大会，选举产生委员7人，选举谢恩为主任委员，盟员共25人。1988年12月，召开民盟抚州市第二次盟员大会，选举产生委员9人，选举谢恩为主任委员。1992年2月，召开民盟抚州市（县级市）第三次盟员大会，选举马忠瑛为主任委员。1998年1月，召开民盟临川市第一次盟员大会，选举陈云斐为主任委员，设有5个支部，盟员共97人。

2000年10月，抚州撤地设市后，民盟临川市委员会被撤销。同年12月，召开民盟抚州市第一次盟员大会，选举产生委员15名，选举陈云斐为主任委员，委员会级格由正科级升格为正县（处）级。2012年5月，召开民盟抚州市第三次盟员代表大会，选举产生委员19人，选举陈云斐为主任委员。2015年10月，召开民盟抚州市第四次盟员代表大会，选举章克敏为主任委员。2020年12月28日，召开民盟抚州市第五次盟员代表大会，选举章克敏为主任委员，杨小平、李淑雯、邬丽梅为副主任委员，专职副主委空缺。2022年2月26日，民盟抚州市第五届委员会第六次全体会议选举汪春香为专职副主委。2023年9月23日，民盟抚州市委会召开五届九次全体会议，选举邬丽梅为主任委员，民盟抚州市委会委员共19名。截至2025年1月，全市有盟员403名，下设4个总支，7个支部。

二、主要活动

（一）自身建设 民盟抚州市委会认真贯彻落实民盟中央“人才兴盟，人才强盟”战略，全面加强思想政治建设、组织建设、履职能力建设、作风建设和制度建设。至2024年12月，全市403名盟员中高级职称有241名，占总数的59.8%；大学以上文化程度的有273名，占盟员总数的67.74%；从事文化教育、科技工作的占盟员总数的44.17%。有36位盟员分别担任省、市、区人大代表或政协委员，其中省政协委员1人；市人大代表4名（其中常委1人），市政协委员15人（其中常委5人）；县（区）人大代表2名（其中常委1人），县（区）政协委员14人（其中常委4人）。

民盟抚州市委会成立监督委员会并不断完善各项管理规章制度。盟市委被民盟中央评为“坚持和发展中国特色社会主义学习实践活动”先进集体和“中国民主同盟思想政治建设和宣传工作先进集体”，多次被民盟中央评为《群言》杂志“发行工作突出成绩奖”和“《群言》杂志发行优秀单位”，被民盟省委会评为“盟务工作先进单位”“组织建设工作先进单位”。

2022年至2024年，民盟临川总支、科技总支、科技总支农水支部、书画支部、抚州一中支部、抚州职业技术学院支部等基层组织先后进行换届改选。积极打造财金支部和科技总支农水支部“标准化支部”，完善盟员之家建设，添置电脑、投影仪等办公设施，更好地为广大盟员提供学习、交流、活动平台。12名盟员参加民盟江西省第十五次代表大会，章克敏当选民盟十三大代表，章克敏、吴岚、汪春香当选十五届民盟江西省委会委员。2024年，邬丽梅和汪春香被民盟中央评为“中国民主同盟社会服务工作先进个人”“民盟思想政治建设和宣传工作先进个人”。周荣旺被民盟中央评为全国脱贫攻坚先进个人。汪春香和蔡乔乔获“全省三八红旗手”称号，莫子涵被全国妇联、农业农村部评为“全国巾帼新农人”。李淑雯担任江西中医药高等专科学校副校长，杨小平担任东临新区管理委员会副主任，赵起超担任资溪县民政和退役军人事务局局长。

（二）参政议政 民盟抚州市委会始终围绕中心、服务大局，积极建言履职，参政议政，为全面建成小康社会提供智力支持。2008年至2024年，民盟市委会共有27名盟员被评为“市优秀政协委员”，41件提案被评为“市政协优秀提案”。盟市委主委陈云斐提交的《关于我省林权制度改革的几点建议》提案被列为省政协主席督办的重点提案，为推动江西省林权制度改革和创新发挥积极作用。2009年提交的《关于为弱势群体提供法律援助的建议》得到省委、省政府高度重视，被省政协列为重点提案进行办理，省财政厅在2009年特别增加法律援助资金1000万元，该提案还被省政协作为2009年遴选出的30件优秀民生提案之一。2019年，民盟市委主委章克敏在省政协十二届二次会议第二次全体会议上作《留住非遗，不留遗憾》大会发言，所提建议得到省政协通报表扬并获得“江西省政协参政议政履职优秀委员”称号。民盟市委会提交的《着力推进千金陂申报“世界灌溉工程遗产”》提案被评为市政协成立以后产生重要影响的优秀提案。2022年，《做强农业“芯片”，端牢手中饭碗》提案被列为中共江西省委重点督办提案，被省政协评为优秀提案和优秀履职成果；《乘势而上，抚州在大南昌都市圈建设中大有可为》在市政协五届二次开幕大会上发言。民盟抚州市委会提交《落实政务一网通，提高服务效率》《关注健康养老，建设幸福抚州》两篇提案被列为市长领办重点提案。2023年12月向市政协五届第四次会议提交提案36件，平时提交提案12件。《破解我市农村基础设施长效管护难题的建议》等5件被列为市政协重点督办提案，2件被评为优秀提案，3人被评为市优秀政协委员。2024年提交的《关于推进食疗产业高质量发展，打造抚州生态康养产业特色品牌的建议》等5件提案被列为市政协重点督办提案。2025年1月，邬丽梅提交的提案《关于让智慧医疗更好地“惠”及群众的建议》被评为2024年度省政协优秀提案。

民盟市委努力深入实际，调查研究，反映问题，建言献策。2004年，盟市委提交的《关于我市高中阶段教育发展的思考》，被“2004年抚州科学发展论坛”评为优秀论文。2008年，张帆撰写的调研报告《尽快建立和完善我市农村社会保障体系》，被市委政研室、市委办公室评为“全市优秀调研成果”二等奖。2017年，民盟市委班子成员和盟员赴金溪、乐安县等地以“挖掘利用临川文化资源，提升抚州发展软实力”“转变农业发展方式、促进农业可持续发展”“乡村文化记忆”为题开展课题调研。2019年，民盟市委调研组围绕“让乡风文明建设”“城镇托幼事业”“非物质文化遗产保护”进行调研，并形成调研报告。市文明办、市公安局高度重视，为此专题开展治理农村高额彩礼等陋习和重拳打击赌博等专项行动。2021年，章克敏带领调研组成员赴南城等各县（区）进行专题调研，形成的调研报告《做大做强乡村旅游产业，助力乡村振兴战略实施》，受到省市领导高度重视。2022年，盟员汪春香的课题调研成果《关于提升农村义务教育质量的建议》被盟省委采用，并在省政协十三届一次会议上作书面发言。盟市委报送的课题调研成果《提升耕地质量，确保粮食安全》被盟省委采用。2023年向省、市共提交48篇社情民意，5篇被省政协采纳，邬丽梅撰写的《关于民营企业技术人才招聘难、留住难的问题及建议》被省政协十三届第二次会议采用。2023年民盟第九届经济论坛中，调研文章《新华图书文化IP助推产业发展》被采用。2024年向盟省委申报5篇课题立项并结题，《破解丰水地区农田灌溉“最后一公里”难题》《健全劳动纠纷机制，维护新就业形态劳动者权益》分别被转化作为省政协十三届三次会议大会发言和书面发言。《加快推动公共数据运营，释放数据价值》报送民盟中央作为全国两会素材。主委邬丽梅在省政协十三届三次会议上代表民盟江西省委会作《加快破解丰水地区农田灌溉“最后一公里”难题的建议》大会发言。

（三）民主监督　2005年，主委陈云斐带队深入抚州市11个县（区）的36个乡镇，就“农村税费改革后乡镇财政困境和出路问题”开展深层次调研，形成《关于我市农村税费改革后乡镇财政困境和出路的调查报告》，得到市委主要领导和市政协常委会的高度重视，在此基础上形成上报江西省委的报告，为省委决策提供参考。2017年，根据市委、市政府《印发〈关于支持市各民主党派开展脱贫攻坚专项民主监督工作的实施方案〉的通知》的有关要求，盟市委开始为期五年对口黎川县脱贫攻坚民主监督工作。脱贫攻坚专项民主监督小组先后18次赴黎川县14个乡镇19个村进行实地调研和脱贫攻坚民主监督，其中15个省级“十三五”贫困村已全覆盖，形成的《民盟抚州市委会对黎川县脱贫攻坚民主监督的调查报告》被市委、市政府采纳。2022年至2024年，民盟主委多次赴东乡区、资溪县开展专项民主监督活动。通过考察调研、座谈交流、深入乡村振兴产业基地及代表企业考察调研，提出许多有针对性的政策建议，形成民主监督调研报告，融服务于监督、融监督于帮扶中，群策群力助推东乡、资溪两县（区）经济社会发展。

（四）社会服务 民盟抚州市委会充分发挥自身的资源优势，情系农村教育，开展烛光行动。2002年至2024年，持之以恒组织盟员赴茅排乡开展“农村教育烛光行动”，共捐款捐物约36万元；筹资援建广昌县赤水镇大禾村小“民盟烛光学校”。组织企业家盟员走进市阳光学校，开展助学活动，并捐赠58000元。持续打造民盟嵩湖下聂小康示范村，教育引导村民自觉保护生态，乡风文明建设成效显著。开展“我为群众办实事”活动，走访慰问环卫工人“夏日送清凉”，宣传无偿献血等公益活动。2015年至2021年，民盟抚州市委会按照市委“四进四联四帮”活动的要求，积极派员进驻崇仁县孙坊镇邹家村开展脱贫攻坚工作，2018年底，邹家村退出贫困村，贫困户全部脱贫摘帽。民盟抚州市委会被民盟中央授予“脱贫攻坚先进集体”。盟机关干部及盟员积极参加抚州市各项创卫工作。疫情防控工作中，盟员立足本职岗位，积极投身战“疫”工作，捐款捐物180余万元，民盟抚州市委会被盟省委评为“民盟全省抗击新冠肺炎疫情先进集体”。盟市委被民盟中央评为“全国社会服务先进集体”。2023年，主委邬丽梅带队招商引资，签约1个总投资额3.2亿元项目；2024年引进1个总投资额1亿元项目。打造社会服务新品牌，民盟江西中医药高等专科学校支部成立“关爱生命、‘救’在身边”急救知识科普宣讲团，受众1万7千余人。2024年，推进“黄丝带帮教”工作走深走实，开展志愿者进戒毒所、进校园、进社区、进乡村活动，为维护社会和谐稳定、建设平安抚州作出民盟贡献。

第三节　中国民主建国会抚州市委员会

一、组织沿革

1983年9月23日，民建江西省委会在抚州市发展工商界代表人士游文汉、刘谷荪、傅裕平3人为民建会员。1984年5月10日，民建江西省直属抚州市小组建立，刘谷荪任组长。1985年2月26日，民建江西省直属抚州市（县级市）支部举行成立大会，游文汉当选支部主任。1988年11月16—18日，民建抚州市第一次会员大会召开，正式成立地方组织，名称为“民建抚州市委会”，有会员38人，游文汉任主任委员。1995年4月，抚州市与临川县合并为临川市，机构更名为“民建临川市委会”。

2000年10月抚州撤地设市，同年12月27日召开民建抚州市第一次代表大会，机构更名为“民建抚州市委会”延续至今，级格为正处级。民建抚州市委会第一届主任委员为胡淑珠，第二、三、四届主任委员为段院龙。2020年12月29日，民建抚州市第五次代表大会召开，选举产生民建抚州市第五届委员会委员22名，选举刘胜为主任委员，张志红、刘新萍、刘志强为副主任委员。截至2024年12月底，民建抚州市委会设有11个市直属支部、1个临川区总支（下设3个支部）、1个东乡区支部，共有会员386人。

其内设机构：2013年3月，分别成立老龄工作委员会、妇女工作委员会、社会服务工作委员会和参政议政工作委员会；2022年8月，成立内部监督委员会；2024年6月，成立法律服务工作委员会。

二、主要活动

（一）自身建设　民建抚州市委会成立以来，始终坚持把思想建设摆在突出位置。通过召开各类会议、举办专题宣讲等多种形式，强化政治理论学习。中共十八大后，组织会员深入学习习近平新时代中国特色社会主义思想以及习近平总书记系列重要讲话精神，做到领导班子带头学、支部跟进学，推动民建会员政治理论学习全覆盖。以主题教育为抓手，开展系列活动，组织会员撰写主题征文和心得体会，提升学习成效。同时，高度重视理论研究和新闻宣传工作，许多理论成果被《江西政协报》和民建省委会《净友之声》刊登，《强化问题意识：加强履职能力现代化建设的必然要求》入选市政协理论研究会2014年度论文选。每年新闻稿件被会内外媒介刊登50篇以上。通过教育引导，不断提高会员思想政治素质，增进思想共识，2024年9月，市政协副主席、民建市委会主委刘胜获民建中央"民建组织建设工作先进个人"表彰。同时不断加强组织建设，市委会始终抓住领导班子建设这个关键，通过"关键少数"带动"绝大多数"，不断夯实组织基础，按照"三个为主""质量优先"原则，严把会员入会关，稳步发展高素质会员。加强与统战部门工作联系，共同发现、培养优秀会员，做好后备干部推荐、培养工作。截至2024年12月，会员中有副厅级干部1人，正处级干部1人，副处级干部7人，正科级干部20人，副科级干部20人。建好民建"会员之家"，截至2024年底，共建成"会员之家"13个，实现"会员之家"全覆盖。依托"会员之家"，经常性地开展支部活动，增强会员归属感。严把入会人员政治关、结构关、学历关，2024年，吸纳17名高素质人才入会，增强后备力量。加强与省内省外联系，缔结"友好支部"6个，"友好市委会"1个，促进跨区域友好交流，实现经验互鉴、共同发展。

（二）参政议政　民建抚州市委会始终紧扣参政议政履职重点，积极建言献策。在每年的政协大会上都有来自民建的声音，平均每年提交市政协提案35件，每年口头、书面大会发言均获市委、市政府主要领导签批。2003年提案《关于提高政府采购效率的建议》、2007年提案《建议理顺我市中心城区管理体制》被评为市政协成立以来产生重要影响优秀提案；2021年提案《疫情下粮种安全问题的思考》被评为省政协"优秀集体提案"；2023年，刘胜在省政协十三届一次会议第一次全体会议上作《全力推动新能源汽车产业高质量发展》大会发言，走进"委员通道"就"江西应如何抢占风口，打造'技能江西'职业教育高地"问题发声，并在联组座谈会上作《发挥职业教育在乡村振兴人才培养中的作用》的发言；省政协十三届二次会议期间，刘胜执笔的民建省委会集体提案《提质发展职业教育，更好服务地方经济》被列为省委主要领导重点督办提案，并在联组会议上作《抢占生物医药"黄金赛道"全力推动全省医药产业链高质量发展》发言；2025年1月，刘胜在省政协十三届三次会议期间作题为《加快推进生态产品价值实现，将抚州打造成国家生态文明建设高地先行区》的联组发言。

民建抚州市委会坚持发挥特色优势，深入调查研究，多篇社情民意信息、调研报告被民建中央、省政协和民建省委会采用。调研报告《改善科技成果转化机制，促进中小企业健康发展》获民建中央2021年中国（天津）非公经济论坛优秀奖、2021年调研报告《雷霆下治理耕地"非农化""非粮化"问题面临四难》被转化为省政协十二届五次大会口头发言；2023年，代表民建省委会提交《提质发展职业教育　更好服务地方经济》《创新实现机制，创造生态财富——"双碳"背景下我市林业碳汇发展调研报告》两篇调研报告，被民建中央采用，4篇调研报告入选民建中央"秋季成果"；2024年，《夯实粮食安全根基　助力乡村振兴发展》《统一社会信用体系建设助力全国统一大市场建设》等4篇调研报告入选民建中央"秋季成果"，社情民意信息被全国政协、民建中央、省政协采用15件，《深化生态保护补偿制度改革　以生态环境高水平推动高质量发展》被省委会转省政协十三届三次会议书面发言，创历年最好成绩。市委会连续多年获得民建省委会“参政议政工作先进单位”“参政议政工作先进集体特等奖”“参政议政工作先进集体一等奖”等荣誉，连续多年荣获民建省委会年度考核“综合工作先进单位”表彰。

（三）民主监督　积极参与脱贫攻坚民主监督。2017年至2019年，根据市委工作安排，民建市委会对崇仁、宜黄两县贫困村开展脱贫攻坚民主监督工作，针对脱贫攻坚工作中遇到的困难和问题形成调研报告，为党委、政府决策提供依据；2022年起，根据市委、市政府工作要求，民建市委会对口广昌县、抚州高新区、东临新区开展优化营商环境专项民主监督调研，形成的调研报告获市党政主要领导认可，推动三县（区）进一步优化营商环境，民主监督工作取得显著成效。

（四）社会服务　市委会在社会服务工作中体现民建特色。积极开展脱贫攻坚，2015年下半年至2021年上半年，民建市委会按照市委“四进四联四帮”活动要求，与其他五个民主党派联合挂点崇仁县孙坊镇邹家村，连续开展为期五年的驻村扶贫工作，帮助邹家村成功脱贫，副主委刘志强获评“民建中央2019年民建脱贫攻坚奖先进个人”；投入疫情防控阻击战，2020年至2022年抗击新冠肺炎疫情期间，广大会员出钱出力，共克时艰，捐赠抗疫资金400多万元、医用口罩3万多个，以及捐赠体温枪、常用药品、医用酒精等防疫物资，民建会员、抚州市第一人民医院副院长周于凡挺身领命，勇担“抚州援沪医疗队”总领队之责，于2022年4月率领168名医护人员驰援上海方舱医院，历时52天，圆满完成援沪抗疫任务，获评“全省最美医生”称号，民建会员、抚州市第一人民医院感染科护士长周岚舍小家为大家，连日奋战在核酸检测工作一线；常态化开展“三下乡”活动，市委会以“界别活动月”为契机，联合市政协相关专委会，组织农业、医疗、法律方面的民建会员深入农村开展送医送药、送农资农技、送政策法律“三下乡”活动，推动政策进企业、法制进社区、义诊进农村，切实为群众办好事、做实事；巩固提升“音乐响起”品牌，自2018年起，持续开展“音乐响起”乡村音乐教室品牌建设活动，至2024年12月，民建市委会共筹集资金240万元，捐建了音乐教室40间，覆盖全市11个县（区）和东临新区，惠及万余名学生，为填补农村小学音体美专业教育短板贡献力量；服务好会员企业，常态化走访会员企业，及时为企业纾难解困，2023年12月，成立抚州市民建企业家协会。同月，民建市委会联合抚州市工商联开设抚州商协会企业家高级研修班（江西财经大学2023级财经管理干部抚州班），学习时长为期两年，每月一课，促进会员企业家自身成长、带领会员企业做大做强；2024年，抚州市中华职教社成立，市政协副主席、民建市委会主委刘胜当选主任，秘书长汤海棠任副秘书长。

第四节　中国民主促进会抚州市工作委员会

一、组织沿革

2003年6月，民进江西省委会在抚州发展第一名会员刘菊娇。2006年8月，民进抚州市支部成立，会员19人，刘菊娇任支部主任委员。2010年12月，民主促进会抚州市工作委员会筹备组成立，会员52人，下设综合、高校、基础教育、临川区4个小组。2012年5月8日，民进抚州市工委第一次会员大会召开，会员42人，选举产生委员10人，刘菊娇任主任委员。9月，成立民进临川区支部。2013 年 3 月，成立市直属第一、二、三支部和东华理工大学支部 4 个支部。2015 年 7 月，东华理工大学支部因院系搬迁隶属关系转为省直管理。2015 年 10 月 28 日，召开民进抚州市工委第二次会员大会，会员 68 人，选举产生委员 15 人，选举刘菊娇为主任委员。2017 年 4 月，成立临川区总支，下设临川区综合支部和临川区教育支部两个支部。2018 年 3 月 21 日，召开民进抚州市工委二届六次全委会进行届中调整，选举李凌为主任委员。2018 年 8 月，民进抚州职业技术学院支部成立。2022 年 6 月，成立东乡区支部。2024 年 1 月，成立市直属综合支部；6 月，成立民进抚州市工委内部监督委员会。

2021 年 1 月 23 日，召开第三次会员大会，会员 100 人，选举产生民进抚州市第三届工作委员会，选举委员 15 人，选举何明为主任委员，罗亦文、马颖、邱敏、李威为副主任委员。截至 2024 年 12 月，民进抚州市工委共有会员 133 人，下设 1 个总支，8 个支部。

二、主要活动

（一）自身建设　民进抚州市工委成立以来，通过中心组学习、研讨座谈、专题学习培训以及知识竞赛、演讲比赛、宣讲、爱国主义现场学习等各种形式，深入开展主题教育，系统学习习近平新时代中国特色社会主义思想及中共历届历次全会精神、全国两会精神以及民进会史会章，切实提高抚州民进会员的思想政治素质，不断增强自觉履行参政党职能的使命感和责任感。按照省委会的发展规划和市委统战部的部署，严格按照中共中央统战部《关于民主党派组织发展若干问题座谈会纪要》精神及民进中央《民进中央关于全面加强民进自身建设的意见》部署和《中国民主促进会会员工作条例》等制度要求，坚持“人才强会”方针，注重吸纳有代表性、高层次的人入会，注重后备干部的培养和推荐。截至 2024 年 12 月，133 名会员，平均年龄 46.9 岁，大学以上学历 122 人，占 91.7%；中高级职称会员 92 人，占 69.2%；副厅级干部 1 人、县处级干部 9 人、乡科级干部 13 人；省政协委员 1 名，市人大代表 3 名（其中常委会副主任 1 名、常委 1 名），市政协委员 16 名（其中常委 2 名）。市工委和基层支部先后 12 次获民进中央表彰，市工委 2015 年被民进中央授予“民进全国先进集体”称号，2017 年获“民进全国坚持和发展中国特色社会主义学习实践活动先进集体”，2022 年获“民进全国信息化建设先进集体”；市直属第一支部 2014 年获“民进全国组织建设先进基层组织”称号、2024 年获民进全国“2024 年度宣教工作优秀集体”称号；临川区总支 2013 年获“民进全国宣传思想工作先进集体”、2019 年获“民进全国组织建设工作先进集体”表彰。市工委领导班子获抚州市 2022 年度综合考核市管领导班子优秀等次。

（二）参政议政　民进抚州市工委高度重视参政议政工作，始终围绕建设新时期高素质地方参政党的目标，不断健全完善工作制度，打造参政议政品牌。民进市工委 2016 年获民进中央“全国参政议政工作先进集体”称号，2020 年获民进中央“全国履职能力建设先进集体”称号，2021 年获民进中央“全国反映社情民意信息先进集体”称号。《关于在汤显祖故乡江西省抚州市举办纪念汤显祖逝世 400 周年活动的提案》被全国政协大会立案。《创新模式精准扶贫，助推全省同步小康》等近 30 件提案被省政协大会立案，《关于加强我省学前教师培训的建议》等 10 多件提案被省政协列为分组会发言或优秀重点提案。社情民意信息《建议采取积极措施支持宾馆（酒店）行业渡过难关》获省委书记批示，50 多件信息被省政协采用，《关于“营改增”后多措并举降低建筑企业税负及成本的建议》等社情民意被全国政协采用。历年来向抚州市两会共提交集体和个人提案、建议并立案的 730 余件，其中《拥抱互联网时代，推动我市工业向“智”造迈进》等十余篇被列为大会发言；列为重点建议、提案约 80 篇，其中《关于构建抚州现代化绿色食品产业体系的建议》等10余篇被列为市委书记、市长或市政协主席督办；《关于加强抚州市国家历史文化名城保护工作的建议》等40余篇被评为优秀提案；《关于加强对三轮车老年代步车等监管的建议》等10余篇被评为优秀社情民意。2019年，市政协评选成立以来产生重要影响优秀提案20件，《以汤显祖纪念活动为载体打造抚州文化品牌》等3件民进会员所提提案获评。2021年，市政协编撰了四届市政协精品提案选编，其中有3件是由民进会员所撰写。2023年，何明的提案《加强村落保护，助推美丽乡村建设》获第十二届江西省政协优秀履职成果奖。截至2024年底，累计完成30余篇调研报告，有20余篇调研报告被省委会采用并转化为省政协提案。2025年1月18日，何明向省政协十三届三次会议提交《关于公立医院化债面临"四难"的建议》等3件提案，在联组会议作题为"以新质生产力为引领，夯实粮食安全之基"的发言。

（三）民主监督 民进抚州市工委认真推荐会员担任各部门特邀（约）监督员，担任各级人大代表、政协委员以及特邀（约）员的会员，积极参加各种视察、考察活动，切实履行民主监督职责。按照中共中央及省委市委部署，2017年至2021年，民进抚州市工委对南丰县实施连续5年脱贫攻坚专项民主监督工作。2021年获"民进全国社会服务暨脱贫攻坚工作先进单位"。2021年，民进抚州市工委组织专题调研组深入金溪、广昌等地开展抚河流域生态环境保护民主监督，形成《生态产品价值实现机制试点的抚州实践》调研报告。2022年，定点调研报告《民进抚州市工委围绕2021年长江经济带生态环境警示片披露问题开展定点调研情况的报告》获全国人大常委会副委员长、民进中央主席蔡达峰批示肯定。2022年开始，中共市委委托各民主党派开展为期4年的优化营商环境专项民主监督工作，抚州民进对口金溪、南丰两县，民进抚州市工委每年多次深入两县开展调研，形成专题报告上报市委，获得市委领导肯定。2023年，全国人大常委会副委员长、民进中央主席蔡达峰一行来抚州开展长江生态环境保护民主监督考察调研，民进抚州市工委定点调研报告《关于推动我省生态产品产业化利用的建议》被省委采纳。2024年，协助民进中央长江生态环境保护民主监督工作专家调研组在抚州开展"农村水电站开发利用及生态流量保障情况"调研。

（四）社会服务 民进抚州市工委秉承"开来而继往，明道不计功"的开明精神，每年开展好民进全国"春联万家"活动。依托民进省委会"1%工程"公益平台，开展"纵横助学金"活动，每年向抚州职业技术学院10名家庭贫困学生发放助学金；积极开展"爱心捐助""放飞足球梦想""江西省农村学校音体美大学生支教志愿服务计划"活动等。组织开展抚州特色的助学帮困活动，与市第三医院建立联系，连续16年每年看望慰问精神病患者；坚持党派特色，大力推动全市群众文化活动，连续多年举办"广场舞大赛"，打造民进品牌，树立良好形象；开展送医送药下乡，每年分赴各县（区）农村为村民免费送医送药；争取社会资金帮扶，为市属中小学贫困生、福利院捐资捐物，累计捐资300余万元。在疫情期间，广大会员积极参与疫情防控工作，14名会员获评民进全省抗疫先进个人荣誉称号。2023年开始，与市文化馆联合，在市第二实验学校开展"艺术普及进校园"活动，定期前往学校开展舞蹈、戏曲等艺术普及公益课，参与师生1000余人。前往农村小学开展"关爱留守儿童"艺术科普公益活动。2024年，与市政协、金溪县政协联合在浒湾镇山下村共同打造"山下议事厅"，开展送医、送教下乡等活动。整合"教育帮扶""文化惠民""扶危济困"等社会服务项目，开展送教下乡、专题讲座等活动20余场次，受益师生2000余人；开展春联进万家、文化下基层等"文化惠民"活动27场，受益群众6000余人；开展"扶危济困"活动16次，捐赠款物合计300余万元。2025年，成立"1%工程"抚州圆梦基金。

第五节　中国农工民主党抚州市委员会

一、组织沿革

1928年6月，中华革命党江西省筹备委员会建立，抚州也成立相应组织。1929年2月，中华革命党抚州组织遭到破坏。1930年8月，组建中国国民党临时行动委员会（简称临委会），1931年，临委会在抚州建立组织，11月该组织遭国民党破坏。1948年12月，成立农工党临川县小组，周达洪任小组长；1949年3月，在临川县成立农工党江西省赣东区委员会，万希文任主任委员，周达洪任副主任委员；1950年6月，成立农工党临川县支部委员会。1982年9月，成立农工党临川县支部，直属省委会领导，叶冠群任主任委员。

1957年5月，成立农工党抚州市（县级）委员会，周达洪当选第一届主任委员；1958年9月至1980年9月，王志功当选第二届、第三届主任委员；1980年9月至1985年1月，邹镇邦当选第四届主任委员；1985年1月至1988年3月，袁仁忠当选抚州市第五届主任委员；1988年3月至1994年12月，叶冠群当选抚州市第六、第七届主任委员；1994年12月至1995年5月，汪重阳当选抚州市第八届主任委员。

1995年5月，临川县与抚州市合并后，成立农工党临川市委员会，汪重阳当选第一届农工党临川市委会主任委员。2000年10月，抚州撤地设市，成立农工党抚州市（地级市）委员会，汪重阳当选第一届农工党抚州市委员会主任委员；2006年9月至2020年12月，郑友清当选第二届、第三届、第四届主任委员；2020年12月，王彬当选第五届主任委员。截至2024年12月底，农工党抚州市委会共有2个总支、20个支部委员会和6个支部，农工党党员472名；党内设监督委员会、组织部、宣传部、参政议政部、社会服务部、市直医药卫生工作部和市直综合工作部。

二、主要活动

（一）自身建设　农工党抚州市委会自成立以来，坚持不懈地组织党员学习马列主义、毛泽东思想、邓小平理论、“三个代表”重要思想、科学发展观，全面贯彻习近平新时代中国特色社会主义思想，带领广大党员开展“凝心铸魂强根基、团结奋进新时代”、纪律学习教育等主题教育，坚持以习近平新时代中国特色社会主义思想为指导，推动政治学习常态化、长效化，持续巩固多党合作的共同思想政治基础，深刻领悟“两个确立”的决定性意义，增强“四个意识”、坚定“四个自信”、做到“两个维护”，始终保持同中国共产党同心同德、团结奋斗的政治本色。为铸牢中华民族共同体意识，市委会组织党员参与开展庆祝香港、澳门回归、国庆75周年等一系列重要活动；为展现党派医卫界别特色，市委会组织党员积极参与抗击“新冠”“非典”等重大突发公共卫生事件；为树立崇尚科学的社会风尚，市委会组织党员以实际行动声讨、批判邪教组织的违法活动。市委会注重加强对党员爱国主义、集体主义、社会主义教育，进一步发扬农工党与中国共产党亲密合作的优良传统。市委会始终坚决贯彻落实中共中央、江西省委、抚州市委和农工党中央、省委会工作部署，建立健全各项规章制度，坚持发展与巩固相结合，注重发展政治素质好、业务水平高、年轻有为的中高级知识分子入党。同时，坚持基层组织生活制度化，活动形式多样化，建立“农工党党员之家”6个，党派活动得到同级中共党组织支持和认可。

（二）参政议政　农工党市委会成立以来，积极组织全体党员参政议政，认真履行自己的职责，围绕市委、市政府中心工作和群众关心的热点、难点问题，开展调查研究和民主监督，提出意见和建议，为抚州经济发展和社会进步出谋献策。2000年至2024年，农工党累计向农工党江西省委会和市政协提交社情民意及提案650余篇，参与政协大会发言、讨论政府工作报告26次，有40余件提案被评为优秀提案，并得到市委、市政府高度重视。2017年至2024年，农工党连续7年在政协全体会议上的发言，市委主要领导均作出批示。其中《织密公共卫生防护网构建新型安全公共卫生服务体系》《重振“建昌帮”雄风，加速中医药业崛起》《做实县域“医共体”，铺设百姓“健康路”》发言，推动全市公共卫生事业和中医药产业发展。2019年至2024年，农工党市委会接续奋斗、再接再厉，每年向农工党江西省委会和抚州市政协提交社情民意200余篇，采用45篇；提交调研报告23篇，其中两篇分别被省委会评为二等奖、三等奖。向市委、市政府报送《关于加强社会急救知识技能教育培训的几点建议》《做好春节期间迎八方来客的几点建议》《我市公立医疗机构服务能力的调研报告》获市委、市政府主要领导批示。在省政协十三届三次会议上，作《以产业提质增效促乡村全面振兴》联组发言，并向大会提交《让农业科技之光照亮赣鄱大地　强化农业科技支撑，加速科技成果转化》《做实县域医共体需借势而为，练好内功》政协提案，以实际行动书写履职为民、参政报国的精彩华章。

（三）民主监督　2017年至2021年，对口金溪、资溪两县脱贫攻坚工作开展民主监督，为两地党委、政府加强和改进脱贫攻坚工作、如期打赢脱贫攻坚战作出积极贡献。2022年至2024年，对崇仁、宜黄两县“打好一个强攻战、实现五个新跨越”以及实施优化营商环境“一号改革工程”开展专项民主监督工作，由法院、司法、市场监管、人社等部门专家组成调研组，多次赴崇仁、宜黄开展实地调研、问卷调查、座谈讨论，就促进当地经济健康发展、加大招商引资力度、治理拖欠中小企业账款、精准实施助企纾困、做大企业产值、优化园区服务等方面找出12个问题，并有针对性地提出31条意见和建议，得到两地党委、政府认可和采纳，使两县营商环境得到新提升，获得中共抚州市委好评。

（四）社会服务　农工党市委会积极发挥组织优势，创建“健康抚州梦，农工在行动”社会服务品牌。2000年至2024年，市委会先后开办“前进”卫生院、“前进”职业技术学校、江西安石技工学校、羊城社区卫生服务站、硕丰天成社区卫生服务站等非营利性组织，推动建立广昌驿前农工党中央社会服务基地、孝桥省级乡村振兴社会服务基地，在抚州市妇幼保健院等地成立3个市级社会服务基地，为抚州农工党党员常态化开展社会服务提供固定场所。在硕丰天成社区卫生服务站探索“社会服务＋党员之家”新模式，并成功申报省级社会服务基地，推动社会服务与组织建设深度结合，相得益彰。与农工党中央、省委会、“赣沪合作”宝山区委会、兄弟市委会协同开展多层次、多形式、多渠道的社会服务活动。2000年至2024年，市委会先后开办“前进”卫生院、“前进”职业技术学校、江西安石技工学校、羊城社区卫生服务站、硕丰天成社区卫生服务站等非营利性组织，为抚州农工党党员常态化开展社会服务提供固定场所。每逢“五一”“七一”、国庆、“环境与健康宣传周”“国际科学与和平周”“生态环境日”以及8月9日中国农工民主党成立日等重要时间节点，组织党员深入乡镇村社区开展送医送药送健康、捐资助学、中医知识宣传、慰问老人和留守儿童等丰富多彩活动，并通过推广科学技术、指导果木栽培等活动，帮助广大农村朋友掌握新技术，发展生产力，助力抚州乡村振兴取得更大成果。2024年，组织开展关爱留守儿童、慰问困难群众、看望孤寡老人、健康科普进校园等各类社会服务活动40余次，300余人次党员参加，服务群众2000余名，捐赠现金物资折合人民币2万元，发放健康法治文明等宣传资料1500份。

第六节　九三学社抚州市委员会

一、组织沿革

1985年12月5日，成立九三学社江西省直属抚州小组，抚州小组组长张兰亭，有社员3名。1992年7月20日成立省直属抚州支社，有社员7名。1998年11月13日召开临川市第一次社员大会，有社员32名，大会选举产生了九三学社临川市第一届委员会，委员会主委骆沛栋。

2000年抚州撤地设市，根据九三学社江西省委会决定，撤销科级社临川市委会，成立县级社抚州市委会。当年12月26日，召开九三学社抚州市第一次社员大会，选举产生九三学社抚州市第一届委员会。九三学社抚州市委员会第一、二、三届主委黄日强。九三学社抚州市委员会第四届主委唐永文。2021年12月31日，九三学社抚州市第五次社员代表大会召开，选举产生由17名委员组成的九三学社抚州市第五届委员会，唐永文当选为主任委员，李建明、余庆华、黎咏峰(专职)、黄华当选为副主任委员，任命周晓容为秘书长。2024年10月，九三学社抚州市第五届委员会进行届中调整，魏玮(女)当选专职副主任委员。截至2024年12月，全市共有社员186人，建有7个支社和1个小组。

二、主要活动

(一) 自身建设　九三学社抚州市委会自成立以来，历届班子始终把坚持时政理论学习、增强政党意识、提升思想认识放在首位。通过主题教育活动、骨干社员培训、思想宣传引导等方式，带领全市各级组织和广大社员增强“四个意识”、坚定“四个自信”、做到“两个维护”，牢牢把握正确的政治方向，不断巩固多党合作共同思想政治基础，努力做中国共产党的好参谋、好帮手、好同事。坚持人才立社。社市委会严把入社关，截至2024年12月，社员大多数有中级以上职称，具有高级职称的有63人，占34.8%；先后有40余人分别在省、市、县(区)中担任常委、委员等职务。强化班子建设。市委会领导班子紧紧围绕“政治坚定、民主团结、求真务实、关系和谐、廉洁自律”建设目标，着力贯彻民主集中制原则，明确成员分工职责，坚持集体领导制度，凡重要决策和重要事项都由班子集体决议。加强基层组织建设。制定《九三学社抚州市支社工作考评细则(试行)》，通过年度工作综合考评，督促支社加强组织建设，2024年9月成立九三学社抚州市东乡区支社。社市委会机关通过围绕规范化建设，不断完善各项规章制度，全力建设成为学习型、服务型、创新型、和谐型机关。开展“亲子科普活动”“金融知识讲座”“慰问受伤社员”等形式多样活动10余场次，不断增强基层组织凝聚力和活力。统筹推进领导集体、代表人士、青年社员、机关干部“四支队伍”建设，为社务工作提质增效、增强发展动力提供有力支撑。九三学社抚州市委会在九三学社江西省委会2023年度考评中，获先进集体二等奖，一名社员获九三学社中央“全国组织先进个人”荣誉称号。

(二) 参政议政　九三学社抚州市委员会紧紧围绕市委、市政府战略部署和重大任务实施，积极参加政府协商和政协协商工作，就全市经济社会发展中的重大事项，充分发挥社市委会界别特色和优势，建睿智之言、献务实之策、出精诚之力。为推动履行政治协商职能，社市委会班子成员参加各种形式的协商会、座谈会等活动，积极建言献策，不少建设性意见、建议得到市委、市政府及相关部门的采纳。《加强农村自建房施工管理，保障施工人员人身安全》《加快“僵尸企业”及低效用地清理的建议》《关于加强市属高校博士研究生人才队伍建设的建议》等6件提案被评为2023年度优秀提案。在省政协十三届三次会议联组会上，主委唐永文作题为《融湾兴赣　多方位推动科技领域合作联动》的发言。社市委会高度重视反映社情民意信息工作，成立信息宣传工作小组，通过多渠道报送社情民意信息。2024年上报社情民意信息53篇，其中被省委会采用24篇、被省政协采用4篇，被社中央采用2篇。汇聚力量开展调研。社市委会凝聚全体社员智慧和力量，积极参与上级组织的参政议政课题申报工作，支持鼓励社员深入基层开展调研工作，提交高质量调研成果，部分调研成果被全国政协、九三学社中央等采用；累计提出提案200余件，内容涉及城市规划、环境保护、经济发展等领域，为抚州市发展建设作出贡献。

（三）社会服务　九三学社抚州市委会自成立以来，充分发挥社内人才和智力优势，积极组织社员开展社会服务工作。各基层组织充分利用自身特色优势，积极开展形式多样的社会服务活动。市青工委每年在国家宪法日开展法律服务进社区或法律专题讲座活动，向市民宣扬宪法精神，提供法律和行政法规咨询服务；市高校支社组织青年社员赴乡村小学开展科普进校园活动；市卫生支社利用自身优势，持续组织医疗专家开展义诊活动，免费提供医疗健康咨询、健康体检及药品配送等服务。自脱贫攻坚工作开展以来，社市委会班子成员先后多次走访挂点扶贫村，帮助协调解决问题，争取帮扶项目资金。选派干部参加各民主党派“连心”小分队，吃住在村，沉下心摸清贫困村基本情况，制定精准帮扶举措。市委会在机关经费中先后拨款10万多元用于村基础设施建设、走访慰问老党员和贫困户等，以实际行动助力抚州市打赢脱贫攻坚战。新冠疫情发生后，社市委会认真贯彻落实习近平总书记有关抗击疫情的重要指示批示精神，围绕市委、市政府统一部署，发挥优势，积极作为。在疫情防控最严峻时期，社员们自发创作《以爱的名义起舞》《中国，加油》《我们必胜》等多种题材形式的文艺作品鼓舞人心。在疫情防控期间，全体社员或默默无闻奋战在本职岗位，或挺身而出下沉社区，严格防控疫情扩散，为人民群众生命安全构筑起强大防线。一位社员被社中央评为全国“新冠肺炎疫情防控工作先进个人”，五位社员被省委会评为全省“新冠肺炎疫情防控工作先进个人”。2023年9月，与九三学社北京市西城区委会签订“京抚合作”协议，双方重点围绕智慧医疗、智慧农业、生态环保三个方向开展合作，常态化开展医疗义诊活动，在打造远程诊疗中心、学科共建、人才培养等方面取得显著成效，得到中共抚州市委、市政府主要领导批示肯定。2024年开展专家义诊、法律咨询、文化讲座等各类社会服务活动20余场次，一名社员被九三学社中央评选为“社会服务全国先进个人”。在崇仁县马鞍镇卫生院开展医疗专家大型义诊宣教活动，累计接待群众100余人次，免费为群众测量血压、血糖共150余人次，发放宣教资料100余册；北京专家在抚州市立医院、黎川县总医院共诊查群众600余人次。

第七节　抚州市工商业联合会

一、组织沿革

市工商联成立于2001年2月9日，为正处级机构，内设办公室、会员科、经济联络科，行政编制6个，工勤编制2个。下辖一个正科级全额拨款事业单位——抚州市民营企业服务中心（抚州市非公有制企业维权服务中心），核定事业编制7名。2001年，抚州地区总商会更名为抚州市总商会，与抚州市工商联合署办公。

市工商联（总商会）先后于2001年2月9日、

2006年9月12日、2012年5月11日、2015年12月26日召开第一、二、三、四次会员代表大会。2008年3月后各级工商联会长、副会长改称主席、副主席。历任主席(会长):邹俐菁、谭文英、蔡青、戴晓文。2020年12月29—30日,市工商联(总商会)召开第五届代表大会,戴晓文当选为主席(会长),邱江峰当选为常务副主席(常务副会长),姚光辉、何建彩、王建荣当选为专职副主席(副会长),唐俊烈、熊文辉等当选为市总商会兼职副会长;市工商联(总商会)秘书长由何建彩兼任。2022年1月,市工商联(总商会)召开五届二次执委会,增补王繁凡为专职副主席(副会长)。2023年12月,市工商联(总商会)召开五届四次执委会,增补谢华为专职副主席(副会长)。2024年8月,市工商联(总商会)召开五届五次执委会,增补黄小春为专职副主席(副会长),增选谢琨为市工商联兼职副主席。截至2024年12月,抚州市工商联(抚州市总商会)有常务委员77名、执行委员140名、会员15000余名。

市工商联设立党组,党组书记由市委统战部副部长兼任,历任党组书记李耕生、罗晓宾、吴茶香。现任党组书记为邱江峰,党组成员为何建彩、黄小春、谢华、李云云。2021年12月,成立中国共产党抚州市非公有制经济组织委员会,设委员7名,其中党委书记1名,党委副书记2名,其他委员4名,主要负责领导和管理市工商联直属商会和部分直属会员企业党建工作,下辖15家商会(企业)党支部。

二、主要活动

(一)自身建设　市工商联自2001年成立以来,全面贯彻信任、团结、服务、引导、教育方针,着力加强思想建设和政治引领,培养一支听党话、感党恩、跟党走的非公有制经济代表人士队伍。2013年以来,建立常态化、制度化开展民营经济人士理想信念教育工作机制,市县两级工商联建立24家民营经济人士理想信念教育基地,开展以“不忘创业初心、接力改革伟业”“守法诚信经营、坚定发展信心”“同心建功新时代”等系列主题教育活动。2001年以来,市工商联举办经济政策形势、企业管理、法律财会等各类专题培训、讲座、论坛60余场,参训人数9000余人次。2007年,组织40多名非公经济人士赴浙江绍兴学习培训;2009年,组织60多名非公经济人士赴海南培训;2018年,组织30余名企业家赴深圳、东莞考察学习,组织40余名企业家赴中央统战部苏州培训基地学习;2019年,组织40余名企业家赴中央统战部北京怀柔培训中心学习;2022年,举办抚州商帮文化、现代企业管理知识、非公企业维权服务等专题培训,培训人次700余人次;2023年至2024年,连续两年实施“进名校、请名师、访名企”培训提质行动,赴外地高校(党校)举办民营经济人士研修班5期,赴浙江大学举办抚州市“赣商传承”民营企业接班人培训班,组织民营经济人士赴京东、九牧王、利郎、阿里巴巴、宁德时代等知名企业学习考察,着力提升民营经济人士综合能力。2024年,全市工商联系统累计开展教育培训活动40余次,参训人员2300余人次;组织2435人次青年企业家参加“赣商传承”民营企业接班人培养“六大行动”,帮助民营企业家开阔眼界、增长见识、拓宽思路。

(二)参政议政　市工商联始终紧紧围绕抚州经济建设与社会发展中热点、难点问题,开展调查研究,积极建言献策,参政议政。在每年召开市两会期间,积极组织担任人大代表、政协委员的非公经济人士提交提案、议案。2001年至2024年,累计提交各种提案、议案450余件,其中《优化政策措施,加快小微企业发展》《倾力打造现代物流,助推抚州经济加快发展》《“营改增”应成为物流企业新的起点》《破解发展难题,促进工业升级》《着力优化营商环境,促进民营经济发展》《推动建筑业高质量发展,重塑我市“建筑之乡”辉煌》《关于提升金融服务民营企业高质量发展的思考与建议》《做好延链补链强链文章,促进工业高质量发展》《提升维权服务水平,助力营商环境优化升级》《完善信用修复机

制 优化民营企业发展环境》等提案被列为政协大会发言材料，得到市委、市政府的重视和采纳。撰写调研报告60余篇，为市委、市政府决策提供参考。其中《发展非公有制经济是推动地方经济建设的重要力量》《牵线搭桥当助手，倾情民企促发展》《撑起非公经济发展的一片蓝天》《民营企业走新型工业化道路的思考》《抚州市非公有制经济发展情况调研报告》《关于我市应对昌抚一体化的调查与思考》《抚州市外埠商会发展情况报告》《抚州“新官不理旧账”问卷调查情况分析报告》《关于我市民企技术性人才保障住房情况的调研报告》等调研报告受到市委、市政府领导高度重视。

（三）服务社会 教育引导非公有制经济人士致富思源、富而思进，勇于承担社会责任。2001至2005年，全市非公经济人士投身光彩项目200余个，投资额近4亿元；为社会公益事业、扶贫助学、救灾捐赠2177万元。2006至2011年，全市非公经济人士累计实施光彩事业项目182个，投入资金7亿元；参与“百企带百村”及“百千万惠农工程”活动，全市累计652家（次）民营企业与704村（次）进行村企对接，开展产业帮扶项目197个，投资额及帮扶资金达22605.8万元；社会公益事业、扶贫助学、救灾捐赠1817万元。2008年，会员企业为全市冰雪灾害捐赠145万元，为汶川地震捐款捐物1520万元；2010年为抚州特大洪涝灾害捐款2000多万元；广东省江西抚州商会于2014年、2015年、2019年向抚州市捐赠54辆价值942万元救护车。2016年5月，动员564家市内外民营企业和商会组织参与“百企帮百村”精准扶贫行动，投入帮扶资金17578.39万元；公益帮扶3949.64万元，帮扶贫困群众35809人。2020年新冠肺炎疫情发生后，动员全市非公经济人士和在外抚商捐款捐物4190万元。2021年至2024年底，累计400余家民营企业（商会）参与“万企兴万村”行动，投资“兴村”项目291个，到位资金达10.22亿元。2022年，全市各商会组织和民营企业开展捐资助学、关爱退役军人、扶危济困、抗击疫情等社会公益活动，累计捐款捐物1580万元。2023年，全市民营经济人士累计采购脱贫地区农产品778.6万元，帮助销售农副产品9639.5万元；设立5家外埠商会招商引资工作联络站，参与承办2023年抚州对接长三角“双返双创”推介会，现场签约项目19个，投资总额133.1亿元。2016年以来，举办六届全国知名商会原中央苏区（抚州）行活动，累计签订投资项目81个，投资总额达423.1亿元，有力助推苏区振兴发展。2024年8月，举办全国工商联“百家商会进抚州”活动，邀请全国各地近百家商会代表参加，精准有效搭建经贸交流、项目对接平台，有力助推抚州经济社会发展。积极拓展市场销售渠道，促成市农垦集团在沪销售8万头白条猪，销售额达1.8亿元，助力销售“赣抚农品”2400余万元、临川贡酒1500余万元。

（四）优化环境 市工商联充分发挥政府管理和服务非公有制经济助手作用，积极搭建政企沟通、银企对接、法律维权等工作机制，及时准确地为会员企业提供政策、经济、科技、人才、项目、融资等信息服务，持续助力营商环境优化升级，促进非公企业健康发展。2022年以来，联合市发展改革委按照“一期一主题”等形式，定期组织举办政企茶话会，构建问题建议闭环办理体系，截至2024年底，累计举办29场政企茶话会，邀请参会企业224家，收集问题和建议368条，办结362条，赢得经营主体普遍认可。联合相关部门创新推进“企业为主体、工商联牵头协调、商协会推荐背书、银行授信放贷”“商联信贷通”融资模式，建立“商联信贷通”白名单5300家，截至2024年底累计放贷210余亿元。加强非公企业维权服务工作，实现市县两级非公维权服务中心全覆盖，大力推进市、县、商会三级维权服务网络建设，有效延伸非公维权服务触角；与公检法、税务、司法、仲裁等建立工作联系协调机制，开展“法惠千企非公维权”“阳光司法助企前行”“律师志愿者护企”专项行动，建立非公维权服务诉求联办、督办机制，截至2024年底，市县两级维权中心累计受理诉求1153件，办结率98.8%。联合市发展改革委开展营商环境企业自评价、“优化营商环境电视公开承诺”和百家民营企业评议政府职能部门活动。2021年市非公企业维权服务中心被省委、省政府授予服务非公有制经济发展先进单位。2023年，抚州市民营企业商事纠纷调解中心被全国工商联通报表扬，市工商联被市委、市政府授予及时奖、全市优化营商环境先进集体荣誉。省委书记尹弘在2023年、2024年全省优化营商环境工作推进大会上，对抚州市工商联发起“法惠千企，非公维权”专项行动和牵头承办“政企茶话会”给予表扬。

第八节　抚州市党外知识分子联谊会

一、组织沿革

抚州市党外知识分子联谊会(简称市知联会)，成立于2002年9月，是以市党外中高级知识分子中无党派人士为主自愿组成的联谊团体，是具有统战性、联谊性、非营利性的社会团体，是市委、市政府联系党外知识分子的桥梁和纽带。该会实行理事制，王晓媛任第一届理事会会长。2009年8月8日，市知联会召开第二届理事大会，选举戴晓文为会长。2015年12月25日，召开第三届理事大会，戴晓文任会长。2021年2月4日，召开第四届理事大会，蔡青任会长。市知联会下设9个专业工作部，分别是：经济工作部、农业农村工作部、科技人才工作部、社会服务工作部、文化艺术工作部、高校工作部、基础教育工作部、非公经济工作部和金融证券工作部。2022年5月，成立市知联会江西中医药高等专科学校分会。截至2024年12月，有会长1人，副会长13人，秘书长1人(兼)，常务理事25名，理事45名。

二、主要活动

(一)自身建设　抚州市知联会自成立以来，坚持以毛泽东思想、邓小平理论、“三个代表”重要思想、科学发展观和习近平新时代中国特色社会主义思想为指导，组织理事认真学习党的基本路线、方针、政策，先后组织开展或参与无党派人士政治交接主题教育，“跟党迈进新时代，同心共筑中国梦”系列主题教育，“不忘合作初心，继续携手前进”主题教育等活动，深刻领悟“两个确立”的决定性意义，增强“四个意识”、坚定“四个自信”、做到“两个维护”。通过举办专题学习班、开展主题活动、专题讲座、形势政策报告和实践考察、交流座谈等活动，不断提升广大理事理论水平、思想素质和参政议政能力。大力开展各种联谊交友活动，加强理事之间交友联谊，加大与县(区)知联会交流互动，增进理事之间友谊和感情，增强知联会凝聚力和影响力。建立健全学习制度、会议制度、工作分组制度和“双走访”“双报告”制度等，使知联会的管理更加科学规范。争取市委、市政府支持，在市直集中办公楼为知联会安排办公用房和会议室，打造“党外知识分子之家”，并将市知联会工作经费列入市级财政年度预算。2023年4月至2024年1月，开展“凝心铸魂强根基、团结奋进新征程”主题教育，建立健全会长办公会制度、会长轮值制度、走访报告制度等。2024年8月，市知联会召开学习贯彻中共二十届三中全会精神专题会暨纪律学习教育谈心会，副市长、市知联会会长蔡青主持会议并讲话。她要求知联会要发挥优势作用，主动担当、服务大局，提升参政议政质效和服务发展水平；充分发挥人才荟萃、智力密集、联系广泛等独特优势，在推进全市改革发展中彰显责任担当、争创更大业绩。

市知联会理事及其所联系的无党派知识分子是党外干部的重要后备力量。2002年至2024年，市知联会每年选派理事参加中央社会主义学院、省社会主义学院、市社会主义学院组织的各类学习培训，极大地提高理事们的思想政治素养和参政履职能力，先后有140余名无党派人士当选为各级人大代表和政协委员。2024年12月，市知联会共有厅级干部1人、县处级干部26人，占总数的31.3%；科级干部47人，占总数的56.6%。

（二）参政议政 市知联会成立以来，领导班子成员带头参加党外人士座谈会、民主协商会、政治协商会等参政议政活动，组织广大理事围绕市委、市政府中心工作、社会热点难点问题，深入各县（区）、企事业单位和农村等开展“培植龙头企业，带动农业发展”“同心·生态文明抚河行”等调研活动20多次，积极为市委、市政府中心工作出谋划策，形成有价值、有质量的调研报告和意见建议160余篇。其中调研文章《浅谈我市县域经济的增长极——与农相关的主导产业的培育与发展》被市政协一届六次会议选为大会交流材料；《紧紧围绕农业综合生产能力建设推进抚州农村水利大发展》《关于我市未成年人思想道德建设的几点建议》等提案作为政协大会上的发言材料；《关于我市县域经济发展的思考》一文在抚州市“6+4共促抚州发展”论坛上发言交流，获得优秀调研论文奖；《关于加强教育宣传工作的建议》引起市委宣传部、市教育局、市广电局、市财政局高度关注。提案《以数字农业新视角推动“三位一体”农合联组织建设》被作为2020年市政协大会书面发言材料；《抚州市秀美乡村建设与全域旅游研究之乡村民宿旅游经济发展调研报告》和《关于我省贫困村产业扶贫的调研报告》入选江西省党外知识分子联谊会建言献策调研成果汇编；社情民意《关于在抚州职业技术学院北大门增设交通安全设施的建议》得到市政府的高度重视，校园隐患得到及时解决。市知联会和市政协经济委员会联合举办抚州市金融交流研讨会，为助推抚州经济发展做出应有贡献。2022年，市党外知识分子联谊会班子成员带头参加政府工作报告征求意见会，市委常委会、市政府党组民主生活会征求意见会，党外人士座谈会，各民主党派专项民主监督工作汇报会等参政议政活动，积极为市委、市政府中心工作出谋划策。两会期间，市知联会会员中的人大代表、政协委员共提交有建设意义的建议和提案10件，被各级党委、政府采纳。2023年，市知联会围绕唱响“一大品牌”、实施“六大战略”、推进“三大建设”和群众关心的热点、难点问题，深入调研，积极建言献策，报送社情民意信息和政协提案36篇。2024年深入基层一线有针对性地开展调查研究，形成调研报告20余篇，提交社情民意信息20余条。2025年1月，省政协委员、市政府副市长、市知联会会长蔡青在省政协十三届三次会议联组会议上发言。市知联会先后有50多名理事受到省、市各类表彰。

（三）社会服务 市知联会充分发挥理事专业特长和智力优势，积极开展社会服务活动。先后开展“面向农村、面向社区、面向学校、面向厂矿”“送文化下乡、送医药下乡、送科技下乡”、同心主题（“同心·振兴苏区”“同心·爱心助学”“同心·爱心义诊”）、助力脱贫攻坚和乡村振兴等社会服务活动100余次，捐赠资金累计达500余万元。特别是在新冠肺炎疫情防控期间，市知联会会长、副市长蔡青担任市防疫指挥部常务副指挥长，深入一线指挥，先后有13名党外知识分子参加抚州市援鄂抗疫医疗队，有300余名党外知识分子活跃在抚州市抗疫医疗战线上，累计捐资捐物达60余万元，为疫情防控做出积极贡献。2022年，组织市党外知识分子开展“阳光护苗，呵护成长”关爱青少年活动，点亮“微心愿”53个。市党外知识分子代表结对帮扶学生90名，捐赠金额30万元。市、县知联会先后开展“科技助农，文化下乡”，“走访脱贫户，关爱留守儿童”，“浓情端午，关爱老人”，慰问消防战士等系列活动160余次，切实为群众办实事、做好事、解难事。2023年，以开展主题教育为契机，组织开展“我为群众办实事”“送医送药送科技”下乡等系列社会服务活动6次，参与人数达80余人次。2024年，把开展纪律学习教育与履职作为结合起来，积极开展科技推广、文教宣传、扶贫济困等社会公益活动，引导党外知识分子参与各类社会服务活动30余人次。

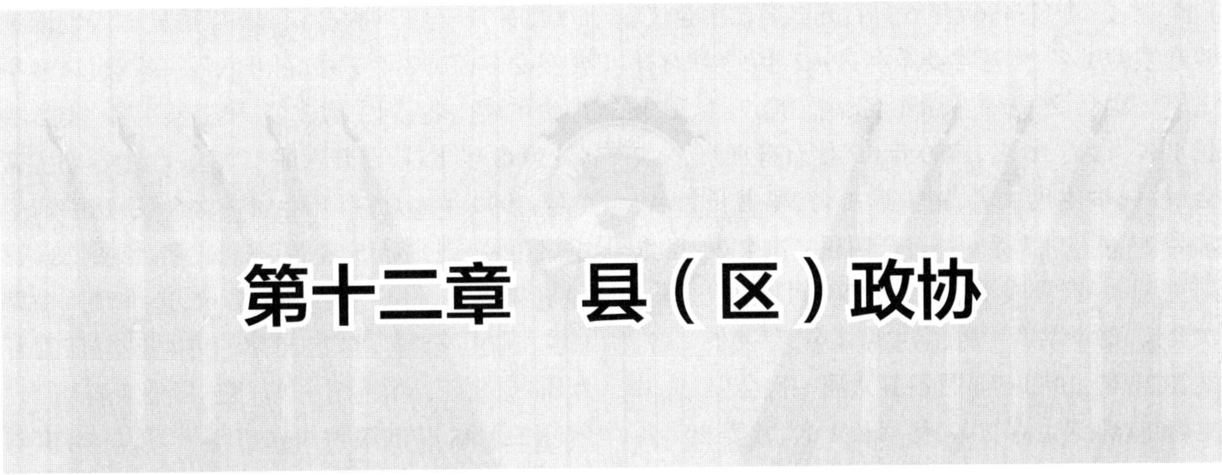

第十二章　县（区）政协

县(区)政协是中国共产党领导的多党合作和政治协商的重要机构,也是国家治理体系的重要组成部分。其主要职责包括政治协商、民主监督和参政议政。地方政协是中国人民民主统一战线的组织形式。它根据“长期共存、互相监督”“肝胆相照、荣辱与共”的方针,不断充实与完善中国共产党领导的多党合作和政治协商制度,努力发挥民主党派和无党派爱国人士在国家政治生活中的重要作用,对国家的大政方针、各项建设事业和人民生活中的重大问题进行协商、讨论,并实行民主监督。

第一节　政协临川区委员会

临川区地处抚州市西北部,北距省会南昌市100公里,全区总面积2121平方公里,总人口110万,是抚州市委、市政府驻地。临川区始建于东汉永元96年,是著名的“才子之乡”,历史上曾涌现过王安石、汤显祖、晏殊、晏几道、游国恩、饶毓泰等一大批名儒巨匠,并孕育出光辉灿烂的临川文化。新中国成立后,临川区连续多年被评为“全国教育先进县(区)”“全国文化先进县(区)”“全国粮食生产先进县(区)”称号。临川工业发展迅速,已形成以电子信息、有色金属、食品医药等为主导的工业产业体系。临川物产丰富,山川秀丽,自然景观与城市建设交相辉映,是国家卫生城市,是宜居、宜业、宜游的好地方。

一、组织沿革

临川区政协成立于2001年2月。临川区的前身为抚州市(县级)和临川县,1995年2月,抚州市(县级)与临川县合并为临川市,1995年6月,原抚州市政协与临川县政协合并为临川市政协。2000年10月,临川市更名为临川区,2001年2月,原临川市政协更名为临川区政协。

(一) 抚州市政协　1955年5月至1995年6月,换届8次,共召开22次全委会。“文革”前共换届3次,召开11次全委会。1966年受“文革”冲击,政协活动被迫中断。1980年12月恢复活动。此后历经4届,1982年始,每年至少召开一次全委会,至1995年6月,共召开11次全委会。

1955年5月召开一届一次会议,选举产生主席1名、副主席4名、秘书长1名、常委12名;1956年12月召开一届二次会议,改选主席1名、增选副主席2名、常委4名。1959年1月召开二届一次会议,选举主席1名、副主席5名、秘书长

1名、常委11名；1960年6月召开二届二次会议，改选主席1名、增选常委1名；1962年12月召开三届一次会议，选举主席1名、副主席7名、秘书长1名、常委16名；1980年12月召开四届一次会议，选举主席1名、副主席1名、秘书长1名、常委23名；1982年6月召开四届二次会议，增选副主席3名、常委1名；1984年7月召开五届一次会议，选举主席1名、副主席4名、秘书长1名、常委27名；1987年8月召开六届一次会议，选举主席1名、副主席2名、秘书长1名、常委29名；1988年1月召开六届二次会议，增选副主席1名、常委2名；1990年5月召开七届一次会议，选举主席1名、副主席4名、秘书长1名、常委27名；1993年3月召开八届一次会议，选举主席1名、副主席5名、秘书长1名、常委27名；1994年3月召开八届二次会议，增选常委1名。

（二）临川县政协 1960年1月至1995年2月，历经8届，共召开全委会21次。其中“文革”前换届3次，召开全委会7次，委员中含有温家圳和李家渡两镇委员。1966年，因受“文革”冲击，政协活动被迫中断。1980年恢复后，组成第四届委员会（不含温家圳、李家渡两镇委员），于1980年7月召开四届一次会议，此后历经5届，至1995年召开全委会14次。

1960年1月，召开一届一次会议，选举产生主席1名、副主席2名、秘书长1名、常委22名；1963年6月，召开二届一次会议，选举产生主席1名、副主席2名、秘书长1名、常委22名；1965年9月，召开二届三次会议；1965年12月，召开三届一次会议，选举产生主席1名、副主席2名、秘书长1名、常委18名。此后，政协活动因“文化大革命”而中断。1980年7月，召开四届一次会议，选举产生主席1名、副主席2名、秘书长1名、常委15名；1982年2月，召开四届二次会议，增补委员16名，增选副主席2名、常委9名；1984年7月，召开五届一次会议，选举产生主席1名、副主席4名、常委35名；1985年6月，召开五届二次会议，增补4名委员、增选6名常委；1986年5月，召开五届三次会议，增补委员22名、增选常委2名；1987年7月，召开六届一次会议，选举产生主席1名、副主席3名、秘书长1名、常委29名；1988年1月，召开六届二次会议，增选副主席1名；1990年4月，召开七届一次会议，选举产生主席1名、副主席5名、秘书长1名、常委28人；1993年1月，召开八届一次会议，选举产生主席1名、副主席5名、常委25名；1994年2月，召开八届二次会议，增选副主席1名、常委2名。

（三）临川市政协 1995年6月，抚州市与临川县合并成立临川市，并成立临川市政协，至2001年2月，历经两届，共召开6次全委会。1995年6月，召开一届一次会议，选举产生主席1名、副主席9名、秘书长1名、常委58名；1997年2月，召开一届三次会议，会议选举主席1名。1997年12月，召开二届一次会议，选举主席1名、副主席6名、秘书长1名、常委46名；1999年3月，召开二届二次会议，补选秘书长1名、常委4名。

（四）临川区政协 2000年10月，抚州撤地设市，临川市改为临川区，并成立临川区政协，至2024年12月，共历经六届，召开全委会25次。

2001年2月，召开一届一次会议，选举主席1名、副主席4名、秘书长1名、常委43名；2003年1月，召开二届一次会议，选举主席1名、副主席5名、秘书长1名、常委44名；2004年3月，召开二届二次会议，增选副主席1名、秘书长1名；2006年11月，召开二届五次会议，增选副主席1名；2007年3月，召开三届一次会议，选举主席1名、副主席5名、秘书长1名、常委56名，三届三次会议增选副主席1名；2011年9月，召开四届一次会议，选举主席1名、副主席5名、秘书长1名；四届三次会议增选副主席2名，辞去副主席1名；四届五次会议增选副主席1名；2016年10月，召开五届一次会议，选举主席1名、副主席7名、秘书长1名；2021年10月，召开六届一次会议，选举主席1名、副主席6名、秘书长1名；2022年2月，召开六届二次会议增选副主席1名。2024年4月，召开六届四次会议，选举主席1名、副主席 1 名、常委 3 名，辞去主席 1 名、副主席 1 名。

二、委员构成

（一）抚州市政协　一届委员会设置中共、农工、共青团、民族宗教、工商、民主人士界，共 7 个界别，委员 46 名。二届委员会调减共青团界，增设社会科学、医药卫生、少数民族界，共 9 个界别，委员 55 名。三届委员会调减医药卫生界，增设卫生界、教育界，共 10 个界别，委员 76 人。四届委员会增设归侨、妇联、医卫、科学技术、文化艺术、工会界，共 16 个界别，委员 111 名。五届委员会增设民盟、无党派人士、个体经营协会、台胞台属、农民界，共 21 个界别，委员 126 人。六届委员会调减个体经营协会、农民、无党派、少数民族界，增设民建、农水界，新闻界改为新闻出版界，归侨侨眷改为归侨界，共 20 个界别，委员 178 名。七届委员会增设金融界、法律界，共 22 个界别，委员 193 名。八届委员会调减金融、农水、归侨界，增设科协、侨联、法律、农村经济、财经贸易、企业界，共 25 个界别，委员 194 名。

（二）临川县政协　一届委员会设置中共、农工、共青团、工会、妇联、工商联、归国华侨、农民、教育、医卫、宗教、少数民族、特邀界，共 13 个界别，委员 59 人。二届委员会增设科技界，共 14 个界别，委员 67 人。三届委员会调减共青团、归国华侨、科技界，共 11 个界别，委员 61 人。四届委员会增设共青团、台联、科技界，共 14 个界别，委员 97 名。五届委员会增设体育、文化艺术、解放军、起义投诚人员界，共 18 个界别，委员 137 人。六届委员会调减解放军、起义投诚人员界，增设科协、社科、新闻出版、财贸金融界，共 20 个界别，委员 173 人。七届委员会调减归国华侨、科协、科技界，增设企业界，共 18 个界别，委员 189 人。八届委员会调减农民界，增设科协界、社会科学界、农林界，共 21 个界别，委员 193 名。

（三）临川市政协　一届委员会设置中共、民盟、民建、农工、共青团、工会、妇联、工商联、侨联、科协、台联、社会科学、科技、教育、体育、新闻出版、医药卫生、社会福利救济、金融、企业、农村经济、财贸、少数民族、宗教、文化艺术、特邀人士界，共 26 个界别，委员 389 名。二届委员会调减农村经济界，增加民革、农业和经济界 27 个界别，委员 294 名。

（四）临川区政协　一届委员会设置中共、特邀、民革、民盟、民建、农工党、工商联、工会、团委、妇联、医药卫生、金融、财贸、农业、台联、归侨、民族、宗教、社会福利、教育、体育、文化艺术、新闻出版、科技、科协、社科、经济界，共 27 个界别，委员 298 名。二届委员会调减台联、侨联、新闻出版、金融、财贸界，增设九三、台侨界，共 24 个界别，委员 309 名。三届委员会调减宗教、民族、体育、文化艺术、科协界，增设民进、知联会、文体广电、少数民族宗教、法律界，共 24 个界别，委员 300 名。四届委员会调减知联会、共青界，增设共青团和青联、无党派界，共 24 个界别，委员 307 名。五届委员会调减特邀界，社会福利界改为社会福利保障界，共 23 个界别，委员 280 名。六届委员会调减法律、文体广电、社科、无党派、医药卫生，增设特邀、新联、社会科学、文化医药卫生、知联会界，改共青团和青联界为共青团界，改社会福利保障界为社会福利界，改少数民族宗教界为少数民族界，共 24 个界别，委员 300 名。

三、机构设置

（一）抚州市政协　一、二届委员会设学习委员会和民主党派文卫、社会宗教、工商界三个工作组。三届委员会设学习委员会和文卫、宗教、科技、工商、家属五个工作组。四届委员会设学习、提案审查两个委员会，文教、科技、医药卫生、民族宗教、对台侨务、工商六个工作组和政协办公室。五届委员会增设文史资料研究委员会。六届委员会将文教工作组划分为教育和文体新闻两个工作组，对台侨务工作组更名为“三胞”联络工作组，增设农业科技、财贸、社会团体和乡镇联络工作组，共 10 个工作组。从六届委员会起，政协机关机构除办公室外，设宣传文史科、联络咨询科。第七、八届委员会撤销工作组，设学习、提案工作、文史资料、工业科技、农业科技、教育文体新闻、医药卫生、财贸金融、法制社团、祖国统一联谊10个委员会。1988年6月在全市5个乡镇设立政协联络组，1990年改为乡镇政协工作委员会，1993年8月撤销。

（二）临川县政协 一届至三届委员会设学习委员会和社会、工商、文教卫生3个工作组。四届委员会设中心学习、科技、文教卫生、工商民族宗教退休4个工作组。五届委员会设学习工作委员会和科技、文化教育、医药卫生、妇女、工商民族宗教、文史资料6个工作组。六届委员会设学习、提案、文史资料研究委员会和农村、祖国统一、工业、民族宗教、教育、医药卫生、文化体育、工商财贸8个工作组。七、八届委员会设学习、提案工作、文史资料研究、工业交通、农村经济、财经贸易、文化教育体育、医药卫生、法制社团、“三胞”联谊10个委员会。1987年5月，内设行政办公室、咨询联络科、文史宣传科3个办事机构。1990年2月在各乡镇设政协工作委员会，1993年1月撤销。

（三）临川市政协 一届委员会设学习、提案、文史资料、经济科技、教育文体、新闻、医药卫生、法制社团、祖国统一委员会8个工作机构。二届委员会设提案、工业交通财贸金融、农村经济、教育文体医药卫生、法制社团“三胞”联谊委员会5个委员会。办事机构设办公室、宣传文史科、联络咨询科、海外联谊科。1998年后调整为综合办公室、专委会办公室和农业、工交财贸交通、科教文卫体、法制社团“三胞”联谊委员会。

（四）临川区政协 一至三届委员会设综合办公室、专委会办公室和教育文体医药卫生、工业交通财贸金融、法制社团“三胞”联谊、提案、经济、教科文卫体、社会和法制、农业和农村委员会。四届委员会设综合办公室和提案、经济、教科文卫体、社会法制和港澳台侨民族宗教、人口资源环境委员会。五届委员会将经济委员会改为经济和农业农村委员会，教科卫体委员会改为教科文卫体和学习委员会。2021年4月增设政协委员联络服务中心。六届委员会将经济和农业农村委员会改为经济委员会，教科文卫体和学习委员会改为教科卫体和文化文史学习委员会，人口资源环境委员会改为农业农村和人口资源环境委员会，社会法制和港澳台侨民族宗教委员会改为社会法制和港澳台侨外事民族宗教委员会。

四、工作概况

（一）政治协商

历届县（市、区）委十分关心和支持人民政协工作，先后转发和印发《关于政治协商、民主监督的暂行实施办法》《关于政治协商、民主监督、参政议政实施意见》《关于进一步加强人民政协工作的意见》《关于政协委员联系界别群众工作的制度》《关于加强和改进专门委员会建设的实施办法》《中共临川区委关于新时代加强和改进人民政协工作的实施意见》等文件，规范人民政协履行职能。

1. 重点协商 1980年12月，人民政协组织恢复后，政治协商工作逐步规范化、制度化。政治协商就地方大政方针、统一战线、“四化建设”和群众生活中重大问题，及改革开放中方针政策、城镇建设、环境保护、地方性法规、机构设置等方面进行协商监督。同时，组织政协委员对地方重点工作、重要人事安排、党风廉政建设、国民经济五年规划等进行重点协商，提出意见建议。2016年以来，临川区政协更加紧密结合地方实际，聚焦经济社会发展中重点难点问题，以及人民群众普遍关心的热点问题，确保协商议题具有广泛的社会关注和实际意义。先后针对改善农村居民医疗条件，保障人民群众享受基本医疗卫生服务，切实解决群众看病难、看病贵等问题开展重点协商并提出意见建议，《关于加强农村基层卫生服务能力建设，改善农村居民医疗条件的调研报告》引起区政府和有关部门的高度重视，为推动农村基层医疗卫生服务能力建设起到积极作用。2018年，《关于加强职业技术教育，培养产业工人队伍的调研报告》就职业技术教育情况、企业用工和工人队伍情况开展调查研究，对临川区企业用工需求和职业技术教育存在的问题、困难开展重点协商，为企业“用工难”寻求破解之法。2019年，对《关于着力产业聚集，培育发展电子信息、食品、医药三大主导产业的调研报告》进行重点协商，提出调整全区产业结构、转变经济增长方式、增强区域经济竞争力的具体措施。2020年，就《关于推进企业复工复产，助力园区双战双赢的调研报告》结合临川实际开展重点协商，提高相关政策落地执行力。2021年，就《关于打造农业区域特色品牌，实现提升生态产品价值的调研报告》展开重点协商，提出做大做强临川特色农业，加快培育一批生态优势品牌和特色产品，努力推动临川区经济社会高质量发展。2022年，就《临川区存量企业发展情况的调研报告》重点协商了解企业发展难点、堵点问题，提出培育壮大存量企业相关意见和建议，助力企业满产、超产、释放潜力。就《关于优化我区营商环境的调研报告》重点协商掌握营商环境现状，找准营商环境中存在的突出问题，深入推进营商环境优化升级“一号改革工程”，全力打造“四最”营商环境，推动经济社会高质量跨越式发展。2023年，就《解困局之惑，求破局之策——对我区2022年极端旱情有关情况的调研报告》调查全区干旱受灾情况和对农业生产带来的经济损失以及水利灌溉设施存在的问题和短板，通过重点协商，为今后应对类似极端灾害天气提供决策参考。2024年，就《关于临川区铝加工产业发展的调研报告》开展调研活动，为进一步做大做强临川区有色金属新材料产业，促进临川区有色金属新材料产业集群化发展提供决策参考。

2. 对口协商 对口协商作为政治协商的主要形式之一，1955年6月以来，主要对私营工商业改造、汉字简化改革、蒋日战犯处理、社会镇反、党的文艺政策、提高产品服务质量、打击刑事犯罪、企业承包租赁、“三三”制改革、干部违纪建房、惩治经济犯罪、职工住房改革、“五讲四美三热爱”活动等重大问题进行协商。1986年10月后，确定政协各工作组与政府22个部门建立对口协商制度，一方面，采取“走出去、请进来”方式，沟通信息，互通情况；另一方面，政府职能部门印发有关文件分送相关专委会，通报情况，使委员更好“知情出力”。2017年，政协各专委会注重加强与区直部门对口协商，互相通报情况，分别就灵谷峰景区建设、村级规划整治、农村医疗保险、企业工会建设、乡镇敬老院建设、青少年校外教育等方面工作，相互交流，并提出意见建议。2021年，就“加强我区生态环境保护”深入开展交流和协商活动，各方就生态环境保护中的具体问题进行深入探讨，共同寻找解决方案，推动生态环境保护深入发展。2022年，就“提升小区物业管理，增强居民幸福感”搭建多方参与的协商平台开展对口协商，有效解决小区管理中的问题，提升居民的生活质量，促进社区和谐，增强居民幸福感和满意度。2023年，组织政府、司法、社区等相关部门，围绕“发挥司法所职能作用，促进‘法律明白人’品牌提升”这一主题进行深入协商交流，提升基层法治建设水平，增强公众法律意识，促进社会稳定和谐。2024年，就“临川区传统村落保护与发展”这一主题，组织区住建、文化等部门开展对口协商，对嵩湖乡陈油傅家村、江下村，腾桥镇石池村、腾桥村等地进行现场了解，对村落基础设施进行整治提升及重点建筑维修保护，切实推进临川区传统村落保护、传承、发展，促进城乡协调发展，建设美丽乡村。

（二）民主监督

1. 视察调研 截至2024年12月，政协委员共撰写调研视察报告1636篇，其中《如何发挥好国有商业主渠道作用》《发展兼用牛大有可为》《关于普及九年制义务教育情况调查》等报告，分别被《江西政协报》等报刊刊登;《关于深入开展质量、品种、效益年活动的建议》，被转送省委和省政府主要领导参阅。2012年，围绕小微企业创业发展、现代物流产业发展、向莆铁路经济带规划、农业产业化升级、工业强区问题、特色小城镇建设等进行深入视察调研，所形成视察调研报告受到党政领导高度重视。2015年，围绕农村义务教育现状、农村医疗卫生状况、民办养老事业等6个重大课题进行调研并形成调研报告，其中《关于加快发展我区乡村旅游业的调研报告》，区委领导在批示中认为，这是一篇为发展临川区乡村旅游最实在、最翔实、最有操作性、最接地气、最贴实际的调研报告，值得区委、区政府参考。2017年，围绕“吃得放心”，高度关注地方米粉产业发展，就“依法加强抚州（临川）米粉加工质量监管情况”开展专题视察，实地察看上顿渡、抚北镇三家米粉厂，组织召开专题座谈会，探究米粉加工质量安全监管工作现状及存在问题，提出解决问题意见建议。2019年，围绕“中小企业融资难、城镇脱贫解困、社区党的建设”等问题进行广泛调研，共形成调研报告14篇。其中，科教文卫体委员会实地调研高新科技产业园、创新大健康食品有限公司、银涛药业公司、宝芝林实业公司等企业，调研中不掩盖矛盾，不回避问题，为推动全区工业经济逆势而上，实现工业经济总量和质量的双提升，推动全区经济高质量发展提出意见和建议。2022年，先后围绕“强攻工业，推进我区经济实现跨越式发展、推动临川区有色金属产业高质量发展、优化我区营商环境、文旅产业化发展”等重大课题开展调研协商。全年先后组织委员300余人次，开展调研视察活动10余次，形成调研视察报告12篇。2023年，先后就“灯芯草产业发展、社会救援队伍规范化管理、劳动者权益保护、康养产业发展”等课题开展调查研究，并形成内容翔实的调研报告供区委、区政府决策参考。全年开展视察调研活动20余次，形成高质量视察调研报告10篇。2024年，先后就“我区铝合金产业发展”“挖掘再生稻潜力，助农增收保粮安”“讲好临川红色文化故事，助推文旅产业发展”等重大课题开展调查研究，客观、准确、深入反映临川发展实际问题，提出切实可行建议，得到区委、区政府主要领导重视，推动相关工作落实。

2. 特邀监督 1999年3月，政协委员提出的《关于在反腐倡廉中积极发挥政协民主监督作用的建议》得到采纳。自此，每年20多名政协委员被聘为特邀检察员、特邀监察员、特邀审计员和教育督导员，他们提出的关于完善中小学收费制度、关于完善干部廉洁自律制度等建议得到党政有关部门采纳。纪检监察部门采纳特邀监察员建议，追缴有关单位违纪金额38.9万元。第三届临川区政协组织政协委员对区城管局开展为期两个月的“民主评议行风”活动，帮其找差距、定制度，促进政风行风进步。2016年以来，受聘委员计1000多人次，参加各类听证会、执行会等监督活动2000多人次。2021年，以委员视察为平台加强民主监督，围绕自来水水质、生态环境保护、打好污染防治攻坚战，组织委员进行视察监督，提出意见建议，得到相关部门充分采纳。组织委员参加政法队伍教育整顿座谈会，执行案款发放、道路测速点设置、清（腾）退保障住房分配公开摇号等论证会、听证会等活动20余次，积极为民发声，推动各项政策有力落实和工作有效改进。2024年，进一步加强与政协委员及各民主党派、人民团体联系沟通和履职联动，邀请党派团体和无党派人士参加专题调研、会议发言、协商交流、视察监督等履职活动，切实发挥其参政议政骨干作用。积极推荐政协委员参加党政部门征求意见、协商讨论、监督评议等活动。

（三）参政议政

1. 提案办理 截至2024年8月，政协委员共提出提案6209件，立案5904件，办复5886件，取得较好社会经济效益。1993年，委员所提“要求改造南岸村400亩低产田”的提案，经抚州市水电局领导现场调研后，拨出专款修建水渠，使粮食增产4万公斤。1997年至1998年，临川市政府用两年时间，完成“要下大力气抓好菜篮子工程”提案办理，分别在洋洲、上顿渡等7个乡镇建立八千亩蔬菜基地。从2015年起，临川区政府连续办理“增加城区中小学合理布局，消除大班额现象”提案，在上顿渡和抚州中心城区建立一批中小学校，使市民多年愿望得以实现。2022

年，提出关于支持临川区工业创新发展的建议，区直各相关单位针对影响企业生产经营的难点、堵点问题，切实加大精准帮扶力度，重点帮助企业协调解决物流运输、供应配套、招工用工、融资难等困难和问题，助力企业达产达标。2023年，根据《临川区传统村落保护和利用面临问题及建议》，区政府组织文旅、住建等部门完善传统村落保护利用方案，发动专业研究人员及文史爱好者加强对临川各种传统文化特别是濒临消失的文化遗产等的抢救性梳理登记。撬动社会资本参与维护传统村落、修缮古建筑，嵩湖乡陈油傅家村17栋传统建筑全部得到维修，为古村落、古建筑的维护修缮工作蹚出一条新路。2023年开始探索提案办理效果集中评审机制，在承办单位向区政协反馈办理结果后，专门召开提案办理效果评审会，组织提案委全体成员、提案者以及提案办理单位，集中对重点提案进行会评会审，逐一研判，客观、公正、准确、科学评价提案办理结果，该工作经验被《江西政协报》刊发推广。2024年，积极深入基层调研，提交提案109件，对临川政治、经济、社会、文化、生态建设等领域提出意见和建议，其中多个重点提案由区委书记、区长领衔督办，进一步提升提案工作助推临川全面高质量发展成效。

2. 建言献策　广泛开展献计献策活动，召开各界人士为"四化"服务经验交流大会，建立政协委员"献计献策"和"意见征询"卡制度，开展"爱临川、献良策、办实事、作贡献"活动。自办《社情民意》内部刊物，反映社情民意，其中"应缩短上顿渡庙会时间""春耕工作情况反映"等60多篇社情民意，得到区委、区政府主要领导的批示。2022年，围绕"强攻工业，推进我区经济实现跨越式发展""推动临川区有色金属产业高质量发展""临川区存量企业发展""优化区营商环境""文旅产业化发展"等重大课题开展调研，为临川高质量发展建言献策。2022至2024年，共收集重点社情民意651条，向省市政协报送社情民意227条。其中《健全0—3岁婴幼儿托育服务体系势在必行》《高素质产业工人队伍建设痛点、堵点需重视》《中小学教材仍需加强整改》《奏唱国歌不能只奏不唱》《警惕汽车"以租代购"销售模式的危害》《村民自治协商议事要配好村民自治带头人》《农业保险数字化服务助力乡村振兴仍需久久为功》《基层反映传统村落保护利用应警惕过度铺装硬化问题》《基层反映工业设备更新面临互联网接口标准不统一问题》等社情民意信息，被省政协采用，分别报送省委和全国政协，《全民马拉松赛事举办"变味"需引起重视》等多篇被全国政协《每日社情》综合采用。

（四）创新品牌

临川区政协创建的"书香政协·文润临川"品牌紧扣临川"才子之乡、文化之邦"特质，积极搭建平台、强化实践、突出亮点、注重实效，使政协委员通过读书学习，将文化力量转化为做好政协工作过硬本领，推进政协履职高质量发展。搭建平台。借势借力与区文化馆、图书馆、临汝书院共建共享，同时抓好机关建设，打造"书香政协·文润临川"品牌建设主阵地，开展读书学习等活动20多次，参加人员2000余人次，为品牌建设工作提供源源不断的动力源泉。强化实践。定期举办读书沙龙、国学讲堂、红色教育实践、红色文化交流等专题活动，扎实抓好委员履职"六个一"工作成效，以常态化活动来凝聚力量、凝聚共识，提升参政议政能力和水平。突出亮点。在读书活动中突出创新性，有力地推动政协系统学习型组织建设，营造积极向上的文化氛围。注重成效。努力把读书收获转化为履职尽责的工作成果。政协组织在委员心中创新、有为形象"立"起来；委员履职积极性、主动性得以激发，政协委员"活"起来；委员政治思想素质得以明显提升，政协形象"亮"起来。2024年，将履职服务延伸覆盖机关、城市、社区、企业、乡镇一线，实现协商平台"全覆盖"，使协商于民、协商为民、协商助力更具体、更务实，仅"荆公协商吧"一地开展提案协商、微协商、社情民意征集、委员沙龙等活动56

次，解决基层问题34个。

（五）凝聚共识

1. 服务中心　全力以赴服务党委政府中心工作，参与工业强区建设，用一年多时间，牵头负责在临川高新科技产业园建设优质标准厂房50万平方米，并引进一批电子信息产业项目。组织委员深入赣东化工厂、孝桥毛巾厂、雨伞厂、摩托车配件厂、化肥厂、七里岗陶瓷厂等60多家企业，改造工艺15项，开发新产品27个，解决技术难点140多项，被评为全省政协系统先进集体。在咨询服务过程中，先后创办"抚州市中医函授站""抚州市前进中医诊所""临川县振兴中学""抚州市前进职业学校"。机关干部在创建国家卫生城市、新冠肺炎疫情防控、企业复工复产、老旧小区征迁、乡村振兴、重点项目督查等工作中，主动靠前、积极作为。全体政协委员在新冠肺炎疫情防控期间，捐款捐物200多万元。协助区委、区政府做好督查中心工作，常年奔波在建设工地、疫情防控等现场督查，写出督查报告100余份。开展文化、教育、科技、企业管理等大型咨询服务活动30次，开设培训班70期。在创文巩卫工作中，班子成员坚持深入挂点社区督导创文巩卫工作，协调解决实际困难与问题。两名副主席专业驻外招商，联系客商30余批次到临川考察，落户企业2家。

2. 史料征编　不断争取社会各界关心和支持人民政协工作，经常举办委员书画摄影作品展览，举办政协统战知识竞赛和黑板报展览，宣传政协统战理论知识。自办《政协工作简报》和《社情民意》两种机关刊物，积累史料，传递信息。召开文史资料工作会议4次，建立专业采编队伍，重点收集整理和研究我区历史沿革、名人贤达、古村古建、乡村逸事等文史资料，共出版《临川文史资料》25辑，其中专辑有《抚州名人名胜录》《临川温泉》《汤子敬》《临川名人》《临川名胜》《临川宗教》。《临川文史第三辑》被评为"全省文史优秀读物"。积极参与非物质文化遗产保护、历史街区和历史建筑保护有关工作，更好展现临川本土优秀文化，充分发挥政协文史资料"存史、资政、团结、育人"的独特作用。以"千年拟岘台 临川风雅颂"专题讲座等形式，将临川文化融入政协活动，不断增强委员对临川的认同感、归属感，引导委员厚植临川情怀，全力弘扬临川文化，彰显临川风采。

政协临川区委员会组织情况表

届次	起讫年月	界别数	委员人数	常委人数	全会次数	主席	副主席
政协抚州市（县级）委员会							
一届	1955.5–1959.1	7	46	23	2	寇　健（1955.5–1956.12） 郭海楼 1956.12–1958.12）	张佳英（女）　付再希 孙玉芳（1956.12–1959.1）
二届	1959.1–1962.12	8	54	19	2	张全智（1959.1–1960.6） 寇　健（1960.6–1962.12）	王　琪（女）　鄢寿瑞 吴光涛　王志功 郭忠仁
三届	1962.12–"文革"时期	10	76	24	3	谷　虹	王　琪（女）　郭忠仁 鄢寿瑞　王志功　吴光涛 黄炎明　崔新民
四届	1980.12–1984.7	15	111	28	3	黄炎明	郭忠仁 孙玉芳（1982.6–1984.7） 果明礼（1982.6–1984.7） 周尚德（1982.6–984.7）

续表

届次	起讫年月	界别数	委员人数	常委人数	全会次数	主席	副主席
五届	1984.7-1987.8	20	126	32	3	胡苏苏	孙玉芳　郭忠仁 果明礼　周尚德
六届	1987.8-1990.5	20	178	35	3	胡苏苏	周尚德　吕福沛
七届	1990.5-1993.1	22	198	35	3	尹钟生	王　新（女）　周尚德 吕福沛　付裕平
八届	1993.1-1995.6	24	194	35	2	尹钟生	王　新（女）　李南泉 马忠瑛（女）　吕福沛 付裕平
政协临川县委员会							
一届	1960.1-1963.6	13	59	25	3	李春瑞	朱其昌　饶长根
二届	1963.6-1965.12	14	67	25	2	李春瑞	饶长根　朱其昌
三届	1965.12-“文革”时期	11	61	21	1	孔子仁	饶长根　朱其昌
四届	1980.7-1984.7	14	97	21	3	何金元	李元生　邹福来 赵从郁（1982.3-1984.7） 李抚生（1982.3-1984.7）
五届	1984.7-1987.7	19	131	38	3	邹茂林	邹福来　李抚生　吴义大
六届	1987.7-1990.4	21	173	31	3	邹茂林	章新泉　李抚生　吴义大 邓玉堂（1989.4-1990.4）
七届	1990.4-1993.1	19	189	36	4	孔春辉	章新泉 李抚生（1990.4-1992.3） 吴义大　邓玉堂 翁琴香（女）
八届	1993.1-1995.6	21	198	34	2	孔春辉	章新泉　邓玉堂 翁琴香（女）　范蒲生 郁佩珍（女，1994.1-1995.6）
政协临川市委员会							
一届	1995.6-1998.1	26	389	68	3	程传裕 （1995.6-1997.3） 周锡禧 （1997.3-1998.1）	章新泉　李南泉 吕福沛　王　新（女） 马忠瑛（女）翁琴香（女） 谢文俊　范蒲生 郁佩珍（女）
二届	1998.1-2001.2	27	294	55	3	章玉善	吕福沛　马忠瑛（女） 翁琴香（女） 谢文俊（1998.1-1999.3） 范蒲生（1998.1-2000.7） 傅铁夫

续表

届次	起讫年月	界别数	委员人数	常委人数	全会次数	主席	副主席
政协临川区委员会							
一届	2001.2-2003.1	27	298	52	2	章玉善	吕福沛（2001.2-2002.12） 马忠瑛（女） 翁琴香（女） 傅铁夫
二届	2003.1-2007.3	24	304	56	5	罗火生	黄晓慧（女） 郁佩珍（女，2003.1-2006.8） 傅铁夫（2003.1-2003.6） 杨党华（2003.1-2006.6） 周金元　颜淑兰（女） 戴浩庚（2004.3-2007.3） 章克敏（女，2006.11-2007.3）
三届	2007.3-2011.9	24	282	57	6	洪水昌	周金元　　颜淑兰（女） 戴浩庚　　章克敏（女） 李利报 吴　辛（2008.9-2011.9）
四届	2011.9-2016.10	24	307	54	8	江瑞庆	李利报　　章克敏（女） 吴　辛（2011.9-2013.5） 李景芳（2011.9-2012.6） 董国娇（2011.9-2011.12） 罗亦文（女） 周泉斌（2012.6-2016.10） 张启良（2012.6-2016.10，后受刑事处罚） 付建平（2013.5-2016.10）
五届	2016.10-2021.10	23	280	55	6	江瑞庆	周泉斌 章克敏（女，2016.10-2020.5） 张启良（2012.6-2021.10，后受刑事处罚） 付建平 黄明清（2016.10-2020.5） 黄金玉　　邬丽梅（女） 吴俊龙（2020.5-2021.10）
六届	2021.10-2024.12	24	300	57	4	孔滨兵（2021.10-2024.1）（后受刑事处罚） 冯　乐（2024.4—）	胡　萍（女） 王　勇　　邓保良 潘军荣（2021.10-2024.4） 艾　灵（女）　黄　华（女） 丁潮康（2021.12—） 刘志强（2024.4—）

第二节　政协东乡区委员会

东乡区位于江西省东部，东临余江，西界进贤、临川，北连余干，南与金溪、临川接壤。1512年建县，2017年撤县设区，全区总面积1196.25平方公里，辖9镇4乡1街道1垦殖场1林场，总人口45.49万人(其中常住人口37.60万人)。沪昆铁路、沪昆高铁、沪昆高速、东昌高速、320国道、

236国道穿境而过。东乡俊采星驰、人杰地灵，历代有进士87人、举人184人。先后孕育出明代开科状元吴伯宗、明末散文家艾南英、清代文学家吴嵩梁和“舒体字”创造者红军书法家舒同等名人。东乡文化特色鲜明，是“中国书法之乡”“江西省民间文化艺术之乡”“江西省灯彩之乡”。东乡资源丰富，富含金、铜、铅、锌、锡、瓷土等矿藏。东乡绿壳蛋鸡、东乡白花蛇舌草、王桥花果芋、詹圩红薯、东乡甘蔗、东乡葛根、东乡萝卜先后获得国家农产品地理标志登记保护。

一、组织沿革

1980年8月，成立政协东乡县委员会筹备委员会。1981年2月，召开政协东乡县第一届委员会第一次会议，选举产生主席1人、副主席2人、秘书长1人和常委共18人；1982年4月，一届二次会议增选副主席1人；1983年3月，一届三次会议增选副主席1人。1984年6月，召开二届一次会议，选举产生主席1人、副主席6人、秘书长1人和常委共27人；1985年4月，二届二次会议增选副主席1人。1987年7月，召开三届一次会议，选举产生主席1人、副主席5人、秘书长1人和常委共19人。1990年4月，召开四届一次会议，选举产生主席1人、副主席3人、秘书长1人和常委共21人；1991年3月，四届二次会议增选副主席1人。1993年1月，召开五届一次会议，选举产生主席1人、副主席3人、秘书长1人和常委共20人；1994年3月，五届二次会议增选副主席1人；1995年3月，五届三次会议增选副主席2人；1997年2月，五届五次会议改选秘书长。1997年12月，召开六届一次会议，选举产生主席、副主席5人、秘书长1人和常委共25人；1999年3月，六届二次会议改选秘书长；2000年8月，六届四次会议选举主席1人；2001年2月，六届五次会议增选副主席1人。2002年12月，召开八届一次会议，选举产生主席1人、副主席4人、秘书长1人和常委共33人；2004年4月，八届二次会议增选副主席3人。[①]2007年3月，召开九届一次会议，选举产生主席1人、副主席7人、秘书长1人和常委共38人；2008年2月，九届二次会议增选副主席1人，改选秘书长；2009年3月，九届三次会议增补常委2人。2011年9月，召开十届一次会议，选举产生主席1人、副主席6人、秘书长1人和常委共37人。2016年10，月召开十一届一次会议，选举产生主席1人、副主席6人、秘书长1人和常委共39人。2017年3月，东乡县撤县设区。同月，政协东乡县第十一届委员会第一次常务委员会会议审议通过《政协东乡县委员会关于撤县设区有关事项的决定》决定：政协东乡县第十一届委员会更名为政协抚州市东乡区第一届委员会；现任的县政协主席、副主席、秘书长、常务委员更名为区政协主席、副主席、秘书长、常务委员，任期顺延，至换届为止。2020年6月，一届四次会议增选副主席2人。2021年10月，召开二届一次全委会，选举产生主席1人、副主席6人、秘书长1人和常委共37人；2024年3月，二届四次会议增选副主席1人。

二、委员构成

政协东乡县第一届委员会设置中共、共青团、工会、妇联、特邀、科技、教育、医药卫生、文艺、工商界、老同志、手工业、爱国人士、归侨、少数民族、工人、农民、知青、宗教、去台家属、居民21个界别，委员总数61名。二届委员会取消老同志、手工业、爱国人士、归侨、工人、知青、居民7个界别，增设社会科学、侨属、台胞、起义投诚4个界别，共

① 1962年，中共东乡县委决定成立政协东乡县委员会，向中共上饶地委和江西省委请示，省委同意成立并批复政协东乡县第一届委员会主席、副主席、秘书长、常务委员和委员会人选，但受“文革”影响筹建工作终止，第一届政协东乡县委员会仍由省委、地委统战部记录在案。1980年筹建的第一届政协东乡县委员会，省委、地委统战部依顺序记录为第二届委员会。七届委员会为了与其统一名称，故将七届委员会改为八届委员会。

18个界别，委员总数115名。三届委员会取消工商、工会、侨属、台胞、台属、起义投诚、少数民族7个界别，增设无党派人士、工商联、台属侨属3个界别，共14个界别，委员总数117名。四届委员会增设工会1个界别，其他界别未变，共15个界别，委员总数135名。五届委员会增设科协1个界别，其他界别未变，共16个界别，委员总数161名。六届委员会取消共青团、工会、妇联、社会科学、教育、农民6个界别，增设工青妇、财贸金融、工业、农业、教育体育、政法、个体私营7个界别，共17个界别，委员总数166名。八届委员会取消工青妇、文艺、财贸金融、台属侨属、工业、教育体育、政法、宗教、个体私营9个界别，增设工会、共青团、妇联、经济、侨联、台联、文艺体育、社会科学、教育、新闻出版、社会福利、民族宗教12个界别，共20个界别，委员总数189名。九届委员会取消科协、侨联、台联、文艺体育、社会科学、新闻出版、社会福利、民族宗教8个界别，增设台侨联和民族宗教、文化体育、社会保障、法律4个界别，共16个界别，委员总数184名。十届委员会界别未变，委员总数187名。十一届委员会界别未变，委员总数195名。区第一届委员会界别未变，委员共16个界别，委员总数195名。区二届委员会取消共青团、台侨联和民族宗教、文化体育、教育、社会保障、特邀6个界别，增设民主党派、共青团和青联、侨联和台联、文化、社会科学、教育体育、新闻出版、社会福利和社会保障、少数民族宗教9个界别，共19个界别，委员总数188名。

三、机构设置

政协东乡县第一届委员会至政协抚州市东乡区第二届委员会都设有政协办公室，属科级机构。1984年6月，增设咨询联络科、宣传文史科。成立工业、农业、文化、财贸、医疗卫生、工青妇、民族宗教等对台侨务、文史资料、教育9个工作组。1987年7月，9个工作组改设为“三委八组”：即学习委员会、文史资料研究委员会、提案工作委员会和工业组、农业组、工商组、工青妇组、医药卫生组、教育组、文化组、宗教对台侨务组。1989年5月，撤销8个工作组，设置8个专门工作委员会：即农业工作委员会、工业工作委员会、财贸工作委员会、文化工作委员会、教育工作委员会、工青妇工作委员会、医药卫生工作委员会、“三胞”宗教工作委员会。1990年4月，改设为工业交通科学技术工作委员会、农业工作委员会、医疗卫生体育工作委员会、法制社团工作委员会、教育文化工作委员会、财贸金融工作委员会、“三胞”联络委员会7个专门委员会。1995年3月，改设为文化教育、农业、法制社团、“三胞”、财贸金融、工交科技、医药卫生7个工作委员会。1996年，改设为金融财贸个体私营经济工作委员会、文教医药卫生工作委员会、农业工交科技工作委员会、“三胞”法制社团联谊工作委员会4个专门委员会。2007年2月，市政协为统一县（区）专委会设置，将专委会分别更名为经济委员会、农业委员会、教文卫体委员会、社会和法制委员会、提案委员会5个专门委员会。2012年11月，教文卫体委员会更名为教文卫体和文史委员会，社会和法制委员会更名为社会法制和港澳台侨外事委员会，农业委员会更名为人口资源环境委员会。2019年1月，经济委员会更名为经济和农业农村委员会，教文卫体和文史委员会更名为教科文卫体和学习委员会。2023年1月，区政协教文卫体和学习委员会、社会法制和港澳台侨外事委员会、经济和农业农村委员会、人口资源环境委员会，分别更名为：教科卫体和文化文史学习委员会、社会法制和港澳台侨外事民族宗教委员会、经济委员会、农业农村和人口资源环境委员会。

四、工作概况

（一）政治协商

1. 专题协商 1981年2月首届一次会议至2021年，共召开全体会议46次，每次全委会均安排委员大会发言，并组织委员先后就各个时期的整体规划、县委工作报告、政府工作报告、年度重点工作安排、重要人事安排等各个方面进行讨论协商，很多建议、意见被县委、县政府采纳。1996年1月，政协东乡县第五届委员会通过《政协东乡县委员会关于政治协商、民主监督、参政议政的实施办法》。2004年，审议并通过以全委会名义向县委、县政府提交改建北门桥的建议案。2009年，协商讨论政协东乡县委员会《关于加强反映社情民意工作的实施意见》。2014年，协商关于“进一步完善县城镇职工社会养老保险制度建设，推进养老保险事业健康发展的调研”。2018年，专题协商《“发展休闲农业和乡村旅游，助推乡村振兴新引擎”的调研报告》。2020年，区委出台《中共抚州市东乡区委关于新时代加强和改进人民政协工作的实施意见》，健全政协组织体系和工作机制。2022年，区委出台《东乡区政协协商成果采纳落实反馈工作办法》。区政府领导每年参加政协常委会，征求对政府工作报告的意见。同时，区政协积极探索协商议政新形式，积极开展“基层微协商”工作，推动政协协商与基层协商相衔接、与基层社会治理相结合。2023年，充分发挥界别“连心桥”协商议政新平台作用，聚焦全区经济社会发展重大课题开展调研视察活动8次，召开协商座谈会11次，参与委员260余人次，形成《加快构建现代物流体系》等8个重点协商监督建言调研报告，积极为东乡发展建言献策。2024年，紧扣区委、区政府中心工作，将推动设施蔬菜产业提档升级、挖掘保护乡土文化、推进矿山生态修复治理等课题纳入专题协商计划，课题已全面完成，并获区委、区政府主要领导批示批办。

2. 对口协商　区委出台《区委、区政府有关部门与区政协专门委员会对口联系协商制度》，进一步强化区委、区政府有关部门与区政协专门委员会对口联系，为区政协专门委员会履行政治协商、民主监督、参政议政职能提供有力支持。政协各专委会充分发挥对口协商平台作用，加强与有关部门的沟通联系，促进一批重点协商课题顺利推进。2023年，围绕东乡制造业智能化转型升级开展专题调研，从政策支持、资金保障、人才培养等方面提出8条建议。围绕产教融合发展开展调研，深入东乡高级技工学校，就营造氛围、政策保障、深化改革等方面提出具体意见建议，为职业教育高质量发展献计出力。深入各乡镇及农业农村部门调研考察，围绕发展农业特色产业，壮大农村集体经济提出建议，以产业兴旺助力乡村振兴。围绕加快构建现代物流体系，组织开展物流产业高质量发展调研，从优化发展环境、促进两业融合、加快转型升级、加大主体培扶等方面助力培育东乡经济新动能。2024年，围绕生物医药产业高质量发展、完善科技创新体制机制、加强居家养老社会化服务体系建设等课题，组织开展专题调研7次、各类协商活动11次，着力构建以全体会议集中协商为龙头，常委会专题协商为重点，专委会对口协商、委员界别协商、提案办理协商为基础的协商体系。

（二）民主监督

1. 调研视察　1981年至2024年，围绕党委、政府的大政方针和群众关心的重大问题，区（县）政协常委会组织委员进行调研、视察380多次，形成调研报告并递送县委、县政府和有关部门，提出意见、建议2000多条。2013年，县政协经过调研，对城市规划发展、城市管理、水利建设、环境卫生整治等方面提出24条建议。在市政协“创新驱动发展”资政会上作《依托创新，为荣成插上腾飞的翅膀》的专题发言，受到与会领导和专家充分肯定。开展“发展电子商务助推经济转型升级”专题调研，形成《关于加快发展我县电子商务的建议》，县委、县政府积极采纳，出台《关于加快建设江西（东乡）电子商务产业城的实施意见》。《东乡县蚕桑产业发展新探》获市政协优秀调研报告评选特等奖。《关于加强水环境保护》《抢抓新机遇，推动大发展——关于我区数字经济高质量发展的调查和思考》《关于我区有色金属产业发展情况的调研和思考》《推进经开区工业用地提质增效》等被抚州市政协评为优秀调研报告。2023年，聚焦全区经济社会发展方面重大课题精心选题，组织政协委员深入开展视察调研，广泛协商建言。全年共开展调研视察活动8次、召开协商座谈会11次，参与委员260余人次，形成重点协商监督建言成果8件，报送《建言献策》4期，均得到区委、区政府主要领导肯定性批示。

2. 关注民生 2022年至2023年，聚焦教育、医疗、就业、养老等群众关心关注问题，以“小切口”做好民生“大文章”。分别就“关爱未成年人心理健康情况”“精准落实‘双减’政策、全面提升教育质量”“营造良好生育氛围、提振女性生育意愿”等重点民生议题，开展调研视察协商，提出一批有分量、有价值、有温度的意见建议，得到有关部门专题研究采纳。聚焦法治建设、医疗保障、民政社保、食品安全、生态环保等群众关心的热点问题深入开展民主监督，通过“解决中小学校信访件居高不下”“提高9至14周岁女性HPV疫苗接种率”“城市道路停车位合理规划”“提升医养结合养老服务水平”“加强对城区火锅烧烤店油烟扰民问题管控”等民生实事的办理落实，以为民履职的实际行动，让人民群众充分感受党和政府的温暖。加大事关民生问题的整改整治力度，政协机关牵头负责的“圩上桥镇红壤开发小区群众饮水难”问题整改得到群众的高度认可，入选市委主题教育整改整治典型案例。不断丰富和拓展政协民主监督渠道和方式，指派区政协委员担任执法、执纪部门特邀监督员，全年有26名区政协委员参加区纪委监委、区人民法院、区自然资源局、区商务局、区住房保障中心等单位组织的听证会、座谈会、协商会，切实履行监督职责，对加强全区法治建设和部门工作提出不少好意见和建议。2024年，采用专题监督、提案监督、社情民意监督、特邀监督、调研监督等民主监督形式，选拔76人次区政协委员担任执法、执纪部门特邀监督员、听证员。先后收集、梳理、反馈合理性重点意见建议近百条，较好地帮助有关部门提升工作效率，改进服务质量。

（三）参政议政

1. 提案办理 1981年至2024年，共收到提案3490件，立案3184件。内容涉及落实政策、市场管理、科技、工业、交通、职工生活福利、医疗、环境、财政、民政、农林水、党群统战、经济建设、乡镇企业、工矿建设、廉政建设、治理“三乱”、城建环保与管理、金融财贸、教文卫体、社会法治民生、社会保障、民族宗教等方面。这些提案经审查立案、交办、督办、回复和落实等环节，每年办复率均在100%，满意率或基本满意率均在98%以上。常委会坚持重点提案重点督办原则，十届一次全会起，每年从立案的提案中遴选出10件作为重点提案，采取主席、副主席领衔督办，各专委会协办，提案者参与的形式，进行现场督办和听取承办部门单位负责人现场答复意见，有效促进提案落实，充分发挥重点提案督办示范作用，以点带面，全面推动提案办理工作落实。制定《提案双向评议工作试行办法》，建立提案双向评议长效机制，加强承办单位与政协委员协商沟通，实现“提、办”双方良性互动，提高提案质量和提案办理质量。2023年，创新和完善提案工作机制，首次在东乡发布微信公众号上向社会公开征集提案线索，进一步拓宽政协提案来源渠道，使提案工作更加贴近民生、反映民意、汇集民智、凝聚民心。2024年，落实党政领导和政协领导“双领衔”制度，建立区委、区政府、区政协领导班子成员“双督办”重点提案机制，充分发挥示范引领效应，推动提案工作提质增效。

2. 社情民意 坚持把收集和反映社情民意作为关注民生重要途径，健全社情民意信息收集、上报、反馈机制，进一步拓宽信息渠道，积极收集社情民意信息并整理报送。县政协八届委员会以来，共收集社情民意982篇，报送区（县）委、区（县）政府622篇，被省政协转报全国政协70篇，转报省委31篇。其中《进口医学检测设备垄断国内市场的风险研判及对策》《畅通基层反映问题渠道》等被全国政协采用，为助推经济社会发展、保障和改善民生发挥积极作用。《关于病死畜禽无害化处理急需引起重视的建议》被江西省政协建言献策期刊采用，并由省政协专报省政府主要领导、省委办公厅、省政府办公厅，快速高效地促进该项民生问题的解决。2024年，积极探索完善反映社情民意信息工作制度机制，着力推动反映社情民意信息工作向科学化、制度化、规范化发展。着力构建“主席会议＋政协机关＋各民主党派＋政协工作联络组＋政协委员”全员参与反映社情民意信息工作体系，明确任务、鼓励先进、鞭策后进，做实做深成果运用“后半篇”文章，提高反映人撰写积极性、部门办理重视度。设立21个社情民意信息联络点，选聘81名特邀社情民意信息员，收集采写社情民意信息135篇报送省政协，已连续3年获全省反映社情民意先进单位荣誉称号，在省政协反映社情民意信息工作座谈会上作典型发言。

（四）搭建平台

区政协通过创建“界别连心桥”“一县一品牌”，把履职平台建到界别委员集中区域，架起党委政府和界别群众之间的“连心桥”，形成面向群众、覆盖委员的履职平台新架构，达到团结各界、联系各方的效果。阵地整合集成化。在架构设计上提升高度，按照“界别连心桥＋赣事好商量＋中共党员委员工作站”三位一体创建思路，整合政协团结对象较集中的经济、工商联、医疗卫生、文化等界别阵地资源，重点开展创建工作，进而以点带面，带动其他界别创建。品牌培育特色化。通过差异化定位，做到“一界别一特色”，经济界别打造“委员讲堂”；工商联界别打造“工商聚力”；医疗卫生界别打造“专业惠民”；文化界别打造“书香界别”。活动开展常态化。按照学习交流、协商议政、凝心聚力和为民服务定位，广泛开展集体学习、协商活动、民主监督、为民服务、集体提案、社情民意等活动，确保每年联系界别群众不少于500人。考核激励制度化。把创建工作纳入日常履职考评内容，对界别委员予以履职赋分，对工作成效显著的“界别连心桥”加强宣传，扩大社会影响。2024年，按照“乡镇全覆盖、委员全入住、界别创特色”思路持续推动界别“连心桥”拓展延伸、提质增效。全年引导政协委员200余人次下沉全区4个“赣事好商量·界别连心桥”，常态化开展委员联系界别群众活动，走访联系界别群众900余人次，组织开展各类协商议事活动60余场次，助力解决早稻生产、道路交通安全等问题30余件。

（五）凝聚共识

1. 服务中心　严格按照区委、区政府的统一部署，积极参与全区中心工作。在防汛抗旱、“三清理两整顿”、行风评议、招商引资、宗教调查、推进重点工程建设、建设征地拆迁、乡镇挂点帮扶、文明城市创建、新农村建设试点村挂点、棚户区改造、“两违”整治、脱贫攻坚、疫情防控、双城同创等中心工作中充分发挥政协智慧和力量，为党政分忧。2022年，区政协班子成员深入挂点乡镇、重点企业、重大项目建设工地，就经济社会发展、疫情防控、抗旱救灾等中心工作实地调研指导，现场办公，督促检查，确保各项工作有序有力有效推进。牵头负责数字经济、营商环境“双一号工程”等5个推进专班工作，形成推动全区重点产业、重大项目发展强大合力。牵头招商第三兵团，充分发挥各成员单位作用，先后赴深圳、东莞、厦门、温州、株洲等地招商，宣传推介东乡、洽谈投资合作，共引进项目6个，合同资金14.8亿元。2023年，组织开展健康义诊、文化科技下乡、助力乡村振兴、捐资助学等全方位履职活动30多次，帮助解决人民群众生产生活难题20余个，服务基层群众800多人次。2024年，政协领导始终站位一线，主动扛起乡村振兴、重点项目建设、招商引资等工作责任，现场办公，督促检查，协调解决实际困难，确保各项工作有序有力有效推进；机关干部、政协委员心系大局，主动下沉到社区开展志愿服务活动，参与“党建引领小区治理”“创文巩卫”“安全生产督查”等工作，在各项中心工作上发挥政协作用。

2. 史料征编　1986年12月，成立文史资料研究委员会，编辑出版第一辑《东乡县文史资料》。至2021年共编辑出版《东乡县文史资料》23辑。与市政协文史委合作编写史料专著《饶岱章诗选注》。编辑出版《东乡红星专辑》《东乡政协委员风采录》《亲历抗美援朝》《品读东乡》《回忆人民公社》《王震在东乡》《龙山师水总难忘》《东乡历史名人故事》《王安石故里上池村》《东乡县水库移民志》《东乡县水利集》《诗意东乡——东乡历代诗文选读》《中国梦　委员情》《东乡区政协常委会履职汇编》等文史资料共计300余万字，这些史料对“存史、资政、团结、育人”有着重要作用，对研究东乡历史有着重要价值。2022年，启动《东乡政协志》编撰工作，收集整理政协史志资料60余万字。收集整理王安石、吴嵩梁、涂官俊等9名历史文化名人3万余字的勤廉文史资料，切实发挥文史资料以史鉴今、资政育人的作用。收集编印《区政协2022年度履职成果汇编》，生动直观地展现区政协一年来的履职成效。拍摄制作《“界别连心桥”让委员履职更精彩》专题片，区委、区政府主要领导在专题片中为东乡政协事业高位代言。2024年，完成《我的知青岁月》文史资料征集，修改充实《东乡政协志》，全方位讲好政协故事、传递政协好声音。

政协东乡区委员会组织情况表

届次	起讫年月	界别数	委员人数	常委人数	全会次数	主席	副主席
一届	1981.2-1984.6	21	61	18	3	梅登龙	徐顺喜　周　龙 蔡衍泉（1982.4-1984.6） 苏　英（1983.3-1984.6）
二届	1984.6-1987.7	18	115	27	3	梅登龙	操和元　徐顺喜 李光显　程对佼（女） 饶雪贵　蔡衍泉 陈接福（1985.4-1987.7）
三届	1987.7-1990.4	14	117	19	3	梅登龙	徐顺喜　陈接福 查吉兆　蔡衍泉 钟海江
四届	1990.4-1993.1	15	135	21	3	康来寅	查吉兆　林姗君（女） 熊国金 徐水龙（1991.3-1993.1）
五届	1993.1-1997.12	16	161	20	5	康来寅	徐水龙　徐能亮 熊国金 陈焕泉（1994.3-1997.12） 乐国旺（1995.3-1997.12） 陈向军 （女，1995.3-1997.12）
六届	1997.12-2002.12	17	166	25	6	王兴华 （1997.12-2000.8） 辛象其 （2000.8-2002.12）	徐能亮　刘林华（后受刑事处罚） 熊国金　陈向军（女） 胡国民 林姗君 （女，2001.2-2002.12）
八届	2002.12-2007.3	20	189	33	4	辛象其	陈向军（女）　胡国民 余东安　黄来盛 何艺华（2004.4-2007.3） 何　英（2004.4-2007.3，后受刑事处罚） 刘来龙（2004.4-2007.3）

续表

届次	起讫年月	界别数	委员人数	常委人数	全会次数	主席	副主席
九届	2007.3-2011.9	16	184	38	5	辛象其	余东安　陈向军（女） 胡国民　黄来盛 何　英（2007.3-2010.11） 刘来龙　黄美香（女） 陈　俭（2008.2-2011.9）
十届	2011.9-2016.10	16	187	37	6	陈　勤	黄来盛　余东安 陈向军（女）　刘来龙 黄美香(女)　李彩梅(女)
十一届	2016.10-2017.3	16	195	39	1	杨卫国	刘来龙　黄美香（女） 邱树华　宗理辉 饶迎风　祝毅思（女）
区一届	2017.3-2021.10	16	195	39	5	杨卫国	刘来龙（2017.3-2019.11） 宗理辉 黄美香 （女，2017.3-2019.11） 饶迎风　邱树华 祝毅思（2017.3-2019.12） 李彩梅(女，2020年6月—) 艾明华（2020年6月—）
区二届	2021.10-2024.12	19	188	37	4	吴忠鸿	乐开华（2021.10-2022.2） 李彩梅　艾明华 乐　华　曾　玲 李　威(2021.10-2023.12) 陈小华（2023年9月—）

第三节　政协南城县委员会

南城县是省委、省政府确立的抚州副中心城市，是省直管试点县，位于抚州市中部，县域面积1713平方千米，辖12个乡镇150个行政村，常住人口28.63万人，城镇化率64.24%。汉高祖五年(公元前202年)建南城县，是江西省建县最早的18个古县之一，素有“赣地名府、抚郡望县”之称。宋代教育家李觏、明代教育家罗汝芳曾在此传经讲学，自宋以来共出过进士629名。南城是赣、闽、粤三省通行的咽喉要道。电子信息、教育装备(校具)、中医药、高端智能机械制造产业迅猛发展，工业呈现强势崛起态势。旅游资源丰富，有“秀出东南、洞天福地”的麻姑山和“碧水千顷、丹霞万亩”的洪门湖。空气质量优良率保持在98%以上，地表水和集中饮用水源水质达标率达100%，森林覆盖率达68.82%，城市建成区绿地率达43.52%。社会治安状况良好，获“江西十大最具幸福感城市”称号。

一、组织沿革

政协南城县委员会于1955年3月成立，1966年“文革”前召开五届全委会。“文革”开始后被迫停止活动。1980年7月，正式恢复，召开县政协六届一次会议。根据《政协章程》规定，每年至少举行一次全委会。此后进行10次换届，截至2024年12月，已至十六届五次会议。

1955年3月，召开一届一次会议，选举产生主席1名、副主席6名、秘书长1名（副主席兼任）和常委21名；二次会议增选常委3名。1959年7月，召开二届一次会议，选举产生主席1名、副主席6名、秘书长1名和常委25名；二次会议增选副主席1名，常委3名。1961年12月，召开三届一次会议，选举产生主席1名、副主席7名、秘书长1名和常委26名。1963年10月，召开四届一次会议，选举产生主席1名、副主席6名、秘书长1名、副秘书长1名和常委24名。1966年4月，召开五届一次会议，选举产生主席1名、副主席5名、秘书长1名和常委22名。1980年7月，召开六届一次会议，选举产生主席1名、副主席1名、常委28名；二次会议增选副主席1名。1984年6月，召开七届一次会议，选举产生主席1名、副主席4名和常委25名；二次会议增选副主席1名。1987年8月，召开八届一次会议，选举产生主席1名、副主席6名、秘书长1名和常委11名。1990年4月，召开九届一次会议，选举产生主席1名、副主席4名、秘书长1名和常委17名；二次会议增选副主席2名。1993年1月，召开十届一次会议，选举产生主席1名、副主席4名、秘书长1名和常委15名；二次会议增选副主席2名；五次会议增选副主席1名。1998年1月，召开十一届一次会议，选举产生主席1名、副主席5名、秘书长1名和常委16名；五次会议增选副主席1名。2002年12月，召开十二届一次会议，选举产生主席1名、副主席6名、秘书长1名和常委14名；五次会议接受1名副主席辞职，补选副主席1名。2007年4月，召开十三届一次会议，选举产生主席1名、副主席6名、秘书长1名和常委20名。2011年8月，召开十四届一次会议，选举产生主席1名、副主席5名、秘书长1名和常委20名。2016年10月，召开十五届一次会议，选举产生主席1名、副主席5名、秘书长1名和常委20名；五次会议接受主席辞职、2名副主席辞职，补选主席1名、补选副主席3名。2021年10月，召开十六届一次会议，选举产生主席1名、副主席5名、秘书长1名和常委24名；四次会议接受1名副主席辞职；2024年9月，召开十六届五次会议，接受主席辞职，补选主席1名、补选副主席1名。

二、委员构成

县政协第一届委员会设置中共、工会、共青团、妇联、三胞、农林水、工业、教育、文化艺术、无党派、医药卫生、宗教和少数民族12个界别，委员总数61名。二届委员会界别未变动，委员总数76名。三届委员会委员总数73人。四届委员会增设科技界，委员总数71名。五届委员会委员总数67名。六届委员会增设特邀界，增加个体工商户委员，委员总数119名。七届委员会委员总数111名。八届委员会委员总数124名。九届委员会委员总数127名。十届委员会委员总数151名。十一届委员会委员总数159名。十二届委员会增设社会保障与法制界别，委员总数145名。十三届委员会增设民主党派界别，增加经济界委员人数，委员总数达173名。十四届委员会委员总数179名。十五届委员会增设新阶层人士界别，委员总数171名。十六届委员会界别设置未变动，委员总数175名。

三、机构设置

县政协一至五届期间，机关无常设下属机构，由一名驻会副主席和一名秘书处理机关日常工作，设有4个专门委员会和6个工作组，即学习委员会（下设工商、卫协、宗教三个分会）、文史资料研究委员会、县志编修委员会、家属委员会和文教组、医卫组、科技组、工商组、宗教组、社会人士联系组。

第六届委员会设办公室为机关办事机构，另设2个专委会和5个工作组，即学习委员会、文史委员会和科技组（下设工、农两个小组，后改为工业组、农业组）、文教卫生组（1982年3月分为文化教育组和医药卫生组)、工商社会人士组、民族宗教华侨组、文史资料编写组。1982 年 3 月，增设妇女组，1983 年 3 月，增设提案审查委员会，八届委员会期间共有 3 个委员会，8 个工作组。1986 年 3 月，机关办事机构增设联络咨询科、宣传文史科。1989 年 3 月，撤销工作组，全部改为专门委员会。1989 年 5 月，成立老委员联谊会，由历届老政协委员自愿参加而组成，与县政协同年换届，每届选举产生理事长、副理事长、理事及秘书长，2019 年 1 月撤销。1990 年 3 月，在 4 个乡镇成立乡镇政协工作委员会，设主任 1 名，秘书 1 名；1992 年 10 月，在其他 8 个乡镇也设立乡镇政协工作委员会，1993 年 1 月撤销。

1997 年 1 月，撤销联络咨询科、宣传文史科，机关办事机构为综合办公室，内设农业工交科技、金融财贸、教文卫体、民族宗教法制和社团“三胞”联络 4 个专门工作委员会，专委会各设 1 名专职驻会副主任。2003 年 9 月，专委会机构升格为正科级单位，4 个专委会配备 1 名专职驻会主任，同办公室并列。2007 年 3 月，4 个专委会调整为经济委员会、教科文卫体委员会、社会和法制委员会、提案委员会。2018 年 5 月，4 个专委会更名为经济和农业农村委员会、教科文卫体和学习委员会、社会法制和港澳台侨外事委员会、提案委员会。2021 年 4 月，增设政协委员联络服务中心，为办公室下属股级事业单位。2022 年 12 月全县 12 个乡镇均设立乡镇政协工作联络组，乡镇副书记兼任联络组组长。2023 年 4 月规范设置提案委员会、经济委员会、教科卫体和文化文史学习委员会、农业农村和人口资源环境委员会、社会法制和港澳台侨外事民族宗教委员会 5 个专门委员会，各专委会设主任、副主任各 1 名。

四、工作概况

（一）政治协商

1. 会议协商　县政协坚持“有事多商量、有事好商量、有事会商量”的原则，把县委、县政府全局工作重点、经济工作难点、群众关注热点作为参政议政根本取向。围绕县委、县政府的发展思路和工作目标，选择关系全县经济社会发展和人民群众切身利益的重大课题，运用全委会集中协商、常委会专题协商、主席会重点协商等多层次协商形式，使政治协商的质量和效果不断提高。每次全委会议，都邀请县委、县政府领导和各部门负责人到会听取委员的大会发言和专题讨论，委员们以高涨的参政议政热情，认真讨论政府工作报告和其他重要报告及发展规划，提出有针对性的意见和建议，许多建设性意见得到县委、县政府采纳，促进全县经济社会发展。县党政主要领导出席县政协十六届一、二次会议，听取大会发言，参与分组讨论及联组协商议政，与政协委员面对面商讨，敞开心扉、畅所欲言、坦率务实回应委员关切。县政协自成立以来，共召开全委会议 58 次，常委会会议 267 次，主席会议 422 次，专题协商座谈会 264 次。

2. 专题协商　1953 年 3 月至 2000 年，县政协先后就全县工业企业提高经济效益、城市建设规划、加强儿童共产主义道德品质教育、预防“传染性肝炎”等课题进行调研协商座谈；对佛教文物古迹、防护林基地、低产桔园改造、企业深化改革、药品质量市场管理等项目进行考察；对“蔬菜生产状况”“低产茶园改造”“发展畜牧业”“发展特色农业”“农村医疗卫生改革”“渔牧工程建设”“洪门库区开发”“个体私营经济发展”“农村‘双基’教育”“江西酒厂三期技改情况”“八堡堤和江家排水库防汛工作”“年产 13 万吨旋窑水泥生产线筹建工程”“淮山生产基地及加工”“规范汽车租赁市场”等开展专题调研协商，均形成专题报告，报送县委、县政府决策参考。2001 年以来，就“下岗职工再就业和社会保障、水产产业化、加快旅游资源开发、壮大工业园区、发展物流业、推进新农村建设、保障城区供水安全、做强特色农业、加快城市化进程、推进教育优质均衡发展、发展数字经济、助推文旅康养产业发展”等课题开展调研协商，形成的《推进工业园区建设，促进工业产业集聚》《精心作好水产文章，全力打造鳜鱼之乡》《扬优成势，打造南城对接海西经济区前沿阵地》《做大做足山水文章，打造现代化新南城》《答好南城教育“新时代答卷”》《强化数字引领，培育发展新动能》《发挥生态文化优势，打造康养旅游名城》等建议案，成为县委、县政府科学决策的参政“精品”。县党政领导常登门问计，采纳政协建议，从政治上重视与支持政协民主协商。2024年，重点聚焦打造新质生产力示范县，针对“我县教育装备（校具）产业提质升级”“切实做好我县设施蔬菜发展‘后半篇’文章”“推进我县医疗体制改革进程”等党政关心民生课题，组织委员到省内各地开展专题调研考察10余次，形成调研报告6篇，提出意见建议20余条。政协协商进一步向基层延伸，向群众贴近，乡镇和工业园区政协工作联络组开展协商议事活动37次，一批群众所想所盼民生实事得以落地。

（二）民主监督

1. 视察调研 县政协从党政关心、社会关注、群众期待解决的问题入手，开展各种形式的视察调研活动，形成不少有重要参考价值的调研成果。其中就加快物流业发展、加强农田水利设施建设、扩大就业和劳务输出、非公企业工会组织发挥作用、加快廉租房和经济适用房建设、加速商贸市场发展、创建文明城市、引导产业集聚、建设特色工业园区、发展电子产业、助推中医药产业持续健康发展、加快全县种业发展等形成的视察调研报告，以《参政议政》专报形式报送县委、县政府，得到县委、县政府充分肯定。2021年，围绕城市发展规划布局、房地产市场健康发展；推进乡村振兴、巩固脱贫攻坚成果；绿化美化林相、促进生态旅游发展；法治政府建设与营商环境优化；全国“四大药帮”比较与本县中医药产业发展等调研课题，开展协商议政，提出有价值、有分量的对策建议20多条。2022年，围绕突出打好“工业发展强攻战、项目建设大会战、乡村振兴提升战、优化营商环境总体战”四个战役进行相关视察、调研、协商活动。《推动数字经济“一号工程”建设》《关于解决我县新业态从业人员工作参保的思考》《答好南城教育“新时代答卷”——关于推进我县义务教育优质均衡发展的调研报告》等6篇建议案得到党政领导高度重视，成为参政议政“精品”。县委主要领导对《两条线祛病“开方”，一盘棋重振“药帮”——关于助推我县中医药产业持续健康发展的建议案》等多篇调研文章批示县委常委班子传阅，并要求有关部门认真抓好落实。

2. 民主评议 通过民主评议形式，帮助被评县直单位进一步改进工作，提高效能，转变作风，充分履行政协民主监督职能。2009年8月挑选部分政协委员和群众代表组成评议组，采取听取汇报、实地了解、现场抽检、座谈讨论等形式，对液化气管理部门工作进行评议，并形成专题报告报送县政府，增强了相关部门、液化气供应商的责任意识和便民、为民观念，规范液化气市场管理。2021年以来，政协委员先后参加“城区初一新生入学电脑随机派位现场会”“北街历史文化街区改造征求意见会”“城区新增道路命名征求意见会”等会议，听证评议，履行民主监督职能。历届政协先后推荐700余名政协委员担任县司法机关和工商、税务、教育、卫生、审计、财税等部门的特邀监督员、行风评议员、人民陪审员，反馈群众意见，履行监督职责。2024年，围绕教育、医疗、就业、养老等民生领域，组织委员开展“生态环境保护”“耕地保护”“保障学校食品安全”等督查活动10余次，以及开展“安全大排查”“六一走访慰问”“重阳敬老　温情相伴”为主题的公益活动20余次，为推动社会和谐、增进民生福祉贡献积极力量。

（三）参政议政

1. 提案办理 充分运用提案监督作用，取得显著效果。从一届至2024年，共收到提案3910件，立案3893件。提案涉及南城县经济社会发展方方面面，反映了各个时期的热点、难点、焦点问题，提案经过办理，推动了党政工作的开展，为促进当地经济社会发展发挥了积极作用。《关于加快南城县沿河路开发步划的建议》《弘扬历史文化，打造旅游文化名城》《关于“一河两岸”规划建设的几点建议》《规范县城道路、桥梁、广场、公园命名》《增设城区停车泊位的建议》《加快天一山路段整治的建议》《搞好以人民广场为中心的全民健身场所建议》《优化营商环境，推动工业园区企业发展若干建议》《政府引领，创建南城蔬菜品牌》《解决重点企业“招工难”问题的几点建议》《切实解决小区“停车难”的建议》《开通周边主要集镇直达工业园区公交专班的建议》等提案经承办单位认真办理，产生明显社会效益，得到群众广泛称赞。2023年，党政主要领导、党政班子成员高位领衔督办提案，县委书记彭银贵、县长颜萍分别领衔督办《解决重点企业“招工难”问题的几点建议》《切实解决小区“停车难”的建议》两件重点提案，专题听取重点提案办理情况汇报，结合平时调研、座谈交流等进行督办，促进问题解决，加速推动提案办理取得实效，发挥了示范引领作用。2024年，党政主要领导分别领衔督办《关于加强南城医疗专业人才引进提升全县医疗服务质量的建议》和《加快闲置校舍的有效利用》重点提案，加大医疗专业人才引进力度，引进高素质医疗人才8人，提升全县医疗服务水平，解决群众看病难问题；充分利用闲置资源改善教育环境，提高资源再利用率，处置闲置校舍133所，处置率为93%。通过提案办理，先后促成G206南城县绕城公路改建、南城县火车站站前广场建设、仓前水库饮水灌溉工程等8个重大民生项目规划建设。

2. 社情民意　县政协把反映社情民意作为一项经常性的工作，建立覆盖面广的社情民意信息网络。向省政协办公厅、市政协（地区工委）报送信息1000余条，《省级文物万年桥亟待加强保护》《实行存款实名制，缓解法院“执行难”》等41条信息被全国政协、省市政协刊用和转送领导。2021年以来，报送社情民意信息170余条，《体制内大龄女青年婚姻状况亟须关注》《体育中考“应试化”现象应引起重视》等11条推送至省委，《莫让手机成为伤害学生的“武器”》《城镇留守儿童教育问题现状堪忧》等11条推送至全国政协，《让冬种“绿肥”既叫好更叫座》被全国政协单篇采用。2023年，搭建“微协商”平台，畅通基层群众反映社情民意渠道，广泛收集社情民意。全年共收到各类信息报送120余条，报送省市政协社情民意67条，其中8条推送至省委，3条推送至全国政协，《让冬种“绿肥”既叫好更叫座》被全国政协单篇采用。县委书记对多篇社情民意作出批示，要求相关部门针对存在的问题采取有效措施认真加以解决。2024年，收集各类信息130余条，报送省政协社情民意信息84条，其中2条报送省委，5条报送全国政协。县委书记、县长对多篇社情民意信息作出批示，并及时转办相关部门办理，有效解决一批群众长期关心关注的热点难点问题。

（四）创新履职

精心打造“‘南’事有我”“一县一品牌”，围绕改革发展“南城事”、民生疾苦“难办事”、急难愁盼“关切事”，激活委员能量，事事体现“‘南’事有我”责任与担当，真正做到“南”事收集无“门槛”、“南”事协商无“盲区”、“南”事督办无“梗阻”。“南”事收集无“门槛”。成立经济、教育、医药等界别“南”事专班，摸真情、探实情，瞄准民心靶，盯紧民生事，通过民生热线、委员邮箱，广泛了解社情民意，无“门槛”收集“南”事。先后提交提案166件，形成调研文章10篇，报送省以上社情民意107条。“南”事协商无“盲区”。发挥政协中共党员委员工作站“议事厅”、委员“汇”等功能平台作用，广泛听取民众意见，实现协商无“盲区”，对收集上来的“南”事汇聚众智、反复打磨，提出解决办法。先后就缓解胜利东路交通拥堵、火车站站前广场停车场收费等15项问题开展协商工作。“南”事督办无“梗阻”。依托提案工作站，就收集并议定好的“南”事进行督办，县委书记、县长、政协主席领办重点提案，无“梗阻”助推一批反映民生所需、民生所盼“南”事得到持续关注和有效解决，促成16个重大民生项目建成并投入使用。2024年，打造“党委领导、政府支持、政协搭台、各界参与”协商民主新路径，常态化开展“‘南’事有我”协商议政活动，开展协商议政及委员履职活动50余场次，发起“天使计划”“一号课堂”“二十四节气养生”等活动接待社区百姓4000余人次。

（五）凝聚共识

1. 团结联谊 1956年，邀请“三胞”家属和前国民党军政人员学习座谈“关于和平解放台湾问题”；1957年，开展在台或海外人士的调查工作；1958年，学习座谈周恩来总理关于“台湾海峡地区局势的声明”；1965年，举办李宗仁先生从海外归来座谈会；1980年，举办学习叶剑英委员长“关于对台九条方案的讲话”、全国人大常委会《告台湾同胞书》、廖承志《致蒋经国先生的信》、邓小平“一国两制”构想等。1981年，接待由台湾回家乡定居的卓谦先生，并帮助落实房产等实际问题。1997年至1999年，分别采取报告会、座谈会等形式宣传“一国两制”及祖国和平统一方针政策。组织有海外关系的委员同海外亲属通信，寄发明信片、贺年卡，动员亲友回国探亲，感受家乡和祖国的变化。1999年至2009年，在人民政协成立50周年、60周年之际，举行隆重的庆祝活动，历届政协委员聚集一堂，畅谈人民政协的光辉历程，共绘南城美好蓝图。委员们用剪纸和书法艺术等形式，表达对祖国和人民政协的热爱之情。举办“学党史、颂党恩、跟党走——庆祝中国共产党成立一百周年”文艺汇演，参与“喜迎二十大·永远跟党走”主题晚会演出，组织“学习贯彻中共二十大——文化进社区”系列文艺演出。每逢中秋节，会同有关部门举办茶话会，邀请“三胞”亲属、归国华侨及侨眷、各界知名人士参加。每年春节走访慰问“三胞”家属、政协老同志和遗属、客商代表等。

2. 服务中心 县政协积极开展“挂点帮扶”“三包为民”和“关爱女孩、阳光助学”等工作；负责和参与“廖坊水库库汉、登高阁、凤冈公园、江西南方水泥、行政中心和滨水公园、环境监督指挥中心、旧城改造工程、麻姑山风景旅游区、武冈山公园、益王府金水桥遗址修复、建昌帮中药材种植基地、双城同创”等重点项目建设。面对2008年历史罕见的冰雪灾害和2010年的特大洪涝灾害，县政协班子成员深入现场，投入抢险救灾第一线，抓好灾后重建、挂点帮扶工作；四川汶川大地震时，政协委员踊跃参与赈灾捐献活动，累计捐款捐物200多万元；新冠疫情发生后，政协委员参与疫情防控、企业帮扶、稳产稳岗、脱贫攻坚、保障供应等工作，捐款捐物共计136.6万元。二十世纪就油菜高产技术、丰产速生林管理、低产桔园改造、网箱养鱼等进行科技咨询服务，开展义务医疗、举行法律知识讲座、学雷锋义务服务、邮电通信、果业种植知识、消费者权益保护、水稻旱床育秧和塑盘育秧抛秧壮秧育秧技术、“五黑鸡”散养技术等咨询服务活动。二十一世纪，各种咨询服务、送医送教送文化下基层等活动更加制度化、常态化。先后组织委员深入农村、企业、社区，开展形式多样的送医送教送文化以及农业科技和法律咨询等活动80余次，成为政协委员发挥专长、服务社会的一个“亮点”。

3. 史料征编 1960年开始启动南城县政协文史资料工作，至2024年，共征编出版《南城文史资料》27辑、550万字，各类照片、插图610余幅。其中期刊9辑，专辑18本。专辑有《南城记忆》《千年古邑话南城》《品读南城》《盱江风流》《古韵南城》《南城——洪门起源地》《建昌帮药业史话》《南城红色印迹》《亲历援越抗美》《故园磁圭》等。将编印的《品读南城》《亲历援越抗美》书籍送社区、送学校，宣传家乡文化，传承红色基因。2023年，组织文化界政协委员整理盱江石匾文化，形成《石匾中的家风文化》一书；会同地方文化研究中心对南城千年古镇上唐镇及10个中国传统村落历史文化内涵进行挖掘整理，完成《上唐古镇》《南城传统村落》的编纂，资料被市政协《抚州文史》采用。2024年，以《文史拾贝》形式将文史资料加以整理编印，为宣传南城发挥积极作用；与地方文化研究中心联合编纂出版《南城传统村落》一书，展现传统村落魅力，增添南城文化色彩。

政协南城县委员会组织情况表

届次	起讫年月	界别数	委员人数	常委人数	全会次数	主席	副主席
一届	1955.3–1959.7	11	61	32	2	谢富明	张茂和　何士金 郭懋功　孟宪孔 尧耀然　王启勋
二届	1959.7–1961.12	11	76	37	2	谢富明（1959.7–1960.4） 许　勤（1960.12–1961.12）	宋学思　谢赐环 郭懋功　尧耀然 王启勋　王　琪 吴焕南（1960.12–1961.12）
三届	1961.12–1963.10	11	73	35	2	许　勤	宋学思　谢赐环 郭懋功　刘东满 王启勋　王　琪 尧耀然
四届	1963.10–1966.3	12	71	33	2	许　勤	王金凯　刘东满 郭懋功　王启勋 王　琪　尧耀然
五届	1966.4–1966.8（因“文革”停止活动14年）	12	67	29	1	许　勤	邹呈祥　刘东满 郭懋功　王启勋 王　琪
六届	1980.7–1984.6	13	119	31	4	黄振麟	温宝兴 郭懋功（1981.6–1984.6）
七届	1984.7–1987.7	13	111	31	3	曹德彦	李殿忠　冯树宗 温宝兴　郭懋功 吴焕南（1985.4–1987.7）
八届	1987.8–1990.3	13	124	19	3	余克明	杨梅桂　李殿忠 冯树宗　李延生 郭懋功　孙忠华
九届	1990.4–1992.12	13	127	25	3	伍勇斌	钱应仂　郭懋功 杨梅桂　程寿朋 罗爱珍（女，1991.3–1992.12） 饶蔚原（1991.3–1992.12）
十届	1993.1–1997.12	13	151	24	5	伍勇斌	杨梅桂　程寿朋 罗爱珍（女）　饶蔚原 王仁汉（1994.3–1997.12） 汤　鹤（1994.3–1997.12） 黎应根（1997.3–1997.12）
十一届	1998.1–2002.12	13	159	24	5	伍勇斌	饶蔚原　汤　鹤 黎应根　周春林 吴　耘（女） 严火生（2002.2–2002.12）
十二届	2003.1–2007.4	14	159	27	5	邓水保	饶蔚原　黎应根 周春林　吴　耘（女） 徐　萍（女）　李小林 周乾昌（2006.11–2007.4）

续表

届次	起讫年月	界别数	委员人数	常委人数	全会次数	主席	副主席
十三届	2007.4–2011.8	15	173	28	5	邱志诚	周乾昌　饶蔚原 周春林　吴　耘（女） 徐　萍（女）饶金水
十四届	2011.9–2016.10	16	179	28	6	过初良	徐　萍（女） 郭文林　李澄翔 杨　春　吴　军
十五届	2016.10–2021.10	17	171	28	6	过初良（2016.10–2020.7） 朱文泉（2020.7–2021.10）	杨　春（2016.10–2020.7）　吴　军 李应林（2016.10–2020.7）　汤　岩（女） 龚育梅（女） 邓　胜（2020.7–2021.10） 王淑晖（女，2020. 7－2021.10） 陶志诚（2020.7–2021.10）
十六届	2021.10–2024.12	17	175	24	5	黄晓俊（2021.10–2024.9） 刘　凯（2024.09–）	付应国 龚育梅（女） 王淑晖（女，2021.10–2023.09） 何　莉（女） 邱　春（女） 梅建忠（2024.09—）

第四节　政协黎川县委员会

黎川县位于抚州市东南部，武夷山中段西麓，面积1728平方公里，辖7镇8乡1企业集团，总人口20.52万人。南宋绍兴8年（公元1138年）建县，县治为今日峰镇。黎川县人文荟萃，历代有进士196人，其中有状元、探花各1人，状元张渊微为抚州有史以来首位状元。黎川陶瓷产业独领风骚，瓷煲占有全国60%的市场份额。家具、新型材料、特色农业、文化旅游、电商等融合形成现代产业发展格局。黎川获评中国香榧之乡、中国民间文化艺术（油画）之乡、中国陶瓷煲都等称号，岩泉国家森林公园被评为中国森林氧吧。黎川古城、同胜九曲东黎两处景区被评为国家4A级旅游景区。

一、组织沿革

政协黎川县委员会成立于1959年1月，至2024年12月历经15届。一至三届每届任期3年。第四届委员会1965年12月19—23日召开第一次会议后，受“文革”影响，中断活动15年。五至九届每届任期3年，十至十五届每届任期5年。

1959年1月21—23日，召开政协黎川县第一届委员会第一次会议，选举产生主席1人、副主席2人、秘书长1人和常委14人组成常委会。该届召开全体委员会3次。1961年10月4—6日，召开政协黎川县第二届委员会第一次会议，选举产生主席1人、副主席2人、秘书长1人和常委

20人组成常委会。该届召开全体委员会3次。1963年10月18—22日，召开政协黎川县第三届委员会第一次会议，选举产生主席1人、副主席2人、秘书长1人和常委19人组成常委会。该届召开全体委员会3次。1965年12月18—23日召开政协黎川县第四届委员会第一次会议，选举产生主席1人、副主席3人、秘书长1人和常委21人组成常委会。1981年2月20—25日，政协黎川县第五届委员会召开第一次会议，选举产生主席1人、副主席2人、秘书长1人和常委14人组成常委会。该届召开全体委员会3次。1984年7月4—8日，召开政协黎川县第六届委会员第一次会议，选举产生主席1人、副主席3人、秘书长1人和常委18人组成常委会。该届召开全体委员会3次。1987年8月6—11日，召开政协黎川县第七届委员会第一次会议，选举产生主席1人、副主席3人、秘书长1人和常委15人组成常委会。该届召开全体委员会3次。1990年4月9—13日，召开政协黎川县第八届委员会第一次会议，选举产生主席1人、副主席4人、秘书长1人和常委16人组成常委会。该届召开全体委员会3次。1993年1月10—14日，召开政协黎川县第九届委员会第一次会议，选举产生主席1人、副主席4人、秘书长1人和常委13人组成常委会。该届召开全体委员会5次。第二次会议选举产生主席1人，第五次会议选举产生主席1人，副主席1人。1998年1月2—5日，召开政协黎川县第十届委员会第一次会议，选举产生主席1人、副主席5人、秘书长1人和常委18人组成常委会。该届召开全体委员会5次。第四次会议选举产生主席1人、副主席1人。2002年12月30日至2003年1月2日，举行政协黎川县第十一届委员会第一次会议，选举产生主席1人、副主席5人、秘书长1人和常委18人组成常委会。该届召开全体委员会5次。第五次会议选举产生副主席2人。2007年3月31—4月3日，召开政协黎川县第十二届委员会第一次会议，选举产生主席1人、副主席6人、秘书长1人和常委21人组成常委会。该届召开全体委员会5次。2011年8月29日至9月1日，召开政协黎川县第十三届委员会第一次会议，选举产生主席1人、副主席6人、秘书长1人和常委30人组成常委会。该届召开全体委员会5次。2016年10月16—19日，政协黎川县第十四届委员会召开第一次会议，选举产生主席1人、副主席6人、秘书长1人和常委27人组成常委会。该届召开全体委员会6次。第三次会议选举产生主席1人。第五次会议选举产生主席1人，副主席1人。2021年10月，召开十五届一次全委会，选举产生主席1名、副主席6名、秘书长1名和常委25人，共33人组成常委会。

二、委员构成

政协黎川县第一届委员会设置中共黎川县委、县工会、团青委、县妇联、文艺教育、医务、工商、老苏区、社会知名人士、宗教、农业劳动模范、手工业等13个界别，委员总数49人。第二届委员会保留第一届13个界别，其中3个界别有所变动，中共黎川县委调整为中共，农业劳动模范调整为农业，手工业调整为工业，另增加一个界别农工民主党，委员总数59人。第三届委员会未设农工民主党这一界别，上届其他界别保留，委员总数63人。第四届委员会新设合作社、新闻广播、科学技术3个界别，首次设特邀委员界别，委员总数97人。第五届委员会保留上届界别，仅将合作社调整为供销社，委员总数105人。第六届委员会设18个界别，比上届新增社会科学、归侨侨眷、台属、社会福利、少数民族5个界别，委员总数112人。第七届委员会设10个界别，即中共、工会、共青团、妇女、农民、文学艺术、科学技术、教育、医药卫生、工商，另设特邀委员，委员总数117人。第八届委员会增设金融界别，委员总数133人。第九届委员会恢复设置少数民族界别，金融界别调整为涉企业界别，委员总数135人。第十届委员会保留上届界别，将“农业”调整为“农林”，委员总数133人。第十一届委员会保留上届13个界别，名称有所改变，共青团调整为青年、少数民族调整为民族宗教，委员总数145人。第十二届委员会增设无党派人士、台联和侨联、法律3个界别；“农林”调整为“农村和农业”，“文艺”调整为“文化和体育”，“少数民族”调整为“少数民族宗教”；委员总数162人。第十三届委员会保留上届界别不变，“企业”调整为“社会保障”，委员总数166人。第十四届委员会保留上届界别不变，“法律”调整为“法制”，委员总数164人。第十五届委员会保留上届界别不变，委员总数167人。

三、机构设置

县政协设立常务委员会，按照《中国人民政治协商会议章程》行使职权，由政协主席主持常务委员会工作，副主席、秘书长协助主席工作。主席、副主席、秘书长组成主席会议，处理常务委员会重要日常工作。

黎川县政协第一至第四届委员会没有设立专委会。第三届委员会成立工商、工交、医务、文艺、社会人士五个直属学习组，负责处理日常工作。第五届委员会设立5个工作组，分别为科学技术组、教育卫生组、工商社会人士组、宗教侨务组、文史资料编写组。第六届委员会设立学习委员会，提案工作委员会、文史资料研究委员会和对台侨务组、科学技术组、文化教育组、医药卫生组、工商组、群团组、民族宗教组。第七届委员会设立学习委员会、提案工作委员会、文史资料研究委员会和科学技术组、文化教育组、医药卫生组、财贸组、宗教对台侨务组、社团组。1989年1月，5个工作组和4个委员会改设为9个专委会，改变委、组并存情况，并对各专委会作相应调整。调整后的专委会为提案工作委员会、文史资料研究委员会、学习委员会、农林工交科技委员会、教育文化体育工作委员会、医药卫生工作委员会、财贸金融工作委员会、法制社团工作委员会、“三胞”联络委员会。第八届委员会增设政协老委员联谊会。第九届委员会设学习委员会、文史资料委员会、提案委员会、农林科技委员会、工交企业委员会、财政金融委员会、教育文化委员会、医药卫生体育委员会、法制社团委员会、“三胞”联络委员会。九届常委会第十六次会议将10个专委会合并组建为4个专委会，即经济工作委员会、学习文史提案工作委员会、教文卫体工作委员会、法制社团“三胞”联络工作委员会。第十届委员会设学习文史提案委员会、经济科技委员会、教文卫体委员会、法制社团“三胞”联谊委员会4个专委会。第十一届委员会保留上届委员会所设专委会。第十二届委员会设教文卫体委员会、经济委员会、提案委员会、社会和法制委员会4个专委会。第十三届委员会设经济委员会、社会法制和港澳台侨外事委员会，提案委员会、教科文卫体委员会、文史委员会5个专委会。第十四届委员会设提案委员会、经济和农业农村委员会、社会法制和港澳台侨外事委员会、教科卫体委员会、文化文史和学习委员会5个专委会。第十五届委员会“经济和农业农村委员会”调整为“经济委员会”、“农业农村和人口资源环境委员会”，“教科卫体委员会”与“文化文史和学习委员会主任”合并为“教科卫体和文化文史学习委员会”。

四、工作概况

（一）政治协商

1. 会议协商 1959年1月首届第一次会议至2024年，共召开全体会议54次。县政协主动协商、主动服务全县经济建设，自觉服从于改革、发展、稳定大局，突出民主和团结两大主题，紧紧围绕全县工作大局，认真履行政治协商职能，先后就各个时期的县整体规划、县委、县政府工作报告、年度重点工作等各方面进行协商议政，许多意见建议被县委、县政府所采纳。县国民经济和社会发展五年规划在县政协常委会和全委会上协商，充分听取委员的意见建议。围绕县域经济和产业发展等重点工作深入协商建言，其中发展山地经济问题纳入全委会协商议题，作“充分利用山地资源优势，大力促进县域经济发展”大会发言，相关建议得到县委、县政府主要领导批示并纳入决策，并体现在政府工作报告中。县政协“发展家具产业建立家具产业总部”议题，通过全委会讨论，意见建议得到县委、县政府主要领导批示并采纳。2021 年，十五届一次会议充分发挥政协全会协商议政重要平台作用，精心安排“落实政策科学谋划，推动胭脂柚产业健康发展”“推进职业教育产教融合，为产业发展提供人才支撑”“补短板强弱项，有效提升突发公共卫生事件应对能力”3 个书面发言，引起县党政领导及有关部门的高度关注，许多建议在实际工作中得到落实。在大会联组讨论中，委员们紧扣“高质量建设‘四区四宜’新黎川”这个主题，聚焦经济社会发展的重点、群众关心的热点、改革推进的难点，建睿智之言，献务实之策，提出意见建议 116 条，为县委、县政府推动相关工作提供了重要参考。在县政协十五届二次会议上，首次分“工业创新”“城市建设和民生福祉”“农业农村和乡村振兴”“文化建设和生态旅游”四个专题进行联组协商。县委、县政府领导分别与委员面对面讨论，听取意见建议。2024 年县政协十五届四次全会期间，组织委员认真审议政府工作报告，精心组织大会发言，邀请县党政领导与委员协商讨论、共谋发展大计。

2. 专题协商　2018 年，县委出台《关于切实加强新时代人民政协党的建设工作的实施意见》，加强党对政协工作的领导，强化政协党的建设。2020 年，县委出台《关于新时代加强和改进人民政协工作的实施意见》，支持县政协依照章程履行政治协商、民主监督、参政议政职责。2021 至 2024 年，县政协认真组织年度协商计划实施，通过党政点题、委员荐题、群众出题的方式，精选调研课题 24 个，组织开展常委会协商、对口协商、界别协商、月度协商 120 多次，建言成果丰硕。2023 年，紧盯教育卫生这一群众关切领域，调研行业人才队伍基本情况，分析人才发展环境，组织常委会专题协商，提出创新引才机制、强化育才举措、盘活政策资源等建议，党政主要领导作出专门批示，促成引才育才相关措施落实。聚焦推动文旅全域发展，开展“挖掘黎川特色文化，激发古城消费潜力”专题调研，积极借鉴外地文旅产业发展先进经验，分析古城景区运营及消费现状，建言深挖张恨水文化、红色文化和非遗文化“三大文化”，突出精品老宅院、精美老巷子、精致老手艺的“三精理念”，打造体验、休闲和产业“三个街区”，开展专题协商，推动塑造景区品牌、优化业态布局、增强景区吸引力，在委员和群众中反响热烈。持续巩固深化“黎事好协商”品牌，按照“先造景、后建站”思路，在黎川古城内，建成并运行“书香政协·智汇煲都”黎事好协商工作站，打造“协商大厅”“云协商室”等平台，承办协商工作和界别活动 30 多次。2024 年，就“红色文化与旅游产业深入融合”“加强城市管理”“促进陶瓷产业高质量发展”等课题，深入基层实地调研，邀请县党政领导和相关职能部门开展常委会协商、界别协商、专题协商活动 20 多次，高标准推进协商计划实施。

（三）民主监督

1. 提案办理　县政协将督促政协提案办理作为履行民主监督职能的重要抓手。首届与第二届期间未开展提案工作。自 1963 年至 2024 年，共收到提案 3392 件，立案 3274 件。内容涉及经济发展、乡村振兴、城市建设、生态文明、改革创新、民生福祉等方面。立案的 3274 件提案全部办复，得到解决或基本解决的 3143 件，委员对提案办理和答复的满意和基本满意率达到 98.1%。十四届政协委员提交的《关于大力发展我县陶瓷产业的建议》《关于加大我县陶瓷企业自行研发的建议》等提案，县委、县政府高度重视，出台了加快陶瓷产业转型升级的意见，并设立 5000 万元专项扶持资金，2019 年，黎川县获评“中国陶瓷·煲都”。2023 年，委员提交的《文化建设和生态旅游的建议》，县委、县政府积极采纳，全力唱响“文化抚州、梦想之舟”品牌，隆重举办中央苏区闽赣省暨红七军团成立 90

周年系列活动，组织开展全国校园营造联盟进黎川、全国自驾游暨房车露营等文旅活动，黎川获评全市文化旅游产业发展先进县，文化旅游品牌知名度和影响力进一步扩大。2024年，筛选重点提案14件，实行县委、县政府、县政协三套班子联合督办重点提案，召开重点提案办理协商会，坚持创新开展委员带案、现场协商督办活动30多场次，推动非遗进校园、加强农村集中供水和共享单车监管等提案有效办理。

2. 视察调研 1959年至2021年，县政协常委会组织委员对全县的经济、科技、教育、交通、文化旅游、医疗卫生、环境保护、民族宗教、廉政建设、金融改革、农村农业、残疾人帮扶、物价、食品安全、市容市貌、法治建设等方面政策的落实工作开展专题调研212次，视察考察272次，写出调研报告200多篇。2016年2月，出版发行调研报告集《黎川政协说事》，调研报告中提出的大多数建议得到重视与采纳，促进县委、县政府决策民主化与科学化。委员撰写的《关于城中村对我县政治经济发展和社会稳定影响的调研报告》《关于黎川油画产业化的调研报告》《扬中国煲都优势，做强做大首位产业》等26篇调研报告被评为市政协系统优秀调研报告。2023年至2024年，通过党政点题、委员荐题、群众出题方式，精选“人才队伍建设、人居环境改善、文旅产业发展、营商环境优化、城市品质提升、基层社会治理、完善雨污管网基础设施、加强校园周边综合整治”等调研课题，组织开展常委会协商、专题视察、对口协商、界别协商、月度协商50多次，并形成专题视察调研报告，建言成果丰硕，相关部门积极采纳建议。

（三）参政议政

1. 建言献策 县政协把民主监督的重点定位在解决社会反映的热点、公众关注的焦点、工作推进的难点问题上，为促进经济社会发展和改革稳定贡献力量。2017年，全市政协主席座谈会在黎川召开。以积极推进人民政协民主监督工作为会议主题，黎川县政协作《把握定位、精准发力、积极推进人民政协民主监督工作》的发言。2021年，十五届政协委员提交的《关于大力发展我县陶瓷产业的建议》《关于建设陶瓷市场的建议》《关于加大我县陶瓷企业自行研发的建议》等提案，县委、县政府高度重视，出台加快陶瓷产业转型升级的意见，设立专项资金扶持9家陶瓷企业与景德镇陶瓷大学共同组建江西陶大科技协同创新公司，加强县校合作，分别与景德镇陶瓷大学、东华理工大学共建陶瓷产学研基地和黎川创新研究院，促进陶瓷产业转型升级。2022年，委员提交的《关于加快家具企业发展的建议》，县委、县政府突出“智能＋康养家居”定位，着力引进行业龙头企业，完善家具相关配套产业，推进家具全产业链加速成型。当年家具产业园建成标准厂房30万平方米，正式入驻企业有51家，返乡家具企业有300余家。2024年，进一步拓宽委员知情明政渠道，推荐委员担任各行业领域监督员、听证员，组织参加满意度测评、地方开发方案座谈会、工作开放日等测评监督活动30多人次。

2. 社情民意 县政协第十届委员会第一次会议下发《关于进一步做好反映社情民意的通知》，要求每位委员一年至少报送一条有价值的社情民意，并以此作为评比“优秀政协委员”的基本条件。2007年，县政协向党政部门和上级政协报送的社情民意信息被市政协采用20多条。《“进村快递”被堵村口》《关于强化粮食安全保障的建议》等意见建议被县委、县政府采纳，所反映的问题基本得到解决。2008年9月，全市政协反映社情民意工作会议在黎川召开，黎川县政协作典型发言。2021年以来，新一届政协向省、市及全国政协报送256条社情民意信息，编发《社情民意信息》10多期，其中企业原材料价格上涨、超龄劳动者参保等38件信息，被转报省委或全国政协，《关于改善农村妇女参与乡村治理现状的建议》被评为2023年度全省优秀社情民意信息。反映社情民意信息工作一直在省市列第一方阵，多次被省政协评为全省“反映社情民意信息工作先进单位”。2024年，发动委员收集报送社情民意信息50件，其中省政协采纳并转报全国政协和省委10件。

（四）打造阵地

通过聚焦目标来协商、夯实阵地强协商、健全机制好协商、运用成果促协商，不断拓展委员履职空间，更好发挥党委政府与群众的“连心桥”作用，促进“黎事好商量”“一县一品牌”建设。聚焦目标来协商。从政协职能出发，聚焦建言资政、凝聚共识、服务中心目标定位，建立党政联动、多元参与的协商体系。从品牌内涵出发，聚焦发展大事要事、民生实事，深入开展协商议事。夯实阵地强协商。选址园区企业、基层法庭、油画陶瓷交易中心等联系群众紧密地点，打造中共党员委员工作站和“黎事好协商”工作站两大阵地，搭建“协商室”“社情民意征集点”“委员活动室”等平台，不断畅通民意表达渠道，加强委员同群众沟通联系。健全机制好协商。制定“协商议事规则”和“委员履职规则”，通过党政点题、委员荐题、群众出题确定协商计划，综合运用专题协商、界别协商、对口协商和提案办理协商等方式，组织政协委员、基层群众、有关方面代表人士和党政部门负责人参与协商议事。运用成果促协商。建立协商议事成果采纳、落实、反馈机制，将协商成果运用纳入年度综合考核范围，调研视察、提案办理和社情民意信息等协商成果被县级以上采纳给予加分。2024年，聚焦“黎川”发展大事要事，“黎民”百姓民生实事，紧扣建言资政、凝聚共识、服务中心目标定位，不断深化“黎事好商量”品牌建设，提升深度协商效能，促使“文旅融合发展、城市环境优化、人才队伍建设”等难事实事得到协商办理。

（五）凝聚共识

1. 团结联谊　党的十一届三中全会后，中共黎川县委成立落实政策领导小组和办事机构，贯彻执行中共中央和省、地委落实政策有关指示精神。县政协会同县委统战部调查摸底，检查督促，重点抓了政协委员政策落实工作，解决一批历史遗留问题。到党的十三大召开前，全县共有15位政协委员落实政策29件。此外，党的宗教政策、民族政策在全县范围得到贯彻落实。县政协按照“放宽视野、广交朋友、宣传政策、联络感情”的方针，积极做好“三胞”联络工作。县政协五届委员会成立侨务工作组，六届委员会改为对台侨务工作组，从七届委员会起成立“三胞”联络委员会。县政协以在县对台办和统战部工作的政协委员为主体成立“咨询服务小组”，就回乡定居、涉台婚姻、收养子女、赴台奔丧、继承财产等问题，为台胞台属提供咨询服务1264人次。2024年，组织开展消防宣传志愿服务、文明集市下基层、送法下乡、黎商夜谈、全民健身运动会黎川县中国象棋赛、“共话茱萸”重阳敬老会演、健康义诊等界别活动30多次，惠及群众6000多人，获得群众一致好评。

2. 史料征编　1988年，黎川县政协成立文史资料研究工作委员会，具体负责文史资料的征集、整理、编辑和出版工作。1989年至1994年，征集编写《黎川文史资料》1、2、3辑，共28万余字。2003年12月，县政协办公室编撰出版21万余字的《黎川政协志》，填补了县政协44年无专志的空白。2003年，编撰13万字的《黎川风景名胜》一书。2004年，编撰11万余字的《黎川陶瓷工业专辑》文史资料。2008年，编撰32万多字的《千年沧桑话黎川》。2010年，编撰30多万字的《黎川老街》。从2013年到2020年，共编撰出版《黎川双桥文萃》《黎川两江移民》《黎川政协说事》《黎川陶瓷史话》《回望德胜关》《情系黎川》《黎河春风四十年》《黎川旧事》等系列丛书，共9卷240余万字，均由江西人民出版社公开出版发行。2023年，县政协首次与中国文史出版社合作出版《黎川逸事》，并在北京各大图书馆和网购平台投放销售，有力宣传推介黎川，扩大黎川政协影响。2024年，编印出版《黎川古村》，摄制“黎事好协商，委员说变化”系列宣传片，征集共产主义劳动大学创办文史资料等工作。

政协黎川县委员会组织情况表

届次	起讫年月	界别数	委员人数	常委人数	全会次数	主席	副主席
一届	1959.1–1961.9	13	49	17	2	寇　健	程忠德　孔繁煜
二届	1961.10–1963.10	14	59	23	2	孙元勤	黄嘉琪　孔繁煜
三届	1963.10–1965.12	13	63	23	3	孙元勤	黄嘉琪　孔繁煜
四届	1965.12–1966.5（因“文革”停止活动15年）	14	97	25	1	孙元勤	黄嘉琪　孔繁煜 简金声
五届	1981.2–1984.6	14	105	18	3	王　山	郭开曙　涂杰甫 李　杰（1983.3–1984.6）
六届	1984.7–1987.7	18	112	23	3	王　山	梁文才　吴寿祺 郭开曙　涂杰甫
七届	1987.8–1990.3	11	117	18	3	吴维屏	梁文才　涂杰甫 孔祥显
八届	1990.4–1993.1	12	133	22	3	李华青	张仕龙　万良菊 喻家驿　王建茵（女） 周陶珩（1991.4–1993.1）
九届	1993.1–1998.1	13	135	20	5	李华青（1993.1–1994.4） 赵令煌（1994.4–1997.3） 廖其丁（1997.3–1998.1）	周陶珩　喻家驿 王建茵（女）　吴志森 孔祥显（1997.3–1998.1）
十届	1998.1–2002.12	13	133	24	5	廖其丁（1998.1–2001.5） 张仕龙（2001.5–2002.12）	郑文胜　王建茵（女） 孔祥显　吴维民 叶国荣 王万兴（2001.5–2002.12）
十一届	2003.1–2007.3	13	145	24	5	张仕龙	郑文胜　黎博浪 江建荣　吴维民 毛宗保　吴训华 曾　超
十二届	2007.3–2011.8	16	162	28	5	杨继平	郑文胜　江建荣 吴维民　何　明 曾　超　涂赣平
十三届	2011.8–2016.10	16	166	37	5	徐小明	曾　超　涂赣平 王洪春　武小龙 江日庆　吴胜兰（女）
十四届	2016.10–2021.10	16	164	35	6	徐小明（2016.10–2018.1） 章劲松（2018.1–2020.7，正在接受调查） 章军华（女，2020.7–2021.10）	曾　超　王洪春 武小龙　江日庆 余雪琴（女） 冯　莉（女） 全安（2020.7–2021.10）
十五届	2021.10–2024.12	16	167	33	4	尧晓孙（2021.10—）	李有华 江日庆（2021.10–2024.6） 余雪琴（女） 冯　莉（女） 江林远　许　瑶（女）

第五节　政协南丰县委员会

南丰县位于江西省东南部、抚州市南部，建县于三国吴太平二年（公元257年），迄今已有1700多年历史。县域总面积1920平方公里，辖7镇5乡1场，172个行政村，总人口32万，有济广高速、向莆铁路穿境而过。南丰县物华天宝，人杰地灵，是驰名中外的“中国蜜桔之乡”“中国民间艺术（傩舞）之乡”“唐宋八大家”之一曾巩故里，也是江西党团组织创始人赵醒侬烈士家乡。南丰是国家重点生态功能区，森林覆盖率达77.58%，拥有国家森林公园军峰山、国家4A级景区橘文化旅游产业集聚区、国家湿地公园傩湖等众多景观。被列为国家全域旅游示范区创建单位和“全国休闲农业和乡村旅游示范县”。

一、组织沿革

政协南丰县委员会于1959年2月成立，截至2024年12月，历经14届。其中1至7届每届任期3年，8至14届每届任期5年。

1959年2月，召开政协南丰县第一届委员会第一次会议，选举产生主席1名、副主席2名、秘书长（副主席兼）1名、常委14名，共17人组成的常务委员会。该届共举行全委会议3次。1963年10月，召开政协南丰县第二届委员会第一次会议，选举产生主席1名、副主席4名、秘书长1名和常委9名，共15人组成的常务委员会。该届共举行会议1次。1965年12月，召开政协南丰县第三届委员会第一次会议，选举产生主席1名、副主席4名、秘书长1名和常委11名，共15人组成的常务委员会。该届共举行全委会议1次。1980年12月，召开政协南丰县第四届委员会第一次会议，选举产生主席1名、副主席2名、秘书长1名和常委19名，共23人组成的常务委员会。该届共举行全委会议1次。其中二次会议增选常委1名，三次会议补选常委8名。1984年4月，召开政协南丰县第五届委员会第一次会议，选举产生主席1名、副主席3名和常委22名，共26人组成的常务委员会。该届共举行全委会议1次。其中二次会议补选秘书长1名。1987年7月，召开政协南丰县第六届委员会第一次会议，选举产生主席1名、副主席3名、秘书长1名和常委11名，共15人组成的常务委员会。该届共举行全委会议3次。其中二次会议增选常委2名，三次会议增选常委1名。1990年4月，召开政协南丰县第七届委员会第一次会议，选举产生主席1名、副主席4名、秘书长1人和常委19名，共25人组成的常务委员会。该届共举行全委会议3次。1993年1月，召开政协南丰县第八届委员会第一次会议，选举产生主席1名、副主席4名、秘书长1名和常委19名，共25人组成的常务委员会。该届共召开全委会议5次。其中一次会议秘书长调离，二次会议补选秘书长1名，三次会议增选常委2名，四次会议补选主席1名。1998年1月，召开政协南丰县第九届委员会第一次会议，选举产生主席1名、副主席5名、秘书长1名和常委16名，共23人组成的常务委员会。该届共举行全委会议5次。其中二次会议增选常委1名，三次会议增选常委3名，四次会议增选秘书长1名。2003年1月，召开政协南丰县第十届委员会第一次会议，选举产生主席1名、副主席5名、秘书长1名和常委20名，共27人组成的常务委员会。该届共举行全委会议6次。其中六次会议增选副主席1名。2007年3月31日，召开政协南丰县第十一届委员会第一次会议，选举产生主席1名、副主席1名、秘书长1名和常委23名。该届共举行全委会议5次。其中三次会议增选常委2名，四次会议增选副主席1名、常委1名。2011年8月，召开政协南丰县第十二届委员会第一次会议，选举产生主席1名、副主席5名、秘书长1名和常委25名，共32人组成的常务委员会。该届共举行全委会议7次。2016年10月，召开政协南丰县第十三届委员会第一次会议，选举产生主席1名、副主席1名、秘书长1名和常委24名。该届共举行全委会议6次。其中五次会议增选副主席1名、常委3名，六次会议增选副主席1名。2021年10月，召开县政协第十四届委员会第一次会议，选举产生主席1名、副主席5名、秘书长1名和常委24名，共31人组成的常务委员会。

二、委员构成

政协南丰县第一届委员会设置中共、工会、共青团、妇联、农民、老革命、文学艺术、教育、医药卫生、科学技术、工商联、手工业、民族宗教和社会知名人士14个界别，委员总数43名。二届委员会增设台侨界，委员总数53名。三届委员会界别设置未有变动，委员总数57名。四届委员会增设体育界、新闻出版界、特邀界，减设老革命界，委员总数89名。五届委员会，增设社会科学界，委员总数115名。六届委员会，减设手工业界、社会知名人士界，委员总数122名。七届委员会界别设置未有变动，委员总数132名。八届委员会增设企业界、社会福利界、科协界，委员总数142名。九届委员会增设农业界、文体界、无党派界、经济界，减设农林界、文学艺术界、体育界、新闻出版界、企业界、社会福利界，委员总数136名。十届委员会增设社会福利界、新闻界，委员总数176名。第十一届委员会增设法律界，减设科协界，委员总数186名。十二、十三届委员会界别设置未有变动，委员总数分别是189名、172名。十四届委员会界别设置未有变动，委员总数为160名。

三、机构设置

县政协设立常务委员会，按照《中国人民政治协商会议章程》（简称《政协章程》）行使职权，由政协主席主持常务委员会工作，副主席、秘书长协助主席工作。主席、副主席、秘书长组成主席会议，处理常务委员会重要日常工作。

1959年至1963年，政协南丰县第一、二、三届委员会设工农业工作组、文教卫生科技工作组、工商工作组、民族宗教工作组、社会人士工作组5个工作机构。1969年11月，档案、财务造册上交，干部被调出，县政协组织解体。1980年10月，恢复了县政协的一切活动。县政协四届一次会议设科学技术工作组、文教卫生工作组、工商社会人士工作组、民族宗教侨务工作组4个工作机构；县政协四届二次会议后将工作组调整为工农业科学技术组、文教卫生工作组、工商工作组、社会团体工作组4个机构。五届县政协设工业工作组、科学技术工作组、教育工作组、文体工作组、财贸工作组、医药卫生工作组、社会人士工作组、群众团体工作组8个工作机构，并设学习委员会；四届八次常委会会议将8个工作组调整为工业工作组、农业工作组、文教工作组、财贸工作组、医药卫生工作组、社会团体工作组6个工作机构。六届县政协设琴城镇政协工作组、太和镇政协工作组、白舍镇政协工作组、工业工作组、农业工作组、财贸工作组、文教工作组、医药卫生工作组、社会团体工作组9个机构。1989年1月，县政协六届二次会议后，上述9个工作组全部改称为工作委员会。七届县政协设工业工作委员会、农业工作委员会、财贸工作委员会、文体工作委员会、教育工作委员会、医药卫生工作委员会、社会团体工作委员会、琴城镇政协工作委员会、白舍镇政协工作委员会、太和镇政协工作委员会10个工作机构。八届县政协设工业工作委员会、农业工作委员会、教育文体工作委员会、财贸工作委员会、医药卫生工作委员会、社团法制工作委员会6个机构；八届十五次主席会议撤销学习委员会，其工作转由办公室办理。九届县政协设工业委员会、农业委员会、财贸委员会、教育文体委员会、医药卫生委员会、法制社团委员会6个机构；县政协九届十六次常委会决定将上述6个专门委员会调整为工农业、科技委员会，财贸、私营经济委员会，教育、医药、文体委员会，三胞联谊、法制社团委员会4个机构。2002年县政协增设提案委员会、文史资料委员会。2012年，文史资料委员会更名为文史委员会；农村和农业委员会更名为人口资源环境委员会；社会、法制、港澳台侨委员会更名为社会法制和港澳台侨外事委员会。2019年，财贸、私营经济委员会更名为经济和农业农村委员会，教育医药文体委员会更名为教科卫体委员会，文史委员会更名为文化文史和学习委员会。2019年11月，增设政协委员联络服务中心，为办公室下属的股级事业单位机构。2021年10月，十四届县政协设办公室、教科卫体委员会、社会法制和港澳台侨外事委员会、文史委员会、经济和农业农村委员会、人口资源环境委员会、提案委员会和办公室下属的政协委员联络服务中心8个工作机构。2023年2月，县政协专门委员会规范数量和规范名称后设置为6个：经济委员会、提案委员会、农业农村和人口资源环境委员会、教科卫体委员会、文化文史学习委员会、社会法制和港澳台侨外事民族宗教委员会。

1988年5月，第一届老委员联谊会成立，分设4个联谊小组。第四届老委员联谊会设工业、农业、财贸、医药卫生、教育文体、法制社团等6个联谊小组。2003年，改设社团、教文卫、农业、经贸联谊小组。2015年，经贸联谊小组分设经济、财政联谊小组。此后，因老委员联谊会会员逐年减少，经2020年主席会研究决定，撤销老委员联谊会。

县政协办公室设立于1959年2月，由秘书长主持工作，设驻会常委1名处理日常事务。1963年，二届一次会议后，办公室由驻会副主席和秘书长负责。1969年11月，县政协组织受“文革”影响，办公室瘫痪。1980年12月，县政协办公室恢复。1997年3月，根据中共南丰县委批转的机构改革“三定”方案，撤销政协机关办公室、宣传文史科、联络咨询科，设立科级综合办公室。

四、工作概况

（一）政治协商

县政协成立后，始终把政治协商作为履行职能的重要工作，主要通过举行专题协商、开展对口联系协商等方式进行

1. 专题协商 县政协常委会围绕全县中心工作和人民群众关心的热点、焦点、难点、阻点问题进行专题协商，共召开专题协商会议166次，形成专题调研报告144篇，其中55篇被评为县政协优秀调研报告，20篇被评为全市政协系统优秀调研报告。《南丰蜜桔销售现状、存在问题以及今后的营销策略》被评为全市政协系统优秀调研报告，并被《中国果业信息》《江西现代园艺》杂志刊用，《对接大交通，追梦大旅游》被评为全市党群系统调研报告二等奖。《关于南丰县生态建设的调研报告》还得到时任副省长孙刚的批示。2022年，《解放思想、主动作为，为唱响全市“抚务周到”营商环境品牌贡献南丰力量》调研报告，分析了南丰营商环境存在的问题，提出优化营商环境针对性建议，得到县党政主要领导重视和肯定。《赴云南省宾川县等地学习考察的情况汇报》调研报告，归纳宾川县果业发展主要做法，提炼可供借鉴的启示，提出对南丰打造全国蜜桔集散交易中心的意见建议，得到县党政主要领导重视和肯定。《关于我县“双减”政策落实情况的调研报告》，提出健全完善“双减”工作机制、提高作业设计和课后服务水平、加强校外培训机构监管等意见建议，引起县党政领导和有关部门重视。2024年，就金融助力实体经济发展、强化蜜桔产业人才支撑、提升社区网格化治理水平等课题进行深入调研，形成15篇调研报告。《以科技创新赋能新质生产力，助推南丰数字经济融合发展》调研报告，提出塑造新质制造力、建设数智化设施、提高数字化水平、培育数智服务商、推动数智化赋能、加强政府引导、建立行业标杆等意见建议，为发展新质生产力提供智力支撑。

2. 对口协商 县政协各专委会积极加强与县党政部门的对口联系，把着眼点放在探讨解决发展难题和民生问题上。先后就法律援助、金融企业服务地方经济、卫生医疗技术人才培养、农村养老保险、小学义务教育、封山育林、企业用

工、化解医患纠纷、构建诉讼监督大格局、蜜桔精品园建设、气象服务农业等问题，与县有关部门开展座谈，听取情况汇报，进行交流互动，提出意见和建议，为相关部门拓宽思路、创新工作、分类施策、推动落实提供了许多有益参考。至2024年共开展对口协商活动424次，其中专项工作视察156次，专题调研115次，专题协商座谈会165次，形成调研报告166篇，有65篇得到县委、县政府主要领导批示。2023年，《竞逐数字乡村新赛道，激活乡村振兴新引擎》调研报告，提出普及数字乡村知识、强化数字技术应用、推进数据整合等意见建议，为加快数字乡村建设提供智力支撑。《加强城区住宅小区物业管理，助推我县社区基层治理水平提升》调研报告，针对城区小区物业管理现状，分析存在的问题，提出可行性建议，为县委、县政府科学决策提供有益参考。2024年，《整合资源、系统推进，促进我县园区企业零担物流高质量发展》调研报告，摸清现状，分析存在问题，提出可行性建议，引起县党政领导和有关部门高度重视。《关于我县探索开展"特聘村主任"工作的调研报告》，介绍主要做法，提出加强服务保障、优选慎选人才、强化考核激励、注重教育培训、营造良好氛围等意见建议，为县委、县政府科学决策提供有价值参考。

（二）民主监督

县政协成立后，组织委员通过撰写提案、开展视察等方式履行民主监督职能。

1. 提案办理 从1959年至2024年2月，历届县政协委员共提交提案5042件，立案4911件，县政协根据提案所涉内容、部门职责、界别关系、区域分布等，明确每件提案的承办、主办和协办单位，采取全程跟踪督办，多方协商联动办理，"三方"见面融合办理，领导领衔督促办理，限期办理销号办理等方式，推动提案办理取得实效，为促进当地经济社会发展发挥了积极作用。2011至2016年，《关于整治我县两违建筑的建议》《关于完善农村土地流转机制的建议》《关于工业园区土地使用与管理的建议》《关于成立甲鱼协会，促进甲鱼养殖健康发展的建议》等提案，均产生良好的效益。2022年，采取重点提案督办方式，将加快河东新区基础设施建设、创建南丰傩文化生态保护区、防范电信诈骗、打造南丰蜜桔精品示范园、推动"双减"政策落实、治理城市"牛皮癣"等6件提案作为县委、县政府主要领导以及政协班子成员重点督办提案，加大督办力度，促进提案有效办理。2024年，县委主要领导领衔督办"提升金融服务实体经济质效"提案，县政府主要领导领衔督办"推动南丰蜜桔产业高质量发展"提案，部分县党政领导领衔督办其他6件重点提案，进一步提升提案办理成效。

2. 考察视察 县政协把组织委员开展视察作为履行民主监督的一项重要工作。对事关全县重要工作和重大事项的视察由县政协常委会组织开展，就某个领域、某项工作的视察由专委会组织开展。1959年至2024年，共组织开展视察70余次，形成考察报告45篇、建议案22篇。有26篇被县委、县政府采纳。《提升农村医疗卫生水平，推进健康南丰建设》视察报告。报告中提出的加快完善硬件设施建设、建立和完善医疗服务体系、扩大基层用药目录范围等建议，被县委、县政府吸纳到出台的相关文件中。《走好"四同步"，做大做强南丰工业经济总量》《补齐慢性病管理短板，助力健康南丰建设》《做强品种这张"芯片"，推动南丰蜜桔产业可持续发展》《落实"双减"政策，助推南丰教育高质量发展》等视察报告，不少意见建议被县党政领导和相关职能部门吸收采纳。十三届县政协以来，创新民主监督形式，开办《委员视点》栏目。每季度选择一个党政领导关注或群众关心的热点问题，邀请县委、县政府领导、部门负责人、委员和群众代表参加。截至2023年，共录制《委员视点》近20期，先后就城乡环境整治、棚户区改造、蜜桔产业发展、民间借贷、教育事业发展、殡葬改革、村集体经济发展、城市功能与品质提升、"五个千年文化"品牌建设、饮水安全、金融诚信体系建设、招商引资、科技创新等问题，通过现场调研、座谈协商，提出意见建议，促成不少热点难点问题落实或解决。2024年，《委员视点》在制作流程上提升高度，在课题选择上提高精度，在协商范围上拉伸宽度，在节目传播上拓展广度，在落实见效上加大力度，进一步促进协商成果落实落地、见行见效。

（三）参政议政

1. 建言献策　从1959年2月至2024年2月，县政协共召开全体委员会议54次。全会期间，组织委员认真听取和审议政协常委会和县政府工作报告及其他重要报告，安排委员进行专题发言，以界别和专委会开展联组讨论。会后，县政协及时将委员在联组讨论中所提出的意见建议梳理遴选编辑成《政协委员议政》，呈报县四套班子和有关部门领导参阅。截至2024年，县政协共安排委员作大会专题发言163人次，共编发《政协委员议政》293期，刊登委员提出的意见建议822条。其中《关于加快我县教育事业发展》《发展壮大村级集体经济，助推我县乡村振兴战略实施》等38篇调研报告，得到县委、县政府主要领导的批示后进入决策程序。2023年，聚焦县委、县政府中心工作，以及群众关心关注的热点难点问题，组织委员深入开展调研，形成一批有实情、有分析、有建议的建言资政成果。《推进卫生信息化建设，提升群众就医体验和获得感》调研报告，围绕推进我县卫生信息化建设，提出针对性建议，引起县党政领导重视，得到有关部门采纳。《聚焦园区企业用工，促进城乡居民就业》调研报告，分析我县企业用工现状，提出加强招聘平台建设、强化技能培训、实施人才引进计划等意见建议，相关部门认真研究吸纳。

2. 社情民意　县政协于20世纪90年代初创办“社情民意”专刊，每期刊登反映人民群众关切的突出问题和全县经济社会发展中带有苗头性、倾向性的问题。截至2023年，共编发《社情民意》340期，刊载群众普遍关心的热点、焦点、阻点问题和切实可行的建议，一些建议得到县委、县政府领导批示后进入决策。2005年《加强托幼机构管理，保障儿童身心健康》，2014年《关于修改高速路口某些路段指示牌清晰度不高的建议》等社情民意，引起省政协高度关注，并报送省有关部门，推动该建议得到较快落实。2011年《下岗企业职工的医保社保问题应予以重视》的社情民意，县委书记批示后得到落实。2015年《关于更新公交站牌的建议》的社情民意，得到县委主要领导批示，县政协及时抓好跟踪落实，推动了这一问题的妥善解决。2023年，《关于环城南路水南段频发交通事故、需采取安全措施的建议》县交警大队进行实地调研，并采取设置中央隔离栏、画好斑马线等措施，得到群众交口称赞；《关于进一步规范城区横幅悬挂的建议》县城管局高度重视，落实具体举措，进行集中整治；《关于尽快实行公办幼儿园延时托管服务的建议》被县教体局采纳，并加以实施。2021年，共收集重点社情民意15条，编报《社情民意专刊》12期。2022年，收集各类社情民意43条，向省、市政协报送社情民意20条，其中13条被推送到全国政协，6条被推送到省委。2023年，报送社情民意121条，向省政协报送社情民意35条，其中16条被推送到全国政协，10条被推送到省委，向县委、县政府报送的12期社情民意，均得到县委书记、县长的批示。2024年，共收集委员反映的社情民意80余条，向省政协、市政协报送70余条，被省政协采用4条。向县委、县政府呈报社情民意12期，均得到县委、县政府主要领导批示。

（四）彰显作为

县政协把“委员视点”“一县一品牌”作为彰显作为的一个重要阵地，每个季度选择一个课题，通过电视镜头，展示县政协在助推县委、县政府决策部署落实和为民办实事方面的履职成果，是政协履职的一个重要平台。在制作流程上提升高度。对“委员视点”栏目进行系统梳理，形成较为完善的制作流程图。在课题选择上提高精度。注重加强顶层设计，围绕县委、县政府中心工作和事关群众切身利益的问题，精心选好课题。在协商范围上拉伸宽度。把政协课题选择、调研、协商等履职全过程，以及县委、县政府重视政协履职等各环节串联起来，以电视镜头形式呈现出来，提升节目效果。在节目传播上拓展广度。“委员视点”录制完成后，在南丰电视台播放，并通过微信公众号“南丰发布”向社会公布，增进群众对县委、县政府决策的了解。在落实见效上加大力度。对于“委员视点”协商成效，采取重点提案督办、组织委员视察、深化调研等形式，促进协商成果落实落地、见行见效。“委员视点”开播以来，取得良好社会反响，促成县委、县政府决策的落实、一些群众关心关切“急难愁盼”问题落地。充分彰显政协作为专门协商机构的定位与作用，提升政协形象、展示委员风采。2024年，聚焦深化“居民之家”建设、推进乡村振兴、加强公共文化服务体系建设、推进绿色食品和电子信息产业高质量发展等课题，录制4期《委员视点》，播出后取得良好社会反响。

（五）凝聚共识

1. 服务大局 注重在聚焦中心、服务大局、促进发展中发出“政协声音”、释放“政协力量”。政协党组带领政协系统积极投入到乡村振兴、企业帮扶、招商引资等重点工作中。同时，积极引导政协委员发挥自身优势，开展就业创业帮扶、健康和教育帮扶以及爱心捐赠、扶危济困等公益活动。政协各专委会立足服务大局，找准履职尽责的结合点和着力点。精选课题，组织委员先后深入开展调研，积极为招商引资、项目建设搞好服务。以专委会为依托，组织委员下基层开展义诊义疗、科技咨询、农业技术培训讲座、发放科普资料等服务，惠及群众3.5万余人。

2. 史料征编 1985年至2024年底，县政协共征集整理、编辑出版《南丰文史资料》26辑计400余万字。同时，组织力量先后编辑出版《军峰山志》《南丰蜜桔志》《天南地北南丰人》《南丰白舍千年古窑》《南丰红色记忆》等专辑，挖掘和弘扬本县底蕴深厚的历史文化和光辉灿烂的红色文化。2023年，为体现“亲历、亲见、亲闻”特色，编辑《南丰古城》专辑，挖掘历史文化街区、古城墙、古建筑、古城记忆等各类文化元素，充分展示南丰古城深厚文化底蕴和特色魅力。1990年县政协文史资料研究委员会被评为全省文史工作先进单位，2004年、2005年、2013年被评为全省政协文史工作先进单位。2024年，编辑《龟甲天下》专辑，挖掘南丰龟鳖产业从无到有到强的发展历程，展示南丰龟鳖产业的深厚底蕴。

南丰县政协委员会组织情况表

届次	起讫年月	界别数	委员人数	常委人数	全会次数	主　席	副主席
一届	1959.2–1963.10	14	43	17	3	姚　平	韩质明（1959.2–1960.2） 严振声
二届	1963.10–1965.12	15	53	15	1	姚　平	刘国治　严振声 黄冬轩　邓元祥
三届	1965.12–1980.12	15	57	15	1	彭　耀	刘国治　严振声 黄冬轩　邓元祥
四届	1980.12–1984.4	17	57	15	3	邹俊峰	赵志泉　黄儒楷
五届	1984.4–1987.7	18	115	27	3	邹俊峰	何重九　赵志泉 黄儒楷
六届	1987.7–1990.4	16	115	24	3	邹俊峰	赵志泉　熊信之（女） 万桂华
七届	1990.4–1993.1	16	133	25	3	魏木香	黎博浪　熊信之（女） 万桂华　胡祥熙

续表

届次	起讫年月	界别数	委员人数	常委人数	全会次数	主　席	副主席
八届	1993.1–1997.12	19	137	19	5	谢允森 1993.1–996.2） 黄样生 1996.2–1997.12）	邓善满　熊信之（女） 万桂华　胡祥熙
九届	1998.1–2002.12	17	135	22	5	宗吉生	邓善满　熊信之（女） 胡祥熙　罗贤丰　江锋先
十届	2003.1–2007.4	18	153	18	5	黄应根	邓善满（2003.1–2003.10） 涂英（女） 傅厚云（2006.11–2007.4） 罗贤丰　江锋先 徐小明（2003.1–2006.6） 章安龙（2004.2–2007.4） 李明亮（2006.3–2007.4）
十一届	2007.4–2011.8	18	153	30	5	李履才	涂英（女）　傅厚云 章安龙　李明亮　曾无非 张小仕（2010.3–2011.8，后受刑事处罚）
十二届	2011.8–2016.10	18	163	32	7	李履才	李明亮 周金生（2016.2–2016.10） 曾无非 张小仕（2011.8–2014.7，后受刑事处罚） 邓文宏（2011.8–2013.4） 何兰（女） 曾彪（2013.4–2016.10）
十三届	2016.10–2021.10	17	165	31	6	邓　军	李明亮　周金生 何兰（女）　汤小卫 余兵才（2016.10–2021.10） 王云光（2020.7–2020.10 何　峰（2021.3–2021.10）
十四届	2021.10–2024.12	18	160	31	4	邓　军	罗文龙（2021.10–2024.7） 鄢小龙　王云光 李淑媛（女）　王光荣 毕朝（女）（2024.4—）

第六节　政协崇仁县委员会

崇仁县位于抚州西南部，古称巴山郡，秦属九江郡，西汉属豫章郡，隋开皇九年（公元 589 年）建县，自古崇教尚学，文风昌盛，仅宋至清代就出了 170 多名进士，尤其是理学文化在中国哲学史上占有重要地位，素有“赣东望邑、抚郡望县”之称。全县总面积 1520 平方公里，人口 38 万人。辖 7 镇 8 乡和 1 个城市社区、1 个省级高新技术产业园区，距省会南昌 135 公里。全县种粮面积

64万亩，每年为国家提供亿斤以上商品粮，是全国优质商品粮生产基地。崇仁麻鸡、崇仁输变电设备闻名全球，有“中国麻鸡之乡”和“江西变电设备产业基地”之称。

一、组织沿革

政协崇仁县委员会成立于1962年4月，1966年“文革”开始后，政协组织处于瘫痪状态。1981年2月，政协组织重新恢复。1993年以前县政协每届任期为三年，1993年后每届任期为五年。

1962年4月，召开政协崇仁县第一届委员会第一次会议，选举政协主席1人、副主席3人、秘书长1人、常委21人。1966年1月，召开二届一次会议，选举政协主席1人、副主席2人、秘书长1人、常委21人。1981年2月，召开三届一次会议，选举政协主席1人、副主席2人、副秘书长1人、常委22人。1984年7月，召开四届一次会议，选举政协主席1人、副主席2人、秘书长1人、副秘书长1人、常委26人；1985年2月，召开四届二次会议，增选2名副主席。1987年8月，召开五届一次会议，选举政协主席1人、副主席4人、秘书长1人、常委27人；1989年3月，召开五届三次会议，增选副主席1人。1990年4月，召开六届一次会议，选举政协主席1人、副主席3人，秘书长1人、常委29人；1991年3月，召开六届二次会议，增选副主席1人。1993年1月，召开七届一次会议，选举政协主席1人、副主席4人、秘书长1人、常委31人；1996年3月，召开七届四次会议，补选政协主席1人、秘书长1人。1998年1月，召开八届一次会议，选举政协主席1人、副主席2人、秘书长1人、常委28人；2001年4月，召开八届四次会议，增选副主席1人；2002年2月，召开八届五次会议，增选副主席1人。2003年2月，召开九届一次会议，选举政协主席1人、副主席4人、秘书长1人、常委25人；2004年2月，召开九届二次会议，增选副主席3人；2006年11月，召开九届五次会议，增选副主席2人。2007年4月，召开十届一次会议，选举政协主席1人、副主席6人、秘书长1人、常委36人。2011年9月，召开十一届一次会议，选举政协主席1人、副主席5人、常委34人；2014年2月，召开十一届四次会议，补选秘书长1人；2016年2月，召开十一届六次会议，增选副主席1人。2016年10月，召开十二届一次会议，选举政协主席1人、副主席6人、秘书长1人、常委35人。2020年7月，召开十二届五次会议，补选副主席1人、秘书长1人。2021年10月，召开十三届一次会议，选举主席1人、副主席7人、秘书长1人，常委26人。2023年2月，召开十三届三次会议，补选副主席1人、秘书长1人、常委2人。2023年12月，召开十三届四次会议，补选主席1人。2024年6月，召开十三届六次会议，补选副主席1人、常委2人。

二、委员构成

政协崇仁县第一届委员会共有政协委员49名；第二届委员55名；第三届委员82名；第四届委员109名，其中中共42名，党外67名；第五届委员120名，其中中共48名，党外72名，由中共、工商联、工会、共青团、妇联、农民、文联、科技、社联、台属（侨务）、体育、新闻、教育、医药14个界别组成；第六届委员135名，其中中共54名，党外81名，界别在上届基础上增加民族宗教界共15个；第七届委员135名，中共及党外委员人数与上届相同，界别增加企业界共16个；第八届委员139名，其中中共55名，党外84名，由中共、工商联、工会、共青团、妇联、工业、农业、财经、文联、科技、台联、体育、新闻、教育、医药、民族、宗教17个界别组成；第九届委员166名；第十届委员181名；第十一届、十二届委员均为183名；中共与党外委员占比都按规定配备，委员界别组成没有变化。第十三届委员183名，其中中共73名，党外110名，由中共、无党派人士、工会、共青团和青联、妇联、侨联、工商联、科学技术、社科、经济、农业、教育体育、文化艺术、新闻、医药卫生、少数民族宗教、社会福利和社会保障、社会法制18个界别组成。截至2025年1月，共有委员179人，其中中共 71 名，党外 108 名。

三、机构设置

政协崇仁县委员会成立于 1962 年 4 月，下设常务委员会主持日常会务。1981 年 4 月，县政协设科学技术、文史资料、工商社会三个工作组；1982 年 4 月，设工业、农业、文教、卫生、财贸、社会六个工作组；1984 年 8 月，设学习、文史资料研究、提案工作三个委员会；1985 年，四届二次会议决定由六个工作组扩大为社会、对台宣传、工青妇、工交、农林水、文教、医药卫生、财贸八个工作组；1988 年 5 月，将原八个工作组、三个委员会改为工交、农林水、财贸金融、法制社团、医药卫生、教文体、“三胞”（台湾同胞、港澳同胞、海外侨胞）联谊、提案、学习九个专门委员会，政协机关设咨询联络科、文史宣传科、办公室。1989 年 12 月，分别成立巴山镇、相山镇政协工作组，1993 年撤销。1997 年 2 月，实行机构改革，原专委会合并调整为工交农林水、法制社团“三胞”、财贸金融私营经济、教文卫体四个专委会，提案委员会只在政协全委会议期间作为临时机构处理委员提案工作。为更好组织委员开展活动，四个专委会分设法制社团、“三胞”联谊、工业交通、农林水、教文体、医药卫生、财贸金融、个体私营八个活动组，政协机关撤销咨询联络科和文史宣传科，保留办公室。2006 年 12 月，工交农林水、财贸金融私营经济专委会合并为经济委员会，提案委员会由临时机构改为专门委员会，共设法制社团“三胞”联谊、教文卫体、经济、提案四个专门委员会。2012 年 9 月，为更好对接市政协工作，四个专委会再次进行更名，分别是提案委员会、社会法制和港澳台侨外事委员会、教文卫体和文史委员会、经济委员会，下设社会法制、“三胞”联谊、工业交通、农林水、教文体、医药卫生、财贸金融、提案八个活动组。2016 年 10 月，为更好对接政府机构职能转变，四个专委会下设六个活动组，即提案组、教文卫体和文史组、社会法制和港澳台侨外事组、城建交通组、工商财贸组、农业和资源环境组。2019 年 1 月实行机构改革，经济委员会更名为经济和农业农村委员会，教文卫体和文史委员会更名为教科文卫体和学习委员会。2021 年 4 月根据事业单位改革，县政协办公室下设政协委员联络服务中心，为正股级全额拨款的公益一类事业单位。

四、工作概况

（一）政治协商

1. 会议协商　自 1981 年三届一次会议至 2024 年十三届六次会议，共召开全委会 50 次。1997 年以前，政协全委会先于人大会议召开后于人大会议结束，政协委员全程列席参加人大会议，听取并审议人大会议全部工作报告；1998 年后，鉴于节约开支、缩减会期等原因，政协全委会不再安排政协委员全程列席人大会议，只列席参加人大会议的开幕大会，听取政府工作报告，对人大会议的其他工作报告以书面形式发送政协委员阅看。1998 年，首次安排四名政协委员在政协全委会上作大会发言，此后每次全委会（除历届一次全委会外）都安排委员作大会发言。1998 年至 2024 年，共安排委员大会发言 25 次，发言 137 人次，书面发言 90 人次。其中《突破难点，突破固有想法，企业全力改制》《加强河道管理，切实保护母亲河》《充分发挥品牌优势，再创麻鸡产业新辉煌》《强化农产品质量安全，推进农业现代化建设》《以政策为先导，以科技为手段，做强做实现代农业示范园区》《“新建、搬迁、扩建、改建”四轮驱动，扩充优化城区教育资源》《把精准扶贫攻坚作为第一民生工程》《扩充优质水源改造老旧管网确保持续高质量供水》等大会发言，得到与会领导的肯定与重视，引起与会者的共鸣，县委、县政府主要领导作出批示，经由相关部门办理取得较好成效。

2. 专题协商　每年县政协常委会围绕全县中心工作、人民群众关注的热点、难点问题，选择一到两个课题进行专题协商。专题协商会于 1998 年 10 月首次召开，截至 2024 年，共召开52次，形成建议案52篇。会上政府分管领导作情况通报、政协相关副主席就委员调研情况进行介绍、参会政协常委提出见解主张，会后政协办公室整理后以政协建议案形式报送县政府，多数建议案引起了县政府领导的重视，经县政府主要领导批示和相关部门办理后取得可喜成效。从1986年开始，县政协各专委会与相对应的党政部门建立对口联系协商制度，每个专委会每年均安排2至4次对口协商工作，截至2024年，共开展对口协商活动298次。积极探索协商议事方式方法，从2021年起，先后建立政协委员联系点、政协委员工作室等协商议事平台，创新"禾场协商""仁理协商""提案办理面商"等协商形式。如"禾场协商"坚持与群众同坐一条板凳，邀请镇村党组织负责人、有关专家、部门负责人与政协委员、基层群众代表齐聚禾场，围绕"遏制高价彩礼""推进城中村环境卫生整治"等基层群众身边的要事难事开展协商，协商成果以决议或提案、社情民意等形式提交镇村党组织和有关部门，促进问题解决。"仁理协商"传承发扬崇仁理学文化，通过"仁"的协商来"理"顺情绪，化解矛盾，着力增进共识，促进团结。

（二）民主监督

1. 调查研究 县政协每年选择10个左右课题，以政协专委会或专委会活动组的形式组织委员开展调查研究，形成调研报告后向党政机关建言献策。1981年至2024年，共开展专题调研146次，形成调研报告201篇。其中《关于我县乡镇卫生工作情况》《构建幸福养老家园、满足健康养老需求》等18篇调研报告被评为市政协优秀调研报告或全市政协系统优秀调研文章；有90篇调研报告得到县委、县政府主要领导批示，在推动全县经济社会发展等方面取得显著成效。2020年，就"大力发展蔬菜产业，增强脱贫攻坚的实效"课题进行调研，形成《强龙头、活市场，着力推动崇仁蔬菜产业发展的建议案》，县委主要领导批示"调研有深度、分析有见地、建议有指导性"，给予充分肯定，并指示相关部门抓好落实。2021年，为服务工业创新发展三年倍增行动，开展"多措并举，着力解决园区用工难题""提升科技创新能力，助力工业三年倍增行动""延链壮链，助推变电产业集群发展"等多项调研。2022年，围绕"强化举措，助推村级集体经济发展壮大""加强农村中心集镇规划建设，助推美丽乡村创建"开展实地调研。2023年把"大力发展蔬菜产业，增强产业脱贫的实效"纳入年度重点协商课题，组织委员、有关部门负责人深入巴山、郭圩、马鞍等乡镇多家蔬菜基地实地调研，并召开常委会会议专题协商，邀请县政府分管领导与委员面对面共商蔬菜产业发展大计。开展"聚力德育内涵创新，为中小学生心理健康教育护航"专项调研，聚力德育内涵创新，为中小学生心理健康教育护航提出意见和建议。2024年，为落实党的二十大报告提出的"完善人民政协民主监督和委员联系界别群众制度机制"要求，探索开展专项民主监督工作。紧盯政府工作报告落实情况、重点工程项目实施情况，围绕油菜产业集群项目、矛盾纠纷多元化解平台建设、中国崇仁麻鸡农博城项目建设情况、高新区片区保障性租赁住房建设项目（二期）建设情况、"十四五"农村公路升级改造工程建设情况、中医药老年健康（中医药医养结合）中心建设情况等热点难点问题开展专项民主监督，综合运用会议、视察、座谈、社情民意等监督形式，帮助找准工作薄弱环节，反映真实情况，提出务实管用的建议和办法。

2. 考察视察 截至2024年，县政协先后组织各专委会委员到县内外考察学习80批次，写出考察报告53篇，其中32篇被县委、县政府采纳。开展专项视察311次，委员提出的意见和建议，对改进和推动工作发挥了积极作用。2018年，组织委员对新建学校及周边环境整治等情况进行视察，形成《关于我县近年来新建学校相关情况的视察报告》，县主要领导作出重要批示。2019年，为做大做强主导产业，围绕"推进智能制造，助推变电设备产业转型升级"开展专题视察，针对“数字化车间、智能化工厂、智能管理系统运用”提出切实可行意见建议，助推北斗远程控制芯片量产、明正智能化升级改造等项目有序推进。2022年，组织部分县政协委员、相关部门负责人赴浙江省温岭市实地学习考察温岭市红日专业合作社在西蓝花深加工方面的先进经验和成功做法。2023年，组织全体政协委员赴江西伊发电力科技股份有限公司、江西恒翔电气有限公司、崇仁县人民医院感染大楼、黄洲学校等地视察，通过实地参观、看展示、听讲解，全方位感受了全县经济社会高质量发展成果。组织县政协常务委员会成员视察中共党员委员工作站、政协委员工作室建设情况，直接了解政协重点工作开展情况，视察江西明正变电设备有限公司国家企业技术研发中心、工业4.0数字化工厂项目、江西伊发电力科技股份有限公司智能输配电设备5G智慧工厂项目、江西恒翔电气有限公司年产20万吨输变电高性能材料产业园项目，了解新质生产力在崇仁的具体实践，帮助委员知情明政。2024年，为更好发挥政协组织在国家治理体系中的重要作用，更好服务基层社会治理，组织政协委员赴乐安县、宁波市奉化区等地学习考察协商平台建设方面的先进经验和特色做法。

（三）参政议政

1. 提案办理　1981年至2024年，历届县政协委员及委员组成单位共提交提案5431件，经审查立案4739件，转送政府以会议形式交由相关部门单位办理。1998年7月，对“关于县城环境卫生及路灯照明情况”提案进行办理，县委、县政府领导亲自到现场办公，组织力量对中山路、广场北路等路段进行全面改造，受到居民交口称赞。2000年，开始实行主席、副主席领衔督办制度，增强了提案办理实效。2004年12月，县政协下发提案办理民主评议方案，首次召开提案办理工作民主评议会，组织委员就建设局的提案办理情况进行面对面交流沟通、打分评议，推动提案办理。此后每年均在提案承办任务较多的单位开展民主评议提案办理工作，促进提案办理工作进一步深入。2016年，开始实行县委、县政府领导与政协领导联合督办制度，提案办理力度日益加大、效果更为明显，办复率、委员满意率均达100%。2021年起，开展提案工作“双公开、双提升”品牌创建活动，加强提案工作制度化、规范化、程序化建设。以重点提案督办为抓手，精心遴选重点提案，分别由党政领导领办、政协领导领衔督办，有力促进提案办理工作，形成“党委高度重视、政府大力支持、政协积极履职、各方协同助力”的提案办理工作格局；加强提案督办力度，邀请县委办、县政府办、县督查办有关负责人参与督办工作，坚持重点提案重点督办，常规提案跟踪督办，特殊提案联合督办，推动提案办理“件件有回复，事事有回音”。2023至2024年，持续深化提案工作“双公开、双提升”品牌创建，打造提案工作品牌展示厅，编写《提案工作“双公开、双提升”探索与实践》书籍，建立提案质量及提案办理质量“双向评议”等制度，探索开展模拟政协提案工作，创造可复制、可推广工作经验，受到省、市政协好评。2024年开始，邀请提案承办单位对提案质量进行评议打分，在县政协常委会上根据提案办理情况对提案主办单位进行评议打分，督促承办单位对评分不高的提案进行“二次办理”。

2. 社情民意　1996年起，县政协创办反映群众呼声的内部刊物《社情民意》。1996年至2014年，每年编印社情民意12期，反映社情民意信息48条，共编辑204期，反映社情民意信息816条。2014年后，社情民意以专期专刊的形式向党政呈报，即每期社情民意只刊登一条社情民意信息，这样更便于领导批示及相关部门研究办理。2014年至2021年，共编印社情民意专刊336期。社情民意以点及面、由表入里，切实反映人民群众的呼声和迫切需要解决的问题，篇幅短、渠道畅、问题实、解决快，通过相关部门办理，解决许多社会生活方面问题，深受群众好评。2021年换届以来，县政协进一步重视社情民意信息工作，出台《加强县政协宣传信息工作的暂行办法》，2022年至2024年间，就收集社情民意信息454条，向省政协报送社情民意信息288篇，其中17篇被转送省委，42篇被转送全国政协，全国政协采用3篇。被省市政协评为2023年度“反映社情民意信息工作先进单位”、机关1名干部被省市政协评为“反映社情民意信息工作先进个人”。

（四）提质增效

县政协把提案工作“双公开、双提升”“一县一品牌”作为提质增效的有效手段，将提案内容和提案办理情况在一定范围、场所动态公开，扩大社会知晓率和影响面，发挥社会监督作用，通过“抓实源头‘强基础’、动态公开‘强推进’、协商督办‘强效果’”，有效促进政协提案质量和办理质量“双提升”。抓实源头“强基础”。组织开展委员培训，不断提升委员提案履职能力水平；广泛开展提案征集，采取党政点题、部门荐题、社会征题、群众出题、协商定题、发言转题等方式，创新选题渠道，夯实工作基础。动态公开“强推进”。规定公开内容、规范公开形式、明确公开频次。精心遴选重点督办提案、提案重点承办单位，将提案内容、承办单位、责任人、办理进度等内容在电子显示屏滚动播放、每月动态更新，发挥公开的社会监督作用，推动办理质效提升。协商督办“强效果”。县委、县政府、政协领导带头领办督办重点提案；通过县委书记专题听取重点提案办理情况汇报、与党委政府办公室联合督查、召开提案办理协商圆桌会、组织提案办理民主评议等举措，强化提案办理协商，增强协商督办合力，提升办理效果。2022年开始，每年举办提案办理协商活动20余场，促使委员撰写提案更规范，部门办理提案更有力。“加快推进崇仁麻鸡产业高质量发展、推进高新区产城融合发展、建设人民广场智慧停车场”等建议得到积极回应，惠民好事得到及时有效落实。

（五）凝聚共识

1. 服务大局　县政协积极参与各项中心工作，服务大局。从1992年开始县政协助力农村建设，把帮助农村委员所在村奔小康作为政协服务农村建设的着力点，使农村委员所在村组人均收入增加3倍，《人民日报》《光华时报》相继报道此举。县政协积极参与经济建设，带领机关干部及相关成员单位干部全力以赴抓招商，长年奔波在招商引资第一线，每年都出色地完成了招商引资任务，并连续多年获县“招商引资先进单位”称号。县政协积极发挥人才和智力优势，组织委员送文化、送医药、送科技下乡102场次，举办科技讲座60场次。2015年，县政协争取到赣商联合总会资金300万元，用于县村级卫生所建设，极大地改善全县村级卫生所综合服务能力。县政协领导与机关工作人员深入企业了解情况，帮助客商解决生产、生活中的实际困难和问题，累计为非公经济人士办实事300件，提供维权服务52次，提供信息服务110次，受到非公经济人士和社会广泛好评。2003年的非典疫情、2008年罕见的冰冻雨雪灾害及2019年的新冠疫情，县政协全力以赴参与抗灾抗疫斗争，并做出积极贡献。2021年至2024年，县政协在重点项目征迁、棚户区改造、文明城市创建等工作中，积极参与，勇于担当，均有建树；全力服务“创文创卫”工作，安排专人负责“双城同创”工作，定期组织机关全体干职工到责任路段开展义务清扫、环境整治、疏导交通。

2. 史料征编　1985年至2005年，县政协先后编辑发行《崇仁政协统战志》《崇仁文史资料》（1—4辑）、《政协委员风采》《崇仁民营经济》计100余万字。2005年至2024年，文史征编广征社会各界人士及知名作家之言，聚焦崇仁历史名人及行业特色，先后编辑出版《崇仁麻鸡发展史》《品读理学之乡——崇仁文史》《吴与弼》《理学之桥》《废墟秘境》《至德崇仁》《崇仁变电崛起路》等总计160余万字，复刊《崇仁文史》三期。配合省市政协征集政协委员亲友革命故事、小三线建设、知青岁月、脱贫攻坚工作纪事、抗击新冠肺炎疫情、共产主义劳动大学崇仁分校等文史资料。

政协崇仁县委员会组织情况表

届次	起讫年月	界别数	委员人数	常委人数	全会次数	主席	副主席
一届	1962.4–1966.1	11	49	21	2	王国本	周文清 王振海 邓培英
二届	1966.1–“文革”时期	12	55	21	1	张振刚	周文清 邓培英
三届	1981.2–1984.7	13	82	22	3	李禄才	黄厚基 杨怡顺 吴诚之
四届	1984.7–1987.8	13	109	26	3	童学良	黄厚基 吴诚之 章富臣（1985.2–1987.8） 黄紫云（1985.2–1987.8）
五届	1987.8–1990.4	14	120	27	3	宁宏昌	章富臣 陈光生 饶 康 傅宏昌 黄美华（1989.3–1990.4）
六届	1990.4–1993.1	15	135	29	3	宁宏昌	章富臣 饶 康 黄美华 傅宏昌（1991.3–1993.1）
七届	1993.1–1998.1	16	135	31	5	宁宏昌（1987.8–1996.3） 黄德洋（1996.3–1998.1）	黄美华 黄木传 饶 康 陈勉清
八届	1998.1–2003.2	17	139	28	5	黄德洋	魏友旗 陈勉清 方珍如（女，2001.4–2003.2） 邹明珠（女，2002.2–2003.2）
九届	2003.2–2007.4	17	166	25	5	张国英	魏友旗 邹孟义 张员娇（女） 章新友 李清萍（女） 吴茶香（女） 章劲松（2004.2–2007.4，正在接受调查） 许文科（2006.11–2007.4） 邹建华（2006.11–2007.4）
十届	2007.4–2011.9	17	181	36	5	魏友旗	邹孟义 李清萍（女） 许文科 邹建华 邓南生 刘 胜（女）
十一届	2011.9–2016.10	17	183	34	6	魏友旗	邹建华 李清萍（女） 邓南生 黄泽民 傅燕萍（女） 黄又平（2016.2–2016.10）

续表

届次	起讫年月	界别数	委员人数	常委人数	全会次数	主席	副主席
十二届	2016.10–2021.10	17	183	35	6	高自辉	邹建华（2006.11–2020.7） 黄泽民 黄又平（2016.2–2020.7） 吴正顺　方丽萍（女） 黄　瑛（女） 黄　勃（2020.7–2021.10）
十三届	2021.10–2024.12	18	183	35	6	高自辉(2021.10–2023.12） 刘　弘(2023.12–）	李卫华（2021.10–2023.12） 万菊娥（女，2021.10–2022.02） 吴正顺 方丽萍（女，2021.10–2023.12） 黄　勃　吴升良 方丽英（女） 熊兴华（2023.02—） 余　宁（2024.06—）

第七节　政协乐安县委员会

乐安县位于抚州市西南部，建县于南宋绍兴十九年（1149），全县总面积2410.45平方千米，辖9镇7乡，人口38.73万人。乐安县是江西临川文化、庐陵文化的交汇融合地，境内古村古迹众多。流坑村为中国首批历史文化名村、中国首批传统村落，被誉为中国古代农村文明的“活化石”。乐安县傩舞被列入国家非物质文化遗产名录。乐安县旅游资源丰富，有流坑、金竹飞瀑等4个国家级AAAA景区。第二次国内革命时期，乐安县是中央苏区的“全红县”，毛泽东、周恩来、朱德、邓小平等老一辈无产阶级革命家曾在这里开展斗争。县内至今留下红军标语3800多条，有“红军标语第一县”之称。乐安县是中国生态旅游大县、中华民族文化生态名县、全国绿色农业示范县。

一、组织沿革

政协乐安县委员会成立于1959年11月，历14届。1959年11月，召开一届一次会议，选举主席1人、副主席3人、秘书长1人、常委15人；一届二次会议，补选主席1人、副主席2人、常委2人；本届共举行全体会议2次。1963年10月，召开二届一次会议，选举主席1人、副主席3人、秘书长1人、常委15人；本届共举行全体会议4次。1966年5月，三届委员会组成人员，经地委批准，设主席1人、副主席5人、常委11人，三届一次会议因“文革”未能召开。1980年12月，召开四届一次会议，选举主席1人、副主席2人、常委11人；二次会议增补副主席1人、常委7人；本届共举行全体会议3次。1984年7月，召开五届一次会议，选举主席1人、副主席4人、常委27人；二次会议增选副主席1人；三次会议增选副主席1人、常委2人；本届共举行全体会议3次。1987年7月召开六届一次会议，选举主席1人、副主席4人、秘书长1人、常委21人；二次会议增选副主席1人；三次会议增选常委1人；本届共举行全体会议3次。1990年4月召开七届一次会议，选举主席1人、副主席3人、秘书长1人、常委16人；本届共举行全体会议3次。1993年1月召开八届一次会议，选举主席1人、副主席3人、秘书长1人、常委15人；二次会议增选主席1人；三次会议增选常委2人；四次会议补选秘书长1人；本届共举行全体会议5次。1998年1月召开九届一次会议，选举主席1人、副主席4人、秘书长1人、常委18人；三次会议增补常委2人；五次会议增选副主席1人；本届共举行全体会议6次。2003年1月召开十届一次会，选举主席1人、副主席5人、秘书长1人、常委20人；二次会议接受副主席、秘书长各1人辞去职务，增选副主席3人，补选秘书长1人；五次会议接受副主席2人辞去职务，补选副主席1人，增补常委4人；本届共举行全体会议5次。2007年3月召开十一届一次会议，选举主席1人、副主席7人、秘书长1人、常委22人；二次会议补选秘书长1人，增选常委1人；三次会议增选常委2人；四次会议补选副主席1人、增选常委6人；本届共举行全体会议5次。2011年9月召开十二届一次会议，选举主席1人、副主席6人、秘书长1人、常委26人；二次会议补选副主席1人、秘书长1人、常委3人；本届共举行全体会议6次。2016年10月召开十三届一次会议，选举主席1人、副主席7人、秘书长1人、常委28人；三次会议补选常委1人；五次会议接受副主席5人、常委2人辞去职务，补选副主席2人和常委3人；本届共举行全体会议6次。2021年10月召开十四届一次会议，选举主席1人、副主席7人、秘书长1人、常委27人；三次会议增选常委1人；本届到2024年底共举行全体会议4次。

二、委员构成

政协乐安县第一届委员会设中共、工会、共青团、妇联、农民、工商、教育、医务、文艺、老干部、宗教11个界别，委员41人。二届委员会界别未变，委员49人。三届委员会增设科技界别，共12个界别，委员49人。四届委员会撤销农民、工商、教育、老干部4个界别，增设工业、财贸工商、文体教育、“三胞”、农林、少数民族、特邀7个界别，共15个界别，委员59人。五届委员会设中共、工会、共青团、妇联、农民、财贸工商、科学技术、社会科学、教育、医药卫生、文化艺术、体育、新闻、台胞、台属、侨属、宗教、少数民族、无党派人士、特邀共20个界别，委员111人。六届委员会撤销文化艺术、体育、新闻、台胞、台属、侨属、无党派人士7个界别，增设文体、“三胞”2个界别，共15个界别，委员120人。七届委员会界别未变，委员128名。八届委员会撤销工会、农民、财贸工商3个界别，增设企业、农林、财贸、工商联4个界别，共16个界别，委员129名。九届委员会界别未变，委员132名。十届委员会撤销企业、农林、财贸、工商联4个界别，增设农林水、财贸（工交）、民营经济（企业）3个界别，共15个界别，委员158名。十一届委员会设中共、无党派人士、工会、青年、妇女、农业、经济、工商联、科学技术、社会科学、教育、医药卫生、社会保障、文化体育、“三胞”、少数民族宗教、法律、特邀共18个界别，委员173名。十二届委员会撤销“三胞”界别，增设新闻出版、台联侨联2个界别，共19个界别，委员190名。十三届委员会界别未变，委员194名。十四届委员会撤销法律界别，共18个界别，委员193名。

三、机构设置

乐安县政协常务委员会是县政协常设机构，主持政协日常工作，召集并主持政协全体会议。由主席、副主席、秘书长、常务委员会委员组成，按照《中国人民政治协商会议章程》行使职权。

由政协主席主持常务委员会工作，副主席、秘书长协助主席工作。主席、副主席、秘书长组成主席会议，处理日常工作。

第一届委员会下设社会联系、文教卫生、科学技术、工商四个组。二届委员会设鳌溪、南村、牛田、龚坊四个工作组。四届委员会设科学技术、文化教育体育、工商社会人士、民族宗教对台侨务、医药卫生、文史资料编写六个工作组。五届委员会设一个学习委员会和农业、工商、经济、科技、教育、文体、祖国统一、医药卫生、文史资料、妇女十个工作组。六届委员会设学习、提案工作、文史资料工作三个委员会和工业交通、农林水电、文体、“三胞”、民族宗教、教育、财贸、医药卫生、乡镇九个工作组。七届委员会设工业交通、农林科技、教育文体、医药卫生、财贸工商、祖国统一六个工作委员会和学习、提案审查、文史资料三个委员会。八届委员会在七届委员会的基础上增设工商、法制社团、农村三个工作委员会。九届委员会设提案学习、教文卫体、经济科技、法制社团和“三胞”联谊四个委员会和提案学习、财贸、工业工商、农林科技、教育、文体、卫生、三胞联谊、法制社团九个工作组。十届委员会在九届委员会的基础上，增设文史委员会(后并入政协办公室)。十一届委员会设提案、经济、教文卫体、社会和法制四个专门委员会和提案、财贸、工交、农林水、教体、文卫、社会、法制八个活动小组。十二届委员会设提案、经济、教文卫体、社会和法制四个专门委员会；提案一、提案二、财贸、工交、农林、教育、文体、社会和法制九个活动小组。十三届委员会设提案、经济、教文卫体和文史、社会法制和港澳台侨外事四个专门委员会。每个专委会分设2个活动小组，以便委员分界别开展工作。2019年，经济委员会更名为经济和农业农村委员会，教文卫体和文史委员会更名为教科文卫体和学习委员会。十四届委员会设提案、经济和农业农村、教科文卫体和学习、社会法制和港澳台侨外事四个专门委员会。2023年11月调整为经济、提案、农业农村和人口资源环境、教科卫体和文化文史学习、社会法制和港澳台侨外事民族宗教五个专门委员会。

政协乐安县一至四届委员会期间，政协机关无科室设置。一至三届委员会有机关工作人员2人，办公地点设在工商联内。四届委员会有机关工作人员3名，后增至5名。五届委员会机关设办公室，后成立工作组、文史、学委会办公室，有工作人员9名。1987年政协机关设联络咨询科、宣传文史科。1997年7月根据机构改革“三定”方案，撤销宣传文史科和联络咨询科。2021年4月成立乐安县政协委员联络服务中心，为股级事业单位，归县政协办公室管理。

乡镇政协工作委员会于1989年5月成立，是乡一级的统一战线组织。先后在戴坊、牛田、招携、鳌溪、公溪镇和龚坊乡建立乡镇政协工作委员会，设主任1名，副主任1至2名。1993年1月根据机构改革精神，乡镇政协工作委员会全部撤销。

老委员联谊会于1987年12月成立，共有会员76名。2010年1月成立老委员联谊协会并取代原县政协老委员联谊会。

四、工作概况

历届县政协充分运用会议、提案、专题调查、视察、对口联系和反映社情民意等多种形式，履行政治协商、民主监督和参政议政职能，推进政协工作制度化、规范化，为乐安县经济社会发展服务。

（一）政治协商

1. 调研视察 1959年10月，自县政协成立以来，始终把政治协商作为履行职能的重要工作。从首届一次会议以来，共召开政协全体会议55次。通过政协全体会议、常委会会议、主席会议以及意见听取会、报告会、调度会、座谈会，县政协主席列席常委会、正副主席参加县四套班子联席会议以及县委、县政府召开的各种会议，开展政治协商，提出意见建议。一至十四届县政协期间，开展调研视察活动380多次，形成调研报告230多篇。1989年，撰写《关于乐焦公路建设》调研报告，有力地推动这项民生工程建设。2001年，《学习张家界开发旅游的经验，发展乐安旅游业》调研文章，提出以流坑为龙头，以乌江为走势，沿途开发麻坑橘子洲、水南樟树林，再把石桥寺、大华山、大龙山、金竹瀑布等景点纳入开发规划的意见和建议，得到县主要领导认可和肯定。2017年，《发展生态林业，建设美丽乐安》调研报告，入选《全省百县政协：加快我省国家生态文明试验区建设选篇》。2019年《保护红色历史文化，合理利用红色资源》调研报告得到县委主要领导批示。2020年，针对双孢菇产业发展情况开展为期半年调研，寻找出发展中存在问题和促进发展有效措施，边调研、边总结、边宣传，为菇农提振信心，为做大做强乐安双孢菇产业助力加油。2023年，针对乐安竹笋企业发展所需，深入基层和企业调研，召开协商座谈会、调度会10余次，组织相关部门和企业赴浙江、福建考察，形成21条具体建议，助推县政府成立江西省乐安县竹笋集团，全县15家竹笋企业整合抱团，加快乐安竹笋产业发展升级。2024年，将创建国家全域旅游示范区、加强对企业帮扶和服务、推动乡村文化和乡村旅游融合发展等11个课题作为重点协商议题，通过精心开展调研视察活动，10个重点课题协商议政工作全面完成，为县委、县政府决策提供参考。

2. 专题协商　县政协充分发挥委员的作用，围绕各个时期县委、县政府发展战略，在培育主导产业、民生工程、招商引资、全域旅游、乡村振兴等方面工作积极作为，开展专题协商，贡献政协智慧和力量。九届县政协在流坑村保护、研究、开发中全力以赴，使流坑成功申报为全国文物保护单位，成为闻名遐迩的千古第一村。十二、十三届县政协推动培育乐安烤烟生产成为主导产业，成为全省重点烤烟生产县。十四届县政协紧紧围绕县委实现“乐山乐水乐游，安商安业安居”目标，创新打造“乐于议事、安于协商”的“乐事安商”履职品牌，在全市率先探索出一条“党委领导、政府支持、政协搭台、各方参与、服务群众”基层协商民主创新实践之路，推动基层协商议事更接地气、更聚人气、更生和气。先后开展“棚改空地改为临时停车场”“南门花园至工业园区红绿灯路口设立护栏和减速带”“小区电线、网线等线路混搭存在安全隐患”“厚发工业园区自来水水质较差”等各类协商活动75次，参加委员达650余人次，联系界别群众达960余人，解决群众“急难愁盼”事70余件，有效打通委员联系服务群众的“最后一公里”。4个专委会以“乐事安商”为引领，分别在产业基地、企业、乡镇社区、县直单位等地创建“乐农安商”“乐企安商”“乐提安商”“乐文安商”“乐法安商”5个协商议事子平台，探索出符合乐安实际协商议事新模式，将履职触角向基层延伸，实现推进政协协商与基层协商有效衔接，并在全市政协工作现场会上作经验介绍。人民日报、新华社、人民政协报等国家和省级媒体对此进行深度报道。

（二）民主监督

1. 提案办理　二至十四届委员会期间，历届县政协委员共提交提案3814件，审查立案提案3764件，其中21件内容相近的提案合并为10件，18件作为信访件处理。根据提案所涉内容、部门职责、界别关系、区域分布等，明确每件提案的主办单位和协办单位、责任人，采取全程跟踪督促办理、对口联席指导办理、多方协商联动办理、“三方或多方”面对面融合办理、领导领衔督导办理、限期办理等方式，提案承办单位对委员提出的提案均得到答复，答复率为100%。委员对提案办理结果表示满意和基本满意率为100%。1993年，委员提出的《关于修通戴坊至新干公路》、1995年，提出的《关于举全县之力，建设山坑电站》、2009年，提出的《关于加大力度抓好鳌河整治》、2017年，提出的《关于取缔城区三轮载客车车辆的建议》、2021年，《关于破解村两委换届青黄不接困惑的建议》《关于促进我县物流产业发展的建议》、2022年，《关于推动我县竹笋产业高质量发展的提案》、2023年，《关于精准防控野猪对农村地区的危害》等一批提案得到县委、县政府的高度重视，被相关部门采纳和实施，通过各承办单位的认真办理落实，政协提案为推动全县经济社会发展发挥了积极作用。

2. 行风评议 八届委员会以来，在政协委员中建立特邀陪审员、监察员、审计员、教育督导员等民主监督制度。组织委员参加民主评议行风、干部作风执行力考核、城市规划、价格调整听证、扶贫移民政策出台、公众安全感测评、学生营养餐工作咨政问效等活动120余场，彰显了民主评议、民主监督的作用。

（三）参政议政

1. 社情民意 坚持把收集和反映社情民意信息作为关注民生的重要途径，广泛收集信息和社情民意，共反映社情民意2200多条。1990年9月，创办《委员之声》简报，反映委员心声、传递社情民意、提供决策参考。1998年，开始编发《乐安政协信息》《社情民意》刊物，向县委、县政府及有关部门报送社情民意信息，提供意见建议，一批有深度、可操作性较强的建议被采纳，促进相关问题有效快速解决。如2019年《关于加强南山公园建设管理的建议》《关于在县幼儿园、琅程幼儿园附近开设公交站点的建议》《关于在县一中门口加强交通管理的建议》等。积极向省、市政协报送信息和社情民意，2004年，撰写的《乐安县建立库区深山区移民扶贫四种安置模式》，被省政协办公厅采用；2019年，报送的《当前机构改革中“闲差追捧”现象需引起注意》被全国政协采用，并入选《全国政协的江西故事》；2022年，《关于对外籍新娘社会管理的建议》被全国政协单篇采用；2023年，《基层粮库建设管理安全问题亟待重视》被全国政协综合采用。县政协2015年被省、市政协评为先进单位；2017年度、2018年度、2022年度、2023年度被市政协评为“宣传信息工作先进单位”；2020年度、2023年度被市政协评为“反映社情民意信息工作先进单位”；2023年5月，被省政协授予“第十二届江西省政协工作先进履职单位”。2024年，收集社情民意信息232篇，向省、市政协报送社情民意信息162条，由省政协编辑转全国政协5篇、省委9篇。

2. 建言献策 在政协全委会期间，组织委员听取和讨论政府工作报告和其他报告，提出意见建议，特别是自十一届县政协以来，全委会安排委员作大会发言，每次选择4至6个党政领导和群众关心的热点问题开展调研，形成大会发言材料，内容涉及民生福祉、社会治理、全域旅游、产业发展等多个方面，大会发言在全县范围产生广泛影响，得到领导高度赞扬。2023年，围绕规范共享电动车管理、补齐农田水利建设短板、保障农村道路交通安全、缓解停车难等议题，开展专题协商座谈，积极建言献策，协助破解民生难题。针对校园周边食品安全、推动优质医疗资源扩容下沉、职业技能教育等，持续建言献策，回应群众关切。聚焦粮库建设管理、太阳能路灯使用管理、学生骑行安全、觉峰隧道日常管理、精准防控野猪对农村的影响等15个“微课题”进行调研协商，促进民生实事件件落实。2024年，继续开展“大走访大调研”活动，助推乐安高质量发展建言献策，各党员委员工作站开展协商议政活动22次，收集意见建议120余条，有效助力乐安高质量发展。

（四）尽责履职

政协把“乐事安商”“一县一品牌”融入履职尽责全过程。“乐于议事、安于协商”做到标识本地化、主题鲜明化、定位差异化、措施实效化。标识本地化。“乐事安商”由乐安首字母“LA”、流坑古村、党徽和红心组成logo标识，意为在县委领导下政协人凝心聚力助力乐安发展。主题鲜明化。根据各专委会职能和界别属性，把“乐事安商”划分成5个议事协商主题：“乐农安商”“乐企安商”“乐文安商”“乐法安商”“乐提安商”。定位差异化。把“乐农安商”建在设施蔬菜产业基地，“乐企安商”建在企业，“乐文安商”建在教育卫生系统单位，“乐法安商”建在县人民法院，“乐提安商”建在乡镇，延伸议事协商触角。

措施实效化。以5个议事协商平台为载体，将委员收集的各种信息以提案或社情民情形式，报送给县政协主要领导审阅并签送给县委、县政府主要领导或县政府分管领导。根据县领导签批意见，由分管的副主席和专委会与各职能部门“一对一”对接，全程督促落实。落实好的在乐安发布、乐安政协微信公众号进行宣传报道，落实差的对责任部门主要领导进行约谈，力促问题全面解决。2024年，“乐事安商”平台围绕“尽快安装北环路路灯、保障实验学校师生夜间出行安全、改善象山老菜市场周边突出问题、规范社会应急救援力量管理”等问题开展协商31次，参加委员达230余人次，联系界别群众达450余人，切实帮助群众纾难解困20余件，赢得群众口碑，树立政协形象。

（五）凝聚共识

1. 联络联谊　县政协充分发挥联系面广的优势，多领域、多形式、多渠道开展联谊交友活动，注重乐安作为台胞重点县的优势，通过“三胞”联谊，加强与台湾同胞、海外华人、华侨的广泛联系，增强台胞对祖国、家乡的情感，同时关心台籍人士，培养台籍干部，发挥他们的作用。第十届、第十一届县政协围绕县委“旅游兴县”的发展战略，以发展乡村旅游为切入点，建立“小蓬莱”联谊基地，2010年11月，“小蓬莱”联谊基地被省政协、省文联、省作协、省诗歌学会、省杂文学会授予联谊写生基地。2023年制定出台《政协委员联系服务界别群众实施办法》，建立与委员交流谈心、走访看望委员等机制，引导委员深入界别群众，协助县委、县政府做好政策宣传、解疑释惑、纾困解难等工作，把更多的界别群众团结在党的周围，切实为乐安发展厚植民意基础和社会基础。策划“喜看新变化、共谋新发展”活动，组织委员深入流坑古村、打通断头路、水产场安居房、滨湖公园等重点工程项目点视察，让委员在体验式、沉浸式履职场景中，切身体会时代之变、发展之变、乐安之变，增进对县委、县政府决策部署的理解和认同。深化“书香政协”主题实践活动，让乐安人更懂乐安，让外地人更知乐安，持续汇聚建设乐安美丽家园的奋进动力。

2. 史料征编　乐安县政协文史资料征集工作始于1981年，以征集亲历、亲见、亲闻史料为主，兼集其他方面有价值的史料。1984年至2021年，共征编《乐安文史资料》12辑，共90多万字。1994年，与县党史办合作征编出版《乐安英烈》10万余字。1995年，征编出版《乐安县情三百问》近9万字。2000年，挖掘“千古第一村”流坑文化资料，编辑出版《流坑历史人物专辑》。2010年，对乐安县畲族历史沿革、经济发展、民俗民风等资料作全面挖掘整理，编撰的文稿“乐安县金竹畲族乡”“毛泽东来到大金竹”“金竹畲族乡革命斗争”等8篇文章及部分综述内容被省政协《江西畲族百年实录》一书采用。2014年，县政协供稿“亲历抗美援朝之细菌战”一文入选省政协《文史大观》第2期。2017年，征编出版《乐安民国风云》一书。2024年，征编出版《醉美乐安》文旅丛书，该书分为《景物卷》《民俗卷》《人文卷》《红色卷》四册，召开工作调度会3次，收集老照片800余张，形成文字资料共计39万字。

政协乐安县委员会组织情况表

届次	起讫年月	界别数	委员人数	常委人数	全会次数	主席	副主席
一届	1959.11–1963.10	11	46	17	2	王镜明（1959.11–1961.2） 刘声钲（1961.2–1963.10）	范泰冬（1959.11–1961.2） 姜隆兴　郑莘耕 官赫茂（1961.2–1963.10） 徐玉祥（1961.2–1963.10）

续表

届次	起讫年月	界别数	委员人数	常委人数	全会次数	主席	副主席
二届	1963.10–1966.5	11	49	15	4	刘声钲	姜隆兴　官赫茂 董文祥
三届	1966.5–1980.12	12	49	15	0	王国本	焦凤翔　刘辉汉 杨希真　郑莘耕 董文祥（1966.5–1975.12）
四届	1980.12–1984.7	15	80	18	3	李　宏	陈绍生 杨希真（1980.12–1982.1） 黄春德（1982.4–1984.7）
五届	1984.7–1987.7	20	117	29	3	李　宏	李彰显　陈绍生 胡德群　黄春德 吴刚健（1985.4–1987.7） 袁承宗（1986.3–1987.7）
六届	1987.7–1990.4	15	129	22	3	毛明瑞	卢向云　胡德群 黄春德　龚华云 袁承宗（1988.1–1990.4）
七届	1990.4–1993.1	15	132	16	3	毛明瑞（1990.4–1992.10）	卢向云　胡德群 傅茂臣
八届	1993.1–1998.1	16	137	17	5	许国光（1993.1–1993.11）李秋生（1994.3–1998.1）	卢向云（1993.1–1997.11） 傅茂臣 杨水生（1993.1–1995.1）　戴接兴
九届	1998.1–2003.1	16	145	20	6	银光灿	董华春　陈道源 黄更昌 陈显明（1998.1–2002.12） 张乐明（2001.5–2003.1）
十届	2003.1–2007.3	15	167	24	5	杨水生	董华春（2003.1–2006.11） 陈道源（2003.1–2004.3） 张乐明（2003.1–2006.11） 陈国忠　吕小汉 徐友洪（2004.3–2007.3） 管同文（2004.3–2007.3） 吴瑞云（2004.3–2007.3） 易鸣辉（2006.11–2007.3）
十一届	2007.3–2011.9	18	195	31	5	杨水生	陈国忠　吕小汉 徐友洪　管同文 吴瑞云（2007.3–2008.7） 易鸣辉　叶芝云（女） 袁国平（2010.1–2011.9）

续表

届次	起讫年月	界别数	委员人数	常委人数	全会次数	主席	副主席
十二届	2011.9–2016.10	19	214	29	6	李以庚	陈国忠　吕小汉 徐友洪（2011.9–2013.4） 管同文 易鸣辉（2011.9–2013.12.） 叶芝云（女，2011.9–2016.8） 袁国平（2011.9–2012.2）
十三届	2016.10–2021.10	19	232	30	6	李以庚	袁国平 陈显明（2016.10–2020.7） 陈中平（2016.10–2020.7） 袁小明（2016.10–2020.7） 杨欣平 陈　晖（2016.10–2020.7） 黄茂文（2016.10–2020.7） 曾文辉（2020.7–2021.10） 陈羽后（2020.7–2021.10）
十四届	2021.10–2024.12	18	193	28	4次	章国华	杨欣平　曾文辉 陈羽后　陈小浪 罗　莹（女）　赵　钰 刘　永

第八节　政协宜黄县委员会

宜黄县位于抚州市中南部，建县于三国吴太平二年（公元257），因县治设于宜水、黄水汇合处而得名。全县总面积1944.2平方公里，辖8镇4乡2场和1个省级工业园区，总人口20.11万人。历史上，宜黄文化源远流长，人才辈出，曾孕育出北宋地理学家、文学家乐史，水利学家侯叔献，明朝抗倭名将、兵部尚书谭纶，清代禁烟名臣黄爵滋，近代佛学大师欧阳竟无等名人。创建于唐代的曹山宝积寺是佛教曹洞宗祖庭；宜黄戏、禾杠舞分别入选国家非物质文化遗产。第二次国内革命战争时期，宜黄是中央苏区的“全红县”，是中央苏区第四次反“围剿”的主战场。宜黄人民积极支援和配合红军作战，取得了著名的黄陂战役、东陂战役等胜利。宜黄县生态环境优良，森林覆盖率达76.86%，被授予全国森林康养基地试点建设县、国家生态文明建设示范县、国家重点生态功能区、全国推行河长制先进单位。

一、组织沿革

政协宜黄县委员会成立于1984年4月，截至2024年12月，历经10届。其中1至3届每届任期3年，4至10届每届任期5年。

1984年4月，召开政协宜黄县第一届委员会第一次会议，选举产生主席1人、副主席3名、秘书长（副主席兼）1名、常委11人，共15人组成的常务委员会，该届共举行全委会5次。1987年8月，召开二届一次全委会，选举产生主席1名、副主席5名、秘书长（副主席兼）1名和常委12名，共18人组成的常委会。该届共举行全委会3次。1990年4月，召开三届一次全委会，选举产生主席1名、副主席4名、秘书长1名和常委13名，共19人组成常委会。该届共举行全委会3次。1993年1月，召开四届一次全委会，选举产生主席1名、副主席3名、秘书长1名和常委14名，共19人组成的常委会。该届共举行全委会5次。1998年1月，召开五届一次全委会，选举产生主席1名、副主席4名、秘书长1名，常委14人，共20人组成常委会。该届共举行全委会5次。2002年12月，召开六届一次全委会，选举产生主席1名、副主席4名、秘书长（副主席兼）1名、常委20名，共25人组成的常委会。该届共举行全委会4次。2007年3月，召开七届一次全委会，选举产生主席1名、副主席6名、秘书长（副主席兼）1名和常委19人，共26人组成常委会。该届共举行全委会5次。2011年8月，召开八届一次全委会，选举产生主席1名、副主席5名、秘书长1名和常委19名，共26人组成常委会。该届共举行全委会6次。2016年10月，召开九届一次全委会，选举产生主席1名、副主席5名、秘书长1名和常委23名，共30人组成常委会。该届共举行全委会6次。2021年10月，召开十届一次全委会，选举产生主席1名、副主席5名、秘书长1名和常委18人，共25人组成常委会。2024年4月，补选副主席1名。

二、委员构成

政协宜黄县第一届委员会设置中共、工会、共青团、妇联、农林、科技、教育、医药卫生、文学艺术、工商、无党派、宗教、新闻、体育、少数民族、台属、归侨、特邀18个界别，委员人数79名。二届委员会将无党派和宗教两个界别合并为民族宗教界别，将台属、归侨两个界别并为一个界别，将新闻、体育两个界别并入教育界别，界别由上届的18个减至14个，委员人数104名。三届委员会增设政法界，共15个界别，委员人数111名。四届委员会增设科协界，共16个界别，委员人数117名。五届委员会增设经济界，共17个界别，委员人数130人。六届委员会将科协界并入科技界，共16个界别，委员人数146人。七届委员会增设无党派界和社会保障界，农林界改称农业界，共18个界别，委员人数163名。八届委员会界别个数和名称与七届保持不变，委员人数156名。九届委员会继续保持18个界别，委员人数163人。十届委员会仍设18个界别，委员人数154人。

三、机构设置

1984年至1987年8月，政协宜黄县第一届委员会设办公室、学习委员会、文史资料委员会和农林科技组、工业城建组、工商经济组、文体教育组、医药卫生组、社会团体组9个工作机构。二届县政协增设提案委员会、财贸经济工作组和联络咨询科，工作机构12个。三届县政协设办公室、宣传文史科、联络咨询科、提案工作委员会、学习宣传委员会、文史资料编研委员会、农林水科技委员会、工交城建委员会、财贸金融委员会、教育文体委员会、医药卫生委员会、“三胞”民族宗教委员会、政法社团委员会等13个工作机构。四届县政协设13个工作机构，1995年2月，将文史资料编研委员会与学习委员会合并为学习文史委员会，1996年1月，在机构改革中撤销了宣传文史科和联络咨询科，四届县政协工作机构由13个精简为10个。五届县政协将四届县政协所设10个工作机构整合为工交财贸委员会、教卫文体委员会、农林水科技委员会、法制社团“三胞”委员会，学习文史委员会、提案委员会和办公室7个机构。七、八届县政协仍延续五届所设的7个工作机构。2014年9月，将学习文史委员会更名为文史委员会，工交财贸委员会更名为经济委员会，农林水科技委员会更名为人口资源环境委员会。九届县政协仍设7个工作机构。2019年2月，将教卫文体委员会更名为教科卫体委员会，法制社团“三胞”委员会更名为社会法制和港澳台侨外事委员会，文史委员会更名为文化文史和学习委员会。经济委员会更名为经济和农业农村委员会。2019年11月，增设政协委员联络服务中心，作为办公室下属的股级事业单位。2021年4月，将“宜黄县政协委员联络服务中心”更名为“宜黄县政协委员联络中心”。十届县政协设办公室、教科卫体委员会、社会法制和港澳台侨外事委员会、文化文史和学习委员会、经济和农业农村委员会、人口资源环境委员会、提案委员会和办公室下属政协委员联络中心8个工作机构。2023年2月，县政协专门委员会规范数量和规范名称后设置为5个：经济委员会、提案委员会、农业农村和人口资源环境委员会、教科卫体和文化文史学习委员会、社会法制和港澳台侨外事民族宗教委员会。

四、工作概况

（一）政治协商

县政协成立后，始终把政治协商作为履行职能的重要工作。主要通过举行专题协商、开展对口联系协商等方式进行。

1. 专题协商　县政协常委会围绕全县中心工作和人民群众关心的热点、焦点、难点、阻点问题进行专题协商，共召开专题协商会议152次，形成专题调研报告264篇，其中63篇被评为县政协优秀调研报告，20篇被评为全市政协优秀调研报告。2010年，县委主要领导对县政协《发展本土企业、激活全民创业热情》专题协商调研报告作出“搞好本土企业创业，是富民强县的主要途径之一，应该引起县委、县政府高度重视。这篇调研文章提出了很多很好的意见和建议，可作为我们科学决策的参考”的批示。此调研报告还被评为全市政协优秀调研报告，并登载在《光华时报》上。2015至2017年，县政协围绕“做大做强以竹荪菇为代表的食用菌产业”“壮大我县乡镇财政”“加强村级卫生室建设”“打造特色小镇”“加强农村精神文明建设”“打造百亿产业集群”等课题召开常委会会议，开展协商讨论，形成调研报告，以政协文件、《参阅件》等形式报送县委、县政府领导。其中《用实招、鼓实劲、示实效——关于加强我县农村精神文明建设的调研报告》，县委书记姚飞翔批示并提交县委常委会研究贯彻落实意见；《培育十亿企业、壮大产业体量，挺起宜黄工业经济发展脊梁——关于做大做强我县汽车零部件产业的调研报告》被评为市政协优秀调研报告。2022年，县政协举行“共商发展大计，共建美丽幸福宜黄”专题协商座谈会，来自政协各界别的20多名委员在会上就“创建省级文明城市”“打造历史文化街区”“引进高素质人才”等提出意见建议30余条。召开“同心同向同行，助力宜黄经济新发展”专题协商座谈会，参加座谈会的委员就“规范现代加工行业管理”“加快公办幼儿园建设”“打造智能仓储中心与物流配送”等方面建言献策。就“关于医保基金使用管理情况的调研报告”和“关于农村红白喜事大操大办旧习的调查与思考”两篇专题调研报告进行协商讨论。2023年，县政协围绕县委提出的锚定“四个打造”目标、实施“十大工程”工作部署，扎实开展“赣事夜话”、“晒场”协商、“院场”协商等专题协商，形成调研报告6篇，获得县党政等领导肯定性批示7次。2024年，组织政协委员及乡、村两级干部到中港镇店下村下坪组开展“一线协商‘听民声’，化解百姓‘心头事’”协商活动，面对面倾听百姓呼声，助力“店下村下坪组用水问题”得到有效解决；开展“优化公交线路，解决学生乘车难问题”“沉浸式”协商议政活动，就如何科学妥善设置公交站点、提升交通风险区域安全值、学生上下学期间公交车班次安排等问题出谋划策。

2. 对口协商　从1986年开始，县政协各专委会与相对应的党政部门建立对口联系协商制度，至2021年共开展对口协商活动432次，其中专项工作视察190次，专题调研121次，专题协商座谈会120次，形成调研报告180篇，有72篇得到县委、县政府主要领导批示。2019年《大格局规划建设，精细化管理运营，聚力打造以“一河两岸”为核心景观的生态城市》调研报告，得到县委主要领导的批示和有关部门采纳，并在当年被评为市政协系统优秀调研报告。2020年，县政协着眼宜黄县中医药产业发展，开展课题调研，对口协商座谈，形成《托名医黄宫绣，挖掘利用宜黄中医药产业资源的调研报告》，助推中医药产业发展。围绕“建立园区与乡镇信息共享机制，推进园区发展”“关于私立幼儿园办学情况的调研”等课题进行对口协商，提出一系列对策建议，并以《参阅件》形式报送县委、县政府决策参考。2023年，县政协制定出台《关于加强专门委员会建设的实施办法》，修订完善《各专门委员会工作规则》，就更好发挥专委会基础性作用提出明确要求，推动专委会工作“专”出特色、“专”出质量、“专”出水平。充分发挥专委会基础性作用，加强与党政对口部门、政协各参加单位的联系与协作，加强政协各专委会之间的协同与配合，组织和保障委员在政协平台履职尽责。是年，县政协有效开展“我为群众办实事”实践活动，按照要求分别深入界别群众，面对面沟通了解群众需求，收集基层问题10个，协调有关部门予以解决；开展“法律知识进企业，优化营商助发展”送法进企、“规范工业园区商贸区管理，促营商环境再优化”“保障网络通信畅通助企业健康发展”等协商民主会系列活动；开展“三事协商”活动30多次。全年162名政协委员共与486名群众完成结对联系，18个界别共开展“政协委员讲政协”“红领巾宣讲团走进政协”“健康知识进社区”“医药卫生界别义诊活动”等界别活动19场，参加委员和群众500余人次。2024年，组织委员和文学艺术人士及爱好者，召开“深入挖掘历史文化内涵赋能宜黄文旅融合高质量发展”协商座谈会，为推动本县文化产业发展、丰富文旅融合内涵提供宝贵建议；组织政协委员、主管部门、技术专家围绕“提档升级，推进宜黄现代农业产业园高质量发展”开展“微协商”，为助推现代农业产业园高质量发展积极建言。

（二）民主监督

县政协成立后，组织委员通过撰写提案、考察视察等方式履行民主监督职能。

1. 提案办理 1984年至2024年3月，历届县政协委员共提交提案3689件，立案3001件。县政协根据提案所涉内容、部门职责、界别关系、区域分布等，明确每件提案承办、主办和协办单位，采取全程跟踪督促办理，对口联系指导办理，多方协商联动办理，“三方”见面融合办理，领导领衔督导办理，限期办结销号办理等方式，形成“领导督办、联动协办、协商共办、现场促办、跟踪追办、持续督办”提案办理工作机制，共办复提案2984件，办复率99.4%，办复满意率达98%，为全县经济、社会健康发展，促进民生改善发挥重要作用。2009年《学习安徽泾县经验，推动我县沼气工程建设和有机食品的生产》的提案，得到县委、县政府高度重视，成立由县长任组长的农村沼气工程建设工作领导小组，并制定《宜黄县2009年沼气工程建设年活动实施意见》和考核办法，当年全县便完成建设农村户用沼气4248个，取得显著经济、社会、生态效益。2015年《关于加大保护现存历史文化景观，抢救和保护本县文物资源》的提案，被县委、县政府采纳，使境内的红色、古色文化遗址得到保护和开发利用。2022年，高位推动“幼儿入园难问题”“做大做强大棚蔬菜产业”等2件重点提案有序有效办理。拓展提案来源渠道，全年共收到“模拟提案”70余件，评选“青少年优秀模拟提案”10篇。全年共收到提案94件，立案并案83件，所有提案办理答复完毕，满意率100%。2023年，遴选提案作为重点督办提案，分别由县委、县政府有关领导领衔督办，确保提案办理质量。开展“县委书记、县长与委员面对面协商”暨重点提案督办会，高位推动重点提案有序有效办理，做到一督到底、一办到底。2024年，“关于推进我县医养结合快速发展的建议”“关于科技创新赋能，推动工业经济高质量发展的建议”等重点提案由党政主要领导领衔督办，提升县政协提案工作质效。

2. 委员视察 县政协把组织各界委员开展视察作为履行民主监督职责的一项重要工作。对事关全县重要工作和重大事项的视察由县政协常委会组织开展，就某个领域、某项工作视察由各专委会组织开展。从1984年至2024年，共组织开展视察42次，形成视察报告22篇、建议案15件、经验材料3篇、工作纪要1篇。其中13篇视察报告以《参阅件》形式报送县委、县人大、县政府领导班子和被视察单位上级主管部门领导，有22篇视察成果得到县委、县政府重视和采纳，实现成果就地转化应用。2008年，针对全县小水电建设中存在的问题，组织部分委员深入建设单位和现场进行视察，形成《科学规划、合理开发、强化管理——关于全县小水电建设管理的视察报告》，就全县小水电开发建设和管理提出五个方面建议，得到县政府和水利主管部门的重视和采纳，使全县小水电建设开发步入健康有序开发的轨道。2021年，县政协组织委员就老城镇改造深入凤冈、棠阴、黄陂等镇进行视察，形成《突出文化特色，提升老城镇品质——关于宜黄县老城镇改造的视察报告》。此报告在《抚州日报》显著位置刊登后，得到县委、县政府高度重视，县委、县政府吸纳视察报告的建议，作出对老城区南门路进行系统改造、彰显文化特色、还原历史风貌、提升县城品质的决策并立项实施。2023年，围绕助推国家卫生县城创建工作，政协委员和有关职能部门以“视察＋专题协商”形式开展视察活动，形成《关于提升城市品质，创建国家卫生县城的视察报告》，多条意见建议被相关职能部门吸收采纳，为宜黄成功创建“国家卫生县城”提供智力支撑。2024年，组织委员对县综合批发市场建设项目、“刘莹姐姐工作室”工作、乡村振兴美化人居环境及城镇环境卫生及饮用水安全等情况进行视察，对视察中发现的问题提出意见建议，针对未保工作人员不稳定、宣传覆盖面不够广情况进行座谈研讨，并形成《宜黄县政协“刘莹姐姐工作室”工作情况视察报告》呈报县委、县政府。

（三）参政议政

1. 建言献策　从1984年4月一届一次会议至2024年底，县政协共召开全体委员会议46次。全会期间，组织委员认真听取和审议县政协常委会和县政府工作报告及其他重要报告，安排委员进行大会专题发言，以界别和专委会开展联组讨论。会后，县政协及时将委员们在联组讨论中所提出的有价值意见建议梳理遴选编辑成《建言献策》，呈报县四套班子和有关部门领导参阅。至2024年，县政协共安排委员作大会专题发言74人次，共编发《建言献策》48期、《送阅件》41期、《参阅件》123期，刊登委员提出的意见627条。其中《加强林业生态建设，打造宜业宜居宜游新宜黄》《发挥优势，做大做强杂交水稻制种产业》《加强教师队伍建设，促进教育高质量发展》《着力构建长效机制，持续提升城管水平》《科技创新赋能，推动工业经济高质量发展》等25篇《参阅件》得到县委、县政府主要领导批示后进入决策程序。

2. 社情民意　县政协于2004年创办“社情民意”专刊，每期刊登反映人民群众关切的突出问题和全县经济社会发展中带有苗头性、倾向性的意见建议。截至2023年，共编发《社情民意》154期，刊载群众普遍关心的热点、焦点、阻点问题和切实可行的建议意见，其中大部分意见和建议得到有关部门采纳，反映的绝大多数问题得到有效解决，一些建议得到县委、县政府领导批示后被采纳进入决策。2006年，《政府有关部门不能将行政收费许可“承包”给社会上无业人员》的社情民意被评为全市政协系统优秀社情民意。2008年《关于在高速公路、国道和省道抚州段公路上应标有去县城交通标志牌的建议》的社情民意，引起市政协高度关注，并报送市有关部门，市有关部门领导亲自到宜黄县政协回复，并积极与省高速公路等相关部门沟通，使该建议得到落实。2009年《历史文化名镇棠阴明清建筑逐渐消逝的趋势令人堪忧——关于棠阴古镇明清建筑群保护和开发利用的调查与思考》的社情民意，得到县委书记的批示，并纳入县政府工作规划之中。2019年，《关于进一步规范县城“拐的”运营管理》的社情民意，得到县委主要领导批示，当年县政府取消运营“拐的”，县政协及时抓好跟踪落实，推动这一问题妥善解决。2021年以来，《改造升级世纪大道，保障群众交通安全》《关于解决我县机动车车道窨井盖高低不平问题的建议》《适度捕杀野猪保护农作物》等社情民意得到县委、县政府及相关部门重视采纳，推动反映问题得到较好解决。2022年，收集各类社情民意信息90余条，向省、市政协报送社情民意信息64条，其中6条被推送到全国政协，4条被推送到省委。2023年，收集各类建议300余条，形成社情民意信息93条，向省政协报送社情民意信息72条，其中9条被推送到全国政协，7条被推送到省委；向县委报送的7期社情民意信息，均得到县委书记批示肯定。

（四）丰富阵地

县政协围绕“文化休闲的‘活动所’、精神食粮的‘补给站’、顺畅民意的‘协商厅’”目标定位，精心打造百姓身边“文史驿站”“一县一品牌”履职阵地。文化休闲“活动所”。“文史驿站”由“文史驿站”总站、“古琴文化”“茶文化”“戏曲文化”“禅宗文化”驿站及6个中共党员委员工作站构成。“文史驿站”大多选址在风景宜人、群众乐于聚集的地方，是学习传承宜黄文化的新阵地，更是政协履职的新舞台。精神食粮“补给站”。以“文史驿站”为抓手，开展各类读书活动，推动“读书＋履职”深度融合、相互赋能。同时，以驿站为载体，举办红色文化、名人文化、戏曲文化等各类“文化小讲堂”活动，开展文化进景区、进校园、进社区、进广场，推动文化文史“飞入寻常百姓家”。顺畅民意的“协商厅”。充分发挥文史驿站作为基层协商议政阵地作用，将“请你来协商”“到站里协商”等协商形式与履职平台深度融合，邀请市民到站里协商，收集民情、听取民意、反映民声、汇聚民智，做到协商零距离、面对面，架好政府群众“连心桥”。2024年，充分运用履职平台，开展协商活动50余次，推动“出行安全、用水用电、看病困难”等26个群众急难愁盼问题得以解决；举办“戏曲文化、红色文化、名人文化”等“文化小讲堂”活动12次；开展文化进校园、进景区、进社区、进广场等文化“四进”活动20多次。

（五）凝聚共识

1. 服务大局 政协各专委会立足服务大局，找准履职尽责的结合点和着力点。每年组织医疗卫生界别的委员深入边远山区乡村为群众开展义诊义疗、送医送药活动，累计开展各类义诊义疗活动76场（次），惠及群众30400多人（次）。定期组织本界别的委员到各地开展为乡村学校捐资助教和贫困学生送书助学活动，先后搭桥牵线促进香港“两地一心”慈善组织、浙江省桐乡市政协等省内外机构为山区学校捐资计120余万元，帮助5所老区乡村学校改善办学条件，资助贫困学生1200余人次。针对“三农”工作中迫切需要解决的难题，采取下乡巡回指导、举办技术培训和科普知识讲座、编发赠送农村种植养殖实用技术资料等方式，向农民普及农业技术知识，传授特色种植养殖技术，为促进全县产业结构调整，提高农业生产效益，助力乡村振兴发挥重要作用。发挥企业工商界乡土人才云集、资金技术雄厚、人脉关系广泛的优势，采取以商招商、以情招商、抱团招商等方式，引进人才、资金、技术、项目落户县工业园区，为宜黄工业跨越式发展作出积极贡献。积极向海内外宜黄籍人士宣传宜黄，为重建开发曹山寺、石碧寺、谭纶文化公园等景区和在宜黄成功举办欧阳竟无、谭纶、黄爵滋等全国性学术研讨会起到桥梁纽带作用。

2. 史料征编 1984年至2024年，县政协共征编出版《宜黄文史资料》10集计100余万字。同时，组织力量先后征编出版《宜黄佛教文化》《宜黄戏》《谭纶文集》《宜黄历代名人传略》《宜黄古村遗韵》《风景宜黄》等文史专辑。围绕深入挖掘宜黄深厚文化内涵和灿烂的红色文化，积极发挥文史资料“存史、资政、团结、育人”作用，整理编撰宜黄文化系列丛书，为宜黄县政协成立40周年献礼。在挖掘宜黄传统文化过程中，希望更多人走进宜黄、了解宜黄，品尝宜黄传统美食，感受宜黄文化魅力。结合棠阴古镇厚重历史和人文特质，编撰出版《古韵宜黄——棠阴古镇》一书。《寻味宜黄》《红色宜黄》《名人宜黄》《追梦宜黄》等一批文史书籍正在集中力量进行撰写。同时扎实推进《宜黄政协志》编撰工作，充分展示历届县政协助推宜黄经济社会发展的精神风貌。2023年9月27日，《宜黄戏进校园读本》在省政协第六次月度协商会上发放，为加快推动全省戏曲高质量发展贡献宜黄力量。

宜黄县政协委员会组织情况表

届次	起讫年月	界别数	委员人数	常委人数	全会次数	主席	副主席
一届	1984.4–1987.8	18	79	11	5	邹献华	陈富民　应胜发 傅淑清（女） 黄成开（1985.4–1987.8） 操和元（1987.7–1987.8）
二届	1987.8–1990.4	14	104	12	3	徐禹谟	黄成开　应胜发 朱健雄　于淑贞（女） 王定华
三届	1990.4–1993.1	15	111	13	3	徐禹谟	黄成开　朱健雄 邹献捷　李德娥（女）
四届	1993.1–1998.6	16	117	14	5	徐禹谟	黄成开　朱健雄 高　兵 张志成（1994.3–1998.6）
五届	1998.6–2003.1	17	130	14	5	胡忠庭	高　兵　张志成 万贻茂　周小琴（女） 黄明儿（1999.2–2003.1）
六届	2003.1–2007.4	16	146	20	4	曾建军	黄明儿　熊苏文（后受刑事处罚） 李传林（后受刑事处罚） 周　勇 黄双龙（2004.2–2007.4） 侯志明（2004.2–2007.4，后受刑事处罚）
七届	2007.4–2010.1	18	163	19	5	曾建军	黄明儿 熊苏文（2007.4–2010.12，后受刑事处罚） 李传林（后受刑事处罚） 周　勇 黄双龙　侯志明（后受刑事处罚）
八届	2011.9–2016.10	18	156	19	6	谢光明	李传林（2011.9–2013.06，后受刑事处罚） 周　勇 侯志明（2011.9–2014.1，后受刑事处罚） 吴秀英（女） 钟　华（2014.2–2016.10） 彭　武（2014.2–2016.10）
九届	2016.10–2021.10	18	163	23	6	谢光明（2016.10–2020.7） 赖昌明（2020.7–2021.10）	王勇和　彭　武　江志勇 黄文英（女，2016.10–2020.05） 冯志榕（女） 罗小刚(2019.03–2021.10）
十届	2021.10–2024.12	18	162	18	4	高志坚(2021.10—)	王勇和(2010.10–2022.02） 彭　武　　冯志榕(女） 曹佳（女）　陈荣林 黄建鸿（2024.04—）

第九节　政协金溪县委员会

金溪县位于江西东部、抚河中游，济广高速、抚金高速和316国道、206国道穿境而过，北连东乡、余江，东与贵溪、资溪交接，南与南城接壤，西与临川相邻，历史上曾因溪谷出金产银，而得名“金溪”。全县总面积1358平方公里，辖13个乡镇、华侨管理区和城市社区管委会，150个行政村、13个社区，常住人口24.76万（2023年），素有“千年古邑、心学圣地、江南书乡、华夏香都、文明之城”之称。2023年，全县实现地区生产总值121.84亿元亿元，县级财政管理绩效综合评价连续两年进入全国前200名，先后获评全国文明县城、全国双拥模范县、全国宜居宜业典范县、全国产粮大县、全国十佳和谐可持续发展城市等荣誉。

一、组织沿革

1982年5月4日，成立中国人民政治协商会议江西省金溪县委员会筹备小组。1982年10月6日，成立中国人民政治协商会议江西省金溪县委员会，至2024年12月，已召开11届全委会。

第一届任期为两年，二至四届每届任期为三年，五、六届每届任期为五年，七、八届每届任期为四年，九、十、十一届任期为五年。每届第一次全体会议选举产生主席、副主席、秘书长、常委若干人，有时届中全体会议亦会进行增补选举。为适应工作需要，委员会下设办公室和若干专委会等工作机构。

1982年10月6日，召开政协金溪县第一届委员会第一次会议，选举产生主席1人、副主席4人和常委9人。本届共举行全体委员会2次。第二次全体会议增补副主席1人。1984年7月5日，召开政协金溪县第二届委员会第一次会议，选举产生主席1人、副主席4人和常委16人。本届共举行全体委员会2次。第二次全体会议增补副主席1人。1987年7月15日，召开政协金溪县第三届委员会第一次会议，选举产生主席1人、副主席5人和常委13人。本届共举行全体委员会3次。第二次全体会议增补常委1人。1990年4月9日，召开政协金溪县第四届委员会第一次会议，选举产生主席1人、副主席3人、秘书长1人和常委15人。本届共举行全体委员会3次。1993年1月6日，召开政协金溪县第五届委员会第一次会议，选举产生主席1人、副主席4人和常委14人。本届共举行全体委员会5次。第二次全体会议增补常委1人。第四次全体会议增补常委1人、委员16人。第五次全体会议增补副主席1人。1998年1月3日，召开政协金溪县第六届委员会第一次会议，选举产生主席1人、副主席6人、秘书长1人和常委12人。本届共举行全体委员会5次。第二次全体会议增补委员16人。第三次全体会议增补常委2人、委员8人。第四次全体会议增补秘书长1人、委员6人。2003年1月1日，召开政协金溪县第七届委员会第一次会议，选举产生主席1人、副主席5人、秘书长1人和常委15人。本届共举行全体委员会4次。第二次全体会议增补副主席1人、常委1人、委员15人。第三次全体会议增补委员9人。第四次全体会议增补委员1人。2007年4月2日，召开政协金溪县第八届委员会第一次会议，选举产生主席1人、副主席6人、秘书长1人和常委20人。本届共举行全体委员会5次。第二次全体会议增补秘书长1人、委员12人。第二次全体会议增补委员3人。第四次全体会议增补副主席1人。2011年9月1日，召开政协金溪县第九届委员会第一次会议，选举产生主席1人、副主席5人、秘书长1人和常委23人。本届共举行全体委员会7次。第三次全体会议增补委员7人，副主席1人。第四次全体会议增补副主席1人、常委1人。2016年10月17日，召开政协金溪县第十届委员会第一次会议，选举产生主席1人、副主席6人、秘书长1人和常委24人。本届共举行全体会员会6次。2021年10月15日，召开政协金溪县第十一届委员会第一次会议，选举产生主席1人、副主席5人、秘书长1人和常委24人。第三次全体会议增补秘书长1人、常委2人。第四次全体会议增补副主席1人，接受1名副主席辞呈。第五次全体会议增补副主席1人。

二、委员构成

政协金溪县第一届委员会设置中共、社会福利、爱国人士、民主党派、工商、科技、工会、教育界、农民、妇女、青年、归侨、侨属、台胞台属、文化艺术、医药卫生、出版、文联、社联、少数民族、宗教、特邀22个界别，委员总数77人。第二届委员会取消社会福利、归侨、侨属、出版、文联5个界别，增设民政、体育、归侨侨属3个界别，共20个界别，委员总数81名。第三届委员会取消教育、民政、民主党派、爱国人士、少数民族、工商、社联、体育、归侨侨属9个界别，增设教育体育、民主党派工商联、归侨侨眷、社会科学4个界别，共15个界别，委员总数103人。第四届委员会取消民主党派工商联1个界别，增设民主党派、工商2个界别，共16个界别，委员总数109名。第五届委员会界别未变，委员总数109名。第六届委员会增设非公有制经济1个界别，共17个界别，委员总数124名。第七届委员会取消非公有制经济界别，增设无党派、社会福利、经济3个界别，共计19个界别，委员总数159名；第八届委员会取消民主党派界别，增设农工党界别，共19个界别，委员总数170名；第九届委员会界别未变，委员总数179名；第十届委员会将社会福利界别改为社会福利和社会保障界别、社科界别改为社科与法律界别，界别总数未变共19个界别，委员总数187名；县政协第十一届委员会界别未变，委员总数172名。

三、机构设置

县政协设立常务委员会，按照《中国人民政治协商会议章程》行使职权。由政协主席主持常务委员会的工作，副主席、秘书长协助主席工作。主席、副主席、秘书长组成主席会议，处理常务委员会的重要日常工作。

政协金溪县委员会自1982年10月成立到1987年5月，没有单独设立工作机构，日常具体工作由秘书长、副秘书长负责办理。政协金溪县第一届委员会共设科学技术、教育文体、医药卫生、城镇建设、农村经济、祖国统一、文史资料共7个工作组。政协金溪县第二届委员会共组成科学技术、教育文化、医药卫生、城乡建设环保工商、农村经济、祖国统一、文史资料共7个工作组。1987年5月，政协金溪县委员会设立办公室和文史宣传科、咨询联络科为其工作机构。1990年5月4日，政协金溪县第四届委员会设10个工作委员会，分别为文史资料研究委员会、提案工作委员会、学习委员会、医药卫生委员会、教育文体委员会、工业交通委员会、科技农业委员会、财贸金融委员会、法制社团委员会、“三胞”联络委员会。1993年3月3日，政协金溪县第五届委员会设立学习、文史资料委员会、提案工作委员会、医药卫生委员会、教育文体委员会、工业交通委员会、科技农业委员会、财贸金融委员会、法制社团委员会、“三胞”联谊委员会共计9个委员会。1996年3月，进行机构改革，撤销文史宣传科、咨询联络科，只设一个综合性科级办公室。政协金溪县第六届、七届委员会对各工作组人员进行调整，这些工作组包括法制社团组、三胞联谊组、教育文体组、医药卫生组、财贸金融组、工业交通组、科技农业组、秀谷镇联络组、浒湾镇联络组、其他乡镇农村委员。政协金溪县第八届委员会设立办公室及经济、法制和社会、提案、教文卫体4个专委会。政协金溪县第九届、第十届委员会设立办公室及提案、经济和农业农村、教科文卫体和学习、社会法制和港澳台侨外事4个专委会。2021年，成立金溪县政协委员工作联络站，增设4名事业编制，为办公室下属的股级事业单位。2022年12月，全县13个乡镇及城市社区均成立乡镇政协工作联络组，由乡镇党委副书记兼任联络组组长。县政协增设1个专门委员会，共5个专门委员会，并规范名称：增设经济委员会，保留提案委员会，将经济和农业农村委员会更名为农业农村和人口资源环境委员会，将社会法制和港澳台侨外事委员会、教科文卫体和学习委员会更名为社会法制和港澳台侨外事民族宗教委员会、教科卫体和文化文史委员会。将县政协委员工作联络站更名为县政协委员履职服务中心，调整为6名事业编制。

四、工作概况

金溪县政协自1982年成立后，始终坚持践行人民政协为人民的属性，积极履行政治协商、民主监督、参政议政职责，为维护全县安定团结政治局面，促进经济社会发展做出积极贡献，是推动金溪改革、发展、稳定和民主的一支重要力量。

（一）政治协商

2020年，县委制定出台《关于新时代加强和改进人民政协工作的实施意见》，健全政协党组织体系和工作机制。同时，县委、县政府主要领导每年各领衔督办1件重点提案，县委、县政府分别安排副书记、常务副县长对接县政协工作，县政协班子成员亦参与县委对四套班子成员的各项分工，参加县委常委（扩大）会议、县政府常务会议等会议和理论学习中心组学习等，将中国共产党同民主党派“长期共存、互相监督、肝胆相照、荣辱与共”方针，贯彻到日常工作和学习之中。

2. 专题协商 县政协围绕全县中心工作和人民群众关心的热点、焦点、难点、堵点问题进行专题协商，共召开专题协商会议162次，形成专题调研报告260余篇，其中42篇被评为县政协优秀调研报告，25篇被评为全市政协优秀调研报告。2022年委员撰写的《关于合理调整城区学校布局，优化资源配置，推动教育事业健康快速发展》《在精准对接大湾区“菜篮子”中跑出“金溪速度”》《探“精致君山”生态密码，绘“大美金溪”精彩画卷——关于湖南君山区践行“守护好一江碧水”的启迪与思考》等调研报告，推动一批民生问题得到及时解决。2023年，紧扣全县的关注点、目标值、责任链，重点围绕数字经济、设施蔬菜产业发展、职教育人、农田水利基础设施建设和小区消防安全等课题组织专题调研，形成《激活企业动能，助推“大美金溪”提“数”发展》《坚持扩面、提质、补链并举，加快触“湾”发展步伐》《职业教育为企业“量身定做”培养技术人才》《加强水利工程建设与管护，夯实乡村振兴水利基础》《加强小区消防安全，提高居民幸福指数》等5个高质量调研报告，其中《坚持扩面、提质、补链并举，加快触“湾”发展步伐》被评为全市政协系统优秀调研报告，获得县党政领导肯定性批示6次。2024年紧紧围绕“大抓落实年”活动主线目标任务，坚持小切口、大视野，小问题、大逻辑，“以小切口做大文章”，精心制定《完善健康养老服务体系，提升“大美金溪”幸福指数》《做优“十香”引领中医香疗高质量发展》《立足我县“三大”产业，互融互通，培育新质生产力》等5个协商课题并形成高质量调研报告，为县委、县政府提供决策参考。

3. 对口协商 从1982年开始，县政协各专委会与相对应的党政部门建立对口联系协商制度，至2024年共开展对口协商活动320余次，形成意见建议1070余条。2022年，县政协制定出台《政协金溪县委员会专门委员会工作规则》就更好发挥专委会基础性作用提出明确要求，推动专委会工作“专”出特色、“专”出质量、“专”出水平。充分发挥专委会基础性作用，加强与党政对口部门、政协各参加单位的联系与协作，加强政协各专委会之间的协同与配合，组织和保障委员在政协平台履职尽责。2022年至2024年，结合金溪实际创新打造“‘心’事有约”协商特色品牌，以专委会为载体，建立陆坊村、竹桥村、仰山社区、工业园区、县一中五个政协委员协商议事厅，进一步推动政协“党建＋协商”向基层一线延伸，做到有事好商量，“心”事来相约。积极探索市县政协共同参与基层协商新路径，与市政协在浒湾镇山下村联手打造“山下议事厅”作为全市基层协商示范点。利用这些履职平台，各专委会组织委员开展对口协商58次，委员下基层办实事推动解决改善城区亮化工程、加强医疗基础设施建设、健全交通网络、加快设施蔬菜产业发展等群众关注的“急难愁盼”事情170余件。

（二）民主监督

县政协组织委员履行民主监督职能，创新载体，把民主监督贯穿于履行职能的全过程，融入委员提案和反映社情民意之中。

1. 提案办理　1982年至2024年，县政协共收到提案4279件，立案4146件，内容涉及教育、卫生、工业发展、城乡建设、金融、农业、林业、水利、交通、生态环境、城市管理、脱贫攻坚、乡村振兴、古村古建保护开发、社会法制、党群统战等方面。立案的4146件全部办复，得到采纳落实或基本解决的3849件；因政策原因或条件所限，暂时无法解决的297件。提案办理和答复满意率和基本满意率达到99.7%。2022年，首次推动县委书记、县长两位党政主要领导领衔重点提案办理，精心挑选《拎稳“菜篮子”，打造大棚蔬菜产业新高地》《打造高效的“财园信贷通”全流程》等10件提案作为重点提案进行专项督办。2023年、2024年持续推动县委、县政府主要领导领衔重点提案办理，召开《鼓励本县青年不外流，建好工业倍增所需人才的“蓄水池”》《乡村文化、休闲农业和乡村旅游融合发展》《关于科学规划城区教育网点布局、促进我县教育高质量发展的建议》等重点提案专题汇报会，与委员“面对面”协商，高位推动重点提案有序有效办理，做到一督到底、一办到底。3年来共立案278件提案，全部办复，办结率为100%。

2. 委员视察　县政协把组织各界委员开展视察作为履行民主监督职责的一项重要工作。1982年至2024年，共组织开展各类视察143次。2022年至2024年，县政协组织委员参加“坚持教育多元化，激发教育高质量发展新动能”“以人为本，打造便民服务新体验”“坚持生命至上，开创医疗服务新局面”等政府开放日活动、润浩国际垂钓中心有关问题现场民主监督及重点建设项目征选专题汇报会等，参加“法检两院”关于非法狩猎、交通肇事、网络犯罪等领域旁听庭审、见证执行、听证会、“赶集听案”等600余人次，有效拓宽和畅通民主监督渠道，进一步扩大民主监督知情面，提高民主监督质量、效果和活力。特别是2022年，县政协组织委员就老街历史街区保护利用进行视察，形成《充分利用老街沿街县乡投公司现有棚改古建筑——打造古玩一条街的建议》。此建议得到县委、县政府高度重视，县委、县政府吸纳视察建议，作出盘活老街沿街现有古建筑，并进行系统改造、彰显文化特色、还原历史风貌、提升县城品质打造古玩一条街的决策。2023年，组织委员视察“四城同创”城市市政设施改造工程，形成《“四城同创”——城市市政设施改造工程协商议事会议纪要》，县委、县政府采纳委员视察意见，对部分市政设施项目建设暂缓建设或简化建设内容。2024年组织委员开展调研视察40余次，专题座谈协商20余次。组织委员视察县二中校园环境、招生情况、师资力量等，形成《提升县二中办学条件和优化城区中小学校招生方案的会议纪要》，县委、县政府高度重视，吸纳视察建议，出台《金溪县2024年秋季城区中小学招生方案》对学期布局进行全面优化。

（三）参政议政

1. 建言献策　1982年10月，政协金溪县首届一次会议至2024年，共召开全体委员会议47次。其中：第一届委员会召开2次、第二届委员会召开2次、第三届委员会召开3次、第四届委员会召开3次、第五届委员会召开5次、第六届委员会召开5次、第七届委员会召开4次、第八届委员会召开5次、第九届委员会召开7次、第十届委员会召开6次、第十一届委员会至今已召开5次。全会期间，组织委员认真听取和审议县政协常委会和县政府工作报告及其他重要报告，安排委员进行大会专题发言，以界别和专委会开展联组讨论。会后，县政协及时将委员们在联组讨论中所提出的有价值的意见建议梳理遴选并编辑成册，呈报县四套班子和有关部门领导参阅。截至2024年，县政协共安排委员作大会专题发言74人次，得到县委、县政府主要领导批示后进入决策程序。1989年3月，成立金溪县政协老委员联谊会，至今已三十多年，组织老委员资政建言，发挥余热，提交意见建议200多条。2024年，举办“县城中小学生学区划片征求意见会”“助力县二中办学条件提质增效”“倡导良性婚俗，弘扬时代新风”等各类协商活动8场，330余人次参加，收集意见建议160余条，现场解决问题20余件。

2. 社情民意 县政协加大选题调研分析力度，畅通社情民意反映渠道，积极收集社情民意信息并整理报送。1996年以前，县政协反映社情民意都是通过委员提案来办理，1996年以后，县政协将社情民意工作作为联系人民群众重要渠道，建立高素质社情民意信息工作队伍，从1996年以来，共收集社情民意信息1960余篇；其中向省市政协报送社情民意信息1317余篇，被省政协转报省委、全国政协190余篇；十一届县政协高度重视社情民意信息工作，多次组织乡镇场党委副书记（乡镇政协联络组组长）及政协委员召开社情民意信息撰写培训会，组建撰写工作组，2022年，有13篇被省政协报送全国政协，有1篇被省政协报送省委，县政协获2022年度全省政协系统社情民意信息工作先进单位，全市宣传信息工作先进单位。2023年，有33篇被省政协报送全国政协，有15篇被省政协报送省委，1篇社情民意信息被全国政协采用，县政协获2023年度全省反映社情民意信息工作先进单位、全市政协系统宣传信息工作先进单位。2024年，进一步拓宽信息来源渠道，充分调动机关干部、政协委员和特邀信息员积极性主动性，共收集上报社情民意信息100余篇，有6篇被省政协报送全国政协，有11篇被省政协报送省委。

（四）品牌创建

政协创新建立“‘心’事有约”“一县一品牌”协商特色品牌，围绕“践行本心、围绕中心、关注民心、弘扬爱心”，打通联系服务群众的“最后一公里”。践行本心，搭建“新平台”。创新建立陆坊村、竹桥村、工业园区等5个“‘心’事有约政协委员协商议事厅”，开设象山“心学”大讲堂，不断提升委员思想素质，增进委员履职能力。围绕中心，提升“新质效”。紧紧围绕县委、县政府中心工作，广泛开展建言资政，开展县委书记、县长领办重点提案，着力推动全县工业倍增、蔬菜产业发展、古村古建活化利用重点工作落实落地。关注民心，彰显“新作为”。针对群众最关注、最直接、最现实的出行、教育、医疗等焦点难点问题，及时向县委、县政府反映，解决增加教育资源、改善医疗条件、健全交通网络等群众关切的“急难愁盼”事90余件。弘扬爱心，展现“新风采”。组织广大委员在扶贫济困等工作中亮爱心、展风采、树形象，结对帮扶200多名贫困学生，委员为抗疫捐献资金及物资达60余万元。2024年，进一步拓展品牌深度和广度，举办委员“读书班”、专题培训班、象山“心学”大讲堂等系列学习活动20余次；针对群众关心的民生问题，举办“推进提案办理、中小学生学区划片、倡导良性婚俗”等各类协商活动8场，收集意见建议160余条；组织“敬老爱老、消防安全、扶贫济困”等系列活动19场，参加群众330余人。人民网、新华网、学习强国平台、《江西日报》、江西政协赣事好商量栏目、《抚州日报》等媒体对金溪县政协创建“‘心’事有约”协商品牌等特色亮点工作进行了集中宣传报道。2024年11月1日，9家中央媒体组成的中央媒体采访团到金溪县政协开展“理响中国·讲好‘中国式商量’故事”专题采访活动，再次对“‘心’事有约”协商品牌进行了全方位宣传报道。2024 年 11 月 27 日，全市政协系统“一县一品牌”工作推进会在金溪召开并现场观摩。

（五）凝聚共识

1. 服务大局　县政协始终把落实县委、县政府重大决策部署作为政协工作的重中之重，主动参政议政，在重点项目建设、乡村振兴、“四城同创”、设施蔬菜建设、古村古建活化利用、优化营商环境、工业创新发展三年倍增行动等工作中尽政协之责，倾政协之力。2022 年，县政协牵头成功引进富阳钮立铜基新材料“优强项目”，落户开工后，年产值可达百亿元以上，建成投产后将成为金溪第一个百亿企业。2023 年至 2024 年，县政协引进福建安得行、江西鹏诚、金华驰誉金属等重点项目。配合全县举办 2023 年第二届象山文化旅游节，牵头圆满完成“心学与理学；第二届陆九渊学术思想研讨会”；参与组织 2023 年首届中国·抚州生态康养产业发展大会金溪分会场系列活动；牵头推进 2024 年度抚州市文化旅游产业发展大会——金溪县历史文化街区创建工作等。推动智慧养老、富仕达货架等重点项目的顺利竣工，经常深入挂点乡镇、村（社区）调研指导抗灾减灾、设施蔬菜基地建设、防溺水等工作。

2. 史料征编　1983 年 3 月至 2004 年，金溪县政协文史资料工作组编辑《金溪县文史资料选辑》共 10 辑，计 172 篇，约 58 万字，总印数 7000 余册。2013 年 12 月 31 日成立县政协文史馆，修订《金溪县政协文史馆章程》《关于进一步加强文史资料工作的实施意见》等，陆续出版《千年疏山》《江西金溪窑》《金溪慈善年鉴》《云林秀谷、书香古韵》系列图书。2022 年，文史委查录古代书院 321 个，形成相关文字资料 25 万余字，编辑出版《金溪古代书院》。2023 年，聚焦“中国传统古村落”“中国历史文化名镇浒湾”等厚重的文化资源，推动出版《金溪文史——中国传统古村落特刊》，首次集纳式地对金溪 57 个中国传统古村落进行全景式的记录与镌刻。《中国历史文化名镇——浒湾》和《籍著中华——明清时期金溪浒湾雕版印刷研究》两本书的出版发行，填补一直以来没有全面介绍浒湾古镇悠久、灿烂历史文化书籍空白，重现江右文化绚丽光彩。2024 年，文史委组织编辑《金溪主要历史名人》，重点介绍历史上名宦、义勇、史学、书画、医药、教育、地理、寺僧等领域名人，受到读者欢迎。组织编辑《政协金溪县第十一届委员会工作辑录》《“‘心’事有约”品牌创建履职画册》，共计 30 万余字，生动记录十一届政协以来履职成果和创新经验做法。

政协金溪县委员会组织情况表

届次	起讫年月	界别数	委员人数	常委人数	全会次数	主席	副主席
一届	1982.10–1984.7	22	77	14	2	车福太	王爱民　孔怡发　黄光祖 邱　岳　顾启国
二届	1984.7–1987.7	19	81	21	2	黄乾堂	王爱民　顾启国　超荣生 黄光祖　邱　岳
三届	1987.7–1990.4	15	103	19	3	黄乾堂	邱寿清　邱　岳　黄光祖 徐元辉（1987.7–1989.7） 辛育化
四届	1990.4–1993.1	16	109	19	3	刘景山	邱寿清　童汉云　辛育化
五届	1993.1–1998.1	16	109	19	5	钟远鸣	童汉云　辛育化　胡爱民 杨信寿（1993.1–1995.12） 黄高发（1997.3–1998.1）

续表

届次	起讫年月	界别数	委员人数	常委人数	全会次数	主席	副主席
六届	1998.1–2002.12	17	124	20	5	邱自湘	胡爱民　辛育化 徐元辉　黄高发 刘海燕（女）　郑友清
七届	2002.12–2007.4	19	159	22	4	喻怀祥	胡爱民　刘海燕（女） 饶胜平（2003.1–2006.4） 邹少华　喻义海 江春芳（2004.4–2007.4）
八届	2007.4–2011.8	19	170	28	5	喻怀祥	胡爱民　刘海燕（女） 饶胜平（2007.4–2010.10） 邹少华　喻义海　江春芳 黄晓勇（2010.2–2011.8）
九届	2011.8–2016.10	19	179	30	7	黄祖光	邹少华　刘海燕（女） 喻义海　江春芳 黄晓勇（2011.8–2013.12） 赖文英（女，2012.6–2016.10）
十届	2016.10–2021.10	19	187	32	6	刘文波	周国富　邓斗新 赖文英（女）　冯慧琴（女） 胥盛华　马国平
十一届	2021.10–2024.12	19	172	30	5	张爱群	周国富　冯慧琴(女） 何子琴（女）　余宪明 潘绍露（2024.1—） 邓斗新（2021.10–2024.1） 王秀琴（2024.9—）

第十节　政协资溪县委员会

资溪县位于抚州市东部，武夷山脉西麓。明万历六年（1578 年）置县时名泸溪县，民国 3 年（1914 年）因避湖南省泸溪县同名而改名资溪县。全县总面积 1251 平方千米，总人口 11.37 万人，2024 年辖 2 乡 5 镇和 5 个国有林场。资溪县交通便利，鹰厦铁路纵贯南北，316 国道、抚吉高速穿越东西，济广高速横跨西部。全县森林覆盖率 87.7%，生态环境综合评价指数列中部第一、全国前列；空气中负氧离子含量平均达 3 万个 / 立方厘米，最高达 36 万个，属名副其实的“中国天然氧吧”。全县走出一支近 4 万人的面包大军，在全国 1000 多个城镇开设有 1.6 万多家面包店，并涉足国外市场，年创产值 300 多亿元，被命名为“中国面包之乡”。

一、组织沿革

1982 年初，中共资溪县委着手成立中国人民政治协商会议江西省资溪县委员会的筹备工作。1984 年 3 月 1 日，成立县政协筹备小组。1984 年 4 月 7 日，中国人民政治协商会议江西省资溪县委员会（简称县政协）成立。至 2024 年 12 月，历经十届。

一至三届委员会每届任期为 3 年，四至十届每届任期 5 年。每届第一次全委会选举产生主席、副主席、秘书长、常委若干人，有时届中全委会亦进行选举。为适应工作需要，委员会下设办公室和若干专门委员会等工作机构。

1984年4月，召开政协资溪县第一届委员会第一次会议，选举产生主席1人、副主席2人、秘书长1人和常委21人，共25人组成常委会；二次全委会增选副主席1人；本届共举行全委会3次。1987年9月，召开二届一次会议，选举产生主席1人、副主席4人、秘书长1人和常委17人，共23人组成常委会；二次全委会补选副主席1人，增补政协委员10人；本届举行全委会3次。1990年4月，召开三届一次会议，选举产生主席1人、副主席4人、秘书长1人和常委19人，共25人组成常委会；二次全委会增选副主席1人；本届共举行全委会3次。1993年1月，召开四届一次会议，选举产生主席1人、副主席3人、秘书长1人和常委19人，共24人组成常委会；三次全委会选举主席1人；四次全委会增选副主席1人；本届共举行全委会5次。1998年1月，召开五届一次会议，选举产生主席1人、副主席4人和常委17人，共22人组成常委会；四次全委会补选副主席1人；五次全委会增选副主席1人；本届委员会未设秘书长，共举行全委会5次。2003年1月，召开六届一次会议，选举产生主席1人、副主席5人和常委19人，共25人组成常委会；二次全委会补选副主席1人、秘书长1人；五次全委会补选副主席1人；本届共举行全委会5次。2006年6月，方树成任党组书记。2007年4月，召开七届一次会议，选举产生主席1人、副主席5人、秘书长1人和常委20人，共27人组成常委会；三次全委会补选副主席1人；六次全委会增选副主席1人；本届共举行全委会6次。2011年7月，万鸣任政协党组副书记。9月，召开八届一次会议，选举产生主席1人、副主席5人、秘书长1和常委22人，共29人组成常委会；二次全委会增选副主席1人；三次全委会增选副主席1人；本届共举行全委会6次。2016年10月，召开九届一次会议，选举产生主席1人、副主席6人、秘书长1人和常委16人，共24人组成常委会；四次全委会增补副主席1人、五次全委会选举主席1人、增选副主席1人；本届共举行全委会6次。2020年7月，邓泉兴任政协党组书记。2021年8月，黄惠忠任政协党组书记；10月，召开十届一次会议，选举产生主席1人、副主席6人、秘书长1人和常委19人，共27人组成常委会；四次全委会补选副主席2人。

二、委员构成

政协资溪县第一届委员会由中共、农工党、工商、无党派人士、农民、工人、青年、妇女、台属台胞、归侨侨眷、文学艺术、科学技术、社会科学、新闻出版、教育体育、医药卫生、民族宗教、社会福利、特邀等19个界别，83名委员组成。二届委员会撤销农工党、无党派人士、社会科学、新闻出版、社会福利5个界别，其他界别未变，共由14个界别，93名委员组成。三、四届委员会界别未变，委员总数均为105人。五届委员会减少中共、科技、教育界的委员人数，撤销归侨侨眷界别，增设金融界别，仍14个界别，委员总数98人。六届委员会撤销金融界别，增设社团、民营企业、社会保障、法律4个界别，共17个界别，委员总数139人。七、八届委员会设置界别和委员总数与六届一样未变。九届委员会将科技、教育合并为科技教育界，共16个界别，委员总数139人。十届委员会设置界别与九届一样，设有中共、工商、农民、工人、青年、妇女、台属台胞、文学艺术、科技教育、医药卫生、社团、民营企业、社会保障、法律、民族宗教、特邀共16个界别，委员总数139人。

三、机构设置

政协资溪县委员会设立常务委员会，由政协主席主持常务委员会工作，副主席、秘书长协助主席工作。主席、副主席、秘书长组成主席会议，处理常务委员会重要日常工作。

一届委员会设立学习、提案工作、财贸金融、农业经济、医药卫生、文教体育、法制社团、工业经济、文史资料、“三胞”（侨胞、台胞、港澳同胞）联络10个委员会。下设办公室，负责处理县政协日常工作。二届委员会增设宣传文史科、咨询联络科。四届委员会设立办公室和科教文卫体、农林水、工交财贸金融、法制社团“三胞”联谊4个专委会。1989年12月，在鹤城、高阜、饶桥三镇设立政协工作联络组，1993年因县以下统战对象较少而撤销。

1997年8月，县政协内设机构为办公室和科贸金融工业、农林水、文教体法制社团、三胞联谊4个专委会。机关行政编制6名，事业编制6名。2003年3月，内设机构调整为办公室和工业交通财贸金融、科学技术农林水、教育文化医药卫生、法制社团“三胞联谊”4个专委会，机关行政编制9名，后勤事业编制2名。2007年1月，将工交财贸金融、科技农林水、教育文化医药卫生、法制社团“三胞”联谊4个专委会更名为提案、经济、社会和法制、教文卫体委员会，其机构、级格和人员编制不变。2017年10月设立资溪县政协委员联络服务中心，为县政协办公室下属正股级事业单位，编制2名。2019年1月，因机构改革将经济、教文卫体2个委员会更名为经济和农业农村、教科文卫体和学习委员会，县政协内设机构为办公室和提案、经济和农业农村、社会和法制、教科文卫体和学习4个委员会。2023年4月，县政协专门委员会由4个调整为5个并规范了委员会名称，县政协内设机构为办公室和经济、提案、农业农村和人口资源环境、教科卫体和文化文史学习、社会法制和港澳台侨外事民族宗教5个委员会。

四、工作概况

（一）政治协商

1. 会议协商 1984年4月县政协一届一次会议至2024年5月十届一次会议，共召开全委会43次。县政协在中共资溪县委正确领导下，在上级政协有力指导下，在县政府大力支持和各方面积极配合下，主动协商，主动服务全县经济建设，自觉服从于改革、发展、稳定大局，紧紧围绕“生态立县”发展战略，认真履行政治协商职能，充分发挥人民政协在决策中的参谋与咨询作用。1992年，县委制定支持县政协履行政治协商、民主监督实施办法，县政府加强与县政协沟通联系。2020年，县委召开政协工作会议，下发《关于切实加强新时代人民政协党的建设工作的实施意见》，进一步健全县政协党组织体系和工作机制。同时，县委、县政府分别安排副书记、副县长联系县政协工作，县政协班子成员均参与县委对四套班子成员的分工，列席县委常委（扩大）会议、县政府常务会议等会议和理论学习中心组学习，为政协参与政治协商奠定坚实基础。2023年，县政协十届三次会议期间，创新举行联组协商议政会议，将全体委员按工作相关性分成3组，分别围绕“凝心聚力推进小县大城、久久为功推进产业强县、驰而不息厚植生态优势”等县域内重大课题开展协商讨论。同时，邀请党政主要领导参加协商，现场听取委员发言并解答委员疑问。县政协先后就各个时期的整体规划、县委工作报告、政府工作报告、年度重点工作安排、重要人事安排等各个方面进行协商，很多建议、意见被县委、县政府采纳，为建设文明开放富裕和谐新资溪，全面建成小康社会的目标作出了积极贡献。2024年，十届四次会议期间，组织委员紧扣全县中心工作，围绕发展等热点问题进行大会发言；围绕“林下经济”“制造业产业链”“旅游康养”等重要议题举行联组协商议政会议，共梳理建议100余条，并集结成册呈报县委、县政府，充分展现县政协委员参政议政热情与能力。

2. 专题协商 以扎实调查研究推进高质量协商议政。2022年围绕“茶产业转型发展”“常态化疫情防控下旅游业生存之路”“面包食品产业高质量发展”等课题，深入全县各乡镇场了解实际情况，多次前往省内外先进地区汲取经验，形成《关于发展我县茶产业的调研报告》《常态化疫情防控下旅游业生存之路的调研报告》《关于推进我县面包食品产业高质量发展的调研报告》等优质调研成果，得到县委、县政府主要领导批示，为党政科学决策提供可靠参考，为县域经济社会发展贡献政协力量。2023年围绕“厚植生态优势，发展康养产业”“规范社区网格化管理的思考”“推进县域物流体系建设”等课题，深入全县各乡镇场了解实际情况，多次前往省内外先进地区汲取经验，形成《厚植生态优势，发展康养产业》《资溪县社区网格化管理工作调研情况》《加快物流产业发展，助推县域经济循环》等优质调研成果，得到县委、县政府主要领导批示，为党政科学决策提供可靠参考。《厚植资溪生态优势，发展森林康养产业》被评为2023年度全市政协系统优秀调研报告。在领衔1个规定动作调研课题外，班子成员结合分工和当前群众关心关注的产业自选调研课题，共下沉基层一线开展调研10余场次。通过“委员议事厅”“社区圆桌会”等平台让人民政协提案工作更深地扎根基层社区，推动部分小区存在的车辆乱停乱放、居民出行问题、教育医疗等20余个具体问题妥善解决。2024年，围绕“体育＋康旅、推动，GEP核算方式优化升级、以竹代塑”等课题开展调查研究，形成《推进文旅体融合发展，创造文旅新质生产力——关于“以体育赛事助推‘体育＋文旅’融合发展”的调研报告》《优化协同推进机制，创新结果应用模式——“推动GEP核算方式优化升级，不断拓宽‘两山’转化通道”专题调研报告》等，得到县委、县政府主要领导批示，为党政科学决策提供可靠参考。

（二）民主监督

1. 提案办理　1984年至2024年，县政协共收到提案2599件，立案2405件，已全部办复，内容涉及科教文卫体、城乡建设、金融、农林、水电、工业交通、生态环境、治理执法部门“三乱”（乱收费、乱罚款、乱摊派）、脱贫攻坚、乡村振兴、生态旅游、社会法制、党群统战等方面。提案的办理和落实，对全县的改革发展和现代化建设发挥重要作用。2017年，县政协委员提交的《关于大力发展资溪全域旅游》提案，被县委、县政府采纳，编制了《资溪县全域旅游发展规划》，并全面推进国家全域旅游示范区创建，打造旅游新业态，构建覆盖全县、功能完善的旅游数据中心，实施全域旅游发展战略。2022年，县政协委员提交的《关于优化营商环境的提案》，县委、县政府高度重视，多次召开营商环境工作调度会，相继出台《资溪县关于有效应对疫情帮助中小企业纾困解难若干政策》《资溪县关于深入推进营商环境优化升级“一号改革工程”的实施方案》，促进严格规范公正文明执法，为市场主体提供良好的法治环境，确保我县营商环境水平总体提升。2023年，持续加大提案督办力度，在审核立案的提案中圈定10件重点提案，由县委、县政府主要领导和县政协班子成员领衔督办；9月7日，县委书记出席重点提案督办会，体现县委对提案督办工作的重视，有效提升提案办理效率。2024年，持续加大提案督办力度，圈定9件重点提案，由县委、县政府主要领导和县政协班子成员领衔督办；持续推动“提案入专”工作，召开面对面提案集中督办会5次，有效提升提案办理效率。

2. 创新管理　县政协组织委员履行民主监督职能，创新载体，把民主监督贯穿于履行职能的全过程，融于委员提案、民主评议和反映社情民意之中，做到参政有据，评议有方，监督有力。县政协建立和完善“专委会对口联系活动”“提案督办会”“联合调研活动”“委员活动日”“面对面评议”等履职平台；2020年，以县委名义下发《关于新时代加强和改进人民政协工作的实施意见》，提出一系列具体措施，为政协履职提供坚实制度保障；2021年，分别制定《政协资溪县委员会主席会议工作规则》《政协资溪县委员会委员履职工作规则》《关于进一步健全完善县政协协商工作机制的实施意见》和《政协资溪县第十届委员会关于加强县政协领导班子自身建设的意见》，明确政协工作各项规程；同时，健全有关会议、调研、视察、提案、反映社情民意、委员服务、机关建设等制度，形成协调统一、规范有序、灵活高效工作格局。创新打造“委员议事厅”协商品牌，分别在南源民宿村、社区管委会、费歌肉松厂、旅游集散中心设立议事厅，帮助政协委员走进景区、走进社区、走进园区。2023 年，开展城市功能品质提升、创建国家卫生县城和创建全省双拥模范县等工作进行专题视察，着力提升资溪市民幸福感和满意度。对县工信商务局和县交警大队开展民主评议，对被评议部门工作进行“体检”，帮助其改进工作作风、提升工作效能。2024 年，对县民政和退役军人事务局、县人社局开展民主评议，对被评议部门工作进行“体检”，帮助其改进工作作风、提升工作效能。

（三）参政议政

1. 视察调研 1984 年至 2024 年，县政协常委会组织委员对全县的经济、科技、教育、文化、旅游、卫生、城建、交通、物价、宗教、廉政建设、市容市貌、企业改制、私营经济、环境保护、社会保障、法治建设、金融改革、农业发展、殡葬管理、残疾人政策的落实等工作，开展专题调研 157 次，视察考察 166 次，提交调研报告 100 余篇。提出的建议多数得到重视与采纳，促进了县委、县政府决策的民主化和科学化。围绕“发挥农民专业合作社在乡村振兴中的作用”“开发特色旅游商品、促进全域旅游发展”“金融服务助力民营企业发展”“推进我县科技创新发展”等课题开展专题调研。2022 年，开展县人民医院、县养老福利院运行情况专题视察，倾听一线医护人员心声，摸底全县医疗卫生和养老服务产业发展情况。邀请旅游产品相关领域委员对本县旅游产品营销现状开展视察，为全县旅游产品创新发展出谋划策。对县自然资源局和县生态环境局开展民主评议，对被评议部门工作进行“体检”，帮助其改进工作作风、提升工作效能。2023 年，资溪县委提出“小县大城”战略，政协迅速针对村民进城保障、城区公共服务基础设施建设、重点区域更新改造等课题，组建多支调研队伍深入全县各乡镇开展调研，形成调研报告 5 篇，提出完善村民进城后住房保障、因地制宜建立“规划－设计－管控”体系、推进跨部门综合性管理大数据平台建设等 20 余条建议，为助力城乡加快融合提供政协智慧，为党政决策提供可靠参考。2024 年，围绕职业中专和普通高中教育高质量发展情况、城乡供水一体化建设情况等群众关心关注的教育、民生等方面工作进行专题视察，着力提升老百姓幸福感和满意度。

2. 社情民意 聚焦党政重点工作、全局发展重大课题和民生重要事项，县政协畅通社情民意反映渠道，积极收集社情民意信息并整理报送。县政协第九届委员会以来，共报送社情民意信息 385 篇，其中报送省政协 202 篇；由省政协转报省委 10 篇、转报全国政协 9 篇；专报县委、县政府领导或转送县级相关部门（单位）183 篇。同时，提升社情民意办理实效，推动更多协商成果转化。2018 年，委员提交的《关于将泰伯公园打造成国家 4A 级旅游景区的建议》、2020 年，委员提交的《关于加强乡镇集镇公厕建设与管理的建议》等社情民意，得到县委、县政府的高度重视，相关部门及时跟进，推动一批民生问题得到及时解决。2022 年，在中共党员委员工作站内设立“社情民意联系点”，驻站党员委员深入基层走访，主动接待座谈，倾听群众意见建议，整理报送社情民意信息 15 篇，其中《在中小学开展未成年人交通安全教育分级考试的建议》和《关于耕地抛荒问题治理》被省政协采用，并分别报送省委和全国政协，有效承担了群众“连心桥”作用。2024 年，委员提交的《关于推进“包楼联户”服务群众工程工作的建议》等社情民意，得到县委、县政府高度重视，相关部门及时跟进，推动一批民生问题得到及时解决。

（四）委员议事

政协创新打造“委员议事厅”“一县一品牌”履职品牌，主要是坚持党委领导、政府支持、政协搭台、各方参与、服务群众的总体思路，把协商议事送到群众家门口，在“请你来协商”中营造开放式议事氛围。围绕在哪议事，搭好平台。围绕生态旅游、面包食品、竹木科技等首位产业和主导产业，建立 3 个“委员议事厅”履职平台，分别进旅游景区、进工业园区、进居民社区。紧扣如何议事，建好机制。坚持问题导向，解决好“议什么事”“谁来议事”“怎么议事”的问题。聚焦党政工作要事、民生改善实事、社会治理难事等“大事小情”，组织协商议事厅相关人员共同议事。建立调研、协商、反馈等机制，引导平等、有序、真诚协商，积极推动成果转化。注重有效议事，用好载体。突出“议事成效”工作目标，引导群众“有事、遇事、做事”到“委员议事厅”来协商，推进解决相关问题，让群众感受到在“委员议事厅”能成事，在助推发展、服务民生中彰显政协担当作为。2024年，围绕生态旅游、面包食品、竹木科技等重点产业，进一步完善旅游景区、工业园区、居民社区等贴近群众议事厅建设。开展“微协商”16场次，提出意见和建议40余条，形成调研报告10份，有效解决相关问题20余个。开展为民解忧协商活动23次，提出意见建议39条，收集社情民意信息50余条，解决群众实际问题26个，参与委员100余人次，受益群众800余人。

（五）凝聚共识

1. 服务中心　按照县委统一部署，县政协积极参与全县重点项目建设、“三大攻坚战”“两城同创”、旅游营销、棚户区和老旧小区改造、智汇资溪、招商引资、工业创新发展三年倍增行动等中心工作和省市旅游发展大会、面包文化节、畲族民俗文化节等重大节庆活动，助力大觉山景区成功创建国家AAAAA级景区。县政协领导牵头抓热敏灸技术推广应用，打造全省首个“热敏灸小镇”，推动生态旅游、面包食品等绿色产业发展，展现了政协积极作为的良好风貌。2007年至2021年，县政协共争取帮扶资金500余万元，组织委员为贫困学生、下岗工人捐款捐物228万余元，救灾捐款捐物130余万元。克服疫情影响，创新招商引资工作方法，将外出招商与线上招商相结合，成功引进灵芝全产业链项目、玉峰山野生动物综合保护开发项目、大觉文化研究院等生态友好型项目。2023年至2024年，积极开展招商引资工作，政协班子成员共外出开展招商活动29次，有效推介资溪投资品牌。积极协助棚改工作，召开3次棚改工作调度推进会，将任务分解到各委室、落实到个人。全力参与全民洗城、文明劝导等工作，为资溪“双创”贡献力量。

2. 史料征编　县政协专委会与县史志办、县文联、县社联等部门密切联系，相互合作，为文史资料的征编出版奠定了坚实基础。1984年至2021年，分别征编出版7辑《资溪文史资料》，40余万字，内容涉及资溪县古代名儒、军事战争、英雄事迹、文教卫生、科学技术、名人逸事、风土人情、民族宗教等。其中，2010年，征编出版《千古高云塔》《千年乡贤之首——李觏》《李觏研究文集》《李觏学术研讨论文集》《千年的纪念》。2012年，征编出版《资溪景区传说故事》。2013年，征编出版《资溪楹联集》。2014年，征编出版《30年资溪文艺作品集》；县政协主席方树成编写的剧本《微信疑云》《山魂》和《邂逅资溪》均被拍摄成微电影，其中与县纪委联合拍摄的《微信疑云》被纳入中纪委《每日一课》在全国公映。2020年，由县政协牵头征编出版资溪首部山水志《大觉山志》。2021年，编辑出版《资溪面包产业发展史》。

政协资溪县委员会组织情况表

届次	起讫年月	界别数	委员人数	常委人数	全会次数	主席	副主席
一届	1984.4–1987.9	19	83	25	3	杨福行	徐金献　曹挺梁 宁水茂（1985.2–1987.9）
二届	1987.9–1990.4	14	93	23	3	杨福行	徐金献 曹挺梁（1987.9–1987.11） 杨信寿　王保青 付复新（1988.1–1990.4）

续表

届次	起讫年月	界别数	委员人数	常委人数	全会次数	主席	副主席
三届	1990.4–1993.1	14	105	25	3	张木青	徐金猷　黄木传 王保青　胡春兴 曾曙春（1991.4–1993.1）
四届	1993.1–1998.1	14	105	24	5	黄德宪（1993.01–1995.02） 李金生（1995.02–1997.12）	徐金猷　王保青 曾曙春 游林清（1996.3–1998.1）
五届	1998.1–2003.1	14	98	22	5	付复新	刘有山（1998.1–2001.12） 周春林　余恭瑞　林国基 黄文龙（2001.2–2003.1） 汪晓娟（女，2001.9–2003.1）
六届	2003.1–2007.4	17	139	25	5	余启明	黄文龙　余恭瑞 汪晓娟（女） 高仁贵（2003.1–2006.6） 熊海发（2003.1–2003.4） 吴国庆（2004.2–2007.4） 杨　皓（2006.11–2007.4）
七届	2007.4–2011.9	17	139	27	6	方树成	黄文龙　余恭瑞 汪晓娟（女）　吴国庆 杨　皓（2007.4–2008.7） 吴开发（2008.12–2011.9） 吴小文（2010.3–2011.9）
八届	2011.9–2016.10	17	139	29	6	万　鸣	余恭瑞（2011.9–2011.11） 吴国庆　吴开发　吴小文 黄惠忠（2012.3–2016.10） 任文华（女） 徐江英（女，2013.4–2016.10）
九届	2016.10–2021.10	16	139	24	6	万　鸣（2016.10–2020.07） 邓泉兴（2020.07–2021.10）	石仕忠 元新东（2016.10–2018.2） 占连兴（2016.10–2020.7） 汤庆慧（女）　吴小文 曾　莉（女） 郑建平（2020.7–2021.10） 付国平（2019.2–2021.10，后受刑事处罚）
十届	2021.10–2024.12	16	139	27	4	黄惠忠	石仕忠（2021.10–2024.4） 汤庆慧（女） 吴小文（2021.10–2024.4） 曾　莉（女，2021.10—2023.12） 詹晓武　冯伟坚 余　鑫（2023.12—） 叶　莉（女，2024.4—）

第十一节　政协广昌县委员会

广昌县位于江西省东南部，建县于南宋绍兴八年（公元1138年），因“道通闽广、郡属建昌”而得名。全县总面积1612平方公里，辖6镇5乡129个行政村、1场、1个城市社区管委会、10个城市社区、1个省级工业园和1个省级现代农业产业园，总人口25万。广昌有1300多年种莲历史，是中国白莲之乡和中国莲文化之乡、中华恐龙南方故乡、中央革命根据地“全红县”和中央苏区的北大门、“中国物流第一县”、江西第二大河——抚河发源地、国家生态文明建设示范区、中国天然氧吧、省级生态园林城市和省级森林城市。

一、组织沿革

政协广昌县委员会于1957年7月筹备，成立于1958年9月，截至2024年12月，历经15届，其中1至8届每届任期3年，9至15届每届任期5年。

1958年9月，召开政协广昌县第一届委员会第一次会议，选举产生主席1人、副主席2人和常委14人，共17人组成常委会，该届政协共举行全委会3次，一次全委（扩大）会。1961年2月，召开二届一次会议，选举产生主席1人、副主席4人、秘书长1人和常委10人，共15人组成常委会，该届共举行全委会2次。1963年7月，召开三届一次会议，选举产生主席1人、副主席4人、秘书长1人和常委10人，共15人组成常委会，该届共举行全委会2次。1965年10月，召开四届一次会议，选举产生主席1人、副主席4人、秘书长1人和常委11人，共16人组成常委会，该届共举行全委会2次。1966年6月，四届二次会议后，受“文革”影响，政协工作被迫停止。1980年12月，召开五届一次会议，选举产生主席1人、副主席5人、秘书长1人和常委21人，共27人组成常委会；二次会议补选常委1人；该届共举行全委会3次。1984年7月，召开六届一次会议，选举产生主席1人、副主席4人和常委19人，共24人组成常委会；二次会议补选常委2人；该届共举行全委会3次。1987年8月，召开七届一次会议，选举产生主席1人、副主席3人、秘书长1人和常委14人，共18人组成常委会；三次会议补选常委1人；该届共举行全委会3次。1990年4月，召开八届一次会议，选举产生主席1人、副主席4人、秘书长1人和常委12人，共17人组成常委会，该届共举行全委会3次。1993年1月，召开九届一次会议，选举产生主席1人、副主席4人和常委14人，共19人组成常委会，该届共举行全委会5次。1998年1月，召开十届一次会议，选举产生主席1人、副主席5人和常委11人，共17人组成常委会，该届共举行全委会5次。2002年12月，召开十一届一次会议，选举产生主席1人、副主席4人和常委15人，共20人组成常委会；二次会议选举主席1人，增选副主席2人；五次会议接受3名副主席辞呈，增补副主席2人；该届共举行全委会5次。2007年3月，召开十二届一次会议，选举产生主席1人、副主席5人和常委19人，共25人组成常委会；二次会议补选秘书长1人；该届共举行全委会5次。2011年8月，召开十三届一次会议，选举产生主席1人、副主席5人、秘书长1人和常委16人，共23人组成常委会；四次会议增补副主席1人；该届共举行全委会7次。2016年10月，召开十四届一次会议，选举产生主席1人、副主席6人和常委15人，共22人组成常委会；五次会议选举主席1人，接受1名副主席辞职，增补副主席1人；该届共举行全委会6次。2021年10月，召开十五届一次会议，选举产生主席1人、副主席5人、秘书长1人和常委15人，共22人组成常委会；2023年12月，十五届四次会议选举主席1人；2024年7月，六次会议增补副主席1人。

二、委员构成

县政协一届委员会设置中共、共青团、妇联、工会、农村、手工业、技术、科协、文化艺术等、教育、卫生协会、医务、学生、工商、宗教、特邀等16个界别，委员人数65名。二届委员会撤销手工业、科协、卫生协会和学生4个界别，增设社会福利和华侨2个界别，有14个界别组成，委员人数未变。三届委员会界别设置和委员总数未变。四届委员会增设贫协、科协、工交、教育学会、学生、供销和卫生协会7个界别，撤销社会福利界别，有20个界别组成，委员总数未变。五届委员会撤销贫协、科协、工交、教育学会、学生、供销、工商、华侨、卫生协会和医务10个界别，增设医药卫生界别，由11个界别组成，委员人数81人。六届委员会增设社会科学、体育、工商、台胞台属、归侨侨眷5个界别，有16个界别，委员人数未变。七届委员会界别设置未变，委员人数85人。八届委员会界别设置未变，委员人数91人。九届委员会界别设置未变，委员人数95人。十届委员会界别设置未变，委员人数120人。十一届委员会界别设置未变，委员数133人，其中大中专以上文化程度111人，中级以上技术职称39人。十二届委员会增设科协、文艺体育、无党派、经济、新闻出版、青联、社会福利、社会保障和法律8个界别，撤销文化艺术和体育2个界别，共有22个界别，委员人数149人。十三届委员会撤销科协、共青团、青联、台联和侨联5个界别，增设共青团和青联、台联和侨联2个界别，共由19个界别组成，委员总数156人。十四、十五届委员会界别设置和委员总数未变。

三、机构设置

1963年6月之前一、二届县政协机构设置无史料可查考。1963年7月，县政协第三届委员会设文教、卫生、工商、社会4个工作组和政协办公室。1965年11月，第四届委员会将卫生工作组改称医务工作组，并召开第一次主席办公会，决定成立甘竹、驿前、赤水、苦竹、头陂五个工作组。尔后因“文化大革命”政协活动中断。

1980年12月，政协工作恢复后，五届委员会撤销卫生、工商、社会3个工作组，新设学习委员会，科技、医药、对台侨务、法制4个工作组和文史资料研究室。1981年10月，增设工商工作组。1984年7月，六届委员会对五届委员会工作机构进行大调整，设立农业科技、工业科技、财贸、教育、文化社会科学、医药卫生、群团、祖国统一8个工作组和办公室。1987年8月，七届委员会将农业科技工作组改称科技农林水工作组，教育工作组改称教育体育工作组，工业科技与财贸合并称工交财贸工作组，增设宣传文史科、咨询联络科。1988年6月，七届常务委员会六次会议将原工作组改称为工作委员会。同年10月，七次常务委员会决定在县教师进修学校、广昌一中、广昌二中、县人民医院、县农牧渔业局五个单位设政协小组。1990年4月，八届委员会不设学习委员会，将工作委员会改称专门委员会（简称专委会）。1993年2月，九届委员会撤销工交财贸专委会，成立工商和财贸两个专委会，撤销文史资料专委会，成立文化文史专委会。1996年4月，九届委员会第二十次常委会决定调整工作机构，调整后有法制社团“三胞”联谊、文化教育卫生体育、城建财贸“个私”经济、农业工交科技4个专委会。1997年3月，设综合办公室，撤销宣传文史科、咨询联络科，其职能归口于办公室。1998年3月，十届委员会增设农村工作专委会。

2003年1月，十一届委员会未变动。2006年11月，十一届委员会内设提案委员会、经济委员会、社会和法制委员会、教文卫体委员会、办公室。2007年，十二届委员会未变动。2012年，十三届委员会增设人口资源环境委员会。2016年10月，十四届委员会设办公室、提案委员会、经济委员会、教文卫体委员会、社会和法制委员会、人口资源环境委员会6个工作机构。2019年

1月，县政协经济委员会更名为经济和农业农村委员会，教卫文体委员会更名为教科文卫体和学习委员会。2021年4月，成立广昌县政协委员联络服务中心；10月，十五届委员会撤销人口资源环境委员会，设办公室、提案委员会、经济和农业农村委员会、教科文卫体和学习委员会、社会和法制委员会5个工作机构和委员联络服务中心。2023年3月，经济和农业农村委员会拆分为经济委员会、农业农村和人口资源环境委员会，教科文卫体和学习委员会更名为教科卫体和文化文史学习委员会，社会和法制委员会更名为社会法制和港澳台侨外事民族宗教委员会。

四、工作概况

（一）政治协商

1. 会议协商　1958年9月，自首届一次会议以来，紧紧围绕经济建设这个中心，通过政协全委会、常委会、主席会议、专门委员会、情况通报会、专题座谈会及政协委员列席县人民代表大会、政协主席列席县委常委会、县政协领导参加县班子联席会、县工作会议等形式，参与对大政方针及政治、经济、文化和社会生活中重要问题，进行协商讨论，向县委和县政府提出意见和建议。在召开全委会期间，每届党政主要领导和党政班子成员参加政协委员联组讨论，听取委员意见建议，向委员通报全县经济社会发展形势。2024年，围绕工业经济高质量发展，组织开展3件相关提案集中会议协商，所提16条建议均得到职能部门回应办理，特别是县委、县政府关注的“建设县级数字化物流配送中心”“整顿治理服装鞋帽小加工厂、小作坊”等问题得到有关部门重视和解决，对于筑牢安全生产防线、助推经济高质量发展产生积极意义。

2. 专题协商　县委认真贯彻落实中央和省、市委关于加强政协工作指示精神，加强和改善党委对政协工作的领导，发挥政协“政治协商、民主监督、参政议政”职能作用，支持政协有效履职。县委坚持每年至少召开一次县委常委会会议专题研究政协工作，审定政协工作任务和重大活动；县委常委会坚持每月听取政协工作汇报，加强工作指导，帮助解决实际问题。坚持党政领导联系政协工作制度，建立和完善县委常委联系党外政协常委制度，支持政协参与全县大政方针和重要事务的讨论。县委始终坚持涉及全县经济社会发展重大部署和重大问题，全县重大建设项目及关系群众切身利益的重大问题，决策之前与政协协商讨论，决策之中要征求政协参与意见，决策之后请政协协助落实。同时，通过专题座谈会形式对全县大政方针、重要事务和群众生活中的重要问题进行专题协商，相继协商加快工农业生产步伐、脱贫致富、计划生育工作、农业开发总体战设想、农业开发工程、搞活大中型企业、杨溪电站集资筹款、发展工业经济、“三高”农业、产业结构调整、个私经济发展、给水扩建工程资金短缺、职业教育、流通体制改革等重大问题。2005年以来专题协商频次增多，主要有招商引资、基础设施重点工程、新农村建设、工业园区建设、改制企业职工安置和社会保障、国际莲花节筹备、县城小学网点布局、全民创业、生态保护、脱贫攻坚、旅游发展、乡村振兴、安全生产、文化教育、医疗卫生、社区建设、数字经济等群众关心的热点难点问题，向县委、县政府提出建议、意见或建议案。2024年，紧扣“广昌白莲”区域公用品牌建设、乡村产业振兴、服装产业发展等中心工作，深入开展委员视察和专题调研10余次，形成《关于我县乡村产业振兴的调研报告》《打造历史文化街区，赓续老街历史文脉》等高质量调研报告4份。

（二）民主监督

1. 提案办理　1963年7月，县政协三届一次会议期间开始征集提案。为提高提案质量和办理质量，县政协多次举办委员提案学习培训班，邀请专家授课。2006年至2008年，先后制定提案工作条例和优秀提案评选办法，印发《关于开展十一届县政协提案办理情况督查活动实施方案》《政协广昌县委员会提案审查工作实施细则》，使提案办理走向规范化、制度化。1963年至

2024年，县政协共收到提案2402件，内容涉及农林水、工交财贸、环境城建、党群统战、科技文卫、劳动人事、社会保障、民主法治、社区建设、群众生活、精神文明、改革创新、乡村振兴、民生福祉等方面。立案的1968件全部办复。委员们对提案办理满意率或基本满意率达99%，其中《焦坑河道亟待治理的建议》《加强封山育林　优化生态环境》《关于严厉打击非法电鱼毒鱼的建议》《关于广昌县城小学网点布局建议案》《关于改造升级大世界菜市场的建议》《关于破解广昌中学“大班额”难题的建议》《关于解决广昌一中上学及放学交通拥堵问题的建议》《关于加快对爱莲名苑步行街提升改造的建议》等提案得到较好落实办理。2023年，针对广昌一中西门交通拥堵、安全隐患大，政协委员提出《关于解决广昌一中上学及放学交通拥堵问题的建议》的提案，建议对校园西门处进行改造、开通校园西侧至东沿河路道路、修建东沿河路停车场。9月8日，新学期伊始，县政协组织提办双方、群众代表、学生家长代表就提案办理落实情况进行现场跟踪视察，大家对改造后的西校门周边交通环境表示满意。

2. 社情民意　1995年，开始反映社情民意，各专委会和委员通过调查、视察、走访等形式，收集基层群众意见，在《广昌政协》《参政议政》等内部刊物里反映，发送县党政领导和省市政协。为充分反映社情民意，县政协于2001年下发《关于加强反映社情民意工作的意见》，使社情民意工作制度化、规范化、经常化。2004年，创办《社情民意》刊物，2006年，制定反映社情民意信息工作规定和优秀社情民意稿件评选办法。2013年，开辟“社情民意”互动平台，设置电子邮箱广泛征集舆情信息。2019年，社情民意信息《关于将莲芯列入新食品原料的建议》，经省政协报送省委和全国政协，并被省委采用；当年社情民意信息工作获全市第1名，全省第9名。2022年，社情民意信息《关于为中小学教师减负、保障教师，安心从教的建议》经省政协报送省委，并被省委采用。2023年，坚持把反映民意、解决民困作为政协工作重要内容，实行“月通报，季调度、年考核”制度；当年向省政协报送60篇，推送到全国政协4篇，推送到省委2篇，内容涉及旅游业、农业生产、粮食安全等方面，其中《基层反映中小学校教师任务繁杂负担过重亟待关注》第一季度被省委单篇采用。至2024年，县政协在内部刊物上反映社情民意217条，其中被省市有关刊物采用38条。2024年，《建议禁止教师利用直播课堂“作秀”吸金》被全国政协采用，《关于稳步发展我县烟叶生产的几点建议》《关于解决“城市内涝”问题的建议》等信息得到县委、县政府主要领导批示肯定，有关建议被政府部门转化为政策措施。

（三）参政议政

1. 视察调研　1980年，县政协恢复后，组织委员围绕经济建设、社会发展、乡村振兴、县公共卫生防控体系建设、文化教育和生态文明等方面组织开展调查研究。1983年，开展对落实知识分子政策的调查。90年代后期，专题调研日益增多。由正、副主席率领专委会就农业产业调整、资源开发、新农村建设、非公有制经济发展、农村医疗制度改革、学校教育等开展调查研究，并形成书面专题报告供县委、县政府决策参考。2006年3月，制定评选优秀调研报告办法，每年评选一次。1983年至2024年，共调研220余次，写出调研报告190余篇。这些报告有情况、有分析、有措施，大多数建议得到重视与采纳，促进县委、县政府决策民主化和科学化。其中1991年撰写的《搞活大中型企业的几点思考和意见》在省政协六届十六次常委会搞活大中型企业专题论证会上交流；2006年撰写的《着力解决农民“三个基本”问题扎实推进贫困地区的新农村建设》调研报告被录入省政协办公厅编辑的社会主义新农村建设“百村调研”报告；2011年撰写的《关于我县食品生产质量安全监管情况的建议案》《关于油茶产业发展与生态保护情况的建议案》和2020年撰写的《发展我县农村特色产业，助推乡村振兴》报告，得到县党政领导的批示，被相关部门采纳落实；2022年撰写的《驶进春天的村级集体经济“奋进号”列车——初探广昌县村级集体经济可复制可推广可持续发展模式》，得到市政协主要领导肯定并作出批示，要求转发各专委会和各县（区）政协供参鉴。2023年，围绕广昌物流产业专业队伍建设、政策扶持举措、数字运营平台三个方向，深入本地企业调研，协商如何以数字经济为突破口，进一步发展壮大本县物流产业，并形成《数字经济助推物流产业加“数”发展——关于以数字化物流服务平台打造我县物流总部经济的调研报告》，从而擦亮“全国物流第一县”这张名片。

2. 建言献策　1958年政协广昌县委员会成立后，在历次全委会上均安排政协委员作大会发言，对政协《常委会工作报告》和人民代表大会的政府工作报告进行讨论，并围绕政府中心工作和人民群众普遍关心的问题提出意见和建议，履行参政议政职能。1980年后，全委会委员发言以小组讨论为主。1996年至2024年，委员们在全委会上就城建、财税、金融、教育、外贸引进、特色农业、扶贫、交通、旅游等作大会发言102篇（次）。其中在《关于“科教兴县”建议与对策》《缩短农民贫富差距，搞好扶贫开发》《做大做强广昌的白莲产业，狠抓品牌建设刻不容缓》《盱江水环境保护刻不容缓》《积极打造振兴苏区发展的“广昌样板”》《中国梦·莲乡梦·铁路梦》《破解撂荒难题，助推乡村振兴》《还学校一片晴空，让教师安心育人》《加强广昌白莲品牌建设，促进白莲产业高质量发展》等发言中提出的意见和建议，得到县委、县政府领导及有关部门的高度重视。2024年，围绕“学前教育”“道路交通安全”“城乡生活垃圾治理”这些“民之小事”，组织委员实地考察10余次，推出3期《委员话民生，协商在基层》访谈节目，邀请政协委员和党政部门领导面对面深入协商，及时为群众解疑释惑，把对策提准提实。

（四）“莲心”政协

政协结合千年莲乡丰富的莲文化，将“莲”元素与政协文化相融合，打造“莲心”“一县一品牌”，形成同德养“莲”（廉）守初心、同力采“莲”（联）凝共识、同心种“莲”（连）促发展的“三莲”履职精神。同德养“莲”（廉）守初心。“莲”通“廉”，寓意廉洁，洁身自好，干净担当。换届后，组织委员培训班3期，开展专题学习6次，举办“廉洁”课堂4次，进一步提高委员履职能力。同力采“莲”（联）凝共识。“莲”通“联”，寓意联合，和而不同、和衷共济。组织开展“专题协商周”“界别活动月”“社情民意反映年”“委员讲堂”系列活动，更好地凝聚了广大委员和各界人士的共识和智慧。同心种“莲”（连）促发展。“莲”通“连”，寓意莲心，与党政同心、与群众连心。围绕全县经济社会发展大局，充分发挥界别优势，开展系列协商议政活动。经济小组开展“协商在基层”“协商进企业”系列活动；教育界别、法律界别开展“委员进校园”系列活动；提案委以“‘莲’事好商量”＋“提案办理协商社区圆桌会”为载体，开展“协商进社区”活动。2024年，围绕“学前教育、道路交通安全、城乡生活垃圾治理”等组织委员实地考察10余次，及时为群众解疑释惑。坚持“因地制宜、综合利用”原则，把协商议事平台建到群众家门口。搭建“政协委员之家”和“莲心”政协社区工作站，为委员开展学习、调研、协商等各项履职活动搭建平台、提供支持。

（五）凝聚共识

1. 服务中心　积极做好县政协挂点村乡村振兴工作，做好脱贫户结对帮扶工作，进村入户宣传扶贫政策，深入脱贫户走访慰问了解生产和生活情况，使扶贫政策落地见效，确保脱贫户稳定实现“两不愁三保障”。积极参与疫情防控和创卫工作，参与相关社区疫情防控和创卫工作，开展疫情排查、卡点值勤，文明劝导、清扫街巷楼道卫生等，为防控疫情和改善城市环境卫生作出努力。2023年3月，正值春耕生产关键时期，县政协开展“推进春耕备耕，确保粮食安全”界别活动月活动，在广昌县头陂镇青青农草水稻种植示范园，为全县近百名种粮大户进行“再生稻高产栽培技术”专题培训，农业界别委员注重发挥自身专长和优势，传播科学知识，确保粮食安全，推动粮食增收、农民增收。为拓展县“莲心”政协活动内容，充分发挥县政协教育界别人才优势，加强城乡教师交流和沟通，实现城乡教育资源互补。5月19日，县政协组织教育界别委员和县“名师工作室”教师深入塘坊镇初级中学、中心小学开展“县政协‘连心’助教·共筑莲乡教育梦”为主题的送教下乡活动，既使上课教师从中得到磨炼，又使听课教师从中受到教育，受到教师和学生们欢迎。2024年，先后组织农业界别、科学技术界别委员深入田间地头开展科技兴农界别活动，为100多户种粮大户培训早稻、再生稻种植、优质水稻和有机水稻栽培技术及田间管理技术；组织医药卫生界别委员开展“莲心”政协——“暖心送医·共筑健康”义诊、义检、免费送药和健康科普知识宣传活动，均受到群众好评。

2. 史料征编 为发挥文史资料“存史、资政、团结、育人”的作用，1988年至2003年，县政协先后征编《广昌县文史资料》一至四辑。2015年至2024年，先后征编文史资料《中央苏区北大门——广昌》《奇人异书——揭暄》《莲乡山水》《莲苑吟草》《百年广昌》《广昌扶贫纪实》《父子尚书——何文渊与何乔新》5至11辑。以“勤廉文化”为主题，组织人员广泛收集、挖掘整理《荷风传唱的名字：何文渊》等8篇文史资料。2024年，完成30多万字《驿前古镇》文史资料搜集和编撰工作并公开出版；启动广昌文史资料《生态广昌——古山寨、古亭》征编工作，完成全县古山寨、古亭的调查登记；“文史雅苑”展馆顺利建成开馆，通过开展丰富多样的交流学习活动，让越来越多的人走进文史馆，了解政协历史。

政协广昌县委员会组织情况表

届次	起讫年月	界别数	委员人数	常委人数	全会次数	主席	副主席
一届	1958.9–1961.1	16	65	17	4	单荣起	廖仲贵　冯报喜
二届	1961.2–1963.7	14	65	15	2	单荣起	廖仲贵　冯报喜 揭斯昇　徐振声
三届	1963.7–1965.10	14	65	15	2	单荣起	廖仲贵　冯报喜 揭斯昇　徐振声
四届	1965.10–1980.12	20	65	16	2	杨德财	廖仲贵　冯报喜 揭斯昇　徐振声
五届	1980.12–1984.7	11	81	27	3	李德家	杨远庚　陆炳华 廖仲贵　冯报喜 揭斯昇
六届	1984.7–1987.7	16	81	24	3	李德家	杨远庚　陆炳华 揭斯昇　刘君葵（女）
七届	1987.7–1990.3	16	85	18	3	魏仁贵	李瑞林　刘忠民 谢炽安
八届	1990.4–1993.1	16	91	17	3	魏仁贵	李瑞林　谢炽安 梁明秀（女）　徐其增
九届	1993.1–1997.12	16	95	19	5	李金生（1993.1–1995.2） 陈正贤（1995.2–1997.12）	李瑞林　谢炽安 梁明秀（女）　徐其增

续表

届次	起讫年月	界别数	委员人数	常委人数	全会次数	主席	副主席
十届	1998.1–2002.12	16	120	17	5	李金生	李瑞林 谢炽安 梁明秀（女） 徐其增 刘世昌
十一届	2003.1–2007.3	16	133	20	5	李金生（2002.12–2004.3） 蓝忠民（2004.3–2007.4）	李瑞林（2003.1–2006.11） 刘世昌 王昌平（2003.1–2006.11） 连佩忠 徐群英（女，2004.3–2007.3） 揭秉华（2004.3–2006.11） 高亦平（2006.11–2007.3） 张卫平（2006.11–2007.3）
十二届	2007.4–2011.8	22	133	25	5	蓝忠民	刘世昌 连佩忠 徐群英（女） 高亦平 张卫平
十三届	2011.9–2016.10	19	156	23	7	揭秉华	刘世昌 徐群英（女） 高奕平 张金亮 黄 琛（女） 王志勇（2013.7–2016.10）
十四届	2016.10–2021.10	19	154	22	6	揭秉华（2016.10–2020.6） 赵 敏（2020.7–2021.10）	李龙标（2016.10–2020.6） 周友庆（2016.10–2021.3） 张金亮 李崇斌（2020.7–2021.10） 黄 琛（女） 王志勇 杨全娣（女）
十五届	2021.10–2024.12	19	154	22	6	赵 敏（2021.10–2023.12） 易忠华（2023.12—）	李崇斌（2021.10–2024.7） 黄 琛（女） 王志勇 杨全娣（女） 周承德 黄艳（女，2024.7—）

第十三章　人物与荣誉

在抚州政协40年的发展进程中，历任政协抚州地区联络处、抚州地区工作委员会主任、副主任和历任政协抚州市委员会主席、副主席、秘书长、常委，以及他们致力于政治协商、参政议政、民主监督、凝聚共识的生动实践及其取得的丰硕成果，构成赣东大地一幅别具风格的历史和人物画卷。

第一节　人物

本节设人物简介、人物名录两部分。2025年1月底以前担任过市政协（含政协地区联络处、政协地区工委）主席（主任、党组书记）、副主席（副主任、党组副书记）、秘书长职务的领导人员以“人物简介”记之；市政协常委，出席全国政协、省政协会议的常委、委员以“人物名录”记之。人物简介、名录均按届次顺序排列，同一届次者按姓氏笔画排序。

一、人物简介

（一）历任政协抚州地区联络处、工委主任（党组书记）

陈　元（1930.5—2021.1），内蒙古赤峰市人。1947年10月，参加八路军独立第6师。1948年11月，加入中国共产党。1949年3月南下，1950年1月，任中国人民解放军第116师483团排长。1951年1月，任中南军区军政干校区队长。1952年6月，任江西省南康县唐江镇武装部部长。1952年12月至1953年12月，在45速成学校学习。1954年1月，任崇义县人民武装部政工科科长。1960年1月至1961年12月，在南昌步兵学校学习。1962年结业后，先后任江西省寻乌县人民武装部副政委、政委。1965年1月，任于都县人民武装部政委。1969年8月至1971年1月，任乐安县人民武装部政委；1969年11月，任乐安县革委会核心小组成员；1971年1月至1975年11月，任乐安县委书记；1975年11月至1976年10月，任乐安县人民武装部政委。1980年1月，任抚州地委组织部副部长，9月，任部长；1982年3月，任抚州地委常委、组织部部长。1983年11月，任抚州地委巡视员；1985年6月，任抚州地委巡视员、政协抚州地区联络处主任。1988年10月，政协抚州地区联络处升格为地级机构，任联络处副主任。1992年9月离休。

高丕凯（1927.11—1997.3），辽宁省新金人。1946年6月参加工作，1946年12月加入中国共产党，初中文化。1946年6月至1949年4月，在辽宁省新金县皮子区、县财政科工作，先后任优抚员、副科长。1949年4月至1956年7月，参加辽南南下干部大队，先后任吉安市政府财粮科、税务局会计、科长、副局长。1956年7月至1960年8月，任中共吉安地委宣传部副部长；1960年8月至1967年2月，任中共吉安地委委员、书记；1967年2月至1969年8月，下放吉安造纸厂劳动。1969年8月至1969年10月，任白云山水电工程指挥部总指挥。1969年12月至1972年8月，任井冈山地区农业局主任；1972年9月至1973年3月，任井冈山地区革委会抓促部副主任。1973年4月至1975年6月，任中共莲花县委书记。1975年7月至1977年8月，任中共井冈山地委常委。1977年9月至1981年4月，任中共吉安地委常委、地委宣传部部长。1981年5月至1982年2月，任中共抚州地委常委、抚州地区行署副专员；1982年2月至1983年6月，任中共抚州地委副书记、抚州地区行署副专员；1983年6月至1987年3月，任中共抚州地委书记；1987年3月至1988年10月，任中共抚州地委调研员；1988年10月至1991年9月，任政协抚州地区联络处主任。

张火春（1934.11—2016.12），江西湖口人。1951年6月入伍，1952年11月加入中国共产党，高中文化。1951年6月至1952年6月，任湖口县粮食局秘书股长；1953年至1954年4月，任湖口县监委秘书。1954年5月至1955年3月，任九江行署监察处监察员（1954年9月至1955年9月期间，在中央政法干校监察班学习）。1956年4月至1957年6月，任修水县人事监察局局长；1957年7月至1959年12月，任中共修水县委组织部副部长；1960年1月至1965年，任中共修水县委组织部部长；1966年至1979年，任中共修水县委副书记；1980年至1987年2月，任中共修水县委书记。1987年3月至1991年9月，任中共抚州地委副书记。1991年9月至1995年8月，任政协抚州地区联络处主任；1991年12月至1998年2月，任政协抚州地区联络处、政协抚州地区工委党组书记；1995年9月至1997年12月，任政协抚州地区工作委员会主任。

王样生，1949年9月出生，江西临川人。1974年1月加入中国共产党，1968年8月参加工作，大学普通班学历。1968年8月至1971年7月，广昌县林业局东华山林场工作；1971年8月至1972年8月，借用广昌县林业局机关；1972年9月至1974年11月，任广昌县林业局苦竹木竹收购站会计；1974年12月至1977年2月，任广昌县林业局尖峰林业站副站长。1977年2月至1979年8月，在江西大学政治系马列专业学习。1979年9月至1984年1月，任广昌县人民法院副庭长；1984年1月至1984年9月，任广昌县委副书记、县长。1984年10月至1992年7月，任抚州地区中级人民法院院长。1992年8月至1996年10月，任中共上饶地委委员、纪委书记。1996年11月至1997年11月，任中共景德镇市委副书记。1997年12月至2000年9月，任中共抚州地委副书记兼政协抚州地区工作委员会主任。1998年2月，任政协抚州地区工委党组书记。2000年10月至2001年6月，任中共政协抚州市委员会党组书记、市政协主席。

曹二俚（1944.9—2021.2），江西南城人。1960年5月参加革命工作，1964年3月加入中国共产党。1960年5月至1987年6月，历任南城县人委通讯员、干事，共青团南城县上唐公社委员会副书记、书记，共青团南城县委副书记、代理书记，中共南城县珀玕公社委员会书记、革委会主任，南城县委常委、抓促部副主任、人武部第一政委，县委副书记、书记，县革委会副主任、主任等职。1987年6月至1992年5月，任抚州地区行署副专员；1992年5月至1994年11月，任抚州地委委员、抚州地区行署常务副专员。1994年11月至1997年11月，历任新余市委常委、政法委书记、农工委书记、副书记等职；1997年11月至2000年1月，任新余市委副书记、市政府市长。2000年1月，任政协抚州地区工作委员会副主任(正厅级)。2000年6月，任政协抚州地区工委党组副书记。2000年10月至2006年12月，任抚州市人大常委会党组副书记、副主任(正厅级)。2009年2月退休。

（二）历任政协抚州地区联络处、工委副主任(党组副书记)

吕东璧（1929.4—2019.9），黑龙江肇州人。1948年10月参加工作，1949年12月加入中国共产党，初中文化。1948年10月至1949年6月，冀热辽工矿局训练班学员。1947年7月至1949年8月，任临川县七区干部。1949年9月至1953年5月，任资溪县二区财粮助理、资溪县委组织部干事；1953年6月至1954年6月，任资溪县一区区委书记；1954年7月至1957年5月，任资溪县农工部副部长、部长；1957年6月至1966年3月，任中共资溪县委副书记、书记。1966年4月至1968年8月，任中共宜黄县委书记；1968年9月至1970年3月，任宜黄县红旗镇革委会主任、宜黄县革委会政治部负责人。1970年4月至1971年9月，任抚州地区革委会生产指挥部负责人；1971年10月至1975年3月，任抚州地区物资局主任、书记；1975年4月至1977年2月，任抚州地区生产指挥部核心小组成员；1977年3月至1978年6月，任抚州地区计委主任、党组书记；1978年7月至1980年4月，任抚州地区革委会副主任；1980年5月至1985年，任抚州地区行署副专员。1988年10月至1992年9月，任政协抚州地区联络处副主任。

黄俊秀（1932.11—1999.7），江西东乡人。1951年6月参加工作，1952年7月加入中国共产党。1951年12月至1958年11月，先后任东乡县第一区政府候补助理员、县委组织部主办干事、县政府人事科科长、第四区委会书记、县人民银行行长、县手工业管理局局长、县工业交通局局长；1958年12月至1960年8月，任东乡县委常委、工业交通部部长；1960年9月至1967年10月，任中共东乡县委常委、东乡王桥公社党委书记(区工委书记)、占圩公社党委书记、县委农村工作部部长。1967年11月至1970年10月，在“文革”中受到冲击。1970年11月至1973年10月，任东乡县柴油机厂党委书记；1973年11月至1975年7月，任东乡县孝岗镇党委书记；1975年8月至1978年9月，任东乡县委常委、县革委会副主任；1978年10月至1979年2月，任东乡县委副书记、县革委会副主任。1979年3月至1983年12月，任中共崇仁县委书记。1984年1月至1989年5月，任中共金溪县委书记。1989年2月至1995年8月，任政协抚州地区联络处副主任；1995年9月至1997年9月，任政协抚州地区工作委员会副主任。

王福生（1935.6—2023.7），江西宁都人，1954年7月加入中国共产党。1943年至1945年，在私塾读书；1946年至1949年，在宁都学校读书；1949年至1953年，在家种田。1953年至1955年7月，任乡团支书、初级社会计；1955年8月至1962年，任宁都县委农工部干事；1962年9月至1964年10月，任宁都县委办公室秘书；1964年10月至1966年5月，任宁都县黄潘公社副书记。1966年6月至1968年10月，任宁都县委(革委会)组织部副部长；1968年10月至1969年11月，任宁都县洛口公社革委会主任、党核心小组组长；1969年11月至1970年10月，任宁都县保卫部主任；1970年10月至1973年5月，任中共宁都县委副书记。1973年6月至1982年7月，任共青团江西省委副书记，其中1976年1月至1979年7月，兼任宁都县委副书记；1979年7月至1982年7月，兼任中共广昌县委副书记。1982年8月至1984年1月，任中共广昌县委副书记；1984年2月至1985年9月，任中共广昌县委书记；1985年1月至1990年1月，任中共广昌县委书记(保留副地级干部)。

1990年4月至1995年6月，任政协抚州地区联络处副主任、抚州地委统战部部长；1995年7月至1999年7月，任政协抚州地区工委副主任。1999年8月退休。

李　宾，1936年10月出生，江西东乡人。1952年8月参加工作，1956年10月加入中国共产党，初中文化。1952年2月至1955年10月，任东乡横山小学教员、校长；1955年11月至1956年2月，任东乡小璜区公所干事；1956年3月至1957年3月，任共青团东乡县委学少部负责人；1957年4月至1958年7月，任东乡县委宣传部、组织部干事；1958年8月至1962年5月，任东乡县委审干办副主任；1962年6月至1966年6月，任东乡县政府人事监察局副局长；1966年7月至1970年9月，任东乡县王桥公社党委书记、革委会主任。1970年10月至1976年12月，任乐安县委副书记、革委会主任、县政府县长。1977年1月至1983年12月，任金溪县委副书记、县政府县长。1984年1月至1987年8月，任崇仁县委副书记、县政府县长。1987年9月至1992年11月，任抚州地区农业局局长、党委书记。1993年1月至2000年6月，先后任政协抚州地区联络处副主任、抚州地区工作委员会副主任（1993年9月至1997年12月期间兼任抚州地区水电局局长）。2000年6月退休。

丁长华（1939.5—2023.10），女，江西金溪人。1954年12月加入中国新民主主义青年团，1958年10月加入中国共产党，1975年11月参加工作。1955年8月至1958年12月，任金溪县浒湾公社丁家村妇女队长；1959年1月至1975年10月，任金溪县浒湾公社丁家大队火箭生产队长、党支部副书记，丁家大队党支部副书记。1975年11月至1977年9月，任抚州地委常委、抚州地区妇联副主任，中共金溪县委常委、县革委会副主任；1977年10月至1983年6月，任抚州地委常委、抚州地区妇联副主任，中共金溪县委副书记。1983年7月至1987年7月，任中共金溪县委副书记（1983年9月至1985年7月期间，在江西行政管理干部学院政治理论专修班学习）；1987年8月至1992年10月，任金溪县人大常委会主任；1992年10月至1994年9月，任金溪县委调研员。1994年9月至2000年10月，先后任政协抚州地区联络处副主任、抚州地区工作委员会副主任。系第11届中央候补委员。2000年12月退休。

王扬光，1940年11月出生，江西临川人。1965年8月参加工作，1980年5月加入中国共产党，大学文化。1965年8月至1968年10月，任临川县畜牧兽医站技术员；1968年11月至1972年6月，下放临川县龙溪公社劳动；1972年6月至1984年2月，任临川县畜牧兽医站技术员、副站长；1984年2月至1985年3月，任临川县人民政府副县长；1985年3月至1987年7月，任临川县人民政府县长。1987年7月至1992年12月，任中共南城县委书记。1992年12月至1995年6月，任抚州地区行署副专员。1995年6月至2000年9月，先后任政协抚州地区联络处、抚州地区工作委员会副主任。2001年7月退休。

陈其辉，1942年12月出生，江西樟树人。1966年4月加入中国共产党，1968年7月参加工作，江西大学化学专业毕业。1968年7月至1971年1月，在安奉农场任副班长、抚州市共大教师。1971年1月至1974年2月，任抚州市革委会教育组干部、抚州市三中革委会副主任；1974年2月至1980年9月，任抚州市教育组副组长、抚州市文教局副局长。1980年9月至1984年2月，任抚州市革委会副主任，抚州市委常委、副市长。1984年2月至1985年1月，任临川县委常委、副县长；1985年1月至1991年5月，任临川县委副书记、政府代县长、县长；1991年5月至1996年5月，任中共临川县委书记。1996年5月至2000年9月，任政协抚州地区工作委员会副主任、抚州地委统战部部长。2000年10月至2001年2月，任政协抚州市第一届委员会副主席、中共抚州市委统战部部长，兼任市政协提案委员会主任。2001年2月至2006年12月，任政协抚州市委员会副主席。2007年1月退休。

李抚生（1942.3—2025.1），江西南昌人。1961年8月参加工作，江西师范学院外文系毕业。1959年9月在江西师范学院外文系读书。1961年8月至1962年8月，任江西体育学院教师。1962年8月至1968年11月，任临川县中学教师。1968年11月至1973年8月，下放临川县青泥公社。1973年8月至1978年8月，任临川县湖南中学教师；1978年8月至1982年1月，任临川县一中教师。1982年1月至1989年8月，任临川县政协副主席、临川一中副校长；1989年8月至1991年11月，任临川县政协副主席、临川一中校长。1991年11月至1992年11月，任抚州地区教育局副局长。1992年11月至1996年5月，任抚州市（县级市）人民政府副市长。1996年5月至2000年9月，任政协抚州地区工作委员会副主任。2000年10月至2006年12月，任政协抚州市第一届委员会副主席。2000年12月，兼任市政协教文卫体委员会主任。2007年1月退休。

郑良健，1949年3月出生，山东淄博人。1968年9月参加工作，1973年11月加入中国共产党，大专学历。1968年9月至1972年4月，在贵溪县周坊乡插队。1972年4月至1973年9月，在鹰潭市月湖区童家乡插队。1973年9月至1984年7月，任鹰潭市月湖区童家乡团委副书记、党委秘书、党委副书记。1984年8月至1992年4月，任余江县人民政府县长（1982年10月，在省行政学院农经管理专业学习）。1992年5月至1996年12月，任中共广昌县委书记。1997年1月至2000年9月，任政协抚州地区工作委员会副主任。

（三）历任政协抚州市委员会主席（党组书记）

李品行，1947年4月出生，江西贵溪人。中共党员，1970年8月参加工作，1977年2月加入中国共产党，南京大学哲学系毕业。1965年9月至1970年8月，南京大学哲学系学生。1970年8月至1972年2月，在安徽省白湖农场劳动锻炼；1972年2月至1977年2月，任安徽省合肥市中市区委干事。1977年1月至1982年2月，任江西省贵溪县委办公室干事。1982年2月至1983年12月，任上饶地委办公室秘书。1983年12月至1984年7月，任贵溪县委常委、县政府副县长。1984年7月至1984年11月，任鹰潭市委组织部副部长；1984年11月至1985年1月，任鹰潭市委常委、组织部部长；1985年1月至1988年2月，任鹰潭市委常委、宣传部部长；1988年2月至1993年5月，任鹰潭市委常委、秘书长。1993年5月至1995年8月，任抚州地委委员、纪委书记；1995年8月至2000年7月，任江西省纪委委员、抚州地委委员、纪委书记；2000年7月至2000年10月，任抚州地委副书记、纪委书记；2000年10月至2002年9月，任中共抚州市委副书记。2002年8月，任市政协党组书记。2002年9月至2010年1月，任政协抚州市委员会党组书记、主席。2010年9月退休。

王晓媛，女，1954年10月出生，辽宁朝阳人。1969年12月参加工作，1983年12月加入中国共产党。1969年12月至1971年12月，下放资溪县共大；1971年10月至1974年10月，任资溪县广播站编辑。1974年10月至1977年8月，在抚州市无线电一厂工作；1977年8月至1985年8月，分别在县级抚州市计委、政府办工作（1983年9月至1985年8月，在江西省委党校理论本科班政治经济学专业脱产学习）。1985年8月至1986年4月，任县级抚州市委整党办宣传组副组长；1986年4月至1987年1月，任县级抚州市委知工办主任；1987年1月至1989年8月，先后任县级抚州市体改委副主任、主任。1989年9月至1993年9月，任县级抚州市委常委、宣传部部长。1993年9月至1996年11月，任抚州地区妇联党组书记、主任。1996年11月至1997年11月，任黎川县委副书记、县长。1997年11月至2001年2月，任中共宜黄县委书记。2001年3月，任抚州市委统战部部长、市政协党组成员；2002年1月，任市政协党组副书记、市委统战部部长；2002年3月，任政协抚州市委员会副主席、市政协党组副书记、市委统战部部长；2003年4月至2005年1月，任抚州市委常委、统战部部长，市政协副主席、市政协党组副书记；2005年1月至2005年5月，任抚州市委常委、宣传部部长、统战部部长，市政协副主席、党组副书记；2005年5月至2006年12月，任抚州市委常委、宣传部部长；2006年12月至2010年1月，任抚州市委常委、政法委书记；2010年1月至2010年6月，任政协抚州市委员会党组书记、主席、政法委书记；2010年6月至2011年9月，任政协抚州市委员会党组书记、主席。2011年9月至2015年1月，任抚州市第三届人民代表大会常务委员会主任。2015年2月退休。

谢发明，1958年2月出生，江西南城人。研究生学历，1980年2月参加工作，1983年12月加入中国共产党。1974年9月至1978年1月，在南城县天井源乡南源小学任民办教师。1978年1月至1980年2月，在抚州师范南城分校中文专业学习。1980年2月至1980年11月，在南城教育学校任教。1980年11月至1987年5月，先后任南城团县委、宣传部主办干事(副科)；1987年5月至1992年10月，任南城县万坊乡乡长、党委书记。1992年10月至1996年7月，任南丰县委常委、组织部部长（1993年8月至1995年12月，在中央党校函授学院经济专业学习)；1996年7月至1997年11月，任中共南丰县委副书记（1997年3月至1997年7月，在省委党校青干班学习)。1997年11月至2000年3月，任宜黄县委副书记、县长（1997年9月至1999年12月，在省委党校党建专业研究生班学习)。2000年3月至2000年12月，任广昌县委副书记、县长；2000年12月至2002年4月，任中共广昌县委书记。2002年4月至2003年4月，任中共崇仁县委书记。2003年4月至2003年12月，任中共抚州市委常委、秘书长，崇仁县委书记；2003年12月至2006年12月，任中共抚州市委常委、秘书长；2006年12月至2011年9月，任中共抚州市委常委、抚州市政府常务副市长。2011年9月至2016年9月，任中共政协抚州市委员会党组书记、主席。2016年9月至11月，任市政协主席。2018年5月退休。

黄晓波，1960年4月出生，江西东乡人。1984年6月入党，1978年12月，参加工作，在职研究生学历，管理学硕士。1978年12月至1979年7月，在江西省东乡县化肥厂工作。1979年7月至1979年9月，在崇仁县文教局工作。1979年9月至1982年8月，在抚州师专中文系中文专业学习；1982年8月至1984年10月，任抚州师专团委副书记。1984年10月至1990年1月，任共青团抚州地委青年部部长；1990年1月至1991年5月，任共青团抚州地委副书记。1991年5月至1992年10月，任宜黄县委常委、宣传部部长。1992年10月至1996年12月，任乐安县委常委、常务副县长；1996年12月至1997年11月，任乐安县委副书记、常务副县长。1997年11月至1998年9月，任抚州地区技术监督局党组书记、副局长（1995年8月至1997年12月，在中央党校函授学院政法专业本科班学习)。1998年9月至2001年2月，任抚州地区体委主任。2001年2月至2006年5月，任中共宜黄县委书记（2001年9月至2003年6月，在中国社科院研究生课程班经济法专业学习；2001年7月至2005年1月，在华中师范大学网络教育学院情报学专业学习，获管理学硕士学位)。2006年5月至2006年11月，任抚州市社会主义新农村建设领导小组副组长。2006年11月至2011年8月，任中共抚州市委常委、宣传部部长。2011年8月至2015年4月，任上饶市委常委、纪委书记；2015年4月至2016年9月，任上饶市委副书记。2016年9月，任抚州市政协党组书记；2016年11月，任政协抚州市委员会党组书记、主席；第十三届省纪委委员。2021年3月退休。

王宏安，1968年8月出生，江西吉水人，1992年1月加入中国共产党，1986年8月参加工作，大学本科学历。1994年7月至1997年2月，任江西师范大学党委宣传部干部、副主任科员。1997年2月至2002年10月，任江西省纪委副主任科员、主任科员；2002年10月至2005年10月，任江西省纪委办公厅副主任（副处级）；2005年10月至2006年11月，任江西省纪委办公厅主任（正处级）；2006年11月至2009年12月，任江西省纪委副秘书长、办公厅主任（正处级）；2009年12月至2011年8月，任江西省纪委副秘书长、办公厅主任（副厅级）。2011年8月至2016年9月，任江西省宜春市委常委、纪委书记；2016年9月至2019年2月，任江西省宜春市委常委、市政府常务副市长、市政府党组副书记。2019年2月至2021年3月，任江西省抚州市委副书记。2021年2月，任市政协党组书记。2021年3月，任政协抚州市委员会党组书记、主席。2021年11月，任抚州市人大常委会主任。

贺喜灿，1965年7月出生，江西莲花人。1983年8月参加工作，1986年7月入党，博士研究生学历，教授。1983年8月至1989年3月，莲花县小学任教师、教导主任、校长。1989年3月至1998年1月，莲花县委组织部干部、县委组织员、副部长兼县委组织员办主任。1998年1月至2003年6月，任莲花县政府副县长，县委常委、副县长（2002年4月至2002年6月，在上海市奉贤区挂职，任胡桥镇党委副书记）。2003年6月至2004年11月，任萍乡市湘东区委常委、组织部部长。2004年11月至2008年8月，任中国井冈山干部学院人力资源部副主任（正处级，主持工作）；2008年8月至2016年1月，任中国井冈山干部学院人力资源部主任（副局级）（2013年10月至2015年10月，在吉安市政府挂职，任副市长）。2016年1月至2021年8月，任鹰潭市委常委、宣传部部长。2021年9月，任抚州市政协党组书记；2021年10月，任抚州市政协党组书记、主席。

（四）历任政协抚州市委员会副主席（党组副书记）

黄昕明，1940年12月出生，江西乐安人，1965年8月参加工作，1975年1月加入中国共产党，江西师范学院物理系毕业，大学学历。1965年8月至1968年10月，任抚州农业职业中学教师。1968年10月至1971年4月，下放乐安县戴坊镇徐坊村。1971年4月至1972年5月，任乐安县邮电局技术员；1972年6月至1975年12月，任乐安县无线电厂技术员、车间主任。1976年1月至1977年12月，任乐安县劳动局干部、秘书；1978年1月至1979年12月，任乐安县工业学大庆办公室干部、负责人；1980年1月至1980年12月，任乐安县革命委员会办公室秘书（副科级）；1981年1月至1982年8月，任乐安县经济委员会副主任（正科级）。1982年9月至1983年12月，任乐安县人民政府副县长。1984年1月至1985年2月，任中共东乡县委书记。1985年2月至1988年8月，任中共抚州地委副书记；1988年9月至1992年2月，任抚州地区行署常务副专员、中共抚州地委委员；1992年2月至1993年8月，任中共抚州地委副书记。1993年8月至2000年9月，任中共抚州地委副书记兼省人大抚州地区（联络处）工作委员会党组书记、主任。2000年10月至2004年6月，任政协抚州市委员会副主席。2005年3月退休。

刘　定，1942年8月出生，江西九江人。1979年11月加入中国共产党，1963年9月参加工作，江西大学数学专业毕业。1963年9月至1972年11月，先后在内蒙古通辽市三中、十一中任教师。1973年3月至1983年6月，在宜春师专（前身为宜春教育学校、宜春师范、江西师院宜春分院）工作，历任教师、数学科党支部副书记、教学科副主任、校党委委员、副校长。1983年6月至1987年3月，任中共宜春地委副书记。1987年3月至1992年2月，任中共萍乡市委副书记。1992年2月至1995年3月，任中共抚州地委副书记；1995年3月至2000年10月，任中共抚州地委副书记（正地级）。2000年10月至2006年

12月，任政协抚州市第一届委员会副主席；2000年12月，兼任市政协“三胞”联谊委员会主任。2007年1月退休。

邱敬禹，1942年9月出生，江西南丰人。1966年9月参加工作，1980年7月加入中国共产党，江西大学数学系毕业。1961年9月至1966年9月，江西大学数学系学生。1966年9月至1969年11月，抚州棉纺织厂计划科调度员；1969年11月至1972年8月，抚州棉纺织厂织造车间工人；1972年8月至1980年8月，任抚州棉纺织厂计划科调度员、统计员；1980年8月至1981年2月，任抚州棉纺织厂厂办秘书；1981年2月至1983年3月，任抚州棉纺织厂厂办副主任；1983年3月至1983年12月，任抚州棉纺织厂党委副书记、纪委书记；1983年12月至1991年9月，任抚州棉纺织厂厂长、党委书记。1991年9月至2000年10月，任抚州地区行署副专员。2000年10月至2006年12月，任政协抚州市第一届委员会副主席。2007年1月退休。

朱章明，1954年11月出生，江西临川人。1971年8月参加工作，1973年1月加入中国共产党。1971年8月至1972年3月，参加临川县基本路线教育工作队；1972年3月至1975年10月，任临川县祝坊抽水机站会计；1975年10月至1977年11月，任临川县红旗桥公社祝坊大队党总支书记；1977年11月至1982年3月，任临川县红旗桥公社党委委员、管委会副主任、团委书记、祝坊大队党总支书记；1982年3月至1984年4月，任临川县红旗桥公社副书记、管委会主任；1984年4月至1987年4月，任临川县三桥乡党委书记；1987年4月至1989年12月，任临川县县委委员、东馆乡党委书记。1989年12月至1992年10月，任东乡县委常委、县纪委书记；1992年10月至1995年12月，任东乡县委常委、县政府党组副书记、常务副县长。1995年12月至2000年12月，任南丰县委副书记、县政府党组书记、县长、县武装委员会主任。2000年12月至2005年4月，任中共南丰县委书记、县人民武装部党委第一书记。2005年4月至5月，任中共抚州市委常委、南丰县委书记。2005年5月以后，任中共抚州市委常委、市政协党组副书记、市委统战部部长。先后任第九届江西省人大代表，第十、十一届江西省政协委员，第十一届中共江西省党代表。2015年2月退休。

汪重阳，1944年9月出生，江西临川人。1967年7月参加工作，中国农工民主党党员。1962年9月至1967年7月，就读于江西工学院电机系。1967年7月至1979年12月，抚州五金机械厂（抚州市印刷机械厂）工人、组长、班长、科长、厂工会副主任；1979年12月至1985年4月，任抚州市（县级）科技组（抚州市科委）主办科员、副主任、兼市科协副主席；1985年4月至1989年12月，任抚州市（县级）经委副主任（兼铁路联运办主任、“三电办”主任、食品协会会长、企业家协会顾问，其中1985年4月至1985年9月任经委主持工作副主任）。1989年12月至2004年9月，任抚州地区机械电子工业局（抚州市机械电子工业局、市机电工业转制办公室）副局长、副主任。1994年12月至2006年9月，先后任抚州市（县级市）、临川市、抚州市（地级市）农工党主委。2000年10月至2007年1月，任政协抚州市委员会副主席。2007年1月至2008年8月，任政协江西省委员会常务委员。2008年6月退休。

陈云斐，1960年10月出生，江苏泰兴人。1976年7月参加工作，1997年12月加入中国民主同盟。1976年7月至1979年7月，抚州市（县级）城西乡西津村知青、城西中学民办教师。1979年7月至1981年7月，南城师范中文班学生。1981年7月至1986年10月，任抚州地区农科所教师；1986年10月至1992年10月，任抚州地区农业局科员、副科长、科长。1992年10月至1997年11月，任南丰县政府副县长。1997年11月至2000年9月，任抚州地区土管局副局长、民盟临川市委会主委（1996年8月至1998年7月，中央党校函授学院本科班经济管理专业学习）。2000

年10月至2016年10月，任政协抚州市委员会第一、第二、第三届副主席，民盟抚州市委会主委、市国土资源局副局长（1998年9月至2001年7月，江西农业大学国土资源与环境专业研究生课程班学习）。2019年8月退休。

邹俐菁，女，1947年2月出生，江西崇仁人。1966年11月参加工作，无党派人士。1966年11月毕业于崇仁共大农学专业，分配在崇仁礼陂供销社工作。1968年11月，下放到礼陂公社红星大队。1971年4月至1985年4月，任崇仁县土产、杂品公司会计；1985年5月至1989年11月，任崇仁县红壤开发管理局计财股长。1989年12月至1992年10月，任崇仁县人大常委会副主任；1992年11月至1997年11月，任崇仁县政府副县长（1992年8月至1994年7月，在江南财经干部管理学院会计专业毕业）。1997年12月至2000年6月，任南城县政府副县长。2000年6月至2000年9月，任抚州市工商联会长；2000年10月至2010年1月，任政协抚州市委员会副主席（2000年10月至2006年6月，兼任市工商联会长）。历任第八届、第九届、第十届江西省政协委员，全国第七次、第八次妇代会代表，江西省第八次、第九次妇代会代表、九届妇联执委，中华全国工商联第九次代表大会代表、江西省工商联第八届代表、常务委员。2010年9月退休。

胡淑珠，女，1963年8月生，江西泰和人。1982年9月参加工作，2000年7月加入民建，中南财经政法大学博士研究生毕业，法学博士学位，二级律师职称。1982年9月至1984年9月，任广昌县第一中学教师。1984年9月至1988年7月，任南城县公证处公证员；1988年7月至1990年3月，任南城县公证处三级公证员（中级职称）；1990年3月至1992年10月，任南城县公证处主任（副科级）、三级公证员。1992年10月至1994年3月，任南丰县司法局副局长兼县律师事务所主任、三级律师；1994年3月至1995年12月，任南丰县律师事务所主任、二级律师（高级职称）；1995年12月至1997年12月，任南丰县人民法院副院长（正科级）。1997年12月至1998年1月，任南丰县人民政府县长助理；1998年1月至2000年8月，任南丰县人民政府副县长。2000年8月，任抚州地区中级人民法院副院长、三级高级法官。2000年10月至2006年4月，任政协抚州市委员会副主席、市中级人民法院副院长、三级高级法官。2006年4月至2009年7月，任江西省高级人民法院副院长、二级高级法官；2009年7月至2023年11月，任江西省高级人民法院副院长（正厅级）、一级高级法官。2017年6月，任民建江西省第九届委员会副主任委员；2018年1月，任政协江西省委员会社会与法制委员会副主任。

赵恩洪，1949年7月出生，江西寻乌人。1969年3月参加工作，1977年1月加入中国共产党，中央党校大学毕业。1969年3月至1971年1月，任江西省寻乌县城关镇小学教师；1971年1月至1977年2月，任江西省寻乌县城关镇广播站编辑；1977年3月至1979年8月，任江西省寻乌县城关镇党委委员、团委书记；1979年9月至1980年9月，在江西省抚州地委党校学习；1980年9月至1982年7月，任江西省寻乌县龙冈公社副书记、管委会主任、党委书记；1982年7月至1984年12月，任江西省寻乌县委办副主任、主任；1985年1月至1989年1月，任江西省寻乌县委常委、办公室主任、政法委书记；1989年1月至1992年8月，任江西省寻乌县委常委、县政府副县长；1992年8月至1995年4月，任江西省寻乌县委副书记、县政府县长。1995年4月至1995年12月，主持中共崇仁县委工作；1995年12月至2000年10月，任中共崇仁县委书记。2000年10月至2006年12月，任抚州市检察院检察长。2006年12月至2010年1月，任政协抚州市第二届委员会党组成员、副主席。2010年4月退休。

周　琪，女，1947年10月生，江西金溪人。1964年7月参加工作，民革党员，南丰农业技术学校毕业。1964年7月至1979年4月，先后任南丰县洽湾、古城供销社会计；1979年4月至

1984年5月，任南丰县供销社会计；1984年5月至1987年7月，任南丰县计委干部（1982年9月至1985年8月，在江西电大汉语言文学专业学习）；1987年7月至1991年10月，任南丰县政府副县长。1991年10月至1994年7月，任抚州地区卫生局局长。1994年7月至2000年10月，任抚州地区行署副专员（1996年9月至1999年7月，在中国人民大学行政管理专业研究生班学习）；2000年10月至2006年11月，任抚州市政府副市长。2006年12月至2011年9月，任政协抚州市委员会副主席。历任政协江西省委员会第六、第七、第八届委员，第十届省政协常委，第八届全国人大代表，第十届全国政协委员。1993年1月加入民革，1997年11月，任民革临川市委会主委，2000年12月，任民革抚州市委会主委。系民革第九届、第十届中央委员。2011年10月退休。

黄德宪，1954年10月出生，江西临川人。1979年3月加入中国共产党。1969年10月至1973年9月，在波阳珠湖农场九大队工作。1973年9月至1976年12月，在江西工学院化工系无机化工专业学习。1976年12月至1984年6月，任临川县化肥厂技术员、车间主任、副厂长；1984年6月至1985年1月，任临川县化肥厂厂长。1985年1月至1989年12月，任临川县委常委、组织部部长。1989年12月至1992年10月，任中共乐安县委副书记、县委政法委书记。1992年10月至1997年10月，任资溪县委副书记、县政府县长；1997年10月至2000年3月，任中共资溪县委书记。2000年3月至2001年1月，任中共乐安县委书记。2001年1月至2002年9月，任抚州市人事局党组书记、局长。2002年9月至2006年11月，任抚州市审计局党组书记、局长。2006年12月至2007年4月，任政协抚州市委员会党组成员、副主席，兼市审计局党组书记、局长；2007年4月至2015年1月，任政协抚州市委员会党组成员、副主席。2015年2月退休。

廖建辉，1954年10月出生，江西临川人。1969年10月参加工作，1974年7月加入中国共产党。1969年10月至1971年12月，下放宜黄县南源公社东源大队。1971年12至1976年1月，任临川县鹏田公社谢家大队民兵营长、团总支书记；1976年1月至1976年6月，任临川县温泉公社六岭大队工作组员；1976年6月至1978年5月，任临川县知青领导小组副组长；1978年5月至1980年5月，任临川县凤岗公社党委副书记、革委会副主任；1980年5月至1981年12月，任临川县凤岗公社管委会主任；1981年12月至1984年5月，任临川县凤岗公社书记；1984年5月至1988年4月，任临川县物资局局长。1988年4月至1993年2月，任抚州行署林业公安局局长；1993年2月至1996年7月，任抚州地区林业工业总公司总经理。1996年7月至1997年11月，任抚州地区物资局党委书记、局长。1997年11月至2000年11月，任南城县委副书记、县长（1996年9月至1998年12月，中央党校函授经管专业本科班学习）；2000年11月至2002年8月，任中共南城县委书记。2002年8月至2006年11月，任抚州市发展和改革委员会党组书记、主任。2006年11月至2007年10月，任政协抚州市委员会党组成员、副主席，兼市发展和改革委员会党组书记、主任；2007年10月至2015年1月，任政协抚州市委员会党组成员、副主席。2015年2月退休。

何建辉，1958年9出生，江西崇仁人。1973年12月参加工作，1977年12月加入中国共产党，江西大学哲学系毕业。1973年12月至1976年2月，崇仁县礼陂公社含口大队知青。1976年2月至1979年6月，在铁道兵第11师54团卫生队服役，任班长。1979年6月至1981年9月，任崇仁县检察院法警。1981年9月至1985年8月，江西大学哲学系学生。1985年8月至1993年3月，抚州地委办公室工作，任副科级秘书、科长；1993年3月至1996年1月，任抚州地委办副主任。1996年1月至1996年10月，任抚州地委政研室主任；1996年10月至2000年5月，任抚州地委副秘书长、地委政研室主任。2000年5月至2001

年2月，任乐安县委副书记、县长；2001年2月至2002年1月，任中共乐安县委书记。2002年9月至2004年3月，任抚州市委副秘书长（正县级）。2004年3月至2006年12月，任抚州市民政局党组书记、局长（2003年3月至2005年1月，中央党校在职研究生班经济学专业学习）；2006年12月至2007年3月，任政协抚州市第二届委员会党组成员、副主席，兼抚州市民政局党组书记、局长。2007年3月至2011年9月，任政协抚州市委员会党组成员、副主席。

郑友清，1964年2月出生，江西金溪人。1984年7月参加工作，农工民主党党员。1981年9月至1984年7月，在抚州师专中文系中文专业学习。1984年7月至1985年9月，在金溪二中任教；1985年9月至1995年8月，任金溪县一中教师、教导主任。1989年4月加入中国农工民主党（1989年9月至1992年7月江西师大函授历史专业学习）。1995年8月至1996年9月，任金溪县二中副校长；1996年9月至1998年1月，任金溪县二中校长；1998年1月至2003年1月，任金溪县政协副主席兼金溪县二中校长。2003年1月至2006年9月，任金溪县政府副县长；2006年9月至2006年12月，任农工民主党江西省抚州市委会主委、金溪县政府副县长。2006年9月至2007年4月，任政协抚州市委员会副主席，农工党江西省抚州市委会主委；2007年4月至2008年4月，任政协抚州市委员会副主席，农工民主党江西省抚州市委会主委，兼市统计局副局长。2008年4月至2013年9月，任政协抚州市委员会副主席，农工民主党抚州市委会主委，兼抚州职业技术学院院长。2013年9月至2020年12月，任政协抚州市委员会副主席，农工民主党江西省抚州市委主委（2018年1月，当选政协江西省委员会第十二届常务委员会委员）；2020年12月至2021年10月，任政协抚州市委员会副主席。2024年5月退休。

黄耀波，1961年12月出生，江西进贤人。1982年8月参加工作，1986年12月加入中国共产党，大学本科学历。1978年7月至1982年7月，江西大学中文系汉语言文学专业学习。1982年8月至1985年1月，任抚州地委讲师团干部。1985年1月至1992年10月，任抚州地委宣传部副科长、科长。1992年10月至1997年11月，任东乡县委常委、宣传部部长、组织部部长。1997年11月至2001年2月，任抚州地区物资局（物资集团公司）局长、总经理、党委书记。2001年2月至2002年8月，任乐安县委副书记、县长。2002年8月至2002年9月，任南城县委副书记；2002年9月至2003年1月，任南城县委副书记、代县长；2003年1月至2005年11月，任南城县委副书记、县长；2005年11月至2009年12月，任中共南城县委书记。2010年1月至2020年5月，任政协抚州市委员会党组成员、副主席。2019年12月，任政协抚州市委员会一级巡视员。2022年2月退休。

李建林，1963年11月出生，江西临川人。1982年8月参加工作，中共党员，省委党校研究生学历。1982年8月至1984年12月，在临川县湖南中学工作。1984年12月至1989年2月，在临川县委宣传部工作；1989年2月至1993年3月，在临川县委办公室（机要科）工作，历任副科秘书、副主任、机要科长。1993年3月至1999年1月，在抚州地委宣传部工作，历任正科级宣传员、秘书科长。1999年1月至2007年2月，在抚州地委（市委）讲师团工作，历任副团长、宣传部副部长兼讲师团团长。2007年2月至2011年7月，任抚州市文化局局长、党委书记。2011年7月至2015年7月，先后任抚州市委副秘书长、办公室主任，市委秘书长。2015年7月至2016年9月，任市委常委、市委统战部部长、市委秘书长、市政协党组副书记。2016年10月，任抚州市委常委、政法委书记。

周付德，1966年3月出生，江西新建人。1981年3月参加工作，中共党员，中央党校函授学院经管专业毕业。1981年3月至1985年10月，江西省新建县劳动服务公司工作。1985年10月至1989年8月,在福建省漳州市32413部队服役。1989年8月至1995年1月,江西汽车工业贸易总公司职工(1991.09—1994.07在南昌陆军学院军事指挥专业大专学习);1995年1月至1995年6月,任江西汽车工业贸易总公司副科长;1995年6月至1998年3月,任江西省电器设备公司副总经理;1998年3月至1999年7月,任江西省机械工业供销总公司副总经理。1999年7月至2001年7月,任南城县政府科技副县长;2001年7月至2003年1月,任南城县政府副县长;2003年1月至2005年12月,任南城县委副书记(2001年8月至2003年12月,中央党校函授学院经济管理专业学习,2001年9月至2003年9月,中国社科院公共行政管理专业学习);2005年12月至2006年4月,任南城县委副书记、代县长;2006年4月至2007年4月,任南城县委副书记、县长。2007年4月至2009年6月,任抚州市审计局党组书记、局长。2009年6至2011年9月,任抚州市财政局党组书记、局长。2011年9月任政协抚州市委员会副主席。2017年12月,不再担任抚州市政协副主席职务。

蔡　青,女,1968年6月出生,江西黎川人。1988年8月参加工作,无党派人士,大学学历。1985年9月至1988年7月,抚州师专中文系学生。1988年8月至1997年1月,黎川县职工学校教师;1997年1月至1998年3月,任黎川县总工会干事;1998年3月2002年2月,任黎川县总工会副主席;2002年2月至2003年1月,任黎川县外经办副主任。2003年1月至2009年12月,任黎川县人民政府副县长(2004年2至2006年11月,江西农业大学成人教育学院公共管理专业本科班学习)。2009年12月至2011年9月,任抚州市工商联主席。2011年9月至2016年11月,任政协抚州市委员会副主席、市工商联主席(2013年9月至2016年1月,江西省委党校工商管理专业在职研究生班学习)。2016年11月至2018年12月,任抚州市政府副市长、市工商联主席。2017年9月,赴中华人民共和国海关总署挂职一年。2021年2月,当选为抚州市党外知识分子联谊会会长。2021年10月,抚州市第五届人民代表大会第一次会议上,蔡青再次当选为抚州市人民政府副市长。

贾益纲,1959年11月出生,江西高安人。1986年6月参加工作,民革党员,哈尔滨建筑工程学院结构工程专业硕士毕业。1979年9月至1983年8月,江西工学院土建系工民建专业学生;1983年8月至1986年6月,哈尔滨建筑工程学院结构工程专业硕士研究生。1986年6月至1993年4月,江西工学院土建系科研秘书、助教、讲师。1993年4月至1995年10月,南昌大学土木科研秘书、讲师、副教授;1995年10月至2001年12月,南昌大学设计院副院长、副教授、教授;2001年12月至2002年6月,南昌大学设计研究院院长、教授。2002年6月至2007年6月,民革江西省委会副主委(兼职),南昌大学设计研究院院长;2007年6至2011年9月,任民革江西省委会副主委(副厅级,兼职),南昌大学设计研究院院长。2011年9月至2016年11月,任政协抚州市委员会副主席,民革江西省委会副主委(副厅级,兼职),南昌大学设计研究院院长。

徐建辉,1960年8月出生,江西抚州人。1979年2月参加工作,中共党员,大学本科学历。1979年2月至1983年9月,抚州地委机关职工。1983年9月至1985年7月,抚州师范学校中文专业学习;1985年7月至1987年8月,江西师范大学中文系汉语言文学专业学习。1987年8月至1990年3月,任东乡师范学校教师。1990年3月至1992年8月,任政协抚州地区联络处副科长。1992年8月至1993年12月,任抚州地委政研室正科级研究员;1993年12月至1996年9月,任抚州地委办公室正科级秘书;1996年9月至1998年9月,任抚州地委政研室副主任。1998年9月至2000年6月,任抚州地委办公室副主任;2000年6月至2002年2月,任抚州(地)市委副秘书长、办公室副主任;2002年2月至2004年4月,任抚州市委副秘书长(正县级)。2004年

4月至2007年10月，任乐安县委副书记（正县级）；2007年10月至2011年6月，任乐安县委副书记、乐安县人民政府县长；2011年6月至2015年1月，任中共乐安县委书记。2015年1月至2020年5月，任政协抚州市委员会副主席。2020年3月，任政协抚州市委员会一级巡视员。2020年11月退休。

韦 萍，女，1967年3月出生，江西铅山人。1983年12月参加工作，中共党员，研究生学历。1983年12月至1991年5月，在宜黄县食品厂工作（1985年9月至1988年6月，在江西大学生物系脱产学习）；1989年3月至1991年5月，任宜黄县食品厂副厂长；1991年5月至1995年11月，任宜黄县食品酿造厂厂长。1995年11月至1998年11月，任宜黄县棠阴镇科技副镇长；1998年11月至2000年8月，任宜黄县棠阴镇纪委书记（1997年8月至1999年12月，参加中央党校经济管理专业本科函授学习）。2000年8月至2001年12月，任宜黄县潭坊乡党委副书记、乡长。2001年12月至2002年12月，任宜黄县二都镇党委副书记、镇长。2002年12月至2005年4月，任资溪县人民政府副县长（2003年9月至2005年12月，参加江西省委党校中共党史研究生学习）。2005年4月至2008年6月，任抚州市委副秘书长，市委、市政府接待办主任。2008年6月至2009年12月，任黎川县委副书记、县长；2009年12月至2011年6月，任中共黎川县委书记。2011年9月至2016年9月，任抚州市人民政府党组成员、副市长。2016年9月至2021年9月，任抚州市委常委、统战部部长、市政协党组副书记。2021年10月，任抚州市人大常委会党组副书记、副主任。

柏 林，1963年8月出生，黑龙江绥化人。1984年8月参加工作，中共党员，省委党校研究生学历。1980年9月至1984年9月，江西大学生物微生物专业学习。1984年8月至1986年12月，抚州地区经济情报研究所干部。1986年12月至1992年12月，抚州地区经贸委企业管理科干部、科员；1992年12月至1997年9月，任抚州地区经贸委技术改造科副科长；1997年9月至2002年7月，任抚州（地）市经贸委能源科科长；2002年7月至2004年2月，任抚州市经贸委副主任。2004年2月至2005年11月，任抚州市政府副秘书长、市政府办公室党组成员。2005年11月至2006年11月，任抚州市经贸委党组副书记、主任；2006年11月至2008年6月，任抚州市经贸委党组书记、主任。2008年6月至2013年4月，任抚州市政府市长助理、金巢经济开发区党工委书记；2013年4月至2015年1月，任抚州市政府市长助理、抚州高新技术产业园区党工委书记。2015年1月至2020年5月，任政协抚州市委员会副主席。2020年1月，任政协抚州市委员会一级巡视员。2023年11月退休。

刘菊娇，女，1962年9月出生，江西崇仁人。2003年6月加入中国民主促进会，中央党校研究生学历。1982年7月至1994年11月，任抚州市崇仁县第一中学教师；1994年12月至1997年10月，任抚州市崇仁县教育局副局长。1997年11月至2002年11月，任抚州市崇仁县人民政府副县长。2002年12月至2006年11月，任抚州市教育局副局长。2006年12月至2016年11月，任抚州市人民政府副市长。2015年10月至2018年3月，任中国民主促进会抚州市工作委员会主任委员。2016年11，任政协抚州市委员会副主席。2017年6月，不再担任抚州市政协副主席职务。

刘忠华，1965年8月出生，江西崇仁人。1987年8月参加工作，后加入中国国民党革命委员会，大学学历。1984年9月至1987年8月，宜春医学专科学校卫生系卫生专业学习。1987年8月至1991年10月，江西医学院抚州分院教师。1991年10月至1993年11月，抚州地区医科所干部；1993年11月至1996年9月，任抚州地区医科所副所长；1996年9月至1997年10月，任抚州地区医科所所长；1997年10月至2003年4月，任抚州地区（市）医科所所长、地区（市）医器所所长，民革抚州市（临川）委员会副主委。2003

年4月至2012年5月，任抚州市卫生局副局长、民革抚州市委会副主委（2004年2月至2007年1月，在南昌大学抚州医学分院成教部临床专业学习，获医学学士学位）。2012年5月至2015年9月，任民革抚州市委会主委，抚州市卫生局副局长；2015年9月至2016年11月，任民革抚州市委会主委，抚州市卫生和计划生育委员会副主任。2016年11月至2017年4月，任政协抚州市委员会副主席、民革抚州市委会主委，抚州市卫生和计划生育委员会副主任。2017年4月，任政协抚州市委员会副主席、民革市委会主委。系政协江西省第十一届、第十二届委员会委员，政协江西省第十三届委员会常务委员。

戴晓文，1966年8月出生，江西金溪人。1987年7月参加工作，无党派人士，大学文化。1983年9月至1987年7月，在江西大学新闻系新闻学专业学习。1987年7月至1989年8月，在抚州地区广播电视局工作；1989年8月至1997年4月，先后任省抚州电视台记者、编导、制片人、部主任。1997年4月至2000年12月，任抚州有线电视台副台长。2000年12月至2003年4月，任抚州电视台副台长。2003年4月至2010年4月，任抚州市广播电视局副局长；2010年4月至2013年9月，任抚州市广播电影电视局副局长；2005年11月至2012年5月，兼任抚州电视台总编辑。2013年9月至2016年10月，任抚州职业技术学院院长。2016年11月至2017年4月，任政协抚州市委员会副主席、抚州职业技术学院院长。2009年8月至2021年2月，任政协抚州市委员会副主席、市党外知识分子联谊会会长。2017年4月，任政协抚州市委员会副主席、市工商联主席。

帅歌柳，1963年3月出生，江西奉新人。1982年8月参加工作，中共党员，大专学历。1979年9月至1982年8月，江西省宜春师专化学系学生。1982年8月至1989年6月，奉新县一中教师、县档案局工作。1989年6月至1992年2月，抚州地区老建办干部；1992年2月至1994年5月，任抚州地区老建办副科长；1994年5月至2000年8月，任抚州地区老建办计财科科长（1993年9月至1996年7月，参加北京大学成人教育函授经济学院金融与贸易专业学习）；2000年8月至2002年9月，任抚州地区（市）老建办主任；2002年9月至2007年3月，任抚州市扶贫办党组书记、主任。2007年3月至2010年7月，任抚州市农业局党委副书记、局长（2006年2月至2008年6月，江西财经大学硕士学位班学习）。2010年7月至2015年9月，任抚州市林业局党委副书记、局长。2015年9月至2020年5月，任抚州市发展和改革委员会党组书记、主任、原中央苏区振兴发展办公室主任。2020年5月至2020年11月，任政协抚州市委员会副主席，抚州市发展和改革委员会党组书记、主任、原中央苏区振兴发展办公室主任。2020年11月至2021年10月，任政协抚州市委员会副主席。2023年5月退休。

廖　燕，女，1963年10月出生，江西广昌人。1980年12月参加工作，中共党员，中央党校大学学历。1980年12月至1983年5月，在广昌县制革厂工作。1983年5月至1986年8月，在广昌县工会工作（1984年11月，被吸收为国家干部）；1986年8月至1994年7月，任广昌县工会文化宫主任；1994年7月至2000年8月，先后任广昌县工会副主席、主席。2000年8月至2005年1月，任抚州市总工会党组成员、副主席。2005年1月至2013年10月，任抚州市委、市政府对台工作办公室主任。2013年10月至2019年1月，任抚州市扶贫和移民局党组书记、局长；2019年1月至2020年5月，任抚州市扶贫办公室（抚州市革命老根据地建设委员会办公室）党组书记、主任。2020年5月至2021年10月，任政协抚州市委员会副主席。2024年2月退休。

章克敏，女，1964年6月出生，江西临川人。1986年7月参加工作，民盟盟员，大学学历。1981年9月至1986年7月，江西师大数学系数学专业学习。1986年7月至2001年9月，抚州市临川三中教师；2001年9月至2001年12月，任抚州市临川三中副校长；2001年12月至2003年12月，任抚州市临川三中副校长、民盟抚州市临川区总支主委。2003年12月至2006年11月，任抚州市临川区教育局副局长、临川三中副校长、民盟抚州市临川区总支主委。2006年11月至2012年4月，任抚州市临川区政协副主席，民盟抚州市临川区总支主委、临川区教育局副局长。2012年4月至2015年10月，任抚州市临川区政协副主席，民盟市委会兼职副主委，民盟抚州市临川区总支主委、临川区教育局副局长。2015年10月至2020年1月，任民盟江西省抚州市委会主委，临川区政协副主席。2020年1月至2020年5月，任政协抚州市委员会副主席候选人，民盟市委会主委，临川区政协副主席。2020年5月至2021年10月，任政协抚州市委员会副主席，民盟市委会主委。2024年8月退休。

郭新春，1972年2月出生，江西莲花人。1994年7月参加工作，1994年6月加入中国共产党，博士研究生学历。1994年7月至2001年12月，先后任吉安师范专科学校化学系教师、团总支副书记、团总支书记。2001年12月至2005年8月，任井冈山师范学院团委副书记，2005年8月至2008年5月，任井冈山学院团委副书记，2008年5月至2017年1月，先后任井冈山大学团委副书记、团委书记、宣传部部长。2017年1月至2020年4月，任赣南师范大学党委委员、副校长。2020年4月至2021年8月，任江西农业大学党委副书记。2021年8月至今，先后任抚州市委常委、市委统战部部长、市政协党组副书记、市社会主义学院院长。

谭小平，1965年7月出生，江西南丰人。1986年7月参加工作，中共党员，大学本科学历。1986年7月至1988年5月，南丰县莱溪乡政府干部。1988年5月至1991年2月，南丰县委对台办干事；1991年2月至1992年10月，南丰县委办秘书；1992年10月至1995年3月，任南丰县政府办副主任。1995年3月至1998年4月，任南丰县东坪乡党委副书记、乡长；1998年4月至2001年5月，任南丰县白舍镇党委书记、人大主席（1999年9月至2001年7月，在江西财经大学证券投资分析系统会计专业研究生课程班学习）。2001年5月至2002年2月，任东乡县委常委、组织部部长。2002年2月至2002年7月，任抚州市委组织员办主任；2002年7月至2005年9月，任抚州市委组织部副部长；2005年9月至2006年5月，任抚州市委组织部副部长、市委先教办主任（正县级）。2006年5月至2006年11月，任金溪县委副书记、代县长；2006年11月至2011年5月，任金溪县委副书记、县长；2011年5月至2014年1月，任金溪县委书记。2014年1月至2015年9月，任东乡县委书记。2015年9月至2016年7月，任抚州市委常委、临川区委书记。2016年7月至2016年9月，任抚州市委常委；2016年9月至2018年11月，任抚州市委常委、秘书长；2018年11月至2020年12月，任抚州市委常委、副市长，市委秘书长；2020年12月至2021年9月，任抚州市委常委、副市长。2021年9月，任抚州市副市长、市政协党组副书记；2021年10月，任市政协党组副书记、副主席。

曾月兴，1966年12月出生，江西临川人。1990年7月参加工作，中共党员，大学本科学历。1990年7月至1994年12月，抚州地委办工作（1991年1月至1993年1月，在东乡县邓家乡挂职任乡长助理、副乡长）；1994年12月至1996年10月，任抚州地委办督查科副科长；1996年10月至1997年7月，任抚州地委办正科级秘书。1997年7月至2003年4月，任抚州地（市）委办督查室主任；2003年4月至2004年4月，任抚州市委督查室主任（副县级）。2004年4月至2006年6月，任南丰县人民政府副县长。2006年6月至2008年4月，任乐安县委常委、宣传部部长；2008年4月至2010年7月，任乐安县委常委、纪委书记。2010年7月至2011年7月，任抚州市委副秘书长、办公室主任。2011年7月至2016年3月，任抚州市临川区委副书记（正县级）。2016年3月至

2021年1月，任抚州高新技术产业开发区党工委副书记、管委会主任。2021年1月至2021年9月，任抚州市审计局党组书记、局长。2021年9月，任抚州市政协党组成员、市审计局党组书记、局长；2021年10月，任抚州市政协党组成员、副主席，市审计局党组书记、局长。2023年8月，任抚州市政协党组成员、副主席。

伍旭鸿，1967年5月出生，江西临川人。1988年7月参加工作，中共党员，大学本科学历。1988年7月至1993年7月，抚州市城市综合开发公司干部。1993年7月至1995年2月，任抚州市建材公司副经理、经理。1995年2月至2002年1月，任抚州市（临川市、临川区）建设局副局长；2002年1月至2002年2月，任抚州市临川区城建投资开发公司（建设投资开发中心）总经理（主任）、区建设局副局长；2002年2月至2003年9月，任抚州市临川区建设局党委书记、副局长、区城建投资开发公司（建设投资开发中心）总经理（主任）；2003年9月至2004年2月，任临川区建设局党委书记、副局长，临川梦湖投资开发公司董事长、总经理。2004年2月至2006年12月，任抚州市投资发展有限公司副总经理。2006年12月至2010年11月，任抚州金巢经济开发区党工委委员、管委会副主任；2010年11月至2016年10月，任抚州金巢经济开发区（高新技术产业园区）党工委副书记（正县级）。2016年10月至2019年1月，任抚州市工业和信息化委员会党委书记、主任；2019年1月至2020年11月，任抚州市工业和信息化局党委书记、局长；2020年11月至2021年9月，任抚州市工业和信息化局党组书记、局长。2021年9月，任抚州市政协党组成员、市工业和信息化局党组书记、局长；2021年10月，任抚州市政协党组成员、副主席。

唐永文，1967年6月出生，江西临川人。1988年7月参加工作，2010年12月加入九三学社，中央党校本科学历。1988年7月至2002年1月，抚州市（地区）临川区统计局干部（1994年9月至1997年7月，在江西广播电视大学抚州地区分校电脑会计专业大专班学习）。2002年1月至2004年1月，抚州市统计局城调队干部（2000年8月至2002年12月，在中央党校函授学院法律专业本科班学习）；2004年1月至2006年9月，任抚州市统计局农调队副队长；2006年9月至2009年6月，任抚州市统计局农调队队长；2009年6月至2009年12月，任抚州市统计局城调队队长；2009年12月至2015年10月，任抚州市统计局副局长。2015年10月至2019年5月，任九三学社抚州市委员会主委；2019年5月至2021年9月，任九三学社抚州市委员会主委、抚州市统计局局长。2021年10月，任抚州市政协副主席、九三学社抚州市委员会主委、抚州市统计局局长。2023年8月，任抚州市政协副主席、九三学社抚州市委员会主委。

刘　胜，女，1973年8月出生，江西乐安人。1992年7月参加工作，中国民主建国会会员，省委党校研究生学历。1992年7月至1996年5月，崇仁县环保局监测站技术员。1996年5月至2003年4月，崇仁县政府办干部（1993年9月至1996年12月，在南昌航空工业学院函授大专班工业分析专业学习；1999年8月至2001年12月，在中央党校函授学院本科班经济管理专业学习）；2003年4月至2005年8月，任崇仁县政府办副主任。2005年8月至2007年4月，任崇仁县教育局副局长。2007年4月至2013年9月，任崇仁县政协副主席、县教育局副局长（2006年8月至2008年12月，在江西省委党校研究生班政治学专业学习）。2013年9月至2017年4月，任抚州市教育局副局长。2017年4月至2020年12月，任抚州职业技术学院院长（2018年3月至2019年1月，挂职上海市杨浦区教育局副局长）；2020年12月至2021年9月，任中国民主建国会抚州市委员会主委，抚州职业技术学院院长。2021年10月，任抚州市政协副主席、中国民主建国会抚州市委员会主委、抚州职业技术学院院长。2022年7月，任市政协副主席、民建市委会主委。

王　彬，1973年9月出生，江西金溪人。

1998年8月参加工作，农工党党员，大学本科学历。1998年8月至2000年6月，浙江省嵊泗县人民检察院书记员；2000年6月至2000年12月，浙江省嵊泗县人民检察院助理检察员。2000年12月至2003年6月，江西省金溪县政府办公室秘书；2003年6月至2004年10月，任金溪县政府办公室副主任科员。2004年10月至2005年11月，任金溪县法制办副主任。2005年11月至2007年4月，任金溪县人民法院副院长（2006年12月，当选为农工民主党金溪县总支主委）；2007年4月至2007年12月，任金溪县人民法院副院长、正科级审判员。2007年12月至2016年8月，任金溪县人民政府副县长。2016年8月至2018年8月，任抚州市司法局副局长。2018年8月至2020年12月，任抚州市残疾人联合会理事长。2020年12月至2021年9月，任中国农工民主党抚州市委员会主委、抚州市残疾人联合会理事长。2021年10月，任抚州市政协副主席、中国农工民主党抚州市委员会主委。

（五）历任政协抚州市委员会秘书长

汪伟中（1948.6—2024.3），江西临川人。1965年12月参加工作，中共党员，大专文化。1965年12月至1970年5月，抚州军分区警通连战士。1970年5月至1972年9月，抚州地区电信局指挥科职工。1972年9月至1976年10月，抚州地区无线电管委办以工代干。1976年10月至1982年6月，抚州地委办公室接待科、秘书科以工代干；1982年6月至1985年9月，转为国家干部。1985年9月至1987年7月，抚州地委党校大专班学习。1987年7月至1988年5月，政协抚州地区联络处干部；1988年5月至1989年9月，任政协抚州地区联络处办公室主任（正科级）；1989年9月至1993年5月，政协抚州地区联络处办公室主任（副县级）；1993年5月至1996年7月，政协抚州地区工作委员会办公室主任。1996年7月至2000年10月，任政协抚州地区工作委员会秘书长兼办公室主任。2000年10月至2004年2月，任政协抚州市委员会党组成员、秘书长。2004年2月至2008年6月，任政协抚州市委员会办公室调研员。

徐容宁，女，1963年10月出生，浙江诸暨人。1982年8月参加工作，中共党员，中央党校大学学历。1980年9月至1982年8月，东乡师范学生。1982年8月至1984年12月，抚州地区保育院教师。1984年12月至1997年1月，任抚州地委统战部干部，秘书科副科长、科长（1988年8月至1991年6月，参加中央党校函授学院党政专业大专班学习）。1997年1月至2000年12月，任政协抚州地区工作委员会办公室副主任；2000年12月至2004年2月，任政协抚州市委员会办公室主任（1999年8月至2001年12月，参加中央党校函授学院经济管理专业本科班学习）。2004年2月至2006年11月，先后任政协抚州市委员会党组成员、秘书长、办公室主任、机关党组书记；2006年11月至2021年10月，任政协抚州市委员会党组成员、秘书长、机关党组书记。2021年8月任政协抚州市委员会机关二级巡视员。

颜建平，1969年2月出生，江西萍乡人。1992年8月参加工作，中共党员，大学本科学历。1992年8月至1994年3月，江西省东乡县环境保护局环境管理科干部。1994年3月至1997年9月，抚州市经贸委技术改造科干部；1997年9月至2000年12月，任抚州市经贸委质量管理科副科长（1997年10月，参加全国企业领导质量管理和质量保证知识培训；1999年，聘为中国质量管理协会质量管理小组活动诊断师）；2000年12月至2003年1月，任江西省抚州市经贸委行业发展协调科科长（1999年9月至2001年7月，在江西财经大学产业经济专业研究生班学习）。2003年1月至2006年6月，任南丰县政府副县长。2006年6月至2008年4月，任宜黄县委常委、宣传部部长；2008年4月至2016年8月，任宜黄县委常委、纪委书记；2016年8月至2019年6月，任宜黄县委副书记；2019年6月至2021年8月，任宜黄县委副书记、二级调研员。2021年10月，任抚州市政协党组成员、秘书长、机关党组书记。

2024 年 3 月，任抚州市政协党组成员、秘书长、机关党组书记、一级调研员。

二、人物名录

（一）历届市政协委员会常务委员名录

一届常务委员（30 人，按姓氏笔画排序）

邓小玲（女）　付御祥　冯国发
刘忠华　刘菊娇（女）　李　坚
李雨田　李耕生　汪丽萍（女）
吴菁菁（女）　何泽龙　李晓浩
郁佩珍（女）　陈　克　张志坚
张　帆　聂荣光　郑友清
郑小吉　周　勇　黄国夫
黄更昌　容乔生　徐日进
释印空（女）　童举希　戴晓文
魏巧生
（以下为 2002 年 3 月增补）
郑跃文　索学金

二届常务委员（57 人，按姓氏笔画排序）

王　勇　王　昱　王志畅
韦　萍（女）　占水晶　占贤忠
付晓荣　何　明　汤祖继
刘忠华　刘国芳　吴水凤（女）
吴　岚（女）　吴文宇　何晓晖
李小鹏　吴维权（女）　张　帆
张志坚　辛建华（女）　汪荣贵
李贵根　杨更生　周文明
陈水明　陈显明　连佩忠
周晓琴（女）　林恩展　周木杨
周金生　郑荣钦　范书祥
郑小平　罗晓宾　徐友洪
祝国荣　夏小青　段院龙
涂香莲（女）　章克敏（女）　涂建忠
涂国卿　谢亨舜　章新友
游林清　谢天放　廖　燕（女）
释印空（女）　雷东水　戴晓文
（以下为 2009 年补选）
刘静波　胡志方　魏　绮（女）
刘海滨（2010 年 2 月补选）

三届常务委员（46 人，按姓氏笔画排序）：

王　勇　王　彬　王胜国
邓慧萍（女）　刘国芳　刘忠华
刘海滨　朱　萍（女）　何　明
吴　军　吴　辛　吴茶香（女）
吴晓妮（女）　吴维权（女）　张　帆
张志坚　李　凌　李启明
李建明　李清萍（女）　杨正荣
连佩忠　陈水明　陈显明
周国华　周金生　林德明
罗晓宾　郑小平　郑荣钦
段院龙　胡海荣　夏小青
徐友洪　涂国卿　涂香莲（女）
郭淑萍（女）　章克敏（女）　黄双龙
释印空（女）　廖　燕（女）　戴员生
戴晓文　魏建平
（以下为 2012 年 2 月补选）
吴　昊（女）　杨春高　林垂都
章　勤　龚雪华
陈　辉（2015 年 1 月补选）

四届常务委员（54 人，按姓氏笔画排序）：

马　颖（女）　王　勇　王　彬
王钦铭　王裕良　邓久泉
甘少华　叶芝云（女）　付燕萍（女）
向　往（女）　邬丽梅（女）　刘　胜（女）
刘海滨　刘新萍（女）　许萍乡
李　凌　李建明　李信德
李淑雯（女）　杨利文　连佩忠
吴　辛　吴　昊（女）　吴　薇（女）
吴世伟　吴茶香（女）　吴胜兰（女）
吴晓妮（女）　邱京望　何　明
何　磊　何海荣　汪志强
陈　辉　陈克胜（女）　林小红（女）
罗亦文（女）　郑振荣　赵卫平
胡会华　胡海荣　姜东兴
袁晓明　唐永文　涂国卿
黄文英（女）　黄国文　黄晓红（女）

黄港清　释学辉　曾无非
雷东水　裴　涛　魏志中
（以下为2018年1月补选）
吴　军　郑荣钦　郑海云

五届常务委员（55人，按姓氏笔画排序）：

王丽红（女）　王建辉　王裕良
叶芝云（女）　申进东　向　往（女）
邬丽梅（女）　刘文平　刘海滨
刘新萍（女）　李　威　李建明
李淑雯（女）　杨小平　杨利文
吴　辛　吴　薇（女）　吴世伟
吴向红（女）　吴英权　吴胜兰（女）
邱江峰　何　明　何建江
张　彤　张志红（女）　陈　坚
陈振华　陈恩斌　罗　燕（女）
罗小刚　罗亦文（女）　周于凡
郑海云　胡军民　胡海荣
娄红玲（女）　祝毅思（女）　袁晓明
徐江英（女）　黄　瑛（女）　黄文龙
黄文英（女）　黄国文　龚冬根
章军旺　释学辉　曾无非
谢　婷（女）　谢文斌　谢爱隆
蔡礼明　谭海斌　魏　勤（女）
魏志中
（以下为2024年2月28日补选）
王新平　李信德　陈志祥
陈　萍
（以下为2025年1月24日补选）
金　超　徐　明　傅家科　释顿成（女）

（二）历届住抚全国政协委员

周　琪（女，中国人民政治协商会议全国委员会第十届委员会委员）

蔡　玲（女，中国人民政治协商会议全国委员会第十二届委员会委员）

（三）历届住抚省政协委员

政协江西省委员会第一届委员会委员

吴光涛　徐大牙

政协江西省委员会第二届委员会委员

王志功　宁千英（女）　刘谷孙
曾学近　沈炳炎　朱　钧
王抒青　黄　曙　徐大牙
郭忠仁

政协江西省委员会第三届委员会委员

邹镇邦　宁千英（女）　刘谷孙
曾学近　沈炳炎　朱　钧
王抒青　曾庆云　熊　达
黄　曙　李凤娇（女）　徐大牙
郭忠仁

政协江西省委员会第四届委员会委员

邹镇邦　宁千英（女）　李凤娇（女）
徐大牙　袁仁忠　曾启亚
邱敏清（女）　黄钧如　朱建明
王启勋　秦金堂　兰力生
郭定宏　蔡衍全　朱　钧
饶文华　胡声高　杨希真
欧阳筱玺　杨　毅　雷若虚
郭懋功

政协江西省委员会第五届委员会委员

邹镇邦　袁仁忠　邱敏清（女）
叶冠群　顾笑梅（女）　傅淑清（女）
王元英（女）　周学明（女）　龚华云
秦金堂　李凤娇（女）　叶庆庚
王承祺　曾灿荣　马忠瑛（女）
郭懋功　周尚德　郭定宏
郑　荣　邓安如　曹挺梁
谢　恩　吴南凯　张国旺

政协江西省委员会第六届委员会委员

马忠瑛（女）　刘南元（女）　傅裕平
叶冠群　应明生　邱敏清（女）
周　琪（女）　周学明　叶庆庚
谢　恩　王永华　邓道元
李抚生　罗国良　邱　瑜
梅开丰　郭懋功　周尚德
于淑珍（女）　王保青　吴绍辉
范蒲生　黄钧如　龚华云
傅玉英（女）　谢文俊

政协江西省委员会第七届委员会委员

马忠瑛(女)	叶冠群	花夏生
于永仲	杨美英(女)	林珊君(女)
汤　彬	傅裕平	罗国良
周尚德	龚治国	黄日强
熊梦飞	龚华云	李浩昌
熊信之	刘阳生	周　琪(女)
雷国根	徐日进	李抚生
刘志明	谢文俊	邹献捷
孔显祥		

政协江西省委员会第八届委员会委员

周　琪(女)	杨志诚	汪重阳
邹俐菁(女)	胡淑珠(女)	马忠瑛(女)
辛建华(女)	汤　彬	童希举
徐日进	林珊君	魏建华
于少毅	朱新华	徐建华
龚华云	罗国良	雷国根
郭懋功	万安安(女)	苏辑黎
倪家祥	李学礼	黄日强
薛振华	徐建生	

政协江西省委员会第九届委员会委员

曹二俚	朱章明	黄日强
薛振华	陈云斐	汪重阳
邹俐菁(女)	辛建华(女)	徐三毛
江晓斌	徐日进	徐建生
刘菊娇(女)	汤　彬	兰念瑛(女)
黄临平	饶祥明	徐友洪
刘国芳	周金生	戴晓文
李酥光	黄平辉	

政协江西省委员会第十届委员会委员

谢发明	朱章明	贾毅纲
周　琪(女)	陈云斐	段院龙
郑友清	涂国卿	戴晓文
杨灿荣	徐友洪	张冠雄
吴世伟	吴维权	许从年
蔡　青(女)	华小明	张寿荣
张全明	黄平辉	朱章明
林长荣	林荣东	刘菊娇(女)
陈焕文	吴立成	汤　彬
黄临平	周金生	李酥光
邹俐菁(女)	谭文英(女)	李启明
徐建生	郑卫星	程新飞

政协江西省委员会第十一届委员会委员

谢发明	刘忠华	陈云斐
刘菊娇(女)	周　琪(女)	贾益纲
朱章明	周金生	郑友清
涂国卿	张寿荣	戴晓文
吴世伟	华小明	吴立成
李建林	段院龙	李启明
林长荣	林荣东	徐建新
蔡　青(女)	陈焕文	徐建生
程新飞	汤　彬	徐友洪
杨灿荣	邹俐菁(女)	吴维权
郑卫星	黄临平	黄平辉
张沥泉	张冠雄	胡国胜
黄　河		

政协江西省委员会第十二届委员会委员

谢发明	黄晓波	刘忠华
陈云斐	刘菊娇(女)	吴立成
李建林	段院龙	贾益纲
张寿荣	戴晓文	李启明
林长荣	林荣东	徐建新
蔡　青(女)	陈焕文	华小明
郑友清	涂国卿	吴世伟
张冠雄	王钦铭	韦　萍(女)
邹　俊	李　凌	章克敏(女)
唐永文	何　明	陈恩斌
刘立灿	唐俊烈	王　昱
曹瑞林	易德福	

政协江西省委员会第十三届委员会委员

贺喜灿	郭新春	蔡　青(女)
刘忠华	戴晓文	唐永文
刘　胜(女)	王　彬	涂国卿
丁武安	何　明	毛奇锋
李　昱(女)	汤克艰	邓慧萍(女)
邬丽梅(女)	吴世伟	陈恩斌
唐俊烈	余少锋	

第二节 荣 誉

荣誉收录抚州市政协（政协抚州地区联络处、政协抚州地区工委）机关1985—2024年获得的地（市）级以上、地（市）直有关部门表彰的先进单位和先进个人以及市政协表彰的各县（区）政协工作先进单位和先进个人。表彰名单按获奖时间先后排列。

一、市政协（联络处、工委）获地（市）级以上表彰的先进集体、先进个人

市政协（联络处、工委）1995年—2024年获地（市）级以上表彰的先进集体

获奖时间	获奖单位	奖励名称	授奖单位
1995	政协抚州地区联络处	全省政协报刊发行量第一名	省政协办公厅
1997	政协抚州地区工委	全省政协《光华时报》发行工作先进单位	省政协办公厅
2000	政协抚州地区工委	全省政协《光华时报》发行工作先进单位	省政协办公厅
2005.1	市政协机关	抚州市第三届文明单位	市委、市政府
2007.1	市政协机关	抚州市第四届文明单位	市委、市政府
2008.8	市政协港澳台侨委员会	在全省归侨侨眷‘迎奥运、颂改革’书法大奖赛上，推选的11件参赛作品获奖并获“书法大赛”优秀组织奖	省政协办公厅
2010.2	市政协机关	2009年度目标管理考评先进单位、市直招商引资先进单位三等奖	市委、市政府
2010.12	市政协驻罗湖镇支村村工作组	帮扶临川灾区恢复生产和灾后重建工作先进单位	市委、市政府
2010.12	市政协机关	全省政协《光华时报》发行工作先进单位	省政协办公厅
2011.3	市政协机关	2010年度全市经济社会发展先进单位、目标管理综合考评先进单位	市委、市政府
2011.3	市政协机关	2010年度全市农业农村工作和新农村建设先进单位	市委、市政府
2011.6	市政协驻东乡县孝岗镇工作组临时党支部	“三包为民”工作组先进临时党组织	市委
2012.5	市政协机关	2011年度全市政协系统宣传与信息优秀奖“10篇好文章”项目奖	市政协
2012.5	市政协机关	省政协《光华时报》宣传发行工作先进单位	省政协办公厅
2013.2	市政协办公室	2012年度全市农业农村工作和新农村建设先进单位	市委、市政府
2013.11	市政协机关	2013年度《光华时报》宣传发行工作先进单位	省政协办公厅
2014.2	市政协机关	2013年度全市经济社会发展考核评价先进单位、承担重点工作先进单位	市委、市政府

续表

获奖时间	获奖单位	奖励名称	授奖单位
2014.11	市政协机关	2014 年度《光华时报》宣传发行工作先进单位	省政协办公厅
2015.11	市政协机关	2015 年度《光华时报》宣传发行工作先进单位	省政协办公厅
2016.2	市政协机关	抚州市第八届文明单位	市委、市政府
2016.2	市政协机关	2015 年度全市经济社会发展考核工作招商引资优秀单位	市委、市政府
2016.7	市政协办公室	创建全省文明城市工作先进集体	市委、市政府
2016.12	市政协机关	全省政协 2016 年度《光华时报》读报用报先进单位	省政协办公厅
2017.1	市政协办公室	2016 年度全市综合考核评价工作市直单位招商引资工作优秀单位	市委、市政府
2017.1	市政协办公室	2016 年度全市综合考核评价工作市直单位绩效管理工作优秀单位	市委、市政府
2017.8	市政协	2017 年度《光华时报》读报用报先进单位	省政协办公厅
2018.1	市政协机关	抚州市第九届文明单位	市委、市政府
2018.2	市政协办公室	2017 年度全市综合考评单项工作优秀市直单位，绩效管理工作优秀单位，招商引资工作优秀单位	市委、市政府
2018.12	市政协办公室	全市工业暨开放型经济、市直招商引资先进单位	市委、市政府
2018.12	市政协	2018 年度《光华时报》读报用报先进单位	省政协办公厅
2019.12	市政协	2019 年度《江西政协报》读报用报先进单位	省政协办公厅
2021.12	市政协	2021 年度《江西政协报》读报用报先进单位	省政协办公厅
2022.5	市政协	一类管理绩效考核优秀等次	市委、市政府
2022.4	市政协办公室	A 类改革优秀单位	市委全面深化改革委员会
2022.5	市政协办公室	第十一届抚州市文明单位	市委、市政府
2022.6	市政协机关第三党支部	模范党支部	抚州市委
2022.7	市政协机关退休干部党支部	全省离退休干部“示范党支部”	省委组织部 省委老干局
2023.5	市政协机关党委	全省机关党建创新“优秀案例”	省直机关工委
2023.6	市政协机关第一党支部	模范党支部	抚州市委
2023.6	市政协提案委员会	全国青少年模拟政协提案征集活动首批十大创新案例	共青团中央 维护青少年权益部
2023	政协抚州市委员会办公室	第十一届抚州市文明单位	抚州市委、市政府
2023	市政协机关退休干部党支部	全省离退休干部“示范党支部”	省委组织部 省委老干部局
2023	政协抚州市委员会办公室	A 类改革优秀单位	市委全面深化改革委员会
2023.1	市政协	反映社情民意信息工作先进单位	省政协

续表

获奖时间	获奖单位	奖励名称	授奖单位
2023.12	市政协	《中国政协》杂志宣传发行工作先进单位	《中国政协》杂志社
2024.1	市政协	反映社情民意信息工作先进单位	省政协办公厅
2024.1	市政协	《关于加强农村青年党员发展、培养和使用的建议》被评为2023年度优秀社情民意信息	省政协
2025.1	市政协	《耕地“山上”换“山下”，试点工作面临“四难”》被评为2024年度优秀社情民意信息	省政协

市政协（联络处、工委）1995年—2024年获地（市）级以上表彰的先进个人

获奖时间	获奖个人	奖励名称	授奖单位
1995.7	张火春　汪重阳	全省政协委员和政协干部政协基本知识测验优秀答卷人	省政协办公厅
2004.3	杨利文	2003年度办理政协提案工作先进个人	市人大、市政府、市政协
2005.1	张志坚　刘海滨	2004年度目标管理考评先进个人	市委、市政府
2005.6	祝国荣	全市“优秀共产党员”	市委
2010.2	付晓荣　魏志中	2009年度市直单位先进个人	市委、市政府
2010.3	杨利文	2009年度提案办理政协提案工作先进个人	市人大、市政府、市政协
2010.12	周　伟　陈水明	帮扶临川灾区恢复生产和灾后重建工作先进个人	市委、市政府
2011.3	杨利文　周　伟	2010年度提案办理政协提案工作先进个人	市人大、市政府、市政协
2011.3	杨利文	2010年度人大代表建议和政协提案工作先进个人	市人大、市政府、市政协
2011.3	吴水凤　龚雪华	2010年度全市经济社会发展目标管理综合考评先进个人	市委、市政府
2012.5	谢文斌	《抚州市政协围绕“科学化”推进四项工作创新》一文获2011年度全市政协系统宣传与信息优秀奖“10篇好信息”项目奖	市政协
2011.6	魏志中	全市优秀共产党员	市委
2012.12	龚雪华　甘军根 周　伟　吴志贤	《光华时报》优秀通讯员	省政协办公厅
2013.11	龚雪华　甘军根 周　伟　谢文斌 王新平　吴志贤	2013年度《光华时报》优秀通讯员	省政协办公厅
2013.11	龚雪华　杨　磊	撰写的《十年追梦今朝圆——抚州市政协全力助推向莆铁路建设》获2013年度《光华时报》“好新闻”一等奖	省政协办公厅
2014.1	杨利文　周　伟	2013年度提案办理先进个人	市人大、市政府、市政协
2014.6	刘海滨　甘军根	创作的《抚州市政协倾情演绎保护“母亲河”连续剧》获2013年度江西省“政协好新闻”二等奖	省政协办公厅

续表

获奖时间	获奖个人	奖励名称	授奖单位
2014.6	刘海滨　陈水明 甘军根	创作的《代表委员访谈录》获2013年度江西省“政协好新闻”三等奖	省政协办公厅
2014.11	甘军根　周　伟 全　益　王新平 吴志贤	2014年度《光华时报》优秀通讯员	省政协办公厅
2014.11	龚雪华　周映华	撰写的《政协建言应对“过道效应”——抚州市加快向莆铁路经济带建设》获2014年度《光华时报》“好新闻”一等奖	省政协办公厅
2014.11	刘海滨　甘军根	撰写的《六年不断跟进，一方百姓受益——抚州市政协保护“母亲河”》获2014年度《光华时报》“好新闻”二等奖	省政协办公厅
2014.11	刘海滨　甘军根	撰写的《搭建大舞台，奏响最强音——抚州市政协协商工作亮点扫描》获2014年度《光华时报》“好新闻”三等奖	省政协办公厅
2014.11	王新平	撰写的《实现四个转变，唱响好声音——抚州市政协大会发言化为建设幸福益事》获2014年度《光华时报》“好新闻”三等奖	省政协办公厅
2015.11	甘军根　周　伟 王新平　杨　磊	2015年度《光华时报》优秀通讯员	省政协办公厅
2015.11	刘海滨　谢文斌 甘军根	撰写的《坚守“民生”情怀，筑牢“连心根基”——抚州市政协践行“三严三实”履职为民工作纪实》获2015年度《光华时报》好新闻一等奖	省政协办公厅
2015.11	袁晓明　周　伟	撰写的《委员建议列入实践活动整改落实—抚州市开展打击“砂霸”专项整治行动》获2015年度《光华时报》好新闻二等奖	省政协办公厅
2015.11	龚雪华　周映华	撰写的《畅通“经济大动脉”——抚州市政协四年持续建言助力物流业发展》获2015年度《光华时报》好新闻二等奖	省政协办公厅
2015.11	魏志中　毛　涛	撰写的《构建多层次全方位协商格局——抚州市政协深入推进协商民主建设综述》获2015年度《光华时报》好新闻三等奖	省政协办公厅
2015.11	甘军根	撰写的文章《着力推动农业机械化》获2015年全省机关党员干部春节回乡调研报告二等奖	省直属工委
2016.6	邹　芳	2011年—2015年全省法制宣传教育先进个人	省普法教育工作领导小组
2016.7	郑荣钦　吴志贤	创建全省文明城市工作先进个人	市委、市政府
2016.11	刘海滨　甘军根	撰写的《保一泓清水，护生命之源——抚州市政协持续七年聚力水质生态保护记》获2015年度江西省“政协好新闻”二等奖	省政协办公厅
2016.12	周　伟　王新平 甘军根　杨　磊 吴志贤	2016年度《光华时报》优秀通讯员	省政协办公厅

续表

获奖时间	获奖个人	奖励名称	授奖单位
2016.12	龚雪华　杨　磊	撰写的《让“第一动力”真正强起来——抚州市政协专题协商创新发展》获2016年度《光华时报》好新闻一等奖	省政协办公厅
2016.12	刘海滨　周　伟	撰写的《中共抚州市委政协工作会议出台多项举措推进协商民主》获2016年度《光华时报》好新闻三等奖	省政协办公厅
2016.12	刘向阳	撰写的《聚集发展精准建言，深入调研持续发声——南城县协助助力中医药产业驶入“快车道”》获2016年度《光华时报》好新闻三等奖	省政协办公厅
2016.12	卢而康	撰写的文章《资溪县政协走好“三步棋”惠民生》获2016年度《光华时报》好新闻三等奖	省政协办公厅
2017.2	周映华　邹　芳	2016年度办理市人大代表建议和市政协提案工作先进个人	市人大、市政府、市政协
2017.12	甘军根　周　伟 王新平　吴志贤 万　琳	2017年度《光华时报》优秀通讯员	省政协办公厅
2017.12	刘海滨　吴志贤 周　伟	撰写的《委员精准建言，书记当场纳谏》获2017年度《光华时报》好新闻一等奖	省政协办公厅
2018.7	刘海滨　甘军根	撰写的《同心合力共圆“脱贫梦”——江西抚州是政协助力脱贫攻坚纪实》获2017年度江西省“政协好新闻”二等奖	省政协办公厅
2018.7	周　伟　万　琳	撰写的《江西抚州是落实政协建议重塑南丰白舍古窑辉煌“陶瓷文化＋旅游产业”融合发展》获2017年度江西省“政协好新闻”三等奖	省政协办公厅
2018.11	王新平　杨利文 甘军根　周　伟 游依玲　李先进	2018年度《光华时报》优秀通讯员	省政协办公厅
2018.11	刘海滨　甘军根	撰写的《精彩落笔不尽秀美画卷——抚州市政协助力乡村振兴发展纪实》获2018年度《光华时报》好新闻一等奖	省政协办公厅
2018.11	郑友清	2016—2017年度反映社情民意信息工作先进个人	省政协办公厅
2018.12	甘军根	全市工业暨开放型经济光荣名册，市直招商引资先进个人	市委、市政府
2019.12	王新平　吴志贤 甘军根　周　伟	2019年度《江西政协报》读报用报优秀通讯员	省政协办公厅
2019.12	刘海滨　谢文斌 甘军根	撰写的《党旗飘扬风帆劲——抚州市政协以党建引领促履职提质增效》获2019年度《江西政协报》读报用报通讯员好新闻一等奖	省政协办公厅
2019.12	刘海滨　甘军根	撰写的《打通广纳群言“最后一公里”，抚州市政协开展网络议政远程协商》获2019年度《江西政协报》读报用报通讯员好新闻二等奖。	省政协办公厅

续表

获奖时间	获奖个人	奖励名称	授奖单位
2019.12	刘海滨　谢文斌 甘军根	撰写的《党旗飘扬风帆劲——抚州市政协以党建引领促履职提质增效》获2018年度江西省“政协好新闻”二等奖	省政协办公厅
2019.12	刘忠华	撰写的《降低社保成本，纾民营企业之困》获2019年度省政协优秀提案	省政协办公厅
2019.12	何　明	撰写的《加强古村落保护，助推美丽乡村建设》获省政协2018年度优秀提案	省政协办公厅
2019.12	汪重阳	撰写的文章《我与大南昌都市圈》获市政协“我和我们的政协”征文活动一等奖	市政协
2019.12	徐容宁　刘海滨 杨利文	撰写的《提案工作发挥人民政协“专门协商机构”作用浅析——以抚州市政协为个案研究》获全省政协理论研讨征文活动优秀论文一等奖	省政协办公厅 省人民政协理论研究会
2020.7	于　勤	撰写的《“营改增”后多措并举　降级建筑企业税负及成本的建议》获2018—2019年度优秀社情民意信息	省政协办公厅
2020.7	何　明	撰写的《关于加强地质灾害防治工作的建议》获2018—2019年度优秀社情民意信息	省政协办公厅
2020.7	刘忠华	2018—2019年度反映社情民意信息先进个人	省政协办公厅
2020.8	刘海滨　甘军根	撰写的《群众利益无小事，一枝一叶总关情——抚州市政协创新协商议政形式打通服务群众“最后一公里”》获2019年度江西省“政协好新闻”一等奖	省政协办公厅
2020.8	吴志贤	撰写的《江西抚州“千金陂”申遗成功》获2019年度江西省“政协好新闻”二等奖	省政协办公厅
2020.8	卢而康	撰写的文章《上户了，全家脱贫有希望了》获2019年度江西省“政协好新闻”二等奖	省政协办公厅
2020.12	章克敏	省政协全委会发言《留住非遗，不留遗憾》获2019年度优秀建言资政成果	省政协办公厅
2020.12	郑友清	省政协全委会联组讨论发言《应对人口老龄化，加快医养产业融合发展》获2019年度优秀建言资政成果	省政协办公厅
2021.6	王新平	抚州市优秀共产党员	市委
2021.8	刘海滨	撰写的《贡献“金点子”扶贫精准化——江西抚州市政协演绎脱贫攻坚“连续剧”》获2020年度江西省“政协好新闻”二等奖	省政协办公厅
2021.8	甘军根	撰写的《病毒无情人有情——江西抚州市政协委员同心战“疫”情》获评2020年度江西省“政协好新闻”三等奖	省政协办公厅
2021.12	杨利文	撰写的《坚守人民立场，打造履职品牌》理论文章获全省政协理论研讨征文活动优秀论文一等奖	省政协办公厅 省人民政协理论研究会

续表

获奖时间	获奖个人	奖励名称	授奖单位
2022.1	甘军根	省政协反映社情民意信息先进个人	省政协办公厅
2022.12	曾月兴、杨利文	《全过程人民民主在基层政协的生动实践——以抚州市政协提案工作为例》获优秀论文三等奖	省政协办公厅
2023.11	杨利文	优秀通讯员	省政协
2023.12	颜建平	全省政协理论研讨征文活动优秀论文二等奖	省政协办公厅、省人民政协理论研究会
2023.12	刘海滨	全省政协理论研讨征文活动优秀论文二等奖	省政协办公厅、省人民政协理论研究会
2023.12	邹　芳	2017—2021年平安抚州建设先进个人	市委、市政府
2024.1	曾昭凯	反映社情民意信息工作先进个人	省政协办公厅
2024.9	刘　胜	民建全国先进个人	民建中央
2024.12	颜建平	《为唱响“文化抚州、梦想之舟”贡献智慧力量》获全省政协理论研讨征文活动优秀论文二等奖	省政协办公厅、省人民政协理论研究会
2024.12	刘海滨　曾昭凯	《坚持以改革创新精神推进人民政协履职能力建设》获全省政协理论研讨征文活动优秀论文三等奖	省政协办公厅、省人民政协理论研究会

二、市政协机关获市直有关部门表彰的先进单位、先进个人

抚州市政协机关2005年—2024年获市直有关部门表彰的先进单位

获奖时间	获奖单位	奖励名称	授奖单位
2005.6	市政协机关党支部	先进基层党组织	市直机关工委
2010.3	市政协办公室	2009年度社会治安综合治理先进单位	市综治委
2010.7	市政协机关党支部	优秀基层党组织	市直属机关工委
2010.12	市政协办公室	2009—2010年文明村镇帮建工作先进单位	市文明委
2011.5	市政协办公室	2010年度全市社会治安综合治理目标管理先进单位	市综治委
2011.6	市政协办公室	2010年度全市公共机构节能先进单位	市公共机构节能领导小组
2012.5	市政协办公室	2011年度全市社会治安综合治理目标管理先进单位	市综治委
2012.6	市政协机关党支部	2011年年度先进基层党组织	市直属工委
2012.9	市政协办公室	2011年度全市公共机构节能先进单位	市公共机构节能领导小组
2013.6	市政协机关党支部	2012年度先进基层党组织	市直机关工委
2013.7	市政协办公室	2012年度全市社会治安综合治理目标管理先进单位	市综治委
2014.3	市政协办公室	2013年度市直单位定点扶贫工作先进单位	市扶贫开发领导小组

续表

获奖时间	获奖单位	奖励名称	授奖单位
2014.6	市政协机关党支部	2013 年度目标管理考评优秀基层党支部	市直属工委
2014.7	市政协办公室	2013 年度社会治安综合治理目标管理先进单位	市综治委
2015.3	市政协机关党支部	2014 年度目标考核优秀基层党组织	市直属工委
2015.11	市政协机关妇委会	2014 年度市直单位妇女工作先进集体	市妇女联合会
2015.12	市政协办公室	2014 年度全市公共机构节能工作考核优秀市直单位	市公共机构节能领导小组
2016.5	市政协机关	2015—2016 年度“四进四联四帮”活动市直先进单位	市委“四进四联四帮”活动领导小组
2016.6	市政协办公室	2015 年度“全市社会治安综合治理目标管理先进单位”	市综治委
2016.12	市政协办公室	全市“十二五”暨 2015 年公共机构节能工作考核结果优秀市直单位	市公共机构节能领导小组
2017.4	市政协办公室	2016 年度全市社会治安综合治理目标管理先进单位	市综治委
2017.6	市政协机关	2016—2017 年度“四进四联四帮”活动市直先进单位	市委“四进四联四帮”活动领导小组
2017.6	市政协机关党支部	先进基层党组织	市直属工委
2017.8	市政协办公室	2016 年度法治抚州建设优秀单位	市法治建设领导小组
2018.2	市政协办公室	2017 年度“社会治安综合治理目标管理优秀单位”	市综治委
2018.3	市政协办公室	2017 年度全市全面深化改革工作优秀单位	市委全面深化改革领导小组
2019.5	市政协办公室	2018 年度法制抚州建设考评优秀市直单位（部门）	市委全面依法治市委员会
2019.6	市政协机关	2018—2019 年度“四进四联四帮”活动先进单位	市委“四进四联四帮”活动领导小组
2019.6	市政协机关党委	抚州市先进基层党组织	市直属机关工作委员会
2020.6	市政协机关退休干部党支部	全市离退休干部先进集体	市委组织部、市老干部局
2020.12	市政协办公室	全市 2019 年度“平安建设（综治工作）综治责任优秀单位”	市委政法委
2021.8	市政协机关	全市第五期驻村帮扶工作先进单位	市委办
2021.12	市政协机关	2020 年度领导班子考核“优秀”等次	市委组织部
2023.7	邹　芳	“优秀共产党员”称号	市直机关工委
2023.7	周　伟	“优秀党务工作者”称号	市直机关工委

续表

获奖时间	获奖单位	奖励名称	授奖单位
2023.9	吴　强	市级乡村振兴优秀驻村干部	市委组织部、市乡村振兴局
2023.12	王　彬	全省政协理论研讨征文活动优秀论文二等奖	省政协办公厅、省人民政协理论研究会

抚州市政协机关 2004 年—2024 年获市直有关部门表彰的先进个人

获奖时间	获奖个人	奖励名称	授奖单位
2001.6	杨利文	市直单位“优秀公仆”	市委组织部、宣传部、市直机关工委、市文明办
2004.3	刘海滨	2003 年度全市党委系统办公室工作先进工作者	市委办
2004.3	吴菁菁　傅晓林　龚雪华	调研文章《新时期工会工作要与时俱进、长做常新》获 2002—2003 年度优秀调研成果	市委办、市委政研室
2004.4	李　琼	全市档案工作先进工作者	市人事局、市档案局
2005.6	李卫东	市直机关“优秀党务工作者”	市直属工委
2005.6	袁晓明	市直机关“优秀共产党员”	市直属工委
2010.7	杨利文	市直机关“优秀共产党员”	市直属工委
2011.3	李　琼	2010 年度全市党委系统办公室工作先进个人	市委办
2012.6	谢文斌	市直机关优秀共产党员	市直属工委
2012.6	吴志贤	市直机关优秀党务工作者	市直属工委
2012.8	王福生	“四好党员”	市委组织部、市老干部局
2013.3	李　琼	2012 年度全市党委系统办公室“文件管理工作”先进个人	市委办
2013.6	王新平	市直机关 2012 年度优秀共产党员	市直属工委
2013.7	徐容宁　魏志中　付志超	2012 年度全市综治工作先进个人	市综治委
2013.7	蔡　青　刘海滨　谢文斌	撰写的《发展商贸物流，托起腾飞之翼》获 2012 年度优秀调研成果一等奖	市委办、市委政研室
2014.3	李　琼	2013 年度全市党委系统办公室工作先进个人	市委办
2014.3	魏志中	2013 年度市直单位定点扶贫工作先进个人	市扶贫开发领导小组
2014.4	邹　芳	2011 年至 2013 年全市普法教育工作先进个人	市普法依法治市工作领导小组
2014.6	吴萍香	市直机关“十佳优秀共产党员”	市直属工委
2014.7	黄德宪　贾益纲　涂香莲　袁晓明	撰写的《关于我市湿地保护和建设的调研报告》获 2013 年度全市优秀调研成果“特别成果奖”	市委办、市委政研室
2014.7	陈云斐　张志坚　王新平	撰写的《伸长抚州职教短腿，培育经济腾飞人才》获 2013 年度全市优秀调研成果“特别成果奖”	市委办、市委政研室

续表

获奖时间	获奖个人	奖励名称	授奖单位
2014.7	廖建辉　周付德 龚雪华	撰写的《发挥金融正能量，助推抚州新发展》获 2013 年度全市优秀调研成果“特别成果奖”	市委办、市委政研室
2014.7	郑友清　蔡　青 杨春高　郑海云 邹　芳	撰写的《加强物业管理，构建和谐社区，为建设幸福抚州奠定基础》获 2013 年度全市优秀调研成果“特别成果奖”	市委办、市委政研室
2014.7	黄耀波　陈水明 甘军根	撰写的《关于推进抚州新型城镇化科学发展的调查报告》获 2013 年度全市优秀调研成果“特别成果奖”	市委办、市委政研室
2014.7	刘海滨　甘军根	撰写的《做好三篇生态文章，加快抚州绿色崛起》获 2013 年度全市优秀调研成果“一等奖”	市委办、市委政研室
2015.5	王新平	2014 年度抚州市优秀志愿者	市精神文明建设指导委员会办公室
2015.12	谢发明　廖建辉 周付德　龚雪华	撰写的《加强区域合作增强发展动力》获 2014 年度全市优秀调研成果特别成果奖	市委办、市委政研室
2015.12	黄德宪　贾益纲 涂香莲　袁晓明 吴萍香	撰写的《坚持深化改革，努力破解外资及港澳台投资企业发展难题》获 2014 年度全市优秀调研成果特别成果奖	市委办、市委政研室
2015.12	陈云斐　张志坚 王新平	撰写的《下最大力气监管，确保舌尖上的安全》获 2014 年度全市优秀调研成果特别成果奖	市委办、市委政研室
2015.12	廖建辉　周付德 龚雪华　杨　磊 周映华	撰写的《加快电网建设步伐，助推抚州经济发展》获 2014 年度全市优秀调研成果特别成果奖	市委办、市委政研室
2015.12	郑友清　蔡　青 杨春高　郑海云 邹　芳	撰写的《打造民生事业亮点，推进养老机构发展》获 2014 年度全市优秀调研成果特别成果奖	市委办、市委政研室
2015.12	黄耀波　陈水明 甘军根	撰写的《让抚州特色农产品在全国叫响》获 2014 年度全市优秀调研成果特别成果奖	市委办、市委政研室
2016.5	甘军根	2015—2016 年度“四进四联四帮”活动市直先进个人	市委“四进四联四帮”活动领导小组
2016.9	甘军根	市直机关“文明礼仪表率”演讲比赛三等奖	市直属工委
2016.6	杨　磊	市直机关优秀共产党员	市直属工委
2016.11	徐容宁　刘海滨 邹　芳	2015 年度全市社会治安综合治理目标管理先进单位综治责任人	市综治委
2016.11	谢发明　徐建辉 龚雪华	撰写的《适应经济新常态，培育增长新动力》获 2015 年度全市优秀调研成果特别成果奖	市委办、市委政研室
2016.11	郑友清　郑海云 邹　芳	撰写的《优化法治环境，助推民营企业健康发展》获 2015 年度全市优秀调研成果特别成果奖	市委办、市委政研室

续表

获奖时间	获奖个人	奖励名称	授奖单位
2016.11	蔡　青　柏　林 涂香莲　袁晓明 吴萍香	撰写的《做大乡村旅游产业，加快建设旅游城市》获2015年度全市优秀调研成果特别成果奖	市委办、市委政研室
2017.6	杨　磊	2016—2017年度“四进四联四帮”活动市直先进个人	市委“四进四联四帮”活动领导小组
2017.6	杨　磊	市直属机关“优秀共产党员”	市直属工委
2017.12	徐容宁　裴　涛 邹　芳	2016年度全市社会治安综合治理目标管理先进单位综治责任人	市综治委
2019.6	吴志贤	2018—2019年度“四进四联四帮”活动市直先进个人	市委“四进四联四帮”活动领导小组
2019.6	吴志贤	市直属机关“优秀共产党员”	市直属工委
2020.12	徐容宁	2018年至2020年年度考核中工作连续3年被评为“优秀”等次，记三等功一次	市委组织部
2021.8	王新平	全市第五期驻村帮扶工作先进个人	市委办
2022.2	邹　芳	抚州市巾帼建功标兵	市妇联
2022.2	邹　芳	2016年至2020年全市普法工作先进个人	市普法教育工作领导小组
2022.4	黄予昕	第六届抚州青年五四奖章	市委宣传部、共青团市委
2022.6	杨利文	年度考核优秀	市委组织部
2022.7	吴　强	新时代赣鄱先锋	市直属工委
2022.12	张志红	县处级干部进修班“优秀学员”	市委党校
2023.7	邹　芳	市直机关“优秀共产党员”	市直属工委
2023.9	吴　强	乡村振兴优秀驻村干部	市委组织部
2024.4	周映华	2023年度抚州市巾帼建功标兵	市妇联

三、市政协（联络处、工委）表彰的县（区）政协先进集体、先进个人

1997年度表彰全区政协先进单位、先进个人：

全区政协工作目标管理前三名

第一名：南城县政协；第二名：崇仁县政协；第三名：金溪县政协

单项工作先进单位

临川市政协：学习宣传工作先进单位

南丰县政协：专委会工作先进单位

宜黄县政协：机关建设工作先进单位

资溪县政协：提案工作先进单位

东乡县政协：提案工作先进单位

乐安县政协：招商引资工作先进单位

广昌县政协：咨询服务工作先进单位

黎川县政协：“三胞”联谊工作先进单位

吕水传：临川市政协办公室副主任

叶忠怀：临川市政协宣传文史科副科长

徐有德：临川市政协主任科员

李建平：南城县政协办公室主任

刘向阳：南城县政协专委会副主任

吴　翔：资溪县政协办公室主任

唐卫清（女）：资溪县政协通讯员

王国平：宜黄县政协办公室主任

汪永忠：宜黄县政协通讯员

余匡文：金溪县政协办公室主任

汪金华：金溪县政协机关干部

熊诗龙：广昌县政协办公室主任

王英和：广昌县政协联络咨询科科长

黄俭国：崇仁县政协办公室副主任兼小车司机

周友珍（女）：崇仁县政协办公室副主任

熊华珍（女）：东乡县政协专委会副主任

李活泉：东乡县政协机关会计

郑佑民：南丰县政协机关主任科员

谢承辉：南丰县政协机关主任科员

邓国荣：乐安县政协办公室副主任

黄财明：乐安县政协办公室副主任

付　强：黎川县政协联络咨询科副科长

万卫国：黎川县政协司机

1999 年 3 月表彰 1998 年度全区政协工作先进单位：

金溪县政协　　南城县政协

临川市政协　　崇仁县政协

2000 年 9 月表彰 1999 年度全区政协工作先进单位：

金溪县政协　　南城县政协

崇仁县政协

2024 年 1 月表彰政协系统优秀创新案例（21 个）：

市政协机关（10 个）：

（1）打造政协特色党建阵地，实现“两个全覆盖”（市政协办公室）

（2）创新开展“模拟政协提案”活动（市政协提案委员会）

（3）打造“文昌讲坛”，弘扬临川文化（市政协文化文史和学习委员会）

（4）经济大讲堂，委员话发展（市政协经济委员会）

（5）搭台唱戏，助推生态产品价值实现（市政协人口资源环境委员会）

（6）委员沙龙新平台，凝聚共识惠民生（市政协教科卫体委员会）

（7）以“头雁效应”激发“兼职活力”——着力发挥专委会兼职副主任作用（市政协社会和法制委员会）

（8）擦亮“法治助企”履职品牌（市政协社会和法制委员会）

（9）以节为媒，汇聚各方力量（市政协港澳台侨外事和民族宗教委员会）

（10）与农民同坐一条板凳，倾心助力乡村振兴（市政协农业和农村委员会）

县（区）政协（11 个）：

（1）创新评审机制，促进提案工作提质增效（临川区政协）

（2）“政企协商会”凝聚发展共识（东乡区政协）

（3）延伸基层协商议事平台，助推政协工作提质增效（南城县政协）

（4）黎事好协商，成果转化出新招（黎川县政协）

（5）提升《委员视点》，拓展履职深度（南丰县政协）

（6）提案质量和提案办理质量“双向评议”（崇仁县政协）

（7）创新“乐事乐调”调解工作机制（乐安县政协）

（8）“双走”助企解难题，营商环境再优化（宜黄县政协）

（9）让“‘心’事有约”履职品牌在乡村绽放（金溪县政协）

（10）打造“政协委员示范路”，跑出乡村旅游“加速度”（资溪县政协）

（11）民生提案办理新闻发布会（广昌县政协）

全市县（区）政协宣传信息工作先进单位

2013 年 1 月 5 日，政协抚州市第三届委员会第三次全体会议首次设立“宣传信息工作先进单位”表彰项目，此后，每次市政协委员全体会议均对在宣传信息工作方面取得优异成绩的县（区）政协进行表彰，成为推进县（区）政协宣传信息工作的重要激励机制；2020 年 5 月 7—8 日政协抚州市第四届委员会第五次全体会议期间“宣传信息工作先进单位”表彰增加“反映社情民意信息工作先进单位”项目。

2013 年三届三次会议表彰宣传信息工作先进单位：

南丰县政协　资溪县政协
金溪县政协　乐安县政协

2014 年三届四次全体会议表彰宣传信息工作先进单位：

南丰县政协　乐安县政协
黎川县政协　金溪县政协
东乡县政协　宜黄县政协

2015 年三届五次全体会议表彰宣传信息工作先进单位：

南丰县政协　乐安县政协
东乡县政协　金溪县政协
黎川县政协　临川区政协

2016 年三届六次全体会议表彰的宣传信息工作先进单位：

东乡县政协　金溪县政协
南丰县政协　临川区政协
宜黄县政协　乐安县政协
黎川县政协

2018 年四届三次全体会议表彰宣传信息工作先进单位：

临川区政协　乐安县政协
东乡区政协　南丰县政协
金溪县政协　黎川县政协

2019 年四届四次全体会议表彰宣传信息工作先进单位：

南丰县政协　金溪县政协
崇仁县政协　东乡区政协
宜黄县政协　临川区政协
乐安县政协

2020 年四届五次全体会议表彰宣传信息工作先进单位：

金溪县政协　南丰县政协
临川区政协　东乡区政协
南城县政协　宜黄县政协

2021 年五届一次全体会议表彰宣传信息工作先进单位：

东乡区政协　金溪县政协
南丰县政协　崇仁县政协
南城县政协　资溪县政协

2022 年五届三次全体会议表彰宣传信息工作先进单位：

金溪县政协　东乡区政协
乐安县政协　黎川县政协
南城县政协　资溪县政协

2024 年五届四次全体会议表彰宣传信息工作先进单位：

东乡区政协　金溪县政协
乐安县政协　崇仁县政协
南城县政协　宜黄县政协

全市县（区）政协反映社情民意信息工作先进单位

2020 年四届五次全体会议表彰反映社情民意信息工作先进单位：

乐安县政协　广昌县政协
黎川县政协　崇仁县政协
资溪县政协。

2021 年五届一次全体会议表彰反映社情民意信息工作先进单位：

乐安县政协　临川区政协
黎川县政协　广昌县政协
宜黄县政协

2024 年五届四次全体会议表彰反映社情民意信息工作先进单位（10 个）：

省政协表彰先进单位（4 个）：

抚州市政协　东乡区政协
金溪县政协　崇仁县政协

市政协表彰先进单位（6 个）：

市政协港澳台侨外事和民族宗教委员会
市政协人口资源环境委员会
市政协社会和法制委员会
乐安县政协　南丰县政协
宜黄县政协

先进中共党员委员红旗工作站

2020年5月7—8日，政协抚州市第四届委员会第五次全体会议期间首次设立“中共党员委员红旗工作站”表彰项目。获得表彰的3个单位为：1. 中共党员委员驻金溪县政协工作站；2. 中共党员委员驻文旅投工作站；3. 中共党员委员驻玉茗建设集团工作站。

2021年2月，四届政协第六次全体会议期间表彰3个工作站：1. 中共党员委员驻金溪县政协工作站；2. 中共党员委员驻文昌里历史文化街区工作站；3. 中共党员委员驻江西达诚建筑工程有限公司工作站。

2022年12月，五届政协第三次全体会议期间表彰9个工作站：1. 市政协社会和法制委员会（青创空间工作站）；2. 市政协文化文史和学习委员会（文昌里工作站）；3. 市政协提案委员会（开放大学工作站）；4. 市政协人口资源环境委员会（高新区工作站）；5. 宜黄县政协（文史驿站工作站）；6. 临川区政协（临汝书院工作站）；7. 崇仁县政协（科创中心工作站）；8. 广昌县政协（莲心工作站）；9. 南丰县政协（奥恒达工作站）。

2024年1月，五届政协第四次全体会议期间表彰6个工作站：1. 黎川县政协（“书香政协·智汇煲都”黎事好协商工作站）；2. 东乡区政协（经济界别工作站）；3. 金溪县政协（“‘心’事有约”协商议事厅）；4. 资溪县政协（费歌委员议事厅）；5. 广昌县政协（“莲心”政协社区工作站）；6. 临川区政协（图书馆工作站）

四、市政协表彰的优秀市政协委员

2008年1月9日，政协抚州市第二届委员会第三次会议首次对市政协2007年度31名优秀市政协委员进行表彰，并颁发荣誉证书和奖品。自此，作为市政协的一项重要评优评先活动一直延续，每届每次委员会全体会议评选表彰优秀市政协委员。截至2024年，市政协五届四次会议共表彰优秀市政协委员468名。

市政协二届三次会议至五届四次会议共表彰了468名优秀市政协委员

2008年二届三次会议表彰31名	马　颖（女） 吴平庚 张励文 杨更生 徐明儿 章克敏（女） 黄德超 鄢小龙	王志勇 吴正顺 李　娜（女） 邱　敏（女） 徐金昌 黄　琛（女） 彭贞红（女） 廖喜玉（女）	何　明 张　帆 李　凌 邱永华 涂国卿 黄友平 董雪梅（女） 戴　奔	吴　辛 张冬生 李彩梅（女） 郑荣钦 屠建龙 黄港清 谢天放
2009年二届四次全体会议表彰24名	喻华堂 唐　化（女） 张　勇 林垂都 邓　华（女） 谢克强	张建华 郑振荣 饶宇航 汤小平 邓斗新 黄友平	吴胜茂 刘细明 罗国顺 罗俊红（女） 衷建平 陈国彬	陈德勋 谷　菊（女） 彭贞红（女） 岑礼余 郭德宗 张从俊
2010年二届五次全体会议表彰30名	赵卫平 何乐琴（女） 邱　敏（女） 纪丽波（女） 王志勇 徐金昌 赵国升 蔡晓东	唐永文 龙　剑 邵海宾 吴正顺 丁安丽（女） 罗亦文（女） 黄双龙	王　勇 魏媛媛（女） 张志红（女） 李彩梅（女） 曾亦农 彭贞红（女） 李启明	李冬生 周文明 王志畅 黄　琛（女） 游娟娟（女） 胡珊珊 张冬生

续表

2011 年二届六次全体会议表彰 30 名	黄平辉	孔夏生	杨书斌	万全阳
	占贤忠	黄亚玲（女）	乐小根	郑济平
	章克敏（女）	张建荣	胡珊珊	吴　军
	李世森	黎光美（女）	李勇气	鄢小龙
	方丽萍（女）	黄友平	曾亦农	徐友洪
	徐明儿	吴建国	丁安丽（女）	吴平庚
	万德援	衷建平	黄　琛（女）	谢克强
	刘建平	张从俊		
2013 年三届三次全体会议表彰 39 名	庄　彬	李春华	何海荣	吴世伟
	杨　平	付香兰（女）	夏小青	黄文英（女）
	徐晤明（女）	郭淑萍（女）	段院龙	张爱民
	曹细春	杨小平	彭　国	陈春梅（女）
	章克敏（女）	张建荣	王雅兰（女）	刘冬国
	龚育梅（女）	徐金昌	吴胜兰（女）	林　红（女）
	江志勇	杨国飞	吴正顺	徐友洪
	游娟娟（女）	蔡　永	徐明儿	王　彬
	揭仁贵	张冬生	郭德宗	张寿荣
	杨全娣（女）	彭明高	向　往（女）	
2014 年三届四次全体会议表彰 39 名	朱　萍（女）	魏建平	卢雅芳（女）	郑学铨
	张　宇	戴员生	唐永文	余庆华（女）
	张志珍（女）	娄红玲（女）	段院龙	纪丽波（女）
	张建华	蔡　盛（女）	华小明	唐　化（女）
	潘军荣	释印空（女）	王雅兰（女）	梅建忠
	胡永生	杨吉荣	吴胜兰（女）	周小平
	林垂都	黄　勃	胡党梅（女）	叶芝云（女）
	董雪梅（女）	蔡永享	徐明儿	江春芳
	吴平庚（女）	李启明	钟　琴（女）	刘世昌
	刘雪娥（女）	彭明高	吴鸿强	
2015 年三届五次全体会议表彰 20 名	余旗勇（女）	姜东兴	吴鉴铭	黄文英（女）
	龙　剑	周　红（女）	黄志强	章克敏（女）
	罗亦文（女）	彭贞红（女）	涂赣平	周小平
	黄　勃	袁　静（女）	蔡永享	吴凌云（女）
	汤庆慧（女）	连佩忠	向　往（女）	
2016 年三届六次全体会议表彰 28 名	刘前进	李　凌	彭秋祥	吴元暖
	余庆华（女）	侯龙清	白　洋	刘忠华
	付建平	戴员生	刘冬国	徐金昌
	黄永辉	胡党梅（女）	汤小平	徐明儿
	赖文英（女）	张冬生	连佩忠	向　往（女）
	潘军荣	蔡乔乔（女）	傅　瑛（女）	罗伍菊（女）
	郑振荣	饶　芳（女）	黄　琛（女）	张建华
2018 年四届三次全体会议表彰 31 名	吴世伟	何海荣	蔡　盛（女）	吕红红（女）
	陈建明	唐卫和	王雅兰（女）	喻华堂
	汪　亮	郑学铨	杨　平	李慧华（女）
	吴　岚（女）	高心琦（女）	赵卫平	章建岚（女）
	欧阳海华	陈明辉	张建华	邬丽梅（女）
	周　晶（女）	彭明高	朱　博	徐金昌
	周晓健（女）	徐　韡	邹吉和	黄耀伦
	吴泉辉	兰启东	温良发	

续表

2019 年四届四次全体会议表彰 29 名	周九龙　谢小辉　董建新　周于凡 刘新萍（女）　郑启祥　王 音（女）　张志珍（女） 王 华　胡志华　蔡乔乔（女）　高心琦（女） 于 勤（女）　邓莘芸（女）　刘晓玲（女）　张建华 刘敏龙　杨 柳（女）　张建荣　彭明高 熊炳生　徐金昌　曾无非　傅燕萍（女） 兰 卫　黄文英（女）　单银根　林 涛 吴爱平
2020 年四届五次全体会议表彰 44 名	1. 新冠疫情防控工作优秀市政协委员　20 名 李 昱（女）　连佩忠　高红梅（女）　丁爱民 姚 黎（女）　李宇平　周小平　温良发 陈恩斌　汪 亮　陈明辉　黄宝安 陈小临　何海荣　邹炳德　周九龙 贡建平　吴世伟　付松山　蔡乔乔（女） 2.2019 年度履职工作优秀市政协委员　24 名 邬丽梅（女）　王雅兰（女）　邹建明　刘冬国 徐金昌　黄 勃　邹吉和　季智强 吴泉辉　李雄伟　吴爱平　龙 平 饶伟斌　高心琦（女）　梁建民　黄 纲 郑燕华（女）　李淑雯（女）　邓子鹏　罗亦文（女） 何子琴（女）　胡琍玲（女）　王 华　吴胜兰（女）
2021 年四届六次全体会议表彰 40 名	罗亦文（女）　张建荣　向 往（女）　熊炳生 徐 金　曾 彪　龚小茂　罗小刚
	揭仁贵　周鹏燕（女）　温良发　王 华 张建华　蔡 盛（女）　汪志强　徐晤明（女） 黄文英（女）　周 晶（女）　黄 烨　龙 平 黄 珊（女）　杨小平　刘新萍（女）　马 颖（女） 李宇平　黄辉才　陈明辉　郑振荣 林小红（女）　吕红红（女）　陈恩斌　吴世伟 丁爱民　周九龙　陈建明　胡海荣 张棚花（女）　王军球　李信德
2022 年 12 月五届三次全体会议表彰 42 名	邬丽梅（女）　陈淑文（女）　李贵阳　余琳娜（女） 余雪琴（女）　赵婧怡（女）　杨良裕　罗 莹（女） 曹 佳（女）　黄 勇　陆红英（女）　黄 艳（女） 罗亚军　江 燕　方朝晖　张建华 王 华　李信德　黄多亮　吴文新 周荣旺　雷 佳（女）　汤师辉　张志红（女） 聂桂平　吴世伟　徐莉敏（女）　黄胜和 黄文英（女）　曾群浪　胡 蜀（女）　刘小东 万晓定　符 伟　余 珍（女）　章军旺 高心琦（女）　伍逸萍（女）　杨 平　黄宝安 彭 钢　袁晓泉

续表

2024年1月五届四次全体会议表彰41名	邬丽梅（女） 余雪琴（女） 杨　磊 吴文新 饶　翔 全　益（女） 谢小辉 张　丽（女） 衷建军 兰　卫 连卫振	刘志强 赵婧怡（女） 高昊峰 陈　宇 姚华丰 曾永亮 周友华 王建辉 孔友明 潘军荣	黄莉萍（女） 黄　勃 徐江英（女） 方朝晖 蔡菁菁 李发清 祝刘林 黄文龙 江　燕（女） 彭　青（女）	余琳娜（女） 荀丽娜（女） 吴爱平 陈春梅（女） 龚育梅（女） 汪　洋 陈双鑫 余　珍（女） 伍逸萍（女） 周淑华（女）

五、市政协表彰的优秀提案

2004年3月5日，政协抚州市第一届委员会第六次全体会议首次对一届二次会议至一届五次会议期间的48件优秀提案进行表彰。自此，作为市政协的一项重要评优评先活动保持延续，每年在委员会全体会议上评选表彰上一年度优秀提案。至2024年12月五届四次会议，共表彰优秀提案451件。

市政协一届六次会议至五届四次会议表彰了451件优秀提案

提案表彰时间	序号	提案人	案由摘要	备注
2004年一届六次会议（48件）	1	民革市委会	城市基础设施建设应实行统筹规划	
	2	民革市委会	促进民间投资增长，加快抚州私营经济发展	
	3	民革市委会	整顿我市医疗市场秩序保护人民身体健康	
	4	民革市委会	尽早做好市工业园区企业用工的技术培训	
	5	民盟市委会	以科学技术促进抚州经济跨越发展	
	6	民盟市委会	加快培育我市旅游市场促进我市旅游经济全面发展	
	7	民盟市委会	加快我市城市化进程	
	8	民盟市委会	努力把我市建设成全国优质杂交水稻制种基地	
	9	民建市委会	加强我市水环境保护	
	10	民建市委会	采取切实措施提高招商引资实效	
	11	民建市委会	关于提高政府采购效率的建议	
	12	民建市委会	大力引进高新技术及企业促进我市经济快速发展	
	13	农工党市委会	加快我市旅游事业发展步伐的建议	
	14	农工党市委会	振兴抚州经济要多使用经济类、科技类人才	
	15	农工党市委会	整顿取缔市区内的“土制锅炉”	
	16	农工党市委会	建议全天候开放公益性体育馆	
	17	九三学社市委会	大力发展我市以茶树菇为龙头的食用菌生产	

续表

提案表彰时间	序号	提案人	案由摘要	备注
	18	九三学社市委会	加强劳动法的执法检查与监督	
	19	教科文体委员会	加强乡镇卫生院管理推进农村卫生事业快速发展	
	20	港澳台侨委员会	加强城市综合管理工作	
	21	陈其辉、张　帆、何泽龙、祝国荣	关于大力整治汽车客运市场的建议	
	22	李抚生、聂光荣	关于加强我市职业教育的建议	
	23	李抚生、张志坚、顾胜和、郑友清	大力发展我市民办教育鼓励社会力量办学	
	24	万斌生、张冬生等	组建和发展市社科院的建议	
	25	黄德洋、魏友旗	依法为未成年人营造良好环境	
	26	孙丽萍、熊小青、徐容宁、付彻祥等	加大我市农业教育投入力度，加快农技人员培训速度	
	27	郁佩珍、黄德祥、邹振球、吴建国等	建立教育事业费由县级人民政府统筹管理机制	
	28	勾松华、徐秀琴	招商引资，诚信为本	
	29	李抚生	巩固普九成果，严格控制初中、小学学生辍学	
	30	胡淑珠	尽快制定高毒农药退出流通领域时间表	
	31	邹明珠	加快无公害蔬菜工程建设步伐	
	32	冯国发	搞好农村税费改革，切实减轻农民负担	
	33	郑友清	加大教育网点调整工作力度，避免重复投入，提高办学效益	
	34	张　帆	加快我市劳动力人才市场培育，为招商引资创造良好人才环境	
	35	张　伟	加快我市小城镇建设	
	36	钟长林	关于尽快在市内街巷设置车辆通行标识的建议	
	37	何泽龙	加大“严打”力度保护投资环境	
	38	郑荣钦	加强学校收费监管减轻家长负担	
	39	杨志诚	发展民营经济当务之急仍然是优化环境	
	40	杨志诚	让老百姓吃上放心肉	
	41	徐印庚	关于支持改制医院发展的建议	
	42	李　靖	建立救灾款专户管理制度的建议	
	43	薛　敏	建立中小企业信用担保体系，加快抚州区域经济发展	
	44	薛　敏	加强市内运输土石方车辆管理，确保城市良好卫生环境	

续表

提案表彰时间	序号	提案人	案由摘要	备注
	45	樊小勇	我市饮用纯净水质量令人担忧	
	46	章江涛	搞活住房二级市场	
	47	延兴安	尽快提高我市对外翻译水平	
	48	樊国豪	推进社区警务建设，改善市民居住环境	
2005 年一届七次会议（18 件）	1	涂香莲、杨志诚	重视工业园区环保工作，实现经济发展和环境保护双赢	
	2	何泽龙	过期液化气钢瓶应坚决强制报废	
	3	港澳台侨委员会	关于做好台、侨资企业引资工作的建议	
	4	九三学社抚州市委	加强我市殡仪业收费的管理与监督	
	5	民建抚州市委	关于加强我市生猪定点屠宰管理的建议	
	6	钟长林	关于建设抚州农业生产资料及农业科技服务大市场的提案	
	7	张　帆	切实减轻农民负担，增加农民收入	
	8	郑友清	建议加大对财政教育口经费审计力度，从根本上治理教育乱收费	
	9	市政协社会和法制委员会	加强城市绿化管理，美化抚州生活环境	
	10	杨志诚	加大整治力度，消除餐饮、娱乐、购物商场的消防安全隐患	
	11	廖莲梅	请保护抚河	
	12	张志坚	市容市貌环境综合整治重在常抓不懈	
	13	民革抚州市委员会	启动二手房市场，优化住宅小区建设	
	14	农工党抚州市委员会	关于促进我市民办教育持续发展的建议	
	15	徐明儿、黄明儿	关于防止农民因病返贫的建议	
	16	张　帆、熊小青、孙丽萍、彭家飘、周金生、车济国	网吧管理应建立长效机制	
	17	民盟抚州市委员会	关于在我市大力实施人才战略的建议	
	18	孙丽萍、徐容宁、张茹兰	妥善转移我市农村剩余劳动力	
2006 年一届八次会议（18 件）	1	民建市委会	关于我市工业园区建设的几点建议	
	2	民革市委会	关于在我市启动名牌兴市战略的建议	
	3	占水晶、屠建龙	我为工业招商引资谏言	

续表

提案表彰时间	序号	提案人	案由摘要	备注
	4	杨志诚、付御祥、李津良	加快建设企业信用体系，树立企业对外良好形象	
	5	民盟市委会	加速农业标准化的建议	
	6	农工党市委会	失地农民生存与发展问题	
	7	钟长林	建立稳定投入增长机制，加快小型农田水利建设	
	8	市政协社会和法制委员会	关于加强我市消防安全建设的几点建议	
	9	徐容宁	关于尽快解决客流高峰期乘车难的建议	
	10	魏友旗、宁俊华、黄德祥、邹明珠	依法取缔机动车及驾驶员无牌无证行为	
	11	李抚生	积极发展幼儿教育，确保教育均衡发展	
	12	张志坚	尽快实施“食品放心工程”	
	13	市政协教文卫体委员会	关于加快我市体育事业发展的几点建议	
	14	张　帆	关于加强我市中小学德育工作的建议	
	15	涂香莲	依法加大非公有制企业养老保险金征缴力度	
	16	市政协经济技术委员会	加大治安整治力度，打造和谐平安社会	
	17	郑荣钦	进一步强化安全生产工作	
	18	民革市委会	建立困难群体医疗救助基金	
2007 年二届二次会议（18 件）	1	占水晶、屠建龙	破解资金困惑，加快工业发展的建议	
	2	付御祥	乡镇“引税”现状及对策	
	3	民建市委会	关于加强农产品质量安全检测工作的建议	
	4	罗建南、蔡晓东	理顺乡镇兽医管理体制，稳定基层防疫队伍	
	5	民盟市委会	关于搞好我市村镇规划管理的几点建议	
	6	农工党市委会	关于建立和完善废品收购网络体系的建议	
	7	市政协社会和法制委员会	关于加强我市住宅小区物业管理工作的建议	
	8	市政协文史委员会	关于加快东乡县浯溪村开发利用的建议	
	9	刘菊娇、李　凌	关于大力培育和造就社会主义新农民的建议	
	10	周　勇	建立抚河流域生态利益的补偿机制	
	11	张　帆、杨志诚	关于提升我市城市品位的几点建议	
	12	张　帆	关于加强我市出租房屋管理的建议	

续表

提案表彰时间	序号	提案人	案由摘要	备注
	13	刘国芳、周军辉、夏雪庆、潘凤仙、唐　化、周新根	修缮饶毓泰故居，保护名人遗址	
	14	何乐琴	重视社区卫生服务体系的建设与投入	
	15	市政协港澳台侨委员会	采取切实措施，防止人才流失	
	16	吴建国	关于职称评定的几点建议	
	17	民革市委会	切实解决市属企业办学校的教师移交属地管理	
	18	九三学社市委会	规范行政服务中心，建设现代服务型政府	
2008 年二届三次会议（20 件）	1	市工商联	做大做强做响抚州民营企业品牌	
	2	民盟市委会	大力推进南丰蜜桔产业化进程	
	3	民革市委会	深化乡镇畜牧兽医站体制改革	
	4	李履才	高效有序地推进农村劳动力转移	
	5	九三学社市委会	提升税收征管水平，促进抚州赶超发展	
	6	罗亦文	加大整治力度，确保校园周边食品安全	
	7	邹德贵、马　颖	将环境保护纳入我市年度目标考评	
	8	罗　斌	加快经济适用房和廉租房建设	
	9	张　帆	创新我市社区建设工作	
	10	占水晶、屠建龙	加快改制企业生活区的维护和改造步伐	
	11	农工党市委会	加强农村医疗卫生体系建设，改善农民医疗保健服务环境	
	12	市政协农村和农业委员会	警惕农村中学生辍学率上升	
	13	市政协港澳台侨委员会	加大工作力度，推进希望工程建设	
	14	民进支委会	加强小食品店、路边摊点的食品安全	
	15	彭远明等	加强农村基础教育师资队伍建设	
	16	张志坚	尽快抢救我市古牌坊、古门楼	
	17	张志红	制止小学教师进行“有偿家教”式变相补课	
	18	民建市委会	加强《工伤保险条例》执行力的建议	
	19	市政协社会和法制委员会	规范道路交通执法行为的建议	

续表

提案表彰时间	序号	提案人	案由摘要	备注
2009年二届四次会议（22件）	1	市工商联	加强企业人才建设	
	2	衷建平等	提高我市辖区内各公路收费站服务质量	
	3	市政协经济技术委员会	发挥转制后国有集体企业中层以上干部在主攻工业中的重要作用	
	4	民建市委会	发展现代农业，促进农村经济快速发展	
	5	九三学社市委会	加强自然灾害预警发布系统建设	
	6	李履才	建议广昌县县城以南区域严禁开发南丰蜜桔	
	7	邹德贵、马　颖	推广普及农业科学技术知识，大力发展绿色无公害食品	
	8	民进支委会	建设文明城市应倡导文明施工	
	9	市政协文史委员会	在新农村建设中应注重建管并重	
	10	市政协农村和农业委员会	尽快建设南城县污水处理厂，保护抚河水环境	
	11	市政协社会和法制委员会	切实改善我市道路交通安全状况	
	12	乐小根	加强市政消防栓管理，确保城市消防安全	
	13	洪美珍、洪美珍 谷　菊	江南纸业有限公司造纸厂污水直排污染母亲河	
	14	张志红	进一步促进我市新城区繁荣发展	
	15	民革市委会	保护荆公路、南区水厂取水口水源的水质	
	16	农工党市委会	调整抚州中心城区教育网点的建议	
	17	刘细明	加强全市中小学幼儿园食堂食品卫生安全管理	
	18	市政协教文卫体委员会	解决我市实施义务教育经费保障机制改革中存在的问题	
	19	李　凌	切实提高一线环卫工人的待遇	
	20	民盟市委会	建立和完善我市农村社会保障体系	
	21	蔡晓东	规范液化气收瓶员管理	
	22	市政协港澳台侨委员会	发挥港澳台侨优势，加快抚州赶超发展	
2010年二届五次会议（22件）	1	唐永文	关于扩大农村消费需求的建议	
	2	民革市委会	强化监管，提升强农惠农资金使用效益	
	3	民进市支部	搭好创业台，掀起创业潮	

续表

提案表彰时间	序号	提案人	案由摘要	备注
	4	市工商联	加速产业集聚，加快工业崛起	
	5	张建华	鼓励和加快扶持企业上市的建议	
	6	市政协社会和法制委员会	关于加强机动车停车场规划建设与管理的建议	
	7	民进市支部	切实解决我市农村存在的“空心村”问题	
	8	赵卫平	城市园林建设的不良倾向应引起重视	
	9	赵卫平、曾福根、杨书斌	将梦湖（凤岗河）打造成国家级湿地公园	
	10	市政协港澳台侨委员会	建议加快“城外”地区改造步伐	
	11	市政协农村和农业委员会	要切实重视农村垃圾处理	
	12	马　颖	拓展种植渠道，大力发展蔬菜生产	
	13	民盟市委会	农村耕地抛荒现象不容忽视	
	14	农工党市委会	加强城市新建文化体育设施管理	
	15	李小红	搭建社会爱心人士与高中贫困生沟通桥梁	
	16	张志坚	重振南城县“建昌帮”中药业	
	17	刘细明	建议在全市开展无证办学清理整顿工作	
	18	民建市委会	切实重视超市肉类食品安全问题	
	19	民盟市委会	关于加强我市法律援助工作的建议	
	20	九三学社市委会	关于加强我市社会养老事业的建议	
	21	付彻祥、彭秋祥	关爱鼓励支持和帮助返乡农民工就业创业	
	22	陈德勋、屠建龙	关于完善特约监督员工作的建议	
2011年二届六次会议（25件）	1	邓斗新、喻怀祥、张文勤	关于加大我市工业产业基地建设扶持力度的建议	
	2	民革市委会	建议尽快规划建设抚州市汽车销售市场	
	3	周金生	大力发展我市旅游产业的建议	
	4	市政协文史委员会	房改房维修护理成“真空”，实行物业管理势在必行	
	5	彭建福、吴国华	关于优化环城公交线路的建议	
	6	张志红	关于加强液化气质量管理的建议	
	7	吴胜茂	关于加强农村水泥道路管护的建议	
	8	邱　敏	关于提升我市中心城区品质的建议	

续表

提案表彰时间	序号	提案人	案由摘要	备注
	9	马　颖	关于注重解决农民饮水安全问题的建议	
	10	民进市支部	提高物业管理水平，提升人居环境质量	
	11	市政协人口资源环境委员会	关于开发廖坊水利枢纽工程旅游业的建议	
	12	市政协九三界别	切实解决林业科研与推广面临困难和问题	
	13	蔡晓东、郑小平张建华	努力推进农业和农村产业结构调整，推动我市生态休闲农业健康发展	
	14	民建市委会	强化水土保持，服务生态立市	
	15	章克敏	优化资源配置，推进我市义务教育均衡发展	
	16	刘忠华	关于加强市城区餐饮服务业污染整治的建议	
	17	张志坚	尽快出台发展我市社区卫生服务文件的建议	
	18	蔡　力	在南城县留存传统建昌邦中药饮片炮制技术	
	19	市政协农业界别	严格社会抚养费管理和使用	
	20	民盟市委会	为涉法涉诉困难群体提供司法救助的建议	
	21	农工党市委会	关于加强电动自行车管理的建议	
	22	市政协社会和法制委员会	关于我市网吧整治常态化的建议	
	23	胡志华	关于医疗救助与医疗保障实行一体化操作的建议	
	24	孔夏生	加大村级财务监管刻不容缓	
	25	戴晓文、张建华	关于加强村级基层组织建设的几点建议	
2013年三届三次会议（27件）	1	民盟市委会	关于进一步推进我市招商引资工作法制化规范化的几点建议	
	2	经济技术委	关于推进我市企业上市的建议	
	3	市工商联	建设集群商品批发市场，推动抚州商贸物流发展	
	4	章克敏	加快实施重大项目带动，着力发展我市汽配产业	
	5	郑晓樵、林翠英	关于加强市中心城区洗车业管理的建议	
	6	民建市委会	加大抚州市名人雕塑园利用率的建议	
	7	农工党市委会	切实保障临川十小路段交通安全的畅通	
	8	张　帆	关于建设正规蔬菜批发市场的建议	
	9	王清瑜	治理凤岗河水污染的建议	
	10	张志珍	进一步加强市区农贸市场周边环境管理	
	11	刘国芳、甘少华、梅雪奇	整合城乡客运线路，打造四通八达的城乡公交通道	

续表

提案表彰时间	序号	提案人	案由摘要	备注
	12	李履才、黄永辉	关于我市实施南丰蜜桔品质提升工程的建议	
	13	吴　强、杨书斌、彭秋祥、曾福根、余旗勇	突出市级农林业科研事业单位公益性并加大扶持力度	
	14	民进市工委	整合支农资金，推进农业基础设施建设	
	15	张志坚	关于尽快启动农村学前教育工程，加速发展农村学前教育的建议	
	16	涂香莲、杨　平	关于进一步规范我市医疗废物处置的建议	
	17	张沥泉	关于丰富新生代农民工精神文化生活的建议	
	18	徐明儿、黄明儿、邓　华	挖掘民间手工艺术，促进文化产业发展	
	19	朱　萍	关于在抚州电视台开辟抚州地方戏栏目的建议	
	20	民革市委会	还学生一个快乐的童年	
	21	付香兰	开发宗教文化资源，推动旅游产业发展	
	22	九三学社市委会	做强茶产业，让绿叶变黄金	
	23	吴　昊、黄亚玲、艾艳萍	关于对抚州古村古建开展普查保护的建议	
	24	李淑雯	关于加快抚州医药企业发展的建议	
	25	杨　皓、万全阳、李建明、徐小明、李履才、万　鸣、黄来盛	关于建立七大中心，完善城市新区功能，加快繁荣发展城市新区的建议	
	26	罗晓宾	健全和完善我市残疾人生活保障体系的建议	
	27	段院龙	加强农业综合开发，给力幸福抚州建设	
2014年三届四次会议（28件）	1	民革市委会	构筑全市粮油食品安全保障体系的建议	
	2	文史委	关于加强我市快递行业监管的建议	
	3	陈勤等三人	尽快启动建设抚州至东乡的快速通道	
	4	市工商联	优化政策措施，加快小微企业发展	
	5	九三学社市委会	化解中小企业融资“坚冰”	
	6	经济技术委	高度重视我市高层建筑消防安全工作	
	7	唐永文　邱志萍	关于完善城市功能的几点建议	
	8	江瑞庆	我市应尽快建设机动车交易市场	
	9	林翠英等十八人	关于规范小区物业管理方面的建议	

续表

提案表彰时间	序号	提案人	案由摘要	备注
	10	吴昊等四人	拓展名人雕塑园触角，为发展旅游事业服务	
	11	黄德超	对沿河路私自圈地种菜管理执法的建议	
	12	民盟市委会	积极引导农民专业合作社发展的建议	
	13	刘国芳等三人	水库承包养鱼养鸭污染水质，建议中止承包	
	14	民进市工委	加快科技企业孵化基地建设，实现人才强市战略	
	15	农工党市委会	切实关注农村中小学校园安全	
	16	马　颖	关于我市“农家书屋”工程建设的建议	
	17	张志坚	关于尽快出台我市文化产业发展规划的建议	
	18	徐小明等七人	加强食品安全监管工作的几点建议	
	19	段院龙、戴晓文	关于街道职责体制问题的建议	
	20	刘忠华	关于整治中小学校门前车辆秩序的建议	
	21	涂国卿、邓棋卫	加强对电视广播虚假医药广告整治的建议	
	22	李　凌、饶　芳	关于组建妇女，儿童专科医院的建议	
	23	张　帆	关于加大对摩托车、电动车、自行车和行人违反交通法规综合整治力度的建议	
	24	章克敏	发挥文化生态优势，大力发展休闲产业	
	25	民建市委会	保障城市饮水安全，服务幸福抚州建设	
	26	黄奇伟	构建失独群体养老保障机制的建议	
	27	徐容宁、朱　萍	进一步加强抚河大桥区域交通管理，减少大桥安全隐患	
	28	郑学铨等三人	加大社保补贴政策落实力度，切实解决中小企业用工难题	
2015年三届五次会议（24件）	1	张建华等五人	挖掘优势企业资源，打造抚州金融板块	
	2	林腾光	关于拓展食品产业链条形成产业集聚的建议	
	3	章克敏	强化农技服务，确保我市农业基础地位	
	4	章正华	关于加强抚河水资源保护和水环境整治的建议	
	5	民盟市委会	加快推进和谐秀美乡村建设进程的建议	
	6	吴胜茂	加强农村中小河流污染综合治理的建议	
	7	谢光明	应着力解决我市“空心村”及村庄消失问题	
	8	民进市工委	积极开展基础教育综合改革实验的建议	
	9	农工党市委会	关于加强我市卫生人才队伍建设的建议	

续表

提案表彰时间	序号	提案人	案由摘要	备注
	10	杨正荣等 8 人	加强抚河流域农耕文化研究保护的建议	
	11	李　凌	深化体制机制创新，完善城乡公共文化服务体系建设	
	12	李淑雯	利用高铁“虹吸效应”，大力发展中医药养生旅游	
	13	马　颖	乡镇卫生院纳入县级医疗机构一体化管理	
	14	周金生	补齐农村医疗短板，夯实民众健康基础	
	15	民革市委会	关于加强我市人才队伍建设的建议	
	16	张志红、刘前进	加大强制执行力度，维护社会和谐稳定	
	17	吴鉴铭等 5 人	加强社区组织建设，提高社会管理水平	
	18	民建市委会	加强政府采购管理，节约政府采购资金	
	19	九三学社市委会	加强建制镇建设，推进新型城镇化	
	20	市工商联	打造现代物流业，助推抚州经济发展	
	21	李启明	挖掘赣东旅游资源，打造旅游综合板块	
	22	罗亦文	发展电子商务，助推经济腾飞	
	23	段院龙	加快土地流转，释放土地活力	
	24	王　彬	完善机制体制，坚持依法信访	
2016 年三届六次会议（23 件）	1	民革市委会	捆绑使用涉农资金，提高农业开发综合效益	
	2	民建市委会	关于加快推进涉企事项实施并联审批的建议	
	3	市工商联	“营改增”应成为物流企业新的起点	
	4	市政协经济委	坚持创新驱动战略，推动工业转型升级	
	5	徐友洪	发展农村电子商务的意见建议	
	6	民进市工委	构建新型农业经营体系，建设现代农业强市	
	7	黄德超、林翠英	规范二手车交易市场占道经营	
	8	水　平、周文明	加大光纤到户国家标准执行力度，全面提升抚州市信息化水平	
	9	纪丽波、戴晓文、饶　芳、戴　奔	加强对住宅小区内人防工程管理的建议	
	10	杨书斌、曾福根、余旗勇	切实加强湿地保护工作	
	11	蔡　盛	关于加强住宅小区物业管理的建议	
	12	民盟市委会	打造智慧医联体模式，提升我市医疗技术水平	
	13	农工党市委会	加强社区宣传阵地建设	
	14	杨正荣	关于加快创建院士工作站的建议	

续表

提案表彰时间	序号	提案人	案由摘要	备注
	15	吴文宇	关于推进抚州生态文化建设的几点建议	
	16	吴　岚	加强抚州采茶戏传承与发展的若干建议	
	17	徐建新	打造公共研发平台，走开放式创新之路	
	18	马　颖	关于加强中小学校周边食品安全的建议	
	19	章克敏	健全有效治理机制妥善化解医患纠纷	
	20	九三学社市委会	预防和减少未成年人违法犯罪刻不容缓	
	21	杨洁员	关于加快我市乡村养老体系建设的建议	
	22	张建华、刘前进	解决我市货物仓储配送问题的建议	
	23	张志红	关于加强预防公共场所装修污染危害的建议	
2018年四届三次会议（26件）	1	民建市委会	加快推进我市企业信用体系建设	
	2	农工党市委会	建议加大对我市中小企业的扶持力度	
	3	杨正荣、黄港清	打造抚州“百亿企业”集聚地的建议	
	4	何海荣	加快我市大型现代化物流仓储基地建设　促进仓储业健康发展的建议	
	5	熊　伟	以点带面，做强做实抚州科技金融创新示范产业的建议	
	6	王　华	夯实“双返双创”基础，助推实体经济发展	
	7	谢小辉	重塑“建筑之乡”辉煌，打造抚州市旗舰型建筑企业集团	
	8	市政协人口资源环境委	关于全面提升森林质量的几点建议	
	9	民进市工委	加强水库环境整治，促进生态文明建设	
	10	邱　敏	关于大力推进抚河流域生态治理的建议	
	11	民盟市委会	未雨绸缪，打造通畅城市	
	12	徐某某等10人	关于我市镇村建设要彰显临川文化的建议	
	13	邓　军	关于推进生态村镇示范点建设的建议	
	14	谢光明	关于在我市实施垃圾分类收集处理的建议	
	15	马　颖、刘前进	关于规范小区物业管理的建议	
	16	林保生	农村环境污染四大问题突出，加大生态保护迫在眉睫	
	17	周志遥	大力加强人防工程建设，科学有序开发利用现代城市地下空间	
	18	民革市委会	提升我市妇幼保健机构服务能力的建议	

续表

提案表彰时间	序号	提案人	案由摘要	备注
	19	罗亦文	擦亮文化名片，打造“戏曲之都”	
	20	李淑雯	做强中医药产业，助推绿色产业体系构建	
	21	兰启东	保护畲族文化遗产传承	
	22	车管理、赵卫平、黄港清	尽快制定《抚州市电动自行车管理条例》，加强电动自行车管理	
	23	黄文英	关于推进全市民宿型农家乐休闲旅游的建议	
	24	市政协社会和法制委	以文明乡风助力脱贫攻坚的建议	
	25	九三学社市委会	因病致贫返贫更需精准帮扶“医治”	
	26	汪志强	加强监测管控，提升技术保障，更好地促进公共自行车的利用和发展	
2019年四届四次会议（26件）	1	民革市委会	践行城市＋旅游理念，打造抚州全域旅游目的地	
	2	民建市委会	让乡村旅游火起来	
	3	民进市工委	关于大力运用大数据推进信息与相关产业融合发展的提案	
	4	陈恩斌	关于大力发展我市绿色建材产业的提案	
	5	李信德	关于加强我市民营企业家培育，促进民营企业健康发展	
	6	胡志华	关于改进全市中小学生意外保险管理的建议	
	7	谢光明	关于进一步推进河长制、山长制实施的建议	
	8	李以庚、熊冬根、龚小茂、杨　柳	关于加强农村环境整治和保护投入的建议	
	9	蔡　盛	全力整治脏乱差现象，助力建成国家卫生城市	
	10	马　颖	关于规范市区主干道交通秩序的建议	
	11	农工党市委会	关于严厉打击车管所黄牛非法行为的建议	
	12	林翠英等48人	关于加强小区物业管理财务监管的几点建议	
	13	李　凌	关于对住宅电梯安全管理和使用的建议	
	14	陈　侃	加强电动车安全行驶综合治理的建议	
	15	吴霞英	关于实施精准扶贫的几点建议	
	16	林保生	建设新型城市社区提高社区服务水平	
	17	民盟市委会	加强古村落保护，推动乡村文化建设	
	18	市党外知联会	唱响洪门文化，助力地方发展	
	19	吴　昊、吕红红	重建王安石的盐埠岭故居	

续表

提案表彰时间	序号	提案人	案由摘要	备注
	20	杨正荣等 3 人	关于破解我市人才工作瓶颈的建议	
	21	徐小明等 10 人	切实推进研学旅行健康发展，塑造抚州文旅新品牌	
	22	傅燕萍	让智慧医疗更多惠及抚州百姓	
	23	夏婉燕	关于推动我市“体育＋旅游”融合发展的几点建议	
	24	刘和平	加强食品安全监管，让群众吃得放心安心	
	25	九三学社市委会	健全养老服务新体系，助推建成小康新抚州	
	26	杨卫国等 5 人	积极推进抚州至东乡快速通道项目建设的建议	
2020 年四届五次会议（27 件）	1	民革市委会	关于加大金融创新支持地方实体经济	
	2	民建市委会	关于健全生态产品价值实现机制，打赢生态脱贫攻坚战的建议	
	3	陈明辉等 6 人	关于落实各级政府促进建筑业持续健康发展的各项政策及加强和完善我市建筑业发展的建议	
	4	吴茶香等 6 人	关于发展抚州市生物医药产业的建议	
	5	罗亦文	关于积极发展人工智能促进实体经济壮大的建议	
	6	李信德	关于降低企业运营成本，发展壮大我市实体经济的提案	
	7	胡志华	关于进一步提升携号转网体验的建议	
	8	民进市工委	关于推进国有景区“三权分离”，促进我市旅游产业健康发展的建议	
	9	付晓红等 5 人	关于市城区 BRT 需科学合理规划运营的建议	
	10	赵卫平、黄港清	关于制定商品房地下车位销售、出租和管理办法的建议	
	11	杨正荣等 4 人	打好“三城同创”的提升战	
	12	郑海云等 4 人	关于尽快启动新能源汽车充电桩规划和建设的建议	
	13	刘　胜	关于缓解城区“停车难”的建议	
	14	唐永文	乡村振兴，村规先行	
	15	杨　柳	农村环境治理贵在抓“常”抓“长”	
	16	市党外知联会	发展乡村民宿经济，助力乡村振兴	
	17	孔友明	关于乡镇精简退职的原乡镇集体干部的生活保障	
	18	余志建	改善硬件措施，提高服务意识——关于依法保障律师执业权利的提案	
	19	赵品晓	切实做好对企业的环保监管工作	

续表

提案表彰时间	序号	提案人	案由摘要	备注
	20	民盟市委会	着力推进千金陂申报“世界灌溉工程遗产”	
	21	农工党市委会	提升乡村医疗卫生水平，推进健康乡村建设	
	22	周辉勤等6人	关于推进“武术进校园”的建议	
	23	王裕良	关于徐霞客抚州游线标志地申报认证的工作建议	
	24	于　勤	在环境卫生整治活动中大力发挥志愿者作用的建议	
	25	市工商联	着力优化营商环境，促进民营经济发展	
	26	陈春梅等17人	关于加强我市餐饮油烟排放整治的建议	
	27	九三学社市委会	破解种地难题，助推乡村振兴	
2021年四届六次会议（27件）	1	张志珍等8人	关于改善市城区BRT沿线交通出行和营商环境的建议	
	2	郑荣钦	关于逐步将奖金纳入我市行政事业单位核定住房公积金缴存基数范围的建议	
	3	于　勤	关于推动我市大健康产业高质量发展的建议	
	4	刘文波	推进昌福（厦）、吉抚武温、鹰建梅、浦建龙梅线四路融合，构建赣东铁路大交通	
	5	邬丽梅	实现无接触投递，加快我市智能快件箱建设	
	6	赵卫平	打好“六保”政策“组合拳”，以更大力度对冲疫情影响	
	7	马　颖	关于引进处置医疗废物先进技术企业，加快建成医废收集转运处置体系的建议	
	8	民盟抚州市委会	保障农村饮水安全，让老百姓喝上放心水	
	9	九三学社抚州市委会	扶持种粮大户，保障粮食安全	
	10	杨正荣等4人	关于打赢我市“金山银山”生态经济战的几条建议	
	11	张志红、胥莲香	补齐农村集体经济短板，助推脱贫攻坚成效巩固	
	12	熊炳生、付云飞	关于对我市耕地抛荒状况进行治理的建议	
	13	民革抚州市委会	建立“创国卫”全民参与机制	
	14	民建抚州市委会	关于突出药食同源特色，大力培育发展食养产业的建议	
	15	郑海云等3人	关于保护抚州名宦张滉（后裔）张家塘历史传统村落的建议	
	16	温良发等4人	应对新冠肺炎疫情，政府应加快推进医院公共卫生突发事件应急能力的建设	
	17	市政协文化文史和学习委员会	关于在梦园增设楹联，提升文化品位的建议	

续表

提案表彰时间	序号	提案人	案由摘要	备注
	18	刘　胜	关于市新图书馆尽快对市民开放的建议	
	19	市政协人口资源环境委员会	关于进一步做好“法律明白人”培养工作的建议	
	20	抚州市党外知联会	才子之乡留才子	
	21	李信德	关于切实加强民营企业党建工作的提案	
	22	民盟抚州市委会	牢记习近平总书记殷殷嘱托，答好红色基因传承之卷	
	23	农工党抚州市委会	发挥生态优势，发展绿色农业，打造全国知名的绿色有机农产品示范市	
	24	陈明辉等 6 人	关于推进我市建筑业持续健康发展的建议	
	25	蔡　盛	全力化解“入园难、入园贵”问题	
	26	吴胜兰	以数字农业新视角，推动“三位一体”农合联组织建设	
	27	民进抚州市工委	多措并举破解我市旅游景区企业复工复产难题	
2022 年 12 月五届三次会议表彰（22 件）	1	胡义华	利用新能源汽车头部企业优势资源打造“工业三年倍增”新增长点	
	2	邱翠青	加快推进有色金属加工产业转型升级，打造国家级有色金属精深加工产业基地	
	3	陈恩斌	做好延链补链强链文章，促进抚州工业高质量发展	
	4	吴胜兰等 4 人	关于鼓励发展供应链金融的建议	
	5	汪来福	关于推进生活垃圾分类收运与再生资源回收利用“两网融合”建立再生资源回收利用体系的提案	
	6	黄　艳	关于大力推进长征国家文化公园（抚州段）建设的建议	
	7	袁晓泉	加强本地种质资源的开发利用	
	8	魏志中、刘海涛、余庆华	推行“田长制”，完善耕地保护管理长效机制	
	9	徐江英	加快老旧小区改造，推动城市功能与品质再上新台阶	
	10	章军旺	规范我市人防车位管理，创新小区治理新模式	
	11	汪霞等 34 人	关于加强湖南乡孔家桥交通管理的建议	
	12	胡奕芳	关于加强抚州市国家历史文化名城保护工作的建议	
	13	高自辉、蔡　辉、黄瑛等 9 人	关于有序推进城区禁止活禽交易的建议	
	14	李建光	加快构建抚州市生态产品质量认证结果采信机制	
	15	彭　钢	加快我市乡村两级物流体系建设的建议	

续表

提案表彰时间	序号	提案人	案由摘要	备注
	16	范丽娟等 34 人	关于加强食品安全监管的建议	
	17	谢昕宇、黄智武、李　靖	充分发挥司法行政机关职能作用，持续加强优化营商环境法治保障	
	18	孔友明、张建华等 5 人	关于市政协委员列席与审议市法检两院工作报告的建议	
	19	李淑雯	关注健康养老，建设幸福抚州	
	20	卢雅芳	关于开展全民健身运动，推进健康抚州建设的建议	
	21	张爱群	发展壮大村级集体经济，大力促进乡村振兴繁荣	
	22	曾群浪	关于金融支持乡村振兴的建议	
2024 年 2 月五届四次会议表彰（30 件）	1	甘英辉	加快“僵尸企业”及低效用地清理的建议	
	2	杨正荣等 6 人	打造宜居宜商的汽车新城	
	3	市工商联	关于促进我市铜加工产业高质量发展的建议	
	4	陈德庆、付　强	开展工匠评选，弘扬工匠精神，培育工匠文化，引领抚州工业高质量发展	
	5	章军旺、章晓云	加强农村自建房施工管理，保障施工人员人身安全	
	6	九三学社市委会	解决“三个不清”，推进村级集体经济健康持续发展壮大	
	7	民进市委会	提升管网效用，助推乡村振兴，协同推进农田水利设施建设管理高质量发展	
	8	高自辉、杨良裕	关于加强“冬闲田”有效利用的建议	
	9	蔡菁菁	关于合理建设和管理电动车充电桩的建议	
	10	张志刚	关于创建“抚州窑口”陶瓷文化传承创新试验基地的建议	
	11	李　锋	关于推进我市民间文艺版权保护与促进试点工作的建议	
	12	释学辉、郑燕华	关于确保温泉风景区青莲山水库水位的提议	
	13	姚华丰等 4 人	打造“徐霞客游线标志地”，助力我市全域旅游	
	14	吴文新	关于推进营商环境优化的几点建议	
	15	民建市委会	守正创新，敢做善为，推动抚州中医药全产业链跨区域发展	
	16	章国华	关于加强农村青年党员发展、培养和使用的建议	
	17	民盟市委会	激活业委会小细胞，促进小区治理大和谐	
	18	社会和法制委员会	完善法院审判管理机制，助推法官专业化发展	

续表

提案表彰时间	序号	提案人	案由摘要	备注
	19	民革市委会	关于做好抚州市公办幼儿园课后延时服务的建议	
	20	九三学社市委会	退役军人服务保障体系规范化建设亟待完善	
	21	民进市委会	整治老年人保健品市场的建议	
	22	万晓定、胡　蜀	关于加强市属高校博士研究生人才队伍建设的建议	
	23	曾永亮、邱翠青	加强我市门牌号管理的建议	
	24	九三学社市委会	关于加快市属高校新能源类相关专业建设的建议	
	25	农工党市委会	关于加强社会急救知识技能教育培训的几点建议	
	26	饶　翔	后疫情时代，亟须规范护工行业发展	
	27	民建市委会	强监管，优服务，助推我市民营医疗机构高质量发展	
	28	陈荣林	关于推动“林下再造”做好发展文章的建议	
	29	尧晓孙、余雪琴、徐金昌	关于超龄劳动者参加工伤保险的建议	
	30	魏志中、刘海涛、潘军荣	物业管理难亟待政府精准发力	

六、市政协表彰的优秀调研报告

2005 年 3 月 4 日，政协抚州市第一届委员会第七次全体会议首次设立全市政协系统“优秀调研报告”表彰项目。自此，作为市政协的一项重要评优评先活动保持延续，每届每次委员会全体会议均评选表彰优秀调研报告。至 2024 年 12 月，共表彰优秀调研报告 265 篇。

市政协一届七次会议至五届四次会议表彰了 265 篇优秀调研报告

表彰时间	序号	调研单位 / 人	调研报告标题及摘要
2005 年一届七次会议表彰（15 篇）	1	市政协农村和农业委	关于发展农村合作经济组织的调查报告
	2	市政协经济技术委	关于我市工业园区建设情况的调查报告
	3	市政协教文卫体委	关于医药费用高，老百姓看不起病问题的调查报告
	4	市政协社会和法制委	关于我市贯彻实施《劳动法》情况的调查报告
	5	市政协港澳台侨委	关于我市外资企业招、用工问题的调查报告
	6	南城县政协	关于进一步加强和改进我县再就业和社会保障工作的调查报告
	7	黎川县政协	用科学理念经营城市，大力推进城市化进程
	8	南丰县政协	关于促进农民增收的调查报告

续表

表彰时间	序号	调研单位 / 人	调研报告标题及摘要
	9	崇仁县政协	关于我县乡镇卫生工作情况的调查报告
	10	乐安县政协	建设林业生态，发展林业产业，兴办“绿色银行”
	11	宜黄县政协	树立科学发展观，促进我县工业健康发展
	12	金溪县政协	对现阶段农村经济发展的几点思考
	13	资溪县政协	林业资源培植保护和开发利用
	14	广昌县政协	关于货物运输业问题的调查报告
	15	九三学社抚州市委	农村义务教育现状调查与思考
2006 年一届八次会议表彰（15 篇）	1	市政协农村和农业委	关于农村税费改革后乡镇财源建设的调查报告
	2	市政协经济技术委、工商联	关于我市非公经济发展情况的调查报告
	3	市政协文史委、教文卫体委	关于临川文化遗存的调查报告
	4	市政协港澳台侨委、市委组织部	关于抚州籍市外高层次人才的调查报告
	5	市政协办	关于全市重大项目建设情况的视察报告
	6	市政协社会和法制委	关于我市社会养老保险情况的调查报告
	7	市政协教文卫体委、农村和农业委	关于全市农村医疗现状的调查报告
	8	九三学社市委	“融入与战略”实施之我见
	9	民革市委	凸显临川文化特色，促进我市经济发展
	10	南城县政协	关于发展南城县水产业的调查
	11	南丰县政协	南丰蜜桔销售现状、存在的问题以及今后的营销对策
	12	东乡县政协	东乡县蚕桑产业发展探索
	13	资溪县政协	全面落实完善林改政策，促进林业经济持续发展
	14	金溪县政协	关于全县水利工程建设管理情况的调查报告
	15	临川区政协	关于我区非公经济发展情况调查
2007 年二届二次会议表彰（12 篇）	1	市政协农村和农业委员会	关于新农村建设和村镇规划管理的调查报告
	2	市政协教文卫体委员会	关于我市幼儿教育发展情况的调查报告
	3	市政协经济技术委员会	关于我市安全生产工作情况的视察报告
	4	市政协社会和法制委员会	关于我市社区建设情况的调查报告
	5	市政协港澳台侨委员会	关于我市港澳台侨资企业发展情况的调查报告
	6	民盟市委会	关于我市高中阶段教育发展的思考及对策建议

续表

表彰时间	序号	调研单位 / 人	调研报告标题及摘要
	7	南城县政协	关于推进我县社会主义新农村建设的调查报告
	8	广昌县政协	着力解决农民“三个基本”问题，扎实推进贫困地区的新农村建设
	9	东乡县政协	关于我县工业发展与园区建设的调查报告
	10	金溪县政协	做强做优“蜜桔产业”势在必行
	11	临川区政协	临川区旅游资源开发利用情况的调查报告
	12	南城县政协	南城县城市管理情况的调查报告
2008 年二届三次会议表彰（9 篇）	1	市政协经济技术委员会	关于工业园区如何在我市赶超发展中担当重任的调研报告
	2	市政协社会和法制委员会	关于健全和完善我市社保体系的建议案
	3	市政协农村和农业委员会、教文卫体委员会	关于临川区体制机制问题的调查报告
	4	市政协社会和法制委员会	我市社区居委会建设情况的调查报告
	5	市政协办公室	关于我市全民创业政务环境的视察报告
	6	南丰县政协	关于南丰蜜桔产业如何应对全市大发展的调查报告
	7	南城县政协	推进工业园区建设，促进工业产业集聚
	8	金溪县政协	关于金溪县城用水情况的调查报告
	9	宜黄县政协	破解企业招工、用工难的几点思考
2009 年二届四次会议表彰（11 篇）	1	市政协办公室等	关于抚河流域水环境保护和治理的建议案
	2	市政协社会和法制委员会	关于完善我市社会救助体系的建议案
	3	市政协农村和农业委员会	关于加快培育卫星（中心）镇的思考与建议
	4	市政协经济技术委员会	加强安全生产工作，坚决遏制重特大事故
	5	市政协教文卫体委员会	抚州市新型农村合作医疗制度建设情况的调查报告
	6	临川区政协	农村耕地抛荒调查及对策
	7	广昌县政协	关于治理焦坑河的调研报告
	8	黎川县政协	关于县城老街保护与开发的调研报告
	9	崇仁县政协	关于推进抚八活力经济带建设的调研报告
	10	金溪县政协	整治“茶馆”刻不容缓——关于我县麻将馆运营情况的调查
	11	南丰县政协	适应形势，转变策略，逐步规范完善南丰蜜桔销售工作
2010 年二届五次会议表彰（10 篇）	1	市政协经济技术委员会、市政协办公室	关于培育工业主导产业，引导产业集聚，建设特色工业园区的调研报告

续表

表彰时间	序号	调研单位 / 人	调研报告标题及摘要
	2	市政协农村和农业委员会、市政协办公室	关于以创建省级、国家级（冠名）城市为载体，努力开创市中心城区建设新局面的调查报告
	3	市政协社会和法制委员会、提案委员会、教文卫体委员会、港澳台侨委员会	关于我市保护森林资源，加强生态建设，提高可持续发展能力的建议案
	4	市政协教文卫体委员会	抚州市文化产业发展情况的调查报告
	5	临川区政协	关于我区中小企业发展的调查
	6	金溪县政协	关于我县花炮产业的调查与思考
	7	南城县政协	关于做大做强南城水产业的建议案
	8	崇仁县政协	关于强化管理，增加财力，推进城乡低保工作的调查报告
	9	黎川县政协	关于实行封山育林问题的调查报告
	10	资溪县政协	关于推进我县生态农业建设的调查报告
2011 年二届六次会议表彰（15 篇）	1	市政协经济技术委员会	如何大力实施项目带动战略，促进抚州赶超发展
	2	市政协人口资源环境委员会	抓住关键，彰显特色，力促抚州在鄱阳湖生态经济区建设中有更大作为——关于我市融入鄱阳湖生态经济区发展的调查报告
	3	市政协港澳台侨委员会、市政协办公室	融入海西大格局，促进抚州大发展——关于我市融入海西经济区建设的调查报告
	4	市政协教文卫体委员会	关于我市食品安全监管工作的视察报告
	5	南城县政协	做大做足山水文章，打造现代化新南城——关于南城县两河三岸新城区规划建设的建议案
	6	临川区政协	加强管理，完善措施，让“居者有其屋”梦想成真——关于临川区经济适用住房和廉租住房建设管理情况的调查
	7	广昌县政协	关于大力发展广昌旅游产业的建议案
	8	乐安县政协	在青山绿水中崛起——乐安县发展生态旅游的调查与思考
	9	资溪县政协	对接海西经济区建设，实现经济发展新跨越
	10	崇仁县政协	科学规划，多措并举，打造最佳投资环境——关于崇仁县工业园区企业发展环境的调研报告
	11	南丰县政协	创新融资方式，拓宽融资渠道，促进南丰县经济长足发展
	12	黎川县政协	对发展黎川县油画产业的思考
	13	金溪县政协	群策群力保资源，生态文明秀金溪——关于金溪县森林资源保护情况的调查
	14	宜黄县政协	大力发展本土企业，加速实现“富民”目标
	15	东乡县政协	关于佛岭旅游风景区开发建设的调研报告

续表

表彰时间	序号	调研单位 / 人	调研报告标题及摘要
2013 年三届三次会议表彰（15 篇）	1	市政协人口资源环境委	关于发挥文化生态优势做大做强抚州旅游产业的调查报告
	2	市政协经济技术委	关于我市打好工业强攻战加快推进工业发展的调研报告暨资政会委员建言的报告
	3	市政协教文卫体委	整合资源，彰显特色，精心将抚州打造成文化生态休闲的乐园
	4	市政协办公室市工商联	发展商贸物流，托起腾飞之翼——关于加快推进我市商贸物流业发展的调研报告
	5	临川区政协	关于建立我区小微企业创业基地的调研报告
	6	金溪县政协	关于金溪县教育网点布局调整的调研报告
	7	南城县政协	关于推进我县绿色食品产业发展的建议案
	8	黎川县政协	技术创新＋集群优化：陶瓷产业升级的现实羁绊与选择——对黎川陶瓷业发展的调查与思考
	9	宜黄县政协	关于发挥生态资源优势建设宜黄生态经济带的调查报告
	10	南丰县政协	扬优乘势，多措并举，加快打造赣东南区域性商贸中心
	11	资溪县政协	促进城市与旅游文化融合发展，打造资溪旅游新亮点
	12	崇仁县政协	关于着力化解社会矛盾推动社会管理创新的建议案
	13	东乡县政协	关于推进医疗卫生资源合理利用的调查报告
	14	乐安县政协	关于推进我县农业综合开发工作的调研报告
	15	广昌县政协	关于加强盱江水环境保护的调研报告
2014 年三届四次会议表彰（18 篇）	1	市政协经济技术委	解放思想，科学定位，加快赶超——关于我市县域经济发展情况的调研报告
	2	市政协人口资源环境委	关于推进抚州新型城镇化科学发展的调查报告
	3	市政协教文卫体委	伸长抚州职教短腿，培育经济腾飞人才——抚州职业教育发展情况的调查报告
	4	市政协港澳台侨和外事委	关于我市湿地保护和建设的调查报告
	5	市政协社会和法制委	加强物业管理，构建和谐社区，为建设幸福抚州奠定基础——关于我市小区物业管理的调查报告
	6	市工商联	关于我市应对昌抚一体化情况的调查与思考
	7	市政协办公室、市政协人口资源环境委	做好三篇生态文章，加快抚州绿色崛起
	8	临川区政协	临川区物流业发展现状分析及对策建议
	9	金溪县政协	关于疏山寺保护与旅游开发的调研报告
	10	资溪县政协	打造精品教育，助推教育地产——关于提升教育水平，促进教育地产发展的调研报告

续表

表彰时间	序号	调研单位 / 人	调研报告标题及摘要
	11	乐安县政协	对乐安烤烟可持续发展的调查与思考
	12	南城县政协	以打造赣东南次中心城市为契机，加快新型城镇化建设——关于推进我县城镇化进程的建议案
	13	黎川县政协	关于和谐秀美乡村工程建设情况的调研报告
	14	南丰县政协	顺势而为，促进南丰甲鱼产业再上新台阶
	15	崇仁县政协	关于改善我县城区公交车运营状况的建议案
	16	东乡县政协	东乡县村卫生室现状与发展情况的调研报告
	17	广昌县政协	关于广昌县学前教育发展情况的调研报告
	18	宜黄县政协	关于切实解决我县卫生人才严重短缺问题的调研报告
2015 年三届五次会议表彰（17 篇）	1	市政协经济技术委	加强区域合作，增强发展动力——关于我市建设向莆铁路经济带的调研报告
	2	市政协人口资源环境委	让抚州特色农产品在全国叫响——关于强力推进我市特色农业产业化升级的调查与建议
	3	市政协教文卫体委	下最大力气监管，确保舌尖上的安全
	4	市政协社会和法制委	打造民生事业亮点，推进养老机构发展——关于我市养老机构发展情况的调研与思考
	5	市政协港澳台侨和外事委	坚持深化改革，努力破解外资及港澳台投资企业发展难题——关于我市外资及港澳台投资企业发展的调查报告
	6	市工商联	抚州市外埠商会工作情况的调查报告
	7	临川区政协	做大做优做响特色农产品，强力推进我区农业产业化升级
	8	南城县政协	创优发展环境，促进非公经济更好更快发展
	9	黎川县政协	关于城中村建设对我县经济发展和社会稳定影响的调研报告
	10	南丰县政协	发展电子商务，助推蜜桔产业升级
	11	崇仁县政协	关于我县农村耕地使用情况的建议案
	12	乐安县政协	关于加强油茶产业发展的对策和建议
	13	宜黄县政协	破解企业招工难，用工紧缺问题的调研报告
	14	金溪县政协	推广大耿模式，鼓励民间投资——大力推进我县社会养老事业发展
	15	资溪县政协	资溪县乡村旅游发展情况的调研报告
	16	广昌县政协	建管并重，着力提升环卫设施运营水平——关于广昌县环卫设施建设及运营情况的几点思考

续表

表彰时间	序号	调研单位 / 人	调研报告标题及摘要
	17	东乡县政协	立足长远标本兼治破解症结，创新模式——关于我县“病死畜禽无害化处理”专题调研报告
2016 年三届六次会议表彰（16 篇）	1	市政协经济委	适应经济新常态，培育增长新动力——关于加快抚州现代服务业发展的调研报告
	2	市政协人口资源环境委	适应生态文明新常态，展现绿色崛起新作为——关于我市全面推进生态文明建设的调查与建议
	3	市政协教科文卫体委	加速文明城市创建，助力转型升级发展
	4	市政协社会和法制委	优化法治环境，助推民营企业健康发展——关于我市民营企业法治环境的调研与思考
	5	市政协港澳台侨外事和民族宗教委	做大乡村旅游产业，加快建设旅游强市——关于我市乡村旅游产业发展情况的调查报告
	6	金溪县政协	提升金溪县高中教育质量的调研报告
	7	临川区政协	关于加快我区乡村旅游产业发展的调研报告
	8	东乡县政协	关于我县加强水环境保护的专题调研
	9	南丰县政协	适时启动老城区明清古建筑保护性开发，实现文物保护与旅游发展的良性互动
	10	黎川县政协	适应经济新常态，促进招商工作
	11	崇仁县政协	强基础、壮龙头、铸品牌，力促崇仁变电设备产业发展升级——关于崇仁变电设备产业发展情况的调研
	12	资溪县政协	关于我县城市建设和房地产开发的调研报告
	13	乐安县政协	把乐安花猪打造成地方特色“名片”
	14	南城县政协	凝心聚力，助推南城旅游发展升级——关于麻姑山风景名胜区生态与景点保护的建议案
	15	宜黄县政协	关于我县以竹荪菇为主的食用菌产业的调研报告
	16	广昌县政协	广昌县农村学校教师周转房建设使用情况专题调研报告
2018 年四届三次会议表彰（16 篇）	1	市政协教科文卫体委	关于发挥抚州文化优势，积极创建国家级汤显祖文化产业示范园区专题调研报告
	2	市政协人口资源环境委	加强抚河流域生态保护与综合治理，加快绿色产业发展
	3	市政协经济委	培育大企业，打造强引擎，挺起抚州工业经济发展的脊梁——关于我市实施“百亿企业”培育工程情况的调查报告
	4	市政协社会和法制委	加强村庄规划，建设美丽乡村——关于我市乡村规划和农民建房管理的调研报告
	5	市政协港澳台侨外事和民族宗教委	加大精准帮扶力度，同步建成全面小康——关于我市少数民族地区同步建成小康社会的调研报告

续表

表彰时间	序号	调研单位 / 人	调研报告标题及摘要
	6	临川区政协	关于加强路域环境整治，推进秀美乡村建设的调研报告
	7	金溪县政协	实施古村保护攻坚工程，服务我县全域旅游发展——关于调动村民参与古村保护与利用工作积极性的调研报告
	8	南城县政协	发掘“建昌帮”药业，振兴南城经济
	9	东乡区政协	关于红星垦殖场建镇的调查与思考
	10	黎川县政协	江西岩泉国家森林公园保护与开发调研报告
	11	宜黄县政协	培育十亿企业，壮大产业体量，挺起宜黄工业经济发展脊梁——关于做大做强我县汽车零部件产业的调研报告
	12	崇仁县政协	关于大力发展电子商务，加快培育经济新动能的建议案
	13	南丰县政协	关注饮水安全，提高人民群众幸福指数——关于我县城区居民饮水安全问题的调研报告
	14	资溪县政协	关于推进我县“健康和安居扶贫”工作的调研报告
	15	乐安县政协	关于县城教育资源合理配置情况的调研报告
	16	广昌县政协	广昌县古村落保护情况的调研
2019 年四届四次会议表彰（16 篇）	1	市政协教科文卫体委员会	把抚州戏剧唱起来，让“临川四梦”走出去——关于依托汤翁戏剧品牌，繁荣我市演艺市场的调查报告
	2	市政协经济委员会	高起点规划，高标准建设，高质量发展，把东临新区打造成我市经济发展新的增长极——关于东临新区建设与发展问题的调查报告
	3	市政协社会和法制委员会	关于我市农村面源污染防治工作情况的调查报告
	4	市政协港澳台侨外事和民族宗教委员会	关于我市智慧百乡千村健康医养扶贫工程情况的调研报告
	5	市政协人口资源环境委员会	培植产业是乡村振兴的必由之路——关于我市实现乡村振兴战略的调查与建议
	6	临川区政协	加大推进“双返双创”工作力度，为临川发展增添动力——关于我区“双返双创”工作开展情况的调研报告
	7	金溪县政协	规划先行，严格监管，建立污水处理及运维新机制——关于我县工业园区企业污水处理及运维情况调研报告
	8	南丰县政协	发展壮大村级集体经济，助推我县乡村振兴战略实施
	9	黎川县政协	关于黎川油画产业化的调研报告
	10	东乡区政协	给乡村振兴“强筋健体”——关于我区休闲农业和乡村旅游的调查与思考
	11	乐安县政协	变资源为资产，化危机为生机——乐安县挖掘传统文化潜力助推旅游产业发展调研报告

续表

表彰时间	序号	调研单位／人	调研报告标题及摘要
	12	崇仁县政协	做强首位产业，唱响崇仁品牌——大力推动我县变电产业不断发展壮大
	13	广昌县政协	关于我县农村垃圾处理的考察报告
	14	南城县政协	发展特色产业，助推我县乡村振兴战略——关于我县实施乡村振兴战略的调研报告
	15	宜黄县政协	强化红白理事会建设，助力推进绿色殡葬改革——关于如何发挥红白理事会在殡葬改革中作用的调研报告
	16	资溪县政协	关于保护古村落、古建筑，打造古文化旅游的调研报告
	17	九三学社市委会	我市留住高层次人才的几点建议
2020年四届五次会议表彰（20篇）	1	临川区政协	着力产业聚集，培育发展电子信息、食品、医药三大主导产业——关于临川区工业主导产业发展情况的调研
	2	东乡区政协	打造高质量跨越式发展的新引擎——关于培育壮大我区新能源产业发展的调查与思考
	3	南城县政协	建立健全文化旅游机制，推动文化资源进入市场——关于发展我县文化旅游产业的调研报告
	4	黎川县政协	关于发展村级集体经济的调研报告
	5	南丰县政协	发展生态循环农业，推进南丰农业提质增效
	6	崇仁县政协	构筑幸福养老家园，满足健康养老需求——关于着力推进我县养老事业健康发展的调研报告
	7	乐安县政协	关于乐安县大力发展中药材产业的调研报告
	8	宜黄县政协	大格局规划建设，精细化管理运营，聚力打造以“一河两岸”为核心景观的生态城市——关于完善城市功能，提升城市品质的调研报告
	9	金溪县政协	完善教育网点布局，全面化解“大班额”
	10	资溪县政协	立足乡镇实情，壮大村级集体经济
	11	广昌县政协	广昌县发展有机农业的几点思考
	12	市政协人口资源环境委员会	以创新为引领，以改革为动力，搞活做优旅游产业——关于全力推进我市旅游市场改革创新的调查报告
	13	市政协经济委员会	贯彻新理念，把握新机遇，奋力推进县域经济高质量发展——关于加快我市县域经济高质量发展的调研报告
	14	市政协社会和法制委员会	培育农村主导产业，提高精准扶贫效益——关于我市产业扶贫工作的调研报告
	15	市政协教科卫体委员会	抚州苏区红色文化保护利用存在的问题及建议
	16	市政协文化文史和学习委员会	固基础，扩规模，提质量，强服务——关于加快我市职业教育发展的调研

续表

表彰时间	序号	调研单位/人	调研报告标题及摘要
	17	市政协港澳台侨外事和民族宗教委员会	关于我市居家养老服务现状的调查及情况分析
	18	民盟市委会	让乡风文明蔚然成风
	19	民建市委会	民营企业营商环境政策落实情况课题报告
	20	九三学社市委会	关于加强工业园区第三方环境综合服务的建议
2021年四届六次会议表彰（22篇）	1	市政协农业和农村委员会	书写高质量脱贫攻坚“抚州答卷”——关于抚州市持续推进脱贫攻坚巩固提升脱贫成效的调查报告
	2	市政协教科卫体委员会	中医抗疫显特效，守正创新天地宽——抚州市中医药抗击新冠肺炎疫情调查与建议
	3	市政协经济委员会	加快推进体制机制创新，努力把开发区打造成我市高质量跨越式发展的强大引擎——关于我市省级开发区体制机制改革创新的调查报告
	4	市政协经济委员会	抢抓机遇、精心谋划，以云计算大数据产业崛起引领我市经济跨越式发展——关于我市云计算大数据产业发展的调查报告
	5	市政协人口资源环境委员会	关于提升林质林相推进林业强市建设的调查报告
	6	市政协社会和法制委员会	关于促进我市残疾人权益保障工作的调研报告
	7	市政协港澳台侨外事和民族宗教委员会	加强传染病救治体系及能力建设的调查报告——我市新冠肺炎疫情防控工作取得的成效及启示
	8	市政协文化文史和学习委员会	以“才子围棋”为支点，打造中国围棋文化“抚州样板”——关于抚州围棋文化产业发展的调研报告
	9	临川区政协	做好“六稳”“六保”兜住民生底线——关于“疫情过后我区就业形势研判及加强
	10	东乡区政协	抢抓新机遇，推动大发展——关于我区数字经济高质量发展的调查与思考
	11	乐安县政协	关于发展双孢菇产业的调研报告
	12	黎川县政协	黎川胭脂柚产业发展情况调研报告
	13	宜黄县政协	依托名医黄宫绣，挖掘利用宜黄中医药产业资源
	14	南丰县政协	打好“组合拳”，用好“连环策”，推进南丰龟鳖产业高质量发展
	15	崇仁县政协	强龙头、拓市场，着力推进蔬菜产业发展——崇仁县蔬菜生产发展情况的调研报告
	16	南城县政协	破除瓶颈制约，推动产业升级——做强做优南城校具（教育装备）产业的几点思考
	17	资溪县政协	体育活动助推资溪旅游，全民健康托起全面小康——关于我县群众体育工作开展情况的调研报告

续表

表彰时间	序号	调研单位 / 人	调研报告标题及摘要
	18	金溪县政协	我县公墓建设与运行情况的调查
	19	广昌县政协	关于发展特色产业助推乡村振兴的视察报告
	20	民革抚州市委会	关于我市台资企业发展状况的调研报告
	21	民盟抚州市委会	我市城镇 0—3 岁托幼事业发展与政策建议
	22	民进抚州市委会	我市村级卫生室建设使用管理情况调研报告
2022 年五届三次会议表彰（20 篇）	1	市政协经济委员会	强攻“一号发展”工程，助推经济加“数”发展——我市数字经济发展情况的调查报告
	2	市政协教科卫体委员会	对标“大湾区”，筑好“栖凤巢”——“推进‘一号改革工程’打造一流营商环境”
	3	市政协社会和法制委员会	“困局”之忧与“破局”之道——关于破解我市园区企业用工难题的调查报告
	4	市政协社会和法制委员会	改革最是艰难事，唯有勇毅向前行——关于推动我市政务服务数字化改革三年攻坚行动落实情况的调研报告
	5	市政协文化文史和学习委员会	活化利用历史文化，擦亮名城“金名片”——关于保护市中心城区历史文化街区和历史建筑的调研报告
	6	市政协港澳台侨外事和民族宗教委员会	高起点规划，高标准建设，着力打造全省一流高教园区——关于抚州高教园区建设情况的调研报告
	7	市政协人口资源环境委员会	炼就绿水青山金手指，点活生态权益贷款流——抚州市生态产品权益类贷款情况的调研报告
	8	市政协提案委员会	关于我市“老旧小区改造”的调研报告
	9	市政协农业和农村委员会	关于抚州市设施蔬菜产业发展的调研报告
	10	临川区政协	关于优化我区营商环境的调研报告
	11	东乡区政协	完善产业链条，共促精深加工——关于东乡区有色金属产业发展情况的调研报告
	12	南城县政协	答好南城教育“新时代答卷”——关于推进我县义务教育优质均衡发展的调研报告
	13	黎川县政协	扬中国煲都优势，做强做大首位产业——关于进一步推进陶瓷产业高质量发展的调研报告
	14	南丰县政协	关于我县“双减”政策落实情况的调研报告
	15	崇仁县政协	推进营商环境改革，助力工业创新发展
	16	乐安县政协	关于推进乐安县法院“法润园区”服务法治化营商环境的调研报告
	17	宜黄县政协	着力构建长效机制，持续提升城管水平——关于“推进城市功能品质提升，助力‘两城同创’”的调研报告

续表

表彰时间	序号	调研单位 / 人	调研报告标题及摘要
	18	金溪县政协	探“精致君山”生态密码，绘“大美金溪”精彩画卷——关于湖南君山区践行“守护好一江碧水”的启迪与思考
	19	资溪县政协	持续发酵首位产业，引领“食代”发展新潮——关于推进我县面包食品产业高质量发展的调研报告
	20	广昌县政协	驶进春天的村级集体经济“奋进号”列车——初探广昌县村级集体经济可复制可推广可持续发展模式
2024 年五届四次会议表彰（18 篇）	1	市政协文化文史和学习委员会	关于助力唱响“文化抚州，梦想之舟”品牌，推动我市生态康养产业发展的调查报告
	2	市政协港澳台侨外事和民族宗教委员会	传承创新，借势而为，推动我市中医药高质量发展——关于我市中医药发展情况的调研报告
	3	市政协社会和法制委员会	让“逆行”的风景更加靓丽——关于推进我市社会应急救援力量规范化建设的调研报告
	4	市政协教科卫体委员会	让职业教育在产业土壤中绽放绚丽之花——关于深化校企合作，服务产业发展的调研报告
	5	市政协人口资源环境委员会	擦亮环评审批“抚务周到”品牌——关于持续推进我市环评审批工作的调研报告
	6	市政协经济委员会	锚定目标，坚定信心，努力锻造我市经济高质量发展强引擎——关于我市“专精特新”企业发展的调查报告
	7	市政协农业和农村委员会	关于加强我市农田水利设施建设与管护的调研报告
	8	临川区政协	解困局之惑，求破局之策——关于从百年大旱看临川区应对极端灾害天气的调研报告
	9	东乡区政协	强化用地要素保障　为高质量发展蓄势赋能——关于推进经开区工业用地提质增效的调研报告
	10	南城县政协	做优农业“芯片”，守牢粮食安全——关于加快南城县种业发展的调研报告
	11	黎川县政协	挖掘黎川特色文化，激发古城消费潜力——关于黎川古城景区丰富业态促进消费升级的调研报告
	12	南丰县政协	推进卫生信息化建设，提升群众就医体验和获得感——关于南丰县卫生信息化建设情况的调研报告
	13	崇仁县政协	关于充分发挥现有科技创新平台作用，为经济高质量发展蓄势赋能的调研报告
	14	乐安县政协	因“势”利导，做“竹”文章——关于乐安县竹产业发展情况的调研报告
	15	宜黄县政协	优化学校布局，推进优质发展——关于城区中小学网点布局的调研报告
	16	金溪县政协	坚持扩面、提质、补链并举，加快触“湾”发展步伐——关于金溪县设施蔬菜产业发展情况调研报告

续表

表彰时间	序号	调研单位 / 人	调研报告标题及摘要
	17	资溪县政协	厚植生态优势　发展森林康养产业——关于推进资溪县康养产业的调研报告
	18	广昌县政协	数字经济助推物流产业加“数”发展——关于以数字化物流服务平台打造广昌县物流总部经济的调研报告

七、市政协表彰优秀社情民意信息和优秀社情民意信息员

2005 年 3 月 4 日，市一届政协第七次全体会议首次设立“优秀社情民意”表彰项目，并作为市政协的一项重要评优评先活动保持延续。截至 2024 年 12 月，市政协五届四次会议共表彰优秀社情民意信息 124 篇。

2009 年 2 月 24 日，市二届政协第四次全体会议首次对全市政协系统 2008 年度的 8 名优秀社情民意信息员进行了表彰奖励。截至 2011 年，二届六次会议先后进行了三次表彰，包括 2010 年二届五次全体会议表彰 6 名，2011 年二届六次全体会议表彰 8 名，共表彰优秀社情民意信息员 22 名。

2024 年 1 月 31 日，市政协五届四次全会表彰了 10 个反映社情民意信息工作先进单位、12 名反映社情民意信息工作先进个人。省政协表彰了先进单位 4 个：抚州市政协、东乡区政协、金溪县政协、崇仁县政协；市政协表彰先进单位 6 个：市政协港澳台侨外事和民族宗教委员会、市政协人口资源环境委员会、市政协社会和法制委员会、乐安县政协、南丰县政协、宜黄县政协。省政协表彰先进个人 5 名：曾昭凯、徐勇、黄云龙、章澄宇、胡仉元；市政协表彰先进个人 7 名：罗亚军、罗招荣、龚国庆、周映华（女）、章军旺、邹建、钟能。

优秀社情民意信息和优秀信息员

表彰时间	序号	作者	优秀社情民意信息	优秀信息员
2005 年一届七次会议（7 篇）	1	九三学社市委	加强我市殡仪业收费的管理与监督	
	2	市政协社法委	严格按标准为部队供应军粮	
	3	张帆、何泽龙	建议市电视台尽快开通新闻频道	
	4	市政协办公室	我市农村中小学运转举步维艰，办学条件亟待改善	
	5	宜黄县政协	不能将行政许可承包给社会无业人员	
	6	何泽龙	抚临路团伙犯罪现象应引起高度重视	
	7	杨志诚	要求解决金临渠下游农业生产用水问题	
2006 年一届八次会议（3 篇）	1	张　帆	尽快解决市钟岭工业园区道路照明问题	
	2	市政协教文卫体委	市保育院环境污染问题不容忽视	
	3	市政协社法委	应限制摩托车维修、水泥销售等污染行业在城区主干道、支道开店经营	
2007 年二届二次会议（3 篇）	1	市政协农业农村委	关于新农村建设和村镇规划管理的调查报告	
	2	市政协教文卫体委	关于我市幼儿教育发展情况的调查报告	
	3	市政协经济委	关于我市安全生产工作情况的视察报告	

续表

表彰时间	序号	作者	优秀社情民意信息	优秀信息员
2008年二届三次会议（3篇）	1	邹俐菁	把市福利中心建设成为我市老年人颐养天年的和谐家园	
	2	徐容宁	建议尽快调整增设至市行政新区的公交线路	
	3	市政协办公室	关于要求尽快修复抚丰公路展坪至桐源段公路的呼吁	
2009年二届四次会议（7篇）	1	屠建龙、刘文波	关于尽快发挥市国资担保中心在破解企业融资难中的主导作用的建议	吴文宇　赵卫平 唐永文 董　蕾（女） 阮英波　聂　峰 黄仁川　杨　磊
	2	赵卫平	要高度重视人工湖（梦湖）截污工作	
	3	王新平	关于在市行政中心设立邮政所的建议	
	4	聂　峰	建议加大耕地建房的执法力度	
	5	龚雪华	加大生猪定点屠宰监管力度，切实打造市区“放心肉”工程	
	6	张志红	关于一路公交车线路稍作调整的建议	
	7	李德明	保护抚河水环境要建立长效机制	
2010年二届五次会议（9篇）	1	谢文斌	谁来管管国道旁的烧瓦窑	马　颖（女） 聂　峰　高健康 黄仁川　刘文波 甘军根
	2	董　蕾	尽快禁止违规售房促销广告	
	3	屠建龙、刘文波	关于要求对市豪德贸易广场经营户在运输环节给予扶持的建议	
	4	王新平	合理设定网站名称，提升抚州对外形象	
	5	阮英波	新农村建设应着力解决农村垃圾处理问题	
	6	全　益	赣东大道上青铜雕像被损坏现象应引起重视	
	7	刘国芳	应做好造林绿化的管理和保护工作	
	8	李天圣	我市部分县区企业老板赴福建建宁参与赌博现象应引起高度重视	
	9	吴　昊	市城区公交车卫生状况亟待改观	
2011年二届六次会议（10篇）	1	谢文斌	关于加强乡镇集镇建设和管理的几点建议	罗伍菊（女） 聂　峰　阮英波 高健康　杨利文 王新平　甘军根 全　益（女）
	2	周映华	切实保护好抚州采茶戏品牌	
	3	李小红	建议在赣东大道延伸段与竹山路交叉路口尽快安装红绿灯	
	4	李　琼	建议纠正殡葬服务中的不正之风	
	5	魏志中、周映华、甘军根	《牡丹亭》杜府拍摄基地亟待开发利用	
	6	全　益	完善市城区抚北东路的排水系统迫在眉睫	

续表

表彰时间	序号	作者	优秀社情民意信息	优秀信息员
	7	阮英波	关于对偏远山区村庄实施整体搬迁的几点建议	
	8	杨利文	加强我市重点项目档案管理的建议	
	9	吴志贤	春播烂种烂秧现象应引起高度重视	
	10	付志超	市行政中心办公大楼漏水问题亟待解决	
2013 年三届三次全体会议表彰 7 篇	1	全　益	请保护名人园内的“名人”	
	2	朱　萍	关于洪客隆以北至新赣东大桥路段应尽快安装路灯的建议	
	3	魏志中	公交车扒窃犯罪现象需引起重视	
	4	周　伟	关于尽快将小车车辆购置税征收管理权限下放至县国税局的建议	
	5	杨利文	市城区慎斋路脏乱差现象亟待整治	
	6	全　益、宋贝贝	汽车美容行业亟待加强监管	
	7	陈春梅	市城区伍塘北路青峰农贸市场及周边环境亟待整治	
2014 年三届四次会议（7 篇）	1	龚雪华、杨　磊	关于整合市、区两级财政资金加快配置 60 米以上云梯消防车的建议	
	2	徐容宁	关于在福银高速抚州出口处设置抚吉高速路标指示牌的建议	
	3	李　凌、周　伟	关于切实加强商品房预售管理的建议	
	4	朱　萍	关于保护疏山寺“卧佛”笔架山天然景观的建议	
	5	王胜国	关于切实解决高新区 1 路公交车运营时间过短问题的建议	
	6	谢文斌	关于合理设置市行政中心东侧通往实验学校的交叉路口红绿灯的建议	
	7	甘军根、全　益	出租车往返新火车站不打表现象应引起重视	
2015 年三届五次会议（8 篇）	1	民进市工委	规划建设梦湖东路梦园生态停车场迫在眉睫	
	2	郑学铨	关于加快建设和完善市政府门户网站的建议	
	3	郭淑萍、周　伟	马家山广场后南丰酸菜鱼馆、东北烧烤城等商家占道经营现象亟待整治	
	4	饶　芳、傅　瑛	关于合理安排环卫车作业时间的建议	
	5	袁筱春	关于尽快修补部分城区道路坑洼不平的建议	
	6	全　益、饶小媚	建议合理设置玉茗大道与南门路口红绿灯	
	7	龚雪华、甘军根	关于承接浙江温岭、临海等市制鞋产业转移的建议	
	8	王新平	废弃机动车随意停放亟须整治	

续表

表彰时间	序号	作者	优秀社情民意信息	优秀信息员
2016年三届六次会议（7篇）	1	袁晓明、吴萍香	尽快整顿抚州火车站交通秩序	
	2	黄伟燕、全　益	充分发挥微信等新媒体在招商推介中的作用	
	3	魏志中、周　伟	严厉打击非法电鱼毒鱼，保护抚河水域生态环境	
	4	郑学铨、周　伟	尽快整治市城区的“僵尸车辆”	
	5	蔡　盛	关于为即将开园的市保育院新园区提供交通安全保障的建议	
	6	杨　磊	关于在高新技术开发区内路段尽快安装交通“电子眼”的建议	
	7	甘军根	市城区少数企业直排有毒浓烟应予以整治	
2018年四届三次会议（6篇）	1	吴鉴铭、全　益	关于建立企业工伤事故处理多方联动调解机制的建议	
	2	王新平	推动业主自治，加强物业管理	
	3	魏志中、吴萍香、甘军根	建议将市气象防灾减灾中心建设尽早纳入市重点项目计划	
	4	黄文英、周映华	关于推进民宿型农家乐休闲旅游的建议	
	5	蔡　盛	市保育院新园区东大门交通安全应引起重视	
	6	何泽龙	建议切实改善市城区背山路东段的交通状况	
2019年四届四次会议（5篇）	1	市政协港澳台侨外事和民族宗教委员会、民革市委会	关于抚州火车站周边环境急需整治的建议	
	2	市政协社会和法制委员会、农工党市委会	关于规划建设我市餐厨废弃物集中回收处置中心的建议	
	3	何海荣	关于尽快拆除原抚州市人民电影院宿舍的建议	
	4	王新平	定期对市行政中心喷水池进行清洗的建议	
	5	杨　磊	加快我市新能源汽车充电设施建设的建议	
2020年四届五次会议（5篇）	1	袁晓明、杨　磊	关于改善BRT沿线交通出行和营商环境的建议	
	2	魏志中	关于让停运公共自行车网点尽快恢复正常使用的建议	
	3	周　伟、游依玲	关于进一步提高“学习强国”使用覆盖率的建议	
	4	甘军根	关于搞活我市旅行社行业的建议	
	5	全　益	关于推动我市生活垃圾分类处理的建议	

续表

表彰时间	序号	作者	优秀社情民意信息	优秀信息员
2021 年四届六次会议（5 篇）	1	市政协经济委员会	关于“疫情”下企业复工复产的建议	
	2	刘志平	红色革命遗产“登仙桥”的保护应引起重视	
	3	马　颖	关于加强对三轮车和老年代步车监管的建议	
	4	朱国民	关于为抚州市妇幼保健所门诊点增划停车位、延长电子抓拍时间的建议	
	5	徐　驰、全　益	关于激活文昌里旅游市场的建议	
2022 年 1 月五届二次会议（12 篇）	1	市政协办公室	关于尽快完成市本级档案新馆立项选址并开工建设的建议	
	2	市政协办公室	关于进一步优化我市营商环境的建议	
	3	市政协办公室	开展幼儿教育课后延时服务缓解“接送难”问题	
	4	市政协办公室	建议加强市中心城区公办保育院建设	
	5	市政协办公室	关于在东临大桥迎宾大道与汝水大道交汇处增设红绿灯的建议	
	6	市政协办公室	关于改善市第一人民医院公共交通的建议	
	7	市政协办公室	关注“脚底下的安全”——关于加强窨井盖安全管理的建议	
	8	市政协办公室	关于合理设置市城区部分交通设施的建议	
	9	市政协办公室	关于加强共享电动单车管理的建议	
	10	市政协办公室	关于整顿市城区露天有烟烧烤的建议	
	11	市政协办公室	关于“胡子工程”建档销号的建议	
	12	市政协办公室	加强对我市公园管理的建议	
2022 年 12 月五届三次会议（10 篇）	1	聂桂平	农业保险服务抗旱保民生问题亟待解决	
	2	甘军根	抚州市防旱抗旱典型案例及建议	
	3	范正庚、周映华	基层反映开发利用冬闲田存在三方面的问题亟待重视	
	4	曾昭凯	当前油菜扩种面临困难亟待重视	
	5	全　益	推进装配式建筑五大问题待重视	
	6	张志红	民事诉讼中的公民代理乱象应引起重视	
	7	衷建军、邹　芳	民用爆炸物品行业监管漏洞需及时修补	
	8	万　琳	严防养老诈骗，守护老年人的“钱袋子”	
	9	魏志中、吴　华	关于尽快完成市本级档案新馆立项选址形式建设的建议	
	10	章军旺	关于加强我市共享电动单车管理的建议	

续表

表彰时间	序号	作者	优秀社情民意信息	优秀信息员
2024 年 2 月 五届四次会议 （10 篇）	1	王裕良、陈双鑫	新型自助娱乐场所背后隐患亟待重视	
	2	民建、港澳台侨外事和民族宗教委	“双师型”教师队伍建设存在六大问题亟需解决	
	3	罗亚军	狠抓“厂中厂”企业安全监管刻不容缓	
	4	甘军根、蔡礼明	基层反映公共就业创业服务平台建设面临的问题亟待重视	
	5	蔡　辉	联系土耳其地震看我国防震减灾工作 基本情况、存在的薄弱环节和困难问题及对策建议	
	6	章国华	加强农村青年党员发展、培养和使用的建议	
	7	港澳台侨外事和民族宗教委	基层医院医保定额存在六大困惑	
	8	社法委	电影媒体过度炒作“恐婚”引发社会危机	
	9	林　涛	机动车鉴定评估机构备案制管理缺位需引起关注	
	10	周于凡	“肿瘤基因检测”泛滥亟待重视	

进一步提高政协工作实效，为确保今年改革发展和稳定目标的实现作出新贡献

政协抚州地区联络处

今年以来，在地委的正确领导下，全区政协上下紧密围绕“抓住机遇，深化改革，扩大开放，促进发展，保持稳定”的大局，正确把握和处理好改革、发展、稳定的关系，按照李瑞环主席提出的“尽职而不越位，切实而不表面”的要求，认真履行政治协商、民主监督、参政议政的职能，卓有成效地开展了各项工作。全区政协工作仍然保持着向上发展的势头，其主要特点：

一是全委会开得富有成效。上半年，全区县市政协相继召开了全委会。在全委会期间，通过学习贯彻全国政协八届二次、省政协七届二次会议精神，以及传达贯彻全区三级干部会议精神，全体委员从认识上加深了对人民政协的性质、地位和作用的理解，增强了责任感；从实践上总结了人民政协所发挥的重要作用，增强了光荣感；从现实工作上看到了党委、政府对政协工作的重视和支持，增强了紧迫感。整个全委会开得紧凑、活泼，既有大会发言，又有小组讨论；既提建议、意见，又书写提案，极大地调动了政协委员协商监督和参政议政的积极性。

二是提案办理工作得到强化。在全委会会中和会后，委员们在经过参观考察、调查研究、多方论证后，写出了850多件提案。这些提案从不同角度、不同侧面翔实地反映了群众的意见、要求和呼声。在提案办理过程中，我们一方面强化了提案的登记、打印、交办、催办、审批、跟踪、反馈等方面的程序。另一方面，还采取请进来、走出去的措施，对不按期办理的部门或单位，我们既到承办单位走访，开展面对面的协商办案、现场办案；又请承办单位领导到政协说明情况，共同研究办理方法。截至7月底，提案办案率在80%以上。特别值得一提的是，有的县还在众多的委员提案中，认真筛选出几篇群众呼声高、理由充足、针对性强、影响面大的提案作为重要提案提交给党委、政府的领导，增强了领导办理提案的紧迫感和责任感。

三是调查研究形式多样。今年上半年，尽管我们多数时间处在繁忙的春耕生产和紧张的抗洪救灾工作中，但我们各级政协仍然围绕着经济建设这个中心，以协助和支持党委、政府工作为己任，认真进行了各项调查研究工作。在调查研究中，我们改变了过去分组分片、形式单一的做法，总结和探索了新的形式，主要是：1. 以专门委员会为龙头的专题调查。如农资供应，蚕桑工程等方面的调查；2. 就不同地方的情况，但问题性质同一的对比调查。如耕牛发展、文化市场等方面的调查；3. 从各专门委员会抽调一部分委员与有关部门、单位共同进行的协作调查。如农民负担、生产自救、物价等方面的调查；4. 对一个问题的各个方面所进行的系统调查。如转换企业经营机制，《企业法》《中华人民共和国教师法》的实施等方面的调查。通过这些多形式调查所形成的调查报告，不仅提高了调查研究的效果，提高了政协的知名度，而且提高了党委政府决策的可行性和科学性，进一步调动了委员的积极性。

四是政协报刊发行工作保持了良好的势头。在年初召开的县市政协秘书长、办公室主任会议之后，各地都把政协报刊的发行工作，当作宣传人民政协、扩大政协知名度和影响面的重要工作来抓。在方法上，改变了过去那种靠发文件、下通知、提要求、分任务的做法，做到了政协发行与邮电部门发行相结合；领导分片做工作与机关干部上门征订相结合；稳住老订户与扩大新订户相结合。今年的报刊发行虽然受到了一些客观因素的制约，但通过上下的努力，仍然保持了良好的势头。

在宣传报道方面，也出现了上头条的多，大篇幅的多，党政部门为政协写稿多的趋势。还有两篇稿件在全省“宣传中国共产党领导的多党合作和政治协商制度好新闻”评选中获三等奖。

五是政协工作条件有了进一步的改善。半年来，全区政协机关除了建立和完善学习、会议、接待、用车、财务等方面机关内部管理规章制度外，工作条件也已经有了进一步的改善；有三个县更新和购置了工作用车；三个县市修缮了办公用房或会议室；九个县安装了机要电话；绝大部分县市政协经费在财力十分困难的情况下还略有增加。工作条件的改善，为政协提高工作质量和工作水平提供了基础和条件。我们还热情接待了省内外、区内外来客近 200 人次，既交流了经验，联络了感情，又沟通了信息，促进了工作的开展。与此同时，我们在文史资料出版、咨询服务、扶贫工作、举办培训班和招商引资等方面都有了新的发展。

总的来说，上半年我区的政协工作形势是好的，得到了省政协和地委的肯定，增强了我们进一步做好工作的信心。但是，也必须看到，我们的工作仍然存在一些不尽如人意的地方，与新时期做好政协工作的要求还存在一定的差距，主要表现在：政治协商、民主监督和参政议政主要职能的履行在一些地方还没有真正到位，“两头热”的问题有待于进一步解决；协商监督随意性的问题也还存在，有待于在制度化、规范化、经常化上下功夫；参观视察、调查研究所形成的意见和建议，停留在纸上的多，转化为决策和效益少的状况也有待于改变；自身建设和工作条件的改善，也需要进一步的加强。把这些问题提出来，目的是要大家保持清醒的头脑，既要看到我们所取得的成绩，又要看到我们在工作中所存在的差距，以增强责任感和紧迫感。

最近，地委、行署召开了全区县市委书记、县市长会议，研究部署了下半年的工作，重点研究了更好实现“一上一下”目标的措施，动员全区上下振奋精神，积极进取，为全面完成和超额完成今年国民经济发展各项任务而努力奋斗。政协工作服从和服务于经济建设中心，是人民政协的性质所决定的，也符合上层建筑必须服务经济基础的原理。因此，我们必须进一步提高政协工作实效，义无反顾地为确保我区今年经济发展目标的实现作出新贡献。

一、注重实效，认真抓好《政协章程》的学习和贯彻

全国政协八届二次会议修订的《政协章程》与《宪法》相衔接，是我们履行职责的主要依据，

必须注重实效，认真抓好学习宣传和贯彻。

（一）要充分认识学习《章程》的意义

《章程》以党的十四大精神为指导，突出了建设有中国特色社会主义的理论，突出了社会主义初级阶段的基本路线和中国共产党领导的多党合作和政治协商制度，注意吸收了近十几年来我国社会主义民主政治建设和人民政协工作的新经验，进一步明确了人民政协的性质及其在国家政治生活中的地位和作用，必将对我们履行政治协商、民主监督、参政议政等主要职能产生巨大的促进作用。认真学习《章程》，用《章程》规范我们的政协工作是当前的重要任务。做好这件事，对于继续动员和推动政协委员认真履行职能，发挥政协委员的聪明才智，推进社会主义民主政治建设，为繁荣抚州经济，促进抚州经济的发展，具有重要的意义。在学习《章程》过程中，全区各级政协组织要引导政协委员和人民群众，充分认识《章程》所产生的积极作用及其意义，为更好地贯彻好、落实好《章程》打下思想基础。

（二）要深入领会和全面掌握《章程》的实质

《章程》内容丰富，程序规范，体现了中国共产党领导的多党合作和政治协商制度的特色，是参加政协的单位和个人必须共同遵循的。在学习中，要紧紧围绕总纲和工作总则，深入领会人民政协的性质、地位和作用；领会人民政协在社会主义现代化建设和社会主义民主政治建设中的主要任务；领会履行政治协商、民主监督、参政议政的主要内容；领会自己的神圣权利和应尽的义务。使广大政协委员在深入领会和全面掌握《章程》的基础上，做到理论上弄清，思想上统一，实践中见效。

（三）要组织好对《章程》的学习与宣传

学习《章程》，要根据各自的实际和不同对象，分层次、有重点地做出安排，提出要求。重点应抓好政协常委和政协机关干部的学习。除继续通过集体组织形式进行学习外，还应采取小型、分散、自学的形式，精读《章程》原文，力求学得更深一点，理解得更深一点。与此同时，要切实抓好政协委员的学习安排，使政协委员都能有组织地参加学习。有条件的地方，可由专门委员会组织学习，也可集中办班学习。对各党派成员和无党派知名人士，也可采用报告会的形式组织学习。

要加强宣传工作，抓好舆论宣传。各县市政协要统一领导，发挥各自的优势，加强具体指导，积极主动地做好《章程》的宣传工作。要针对政协委员在学习中提出的问题，组织一批学习体会文章，在宣传栏、广播站进行宣传，加深对《章程》的理解。要及时掌握情况，注意发现典型，认真总结经验，使《章程》的宣传工作，既扎扎实实，又富有成效。

二、千方百计，为确保今年经济发展目标的实现作出新贡献

抓紧抓好下半年的经济工作，保证乡镇企业和计划生育“一上一下”和今年经济发展目标的实现，是关系到我区全年工作大局的中心任务。同样，也是我们政协的中心任务，我们要统一思想认识，按照地委、行署的部署和要求，充分发挥人民政协的整体功能作用和“人才库”的优势，千方百计，为确保今年经济发展目标的实现作出新的贡献。

（一）要和党委政府同唱“一台戏”

政协虽然不是领导机关、权力机关和行政机关，没有组织领导、行政管理和经济管理的权力，但政协的性质、地位和作用决定了有协助党委、政府工作的义务；有围绕党委和政府的中心工作，积极当好配角，同唱“一台戏”的职责。我们要找准目标，把握战机，积极参与，确保乡镇企业、计划生育“一上一下”和“六个不动摇”的实现。一是要强化同唱“一台戏”的意识，在思想上、行动上、步调上与党委政府保持一致；二是要抓住同唱“一台戏”的关键，全力以赴，满腔热忱地支持党委政府的工作；三是要拓宽同唱“一台戏”的思路，全方位、多层次、多渠道地为党委政府出谋献策；四是要讲求同唱“一台戏”的实效，

力戒形式主义，不搞花架子，力求出实效、结实果。现在，有一些地方在“一上一下”问题上出现虚报浮夸、不实事求是的现象，这是很不正常的。人民政协有责任协助党委和政府坚决制止这种不正之风，有选择地组织视察和调查，以澄清事实真相，教育党员和干部。

（二）要把握政协工作的“主旋律”

政协工作能否在确保今年经济发展目标的实现上作出新贡献，关键是要把握当前政协工作的“主旋律”。首先，要明确“三个重点”：政协工作要以配合地委、行署的中心工作作为重点；要以解决经济发展中出现的重点问题、难点问题和疑点问题为重点；要以党委、政府委托办的事情为重点。其次，要掌握好“三个原则”：以促进乡镇企业和计划生育“一上一下”为出发点的原则；政协工作与党委、政府工作相一致的原则；与有关部门和单位密切协作、相互配合的原则。第三，要发挥好“三个作用”：在履行职能方面，发挥民主渠道的作用；在联系委员和各界人士方面，发挥纽带作用；在招商引资和社会稳定方面，发挥桥梁作用。这样，才能真正“尽职”“到位”，使这个“主旋律”得到大力弘扬。

（三）要同党政部门共奏“合作曲”

我们的政协工作要在“一上一下”和经济发展目标的实现工作中发挥作用，必须加强与党政部门的联系，为了一个共同的目标，共奏“合作曲”。在思想上要转轨。政协要带头更新观念、转换脑筋，从四平八稳、工作平推的传统做法上解脱出来，从“铁路警察，各管一段”的各自为战的方法上解脱出来，经常保持与党政部门的联系，加强与党政部门的接触，互通情报，加深理解；在工作上要务实。党委政府交办的事，要认真去做，大胆去做，而且应该做好。政协要有关部门办的事，要主动上门，有的放矢，理由充分，观点鲜明，使人感到政协可敬可亲又可畏，搪塞不得，非办不可；在制度上要完善。对已经建立起来了的专门委员会与党政部门对口联系制度和“三家”办公室主任办理建议、提案联系制度要巩固完善。进一步加强联系，广泛接触，经常交往，增进友谊，谱写合作、和谐、奋进的新篇章。

三、大胆探索，不断提高协商监督和参政议政的水平

当前，我们正面临着一个改革和发展的大好时机。党的十四大确定的我国经济体制改革的目标是建立社会主义市场经济体制，政治体制改革的目标是建设有中国特色的社会主义民主政治。这样一种形势和任务，为人民政协履行政治协商、民主监督和参政议政的职能，开辟了十分广阔的领域，也给我们的政协工作提出了更高的要求。我们必须大胆探索，不断提高政治协商、民主监督和参政议政的水平。

（一）要正确处理理论和实践的关系

要提高协商监督和参政议政的水平，第一位任务就是要学好理论，陈云同志讲过：学好哲学，终身受用。其意义就是要求我们以马克思主义基本理论为指导，运用马克思主义的立场、观点、方法，去分析和研究、解决新时期政协工作出现的新情况、新问题，认识政协工作的客观规律性。如果没有理论的指导，我们的政协工作既不可能坚持正确的方向，也不可能提高协商监督和参政议政的水平。但我们学习的目的是在于应用，在于实践。而不是先学后干，而是要在学习中实践，在实践中学习，以此循环，使理论与实践有机结合。在政协工作的实践中，不断提高协商监督和参政议政水平。

（二）要正确处理继承和创新的关系

在过去的政协工作中，我们曾经摸索和总结出了一些行之有效的协商监督、知情出力的办法和经验。这些办法和经验，我们都要继续认真去做，而且在今后的工作中做得更好，并赋予新的内容。对于在新的时期、新的形势下不断出现的新课题，不能光靠老办法，而是要勇于探索、大胆实践，创造出更多的新方式、新办法来，更好地为改革、发展、稳定服务。继承和创新，是互为补充、互相促进的，只要我们正确处理好了继承和创新的

关系，就能牢固地树立起为经济建设服务的指导思想，为政协工作在新形势下不断发展奠定基础。

（三）要正确处理履行职能和办实事的关系

人民政协在履行政治协商、民主监督和参政议政职能的过程中，不可能是单纯的、坐而论道式的协商监督和参政议政，而是寓于经济建设和民主政治建设的具体工作中的。政协要实现协商有据、监督有力，参政参在关键处，议政议在点子上，就必须从政协的角度出发，发挥"人才库"的优势，通过各种形式和渠道，为经济建设想实招、使实劲、办实事。特别是一些政协领导和机关工作人员在党委的统一安排下抓中心工作，这是对的。因为在办实事的过程中，既能接触实际，又能了解情况，又有利于履行主要职能，以达到取得协商监督和参政议政的最佳效益。

（四）要正确处理质量和数量的关系

政协是层次比较高的协商监督和参政议政机构。政协委员在各自的工作岗位上都有自己本职的工作，这就决定了政协工作活动量不宜过多，而质量应不断提高。但如何处理数量和质量的关系呢？我们认为，在数量方面，既不事无巨细的面面俱到，又不挑肥拣瘦的避重就轻，要紧紧抓住影响较大的重点问题、工作较复杂的难点问题、社会普遍关心的热点问题，党政部门暂时顾及不到，但又不可忽视的冷点问题进行协商监督和参政议政，帮助党委和政府抓大事、帮大忙。在质量方面，选题要精，调查要深，敢参善议，注重实效，把我们特有的事情干得更好，把我们与别人共有的事情干得更能体现政协的特点和优势。只有在数量上少而精，在质量上才能高而深，才能增强政协工作的活力和生命力。

（五）要正确处理上级政协与下级政协的关系

《政协章程》规定，上下级政协之间的关系是指导关系。这个指导关系，并不是指上下级政协之间没有什么必然的联系。而是给政协工作赋予了新的内容。一是有利于在一定时期对政协工作中带有普遍性的问题，特别是重点问题进行共同的深入探讨，摸索政协工作的规律。二是有利于针对某一个问题，上下级政协共同组织力量开展调查，在实践中密切配合、相互学习。三是有利于通过各种渠道，及时交流信息，加强联系，提高工作效率。四是有利于各级政协因地制宜、独立自主地开展工作。只要我们把这种指导关系体现在帮助改进工作、总结交流经验、互相沟通信息、密切上下联系、协调相互关系、共同探索工作方面，这种关系就会进一步地密切，富有政协工作的特色。

四、紧跟形势，把自身建设提高到一个新水平

当前，我国的社会主义改革开放事业进入了一个历史性的新阶段。这就是从传统的计划经济转变为社会主义的市场经济。这一转变，也为人民政协的传统协商监督和参政议政注入了新的内容。人民政协所担负的工作日益繁重，党对政协工作的要求也越来越高。因此，我们必须紧跟形势，把自身建设提高到一个新水平。

（一）要大兴学习之风

毛泽东同志曾经讲过：情况是在不断地变化，要使自己的思想适应新的情况，就得学习。当前，我们必须在全区政协范围内，认真组织政协委员和机关干部，继续深入学习邓小平同志建设有中国特色社会主义的理论和《邓小平文选》第三卷，学习《政协章程》，学习《现代科学技术常识》《社会主义市场经济理论》，学习时事政治和统战理论。在方法上，我们应多形式、多渠道、灵活多样，以达到树立新观念，研究新情况，总结新经验，探索新路子，解决新问题，开创新局面的目的。

（二）要大兴调查研究之风

坚持做好调查研究这篇文章，是我们的谋事之基，成事之道。我们要认真组织各方面有专长的政协委员和机关干部，围绕乡镇企业、计划生育"一上一下"和农业增产、农民增收、工业增效、财政增收等方面，进行深入细致的调查研究。在调查研究中，切忌被动应付，照搬照抄，走马观

花，“打擦边球”，报喜不报忧。要在准、深、实三字上下功夫。“准”，就是课题选得准，问题看得准；“深”，就是分析问题有深度，工作方法要深入；“实”，就是提出实实在在的建议，干出实实在在的事情，收到实实在在的效果。所形成的调查报告，也要在认识上有深度，在研究上有力度，在政策上有尺度，做到动机和效果的有机统一。

（三）要大兴团结和谐之风

国家的统一，人民的团结，国内各民族的团结，这是我们的事业必定要胜利的基本保证。政协委员之间，委员与群众之间，机关干部与委员之间，领导干部与群众之间，都要经常交往、广泛接触、谈心交心、增进友谊、加深理解。古人讲：为政之道，务于多闻。政协机关的领导同志，要多找下面干部谈谈心，经常听一听政协委员和机关干部的意见，不管是难听的，不好听的，都要做到闻过则喜，广采博纳，虚怀若谷。对个别拿钱不干事的，甚至搬弄是非、搞内耗的人，要加强管理和教育，问题严重的还要给予处分，有的还要建议调出政协机关。要强化机关内部的管理，严格执行各项规章制度，把有限的人力、物力、财力最大限度地用在政协工作上。使政协机关成为一个团结、民主、和谐、高效、有生气的参政议政的场所。

（四）要大兴真抓实干之风

“实干兴邦”是我们的共识。凡是符合邓小平同志提出的“三个有利于”的事，有利于党委、政府决策科学化、民主化的事，有利于提高协商监督、参政议政水平的事，我们都应该大胆去干，而且应该干好。当前，我们除了认真履行协商监督、参政议政主要职能外，还要切实抓好以下六个方面的工作：1. 要积极动员和鼓励政协委员在各自的工作岗位上，立足本职工作，奉献聪明才智，为完成今年的经济发展目标真抓实干，献计献策。2. 要发挥政协委员联系面广的优势，在引进技术、资金、信息、人才方面牵线搭桥。3. 要进一步贴近群众，疏通渠道，协助党委政府处理好各种错综复杂的利益关系，解惑释疑、化解矛盾、协调关系、维护安定团结的政治局面。4. 要认真组织好今年的政协委员视察工作，各县（市）在视察时，一定要请所在地的省政协委员参加。5. 要按照党政机关的安排，取得有关方面配合和支持，切实抓好政协机关的挂钩扶贫点或示范点，这既是奔小康的需要，也是我们政协机关联系群众、改进作风的需要，一定要切实抓出成效来。6. 关于办公司的问题，要根据纪检监察部门的要求认真进行清理。有条件的地方，要按照有关规定，继续保留，切实办好，但人员、财务、机构要脱钩。

我们相信，只要按照地委、行署的部署，通过全区上下坚持不懈地团结努力，艰苦奋斗，扎实工作，就一定能够进一步提高政协工作实效，为确保我区今年经济发展目标的实现作出新贡献。

1994 年 8 月

政协工作为经济建设服务更具有生命力

——闽浙赣皖四省九地市政协联谊会第 7 次会议交流材料

政协抚州地区工作委员会

政协工作服从和服务于经济建设，是人民政协的性质所决定的。人民政协只有服从和服务于经济建设，才能显示其强大的生命力。近几年来，我们认真找准政协工作服务经济工作的切入点，就挂钩建点、调查研究、反映社情民意等方面如何服务抚州经济建设，作了一些有益探索，使全区政协工作在为经济建设服务中更加生动活泼、富有成效。

一、挂钩建点、适时指导，为经济建设办实事

按照李瑞环主席提出的“尽职而不越位，帮忙而不添乱，切实而不表面”的要求，我们全区各级政协组织坚持与党委、政府思想同心、蓝图同绘、目标同向、工作同步，进一步强化了中心意识、服务意识和参与意识。政协领导和机关都建立了工作联系点，通过挂点、管片、联线等多种形式，使政协工作和经济工作在点、线、片上交叉结合，形成了政协工作服务经济工作，经济工作促进政协工作的新格局。

协助党政抓好中心工作。去年，中共抚州地委提出为群众办好十件实事，即实现村村通广播，地、县有线台开通卫星加密电视节目，做好廖坊水库和入闽公路的前期工作，完成昌抚公路及抚临路改造，完成区内国道省道两旁的高效林业带建设等。这十件实事中，我们工委领导分管和协管的就有6件。为切实做好这些工作，工委领导个个肩挑双担，亲力亲为，科学地处理政协工作与抓实事的关系，做到工作上巧安排、优势上多发挥，使自己所分管的工作进展快、效果好，按时完成和超额完成了年度工作目标。其中由地区工委主任张火春负责的“村村通广播和卫星电视加密”工作，成绩突出，受到了省政府及省直部门的充分肯定。今年5月，全省农村广播电视工作经验现场交流会在我区召开。地委、行署领导一致夸赞我们工委在经济建设的主战场上起到了“方面军”的作用。此外，我们还坚持在乐安县航桥乡扶贫挂点，使该乡的工农业总产值、人均收入和财政收入分别比8年前增长10.3倍、4.2倍和10.1倍。我们的扶贫经验曾在省老建委召开的全省动员社会力量支援老区、贫困地区开发建设经验交流会上作了介绍。

指导县市政协为经济建设办实事。在配合地委、行署作好事关全区大局工作的同时，我们还把服务经济建设纳入全区政协工作目标管理和考评范围，并定期分专题召开全区县市政协主席会议，总结交流工作经验，加大了指导县市政协服务经济工作的力度，使全区各县市政协更加贴近党委、政府的中心工作，在服务经济建设实践中，做了大量的卓有成效的工作。一是开展了鼓励委员立足本职岗位建功立业活动，涌现了一批在省内外有一定影响的企业家型和专家学者型委员；二是组织开展了对口联系、咨询服务，组织和引导农村委员率先奔小康，以及为乡镇企业排忧解难活动，都产生了较好的效果；三是在深化改革和经济转轨过程中，做好协调关系、化解矛盾、理顺情绪的工作，努力维护经济建设的宽松环境；四是大力倡导开展“提出一条经济发展建议、引进一笔资金、一个项目、一名科技人才”的“四个一”活动。为配合1997年地委、行署“招商引资年”活动，我们年初召开了全区县市政协主席会议，就人民政协开展“三胞”联谊，招商引资工作进行了专题研究和部署。要求县市政协今年要完成500—1000万元的引资任务。各县市政协根据地区政协工委的要求，积极采取措施，认真搞好招商引资。目前，全区政协开展招商引资已初见成效，其中黎川县政协就引进技术项目7个，创办合资企业7家，引进外资折合人民币1652.5万元，占全县引进外资总额的68%，从而加快了该县经济建设的步伐。

二、以调查研究为载体，为经济建设建言献策

人民政协为经济建设服务，不仅要积极参与办实事，更重要的是发挥政协的优势，围绕经济建设中的重大问题开展调查研究，以调查报告为载体，向党委、政府积极建言献策，真正起到“参谋部”“智囊团”的作用。近年来，我们围绕经济建设中的重大问题、热点问题和难点问题，共组织专题调查、视察活动138次，形成调查报告129篇，大多数进入了党政决策程序。地区政协工委先后组织在抚地直单位省政协委员视察3次、

专题调查2次，所提出的意见和建议均引起了地委、行署领导的重视，有的建议还进入了省政府的决策程序，为全区经济发展起到了不可替代的作用。

抓重点，就经济建设中的重大问题开展专题调查，积极向党委、政府提出意见和建议。交通落后是制约我区经济发展的重要因素。随着昌抚公路的改造及福津境内至厦门路段高等级公路的修建完工，临瑞公路（临川至瑞金）已成为南昌至厦门主干线的“瓶颈”路段，无法承担内陆腹地通往闽、粤等沿海经济发达地区主干线职能。部分在抚省政协委员经过专题调查，并与地区交通局、计委的领导、专家共同研究论证。一致认为：尽快建设临瑞一级公路是实施地委、行署提出的“面向厦门港，拓宽主通道，建设赣东经济开发带”发展构想的重大举措，既可带动沿线老区、贫困地区经济繁荣，是一条扶贫路、致富路、对外开放路，从政治意义上说，又是实现祖国统一的战备路。于是，我们及时形成调查报告，并写出了《要求省政府尽快立项建设临瑞一级公路》的建议，这个建议很好，被省政府采纳并获准立项。临瑞公路建设前期工作已全面展开，计划于1998年开工建设。

抓难点，就党委、政府面临的难点问题开展调查研究，寻找解决问题的办法。一个时期以来，重视普通教育轻视职业教育的错误观念，严重影响着直接服务于经济建设的职业教育，使有一技之长的实用人才远远不能满足地方经济建设对具有一定素质和技能的劳动大军的需求，这是各级政府面临的一个难点问题，针对上述情况，我们就职业教育的发展状况，组织了区直单位省政协委员赴资溪和黎川两县进行专题调查。通过调查，我们提出了影响全区职业教育4个方面的问题，提出了加大对职业教育投入、改革招生制度、加大统筹力度、理顺管理体制等5条建议，这些建议得到了行署及有关部门的高度重视，全区职业教育的发展开始出现好的转机。

三、以促进解决问题为目的，积极反映社情民意

在经济建设中，随时都可能出现新情况、新问题，人民群众中许多有志之士关于搞好经济建设的好意见、好建议，失散于民间、滞留于下层。人民政协可以发挥亦官亦民、位置超脱的优势，收集和反映这些散失在民间的好建议、好对策，向党委、政府及时反映，帮助和促进党委、政府解决经济建设中出现的问题。近几年来，我们工委创办了《社情民意》专刊，选登各县市政协报送的社情民意和信息，分送给地委、行署领导决策时参考。两年来，我们共编印《社情民意》12期，及时反映了各方面的意见和要求，地委主要领导先后四次作批示，使《社情民意》中反映的问题得到了较好的解决。各县市政协反映的社情民意也取得了较好的实效。

反映经济建设中的突出问题。去年3月，我们把崇仁县政协反映的“磷肥营销渠道亟待疏通”选登在《社情民意》上，引起了崇仁县政府的高度重视，该县县长立即召集有关部门负责人到县磷肥厂现场办公，对磷肥销售问题作出具体规定，并以县政府会议纪要形式发到有关单位，一举解决了这个难题，帮助磷肥厂摆脱了困境。

反映群众普遍关心的热点问题。去年初，我们通过《社情民意》反映了政协委员提出的“市政府要花大力搞好‘菜篮子’工程”的建议，引起了地市两级领导的高度重视。地委当年就将搞好“菜篮子”工程作为全区要办的十件实事之一。临川市委、市政府也将“菜篮子”工程列为一项民心工程，投入1472万元，在近郊7个乡镇建设5000亩高产稳产商品蔬菜基地和3000亩反季节大棚蔬菜基地。由于该项目落实迅速，市场蔬菜品种单一状况很快就得到改善，蔬菜价格也下降15%—20%。

反映亟待解决的难点问题。今年3月，宜黄县防疫部门在对全县中小学学生体检时发现，中小学生乙肝病毒携带率高达26%，个别班甚至达

到39%。我们从宜黄县政协了解到这一信息后，及时编入《社情民意》送地委、行署领导参阅，地委主要领导当即作出批示，责成有关部门采取相应措施，认真解决了这一问题。

实践使我们体会到，人民政协只有服从、服务于经济建设，政协的职能作用和优势才能得到充分发挥，政协的各项活动才能充满生机和活力，政协自身存在的价值才能得以充分体现，政协工作也才能既“有为”又“有位”。社会主义市场经济体制的建立，“九五”计划和2010年远景目标纲要的实施，为政协履行职能提供了更有利的时机和条件，也为政协履行职能提出了新的任务和要求。我们将认真学习兄弟地市的好做法、好经验，努力探索政协工作为经济建设服务的新路子，把我区政协工作提高到一个新水平。

1997年8月

着眼发展，关注民情，努力把我市政协提案工作提高到一个新水平

政协抚州市第一届委员会

市政协成立三年来，提案工作在求真务实、开拓创新、以质量求发展等方面，积累了不少好的经验，取得了很好的成绩。概括起来，主要有以下几个方面：一是逐步加深了对提案工作重要地位和作用的认识，加深了对“三个重要”（即重要方面、重要方式、重要渠道）的理解，各级政协重视提案工作，把提案工作列入了主席会议、常委会会议的重要议事日程，积极争取党委、政府对提案工作的支持，为提案工作的稳步发展提供了重要保证。二是制定并认真贯彻执行《提案工作条例》，建立和健全了提案征集、审查立案、交办、承办、督办、服务等一整套行之有效的制度，使提案工作逐步走上制度化、规范化、程序化的轨道。三是提案工作的“三个质量”逐步提高。在提案征集方面，既强调提案的数量，同时更强调提案的质量，不仅要求提案有情况、有分析、有建议，而且更加强调提案本身具有的严肃性、科学性、可行性。在提案办理方面，已经形成了党委、政府、政协、各承办单位和提案者共同参与办理；主要领导、分管领导、科室领导、经办人“四级负责”的提案办理工作格局，提案办理成效日益明显。在提案服务方面，办法不断增多，路子不断拓宽，力度不断加大，尤其是主席领衔督办，重点提案重点办理很有特色，对推动提案的办理落实发挥了重要作用。提案工作出现了由单个部门办理向相关部门联合办理转变；由被动应付型向主动服务型转变；由“文来文往”向“人来人往和文来文往并举”转变；由答复型向落实型转变的新局面。

成绩令人欣喜，我们要认真系统地总结历年提案工作经验，运用好这些成功的经验指导好今后的提案工作，使政协的提案更好地推动全市“三个文明”建设的发展。在总结经验、肯定成绩的同时，我们也应清醒地看到，我市政协提案工作还存在不少带有普遍性的问题。比如党政部分领导和相关部门对提案工作的认识问题，提案数量与质量的协调发展问题，严格立案标准与尊重提案者的民主权利问题，重点提案和优秀提案的认定问题，如何避免提案“回娘家”问题，如何运用提案进行民主监督问题；等等。这些问题都要求我们在今后的提案工作实践中，认真思考，深入研讨，逐步找出解决问题的办法来。

一、站在“三个代表”高度，充分认识政协提案工作重要性

胡锦涛总书记在“七一”讲话中指出，“三个代表”重要思想反映了我国最广大人民的共同意愿，体现了当今世界和中国发展的时代精神，显示了马克思主义科学理论的强大力量，是全党全国人民在新世纪新阶段继续团结奋斗的共同思想基础。要实现全面建设小康社会的宏伟目标，必须把学习贯彻“三个代表”重要思想不断引向深入。人民政协工作是建设中国特色社会主义事业的重要组成部分，人民政协肩负的各项任务，都必须以“三个代表”重要思想为指导。这是毫无疑义的，也应当是坚定不移的。政协提案是各民主党派、有关人民团体和政协委员履行政治协商、民主监督、参政议政职能最直接、最有效的重要形式。政协委员通过提案，就党政的中心工作，当地的改革、发展、稳定的重大问题，人民群众关心的生产和生活中的紧迫问题，向党委、政府提意见，提建议，甚至提批评，反映了人民群众对当前的大事、大局和热点、难点问题的看法、态度和意愿，体现了“三个代表”重要思想的要求，是“三个代表”重要思想的具体化。如何认识和对待政协委员的提案，既是对一个人、一个部门、一级组织政治立场、政治原则、政治敏感性和政治鉴别力的考验，也是对他们的做人做事的品德和作风的一种检验。归根结底是个对人民群众的态度问题，是真贯彻“三个代表”还是假贯彻“三个代表”的问题。因此，各级党政组织和干部都要站在“三个代表”的高度，充分认识政协提案的重要地位和作用，认真对待政协委员的每一份提案，尤其是那些重要提案的办理和落实。

二、着眼发展，关注民情，下功夫征集更多更好的提案

征集、办理、落实提案是人民政协重要的日常工作之一，提交提案是政协委员参政议政的重要方式，是反映社情民意的重要渠道。因此，要做一名合格的有光荣感责任感的政协委员，一定要学会并熟练掌握提交提案的基本原则和方法。

首先，提案要着眼发展。着眼发展，就是我们的提案要有强烈的时代精神，要反映当前的大事、要事。在新世纪新阶段要实现全面建设小康社会的目标，首要的是全党全国“把发展作为执政兴国的第一要务”。政协委员参政议政的出发点和落脚点、第一位的是要促进发展。在我们抚州，当前的发展是围绕“加快推进工业化、城市化和农业产业化”来展开的。全市各级政协组织、各民主党派、人民团体和社会各界政协委员，要关心“三化”的发展情况和存在问题，比如工业园区建设、国企改革、民营经济发展及其环境建设；城市的规划和实施，城市的管理，房地产经营和开发，城市的美化、绿化；农业产业的发展状况，农业龙头企业、生态环境保护和利用；等等。这些涉及“三化”建设和发展的重要方面，情况如何，有什么问题，怎么解决？我们不仅要有心地看，还要有意地问，反复深入地想，成竹于胸时就提起笔来撰写提案。这样有情况、有分析、有建议的提案，围绕中心，服务大局，着眼发展，促进发展，能不受到欢迎吗？

其次，提案要关注民情。人民政协是最广泛的爱国统一战线组织。爱国必然爱民。着眼发展是爱国，关注民情就是爱民。各民主党派和人民团体本身就是那一部分人民群众的代表，参加人民政协的政协委员更是直接代表一方群众的。既然如此，人民政协的组织和委员就要真实及时地反映人民群众的呼声、愿望和要求，而政协提案是最好最有效的形式。当前，我国的经济体制、政治体制和各方面的改革正在深入进行。改革是利益关系的深刻调整，涉及方方面面，其力度要与广大人民群众的承受能力和各级财政的承受能力相适应。但真正做到却很难，因此，改革进程中事实上就存在这样那样的矛盾和问题。比如，国企改革中下岗职工的就业、再就业问题，城镇居民的最低生活保障问题，离退休职工的生

活费和医疗费问题；教育体制改革中低收入家庭子女上学问题；农村税费改革后农村中小学校九年制义务教育问题；减轻农民负担政策的落实问题；卫生体制改革中的城乡居民卫生医疗保障问题；城乡道路交通问题；今年洪灾、旱灾后暴露出来的问题；等等。这些问题都与人民群众的切身利益息息相关，甚至直接影响弱势群体的基本生存。如果这些问题得不到真实及时地反映，势必导致部分民心的涣散和局部社会的不稳定。安居乐业，国泰民安，是老百姓的希望，更是党委政府的责任。我们政协委员如能顺民心、达民意，将人民群众关注的那些迫切需要解决的问题，经过细致的调查核实，运用提案的形式精确及时地反映给党委政府，能不受到重视吗？

概而言之，着眼发展、关注民情，是提案的灵魂；客观真实，是提案的根基；及时报送，是提案的生命。符合这些要求，选题准、立意高、观点新、建议实，就是好提案。市、县（区）政协提案委要多征集这样的好提案。

三、把提案的办理放在解决问题上

目前，市、县（区）两级政协组织征集提案，主要集中在一年一度的政协全会期间。一般而言，县（区）年度政协全会征集的提案有数十件，市政协有近两百件。对于征集到的这么多提案，市、县（区）提案委按照《提案工作条例》的规定，依照程序做好审查、立案、送达、检查、督促、协商、共同办理和回复提案委员等许多繁杂、细致的工作，为提案的落实、发挥应有的作用，作了不懈的努力。同时，在辛劳的工作中积累了许多做好提案工作的有益经验，这是应当充分肯定的。但是，我市政协提案的办理工作存在这样几个突出问题：(一) 重次难分；(二) 方法不新；(三) “精品”很少。为了迅速克服这些问题，建议：

第一，审查提案要“多中选好，好中选优，优中选重”。标准就是，在坚持“着眼发展、关注民情、围绕中心、服务大局”原则下，能做到有情况、有分析、有建议的就可以算作好提案；在这个基础上，所反映的问题，符合党政决策的思路，对应实施决策的难点和人民群众关心的热点，就是优秀提案；进而又切中改革、发展、稳定大局中急需解决，且解决问题的思路、办法、对策、建议又可行的，就是重点提案。

第二，督办提案要“重点提案重点办，优秀提案认真促办，好的提案抓紧办”。政协提案的检查督办工作，经过多年的实践，有了许多行之有效的办法，如承办单位积极办，提案人与承办单位协商办，几个承办单位联合办等。这些方面的自觉主动办理，使不少好的提案、优秀提案得到落实，产生了很好的效果。随着“三个代表”重要思想学习贯彻的不断深入和提案工作的进步，近年来，政协提案的督办工作，也与时俱进，工作方式有了不少的创新。诸如主席领衔督办重点提案，提案委牵头现场督办，分管提案工作的领导亲自调研督办等，对于重点提案的落实和优秀提案的办理起了画龙点睛、推波助澜的作用，一些重点提案因而成了“精品”提案。

第三，检验提案工作成效的标准是解决问题。多年来，我们政协提案的办理，追求承办单位的答复率、提案委员的满意率。这个工作标准已经不合时宜了。不能满足于简单的马虎的答复了事，而是要对于提案中所提的意见和建议，正确的而又有条件马上可以做的事，要督促承办单位马上做并做好；意见建议对但暂时条件不具备的，承办单位也要有想法，有打算，积极创造条件去做。功夫一定要下在解决问题上。我们提案委检查督办提案，就是要看承办单位做了哪些实实在在的事，解决了哪些实实在在的问题，这些问题的解决，人民群众满意不满意，高兴不高兴，这才是检验提案工作成效大小的根本标准。

四、增强委员素质是提高提案工作水平的基础

政协工作的主体是委员，政协履行政治协商、民主监督、参政议政职能作用发挥如何，很大程度上取决于委员素质的高低。政协提案是委

员履行职能的主要形式。在增强委员素质，提高政协参政议政水平工作中，首要的任务就是提高委员撰写提案的能力和水平，这是提高提案工作水平的基础。目前存在的一些提案质量不高的原因，一方面是委员身兼数职，平时工作忙，虽有参政议政的积极性，但苦于平时缺乏调查研究时间，常常是临开大会或到了会议上，才匆匆写出提案；另一方面是委员缺乏提拟提案的经验和认识，素质有待进一步提高。这跟我们工作没有做到家、当参谋不够、服务质量不高有直接的关系。如何提高委员撰写提案的能力和水平，可以从以下几个方面着手：

第一，加强学习。学习是人民政协的优良传统。要组织委员认真学习邓小平理论和“三个代表”重要思想，学习中央领导同志关于统战、政协工作的重要论述，学习提案有关知识，了解人民政协提案工作发展的历史进程，使委员充分认识提案在政协履行职能工作中的重要作用，认识提案本身的质量在新时期提案工作中的重要性，从而增强委员撰写提案的使命感和责任感，进一步深化提案的质量意识。同时，要通过多种形式，使委员学习了解党和政府的大政方针，熟知一些相关的政策、法规以及现代管理等方面的知识，提高分析、判断、鉴别能力，使提案反映的问题、建议和批评建立在政策依据的基础上，这样才能把握正确的方向，增强说服力。

第二，创造条件，让委员“知情”。知情是增强委员素质、写好提案的重要条件。政协及各专门委员会应举办各种活动，如召开形势报告会，邀请党政领导通报工作，召开专题座谈会，组织参观、考察、视察等，让委员吃透上情、摸清下情，了解和掌握全市工作重点和人民群众关注的热点，使所提提案具有针对性，能够及时准确地反映社情民意。

第三，多种形式，具体帮助。可通过印发提案范例、表彰优秀提案等活动示范引导，提高委员撰写提案的水平；还可开展老委员座谈会、上门走访老委员等活动，发动老委员做好“传、帮、带”。要特别注重提高委员的调查研究水平，让委员在实践中提高素质。调查研究是提高提案质量的重要途径。深入调查才能使提案言之有据，唯物、客观、真实；认真研究才能使提案持之有理，准确抓住问题的实质和要害，作出正确的判断。当前我们面临的形势、机遇、环境、条件都很好，只要我们把握好“着眼发展、关注民情、围绕中心、服务大局”的这个原则，加倍努力，积极探索，开拓创新，与时俱进，就一定能使政协提案在服务和推动全市经济的快速发展中发挥更大的作用。

2003 年 10 月

“医药费过高”症结何在？各方都有话要说

——市政协民主评议卫生及相关部门工作纪实

政协抚州市第一届委员会

“过去老百姓怕飞机和大炮，现在老百姓怕医院和学校”，这句民谣反映出人民群众对当前医疗卫生方面的民情民意。人吃五谷杂粮，哪有不生病的？但这些年来，老百姓已被虚高的医药费、治疗费、检查费整得看不起病，住不起院。医药费过高的症结究竟何在？最近，抚州市政协围绕人民群众反映的“医药费过高，老百姓看不起病”这个热点问题进行了深入而广泛的社会调查和民意测评，并于9月1日开展了一次专题民主评议，为破解这个难题“把脉”“问诊”。

一、政协委员说：医药费过高，老百姓看不起病

医药卫生与人民群众利益密切相关，近几年来，涉及医药卫生方面的提案和社情民意日渐增多，“医药费过高，老百姓看不起病”已成为政协委员和人民群众关注的焦点。一例普通感冒，在私人门诊一般10元左右就能治好，到大医院却要花费上百元。药品费用偏高是老百姓看不起病的一个重要原因，2003年，全市医院药品收入占业务收入比重为55.52%，药品收入仍然是医院收入的主要来源。据调查，医院的药品价格普遍是平价药店的2倍，有的甚至3至5倍。如阿莫西林的进价为4.25元，卖给病人的价格为8.33元。奥米拉唑每瓶进价18元，卖给病人的价格为54.42元，是进价的3倍多，而药店同类药仅卖12元。某职工因患肾结石到医院治疗，医生开了160元的金钱草冲剂，第二次他拿着同一张处方到药店买同样数量的药仅花了40元。许多患者为了看病少花钱，私下拿医院的处方到药店买药。据了解，即使平价药房的药品降价50%，经销商仍有较大的利润空间。

有63%的群众反映检查过多过滥，看病几乎成了机器看病。不管大病小病，动不动就做各种各样的检查，规格也越来越高。抚纺一位年纪较大的职工感冒发烧，到市区某医院治疗，仅化验拍片做检查就花了1400多元，检查做了不少，结果还是诊断为感冒。唱凯镇一农民被鱼刺卡住喉咙到医院就诊，医生没找着鱼刺，就要他打B超，打B超没找着，又要他去做胃镜，结果还是没有找着。检查泛滥由此可见一斑。

不少群众说，“以前找熟医生是开好药、贵药，现在找熟医生是开便宜药”。那些几角钱或几元钱价格低廉、医患认可的常规普通用药、降价药从医院的处方上消失了，而名目繁多、改头换面后价格上涨几倍甚至几十倍的同类新药、进口药却粉墨登场。一个体老板反映，其女儿扁桃腺发炎，在某医院就诊，医生把病情说得非常严重，用了一种50元一支的新药，一次性开了5天的量，共花640元。民意调查显示，59.0%的人认为医院有开大处方的现象，43.70%的人认为存在搭车开药的问题。有46%的群众反映，部分医务人员尤其是外科、妇产科的少数医务人员有收受“红包”、物品等行为。临川湖南乡一农民做胃切除手术，虽找到熟人，但“红包”还是免不了。不尽如人意的医德医风是看病贵、看病难的另一个方面。

二、医疗机构说：“以药养医”是无奈的选择

面对社会各界的反映，医疗机构也有说不出的委屈。他们认为，国家将医院推向市场，实行差额补贴，对医院的投入，平均只占医院需要的10%，不足的90%部分只有靠医院自己赚。如某医院2002年改制后，财政100多万元的拨款没有了，而全院人员的工资要发，社保要交，还要盈利，这些钱从哪里来？只有从药费中来，从患者身上来，“以药养医”便成为医院的无奈选择。医疗服务价格与价值严重背离是造成“以药养医”的又一个重要原因。当前，医院的经营成本大幅度增加，而成本补偿主要依赖药品收入。医生看一个病人，只收1元挂号费，其中还含有处方印刷费及收费员的劳动，如果没有药品销售的附加利润，医生的工资如何开销，医院如何运转？再说，医生开处方、指导用药，有着医生的技术含量和劳动价值，医院所销售的药当然要比超市贵。由于医院只能从药品销售、仪器检查中弥补亏空，因而医务人员工资、奖金与业务量挂钩就成为医院普遍推行的分配模式，经济指标、业务指标成为量化科室、量化医生的合理标准。有些科室和医务人员为了追求自身的经济利益，不得不增加业务量。因而，开大处方、滥检查便成为医药费居高不下的又一“顽症”。

三、政协评议：为医药费过高“把脉”“问诊”

为破解“医药费过高”这个难题，今年5月以来，市政协组成五个评议小组，在历时两个多月社会调查的基础上，于9月1日召开了集中评议大会。市政协委员、各民主党派和评议小组成员坦诚评议，献计献策，为医药费过高问题“把脉”“问诊”。

政协委员认为，一些医疗机构暴露出来的医疗费用过高，开大处方，不用疗效好、价格低廉的普通常规药，而用价格高昂的进口药、新特药，还有过多过滥的检查，医德医风不尽如人意等问题，带有一定的普遍性。存在这些问题，既有体制和客观上的原因，但也暴露出医疗单位追求经济效益最大化，在一定程度上淡化了社会同情心，淡化了自己的社会责任。我们不能以客观上的理由来掩盖工作中的缺陷，不能对老百姓要求降低医药费用的呼声充耳不闻。在民主评议大会上，市政协郑重建议，各医疗机构要少用进口、新特药，多用有疗效的常规普通药；能用常规手段检查，就不用高新技术检查；加强医药价格的审批和监管，减少购销环节，从源头上抑制医药价格虚高；进一步抓好医德医处方、小病大医、轻病重治等不正之风。同时，建议卫生行政主管部门要切实加强对各级各类医院的管理，对医疗机构实行院务医务药品信息公开制度，增加透明度，让病人有知情权、选择权。价格主管部门要加强对医药费价格的监管，向社会公布新药、特药、进口药的价格，让群众参与监督。推进并完善药品集中招标采购，降低药品进价，合理让利百姓。整合医疗卫生机构和资源，减少重复建设和盲目投入。改建或设立一所由政府管理的“平价医院”，以解决社会贫困阶层看不起病的问题。

四、卫生及相关部门：积极整改，让人民群众满意

针对市政协民主评议中反映出来的问题，市卫生、物价部门认真梳理，落实整改措施，边整边改。在全市医疗机构开展“十大诚信医院”创建活动和“群众满意医院”评选活动，以及职业道德、职业纪律、职业责任、法律法规和为人民服务的宗旨教育活动，对全市各级医疗机构及医务人员提出了“六个必须”和“六个不准”的医德医风要求；坚持药品集中招标采购制度，让利患者751.1万元；坚持和完善了院务公开、诊疗公示制度，做到因病施治，合理检查，合理用药，合理收费；开展了打击非法行医专项整治，依法取缔非法行医机构209家，限期整改47家，组建了卫生监督所和聘请了卫生监督员，严肃查处了违法违纪案件16件，有14名医务人员受到查处。市物价局在全市范围内开展了医疗服务和药品价格专项检查，严肃查处医疗服务中的乱收费行为。同时，进一步改进医疗机构集中招标采购及集中议价采购药品价格管理办法，规范医疗服务项目，调整医疗服务标准，为广大人民群众提供质量较高、费用较低的医疗卫生服务，切实做到让人民群众满意。

（原载《抚州日报》2004年9月27日）

追求实效，创造精品

政协抚州市第二届委员会

经过多年的实践，我们认为参政议政必须务求实效。什么是实效？体现三条：一是参政议政的意见和建议推动了相关发展和民生问题的解决；二是推动了党委政府对相关问题的决策和决

策的实施；三是推动了相关政策措施的完善和健全，人民群众得到实惠。因此，追求实效、创造精品，是政协履职水平的重要体现。抚州市政协牢固树立“精品”意识，以精品求实效，以精品谋发展，以精品塑形象，许多“精品之作”进入党政决策程序，产生了实实在在的效果。去年以来，市委常委会、市政府常务会先后11次专题研究市政协报送的调研报告、建议案以及专题协商意见，充分吸纳政协的智慧和成果，呈现出“政协勤献策，党政纳良方”的良性互动局面。我们的做法是：

一、选准课题

政协参政议政课题在精不在多，关键是要坚持以战略性、客观性为主要考量标准，以进入党政决策为参政目标。我们牢牢把握发展和民生两大主题，围绕全市经济和社会发展中的重大问题、人民群众期盼解决的民生问题，党委和政府关注的重大改革、主要工作和重要项目，以及需要解决的困惑在胸的问题选题，使研究的课题切合经济建设和社会发展的实际。第一，紧扣发展选题。工业园区和城区建设是我市赶超发展的重中之重，党委十分重视，政府为之操心，百姓密切关注。为帮助党委、政府了解“两区”建设出现的新情况、新问题，寻求促进“两区”可持续发展的良策，去年以来，我们精心选择工业园区发展、抚州中心城区卫星城镇建设、城区重大项目规划与建设等课题，开展了一系列的调研协商、咨政建言活动，取得良好的参政议政效果。如去年我们就工业园区可持续发展问题开展专题调研，通过常委会协商讨论，形成高质量的调研报告，由于这个课题选题精准，切中要害，反响很大，引起市委、市政府高度重视，首次将研究政协报告列入市委常委会和市政府常务会议题，并召开园区建设工作会议，解决了政协报告中提出的突出问题，下发了《关于加快工业园区发展的意见》。省中小企业局对这个文件进行转发，把它作为指导全省工业园区发展的一个政策性文件。第二，紧扣民生选题。关注民生、改善民生、保障民生是贯彻落实科学发展观的具体要求，也是人民政协义不容辞的神圣使命。我们注重围绕人民群众特别是困难群众的所需、所急、所盼，建言献策，着力解决群众最关心、最直接、最现实的问题。我们把完善社会保障体系作为关注民生的“大文章”，将其中的“社会保险”和“社会救助”分别列为去年和今年常委会协商的重点，围绕这些问题向市委、市政府报送了7个调研报告、2个建议案，从完善城镇职工养老、失业、医疗保险制度到建立覆盖城乡的社会救助体系，提出了许多有价值的良言益策，促使市委、市政府出台完善社会保险体系和城乡社会救助体系文件；我们把加强安全生产作为保障民生安全的“重头戏”，就“如何加强安全生产工作，遏制重特大安全事故发生”开展专题调研，通过认真查找问题，深刻剖析原因，提出加强安全生产工作对策建议，市政府根据政协建议出台了《关于进一步加强安全生产工作的若干意见》，在全市开展了安全生产百日督查，排查隐患，建立安全生产工作有效机制。

二、精心调研

调查研究是政协的参政之本、议政之源，成事之道。唯有深调查、细研究，才能锤炼出经得起时间考验、具有政协特色的参政议政精品。在实际工作中，我们努力在两方面下功夫。第一，优化队伍。有效整合资源，组建精干队伍，是调研取得成效的关键。我们开展的工业园区建设、全民创业、社会保险体系建设等重大调研活动，都是由主席、副主席带队，相关专委会牵头，熟悉调研课题的政协委员、专家、学者及相关部门领导参加，同时发挥各民主党派的独特作用、县（区）政协的联动作用，形成上下互动、左右联动、优势互补、协同攻关的工作合力，使每次调研既广泛又深入，既全面又深刻，同时也有效地提升了政协履行职能的整体水平。第二，调研深透。我们牢固树立“调研为决策”、

"调研出精品"的质量意识，在调查情况时，既听党政情况通报，又倾听群众呼声，既了解面上情况，又解剖点上问题，在精心研究本地做法的同时，借鉴外地经验，做到不浮光掠影，不浅尝辄止。在研究问题时，坚持做到"四问"，即：问一问现有的法律法规存不存在缺陷？问一问党委、政府的政策措施有没有失误？问一问现行的体制机制有没有失灵？问一问工作方式方法上有没有失当？通过全面、深入的调查和系统、透彻的分析，透过现象看本质，发现规律，找到解决问题的有效办法。在开展社区建设调研时，我们深入到市城区和县（区）50个不同类型社区居委会实地察看，对200多名干部群众进行问卷调查，召开不同类型座谈会30余次，在与社区居民的亲密接触中收集社情民意。对县（区）具有代表性的社区居委会进行重点分析、详细解剖，并学习考察外地先进经验，形成专题调查报告。市委常委会专题研究了这个报告，提出指导性意见。市政府以调查报告为蓝本出台了《关于进一步加强市城区社区建设工作的意见》，使全市社区建设迈上了一个新台阶。

三、勇于创新

创新是改革发展的不竭动力，也是政协工作常做常新的无尽源泉。唯有不断创新，才能彰显出政协参政议政的特色。在履职实践中，我们坚持用战略的眼光和超前的意识，创新思路、创新办法，力争提出高人一等、胜人一筹、先人一步的思路和举措，积极为党委、政府奉献破解难题的良策。如适当调整临川区体制机制的调研，我们提出"调整的着力点在于理顺体制搞活机制，出发点是促进市区两级共同发展，终极目标是给临川区更大的发展空间"的总体思路，得到市区两级党政领导的充分认可。再如抚州中心城区卫星镇建设问题，我们提出"中心城区、县城和卫星城镇建设同步推进是抚州城市化发展的必由之路""产业引导方向""规划决定未来""政策是最大的支持"等建设性思路，得到市委、市政府的高度认同，市政府根据政协建议制定了《关于加快培育市中心城区卫星镇的意见》。创新思路、创新对策，增强意见建议的可操作性，是十分重要的。创新之源来自两个方面：一是来自干部群众的智慧；二是学习外地的鲜活经验。将这两者与抚州的市情和所研究问题的实际，紧密而巧妙地结合起来，使对策建议可行、可操作。如社会保险体系建设调研，我们先深入调研本市情况，之后组织到江苏镇江、山东青岛等地学习，按照务实管用的原则，从创新管理体制等五个方面提出有很强操作性和实用性的对策建议，市委、市政府主要领导和分管领导均作出批示，市劳动和社会保障部门按照政协建议，采取切实有效措施，有力推动了全市社会保险体系建设。

2008年12月

强化举措，务实创新，大力推进政协协商民主建设

——闽浙赣皖四省九地市政协联谊会第25次会议交流材料

政协抚州市第三届委员会

中共中央《关于加强社会主义协商民主的意见》、中央办公厅《关于加强人民政协协商民主建设的意见》，以及江西省委《关于进一步加强人民政协工作、充分发挥人民政协在发展协商民主中重要作用的意见》对推进政协协商民主作出了重要部署，提出了具体要求。认真贯彻好中

央、省委《意见》，是基层政协工作的重中之重。近年来，抚州市政协坚持围绕中心，服务大局，把协商民主贯穿履行职能全过程，突出协商重点，丰富协商形式，注重协商实效，规范协商行为，不断推进我市政协协商民主广泛、多层、制度化发展。

一、围绕中心选题，突出协商重点

我们注重观大局、议大事，紧紧围绕我市经济社会发展的全局性、战略性问题和群众关注的热点、难点问题选取协商主题，增强了协商的针对性和实效性。一方面，紧扣发展这一主题开展协商。近年来，我们根据党委政府想什么，政协议什么；党委政府做什么，政协帮什么的工作思路，先后就加快县域经济发展、做大做强园区经济、建设向莆铁路经济带、实施旅游强市战略、推进新型城镇化、发展现代服务业、提升农业现代化水平等重点课题，采取“主席领衔、委员参与、专委会调研、常委会协商”的方式，深入开展协商建言，提出了许多具有前瞻性和建设性的意见建议，为市委、市政府科学决策、民主决策提供了有益参考。如建设向莆铁路经济带专题协商报告得到了市委主要领导的称赞，指出“政协报告极大地丰富了市委、市政府建设向莆铁路经济带的重大决策，各专题建言议政深入，使战略思考转化成了实现路径，调研报告不仅是在召唤，更是在倒逼市委、市政府各部门责无旁贷地履行使命，切实敢于担当、积极作为”。另一方面，围绕民生这一热点开展协商。我们高度关注事关人民群众切身利益的问题，做到参政为民着想、议政为民谋利，为促进民生改善竭智尽力。我们把人民群众关注的教育、文化、食品安全、社会保障等热点难点问题，作为协商议政的重要内容，认真开展调研论证，为党委政府制定体现民意、符合民生的方针政策提供借鉴。围绕促进教育均衡发展、大力发展职业教育、发挥文联系统专业社团作用、关爱“失独”家庭、保障舌尖上的安全、加快养老机构建设等与对口部门深入协商，协商成果得到市政府及有关部门的积极采纳，推动了相关民生问题的落实和解决。例如，《关爱“失独”家庭，情暖“失独”父母的调查报告》得到市政府主要领导的充分肯定，市政府制定出台《关于建立完善“失独”家庭养老扶助制度的实施意见》。

二、创新平台载体，丰富协商形式

实践中，我们积极探索协商民主的有效形式，在充分运用例会协商、对口协商、提案办理协商的同时，不断创新协商载体，取得了较大进展。一是打造专题协商新品牌。近年来，我们积极创新方式方法，把专题协商与资政会有机结合起来，每年选择一个全市重大经济发展战略课题，采取专题协商暨资政会的形式，组织多个调研组多角度开展调研，安排6至8名委员在资政会上发言，拓展了专题协商深度和广度，提升了专题协商质量和效果，成为我市政协工作的一个新品牌。二是创新提案协商办理新形式。我们突出“协商”环节，去年年底制定出台《民主评议提案办理工作办法》，并对市环保局、商务局、规划局、农业局提案办理工作进行民主评议，将评议结果在一定范围内予以通报，有力提高了提案办理实效。三是开辟基层协商新渠道。自2013年以来，我们陆续在委员所在企业或单位设立19个社情民意联系点，搭建政协委员与广大群众协商沟通的平台，广泛收集社情民意，反映群众诉求，化解了一批事关社会和谐稳定和民生实事的带有苗头性、倾向性的问题。同时，我市县（区）政协在畅通基层协商路径方面也进行了积极尝试。比如，金溪县政协在委员较为集中的秀谷镇设立政协工委，工委委员与社区结对建立政协工作联系点，搭建了协商民主向基层延伸的平台。

三、狠抓成果转化，注重协商实效

我们把协商成果转化运用摆上十分重要的位置，通过科学建言、有效转化、及时督办，推动协商成果件件有回音，个个见效果。一是多提科学管用的“金点子”。协商建言不仅要提出意见更要出主意。不仅要提出做什么，更要提出怎么做，帮助党委政府找到科学对路的点子和办法。如关于未成年人违法犯罪、“营改增”后物流企业面临的新问题、推进抚州生态文化建设、加快工业经济发展、加快现代服务业建设等课题的调研和协商，我们注重在广度上和深度上下功夫，力求做到不一般性地提建议，讲实话，讲管用的话，提高了协商建言的“含金量”。市政府及相关部门对落实协商成果进行专门研究部署，协商成果得到了及时转化运用。二是善谋反映成果的“新路子”。每次协商活动结束后，市政协都要对协商形成的意见进行梳理，根据内容确定不同的报送载体。除以建议案、调研报告等专报形式报送市委、市政府领导及有关部门外，我们还积极探索成果转化的新路径。比如，借助媒体宣传协商成果，对专题资政会上委员的发言，我们都在《抚州日报》进行刊发；对一些重要的调研报告，我们进行浓缩精炼，利用省政协《光华时报》和《现代抚州》进行刊发，扩大政协协商成果的社会影响。对一些时效性强的建议，我们会及时转化为社情民意进行报送，如《关于整合市区两级财政预算资金，加快配置60米以上云梯消防车的建议》这一社情民意，就是从市政协经济技术委与相关部门的对口协商成果转化而来。三是强化跟踪督办的“硬尺子”。有效推动协商成果转化运用，最关键的就是要解决好成果转化落实“最后一公里”问题。市政协办建立了与市委办、市政府办的定期联系制度，及时了解政协协商成果的办理情况。同时，对一些重要的协商成果在实施中存在的问题进行再次协商，促进协商成果深层次转化。比如对抚河水环境保护课题，我们先后利用专题调研、视察、提案、反映社情民意等方式进行协商建言，但效果并不尽如人意。为此，我们在去年11月份，以专题民主监督的形式对此进行督办，并形成专项督办报告报送市政府及有关部门，得到市政府领导的高度重视，市环保局对督办中发现的问题抓好整改落实，相关违法违规企业立即进行了整改，收到了明显的成效。

四、完善体制机制，规范协商行为

近年来，我市政协按照“人民政协的一切工作和活动都要体现民主精神”的工作思路，牢牢抓住制度建设这一关键，按照“科学、管用、有效”的原则，不断规范政协履职的内容与形式，把有效的工作之策转化为经常之举，把有益的成熟经验固化为制度规范。一是规范履职行为。去年以来，我们先后修改完善了《加强和改进调查研究工作的意见》《界别活动暂行办法》《民主评议提案办理工作办法》《社情民意联系点管理办法》。这些制度的规范完善，为我市政协协商民主的有序开展奠定了制度基础。二是实行计划协商。今年，我市政协在充分征求意见、充分酝酿的基础上，制定年度协商计划，并首次以市委办、市政府办、市政协办“三办”联合发文的形式印发执行，确保全年协商议政的有序进行。三是制定落实意见。今年9月份，省委召开政协工作会议，制定出台了《关于进一步加强人民政协工作、充分发挥人民政协在发展协商民主中重要作用的意见》，我们以贯彻省委政协工作会议精神和省委《意见》为契机，正在加紧代市委起草关于我市加强人民政协协商民主建设的实施意见。《实施意见》将从协商民主的内容与程序、协商成果的报送、协商成果的落实及反馈进行规范和明确，这必将大大推动我市政协协商民主规范化、程序化、制度化建设。

2015年10月

以党的建设为统领，推动政协工作提质增效
——全国地方政协工作经验交流会书面发言材料

政协抚州市第四届委员会

抚州市政协深入学习贯彻习近平总书记重要讲话和中央政协工作会议精神，认真落实中办文件和全国政协部署要求，协助市委在江西率先出台《关于切实加强新时代人民政协党的建设工作的实施意见》，以党的建设为统领，努力推动政协工作提质增效。

一、打造中共党员委员工作站，实现党的组织对党员委员、党的工作对政协委员“全覆盖”

党员委员是做好政协工作的中坚力量。党员委员学在先干在前，就能影响党外委员，带动整个系统。我们在委员较为集中的单位、企业、社区，设立30个中共党员委员工作站，将363名市政协委员（中共党员委员143名，党外委员220名）全部纳入，明确工作职责，经常开展履职活动，探索走出了一条以中共党员委员工作站为平台，以党员委员为骨干，以界别活动为支撑“重要渠道”的功能作用得到更好发挥。

一是凝聚思想共识有阵地。每季度定期开展“委员学习日”活动，跟进学习习近平新时代中国特色社会主义思想的最新成果。扎实开展“讲政治、听党话，聚共识、跟党走”“联系民营企业，助力复工复产”“我为文化强市战略建言”等系列活动，政协声音传递下去，民情反映上来，委员觉得“做了有价值的事”。

二是服务基层群众有载体。2019年以来，依托中共党员委员工作站，组织各界别委员深入基层，开展各类扶贫济困、捐资助学、送医送药、送教下乡等服务基层群众活动62次，捐款捐物363万元，惠及7000余人，群众感到“政协是咱自己人”。

三是发挥党员委员作用有抓手。今年市政协全会表彰的44名优秀市政协委员中，有17名是中共党员委员工作站站长或联络员。在抗击新冠肺炎疫情斗争中，中共党员委员工作站站长带头，引导广大政协委员、各界人士等捐款捐物4000多万元，真正体现“群雁高飞头雁领”。

二、实行党组成员领衔项目制，推动政协党建和履职“双促进”

在人民政协坚持党的领导、加强党的建设是具体的，必须落实到开展履职活动的方方面面，体现到政协事业发展的各个环节。我们明确，重大履职项目由政协党组全过程把关定向，各党组成员分别领衔负责，临时党支部组织实施，严把政治关、政策关、质量关，以党的建设引领和推动履职实践，以履职成效检验党的建设质量水平。

一是牵头开展网络议政、远程协商。去年，聚焦加快文化旅游产业发展主题，1名党组成员和1名党外副主席共同认领一个专题，采取“互联网＋协商议政”方式，提前在网站和政务APP开通征求意见专栏，收集到意见建议156条；组织120多名政协委员、职能部门负责人、景区景点负责人、网民代表分别在演播厅和重点景区，同步进行网络远程协商，实现线上线下实时互动。形成《关于全力推进我市旅游市场改革创新的调查报告》，市委出台的《抚州市旅游产业高质量发展

三年行动计划（2019-2021）》予以充分吸纳。

二是带头沉入一线察实情建真言。在重大视察考察调研活动中，按课题成立临时党支部，党组成员担任支部书记，履行“一岗双责”，既抓课题推进，又抓纪律作风。主题教育期间，针对农村留守儿童关爱教育、“入园难、入园贵”等群众高度关注的问题，7名党组成员连续20多天带队走村入户，白天调查晚上研讨，限期完成事后总结，形成7份调研视察报告，提出65条实实在在的建议，助力解决了一批群众操心事烦心事揪心事。

三是回头看强化监督助推落实。每年挑选3到5件事关改革发展重大问题和涉及群众切身利益实际问题的重点提案和建议案，纳入市政协年度协商计划，实行市委书记、市长“双领办”。同时，推动将重点提案办理列入《抚州市督查检查考核工作计划》，适时由党组成员或党外副主席带队，市政协办联合市委办、市政府办，采取视察监督、专项监督、明察暗访等形式，对提案办理情况进行“回访回看”，访提案人、访办理对象，看落得怎么样、难点在哪里，需改进的建议“回炉”再调研，该加快落实的及时提醒督促。

三、开展比学比优比干系列活动，推动政协工作更加“严紧实”

政协党组落实全面从严治党要求，既要持之以恒加强自身建设，同时又对委员队伍建设、机关党的建设负有领导责任。我们完善党建工作链条，压实党建工作责任，寓监督管理于引导，立足岗位履职尽责中，涵养形成了繁忙的工作常态、饱满的委员状态、干练的机关生态。

一是开列四级书记党建责任清单。在市政协构建政协党组、机关党组、机关党委、机关党支部四级党组织体系的基础上，以清单形式列出各级书记岗位责任，实行“月末提醒督促、季末检查通报、年末述职考核”。有的同志讲：“以前是推着走拽着走，现在是主动干连轴转，很忙很充实很管用。”

二是深入开展委员“亮成果、比贡献、树形象”活动。今年全会期间，编印《抚州市政协四届四次会议以来履职成果集》，共收录重要建议案、调研报告、提案等80余篇，既展现工作成效，又提振履职信心。同时，对去年以来常委、委员参会请假、缺席情况进行公开通报，对1名不执行委员管理规定、不履行委员职责的不合格委员撤销资格，做到敢管敢严、真管真严。

三是持续整治“怕、慢、假、庸、散”等作风顽疾。在机关组织开展“讲政治、敢担当、改作风、抓落实”、“精文减会为基层减负”、“大力祛除身边的‘好人主义’”等主题活动，大兴学习之风、调查研究之风、履职为民之风、改革创新之风，切实增强一线意识、树立一线标准、展现一线作为，推动政协工作进一步严起来、紧起来、实起来。市政协机关连续多年被评为省级文明单位和全市绩效考核、党建工作、脱贫攻坚、招商引资先进单位。

2020年8月

突出党建引领，实现常态履职

——抚州市政协建好用好中共党员委员工作站纪实

政协抚州市第五届委员会

2021年10月换届以来，抚州市政协认真学习贯彻党的二十大精神，坚持以党建为引领，落实省政协“赣事好商量”协商平台建设要求，全力推动中共党员委员工作站规范化、标准化、制度化建设,实现委员履职常态化突破,取得显著成效。

一、明确目标:为什么建站

一是老品牌升级的需要。中共党员委员工作站是抚州市上届市政协在全省政协系统首次打造的“党建+履职”品牌,在全省乃至全国都有一定影响,工作也有较好基础。在这个基础上,新一届市政协着力打造中共党员委员工作站升级版,让老品牌焕发新活力。二是推动“赣事好商量”落地见效的需要。建好建强委员常态化“商量”阵地,让委员履职更有作为。三是抚州建设“忠诚为民务实奋进”政协的需要。突出政协组织的政治性,强化政治引领,把党的建设贯穿委员履职和服务管理的全过程各方面。

二、找准定位:建怎样的站

在广泛调研的基础上,抚州市政协明确了中共党员委员工作站的三方面定位。一是建成具有鲜明政协元素的工作站。统一悬挂“政协抚州市委员会中共党员委员工作站”铭牌,委员名单、协商计划、工作制度等全部上墙,旗帜鲜明地彰显政协党的建设、协商民主、建言资政、凝聚共识等元素。二是建成具有浓厚专委会特色的工作站。采取“中共党员委员+非中共党员委员+界别+专委会特色工作”模式,做到党建工作与专委会工作统筹推进,各具特色。三是建成具有五方面重要功能的工作站。充分发挥中共党员委员先锋模范作用,团结带动其他委员发挥好主体作用,把工作站打造成为政治引领的重要阵地、凝心聚力的重要平台、协商议政的重要渠道、反映民意的重要途径、界别活动的重要载体。

三、整体推进:如何建好站

一是统一标准。2021 年 12 月 30 日,抚州出台《市政协中共党员委员工作站创建方案》,明确“六有”创建标准(有场地、有标识、有制度、有计划、有记录、有成果)。二是高位推动。市政协主席会议牵头抓总,8 位副主席负责抓好自己分管专委会的建站工作,加强调度指导,全力推进创建。三是精选场地。在最方便委员履职、最直接联系界别、群众最需要协商的地方建站。四是合作共建。利用专委会对口联系部门或委员单位现有资源,共同建设工作站。五是比学互鉴。定期开展比学互鉴、现场点评活动,互查互评找不足、互学互比促提高。截至 2022 年 4 月底,市政协 8 个专委会均建成一个中共党员委员工作站。

四、开放共享:如何用好站

中共党员委员工作站建是基础,用好是关键。抚州市政协按照“场地设施共用、开展活动共为、履职成果共享”的思路,把每个专委会建好的工作站充分使用,并由点连成线、由线串成面,纵横交汇,达到使用效率最大化。一是政协专委会和共建单位常用;二是专委会对口联系单位和界别活动组共用;三是各专委会之间互用;四是市、县(区)政协联动使用。从而实现以工作站为平台,整合市、县(区)两级政协力量,使政协工作覆盖面越来越广,委员履职路越走越宽。

五、创新突破:建站成效显

一是实现委员履职常态化。抚州市政协把全体委员分别编入 8 个专委会,每个专委会管理 40 名左右委员,让原来“散养”的委员有一个可以经常性开展履职活动的家,有效破解“年委员、季常委”现象。二是缓解政协机关人员不足压力走出新路。在增加编制难度较大的情况下,抚州市委除配齐专委会主任和副主任外,还为每个专委会配备 7 名兼职副主任,当好专委会相关工作的牵头人和组织者,带领委员在各种履职活动中唱主角、展风采,使各专委会既有健全班子又有强劲队伍。三是推进“一委一特色”工作。抚州市政协全力推动每个专委会依托中共党员委员工作站这一平台,聚焦专委会性质和特点,创新开展一项特色工作。比如,市政协提案委在抚州开放大学中共党员委员工作站创新开展模拟提案活动,受到团中央关注,抚州市政协作为全国唯一的政协组织代表受邀参加“全国青少年模拟提案”征集活动线上交流会。四是提振干事创业精气神。创建中共党员委员工作站的过程中，抚州市政协机关全员出动、共同发力，在学中干、在干中成，干部精神状态焕然一新，工作作风明显改善，各项工作得到省政协和市委、市政府领导及社会各界的高度评价。市政协机关第三党支部获2022年度全市“模范党支部”称号。五是为县（区）政协作示范。一级带着一级干，一级干给一级看。在市政协的示范带动下，抚州市各县（区）政协因地制宜创建中共党员委员工作站，打造“一县一品牌”特色工作，全市政协系统争创新时代“第一等工作”氛围越来越浓，形成你追我赶、整体提升的喜人局面。

2022年，加大中共党员委员工作站标准化、规范化、制度化建设力度。通过统一标准、共建共享、示范带动、比学互鉴等措施，市政协8个专委会的中共党员委员工作站全部创建完成，实现了有场地、有标识、有制度、有计划、有记录、有成果的“六有”创建标准，有力破解了“年委员、季常委”现象，也有效解决政协工作“有亮点、没看点”问题。8个中共党员委员工作站共开展履职活动72场次，参加委员1500余人次。文化文史和学习委员会在文昌里中共党员委员工作站每月邀请知名学者、文化人士讲授临川文化、抚州名人故事，并制作短视频广泛传播，着力打造弘扬、传承抚州文化的“文昌讲坛”，深受百姓欢迎。2023年，把中共党员委员工作站由点连成线、由线串成面“串联”起来，联合市中院、抚州高新区，在中共党员委员工作总站举办“法治助企”牵手“法惠千企”法治大讲堂活动，引导民营企业家树牢法治意识、坚定发展信心，提升防范化解各类风险挑战的能力；在抚州开放大学中共党员委员工作站，创新开展“模拟政协提案”工作，引导广大青年学生、居民群众广泛有序政治参与，“模拟政协提案”工作模式入选团中央首批“十大创新案例”、属全省唯一案例；在市政协经济委员会中共党员委员工作站，举办“数字经济推进专班”调度会、经济委调研座谈会和银企对接会等活动20余次，有力促进经济持续健康发展。市政协8个中共党员委员工作站全年共开展履职活动100多场次，委员参加活动共3000余人次。中共党员委员工作站建站经验在全国政协提升岗位工作能力示范培训班作交流发言，被《人民政协网》重点报道。2024年，中共党员委员工作站功能进一步扩容增效，高标准打造抚州高新区中共党员工作“总站”，分别在挂点社区、乡村振兴帮扶点、高新区孵化园，创新打造“荆公协商吧”“山下议事厅”“法治服务中心”，开展矛盾纠纷调处、民生实事办理、社会综合治理、行政复议法治大讲堂等协商活动30余场，解决群众急难愁盼问题40余个，为1500余家企业提供3900多次精准对接服务。

2024年12月

“一委一特色”，创先争优见起色

——抚州市政协专委会工作各显其能

政协抚州市第五届委员会

“一委一特色”是政协抚州市第五届委员会学习借鉴省政协经验做法，推动每一个专委会依托中共党员委员工作站，根据其工作性质及职责，创一项特色工作，着力营造比学赶超、创先争优浓厚氛围，促进市政协各专委会努力争创新时代政协“第一等的工作”。

2022年至2024年，抚州市政协各专委会发挥优势，各显其能，突出特色工作出成绩、见起色。8个专委会的特色工作分别为：提案委员会的“模拟政协提案”，文化文史和学习委员会的“文史故事汇”，经济委员会的“委员讲堂”，人口资源环境委员会的“委员话生态”，教科卫体委员会的“民生面对面·主题沙龙”，社会和法制委员会的“微协商”，港澳台侨外事和民族宗教委员会的“我们的节日”，农业和农村委员会的“委员与农民同坐一条板凳”。2024年，“一委一特色”品牌建设走深走实，切实发挥专委会“专”的作用、“专”的特色，开展“微协商”活动12次、委员讲堂4场和“书香溢政协·阅读向未来”2024世界读书日等系列履职活动。

一、模拟政协提案

这是抚州市政协提案委员会“一委一特色”工作。通过面向社会公开征集提案线索，组织大学生或社区干部等据此撰写“模拟提案”，提案委员会委员集体会商立案，交由职能部门办理并反馈给“模拟提案”人，从而形成完整工作闭环，变一人提案为大家会商提案，变“临时起意”提案为多方调研提案，架好提案联系群众“连心桥”，培育提案“后备军”，丰富提案“资源库”，推动提案“高质量”，不断提升提案建言资政和凝聚共识新水平。

（一）架好提案“连心桥”

通过公开向社会征集、深入社区联系群众收集、动员大学生观察收集等方式，广泛收集提案线索，使提案更好反映民生、呼应民意，架起党委政府联系群众“连心桥”。

（二）培育提案“后备军”

将收集的提案线索交由大学生或社区干部等撰写“模拟政协提案”，通过印发学习资料、开展讲座座谈、组织集中培训等方式，培育建立一支稳定的政协提案“后备军”。

（三）丰富提案“资源库”

将“模拟政协提案”交由政协委员进行会商。对拟立案的，进一步调研深化，形成正式提案予以交办；不立案但有参考价值的转送相关部门参阅，挖掘“模拟提案”价值，丰富提案“资源库”。

（四）推动提案“高质量”

邀请“模拟提案”线索收集人、撰稿人、政协委员与职能部门共同参加“提案办理圆桌会”，反馈办理结果，引导有序政治参与；开展评比表彰，激发参与“模拟提案”积极性，不断推动提案“高质量”，切实提升提案建言资政和凝聚共识新水平。2023年，进一步唱响“模拟政协提案”工作品牌。“模拟政协提案”向基层社区推广，形成“五环节”“十步骤”工作闭环，创造可复制、可推广的工作经验，获评团中央“十大创新案例”。2024年，促进“模拟政协提案”工作进一步走深走实，深入总结，理论提升，推广经验，扩大影响。“理响中国·讲好‘中国式商量’故事”中央新闻媒体网络主题采访团现场观摩抚州“模拟提案”转正式提案办理协商议事会，充分肯定“模拟政协提案”工作拓宽基层协商民主渠道，践行全过程人民民主。市政协开展模拟政协提案工作做法在全国政协提案工作调研座谈会上被推介。

二、文史故事汇

这是抚州市政协文化文史和学习委员会着力打造的特色工作。主要以文史为主线，在以文聚力中更好地建好文史平台，讲好文史故事，传播好文史声音，培育好协商文化。

（一）建好文史平台

在市、县“书香政协”阵地和委员企业图书室，设置抚州文化文史阅读专区，营造浓厚书香氛围；联手市图书馆建设抚州文化文史阅读专区、建立图书馆分馆；在中共党员委员工作站打造讲习厅和悦读厅，让更多的人了解抚州文化。

（二）讲好文史故事

邀请专家学者、文化大家讲授抚州文化文史

故事，着力打造“文昌讲坛”品牌；聚焦主题，以研讨、围读等方式更好挖掘抚州文化文史内涵，编撰好《抚州文史》《抚州政协志》、抚州文化文史丛书等，让更多的人喜欢抚州文化。

（三）传播好文史声音

推进创刊以来《抚州文史》文稿数字化，并在微信公众号等媒体上推送，加强对外交流；制作抚州文化文史故事短视频，通过新媒体广泛传播；引导委员当好抚州文史推广人，开展理论政策宣讲、文化进学校进社区进农村、阅读分享会等活动，弘扬好抚州正能量，让更多人热爱抚州文化。（四）培育好协商文化。成立“委员心连心”活动小组，加强与街区企业、商户和基层群众联系和服务，引导他们习惯协商，组织委员有序参与基层协商，更好地助力营商环境“一号改革工程”，聚集更旺人气，促进文旅消费，为抚州经济社会发展作出贡献。2023 年，为讲好文史故事，对《抚州文史》进行改版，提升质量；开始编纂《抚州政协工作辑录》和《建言集萃》，充分展示政协风采。2024 年，出版以书院文化为主题的 4 期《抚州文史》；举办“红绿古今”档案文化主题展；承办江西抚州·河南周口·福建泉州三地政协书画作品联展；承办政协系统助力唱响“文化抚州　梦想之舟”品牌故事汇展演活动；协办“汤翁故里　古韵雅音”古琴名家音乐会等，“文史故事汇”精彩不断。

三、委员讲堂

这是抚州市政协经济委员会着力打造的一个委员履职品牌，也是该委工作的一大“特色”和“亮点”，重点围绕“为什么讲、谁来讲、讲什么、怎么讲、讲给谁听、讲出什么成效”来展开。

（一）为什么讲

“委员讲堂”创建的初衷是凝聚委员经常性参加政协活动；通过学习交流提高委员素质能力；充分激发委员履职的积极性与责任感，为抚州市高质量发展献策出力。

（二）谁来讲

“委员讲堂”演讲主体是市本级政协委员，适时邀请全国政协、省政协和县（区）政协的委员，大专院校、研究机构和政府职能部门的专家与学者，在行业中有影响力的企业家就相关专题开展主旨演讲。

（三）讲什么

演讲的主题和主要内容有：聚焦国内外发展形势、经济发展趋势等，解读国家经济政策；聚焦抚州市经济社会发展，分析经济运行情况，提出有针对性、可操作性的意见建议，为推进经济高质量发展奉献政协智慧；围绕法律法规、商务礼仪、家风家教等，传播普及科学文化知识；围绕停车难、上学难、就医难等群众普遍关心的热点难点问题，进行“把脉问诊”，促进民生问题的解决落实，打通为民服务“最后一公里”。（四）怎么讲？“委员讲堂”，主要分“线上、线下、企业现场讲课交流”三种形式，实行每月一讲，每期一个主题。

（五）讲给谁听

“委员讲堂”的受众包括抚州市政协经济委员会全体委员、对口联系部门和市政府职能部门的领导，并根据主题，酌情邀请市委、市政府和市政协领导，市政协机关和各专委会领导以及有关界别委员代表、企业代表参加。

（六）讲出什么成效

“委员讲堂”有利于委员知情明政，在参政议政、建言献策方面更加有的放矢；有利于帮助委员和经济界人士贯彻落实新发展理念，促进企业高质量发展；有利于传播普及科学文化知识，改善委员及相关人员的知识结构，提升他们的知识水平；有利于促进民生问题的解决落实，使一些多年难以解决的“老大难”问题，通过政协渠道，得到逐步解决。2023 年，进一步拓展“线上、线下、企业现场授课”等“委员讲堂”形式，先后围绕《数字经济时代的“抚州探索”》《推动抚州工业经济高质量发展》《助推“文化抚州，梦想之舟”扬帆远航》等主题开讲 10 期，受众达 1460 多人次，进一步扩大“委员讲堂”影响力。2024 年，围绕国家宏观经济政策和经济社会发展问题，举办

4期“委员讲堂”。先后就“大力发展新质生产力”“中共二十届三中全会精神解读”“未来已来,向新出发”“减税降费助推企业高质量发展”开讲,“委员讲堂”旨在提高委员履职能力和水平、激发委员履职积极性,团结调动委员为抚州高质量发展献计出力。

四、委员话生态

这是抚州市政协人口资源环境委员会的特色工作。主要是聚焦抚州生态品牌,组织委员与职能部门对口协商,邀请生态方面的专家学者,通过讲座、调研、民主监督、议政等方式,讲生态政策、谈生态案例、话生态对策,写生态文章,打造生态抚州样板。

(一)讲生态政策

定期邀请生态方面的专家学者,开展生态文明建设系列讲座,阐述好、宣传好“绿水青山就是金山银山”等重要思想,解读好、传播好“坚持山水林田湖草沙一体化保护和系统治理”等重要理念,普及生态知识和生态政策,引导社会各界共同参与生态文明建设。

(二)谈生态案例

邀请环境、资源、农林水、检察等部门通报生态环境问题整改、污水处理、生态公益诉讼案件等情况,与委员面对面谈生态案例;组织委员开展抚河流域生态保护修复和水环境治理民主监督,推动损害生态环境、破坏水环境等突出问题的解决。

(三)话生态对策

组织委员、专家等聚焦生态开展调研,力求把“绿水青山”变成“金山银山”,切实做好绿色、低碳、增值文章。围绕生态环境保护、创新绿色发展、加强山水林田湖草生态修复等方面,组织委员开展生态议政视察,提出合理化意见建议,推动抚州生态文明发展。

(四)写生态文章

借助得天独厚的资源禀赋,把讲好生态故事和积极建言资政融合起来,纵深推进生态产品价值实现,持续提升生态产品价值实现机制试点工作水平,通过全国、省、市政协等平台,推介抚州经验、抚州案例,助力探索形成更多抚州经验,打造抚州样板,不断擦亮抚州生态“金字招牌”。2023年,“委员话生态”重点讲解环评政策,助力优化生态环境领域营商环境,为委员知晓生态政策、生态产品价值实现机制等政策创造条件。2024年,为迎接第二个全国生态日,学好习近平生态文明思想,了解挖掘当地生态文化特色,开展“同聚绿色书海话生态 共绘美丽抚州新画卷”征文活动,收到生态征文260余篇,为全市生态文明建设营造良好社会氛围。举办企业家创业故事座谈会,邀请多名企业家委员分享各自创业经验,畅谈政协委员如何用企业家责任与担当,诠释委员如何履职尽责。

五、民生面对面·主题沙龙

这是抚州市政协教科卫体委着力打造的特色工作。主要是聚焦抚州市教育、科技、卫生、体育及非公经济5个方面社会关注度高的民生问题,以该委中共党员委员工作站“委员议政室”为主场所,定期或不定期地采取主题聚焦、相对宽松的沙龙形式,确定一位主讲,各方深度交流,开展头脑风暴,形成解决问题共识,共同增进民生福祉。工作方式是“点对点”汇民意、“面对面”话民生、“一对一”解民忧。

(一)“点对点”汇民意

他们靶向百姓生活与社会需求热点、难点、堵点,作为“民生面对面·主题沙龙”选题重点,采取发动委员开展民情调查、上门征集对口单位建议、通过网络倾听社情民意等形式,听民声,解民意,收集备选主题,提交每年年初该委全委会讨论后,从中遴选4个沙龙主题。通过这种形式,2022年确定“如何切实做好‘双减’政策下的延时服务”“科技创新赋能行动”和两个沙龙主题,都是事关学生教育与企业需求和社会经济关注的重大问题所在。

(二)“面对面”话民生

依托教科卫体委员会委员专业技术强、智力

水平高优势，紧扣民生需求、紧跟社会热点、紧随经济发展，针对每一个主题，都将对应界别的政协委员、部门领导、行业精英、社会代表等各界人士汇聚一堂，面对面地协商探讨解决方案。如开展“如何切实做好‘双减’政策下的延时服务”沙龙活动时，邀请教育界别委员、教育部门领导和科室负责人以及校长、家长代表参与，问需于民，商讨对策，提交建议，共同致力于社会民生问题更好地得到解决。

（三）“一对一”解民忧

“民生面对面·主题沙龙”活动形成的每一个成果，都将“一对一”地由该委相关单位兼职副主任领衔挂帅，跟踪督办其成果落地。重点以提案建议、社情民意、调研报告、专题汇报等形式，报送市委、市政府，协调对应部门，引导社会力量，共同发力，全程参与，落实成效，努力做好民生急难愁盼问题有效解决的“后半篇文章”。2023年，先后开展“校园食堂食品安全”“在抚博士谈抚州”等主题沙龙活动，重心放在“创新求新、提质增效”上，立足于服务委员、服务民生、服务抚州经济社会高质量发展。2024年5月，分别在抚州幼师高专、临川二中开展“政协委员与大学生面对面——大学生职业生涯规划”“以青春之光铺好教育路上的基石”二个主题沙龙活动，并组织工商界别6位委员与高校毕业生开展“创新创业故事感悟”委员故事分享活动。11月，在市实验学校（曾巩校区）举办“政协委员与学生面对面”活动，进一步弘扬爱国主义精神与关切青少年心理健康。

六、微协商

这是抚州市政协社会和法制委员会立足新时代推进协商民主生动实践，着力打造的“一委一特色”履职工作品牌。主要是依托中共党员委员工作站，组织开展小范围、及时性、面对面的协商，以“小切口”助力“大治理”，于“细微处”巧解“关键事”。其特点是小巧、快捷、灵活、高效，设定议题针对性强，参加人员关联度高，对话协商互动性好，成果转化见实效快，能充分发挥专委会的作用，彰显专门协商机构的魅力。

（一）设定议题针对性强

议题选择直面“社会”的“热点问题”和“法制”的“合理诉求”，范围小、不空泛、不抽象，精准、明确、具体，针对性强，突出时效性和可操作性。每年年初由社法委向政协委员、对口联系的界别和单位进行征题，确定选题后采取项目化分列的方式，由社法委主任抓总，各兼职副主任领衔承办，每个月或每两个月组织开展一次微协商。

（二）参加人员关联度高

根据议题涉及的领域，邀请专业、专长委员，相关职能部门负责同志和业务骨干，以及群众代表参加，人员数量不多，但关联度高，大家都是奔着解决问题来，事前做好功课，说管用的话，突出协商的科学性、有效性。

（三）对话协商互动性好

倡导面对面、互动式、对答式、研讨式的协商风格，打破“轮流发言制”，采取“一对一、一对多、多对一”等形式交流，营造既畅所欲言、各抒己见，又理性有度、合法依章的协商氛围。

（四）成果转化见实效快

通过一个个生动、鲜活的“微协商”，把委员履职热情激发出来，智慧展现出来，推动有关政策的落实，某项实事的办理和相关问题的解决，形成“委员唱主角、月月有协商”的专委会工作常态，使委员履职与专委会工作相得益彰，充满活力。2023年，进一步做优“微协商”品牌，每月确定一个主题，组织一次微协商，全年开展20余期微协商，演绎家庭教育、超龄劳动者工伤保险等精彩协商故事。2024年，采取小巧、灵活、互动方式，组织开展小范围、及时性、面对面“社法微协商”活动，就“贷你创业”“高校周边流动摊贩治理”“住宅电梯安全管理”等议题开展微协商，促成治理共识和立法工作顺利开展。

七、我们的节日

这是抚州市政协港澳台侨外事和民族宗教

委员会提出的一项特色工作。它既是一个民俗乡俗文化展现的载体，更是一个凝聚海内外仁人志士力量的舞台和渠道。“我们的节日”以抚州传统节日（如元宵节、端午节、中秋节），民族宗教节日（如畲族三月三、佛教九月九），乡俗节日（如南城米粉节、资溪摇蜜节）等节点为契机，将民俗、非遗和优秀传统文化与当今社会发展主题相融合，通过走访调研、座谈慰问、才艺展演与交流、社情收集与编撰等一系列社会实践活动方式宣传港澳台侨和民族宗教政策、化解民族纠纷和社会矛盾，构筑社会和谐、宗教和睦，凝聚社会力量与共识，“架桥汇商机、引智谋发展、联谊话团结、携手筑和谐”。

（一）架桥汇商机

将民俗节日与产业发展相结合，利用政协人才汇聚优势，为产业发展助力。

（二）引智谋发展

利用“我们的节日”平台，架起连心桥，为企业招商，人才引进提供支持。

（三）联谊话团结

将抚州的节日文化、非遗文化、乡俗文化转化成群众喜闻乐见、重在参与渠道，让民族文化向海内外传播，展示抚州新形象。（四）携手筑和谐。通过“我们的节日”进一步营造和谐、团结、奋进的乡风文明，共同推进富裕协调美丽和谐幸福的现代化新抚州建设。2023 年，“我们的节日”利用春节、重阳节、冬至节等传统节日，开展侨界人士叙乡情、以诗联侨灵谷峰诗会、关爱老人眼健康、助力畲乡振兴等活动，传递乡情乡音，激发家国情怀，凝聚海内外共识，团结民族宗教力量，助力抚州经济社会发展。2024 年，举办以唱响“文化抚州，梦想之舟”品牌的“书香溢政协，阅读向未来”2024 世界读书日、“七十五载逢盛世，同心共筑谱华章——红歌传基因，童心赞祖国”、“关注普遍眼健康”——第 29 个全国“爱眼日”活动，以及“魅力畲乡放光芒‘双富’助推齐发展——我们的节日·2024 资溪新月第九届畲族民俗文化节”等系列活动。

八、委员与农民同坐一条板凳

这是抚州市政协农业和农村委员会打造的一项特色工作。主要是该委委员深入基层、深入农村，与农民坐在一条板凳上话家常、问所需，用脚丈量民情，用情凝聚民心，用智服务民生，真正实现“人民政协为人民”。（一）用脚丈量民情。组织委员走村串户，深入田间地头，与农民同坐一条板凳，拉家常、交心声，体验农民生活，了解村民的急事、难事、愁事、烦心事，将反映强烈且集中的意见收集起来，形成提案、社情民意等，扎扎实实做到“为农服务”。（二）用情凝聚民心。用通俗易懂的语言向农民群众宣传党的涉农政策，宣传政府的“三农”工作决策，做好解疑释惑工作，尤其是在国家重大涉农政策出台、年度农村工作会议召开、农民工重大节日返乡等关键时间点，邀请“三农”政策专家，组织开展基层宣讲，宣传到户，宣讲到人，不断加强对农民群众的思想政治引领，广泛凝聚共识。（三）用智服务民生。充分挖掘政协人才荟萃、智力密集、联系广泛的优势，组织开展送教下乡、送医下乡、送技下乡等活动，如邀请农业专家到田间地头为农民授课，为他们带去现代农业知识，把“政协福利”送到农民身边。2023 年，围绕“心至农民、身入农村、力到农业”3 个目标，深入基层“与农民同坐一条板凳”，积极做好服务“三农”和乡村振兴工作。一年中，共举办农业技术培训、良种保护等特色活动 10 余场，助力乡村振兴建设。2024 年，重点打造金溪县浒湾镇山下议事厅基层协商平台，会同市司法局组织法律界和农业界别委员，齐聚山下议事厅，就南丰蜜桔保护条例进行协商，收集意见建议 36 条，为条例修改完善广聚众智；组织市农科所专家，在山下议事厅开设设施蔬菜栽培技术讲座，讲授理论知识和开展现场教学，参加讲座的 28 户种植户连连称赞，称为他们送来实用技术。

2024 年 12 月

创建履职品牌，彰显政协价值

——抚州市政协系统“一县一品牌”工作亮点纷呈

政协抚州市第五届委员会

“一县一品牌”是政协抚州市第五届委员会学习借鉴市委、市政府坚持县（区）“1首位+1主导”产业方向的做法，指导每一个县（区）政协根据自身实际和优势，创建一个具有鲜明政协特色和区域实情的履职品牌，推动新时代县（区）政协工作各具特色、创新发展，进一步彰显县（区）政协作为专门协商机构服务党委政府中心工作的价值。2022年至2024年，抚州市各县（区）政协所创工作品牌包括临川区政协的“书香政协·文润临川”，东乡区政协的“界别连心桥”，南城县政协的“‘南’事有我”，黎川县政协的“黎事好协商”，南丰县政协的“委员视点”，崇仁县政协的“提案工作‘双公开、双提升’”，乐安县政协的“乐事安商”，宜黄县政协的“文史驿站”，金溪县政协的“‘心’事有约”，资溪县政协的“委员议事厅”，广昌县政协的“‘莲心’政协”，均取得不俗佳绩，彰显政协价值。2024年，“一县一品牌”全域深化，分赴金溪县、黎川县召开全市政协系统“一县一品牌”推进会，采取“考察观摩+PPT汇报”方式，让大家坐在一起晒成绩、比优势、解问题，比出短板、比出压力、比出干劲。

十一个县（区）具体做法是：

一、临川区政协着力打造“书香政协·文润临川”

临川区政协创建的“书香政协·文润临川”品牌主要是紧扣临川“才子之乡、文化之邦”特质，搭建平台、强化实践、突出亮点、注重实效，使政协委员通过读书学习，将文化力量转化为做好政协工作的过硬本领，推进政协履职高质量发展。

（一）搭建平台，“半亩方塘”引来“源头活水”

借势借力与区文化馆、图书馆、临汝书院共建共享，同时抓好机关建设，打造“书香政协·文润临川”品牌建设主阵地，开展读书学习等活动20多次，参加人员二千余人次，为品牌建设工作提供源源不断的动力源泉。

（二）强化实践，“纸上得来”还需“躬行不怠”

区政协定期举办读书沙龙、国学讲堂、红色教育实践、红色文化交流等专题活动，扎实抓好委员履职“六个一”工作成效，以常态化活动来凝聚力量、凝聚共识，提升参政议政能力和水平。

（三）突出亮点，“千淘万漉”始有“沙尽金见”

在读书活动中突出创新性，重点开展“国学讲堂——学习《习近平用典》金句”“书香政协·庆七一”书法大赛等品牌活动。有力地推动政协系统学习型组织建设，营造积极向上的文化氛围。

（四）注重成效，“读书万卷”方得“行稳致远”

区政协坚持学以致用，努力把读书收获转化为履职尽责工作成果。政协组织在委员心中创新、有为的形象“立”了起来；委员履职积极性、主动性得以激发，政协委员“活”了起来；委员政治思想素质得以明显提升，政协形象“亮”了起来。2023年，深入推进“书香政协·文润临川”品牌建设，结合“全员行动”工作部署，引领委员在读书学习中明方向、聚共识、强本领，将文化力转化为凝聚力、担当力、履职力。2024年，将履职服务延伸覆盖机关、城市、社区、企业、乡镇等一线，实现协商平台“全覆盖”，使协商于民、协商为民、协商助力更具体、更务实，仅“荆公协商吧”一地就开展提案协商、微协商、社情民意征集、委员沙龙等活动56次，解决基层问题34个。

二、东乡区政协着力打造“界别连心桥”

东乡区政协通过创建“界别连心桥”品牌，把履职平台建到界别委员集中区域，架起党委政府和界别群众之间的“连心桥”，初步形成面向群众、覆盖委员的履职平台新架构，达到团结各界、联系各方的效果。具体做到阵地整合集成化、品牌培育特色化、活动开展常态化、考核激励制度化。

（一）阵地整合集成化

在架构设计上提升高度，按照“界别连心桥＋赣事好商量＋中共党员委员工作站”三位一体创建思路，整合政协团结对象较集中的经济、工商联、医疗卫生、文化等界别阵地资源，重点开展创建工作，进而以点带面，带动其他界别创建。

（二）品牌培育特色化

在“界别连心桥”大品牌下，各界别结合各自优势开展创建活动。通过差异化定位，做到“一界别一特色”，其中经济界别打造“委员讲堂”；工商联界别打造“工商聚力”；医疗卫生界别打造“专业惠民”；文化界别打造“书香界别”。

（三）活动开展常态化

每个“界别连心桥”按照学习交流、协商议政、凝心聚力和为民服务定位，广泛开展“六个一”活动，即1次集体学习、1次协商活动、1次民主监督、1次为民服务、1件集体提案、1篇社情民意，确保每年联系界别群众不少于500人。（四）考核激励制度化。把创建工作纳入日常履职考评内容，对界别委员予以履职赋分，对工作成效显著的“界别连心桥”加强宣传，扩大社会影响。按照考核结果保障运行经费和评定优秀委员，营造争创政协“第一等工作”的浓厚氛围。2023年，进一步完善活动载体，彰显界别特色，持续拓展、丰富、深化界别“连心桥”功能，形成富有东乡特色的政协履职品牌。2024年，按照“乡镇全覆盖、委员全入驻、界别创特色”思路持续推动界别“连心桥”拓展延伸、提质增效。全年引导政协委员200余人次下沉全区4个“赣事好商量·界别连心桥”，组织开展各类协商议事活动60余场次，助力解决早稻生产、道路交通安全等问题30余件。

三、南城县政协着力打造“‘南’事有我”

南城县政协紧紧围绕改革发展“南城事”、民生疾苦“难办事”、急难愁盼“关切事”，激活委员能量，事事体现“‘南’事有我”责任与担当，真正做到“南”事收集无“门槛”、“南”事协商无“盲区”、“南”事督办无“梗阻”。

（一）“南”事收集无“门槛”

成立经济、教育、医药等界别“南”事专班，“走下去”摸真情，“俯下身”探实情，瞄准民心靶，盯紧民生事，通过民生热线、委员邮箱，广泛了解社情民意，无“门槛”收集“南”事。至2023年12月，已提交提案166件，形成调研文章10篇。报送省政协社情民意107条，其中5条报送全国政协，13条报送省委。

（二）“南”事协商无“盲区”

发挥政协中共党员委员工作站“议事厅”、委员“汇”等功能平台作用，广泛听取民众意见，实现协商无“盲区”，对收集上来的“南”事汇聚众智、反复打磨，提出解决办法。先后就缓解胜利东路交通拥堵、火车站站前广场停车场收费等15项问题开展协商工作。

（三）“南”事督办无“梗阻”

依托提案工作站，就收集并议定好的“南”事进行督办，县委书记、县长、政协主席领办重点提案，无“梗阻”助推一批反映民生所需、民生所盼“南”事得到持续关注和有效解决，促成新中医院、第二水厂、东方红小学等16个重大民生项目建成并投入使用。2023年，大力打造“‘南’事有我”履职品牌，围绕百姓关注、群众关心、市民关切的岗位、床位、学位、车位等方面积极开展协商调研，广泛协商凝聚智慧、寻求共识，化解群众矛盾、纾解民生痛点，助推问题解决，让群众时刻感受到“政协离我很近，委员就在身边”。2024年，打造“党委领导、政府支持、政协搭台、各界参与”的协商民主新路径，常态化开展“‘南’事有我”协商议政活动，开展协商议政及委员履职活动50余场次，发起“天使计划”“一号课堂”“二十四节气养生”等活动接待社区百姓4000余人次。

四、黎川县政协着力打造“黎事好协商”

“黎事好协商”是黎川县政协打造的协商工作品牌。通过聚焦目标来协商、夯实阵地强协商、健全机制好协商、运用成果促协商，不断拓展委员履职空间，推动政协协商向基层延伸，更好发挥党委政府与群众的“连心桥”作用。

（一）聚焦目标来协商

从政协职能出发，聚焦建言资政、凝聚共识、服务中心的目标定位，建立党政联动、多元参与的协商体系。从品牌内涵出发，聚焦“黎川”发展的大事要事，“黎民”百姓的民生实事，深入开展协商议事。

（二）夯实阵地强协商

选址园区企业、基层法庭、油画陶瓷交易中心等联系群众紧密的地点，打造中共党员委员工作站和“黎事好协商”工作站两大阵地，搭建“协商室”“社情民意征集点”“委员活动室”等平台，不断畅通民意表达渠道，加强委员同群众沟通联系，引导群众参与政协协商。

（三）健全机制好协商

制定“协商议事规则”和“委员履职规则”，通过党政点题、委员荐题、群众出题确定协商计划，全面推行议题召集人制度，综合运用专题协商、界别协商、对口协商和提案办理协商等方式，组织政协委员、基层群众、专业技术人员、有关方面代表人士和党政部门负责人参与协商议事。

（四）运用成果促协商

建立协商议事成果采纳、落实、评价、反馈机制，将协商成果运用纳入年度综合考核范围，调研视察、提案办理和社情民意信息等协商成果被县级以上党委政府采纳，转化为文件制度的给予加分。2023年，巩固深化“黎事好协商”品牌，按照“先造景、后建站”思路，在黎川古城内建成“书香政协·智汇煲都”黎事好协商工作站，打造“协商大厅”“云协商室”等平台；规划建设“古宅文化展示馆”“民俗文化展示馆”，有效拓展协商载体形式，吸引委员和群众进站参观学习，参与协商议事，持续提升品牌形象。截至年底，共开展协商活动210多次，报送社情民意信息154件次，督办提案149件，协商办理难事实事87件。2024年，聚焦“黎川”发展大事要事、“黎民”百姓民生实事，紧扣建言资政、凝聚共识、服务中心目标定位，不断深化“黎事好商量”品牌建设，提升深度协商效能，促使“文旅融合发展、城市环境优化、人才队伍建设”等难事实事得到协商办理。

五、南丰县政协着力打造“委员视点”

“委员视点”是新时代南丰县政协履职担当作为着力打造的一档特色节目。每个季度选择一个课题，通过电视镜头，展示县政协在助推县委、县政府决策部署落实和为民办实事方面的履职成果，是政协履行政治协商、民主监督、参政议政、凝聚共识等职能的一个重要平台。在“委员视点”制作过程中，做到“四度”融合。

（一）在制作流程上提升高度

研究出台创新完善“委员视点”方案，对“委员视点”栏目进行系统梳理，形成较为完善的制作流程图。

（二）在课题选择上提高精度

注重加强顶层设计，围绕县委、县政府中心工作和事关群众切身利益的问题，精心选好课题。

（三）在协商范围上拉伸宽度

采取主持人引导的方式，把政协课题选择、调研、采访、访谈、协商、“回头看”等履职全过程，以及县委、县政府重视政协履职并有力推动相关工作落实等各环节串联起来，以电视镜头的形式呈现出来，提升节目效果。

（四）在节目传播上拓展广度

“委员视点”录制完成后，在南丰电视台播放，并通过微信公众号“南丰发布”向社会公布，增进群众对县委、县政府决策的了解，凝聚共识、促进共为。

（五）在落实见效上加大力度

对于“委员视点”协商成效，采取重点提案督办、组织委员视察、深化调研等形式，促进协商成果落实落地、见行见效。“委员视点”开播以来，取得良好社会反响，促成县委、县政府决策的落实、一些群众关心关切的“急难愁盼”问题落地。同时，充分彰显政协作为专门协商机构的定位与作用，提升政协形象、展示委员风采。2024年，聚焦深化“居民之家”建设、推进乡村振兴、加强公共文化服务体系建设、推进绿色食品和电子信息产业高质量发展等课题，录制4期《委员视点》，播出后取得良好社会反响，增进群众对县委、县政府决策的了解，提升政协形象，展示委员风采，凝聚共识，促进共为。

六、崇仁县政协着力打造“提案工作‘双公开、双提升’”

提案工作“双公开、双提升”，是将提案内容和提案办理情况在一定范围、场所动态公开，扩大社会知晓率和影响面，发挥社会监督作用，通过“抓实源头‘强基础’、动态公开‘强推进’、协商督办‘强效果’”，有效促进政协提案质量和办理质量“双提升”。

（一）抓实源头“强基础”

组织开展委员培训，不断提升委员提案履职能力水平；广泛开展提案征集，采取党政点题、部门荐题、社会征题、群众出题、协商定题、发言转题等方式，创新选题渠道，夯实工作基础，收集并立案提案175件。

（二）动态公开“强推进”

规定公开内容、规范公开形式、明确公开频次。精心遴选40件重点督办提案、10家提案重点承办单位，将提案内容、承办单位、责任人、办理进度等内容在电子显示屏滚动播放、每月动态更新，发挥公开的社会监督作用，推动办理质效提升。至2023年12月，已公开提案332件次。(三)协商督办“强效果”。创新开展党政主要领导领办重点提案工作，县委、县政府、政协领导领办督办重点提案19件，政协专委会分别督办5至8件重点提案；通过县委书记专题听取重点提案办理情况汇报、与党委政府办公室联合督查、召开提案办理协商圆桌会、开展“赣事好商量·禾场协商”、组织提案办理民主评议、典型提案案例电视专访等举措，强化提案办理协商，增强协商督办合力，提升办理效果，扎实推进品牌建设。2023年，进一步推进“提案公开常态化、平台建设规范化、协商民主全程化、办理效果优质化、组织保障制度化”，提案质量和提案办理质量继续提高，让特色品牌更加响亮。截至2023年12月，崇仁县政协品牌建设经验做法先后在人民网、江西日报、江西政协报、省政协微信公众号等新闻媒体上刊登38篇。2024年，持续推进提案工作“双公开、双提升”，举办提案办理协商活动20场，促使委员撰写提案更规范，部门办理提案更有力。也促使“加快推进崇仁麻鸡产业高质量发展、推进高新区产城融合发展、建设人民广场智慧停车场”等建议得到积极回应，惠民好事得到及时有效落实。

七、乐安县政协着力打造“乐事安商”

乐安县政协紧紧围绕县委第十五次党代会提出的把乐安建设成为“乐山乐水乐游”绝美胜地，“安商安业安居”活力之城的目标，突出政协专门协商机构的特性，创建“乐事安商”特色品牌。“乐事安商”一方面是政协人把乐安发展置于政协工作之中、心怀“乐安”之意，另一方面是“乐于议事、安于协商”，并融于履职尽责全过程。具体做到标识本地化、主题鲜明化、定位差异化、措施实效化。

（一）标识本地化

由“乐安”两字拼音的首字母“LA”、千古流坑古村、党徽和红心组成Logo标识，意为在县委领导下政协人凝心聚力助力乐安发展。

（二）主题鲜明化

根据县政协各专委会职能和界别属性，把“乐事安商”划分成5个议事协商主题：“乐农安商”“乐企安商”“乐文安商”“乐法安商”“乐提安商”。

（三）定位差异化

把“乐农安商”建在设施蔬菜产业基地，“乐企安商”建在企业，“乐文安商”建在教育卫生系统单位，“乐法安商”建在县人民法院，“乐提安商”建在乡镇，延伸议事协商触角。

（四）措施实效化

以5个议事协商平台为载体，将委员收集的各种信息和提案以社情民情的形式，报送给县政协主要领导审阅并签送给县委、县政府主要领导或县政府分管领导。根据县领导签批意见，由分管的副主席和专委会与各职能部门“一对一”对接，全程督促落实。落实好的及时在乐安发布、乐安政协微信公众号进行宣传报道，落实差的对责任部门主要领导进行约谈和在县电视台《委员广角》专栏曝光，力促问题全面解决。2023年，积极打造“乐事安商”升级版，把“乐事安商”作为改进工作的“硬抓手”、提质增效的“主引擎”、创新发展的“重头戏”，促进委员履职状态从“动起来”向“好起来”转变，至年底“乐事安商”开展活动72次，解决群众“急难愁盼”问题60余件，打通政协委员联系服务群众的“最后一公里”。2024年，“乐事安商”平台围绕“尽快安装北环路路灯，保障实验学校师生夜间出行安全”“创新打造乡村振兴标杆馆”“改善象山老菜市场周边突出问题”“规范社会应急救援力量管理”等问题开展协商31次，参加委员达230余人次，联系界别群众达450余人，切实帮助群众纾难解困20余件，赢得群众口碑，树立政协形象。

八、宜黄县政协着力打造“文史驿站”

党政搭平台，政协是纽带，市民进驿站，委员履好职。宜黄县政协按照“五新”创建标准，沿袭古代驿站具备的歇脚休息、补充给养、交流信息等功能，围绕“文化休闲的‘活动所’、精神食粮的‘补给站’、顺畅民意的‘协商厅’”目标定位，精心打造百姓身边“文史驿站”履职品牌。

（一）文化休闲的“活动所”

“文史驿站”平台架构主要由“文史驿站”总站、“古琴文化”“茶文化”“戏曲文化”“禅宗文化”驿站等展现宜黄县“红色、绿色、古色”文化的文史驿站以及6个中共党员委员工作站构成。“文史驿站”大多选址在风景宜人、群众乐于聚集的地方，为丰富群众文化生活提供“便民所”，是学习传承宜黄文化的新阵地，更是政协做好文史工作的新舞台。

（二）精神食粮的“补给站”

以“文史驿站”总站为抓手，开展各类读书活动，推动“读书+履职”深度融合、相互赋能，形成“最是书香能致远，腹有诗书好履职”浓厚氛围，以“文史驿站”建设推动“书香政协”建设，以“书香政协”建设推动“书香社会”建设。同时，以驿站为载体，举办红色文化、名人文化、戏曲文化等各类“文化小讲堂”活动，开展文化进景区、进校园、进社区、进广场，推动文化文史“飞入寻常百姓家”，增进全县人民文化自信、文化认同，画大凝聚共识、建言资政同心圆。

（三）顺畅民意的“协商厅”

充分发挥文史驿站作为基层协商议政阵地作用，将“请你来协商”“到站里协商”等协商形式与履职平台深度融合，邀请市民到站里协商，收集民情、听取民意、反映民声、汇聚民智，做到协商零距离、面对面，架好政府群众“连心桥”，推动政协“六个一线”履职（平台在一线搭建、调研在一线开展、问题在一线协商、思想在一线引领、共识在一线形成、力量在一线汇聚）。2023年，坚持共建共享共用理念，促使驿站“用”起来、调研“实”起来、提案“督”起来、文史“活”起来、活动“火”起来、声音“响”起来、品牌“树”起来。举办各类“文化小讲堂”活动6次，“四进”活动　20多次，“三事协商”活动30多次。2024年，围绕县委提出的“四个打造”目标，聚焦实施“十大工程”，充分运用“文史驿站”等履职平台，开展“赣事夜话”“地头协商”“晒场协商”“院场协商”等一线协商活动50余次，推动“出行安全、用水用电、看病困难”等26个群众急难愁盼问题得以解决；举办“戏曲文化、红色文化、名人文化”等“文化小讲堂”活动12次；开展文化进校园、进景区、进社区、进广场等文化“四进”活动20多次。

九、金溪县政协着力打造“‘心’事有约”

作为象山故里、“心学”圣地，新一届金溪县政协深入贯彻落实中央、省、市政协工作会议精神，充分挖掘“心学”文化思想精髓和现实价值，弘扬象山先生“为天地立命，为百姓立心，胸怀国家，心系苍生”的社会责任和道德品格，创新建立“‘心’事有约”协商特色品牌，紧紧围绕“践行本心、围绕中心、关注民心、弘扬爱心”，切实打通联系服务群众的“最后一公里”。

（一）践行本心，搭建“新平台”

县政协创新建立陆坊村、竹桥村、仰山社区、县一中、工业园区等5个“‘心’事有约政协委员协商议事厅”，开设象山“心学”大讲堂，不断提升委员思想素质，增强委员履职能力。

（二）围绕中心，提升“新质效”

紧紧围绕县委、县政府中心工作，广泛开展建言资政，首次开展县委书记、县长领办重点提案，着力推动全县工业倍增、蔬菜产业发展、四城同创、古村古建活化利用等重点工作落实落地。

（三）关注民心，彰显“新作为”

针对群众最关注、最直接、最现实的出行、教育、医疗等焦点难点问题，及时向县委、县政府反映，至2023年底，解决增加教育资源、改善医疗条件、健全交通网络等群众关切的“急难愁盼”事90余件，增进全县人民福祉。（四）弘扬爱心，展现“新风采”。组织广大委员在疫情防控、扶贫济困等工作中亮爱心、展风采、树形象。换届后，委员发起成立的“爱心帮帮团”结对帮扶200多名贫困学生，委员为抗疫捐献资金及物资达60余万元。2023年，持续深化陆坊村、竹桥村、仰山社区、县一中、工业园区等5个“‘心’事有约”政协委员协商议事厅建设，做到有事好商量，“心”事来相约。开展特色协商活动30余次，解决群众关注的“急难愁盼”事情40余件。2024年，进一步延伸平台触角、丰富活动载体，拓展品牌深度和广度。举办委员“读书班”、专题培训班、象山“心学”大讲堂等系列学习活动20余次，提升委员素质和履职能力。针对群众关心的经济发展、城市建设、教卫文旅等民生问题，举办“推进提案办理、中小学生学区划片、倡导良性婚俗”等各类协商活动8场，收集意见建议160余条；组织“敬老爱老、消防安全、扶贫济困”等系列活动19场，参加群众330余人。

十、资溪县政协着力打造“委员议事厅”

资溪县政协创新打造“委员议事厅”履职品牌，主要是坚持党委领导、政府支持、政协搭台、各方参与、服务群众的总体思路，把协商议事送到群众家门口，在“请你来协商”中营造开放式议事氛围。具体做法是围绕在哪议事搭好平台、紧扣如何议事建好机制、注重有效议事用好载体。

（一）围绕在哪议事，搭好平台

围绕全县生态旅游、面包食品、竹木科技等首位产业和主导产业，结合专委会工作职责和促进旅游发展、服务联系企业、民生实事落实所需，建立3个“委员议事厅”履职平台，分别进旅游景区、进工业园区、进居民社区。

（二）紧扣如何议事，建好机制

坚持问题导向，解决好“议什么事”“谁来议事”“怎么议事”的问题。聚焦党政工作要事、民生改善实事、社会治理难事等“大事小情”，组织协商议事厅成员、相关职能部门负责人、利益相关方代表、群众代表及其他人员共同议事。建立调研、协商议事、协商成果采纳、落实、反馈等机制，切实在议事前摸清政策规定、实际情况、诉求建议，在议事中引导平等、有序、真诚协商，在议事后积极推动成果转化。

（三）注重有效议事，用好载体

突出“议事成效”工作目标，引导群众“有事、遇事、做事”到“委员议事厅”来协商，推进解决相关问题，让群众感受到在“委员议事厅”能成事，在助推发展、服务民生中彰显政协担当作为。2022年，“委员议事厅”共收集民意信息80余条，开展20余场专题协商议事活动和20次为民办实事好事活动，推动解决问题40余个。2024年，围绕生态旅游、面包食品、竹木科技等重点产业，持续优化“专委会＋界别委员＋专业领域”模式，进一步完善旅游景区、工业园区、居民社区等贴近群众的议事厅建设。借助“委员议事厅”平台，开展“微协商”16场次，提出意见和建议40余条，形成调研报告10份，有效解决相关问题20余个。坚持群众需求在哪里，委员议事就到哪里，做到协商内容“亲民”、协商成果“惠民”。先后开展为民解忧协商活动23次，提出意见建议39条，收集社情民意信息50余条，解决群众实际问题26个，参与委员100余人次，受益群众800余人。

十一、广昌县政协着力打造“‘莲心’政协”

广昌，被誉为“中国通芯白莲之乡”“中国莲文化之乡”，是世界最大莲池所在地。广昌县政协不断探索委员履职新形式，创建具有莲乡特色的政协品牌：“莲心”政协。结合千年莲乡丰富的莲文化，将“莲”元素与政协文化相融合，形成同德养“莲”（廉）守初心、同力采“莲”（联）凝共识、同心种“莲”（连）促发展的“三莲”履职精神。

（一）同德养“莲”（廉）守初心

“莲”通“廉”，寓意廉洁，洁身自好，干净担当。换届后，组织委员培训班3期，开展专题学习6次，举办“廉洁”课堂4次，进一步提高委员履职能力。

（二）同力采“莲”（联）凝共识

“莲”通“联”，寓意联合，和而不同、和衷共济。组织开展“专题协商周”“界别活动月”“社情民意反映年”“委员讲堂”系列活动，更好地凝聚了广大委员和各界人士的共识和智慧。

（三）同心种“莲”（连）促发展

“莲”通“连”，寓意莲心，与党政同心、与群众连心。围绕全县经济社会发展大局，充分发挥界别优势，开展系列协商议政活动。经济小组开展“协商在基层”“协商进企业”系列活动；教育界别、法律界别开展“委员进校园”系列活动；提案委以“‘莲’事好商量”＋“提案办理协商社区圆桌会”为载体，开展“协商进社区”活动。2023年，充分发挥“莲”事好商量＋提案办理协商社区圆桌会协商议事平台作用，与界别群众“零距离”接触，推动解决群众“急难愁盼”问题，搭建起党委政府和群众的“连心桥”，让建言资政更接地气、更贴民心，不断提高群众的幸福感、获得感。2024年，围绕“学前教育、道路交通安全、城乡生活垃圾治理”等“民生小事”，组织委员实地考察10余次，推出3期《委员话民生协商在基层》访谈活动，邀请政协委员和党政部门领导面对面深入协商，及时为群众解疑释惑，把对策提准提实，达到关注群众身边事、多做群众暖心事、服务群众办实事的目的。坚持“因地制宜、提升效能、一室多用、综合利用”原则，把协商议事平台建到群众家门口，高标准打造政协元素突出、协商氛围浓厚的“文史雅苑”，将其作为宣传地方文化、收集社情民意和文史资料以及展示政协特色工作、协商议事的平台。相继搭建“政协委员之家”和“莲心”政协社区工作站，免费向委员、群众开放，为委员开展学习、调研、协商、联谊、提案办理等各项履职活动搭建平台、提供支持。

2024年12月

附 录

·历届政协工作报告及领导讲话·

政协抚州地区工委本届工作总结

（1993—1997）

省政协七届一次会议以来，我们按照《政协江西省委员会地区工作委员会工作条例》，紧紧围绕党委和政府的中心工作，认真履行政协工委的职责，完成省政协赋予的任务，全区政协工作有了进一步的发展。总结五年来的工作，我们主要有以下几点做法和体会。

一、思想到位，正确认识指导工作中的“有为”和“有位”

思想是行动的先导，做好政协工委的工作，同样是一个认识与实践、知与行的辩证统一过程。地区政协工委属省政协的派出机构，它的工作职责与县市政协有较大区别，不具备完整的协商监督和参政议政功能；它的职责是对全区政协工作进行指导、协调和搞好联络、服务。因此有些同志认为，比起县市一级政协组织，地区政协工委的工作则更显得“无为”“无位”。在个别同志思想认识上存在着一些误区，主要表现有三种心态：一是“无事”心态。认为政协工委是派出机构，在工作中起上传下达的作用，没多少实际工作可做；二是“无为”心态。认为政协工委没有全委会、常委会，不能开展大型的调查、视察，工委的工作没有多大的作为；三是无望心态。认为到政协工作是船到码头车到站，工作难做，成绩难取，提拔无望，是一个“养老”“安置”的地方。针对这些模糊认识，我们在工委干部中开展了“怎样认识工委指导工作中‘有为’和‘有位’的辩证关系”的学习讨论，组织大家学习《政协章程》、中共中央《通知》、全国政协《规定》和《政协江西省委员会地区工作委员会工作条例》，并联系地区政协工委成立以来，工作取得成绩的实际进行讨论。引导大家看到，地区政协工委成立以来，做了大量工作，传达贯彻了上级有关政协工作部署，及时反映了下级政协工作中存在和要解决的问题，对县市政协工作进行了具体的业务指导，并帮助解决了很多工作中的实际问题。由于地区政协工委的指导，推动了全区政协工作的发展。通过学习讨论，使大家感到政协工作不是“无为”而是大有作为；不是“无位”而是位置显要。政协工委工作在全省政协工作中虽处于“中间地带”，但起到了枢纽作用。它要通过卓有成效的指导工作，上对得起“天”，下对得起“地”。所谓对得起“天”，就是地区政协工委要传达全国、全省政协工作的重要指示精神，贯彻落实全国、全省政协的重大工作部署；所谓对得起“地”，就是要适时指导全区政协工作的开展，向上反映下级政协工作中要解决的问题，起到联络、协调的作用。全省政协工作正是通过地区政协工委的枢纽作用，得以全线贯通。认识得到提高，行动更加自觉。政协工委机关全体人员形成一个共识，就是充分发挥政协工委的指导作用，探索指导工作的新途径，不断推进政治协商、民主监督、参政议政的规范化、制度化建设，更加富有成效地履行好工委指导职能，通过积极努力，力争全区政协工作有一个看得见的变化，让“有为”和“有位”在工委指导工作中体现得更好。

二、方法到位，努力探索履行指导职能的新路子

由于政协工委在政协全局工作中所处的地位不同，其履行职能的方法也与“众”不同。因此方法到位，研究和探索履行指导职能的方法至关重要。这些年来，我们采用召开会议、制定目标、总结经验、适时指导等方法，对全区政协工作进行有效的指导，取得较好的效果。

（一）找准载体，进行会议指导

以往，我们习惯用电话或通知将上级政协的有关指示精神传达到县市政协，以此进行工作指导。但在实践中我们感到，这种方法显得简单化，不能对各县市政协的工作情况进行全面地及时地了解，不利于指导工作。为此，我们探索以会议为载体，对县市政协工作进行指导，实践证明效果较好，一方面可以传达上级政协的指示精神，另一方面又能根据全区政协的实际情况提出贯彻上级指示精神的要求。这些年来，我们每年召开一次全区政协工作会议，传达上级有关指示精神，学习上级领导的重要讲话，总结上年全区政协工作，布置来年工作安排和要求，此外，每年还召开四次全区县市政协主席会议，交流研讨政协工作的某一个方面的工作内容。了解某项工作的发展情况。我们先后召开四次全区政协工作会议，七次全区县市政协主席会议，分别将政协工作中的履行职能、“两化”建设、对口联系、咨询服务等8个专题进行研讨。在实践中我们感到用会议形式指导政协工作容易做到“三个及时”，一是能及时让党委政府了解政协工作的情况。每次会议之后，县市政协都及时将会议的重要情况向党委政府汇报，使党委和政府知道每个时期政协工作的大事要事，并给予重视和支持。二是能及时了解掌握全区政协工作的进展平衡情况。三是能及时了解县市政协在开展工作中还存在哪些困难，需要解决哪些问题。从而促进了全区政协工作的有序发展。

（二）制定目标，进行量化指导

大家都觉得，政协工作范围比较宽，弹性比较大，很难衡量政协工作的成效。我们在实践中感到对政协工作制定具体的目标，不仅可以进行量化指导，而且还能促进政协工作对号“到位”。去年初，我们工委制定和下发了《全区政协工作目标管理和考评方案》，将政协工作考评内容分为履行职能、调查研究、学习宣传、机关建设四大块，具体进行了31个项目的量化。各县、市政协对照《方案》，认真组织实施，将目标管理分解到各专委会和科室进行落实。年终，我们将全区分为三个片区进行考评。做到考评面前人人平等；量化标准，铁面无私；逐条逐项进行认真查对。会议查原始记录，调查报告看原件，调查成果看批示和效果，通讯报道看剪报，机关面貌看实地。考评结果表明：实行目标管理，政协工作整体水平迈上了新的台阶。1996年全区政协组织开展调查研究、视察活动138次，形成调查报告129篇，其中68篇进入党政决策程序，召开民主协商会56次，提出建议231条，其中被采纳的近100条，全区政协组织还

开展巡回医疗、技术讲座等咨询服务活动88次，有四个县市政协被评为全区政协工作先进单位。

（三）运用经验，进行全面指导

李瑞环同志在全国地方政协工作经验座谈会上指出："用经验推动工作是我们党的优良传统，也是做好各项工作的基本方针"。"我们应该重视这种形式，进一步研究、发展、完善这种形式，努力把它搞得更加广泛、更加经常、更加丰富。"在工作实践中，我们感觉到运用经验，通报信息、情况、总结、交流经验，则是实现工委对县市政协指导关系的重要形式。从1994年以来，我们在全区各县市政协先后总结了"履行职能'两化'建设""三胞联谊""招商引资""对口联系""咨询服务""调查研究""社情民意""目标管理、机关建设""宣传报道"等九个方面的经验，在全区县市政协主席会上交流、推广，政协工委的领导每次都到会并讲话，就各县市如何学习和运用这些经验，搞活政协工作提出具体要求。通过以经验推动政协工作，使全区政协工作水平有了新的提高。

（四）解决问题，进行具体指导

地区政协工委不仅要在整体工作和业务上对县市政协进行指导，而且还要对县市政协工作中碰到的具体问题给予具体指导，为县市政协开展工作创造条件。每年各县市政协召开全委会，政协工委领导和工作人员都下去进行指导，保证会议有序进行，完成会议各项任务。中共中央《通知》、全国政协《规定》和省政协《实施办法》下发后，工委领导分别到各县市，指导他们对照上级有关文件精神，结合本地实际，制定与之相配套的《实施细则》，完善了实践操作环节，形成了一整套可供操作的工作机制和运作程序，从而保证了中央和省政协的文件精神能深入实际地贯彻下去。在机构改革中，工委还专门就人员编制配备问题下发了明传，要求各县市政协一定要按照省赣发〔1995〕16号文件要求，省委第24次常委会精神和省编委赣编发〔1988〕139号、省政协赣协发〔1988〕49号以及赣编发〔1996〕03号文件执行。同时还指导县市政协制定"三定"方案，促进了县市政协机构改革的顺利实施，此外，每当县市政协在工作中碰到办公用房、工作用车、活动经费难以解决时，工委领导主动出面和县市的有关领导广泛接触，搞好协调，妥善解决了这些方面的问题。由于我们做好了具体指导的工作，为县市政协解决许多实际问题，密切了工委与县市政协的关系，县市政协也把工委视为"娘家"。

三、工作到位，尽职帮忙，通过"有为"赢得"有位"

实践表明，从事物的发展来看，内因是事物变化的根据，外因是事物变化的条件，要搞好政协工作，政协自身的"有为"是内因，是基础，是关键，要达到"有位"，就必须靠"有为"来争取。我们的做法：

（一）是通过宣传力争"有位"

我们做到凡属政协工作的重要文件及时送给党委看，上级政协的重要会议精神及时向党委传达，全区政协的主要工作及时向党委汇报；政协的报刊主动为党委订阅；政协的《章程》《规定》及统战、政协理论的重要文件主动提交党委中心组学习；全区政协的重大会议，主动请党委主要领导参加。通过宣传，使党委认识到政协工作的重要性。近年来，中共抚州地委和行署对全区政协工作给予了很大的关注和支持，把政协工作列入党委议事日程，定期听取政协汇报和研究政协工作。地委主要领导多次在全区政协工作会议上作重要讲话，强调各级党委要切实加强对政协工作的领导，并提出具体要求。在今年的全区政协工作会议上，地委书记陈梅芳亲自为获得全区政协工作目标管理第一名的县政协授奖。

（二）通过实干显示"有为"

首先是围绕全区经济发展的大事，通过调查视察出大谋、献大计。几年来，地区政协工委先后组织在抚省政协委员就发展乡镇企业和"三高农业、水利建设、抚州电厂立项"以及"菜篮子"工程建设等问题进行了专题调查和视察，得到抚州地委和行署的高度重视，特别是《建议省政府早作决策，将廖坊水利枢纽列为我省大江大河治理优先安排项目》的建议案，得到省政府的肯定和大力支持。目前，水利部已通过了可行性研究报告，加快了该项工程的实施。我们提出的要求省政府尽快立项建设临瑞一级公路的提案，省计委于今年3月批准立项，目前已抓紧做初步设计和征地拆迁等前期工作，省交通厅已安排1998年开工建设。其次是发挥政协优势，反映社情民意。地区工委创办了《社情民意》内部刊物，收集各县市社情民意480条，经过筛选，编印了11期《社情民意》，向省政协报送和送给地委、行署领导参阅，一些有决策参考价值的信息引起了党政领导的高度重视。地委主要领导四次在《社情民意》上作了批示，要求有关部门及时处理政协反映的情况。这些信息为地委、行署的决策起到重要作用。第三是积极参与党委政府的中心工作，发挥了政协"方面军"的作用，去年地委、行署确定为民办"十件实事"，其中6件就由政协工委领导分管或协管。即完成昌抚公路及抚临路改造，实现村村通广播、地县有线台开通卫星加密电视节目，完成区内国道省道两旁的高效林业带建设，做好廖坊水库和入闽公路的前期工作。在分管这6件实事中，工委领导尽职尽责，圆满完成了任务，多次受到地委领导的表扬和好评，其中村村通广播这项工作受到省有关部门的好评，并于今年在抚召开了全省农村广播电视现场会。我们还坚持5年在乐安县为贫困的航桥乡扶贫挂点，使该乡的工农业总产值、人均收入和财政收入分别是扶贫前的11.3倍、5.2倍和11.1倍。我们的扶贫经验在全省，全区扶贫开发会议上作了介绍。通过我们的实干，充分显示了政协工作大有作为。

（三）通过"有为"赢得了"有位"

由于我们自身工作的"有为"，扩大了人民政协的地位和影响，赢得了党委、政府对政协工作的关心和支持，真正形成了"有位"的局面。近年来，地委、行署积极主动为政协工作创造条件。去年10月，地委以抚发〔1996〕18号文件，就全区政治协商、民主监督制度，对口联系制度、情况通报等制度进行了规范，为我区政协履行职能创造了良好的条件和组织保证。在政协换届中，地委领导亲临工委听取意见，强调要注重政协班子建设，挑选政治素质好、年纪较轻、工作能力强、热心工作的同志充实到政协机关。政协干部也纳入党政干部管理系列，对政协干部的培养、选拔、考核、任用、交流同党政干部一视同仁。四年来，全区政协组织提拔重用47人，实行双向交流的达110多人。政府对政协工作也非常支持，专项经费列入财政预算。在机构改革中全区各级政协机关人员编制没有减少。政协机关的工作用车、办公用房也得到了较好的解决，真正做到了把强化人民政协的基本职能，落实在对政协工作具体支持上，把发挥政协"人才库"、"智囊团"作用，落实在积极采纳政协的建议上，把提高对人民政协工作的认识，落实在扎扎实实为政协办实事上。

四、工作中存在的问题和几点建议

总观这几年的工委工作，经过不断努力，实现了全区政协工作有一个看得见的大变化的目标，但是从新形势下政协工作的发展和要求看，还存在一些需要加强和改进的地方，如反映社情民意还要更加广泛，渠道要继续拓宽；履行职能规范化、制度化的指导力度还有待于进一步加大；对县市政协工作的指导还要进一步加强；政协理论研究工作的力度还要进一步加大。所有这些，我们将在今后的工作中努力克服和解决。另外，向省政协工作提出几点建议。（1）省政协已制定和下发了贯彻全国政协《规定》的《实施办法》，实现了政协履行职能的可操作性。现在的问题是如何使之达到法律化，用法律化的形式保证人民政协履行职能的规范化、制度化。（2）为进一步推动政协工委工作的发展，建议省政协将地区工委的工作列入目标考评系列，给地区政协工委工作增加压力和动力。（3）建议省政协加强对地区工委和县市政协的工作指导和业务指导，这点对明年换届以后的政协工作显得尤为重要。

在政协抚州市第一届委员会第一次会议上的讲话

黄定元

（2000 年 10 月 17 日）

各位委员、各位同志：

政协抚州市第一届委员会第一次会议今天在这里隆重开幕，这是抚州市人民政治生活中的一件大事，也是我省爱国统一战线的一件大事。受省政协主席朱治宏同志的委托，我谨代表政协江西省第八届委员会，向大会表示热烈的祝贺！向政协抚州市第一届委员会的全体委员表示热烈的祝贺！

抚州历史上人文荟萃，“唐宋八大家”，抚州就有王安石、曾巩“两大家”，此外还有汤显祖、陆象山等众多的历史名人。在革命战争年代，抚州人民做出了巨大的贡献。新中国成立以后，开始了再创辉煌的伟大历程。抚州地委和行署对人民政协工作高度重视，抚州地区的历届政协组织和政协委员，同全区人民一道，为抚州的经济发展和社会进步做出了很大的贡献。特别是改革开放以来，在当地党委的正确领导下，坚持以邓小平理论和以江泽民同志为核心的党中央关于统一战线和人民政协的一系列重要指示为指导，认真履行政治协商、民主监督、参政议政职能，为改革、发展和稳定献计献策，做出了不懈的努力，取得了很大的成绩。

在二十一世纪即将来临的时候，抚州撤地建市，抚州的历史翻开了新的一页。政协抚州市第一届委员会第一次会议的召开，在这新的一页上书写了浓重的一笔。我们深信，在新成立的中共抚州市委的领导下，抚州市政协的各项工作一定会有新的发展，一定会开创新的局面。

中国人民政治协商会议是中国人民爱国统一战线的组织，是中国共产党领导的多党合作和政治协商的重要机构，是我国政治生活中发挥社会主义民主的重要形式。统一战线工作是全党的工作，人民政协事业是建设有中国特色社会主义事业的重要组成部分。改革开放越深入，经济建设越发展，越需要加强统一战线和人民政协的工作。我们要充分认识人民政协的重要地位和作用，适应新形势，探索新路子，作出新贡献。人民政协的主要职能是政治协商、民主监督、参政议政。我们要紧密围绕党的中心工作，服从和服务于大局，找准位置，选好角度，认真履行职能，积极推进履行职能的规范化制度化，为改革开放和现代化建设在新世纪的新发展多出主意，多想办法，多提有价值的意见、建议。

人民政协是大团结大联合的象征，民主和团结是政协工作的两大主题。要把这两大主题贯穿于人民政协的全部工作中，积极推进有中国特色社会主义民主政治建设；要协助党和政府进一步做好协调关系、化解矛盾的工作，调动一切积极因素，努力化消极因素为积极因素，团结一切可以团结的力量，同心同德，群策群力，维护和发展安定团结的政治局面，为改革开放和现代化建设而奋斗。

政协委员是政协工作的主体。人民政协的一切工作都离不开委员主体作用的发挥。面向新的世纪，历史赋予我们全体政协委员光荣而神圣的使命。我们完全相信，政协抚州市第一届委员会的全体委员，一定会认真学习江总书记关于

“三个代表”的重要思想和在庆祝人民政协成立50周年大会上的重要讲话精神，并贯彻到实际工作中去；一定会把党和人民赋予的荣誉感和责任感统一起来，不图虚名，不辱使命，不负重望，积极参加政协组织的各项活动，充分发挥自己的聪明才智，在中共抚州市委的领导下，为两个文明建设殚精毕力，做出无愧于时代的贡献。

预祝这次大会圆满成功！谢谢大家。

在政协抚州市第一届委员会第一次会议闭幕会上的讲话

王祥生

（2000年10月18日）

各位委员、各位同志：

中国人民政治协商会议抚州市第一届委员会第一次会议，经过与会人员和同志们的共同努力，按照预定的议程，圆满地完成了任务，今天就要闭幕了。原中共抚州地委和中共抚州市委对会议的积极筹备和胜利召开，始终实施了切实有力的领导。刚才，市委书记罗筱玉同志代表市委作了重要讲话，对市政协的工作提出了明确的任务和要求，我们要认真贯彻落实。这次会议选举产生了政协抚州市第一届委员会主席、副主席、秘书长和常务委员；通过了政协抚州市第一届委员会第一次会议决议。会议期间，大家表现了高度的责任感，充分行使民主权利，广泛发表意见，会议取得了预期的效果。这次会议是一次民主协商、团结奋进、鼓舞人心、凝聚力量的大会。

感谢各位委员的信任，选举我们39位同志组成政协抚州市第一届委员会常务委员会。我们一定不辜负大家的期望，尽职尽责，认真学习，努力工作，尽快形成新的工作局面。

省政协和省撤地设市指导组对我们这次大会非常重视，给予了许多具体的帮助和指导，让我们以热烈的掌声表示衷心的感谢和致以崇高的敬意！我们这次大会还得到了各位老领导、各县（区）政协、民主党派和各界人士的热情关注和支持，各有关部门和全体工作人员、服务人员也为大会的顺利召开付出了辛勤的劳动。在这里，我代表本届市政协常务委员会和全体委员向他们表示衷心的感谢！

撤地设市，既是振兴抚州经济和社会发展的需要，也是新的抚州市政协工作发展的良机。抚州撤地设市之前，作为省政协派出机构先后设立的省政协抚州地区联络处、省政协抚州地区工作委员会，十几年来，在中共抚州地委领导和省政协指导以及行署的支持下，团结组织全区的省政协委员和指导县市政协，围绕党政工作大局，积极建言献策，切实履行职能，为全区改革和发展作出了重要贡献；同时也为建立抚州市第一届委员会奠定了良好的基础，抚州市政协的成立，是我市人民政治生活中的一件大事，它将充分体现中国共产党领导的多党合作和政治协商这一基本政治制度的优越性，巩固和发展最广泛的爱国统一战线，密切联系各方面人士，调动各方面积极因素，为坚定不移地以经济建设为中心，大力推进改革开放，维护社会稳定，促进社会主义民主法制建设，实现中共抚州市委提出的跨世纪发展目标作出积极的贡献。

各位委员、各位同志，新世纪的脚步渐渐临近。在这千帆竞发、催人奋进的时刻，召开政协抚州市第一届一次会议标志着我市人民政协工作进入了新的发展阶段。本届市政协是抚州设市后的首届政协组织，是顺应撤地设市的历史发展的必然趋势和市场经济发展的客观要求产生的。它所处的历史时期，将是夺取建设有中国特色社会主义全面胜利的新时期，是我市改革大发展、经济大繁荣的时期。刚刚闭幕的中共抚州市第一次代表大会，站在建设新抚州迈向新世纪的高度，提出了“创文化名城，建经济强市”的宏伟目标。新形势、新任务要求本届市政协全体委员和各民主党派、工商联及各族各界人士要有大作为，创立大业绩，作出大贡献。根据这个要求，本届市政协的主要任务是：在中共抚州市委的领导下，以邓小平理论和江泽民总书记“三个代表”重要思想为指导，坚定不移地贯彻党的基本路线和十五大精神，牢牢把握团结和民主两大主题，紧紧围绕经济建设这个中心任务，发挥政协优势，真履行政治协商、民主监督、参政议政职能，为我市改革、发展、稳定作出应有的贡献。

第一，必须贯彻“三个代表”重要思想。江泽民总书记在广东考察工作时鲜明地提出，中国共产党始终代表中国先进社会生产力的发展要求，始终代表中国先进文化的前进方向，始终代表中国最广大人民的根本利益。“三个代表”是我们党的立党之本、执政之基、力量之源，既是对党的建设提出的新要求，也是对新时期人民政协工作的新要求。因此，市政协常务委员会和广大政协委员，必须自觉地以“三个代表”为指导，推动政协工作的全面发展。一要体现坚持和贯彻代表先进社会生产力发展这一要求，始终不渝地坚持党的基本路线不动摇。要以经济建设为中心，参政、议事、办实事、求实效，围绕抚州经济发展和社会的文明进步献计出力，努力为发展生产力作出贡献。二要体现坚持和贯彻代表中国先进文化前进方向这一要求，始终不渝地用先进思想武装头脑。要发扬自我学习、自我教育的优良传统，坚持学习和宣传马列主义、毛泽东思想、邓小平理论，树立正确的世界观、人生观和价值观。要坚持“两手抓、两手都要硬”的方针，切实加强思想政治工作和社会主义精神文明建设。三要体现坚持和贯彻代表广大人民根本利益这一要求，始终不渝地坚持全心全意为人民服务的宗旨。要把切实履行政协职能，推进人民政协事业的发展，作为代表最广大人民根本利益的具体行动，牢固树立全心全意为人民服务的思想，发扬密切联系群众的优良作风，无论何时何地都自觉把人民的利益摆在第一位，做人民利益的忠实代表。

第二，必须牢牢把握团结民主的主题。江泽民总书记在庆祝人民政协成立50周年大会上的讲话指出：“人民政协五十年不平凡的发展历程，可以归结为两大主题：团结和民主。在中国共产党领导下实行团结和民主，是人民政协性质的集中体现，是人民政协产生和发展的历史根据，是人民政协继往开来的方向和使命。这两大主题应继续贯穿于人民政协的全部工作中。”团结和民主，两者有机结合，相依相存，缺一不可。实现紧密团结，发扬民主才更有基础；发扬好民主，加强团结才更有力量。因此，团结和民主，是人民政协永远不能忘记、始终都要坚持、随着实践发展而常做常新的任务。一是要高举大团结、大联合的旗帜，充分发挥政协智力雄厚、联系广泛的优势，凝聚社会各界力量，发挥大家的聪明才智，调动各方面的积极因素，共同为实现我市经济社会发展目标尽心竭力。二是要在政协的各项工作中充分发扬社会主义民主。要组织参加政协的各民主党派、工商联、人民团体和各界人士充分运用政协这个政治舞台，就事关经济社会发展全局的重大问题、事关人民切身利益的重大改革举措等积极进行参政议政。要充分发挥政协人才荟萃的优势，积极提出有价值、有分量、有影响的建议，努力促进领导决策的民主化、科学化。要逐步加大民主监督的力度，扩大民主监督的领域，进一步探索民主监督的有效形式，充分发挥政协民主监督的作用。

第三，必须围绕中心履行职能。围绕中心、服务大局，是人民政协履行职能必须遵循的原则，也是政协工作开创新局面的基础。一是要建立健全政协例会制度。例会是政协履行政治协商、民主监督、参政议政职能的重要制度，要发挥好政协例会的作用，就必须注重提高常务委员会会议的质量，常务委员会会议的议题要专题化，力求抓住一两件大事，突出重点，议深、议透，切实为抚州市的繁荣富强献计献策。二是要深入调查研究。调查研究是谋事之基，成事之道，是搞好建言立论的基础。新一届政协要围绕党委、政府的工作部署，积极发挥优势，选取一些党委政府重视、人民群众关心、政协又力所能及的课题，深入开展调研。政协委员来自社会的方方面面，与人民群众有着紧密的联系，能够及时掌握社会的脉搏，反映人民群众的所思、所虑、所盼。在新的历史发展时期，每一位市政协委员都要深入到群众中去，多做了解社情民意、倾听群众意见建议的工作，多做团结鼓劲、凝聚人心的工作，多做理顺情绪、化解矛盾的工作，把力量最大限度地集中到完成党和政府各项任务上来。四是要加强对县（区）政协的指导，密切联系。使一些重大的调研课题，可以协商一致，上下联动。一些重要的信息，可以相互传递，相互交流。一些多年来形成的交流情况、总结经验、增进友谊的有效活动要坚持下去，并在实践中充实内容，改进形式，完善制度。

第四，必须在实践中开拓前进。建设有中国特色社会主义是当前最大的实践，这是前无古人的伟大事业，需要全体人民的共同参与，需要不断地开拓前进。我们政协组织和每一位政协委员，理应自觉投身到这一伟大实践中去，吸取营养，增长才干，发现新情况，研究新问题，取得新经验，不断提高做好政协工作的能力和水平。人民政协在跨世纪的征程中，如何履行政治协商、民主监督、参政议政职能，从根本上讲也是个实践问题。政协履行职能、反映社情民意、建言立论，为党委、政府提供决策参考，必须以实践为基础，如果离开了实践，就会变得空泛平庸，无的放矢。新一届政协在履行职能工作中，要注意从实践中总结经验，解放思想，大胆探索，勇于创新，坚持不断地把政治协商引向深入，切实有效地开展民主监督，进一步拓展参政议政的领域，努力推进履行职能的规范化、制度化。要始终坚持从群众中来，到群众中去；从实践中来到实践中去的工作方法，在实践中探索，在实践中创新，在实践中开拓前进。

各位委员、各位同志：让我们紧密地团结在以江泽民同志为核心的中共中央周围，高举邓小平理论伟大旗帜，认真贯彻“三个代表”重要思想和中共十五届五中全会精神，在中共抚州市委的领导和市政府的大力支持下，团结一致，振奋精神，开拓进取，扎实工作，为开创我市人民政协工作新局面，为全面实现中共抚州市第一次代表大会确定的“创文化名城，建经济强市”的宏伟目标，为迈向新世纪、建设新抚州的历史重任而努力奋斗！

政协抚州市第一届委员会常务委员会工作报告

（2006 年 12 月 3 日，在政协抚州市第二届委员会第一次会议上）

陈云斐

各位委员，各位同志：

我受政协抚州市第一届委员会常务委员会的委托，向大会作工作报告，请予审议。

一、一届政协以来的工作回顾

2000 年 10 月，抚州撤地设市，政协抚州市第一届委员会应运而生，肩负着神圣的使命，踏着坚实的脚步，一届市政协与我市的改革发展进程风雨同舟，共同走过了发展的六年，书写了抚州政协史上开篇之作。六年来，一届市政协在中共抚州市委的正确领导下，高举爱国主义、社会主义旗帜，牢牢把握团结和民主两大主题，紧紧围绕市委、市政府的中心工作，积极动员、组织和团结各参加单位和全体委员，认真履行政治协商、民主监督、参政议政职能，政协工作呈现出开拓进取、奋发向上、与时俱进、规范有序的良好发展态势，为推进我市社会主义物质文明、政治文明、精神文明与和谐社会建设做出了积极贡献。

（一）紧贴中心，不断提升常委会专题协商质量

一届市政协注重研究政治协商的有效形式和方法，在抓好全委会整体协商的同时，着力抓好常委会专题协商这个“重头戏”，提升了专题协商的质量和水平。

有序组织整体协商。全委会是政协最全面、最集中履行政治协商职能的重要形式，一届市政协共召开全体会议 8 次，逐步形成了会前发动委员调查研究、会中拓展协商形式、会后跟踪落实协商成果的格局。委员们以分组讨论、专题协商、撰写提案、大会发言、反映社情民意等形式围绕市政府年度工作报告、“十五”计划、“十一五”规划纲要以及我市经济、政治、文化和社会生活中的热点、难点问题，共谋富民兴市之策，齐献利抚惠民之计。为了体现政协参政议政的特色，我们坚持以大会发言的形式向市委、市政府建言献策。六年来，组织了 5 次全会大会发言，提交大会发言材料 124 篇，56 位委员作了专题发言，提出建议意见 400 余条。《落后不应是抚州的“专利”》《请保护抚河》《临川教育集团要名实相符》等大会发言引起与会人员的共鸣，委员的真知灼见对服务党政决策、推动部门工作、解决实际问题，起到了积极的推动作用。

积极推进专题协商。市政协坚持把开好专题常委会作为履行职能的重要途径，在选准议题、深入调研、充分协商、成果转化上下功夫。按照“少而精”并“有所创新”的原则，围绕贯彻落实科学发展观、构建和谐平安抚州、实施赶超发展战略等事关抚州发展全局的重大问题，精心选择发展职业技术教育、扶持农业产业化龙头企业、发展农村专业合作经济组织、完善工业园区建设、农村税费改革后乡镇财政困境和出路问题、非公经济发展、新农村建设等课题作为常委会专题协商议题。为了使协商取得实实在在的效果，我们把调查研究作为协商的重要环节，实行“四个一”的责任机制，即一位责任主席、一套调研方案、一支调研队伍、一个责任专委会，在深入调研的基础上，形成有情况、有分析、有对策的高质量调研报告。在常委会专题协商中，改变以往“政协自己唱独角戏”的传统做法，邀请市党政领导及有关部门负责同志听取专题发言和协商讨论意见。专题协商农村合作经济组织议题时，还邀请了 5 个基层合作组织代表作典型发言，实现了“决策者”与“献策者”的对接互动，使议题越议越深、越议越精。市政协主席会议汲取常委会的智慧，以建议案的形式将专题协商的主要意见报送市委、市政府，使专题协商的意见进入党政决策。市政协办加强与市委办、市政府办联系沟通，及时跟踪问效，推进了参政议政成果的落实。这七次专题协商由于选题准确，调研深入，分析透彻，建议可行，市委、市政府主要领导给予充分肯定，并批示有关部门认真研究和采纳。市委、市政府吸收了政协的意见和建议，相继出台了《关于加快发展抚州职业技术教育的具体措施》《关于加快发展我市农业产业化龙头企业的意见》《关于进一步深化乡镇机构改革的意见》等六个重要文件，常委会协商成果得到了充分利用。

（二）积极探索，不断拓宽民主监督渠道

我们坚持寓民主监督于参政议政之中，使政协的各项工作都含有民主监督的内容，同时积极探索了民主监督的新途径。

通过组织视察开展民主监督。视察是委员

行使民主权利、开展民主监督的重要渠道。一届市政协先后就招商引资、城市建设、农村税费改革、社会力量办学、水产品基地建设、安全生产、社区建设、民族宗教、公检法工作等40多个专题进行视察，履行监督职能，促进了地方和部门的工作。去年10月，市政协由分管副主席带队，组成7个视察小组，对年初两会上市长在政府工作报告中提出的8个重点新建项目和其他20多个重点建设项目实施和进展情况进行专题视察，形成了《关于我市重点建设项目情况的视察报告》，报告肯定了成绩，指出了问题，并从拓宽筹资渠道、加强项目协调、实行分类指导等方面提出建议，市政府主要领导召开多个重点项目建设现场会，市政府办下发《督查通报》，加大协调督促力度，加快了重点工程的建设速度。市政协还将视察和通报活动有机结合起来，在开展视察之前，商请相关部门就经济运行形势、反腐倡廉工作、精神文明建设、林权制度改革、广播电视事业、城市低保等召开通报会26次，使委员更好地知情问政，提高了专题视察的实效。

运用民主评议方式开展民主监督。为探索民主监督的新途径，市政协总结推广了南丰县政协对县直执法执纪部门开展民主评议的做法，并于2004年，围绕人民群众反映比较强烈的“医药费过高，老百姓看病难”问题，对市卫生局及相关部门工作开展民主评议。此次评议既是市政协履行民主监督职能的一次探索和尝试，也是市政协促进发展关注民生的具体举措。我们深入调查研究，掌握了大量第一手资料，评议会上，委员们坦诚评议，对相关部门工作进行点评，对医药费用“虚高”原因深入分析，提出了六条针对性措施，引起市委、市政府高度重视。市政府下发了专项整治工作方案，责成市政府纠风办等五家单位联合整治，促进了卫生和医疗部门行风的转变。我们推荐了42名委员担任特约监督员、审计员、督导员，他们积极参与党政部门组织的招商引资、民营经济、农民负担、城市建设等方面的专项检查，应邀参加民主评议行风、政务环境测评、城市规划听证会、价格调整听证会等，较好地发挥了民主监督作用。

（三）精心组织，努力深化专委会调研成果

专题调研是政协建言立论的基础，也是专委会履行职能的基础性工作。市政协注重发挥专委会“专家、专业、专长”的优势，把深化专题调研作为工作的主攻方向，通过精心组织，深入调研，寻求佳策，走出一条“联合、协力、广纳”的“开放式调研”路子，使专委会真正成为政协参政议政的“点子库”和“策”与“论”的加工厂，六年来，共开展专题调研72次，上报市委、市政府专题报告58份，为党政决策提供了重要参考和依据。

各专委会专题调研的主要特点：一是整合资源，优化队伍。在工业园区建设、民营经济发展、抚州籍在外高层次人才、新农村建设等大型调研活动中，由相关专委会牵头，精心挑选熟悉调研课题的委员、专家学者及相关部门领导参加，组成精干的调研队伍，同时采取纵向与横向的联系与协作，整合政协智力，充分发挥委员的主体作用、专委会的基础作用和各民主党派、工商联、政协界别的独特作用以及县（区）政协的联动作用，优化调研队伍，形成工作合力。二是调研深透，力求精品。各专委会牢固树立“调研为决策”、“调研出精品”的质量意识，下到基层既听党政情况通报，又倾听群众呼声，既了解面上情况，又解剖点上“麻雀”，既把握本地情况，又学习了解外地经验。关于职业技术教育、民主评议卫生及相关部门工作、临川文化遗存的调研，不仅到省内的新余、南昌、九江等地学习，还远赴浙江丽水、衢州等地考察取经。通过理性分析，反复讨论，数易其稿，形成内容翔实、论证充分、观点鲜明的调研报告，得到了市委、市政府的认同和采纳。临川文化遗存的调研历时半年，达到了“摸清家底、擦亮品牌、服务经济”的目标，其建议已被充分吸纳到临川文化总体规划中。三是转化成果，力求实效。对涉及重大问题的调研报告，提交政协主席会议或常委会会议审议，形成建议案报送市委、市政府；

对一些反映民情民意的调研成果，转化提案、社情民意，送交有关部门办理；对一些难度较大的重要课题锲而不舍，跟踪调研，抓好落实。农村和农业委员会、教文卫体委员会先后就“三农”问题中的农民工进城务工环境、基层公共卫生网络、农村医疗现状等开展了一系列调研视察，形成专题报告9篇；社会和法制委员会连续四年对社会养老保险及相关问题进行跟踪调研，市政府主要领导均作出批示，并以《参阅件》转发，推动了这一事关百姓切身利益问题的落实。

（四）跟踪服务，努力增强提案和社情民意工作实效

一届市政协坚持以质量为中心，以实效为重点，不断创新提案和反映社情民意工作方法和服务手段，加大跟踪落实力度。

提案“三个质量”不断提高。围绕提高提案撰写质量、办理质量和服务质量，通过召开专题研讨会、提案征集座谈会和优秀提案表彰会，引导委员在多提“精品”提案上下功夫，一届市政协共表彰了84件提案，增强了委员撰写提案的积极性，提案数量大幅上升，质量稳步提高。六年来，共提出提案1164件，立案1118件，参与提出提案的委员1412人次。仅一届六次会议就征集到提案229件，实现了委员人均一件的目标。我们努力改变提案服务局限于收、转、存一般性工作，将成主动服务贯穿提案征集、转办、落实全过程，加强与承办单位的联系和协调，促进服务质量的提高。进一步加大提案督办力度，采取主席、副主席领衔督办、提案委分组督办、跟踪督办、联合督办、会中办案、现场办案、对“B类”提案回头看等方式，使提案的办复率达100%，绝大多数委员对办理结果表示满意。市政协主席、副主席共领衔督办重点提案52件，件件办得有成效。如《关于提高政府采购效率》《网吧管理应建立长效机制》《关于淘汰实心粘土砖》等提案得到较好落实，在社会上引起较大反响，对促进政府部门改进工作，维护群众切身利益起到了积极作用。

反映社情民意工作更加重视。市政协把了解和反映社情民意作为履行职能、为民办实事的重要途径和关键环节，加大了领导力度，逐步建立社情民意信息网络，聘请了38名特约信息员。健全以会代训、专刊反映、落实责任、表彰奖励的工作运行机制和规范编报、及时反馈的信息传递机制，注重从调研视察、委员发言和提案中提炼精品和特色信息，把反映社情民意工作贯穿于政协履行职能的全过程。编发《抚州政协》等信息刊物32期，编辑信息千余条，被省政协和市委、市政府信息刊物采用165条，收集整理社情民意200余条，通过政协《社情民意》刊物向市委、市政府报送100余条。如《加强我市殡葬业收费的管理与监督》《抚临路团伙犯罪现象应引起高度重视》《尽快解决城区群众和学生乘公交车难的问题》等反映群众利益诉求的重要信息引起了党政领导和有关部门的高度重视，使问题及时得到解决，为党和政府倾听群众呼声、了解群众情绪、体察群众疾苦，起到了桥梁纽带作用。

（五）与时俱进，不断推进政协工作“三化”建设

六年来，我们十分重视政协工作制度化、规范化、程序化建设，始终坚持与时俱进，努力在学习中探索，在探索中创新，在创新中发展。

规范工作制度。一届市政协成立伊始，我们把建章立制放在首位，积极主动争取市委的重视和支持，市委、市政府相继出台了《关于进一步加强人民政协工作的意见》《政协抚州市委员会关于政治协商、民主监督、参政议政的实施细则》《关于建立市委、市政府有关部门与市政协专门委员会对口联系的通知》《市政府关于加强与市政协日常联系的试行办法》《关于人大代表建议政协委员提案办理工作的规定》等规范性文件，使政协工作有了明确的制度保障。按照“三化”建设的要求，一届市政协先后制定和完善了《主席会议和常务委员会工作规则》《专门委员会通则》《提案工作条例》《委员视察简则》《秘书长联席会议议事规则》《专委会同政协界别对口联系实施办法》等32项制度，保证了政协工作规范有序地开展。

总结新鲜经验。在实践中总结经验，用经验推动工作，是提高政协工作水平的一条重要途径。一届市政协着眼于履行职能的规范化、制度化、程序化建设，不断探索和总结实践中的新鲜经验，把已经建立并初见成效的常委会专题协商、民主评议、专题视察、主席会议建议案、主席督办重点提案、专委会对口联系、情况通报、加强和联系县（区）政协工作等做法和制度加以完善，同时将这些新鲜经验上升到理论高度，指导和推动政协工作。《调查研究是人民政协的参政之基、谋事之道》《寓民主监督于参政议政之中》《重办理求实效提升提案工作质量》等理论文章分别在《人民政协报》《光华时报》上刊登，并在全省设区市政协工作会议上作了经验交流。

争取市委重视。2004年，经市政协建议，市委组织督查组对各县（区）贯彻落实《中共抚州市委关于进一步加强人民政协工作的意见》进行了专项督查，并将督查情况向市委常委会作了专题汇报，促使全市政协工作会议的再次召开。这次会议就党委加强对政协工作的领导、政府支持政协履行职能提出了明确具体的要求，各县（区）以学习贯彻全市政协工作会议为契机，在加强政协领导班子和干部队伍建设、增加工作经费等方面出台了具体措施。今年，为贯彻落实《中共中央关于加强人民政协工作的意见》和全省政协工作会议精神，结合县（区）换届，我们对县（区）政协亟待解决的人员编制、内设机构、干部交流等问题进行了调研，并及时向市委报送了《关于县（区）政协几个问题的请示》，市委进行了专门研究，转发了市政协的请示；主动协助市委召开市直部门协调会，促成市委下发《市直有关部门贯彻落实〈省委支持和保证人民政协履行职能发挥作用的意见〉任务分工方案》。按照与时俱进的要求，就增加二届市政协委员名额和界别设置与调整问题向市委提出建议，市委研究同意扩大二届市政协委员规模，适当调整界别设置，从制度上进一步加强了党对政协工作的领导，为政协更好地履行职能提供了保证。

（六）夯实基础，努力提高政协整体工作水平

一届市政协坚持把加强自身建设，提高机关工作质量和服务水平摆在重要位置，从思想、组织、作风等方面夯实基础，形成了民主和谐、扎实深入、活跃有序的12工作局面。

深入学习与宣传。坚持“针对特点，突出重点，联系实际，学以致用”的原则，采取理论中心组学习、报告会、辅导讲座、座谈会、举办培训班、编发学习资料等形式，深入发动和广泛组织委员学习中共十六大及十六届三中、四中、五中、六中全会精神，学习《政协章程》、胡锦涛总书记在庆祝人民政协成立55周年大会上的重要讲话、《中共中央关于进一步加强中国共产党领导的多党合作和政治协商制度建设的意见》《中共中央关于加强人民政协工作的意见》，学习全省政协工作会议精神、省委《关于支持和保证人民政协履行职能发挥作用的意见》及统战、政协理论和业务知识。一届市政协共举办委员培训班2期，编印《政协工作学习资料》5期供委员学习，增强了广大委员围绕中心、服务大局，做好政协工作的责任感、使命感，提高了参政议政履行职能的水平。不断拓展文史征编工作的新领域，文史委员会精心编辑出版了《探古揽胜话流坑》《临川地方戏剧史》《抚州宗教集要》三部文史资料，共计80万字，弘扬了临川文化。加大政协理论研究和宣传报道力度，争取新闻媒体支持，在《抚州日报》开辟“参政议政”专栏，在各级、各类新闻媒体刊登、播发稿件350余篇，在全省宣传中国共产党领导的多党合作和政治协商制度“好新闻”评选中，有5篇作品分获二、三等奖，在全省政协理论与实践创新研讨会上，有6篇论文入选，两篇作为大会交流，有力地宣传了人民政协的性质、地位和作用，展示了人民政协履行职能的成果，扩大了人民政协的影响。

加强联系与指导。多领域、多形式、多渠道开展联谊交流活动，对内增强凝聚力，对外扩大抚州影响。经济技术委员会策应全市“大开放、大招商”战略的需求，发起成立浙江企业家联谊会，并以此为依托，开展了一系列“安商”“亲商”“扶商”活动，为加强政府与浙江在抚企业的沟通和联系发挥桥梁和纽带作用；做好经常性的组织服务联络工作，促成港澳省政协委员捐资50万元兴建乐安流坑希望小学，促成上海客商资助我市36名贫困学生从小学到大学的全部学费；举办了闽浙赣皖四省九市政协联谊会和全省设区市政协联谊会．加强对县（区）政协的联系和指导，制定《关于加强对县（区）政协工作指导的暂行办法》，建立县（区）政协联谊会制度。市政协领导经常深入县（区）开展调研视察，指导县（区）政协工作，帮助和协调解决一些实际问题。市政协专委会也加强对县（区）政协对口专委会的业务培训，上下联动，搞好协作，形成工作合力。在全市政协系统开展优秀提案、优秀调研报告、优秀社情民意评选活动，旨在密切市、县（区）政协的联系与交流，提升了政协工作整体水平。

全面加强机关建设。以创建学习型、服务型、创新型、和谐型机关为目标，市政协机关深入开展了解放思想大讨论、“两问三视四比”、机关效能建设和保持共产党员先进性等教育活动，建立了工作目标考评责任制，进一步提高机关干部的政治素质和业务素质，机关上下团结一心，办文突出质量，办会高效快捷，办事周密细致，不断提升参谋助手、组织协调和综合服务水平。积极参与市委、市政府布置的中心工作，着力抓好挂点扶贫、创建文明示范村、新农村建设等挂点帮扶工作，筹措资金帮助挂点村改善基础设施，大力发展当地经济，深受群众好评。加大招商引资力度，不断提高招商引资洽谈、跟踪服务和协调水平，较好地完成了年度目标任务。

各位委员、各位同志，一届市政协之所以取得新的成绩，获得新的进展，是中共抚州市委正确领导的结果，是市人大、市政府和社会各方面大力支持合作的结果，是全体政协委员、各民主党派、工商联、无党派、人民团体、各县（区）政协和机关全体同志通力协作、共同努力的结果。在此，我代表新一届市政协常委会向大家表示衷心的感谢！

在肯定成绩的同时，也应该清醒地看到我们的工作还有不少的问题与不足，需要继续研究解决和克服。主要是：政治协商的内容、形式、程序还有待进一步规范；履行民主监督职能的工作，包括监督的力度、渠道、方式方法、有效性还需要进一步探索；调查研究深度还不够，特别是对全市经济、社会全局性、综合性、前瞻性课题研究较少，建言立论的精品还不多；提案和反映社情民意的数量和质量有待进一步提高；依托专委会发挥界别作用研究不够，对委员、常委的关心、爱护、培训和管理比较欠缺，委员的主体作用发挥不够；专委会工作开展不平衡，政协机关“三服务”能力还需进一步加强；等等。这些问题和不足都需要在今后的工作实践中，认真研究探索，找出有效办法，逐步加以改进，使我们的政协工作做得更好、更有成效。

二、主要工作体会

回顾一届市政协的工作，我们主要有以下几点经验和体会：

第一，必须始终坚持“围绕中心、服务大局”，把促进发展作为履行职能的第一要务。发展是党执政兴国的第一要务，也是政协工作的第一要务。人民政协的所有工作和一切履职活动都必须紧贴发展、服务发展、促进发展，这是我们政协在新形势下开展工作的基本要求。六年来，一届市政协牢固树立大局观念和服务意识，紧紧围绕市委、市政府的中心工作，着眼于改革、发展、稳定这个大局，找准发挥政协作用与服务发展的切入点，做到宏观决策积极协商、重大行动搞好协调、奋斗目标始终协同，为促进抚州发展想实招、鼓实劲、办实事。在实际工作中，精心选择参政议政课题，无论是开展协商讨论、民主监督，还是调研视察、建言立论都能根据市委、市政府各个阶段的不同工作重点来安排，想党委、政府之所想，思党委、政府之所虑。由于各方面的工作紧扣中心和大局，参政议政重点与党政中心工作“合拍”，所提的意见和建议体现党政意图和群众意愿，政协建言立论的成效得到了较好的体现。

第二，必须始终坚持“以人为本、关注民生”，把促进社会和谐作为政协的一项长期工作任务。坚持以人为本，为构建和谐社会服务，既是人民政协面临的一项新任务，也是人民政协围绕中心、服务大局的必然要求。几年来，市政协牢固树立“参政为民”的理念，把维护和实现最广大人民群众的根本利益作为一切工作的出发点和落脚点，坚持做到“三个注重”。注重维护群众切身利益出谋划策，围绕人民群众最关心、最直接、最现实的问题，如国有企业转制、就业再就业、城镇居民最低生活保障、贯彻实施《劳动法》、残疾人工作等等，认真开展调研视察，建利民之言，献为民之策，促进相关问题的妥善解决；注重畅通反映社情民意渠道，使各方面的意见和建议充分表达出来，真知灼见充分集中起来，愿望和诉求充分反映出来，做好党和政府联系群众的桥梁和纽带；注重为人民群众办实事、做好事，鼓励委员参与扶贫济困、光彩事业、希望工程、“三下乡”等活动，为困难群众和弱势群体解决一些实际困难。实践证明，坚持参政为民，人民政协才会有广泛而坚实的群众基础，才能在促进社会的公平正义、和谐发展上有所作为。

第三，必须始终坚持高扬“团结、民主”精神，为实现抚州赶超发展凝聚力量。团结和民主是人民政协产生与发展的历史依据，是人民政协事业继往开来的历史使命。六年来，市政协始终把团结、民主精神贯穿于政协各项活动之中，凝聚起方方面面的智慧和力量，共同致力于推进抚州赶超发展。我们尽力为各民主党派、工商联知情问政搭建舞台，创造条件，鼓励和支持党派、团体运用提案、大会发言、反映社情民意等方式建言献策，努力搞好与各民主党派、工商联、人民团体和社会各界人士的合作共事，促进共同基础上的大团结、大联合；积极协助党委、政府做好协调关系、化解矛盾、解疑释惑、维护稳定的工作，为改革、发展、稳定减少阻力、增加助力、形成合力；利用政协团结面大、联系面广的特点，不断加强与新的社会阶层人士的联系，努力做好对外联络、牵线搭桥、招商引资等工作，为促进抚州赶超发展发挥了积极作用。

第四，必须始终坚持开拓进取，不断创新，使政协工作保持旺盛的活力。创新是时代发展的源泉和动力，也是做好政协工作的时代要求。六年来，一届市政协始终保持昂扬向上的进取精神，坚持在实践中探索，在开拓中创新，确定了一条适应形势发展要求，切合政协特点和抚州实际的工作思路，就是“把握一条主线，突出两个主题，履行三项职能，搞好四项服务”，即牢牢把握服务发展、关注民情这条主线，突出团结和民主两大主题；积极履行政治协商、民主监督、参政议政三大职能；为实现抚州赶超发展服务，为促进社会和谐服务，为加强民主法制建设服务，为巩固和扩大爱国统一战线服务。观念的更新，思路的拓宽，为本届政协开展工作奠定了坚实的基础。我们坚持在继承中发展，不断探索履行职能的活动形式、组织方法、工作方法，改进政协常委会会议形式，由过去“自拉自唱”的单一封闭式讨论转变为党政领导、专家一道参与的“开放式”协商，大大深化了协商效果；对人民群众关注的热点问题进行专项监督；改进调研方式，重视调研成果的转化；改进政协宣传工作等等，既取得了显著的成效，又扩大了政协的影响面，使政协工作规范有序。实践证明，只有根据实践的要求不断创新，政协工作就能始终充满生机与活力。

第五，必须始终坚持依靠党委领导、政府支持，这是做好政协工作的根本保证。政协工作是党的全部工作的重要组成部分，坚持党对政协工作的领导，是人民政协履行职能的根本原则。六年来，我们始终自觉贯彻执行市委的重要决策部署，把履行职能的各项工作置于党委的领导下，切实做到“四个主动”，主动向市委请示汇报政协工作的重大事项和重要安排；主动提出协商监督，参政议政的议题；主动向市委、市政府报送参政议政成果；主动协助市委、市政府做好沟通思想、协调关系的工作，从而使政协工作融入党政工作大局。市委高度重视政协工作，坚持重大问题与政协协商，重要工作请政协参与，重要情况向政协通报。市委、市政府主要领导身体力行，凡市政协报送的建议案和重要的调研报告等都及时作出批示，并督促有关部门落实，积极参加政协的各种重要会议和活动，经常给政协出题目，交任务。市政府及有关部门注重加强与政协的联系和沟通，支持政协开展民主监督，帮助政协改善工作条件，为政协履行职能营造良好的外部环境，逐步形成了“党委重视、政府支持、政协主动、各方配合”的良好工作格局。对此我们应该弥足珍贵、倍加爱惜。

三、对今后工作的建议

各位委员，本届政协恰逢我国实施“十一五”规划，在一个新的历史起点上阔步前进的重要阶段，也是我市大力实施赶超发展战略，实现抚州崛起的关键时期。新形势、新任务为人民政协履行职能提供了更加广阔的舞台。我们要以邓小平理论、“三个代表”重要思想为指导，牢固树立和落实科学发展观，在中共抚州市委的领导下，紧紧围绕市第二次党代会提出的各项战略目标和任务，以与时俱进、开拓创新、奋发有为、昂扬向上的精神状态，担负起人民政协的历史使命，认真履行政治协商、民主监督、参政议政的职能，进一步开创政协工作的新局面，为实现抚州赶超发展的宏伟目标作出新的贡献。为此，我们建议：

（一）认真学习、深入贯彻中央和省委关于加强人民政协工作文件精神，为新一届政协开创工作新局面夯实基础

今年2月，中共中央下发《关于加强人民政协工作的意见》，为人民政协事业发展指明了方向，提供了政策依据和制度保障，这是指导新世纪新阶段人民政协事业发展的纲领性文件。省委从实际出发，去年年底就下发了《关于支持和保证人民政协履行职能发挥作用的意见》，今年4月，省委又召开全省政协工作会议，专题研究部署新形势下我省政协工作，吹响了在新的历史起点上政协工作开拓前进的号角。这一系列决策、部署和文件的制定出台，表明了人民政协正面临一个空前发展的大好局面。市二届政协要把学习贯彻中央《意见》和全省政协工作会议精神，作为一项统领全局、带动全局、推动全局的重要工作。要充分利用常委会会议、主席会议、理论学习中心组以及委员培训班等有效形式，组织委员和机关干部好好学习，为新一届政协工作的良好开局夯实基础。要结合工作实际，把学习贯彻与充分履行三大职能结合起来，积极探索履行职能的新形式、新方法；要把学习贯彻与全面加强政协自身建设结合起来，努力在促进参加政协的各党派、无党派人士的团结合作，充分发挥界别、委员和机关作用“四位一体”建设上取得新进展；要把学习贯彻与政协“三化”建设结合起来。不断创新工作机制和工作方法，适时对市委最近下发的两个文件贯彻落实情况进行专项督查，出台《关于加强委员队伍管理办法》，修订和完善一届政协以来已制定实施的规章制度，促使政协工作再上新台阶。

（二）全面贯彻科学发展观，在促进抚州赶超发展上有新的成效

以科学发展观统揽参政议政全局，是人民政协履行职能必须遵循的基本原则。市第二次党代会对抚州今后五年发展做出了全面部署，坚持“全力主攻‘两区’，推进三大建设，三年确保财政收入翻番，五年实现全面进位”的赶超发展目标不动摇。全市政协组织要紧紧围绕党代会确定的目标和任务，把促进抚州赶超发展作为履行职能的第一要务。要善于在抓大问题、出大思路、求大发展上下功夫，加强对改革发展问题深层次矛盾的分析，加强对党委、政府关注的大事和难事的思考。尤其要紧扣市委、市政府提出的“赶超发展、提速进位”这个主题，围绕加快产业技术升级，大力培植优势产业和核心企业；加大招商引资力度，完善园区体制机制，强力推进工业园区建设；完善城市功能，改善人居环境加快城市化建设步伐；突出农民增收，稳步推进新农村建设；推进重点项目建设，建设资源节约型和环境友好型社会等事关抚州发展的综合性、全局性、前瞻性重大课题，充分发挥政协组织的优势，在进一步细化的基础上，深入调查研究，适时组织专题视察，动员和组织委员撰写提案，反映社情民意，力争提出具有针对性、操作性的对策和建议，为党政科学决策当好参谋，为促进抚州赶超发展发挥实际作用。

（三）坚持关注民情、反映民意，在构建和谐平安抚州上有新的作为

构建社会主义和谐社会，人民政协具有独特优势，肩负着义不容辞的责任。全市政协组织要把民主协商建言献策、建议批评的出发点和落脚点放在维护人民群众的切身利益上，放在帮助政府改进工作、优化经济发展环境上。要围绕改善就业和创业环境，千方百计扩大就业；加强推进社会保障体系建设；完善社会救助体系保护弱势群体利益；深化教育文化医疗卫生体制改革，解决低收入家庭子女上学难和群众看病贵、看病难；健全社会治安防控体系，加强政风行风建设等问题，积极引导政协委员和政协各界人士，认真开展调研视察，运用提案、咨询、专题报告、社情民意等形式，正确反映不同阶层、不同方面群众的意愿和诉求，促进有关部门解决群众实际困难和问题。要切实加大民主监督力度，选择政府部门工作中群众关心、涉及群众切身利益的有关问题，运用视察、评议等形式开展专题民主监督，促进政府有关部门改进工作、提高效率、为政清廉。要认真组织开展好政府职能部门民主评议企业、企业民主评议政府职能部门的“民主双评”活动，力争通过有效的评议，加强政府与企业沟通，维护企业的合法权益，优化全市的经济发展环境。

（四）坚持“大团结、大联合”，在巩固和扩大爱国统一战线上有新的贡献

认真贯彻《中共中央关于巩固和壮大新世纪、新阶段统一战线的意见》，坚持求同存异，广开言路，营造团结、民主、和谐、宽松的氛围，为参加政协的各民主党派、工商联、人民团体和无党派参与国是、议政建言创造条件。优先吸纳民主党派组织和成员参与政协重大课题的调研，优先将党派提案确定为重点督办提案，优先推荐民主党派的委员参加社会监督工作，使人民政协真正成为各民主党派、工商联和各界人士坦诚建言、参政议政的大舞台。切实做好团结包括新的社会阶层在内的全体社会主义建设者的工作，加强同政协委员中的非公有制经济人士和自由择业知识分子代表的联系，引导他们爱国、敬业、诚信、守法，致富思源，富而思进，多献爱心，多做善事，在“全民创业、富民兴市”的浪潮中做发展的先锋、创业的模范。进一步加强同港澳台侨人士及其亲属的联络联谊，坚持用文化交流来维系感情，用经贸合作来推动交往，用求同存异来增进共识，不断壮大爱国统一战线力量，形成全市上下齐心协力共谋抚州赶超发展的局面。

（五）切实加强政协队伍建设，在提升参政议政能力上有新的举措

充分发挥政协领导班子的表率作用。做到“务实、和谐、善政、廉洁”，不断提高围绕中心、服务大局的能力，求真务实、深入调研的能力，发现问题、解决问题的能力，团结各方、形成合力的能力，发扬民主、有效监督的能力，改革积弊、开拓创新的能力；进一步发挥专委会的支撑作用。密切各专委会之间的协作与配合，落实专委会与党政对口部门的联系制度。以活动为纽带，突出界别特点，组织界别委员开展多种形式的参政议政活动，努力形成活跃有序的工作局面；进一步发挥委员的主体作用。加强委员的学习培训，尤其要重视新进委员的统战、政协理论和知识的学习。在继续搞好“五个一”活动的同时，认真探索发挥委员作用的新形式、新途径。按照委员管理办法，建立委员参加政协活动档案，对委员实行动态管理。每一位政协委员都要增强主体观念和责任意识，珍惜荣誉，不辱使命，切实发挥好在本职工作中的模范作用、政协工作中的先进作用和界别群众中的代表作用；进一步发挥市、县（区）政协的联动作用。加强对县（区）政协工作的联系和指导，整合政协资源，实现市、县（区）政协互动合作，不断提升政协工作整体水平；进一步发挥政协机关服务作用。按照“讲团结、讲协作、讲效率、讲奉献”的要求，加大对政协机关干部的思想教育和业务培训力度，加快推进机关电子政务建设，努力造就一支政治坚定、作风优良、学识丰富、业务熟练的政协干部队伍，切实担当起为政协履行职能服务、为政协委员服务的职责。

各位委员，刚刚结束的市党代会描绘了我市今后赶超发展的宏伟蓝图，目标催人奋进，前景光明灿烂。让我们紧密团结在以胡锦涛同志为总书记的中共中央周围，在中共抚州市委的领导下，高举邓小平理论和“三个代表”重要思想伟大旗帜，深入贯彻落实科学发展观，进一步振奋精神，扎实工作，与时俱进，开拓创新，为实现我市的赶超发展和全面建设小康社会的目标做出新的更大的贡献。

同心同德，团结奋进，努力开创二届政协工作新局面

（2006年12月5日，在市政协二届一次会议闭幕大会上）

李品行

各位委员、各位同志：

政协抚州市第二届委员会第一次会议，圆满完成了各项议程，就要闭幕了。

2000年10月撤地设市以来，一届市政协走过了六年的历程。这六年，是抚州历史发展进程中具有重要意义的六年，是我市经济建设取得突出成就、民主政治建设不断推进、人民生活水平不断提高的六年，也是我市政协工作求真务实、开拓创新、奋发进取的六年。一届市政协在中共抚州市委的正确领导和市政府的大力支持下，依靠全体委员，牢牢把握团结和民主两大主题，围绕中心，服务大局，着眼发展，关注民情，认真履行政治协商，稳步推进民主监督，扎实开展参政议政。六年来，我们着眼于参政议政能力建设，紧紧抓住常委会专题协商这个“重头戏”，不断提升常委会专题协商的质量；我们坚持寓民主监督于参政议政之中，积极探索民主监督的新途径，不断拓宽民主监督的渠道；我们坚持“精品”意识，深化专委会调研形成一批优秀调研报告，为党政决策提供参考依据；我们坚持创新提案和反映社情民意工作机制，推动了关系人民群众生产、生活现实问题的解决；我们按照规范化、制度化、程序化的要求，逐步健全和完善政协工作规章制度，努力提高政协机关“三服务”能力；我们坚持与时俱进，注重在实践中总结积累，以经验指导和推动工作，积极创新政协履行职能的方式方法，政协工作整体水平不断提升。回顾过去的六年，我们倍感珍惜所取得的成绩和经验，更加希望其发扬光大。在此，我代表政协抚州市委员会，向所有关心、支持政协工作的党政领导和社会各界人士，向为参政议政付出聪明才智和辛勤劳动的一届市政协委员表示衷心的感谢和崇高的敬意！

各位委员、各位同志：本届政协任期的五年，是逐步展开我市“十一五”规划绚丽画卷的五年，是我市实施赶超发展战略、实现提速进位的五年。刚刚闭幕的市第二次党代会奏响了“赶超发展、

提速进位”的主旋律，明确提出了“高举邓小平理论和‘三个代表’重要思想的伟大旗帜，以科学发展观为统领，突出团结与和谐两大主题，坚定不移地实施‘全力主攻两区，推进三大建设，三年确保财政收入翻番，五年实现全面进位’的发展思路和战略举措，进一步加大对外开放力度，加快赶超发展步伐，确保完成或超额完成‘十一五’经济和社会发展目标，为把抚州建设成为现代工业新城和文化生态名城而不懈努力”的奋斗目标。我们坚信，通过五年的艰苦努力，我们抚州一定会经济更加繁荣、社会更加安定、人民更加富庶、山山水水更加美丽。在这次大会上，大家推选我继任二届市政协主席，推选周琪、陈云斐、邹俐菁、黄德宪、廖建辉、何建辉、郑友清同志担任副主席，推选徐容宁等54名同志担任秘书长和常务委员，这既是党组织对我们的信任，也是全体委员对我们的信任和支持，我们深表感谢，同时也深感责任重大。为此，我希望并期待新一届政协和全体委员同我一道，按照市委、市政府确定的目标任务，以抚州发展为己任，不辱使命，不负重托，同心同德，团结奋进，在共同致力于赶超发展中努力开创新一届政协工作的新局面。

一、我们要有与抚州发展共荣辱的强烈责任感

不断推进高质量发展是中共执政兴国的第一要务，也是政协工作的第一要务。加快抚州发展，实现抚州崛起，既是全市人民的强烈愿望，更是我们共同的责任。抚州兴，我们荣，抚州衰，我们耻，面对赶超发展、提速进位的繁重任务，面对千帆竞发、百舸争流的竞争态势，全市政协责无旁贷。我们要牢固树立“抚州发展人人有责”的观念，以抚州的兴衰为荣辱，自觉增强大局意识，责任意识，勇当赶超发展的参与者、支持者、实践者，以责任激发履行职能的热情，以责任鼓起开拓创新的勇气，以责任推动赶超发展的步伐。我们必须坚持一届政协以来的根本经验，以“三个代表”重要思想统揽政协工作。这是我们始终要遵循的指导思想和必须牢牢把握的一条主线。当前和今后一段时期，全市政协组织和委员要按照中共中央的要求，积极认真地组织学习《江泽民文选》，学习胡锦涛总书记关于科学发展观、构建和谐社会的重要论述，学习中共十六届六中全会精神，进一步深刻领会精神实质；尤其是要进一步提高贯彻“三个代表”重要思想的自觉性，打牢这个共同的思想基础。“三个代表”重要思想的核心是发展，根本是维护和实现好人民的利益。政协的政治协商、民主监督和参政议政，一定要围绕发展和维护人民的利益来开展，否则就会迷失政治方向，与党和人民的要求相背离。这一条我们首先要牢记在心。其次我们必须坚持把落实科学发展观、构建和谐社会贯穿到政协工作的方方面面，努力提高贯彻科学发展观、构建和谐社会的自觉性，这也是我们政协工作必须始终遵循的重要指导思想。纵观抚州发展的差距，原因是多方面的，但根本原因在于长期以来工农业比例失调，工业发展滞后，由于缺少国家重点企业和大型建设项目的支撑，农业地区的历史定位到现在也还没有摆脱。因此，加速工业化进程，以开放促发展、以工业促崛起是我们唯一正确的选择。当前，抚州的硬环境和软环境都有一些不尽如人意的地方，融资难、城市建设落后等，是制约抚州发展的“瓶颈”问题。人民政协素有“人才库”“智囊团”之誉，不少委员是各行各业的专家学者，学有专长，业有专攻，能够也应该为抚州的发展多谋有用之策，能够也应该为破解发展难题献计出力。我们要紧紧抓住事关抚州发展的根本性、前瞻性、战略性问题，立足抚州的市情，深入调查研究，把智慧和力量凝聚到赶超发展和构建和谐平安抚州上来。要认真地贯彻落实党的十六届六中全会精神，积极推进社会主义民主政治，为抚州和谐发展提供广泛的智力支持。新一届政协要按照“在全局中定位，在继承中发展，在实践中创新，在探索中前进”的要求，紧紧围绕市委、市政府提出的赶超发展目标，着力提升参政议政质量，提高服务赶超发展水平，

以与抚州兴衰共荣辱的强烈责任感，以机不可失、时不我待的拼搏精神，挥洒才华，展现风采，为建设美好抚州——我们共同的家园，奉献智慧，贡献力量。

二、我们要有“爱民、亲民、忧民、为民”的一往情深

为政之要在于爱民，爱民之要在于察其疾苦。关心民情，关注民生，是人民政协履职为民的必然要求，是“三个代表”重要思想和“以人为本”科学发展观在政协工作中的具体体现。随着改革的不断深入和市场经济的持续发展，工业化、城市化正在加快推进，利益关系和分配方式出现多元化、复杂化，社会阶层在不断分化和重组，贫富、就业、环境等矛盾冲突不断增多，社会进入了“矛盾凸显期”。古人云：“怨不在大，可畏惟人；载舟覆舟，所宜深慎”。我们的政协委员来自群众，代表群众，应当心系群众，了解群众情绪，倾听群众呼声，反映群众意愿，当好党委、政府体察民情、了解民意的桥梁和纽带。我们要常怀忧民爱民之心，恪守为民富民之责，多办亲民利民之事，把爱民、亲民、忧民、为民作为参政议政的切入点，认真关注与人民群众利益相关的倾向性、苗头性问题，了解人民群众最关心什么、最期盼什么？构建和谐平安抚州，当前我们要特别关心如何拓宽就业门路，如何扶持创业致富，如何缓解老百姓看病难、子女读书难问题，如何救助贫困家庭、社会弱势群体的生产、生活，如何扩大社会保障的覆盖面等等，这些最直接、最迫切与人民群众休戚相关的问题。政协是人民的政协，是代表社会各界人民利益的。我们要从思想感情上贴近群众，从建言立论、参政议政的内容上贴近群众，运用提案、调研、视察、反映社情民意等方式，深入搞好调查研究，形成能够帮助和促进党政决策、最终惠及人民群众的可行之论，推动老百姓最关心、最现实问题得到解决。要更多地关注城乡困难群众和弱势群体的生产和生活，切实反映他们的诉求。经济、工商企业界和社会新阶层的委员要富而思源、富而思进，做大做强自己的实业，带头参与光彩事业，开展扶贫济困，以自己的真诚爱心更多地回报社会、回报人民。

三、我们要敢讲真话，善谋实招

人民政协参政议政的生命力在于讲真话、诉实情、谋实招。敢不敢讲真话、会不会讲实话、善不善谋实招是检验政协委员政治素质高低的一块试金石。党和政府鼓励、支持我们政协委员讲真话实话，政协位置超脱，亦官亦民，有敢讲真话、实话的条件。所以，我们要时刻牢记自己的神圣职责，为国事谋划，为民生操劳，实事求是，坚持真理，为抚州的发展和进步，为人民生活的改善和提高，讲真话，谋实招。要克服“说了白说，难以奏效”的认识，摒弃个人私心杂念和荣辱得失，站在对党和人民事业负责任的立场，坦诚不掩饰，真挚不虚伪，切实不夸张，不说空话、套话，不回避矛盾和问题，有喜报喜，有忧报忧，善言别人没有说过的、敢言别人不敢说的实情实事，让党委和政府听到真实的声音，向党委、政府反映真实的社情民意。要努力营造良好的民主气氛，形成“让人说话、让人愿意说话、让人敢说真话”的氛围，扩大政协工作的社会开放度，提高各界群众对政协工作的参与度，使各党派、各阶层、各界别的利益诉求在人民政协这个平台上得到顺畅的表达，各种利益矛盾得到调解和缓和。讲真话、谋实招就要认真思考抚州发展中的深层次问题，加强对全市经济社会宏观性、综合性、超前性课题的研究。诸如，如何处理好国家宏观调控与发展地方经济的关系，农业工业化发展道路怎么走，如何形成和壮大我市核心企业和支柱产业，如何引进高新技术产业和提高招商引资水平，重大城市建设项目如何带动二、三产业的发展，深厚的文化底蕴与落后的文化产业如何协调发展，教育如何成为我市经济发展的推动力，资源性开发、保护与可持续发展，市场经济条件下政府职能转变与调整等等，我们都有责任去深入调研、深入思考，力争在促进赶超发展上有新思

路，在构建和谐平安抚州上有新谋略，在推进抚州崛起中有新作为。

四、我们要多出参政议政“精品”

打造出更多的参政议政“精品”，是本届政协的一项重要任务。一届政协的实践告诉我们，参政议政“精品”的形成，取决于选题与党政决策和人民群众需求的关联度，取决于调查研究的深度，取决于对策建议的可行度。因此，我们要创造出更多的参政议政精品，首先要选准课题。这就是抚州经济和社会发展中的重大问题，人民群众期盼解决的突出问题，党委和政府关注的重大改革、重要工作和重要项目，以及需要解决的困惑在胸的问题。其次要深入调研。“没有调查没有发言权”，同样，没有调查就没有参政议政权。调查研究是所有提案、建议案及其一切建言立论的基础，是人民政协的参政之本、议政之源、成事之道。各级政协组织、政协委员、政协各参加单位，要紧紧抓住抚州赶超发展的重大问题和人民群众最为关心的热点问题，忧党和政府之所忧，想党和政府之所想，深入开展调查研究，积极寻找解决问题的科学方案。调查研究的过程是一个“实践、认识、再实践、再认识”的过程，要吃透上情，了解民情，掌握实情，以高质量为标准，深刻、系统地分析和揭示事物的本质，并从宏观与微观、理论与实践的结合上进行深入的理性思考，使调研成果和意见建议具有科学性和可操作性。三要注重实效。参政议政“精品”，系课题重大、调研深入、情况真实、分析透彻、说理充分、建议切实可行，被党委、政府纳入决策，部门实施并取得实效，对促进发展产生实际作用，或引起党委政府重视，促进了相关问题的解决，一句话，就是参政参在关键处，献策献在点子上。如果我们政协的调研、视察、委员提案和反映的社情民意能达到如此质量和水平，那么我们的政治协商、民主监督和参政议政能力就提升到了一个新的高度，政协工作就会出现一个新的天地。

五、我们一定要严于律己，宽厚宽容

做好政协工作不靠权力靠能力，不靠威严靠魅力，依靠的是非权力因素、人格的力量。我们从事政协工作的同志特别是共产党员，一定要严于律己，严格修养，练就良好的品德，努力做到人品好、人缘好、形象好。人品好，就是要有品位、有修养，综合素质高。好的人品是一种无形的力量，比任何言语更具有说服力，能够感染人、吸引人，让人敬佩，使人折服，能真正团结人。政协委员是各行各业的精英和代表，委员的一言一行有较大的影响和带动作用，因此要注重加强个人品德修养，言正行正，以自己人格的魅力去影响人、感染人，带动人，在所代表的界别中形成凝聚力和感召力。政协委员肩负着社会各界的重托和人民群众的期望，拥有的不仅是政治荣誉，更多的是社会责任。根据一届政协的经验，我们将继续在二届委员中倡导开展“五个一”活动，即每位委员每年要提一个提案、反映一条社情民意、参加一次调研视察，提一条改进政协工作的建议，做一件为人民服务的实事；同时建立委员参政议政档案，按照委员管理办法实行动态管理。荣誉是责任的动力，尽到责任才能体现荣誉，我们要切实把荣誉感和责任感统一起来，多说政协话，多干政协事，在“一岗双责”、履行职能的实践中作出贡献。我们要在全市政协组织和委员中进一步倡导宽厚宽容。“海纳百川，有容乃大”，宽厚宽容是人民政协团结和民主两大主题的体现，是处理相互关系、搞好合作共事的前提和基础。在人民政协中不同党派、不同团体、不同宗教、不同界别人士，在信仰、观念、思维方式、价值取向等方面存在差异，这是很正常的事情。但“褚小者不可以怀大，绠短者不可以汲深”，如果没有宽阔的胸襟，包容的态度，容人容事的雅量，就难以做好政协工作。我们要积极营造宽以待人、互谅互让、宽容豁达的环境，倡导广开言路、集思广益、增进共识、求同存异的参政议政氛围，既重视“同”、善于求“同”，又正视“异”、能够存“异”，既反映多数人的普遍愿望，又吸纳少数人的合理主张，通过民主协商这种富有中国特色的民主形式，达到共识共为的目的。在人民政协这个大的统一战线内部，应当造就民主、和谐、宽松、活跃的协商议政环境，坚持不抓辫子、不打棍子、不扣帽子的“三不主义”，允许提出批评、发表不同意见，切实尊重和保护政协委员的民主权利。一届政协的实践告诉我们，良好的民主氛围对调动委员参政议政的积极性、主动性、创造性具有重要作用。我们应当继续保持并且发展这样的氛围，扩大团结面，增强包容性，在共同政治基础上把不同党派、团体、阶层的人士最大限度地团结起来，把各种力量凝聚起来，为巩固党的执政基础，实现抚州赶超发展目标，发挥好人民政协应有的作用。

各位委员、各位同志：未来五年是我们抚州加快发展的关键时期，站在新的历史起点上，我们信心百倍。让我们在中共抚州市委的正确领导下，同心同德，团结奋进，为实现抚州赶超发展新目标，为开创新一届政协工作新局面做出新的更大贡献！

现在，我宣布：中国人民政治协商会议抚州市第二届委员会第一次会议胜利闭幕！

政协抚州市第二届委员会常务委员会工作报告

（2011年9月22日，在政协抚州市第三届委员会第一次会议上）

王晓媛

各位委员、各位同志：

我受政协抚州市第二届委员会常务委员会的委托，向大会作工作报告，请予审议。

一、二届政协以来的工作回顾

第二届市政协任期的五年，是抚州经济社会大发展、大跨越的五年，是人民政协事业大发展、大进步的五年，也是市政协工作取得新进步、新成果的五年。五年来，二届市政协肩负着历史重任和人民嘱托，和时代同步，与抚州同行，在中共抚州市委的正确领导下，坚持以科学发展观为统领，牢牢把握团结和民主两大主题，自觉服从和服务于全市工作大局，动员和组织各参加单位、全体委员以奋发有为的精神，争创一流的干劲，竭智尽力谋发展，团结各界促和谐，创新举措增活力，扎实履职树形象，为促进我市赶超发展、科学发展创造了新业绩，谱写了新篇章。

（一）着眼发展，关注民生，协商建言更加富有成效

市政协注重围绕中心，紧扣发展和民生中的重大问题，丰富协商内容，完善协商机制，规范协商程序，提高了协商建言质量和效果。

整体协商规范有序。全委会是政协最全面、最集中地履行政治协商职能的重要形式。二届市政协共召开全体会议6次，委员们以分组讨论、专题协商、撰写提案、反映社情民意、大会发言等形式围绕市政府年度工作报告、“十二五”规划纲要，以及我市经济、政治、文化和社会建设中的热点、难点问题勤建睿智务实之言，广献富民惠民之策，向市委、市政府提出建设性意见建议1200多条。为提升全会协商成效，我们注重发挥大会发言的直接建言作用，共组织了5次全会大会发言，提交大会发言材料48篇，40位委员作了专题发言。《对发展我市养老服务事业的思考与建议》

《做大做强旅游产业，寻求区域经济发展新突破》《正视问题，妥善应对，切实做好群众信访工作》等大会发言一语中的、见解独到，引起与会人员的共鸣，经办理落实后，对党政科学决策，部门改进工作，解决实际问题，起到了积极推动作用。

专题协商成效显著。市政协坚持主动对接市委、市政府中心工作，抓住事关抚州发展大局的重大问题，每年选择2—3个课题，在深入调查研究、充分论证的基础上，有针对性地开展常委会专题协商。五年来，先后就促进工业园区可持续发展、完善社会保障体系、抚河流域水环境保护和治理、保护森林资源、实施项目带动战略、抚州如何在鄱阳湖生态经济区建设中有更大作为、加强和创新社会管理等课题进行专题协商。为了使协商取得实实在在的效果，市政协将调查研究作为协商的重要环节，按照“主席领衔、专委会承办、整合力量、力出精品”的工作机制，发挥县（区）政协的联动作用，深入开展调研，着力打造参政议政精品。在常委会专题协商中，邀请市委、市政府分管领导与相关部门领导听取专题发言和协商讨论意见，大家坦诚建言，真诚沟通，共商发展大计，共谋发展良策，取得了较好的协商效果。这9次专题协商由于选题准确，调研深入，分析透彻，建议可行，市委、市政府主要领导给予充分肯定，并批示有关部门认真研究和采纳。市委、市政府吸收了政协的意见和建议，相继出台了《关于加快工业园区建设与管理的意见》《关于进一步完善城乡社会救助体系的意见》等文件。去年，市政府还对市政协报送的《大力实施项目带动战略，促进抚州赶超发展》《抓住关键，彰显特色，力促抚州在鄱阳湖生态经济区建设中有更大作为》《融入海西大格局，促进抚州大发展》三篇调研报告以政府文件的形式转发全市贯彻落实，常委会协商成果得到了充分利用。

（二）创新方式，拓宽渠道，民主监督更加扎实推进

市政协坚持创新方式，不断探索民主监督的新形式，拓展民主监督的新领域，民主监督更加扎实有力。

通过视察开展民主监督。视察是委员议政建言、开展民主监督的重要形式。市政协注重强化这项工作，先后就全民创业政务环境、就业再就业、“两区”建设、药品和食品安全、市城区小学校园建设、广播电视“村村通”工程、消防工作、网吧整治等30多个专题进行视察，并将视察与情况通报活动有机结合起来，就“四无”水电站清理整顿、社会抚养费征收管理使用等召开通报会23次，在知情明政中开展监督、提出建议，促进了一些问题的解决。2010年以来，市政协又拓展渠道，把一些关系国计民生的重点课题，提升到主席会议层面开展视察，先后就市中心城区重点项目建设、市中心城区生态园林建设、抚河唱凯堤和中洲堤除险加固工程、造林绿化“一大四小”工程等开展了10次主席会议视察。这些视察由于层次高、选题准，所提建议的针对性和可操作性强，得到了党委、政府和被视察单位的高度重视。今年5月，在对民政和残联民生工作的视察中，主席会议成员既充分肯定成绩，又实事求是地指出存在的问题，为加快民生工程实施献计出力，所形成的视察报告，市长和常务副市长分别作出重要批示，促进了有关工作的落实。

运用咨政建言形式开展民主监督。为帮助市委、市政府规划、实施好重大城市建设项目，2008年，市政协就“火车站新区规划与建设”“赣东大桥及南北延伸段规划与建设”举办了两场咨政建言会，首次就重大项目建设情况开展民主监督。会前，我们组织省内外知名专家和有关委员深入项目建设现场实地考察，会中听取项目规划单位情况介绍，委员们和各位专家就项目定位、设计规划、建设规模、项目管理等直抒己见，提出了60多条具有建设性和可操作性的建议。市委、市政府主要领导认为政协的咨政建言非常及时，对做好项目大有裨益。市规划部门和项目单位吸纳了19条咨政建言会的建议，使向莆铁路抚州客运站站前新区控规顺利通过评审；同时充分运用咨政建言成果，进一步完善了赣东大桥的规划与设计。

积极探索专题民主监督形式。市政协把开展专题民主监督作为创新民主监督形式的一项重要举措，2011 年就贯彻落实市委《关于进一步加强几个重点领域预防腐败工作的意见》情况开展了专题民主监督，市政协主要领导和分管领导亲自带队，组织委员深入南城县公共资源交易中心、国库集中收付中心、招投标中心等单位实地调研，并分别在市纪委和南城县召开情况通报会和有关部门负责人座谈会。委员们在知情明政的基础上，就加强重点领域预防腐败工作，提出了 6 条针对性建议。市纪委领导出席情况通报会，并对落实市政协建议提出了明确要求。这次专题民主监督是我们对民主监督形式的一次积极探索，是将党委的纪律监督与人民政协的民主监督有机结合的一个创新举措，对助推全市反腐倡廉工作起到了积极作用。

（三）精心组织，注重实效，参政议政更加广泛深入

市政协牢固树立精品意识、实效意识，充分运用调研、提案、反映社情民意等方式，为抚州的经济社会发展倾心建言，参政议政成果丰硕。

调研成果精品迭出。市政协注重发挥专委会的专业和智力优势，按照“少而精、专而深、出精品”的原则，紧紧抓住安全生产、卫星城镇发展、社区建设、义务教育均衡发展、建立化解矛盾纠纷有效机制等经济社会发展中的热点、难点和群众普遍关心的民生问题，共开展专题调研 60 次，形成调研报告 58 篇。这些调研采取“解剖麻雀”的方式，针对某一问题深入调查，重点突出、议题集中、针对性强，为党政决策提供了重要参考和依据。《关于我市社区居委会建设情况的调查报告》，市委常委会会议和市政府常务会议进行专题研究，并采纳政协建议，出台了《关于进一步加强市城区社区建设工作的意见》，解决了社区居委会办公用房、工作人员待遇偏低等问题；《关于加快培育卫星（中心）镇的思考与建议》，市政府常务会议进行了专题研究，出台了《关于加快培育中心城区卫星镇的意见》，促进了卫星镇建设的稳步发展；《关于我市社会养老服务体系建设情况的调研报告》，市政府常务副市长批示后，市民政局制定完善有关政策措施，加快了我市养老服务体系建设步伐。

提案实效明显增强。围绕提高提案质量，市政协确定了“两头抓、抓两头”的提案工作思路。一手抓源头，通过严格立案审查、举办提案培训班、编辑《提案调研提纲》，开展优秀提案评比活动，引导委员围绕中心选题，提高了委员撰写提案质量和以提案参政议政的积极性。五年来，共收到提案 1354 件，立案 1312 件，参与撰写提案的委员 1743 人次。一手攥拳头，通过创新提案办理方式，建立“政府领导领办、政协主席督办、专委会和民主党派联合促办、提案委员会全程催办、政协委员跟踪问效”的提案办理工作机制；2010 年与市政府办联合开展提案“落实年”活动，对“B”类提案实行跟踪问效，使提案办复率达 100%，提案落实率和委员满意率分别提高 8% 以上。《亟待建立由司法部门牵头的医患纠纷调处机制》《为涉法涉诉困难群体提供司法救助》的提案，经市政府领导领办后，市委、市政府出台了相关实施办法，建立了医患纠纷调处长效机制。市政府安排 30 万元初始资金设立了“刑事被害人救助资金”，为困难群众撑起了法律保护伞。《关于在南城县留存传统建昌帮中药饮片炮制技术》的提案，在市政协领导的挂帅督办下，南城县制定和完善了鼓励建昌帮中药饮片炮制技术创新的多元化投入体系，推动了传统医药产业的健康发展。

社情民意“快车道”更加畅通。市政协把反映社情民意作为听民声、传民意、聚民智的重要载体，做到常研究、勤部署、抓问效。2008 年召开了全市政协反映社情民意工作会议，从市政协委员、各民主党派、工商联、政协机关聘请了 38 位特约信息员，健全了反映社情民意队伍网络。2009 年召开了全市优秀社情民意评选机制座谈会，提出了优秀社情民意的评价标准和量化考核办法。

2010年进一步完善了社情民意的编审报送和跟踪问效机制，做到党政领导批示和重要社情民意有专人抓问效、有专人抓落实。五年来，收集整理社情民意760多条，通过社情民意刊物向党政部门报送230期，其中有96期得到市委、市政府领导的批示。《关于加强乡（镇）集镇建设和管理的几点建议》《完善市城区抚北东路的排水系统迫在眉睫》等社情民意，经市委、市政府领导批示后，市政协及时抓好跟踪问效，促使有关问题得到解决，较好地发挥了社情民意“快车道”作用。

（四）争取重视，把握方向，使政协事业更加生机蓬勃

市政协把坚持党对政协工作的领导作为开展工作的基本方针，自觉将政协工作纳入党政工作大局之中，紧紧依靠党委的领导和政府支持，开创了政协工作新局面。

主动争取党委重视支持。以贯彻落实省委《关于推进人民政协政治协商制度建设的意见》精神为契机，积极争取市委重视和支持，于去年5月召开了全市政协工作会议，并下发了《中共抚州市委关于进一步加强人民政协工作的实施意见》，在推进政治协商制度建设、健全民主监督机制、深入开展参政议政、抓好政协自身建设以及加强和改善党对政协工作的领导等方面作出了一系列具体规定，为做好新时期的人民政协工作提供了有力保障。文件的出台引起了省政协的高度关注，省政协《光华时报》在头版头条作了专题报道，《人民政协报》也刊载了相关新闻。去年以来，全国政协副主席李金华、王志珍，省政协主席傅克诚及各位副主席先后莅临我市考察指导工作，对市政协奋发有为的精神状态和取得的履职成果予以充分肯定。市人力资源和社会保障局、交通局、民政局、人民银行等20多个单位主动邀请政协去视察、调研，为改进和提高部门工作出主意、提建议。全市政协工作形成了“党委重视、政府支持、政协主动、部门配合”的喜人局面。

开展政协工作专项督查。为推进我市政协事业健康发展，今年3月，在市县（区）换届前夕，市政协党组积极建议，促成由市委派出六个督查组对各县（区）贯彻落实市委《关于进一步加强人民政协工作的意见》情况进行了一次专项督查，对各地贯彻市委《意见》取得的经验进行了总结，梳理了存在的主要问题，就加强政协自身建设向市委提出了配齐配强县（区）政协领导班子；重视和加强政协委员队伍建设；加大政协机关干部培养交流和使用力度等六个方面具体建议。市委常委会专门听取了督查情况汇报，采纳了政协建议，并以市委文件的形式将督查报告转发全市贯彻执行。这次督查由于时机选得准、声势大、效果好，在各县（区）引起了较大反响。

（五）发挥优势，凝心聚力，参与中心工作更加有力有为

市政协十分注重发挥人民政协大团结大联合的组织优势，努力做好服务中心、团结联谊、汇聚力量工作，在参与中心中展现政协的风采。

积极参与全市重点工作。市政协领导班子和机关按照市委的要求，在项目建设、新农村建设挂点、招商引资、抗洪救灾、信访维稳等中心工作中主动作为、发挥作用。市政协领导挂点的拟砚台公园、江西中医药高等专科学校新校区建设、玉茗大道南延伸段及站前路建设工程、职业技术学院新校区建设二期工程等重点建设项目，坚持高起点规划、高标准建设，快速推进，均按期完成任务。2008年、2010年，在我市分别遭受历史罕见的雨雪冰冻和特大洪涝灾害期间，市政协坚持与党委、政府携手并肩、共同担当，动员和组织机关干部、广大政协委员全力以赴参与抗灾救灾和灾后重建工作，组织委员深入灾区开展义诊送药、农业科技咨询等活动，为灾区筹集到省内外各界和政协委员捐款捐物3000余万元，用实际行动谱写了一曲“风雨同舟共患难，齐心协力抗大灾”的动人篇章。在市政协领导班子的带领下，2008至2010年，市政协机关连续三年被市委、市政府评为市直机关目标管理考评先进单位、市直招商引资先进单位、所在招商团队被评为招商引资先进团队，挂点的新农村建设点多次被评为全市先进。

广泛开展凝心聚力活动。五年来，我们注重发挥政协联系面广、包容性强的优势，搭建平台，多方联谊，为抚州的赶超发展帮忙助力。去年，在中秋节前夕举办了“迎国庆、贺中秋”茶话会，邀请党政军和各界人士200余人欢聚一堂，共叙友情，共谋发展，共促和谐。同时，以市政协成立十周年为契机，举行了《北宋名儒李觏》文史资料首发式，举办了市政协书画精品展等系列庆祝活动。今年，在“七一”前夕，市政协又开展了重走红都路、重温党的历程专题报告会“颂歌献给伟大的党”红歌会等活动，以活动为载体，团结各界，凝聚人心，夯实团结奋斗的共同思想基础。经济技术委发挥自身优势，积极协助浙江商会做好亲商、安商工作，搭建政企对接平台，为加强政府与浙江在抚客商的沟通和联系发挥了桥梁和纽带作用；文史委以“临川文化”“抚州南邦”“赣东雄舞”“红色苏区”“抚州院士”等十七个主题征编出刊《抚州文史》期刊17期，近200万字；征集出版了《抚州古建筑精萃》大型画册、《游国恩传》《北宋名儒李觏》和《萧涤非传》专辑史料，总字数逾60万字，充分发挥了“鉴古知今、服务当代、利在千秋”的作用。

加强政协间交流与协作。我们多领域、多形式、多渠道开展对外交流活动，配合全国政协开展了对返乡农民工与统筹城乡就业的调研，热情接待省政协及兄弟市政协来抚调研、考察活动60余次，承办闽浙赣皖四省九市政协第二十次联谊会，积极参加闽粤赣十三市政协“海西论坛”和闽赣湘三省九市“政协联谊、港铁联动”活动，大力宣传推介抚州，扩大抚州对外影响。加强对县(区)政协的联系和指导。市政协领导经常深入县(区)开展调研和视察，指导县(区)政协工作，帮助协调解决政协工作中存在的实际问题，坚持和完善县(区)政协联谊会制度，以提案工作、发挥委员主体作用、推进民主监督等为主题，召开了9次县(区)政协联谊会；对重大课题实行市、县(区)政协联合调研，共同攻关，密切了市、县(区)政协的联系，形成了上下联动、推动工作的整体合力，提升了政协工作整体水平。

(六)内强素质，外树形象，自身建设更加具有活力

市政协坚持把加强自身建设摆在重要位置，强化创先争优、争创一流意识，以学习强素质、以规范促有序、以作为树形象，不断提升政协工作科学化水平。

着力打造学习型政协组织。以建设学习型政协组织为目标，建立健全经常性的学习制度，通过常委会会议、主席会议、专委会会议、报告会、辅导讲座、举办培训班等形式，有重点、分层次地组织委员深入学习中共十七大及十七届三中、四中、五中全会精神，学习统战、政协理论和业务知识，以及中央、省、市领导关于政协工作的重要讲话精神，以科学理论引领政协工作方向。二届市政协共举行委员学习报告会1次；召开主席会议34次，做到了逢会必学；邀请省政协领导和省委党校教授为市政协常委分别作了政协统战知识和《中国特色社会主义——伟大的选择和历史责任》专题辅导报告；举办提案、反映社情民意工作培训班及专委会学习会议50余次，参与学习培训委员达1500人次。市政协机关建立了每周一集中学习制度，每月安排一次学习讨论和专题发言，市政协主要领导带头在机关干部职工大会上作学习宣讲报告，增强了广大委员和机关干部做好政协工作的责任感、使命感，提高了参政议政、履行职能的水平。

扎实推进政协“三化”建设。坚持用科学的方法推进政协工作，用科学的制度保障政协工作，不断健全和完善政协工作运行机制。建立了市政协全体会议、常务委员会会议请假规定、委员约谈等制度，修订完善了《市政协提案工作条例》《委员队伍管理暂行规定》，开展了优秀市政协委员、优秀提案、优秀调研报告、优秀社情民意、优秀社情民意信息员评选表彰活动，激发了委员履职的积极性和主动性。加强了机关规范化建设，完善了主席会议、专委会和办公室联席会议、机关内部管理等9项制度，使机关各项工作有制可依、有规可守、科学有效。

切实发挥政协界别作用。2009年首次召开了全市政协界别工作会议，制定出台了《关于加强界别工作，发挥界别作用的实施意见》，并将每年11月定为政协委员联系群众“界别活动月”。在活动月期间，25个界别的委员走进基层，深入群众，通过走访、座谈、视察等形式，与广大群众“零距离”接触、“面对面”交流，访民情、察民意，切实履行委员职责，积极开展扶贫帮困活动。两年来，共开展具有界别特点的调研、视察、提交提案、反映社情民意等活动80多次，形成界别调研、视察报告和大会发言材料48篇，提出有关建议、意见400余条；开展界别送温暖、送医送药和捐资助学等服务社会活动40余次，参与委员达500余人次，界别活动的蓬勃开展，使各界别与所代表群众的联系更为紧密，成为扩大公民有序政治参与和发挥委员主体作用的重要渠道。

全面加强政协机关建设。以创建和谐有为机关为目标建立目标工作责任制。去年以来，先后在机关开展了“12345”竞赛和“学在岗位、提升素质”主题实践活动，以赛促学，以学促用，提升了机关干部队伍整体素质。加大政协理论研究和宣传力度，在机关建立新闻通报、新闻信息汇稿、宣传培训制度，在抚州电视台开辟“委员走进直播间”栏目，精心办好抚州政协网站和《抚州政协信息》刊物，提升政协工作对外宣传影响力。五年来，共在《人民政协报》《光华时报》《抚州日报》等各级新闻媒体刊登、播发稿件1000余篇，浓墨重彩地宣传和展示了市政协的各项活动和工作成果，宣传信息工作在全省政协系统名列前茅，加强机关文化建设，在机关成立书画社，开展委员走访、生日祝福、工间操等“五个一”活动，在机关营造了团结和谐、积极向上的文化氛围，增强了机关工作活力。

各位委员，二届市政协工作所取得的成绩，是中共抚州市委正确领导的结果，是市政府和社会各界大力支持的结果，是市政协各参加单位、全体政协委员和各县（区）政协共同努力的结果。在此，我代表市政协常委会，向大家表示衷心的感谢！

在肯定成绩的同时，也要清醒地看到我们的工作与新形势新任务的要求相比，还有一定的差距，还有不少工作需要加强和改进。主要是：政治协商的内容、形式、程序还有待进一步规范；民主监督的渠道、方式、方法还有待进一步探索；参政议政的成果转化还有待进一步深化；提案和反映社情民意的质量还有待进一步提高；委员的主体作用还有待于进一步发挥等等，这些都需要我们认真研究，并在今后的工作中积极探索、不断改进，以使我们的工作做得更好，更加富有成效。

二、主要体会

回顾二届市政协的工作，我们主要有以下几点经验和体会：

（一）必须自觉维护核心，确保政协工作正确方向

坚持党的领导，自觉维护党委领导核心，是人民政协开展工作的根本保证。五年来，我们自觉将政协工作置于党委的领导之下，在年初目标制定上，做到主动将党组工作要点及年内调研、视察课题送交市委常委会会议审议；在工作任务安排上，做到主动围绕市委、市政府决策部署开展履职活动，始终与党委政府方向一致、目标一致、工作一致。市委对政协工作思想上高度重视，履职上大力支持。特别是市委、市政府主要领导不仅主动给政协出题目、提要求，而且做到市政协重大活动“有请必到”、重要建议“有文必批”、重点问题“有求必应”。市政协所有的重要建议案、调研报告均被采纳，有的还促成市委、市政府出台了相关文件。正是由于市委的高度重视和大力支持，我市政协事业才保持了蓬勃发展的良好局面。

（二）必须始终围绕中心，主动服务于全市工作大局

人民政协只有围绕改革发展的大目标，立足

全市改革发展的大格局，才能有所作为。五年来，我们牢固树立大局意识、政治意识、中心意识，紧扣党政工作大局，精心选择经济社会发展中具有综合性、全局性、前瞻性的课题开展专题调研和协商议政活动，为党政决策提供参考和依据；主动参与中心会更加积极地维护大局、融入大局、服务中心、推动发展，在项目建设、招商引资、改善民生和维护稳定等方面积极作为，得到了市委、市政府和社会各界的认可和赞同。事实证明，只要我们始终围绕中心善谋实干，紧贴发展履行职能，就定能实现政协工作的有为有位。

（三）必须着力凝聚人心，为构建和谐社会献计出力

团结汇聚力量，民主促进和谐。五年来，我们始终把发扬民主、增进团结、凝聚人心、促进和谐作为履行职能的重要着力点，努力搞好与各民主党派、工商联、人民团体和社会各界人士的团结协作，积极支持各民主党派、人民团体运用提案、大会发言、反映社情民意等方式建言献策；充分发挥政协联系广泛、渠道畅通的优势，开展具有政协特色的凝心聚力活动，鼓励和引导委员加强同本界别群众的联系，围绕群众思想认识上的“困惑点”、矛盾“易发点”，主动协助市委、市政府做好协调关系、化解矛盾、理顺情绪的工作，积极参与捐资助学、扶贫帮困、送医送教等社会公益活动，为维护社会稳定、促进社会和谐作出了积极贡献。

（四）必须勇于开拓创新，不断提高政协工作科学化水平

坚持开拓创新，不断提高政协工作水平，是推动政协事业发展的不竭动力与源泉。五年来，我们坚持以创新谋发展、以作为树形象，积极探索完善常委会专题协商新形式、专题民主监督新举措、提案办理督查新机制、社情民意反馈新办法，促进了一大批事关抚州发展、百姓热切期盼的提案、建议案得到落实解决，形成了一批高质量的参政议政成果，特别是在政协机关规范化建设上，我们进一步创新和完善政协履行职能的各项制度和目标管理考评体系，形成了“年度工作有计划，月度工作有安排，重点工作有方案，本职工作有成效，样样工作争一流”的格局，提升了政协工作科学化水平。实践表明，政协工作要不断取得新发展，就必须在实践中大胆创新，在创新中不断前进，努力使政协工作更好地体现时代性、把握规律性、富于创造性。

三、今后五年的工作建议

今后五年，是我市实施“十二五”规划，全面建设小康社会的关键五年，也是我市政协事业继往开来、大有可为的五年。新的形势、新的任务对政协工作提出了新的更高要求．我们要坚持以邓小平理论和“三个代表”重要思想为指导，深入贯彻落实科学发展观，在中共抚州市委的领导下，紧紧围绕市第三次党代会提出的各项战略目标和任务，始终把推动科学发展作为履行职能的首要任务，把促进社会和谐稳定作为义不容辞的责任，把提高政协工作科学化水平作为自身建设的目标，同心协力搞好政治协商，积极稳妥推进民主监督，扎实有效开展参政议政，努力开创政协工作新局面，为建设殷实文明和谐的幸福抚州作出新的更大贡献。为此，我们建议：

（一）深入学习研究，力求在思想理论水平上有新提高

学习研究是人民政协开展工作的基础。我们要适应政协换届后形势和任务的需要，把学习作为加强理论武装、提高履职能力、指导工作实践的重要支撑点，通过创新学习形式，丰富学习内容，增强学习效果，不断提高履职能力和参政议政水平。当前和今后一个时期，全市各级政协组织和广大政协委员要把学习贯彻市第三次党代会精神作为一项重要政治任务，切实把思想和行动统一到市委的决策部署和要求上来，始终与市委保持高度一致。要加强人民政协理论的研究，深入分析、探讨政协工作遇到的新情况新问题，把握政协工作的内在规律，努力提高全市政协工作科学化水平，要大力推进学习型政协组织建设，坚持和完善市政协主席会议理论学习、常委会会议专题学习、专门委员会和委员界别活动小组学习、机关干部集中学习等制度，有针对性地加强委员的学习培训，不断提高委员的综合素质和参政议政能力，使人民政协事业永葆生机和活力。

（二）着眼全市大局，力求在建设幸福抚州上有新作为

科学发展是时代的主题，是实现全面建设小康社会奋斗目标的根本途径。我们要不断强化中心意识和大局观念，准确把握“十二五”时期经济社会发展的主题和主线，按照市第三次党代会提出的“建设殷实文明和谐的幸福抚州”的奋斗目标，紧紧围绕打好工业强攻战，大力推进新型工业化；打好县域经济大会战，切实加快城乡一体化进程；打好跑项争资攻坚战，不断提高投资总量和效益；加快推进新型城镇化，统筹协调城乡发展；加快农业产业结构调整，努力提升农业现代化水平；加快第三产业总量扩张和质量提高，积极发展现代服务业等事关抚州发展的重大问题和关键环节，深入开展调研，认真协商议政，多建睿智之言，多献务实之策，多聚发展之力，为圆满完成“十二五”规划的各项奋斗目标，增强建设幸福抚州的综合实力作出政协应有的贡献。

（三）关注民生福祉，力求在促进社会和谐上有新贡献

民生是社会和谐之本。我们要坚持把关注民生、保障民生、改善民生作为履行职能的出发点和落脚点，为反映和解决人民群众最关心、最直接、最现实的利益问题倾情用力，不断提高人民群众的满意度和幸福感。要坚持以人为本，倾听群众呼声，关心群众疾苦，围绕加强和创新社会管理，维护社会和谐稳定；健全社会保障体系，扩大社会保障覆盖面；加大保障性住房建设，规范保障性住房管理；加强食品药品安全监管，健全食品药品安全责任体系等群众普遍关心的民生问题开展调研视察，提出意见建议，促进制度改革、政策完善和相关问题得到解决。要倡导和组织广大委员深入基层、深入群众，采取提案、反映社情民意等方式，积极为民代言，努力为民解忧。要畅通群众利益和诉求表达渠道，进一步做好新形势下群众工作，使各界群众的愿望、要求和意见、建议在人民政协这个平台上反映出来，通过充分协商、集思广益、增进共识，更好地促进社会公平正义，不断健全建设幸福抚州的保障体系，促进民生改善和社会和谐。

（四）广泛凝聚人心，力求在增进社会团结上有新进展

在党的领导下实行团结和民主，是人民政协继往开来的方向和使命。我们要坚持把团结和民主贯穿于政协履行职能的各个环节，充分发挥政协组织联系面广、包容性强的优势，通过举办中秋茶话会，开展丰富多彩的联谊交友等具有政协特色的凝心聚力活动，切实加强与政协各参加单位、各界人士的团结联谊。要主动适应社会阶层结构出现的新变化，加强同政协委员中的非公经济人士和新经济组织代表的联系，引导他们爱国、敬业、守法、诚信，自觉承担社会责任，努力做合格的中国特色社会主义事业建设者，要多做协调关系、化解矛盾的工作，完善与社会各界沟通、协商、交流机制，最大限度地团结一切可以团结的力量，调动一切积极因素，努力为建设幸福抚州凝聚人心、汇聚力量，

（五）坚持求真务实，力求在加强自身建设上有新开拓

人民政协事业薪火相传、生生不息，我们要深入研究政协工作面临的新情况、新问题，坚持好经验、好做法，扎实推进政协工作制度化、规范化、程序化建设，要切实加强市政协领导班子建设，充分发挥政协党组的领导核心作用，努力把政协领导班子建设成为团结民主、清正廉洁、委员信任的领导集体。要针对换届后新委员增加的特点，强化委员培训和管理，积极做好组织委员、关心委员、服务委员的工作，鼓励和引导广大委员深入实际、走向基层、贴近群众，在履职实践中施展才华、建功立业，要突出政协界别

特色，完善界别活动机制，丰富界别活动形式，搭建界别活动平台，在提案、大会发言、调研视察、反映社情民意等工作中，注重体现界别的特点、优势和作用，提高界别活动的质量和成效。要加强专委会建设，进一步规范和创新专委会工作，完善专委会考核管理办法，使专委会调研、视察等各项工作开展得更加科学合理、高效有序。要加强对县（区）政协工作的指导，发挥政协组织的整体优势。加强政协机关建设，着力打造学习型、和谐型、有为型机关，不断提升政协工作科学化水平。

各位委员、各位同志：回顾过去，我们为二届市政协的工作感到欣慰和自豪；展望未来，我们对人民政协事业的发展充满信心和期待。让我们在中共抚州市委的领导下，同心同德，群策群力，开拓进取，扎实履职，努力开创全市政协工作新局面，为建设殷实文明和谐的幸福抚州而努力奋斗！

政协抚州市第三届委员会常务委员会工作报告

（2016年10月31日，在政协抚州市第四届委员会第一次会议上）

谢发明

各位委员、各位同志：

受政协抚州市第三届委员会常务委员会委托，我向大会报告工作，请委员审议，请列席会议的同志提出意见。

一、过去五年工作回顾

三届市政协任期的五年，是抚州经济社会加快发展、全市人民朝着幸福抚州目标奋力迈进的五年，也是抚州社会主义民主政治建设全面推进、人民政协事业深入发展的五年。五年来，在中共抚州市委的正确领导和市人民政府的大力支持下，市政协主动适应新形势、新任务对人民政协工作的新要求，突出团结民主主题，切实履行政治协商、民主监督和参政议政职能，在围绕中心、服务大局中彰显特色，在发挥优势、科学履职中展现风采，为推动抚州经济发展、民生改善、社会和谐作出了积极贡献。

（一）深化理念，完善机制，协商民主有序推进

市政协充分发挥协商民主重要渠道和专门协商机构作用，积极争取党委重视，着力完善工作机制，促进了协商民主广泛多层制度化发展。

强化协商民主理念。中共十八大以来，中共中央就发展社会主义协商民主作出了新的战略部署。市政协把加强学习、深化协商民主理念摆在突出位置，采取集中学习、专题研讨、辅导讲座等形式，有重点、分层次组织委员和机关干部学习中共十八大、十八届三中、四中、五中全会精神以及习近平总书记系列重要讲话精神，特别是中共中央《关于加强社会主义协商民主建设的意见》、中共江西省委关于加强人民政协协商民主的文件精神，自觉把协商民主理念贯穿于履职全过程。开展了6次常委会集中学习，邀请省市专家作辅导报告，使协商民主理念深入人心。切实抓好省委政协工作会议和省委《意见》精神的贯彻落实，与省委督查组一道，深入县（区）就推进政协协商民主进行调研指导，促进协商民主向纵深发展。

健全协商民主机制。在市委、市政府的重视和支持下，从2015年开始，以市委办、市政府办、市政协办“三办”联合发文的形式，向全市印发年度协商工作计划，使政协全年协商的主要议题一目了然，协商的时间表和路线图清晰明确，协商的计划性和系统性明显增强。以贯彻落实省委政协工作会议精神和省委17号文件精神为动力，于2015年12月下旬，协助市委召开政协工作会议，并下发《中共抚州市委关于加强人民政协协商民主建设促进政协事业发展的意见》，在政协协商民主制度建设方面出台了硬性举措，对政协协商内容、协商形式、协商程序、协商保障等作出了具体规定，进一步提高了我市政协协商民主制度化、规范化、程序化水平。

丰富协商民主实践。五年来，我们根据协商内容、协商对象的不同，坚持和完善现有的会议协商、提案办理协商、对口协商、界别协商等形式，增加协商密度，提高协商成效。本届市政协共开展11次常委会专题协商、5次重点提案办理协商、22次对口协商和13次界别协商。对这些协商活动，市政协加强协商前的学习调研，完善协商程序和机制，促进党政领导与政协委员的互动交流，深化协商参与，弘扬了民主精神，增强了协商效果。

（二）着眼发展，关注民生，议政建言富有成效

市政协坚持围绕大事建言，聚焦热点议政，紧扣民生履职，较好地发挥了政协“人才库”、“智囊团”的作用。

紧贴全市大局整体协商。全体会议是委员履行职能最集中、最重要的形式。三届市政协共召开全体会议6次，委员们以分组讨论、撰写提案、反映社情民意等形式围绕市委的重大决策部署和市政府年度工作报告、“十三五”规划纲要，以及我市政治、经济、文化和社会建设中的热点、难点问题勤建睿智务实之言，广献富民惠民之策，向市委、市政府提出建设性意见1300多条。我们特别注重发挥大会发言的直接建言作用，共组织了5次委员大会发言，提交发言材料42篇，30位委员作了专题发言。《倾力打造现代物流业，助推抚州经济发展》《把凤岗河沿线打造成彰显汤显祖品牌的文化经济带》《保障饮水安全，服务幸福抚州建设》等大会发言思考深入、见解独到，经办理落实后，对党政科学决策，部门改进工作，起到了积极推动作用。

围绕重大课题专题议政。市政协主动对接市委、市政府中心工作，紧紧抓住壮大县域经济、加快城乡统筹、促进生态文明、推动产业升级等事关抚州科学发展、长远发展的重大问题，进行专题议政，取得良好成效。同时，我们创新方式方法，把专题议政与资政会有机结合，拓展了专题议政的深度和广度，提升了专题议政的质量和效果。《关于我市建设向莆铁路经济带的调研报告》《关于加快推进抚州新型城镇化快速发展的调查报告》《关于我市实施创新驱动发展战略的调研报告》，得到了市委、市政府主要领导的充分肯定，并批示以《抚办通报》的形式印发给各县（区）及有关部门参考，专题议政成果得到了充分运用。

聚焦民生热点建言献策。市政协高度关注人民群众切身利益问题，做到参政为民着想，议政为民谋利，聚焦百姓关注的教育医疗、环境整治、智慧城市、公交出行、食品安全、社会保障等民生热点难点问题，广泛调研，精准建言，踊跃献策，向市委、市政府报送调研视察报告46篇。如《市中心城区小升初入学情况的调查报告》《关爱“失独”家庭，情暖“失独”父母的调查报告》，市政府进行专题研究，出台了具体实施方案，政协建言成果为促进民生改善和民生政策落地发挥了积极作用。

（三）精心组织，有序实施，民主监督有力有为

市政协坚持在参与中监督，在监督中支持，充分运用委员视察、提案督办、专项监督等形式，扎实有效地开展民主监督活动。

通过委员视察开展民主监督。视察是委员议政建言、开展民主监督的重要形式。市政协注重强化这项工作，在视察队伍组织上做到相近专业委员和部门专家相结合，突出人员队伍的专业性；在视察形式上做到现场察看与座谈讨论相结合，增强民主监督的针对性，先后组织委员就保障性住房建设、食品安全监管、学前教育发展、医疗纠纷调解等26个专题进行视察，就改进部门工作道实情，谏真言，得到相关部门的积极采纳。去年，我们还就文明城市创建、市场环境整治等群众关心的热点问题，深入市中心城区和轻纺城市场开展主席会议视察，形成了《加速文明城市创建，助力转型升级》和《轻纺城市场综合整治情况的视察报告》，引起市委、市政府主要领导的高度重视，要求有关部门加大对市场消防安全隐患整改和环境整治力度，政协民主监督有力助推了我市文明城市创建工作。

运用提案督办开展民主监督。市政协坚持把提案督办作为开展民主监督的重要途径，创新提案督办方式，不断提高提案督办实效，采取市长领办、市政协领导领衔督办重点提案的形式，高位推动提案办理落实；近年来，先后把“电子商务”“营改增”“城市管理”等一批重点提案办理，纳入市政协年度工作计划，进行专题协商督办；制定出台《民主评议提案办理工作办法》，对市环保局、商务局、规划局、农业局提案办理工作进行民主评议；在办理公交、停车场建设等提案过程中，将委员同类型的提案进行集中办理；在办理减轻学生负担提案时，采取网络问卷的形式，共有2100人次参与互动调查，这种广泛协商督办的方式，扩大了社会监督面，提升了民主监督的层次，得到了委员和群众的广泛好评，五年来，共收到提案1438件，立案1374件，参与撰写提案的委员1720人次，所有提案均在规定时间内办复完毕。拓展履职领域，开展民主监督。

组织开展专题监督。为推动民主监督工作取得突破，2014年11月份，市政协联合市环保局就抚河流域水环境保护和治理工作开展专题民主监督，我们将民主监督与环保执法相结合，采取实地察看、暗访取证等方式，获取了真实情况，并形成了专题报告。市政府高度重视，要求市环保局对发现的问题和违法企业动真碰硬，促使违法企业抓好整改落实。

组织开展特约监督。市政协注重发挥委员监督的主体作用，五年来，先后向政法、人事等部门委派45名特约监督员；在党的群众路线教育实践活动中，向执纪执法和窗口服务单位派遣65名行风政风评议员，参与民主测评；组织委员150人次旁听法院庭审，把监督的触角延伸到社会的方方面面，有力地促进了政风行风和部门作风的转变。

（四）创新方式，注重实效，参政议政成果丰硕

市政协牢固树立精品意识、实效意识，不断创新履职方式，提升了参政议政质量和水平。

专题调研深入扎实。市政协注重发挥专委会专业和智力优势，围绕社会治安、物业管理、粮油安全、湿地保护、油茶产业、职业教育、宗教旅游等经济社会发展中的热点、难点问题开展专题调研42次。这些调研采取一事一议的方式，通过集体座谈、问卷调查、上门走访、实地察看等形式，既查“病根”，也开“良方”，提出有针对性的破解之道。《伸长抚州职业教育短腿，培育经济实用人才》《开发宗教资源，推进旅游产业发展》《优化法治环境，助推民营企业健康发展》《实施“放心粮油”工程，保障粮油质量安全》等调查报告，市委、市政府领导作出批示，有关部门认真办理落实，推动了相关工作的开展。

反映民意广辟渠道。市政协把反映社情民意作为听民声、传民意、聚民智的重要渠道，先后在委员所在企业或单位设立19个社情民意联系点，搭建了政协委员与广大群众的沟通平台。制定社情民意联系点管理办法，举办反映社情民意信息员培训班，着力提升社情民意信息员素质。五年来，共收集重点社情民意483条，编报《社情民意》174期，向省政协报送社情民意信息62条，市党政领导批示及有关部门落实96件。《关于整合市区两级财政资金，加快配置60米以上云梯消防车的建议》《尽快整治市城区的“僵尸车辆”》《尽快整顿抚州火车站交通秩序的建议》等重要社情民意，经市政府领导批示后，市政协及时抓好跟踪问效，较好解决了一些事关群众切身利益的突出问题。

文史征编彰显品牌。为创新政协文史工作，我们于2012年成立全省首个注册登记的市政协文史馆，聘请4名文史馆顾问，遴选40名文史馆员，为文史征编奠定了坚实基础。在此基础上，按照文史工作服务经济建设、服务社会发展的思路，以亲历、亲见、亲闻为基本要求，以《抚州文史》期刊为载体，以专辑史料为补充，致力弘扬抚州历史文化，累计征编出版《抚州文史》期刊20期，专辑史料17本，总字数近600万字，使汤显祖、饶漱石、邓从豪、吴澄等抚州历史文化名人事迹和抚州地名掌故、科举明星、农耕文化等尘封史料为世人所知，展示了抚州名人的风采，体现了临川文化的厚重，扩大了政协文史工作的社会影响，彰显了存史资政育人的品牌效应。

（五）发挥优势，团结协作，广泛凝聚各方力量

市政协注重发挥人民政协大团结、大联合的组织优势，积极参与中心工作，主动服务群众，广泛联谊协作，为促进抚州跨越发展聚集正能量。

参与中心展风采。市政协班子成员始终保持奋发有为、干事创业的良好精神状态，始终坚持“议政”与“实干”相结合，在县（区）挂点帮扶、重点项目建设、新农村建设挂点、“四进四联四帮”、文明城市创建、招商引资等中心工作中积极作为、尽心尽力。市政协领导牵头负责的金巢大道南延伸段建设工程、保障性住房建设工程、南区水厂搬迁工程、文昌里排水工程、老城区市政基础设施改造工程、赣东大道南段综合地下管网工程等重点项目扎实推进，成效明显。市政协机关连续多年被市委、市政府评为市直机关绩效考核优秀单位、市直招商引资先进单位、所在招商团队被评为先进团队，展现了政协服务中心的良好形象。

服务群众暖民心。我们注重突出界别特色，发挥政协界别作用，扎实有效地开展了以“服务社会、服务基层、服务群众”为主要内容的“界别活动月”活动。五年来，累计开展扶贫济困、捐资助学、科技服务、法律援助、送医送药、送教下乡等服务群众活动125场次，累计捐赠款物650万元，惠及城乡群众2万余人。界别活动的深入开展，赢得了党政肯定、各界支持、群众欢迎，实现了政协工作接地气，委员履职添底气，人民群众得实惠。

团结联谊增合力。我们注重发挥政协联系广泛的优势，通过中秋茶话会、乡友恳谈会、“闽浙赣皖四省九市”政协联谊会等平台，与市内外社会各界人士加强联络，加深感情，增进友谊。我们坚持以课题为纽带，积极为各民主党派参加政协调研、视察活动搭建平台。配合全国政协、省政协就一些热点课题联合开展调研视察，加强市、县（区）政协工作联动，建立重大课题市、县（区）政协联合调研机制，围绕推进基层协商民主建设等课题召开了6次县（区）政协主席座谈会，有效地提升了政协系统整体履职水平。

（六）内强素质，外树形象，自身建设务实高效

委员主体作用充分发挥。通过学习培训、调研视察、情况通报等形式，积极为委员知情明政创造条件。建立市政协领导和专委会对口联系委员制度，定期走访委员，帮助委员解决履职中遇到的困难。每年在委员中开展“提一件提案、开展一次调研、献一条良策、反映一条社情民意、办一件实事”的“五个一活动”，增强委员履职的责任感和使命感。加强委员履职管理，建立委员履职档案，规范委员履职行为。持续开展优秀市政协委员、优秀履职成果评选活动，五年来，共评选优秀市政协委员126名，优秀调研报告68篇，优秀提案102件，优秀社情民意36件，进一步激发了广大委员的参政热情。

机关作风建设不断加强。深入开展党的群众路线教育实践活动和“三严三实”“两学一做”专题学习教育，持续深入抓好党风廉政建设和机关效能建设，引导机关干部强化党性修养，改进工作作风，营造风清气正、干事创业的良好氛围。推进政协机关制度化建设，制定《加强和改进调研工作的意见》《整治“文山会海”实施办法》，规范调研视察工作，改进文风会风。修订完善

《市政协主席会议工作规则》《市政协班子成员和专门委员会联系界别制度》《市政协机关学习制度》，完善机关绩效考核实施办法，进一步提升了机关工作效能和服务水平，

理论宣传工作有声有色。成立市政协理论研究会，有组织、有计划地开展人民政协理论研究工作，编撰出版 2 本《市政协理论研究会论文集》。积极向省政协报送理论研究成果，市政协机关有 17 篇理论文章入选省政协理论研究会论文集。加大政协宣传力度。五年来，市政协机关共在《人民政协报》《中国政协》《光华时报》等报纸杂志发表新闻报道和调研文章 586 篇，在省政协信息刊物上刊登信息 285 条，浓墨重彩地宣传了抚州和我市政协履行职能的各项工作，市政协宣传工作在全省政协系统名列前茅。

各位委员、各位同志，三届市政协工作所取得的成绩，是中共抚州市委正确领导、市人民政府大力支持的结果，是历届市政协薪火相传、接续奋进的结果，是市政协各参加单位、全体政协委员和县（区）政协密切协作、团结努力的结果，也是社会各界共同关心、合力推动的结果。在此，我代表三届市政协常委会向全体委员，向所有关心支持政协工作的各位领导、各位同志和朋友们，表示衷心的感谢并致以崇高的敬意！

回顾五年的履职实践，我们也清醒地认识到，工作中还存在不少需要加强和改进的方面。比如，协商民主形式还不够丰富，民主监督工作还比较薄弱，参政议政成果落实机制还不够健全，委员履职能力还有待提高等等，这些都需要新一届政协在实践中不断探索和创新发展。

二、主要体会

回顾过去五年的工作，我们有以下几点体会：

（一）必须始终坚持党的领导，确保政协工作正确方向

坚持中国共产党的领导，是人民政协事业沿着正确方向前进的根本保证。五年来，我们把坚持和依靠党的领导作为推进政协工作的首要前提，自觉围绕市委中心工作来思考和谋划政协工作，做到重点调研课题、年度协商计划、重大履职活动及时向市委汇报，使政协工作更好地契合市委的战略决策和工作部署，确保与党政目标同向、思想同心、行动同步。市委充分尊重政协的政治地位，高度重视政协的履职成果，大力支持政协的自身建设。市政府自觉接受民主监督，及时吸纳政协建议，为政协履职创造良好条件。实践证明，正是由于市委的高度重视和市政府的大力支持，我市政协事业才能在继承和创新中不断发展。

（二）必须始终坚持围绕中心，主动服务全市工作大局

围绕中心、服务大局是政协工作的基本原则。五年来，我们坚持在服务党政中心工作中找准定位，扮好角色，献智献策，助推发展。我们主动融入大局、参与中心工作，在项目建设、挂点帮扶、招商引资等方面积极作为，得到了市委、市政府和社会各界的认可和赞同。实践证明，人民政协只有紧贴大局干，围绕发展转，才能有所作为、多作贡献、实现价值。

（三）必须始终把握两大主题，着力促进社会和谐稳定

团结汇聚力量，民主促进和谐。五年来，我们始终把发扬民主、增进团结、凝聚人心、促进和谐作为履行职能的重要着力点，努力搞好与各民主党派、工商联、人民团体和社会各界人士的团结协作，鼓励和引导委员加强同本界别群众的联系，主动协助市委、市政府做好服务群众、理顺情绪、协调关系、化解矛盾的工作，倾力推进民生事业发展，真正使政协成为党和政府联系群众的桥梁纽带。实践证明，只有高举团结民主旗帜，多做团结鼓劲的工作，多做为民谋利的工作，政协工作才能得到人民群众的衷心拥护和社会各界的广泛支持。

（四）必须始终坚持务实创新，不断提高政协工作科学化水平

坚持开拓创新，不断提高政协工作水平，是推

动政协事业发展的不竭动力，五年来，我们自觉适应新常态，坚持在实践中开拓进取，锐意创新，积极探索常委会专题议政新形式、文史征编新举措、提案督办新机制、反映社情民意新办法，打造了政协履职的新品牌。实践证明，只有准确把握政协工作内在规律，勇于探索实践，创新方式方法，才能使政协工作不断开创新局面、取得新成效。

三、今后五年工作建议

四届市政协任期的五年，是我市奋力实施“十三五”规划、全面建成小康社会的关键五年，也是我市政协事业继往开来、大有作为的五年，今后五年，市政协工作的指导思想是：高举中国特色社会主义伟大旗帜，以邓小平理论、“三个代表”重要思想、科学发展观为指导，深入学习贯彻习近平总书记系列重要讲话精神，在中共抚州市委的正确领导下，紧紧围绕市第四次党代会提出的各项战略目标和任务，以更高的站位、更宽的视野、更实的作风，认真履行各项职能，努力做到协商民主有新加强，民主监督有新举措，参政议政有新突破，制度建设有新进展，为推动科学发展、绿色崛起，全面建成小康新抚州作出新的更大贡献。为此，我们建议：

（一）坚定政治方向，在增进思想共识上凝聚新动能

坚定正确的政治方向，是人民政协事业创新发展的根本保证。我们要坚持把加强思想政治建设、提高政治把握能力摆在首位，深入学习贯彻中共十八大、十八届三中、四中、五中、六中全会精神和习近平总书记系列重要讲话精神，切实增强政治意识、大局意识、核心意识、看齐意识，更加坚定不移地走中国特色社会主义政治发展道路，确保政协工作始终沿着正确方向前进。要大力推进学习型政协组织建设，坚持和完善各类学习制度，丰富学习内容，创新学习形式，进一步加强人民政协理论研究，不断提高履职能力和参政议政水平。要把学习贯彻市第四次党代会精神作为一项重要政治任务，引导全市各级政协组织和广大政协委员自觉把思想和行动统一到市委的决策部署和要求上来，践行新理念，激发新动能，为全面建成小康新抚州凝聚思想共识、汇聚发展合力。

（二）服务发展大局，在助推绿色崛起上力求新作为

政协工作只有把着力点放在议发展、谋发展、促发展上，才能真正发挥作用、彰显作为。我们要准确把握“十三五”时期经济社会发展的主题和主线，按照市第四次党代会提出的“全面建成小康新抚州”的奋斗目标，紧紧围绕实施项目带动，构建绿色产业体系；坚持转型发展，推动产业升级；加快基础设施建设，推进城乡一体化进程；推进生态文明建设，打造美丽江西“抚州样板”；弘扬临川文化，大力发展文化事业等事关抚州发展的重大问题和关键环节，坚持问题导向，深入调查研究，广泛协商议政，多建睿智之言，多献务实之策，力争形成一批有质量、有价值的建言成果。充分利用市政协经济、工商联界别等主要载体和平台，加强与工商界人士和民营企业家的沟通和联系，积极参与“双返双创”活动，为抚州跨越发展广泛凝聚力量。

（三）践行为民宗旨，在促进社会和谐上作出新贡献

实现和维护最广大人民的根本利益是人民政协工作的出发点和落脚点。我们要进一步强化履职为民理念，围绕打赢脱贫攻坚战，引领群众脱贫致富奔小康；完善就业服务体系，增加城乡居民收入；健全城乡医疗卫生服务体系，打造“健康抚州”；加强和创新社会治理，维护社会和谐稳定等民生热点问题开展调研视察，提出意见建议，推动问题解决。要进一步健全完善顺畅的民意通达渠道，创新提案征集、督办、跟踪、反馈等环节，及时了解和反映社会各界群众的愿望和诉求，协助党委政府做好排民忧、解民难、顺民意、得民心的工作。要扎实推进“四进四联四帮”活动，整合各方资源，组织广大政协委员开展经常性扶贫济困、结对帮扶等社会公益活动，竭力为群众办实事、做好事。

（四）完善工作机制，在推进协商民主上探索新途径

协商民主是政协履职的鲜明特征，要全面落实中共中央中共江西省委、中共抚州市委关于加强人民政协协商民主建设的要求，继续加强政协协商与党委、政府工作的有效衔接，积极构建以党委加强领导、政府大力支持、政协积极承办为框架，以计划共同制定、课题共同确立、实施共同组织、责任共同承担为内容的协商活动新格局，要进一步完善全体会议、主席会议、常委会会议等会议协商制度，更加活跃有序地开展专题协商、对口协商、界别协商和提案办理协商，探索基层协商、网络协商和远程协商形式，大力拓展协商民主参与渠道，扩大社会各界有序政治参与。

（五）坚持强基固本，在加强自身建设上展示新形象

我们要深入研究政协工作面临的新情况、新问题，发扬好传统、创造新经验，按照习近平总书记提出的“懂政协、会协商、善议政”的要求，进一步加强自身建设，提升政协工作科学化水平，要加强市政协领导班子建设，充分发挥政协党组的领导核心作用，带头开展“两学一做”学习教育，始终以“三严三实”的标准加强思想、组织、制度、作风、反腐倡廉建设，努力把政协领导班子建设成为团结民主、清正廉洁、受委员信任的领导集体，要充分发挥委员主体作用，创新委员活动方式，强化委员培训和管理，进一步调动委员履职的积极性和主动性。要突出政协界别特色，完善界别活动工作机制，提高界别活动的质量和成效。要发挥专委会基础性作用，加强对口联系，拓展工作领域，增强自身活力。要加强对县（区）政协工作的指导，积极探索政协工作向基层延伸的有效方法和途径。要切实抓好政协机关建设，不断改进工作作风，积极营造争先创优、团结协作、勇于创新、热情服务的良好氛围，全力打造学习型、创新型、服务型、责任型机关。

各位委员，各位同志：回首过去，三届市政协凝心聚力，履职尽责，成果丰硕；展望未来，新一届市政协群英汇聚，使命光荣，大有可为。让我们紧密团结在以习近平同志为核心的中共中央周围，在中共抚州市委的坚强领导下，不忘初心，继续前进，同心同德，开拓进取，努力开创全市政协工作新局面，为全面建成小康新抚州而不懈奋斗！

同心唱响主旋律，合力共建新抚州

（2016 年 11 月 2 日，在市政协四届一次会议闭幕大会上）

黄晓波

各位委员、各位同志：

中国人民政治协商会议抚州市第四届委员会第一次会议，在中共抚州市委的正确领导下，经过全体委员和与会同志的共同努力，圆满完成了各项议程，就要胜利闭幕了。

这次会议是在全市上下深入学习宣传中共十八届六中全会精神，认真落实市第四次党代会各项目标任务，奋力推进科学发展、绿色崛起，全面建成小康新抚州的新形势下召开的。

会议期间，委员们自觉肩负神圣使命，庄严

履行崇高职责，认真审议了市政协三届常委会工作报告和提案工作报告，列席了市四届人大一次会议，协商讨论了政府工作报告。大家紧紧围绕科学发展、绿色崛起，全面建成小康新抚州的奋斗目标，畅所欲言，献计献策，提出了许多真知灼见，展示了新一届政协委员昂扬向上、奋发有为的精神风貌。这次会议开得隆重热烈、富有成效，是一次承前启后、继往开来的大会，是一次凝心聚力、团结鼓劲的大会，是一次民主求实、开拓奋进的大会。

人民政协事业的持续发展，离不开党委领导和政府支持，离不开一届又一届政协的传承与创新。三届市政协在市委的坚强领导和市政府的大力支持下，在发明主席和各位副主席的率领下，团结和带领广大政协委员，牢牢把握团结和民主两大主题，齐心协力谋发展，履职尽责惠民生，为抚州的经济社会发展作出了积极贡献。由于年龄和工作变动的原因，发明同志和云斐、益纲、蔡青同志，不再担任四届市政协的领导职务。他们在市政协任职期间，认真履职，积极作为，为抚州的发展和政协的事业，做了大量卓有成效的工作。特别是发明同志在市、县担任领导职务多年，具有很强的领导能力和高超的领导艺术。在他主持政协工作期间，协商议政站位高、研究深、成果丰，为我们今后做好政协工作，提供了宝贵经验，打下了坚实基础。我提议，让我们以热烈的掌声，向发明同志和云斐、益纲、蔡青同志，表示衷心的感谢和崇高的敬意！

这次大会，选举产生了政协抚州市第四届委员会主席、副主席、秘书长和常务委员会委员。大家给了我们一个崭新的舞台和共事的机会。在此，我代表新当选的同志，对委员们的信任和支持，表示诚挚的感谢！从现在起，新一届市政协领导班子接过了政协事业的“接力棒”。这既是一份荣耀，是一份重托，更是一份责任。我将真诚地同各位副主席、常委和委员们一道，按照习近平总书记提出的“懂政协、会协商、善议政”的要求，继承和发扬人民政协的优良传统，在历届政协打下的良好工作基础上，一任接着一任干，不断开创我市政协事业新局面。

我们要凝人心、聚合力，唱响决胜小康、共建抚州的主旋律。今年9月，全市瞩目的中共抚州市第四次代表大会胜利召开，这是我市在全面建成小康社会决胜阶段召开的一次极为重要的会议。大会描绘了抚州未来五年发展的美好蓝图，吹响了全面建成小康新抚州的进军号角，开启了全市经济社会更好更快发展的新征程。我们要认真贯彻落实市第四次党代会精神，切实把思想和行动统一到市委、市政府的决策部署上来，把智慧和力量凝聚到实现市第四次党代会确定的各项目标任务上来，始终与市委、市政府同频共振、同轴共转、同向共进。要勇于肩负起时代赋予的历史使命，以全面建成小康新抚州为己任，用责任与激情、智慧与担当，凝万众之心，聚各方之力，共同画好科学发展、绿色崛起的“同心圆”。要充分发挥人民政协的团结统战功能，切实加强与各民主党派、无党派人士、人民团体、工商联，以及新经济组织、新社会组织、新媒体等新兴阶层的联系与沟通，扩大朋友圈，增强团结面，鼓足实干劲，唱响全面建成小康新抚州的主旋律，形成共谋跨越、共促崛起的强大合力。

我们要谋实招、献良策，勇当科学发展、绿色崛起的生力军。决胜全面小康、建设新抚州，根本在发展，关键靠发展。服务科学发展，助推绿色崛起，是全市政协义不容辞的职责和使命，也是衡量政协工作成效的一把重要标尺。我们要牢固树立“创新、协调、绿色、开放、共享”的新发展理念，按照市第四次党代会提出的“既要加快发展又要保护生态”的工作要求，紧紧围绕转变发展理念、构建绿色产业体系、加强基础设施建设、打好脱贫攻坚战、推进生态文明建设、发展文化事业等重大课题，深入调查研究，积极协商议政，力求打造一批高质量的建言成果，为市委、市政府科学决策提供参考。要着力推进绿色发展和生态保护工作，积极参与我市六大主导产业发展升级、六大战略性新兴产业培育壮大，以及抚河流域生态保护与综合治理、推进封山育林和美丽乡村建设、绿色消费、绿色出行等实践活动，以自己的实际行动，争做科学发展的践行者、绿色家园的守护者。要主动参与招商引资、精准扶贫、文明创建、“四进四联四帮”等中心工作，在建设小康新抚州的滚滚洪流中，建功立业、展现风采。

我们要传民情、顺民意，架起关注民生、服务群众的连心桥。“天下之势，常系于民”。政协一头连着党委政府，一头连着百姓大众，是解决“最先一步路”和“最后一公里”的桥梁纽带。我们要始终恪守“人民政协为人民”的履职理念，把推动民生改善，作为补齐短板的关键点、建言献策的切入点、为民履职的落脚点，全面反映社情民意，真实表达群众愿望，综合运用调研、视察、提案等形式，协助党委、政府落实各项惠民政策措施，让改革发展成果更多惠及于民。要充分发挥人民政协界别特色和优势，引导和鼓励政协委员俯身接地气，躬行解民忧，做反映民意的“代言人”、关注民生的“有心人”、维护民利的“带头人”。要力行服务社会的善举，积极开展捐资助学、扶贫帮困、送医送药、文化下乡等公益活动，多为群众办实事、解难事，以切实有效的举措提升群众的幸福感和满意度。

我们要勇担当、勤作为，展示求真务实、开拓奋进的新形象。习近平总书记在纪念红军长征胜利80周年大会上指出：“每一代人有每一代人的长征路，每一代人都要走好自己的长征路。”能不能走好我们这届政协履职的“长征路”，作用发挥在委员，活力展现看委员，履职成效靠委员。我们25个界别、350名市政协委员，来自各个领域、各条战线、各个阶层，都是社会的精英和优秀代表，素质很高、影响力大，党和政府寄予厚望，人民群众充满期盼。每位委员都要不忘初心、牢记使命，继续前进。要切实把荣誉感、责任感和使命感统一起来，树立“想干事”的意识，培养“会干事”的本领，追求“干成事”的效果，努力做到在其位、谋其政，履其职、尽其力。市政协领导班子成员要以身作则，率先垂范，带头加强学习，带头转变作风，带头联系群众，带头发扬民主，带头严于律己。要增强协商民主意识，掌握参政议政之道，熟悉建言献策之法，推进协商民主创新实践。要高扬民主之风，广筑团结之路，培养团队精神，深化履职合作，营造昂扬向上、和谐奋进的良好氛围。要倍加珍惜荣誉，恪守党纪国法，锤炼道德品行，践行“三严三实”，自觉树立和维护政协委员的良好形象，以崇高的个人品质和人格魅力，为自己的人生写下精彩的篇章，为政协的事业增添新的光彩。

各位委员，同志们，“乘风破浪潮头立，扬帆起航正当时。”让我们紧密地团结在以习近平同志为核心的中共中央周围，牢固树立政治意识、大局意识、核心意识、看齐意识，在中共抚州市委的正确领导下，在市人民政府的大力支持下，团结一心，奋勇拼搏，在新的起点上，为科学发展、绿色崛起，全面建成小康新抚州而努力奋斗！

现在，我宣布：中国人民政治协商会议抚州市第四届委员会第一次会议胜利闭幕！

政协抚州市第四届委员会常务委员会工作报告

（2021年10月26日，在政协抚州市第五届委员会第一次会议上）

王宏安

各位委员、各位同志：

受政协抚州市第四届委员会常务委员会的委托，我向大会报告工作，请委员审议，请列席会议的同志提出意见。

一、过去五年工作回顾

四届市政协任期的五年，是抚州发展进程中极不平凡、极为不易的五年，也是市政协守正创新、锐意进取，取得丰硕履职成果的五年。五年来，在中共抚州市委的正确领导和市人民政府的大力支持下，市政协坚持以习近平新时代中国特色社会主义思想为指导，深入贯彻中共十九大和十九届二中、三中、四中、五中全会精神，全面落实中央和省委、市委政协工作会议精神，立足专门协商机构定位，坚持发扬民主和增进团结相互贯通、建言资政和凝聚共识双向发力，坚守初心使命，聚焦中心任务，认真履行职能，全市政协工作迈上新台阶、呈现新气象、开创新局面，为我市实现“十三五”圆满收官，与全国全省同步全面建成小康社会作出了积极贡献。

（一）加强党的领导，政协工作方向进一步明确

市政协坚持以党的政治建设为统领，从严从实推进党的各项建设，确保政协工作始终沿着正确的政治方向前进。

深化党的创新理论学习。建立并坚持党组理论中心组学习制度，把习近平新时代中国特色社会主义思想，特别是习近平总书记关于加强和改进人民政协工作的重要思想作为理论学习的首要内容，学原文、读原著、悟原理，切实做到融会贯通、知行合一。专题学习习近平总书记在庆祝中国共产党成立一百周年大会、庆祝人民政协成立七十周年大会上的重要讲话精神，开展习近平总书记关于加强和改进人民政协工作的重要思想学习研讨活动，精心组织“不忘初心、牢记使命”主题教育、党史学习教育。五年来，市政协党组理论中心组、主席会议常委会会议开展政治理论学习85次，引领广大政协委员和机关干部切实增强“四个意识”、坚定“四个自信”、做到“两个维护”。

把牢政协工作方向。市政协把坚持党对政协工作的领导作为首要前提，坚持重大事项、重要工作安排向市委请示报告，年度协商计划安排报经市委批准同意后组织实施，确保与市委同心同行、同频共振。主动争取市委支持，协助市委召开政协工作会议，出台《关于新时代加强和改进人民政协工作的实施意见》。及时向市委汇报，积极配合市委做好中央和省委政协工作会议精神专项督查整改工作，对破解“两个薄弱”问题开展深入调研，推动解决市、县（区）政协人员力量薄弱、基础工作薄弱的突出问题，政协工作力量和效能进一步增强。

打造政协党建品牌。市政协积极贯彻中央、省委关于加强政协系统党建工作的文件精神，率先在全省出台加强政协系统党的建设文件，全省首次政协系统党建工作座谈会在抚召开。加大党建工作力度，完善政协党的组织设置，在市直单位、企业、社区等设立30个中共党员委员工作站，探索开展“中共党员委员工作站+政协界别活动”的履职形式，充分发挥工作站学习宣传、调研视察、反映社情民意、服务基层群众等履职平台作用。2020年8月，我市政协作为江西省设区市政协代表，参加了在北京召开的全国地方政协工作经验交流会。我市加强政协系统党建工作的创新做法，得到全国政协、省政协的充分肯定，并被《人民政协报》宣传报道。

（二）聚焦主责主业，专门协商机构作用进一步发挥

市政协突出主责主业，围绕党政大局，搭建协商平台，深入协商议政，以实际行动服务全市经济社会高质量发展。

有序开展全会协商。市政协注重发挥全体会议整体协商功能，组织委员以分组讨论、撰写提案、反映社情民意等形式，向市委、市政府提出建设性意见1300多条。我们特别注重发挥大会发言的直接建言作用，共组织了5次委员大会发言，提交发言材料46篇，35位委员作了专题发言。重振“建昌帮”药业、推动乡村振兴、提升工业“智”造水平、健全生态产品价值实现机制、千金陂申遗等大会发言思考深入，见解独到，对党政科学决策、部门改进工作起到了积极推动作用。

重点开展专题协商。聚焦市委、市政府重大决策部署，举全市政协之力，汇全体常委之智，先后围绕文化旅游产业发展、生态文明建设、东临新区规划、县域经济高质量发展、中医药抗击新冠肺炎疫情作用与启示、打赢脱贫攻坚战、工业创新发展三年倍增行动、谋划抚州碳中和试验区等重大课题，采取“主课题+子课题”的议政方式，深入开展常委会会议专题协商，提升了专题议政的质量和效果。五年来，共召开专题协商议政会议13次，形成专题协商报告12篇。《加强抚河流域生态保护与综合治理，加快绿色产业发展》《依托汤翁戏剧品牌，繁荣我市演艺市场》《实施工业倍增升级，推进我市跨越式发展》等专题协商报告，得到市委、市政府的充分肯定和相关部门的积极采纳。为更好地推进我市生态产品价值实现机制落地落实，我们积极配合省政协围绕试点工作开展实地调研，提出20余条较高质量的意见建议，被吸纳到省政协专题协商报告之中，为省委、省政府决策提供了有益参考，市政协副主席帅歌柳同志代表抚州市作为全省建立健全生态产品价值实现机制宣讲团成员，分别赴景德镇、宜春两市开展宣讲，并应中国浦东干部学院邀请就“生态产品价值实现的抚州实践”授课，在更大范围、更高层面宣传了我市生态产品价值实现机制所取得的丰硕成果。

探索开展线上协商。2019年，市政协对标对表全国政协“开展网络议政远程协商”要求，主动策应市委、市政府中心工作，围绕“加快旅游产业发展”、“加强住宅小区建设管理”两个课题，采取“互联网+协商议政”方式，通过网站收集意见建议2200余条，并组织市政协委员、职能部门负责人、网民代表等220余人参与电视访谈讨论，拓展协商渠道，推进“线上协商”。这种以政协出题、委员参与、部门解答、网民监督的方式，积极回应群众对我市打造文化旅游强市和创建国家卫生城市的关切，打通了广开言路、广纳群言的“最后一公里”，收到了良好的协商议政效果。

（三）坚持人民至上，参政议政实效进一步增强

市政协牢固树立人民政协为人民的理念，抓住民生领域现实问题开展履职活动，不断增进人民福祉。

聚焦民生难题建言献策。市政协高度关注人民群众切身利益问题，聚焦百姓关注的基础教育均衡发展、中医药发展、旧城改造、农村环境整治、扶贫专项资金使用、关爱农村留守儿童、农村“两院”融合、居家养老服务、小区物业管理等民生热点难点问题，广泛调研，精准建言，踊跃献策，向市委、市政府报送调研视察报告36篇。《做强中医医疗机构，提升中医药服务能力》《我市智慧百乡千村健康医养扶贫工程情况》《农村环境整治应该注意的几个问题》《加强扶贫专项资金使用和管理》等调研视察报告，得到市委、市政府和有关部门的重视采纳，推动了相关工作开展。

回应民生关切督办提案。市政协坚持把提案办理作为回应民生关切、开展民主监督的重要途径，建立市党政主要领导督办重要提案工作机制，坚持和完善市长领办、市政协领导领衔督办、专委会与党派联合督办的工作机制，政协提案办理纳入党委政府《年度督查检查考核工作计划》，将关于整治扶贫领域突出问题、加强小区物业管理、加大停车场建设管理力度、提升公共卫生应急能力等民生类提案合并归类，集中协商办理，推动了一批民生实事得到重视和解决。今年，市政协梳理出在公共场所设立母婴室、解决老旧小区停车难、解决电动车充电难问题、加强高校门口出行安全管控等11件提案，作为“我为群众办实事”任务清单，进行限时办理，取得明显成效。四届市政协期间，共立案提案1368件，组织协商督办活动156次，所有立案提案全部办复。

倾听百姓呼声广纳民意。坚持把反映社情

民意作为倾听百姓呼声、回应民意诉求的有效途径。五年来，共收集重点社情民意596条，编报《社情民意》178期，向省政协报送社情民意154条，市党政领导批示及有关部门落实105件。《关于农家书屋与公共图书馆融合发展的建议》《关于加强新农村建设后期管护的建议》引起全国政协和省委的重视关注，《关于激活文昌里旅游市场的建议》《关于"疫情"下企业复工复产的问题和建议》等重要社情民意得到市政府及有关部门的重视采纳，推动问题得到较好解决。

（四）广泛凝聚共识，政协优势特色进一步彰显

市政协注重拓展团结面、画大同心圆，凝聚起推动抚州高质量跨越式发展的强大合力。

彰显界别优势。市政协注重突出界别特色，把界别活动融入专委会日常工作中，以中共党员委员工作站为平台，以服务基层群众为目标，开展界别调研视察、收集民意、学习考察、社会服务等活动。五年来，开展界别调研视察47次，形成调研和会议发言材料89篇，开展扶贫济困、捐资助学、法律咨询、送医送药、送教下乡等服务群众活动137场次，累计捐款捐物750万元，惠及群众2万余人。界别活动的深入开展，彰显了政协委员的公益情怀和责任担当，赢得社会各界广泛赞誉。

加强联谊合作。定期召开中秋茶话会、乡友恳谈会，与社会各界人士加强联络、交流工作、增进友谊。加强与全国政协和省政协的工作衔接，做好全国政协和省政协领导来抚调研视察的服务保障工作。配合省政协就南昌大都市圈建设、旅游康养产业发展等12个课题开展调研，召开情况通报会，收集意见建议。注重抓好政协系统之间的横向交流学习，组织县（区）政协主席、中共党员委员工作站站长到宜春市学习考察基层协商的好经验、好做法。加强对县（区）政协工作的指导，与县（区）政协就一些重大课题联合开展调研，切实提升政协系统整体履职水平。

凝聚奋进合力。精心组织开展庆祝新中国和人民政协成立70周年及建党一百周年系列活动。与市委统战部联合举办庆祝中华人民共和国暨人民政协成立70周年及建党一百周年文艺会演；评选表彰20件市政协成立以来曾经产生影响的优秀提案；以"抚州70年来辉煌成就"为主题，征集30篇文史资料，遴选出150余幅书法、绘画、摄影作品展出；组织参加省政协理论研讨征文，理论文章获得一等奖1篇，三等奖1篇；开展"我和我们的政协"征文活动；组织部分委员和机关干部职工观看爱国影片，营造积极向上的良好氛围。积极参加全国政协、省政协组织的委员读书网上领读活动。我市省政协委员围绕"推动生态产品价值实现"、"加快医药事业高质量发展"两个主题进行领读，引发全省政协系统热烈讨论，跟读发言讨论交流委员超过3000人次，得到省政协的通报表扬。

（五）主动参与中心工作，实干担当意识进一步强化

市政协坚持议政与实干相结合，主动参与市委、市政府各项中心工作，展现了政协积极作为的良好精神风貌。

积极做好挂点工作。根据市委安排，市政协班子成员积极做好挂点县（区）、重点项目建设、生态文明建设、创建国家卫生城市、企业帮扶、招商引资等中心工作。在挂点县（区）工作中，市政协班子成员经常深入基层，就经济社会发展、疫情防控、环保专项治理、生态产品价值实现，以及学习贯彻中央、省、市重大会议精神实地调研督导、政策宣传，推动相关工作有效开展。在创国卫工作中，市政协领导率先垂范，深入挂点街道、社区现场开展工作，组织协调攻克违章搭建、修补基础设施等难题；市政协机关干部全员参与，深入挂点社区开展全民洗城、文明劝导等志愿活动，为我市成功创建国家卫生城市贡献政协力量。市政协班子成员对牵头负责的市再生资源交易市场建设项目、市中心城区生活垃圾分类处理项目、科技大道、高新区职工之家建设项目、燕归路安置点公寓房建设工程、市城南新区供水管网工程等重点建设项目常部署、勤调度，确保项目有序推进。同时，市政协领导积极赴上海、福州、泉州、厦门开展“双返双创”工作，为招商引资牵线搭桥，做好亲商、安商工作。

全力抗击新冠疫情。面对疫情防控这场大考，全市各级政协组织和广大政协委员迅速行动，有的发挥专长、奋战一线，有的伸出援手、捐款捐物，有的撰写提案、反映社情民意，倾心倾力，各尽所能。市政协领导班子成员深入挂点县（区）、企业、社区和重点项目建设工地，开展“两宣一帮”活动，帮助当地和企业解决实际问题，促进复工复产复建。积极开展市政协常委中共党员委员工作站站长联系民营企业和金融机构活动，共走访68家民营企业、26家金融机构，为助力民营企业走出困境积极建言献策。市政协机关党员干部职工积极参与“党员社区报到”工作，亮身份、表态度、勤值守，主动工作在疫情排查宣传管控的最前沿。全市各级政协组织、政协委员、各党派团体和商会组织捐款捐物累计达4190多万元，在助推疫情防控和经济社会发展“双胜利”中展现了政协作为和委员担当。

助力打赢脱贫攻坚战。市政协班子成员深入一线、下沉帮扶村深入调研，及时帮助协调解决基础设施建设、产业培育、技能培训等方面难题。有关专委会围绕产业扶贫、巩固拓展脱贫攻坚成果同乡村振兴有效衔接等课题形成了5篇专题调研报告。市政协委员紧扣扶贫领域的重点问题，撰写提案32件，反映社情民意40多条。市政协机关对帮扶村共实施扶贫项目21个，争取项目资金1580万元。市政协机关及派驻的第一书记，连续五年被评为全市脱贫攻坚工作先进单位和先进个人。

（六）注重提质增效，自身能力建设进一步提升

市政协主动适应新时代新要求，加强自身建设，提升履职能力，推动全市政协工作提质增效。

委员主体作用充分发挥。我们组织85名市政协委员到全国政协青岛、北戴河培训基地集中学习培训，有效提升委员履职能力和水平。落实市政协领导和专委会对口联系委员制度，健全党组成员联系界别、党员委员联系党外委员等机制，帮助委员解决履职中遇到的困难和问题。每年在委员中开展“提一件提案、开展一次调研、献一条良策、反映一条社情民意、办一件实事”的“五个一”活动，增强委员履职的责任感和使命感。加强委员履职管理，建立委员履职档案，规范委员履职行为，持续开展优秀市政协委员、优秀履职成果评选活动，五年来，共评选优秀市政协委员147名，优秀调研报告75篇，优秀提案115件，优秀社情民意48条，进一步激发了广大委员的参政热情。

机关作风建设不断加强。优化机构职能设置，增设农业和农村委员会，对部分专委会职能进行调整，使专委会职责更明确、运行更顺畅。改进机关工作作风，推行机关工作周调度、季度点评等举措，建立专委会重点调研课题负责制，注重质量意识，增强服务观念，提升保障能力，不断提高机关干部为全市大局服务、为政协工作服务、为委员履职服务的能力和水平。持续深入整治形式主义、官僚主义和“怕、慢、假、庸、散”等作风顽疾，抓好市委巡察组对机关党组巡察反馈问题整改工作，全力支持派驻纪检组履行职责，大力营造政协机关风清气正的政治生态。

政协文史宣传有声有色。加大文史征编力度，以亲历、亲见、亲闻为基本要求，以《抚州文史》期刊为载体，以专辑史料为补充，致力挖掘抚州历史文化，累计编印20期《抚州文史》期刊，征编出版《抚州历代书画人文大观》《临川古诗注》《汤显祖故事》等8本专集史料，总字数近450万字，扩大了政协文史工作的社会影响，彰显了存史资政育人的品牌效应。加大政协宣传力度，五年来，市政协机关共在《人民政协报》《中国政协》《江西政协报》等报纸杂志发表新闻稿件和调研文章587篇，在省政协信息刊物刊登信息296条，6篇稿件获江西政协好新闻评选一等奖，有力有效地宣传了抚州和我市政协履行职能的各项工作，我市政协宣传工作在全省政协系统名列前茅。

各位委员，四届市政协工作所取得的成绩，是中共抚州市委坚强领导、市人民政府大力支持的结果，是历届市政协薪火相传、接续奋斗的结果，是市政协各参加单位、全体政协委员和县（区）政协密切协作、团结努力的结果，也是社会各界共同关心、合力推动的结果。在此，我代表四届市政协常委会全体委员，向所有关心支持政协工作的各位领导、各位同志朋友们，表示衷心的感谢并致以崇高的敬意！

回顾五年来的实践，我们也清醒地看到，工作中还存在一些差距和不足，比如：界别优势有待进一步发挥，民主监督有待进一步加强，委员作用发挥不够充分、不够广泛，调查研究能力和建言献策水平还需进一步提高；等等。这些都需要新一届市政协在实践中不断探索并加以改进。

二、主要工作体会

回顾过去五年的工作，我们有以下几点体会：

（一）加强党的领导是政协工作必须恪守的根本政治原则

五年来，我们自觉对标对表中央精神，紧紧依靠市委坚强领导，坚决贯彻落实市委决策部署，自觉围绕市委中心工作来思考和谋划政协工作，把党的领导贯穿到政协工作各方面和全过程。市委充分尊重政协的政治地位，高度重视政协的履职成果，大力支持政协的自身建设，为政协履职创造良好条件。实践证明，只有始终坚持党的领导，才能确保政协事业发展的正确方向，引领政协工作行稳致远。

（二）紧扣中心服务大局是政协履行职能的基本遵循

五年来，我们坚持在服务党政中心工作中找准定位，扮好角色，献智献策，助推发展。我们主动参与中心工作，在项目建设、挂点帮扶、脱贫攻坚等方面积极作为，得到了市委、市政府和社会各界的认可和赞同。实践证明，人民政协只有紧贴大局干，围绕发展转，才能有所作为、多作贡献、实现价值。

（三）牢牢把握两大主题是政协工作的重要基石

五年来，我们始终坚持团结和民主两大主题，努力搞好与各民主党派、工商联、人民团体和社会各界人士的团结协作，鼓励和引导委员加强同界别群众的联系，把圆心钉牢，把半径伸远，真正使政协成为党和政府联系群众的桥梁纽带。实践证明，只有坚持团结民主，加强多党合作，才能更好地凝聚起共同奋斗的强大伟力。

（四）充分发挥委员主体作用是政协工作的优势所在

五年来，我们加强委员服务管理，搭建履职平台，着力激发委员履职尽责的热情。广大委员积极参与社会公益事业，在抗击疫情、脱贫攻坚、社区共建等方面主动作为，奉献爱心，展现了委员的风采和担当。实践证明，只有强化委员责任担当，让委员在政协履职中唱主角、担主责、当主力，才能发挥政协工作的职能作用和独特优势。

（五）坚持守正创新是政协事业发展的不竭动力。五年来，我们自觉适应新常态，积极探索协商议政新形式、政协党建新平台、提案督办新机制、反映社情民意新办法，打造了政协履职的新品牌。实践证明，只有勇于探索实践，创新方式方法，才能使政协工作不断开创新局面、取得新成效。

三、今后五年工作建议

今后五年，是迈进全面建设社会主义现代化国家第二个奋斗目标的第一个五年，是抚州大有可为的战略机遇期、厚积薄发的转型升级期和爬坡过坎的赶超关键期。市政协今后五年工作的总体要求是：以习近平新时代中国特色社会主义思想为指导，深入贯彻落实习近平总书记“七一”重要讲话和视察江西重要讲话精神，认真落实中央、省委、市委决策部署和政协工作会议要求，紧紧围绕市第五次党代会提出的“打好一个强攻战、实现五个新跨越”工作主线，认真履行政治协商、民主监督、参政议政职能，不断提高建言资政和凝聚共识水平，为描绘好新时代抚州改革发展新画卷，全面建设富裕协调美丽和谐幸福的现代化新抚州贡献更大力量。

（一）强化政治引领，着力在筑牢思想政治根基上下功夫

我们要坚持把加强思想政治建设摆在首位，深入学习贯彻习近平新时代中国特色社会主义思想，跟进学习习近平总书记最新重要讲话精神，切实增强“四个意识”、坚定“四个自信”、做到“两个维护”，不断提高政治判断力、政治领悟力、政治执行力。发挥市政协党组在把方向、管大局、保落实方面的领导作用，确保中共中央、省委、市委的决策部署在政协得到贯彻落实。加强政协系统党建工作，继续探索“党建+”模式，健全中共党员委员工作站开展活动的常态化制度化机制，推动政协党建与政协履职双提升、双促进。积极开展委员读书活动，深入推进“书香政协”建设。深化中共党史学习教育，开展有重点、多层次的委员学习培训，不断增进广大政协委员的政治认同、思想认同、理论认同、情感认同，坚定不移跟党走、携手奋进新征程。

（二）紧贴党政大局，着力在贯彻落实市党代会目标任务上献良策

我们要紧扣市第五次党代会提出的“全面建设富裕协调美丽和谐幸福现代化新抚州”这个奋斗目标，抓住“打好一个强攻战、实现五个新跨越”这条工作主线，紧紧围绕打好工业创新发展强攻战、推进乡村振兴、提升城市建设水平、打造生态文明建设“抚州样板”、推动改革发展体制机制创新、增进民生福祉等全局性、战略性问题，选准课题，深度调研，广泛协商，力争形成一批有质量、有价值的建言成果。同时，要以专门委员会为依托，与各民主党派、工商联、党外知联会、县（区）政协密切合作，围绕深耕特色农业、落实“双碳”目标战略部署、打造最优营商环境等课题，积极开展委员视察、民主监督等活动，为实现市第五次党代会目标任务多建睿智之言，多献务实之策，多谋创新之举，多尽助推之力。

（三）高度关注民生，着力在践行履职为民宗旨上出实招

我们要始终坚持履职为民理念，围绕推进乡村建设行动、抓好文明城市创建、加强防灾减灾能力建设、建立完善养老体制机制、提升城市智能化管理水平、打好污染防治攻坚战等关注民生热点问题，积极建言献策，帮助解决老百姓的操心事、烦心事、揪心事。要把反映社情民意摆上突出位置，进一步健全完善顺畅的民意通达渠道，创新提案征集、督办、跟踪、反馈等环节，围绕事关百姓切身利益的就业保障、衣食住行、教育医疗等基本民生问题，通过政协提案、反映社情民意等形式，切实保障和增进民生福祉，力促各项惠民、利民政策落到实处。要充分发挥政协界别优势，扎实推进挂点乡村帮扶工作，积极组织政协委员和引导社会各界人士开展结对帮扶、项目援助、慈善捐助等社会公益活动，为巩固拓展脱贫攻坚成果、实施乡村振兴战略贡献政协力量。

（四）广泛凝心聚力，着力在促进团结民主上课作为

我们要牢牢把握新时代人民政协的新方位新使命，加强思想政治引领，广泛凝聚各界共识。按照全国政协和省政协的部署要求，制定加强和改进凝聚共识工作的实施意见，在建言成果、思想收获上一体设计一体落实。建立健全各党派参加政协共同性事务情况交流机制，完善民主党派和无党派人士在政协开展经常性工作机制。注重与党政部门、政协各参加单位常联系、勤交流、多沟通，协助党委、政府做好协调关系、化解矛盾、理顺情绪、凝聚人心的工作。搭建更多凝聚共识的载体和平台，延伸政协工作触角，拓宽委员履职渠道，加强与外地商会组织、非公有制经济人士、新的社会阶层人士、港澳台同胞、海外侨胞等的团结联系、沟通联络，为推动抚州高质量跨越式发展汇聚最大正能量。

（五）创新履职载体，着力在打造特色工作品牌上求突破

全市政协组织要强化质量意识、精品意识，着力打造具有政协履职特色的工作品牌。切实加强提案工作，开展“提案提质行动”，坚持领导班子成员督办重点提案、“专委会与党派联合督办提案”制度，不断提高提案质量、办理成效和满意度，建立完善协商民主向基层延伸工作平台，学习借鉴“赣事好商量”品牌，加强中共党员委员工作站平台建设，探索在社区建立委员工作室，打通政协联系服务基层、委员联系服务群众的“最后一公里”。积极推进信息化协商议政平台建设，开展网络议政、远程协商。着力宣传弘扬临川文化，办好《抚州文史》期刊，精心编纂专辑史料，着力打造政协文史征编精品。发挥专委会基础作用，依托专委会更好地开展专题协商、对口协商、界别协商、提案办理协商活动，不断提升政协履职能力现代化水平。

（六）坚持强基固本，着力在加强自身建设上求实效

按照习近平总书记提出的“懂政协、会协商、善议政，守纪律、讲规矩、重品行”的要求，进一步加强委员队伍建设和服务管理，提高委员政治素质和履职能力，引导广大政协委员增强主体意识，锤炼道德品行，严格廉洁自律，用实际行动答出政协履职和岗位奉献的优秀答卷。紧紧围绕政治建设、思想建设、组织建设、作风建设、纪律建设、制度建设，把“高标准、严要求”落实到政协机关建设中，不断提高机关服务质量。争取党委重视支持，进一步推动解决市、县（区）政协基础工作薄弱、人员力量薄弱问题。完善对县（区）政协联系指导工作制度，健全县（区）政协主席座谈会、专门委员会工作经验交流会等机制。以课题为纽带加强上下协同，合力攻关，提升政协工作整体效能。

各位委员、各位同志，征程万里风正劲，重任千钧再出发。奋进的号角已经吹响，让我们更加紧密地团结在以习近平同志为核心的中共中央周围，在中共抚州市委的坚强领导下，凝心聚力、担当实干、履职尽责、接续奋斗，为推动我市“十四五”高质量发展，全面建设富裕协调美丽和谐幸福的现代化新抚州奋力书写新时代抚州政协新篇章。

立足新起点，彰显新作为，努力建设忠诚务实为民奋进政协

（2021 年 10 月 28 日，在市政协五届一次会议闭幕大会上）

贺喜灿

各位委员、同志们：

中国人民政治协商会议抚州市第五届委员会第一次会议，在中共抚州市委的正确领导下，经过全体委员和与会同志的共同努力，圆满完成了各项议程，就要胜利闭幕了。

这次会议是在全市上下深入学习贯彻习近平总书记在庆祝中国共产党成立 100 周年大会上的重要讲话精神，认真落实市第五次党代会各项目标任务，全面建设富裕协调美丽和谐幸福的现代化新抚州的形势下召开的。省委、市委高度重视这次会议。省指导组莅临会议指导，会风会纪督导贯彻会议全过程。市委书记夏文勇，市委副书记、代市长高世文等领导同志出席开幕大会和闭幕大会，亲切看望与会委员，参加界别联组讨论，与委员们共商发展大计，共话美好未来，充分体现了对政协工作的关心支持，体现了开明务

实、虚怀纳谏的民主精神。特别是市委书记夏文勇同志代表市委，在开幕大会上作了主题鲜明、鼓舞人心、催人奋进的讲话，对四届市政协过去五年的工作给予了充分肯定，对新一届市政协和全体政协委员提出了“要履职尽责、真抓实干，在建设现代化新抚州的伟大征程中彰显政协新作为”的具体要求和殷切希望。我们一定要认真学习、深刻领会，切实抓好贯彻落实。

会议期间，委员们自觉肩负神圣使命，庄严履行崇高职责，认真审议和讨论了市政协四届常委会工作报告和提案工作报告，列席了市五届人大一次会议，协商讨论了政府工作报告。大家紧紧围绕全市政治、经济、文化、社会和生态文明建设等方面深入协商交流，积极建言献策，充分彰显了中国共产党领导的多党合作和政治协商制度的生机活力，展现了新一届政协委员昂扬向上、奋发有为的履职风采。会议开得隆重热烈、富有成效，是一次承前启后、继往开来的大会，是一次凝心聚力、团结鼓劲的大会，是一次共谋发展、求实奋进的大会。

人民政协事业的持续发展，离不开党委领导和政府支持，离不开一届又一届政协的传承与创新。四届市政协先后在黄晓波主席和王宏安主席的领导下，在各位副主席、秘书长及广大政协委员的共同努力下，始终坚持以习近平新时代中国特色社会主义思想为指导，在建言资政和凝聚共识上双向发力，政协事业迈上了新台阶，取得了新成效，为推动抚州高质量跨越式发展作出了积极贡献。这次换届，由于工作岗位的调整和年龄的原因，宏安同志，友清、歌柳等同志，不再担任新一届市政协的领导职务。他们在市政协任职期间，恪尽职守、勤勉敬业、积极作为，为抚州的发展和政协的事业，倾注了心血，作出了贡献，给我们打下了坚实的工作基础。我提议，让我们以热烈的掌声，向他们表示衷心的感谢和崇高的敬意！

这次大会，选举我担任五届市政协主席，并选举产生了副主席、秘书长和常务委员。我们由衷地感谢组织的培养和全体委员的信任，非常荣幸能融入政协这个大家庭，接过政协工作的接力棒。此时此刻，我们深切地感受到这个接力棒的意义和分量。我们将在市委的坚强领导下，在市人大、市政府及社会各界的大力支持下，在历届市政协班子打下的坚实基础上，积极进取，努力工作，用实实在在的业绩为政协组织增光添彩。

各位委员、同志们，刚刚胜利闭幕的市第五次党代会，擘画了“全面建设富裕协调美丽和谐幸福的现代化新抚州”的美好蓝图，确立了“打好一个强攻战、实现五个新跨越”的工作思路。全市各级政协组织和广大政协委员要迅速把思想和行动统一到市第五次党代会的决策部署上来，把智慧和力量凝聚到市委、市政府的工作要求上来，牢牢把握新时代人民政协的新方位新使命，努力建设忠诚、为民、务实、奋进的政协，在建设现代化新抚州的伟大征程中彰显政协新作为。

我们要坚守初心，把牢方向，努力建设忠诚的政协。坚持中国共产党的领导是人民政协的共识和初心所在。全市各级政协组织和广大政协委员要把坚持中国共产党领导作为根本政治原则，始终以党的旗帜为旗帜，以党的方向为方向，以党的意志为意志，胸怀“两个大局”，心系“国之大者”，增强“四个意识”、坚定“四个自信”、做到“两个维护”，不断提高政治判断力、政治领悟力、政治执行力。坚持以习近平新时代中国特色社会主义思想武装头脑，深入学习贯彻习近平总书记“七一”重要讲话和视察江西重要讲话精神，扎实推进以中共党史为重点的“四史”学习教育走深走实，引领广大政协委员深刻领悟中国共产党为什么能、马克思主义为什么行、中国特色社会主义为什么好，不断增进对中国特色社会主义的政治认同、思想认同、理论认同、情感认同。大力弘扬伟大建党精神，传承红色基因、赓续精神血脉、砥砺严实作风，筑牢信仰的精神高地。全面加强政协系统党的领导，全面推进政协系统党的建设，充分发挥政协党组在政协工作中的引领示范作用，持续抓好中共党员委员工作站建设，擦亮党建工作品牌，实现党的组织对党员委员的全覆盖，党的工作对政协委员的全覆盖，切实把党的领导贯穿政协工作的全过程、各方面，确保政协工作始终沿着正确方向前进。

我们要关注民生，服务群众，努力建设为民的政协。悠悠万事，民生为大。人民政协为人民，是情怀更是责任。我们要坚持以人民为中心的发展思想，始终把履职为民作为参政议政的价值取向，将“关键小事”作为“履职大事”，常谋利民之计，常献惠民之策，切实把“履职作业”写进群众心坎里。要深入基层察民情。充分运用中共党员委员工作站、社情民意联系点等服务群众的平台，不断推进群众工作重心下移，把工作触角向基层延伸、向一线拓展。坚持问政于民、问需于民、问计于民，多听老百姓的“心里话”，多察老百姓的“身边事”，多算老百姓的“生活账”，用脚步丈量社情民意，把带有“泥土芳香”“现场温度”的诉求收集和反映上来，使政协工作更接地气、更聚人气。要建言献策解民忧。聚焦人民群众普遍关心的岗位、学位、床位、车位、厕位、梯位、摊位等民生事项，通过调研视察、提案和反映社情民意等渠道积极建言，提出务实管用的新招、实招、硬招，推动群众“急难愁盼”问题及时解决。要凝心聚力顺民意。推动市县政协搭建平台直面基层群众协商，通过委员向界别群众传播共识，做实做细解疑释惑、宣传政策、理顺情绪、化解矛盾的工作，切实把市委的决策主张转化为社会各界的广泛共识和行动自觉。要多办实事暖民心。积极开展捐资助学、扶贫帮困、送医送药、文化下乡等“我为群众办实事”公益活动，倾力为困难群体解难事、做好事、办实事，让群众的获得感成色更足、幸福感更可持续、安全感更有保障。

我们要服务大局，担当作为，努力建设务实的政协。习近平总书记指出，伟大梦想不是等得来、喊得来的，而是拼出来、干出来的。全面建设富裕协调美丽和谐幸福的现代化新抚州，关键在于真抓实干。我们要以“功成不必在我”的精神境界和“功成必定有我”的历史担当，主动把政协工作放到全市改革发展大局中去谋划和推进，始终以务实的态度、务实的作风、务实的举措，把政协工作做得更实、更有成效。要聚焦发展出实招。紧紧围绕市委、市政府工作部署，精心选择事关抚州改革发展的重大课题，深入调查研究，精心组织协商，精准建言献策，努力打造一批高质量的协商议政成果，为市委、市政府科学决策提供参考。要强化监督求实效。坚持问题导向、目标导向、结果导向，瞄准市委、市政府重大决策部署贯彻执行和重点工作推进情况，深入开展民主监督，持续跟踪问效，促进部门不断改进工作、提高实效。要立足岗位重实干。广大政协委员要发挥好中坚骨干和行业模范作用，积极投身发展实践，进一步释放干事创业的能量，迸发成就事业的激情，在全面建设现代化新抚州的时代大潮中，干出一番事业、闯出一片天地，书写无愧于新时代、无愧于委员称号的精彩人生。

我们要积极进取，开拓创新，努力建设奋进的政协。习近平总书记指出，“新时代是奋斗者的时代”“只有奋斗的人生才称得上幸福的人生”。我们 346 名委员来自各个领域、各条战线、各个阶层，每个人都是新时代的奋斗者。奋斗不只是响亮的口号，而是要在做好每一件小事、完成每一项任务、履行每一项职责中见精神。广大政协委员要按照“懂政协、会协商、善议政，守纪律、讲规矩、重品行”的要求，增强协商民主意识，掌握参政议政之道，熟悉建言献策之法，推进协商民主创新实践，努力提交人民群众满意的“履职答卷”。要牢记委员的权利和义务，锤炼道德品行，践行“三严三实”，自觉树立和维护良好的社会形象。各级政协组织要发挥政协独特优势，把各方面的共识、智慧和力量凝聚起来，扩大朋友圈，增强团结面，画好同心圆，为推动抚州高质量跨越式发展凝聚磅礴力量。要始终保持昂扬向上的奋进姿态，以改革创新精神推进政协自身建设，切实增强使命感，提振自信心，激活原动力，实现高质量发展，着力在发挥界别作用、激发委员才智、创新专委会工作、加强机关建设等方面做出成绩、创出亮点，努力打造“一委一特色”“一县一品牌”，使政协工作常做常新，充满生机活力。

各位委员、同志们，市政协五届一次会议即将落下帷幕，我代表市政协领导班子及全体委员，向省指导组和市委、市人大、市政府与会领导同志，向莅临会议的老同志，向为大会付出辛勤劳动的所有工作人员，表示衷心的感谢！

乘风破浪潮头立，扬帆起航正当时。让我们更加紧密地团结在以习近平同志为核心的中共中央周围，在中共抚州市委的正确领导下，立足新起点，彰显新作为，奋力谱写政协事业新篇章，为全面建设富裕协调美丽和谐幸福的现代化新抚州而努力奋斗！

现在，我宣布：中国人民政治协商会议抚州市第五届委员会第一次会议胜利闭幕！

政协抚州市第五届委员会常务委员会工作报告

（2025 年 1 月 22 日，在政协抚州市第五届委员会第五次会议上）

贺喜灿

各位委员、各位同志：

我代表政协抚州市第五届委员会常务委员会向大会报告工作，请予以审议，并请列席会议的同志提出意见。

一、2024 年主要工作回顾

2024 年，在中共抚州市委的坚强领导下，在市政府的大力支持下，市政协坚持以习近平新时代中国特色社会主义思想为指导，深入学习贯彻中共二十大和二十届二中、三中全会精神，全面贯彻落实习近平总书记考察江西重要讲话精神和习近平总书记在庆祝中国人民政治协商会议成立 75 周年大会上的重要讲话精神，紧紧围绕市委提出的“唱响‘一大品牌’、实施‘六大战略’、推进‘三大建设’”目标任务，找准履职重点，以思想引领筑牢奋斗基础，以改革发展助推协商民主，以为民初心回应群众关切，以凝心聚力绘就“最大同心圆”，奋力推进“大抓落实”在全市政协系统蔚然成风、协商民主创新实践取得新成效，全年累计开展调研协商、民主监督、委员视察、故事汇展演等重大履职活动 40 余场次，形成调研报告、建议案 16 件，获得市党政领导肯定性批示 50 余次，为助推谱写中国式现代化抚州篇章作出了积极贡献。省政协继 2022 年组织中央和省内主流媒体唯一选择抚州开展政协工作集中采访之后，2024 年再次组织人民网、人民政协网等中央媒体深入抚州开展“讲好‘中国式商量’故事”主题采访活动，得到主流媒体的一致好评。

（一）坚定立场、把牢方向，以更高站位强化思想政治建设

把学懂弄通做实习近平新时代中国特色社会主义思想作为统揽政协工作的总纲和首要政治任务，不断提高政治判断力、政治领悟力、政治执行力，切实担负起“落实下去、凝聚起来”的政治责任。

——持续加强党的创新理论武装。持之以恒落实“第一议题”学习制度，全年召开党组会议、理论学习中心组集体学习会、委员读书会等学习活动 40 多场次，深刻领悟“两个确立”的决定性意义，增强“四个意识”、坚定“四个自信”、做到“两个维护”。采取“实地考察＋座谈交流”形式提升学习质效，沿着习近平总书记考察江西足迹，赴景德镇、上饶和鹰潭学习考察经济社会发展和政协创新成效，形成考察报告获市委、市政府点赞肯定。成立抚州市政协理论研究会，加强对习近平总书记关于加强和改进人民政协工作的重要思想学习宣传和理论研究。5篇文章获评省政协“协商与城市文化”优秀论文、2篇文章入选省政协2024年度专题理论研讨征文活动优秀论文。

——始终坚持党的全面领导。市委始终将政协工作纳入重要议事日程，市委常委会3次听取政协工作汇报，研究部署协商民主工作，为政协履职提供了坚强有力的政治保障。市委书记范小林高度重视政协工作，上任伊始，即到市政协机关调研指导，听取意见建议，提出具体要求，并亲自给政协履职“点题”，为政协工作把脉定向、鼓劲加油；市委副书记、代市长胡剑飞来抚工作后，及时走访看望市政协机关干部，多次听取市政协工作汇报、参加市政协重要活动。这一系列硬核举措，让我们深受感动、备受鼓舞、倍增干劲。市政协党组充分发挥把方向、管大局、保落实的领导作用，自觉将政协工作置于市委领导之下，坚持重大问题、重要事项和重点工作请示报告制度，对市委布置的各项工作要求，及时传达学习，研究贯彻落实措施，确保党的领导在政协见行见效。

——认真开展党纪学习教育。牢牢把握“学纪、知纪、明纪、守纪”的总目标，认真落实各项“规定动作”，推进党纪学习教育见实效。以学习《中国共产党纪律处分条例》为重点，开展多形式、多层次的学习研讨活动22次，交流发言68人次，市政协党组及机关各级党组织书记讲纪律党课，将党纪、体会、事例、践行有机融合，推动机关党员干部把遵规守纪刻印在心、自觉接受约束和监督。切实把学习党纪的过程转化为担当实干、助力发展的过程，市政协主席会议成员深入挂点县（区）开展安全生产、信访维稳、保交楼、环保整改等工作调研和督导，并围绕年度协商计划，连续举办2次专题议政性常委会会议、6次月度协商会，借力中华社会救助基金会“雪莲之花”等组织机构，开展捐资助学、义诊服务、法律援助等履职活动10余场次，真正做到以学促干、知行合一。

——全力抓好政协党建工作。认真贯彻新时代党的建设总要求，及时召开市政协机关党员大会，选举产生新一届机关党委。联合宜黄县政协共同开展“笃行实干勇担当·大抓落实促履职”联合主题党日活动，不断激发政协各级党组织的活力。机关第二党支部获评市委“模范党支部”荣誉称号，市政协机关三个党支部实现“模范党支部”创评全覆盖。严格落实党建工作、意识形态工作和党风廉政建设等责任制，持续做深抓实政治谈话，支持派驻纪检监察组开展工作，推动政协全面从严治党向纵深发展，巩固风清气正的政治生态。

（二）聚焦主责、精准发力，以更强担当服务全市发展大局

聚力聚焦市委、市政府中心工作靶向议政、献计出力，为助推我市经济社会高质量发展展现政协担当、贡献政协力量。

——聚焦经济高质量发展协商议政。在市政协五届四次会议期间，组织各民主党派和政协各界别，紧扣事关抚州发展改革的重大问题和民生领域的难点问题，精心做好大会发言和联组讨论工作。《完善信用修复机制　优化民营企业发展环境》等8篇大会发言材料均被市领导批示转办，14位市党政领导签批办理联组讨论建言成果。围绕“做大做强产业基础，努力把我市打造成国家级有色金属精深加工产业基地”召开专题议政性常委会会议，提出了创新金融产品与服务、积极培育龙头企业等6条有针对性、可操作性的意见建议，市政府出台的《关于金融支持有色金属精深加工产业发展的若干措施》给予充分吸纳。围绕“加强我市农业产业化建设，推进一二三产融合发展”开展常委会专题协商，形成建议案呈送市委、市政府，助推农业强市建设。

——聚焦优化营商环境、加快企业发展添油助力。今年以来，面对外部压力加大、内部困难增多的复杂严峻形势，市政协坚持把助力企业发展作为服务中心大局的重要抓手，主席会议成员经常性走访挂点企业和企业家委员，及时了解企业发展现状、基本诉求，协助市委、市政府做好帮扶企业、宣讲政策、释疑解惑等工作，进一步增强企业加快发展的信心。积极为企业家委员牵线搭桥，组织他们分赴上海、泉州、厦门等地学习考察，与当地商会及在外抚籍企业人士座谈交流，全方位宣传推介抚州发展成果，力促双方共谋发展。全面推进"政协+法院"民商事纠纷多元化解机制建设，联合市中级人民法院、市司法局等单位，在抚州高新区孵化园创设"法治服务中心"，常态化开展法治宣传、法治体检和法律援助等工作，为1500余家企业提供3900多次对接服务。举办"行政复议"法治大讲堂、"减税降费助推企业高质量发展"委员讲堂等活动，加强涉企政策法规宣传解读，推动建立联系服务企业机制，为优化法治化营商环境帮忙助力。

——聚焦文化强市建设献计出力。围绕深入挖掘抚州文化核心元素召开月度协商会，市政协主席会议成员与相关职能部门、专家学者、群众代表等多方群体"面对面"交流协商、"实打实"碰撞智慧，共同探索临川文脉的基因与密码。连续三年"每年一主题"开展全市政协系统重大履职活动，成功举办全市政协系统故事汇展演活动，以政协委员讲述、传唱、表演等形式，热情讴歌抚州经济社会发展取得的可喜成效和委员履职成果。与省委宣传部、中国传统文化促进会古琴文化艺术工作委员会等单位联合举办"太古遗音"全球百场巡演第50场音乐会，邀请来自全国的古琴大师来抚开展雅集、讲座、研讨会等系列活动，第一次让广大市民在家门口欣赏古琴雅乐盛宴，在线同步观演人数突破100万之多，《人民政协报》《香港大公文汇报》等海内外媒体推出重磅报道。

——聚焦增进民生福祉建言献策。一方面，着眼民生关切积极议政建言。围绕助推抚州精神文明建设，就"倡导良性婚俗　弘扬时代新风"课题进行专题协商，有针对性地提出了让良性婚俗氛围"浓"起来、导向"立"起来等5个方面15条具体建议，市政府组织相关部门专门进行研究落实；围绕"靶向普通高中教育，擦亮抚州教育品牌"召开月度协商会议，为擦亮抚州基础教育这块金字招牌集众智、谋良策；围绕"加快无废城市建设，助力城市品质提升"开展月度协商，加速污水管网建设、有序推进雨污分流改造等相关建议被采纳落实；围绕"发挥司法所职能作用，促进'法律明白人'品牌升级"课题，采取多点察看、分片座谈、专访约谈等方式开展调研协商，有力助推我市持续深化"法律明白人"培养工程、建设更高水平的法治抚州。另一方面，架好社情民意"连心桥"。组建特邀信息员工作队伍，及时将基层的真实情况向党委政府反映，推动决策民主化、科学化。全年累计报送社情民意信息近300篇，其中通过省政协转报全国政协、省委63篇，《警惕中职教育"去农化"》等多篇信息被更高层级采用。

（三）深化改革、久久为功，以更实举措推进协商民主建设

认真贯彻落实中共二十届三中全会关于健全协商民主机制的工作要求，以改革思维、创新理念、务实举措，深入推进协商民主广泛多层制度化发展。

——创新开展立法协商工作。争取市委、市政府重视，在全省设区市率先出台《抚州市政府立法协商工作制度》，为全省政协系统推进立法协商实践提供参考。围绕《抚州市南丰蜜桔保护条例（草案）》议题首次举办立法协商会，提出意见建议59条，采纳54条。围绕《抚州市住宅电梯安全管理若干规定（草案）》议题，举行专家论证会，邀请市政协委员、智库专家等相关人士，深度协商，充分论证，提出70多条修改完善意见，协商成果得到社会各界广泛好评。

——着力加强民主监督工作。坚持问题导向、目标导向，推动加强和改进民主监督工作纳入市委深改委改革议题，制定出台具有抚州特色的加强和改进民主监督实施办法，形成全社会重视、支持、参与政协民主监督的良好氛围。围绕“促进‘刘莹姐姐工作室’品牌推广运用”课题，深入乐安县等地开展协商式民主监督性视察活动。市检察院等责任单位对政协提出的意见极为重视，逐项研究采纳并推动工作整改。围绕贯彻落实《抚州市住宅区物业管理条例》，就“加强小区物业管理　提升基层治理水平”课题开展民主监督性协商活动，促进物业服务行业健康发展。

——不断深化政协提案工作。充分发挥提案在政协工作中的全局性作用，严把选题、办理、转化等关口，立案的359件提案全部办理完结。认真落实市委、市政府、市政协领导班子成员全员领办督办重点提案工作制度，《关于优化营商环境推进全市经济高质量发展的建议》等43件重点提案全部高质效办理完成，满意率达100%。跟踪问效提案办理成果深化转化，就《打造“徐霞客游线标志地”，助力我市全域旅游》提案，与市政府办联合督促落实，助力生态康养名城建设。持续深化“模拟政协提案”工作，大力推进“模拟政协提案”走进学校和社区，引导广大青年学生、居民群众广泛有序政治参与。省政协提案委和江西开放大学多次来抚调研视察，拟以此开设省级开放教育课程，共同将“模拟政协提案”特色品牌在全省推广，努力成为江西在全国政协和国家开放大学的特色亮点工作。

——积极推动协商平台向基层延伸。探索政协协商与基层协商“新路子”，联合抚州新华书店、市审计局、临川区政协等帮创单位在“创文巩卫点”荆公路街办五皇殿社区创新打造“荆公协商吧”，开展邻里矛盾纠纷调解、荆公文化宣讲和文化沙龙座谈会等活动20余场次。联合民进市工委、市残联和金溪县政协在“乡村振兴点”金溪县浒湾镇山下村，搭建“山下议事厅”基层协商平台，深入开展农村留守儿童防溺水知识宣讲、设施蔬菜种植培训和土地纠纷调解等活动20余次，受益群众1000余名，有效助力基层社会治理。

——持续擦亮政协三大特色履职品牌。中共党员委员工作站正在纵深推进。深化拓展中共党员委员工作站功能，探索常态化的运行机制，开展学习座谈、政策宣讲、协商议政、为民办事等活动80余次。文昌里工作站注重发挥文化传播交流平台优势，举办“王安石杯”业余围棋甲级联赛、“白浒窑”非遗技艺展示和摄影知识讲座等活动17场次。联合高新区政协联络组推动抚州高新区中共党员委员工作站扩容增效，力争成为省、市县三级政协委员联络交流的平台、政协服务企业的载体、展示政协风貌的窗口。“一委一特色”做深做实。各专委会立足自身工作特色，围绕助推高质量发展，各展所长、各尽其能，举办“大力发展新质生产力”等主题的“委员讲堂”活动4期；采取小巧、灵活、互动的方式，围绕“推动特殊教育向高中阶段延伸”等课题组织开展“微协商”活动12次；联合市发展改革委、市生态环境局等单位，开展“生态抚州”征文活动，收集文章260余篇，为全市生态文明建设营造良好氛围；举办2024世界读书日活动，以圆桌访谈、阅读分享、捐书仪式等多种形式，推动全民阅读的质量水平得到显著提升。“一县一品牌”提质增效。连续三年召开全市政协系统“一县一品牌”推进会，2024年11月在金溪和黎川县采取“现场观摩＋总结汇报”的方式，让各县（区）政协坐在一起晒成绩、展优势、找差距，进一步推动县（区）政协形成比学赶超、竞相出彩的浓厚氛围。《创新开展“一委一特色”“一县一品牌”推动政协履职提质增效》等多篇重点稿件在中国新闻网、《人民政协报》等报纸媒体上刊发。

（四）发挥优势、凝聚共识，以更大作为汇聚团结奋进合力

坚持大团结大联合，把加强思想政治引领、广泛凝聚共识作为中心环节，努力寻求最大公约数、画出最大同心圆。

——深入开展庆祝人民政协成立75周年系列活动。组织住抚省政协委员和市、县（区）政协委员代表召开庆祝人民政协成立75周年座谈会，开展专题理论研讨，回顾总结人民政协制度在抚州的生动实践，进一步凝聚砥砺前行、团结奋进的内生动力。联合河南周口·福建泉州两地政协，举办庆祝中华人民共和国和人民政协成立75周年书画作品联展首展活动，参展的百余幅作品主题鲜明、题材广泛、风格多样，尽显三地政协履职风采。联合市委宣传部、市档案馆等单位举办“红绿古今”档案文化主题展，选送书法美术作品至省政协，其中43幅作品入展入选江西省政协庆祝中华人民共和国和人民政协成立75周年书画展、入展数量占比全省最高，展现了全市政协组织和广大政协委员奋进新征程、建功新时代的豪情壮志。

——首次组织开展异地视察活动。学习借鉴省政协的经验做法，首次组织临川区、崇仁县共计80余名政协委员分赴东乡区、金溪县开展“看发展、看变化、看成就”异地视察活动，既看经济社会发展变化，又看政协特色亮点工作，提振了基层政协委员对全市高质量发展的信心，凝聚了上下同心促发展的奋进力量。

——切实加强团结联谊工作。加强与全国政协、省政协沟通联系，配合全国政协农业和农村委、经济委来抚分别就“健全农村金融服务体系，强化乡村振兴要素保障机制”、“加快中部崛起”工作开展调研，赴四川省参加长征沿线革命老区市州政协协商联系会议并作交流发言；协同配合省政协来抚开展调研视察活动10余批次。加强与泉州市政协对口合作，落实主席会议联席机制，组织20名市政协委员赴泉州市走访交流，推动调研成果、文史资料互通互鉴。加强与港澳台同胞、海外侨胞、归侨侨眷的联系交流，参加全国政协举办的第十六届海峡论坛·第七届两岸基层治理论坛，联合市侨办等部门举办江西海内外华侨华人2024龙年云春晚活动。举办“我们的节日·2024资溪新月第九届畲族民俗文化节”活动，引导各族群众铸牢中华民族共同体意识。完整准确全面贯彻新时代党的宗教方针政策，经常性走访看望宗教界人士。广东、上海、西藏等10余个省份的政协组织和省内兄弟单位来抚考察、交流30余批次。加强对县（区）政协的指导联系，进一步增强履职整体效能。

——着力做好政协文史工作。邀请中国人民大学国学院、中国书院学会等单位知名专家学者，指导我市书院文化的挖掘。与江西省书院研究会等单位合作，采用“2＋N＋N”模式，以北宋、南宋、元代、明清4个时期划分，重点对盱江书院、临汝书院等8所著名书院文化进行充分挖掘，编辑出刊4期《抚州文史》，有效彰显我市书院文化的重大历史、文化、教育和时代价值，擦亮了抚州书院文化名片。组织专班用近三年的时间编纂了100余万字的《抚州政协志》，重点展示抚州政协成立40年来的发展历程和工作成效，目前该项工作基本完成，已送出版社编审。每年编辑一本年度《抚州政协工作辑录》。加大史料征集力度，省政协《庆祝中华人民共和国成立75周年文史资料》《庆祝人民政协成立75周年文史资料》收录抚州文史资料各3篇。

（五）转变作风、狠抓落实，以更大力度加强政协自身建设

以“大抓落实年”活动为抓手，崇尚真抓实干，全力推动各项工作高效率推进、好效果呈现。

——不断加强委员队伍建设。聚焦建设一支懂政协、会协商、善议政，守纪律、讲规矩、重品行的政协委员队伍，以视频会议的形式，举办市县（区）政协委员履职能力提升培训班，邀请省政协机关领导就提案工作、反映社情民意信息工作进行专题授课。坚持正向激励与纪律约束并重，加强委员考核管理，重新调整专委会兼职副主任分工，增选7名政协委员，推荐5名委员担任司法监督员，选派2名委员参加市纪委监委组织开展的集中整治专题调研座谈会，进一步激发委员履职热情。

——积极做好新闻宣传工作。找准政协新闻宣传工作着力点，主动发出政协好声音。在省政协十三届二次会议联组协商讨论会上，住抚省政协委员作了2次重点交流发言。切实加强政协新闻宣传干部队伍建设，3批次16人次参加人民政协报组织的政协新闻宣传业务能力培训班培训。市政协全年累计在《人民政协报》《中国改革报》《江西日报》《江西政协报》等国家级、省级媒体刊稿100余篇，着力讲好抚州故事和政协故事，有效凝聚起做好新时代政协工作的强大精神力量。

——着力提升机关服务效能。制定《开展“大抓落实年”活动的实施方案》，全面推行责任清单制度，明确推进时序、完成时限，实行台账销号制管理。经市委研究，将市政协“港澳台侨外事和民族宗教委员会”分设成“港澳台侨和外事委员会”和“民族和宗教委员会”，推动专委会履职方向更聚焦、专业特色更彰显。选聘各类专家，组建政协智库，为政协更好发挥优势、提高建言质量提供智力支持。进一步优化工作作风，健全完善《市政协组织外出调研学习考察管理办法》等16项规章制度，常态化开展政治理论和业务知识学习，不断提高机关综合协调、参谋助手、服务保障、执行落实的能力和水平。

各位委员，过去一年我市政协工作取得的成绩，是习近平新时代中国特色社会主义思想科学指引的结果，是中共抚州市委坚强领导的结果，是市政府和社会各方面大力支持的结果，是市政协各参加单位、各县（区）政协和广大政协委员共同努力的结果。在此，我代表市政协及其常委会向大家表示衷心的感谢！

奋斗充满艰辛，体悟弥足珍贵。实践让我们深刻认识到，做好新时代新征程的人民政协工作，必须始终坚持用党的创新理论武装头脑，有力传播党和政府的声音，更广泛凝聚共识。必须倾力服务中心，充分发挥专门协商机构作用，深入调查研究，积极献策出力，多办促发展、顺民意、增民利、解民忧的好事和实事。必须坚持守正创新，积极健全政协工作制度机制，持续拓展协商方式和平台，推动政协工作制度化、规范化、程序化运行。必须强化使命担当，切实抓好政协“两支队伍”建设，进一步激发干事创业热情，推动政协工作不断提质增效。

在总结成绩的同时，我们也清醒认识到工作中还有需要加强和改进的地方，比如，发挥人民政协专门协商机构作用，助力完善协商民主体系还需进一步加强，建言资政的针对性和实效性还需进一步提升；等等。这些都需要我们在今后工作中认真研究、积极改进。

二、2025年重点工作安排

2025年，是“十四五”规划收官之年，也是抚州政协成立40周年，做好新一年的工作意义重大。今年市政协工作的总体要求是：坚持以习近平新时代中国特色社会主义思想为指导，全面学习贯彻中共二十届三中全会精神，深入贯彻落实习近平总书记关于加强和改进人民政协工作的重要思想，认真贯彻落实习近平总书记考察江西重要讲话精神，聚焦“走在前、勇争先、善作为”的目标要求，按照市委五届七次全会暨市委经济会议工作部署，充分发挥专门协商机构作用，加强思想政治引领，积极建言资政，为奋力谱写中国式现代化抚州篇章广泛凝聚人心、凝聚共识、凝聚智慧、凝聚力量。

（一）始终坚持党的领导，持续强化政治引领

坚持用习近平新时代中国特色社会主义思想凝心铸魂，完善学习制度体系，把学思践悟习近平总书记关于加强和改进人民政协工作的重要思想与学习贯彻中共二十届三中全会精神结合起来，持续做好深化、内化、转化工作。始终坚持在市委统一领导下开展工作，自觉做到党政工作推进到哪里，政协工作就跟进到哪里。发挥好市政协理论研究会平台作用，努力推出一批有抚州辨识度、全省有影响力的研究成果。

（二）始终坚持服务发展，积极建真言献良策

主动把政协工作放到全市工作大局中去谋划、去推进，紧扣推动我市高质量发展目标要求，把助力党政所需作为建言资政的重要课题，聚焦强攻工业大抓产业、进一步全面深化改革、推动科技创新与产业创新深度融合、推进农业农村现代化建设、千万资源变千亿资产等重大问题，深入开展调查研究，综合运用专题议政性常委会会议、月度协商会和提案办理协商会等多种形式，深度协商互动、意见充分表达、广泛凝聚共识，切实做到建言有理有据、对策可行可用。

（三）始终坚持履职为民，倾力办好民生实事

坚持以人民为中心的发展思想，大力开展委员履职“服务为民”活动，倾听群众呼声，反映社情民意，办好民生实事，更好地为增进民生福祉汇众心、集众智、聚众力。充分发挥基层协商履职平台作用，推动政协协商与基层协商有机融合，助力基层社会治理。创新开展提案办理民主评议工作，推动形成提、督、办、评工作闭环机制。

（四）始终坚持团结民主，广泛凝聚思想共识

把加强思想政治引领、广泛凝聚共识作为履职工作的中心环节，强化政协统战功能，为各民主党派和无党派人士履行职能搭建平台、创造条件。加强同民族宗教界代表人士、港澳台同胞和海外侨胞等团结联谊，密切与党外知识分子、非公经济人士、新的社会阶层人士等联系沟通，畅通意见表达渠道。举办庆祝抚州政协成立40周年系列纪念活动，通过召开工作座谈会、举办成就展等活动，多角度、全方位讲述政协好故事、抚州好故事。

（五）始终坚持固本强基，不断加强自身建设

坚持用改革精神和严的标准管党治党，以党的政治建设为统领全面推进政协党的各项建设，坚定不移推进全面从严治党，强化正风肃纪，把党的领导落实到履职活动各方面全过程。完善协商成果采纳、落实、反馈机制，促进协商成果转化运用。着力加强机关干部、委员队伍建设，增强履职本领，激发队伍活力。切实转变工作作风，深入纠治形式主义、官僚主义，积极营造风清气正、干事创业的良好政治生态。

各位委员、同志们！团结凝聚力量，奋斗开创未来。让我们更加紧密团结在以习近平同志为核心的中共中央周围，在中共抚州市委的正确领导下，同心同德、开拓进取，埋头苦干、勇毅前行，不断开创新时代抚州政协事业新局面，为奋力谱写中国式现代化抚州篇章作出新的更大贡献！

·市（地）党委、政协重要文件·

中共抚州市委关于进一步加强人民政协工作的实施意见

（2001年3月28日）

人民政协工作是党的全局工作的重要组成部分。为进一步坚持和完善中国共产党领导的多党合作和政治协商制度，加强党对政协工作的领导，推进我市政协履行政治协商、民主监督、参政议政职能的规范化、制度化，实现我市“创文化名城，建经济强市”的宏伟目标，根据中委〔1995〕13号、中发〔1989〕14号文件和《中共江西省委关于进一步加强人民政协工作的意见》精神，结合抚州实际，就进一步加强我市人民政协的工作，提出如下实施意见。

一、充分认识人民政协工作的重要性

（一）人民政协是最广泛的爱国统一战线组织，是中国共产党领导的多党合作和政治协商的重要机构，是我国发扬社会主义民主的重要形式，是各民主党派、各人民团体、各族各界代表人士参政议政的重要场所。在实现社会主义现代化、维护祖国统一和促进民族团结的伟大事业中，肩负着光荣的历史使命。我们要从党的全局的高度来认识政协工作的重要性。

（二）人民政协在新的世纪肩负着更加重大的历史责任。在新世纪，我国的改革开放和现代化建设既面临难得的发展机遇，也面临诸多的严峻挑战。人民政协作为最广泛的爱国统一战线组织，根本任务就是争取人心，凝聚力量，为实现党和国家的宏伟目标而团结奋斗。国际斗争局势越错综复杂，国内改革开放和经济建设越深入发展，越需要坚持中国共产党领导的多党合作和政治协商制度，越需要加强统一战线和人民政协的工作。

（三）我市人民政协事业能有今天的发展，人民政协能在两个文明建设中发挥作用，与各级党委不断加强领导是分不开的。但也应该看到，有的地方对中央和省委有关加强政协工作的意见、规定落实不够，对政协工作重视不到位，支持不得力。少数在政协工作的同志有怕“越位”的思想，工作不主动、不大胆。存在上述问题，说到底，是对人民政协工作的性质、地位和作用认识不足。各级党政干部尤其是领导干部，要从“三个代表”重要思想的高度，提高重视和加强人民政协工作的自觉性。

（四）要认真学习邓小平关于统一战线和人民政协的理论、学习以江泽民同志为核心的党的第三代领导集体关于人民政协工作的重要论述。党委理论学习中心组每年要进行一两次统一战线和人民政协理论的专题学习，党校要把统战、政协理论列入教学和培训计划，大专院校也要把统战、政协基本知识纳入政治课的教学内容。

二、大力推进政协履行职能的规范化、制度化

（五）要认真贯彻落实《中共中央关于坚持和完善中国共产党领导的多党合作和政治协商制度的意见》（中发〔1989〕14号）、《中共中央转发全国政协〈关于政治协商、民主监督、参政议政的规定〉的通知》（中委〔1995〕13号）和《中共江西省委关于认真贯彻〈政协江西省委员会关于政治协商、民主监督、参政议政的实施办法〉的通知》（赣字〔1995〕215号）等文件精神。党委、政府要结合当地实际，制定保障政协履行职能规范化、制度化的措施；政协要不断完善《实施办法》，进一步明确人民政协履行职能的目的、内容、形式、方法和步骤，并逐条抓好落实。党委、政府每年要对贯彻落实情况进行一次认真的检查、督促。

（六）切实把政治协商纳入决策程序。党委、政府对重大问题的协商要坚持“三在前”和“三在先”的原则，即重大问题在党委决策之前、人大通过之前、政府实施之前必须同政协协商。制定经济和社会发展中长期规划，要先协商后决策；重要人事安排、人民群众广为关注的重大问题，要先协商后决定；制定地方性政策规章要先协商后通过。

（七）在政协全委会议期间，党政班子成员和有关部门领导应分头参加小组讨论、大会发言和专题协商会，直接听取委员的意见。党委、政府要会同政协制定出全年的协商计划和方案，协商的具体内容与会期确定后，一般应提前7天将有关材料送达政协。党委、政府每半年向政协通报一次工作情况，就全局性工作和委员普遍关心的重要问题听取意见。

（八）自觉接受人民政协的民主监督。凡涉及政策性、规划性、法规性和国计民生的重大问题，应事先提请人民政协协商。对以政协名义报送的重要意见、建议，党委、政府分管领导或部门主要领导要明确批示，责成有关部门及时办理。凡是提交党委的建议案，由党委主要领导或联系政协工作的领导阅批，并视情列入党委常委会会议议题。凡提交政府的提案和建议案，政府分管领导要认真督办，涉及分管范围外的提案、建议

案，由常务副市长、县（区）长协调督办。有关部门的分管领导对委员提案、委员举报或以其他形式提出的批评建议，要按照规定期限认真研究处理，及时予以答复，并接受政协提案委的检查和监督。委员对重点提案办理不满意的，党委办或政府办应主持召开协商办理会议，也可通过领导约见委员的方式，达成共识。

（九）坚持在非中共人士和政协委员中聘请特约检察员、监察员、审计员、教育督导员、行风监督员等制度，并制订保障“五员”履行职能的具体措施。要每年组织一次“五员”座谈会，听取他们的意见和建议。组织人事部门在考核领导班子和领导干部时，应听取所在单位政协委员的意见。党政机关组织的重大执法检查和行风评议，应邀请政协委员和民主党派人士参加。

（十）纪检监察机关要切实支持政协履行民主监督职能。每半年向政协通报一次反腐败斗争、党风廉政建设和纠正行业不正之风等情况，对政协针对党风、政风存在问题所组织的专题调研、视察考察，应积极支持，密切配合；对同级政协的提案、建议，领导要亲自抓，认真研究办理并及时答复；对政协委员的申诉、举报应及时处理，及时反馈。

（十一）党政有关部门要与政协各专门委员会建立对口联系制度。每季度召开一次对口联系会议，交流情况，沟通信息。对政协每年组织的调查、视察活动，有关部门必须大力支持，积极配合。

（十二）积极支持政协开展海内外联谊、对外交流交往和促进祖国统一活动。党委、政府在经济建设中所进行的内外联谊、招商、考察和开展与港、澳、台、侨胞联谊活动，应安排政协有关领导参加。政协也要积极开展对外联谊活动。

三、积极为政协履行职能创造良好条件

（十三）委员所在单位传达中央、省、市、县（区）有关文件精神或召开重要会议，应邀请委员参加；要经常了解、关心委员的工作、学习和生活情况；对委员参加政协组织的活动，要从时间、经费、工作条件等方面提供方便和保障。

（十四）保护政协委员的合法权益。任何部门、单位和个人，都不得对提出批评或反对意见的政协委员进行排斥打击。有关部门应比照同级人大代表的政治待遇，同等对待政协委员。社会服务部门在提供优惠服务方面，对人大代表和政协委员要一视同仁。

（十五）为政协开展工作提供经费保障。党委、政府要切实解决政协的具体困难和实际问题，做到经费逐年增加，工作条件逐年改善。凡政协行政开支、委员视察、考察调研、培训以及外事活动、编辑出版文史资料、专委会活动，港、澳、台、侨胞接待等经费均要列入本级财政预算，其他需要的经费也要尽量给予保障。政协机关的办公用房、办公设施、工作用车等应与党政部门一起统筹安排，给予保障。

（十六）新闻单位要把宣传人民政协工作列入年度计划，《抚州日报》、电视台、广播电台等要开辟政协参政议政专栏、专题；对政协全委会、常委会及政协委员重要视察、调研活动要及时宣传报道。

四、切实加强对政协工作的领导

（十七）真正把政协工作摆上党委的重要议事日程。党委每届任期内应召开一次政协工作会议，总结经验，推动工作。党委常委会会议每年要有一两次听取政协工作汇报，研究政协工作。党委要确定一位领导同志分管政协工作。党委班子成员每人联系34名政协委员中党外的高层代表人士。

（十八）政协的党员主席应该坚持列席同级党委常委会会议和其他有关重要会议的制度。政府要确定一名领导同志负责联系政协工作。政府召开全体会议、常务会议和有关重要会议时，邀请政协有关领导列席。党委在考核工作时，要有政协工作的内容。

（十九）充分发挥政协党组的政治核心作用

和共产党员的模范带头作用。政协党组要主动向同级党委汇报和请示工作，经常与政府保持联系。党委对政协党组的请示、报告，要认真研究并给予批复。凡事关人民政协的重大问题，应听取政协党组的意见。

（二十）政协中的共产党员，要发扬党的优良传统和作风，处处以共产党员的标准严格要求自己，自觉贯彻党的路线方针政策，执行党的决议，遵守党的纪律，维护党的团结，带头遵守政协章程，积极参加政协活动，搞好与政协委员中的非中共人士的团结与合作。

（二十一）重视政协领导班子和政协工作机构领导干部的配备。政协领导班子的配备，要与同级党政领导班子的配备统筹安排。对政协的党外副主席，不论是否驻会，其工作生活待遇，应与党内同志同等对待。要选拔善于做政协工作、经验比较丰富、有一定组织协调能力、比较年轻的同志担任专门委员会主任、副主任。要严格执行中央的有关规定，按比例配备党外副主席、常委、委员。在政协机关，要有非中共人士担任领导职务。

（二十二）重视和关心政协机关干部队伍建设。党委要把政协机关干部的教育、管理和使用纳入整个党政干部队伍建设的总体规划。组织、人事部门要把政协机关干部的培养、选拔、使用和交流与党政部门同等对待，要切实加大政协机关干部双向交流的力度，充实青年干部，选拔政协优秀人才到党政领导岗位上工作。

五、努力开创政协工作新局面

（二十三）人民政协要继续围绕党的中心工作履行职能，更好地为改革开放和经济建设服务。政协每年要根据中心工作和中心任务开展调查、视察活动，积极提出高质量的提案和建议案，力争进入党政决策程序；要认真开好政协全委会、常委会、专委会和专题研讨会，规范会议协商程序，提高协商质量。根据党委、政府和群众的需要，经常组织委员中的专业人才深入机关、农村，开展咨询服务活动，为当地经济发展作出贡献。

（二十四）人民政协要突出团结和民主两大主题。围绕改革和建设的重大问题，认真听取、广泛收集、如实反映人民群众的意见和建议；要保持反映社情民意渠道的畅通，充分发挥各民主党派作为参政党的作用，加强同社会各界的联系，多做增进团结、凝聚人心、协调关系、化解矛盾的工作，积极主动地协助党委和政府处理各种人民内部矛盾，自觉维护社会政治的稳定。

（二十五）人民政协要充分发挥委员的主体作用。政协要组织委员学习党的方针政策、时事政治以及统一战线、人民政协理论，提高委员参政议政的责任感和使命感。要通过各种情况通报会、寄发各种学习资料，为委员知情出力创造条件，提高委员的参政议政水平。在政协开展的各种专题调查、视察、提提案、反映社情民意的活动中，要最大限度地组织委员参加，充分听取他们的意见和建议。市政协要与县（区）政协密切联系，加强对县（区）政协的工作指导，总结政协工作经验，必要时可联合开展调研、视察等活动。

（二十六）人民政协要切实加强自身建设。政协领导班子及其成员要讲学习、讲政治、讲正气，始终保持良好的精神状态，进一步增强做好政协工作的使命感和紧迫感。政协机关干部要不断提高政治素质、业务素质和工作水平，促使政协机关的工作与形势的发展相适应，与履行职能的要求相适应，与推进社会主义民主的进程相适应，使政协机关真正成为履行职能的有序高效的办事机构。

（二十七）党委、政府要认真抓好中央、省委关于加强政协工作文件精神的贯彻落实。各有关部门要积极加强与同级政协的协商，并结合各自的工作实际，分别制定相关配套文件，以推进人民政协工作的制度化、规范化建设。市委将定期组织检查，并将检查结果纳入党政领导年终考核和评先评优的内容。

中共抚州市委
关于转发《政协抚州市委员会关于政治协商、民主监督、参政议政的实施细则》的通知

各县(区)委,市委各部门,市直各单位党组(党委),各人民团体党组:

市委同意政协抚州市第一届委员会常务委员会第二次会议审议通过的《政协抚州市委员会关于政治协商、民主监督、参政议政的实施细则》(以下简称《实施细则》)。根据市委领导意见,现将此《实施细则》转发给你们,请结合实际认真贯彻执行。

中国人民政治协商会议是中国人民爱国统一战线的组织,是中国共产党领导的多党合作和政治协商的重要机构,是我国政治生活中发扬社会主义民主的重要形式。各级党委必须高度重视人民政协在建设有中国特色社会主义中的重要作用,进一步加强和改善对政协工作的领导,积极推进我市政治协商、民主监督、参政议政的规范化、制度化。

中共抚州市委

2001 年 4 月 9 日

政协抚州市委员会关于政治协商、民主监督、参政议政的实施细则

(2001 年 3 月 15 日,政协抚州市第一届委员会常务委员会第二次会议通过)

第一章 总则

第一条 中国人民政治协商会议是中国人民爱国统战线的组织,是中国共产党领导的多党合作和政治协商的重要机构,是我国政治生活中发扬社会主义民主的重要形式。为充分发挥人民政协在我市政治生活中的作用,逐步实现政协履行职能的规范化、制度化,根据《政协全国委员会关于政治协商、民主监督、参政议政的规定》《政协江西省委员会关于政治协商、民主监督、参政议政的实施办法》,特制定本实施细则。

第二条 政协抚州市委员会是中国人民政治协商会议的地方组织,在中共抚州市委的领导和政协全国委员会、政协江西省委员会的指导下,按照《中国人民政治协商会议章程》进行工作。其主要职能是政治协商和民主监督,组织参加本会的各党派、团体和各族各界人士参政议政。

第二章 目的和原则

第三条 政治协商、民主监督、参政议政的目的是:

(1)发扬社会主义民主,反映社会各方面的意见和要求,为参加人民政协的各民主党派、无党派爱国人士、人民团体、少数民族人士和各界爱国人士发挥作用开辟畅通的渠道,集思广益,

促进全市重大决策的科学化与民主化。

（2）监督国家宪法、法律、方针政策和地方性法规的贯彻执行，协助并推动我市国家机关改进工作，提高效率，克服官僚主义，反对腐败现象。

（3）推动我市社会主义物质文明、精神文明和民主法制建设，促进社会主义市场经济和社会生产力的发展。

（4）协调社会各方面的关系，促进各方面的相互沟通和理解，加强共产党领导的各党派的团结合作。

（5）贯彻执行“和平统一、一国两制”的方针，促进祖国统一大业的实现。

第四条 政治协商、民主监督、参政议政的原则是：

（1）遵守《中华人民共和国宪法》，按照《中国人民政治协商会议章程》履行职能。

（2）以马克思列宁主义、毛泽东思想、邓小平理论和党的基本路线为指导，坚持以经济建设为中心，坚持四项基本原则和改革开放两个基本点。高举爱国主义、社会主义旗帜，贯彻执行中国共产党同各民主党派“长期共存、互相监督、肝胆相照、荣辱与共”的方针。

（3）我市的大政方针以及政治、经济、文化和社会生活中的重要问题要在决策之前在政协进行协商，做到重大决策要协商在党委决定之前，人大通过之前，政府实施之前；制定经济和社会发展中长期规划要先协商后决策，对重要人事安排、人民生活中的重要问题要先协商后决定，制定地方性政策法规要先协商后通过。民主监督要贯穿于决策执行的全过程，努力做到规范化、制度化。

（4）本着对人民、对社会主义事业负责的精神，实事求是地反映情况，严肃认真地提出意见、建议和批评。

（5）政协委员的民主权利应受到保护。在政协的各种会议上，各种意见都可以充分发表。对市政协全体委员会议、常务委员会会议和主席会议形成的决议，委员有遵守和履行的义务。如有不同意见，在坚决执行的前提下可以声明保留。

第三章　内容和形式

第五条 政治协商是对全市的大政方针及政治、经济、文化和社会生活中的重要问题在决策之前进行协商和就决策执行过程中的重要问题进行协商。主要内容包括：

（1）贯彻党和国家大政方针的重要决策、重大部署和重要措施；

（2）提请人民代表大会审议的重要报告；

（3）国民经济与社会发展规划以及对国民经济发展影响重大的建设项目；

（4）体制改革方案和重大改革决策；

（5）社会主义精神文明建设和社会主义民主法制建设中的重要问题以及重要法规草案；

（6）重要人事安排；

（7）市属县、区行政区划的变动；

（8）群众生活的重大问题；

（9）政协内部的重要问题以及有关爱国统一战线方面的其他重要问题。

政治协商的主要形式有：市政协全体委员会议，常务委员会会议，主席会议，秘书长会议，常务委员协商座谈会，部分委员协商座谈会，各专门委员会会议，根据需要召开的各党派、无党派爱国人士、人民团体、少数民族人士和各界爱国人士的代表参加的协商座谈会等。

在充分运用现行协商形式的基础上，可以针对不同层次、不同内容，采用大范围讨论、小范围座谈、公开协商、内部沟通等灵活多样的办法，使协商活动开展得生动活泼、卓有成效。

第六条 民主监督是对国家宪法、法律和法规的实施，重大方针政策的贯彻执行，国家机关及其工作人员的工作，通过建议和批评进行监督。其主要内容包括：

（1）国家宪法、法律、法规及地方性重要法规、条例的贯彻实施情况；

（2）中共中央、国务院制定的重要方针政策以及省市党委、政府重要政策措施、重要工作部署的贯彻执行情况；

（3）国民经济和社会发展计划及财政预算执行情况；

（4）政府机关及其工作人员履行职责、遵纪守法、为政清廉等方面情况；

（5）政协提案的办理和意见、建议的采纳情况；

（6）参加市政协的各单位和个人遵守政协章程、执行政协决议的情况。

民主监督的主要形式有：市政协全体委员会议、常务委员会会议或主席会议向市委、市政府提出建议案；各专门委员会提出的建议或有关报告；委员视察，委员提案，委员举报或以其他形式提出批评和建议；参加市委、市政府有关部门组织的调查和检查活动；提案、建议案、有关报告及其党政领导同志的批示送达有关单位办理落实情况的跟踪监督工作等。

第七条　参政议政是政治协商和民主监督的拓展和延伸，是新的历史条件下政协工作的进步和发展。参政议政的内容与形式除上述第五条、第六条的规定以外，还包括以下几方面：

（1）选择人民群众关心、党政部门重视、政协有条件做的课题，组织调查和研究，积极主动地向党政领导机关提出建设性的意见。

（2）通过适应政协自身特点的各项活动和工作形式，广开言路，广开才路，充分发挥委员的专长和作用，为改革开放和现代化建设献计献策。

（3）组织参加政协的各民主党派、人民团体以本党派、团体的名义在政协会议上发表意见和建议。

（4）积极参与党委、政府邀请政协参加的重要活动和工作，积极参与调查政治、经济、文化、社会生活中的重大事件或问题，积极参与我市社会主义现代化建设事业的重要项目咨询、论证或实施。

（5）从不同的角度，对国家和地方方针政策的执行情况，对某一方面具有突出影响的重要事项，对社会普遍关心的热点问题进行讨论评议，帮助群众解疑释惑，促进有关部门搞好工作。

第四章　会议及议事规则

第八条　政协召开的各种会议，是政协履行政治协商、民主监督、参政议政职能的重要形式。要有计划、有准备地开好各种会议，提高会议的实效。

第九条　政协全体会议每年召开一次，按照政协章程行使职权。召开全体会议的通知，政协办公室至少应在会前15天发出。会议的日期、议程、日程，由主席会议提出建议，其中日期提交常务委员会会议决定，议程、日程提交常务委员会会议审议，并提交全体会议预备会议通过；每届第一次全体会议的日期由上一届常务委员会会议决定，议程、日程则由上一届常务委员会会议提出建议，提交全体会议预备会议通过。

全体委员会议的主要职权和议事范围有：选举主席、副主席、秘书长和常务委员；听取和审议常务委员会工作报告和提案工作情况报告；讨论并通过有关决议；听取和讨论在人民代表大会上所作的政府工作报告和其他重要报告，参与对重要问题的讨论，提出意见建议。

全体会议期间，除组织委员分组讨论外，要组织委员进行大会发言或书面发言和提出提案。可视情召开由有关委员参加的专题协商座谈会，分别邀请党政领导以及有关部门的负责同志参加，沟通情况，听取大会发言和专题协商座谈会发言，并就有关问题作出说明。

第十条　常务委员会由主席、副主席、秘书长和常务委员组成，按政协章程行使职权。

常务委员会会议一般每季度举行一次，必要时，可适当增加会议次数。会议的日期、议题由主席会议决定后，由办公室在会议前10天发出通知。常务委员会会议由主席主持，也可由主席委托的副主席主持。

常务委员会会议的主要职权和议事范围有：决定、召集并主持政协全体会议（每届第一次全体会议由会议选举主席团主持）；审议提交全体会议的文件；讨论决定常务委员会会务工作中的重大问题；协商讨论党政的大政方针以及群众生活的重大问题，提出建议和意见；审议重要的视察报告、专题调查报告、重要提案；审议通过提交党委、人大以及其常委会或人民政府的重要建议案；审议专门委员会的工作报告；协商决定本届政协参加单位、委员名额和人选的变更及下届政协参加单位、委员名额和人选；决定本届委员会各专门委员会、办公室的设置，任免其正、副主任和专门委员会委员；任免本届委员会副秘书长；代表本届委员会联系和指导下级政协委员会的工作；决定有关表彰、奖励、处分事项；组织实施政协章程和政协有关规定提出的任务和政协全国委员会、政协江西省委员会所作的全国性、全省性决议；组织实施本届委员会全体会议通过的决议。

常务委员会会议可根据需要邀请党政有关领导及部门负责同志到会，就有关情况和问题进行通报和说明。政协办公室要提前向党委或政府提出通报题目和报告人的建议。

举行常务委员会会议时，吸收政协副秘书长、办公室和各专门委员会负责同志、各委员活动小组组长中的非常委，县(区)政协主席(或一名副主席)，在抚省政协委员列席会议。视议题的需要，每次会议列席人员的范围可以灵活掌握。

在人民代表大会召开前，要举行政协常务委员会会议协商讨论《政府工作报告(征求意见稿)》。

第十一条 主席会议由主席、副主席、秘书长组成，处理常务委员会的重要日常工作。

主席会议一般每月召开一次。会议由主席主持，也可由主席委托的副主席主持。会议的议程由主席或主持会议的副主席提出。举行主席会议，一般应在2天以前将开会日期和建议会议讨论的主要事项通知与会人员。如有重要事项需要研究，可以临时通知召集会议。

主席会议的主要职权和议事范围有：决定、召集并主持本届委员会常务委员会会议和以政协名义召开的工作会议；审议提请常务委员会会议审议的议案和文件；审议重要的视察报告、专题调查报告、建议案和提案；处理常务委员会的重要日常工作；安排协商讨论政治、经济、文化和社会生活中的重要问题。主席会议在协商讨论重要问题时，可邀请党政领导或有关部门负责同志到会通报有关情况，听取意见。

举行主席会议时，可吸收政协副秘书长、办公室和各专门委员会负责同志以及与议程有关的其他同志列席。

第十二条 全体委员会议、常务委员会会议、主席会议需有组成人员的过半数出席，才能举行。对重大问题作出决定时，应按民主集中制原则办理。议案表决采取举手或鼓掌表决方式，议案获得全体组成人员的过半数赞同即为通过，表决结果由会议主持人当场宣布。全体委员会议和常务委员会会议通过人事任免案，采取举手表决方式或无记名投票方式，采取举手表决方式时，可以逐人表决，也可根据情况合并表决。任免案获得全体组成人员的过半数赞同即为通过。

全体委员会议、常务委员会会议、主席会议审议通过建议案时，提出建议案的专门委员会要提供有关文件资料，并就有关问题作出说明；要广泛吸收委员的合理意见，使建议案更臻完善和可行。

第十三条 政协的各专门委员会是在常务委员会和主席会议领导下组织委员履行职能、开展经常性活动的工作机构。专门委员会会议一般每季度召开一次，必要时可增加会议次数。

专门委员会的主要职责有：根据政协章程的要求，以及政协全体会议和常委会会议提出的任务，组织委员学习座谈，积极为委员知情出力、履行职责创造条件；围绕党政中心工作，就本市的政治、经济、文化和社会生活中的重要问题，开展专题调查研究并提出意见和建议；做好委员视察、提案和举报工作，积极反映社情民意；为全体会议、常务委员会会议和主席会议准备必要的材料等。

政协各专门委员会要坚持对口联系制度，加强与党政部门的联系，列席有关会议，交换文件，通报工作。专门委员会根据工作需要，可邀请有关党政部门的同志参加专门委员会的活动，通报情况，听取委员的意见。

第十四条　常务委员或部分委员协商座谈会，可根据需要适当安排。会议的议题、参加范围由各专门委员会会同有关方面协商提出，经主席会议协商确定。会议可邀请与议题有关的党委、政府或有关部门负责同志参加，开展协商讨论或通报情况，听取意见。

第十五条　政协可根据需要召开各党派、无党派爱国人士、人民团体、少数民族人士和各界爱国人士的代表参加的协商座谈会，传达重要文件，通报或交流重要情况，听取意见和建议。

第十六条　政府召开全体会议和有关重要会议时，应邀请政协有关领导列席。

第十七条　会议协商一般要经过确定议题、调查研究、充分协商、报送结果、反馈信息等程序。

政协有关部门应加强与党委、人大、政府及有关部门和各民主党派、人民团体的联系，征求提交政协协商的议题。并提请主席会议对协商议题作出安排，决定协商形式和参加范围。主席会议认为需要协商的问题，也可以建议党政有关部门提交政协协商。每次会议会期和协商议题确定后，应提前将会议通知及有关文件送达参加会议的人员，以便与会人员事先做好准备。

会议议题确定后，应组织一定力量开展必要的调查研究。在调查研究前，可采用邀请党政领导同志或有关部门负责同志通报情况、深入基层单位进行调查、一定范围组织专题研讨等形式，为会议协商做好充分准备。

在协商讨论时，要充分发扬民主，畅所欲言，集思广益。各民主党派、人民团体可以本党派、团体的名义发言。协商讨论后，政协办公室和有关专门委员会要及时归纳整理。如提出的意见和建议比较成熟，对有关问题的决策有重要作用，可以《建议案》的形式向有关方面提出；不宜提出《建议案》、但已取得一致意见的，可以《抚州政协简讯》的形式向有关方面提出；未形成一致意见的，可以以“委员意见、建议”的形式向有关方面提出。

以政协常务委员会、主席会议或以各专门委员会名义提出的建议、意见和批评，均由政协办公室以正式文件形式送达有关方面或部门。有关方面或部门应积极负责地及时研究处理，一般要求在收到后的一个月内，将处理结果以正式文件形式作出答复，送政协办公室。政协办公室应及时将答复情况向委员反馈。

第五章　提案及办理

第十八条　政协提案是由政协组成单位和政协委员提出，经政协提案委员会审查立案，交付有关单位办理的书面意见和建议。它是政协履行职能的一个重要方面；是为社会主义现代化建设和祖国统一大业献计出力的一种重要方式；是协助党委和政府加强同各界人士联系，实现决策科学化、民主化的一条重要渠道。

第十九条　下列人员和单位可以提出提案：

（1）政协委员，可以个人或联名方式提出提案；

（2）参加政协的各民主党派、人民团体，可以本党派、团体名义提出提案；

（3）政协全体委员会议期间，可以界别、小组或联组名义提出提案；

（4）政协各专门委员会，可以专门委员会名义提出提案。

第二十条　提案人和单位要在调查研究的基础上，围绕国家大政方针的贯彻实施情况，我市政治、经济、文化和社会生活中的重要问题提出提案。要注意增强提案的严肃性、科学性、可行性，切实提高提案的质量。

书写提案要采用政协提案委员会统一印制的提案表，做到一事一案，言简意赅，书写整洁。

以党派、团体或政协专门委员会名义提出

的提案要加盖党派、团体或政协专门委员会的公章。

第二十一条 提提案的时间不限。全体委员会议期间和平时都可以提出提案。政协组成单位和政协委员在平时要多提提案，推进提案工作经常化。

第二十二条 提案的审查，是体现政协提案的严肃性，保证提案质量的重要环节。提案委员会对提案的审查，以上述第十九条、第二十条的规定为依据。凡符合规定的，予以立案，并确定承办单位。涉及单位较多的，要明确主办单位。凡不符合规定，或提案内容涉及党和国家机密、民事争议、司法诉讼方面的问题，不予立案，在向提案人或单位说明情况后，改以情况反映形式转送有关单位处理。

提案审查意见，要由提案委员会主任或副主任审核签字。

第二十三条 凡经审查立案的提案，提案委员会要及时转送有关单位办理。全体委员会议期间提交的提案，应抓紧集中转送；需要及时处理的，应"急案先办"；平时提交的提案，要在收到后十天内转送。急需办理的提案，要随收、随审、随转。

第二十四条 提案的办理，是落实提案的意见和建议，发挥提案作用的重要过程。提案承办单位要由领导负责，及时认真办理提案。重大提案，要研究落实办理措施。政协全体委员会议期间提交的提案，要在转送后三个月内办复完毕；平时提交的提案，要在转送后两个月内办复完毕；急需办理的提案，要随收随办。并以书面形式反馈给政协和提案人或提案单位。

提案委员会要会同党委、人大、政府有关部门，每年对提案的办理情况进行一至两次检查，督促承办单位及时办理提案，并认真落实提案中的建议。还可组织委员前往提案承办单位视察，促进提案的办理和落实。

要切实加强对提案办理工作的调查研究，努力提高提案的办理质量。提案委员会要组织有关方面的力量及时总结提案工作，梳理出对工作带有指导性和启发性的经验，要努力提高提案的采纳率。在提案办理中，要挑选有较高质量的提案，直接报送党政领导同志审阅批办。还可选择若干件典型提案，召开现场办案会，邀请提案人或提案单位代表与提案承办单位有关人员共商提案办理事宜。

对于有较大影响和作用的提案，提案委员会可会同有关专门委员会组织专题调查，充实提案内容，形成专题调查报告，报送有关党政部门研究处理；特别重要的还可形成《建议案》，在提请常委会会议或主席会议审议后，报送有关党政领导审阅和有关党政部门研究处理。

第二十五条 提案人或单位在收到提案承办单位的办复意见后，要填写《政协提案办复情况征询意见表》，寄回提案委员会。提案委员会要及时将提案人或单位的意见转达给承办单位。对提案办理不够认真或答复不当的，提案委员会要督促承办单位重新办复。对重点提案、跨年度的提案，以及一些有条件落实而落实不够理想的提案，要坚持不懈连续抓，以切实发挥其应有的作用。提案全部办理完毕后，提案委员会要精选质量较高及办理效果明显的提案，编印成册，供委员和有关单位参考，促进提案工作的规范化。

第二十六条 在我市改革开放和社会主义现代化建设中发挥了重要作用的提案可评为优秀提案，对办理提案认真负责并有显著成绩的承办单位可评为先进单位，由政协提案委员会报请主席会议审批后予以表彰。这项工作一般每年进行一次，对提案的办理敷衍塞责或拖延不办的单位，建议党政有关部门采取必要的督查措施，以维护提案的严肃性，保障政协委员的民主权利。

平时要通过会议、文件和新闻报道等形式，广泛宣传提案在改革开放和社会主义现代化建设中发挥的重要作用，宣传提案人或提案单位和提案承办单位做好提案工作的经验，扩大提案工作的影响，促进提案及办理质量的提高。

第六章　视察和调查

第二十七条　组织委员进行视察和调查，是为了帮助委员深入基层，深入群众，了解情况，开阔视野，从而更好地提出有针对性、有价值、可供操作的意见和建议，发挥政治协商、民主监督、参政议政的作用，促进我市经济和社会发展。

第二十八条　委员视察由政协各专门委员会组织，必要时也可由若干专门委员会联合组织。采取就地视察和异地视察相结合的办法进行。

委员视察专题，根据当年工作需要确定。每年的专题视察由各专门委员会提出计划，报主席会议审定后实施。

委员参加专题视察由专门委员会提名，并征得本人同意，组成视察团（组），开展视察。

每次视察前均应做好深入细致的前期准备工作，制订视察方案，明确视察的方向、目的和任务，搞好有关协调工作，并周密组织实施。

委员视察原则上以就地视察为主，适当安排异地视察。

第二十九条　调查研究工作由各专门委员会组织，必要时也可由专门委员会与对口联系的党政部门、有关民主党派和人民团体、县（区）政协联合组织。

政协各专门委员会要根据本身的职责范围以及改革开放和现代化建设的需要，制订每年的调查研究计划，确定调查研究项目，报主席会议审定后实施。

参加调查研究的成员，由各专门委员会从本专门委员会成员及有联系的委员中提名，并征得本人同意。必要时，可邀请非委员的专业人员参加。与有关部门和单位联合组织调查时，有关部门和单位可派人参加。

第三十条　视察和调查采取听取汇报、实地考察、组织座谈、个别走访、查阅资料等方式进行，力求深入实际，充分占有资料；同时要认真分析研究实际情况，有的放矢地提出意见和建议。

第三十一条　视察和调查工作结束后，可与被视察、调查的单位交换意见。组织视察和调查的单位要将了解的主要情况和委员的意见、建议，及时整理成视察报告和调查报告，由政协办公室以正式文件形式送达有关方面或部门研究处理。重要的问题，可报送党委、政府。

对视察、调查报告的处理情况，有关方面或部门要以正式文件告知政协，政协有关部门也可进行跟踪了解。

第三十二条　政协各专门委员会可从我市实际出发，选择一些党政部门重视、人民群众关心的课题，联合有关部门召开理论研讨会。研讨结束后，及时地做好主要观点综述，以书面形式报送党政有关领导及有关部门，供决策参考。

第三十三条　受聘担任特约人民陪审员、检察员、监察员、审计员、教育督导员的政协委员，应积极参与有关活动，切实履行职责。有关部门要积极组织他们参加有关的检查活动。

第三十四条　政协受党政部门委托，可组织委员进行专题调查研究，或组织委员参加党政部门组织的工作检查。

第七章　同委员的联系

第三十五条　为切实发挥委员的作用，畅通协商监督和参政议政渠道，更好地履行政协职能，要通过各种形式，加强同委员的联系，为委员知情出力、参政议政创造良好的条件。

第三十六条　没有参加专门委员会的委员，可与某个专门委员会建立固定的联系。政协专门委员会按委员所在地区和委员专业性质建立若干委员活动小组，经常开展活动，积极发挥委员的主体作用。

第三十七条　市政协常委可以阅读中共中央和省委发至县团级的有关文件。发至县团级的中共中央文件和省委文件，明确规定向全体党员传达的，原则上可以传达到市政协委员。

凡有文件的单位，由委员所在单位负责送委

员传阅或组织传达。所在单位没有文件的，由市政协学习文史委员会或由委员所在地政协负责组织阅读和传达。

第三十八条 党政部门召开的报告会（中共党委部门召开的党内报告会在外），应根据有关规定，吸收政协常委或委员参加。

第三十九条 政协有关部门要及时向委员寄发工作文件和学习资料，有计划地组织学习参观、情况通报等活动，使委员了解有关方面的情况。

第四十条 政协委员要努力学习，积极参加政协会议和政协组织的活动。要深入实际，调查研究，密切联系自己所代表的党派、团体及有关方面的群众，了解社情民意，积极反映群众的意见和要求，在参政议政中发挥应有的作用。

第四十一条 政协各委员活动小组要根据政协总的工作部署，结合当地实际，制订小组工作计划，并切实开展各项活动。政协各有关部门要加强同小组的联系和指导，明确工作任务和要求，认真搞好信息反映。

第四十二条 政协委员和各组成单位要积极了解和反映社情民意，随时以来信、来访、来电等形式，向政协反映我市政治、经济、文化和社会生活中的重要问题以及人民群众的要求和呼声，并提出意见和建议。提倡委员每人每年至少反映一条有价值的信息，提出一项有价值的建议。政协办公室、各专门委员会要加强信息的收集和整理，并及时反映给党政领导机关。

第四十三条 政协的全体委员会议、常务委员会会议及其他形式的协商会议和重要活动，应作新闻报道。

第四十四条 政协机关要加强自身建设，在工作中要讲质量、讲效率、讲规范、讲协作。为委员服务要热情周到，安排活动要精心周密，处理事务要严谨细致，完成任务要迅速扎实，各个环节要有章可循，各部门既要责任分明，各司其职；又要紧密配合，协调统一，使机关工作有序高效地运行。

第八章 附则

第四十五条 本实施细则自市政协常务委员会审议通过之日起施行。

第四十六条 县（区）政协可根据本地情况参照执行。

中共抚州市委关于加强人民政协协商民主建设促进政协事业发展的意见

（2015 年 12 月 21 日）

为深入贯彻党的十八大、十八届三中、四中、五中全会精神和习近平总书记系列重要讲话精神，切实加强人民政协协商民主建设，促进政协事业不断向前发展，根据中共中央《关于加强社会主义协商民主建设的意见》、中共中央办公厅《关于加强人民政协协商民主建设的实施意见》和中共江西省委《关于进一步加强政协工作充分发挥人民政协在发展协商民主中重要作用的意见》等文件要求，结合我市实际，提出如下意见。

一、加强人民政协协商民主建设的重要意义、指导思想和基本原则

（一）重要意义

人民政协是社会主义协商民主的重要渠道和专门协商机构，是国家治理体系的重要组成部分。加强人民政协协商民主建设，有利于巩固扩

大中国共产党同各民主党派、无党派人士的团结合作；有利于吸收各民族、各团体、各阶层、各界别人士参与国是；有利于加强党的执政能力建设，推进国家治理体系和治理能力现代化；有利于充分调动社会各界的积极性主动性创造性，形成加快发展的强大合力。全市各级党委要从战略和全局的高度，充分认识在新常态下，实现抚州绿色崛起、跨越发展的宏伟目标，必须充分发挥人民政协在协商民主中的重要作用，进一步找到全社会意愿和要求的最大公约数，凝聚共识，增进团结，汇聚各方智慧和力量，为建设幸福抚州提供更广泛的智力支持。

（二）指导思想

加强人民政协协商民主建设，必须贯彻落实党的十八大和十八届三中、四中、五中全会精神，高举中国特色社会主义伟大旗帜，以马克思列宁主义、毛泽东思想、邓小平理论、“三个代表”重要思想、科学发展观为指导，深入贯彻落实习近平总书记系列重要讲话精神，坚持围绕协调推进“四个全面”战略布局，把协商民主贯穿履行职能各方面，推进政协履职制度化、规范化、程序化，拓展协商内容、丰富协商形式、规范协商程序、增加协商密度、提高协商成效，广泛凝聚各党派团体、各族各界人士的智慧和力量，为推动发展升级、建设幸福抚州作出更大贡献。

（三）基本原则

加强人民政协协商民主建设，必须坚持党的领导，坚定不移走中国特色社会主义政治发展道路；必须坚持宪法和政协章程确定的人民政协性质定位，始终围绕中心、服务大局；必须坚持协商于决策之前和决策实施之中，切实提高协商实效；必须坚持民主协商、平等议事、求同存异、体谅包容，努力营造良好协商氛围。

二、提高人民政协协商民主的科学性和实效性

（四）明确政协协商的内容

1. 党代会报告，党委或党委、政府联合制定的事关全局的重要文件，党风廉政建设有关问题。2. 政府工作报告，国民经济和社会发展计划、财政预决算报告，人民法院、人民检察院工作报告。3. 国民经济和社会发展中长期规划，区域总体规划、行政区域调整、重大体制改革方案。4. 重大政府性投资项目、重点工程及群众普遍关注的重大经营性投资项目。5. 涉及社会各界和影响群众生活的重大问题。6. 各党派参加政协工作的共同性事务，政协内部的重要事务，以及有关爱国统一战线的其他重要问题。7. 地方性法规以及政府重要行政规章、政令的协商。8. 有必要进行协商的其他重要问题。鼓励和支持政协组织根据形势发展，围绕本行政区域中心工作和具体工作实际，拓展协商范围，规范协商内容。

（五）规范政协协商的形式

主要包括：1. 全体会议协商。主要就政府工作报告、国民经济和社会发展计划、财政预决算报告，人民法院、人民检察院工作报告，以及有关地方经济社会发展全局的重大问题等进行全面协商。2. 常委会会议协商。主要协商讨论党代会报告，党委或党委、政府联合制定的重要文件、重要规划、重大改革和党委、政府年度重要工作，有关人事事项等。3. 主席会议协商。主要协商讨论地方经济社会发展重大问题，重要人事事项，各党派参加政协工作的共同性事务，政协内部的重要事务，以及有关爱国统一战线的其他重要问题等。4. 专题协商。主要协商讨论地方经济、政治、文化、社会、生态文明建设某一领域或某一方面工作，以及人民群众普遍关注的重点、热点、难点问题。5. 对口协商。政协专委会、党派团体与党政对口联系部门之间以议题为纽带共同开展的协商活动。主要就某一领域、某一方面的重要事项或某部门专项工作进行协商。6. 界别协商。以界别为单位、以议题为纽带开展的协商活动。主要是政协领导和专委会根据联系界别的分工，召集所在界别委员举行的专题座谈会、论证会等。7. 提案办理协商。在政协提案的立案、交办、办理、督办以及答复等各个环节进行的协商活动。主要通

过沟通与协商，推动提案的办理、办结及答复、反馈，提高提案的办理实效。提案办理须经协商，重点提案重点协商。8.其他形式协商。政协在党委、政府重大决策形成过程中及时召开专题座谈会，有关方面负责同志到会听取意见建议；通过专题调研、视察、考察等活动开展协商；在撰写提案、反映社情民意信息中与有关方面进行协商；整合地方网络资源，探索网络议政、远程协商等形式。

（六）健全政协协商的程序

加强政协协商与党委、政府工作的有效衔接，健全制度化、规范化协商程序。1.制定年度协商计划。认真落实由党委、人大、政府、民主党派、人民团体等提出议题的规定，年度协商计划由党委会同政府、政协共同制定。协商议题由党委或政府交办，政协与党委、政府及有关部门沟通协商等形式提出，重点协商议题由党委同政府、政协会商形式提出。政协可通过常委会会议、主席会议、专委会会议、秘书长会议以及专题座谈会等形式征集议题，积极探索界别、委员联名、委员小组提出议题。对规定需要协商的事项必须先经协商再提交决策、组织实施。年度各项协商议题由政协办公室汇总，形成年度协商计划草案，经党委召开的秘书长联席会议修改完善、政协主席会议审议后，报党委常委会研究决定，并列入党委年度工作要点。政协专题协商、对口协商、界别协商等重点议题，须列入年度协商计划。协商计划由党委、政府、政协办公室联合印发。2.组织开展协商活动。政协专委会、办公室要按照年度协商计划，会同党政相关部门制定协商工作方案，落实工作责任；党委、政府及有关部门要围绕协商议题进行必要准备、提供相关资料；由政协组织实施的协商活动，党委、政府相关领导及其部门负责人要认真参加，并主动通报情况，听取协商意见；参加协商活动的政协委员要积极建言献策、反映民意。3.及时报送协商成果。每次根据协商计划安排的协商活动，政协都要将相关的协商意见形成建议案或专题报告，并以书面形式报送党委、政府及有关部门。

（七）推动政协协商成果的转化运用

各级党委、政府应将决策前和决策实施中的协商纳入党委议事规则和政府工作规则，并制定协商成果的采纳、运用和反馈办法，从制度上保障协商成果落地。对列入政协年度协商计划的议题，党委、政府在研究决策相关问题时，应附上政协报送的协商意见，并邀请政协相关负责同志介绍情况。对政协全体会议、常委会会议、主席会议审议通过的建议案或调研报告，党委常委会会议或政府常务会议应集体研究。对政协协商形成的调研报告、视察报告、政协信息、大会发言专报、重要提案摘报等成果，党政领导应及时阅批，并明确落实办理部门和有关要求。经党委、政府集体研究或党政领导批示研办的协商成果，由党委、政府督查部门负责督办，并将办理结果及时向政协办公室书面反馈。

三、把协商民主贯穿人民政协履行职能各方面

（八）推进政治协商制度建设

要进一步完善党政领导及部门负责人参加政协协商活动的制度。政协全会时，要安排下一级党委主要领导参加大会开、闭幕式；党委领导每人每年出席1—2次同级政协协商活动；政府领导除出席政协全体会议外，每人每年至少出席1次同级政协专题协商会或专题通报会。党政有关部门负责人要按政协会议和活动要求，应邀参加会议和活动，并通报情况、听取意见、当面协商。党政领导参加政协会议或活动，由政协办公室负责与党委、政府办公室协调落实。要进一步完善党委、政府及相关部门向政协定期通报情况制度。除政协全体会议、专题协商会议、专题调研视察安排通报情况外，党委、政府要向政协每年至少通报1—2次经济社会发展、法制建设、党风廉政建设等方面情况，为政协委员知情明政、履行职责提供便利、创造条件。

（九）加强政协民主监督工作

各级党委、政府及其有关部门要认真听取、

虚心接受来自政协组织及委员的批评和建议，充分发挥政协民主监督在改进党委、政府工作、密切党群、干群关系中的重要作用，支持和保障政协积极履行民主监督职能。1. 党委、政府及其有关部门组织的重要调查、专项检查活动，应邀请政协派员参加。2. 政协每年就财政预算、民生工程、生态文明建设等工作至少安排 1 次专题民主监督活动。3. 切实发挥协商会议、视察、调研、提案、反映社情民意以及大会发言、建议案、委员举报等形式在民主监督中的作用。4. 完善民主监督员统一聘任制度。政协可应有关部门邀请推荐特约监督员，也可经党委、政府同意，向有关部门派遣民主监督员。5. 加大民主评议监督力度，根据党委统一部署，政协应选择社会各界比较关注、与人民群众切身利益密切相关的政府部门或专项工作，开展民主评议活动。党委、政府应强化民主评议成果的运用，责成被评部门及时研究评议意见，逐项抓好整改落实。

（十）提高政协参政议政水平

各级党委、政府及有关部门要积极主动为政协履行职能搭建平台、改善条件、提供保障，推进政协参政议政更加深入务实开展。1. 委托政协开展重大课题调研，邀请政协委员参与重大项目研究论证，支持政协对涉及群众利益的重大决策收集社情民意信息，进行风险评估，为党委、政府决策提供参考。2. 建立党委、政府和政协共同交办、办理、督办提案工作机制，实行党政领导分工领办督办重点提案制度，把提案办理纳入党委、政府年度督查工作计划，推动提案及办理结果向社会公开。3. 健全党政部门与政协专门委员会对口联系制度，建立信息共享机制和汇集分析机制，加强工作沟通联系。

四、强化人民政协协商民主建设的组织保障

（十一）加强政协委员队伍建设

1. 完善委员推荐提名工作机制。政协换届推荐委员人选和届中增补委员，党委有关部门要严格按照规定把好入口关，坚持广泛协商，继续提名的各界别委员应充分听取政协党组意见。全部人选建议名单由党委有关部门汇总，听取政协党组意见后，报同级党委审定，然后按政协章程规定的程序办理。合理确定委员的结构和分布，充分保证党外代表人士在各级政协委员、常务委员和副主席中占有较大比例，注重相关专业领域代表人士安排比例。2. 提高委员议事协商能力。完善政协学习制度，加强对政协委员的培训，确保每位委员每届至少接受一次培训。完善相关表彰激励机制，对市政协优秀委员、优秀履职成果和提案承办先进单位进行评选和表彰。建立健全政协主席、副主席联系界别委员制度。拓展界别群众参政渠道，根据会议议题，邀请相关界别群众参加会议，推动政协联系群众工作规范化、制度化、常态化。加强政协组织与党委统战部门的沟通协调，为民主党派委员和无党派人士委员在政协履行职能创造条件。3. 加强委员联络管理工作。市、县（区）政协要建立健全委员联络机构，承担委员日常联络工作，为委员履行职责提供服务管理。进一步明确委员的权利与义务，建立委员履职档案，统计委员履职情况，每年定期向党委有关部门和委员所在单位通报，并将委员履职情况作为换届时继续提名的重要参考。严格落实会议请假制度，委员出席会议和参加活动的情况书面通知本人并在适当范围通报。探索建立委员每届履职情况向本级政协报告制度。严格执行政协章程规定，政协委员在届中因工作岗位变动、不便继续履行职责的，应及时予以调整；严重违反政协章程或全体会议和常务委员会会议决议的，按程序由政协常务委员会视情给予相应处理。

（十二）加强政协组织机构建设

按照精干统一高效的要求，加强政协专门委员会及其办事机构建设。市政协专门委员会的设置及其名称，应与省政协保持一致。各县（区）政协专门委员会的设置，数量上应统一，名称上应规范，既要符合各地实际工作需要，又要有利于市县（区）政协的衔接互动，提升全市政协组织协同协

商水平。注重安排一定比例符合条件的政协机关干部担任专门委员会主任，各专门委员会均应配备专职副主任，并视情配备若干熟悉政协工作的同级副职级专职委员，保持政协工作的连续性、稳定性，适应发挥政协职能需要，为市、县（区）政协机关配备与工作任务相适应的编制数；对现有政协机关编制不足、工作力量薄弱的，通过总量调剂的办法适当增加编制数。市政协要加强对县（区）政协工作的指导，坚持以课题调研为纽带，积极搭建协商议政新平台，多组织开展一些上下联动、优势互补的调研活动、课题研究，实现各方资源的协调配合、成果共享。要加强政协同海外侨胞、归侨侨眷以及港澳台侨界别在本地委员的交友联谊，把政协的外事活动纳入地方外事活动计划。

（十三）积极探索政协工作向基层延伸的途径和形式

充分发挥政协委员在推进基层协商民主中的积极作用。深入开展委员下基层、进社区活动，通过各种途径，面对面听取群众意见，做好上情下达、下情上传工作，发挥好桥梁纽带作用。立足政协界别优势，组织便民助民服务，增强政协工作的凝聚力和影响力。适应新形势和基层民主政治建设需要，在人口较多或县级政协委员较集中的乡镇（场）、街道设立政协工作联络组，由同级党委1名副书记兼任联络组组长，具体担负推进基层协商民主建设和委员联络责任。

五、加强和改善党对人民政协协商民主工作的领导

（十四）各级党委要从全局和战略高度重视、支持政协事业发展

要善于运用人民政协这一政治组织和民主形式为实现党的总任务、总目标服务，切实把政协工作纳入全局工作，统一研究、统一部署，进一步形成党委高度重视、政府大力支持、政协积极履职、各方协同互动的工作格局。1. 各级党委要切实把政协协商民主建设纳入总体工作部署和重要议事日程，每届任期内应召开1次政协工作会议，每年至少听取1次政协工作汇报，及时研究解决政协工作中的问题。2. 加强政协领导班子建设，坚持和完善政协主席列席同级党委常委会会议制度；党委、政府召开的重要工作会议应邀请政协有关负责同志参加；应有政协党组成员进入同级党的委员会。3. 党委、政府召开全局性会议，开展重大活动，应安排同级政协专门委员会和办公室负责人参加；党委组织部门组织民主推荐、民主测评，除上级党委组织部门和同级党委明确具体参加推荐和测评人员范围外，应根据工作需要安排同级政协专门委员会和办公室主要负责人参加。4. 党委主要负责同志要高度重视政协工作，大力支持政协推进协商民主建设。党委、政府要各确定1名领导联系政协工作，加大对政协工作的统筹协调力度，班子其他成员也要在各自分管范围内大力支持政协工作。5. 各级党委要把加强政协履职保障、积极吸纳政协协商成果等情况纳入党政领导班子和领导干部考核体系，把办理政协提案等情况纳入党政部门年度工作绩效考核。

（十五）切实发挥政协党组领导核心作用

政协党组肩负着实现党对人民政协领导的重大政治责任。党委研究事关政协的重大问题，可事先征求和听取政协党组的意见，有些重要问题的政治协商可以委托政协党组实施。政协党组要自觉接受党委的领导，主动向党委请示和汇报工作，每年至少向党委作1次全面报告；要牢牢把握正确的政治方向，坚定不移贯彻执行党关于人民政协的方针政策，坚定不移落实党中央和上级党组织的决策部署，切实担负起从严管党治党的政治责任；要坚持民主集中制，坚持党组发挥领导核心作用与政协领导班子依法依章履行职责相统一，发挥好把方向、管大局、保落实的作用。政协组织中的中共党员，要充分发挥先锋模范作用，努力成为合作共事的模范、发扬民主的模范、求真务实的模范、廉洁奉公的模范。通过人格的力量和民主协商的办法，努力把更多的人团结在党的周围。

（十六）支持和保障委员依法依章履行职责

各级党委、政府要切实保障政协委员依照法律和政协章程履行职能，保护委员的合法权益，严肃查处对委员履职进行压制和打击报复的行为。各级政府要积极帮助政协改善工作条件，把政协履职必需的各类会议、调研、视察、专题民主监督、提案、文史、宣传、学习培训、专委会工作以及委员活动、老干部活动等专项经费，一并列入同级财政预算，并根据政协工作需要和地方财力的增长情况，做到逐年有所增加。委员所在单位要大力支持委员参加政协会议和活动，在时间、经费、工作条件等方面提供方便和保障。政协委员涉嫌违纪违法的，有关机关采取强制措施前，应向政协委员所在地政协组织通报。

（十七）重视加强政协机关干部队伍建设

各级党委要重视和关心政协机关干部队伍建设，把政协机关干部的配备、培养、选拔、任用与交流纳入干部队伍建设总体规划和年度工作计划，加大政协机关和党政机关之间的干部交流力度并形成长效机制。定期安排一定数量的政协机关干部到基层挂职锻炼，有计划选调政协机关中青年干部参加各级党校、行政学院学习培训，注重对政协机关党外干部的培养和使用，应有党外代表人士担任政协专职副秘书长，政协各专门委员会主任、副主任中的党外代表人士应有适当比例。

（十八）大力推动人民政协理论研究、教育和宣传工作

各级党委要高度重视人民政协理论建设和教育培训工作，把人民政协理论作为学习的重要内容，列入各级党委（党组）中心组专题学习内容，列入党校（行政学院）的教学计划。发挥人民政协理论研究会作用，加强新形势下实践对策和基础理论的研究，并把人民政协理论研究纳入哲学社会科学总体发展规划。宣传部门要把对人民政协理论和政协工作的宣传纳入总体宣传计划，组织新闻媒体及时开辟专栏和专题节目，大力宣传人民政协及协商民主建设的意义与作用以及我市政协协商民主建设的新成效，努力营造全社会重视、关心、支持人民政协协商民主工作的良好氛围。

各地要根据本意见，结合实际研究制定贯彻落实的具体措施。党委要会同政协每两年开展1次专项督查，推动本意见贯彻落实。

中共抚州市委关于进一步加强和改进人民政协民主监督工作的实施意见

（2017年12月31日）

为深入贯彻落实中共中央关于加强社会主义民主政治建设的战略部署，进一步推进人民政协民主监督工作的制度化、规范化、程序化，根据《中共中央办公厅印发〈关于加强和改进人民政协民主监督工作的意见〉的通知》（中办发〔2017〕13号）和《中共江西省委关于加强和改进人民政协民主监督工作的实施意见》（赣发〔2017〕10号）精神，现就我市进一步加强和改进人民政协民主监督工作，提出如下实施意见。

一、开展人民政协民主监督工作的总体要求

（一）重要意义

人民政协民主监督是在坚持中国共产党的领导、坚持中国特色社会主义基础上，参加人民政协的各党派团体和各族各界人士在政协组织的各种活动中，依据政协章程，以提出意见、批评、建议的方式进行的协商式监督。开展政协民主监

督，有利于推进党和政府科学决策、民主决策、依法决策，有利于推动党和国家大政方针、重大改革举措、重要决策和省、市委重大工作部署的贯彻落实，有利于促进国家机关及其工作人员转变作风、改进工作、反腐倡廉，有利于推动解决人民群众关心的实际问题，有利于加强中国共产党同各民主党派、各人民团体、各族各界人士的团结合作。

人民政协民主监督是我国社会主义民主政治的独特创造和一项重要制度安排，是我国社会主义监督体系的重要组成部分，是社会主义协商民主的重要实现形式，在国家政治生活中发挥着不可替代的重要作用，并随着社会主义建设和改革开放事业不断发展而发展。习近平总书记在党的十九大报告中指出，“加强人民政协民主监督，重点监督党和国家重大方针政策和重要决策部署的贯彻落实”。《中国共产党党内监督条例》明确“党内监督和外部监督相结合”，各级党委应当支持和保证“人民政协依章程进行民主监督”。全市各级党委、政府和各部门要站在贯彻落实习近平新时代中国特色社会主义思想的高度，充分认识人民政协民主监督在加强社会主义民主政治建设、实现“两个一百年”奋斗目标和中华民族伟大复兴的中国梦中的重要作用，主动发挥人民政协民主监督的独特优势，自觉支持、配合和接受人民政协履行民主监督职能。

（二）指导思想

高举中国特色社会主义伟大旗帜，全面贯彻党的十九大精神，以马克思列宁主义、毛泽东思想、邓小平理论、“三个代表”重要思想、科学发展观、习近平新时代中国特色社会主义思想为指导，坚持和完善中国共产党领导的多党合作和政治协商制度，牢牢把握人民政协性质定位，坚持团结和民主两大主题，明确监督内容，完善监督形式，规范监督程序，健全监督机制，提高监督实效，为我市争当全省区域经济发展、生态文明建设、文化强省、干部作风转变四个排头兵，实现科学发展、绿色崛起，全面建成小康新抚州作出积极贡献。

（三）基本原则

坚持中国共产党的领导，坚定正确的政治方向，依照宪法、法律和政协章程有序开展；坚持围绕中心、服务大局，聚焦党和政府大政方针、重大决策和省、市委工作部署的贯彻落实情况开展监督，为我市改革发展汇聚强大正能量；坚持问题导向，深入调查研究，客观反映情况，认真负责开展批评，务实提出建议，确保监督聚焦关键内容和环节；坚持从协商式监督的要求和原则出发，坦诚相见、实事求是，把协商民主贯穿于监督全过程；坚持增进团结，融协商、监督、参与、合作于一体，广泛凝聚共识、凝聚智慧、凝聚力量。

二、明确人民政协民主监督的主要内容

（一）国家宪法、法律、法规和省、市地方性法规及行政规章在我市的实施情况；

（二）党和国家重大方针政策、重大改革举措、重要决策和省、市委工作部署的贯彻执行情况；

（三）党代会工作报告、政府工作报告、国民经济和社会发展规划、年度计划落实情况，重点工程项目实施情况，财政预算执行情况；

（四）涉及人民群众切身利益的实际问题解决落实情况；

（五）国家机关及其工作人员遵纪守法、加强作风建设、密切联系群众、开展反腐倡廉等情况；

（六）政协重要协商成果和监督意见的办理落实情况，包括各类会议和活动的专题报告、政协提案、建议案、社情民意信息、党委和政府负责同志有关批示等；

（七）参加政协的单位和个人贯彻统一战线方针政策、遵守政协章程、执行政协决议情况；

（八）党委交办的其他监督事项。

三、完善人民政协民主的监督形式

（一）会议监督

政协有关会议要增加民主监督内容，加大民主监督力度。政协全体会议、常务委员会会议的大会发言应增加监督性内容比例，政协全体会议

视情安排界别小组(联组)专题讨论监督性议题。政协常务委员会会议、主席会议、专题协商座谈会、对口协商座谈会、界别协商座谈会等要安排一定数量的监督性议题。根据议题安排,党委、政府有关领导及相关部门负责同志应出(列)席会议、听取意见、互动交流。政协常务委员会会议、主席会议、机关办公会议要完善对各党派参加政协工作的共同性事务、政协内部重要事务等的协商和监督。

(二) 视察监督

对于涉及改革发展稳定重大问题的监督性议题,政协应根据每次监督任务组织委员视察组,深入实际、深入基层、深入群众,听取情况介绍,实地察看,座谈讨论,着重发现工作中的问题和不足,与有关负责同志交换意见,提出批评和建议,推动党和政府决策部署贯彻落实。

(三) 提案监督

政协应组织政协委员和参加政协的各党派、各人民团体以及政协各专门委员会,通过提案提出意见、批评、建议,开展监督,鼓励撰写和提交民主监督性提案。政协提案办理由党委办公室、政府办公室、政协办公室共同交有关部门办理,重点督办提案中要有 20% 左右的民主监督性提案。坚持和完善政府、政协领导领办督办重点提案制度,每位领导每年至少领办督办 1 件重点提案。每年第四季度政协常务委员会会议,听取政府年度提案办理情况特别是重点提案办理情况的通报。每年选择若干提案,对提案办理情况开展评议。

(四) 专项监督

政协应围绕法律法规实施和党委、政府重要工作的落实,确定专项监督议题。由政协办公室和专门委员会组织力量,开展监督性专题调研,抓住重点问题,深入一线明察暗访,摸准情况,分析原因,提出改进意见建议,必要时应持续跟踪监督。

(五) 特约监督

政协可应党委、政府和有关部门邀请,推荐政协委员担任特约民主监督员,也可根据工作需要,组建民主监督小组,通过列席重要会议、参加有关重要活动、提交民主监督建议书等形式,对部门及其工作人员的工作情况履行监督职能,提出意见、批评和建议。

(六) 民主评议监督

在党委的领导下,政协每年可选取若干个公共职能部门或单位,就其贯彻执行党和国家的方针政策以及依法行政、履职尽责、机关效能和廉政建设等方面情况,采取会议座谈协商、电视问政质询、委员现场测评等方式,开展工作性的民主评议,提出评议意见,促进工作改进。

(七) 社情民意信息监督

政协要发挥社情民意“直通车”优势,广泛设立社情民意联系点,注重围绕“党委关心关注、政府想做要做、群众期待期盼”的问题,收集民主监督性的社情民意信息,向党委、政府和上级政协组织反映情况、提出建议。

(八) 其他形式监督

党委和政府有关部门组织的调查、检查、听证等活动,要吸收政协委员参加。重视发挥政协界别活动、委员来信来访、委员举报等在民主监督中的作用。政协要结合实际,积极探索创新民主监督方式方法。加强人民政协民主监督同党内监督、人大监督、行政监督、司法监督、社会监督、舆论监督等监督形式的协调配合,更好发挥人民政协民主监督作用。

四、规范人民政协民主监督工作程序

(一) 监督议题的提出确定

党委、政府应根据重大决策落实情况和年度工作重点,提出人民政协民主监督议题。或由政协在广泛征求党派团体、政协界别、专门委员会、政协委员、党政部门和基层群众等各方面意见的基础上提出议题。经充分协商后,由政协办公室汇总形成选题建议,提交政协主席会议研究,征求政府意见后,报党委讨论确定,并由党委办公室、政府办公室、政协办公室联合下文实施。

（二）监督活动的组织实施

根据确定的监督议题，政协办公室研究提出监督工作安排，每两个月安排一次协商式监督活动，经政协主席会议审议通过后实施。重点监督议题由政协主席会议成员牵头负责，主席会议听取监督情况汇报。党政有关部门要密切配合，及时提供有关材料，协助安排视察、座谈等，认真做好情况通报，主动为政协开展民主监督提供便利。通过会议等形式实施的监督，党政领导或相关部门负责同志要到会听取意见，作表态性发言。政协赴地方开展监督活动，要注重吸收当地政协委员参加。

（三）监督意见的整理报送

政协运用会议监督意见报告、视察监督报告、专项监督报告、民主评议监督报告、民主监督建议书、提案、社情民意信息等形式，向党委、政府及有关方面报送开展民主监督形成的意见建议。重点监督意见由政协主席会议研究审议后报送。

（四）监督意见的办理落实

对于政协会议监督意见报告、视察监督报告、专项监督报告、民主评议监督报告、民主监督建议书等，党委、政府要专题研究，或交由相关部门办理。政协提案、社情民意信息中的监督性意见，党政及有关部门要高度重视，按规定程序办理。凡列入政协年度协商计划的重点监督议题，以及经党委、政府专题研究或党政领导批示研办的政协民主监督意见的办理情况，党委、政府督查部门要加强督查。

五、健全人民政协民主监督工作机制

（一）知情明政机制

党委、政府及有关方面召开的重要会议，视情邀请政协有关负责同志、政协委员列席。围绕监督议题，政协要组织相关委员认真学习党和国家重大方针政策以及本地党委、政府重要决策部署，了解情况、把握形势、掌握政策。根据监督工作安排，有关方面要认真做好情况通报，重点通报工作中存在的问题、主要困难和薄弱环节，提前将有关材料送达政协委员，并为政协委员查阅资料、了解情况提供便利。

（二）协调落实机制

加强人民政协民主监督与党委、政府工作的有效衔接，由党委办公室、政府办公室、政协办公室会商，统筹协调人民政协民主监督议题、工作安排等重要问题。政协办公室及时将重点监督活动具体安排提前告知有关方面，加强协调配合，认真组织实施，积极跟进落实。党委、政府工作部门要与对口联系的政协专门委员会加强联系，交流情况。

（三）办理反馈机制

办理单位要及时以书面、会议通报等形式反馈政协民主监督意见办理、采纳和落实情况。政府每年底要结合提案办理情况，向政协通报会议监督意见报告、视察监督报告、专项监督报告等民主监督意见办理落实情况。政协主席会议或常务委员会会议根据需要，听取重点监督意见办理情况通报。政协要将办理回复情况及时告知参加监督的有关单位和政协委员。政协常务委员会向全体会议报告工作时，要将全年民主监督工作开展情况和监督意见办理回复情况作为重要内容。

（四）权益保障机制

尊重和保障政协委员在参加民主监督工作中的知情权、参与权、表达权、监督权，维护政协委员对国家机关及其工作人员的工作提出意见、批评、建议的权利，以及对违纪违法行为检举揭发的权利，发挥政协委员在民主监督中的积极作用。对于阻挠政协委员参加民主监督，甚至进行压制、打击和报复的，要依纪依法追究责任。

（五）责任追究机制

党委、政府及有关方面要高度重视政协监督性意见建议成果的运用与转化。对该办未办或办理不力的，政协可要求承办部门主要负责人到会说明情况；对有意压制、给办理工作带来不良影响和给工作造成严重损失的，政协可向党委、政府提出建议，追究其部门主要负责人和有关人员的责任；对办理难度较大、建言单位或建言人对办理结果不满意的，党委、政府应采取联合办理、专项督办、跟踪问效等形式，加大力度，督促落实，努力给建言单位或建言人满意的答复。

六、加强党对人民政协民主监督工作的领导

（一）强化党委的统一领导

各级党委要深刻认识人民政协民主监督的重要意义，把加强和改进人民政协民主监督工作作为提高执政能力和领导水平、推动和改进工作的重要举措，纳入党委工作总体部署，完善民主监督的组织领导机制。政协党组向党委汇报工作时，应把开展民主监督情况作为重要内容。各级党委每届任期内至少要开展1次支持政协履职活动情况和民主监督工作情况的检查督办活动，每年至少听取1次政协党组关于民主监督工作情况的汇报，研究解决政协民主监督工作中的重要问题。党委、政府负责同志要自觉接受、积极支持和保证人民政协依照章程进行民主监督，认真倾听批评和建议，并督促有关方面办理监督意见。党委、政府部门、政协委员所在单位要主动支持政协委员行使民主监督权利，提供必要工作保障。

（二）发挥政协党组领导的核心作用

政协党组要切实担负起坚持党的领导的政治责任，负责领导重点监督议题的组织实施，坚持正确方向和原则，把握好监督节奏和力度，加强对党委、政府重大改革举措、重要决策部署贯彻落实情况等的民主监督，研究监督工作中的重要事项，及时向党委报告监督工作情况和遇到的重大问题，使监督有计划、有题目、有载体、有成效。政协办公室、各专门委员会要贯彻落实政协党组部署，做好相关民主监督活动的组织、协调、实施等具体工作，提高监督组织化程度。组织政协委员积极参加民主监督活动，发挥政协委员中共产党员的模范带头作用。加强政协自身建设，提高民主监督能力和水平，做到敢于监督、善于监督。

（三）营造人民政协民主监督的良好环境

提倡热烈而不对立的讨论、真诚而不敷衍的交流、尖锐而不极端的批评，营造畅所欲言、各抒己见、理性有度、合法依章的民主氛围。各级政府要加大对政协开展民主监督工作的支持力度，每年把政协民主监督工作经费列入同级财政预算，用于开展民主监督相关活动。加强人民政协民主监督理论研究。在社会主义协商民主教育培训工作中，要把人民政协民主监督列为重要内容，纳入各级党校、行政学院、社会主义学院等的教学计划，以提高党政领导干部自觉接受政协民主监督的意识。政协要注重加强对委员和机关干部的教育培训，通过“走出去、请进来”等多种形式拓宽培训渠道，进一步提升政协组织开展民主监督工作的水平和能力。把对人民政协民主监督的宣传列入各级党委宣传部门工作计划，宣传党中央关于人民政协民主监督的新部署新要求，宣传各地政协开展民主监督的经验、做法和成效，加大对重点监督活动宣传报道力度，营造良好舆论环境。

中共抚州市委
关于切实加强新时代人民政协党的建设工作的实施意见

（2018年10月23日）

为全面贯彻习近平新时代中国特色社会主义思想和党的十九大精神，贯彻落实新时代党的建设总要求，进一步加强全市政协系统党的建设，更好坚持党对人民政协工作的全面领导，团

结带领参加人民政协的全市各党派团体和各族各界人士为实现抚州科学发展、绿色崛起的宏伟蓝图共同奋斗，根据《中共中央办公厅印发〈关于加强新时代人民政协党的建设工作的若干意见〉的通知》和全国政协党建工作座谈会精神，结合我市实际，提出如下实施意见。

一、加强新时代人民政协党的建设的总体要求

（一）重要意义

人民政协作为统一战线的组织、多党合作和政要组成部分，是具有中国特色的制度安排。在中国共产党领导下，人民政协在建立新中国、建设新中国、探索改革路、实现中国梦的伟大实践中发挥了重要作用。中国共产党领导是中国特色社会主义最本质的特征，也是人民政协这一制度安排和政治组织最本质的特征。在政协各级组织和各项活动中，党是居于领导地位的，坚持中国共产党领导是人民政协必须恪守的根本政治原则。党的十八大以来，以习近平同志为核心的党中央切实加强党对人民政协工作的全面领导，完善政协党的领导体制，推动全面从严治党不断深入，开创了政协工作新局面。人民政协事业是党领导人民进行伟大社会革命的重要组成部分，政协系统党的建设是全党进行伟大自我革命的重要组成部分。加强政协系统党的建设，关系人民政协制度优势和我国政治制度整体效能的发挥，关系坚持和发展中国特色社会主义这场伟大社会革命的进程。全市各级党委要站在贯彻落实习近平新时代中国特色社会主义思想的高度，充分认识切实加强新时代人民政协党的建设工作在加强社会主义民主政治建设、坚持和完善中国共产党领导的多党合作和政治协商制度、发展社会主义协商民主中的重要作用，进一步加强和改进党对政协工作的全面领导，切实发挥人民政协协商民主重要渠道和专门机构作用，推动协商民主广泛、多层、制度化发展，为促进科学发展、绿色崛起，全面建成小康新抚州贡献智慧和力量。

（二）指导思想

加强新时代人民政协党的建设，必须全面贯彻习近平新时代中国特色社会主义思想和党的十九大精神，以党章为根本遵循，按照新时代党的建设总要求和省委、市委有关要求，坚持和加强党的全面领导，坚持党要管党、全面从严治党，以党的政治建设为统领，全面推进全市政协系统党的政治建设、思想建设、组织建设、作风建设、纪律建设，把制度建设贯穿其中，深入推进反腐败斗争，不断提高党的建设质量，改进工作方式方法，发挥全市各级政协党组在政协工作中的领导核心作用、基层党组织的战斗堡垒作用、政协组织中共产党员的先锋模范作用，把党中央大政方针和省委、市委决策部署，以及对政协工作的要求落实下去，把全市上下实现中华民族伟大复兴中国梦的智慧和力量凝聚起来，共同为实现党的十九大确定的目标任务而奋斗。

（三）基本原则

新时代人民政协党的建设必须坚持党的领导，把握政协性质定位，发挥好协商民主这一实现党的领导重要方式的作用，保证党的理论和路线方针政策贯彻落实；坚持全面从严治党，落实管党治党责任，把政协党组织和党员队伍建设好；坚持民主集中制，确保政协党组织的活力和党的团结统一；坚持政协党组发挥领导核心作用与政协组织依照法律和政协章程履行职责相统一，把党的主张通过民主程序转化为政协组织的决定，更加广泛地凝聚共识、凝聚力量；坚持从实际出发，突出政协特色，积极探索创新，以党的建设推进新时代人民政协事业发展。

二、不断推进全市政协系统党的组织和党的工作有效覆盖

（一）健全完善政协党组织体系

党的力量来自组织。全市各级党委要不断加强政协党的组织体系建设，进一步完善各级政协党组织设置，做到哪里有政协委员哪里就有党的工作，哪里有党员哪里就有党的组织，哪里有党的

组织哪里就有健全的组织生活和党的组织作用的充分发挥，实现党的组织对党员委员的全覆盖、党的工作对政协委员的全覆盖。探索在市政协专门委员会设立分党组。县(区)政协设立机关党组，县(区)政协机关设立党总支，要建立完善政协机关党的基层组织，发挥好党组织的政治优势和组织优势，优化组织设置，扩大组织覆盖。加强市政协机关党的建设力量，设立机关党委，保证必需的编制，配备相应的领导职数和专职党务工作人员，增强做好新时代政协党的建设工作的主动性和责任感，切实担负起全市政协系统党的建设工作职责。发挥专门委员会在工作中的基础性作用，并以专门委员会为依托开展党的工作。探索在政协专门委员会中建立完善党的支部委员会，为设立政协专委会分党组创造条件。政协全体会议期间和重要视察考察调研、集中学习培训、团组出访等活动中，要设立临时党组织，通过中共党员委员引导其他党外委员积极履职尽责。

(二) 发挥党组核心领导作用

全市各级政协党组要自觉主动接受党委领导，切实把党的领导落实到政协工作各方面和全过程。按照党章和《中国共产党党组工作条例(试行)》等有关规定，明确职责、开展工作。坚持政协党组、机关党组和专门委员会分党组的组织体系，加强政协党组对机关党组和专门委员会分党组的领导。坚持民主集中制原则，坚持集中领导制度，完善议事规则。全市各级政协机关党组必须服从批准其设立的党组织领导，在履行职责过程中还应当接受本级政协党组的领导，专门委员会分党组应当接受本级政协党组的领导和机关党组的指导。

(三) 加强政协党组织建设

全市各级政协党组要尊崇党章，增强党内政治生活的政治性、时代性、原则性、战斗性。严格党的组织生活，落实“三会一课”、谈心谈话和民主评议党员等制度，开好民主生活会和组织生活会，把维护以习近平同志为核心的党中央权威，贯彻党的理论路线方针政策和决议，执行党的政治纪律和政治规矩，以及履职中发挥党员作用、开展团结联谊活动等情况作为重要内容。全市各级政协党组和机关党组要领导机关基层党组织的工作，树立“党建+”理念，建立督查考核机制，开展创先争优活动，探索在全市政协系统开展“流动红旗党支部”、党员示范岗评比表彰活动，不断推进基层党组织标准化建设。进一步加强支部班子建设，突出政治功能，充分发挥其战斗堡垒作用。建立稳定的政协基层党建工作经费保障制度，把政协机关党委、党总支、党支部的活动经费列入行政经费预算，重大活动拨专项经费，保证基层党组织活动的正常进行。政协组织中的共产党员，不论职务高低，都必须编入党的一个支部、小组或其他特定组织，政协党组成员要带头执行党的组织制度，严肃党的政治纪律，参加党的组织生活，接受党内外群众的监督；党员领导干部必须参加党组的民主生活会。建立市政协党组成员参加支部组织生活会、执行“三会一课”等基本组织制度和情况报告制度，不允许有任何不参加党的组织生活、不接受党内外群众监督的特殊党员。

(四) 提升政协党组织组织力

探索建立政协党组成员联系相关界别党员委员、党员委员联系党外委员制度，探索建立联系无党派人士界、宗教界委员机制。充分发挥党员委员在政治引领、发扬民主、合作共事、廉洁奉公等方面的模范作用，发挥中共界委参加双重组织生活的办法，组织和引导党员委员自觉接受政协党组织教育管理和参加政协党组织活动、进行党性锻炼。探索建立中共党员委员直接联系服务群众制度，由中共党员委员牵头，在有关单位、企业、社区、村组等设立委员工作站和联络室，深入基层，服务群众，密切党群关系，发挥好政协委员在界别群众中的代表作用。

三、全面落实新时代政协系统党的建设各项任务

(一) 强化政治责任

人民政协是政治组织，旗帜鲜明讲政治是人

民政协的根本要求。政协党的政治建设的首要任务是坚决维护习近平总书记党中央的核心、全党的核心地位，坚决维护党中央权威和集中统一领导。全市各级政协党组要全面肩负起实现党对人民政协领导的重大政治责任，负责学习、宣传、贯彻执行党的理论和路线方针政策，贯彻落实党委工作部署和关于政协工作的要求；履行政协党的建设主体责任，领导机关党组和专门委员会分党组工作；研究党中央、全国政协、省委、市委等重要会议精神、重大决策部署的贯彻落实意见；研究政协年度协商计划等履职重要事项；讨论和决定需要向党委请示报告的重要事项；完成党委交办的其他任务，发挥好把方向、管大局、保落实的重要作用，确保把党中央大政方针和省委、市委的决策部署不折不扣贯彻落实到政协全部工作之中。要严格执行重大问题请示报告制度，政协党组每年至少向同级党委作一次全面工作报告，政协年度协商计划、常委会工作报告、全体会议和常委会会议、党组重要工作、政协重大履职活动等要向同级党委请示报告，传达党中央和省委、市委重要会议、执行党的重要指示和决定的情况要专题报告，重大事项和重要情况要及时请示报告，严格执行好领导干部外出报备制度。要严格要求政协组织中的共产党员时刻牢记自己的第一身份是共产党员，第一职责是为党工作，牢固树立政治意识、大局意识、核心意识、看齐意识，在政治立场、政治方向、政治原则、政治道路上同以习近平同志为核心的党中央保持高度一致，做到党中央提倡的坚决响应、党中央决定的坚决执行、党中央禁止的坚决不做。

（二）强化理论武装

深入学习贯彻习近平新时代中国特色社会主义思想是政协党的建设的基础性工作。政协党组要把理论学习摆在更加突出的位置，深入学习习近平新时代中国特色社会主义思想，学习习近平总书记关于加强和改进人民政协工作的重要思想，系统掌握党的基本理论、基本路线、基本方略，把握核心要义、精神实质、实践要求。健全完善各类学习制度，以政协党组理论学习为引领，主席会议集体学习、常委会会议集体学习、委员学习培训等相配套，形成内容丰富、方式多样的学习制度体系。着力推进“两学一做”学习教育常态化、制度化，认真开展“不忘初心、牢记使命”主题教育，引导政协组织中的共产党员牢记党的宗旨，坚定理想信念。要引导参加政协的各民主党派、无党派人士、各人民团体和各族各界人士深入学习习近平新时代中国特色社会主义思想，不忘多党合作初心，不断增进对中国共产党和中国特色社会主义的政治认同、思想认同、理论认同、情感认同，夯实团结奋斗的共同思想政治基础，在习近平新时代中国特色社会主义思想伟大旗帜下携手前进。

（三）严明党的纪律

纪律严明是全党统一意志、统一行动、步调一致前进的重要保障，也是政协党的建设的重要内容。要严明党的政治纪律，教育政协组织中的共产党员严格遵守党的政治纪律和政治规矩，把对党忠诚、为党分忧、为党尽职、为民造福作为根本政治担当，坚决防止和反对个人主义、分散主义、自由主义、本位主义、好人主义，坚决反对搞两面派、做两面人。党员特别是党员领导干部在大是大非面前必须旗帜鲜明、亮明态度，不能动摇基本政治立场，不能被错误言论所左右，不能无动于衷、置身事外。党员委员要正确认识和处理党内民主和人民民主的关系，在政协活动中决不允许发表任何与党中央大政方针相违背的言论。政协党组要严把各项活动的政治关，认真组织政协委员履职尽责，努力营造既畅所欲言、各抒己见，又理性有度、合法依章的良好协商氛围。建立政协党组同参加政协的各民主党派、无党派人士经常性联系制度，及时了解统一战线内部思想动态，开展经常性思想政治工作，在一些敏感点、风险点、关切点上强化思想政治引领。要重点强化政治纪律和组织纪律，带动廉洁纪律、群众纪律、工作纪律、生活纪律严起来，以共产党员的模范行动影响和带动广大委员守纪律、讲规矩、重品行。要加强党风廉政建设和反腐败斗争，注重抓早抓小、抓苗头抓细节，开展纪律教育，强化日常管理监督，持之以恒正风肃纪，坚决防止利用政协影响力谋取私利，坚决防止利用委员资源谋取私利。支持纪检监察机关派驻纪检组履行纪检监察职责。对违纪违法的，严格依纪依法作出严肃处理。

（四）切实改进作风

政协党的作风建设是政协作风建设的关键，关系政协形象，体现履职水平。要严格贯彻落实中央八项规定及其实施细则精神，坚决反对形式主义、官僚主义、享乐主义和奢靡之风。全市各级政协党组织和共产党员要坚持求真务实、真抓实干，做转作风改作风的表率。要认真对照全省作风建设工作会上提出的“怕、慢、假、庸、散”问题开展大排查，进行大整改；按照市委要求认真组织开展好“进一步解放思想、深入调查研究、切实改进干部作风”活动。各级政协领导干部要带头深入调研，定期到联系点蹲点调研，请进来、走出去，听真话、辨实情，认真撰写调研报告。要改进调查研究方式方法，严格控制团组规模，优化队伍组成，着力提高调查研究质量。要进一步改进学风、话风，提倡讲短话、讲实话、讲“新”话。坚持简约俭朴办会，科学安排会期、规模，不搞与会议无关的活动。切实改进文风，各种文件力求简明扼要、具体可行，文稿要突出政治性、思想性、针对性和可操作性。严格控制文稿篇幅，重要协商报告一般不超过6000字，其他调研、视察报告一般不超过4000字。要坚持党的群众路线，密切同政协委员的联系，政协党组成员要建立健全走访看望委员制度以及接待和处理委员来信来访制度。市政协党组成员要带头落实到基层调研听取住当地政协委员意见建议、联系政协专门委员会和界别等制度。

四、不断加强对全市政协系统党的建设工作的领导

（一）党委加强全面领导

全市各级党委要切实加强对政协工作的领导，将政协系统党的建设工作纳入党委工作总体布局，一体谋划、一体推进。建立健全定期听取政协系统党的建设工作汇报制度，全市各级党委每届要召开一次政协工作会议，把党的建设作为重要内容进行部署，每年至少听取一次政协党组关于政协系统党的建设情况汇报，及时研究解决工作中存在的重大问题，对政协党组织执行党的路线方针政策和决议的情况进行督促检查。党委主要负责同志要参加政协重要会议活动，带头做党的统战工作，带头广交深交党外朋友，加强对政协系统党的建设工作的具体指导。

（二）政协党组率先垂范

政协党组要树立做好政协工作必须抓好党的建设的观念，深化抓好党建是本职、不抓党建是失职、抓不好党建是不称职的认识，要以党的建设引领和推动履职实践，以履职成效检验政协党的建设工作的质量和水平。要认真研究制定党的建设工作规划和年度计划，加强督促检查，严格考核评价。建立健全政协党组织党建工作责任制，各级政协党组书记履行抓党建第一责任人职责，其他党组成员抓好职责范围内党的建设工作。上级政协党组在指导下级政协工作中，应当把党的建设作为重要内容。加强对政协组织中党员的教育、管理、监督，充分发挥他们在政协工作中的先锋模范作用。要把加强委员队伍建设作为党的建设工作的重要内容，按照懂政协、会协商、善议政的要求，提高政治把握能力、调查研究能力、联系群众能力、合作共事能力。市政协党组每届至少组织召开一次政协系统党的建设工作座谈会，总结推广经验，推动改革创新，不断提高政协系统党的建设工作整体水平。

（三）党委部门支持配合

组织部门在政协系统党的建设工作中有关组织架构、党员委员管理等方面要及时予以帮助指导。宣传部门要把习近平总书记关于加强和改进人民政协工作的重要思想列入各级党委（党组）中心组学习内容，大力推动关于人民政

协党建工作的理论研究。要切实把好委员入口关，在政协换届推荐委员人选和届中增补委员时，要坚持广泛协商，充分听取政协党组意见。委员建议名单经同级党委审定后，要按《政协章程》规定，提交政协常委会协商决定。要把政协机关干部培养、交流和使用纳入党委干部队伍建设总体规划和年度工作计划，加大政协机关和党政机关之间的干部交流力度并形成长效机制。党委督查部门要会同政协办公室每届至少开展1次专项督查，推动中央和省委、市委关于加强政协党的建设工作的决策部署落实到位。全市各级政协党组织要主动加强与同级党的纪检、组织、宣传、统战等方面的联系配合，共同做好政协党的工作，共同建设好委员队伍、干部队伍，形成推动政协系统党的建设工作的强大合力和良好氛围。

中共抚州市委
关于新时代加强和改进人民政协工作的实施意见

（2020年5月23日）

为全面贯彻落实习近平新时代中国特色社会主义思想和党的十九大及十九届二中、三中、四中全会精神，深入贯彻落实习近平总书记关于加强和改进人民政协工作的重要思想和视察江西重要讲话精神，认真贯彻落实中央、省委政协工作会议精神，根据《中共中央关于新时代加强和改进人民政协工作的意见》（中发〔2019〕40号）和《中共江西省委关于新时代加强和改进人民政协工作的实施意见》（赣发〔2020〕8号），结合我市实际，提出如下实施意见。

一、新时代加强和改进人民政协工作的总体要求

（一）目标要求

以习近平新时代中国特色社会主义思想为指导，增强“四个意识”、坚定“四个自信”、做到“两个维护”，把坚持和发展中国特色社会主义作为巩固共同思想政治基础的主轴，把服务实现“两个一百年”奋斗目标和助推抚州高质量跨越式发展作为工作主线，把加强思想政治引领、广泛凝聚共识作为中心环节，把人民政协制度优势转化为治理效能，坚持团结和民主两大主题，提高政治协商、民主监督、参政议政水平，更好凝聚共识，担负起把党中央和省委、市委决策部署及对人民政协工作要求落实下去、把海内外抚州儿女智慧和力量凝聚起来的政治责任，为决战决胜全面建成小康新抚州、奋力谱写新时代抚州改革发展新篇章作出新的贡献。

（二）工作原则

坚持党的全面领导，准确把握人民政协的性质定位，严格依照宪法法律和政协章程履行职能。坚持大团结大联合，充分发挥政协作为爱国统一战线组织的作用。坚持和发扬社会主义民主，充分发挥政协作为协商民主重要渠道和专门协商机构的作用。坚持围绕中心、服务大局，以改革创新精神推进履职能力现代化建设。坚持以人民为中心履职尽责，聚焦民生，集中民智，切实做到人民政协为人民。

二、充分发挥人民政协专门协商机构作用

（三）完善协商内容

政协协商应包括以下主要内容：1. 市委和市政府事关经济社会发展和全面从严治党的重要文

件、重大决策部署、重要工作安排、重大体制改革；2. 政府工作报告，人民法院、人民检察院工作报告，财政预决算报告，国民经济和社会发展报告；3. 涉及就业、社会保障、教育、公共卫生、住房、收入分配等重大民生问题；4. 各党派参加政协工作的共同性事务，政协内部的重要事务，以及有关爱国统一战线的其他重要问题；5. 有必要进行协商的其他重要问题。民主监督议题应占一定比例，围绕贯彻落实党和国家重要决策部署、市委和市政府重要工作落实情况开展专题民主监督活动。

（四）丰富协商形式

完善以全体会议为龙头，以专题议政性常务委员会会议为重点，以专题协商、对口协商、界别协商、提案办理协商、网络议政远程协商为常态的政协协商议政格局。以专门委员会为基础，以界别为依托，以委员为主体，发挥好中共党员委员工作站履职平台作用，探索开展市、县（区）两级政协联合协商，委员自选议题协商，政协协商同基层协商相衔接、同社会治理相结合等新形式，推动政协协商向基层延伸，拓展协商参与面，扩大界别群众工作覆盖面。

（五）健全协商规则

坚持并完善党委会同政府、政协制定年度协商计划制度，协商计划由党委办公室、政府办公室、政协办公室联合印发。认真落实由党委、人大、政府、政协、民主党派、工商联、无党派人士、人民团体等提出协商议题的规定，探索面向社会征集议题机制。建立党委、政府、政协重点协商议题会商机制，将政协重点协商活动纳入党委、政府总体工作部署，鼓励和支持政协结合实际丰富协商内容、拓宽协商范围、增加协商密度、提高协商成效。完善协商于决策之前和决策实施之中的落实机制，对明确规定需要政协协商的事项应当经协商后提交决策实施。完善协商成果办理反馈和督查落实机制，确保协商成果落地见效。

（六）提高协商质量

坚持调研于协商之前，把协商互动列为必要环节，提高网络议政和现场互动比重，鼓励开展随机提问。注重培育协商文化，形成既畅所欲言、各抒己见，又理性有度、合法依章的良好协商氛围。制定党委支持政协履职的知情明政制度，落实党政部门与政协专门委员会对口联系制度，定期向政协和有关专门委员会通报重大情况和重要信息。

三、把加强思想政治引领、广泛凝聚共识作为履职工作的中心环节

（七）加强思想政治引领

建立习近平新时代中国特色社会主义思想学习座谈会制度，健全完善政协党组会议、主席会议、常务委员会会议的学习研讨机制，把系统深入学习习近平新时代中国特色社会主义思想、习近平总书记重要讲话和重要指示批示精神、党中央和省委、市委决策部署作为重中之重，在年度计划、工作安排中落细落实，持续在学懂弄通做实上下功夫。通过加强政治理论学习，引导参加人民政协的各党派团体和各族各界人士，深入学习中国共产党史、新中国史和统一战线历史、人民政协历史，及时学习时事政策、有关文件精神，树立正确的历史观和大局观，夯实团结奋斗的共同思想政治基础，在事关道路、制度、旗帜、方向等根本问题上统一思想和步调。

（八）拓展凝聚共识的方式方法

把凝聚共识作为政协重要职能，融入政治协商、民主监督、参政议政工作，融入视察考察、调查研究、协商履职、界别活动，在建言成果、思想收获上一体设计、一体落实，使人民政协成为坚持和加强党对各项工作领导的重要阵地、用党的创新理论团结教育引导各族各界代表人士的重要平台、在共同思想政治基础上化解矛盾和凝聚共识的重要渠道。建立谈心谈话制度、走访看望委员制度，听取意见建议，沟通思想，增进共识。开展以自我教育自我提高为主旨的委员学习座谈和党外委员专题视察，建立委员联系界别群众制度、邀请界别群众参加政协相关会议制度，持续开展政协委员联系民营企业

活动，鼓励引导委员利用自身影响力主动发声，宣传阐释党和国家大政方针、党委政府决策部署，为党领导人民有效治理国家厚植政治和社会基础。加强“智慧政协”建设，建立委员履职、服务、管理一体化移动网络平台，构建政协系统纵向联通的信息化机制，增强网络议政、远程协商实效，更加有效地传播共识、凝聚人心。优化界别设置，加强界别活动，更好反映包括新社会阶层在内的各界各方面愿望诉求。

（九）广泛汇聚助推抚州高质量跨越式发展的正能量

建立健全各党派参加人民政协工作的共同性事务情况交流机制。畅通党外知识分子、非公有制经济人士、新的社会阶层人士意见诉求表达渠道。做好少数民族界和宗教界委员专题学习考察、界别协商、反映社情民意等工作。加强同港澳台同胞的团结联谊，广泛团结联系海外侨胞，促进经贸合作、文化交流、民心相通。加强政协对外交流和友好往来，讲好抚州故事，唱响抚州声音，政协外事活动应纳入地方外事活动计划。

四、健全人民政协工作制度

（十）健全发挥新型政党制度优势的机制

发挥人民政协作为实行新型政党制度重要政治形式和组织形式作用，做好政协协商同政党协商有关活动在协商议题、时间等方面的衔接工作。对各民主党派以本党派名义在政协发表意见、提出建议等作出机制性安排。健全政协专门委员会与民主党派、无党派人士、工商联对口联系制度，完善民主党派和无党派人士在政协开展经常性工作的机制，坚持开展联合调研、共同举办协商活动，推进合作共事。

（十一）完善党政领导出席政协会议工作制度

坚持和完善党委和政府领导同志出席政协全体会议、常务委员会会议，听取大会发言、参加会议分组讨论协商等工作规范。政协全体会议期间，党政主要领导、分管领导及有关部门负责同志听取大会发言，参加界别联组或委员小组讨论。根据议题需要，党政主要领导每年出席 1–2 次同级政协协商活动，政府分管领导应邀出席同级政协专题协商会或专题通报会。

（十二）完善党委、政府、政协领导班子成员领办重点提案、建议案制度

在全市推行党政主要领导对政协提案、建议案“双领办”工作制度，实行党委、政府、政协领导班子成员领办重点提案制度。健全党委和政府对政协提案交办、办理、督查工作机制，完善定期向政协常委会通报提案办理情况，党政督查部门与政协办公室、有关专委会联合开展提案办理工作督查等制度。探索建立提案质量和办理质量的科学评价机制，对党政部门提案办理工作开展民主评议。

（十三）健全政协经常性工作制度

完善主席会议向常务委员会会议报告工作、专门委员会向常务委员会会议和主席会议报告工作制度。加强专门委员会工作制度建设，确保“专”出特色、“专”出质量、“专”出水平。完善政协主席会议成员和专门委员会联系界别制度，健全界别履职、评价激励、服务保障等机制，深入开展“界别活动月”和“委员活动周”活动。强化提案工作质量导向，健全视察调研、反映社情民意、对外交往、文史资料、新闻宣传、理论研究等工作制度。

（十四）健全完善政协系统联系指导工作机制

政协组织接受同级党委领导，接受上级政协指导。加强对县（区）政协工作的联系和指导，完善重大协商议题和重大活动市县（区）两级政协联动机制。健全政协主席座谈会、政协工作经验交流会、政协秘书长工作会议、专门委员会工作会议等形式，实行县（区）政协主席根据需要列席市政协主席会议制度，发挥人民政协制度整体优势。

五、更好发挥政协委员主体作用

（十五）强化委员责任担当

政协委员要旗帜鲜明讲政治，把做到“两个

维护”作为责任担当的首要任务，深入学习习近平新时代中国特色社会主义思想，不断增进对中国共产党和中国特色社会主义的政治认同、思想认同、理论认同、情感认同，坚定不移走中国特色社会主义政治发展道路，在重大原则问题上立场坚定、敢于发声，在关键时刻靠得住、站得出来。要当好人民政协制度的参与者、实践者、推动者，增强人民政协是国家治理体系重要组成部分的意识，自觉投身凝心聚力、决策咨询、协商民主、国家治理第一线的具体实践。要严格遵守宪法法律和政协章程，落实“懂政协、会协商、善议政，守纪律、讲规矩、重品行”要求，广泛学习各方面知识，全面增强履职本领。切实践行社会主义核心价值观，锤炼道德品行，严格廉洁自律，主动接受监督，坚定不移反对腐败，在构建亲清新型政商关系上发挥积极作用。要自觉做党的政策宣传者、群众利益维护者、基层治理助推者、社会和谐促进者，充分发挥桥梁纽带作用，主动联系服务界别群众，多做解疑释惑、化解矛盾、扶贫济困、排忧解难的工作，团结界别群众感党恩、听党话、跟党走。

（十六）发挥党员委员先锋模范作用

党员委员要带头深入学习党的创新理论，严格执行党章党规，严格落实党委关于加强作风建设的要求和政协各项规章制度，自觉遵守外出请示报告、出席会议活动、出版书籍刊物等有关规定。研究制定发挥党员委员先锋模范作用的制度，强化党员委员做好党的统战工作和群众工作的责任担当，切实发挥其在政治引领、发扬民主、凝聚共识、合作共事、廉洁奉公等方面的模范作用。建立健全政协党组成员联系相关界别党员委员、党员委员联系党外委员、党员常委履职建言点评等制度。

（十七）优化委员履职服务和管理

尊重支持委员依照政协章程履行职责，每年应至少组织委员参加 1 次履职活动，每届对新任委员至少培训 1 次。建立健全委员学习培训制度，把委员培训纳入全市干部和人才培训规划。建立健全多层次联络服务委员、委员列席政协常委会会议和参加专题协商会议等制度。拓展网上委员履职综合服务功能，大力宣传委员履职先进事迹，展示委员精神风貌。落实委员履职工作规则，把委员全部编入专委会，严格会议和活动请假制度，委员出席情况书面通知本人并在一定范围通报。建立健全委员履职档案、委员履职情况统计、委员履职评价及激励机制。每年定期向组织、统战部门和委员所在党派、单位通报履职情况，并将其作为换届时继续提名的重要参考。将市委办公室、市政府办公室、市政协办公室联合印发《市政协年度协商工作计划》中的协商课题，列为市级课题，政协委员参加相关课题调研成果，可作为个人职称评定、岗位竞聘、绩效考核的依据之一．政协委员参加政协活动应视为本职工作，所在单位负责报销差旅费、发放出差补贴。

（十八）完善委员推荐提名和退出机制

严把委员入口关，完善委员推荐提名办法，改进委员产生机制，坚持广泛协商，真正把德才兼备、群众认可、代表性强、议政水平高的优秀人士协商到委员队伍中来，不断优化委员构成。政协换届推荐委员人选和届中增补委员要坚持广泛协商，充分听取同级政协党组意见。按照政协章程规定，政协委员经相关程序后，须由政协常务委员会协商决定。研究制定对不履行职责的委员进行提醒或相应处理的办法，政协委员未经批准连续 2 次缺席政协全体会议、常委未经批准连续 2 次缺席常务委员会会议的，经政协主席会议研究并报同级党委组织、统战部门同意，劝其辞去委员职务。政协委员在届中因工作岗位变动、不便继续履行职责的，应及时予以调整。对严重违反政协章程或全体会议和常务委员会会议决议或决定的委员，依据情节给予警告或撤销委员资格处分。

六、加强各级人民政协组织建设

（十九）选优配强政协领导班子

适应人民政协处于凝心聚力、决策咨询、协商民主、国家治理“四个第一线”要求，注重选拔政治素质高、工作能力强、敢于担当的干部担任政协领导成员。县级政协应依政协章程配齐秘书长，负责政协工作的组织与协调。

（二十）切实为政协开展工作创造良好条件

根据形势发展和工作需要，合理调整优化政协界别构成，增加委员数量，最大限度地把新兴社会力量和各方面的代表人士吸纳到政协中来。加强政协组织履职保障，确保工作机构、人员编制、经费预算等适应工作需要。根据需要，有条件的县（区）设立文史馆，支持通过设立委员联络服务机构、基层民主协商议事平台、信息化工作平台等方式，加强机关工作力量。把政协会议、视察调研、委员培训、中共党员委员工作站等工作经费，列入本级财政预算予以保障，并随着经济社会发展和委员履职需要逐步调整，政协重大活动应拨付专项经费。无固定工资收入的政协委员参加活动由政协按照规定给予补助。完善住县（区）政协委员召集人制度，推动在有条件的单位、企业、社区、村组等设立中共党员委员工作站，推动政协委员参与基层协商。工业园区、乡镇（街道）等党（工）委要明确1位副书记负责联系政协工作、明确1名政协工作专职联络员。

（二十一）加强政协专门委员会建设

市政协专门委员会的设置及其名称，原则上应与省政协相一致，各县（区）政协专门委员会的名称，原则上应与市政协相一致。加强专门委员会工作力量，各专门委员会均应配备专职副主任，并配备若干熟悉政协工作的同级副职级专职委员。进一步优化专门委员会组成人员知识、年龄和专业结构，注重安排符合新时代好干部标准、具有履行政协特定岗位职责能力的政协机关干部担任专门委员会主任、副主任。针对县级政协专门委员会“一人委”情况，探索建立联合办公机制，合理调配机关工作人员，确保政协工作顺利开展。因年龄关系从党政行政部门、事业单位转到政协工作的专门委员会主任、副主任，其行政、工资关系可以保留在原单位，生活福利待遇仍由原单位负责，不占政协机关编制。

（二十二）加强政协机关干部队伍建设

进一步畅通政协干部的“进出口”，把政协机关干部培养、选拔、交流和使用纳入党委干部队伍建设总体规划和年度工作计划，加大政协机关同党政机关之间的干部交流力度，每届应有一定数量的政协机关干部与党政机关或其他部门干部双向交流，并形成长效机制。定期安排一定数量的政协机关干部到基层实践锻炼，有计划选调政协机关中青年干部参加各级党校、行政学院学习培训。注重对政协机关党外干部的培养使用，应有党外代表人士担任政协专职副秘书长，各专门委员会主任、副主任中的党外代表人士应有适当比例。

七、加强党对人民政协工作的全面领导

（二十三）各级党委要从全局和战略高度重视、支持人民政协工作

把发挥好人民政协专门协商机构作用作为重大工作任务进行研究部署，把政协协商工作作为衡量各级领导班子和领导干部工作实绩的重要内容，把重点协商活动、提案办理工作纳入党委政府总体工作部署，实施情况列入政绩考核指标体系。每届党委任期内至少召开1次政协工作会议，每年听取同级政协党组工作汇报、常务委员会工作报告，及时研究解决政协工作中的重大问题，对政协党组织执行党的路线方针政策等情况进行督促检查，党委主要负责同志要带头做党的统战政协工作，带头广交深交党外朋友。党委、政府要各确定1名领导联系政协工作，加大对政协工作的统筹协调力度，班子其他成员也要在各自分管范围内大力支持政协工作。将政协机关列为同级党委统战工作领导小组成员单位，党委统战部部长兼任同级政协党组副书记。建立完善党委、人大、政府、政协秘书长和办公室主任联席会议制度。从工作实际出发，完善和落实政协组织中党员领导干部和有关负责同志参加相关会议、阅读相关文件等规定。政协主席应进入同级党的委员会，列席同级党委常委会会议；

党委政府召开的重要工作会议应邀请政协有关负责同志参加；党委政府召开全局性会议、开展重大活动，应安排同级政协专门委员会和办公室主要负责人参加；县级以上党委组织部门组织民主推荐、民主测评，除上级党委组织部门和同级党委有明确规定范围外，应安排同级政协专门委员会和办公室主要负责人参加。

（二十四）政协党组要肩负起实现党对人民政协领导的政治责任

政协党组是党在政协组织中设立的领导机构，各级党委要善于通过政协党组实现对政协工作的领导，及时通报重大事项和重要人事安排。各级政协党组要完善落实党对人民政协工作全面领导的制度，在政协工作中发挥把方向、管大局、保落实的领导作用，确保党中央大政方针、各级党委决策部署的贯彻落实，确保政协始终在党的领导下主动负责、协调一致地开展工作。完善党中央重大决策部署和习近平总书记重要指示批示贯彻落实的督查机制。严格执行重大问题请示报告制度。健全以党组理论学习中心组学习为引领的学习制度体系。健全完善党组成员与界别委员、分管单位和党建联系单位干部谈心谈话制度。切实担负起从严管党治党的政治责任，严格贯彻落实中央八项规定及其实施细则精神，坚决反对形式主义、官僚主义。大力支持纪委监委派驻政协机关纪检监察组履行监督责任。

（二十五）加强政协系统党的建设

认真贯彻新时代党的建设总要求，以党的政治建设为统领推进政协党的各项建设。加强各级党组、机关党委及党支部建设，配备相应的领导职数和专职党务干部，形成政协党组、机关党组、机关党委、基层党支部上下贯通的组织体系。探索以政协专门委员会为依托设立功能型党支部，将党员委员全部纳入，全力打造“中共党员委员工作站”党建工作品牌，深入开展“党建引领、先锋履职、委员行动”工作，实现党的组织对党员委员的全覆盖、党的工作对政协委员的全覆盖。坚持政协党建工作座谈会制度，市政协每届至少召开1次市县政协党的建设工作座谈会。

（二十六）进一步形成加强和改进人民政协工作的合力

各级党委纪检监察机关和组织、宣传、统战等部门，要在政协党的建设、委员队伍建设、干部队伍建设、新闻宣传等方面提供支持和保障。政府及其有关部门要密切同政协及其专门委员会的沟通协作，积极参加政协协商活动，并在委员履职、知情明政、转化履职成果等方面提供支持和帮助。把习近平总书记关于加强和改进人民政协工作的重要思想作为重要学习内容，纳入各级党委（党组）理论学习中心组学习内容。把人民政协理论列入各级党校（行政学院）、社会主义学院教学计划。把政协宣传工作纳入党委宣传工作。

中共抚州市委办公室
关于贯彻落实中共江西省委办公厅
《关于加强和改进新时代市县政协工作的二十条措施》责任分工方案

（2022年9月17日）

为深入贯彻《中共中央办公厅印发〈关于加强和改进新时代市县政协工作的意见〉的通知》（中办发〔2021〕57号）和《中共江西省委办公厅印发〈关于加强和改进新时代市县政协工作的二十条措施〉的通知》（赣办发〔2022〕22号）精神，结合我市实际，特提出如下责任分工方案。

一、深化凝聚共识工作

（一）把习近平新时代中国特色社会主义思想、习近平总书记关于加强和改进人民政协工作的重要思想，纳入党委、政协党组理论学习中心组学习内容。〔责任单位：市委宣传部、市政协办公室；完成时限：长期坚持〕

（二）坚持习近平新时代中国特色社会主义思想学习座谈会制度，由市、县（区）政协党组理论学习中心组牵头组织，以专门委员会为依托，制定年度学习座谈计划，每年安排2次以上学习座谈活动。〔责任单位：市政协办公室、各县（区）政协；完成时限：2022年底前〕

（三）加强"书香政协"建设。以中共党员委员工作站为依托，定期举行"文昌讲坛""委员讲堂""民生沙龙"等读书活动。打造政协机关文化长廊、政协委员读书角，为委员订阅必要的报纸杂志，常态化开展线上线下全覆盖的委员读书活动。〔责任单位：市政协办公室、市政协各专门委员会；完成时限：长期坚持〕

（四）深化市县政协党组成员同党外委员谈心交流、联系政协常务委员、点评年度履职工作。深入推进党员委员联系党外委员，开展谈心谈话、走访看望等工作。〔责任单位：市政协办公室、市政协各专门委员会、各县（区）政协；完成时限：长期坚持〕

（五）坚持专门委员会联系界别工作制度，充分发挥中共党员委员工作站的平台作用，加强与界别委员的沟通联系，畅通诉求表达渠道。通过专题讲座、学习报告会等形式，宣传阐述党的创新理论和政策。〔责任单位：市政协各专门委员会；完成时限：长期坚持〕

（六）在全国政协的界别范围内，按程序优化政协界别设置，各界别每年至少开展2次活动。〔责任单位：市委统战部，市政协办公室；完成时限：长期坚持〕

（七）政协委员就近就地开展群众工作，更好成为党的政策宣传员、思想政治引领者、界别群众贴心人。政协专门委员会要通过视察调研、政策宣讲、基层走访等方式，加强对相关界别群众思想状况的了解分析，及时报送有关情况。〔责任单位：市政协各专门委员会；完成时限：长期坚持〕

二、提高建言资政水平

（八）市县政协要充分发挥专门协商机构作用，围绕党政工作重点、百姓关注热点、改革发展难点，广泛开展协商，为党委政府提供决策参考。在加强全体会议广泛协商的同时，组织好专题议政性常务委员会会议、专题协商会等。市级政协每半年至少举行1次专题议政性常务委员会会议、每两个月举行1次重要协商活动；县级政协每年至少举行1次专题议政性常务委员会会议、每季度至少安排1次重要协商活动。〔责任单位：市政协办公室、市政协各专门委员会、各县（区）政协；完成时限：长期坚持〕

（九）推进"赣事好商量+"政协平台落地落细，创新政协协商与基层协商相衔接的方式，着力抓好中共党员委员工作站、"一委一特色"、"一县一品牌"建设，搭建更多协商议事平台，增强政协协商民主的针对性、有效性。〔责任单位：市政协办公室、市政协各专门委员会、各县（区）政协；完成时限：长期坚持〕

（十）坚持协商式监督，在同级党委领导下，市级政协每年安排不少于2项民主监督议题，县级政协每年安排不少于1项民主监督议题，按程序批准后列入年度协商计划。〔责任单位：市政协办公室、市政协各专门委员会、各县（区）政协；完成时限：长期坚持〕

（十一）着力加强民主监督，采取会议监督、视察监督、专项监督及聘请特邀监督员、民主评议等多种方式，提出切实可行的意见建议，助推相关工作落实落地。〔责任单位：市政协办公室、市政协各专门委员会；完成时限：长期坚持〕

（十二）加强和改进调查研究工作，根据年度协商计划，统筹安排调研课题，逐一制定针对性强的调研方案，优化调研组织形式，改进调研作风方法，力戒大呼隆、扎堆调研，力戒重调查轻研究，着力打造一批高质量、有价值的参政议政精品。政协委员每届至少参加 1 个调研协商课题，每年至少完成 1 份自主调研履职作业。〔责任单位：市政协办公室、市政协各专门委员会；完成时限：长期坚持〕

（十三）市县党政主要负责同志对政协提案、建议案实行“双领办”，坚持党委、政府、政协领导班子成员领衔督办重点提案，完善专委会与党派联合督办、提案委员会专责督办工作机制。〔责任单位：市委办公室、市政府办公室、市政协提案委员会；完成时限：长期坚持〕

（十四）加强社情民意信息工作，健全队伍，完善机制，提升反映社情民意信息质量。每位委员每年反映社情民意信息不少于 1 篇。〔责任单位：市政协办公室、各专门委员会、各县（区）政协；完成时限：长期坚持〕

（十五）加强政协文史工作，发挥文史工作“存史、资政、团结、育人”的重要作用，体现“亲历、亲见、亲闻”特色，征编《抚州文史》期刊，做好史料征集、史料研究和文史工作成果转化。〔责任单位：市政协文化文史和学习委员会；完成时限：长期坚持〕

（十六）组织编撰《抚州政协志》，系统完整记录 1985 年以来抚州地区政协联络处、政协工委、抚州市政协砥砺前行的历史，切实发挥好以史鉴今、资政育人的作用。每年市政协编撰《抚州政协年鉴》。〔责任单位：市政协文化文史和学习委员会、市政协办公室、各县（区）政协；完成时限：2023 年 12 月〕

（十七）推动“智慧政协”建设，市县政协建立完善视频会议、政协委员履职服务平台等系统，提高省市县政协工作信息一体化水平。〔责任单位：市政协办公室、市政协各专门委员会，各县（区）政协；完成时限：2023 年 12 月〕

（十八）加强政协智库建设，在全市党政机关、大专院校、科研院所、企事业单位聘请一批政治、经济、文化、社会、生态文明建设等各个领域专业人员为政协智库成员，定期组织政协智库成员围绕全市经济社会发展中的重大问题以及民生改善等突出问题，开展综合性、针对性的建言资政活动。〔责任单位：市政协办公室、市政协各专门委员会；完成时限：长期坚持〕

三、健全政协工作机构

（十九）加强政协专门委员会建设，市级政协专门委员会的设置及其名称，原则上与省政协一致。县级政协专门委员会设置数量按照省委办公厅文件执行，由市级政协规范名称。〔责任单位：市委编办、市政协办公室；完成时限：2022 年 12 月〕

（二十）市县政协各专门委员会应当配备主任、专职副主任，充实专职工作人员。注重安排优秀政协机关干部担任专门委员会主任、专职副主任。〔责任单位：市委组织部、市委编办、市政协办公室；完成时限：长期坚持〕

（二十一）市县政协成立委员联络服务管理机构，行政编制确实难以保障的，可以按照有关规定设立“委员履职服务中心”等事业单位予以保障。〔责任单位：市委编办；完成时限：2022 年底〕

（二十二）建立健全乡镇（街道）、开发区（工业园区）政协工作联络组，由党（工）委副书记联系政协工作，设置政协联络专职岗位，创新政协协商与基层协商相衔接方式，增强政协协商民主的针对性、有效性。〔责任单位：市政协办公室、市委组织部、市委编办，各县（区）委、高新区党工委、东临新区党工委；完成时限：2022 年底〕

四、加强政协委员队伍建设

（二十三）优化委员队伍结构，市县政协换届时，委员数量一般保持现有规模，因工作需要确需调整的，应当按照有关规定报批。拟继续提名的各界别政协委员按照程序听取同级政协党组的意见。〔责任单位：市委组织部、市委统战部；完成时限：长期坚持〕

（二十四）加强委员教育培训，换届后及时举办委员培训班。围绕市第五次党代会提出的“打好一个强攻战，实现五个新跨越”工作主线及政协履职知识，在全国政协培训基地及中组部指定的知名高校分期分批举办市政协委员专题培训班，确保届内全体委员至少轮训1遍，党委组织、统战部门协助做好有关培训工作。〔责任单位：市政协办公室、市委组织部、市委统战部；完成时限：长期坚持〕

（二十五）政协委员每届任期内的最后一年就履职情况向本级政协报告，常务委员每年提交履职情况报告。〔责任单位：市政协办公室、市政协各专门委员会；完成时限：长期坚持〕

（二十六）市政协机关建立委员履职档案，做好委员履职情况的统计、评价及激励工作，每年向党委组织部门、统战部门和委员所在党派、单位通报履职情况。委员履职情况作为换届时继续提名的重要参考。〔责任单位：市政协办公室、市政协各专门委员会、市委组织部、市委统战部，各民主党派市委会、市工商联、市知联会；完成时限：长期坚持〕

（二十七）每年开展优秀政协委员及调研报告、提案、社情民意信息等优秀履职成果评选表扬活动。〔责任单位：市政协办公室、市政协各专门委员会；完成时限：长期坚持〕

（二十八）委员因故不能参加应出席的履职活动，必须履行请假手续。未经批准，委员不出席全体会议，对其进行约谈；连续2次不出席全体会议，按照程序劝其辞去委员职务。未经批准，常务委员不出席常务委员会会议，对其进行约谈；连续2次不出席常务委员会会议，按照程序劝其辞去常务委员职务。〔责任单位：市政协办公室、市委组织部、市委统战部；完成时限：长期坚持〕

（二十九）委员参加政协活动应视为本职工作，所在单位负责报销差旅费、发放出差补贴，没有任职单位的委员确有困难，可由所在政协机关保障。〔责任单位：市政协办公室、市财政局；完成时限：长期坚持〕

（三十）纪检监察和司法等机关根据查办案件情况，需对委员作出处理的，应当及时与党委组织、统战部门沟通，有关情况同时向委员所在政协通报。〔责任单位：市纪委监委、市中级人民法院、市人民检察院、市公安局；完成时限：长期坚持〕

五、建立健全制度机制

（三十一）落实党委会同政府、政协制定年度协商计划制度。年度协商计划按照程序审批后，由市、县（区）党委办公室、政府办公室、政协办公室联合印发。〔责任单位：市委办公室、市政府办公室、市政协办公室，各县（区）党委、政府、政协，完成时限：长期坚持〕

（三十二）完善党委、政府负责同志参加政协会议活动的制度。政协全体会议期间，市县党政主要领导、分管领导及有关部门负责同志听取大会发言，参加界别联组或委员小组讨论。市县党政领导根据协商议题应邀出席政协常委会。〔责任单位：市委办公室、市政府办公室、市政协办公室；完成时限：长期坚持〕

（三十三）健全政协协商工作规则，建立加强和促进凝聚共识工作的机制，完善建言资政质量评价标准和评价办法。〔责任单位：市政协办公室；完成时限：长期坚持〕

（三十四）建立完善重大协商议题省市县政协协同调研、联动协商机制。〔责任单位：市政协办公室、各县（区）政协；完成时限：长期坚持〕

（三十五）健全协商成果采纳、落实、反馈机制。对政协报送的重要协商建议案、监督意见，党委、政府要认真研究，党委、政府主要领导要亲自阅批，明确办理部门、提出办理意见，办理结果及时向政协反馈。〔责任单位：市委办公室、市政府办公室、市政协办公室；完成时限：长期坚持〕

（三十六）健全政协全体会议、常务委员会会议、主席会议、协商座谈会议等制度。探索实行下级政协主席根据需要列席上级政协主席会议、县级政协委员根据需要列席市级政协常务委员会会议制度。〔责任单位：市政协办公室；完成时

限:长期坚持〕

(三十七)坚持每届至少召开1次政协党的建设工作座谈会。市级政协每届至少召开1次政协工作经验交流会,每年召开1次秘书长和办公室主任工作会议,各专门委员会每年至少召开1次工作会。〔责任单位:市委办公室、市政协办公室、市政协各专门委员会;完成时限:长期坚持〕

(三十八)建立健全组织管理制度。市县政协党组要严格执行重大问题向同级党委请示报告制度。制定政协党组、机关党组和专门委员会工作规则。健全政协专门委员会联系界别委员制度。制定完善政协委员及机关干部纪律、廉政风险点及防控措施。市级政协制定完善加强和改进人民政协理论研究宣传工作制度。〔责任单位:市、县(区)政协党组;完成时限:长期坚持〕

六、加强党的全面领导

(三十九)建立健全党委常委会定期听取政协工作汇报制度。党委要把政协工作纳入重要议事日程,党委常委会坚持每年听取同级政协党组工作汇报、常务委员会工作报告,及时研究解决政协工作中的重大问题,加强对政协党组织贯彻执行党的路线方针政策等情况的督促检查。每届召开1次政协工作会议。〔责任单位:市委办公室、各县(区)委;完成时限:长期坚持〕

(四十)落实将市县政协机关列为同级党委统战工作领导小组成员单位、党委统战部部长兼任同级政协党组副书记的要求。政协主席应当进入同级党的委员会,列席同级党委常委会会议。〔责任单位:市委办公室、市委组织部、市委统战部;完成时限:长期坚持〕

(四十一)除有明确规定外,党委和政府召开的重要会议、举办的重大活动,应当安排同级政协有关负责同志、专门委员会和办公室主要负责同志参加。〔责任单位:市委办公室、市政府办公室;完成时限:长期坚持〕

(四十二)县级以上党委组织部门组织民主推荐、民主测评,应当安排同级政协专门委员会和办公室主要负责同志参加。把加强党对政协工作的领导纳入综合考核指标体系,把重视支持政协工作情况纳入部门年度综合考核。〔责任单位:市委组织部;完成时限:长期坚持〕

(四十三)落实市级政协应当设立机关党组、县级政协根据工作需要可以设立机关党组的要求,加强市县政协机关党组建设。市县政协党组每年至少听取1次政协机关党的建设工作情况汇报。〔责任单位:市委组织部、市县(区)政协党组;完成时限:长期坚持〕

(四十四)政协全体会议期间和重要视察考察调研、集中学习培训等活动,设立临时党组织。加强对党员委员的教育、管理和监督,发挥党员委员先锋模范作用。配备专职党务工作干部。支持纪委监委派驻政协机关纪检监察组履行监督责任。〔责任单位:市政协党组;完成时限:长期坚持〕

(四十五)增强政协工作力量。根据实际需要和干部配备情况,妥善解决市县政协主席、副主席(含省管厅级干部、市管县级干部)编制问题。〔责任单位:市委编办;完成时限:长期坚持〕

(四十六)拓宽政协机关干部选人用人渠道,加大政协机关同党政机关之间干部双向交流力度,注重配备优秀年轻干部和党外干部。〔责任单位:市委组织部;完成时限:长期坚持〕

(四十七)推动党外干部担任市级政协专职副秘书长,市级民主党派专职副主委兼任同级政协副秘书长。政协各专门委员会主任、副主任以及委员中的党外代表人士应当占有适当比例。畅通县级政协无党派代表人士成长交流渠道。〔责任单位:市委组织部、市委统战部;完成时限:长期坚持〕

(四十八)党委组织、宣传、统战等部门要在政协党的建设、委员队伍建设、干部队伍建设、新闻宣传等方面提供支持和保障,把政协宣传工作纳入党委宣传工作整体部署,把人民政协理论纳入市县党校(行政学院)、社会主义学院等教学内容,把人民政协理论研究纳入市县社会科学研究课题。〔责任单位:市委组织部、市委宣传部、市委统战部、市委党校、市社科联;完成

时限：长期坚持〕

（四十九）政协履行职能必需的经费，纳入同级财政年度预算。进一步明确经费标准，统筹做好委员活动经费保障。委员履职经费标准原则上与同级人大代表一致。〔责任单位：市财政局；完成时限：长期坚持〕

中共政协抚州市委员会党组
关于加强与市各民主党派、工商联联系的制度

（2001年6月12日）

根据中共中央《关于坚持和完善中国共产党领导的多党合作和政治协商制度的意见》，为进一步发挥民主党派、工商联在人民政协中的作用，把我市政协建设成为各党派、各人民团体、各界代表人士团结合作、参政议政的重要场所，现就加强市政协与市各民主党派、工商联联系作出如下规定：

一、市政协在召开重要会议、组织重大活动、开展重要的调查研究和视察时，主动邀请市各民主党派、工商联负责同志参加。

二、每年召开一次市各民主党派、工商联参政议政座谈会，听取各民主党派、工商联对加强人民政协工作的意见和建议，交流履行政治协商、民主监督、参政议政职能的经验和体会，推进我市社会主义民主政治建设。

三、建立中共抚州市政协党组成员与市各民主党派、工商联负责人交友联谊的制度，经常交心通气，听取意见和建议，并积极向中共抚州市委、市政府反映他们的实际困难和问题。具体联系对象如下：黄听明副主席联系民革市委；刘定副主席联系民建市委；邱敬禹副主席联系民盟市委；陈其辉副主席联系农工党市委；市委统战部王晓媛部长联系市工商联；汪伟中秘书长联系九三学社市委。

四、尊重和维护各民主党派和工商联政协委员的视察、举报和参与调查与检查活动的权利，切实保障他们在市政协的各种会议上提出批评的自由和发表不同意见的自由，认真办理以民主党派、工商联名义进行的大会发言和提出的集体提案，充分发挥他们在政协组织中的作用。

中共政协抚州市委员会党组工作规则

（2014年8月15日）

第一章　总　则

第一条　为加强中国共产党对人民政协工作的领导，保证党的路线、方针、政策的贯彻执行，根据《中国共产党章程》的有关规定，结合市政协党组工作实际，制定本工作规则。

第二条　市政协党组是中共抚州市委的派出机构，在市委的直接领导下工作，在政协组织中起核心领导作用。党组由党组书记、副书记和成员组成。党组书记负责党组的全面工作，副书

记协助书记工作。

第三条　市政协党组工作必须高举中国特色社会主义伟大旗帜，以马克思列宁主义、毛泽东思想、邓小平理论、“三个代表”重要思想、科学发展观为指导，坚持中国共产党领导的多党合作和政治协商制度，突出团结民主两大主题，认真履行政治协商、民主监督、参政议政职能，着力协调我市政协内部各方面的关系，巩固和发展最广泛的爱国统一战线，促进人民政协事业不断向前发展。

第二章　党组主要职责

第四条　传达学习党的路线方针政策和中央、省委、市委重要文件、决议、指示及有关会议精神，结合政协工作实际，提出贯彻实施意见。

第五条　推动参加人民政协的各民主党派、人民团体和各族各界人士自觉接受中国共产党领导，使党的主张成为各民主党派、人民团体和各族各界人士的广泛共识。

第六条　研究市政协履行职能的重大问题，决定涉及我市人民政协全面性工作的方针，指导县(区)政协的工作。

第七条　研究决定市政协召开的重要会议、市政协重要文件和市政协领导代表市政协所作的工作报告、讲话；审定以市政协党组名义上报市委的请示、报告；研究决定市政协年度工作要点和工作总结，并向市委报告。

第八条　按照市委统一部署和政协章程规定，配合市委有关部门研究换届时有关界别设置、政协委员名额、人选和常务委员人选以及届中委员、常委调整的有关问题，并提出意见建议。对市政协工作机构和机关内设机构的设定、调整提出意见；按照干部管理权限和规定，研究决定市政协机关有关人事事项。

第九条　维护政协委员和政协参加单位的合法权益；对严重违反政协章程或者严重违反政协全体会议、常务委员会决议的委员提出给予处分的建议。

第十条　研究市政协党的建设和思想政治工作，领导机关党组工作；研究决定机关党组提交的重要事项。

第十一条　研究市政协加强党风廉政建设工作，切实履行好党风廉政建设主体责任。党组书记是市政协党组党风廉政建设第一责任人，对党组责任范围内的党风廉政建设负总责；党组成员按各自分工，对各自分工范围内的党风廉政建设负责。党组成员必须严格遵守党风廉政建设各项规定，自觉接受监督。

第十二条　完成市委交给的工作任务。

第三章　党组会议制度

第十三条　党组实行集体领导与个人分工相结合的制度。凡属党组职权范围内的重大问题，必须按照民主集中制原则，经党组集体讨论决定。

第十四条　党组集体讨论决定事项，以党组会议形式进行。会议议题由秘书长负责征集提出，党组书记审定。

第十五条　党组会议原则上每季度召开一次，根据需要可临时召开。会议由党组书记召集主持，也可由党组书记委托的副书记或其他党组成员召集主持。根据议题，由会议主持人决定，可邀请有关同志列席。

第十六条　党组会议必须有半数以上党组成员到会方能举行。研究人事问题时须有三分之二以上党组成员到会方能召开。如涉及党组成员本人或亲属的问题，有关人员应当回避。

第十七条　党组会议讨论决定重大问题时，要充分发扬民主，取得大多数党组成员的同意。对讨论中有较大分歧的意见议题，除紧急情况下按少数服从多数的原则作出决定外，一般应当暂缓作出决议，待进一步调查研究、交换意见、统一认识后再作决定。

第十八条　党组会议的决定形成后，分管的党组成员与有关部门要认真研究、抓好落实。对落实工作中遇到的重要情况和问题，要及时向党组书记报告。秘书长要对落实情况进行督促检查，并向党组书记报告有关情况。

第十九条 党组会议研究决定的事项，应在会后通报缺席的党组成员。需要征求党外副主席或相关人员意见的，可在会前征求意见或会后通报。

第二十条 每次党组会议都应作好记录。党组会议讨论的情况及没有公布的事项，党组成员及列席会议人员要注意保密，不得向外泄漏。

第四章 民主生活会制度

第二十一条 民主生活会一般每年召开一次，原则上安排在下半年进行；上级组织另有要求的，按要求安排。

第二十二条 民主生活会的基本内容，主要是就以下问题进行检查、总结，统一认识，开展批评与自我批评。

贯彻执行党的路线、方针、政策和市委重大工作部署的情况；

加强领导班子自身建设，实行民主集中制的情况；

（三）艰苦奋斗，清正廉洁，遵纪守法的情况；

（四）坚持群众路线，改进领导作风，深入调查研究，密切联系群众的情况；

（五）其他主要问题。

第二十三条 民主生活会会前应在一定范围内征求对党组及其成员的意见，并将征求到的意见进行反馈。会上，党组成员应根据征求到的意见，结合自身情况发言，提出整改意见，认真加以改进。

第二十四条 民主生活会结束后，及时向市委和有关部门报送情况。同时，在一定范围内向干部、群众通报有关情况和整改措施，接受群众监督。

第五章 理论学习制度

第二十五条 市政协党组学习内容主要包括：马列主义、毛泽东思想、中国特色社会主义理论体系和习近平总书记系列重要讲话精神；党的基本理论、基本路线、基本纲领和基本经验；新时期统一战线和人民政协理论；中央、省委、市委领导关于统战、政协工作的重要讲话，中央、省委和市委有关重要文件和重要会议精神；经济、科技、法律、历史等方面的知识；重要时事。

第二十六条 市政协党组坚持集中学习与自学相结合的方式。原则上每次党组会议安排一次集中学习，也可与主席会议合并组织学习；每年安排两次专题学习，采取领导领学、专家辅导、研讨发言相结合的形式进行。党组成员除参加集体学习外，还应根据工作需要和本人情况，制定学习计划，坚持自学，养成良好的学习习惯。

第二十七条 市政协党组成员要大力弘扬理论联系实际的优良学风，自觉深入实际、深入基层，虚心向基层和群众学习，总结基层干部群众的新创造、新经验，在学习和调研的基础上，每位党组成员每年要牵头写出1至2篇有理论深度、实践依据和决策参考价值的调研文章。

第六章 附 则

第二十八条 本工作规则自印发之日起施行。

市政协党组与各民主党派、工商联和无党派人士联系制度

（2019年12月26日）

为贯彻落实中共抚州市委《关于切实加强新时代人民政协党的建设工作的实施意见》精神，进一步加强市政协党组与各民主党派、工商联和无党派人士的联系，坚持和完善中国共产

党领导的多党合作和政治协商制度，充分发挥各民主党派、工商联和无党派人士在人民政协中的作用，巩固和扩大爱国统一战线，促进政协事业和我市政治、经济、文化与社会建设全面发展，特制定本制度。

一、营造良好合作氛围

市政协党组为各民主党派、工商联和无党派人士在政协发挥作用创造民主、宽松、和谐的环境；尊重和维护各民主党派、工商联成员和无党派人士的民主权利，真诚合作，平等协商，求同存异，为他们参政议政创造良好氛围；畅通各民主党派、工商联和无党派人士参政议政渠道，鼓励和支持他们建诤言、献良策；支持各民主党派、工商联和无党派人士积极反映社情民意，反映群众诉求和社会动态，充分发挥其在协调关系、化解矛盾、理顺情绪、维护稳定等方面的重要作用；强化多党合作和政治协商制度建设的宣传，为各民主党派、工商联和无党派代表人士开展工作营造良好的社会舆论环境。

二、创新联系联络方式

市政协每年至少召开一次民主党派、工商联、无党派人士座谈会，听取他们对政协工作的意见、建议；市政协党组成员每人联系 2 至 3 名民主党派或工商联、无党派人士，与他们交朋友，做到以诚相待，相互尊重，相互学习，合作共事；市政协党组成员每年走访所联系的民主党派（工商联）1—2 次，与所联系的民主党派（工商联）负责人谈心一次，必要时可随时走访；对各民主党派、工商联和无党派代表人士提出的意见和建议，认真负责地向市政协党组汇报反映。

三、坚持列席会议制度

市政协党组有关会议邀请市各民主党派、工商联主要负责人和有关无党派代表人士列席；市政协全委会、常委会、专题座谈会邀请市各民主党派、工商联有关负责人和无党派代表人士列席参加，听取他们的意见和建议。

四、联合开展有关活动

市政协党组成员分管的专门委员会在开展调研、视察、考察，组织教育、文化、科普、医疗下乡及经济、法律知识咨询等活动时，根据业务特点和专业优势，可与民主党派、工商联联合开展活动或邀请民主党派、工商联有关成员和无党派代表人士参加。

五、重视办理党派提案

对各民主党派、工商联提案，市政协提案委员会应及时审查立案，为提案办理创造条件；对事关全局的重要提案，可报请主席会议审议通过后，作为政协建议案；市政协党组成员可采用领导督办提案的方式，加大对党派提案的督办力度，提高办理成效，并及时通报办理结果。

六、发挥独特优势作用

积极推荐市政协委员中有专业特长的各民主党派、工商联成员和无党派代表人士担任司法机关和政府部门的特约监督员，明确职责权利，切实发挥作用。在日常工作中，大力支持特约监督员就宪法和法律的实施、重大方针政策的贯彻执行、国家机关及其工作人员的工作情况等通过建议和批评进行监督。

七、加强党派自身建设

市政协党组支持民主党派、工商联加强自身建设，及时向市委、市政府反映他们的意见建议，呼吁和协调解决其在工作中的实际问题，加强团结，形成合力。市政协在组织各种形式的委员培训时，优先对委员中的民主党派、工商联成员和无党派人士进行培训，增加他们了解社情市情、熟悉国家政策的机会和有关知识的理解，进一步提高他们的政治素质和理论水平，增强他们的参政议政能力。

八、建立信息沟通机制

建立市政协与各民主党派、工商联和无党派代表人士有关工作情况通报制度。市政协年度工作计划、每月工作安排及其他重要文件和有关资料，及时发至各民主党派、工商联。市各民主党派、工商联的年度工作计划也要及时报送市政协机关。

九、加大宣传工作力度

要通过多种途径，广泛宣传各民主党派、工商联和无党派代表人士在政协履行职能、开展活动的情况和成果，宣传政协委员中民主党派、工商联成员和无党派代表人士的先进事迹；各民主党派、工商联开展有关活动时，可邀请市政协党组成员或有关领导参加，并搞好宣传报道。通过有效的宣传，扩大政协在团结社会各界、共谋发展大计、建设小康新抚州中的作用和社会影响。

中共政协抚州市委员会党组
关于市政协中共党员委员工作站创建方案

（2021 年 12 月 30 日）

为深入贯彻落实中央和省委、市委关于加强新时代人民政协党的建设文件精神，坚持和加强党的全面领导，创新政协履职方式，推进“赣事好商量”协商平台建设，拟由市政协各专委会、各县（区）政协领衔，在相关单位、社区、企业设立“中共党员委员工作站”。通过中共党员委员引领非中共党员委员，加强政治学习，深入基层一线，联系服务群众，开展履职活动，助推抚州经济社会发展，展示新一届政协忠诚、务实、为民、奋进的新形象。

一、目标定位

在市委坚强领导下，以党的建设为引领，认真贯彻落实省政协推进“赣事好商量”协商平台建设的要求，以中共党员委员工作站为履职服务平台，充分发挥中共党员委员在闭会期间的政治引领和先锋模范作用，团结带动非中共党员委员发挥委员主体作用，着力把中共党员委员工作站打造成为政治引领的重要阵地、凝心聚力的重要平台、协商议政的重要渠道、反映民意的重要途径、界别活动的重要载体，为全面建设富裕协调美丽和谐幸福的现代化新抚州贡献更大力量。

二、工作内容

（一）强化政治引领

学习习近平新时代中国特色社会主义思想，习近平总书记系列重要讲话、重要批示和指示精神及习近平总书记关于加强和改进人民政协工作的重要思想，进一步增强“四个意识”、坚定“四个自信”、做到“两个维护”。学习党的十九届六中全会、中央经济工作会议精神和省、市党代会精神，确保党中央和省委、市委决策部署在政协得到贯彻落实。深入开展“喜迎二十大，委员在行动”活动，把思想和行动统一到大会精神上来。每年开展一次以上专题学习活动。

（二）着力凝心聚力

在学习宣传、建言献策、为民服务等履职过程中，把党的路线、方针、政策宣传出去，把群众不了解、不清楚的政策解释清楚，深化界别群众对政策措施的认识和理解；提出改进工作的路径和方法，协助党委、政府做好解疑释惑、化解矛盾、凝聚共识的工作。每年开展一次以上凝心聚力活动。

（三）深入协商议政

围绕市政协年度协商计划中的重点课题、人民群众关注的民生问题、委员专长领域的课题，深入调查研究，开展对口协商、界别协商、提案办理协商，形成高质量的意见建议，报送市委、市政府决策参考。对群众的微需求、微意见，广泛开展微协商，推动有关问题解决。每年开展一次以上协商议政活动。

（四）积极反映民意

委员要通过线上（电话、网络等）和线下（走访、调研、视察）收集群众意见建议。对委员收集的意见建议进行会商、完善，形成高质量的提案和社情民意，并及时转送有关方面办理。跟踪反馈办理情况，力争件件有着落，事事有回音。每年反映四条以上社情民意。

（五）开展界别活动

发挥党员委员模范带头作用，激发委员主体作用，组织开展政策咨询、科普宣传、捐资助学、扶贫济困、义诊服务、就业指导、法律援助等界别特色活动，打通政协联系服务群众“最后一公里”。每年组织一次界别集中服务群众活动。

三、创建模式

拟由市政协8个专委会，11个县（区）政协领衔创建中共党员委员工作站。各专委会根据本委的住抚市政协委员情况进行创建，各县（区）政协根据当地市、县（区）政协委员的情况进行创建，采取“中共党员委员＋非中共党员委员＋界别＋专委会（或县区政协）特色工作”模式，实现党的组织对党员委员的全覆盖，党的工作对政协委员的全覆盖。

二、工作流程

（一）制定工作方案

由市政协办公室总结经验、学习借鉴外地兄弟市政协的好做法，拟定工作站创建方案。2021年12月底前完成。

（二）组建工作队伍

由组建单位选定中共党员委员担任站长，成员由党员委员和非中共党员委员共同组成，副站长可酌情设置。工作人员可由其他同志兼任。2022年1月底前完成。

（三）完善场所建设

选定工作站的办公地址，完善工作站硬件设施。工作站运行前，由市政协领导进行揭牌。2022年2月底前完成。

（四）抓实各项活动。制定工作计划，精心组织实施，每两个月至少开展一次主题鲜明的活动，由中共党员委员领衔，非中共党员委员积极参加。每位委员根据工作站发布的任务主动申报是否参与，每年至少参加2次活动。

（五）报告年度工作

年末作出工作总结，提出下年工作计划，并向市政协党组会议报告。每年12月中旬前完成。

五、工作要求

（一）有场地

充分利用相关单位的现有条件，选择相对成熟的地点组建工作站。特别要考虑工作站的可持续性，不因委员变更而另换场地。

（二）有标识

由市政协办公室统一制作“政协抚州市委员会中共党员委员工作站”铭牌，悬挂在显眼处。

（三）有制度

各站充分发挥所在界别、行业等优势，探索建立务实管用、特色鲜明的工作制度。

（四）有计划

由各工作站根据本站的实际情况，制定切实

可行、方便操作的年度工作计划和阶段性工作计划，以及重要活动方案。明确分工，责任到人。

（五）有记录

每次活动做好会议记录、活动记录，留存好图片、小视频等影像资料，对委员关注的问题，提出意见建议和现场达成共识详细记录，编写活动小结。

（六）有成果

工作站要常态运行、彰显优势、体现价值，形成专题报告、大会发言、委员提案、社情民意等履职成果。

六、保障措施

（一）组织领导

市政协党组会议定期研究中共党员委员工作站工作，主席会议成员对分管专委会和联系县（区）政协的工作站要挂点督导落实。各专委会、各县（区）政协具体负责对口工作站的创建、联络、指导和推进，抓好履职成果的转化运用。

（二）经费保障

市直的中共党员委员工作站必要工作经费由市政协办公室按规定在委员活动经费中列支。工作站所在单位给予支持。

（三）履职考核

对履职成绩突出、群众反映良好的工作站进行评比表彰。委员参加工作站的活动，列入委员履职量化考核管理，作为评选优秀市政协委员的重要依据，记入委员履职档案。

（四）加大宣传

总结工作站成功经验和发掘典型事例，通过各类新闻媒体、政协网站和微信公众号等，大力宣传工作站建设成效，扩大工作站的社会影响力。

中共政协抚州市委员会党组
关于学习宣传贯彻党的二十大精神工作方案

（2022 年 11 月 29 日）

为深入学习宣传贯彻党的二十大精神，切实把广大政协委员、机关干部和界别群众的思想统一到党的二十大精神上来，把力量凝聚到党的二十大确定的目标任务上来，根据《中共中央关于认真学习宣传贯彻党的二十大精神的决定》（中发〔2022〕29 号）和《中共江西省委关于认真学习宣传贯彻党的二十大精神的通知》（赣发〔2022〕24 号）、《中共抚州市委关于认真学习宣传贯彻党的二十大精神的通知》（抚发〔2022〕14 号）要求，结合市政协实际，制定如下工作方案。

一、总体要求

把学习宣传贯彻党的二十大精神作为首要政治任务，认认真真读原著、学原文、悟原理，与学习习近平总书记关于加强和改进人民政协工作的重要思想、习近平总书记视察江西重要讲话精神结合起来，以高度政治自觉、思想自觉、行动自觉深入学习贯彻习近平新时代中国特色社会主义思想，学习和把握好其中的世界观和方法论，坚持和运用好贯穿其中的立场观点方法，更加自觉捍卫“两个确立”、做到“两个维护”，发挥好专门协商机构作用，以高水平履职贯彻落实党的二十大精神，为全面建设现代化新抚州贡献政协智慧和力量。

二、基本原则

（一）做到“五个讲清”，深刻认识重大意义

党的二十大明确宣示了党在新时代新征程

上举什么旗、走什么路、以什么样的精神状态、朝着什么样的目标继续前进，在政治上、理论上、实践上取得了一系列重大成果。我们学习宣传党的二十大精神，要切实做到“五个讲清”。一是讲清楚大会召开的历史方位；二是讲清楚大会取得的重大成果；三是讲清楚大会开启的伟大征程；四是讲清楚大会擘画的宏伟蓝图；五是讲清楚大会精神推动我市高质量发展的指导意义。

（二）突出“六个把握”，学深悟透精神实质

学习宣传贯彻党的二十大精神，重点要认真研读二十大文件、原原本本学习二十大报告和党章，学习习近平同志在党的二十届一中全会上的重要讲话精神，必须坚持全面准确、深入理解内涵，精准把握外延，重点突出“六个把握”。一是准确把握党的二十大的主题是党和国家事业发展的总纲；二是准确把握过去5年工作和新时代10年伟大变革的重大意义；三是准确把握习近平新时代中国特色社会主义思想的世界观和方法论；四是准确把握以中国式现代化全面推进中华民族伟大复兴的使命任务；五是准确把握以伟大自我革命引领伟大社会革命的重要要求；六是准确把握团结奋斗的时代要求。

（三）开展“五项活动”，迅速掀起学习热潮

认真学习、广泛宣传、全面贯彻党的二十大精神，是当前和今后一个时期首要的政治任务。既要整体把握、全面系统，又要突出重点、抓住关键，开展好“五项活动”。一是开展专题教育活动；二是开展学习培训活动；三是开展集中宣讲活动；四是开展网站宣传活动；五是开展理论研究活动。

（四）力求“六个争先”，狠抓决策部署落地

学习贯彻中共二十大精神，必须把武装头脑、指导实践、推动工作作为出发点和落脚点。要按照省委“作示范、勇争先”的定位，围绕全面建设现代化新抚州的目标，把中共二十大精神全面贯彻落实到各个领域、各个界别，力求做到“六个争先”。一是在做到政治忠诚上争先进、做表率；二是在全力强攻工业上争先进、做表率；三是在促进绿色发展上争先进、做表率；四是在推动乡村振兴上争先进、做表率；五是在保障民生福祉上争先进、做表率；六是在加强党的建设上争先进、做表率。

三、有关要求

（一）提高政治站位

充分认识学习宣传贯彻党的二十大精神的重大意义，坚持不懈用习近平新时代中国特色社会主义思想武装头脑、指导实践、推动工作，坚定不移用党的二十大精神统一思想、凝聚力量、鼓舞斗志，深刻领悟“两个确立”的决定性意义，增强“四个意识”、坚定“四个自信”、做到“两个维护”，以实际行动践行对党忠诚。

（二）坚持学以致用

把党的二十大精神落实到政协事业发展全过程各方面，坚持发扬民主和增进团结相互贯通，建言资政和凝聚共识双向发力，推动党的二十大精神在政协系统走深走实、落地生根、开花结果，助力抚州高质量跨越式发展。

（三）强化组织领导

市政协党组要加强对学习宣传贯彻工作的领导，加强研究部署；市政协机关党组在市政协党组领导下，要切实承担好政协机关内部的学习宣传贯彻工作；各专委会要做好所联系界别、中共党员委员工作站的指导联系工作，确保及时有序推进；机关各党支部要严格贯彻落实各项工作要求，及早制定详细计划，认真组织实施，迅速掀起学习宣传贯彻热潮。

中共政协抚州市委员会党组
关于深入开展学习贯彻习近平新时代
中国特色社会主义思想主题教育的实施方案

（2023年9月16日）

根据中央《关于在全党深入开展学习贯彻习近平新时代中国特色社会主义思想主题教育的意见》《关于开展第二批学习贯彻习近平新时代中国特色社会主义思想主题教育的指导意见》和省委《关于在全省开展第二批学习贯彻习近平新时代中国特色社会主义思想主题教育的实施方案》及市委《关于在全市开展学习贯彻习近平新时代中国特色社会主义思想主题教育的实施方案》的要求，市政协开展学习贯彻习近平新时代中国特色社会主义思想主题教育，从2023年9月开始，到2024年1月基本结束。为扎实开展市政协主题教育，现结合政协实际，制定如下实施方案。

一、明确目标要求，把握主题教育正确方向

开展第二批主题教育，要认真学习贯彻习近平总书记关于主题教育系列重要讲话和重要指示批示精神，全面落实习近平总书记视察江西重要讲话精神，贯彻落实党中央关于开展主题教育的安排和省委、市委工作要求，紧紧围绕学思想、强党性、重实践、建新功的总要求，牢牢把握深入学习贯彻习近平新时代中国特色社会主义思想这一主题主线和根本任务，充分借鉴运用第一批主题教育成功经验，坚持学思用贯通、知信行统一，坚持同第一批主题教育衔接联动，坚持理论学习、调查研究、推动发展、检视整改、建章立制等重点措施有机融合、一体推进，全面落实“以学铸魂、以学增智、以学正风、以学促干”的重要要求，确保实现凝心铸魂筑牢根本、锤炼品格强化忠诚、实干担当促进发展、践行宗旨为民造福、廉洁奉公树立新风的目标。

（一）凝心铸魂筑牢根本

全面、系统、深入学习习近平新时代中国特色社会主义思想，完整准确掌握这一思想的主要内容，全面把握这一重要思想的世界观、方法论和贯穿其中的立场观点方法，深刻理解这一重要思想的道理学理哲理，推动党员、干部真学真懂真信真用，推动学习往深里走、往实里走、往心里走，提高思想觉悟，切实做到筑牢信仰之基、补足精神之钙、把稳思想之舵。通过加强党的创新理论武装，大力弘扬伟大建党精神，扎实推进红色基因传承，教育引导广大政协委员、干部坚定理想信念、坚守初心使命，把事业放在心上，把责任扛在肩上，以更加奋发有为的精神状态为国履职、为民尽责。

（二）锤炼品格强化忠诚

深刻领悟“两个确立”的决定性意义，增强政治忠诚、拥戴核心、维护核心、捍卫核心的政治自觉、思想自觉、行动自觉，不断提高政治判断力、政治领悟力、政治执行力，始终忠诚于党、忠诚于人民、忠诚于马克思主义，真心爱党、时刻忧党、坚定护党、全力兴党。通过大力弘扬革命先烈对党无限忠诚的政治品格，教育引导党员委员更好发挥先锋模范作用，确保在政治立场、政治方向、政治原则、政治道路上同以习近平同志为核心的党中央保持高度一致。

（三）实干担当促进发展

突出实践导向，真抓实干、务求实效，进一步教育引导广大党员、政协委员、机关干部聚焦“作

示范、勇争先”的目标要求，传承红色基因，大力弘扬伟大建党精神和井冈山精神、苏区精神、长征精神，弘扬苏区干部好作风，深入贯彻落实省委十五届四次全会提出的打造“三大高地”、实施“五大战略”，以及市委五届四次全会提出的唱响“一大品牌”、实施“六大战略”、推进“三大建设”，担当作为，积极履职，为加快推进高质量发展，奋力谱写中国式现代化的抚州篇章贡献政协智慧和力量。

（四）践行宗旨为民造福

坚持人民至上，一切为了人民、一切依靠人民，始终同人民同呼吸、共命运、心连心，把为民办事作为重要内容，以群众满意不满意作为根本评判标准，紧紧抓住人民群众最关心最直接最现实的利益问题，把惠民生、暖民心、顺民意工作做到群众心坎上，不断增强人民群众的获得感、幸福感、安全感，让现代化建设成果更多更公平惠及全体人民。通过大力践行新时代党的群众路线，教育引导广大政协委员、干部始终坚持人民政协为人民，始终同人民群众想在一起、干在一起，永葆为国履职、为民尽责的情怀。

（五）廉洁奉公树立新风

坚持以党性立身做事，增强纪律意识、规矩意识，践行“三严三实”，严格落实中央八项规定及其实施细则精神，持续纠治“四风”，把纠治形式主义、官僚主义摆在更加突出位置，坚决反对特权思想和特权现象，做到公正用权、依法用权、为民用权、廉洁用权，推动形成清清爽爽的同志关系、规规矩矩的上下级关系、亲清统一的新型政商关系，当好良好政治生态和社会风气的引领者、营造者、维护者，树立求真务实、团结奋斗的时代新风。通过大力弘扬苏区干部好作风，教育引导广大党员、干部传承克己奉公、清正廉洁的政治本色，持续巩固政协机关风清气正的良好政治生态。

主题教育坚持目标导向和问题导向相统一，结合政协实际，着力解决6个方面的突出问题。一是理论学习方面，主要是学风不纯不正，学习不走心不深入不系统，用党的创新理论指导实践、解决问题存在差距和不足。特别是学思践悟习近平总书记关于加强和改进人民政协工作的重要思想存在差距和不足等。二是政治素质方面，主要是政治判断力、政治领悟力、政治执行力不够强，贯彻落实党中央决策部署和习近平总书记重要讲话重要指示批示以及视察江西重要讲话精神不够，坚持和加强党对政协工作全面领导的体制机制不够完善等。三是能力本领方面，主要是新发展理念树得不牢，以高质量协商、高水平建言助推高质量发展的本领不够强，加强思想政治引领、广泛凝聚共识方法的手段不够丰富，缺乏及时发现和解决自身存在问题的意识和能力，推动政协工作提质增效的系统性、整体性、协同性不够强。四是担当作为方面，主要是干事创业精气神不足，缺乏担责意识、斗争精神，不敢动真碰硬、攻坚克难，民主监督方式方法有待进一步探索，市县政协“两个薄弱”问题有待进一步破解。五是工作作风方面，主要是宗旨意识和群众感情不够强，调查研究在察实情、谋实招、求实效方面还有差距，问题导向、结果运用、跟踪推动方面有待加强；调研活动统筹不够，存在扎堆现象等。六是廉洁自律方面，主要是纪法意识淡薄，运用法治思维和法治方式开展工作的意识不强，全面从严治党抓得不够严实，党风廉政建设责任制落实不够等。

二、突出重点措施，扎实推进主题教育

根据中央和省委、市委部署，市政协主题教育要抓好理论学习、调查研究、推动发展、检视整改、建章立制等重要措施落实，推动主题教育走深走实、见行见效。

（一）深入抓好理论学习

大力弘扬马克思主义学风，坚持全面系统、及时跟进，坚持多思多想、学深悟透，坚持知行合一、学以致用，坚持联系实际、立足岗位，全面深入学习贯彻习近平新时代中国特色社会主义思想，在深学细照笃行中提高理论素养、坚定理想信念、升华党悟境界、增强能力本领，夯实坚定拥护“两个

确立”、坚决做到“两个维护”的思想根基。

1. 坚持读原著学原文悟原理 通读研读党的二十大报告、党章、《习近平著作选读》《习近平新时代中国特色社会主义思想专题摘编》等学习材料，深入学习领会习近平总书记关于主题教育系列重要讲话精神、关于树立和践行正确政绩观的重要论述，持续深入学习习近平总书记对江西工作重要要求，在深化、内化、转化上聚力用劲，全面系统掌握习近平新时代中国特色社会主义思想的科学体系、核心要义和实践要求，把握好这一重要思想的世界观、方法论和贯穿其中的立场观点方法，真正把看家本领、兴党本领、强国本领学到手，做到对党的创新理论入心见行、善思善用。坚持干什么学什么，深入学习习近平总书记关于加强和改进人民政协工作的重要思想以及习近平总书记视察江西重要讲话精神，跟进学习习近平总书记最新重要讲话和文章，用党的创新理论指导实践、推动工作。

2. 开展学习研讨交流 加强集中学习，组织举办读书班，时间不少于一周。党组理论学习中心组要结合市政协实际列出若干专题，组织党员领导干部深入开展研讨，联系思想、工作实际和具体事例，讲认识感悟、讲收获体会、讲思路举措，不搞表态发言。党组成员要结合学习体会和实际工作讲专题党课，党组书记带头讲、其他党组成员到分管专委会或所在党支部讲。

3. 增强理论学习实效 结合常态化党史学习教育，运用我市丰富的红色教育资源和党性教育基地开展学习，砥砺理想信念和初心使命。组织党员、干部特别是党员领导干部开展宣传宣讲，推动党的创新理论“飞入寻常百姓家”。坚持以党内教育引导和带动广大政协委员，鼓励和支持委员深入基层、深入界别群众，及时反映群众意见和建议，宣传党和国家方针政策，协助做好协调关系、理顺情绪、化解矛盾工作，更好把各界别所联系的群众团结在党的周围。

（二）扎实开展调查研究

按照党中央关于在全党大兴调查研究的工作方案和省委、市委实施方案，念好“深、实、细、准、效”五字诀，发扬“寻乌调查”唯实求真精神，查堵点、破难题，摸清社情民意、解决实际问题。

1. 精心组织专题调研 结合市政协年度协商工作计划、月度协商计划，有针对性地研究确定若干调研课题，开展专题调研。市政协领导班子成员每人领题调研，形成调研成果。组织领导干部结合分管工作转换角色、走进群众，现场研究解决问题。认真抓好典型案例解剖式调研，确定 1 个正面和 1 个反面案例，进行复盘剖析，解剖麻雀、举一反三，把问题研究得更深更透、对策提得更准更实，通过“解剖一个问题”推动“解决一类问题”。

2. 改进调研方式 领导班子成员要深入农村、社区、企业、学校、新经济组织、新社会组织等基层单位，把脉问诊，解剖麻雀。多采取“四不两直”方式，多到困难多、群众意见集中、工作打不开局面的地方和单位，真正把情况摸清、把问题找准、把对策提实。制定调研计划安排，统筹确定调研时间、地点，防止扎堆调研、作秀式调研、盆景式调研。

3. 注重调研成果转化运用 组织召开调研成果协商会，邀请党政部门、党派团体、高等院校等方面交流调研情况，集思广益研究对策措施，注意提高深度协商互动、意见充分表达、广泛凝聚共识水平。通过调研报告、建议案、社情民意信息等形式，及时将调研成果报市委、市政府提供决策参考。建立调研成果转化运用清单，加强对调研发现问题解决和意见建议采纳落实情况的跟踪问效。

（三）着力推动高质量发展

围绕推动党的二十大精神落地见效，不折不扣贯彻落实党中央重大决策部署特别是关于做好下半年经济工作的部署要求，把主题教育成果体现到高质量发展的成效上、体现到促进中心工作上。

1. 围绕发展建真言 聚焦“作示范、勇争先”的目标要求，把中心所在、大局所需与政协所能结合起来，在服务全市高质量发展大局中扛起政协责任、彰显政协作为、作出政协贡献。围绕市委五届四次全体（扩大）会议提出的唱响“一大品牌”、实施“六大战略”、推进“三大建设”，开展全员宣传、全域调研、全方位履职，广泛凝聚共识，积极建言献策，汇聚发展合力。领导班子成员根据自身职责，结合理论学习和调查研究，紧扣打好“八大攻坚战”，学习运用“千万工程”经验案例，落实扩大市场需求、大力推动现代化产业体系建设、优化民营企业发展环境、化解地方债务风险、全面振兴乡村、推进城乡融合发展等方面工作，深入一线协商，献计出力。扎实做好重点提案的协商办理，提升提案办理质量，让“小提案”破解“大难题”；组织政协委员、干部开展“我为抚州发展建一言”活动，以短、平、快的方式开展建言献策、助推发展。精心举办“文化抚州、梦想之舟”全市政协系统艺术作品展，为全市打造“文化抚州、梦想之舟”品牌凝聚共识、汇聚力量。

2. 主动参与促发展　市政协班子成员深入挂点县（区）、工业园区、乡村振兴村、重点项目建设工地，就经济社会发展、招商引资、创文巩卫等中心工作实地调研指导，现场办公，督促检查，确保各项工作有序有力有效推进。主动参与数字经济“一号发展工程”、新能源汽车及零部件产业等重点产业、重大项目发展，形成推动发展强大合力。

3. 办好实事解民忧　深入践行以人民为中心的发展思想，把为民办实事作为主题教育的重要内容，发挥专门协商机构优势特点，引导委员关心关注就业、教育、医疗、托育、住房、养老等民生领域突出问题，并落实到协商议政、提案、视察考察调研、民主监督等各项履职活动中。用好用活中共党员委员工作站履职平台，推动“一委一特色”、“一县一品牌”走深走实，利用平台开展政治宣传、科技普及、捐资助学、义诊服务、法律援助等“我为群众办实事”界别活动，着力解决群众“急难愁盼”问题。运用好“四下基层”制度，深入基层开展信访工作，推动解决群众信访难题、化解群众信访积案，对群众普遍关切的问题及时解疑释惑、回应诉求。

（四）从严从实检视整改

发扬刀刃向内的自我革命精神，坚持边学习、边对照、边检视、边整改，深入查摆不足，抓好突出问题的整改整治。

1. 深入开展党性分析　聚焦习近平总书记、党中央关心关注的问题，影响制约高质量发展的问题，人民群众急难愁盼的问题，防范化解重大风险中的问题，全面从严治党中的问题，深刻检视剖析、深挖思想根源、深入整改落实。广开言路、畅通渠道，综合各方面发现和反馈的问题，注重从群众信访诉求中梳理焦点难点问题，形成全面、准确、有分量的问题清单，采取动态管理、滚动销号的方式进行整改。

2. 开好专题民主生活会　主题教育结束前，市政协党组要按照赣组发〔2023〕2 号文件要求，召开一次专题民主生活会。党组成员要把自己摆进去、把职责摆进去、把工作摆进去，咬耳扯袖、红脸出汗，严肃认真开展批评与自我批评，做到见人见事见思想，着力从思想根源上解决问题。

3. 扎实开展整改整治　对查摆出的问题，逐项制定整改措施，能改的马上改，一时解决不了的要明确具体措施、整改时限、责任分工，确保整改到位。坚持以最严肃最认真的态度对待省委巡视反馈意见整改，以最坚决最有力的举措推动巡视整改落实到位。在市政协机关认真开展“九查九改”干部作风整顿及“科股长文化”专项整治活动，不断推动干部作风建设和全面从严治党向纵深发展。坚持开门整改，以适当方式向党员群众通报整改整治情况。适时开展“回头看”，对效果不理想、群众不满意的回炉补课。

（五）巩固成果建章立制

坚持边实践边总结，及时总结提炼各级党组织开展主题教育的有效做法。坚持“当下改”和“长久立”相结合，对主题教育中学习贯彻习近平新时代中国特色社会主义思想的好做法好经验，及时以制度形式固定下来。对反复出现的问题，注重从制度上找原因，做好完善机制、建章立制工作，防止问题反弹。建立巩固深化主题教育成果的长效机制，健全学习贯彻党的创新理论的制度机制，强化制度执行的监督检查，确保常态长效。

三、强化组织领导，确保主题教育取得实效

成立市政协党组学习贯彻习近平新时代中国特色社会主义思想主题教育领导小组（以下简称市政协党组主题教育领导小组），市政协党组主要领导担任组长。市政协党组主题教育领导小组下设办公室，负责日常工作，确保主题教育有力有序开展。

（一）强化责任落实

党组书记作为主题教育的“第一责任人”，负责牵头抓总。市政协领导班子成员要履行好“一岗双责”，认真抓好自身学习研讨、调查研究等工作，指导和推动所联系的县（区）政协、所在党支部的主题教育工作。结合政协实际，注重统筹兼顾，把开展主题教育与推动年度协商工作计划、月度协商计划结合起来，防止“两张皮”。

（二）注重效果导向

围绕党的创新理论掌握运用、调查研究成果转化、群众急难愁盼问题解决、专项整治突出问题、党员干部群众满意程度等方面，采取述学、问卷调查、实地察看、随机走访等方式，把过程评价与总结评估结合起来，通过党组全面自评、指导组研判分析，评估主题教育效果。

（三）强化督促指导

加强对机关党组的督促指导，推动压力层层传导，确保主题教育高质量、有特色、走前列。坚持督和导结合，严督实导、以导带督，该肯定的肯定，该提醒的提醒，该批评的批评。对走形变样、问题严重的，给予严肃处理。

（四）弘扬务实作风

把反对形式主义要求贯穿到主题教育各方面，不搞不必要的形式创新，不随意增加“自选动作”，不增加基层负担，坚决防止过度留痕，坚决防止形式化、套路化、表面化，坚决防止“低级红”、“高级黑”，确保主题教育的政治性和严肃性。调查研究要轻车简从，不搞层层陪同，不搞“作秀式”“盆景式”调研。检视问题要防止大而化之、隔靴搔痒，不避重就轻、避实就虚。整改落实不虎头蛇尾、久拖不决，力戒口号喊得震天响、行动起来轻飘飘。

（五）加强宣传引导

深入宣传习近平新时代中国特色社会主义思想，深入宣传习近平总书记关于主题教育系列重要讲话和重要指示批示精神，深入宣传党中央部署要求，及时传递党中央声音。总结好经验好做法，全面反映市政协主题教育工作进展和成果成效。坚持网上网下协同发力，统筹用好各级媒体和宣传教育平台，办好主题教育专题专栏，加强舆情监测导控，营造良好舆论氛围。

中共政协抚州市委员会党组
关于抚州市政协领导班子开展调查研究的实施方案

（2023 年 10 月 12 日）

根据《中共中央办公厅印发〈关于在全党大兴调查研究的工作方案〉的通知》（中办发〔2023〕9 号）和《中共江西省委办公厅印发〈关于在全省大兴调查研究的实施方案〉的通知》（赣办

发〔2023〕6号）和《中共抚州市委办公室印发〈关于在全市大兴调查研究的实施方案〉的通知》（抚办发〔2023〕4号）要求，为扎实有序有效开展好抚州市政协领导班子成员领衔的主题教育调查研究工作，特制定如下实施方案。

一、调研课题

贺喜灿同志：以“工作提质年”为抓手，推动抚州市政协工作高质量发展

谭小平同志：“绿宝”碳普惠制落地推广专题调研

刘忠华同志：关于抚州市戏曲传承与发展的调研

戴晓文同志：深化校企合作，服务产业发展

曾月兴同志：坚决扛起粮食安全政治责任，筑牢“赣抚粮仓”粮食安全防线

伍旭鸿同志：加快培育“专精特新”企业，打造抚州市工业发展强引擎

唐永文同志：关于进一步推进抚州市环评审批工作的分析研究

刘胜同志：完善抚州市教育精准资助体系，全面提升资助育人实效

王彬同志：抚州市医疗卫生服务能力现状的调研

二、方式方法

（一）认真组织学习

市政协领导班子成员要深入学习领会习近平总书记关于调查研究的重要论述，准确把握大兴调查研究的重要意义、总体要求、基本原则、调研内容、方法步骤、工作要求，增强做好调查研究的思想自觉、政治自觉、行动自觉。

（二）制定调研方案

9月下旬前，研究制定市政协领导班子调查研究实施方案，明确调研的课题、方式方法和工作要求。市政协领导班子成员按照实施方案要求，制定开展调查研究的具体方案，合理确定调研的时间、地点和人员。

（三）深入调查研究

10月下旬前，完成课题调研工作。综合运用座谈访谈、随机走访、问卷调查、专家调查、抽样调查、统计分析、蹲点调查、明察暗访等方式，充分运用互联网、大数据等现代信息技术，多层次、多方位、多渠道开展调查研究。

（四）交流调研成果

11月上旬前，形成课题调研报告，并进行一次调研成果交流。在调研成果交流基础上，进一步修改完善调研报告。调研报告由市政协主题教育领导小组办公室汇编，供各县（区）政协、政协委员、机关干部学习借鉴。

（五）推动成果转化

2024年1月上旬前，建立调研成果转化运用清单。逐一梳理形成问题清单、责任清单、任务清单，逐一列出解决措施、责任单位、责任人和完成时限。2024年1月中旬前，集中解决一批调研中发现的问题。

（六）狠抓跟踪问效

市政协领导班子成员加强对问题解决情况的督查督办和跟踪问效，定期对调研对象和解决问题等事项进行回访，注意发现和解决新的问题，确保调查研究工作取得明显成效。

三、工作要求

市政协领导班子成员要充分发挥带头示范作用，切实用好调查研究这一我们党的传家宝，引导带动全市政协系统各级干部动起来、沉下去，真研究问题、研究真问题，推动调查研究走深走实。

（一）压实责任、转变作风

承担领题调研任务的领导干部要发扬“寻乌调查”唯实求真精神，坚持调研“深、实、细、准、效”五字诀，坚持问题导向、目标导向、质效导向，结合日常履职，深入市县政协、农村、社区、企业、医院、学校、新经济组织、新社会组织等基层单位，把脉问诊、解剖麻雀。要多采取“四不两直”方式，多到问题突出、群众意见集

中、工作成效不佳的地方和单位，真正把情况摸清、把问题找准、把对策提实，形成高质量调研成果。

（二）统筹谋划、有序推进

要精心谋划组织专题调研，抱着解决问题的目的制定方案、开展调研，力戒作秀式调研、盆景式调研、蜻蜓点水式调研。外出调研的发函，应按程序报审。市政协主题教育领导小组应做好外出调研登记，统筹安排好领导的调研时间、地点，遇到情况及时协调，防止扎堆调研，切实为基层减负。

（三）衔接贯通、注重实效

主题教育不划阶段、不分环节，要把理论学习、调查研究、推动发展、检视整改等贯通起来，有机融合、一体推进，推动调研成果上升为制度成果、转化为工作实效。

政协抚州市委员会视察简则

（2001年3月1日，政协抚州市第一届委员会第4次主席会议通过）

为提高委员视察质量，规范视察活动，根据全国政协《章程》第八条和《全国政协委员视察简则》，结合本会的实际情况，特制订本简则。

一、委员视察是民主监督的一种主要形式，是委员深入实际、联系群众、了解和反映民意，充分发挥“政治协商、民主监督、参政议政”职能的重要途径。视察目的，是通过实地视察，开阔视野，对国家方针政策的具体贯彻执行情况和工作中存在的问题和经验，向国家机关和其他有关部门提出意见和建议。

二、视察对象主要是市属行政、企事业单位。视察内容要围绕党委、政府的中心工作，市政协全体会议和常委会会议的中心议题，以及群众关心的热点和难点问题。

三、组织委员集体视察，原则上每年安排1次，一般安排在全体会议前进行；如有必要，可以适当增加次数。视察时间以每次2至4天为宜。

四、组织委员视察要本着“小型、分散、深入”的原则，可以与专题调研相结合，促进委员比较深入地了解实际情况；可以与办理提案相结合，推动提案办理的进展；也可以与所在地（单位）党政领导及有关方面负责人面对面协商解决问题相结合，促进党政决策的科学化、民主化。

五、组织委员视察，要根据政协主席会议、常委会会议、全体会议提出的任务，拟定视察计划。内容包括：指导思想、视察专题、视察单位、视察时间、视察人员等。视察计划，由有关专委会研究提出，报主席会议批准。

六、为保证视察质量，各视察团（组）应事先组织学习有关文件，统一思想，明确视察的目的、意义、内容和要求；应及时与被视察单位联系，做好安排；并邀请新闻单位参加，做好宣传报道工作。

七、视察活动要厉行节约，做到勤俭，廉正。

八、每个视察团（组）在视察结束后，要写出视察报告或专题建议，由市政协办公室送市委、市政府决策参考，并及时反馈给视察人员。

政协抚州市委员会
关于加强对县(区)政协工作指导的暂行办法

(2003年3月5日,政协抚州市委员会第一届二十三次主席会议审议通过)

为进一步密切与县(区)政协的联系,履行对县(区)政协工作进行指导的职责,活跃全市政协工作,特制订本办法。

一、市政协要同县(区)政协及时交流工作思路、工作安排、重要任务部署及各种重要信息;做好传达上级有关精神和推广基层政协工作经验等工作;重视倾听县(区)政协的意见和县(区)政协委员的建议。

二、市政协主席、副主席和秘书长每年至少到县(区)走访一次,了解和掌握县(区)政协的工作情况。

三、市政协召开常委会时邀请县(区)政协主席或副主席列席。

四、市政协适时召开全市政协工作经验交流会、县(区)政协主席或秘书长(办公室主任)座谈会或其他形式的会议,研讨共性问题、沟通相互情况,推动各项工作的开展。

五、市政协办公室每年召开一次县(区)政协机关工作会议,采取以会代训的方法,对县(区)政协机关干部进行政协文秘、调研、信息等业务知识的培训。

六、市政协各专门委员会要加强同县(区)政协专门委员会的联系与合作,以调研课题为纽带,就共同关心的重要问题开展联合视察或专题调研,也可视情况召开对口工作研讨会。

七、市政协将适时组织县(区)政协领导外出学习考察活动。

八、市政协办公室宣传调研科负责承办联系指导县(区)政协工作的有关事宜。

中国人民政治协商会议抚州市委员会提案工作条例

(2001年3月15日,政协抚州市第一届委员会常务委员会第二次会议通过;
2006年2月23日,政协抚州市第一届委员会常务委员会第二十七次会议修订)

第一章　总则

第一条　为发挥人民政协提案(以下简称提案)在履行政治协商、民主监督、参政议政职能中的重要作用,根据《中国人民政治协商会议章程》《政协全国委员会提案工作条例》《政协江西省委员会提案工作条例》和有关规定,结合本市实际,制定本条例。

第二条　提案是政协委员和参加政协的各党派、各人民团体以及政协各专门委员会(以下统称提案者),向政协全体会议或者常务委员会提出的、经提案审查委员会或提案委员会审查立案后、交承办单位办理的书面意见和建议。提案是人民政协履行职能的一个重要方式;是坚持和完善中国共产党领导的多党合作和政治协商制度的一种重要载体；是协助中国共产党和人民政府实现决策民主化、科学化的一条重要渠道。

第三条 提案工作以马克思列宁主义、毛泽东思想、邓小平理论和“三个代表”重要思想为指导，坚持社会主义初级阶段的基本路线和基本纲领，全面贯彻科学发展观，遵循“长期共存、互相监督、肝胆相照、荣辱与共”的方针，充分发扬民主，广开言路，调动一切积极因素，为维护安定团结，深化改革，扩大开放，构建和谐社会，为推进我市经济建设、政治建设、文化建设、社会建设服务。

第四条 提案工作要坚持围绕中心、服务大局、提高质量、讲求实效的方针，切实加强制度化、规范化、程序化建设，努力提高提案质量、办理质量和服务质量，讲求实际效果。

第五条 提案工作是人民政协的一项全局性工作，政协委员和参加政协的各党派、各人民团体以及政协各专门委员会，应当密切协作，充分利用提案的方式履行职能。

第六条 政协全体会议听取和审议常务委员会关于提案工作情况的报告，审议提案审查委员会或者提案委员会提交的提案审查情况的报告。

第七条 每届政协第一次会议成立提案审查委员会，由主任、副主任和委员若干人组成，成员从本届政协委员中产生，由第一次会议预备会议决定；负责第一次会议期间提案的审查立案工作，并向全体会议报告提案审查情况。

第二章 提案委员会

第八条 每届市政协第一次会议闭会后，经常务委员会审议通过，提案审查委员会作为提案委员会，列入专门委员会序列，在市政协常务委员会和主席会议领导下，负责提案工作，每届任期五年。提案委员会组成人员的任免，依据《政协抚州市委员会专门委员会通则》有关规定办理。

第九条 提案委员会的职责：

（一）制定政协全体会议期间的提案工作方案和提案委员会年度工作计划；

（二）依照本条例的规定，组织征集提案；

（三）对收到的提案审查立案，协商确定承办单位；

（四）对提案办理工作进行检查和督促，对办理不符合要求的，及时商请承办单位重新办理；

（五）对提案进行综合分析，充分利用提案资源，采取多种形式向党委、政府领导及有关部门反映重要信息，为政协履行职能的各项工作提供服务；

（六）组织提案工作的宣传报道；

（七）向市政协全体会议、常务委员会会议、主席会议报告工作；

（八）接受省政协提案委员会的指导，加强与省内外兄弟市政协提案委员会的联系，互通情况，交流经验，加强与本市各县（区）政协提案委员会的联系，指导工作；

（九）加强与中共抚州市委办公室、市人大常委会办公室、市人民政府办公室、市政协办公室以及各承办单位的联系；

（十）加强与市政协委员和市各民主党派、市工商联、有关人民团体以及政协其他专门委员会的联系与协作。

第十条 提案委员会全体会议每季度举行一次，必要时可临时召集；提案委员会主任会议根据工作需要举行。

第十一条 以提案委员会名义形成的重要文件，须经提案委员会全体会议或者主任会议讨论通过，并由提案委员会主任或者副主任审定、签发，需以市政协和市政协办公室名义发出的，按规定的程序办理。

第十二条 提案委员会下设办公室。办公室是提案委员会的办事机构，是政协机关的组成部分。

第十三条 对于在经济、政治、文化、社会生活中发挥重大作用的提案,对于办理提案有显著成绩的承办单位,对于为提案工作提供优质服务的工作人员,提案委员会可报请主席会议审定,以适当方式给予表彰。

第三章　提案的提出

第十四条　提案的提出方式:

(一) 市政协委员,可以个人名义或者联名方式提出提案;

(二) 市政协全体会议期间,可以界别、小组或者联组名义提出提案;

(三) 参加市政协的各党派、人民团体,可以本党派、团体的名义提出提案;

(四) 市政协各专门委员会,可以本专门委员会名义提出提案;

(五) 市政协各专门委员会委员活动小组,可以活动小组名义提出提案。

第十五条　提案的基本要求:

(一) 提案应当坚持严肃性、科学性、可行性,依据国家法律、法规和有关政策,围绕市委、市政府中心工作和全市经济、政治、文化、社会生活中的重要问题、人民群众普遍关心的问题建言献策;

(二) 提案须一事一案,实事求是,简明扼要,做到有情况、有分析、有具体建议;

(三) 提案的提交必须符合规范要求:使用本会统一印制的提案纸,字迹工整,也可以通过电子邮件提交;

(四) 委员联名提出的提案,发起人作为第一提案人,签名列于首位;以党派、人民团体、政协专门委员会名义提出的提案,须由该组织署名并加盖公章;以界别、小组或者联组名义提出的提案,须由召集人签名;以政协专门委员会委员活动小组名义提出的提案,须由该小组署名并加盖所在专门委员会公章。

第十六条　提案可以在政协全体会议期间提出,也可以在闭会期间提出。政协全体会议期间的提案,提案审查委员会或提案委员会可根据情况,规定大会提案的截止时间。截止时间以后提出的提案,作为平时提案处理。

第四章　提案的审查和处理

第十七条　提案审查委员会或提案委员会本着尊重和维护提案者的民主权利、保证提案质量的原则,对收到的提案进行审查。符合本条例第三章规定的,予以立案。经审查立案的提案,应当根据提案的内容和有关单位的职责分工确定承办单位。凡涉及两个或两个以上承办单位办理的提案,应当确定主办单位和会同办理单位或者分别办理单位。

第十八条　有下列情形之一的,不予立案:

(一) 涉及党和国家秘密的;

(二) 国家明令禁止的;

(三) 中共党员对党内有关组织、人事安排等方面有意见的;

(四) 民主党派成员反映本组织内部问题的;

(五) 进入民事、刑事、行政诉讼以及仲裁程序的;

(六) 属于学术研讨或宣传、推介具体作品、产品的;

(七) 为本人或亲属解决个人问题的;

(八) 实名举报的;

(九) 内容空泛、没有具体建议或内容繁杂、无法确定承办单位的;

(十) 单纯为本地区、本单位要资金、争项目、增加机构编制而没有充足理由的;

(十一) 不属于本市工作范围的。

未予立案的,应当及时通知提案者。所提意见和建议视不同情况以其他方式转送有关部门处理或参考。

第十九条　对内容相同的提案作并案处理,并案处理后的提案为联名提案,选择其中具有代表性的提案的提案者为第一提案者,并及时告知其他提案者。

第二十条　提案委员会对涉及我市全局问题的重大提案,可以提请主席会议审议通过后,以市政协建议案形式向有关方面提出。

第二十一条 市政协全体会议期间经审查立案的提案，按归口管理的原则，由提案委员会送中共抚州市委、市人民政府集中交有关单位承办；市政协全体会议闭会期间，经审查立案的提案，由提案委员会及时送交有关单位承办。

第五章 提案的办理

第二十二条 承办提案的中共抚州市委有关部门、市人民政府有关部门、市中级人民法院、市人民检察院，各县（区）党委和人民政府，有关人民团体，省驻抚单位等，根据国家法律、法规、政策和市委、市政府的有关规定办理提案，并对提案者作出书面答复。

（一）提案办理工作应当健全制度，严格程序，保证质量。承办单位应当在规定的时限内对提案进行答复，办复时间一般不超过6个月。对提案的答复应当按规定的格式行文，并加盖公章。对不予采纳的，要说明情况。

（二）委员联名的提案，办理复文寄送第一提案人；党派、人民团体、政协专门委员会的提案，办理复文寄送提案单位；界别、小组或者联组的提案，办理复文寄送召集人。中共抚州市委有关部门承办的提案，办理复文抄送中共抚州市委督查室；政府部门承办的提案，办理复文抄送市政府办公室提案科。所有办理复文均须抄送市政协提案委员会。

（三）涉及两个或两个以上单位会同办理的提案，主办单位应当主动协商，会同办理单位应当积极配合，及时将会同办理意见告主办单位，由主办单位答复提案者；分别办理的提案，由各承办单位分别答复提案者。

（四）在办理提案过程中，提案者可以通过提案委员会向承办单位了解有关提案办理情况，参与提案的办理。

（五）承办单位应当主动加强与提案者的沟通，共商解决问题的办法，并征询提案者对办理复文的意见。如提案者对办理结果不满意，提案委员会应建议承办单位重新研究，作进一步的答复。

（六）办理党派、人民团体、政协专门委员会提案，在书面答复前，应先征求党派、人民团体、政协专门委员会的意见。

（七）承办单位对于办理提案有显著成绩的下属部门和个人，可以适当方式予以表彰。

第二十三条 对提案中反映党委政府亟待解决、人民群众普遍要求改进的问题的，对推动工作有重要作用并具有较强可行性的，可以选作重点提案，进行重点办理。

第二十四条 对于重点提案，可以采用提案委员会、提案者、承办单位相结合的协商座谈、实地考察、专题调研、走访等方式，推动办理工作，保证办理质量。对提案中当年不能解决的重要问题，要跟踪督办，促进落实。承办单位承诺列入计划解决的，应当及时向提案者反馈。

第二十五条 党派、人民团体、政协专门委员会的提案和其他重要提案，提案委员会应当有选择地报送主席、副主席，并可以提出督办建议。

第二十六条 提案者收到承办单位的办理答复后，要认真填写提案办理情况征询意见表，并在一个月内向承办单位和市政协提案委员会反馈。

第二十七条 提案委员会办公室要将当年的提案、复文及有关文件资料按规定立卷存档。

第六章 附 则

第二十八条 本条例经常务委员会会议审议通过后施行。

第二十九条 本市各县（区）政协可根据本条例，结合实际情况，制定相应的规定。

政协抚州市委员会提案审查工作实施细则(试行)

(2007年12月21日,市政协二届七次主席会议审议通过)

第一条 为切实做好市政协提案工作,推进提案工作的制度化、规范化、程序化,发挥提案在履行政协职能中的重要作用,根据《政协抚州市委员会提案工作条例》和有关文件精神,制定本细则。

第二条 提案审查工作应尊重提案者运用提案形式履行政协职能的民主权利,遵循审查程序,坚持立案标准,注重提案质量,合理确定承办单位。

第三条 每届市政协第一次全体会议期间的提案审查工作,由大会主席团审议通过的提案审查委员会负责;闭会后经常务委员会审议通过,提案审查委员会作为提案委员会,列入专门委员会序列,在市政协常委会和主席会议领导下负责本届政协的提案审查工作。

提案审查委员会或提案委员会可根据需要,邀请其他专门委员会或党政有关部门的人员参与提案审查工作。

第四条 提案根据提出时间分为大会提案与平时提案。自提案委员会发出全会提案征集函起,至全会规定的提案截止时间收到的提案为大会提案,其余的为平时提案。

大会提案原则上应在全会期间审查完毕,少数需进一步协调的提案可推迟至闭会后15天内审查完毕;平时提案应自收到提案之日起15天内审查完毕。

提案内容特别重要又急需解决的,应列为重要提案。

第五条 审查立案程序。

(一)大会提案。由大会秘书处提案组提出初审意见,经提案审查委员会或提案委员会复审组复审后,报提案审查委员会或提案委员会全体会议审定,并向大会提交提案审查情况的报告。

(二)平时提案。由提案委员会办公室提出初审意见,由提案委员会主任或主任会议审定,并向分管副主席报告。

(三)重要提案。由大会提案组或提案委员会提出初审意见,经分管副主席审核确定,报请主席审批。

(四)审查意见确定后,由大会秘书处提案组或提案委员会办公室将其录入《审查提案一览表》,注明审查日期并备案。

第六条 立案条件

(一)提案者资格。

1. 本届市政协委员,可以个人名义或者联名方式提出提案;

2. 政协全体会议期间,可以界别、小组或联组名义提出提案;

3. 参加政协的各党派、人民团体,可以本党派、团体名义提出提案;

4. 市政协各专门委员会,可以本专门委员会名义提出提案。

(二)提案的内容。

1. 提案应当坚持严肃性、科学性、可行性,依据国家法律、法规和有关政策,围绕市委、市政府的中心工作,全市经济、政治、文化、社会生活中的重要问题,以及人民群众最关心、最直接、最现实的民生问题建言献策;

2. 提案须一事一案,实事求是、简明扼要,做到案由清楚、分析透彻,建议具体可行、便于操作。

(三)提案的格式。

1. 提案的提交必须符合规范要求,使用本会统一印制的提案纸，书写清晰，字迹工整；

2. 通过电子邮件提交的提案，必须按提案格式填写提案纸首页的相关内容；

3. 委员联名提出的提案，发起人作为第一提案人，签名列于首位；以界别、小组或者联组名义提出的提案，须由召集人签名；以党派、人民团体、政协专门委员会名义提出的提案，须由该组织署名并加盖公章。

第七条 有下列情形之一的，不予立案：

（一）涉及党和国家秘密的；

（二）国家明令禁止的；

（三）中共党员对党内有关组织、人事安排等方面有意见的；

（四）民主党派成员反映本组织内部问题的；

（五）进入民事、刑事、行政诉讼以及仲裁程序的；

（六）属于学术研讨或宣传、推介具体作品、产品的；

（七）为本人或亲属解决个人问题的；

（八）指名举报的；

（九）内容空泛、没有具体建议或内容繁杂、无法确定承办单位的；

（十）单纯为本地区、本单位要资金、争项目、增加机构编制而没有充足理由的；

（十一）本市范围内无法解决或不宜作为提案的。

对不予立案的提案，由提案委员会（提案审查委员会）根据不同情况作适当处理，其中包括：

（一）将部分反映问题而没有具体建议的摘编为社情民意，向有关部门反映；

（二）商请提案者对提案内容进行修改补充后再行审查；

（三）转为工作建议或来信处理。

经审查不予立案的提案，大会提案由大会提案组，平时提案由提案委员会办公室，通过适当方式通知提案者。提案者对审查意见持有异议的，可提请提案委员会复审。

第八条 对内容相同的提案作并案处理。并案处理后的提案为联名提案，选择其中具有代表性的提案的提案人为第一提案人，并及时告知其他提案人。

第九条 提案经审查立案后，由提案委员会根据提案内容和有关承办单位的职责分工，参考提案者本人意愿，确定提案的主办、分办、会办单位并及时交办。提案委员会办公室应及时对经审查立案的提案编号、案由、提案者、承办单位等内容编制《提案目录》，发给有关部门和单位备查。

第十条 已立案的提案在办理过程中发现有不符合立案条件的，经提案承办单位提出，提案委员会复审，可以撤案。

第十一条 本实施细则经主席会议审议通过后施行，由提案委员会负责实施和解释。

关于加强反映社情民意工作的实施意见

（2008 年 3 月 28 日，市政协二届七次常委会会议通过）

准确、及时向党委、政府反映社情民意是人民政协履行职能的一个重要方面。为推动社情民意工作规范化、制度化、经常化，形成上下联动、左右互动、信息互通的社情民意工作网络，开创社情民意工作的新局面，特制定如下意见：

一、充分认识反映社情民意工作重要意义

（一）了解和反映社情民意是贯彻落实科学发展观的具体体现。

科学发展观的第一要义是发展，核心是以人为本。人民政协履行职能必须以科学发展观为指导，通过社情民意，反映改革发展中的热点、难点问题，反映群众的呼声、愿望和要求，解决好人民群众最为关注的现实问题，从而体现出科学发展观的本质要求。

（二）了解和反映社情民意是为构建和谐社会服务的重要途径。

随着改革的不断深入，我国社会阶层不断分化，利益格局不断调整，影响社会和谐的矛盾和问题逐渐增多，社会进入了“矛盾凸显期”。构建和谐社会就是要解决人民群众最关心、最直接、最现实的问题。人民政协是构建社会主义和谐社会的重要力量，在和谐社会建设中肩负着重要历史使命。政协反映社情民意工作做得好，就能够把政协委员的意见建议，有识之士的真知灼见，不同阶层群众的利益诉求，如实准确地反映给党委、政府，从而有利于协调社会关系、化解社会矛盾、维护和谐稳定的政治局面。

（三）了解和反映社情民意是政协履行职能的一项经常性工作。

人民政协履行职能与反映社情民意密切相关，社情民意是开展协商讨论的基础，是民主监督的基本素材，是参政议政的重要内容。与政协提案、建议案、调研视察报告相比，社情民意有着更直接、快捷、灵活的优势。各级政协、政协各参加单位和政协委员必须把反映社情民意工作摆上重要位置，使之贯穿于政协工作的全过程。

二、健全反映社情民意队伍网络

（四）做好反映社情民意工作，必须整合政协系统力量，形成合力，逐步构建以委员、信息员为主体，以政协各参加单位和各县（区）政协为拓展的“一体两翼”格局和社情民意工作网络。

（五）切实发挥政协委员的主体作用。政协委员是政协工作的主体，也是反映社情民意的主体。政协委员要切实强化责任意识，自觉地把自身的社会荣誉与社会责任统一起来，密切联系群众特别是本界别群众，敢于反映、善于反映社情民意。市政协办公室要做好组织和服务工作，定期向委员寄发反映社情民意用笺，印发征集社情民意参考要目。

（六）切实发挥信息员的骨干作用。信息员是政协反映社情民意的骨干力量和生力军。为拓宽社情民意信息渠道和来源，市政协决定从各民主党派、工商联、市政协委员、市县（区）政协机关聘请一批政治素质高、参政议政能力强、热心社情民意工作、写作水平较高的同志为市政协信息员，作为反映社情民意的骨干力量。信息员要切实履行职责，县（区）的信息员每年至少要向市政协报送 6 条社情民意，且有 2 篇以上被市政协《社情民意》刊物采用；市直信息员每年要报送 4 篇以上社情民意，且有 1 篇以上被采用。市政协办公室要认真做好信息员工作的记录，定期通报情况，并以此作为信息员年终评优评先的依据，以调动信息员反映社情民意的积极性。市政协信息员要注重加强政治业务学习，了解党委、政府工作部署，熟悉涉及群众利益的相关政策，不断提高采集、挖掘、整理、提炼社情民意信息的能力。市政协办公室要加强与信息员的联系和指导，通过业务知识培训、召开座谈会、寄发政协刊物等途径，不断增强信息员业务技能，提高反映社情民意的质量和水平。

（七）切实发挥党派团体和专委会的支撑作用。各民主党派、工商联体现着政协的界别性，专委会反映了政协的专业性，在反映社情民意中具有独特的优势。各民主党派特别是从事信息工作的同志，要充分发挥党派成员层次高、专业性强、参政议政水平高的优势，进一步密切联系本党派成员，侧重于了解党派团体和社会相关阶层的呼声、愿望和诉求，及时通过政协这个渠道多报送一些有分量、高质量的社情民意。市政协各专门委员会要把反映社情民意作为重要的工作职责，自觉把专委会的调研、视察、走访、座谈等活动与反映社情民意工作有机结合起来，有计划、有组织、有重点地收集各自所联系的界别、行业、部门的意见和建议，努力使反映社情民意工作贯穿于专委会履行职能的全过程。

（八）切实发挥县（区）政协的联动作用。县（区）政协处于宏观与微观的结合部，了解的社情民意信息更加直接、真实。各县（区）政协要正确处理好信息平报与上报的关系，在为同级党政做好服务的同时，高度重视社情民意上报工作，切实加强领导，健全各项制度，落实具体人员，准确、及时地反映本区域内经济社会发展带有普遍性、倾向性的重大问题以及人民群众反映强烈的突出问题，确保上报社情民意数量有明显的增长。

三、广辟社情民意渠道和来源

（九）通过政协专刊和政协网站反映社情民意。要利用《社情民意》《委员议政》等刊物，及时、如实地向党委、政府和上级政协机关反映社情民意。通过抚州政协网站（www.jxfzzx.gov.cn）和市政协专用电子邮箱（cppccfz@sina.com），高效、快捷地报送社情民意信息。

（十）从政协提案中筛选社情民意。在政协提案中选择有较强针对性的提案，整理成社情民意，报送党委、政府和有关部门，重点反映群众的利益诉求，促进有关问题的解决。

（十一）从调研、视察中捕捉社情民意。通过政协调研和视察，将党政重视、群众关心的国计民生和深层次的问题，加工成具有针对性、时效性、可操作性的社情民意，供党委、政府决策时参考。

（十二）从政协会议中摘编社情民意。政协的全委会、常委会、主席会等例会是政协参政议政的主要阵地。要善于从政协例会的大会发言、小组讨论中，摘编一般渠道不易掌握的民情民意、不易听到的呼声和愿望、难以得到的建议和批评，加工整理成社情民意，促进参政议政成果的转化。加强政协领导与委员的联系，通过委员约谈会、委员来信来访等形式，直接听取和反映委员及各界人士的愿望和要求。

四、努力提升社情民意的质量

（十三）选题求“准”。把握大局，突出反映事关我市赶超发展与和谐社会建设中的重要问题以及带有倾向性、苗头性、警示性的问题；把握民生，注重反映人民群众关注的生产、生活等热点难点问题；把握基调，着眼于为党政领导决策服务，推动有关发展和民生问题的解决。

（十四）内容求“真”。坚持实事求是，反对弄虚作假，有喜报喜，有忧报忧，原汁原味地反映政协委员和各界人士的意见。要善于从大量繁杂的信息中捕捉和筛选具有反映价值的社情民意信息。对一些重要社情民意信息，要深入调查研究，进行深度挖掘，着力打造社情民意精品。

（十五）反映求“深”。要深入实际，深入群众，注重调研，讲求质量，避免反映社情民意的一般性问题，多谋一些能够解决问题的新思路，多献一些能够破解难题的新办法。

（十六）报送求“快”。讲究时效性和一定的超前性，做到早发现、早收集、早反映。建立快捷高效的反映机制，重要信息一事一报、急事急报，以利于党政领导在第一时间内了解到最新的社情民意信息，推动问题得到及时解决。

（十七）角度求“特”。“特”是政协社情民意信息区别于党政部门信息的显著标志，也是人民政协反映社情民意的价值所在。要侧重反映其他渠道不易掌握、不易反映、难以得到的社会情况和群众诉求，突出统一战线的特色，及时反映社会各界人士、各民主党派、工商联、人民团体、政协界别的意见和建议，使政协的社情民意更具有代表性和界别基础，体现出政协的特色。

五、完善反映社情民意工作机制

（十八）建立领导重视、各方合力的工作机制。市、县（区）政协和政协参加单位，都要切实加强领导，把反映社情民意工作要求列入年度工作目标，经常研究分析工作进展情况，及时发现问题，提出改进意见，年终进行考核。要建立主席亲自过问、分管副主席负责、秘书长或办公室主任主抓、各专委会主任积极配合的工作机制。市政协反映社情民意工作的职能部门是办公室宣传调研科，各县（区）政协应明确领导、指定干部负责做好这项工作。

（十九）建立目标考核、评先奖优的激励机制。按照《市政协委员管理暂行规定》，对市政协委员年度参政议政工作进行考核，对委员反映社情民意情况在全会上通报，并把委员反映社情民意情况作为评选优秀政协委员的一个依据。实行反映社情民意信息稿酬制度，凡经市政协《社情民意》刊物采用，每条计稿酬20元；有市委、市政府领导批示，促进问题得到解决，每条奖20元；经市政协办公室向省政协办公厅报送并采用每条奖30元，得到省领导批示每条奖30元。在开展优秀社情民意评选的基础上，开展优秀社情民意信息员评选，并在市政协全会上进行表彰。建立信息员进退机制，对一年内未报送社情民意的信息员，取消其市政协信息员资格。

（二十）建立规范编报、反馈及时的传递机制。规范社情民意报送程序，市政协委员和各党派团体、市政协机关信息员反映的社情民意，由市政协办公室审核把关；县（区）政协报送的社情民意须经县（区）政协领导审核签字方可报送。县（区）政协向省政协研究室直报的社情民意，应同时抄报市政协办公室。凡以《社情民意》刊登的社情民意信息，需经市政协分管领导签发，重特大社情民意信息须由市政协主要领导审核签发。市政协办公室要加强与党政部门的联系和沟通，对一些重要的社情民意报送后，及时了解领导批示情况，掌握有关部门对社情民意的处理情况，做好跟踪、反馈和督促落实工作。要切实维护政协委员、信息员的合法权益，如因反映社情民意受到不公正对待时，市、县（区）政协有责任责成有关方面予以纠正。

政协抚州市委员会
关于加强界别工作，发挥界别作用的实施意见（试行）

（2009年6月29日，市政协二届十三次常委会会议通过）

界别是人民政协组织的显著特色，也是人民政协发挥作用的优势所在。按照科学发展观对人民政协提出的新要求，根据《中共中央关于加强人民政协工作的意见》和《中国人民政治协商会议章程》有关规定，结合我市政协工作实际，特提出如下意见：

一、充分认识政协界别的架构特征和重大意义

界别作为人民政协的基本组成“单元”，它是政协产生、存在和发展的社会基础，是参加政协的各党派、人民团体、各民族和各界人士在政协组织中的具体划分，也是政协会议的组织形式，集中体现了人民政协在组织上的最广泛代表性和政治上的最大包容性，这是人民政协区别于其他政治组织的显著特征。

（一）政协界别集中体现了广泛代表性

政协界别包含各党派、人民团体以及社会阶层的各个界别。每个界别都广泛联系和代表着各自的界别群众，代表本界别的利益，集中本界别群众的潜能和智力，提出共同的意愿和主张。通过界别委员的视察、调研、提案、反映社情民意

等参政议政活动，就能密切加强与界别群众的联系，积极反映所联系群众的意愿和要求，营造更加和谐、顺畅的民主政治环境。

（二）政协界别集中体现了党派的合作性

各民主党派作为界别参加人民政协，参与国家和地方重大方针政策的讨论协商，开展履行职责的各种活动，有利于更好地坚持和完善中国共产党领导的多党合作和政治协商制度，充分发挥政协作为多党合作和政治协商重要机构的作用。

（三）政协界别集中体现了民主协商性

协商民主和选举民主，是我国社会主义民主的两种重要形式。协商民主是中国共产党的伟大实践，是符合中国民主政治发展实际的民主形式。政协界别分别代表了社会各界的利益诉求。通过界别了解各阶层、各利益群众的状况，广泛吸纳界别的意见和呼声，接受各方面的批评和监督，有助于更好地集思广益、更好地民主决策，推进党委政府决策的民主化、科学化。

二、拓宽新形势下发挥界别作用的渠道

（四）以政协例会为平台，发挥界别献智出力的作用

提倡和鼓励以界别名义提交会议发言，充分反映各界别的意见与建议。有重点地安排界别联组讨论，并邀请市委、市政府有关领导参加，听取委员所代表界别的意见和建议。根据需要，安排有关界别的委员参加专题常委会会议、主席会议或其他会议，提高委员参政议政的积极性。

（五）以提案为载体，展现界别集体智慧和建言水平

加大界别提案的征集力度；鼓励界别委员就本界别共同关注的问题，提出界别提案；主席领衔督办重点提案及其他重要提案督办活动可邀请有关界别委员参与，及时反馈界别提案的办理落实情况。有界别特点、内容实、质量高的提案优先列为重点提案。市政协评选优秀提案，界别提案应占适当比例。

（六）以调研视察为途径，发挥界别参政建言的作用

根据界别组成的特点，发挥界别的专业优势和智力优势，有选择地开展专题调研和咨询服务工作。支持各界别以本界别共同关心的问题，统筹安排视察、考察、调研活动。对一些涉及面比较广的问题，应当组织开展跨界别的视察和调研活动。

（七）以反映社情民意为渠道，发挥界别履职为民的作用

发挥界别联系面广的优势，注重收集群众关注的问题，积极反映他们正当的利益诉求。搭建好界别委员密切与群众联系的平台，通过“界别座谈会”“界别约谈会”、聘请“特邀信息员”、上门走访等形式，综合相关界别提出的意见和建议，供市委、市政府决策参考，加强与本界别群众的联系，及时传达党和政府的路线方针政策及有关工作部署，协助党委政府做好宣传释疑工作，理顺情绪，协调关系，为营造安定和谐的社会环境尽职尽力。

三、不断活跃、丰富界别活动的内容和形式

（八）不断丰富界别活动内容

各界别要按照市政协年度工作安排，围绕市委、市政府的中心工作，结合本界别实际，组织开展经常性活动。界别活动要抓住界别委员关心、党委政府重视、社会各界关注的热点难点问题，反映界别的共性要求，打造出界别参政精品。要不断丰富界别活动内容，增强界别活动的吸引力，调动界别委员参与活动、履行职责的积极性、主动性和创造性。

（九）积极创新界别活动形式

各界别既要充分运用政协现有的履职形式，又要不断创新载体和方法，积极组织本界别委员开展丰富多彩的活动。主要形式有：组织理论学习、专题研讨活动；组织撰写集体提案、大会发言和按界别反映社情民意；组织开展视察和专题调

研;组织专题座谈会、约谈会、情况通报会;组织参加相应的民主监督;组织开展有界别特色的社会活动,开展科技、文化、卫生“三下乡”和咨询服务;组织走访政府有关部门,了解相关工作情况;组织开展扶贫济困和联谊活动等,在组织界别活动时,可视活动内容开展联组活动,或邀请相关界别委员共同参加。

(十)设立“界别活动月”

确定每年11月为政协委员联系群众“界别活动月”,推动政协委员加强与本界别群众的联系,开展调研视察活动,并与向政协全体会议提出提案、大会发言和反映社情民意等履行政协职能的各项活动相结合,与委员做好本职工作、发挥作用相结合。每年的“界别活动月”由市政协统一作出部署,活动具体时间、内容和形式等由各界别确定。

四、切实为发挥界别作用提供服务和保障

(十一)加强对界别工作的组织领导

主席会议要加强对界别活动的领导,结合市委、市政府中心工作和市政协全年工作重点对界别活动提出总体要求,协调界别活动的安排,并将界别活动列入工作计划。市政协主席、副主席按照工作分工分别联系有关界别,加强对界别活动的指导,参加所联系界别的有关活动。每届政协换届前,根据与时俱进的要求,主席会议应当审议下届政协界别的设置,并提交政协常委会会议协商决定。

(十二)建立健全界别工作联系制度

根据界别性质和特点,按照专业相近、便于活动的原则,明确市政协办公室、各专委会指导和联系相关界别。市政协办公室、各专委会要把发挥界别作用、组织界别活动作为自身的一项重要职责,根据工作特点和需要,与相关界别加强沟通联系,切实做好界别召集人的协商提名、指导界别活动计划的制订、协助组织实施界别活动等工作。在开展调研、视察、研讨、座谈、咨询服务等活动时,要以课题为纽带,有重点地邀请相关界别的委员参加,充分发挥界别委员的专业优势,努力把市政协机关建设成为界别活动的重要依托。

(十三)实行界别召集人负责制

为了便于开展界别工作,各界别一般设1名召集人,考虑特邀、科学技术等界别委员人数较多,可设2名召集人。界别召集人由市政协办公室、各专委会提名,从本界别中有较高威望、影响力大、责任心强的委员中推举产生,也可由市政协指定相关委员担任,并经市政协主席会议审议通过。市政协各民主党派、工商联、有关特定政治团体界别召集人,由各民主党派市委会、市工商联、有关特定政治团体中的政协委员领导担任。界别召集人因工作变动等原因需要调整的,由市政协主席会议协商确定。界别召集人的主要职责是:在市政协办公室、专委会的指导下,制定本界别的年度工作计划,组织本界别小组开展界别活动;主动加强与相关单位和部门的沟通和协调,取得各方面的协助和支持;负责对本界别委员的考核考评;督促本界别委员积极履行《政协章程》,参加政协组织的各项活动。

(十四)建立界别联络员制度

各界别设联络员1名,由界别召集人推荐。界别联络员可以由本界别中的委员担任,也可以由界别召集人所在单位的工作人员担任,界别联络员应具有较强的组织协调能力和文字功底。界别联络员在界别召集人的领导下负责界别日常活动的联络服务和信息报送工作。

(十五)落实界别活动专项经费,明确经费开支办法

按照每位委员每年100元的标准,统筹安排界别活动经费,年初拨付给所联系界别的市政协办公室及各专委会,专项用于界别开展学习、调研、视察等活动。鼓励各界别采取自筹、委员单位支持等方式,拓宽界别活动经费来源渠道。各界别要本着节俭高效、务实创新的原则开展工

作，发挥好各自成员的优势，确保界别活动的正常开展。

（十六）加强对界别活动的宣传报道

有计划、有重点地组织界别活动的新闻宣传，对界别工作的新实践、新进展及时进行总结报道。在市政协网站开辟界别活动专栏，组织界别委员讨论交流，扩大界别活动的影响，为开展界别活动营造良好的舆论氛围。

五、建立界别活动考核表彰机制

（十七）明确界别工作任务

界别工作要求有计划、有活动、有记录、有总结、有评比。界别工作开展前应将活动专题内容向所联系专委会或办公室报告和向界别委员通报。界别工作要突出重点、严密组织、讲求实效、宜精不宜多。每个界别全年活动不少于2次（人数较少的界别包括应邀参加专委会活动或与其他界别的联合活动），以界别名义提交一篇以上调研或视察报告，提交1—2件集体提案、反映2—3条社情民意（不包括委员个人撰写的提案、社情民意），并完成市政协交办的大会发言任务。

（十八）建立界别召集人向市政协例会报告工作制度

每年年底各界别召集人要向市政协常委会会议报告年度界别工作开展情况；每年政协全会期间，界别召集人要认真征求本界别委员的意见和建议，提出界别年度工作计划，促使界别活动规范化、经常化、制度化。

（十九）建立界别委员参政议政通报制度

对界别委员参加界别活动情况，由各界别联络员进行登记，并经联系界别的专委会审核，报送市政协办公室汇总，纳入委员参政议政档案，在市政协全会上进行通报。

（二十）对界别工作进行评比表彰

界别所联系的专委会、办公室应统一建立界别工作档案，收集、保管好界别工作的各种资料，掌握界别及委员开展工作的实绩。市政协将以此为依据，每年对界别工作进行一次评比考核。对界别调研报告、提案、社情民意等参政议政成果优先纳入评优范围；对活动主题明确、界别特点突出、形式新颖活泼、成效明显的先进界别，在市政协全会上表彰奖励。

政协抚州市委员会
关于加强委员队伍管理暂行规定

（2009年6月29日，市政协二届十三次常委会会议审议修订）

第一条　为加强市政协委员队伍管理，增强委员履行职能的责任感，调动委员参政议政的积极性，进一步推进我市政协工作的规范化、制度化和程序化，根据《中国人民政治协商会议章程》《政协全国委员会关于政治协商、民主监督、参政议政规定》和《政协江西省委员会关于政治协商、民主监督、参政议政的实施办法》，制定本暂行规定。

第二条　委员应热爱祖国，拥护中国共产党的领导和社会主义事业，维护民族团结和国家统一，遵守宪法和法律，遵守政协章程，执行市政协全委会和常委会会议的决议，认真履行政治协商、民主监督、参政议政职能。

第三条　委员要积极参加学习活动，认真学习中央、省、市委关于政协工作的文件精神，学习统战、政协理论和政协业务知识，学习经济、社会、文化、法律和科技新知识，参加学习培训、形势报告会、情况通报会、专题讲座等活动，增强履职本领，提高参政议政水平。

第四条 委员、常委要积极参加政协全会、常委会。会前密切联系所代表的界别及群众，深入调查研究，积极反映界别、群众的意见和要求，为撰写提案、大会发言、会议讨论做好准备，踊跃建言献策；会后传达贯彻会议精神，身体力行，做好工作。

第五条 委员要积极投身“五个一”活动，每年至少要参加一次专题调研或视察活动，提一件有较高质量的提案，提一条有价值的社情民意，提一条加强和改进政协工作的建议，为经济社会发展和服务民生办一件实事。要积极参加所在专委会或对口联系专委会组织开展的界别活动、情况通报、民主评议、学习考察、扶贫帮困及科技、文化、卫生“三下乡”等有特色的政协活动，为抚州科学发展与和谐社会建设献计出力。委员的参政议政表现和社会贡献作为优秀市政协委员评选的重要依据。

第六条 市政协召开会议和组织活动，应书面或电话提前通知委员，委员与政协机关应保持经常性的联系沟通，工作单位、职务、联系电话等情况有变动的，应及时告知市政协办公室和对口联系的专委会，以便市政协开展的有关活动能及时准确通知。

第七条 委员必须按时参加政协会议和活动，因病或其他特殊原因不能按时参加政协活动，须事先由本人请假，报政协活动的组织者批准。

第八条 建立委员参政议政档案。政协例会、重大活动实行考勤和缺席情况通报制度。政协委员参加全委会和常委会组织活动的考勤由市政协办公室负责，对到会、请假、缺席人员据实记载，存入委员参政议政档案；委员参加专委会活动的考勤由市政协各专委会负责，交市政协办公室汇总。办公室每两年将委员参加活动和会议的情况进行通报，并书面通知委员本人。

第九条 委员有下列情况之一的，应主动辞去委员资格：

1. 因工作调动不在本市工作的；

2. 因工作单位或领导职务变动，不具有代表性的；

3. 因工作需要当选市人大代表的；

4. 因身体原因无法履行政协委员职责的。

第十条 委员有如下情况之一的，应劝其辞去委员资格：

1. 缺乏委员意识，连续两年不参加市政协全会的；

2. 缺乏参政议政意识，两年内未提交提案和反映社情民意，不参加政协组织活动的。

第十一条 委员有下列情形之一的，撤销其委员资格：

1. 违反法律，受到刑事处罚的，或司法部门通知要撤销委员资格的；

2. 中共党员违反党纪，受到党内撤职及以上处分的；

3. 民主党派成员违反该党章程，受到开除处分的；

4. 国家工作人员违反政纪，受到行政撤职及以上处分的；

5. 计划外生育或非法收养子女，受到县级以上计划生育部门处理的；

6. 其他情况需要撤销委员资格的。

第十二条 凡符合第九条情形之一的，由本人向市委统战部提出书面申请；中共委员由市委统战部征求市委组织部、市政协党组同意，非中共委员由市委统战部征求市政协党组同意，再提交市政协常委会会议决定。如本人不提出书面申请，又不能履行委员职责的，按上述程序根据政协章程第22条、29条规定，终止其委员资格。

第十三条 凡符合第十条情形之一的，由市政协各专委会和办公室分别提出委员表现情况，由市政协办公室汇总后交市委统战部，由市委统战部提出初步意见，中共委员由市委统战部征求市委组织部、市政协党组同意，非中共委员由市委统战部征求市政协党组同意后，动员委员本人写出辞呈，再提交市政协常委会决定；是政协常委的，提交市委常委会研究同意后，再提交市政协常委会决定。如委员本人不主动提出辞呈的，由市政协办公室或专委会写出书面撤销报告，经市政协党组审议，交市委统战部，由市委统战部按程序办理。

第十四条　凡符合第十一条情形之一的，由市委统战部根据相关部门提供的书面依据，中共委员由市委统战部征求市委组织部、市政协党组同意，非中共党员由市委统战部征求市政协党组同意，提交市政协常委会会议研究决定；属常委应提交市委常委会会议研究同意后，再提交市政协常委会会议决定。

第十五条　委员、常委有退出政协的自由。凡自愿退出政协的，应向市委统战部提出书面申请，再提交政协常委会会议讨论决定。属常委的报请市委同意后，再提交市政协常委会会议决定。

第十六条　凡经由政协常委会会议研究批准辞去委员资格、撤销委员资格、自愿退出政协的，由市政协办公室向本人和本人所在单位下达通知书，并在《抚州日报》和抚州电视台予以公告。

第十七条　本规定自通过之日起施行，由市政协办公室负责解释。

市政协密切联系委员制度

（2019 年 12 月 26 日）

为贯彻落实中共抚州市委《关于切实加强新时代人民政协党的建设工作的实施意见》精神，进一步密切联系委员，充分调动委员参政议政的积极性和主动性，结合我市政协工作实际，特制定本制度。

一、开展走访看望活动

把走访看望委员列入政协工作的议事日程。每年安排主席、副主席及党组成员重点走访党派负责人、政协常委及其所在单位、在社会上有较大影响和有代表性的委员及其所在单位。市政协班子成员到县（区）开展调研视察或参加其他活动期间，积极联系住当地市政协委员，通过邀请参加活动、走访、座谈等方式，通报情况，交流思想，听取意见。每年安排各专委会主任走访看望联系界别委员及其所在单位至少一次。

二、明确走访看望职责

走访看望委员时要主动向委员通报市政协近期的工作情况，认真听取委员及所代表界别的呼声、建议和要求，并征求委员对做好政协工作的意见、建议和要求；认真了解委员的学习、工作、生活情况，帮助委员协调解决存在的问题和困难；向委员单位介绍委员履职情况，征求委员所在单位的意见。

三、设立委员联系日

每月最后一个周五的下午作为委员联系日。主席、副主席在政协机关约请相关委员，听取委员对市政协工作及市委、市政府工作的意见、建议和反映的其他问题。所接待的委员由办公室、各专委会按领导分工作出安排。

四、认真办理委员反映的意见和建议

对走访看望中委员提出的意见、建议，要及时整理上报有关领导和部门，积极协调有关单位进行办理，并填写好走访委员登记表，同时跟踪反馈所提意见与建议的采纳、落实情况。

五、高度重视委员来信来访工作

热情接待委员来访，认真做好记录；对委员来信做好登记造册，并报领导批示后，以“政协信函”发有关单位办理。对委员来信来访中反映的带有共性的重要问题和意见建议，要进行调查研究，了解实际情况，积极创造条件，力求使问题得到重视和解决，做到件件有答复。

六、加强对委员的宣传报道

通过新闻媒体、微信、公众号等，向社会广泛宣传政协委员的政治地位、职责及作用，报道委员参政议政的事迹、委员先进事迹，扩大政协委员在社会上的影响，激励和鼓舞委员更加富有成效地履行自己的职责。

政协抚州市委员会
关于加强改进市政协专门委员会工作和制度建设的实施意见

（2020 年 11 月 18 日）

为全面贯彻习近平总书记关于加强和改进人民政协工作的重要思想，深入贯彻落实党的十九届四中、五中全会和中央政协工作会议、全国政协专门委员会工作会议精神，以及省委、市委政协工作会议精神，根据《省政协党组关于印发〈关于加强改进省政协专门委员会工作和制度建设的意见〉的通知》（赣协党发〔2020〕3 号）精神，结合我市实际，现就加强改进市政协专门委员会工作和制度建设提出如下实施意见。

一、总体要求

（一）重要意义

市政协专门委员会是常务委员会和主席会议领导下的工作机构，在政协工作中具有基础性地位和作用。加强和改进专门委员会工作，完善相关制度，是坚持和完善人民政协制度的内在需要，是发挥人民政协专门协商机构在国家治理体系中“专”出特色、“专”出质量、“专”出水平的重要举措，是发挥好专门委员会桥梁纽带作用和在凝聚共识方面前沿阵地作用的必然要求，是提高政协工作整体效能的迫切需要。

（二）目标要求

以习近平新时代中国特色社会主义思想为指导，增强“四个意识”、坚定“四个自信”、做到“两个维护”。按照权责清晰、程序规范、关系畅顺、运行有效的要求，建立健全专门委员会各方面工作制度，提升专门委员会工作科学化水平，推动形成“一委一策”职责清单，做强“一委一品”履职品牌，切实担负起把市委决策部署和对政协工作要求落实下去，把各方面智慧和力量凝聚起来的政治责任，为加快推动抚州换道超车、高质量发展，为描绘好新时代抚州改革发展新画卷凝心聚力。

二、发挥专门委员会在专门协商机构中的基础性作用

（三）优化协商议题遴选产生机制

专门委员会以多种方式征求意见，提出自身年度协商议题建议。在组织召开分管副主席、专门委员会成员、对口联系单位负责同志和相关专家学者等参加的协商议题协调会的基础上，由办公室汇总形成政协年度协商计划草案后按程

序提交审议。协商工作安排中，监督性议题、持续跟进议题应占一定比例。主席、副主席提出的调研课题和各专门委员会的自选课题，经主席会议确定后，纳入市政协协商议政总体工作中统筹安排。

（四）组织服务好各类型各层级协商活动

参与落实全体会议相关工作任务，以专门委员会为基础组织开展联组讨论和界别活动，提交集体提案，推荐相关界别大会发言材料。根据主席会议部署，针对专题议政性常委会会议、专题协商会、对口协商会、界别协商会和提案办理协商会等的议题，有关专门委员会依照工作方案，做好相应筹备组织工作。健全完善各专门委员会和各民主党派、工商联联合督办重点提案机制，把协商贯穿提案办理工作全过程。通过专委会委员座谈会、界别代表座谈会、经济形势分析会、情况通报会、研讨交流会等形式，更加灵活经常地做好服务协商的“搭台”工作。

（五）加强调查研究

坚持调研与协商相衔接、调研于协商之前，完善选题策划、人员组织、调研形式、研究论证、撰写报告、成果转化、跟踪反馈等全流程规范。坚持以问题、质量和效果为导向，综合运用“高端访谈”“民意直通车”、明察暗访、问卷调查等形式，采用大数据、图表和案例进行比较研究论证。实行调研组长负责制，建立党派团体、政协委员自主申报或认领课题和重点履职项目定期报告、点评、限时办结等制度。根据议题需要，可加强与党政部门、党派团体、县（区）政协、有关智库、专家学者等开展联合调研。严格落实中央八项规定及其实施细则精神，坚决反对形式主义、官僚主义。

（六）强化协商功能

搭建发扬民主、参政议政、团结合作的重要平台，落实多层级多形式协商机制，包括有关部门为科学决策推动工作落实与政协各界别协商、政协各界别委员为咨政建言与有关部门协商、政协内部各界别委员之间协商。建立健全政协协商工作规则，规范协商流程、参加范围、讨论原则、交流方式等。邀请界别群众参加协商会议，探索采取“网络议政”“远程协商”“直播协商”“现场协商”“委员＋”等模式，通过发言、提问、回应等循环深化，强化交流互动、多方互动，努力形成协商共识，推动协商不断深入。

（七）营造良好协商氛围

积极培育协商文化，鼓励参与协商的人士，在坚持党的基本理论、基本路线、基本方略基础上，勇于发表各种意见包括批评性意见。摒弃视不同意见为添乱、把强加于人作共识、将沟通商量当麻烦等错误观念，坚持“有事好商量，众人的事情由众人商量”，促进不同思想观点的充分表达和深入交流。

（八）增强协商实效

加强专业性学习培训，引导委员树立协商理念，遵守协商规则，提升协商素养，增强协商能力。完善委员知情明政机制，发挥重要信息发布和情况通报作用。加强与历届市政协委员联系，建立专门委员会应用型专家智库或专家小组。落实协商议政成果反馈机制，对调研成果的市领导批示和党政有关部门吸收采纳等情况及时跟进。运用现代传媒手段，扩大政协协商成果传播范围。

（九）规范成果报送程序

市政协常委会协商课题成果，经常委会会议审议后，以《政协专报》形式报送。其他课题成果，经分管副主席审签后，以《调研报告》等形式报送。重大成果可由主席签发《专报》，报送相关市领导。各专门委员会提交的提案和社情民意等材料，经专门委员会主任签发后报送。

三、把加强思想政治引领、广泛凝聚共识作为专门委员会工作的中心环节

（十）强化思想政治引领

落实习近平新时代中国特色社会主义思想学习座谈会制度。完善专门委员会全体委员会议集体学习、主任会议专题学习机制，探索开展

专门委员会委员及所联系界别委员学习培训，实现专门委员会委员学习党的创新理论全覆盖。发挥中共党员委员工作站平台作用，深入开展“党建引领、先锋履职、委员行动”工作，组织开展以自我教育自我提高为主旨的委员学习座谈和专题视察等“党建+”履职活动，及时了解统一战线内部思想动态，把在一些敏感点、风险点、关切点上强化思想政治引领同经常性思想政治工作结合起来，实现思想上的共同进步。发挥专门委员会人才荟萃的优势，参与做好重大专项工作委员宣讲团、市政协常委会学习辅导报告会等工作。

（十一）履行凝聚共识重要职能

把凝聚共识融入视察考察、调查研究、协商议政等各项活动中，在建言成果、思想收获上一体设计、一体落实。健全专门委员会中共党员主任、副主任联系中共党员委员、中共党员委员联系非中共党员委员机制，开展谈心谈话、走访看望，做到届内上门走访本专门委员会委员全覆盖。健全落实专门委员会依托界别召集人联系界别、界别委员联系界别群众机制，深入开展“界别活动月”活动，引导所联系界别委员和界别群众开展扶贫济困、捐资助学、送医送药、送教下乡、结对帮扶等社会公益活动。每届各专门委员会至少提交一份所联系界别群众的思想状况分析报告。支持和鼓励委员通过政协官网、微信公众号及其他相关方式积极发声。加强文史资料工作，传承红色基因，更好发挥存史、资政、团结、育人的重要作用。

（十二）扎实推进团结合作和对外交流工作

加强同民主党派、无党派人士在政协专门委员会中的合作共事。加强同党外知识分子、非公有制经济人士、新的社会阶层人士的沟通联络，建立邀请其参加专门委员会活动的机制。支持引导少数民族界、宗教界代表人士利用自身影响主动发声，做好团结引导工作。加强与外地商会组织、港澳台同胞、海外侨胞等的团结联谊、沟通联络，积极助力“三请三回”“双返双创”活动，促进经贸合作、文化交流、民心相通。

四、增强推进专门委员会工作的合力

（十三）加强常务委员会、主席会议对专门委员会工作的领导

贯彻常务委员会、主席会议决议决定和部署要求，建立健全专门委员会对常务委员会、主席会议负责的机制，落实重大事项请示报告和总体工作情况定期汇报、重要工作专题汇报和年度述职等制度安排。健全主席会议成员联系专门委员会的落实机制，专门委员会要积极做好联系履职活动相关组织服务工作。市政协每届召开一次专门委员会工作会议。探索实行不是常委的专门委员会副主任列席常委会会议。

（十四）做好办公室对专门委员会的服务工作

树立鲜明的服务导向，强化服务意识，寓协调于服务之中，为专门委员会履职创造良好条件，健全秘书长、办公室主任与专门委员会负责同志经常性沟通交流机制，在事关协商课题、干部人事等重大问题上听取意见建议，办公室在研究和执行市政协年度协商和视察调研计划，组织开展委员联络、界别活动、联谊接待、宣传报道、材料报进等方面做好统筹安排，与专门委员会就调研时间、地点、人数等情况加强日常协调，避免扎堆调研，重复调研，坚持定期向专门委员会征求意见建议，优化办文、办会、办事程序，推动办公室和专门委员会工作相互贯通，支持各专门委员会之间密切工作协作，实现优势互补、提升工作效能。

（十五）加强专门委员会组织建设

坚持民主集中制，规范议事程序，发挥专门委员会主任会议集体领导作用。主任主持专门委员会全面工作，副主任协助主任履行有关职责，受主任委托开展有关工作，专门委员会全体会议、主任会议负责审议专门委员会年度工作计划，总结、调研方案和报告等重要事项，全体会议每年不少于一次，建立专门委员会务虚会议制度，研讨专门委员会工作和所涉及领域重要问题。

（十六）搭建委员履职尽责平台

市政协委员原则上编入各专门委员会，在出席政协全体会议，认真履职建言的基础上，每年至少参加一次本专门委员会履职活动，专门委员会所联系界别的委员每届至少参加两次该专门委员会活动，专门委员会到县（区）调研视察时应注重邀请住当地市政协委员参加，坚持优化服务与加强管理并重，完善委员履职评价及激励机制，配合做好委员履职统计和常委提交年度履职报告工作。健全委员意见建议跟踪问效和反馈机制，对专门委员会委员年度及届末履职考核评价和是否连任等提出建议。

（十七）健全政协系统专门委员会联系指导工作机制

主动争取省政协对口专门委员会业务指导和支持，加强同省内兄弟市政协专门委员会工作联系，交流经验、开展合作。加强改进对县（区）政协对口专门委员会工作的联系指导，每届至少召开一次全市政协相应专门委员会工作会议，以交流履职经验、提高协商能力为重点，以协同调研和联动协商为抓手，推动县（区）政协对口专门委员会工作上水平、增效能，把握好联系指导工作的边界和力度，不随意传导压力、摊派工作。

（十八）建立健全专门委员会与对口党政部门工作协作机制

以议题为纽带，以界别协商、专题协商、对口协商和全会联组讨论为主要形式，建立健全专门委员会与有关部门的对口联系机制和双向情况通报机制。专门委员会组织的视察考察和调研活动可视情邀请对口部门参加或协同调研。各专门委员会定期走访对口党政部门，应邀参加对口部门重要工作会议或重要活动。

五、加强组织领导

（十九）加强对专门委员会的领导

市政协党组要加强对专门委员会思想政治建设、主要工作制度落实、具有专门委员会特点的组织建设和组织活动的开展、中共党员委员工作站特色履职工作、党员委员作用的发挥、党风廉政建设等方面的领导，确保中央大政方针和省委决策部署不折不扣落到实处，使党的主张成为政协专门委员会领导班子和委员的共识，贯彻好党对人民政协工作的要求。市政协机关党组要加强对专门委员会工作的指导和统筹协调，落实“不忘初心、牢记使命”制度，推进“两学一做”学习教育常态化制度化，负责批准专门委员会重大活动中设立临时党支部事项。要及时通报有关情况、传达相关文件精神，协调专门委员会制度建设、重大履职活动等重要工作。

（二十）加强专门委员会自身建设

按照新时代人民政协事业发展的新要求，进一步健全完善专委会及其办公室内部工作机制，突出“专”的优势、“联”的特点、“精”的实效，更好发挥政协专门委员会的基础性作用。加强专门委员会干部的理论学习、专业培训、实践锻炼等，探索建立“围读会”和量化考核述职机制，推进履职能力建设，全面增强工作本领。加大专门委员会和办公室的机关干部交流力度，并形成长效机制。机关党组调整专门委员会办公室干部时，应听取分管专门委员会的政协党组成员和专门委员会主任会议的意见。探索以专门委员会为依托设立功能型党支部，全力打造“中共党员委员工作站”党建工作品牌，将党员委员全部纳入参加双重组织生活，并负责组织实施专门委员会中共党员委员联系非中共党员委员工作，定期向其组织关系所在党组织提供参加功能型党支部和中共党员委员工作站活动情况。支持派驻纪检监察组履行监督责任，把对委员监督和对专门委员会监督作为开展政治监督的重要内容。

中国人民政治协商会议抚州市委员会主席会议工作规则（试行）

（2000 年 12 月，市政协一届一次常委会会议审议通过；2013 年 5 月，市政协三届十四次主席会议修订；2021 年 11 月 18 日，市政协五届二次主席会议修订）

第一条　为进一步推进政协抚州市委员会（以下简称市政协）主席会议工作的制度化、规范化和程序化建设，根据中国人民政治协商会议章程，参照全国政协、省政协主席会议工作规则及有关规定，结合我市实际，制定本规则。

第二条　市政协主席、副主席、秘书长组成主席会议，负责处理常务委员会的重要日常工作。主席负责主持主席会议的工作，副主席、秘书长协助主席工作。

第三条　主席会议以《宪法》为根本准则，以中国人民政治协商会议章程为依据，在马克思列宁主义、毛泽东思想、邓小平理论、“三个代表”重要思想、科学发展观、习近平新时代中国特色社会主义思想指引下，深入贯彻习近平总书记关于加强和改进人民政协工作的重要思想，坚持和完善中国共产党领导的多党合作和政治协商制度，高举爱国主义和社会主义旗帜，围绕团结和民主两大主题，认真履行政治协商、民主监督、参政议政职能，在建言资政和凝聚共识上双向发力，充分发挥人民政协作为协商民主重要渠道和专门协商机构作用，巩固和发展最广泛的爱国统一战线，调动一切积极因素，为描绘好新时代抚州改革发展新画卷，全面建设富裕协调美丽和谐幸福的现代化新抚州贡献更大力量。

第四条　主席会议组成人员要认真执行中国人民政治协商会议章程和市政协全体会议、常务委员会会议、主席会议的规定、决议，切实履行职责，积极参加市政协举行的会议和活动，参加调查研究和视察考察、联系政协界别和委员，及时反映群众的意见和要求，坚持一致性和多样性统一，找到最大公约数，画出最大同心圆，最大限度凝心聚力。

第五条　主席会议的主要任务：

（一）研究部署学习工作。学习《中华人民共和国宪法》，学习马克思列宁主义、毛泽东思想、邓小平理论、“三个代表”重要思想、科学发展观、习近平新时代中国特色社会主义思想，学习中国人民政治协商会议章程和有关规定，学习统一战线和人民政协的理论和政策，学习中共中央重要会议、重大方针、决策部署，学习中共江西省委、中共抚州市委的重要指示要求，学习经济、科技、法律、文化和现代管理知识，学习交流业务知识，始终保持坚定正确的政治方向，巩固人民政协团结奋斗的共同思想政治基础。

（二）审议本届市政协增加或者变更参加单位、委员名额和人选，提请常务委员会协商决定；审议下一届市政协的参加单位、委员名额和人选及界别设置，提请常务委员会协商决定；决定专门委员会委员人选。

（三）根据政协章程和有关规定，审议年度协商工作计划草案，安排协商活动，决定协商的形式和内容。

（四）对中共抚州市委、市人民政府的重大决策和经济社会生活中的重大问题进行协商讨论，提出建议、意见或建议案。（五）审议以政协抚州市委员会、常务委员会名义向中共抚州市委、市人民政府提出的建议案。

（六）召集并主持常务委员会会议，拟定会议的议程草案和日程，审议提交会议审议的文件。

（七）换届时受常务委员会的委托，主持下一届市政协第一次全体会议预备会议。

（八）审议市政协及其常务委员会的工作计划、工作报告和重要活动方案，审议提案工作情况的报告，审议专门委员会的年度工作计划、工作总结和调研报告。

（九）执行常务委员会决议。根据常务委员会的授权，履行常务委员会的部分职权。

（十）研究涉及全市政协全局性的工作方针，对政协抚州市委员会及其全体会议、常务委员会的制度化、规范化、程序化建设提出建议。指导县（区）政协的工作。

（十一）协调市政协各参加单位之间的关系，促进团结合作。

（十二）处理常务委员会的其他重要日常工作。

第六条 主席会议由主席或主席委托的副主席召集并主持。

第七条 主席会议的召开时间、会议议题由主席或副主席、秘书长提出，由主席或主席委托主持会议的副主席确定；主席会议一般每月举行一次，必要时可临时召开。主席会议举行前，办公室应将开会时间、地点、主要议题等通知事项和提交会议审议的重要文件，送达主席会议组成人员；临时召开的会议应作临时通知。

第八条 主席会议举行时，副秘书长、办公室和专门委员会的主要负责人列席，必要时可邀请与会议议题有关的其他人员列席；协商讨论重大问题时，可邀请市委、市政府及有关部门负责人到会介绍情况、听取意见。

第九条 主席会议须在全体组成人员过半数出席时方能举行。出席、列席人员因故不能参加会议的，应在会前向主席或主席委托主持会议的副主席请假。

第十条 主席会议协商讨论问题，要充分发扬民主。讨论决定问题，必须坚持少数服从多数的原则；对于少数人的不同意见，应当认真考虑，深入沟通。如对重要问题不能形成一致意见，除紧急情况外，应暂缓作出决定，待深入调查研究，认真交换意见，统一认识后再作决定。

第十一条 主席会议决定问题时，一般以分项审议方式通过，必要时也可以合并审议通过。

第十二条 对提请主席会议审议通过的文件，由相关负责人在主席会议上作出说明。书面审议的文件，可不作说明。

第十三条 主席会议审议通过的文件，需提请常务委员会会议审议通过的，由主席会议确定的人员向常务委员会会议作说明；主席会议审议通过即发生效力的文件，由主席或主席委托的主席会议其他成员签发，以政协抚州市委员会文件或政协抚州市委员会办公室文件的形式送达有关方面或部门。

第十四条 主席会议作出的决定，由主席、副主席、秘书长分工负责实施。在实施中，应加强督促检查和信息反馈。根据实施情况，需对某项决定进行调整或变更的，应提交主席会议讨论通过。

第十五条 本规则经政协抚州市委员会主席会议审议通过后施行。

政协抚州市第五届委员会关于加强市政协领导班子自身建设的意见

（2021 年 11 月 22 日）

根据中共中央《关于新时代加强和改进人民政协工作的意见》的要求，按照《中国人民政治协商会议章程》的有关规定，为促进市政协领导班子成员强化政治意识、提高履职能力、改进工作作风，引领带动全市各级政协组织及广大政协委员增强使命感，提振自信心，激活原动力，实现高质量发展，努力建设忠诚、务实、为民、奋进的政协，为全面建设富裕协调美丽和谐幸福的现代化新抚州贡献力量，现就加强市政协领导班子自身建设提出如下意见：

一、坚守初心使命，始终保持正确的政治方向

（一）坚定政治立场

矢志不渝做习近平新时代中国特色社会主义思想的坚定信仰者和忠实实践者，始终胸怀“两个大局”，心系“国之大者”，切实增强“四个意识”、坚定“四个自信”、做到“两个维护”，不断提高政治判断力、政治领悟力、政治执行力，在思想上政治上行动上同以习近平同志为核心的党中央保持高度一致。大力弘扬伟大建党精神，传承红色基因、赓续精神血脉、砥砺严实作风，筑牢信仰的精神高地，确保政协工作始终沿着正确方向前进。

（二）把牢政治方向

坚决贯彻执行中央、省委和市委的决策部署，始终坚持在市委领导下开展工作，坚持重大事项、重要工作安排向市委请示报告，年度协商计划安排报经市委批准同意后组织实施，确保与市委同心同行、同频共振。

（三）严守政治规矩

始终把对党忠诚、为党分忧、为党尽职、为民造福作为根本政治担当，忠诚老实、表里如一，光明磊落、公道正派，说老实话、办老实事、做老实人。始终牢记“五个必须”，反对“七个有之”，坚决反对搞“两面派”、做“两面人”，不发表不当言论，不搞小圈子，不做违反组织原则的事，分清是非、辨别真假，做政治上的明白人。

二、强化理论武装，夯实共同思想政治基础

（四）加强政治理论学习

坚持把学习贯彻习近平新时代中国特色社会主义思想作为重中之重，把理论学习摆在更加突出的位置，落实习近平新时代中国特色社会主义思想学习座谈会制度，深入学习贯彻习近平总书记“七一”重要讲话和视察江西重要讲话精神，及时跟进学习习近平总书记最新重要讲话、重要指示批示精神，引领广大政协委员深刻领悟中国共产党为什么能、马克思主义为什么行、中国特色社会主义为什么好，不断增进对中国特色社会主义的政治认同、思想认同、理论认同、情感认同。

（五）深化党史学习教育

按照中央、省委和市委的要求，教育引导政协组织中的共产党员和全体政协委员把学党史作为终身必修课，把学习贯彻落实党的十九届六中全会精神与学习贯彻习近平总书记“七一”重要讲话精神紧密结合起来，在百年党史中汲取奋进力量，在深学深悟中不断增强历史自觉和理想信念，切实做到学史明理、学史增信、学史崇德、学史力行，学党史、悟思想、办实事、开新局。

（六）推进学习形式创新

坚持和完善以市政协党组理论学习中心组为主导，党组会议、主席会议、常委会会议集体学习和全市政协主席座谈会、政协干部与政协委员学习培训相配套的学习制度体系。综合运用个人自学、集体研讨、专家讲座、专题调研、“请进来、走出去”等方式，推进自主学习与集中学习相结合、线上交流与线下研讨相结合、理论学习与工作实践相结合，营造“书香政协”浓厚氛围，做到学、思、用贯通，知、信、行统一。

（七）加强意识形态工作

牢牢掌握意识形态工作的领导权，严格落实意识形态工作责任制，把意识形态和宣传思想工作作为政协党的建设重要内容，不断加强政协系统意识形态阵地建设和管理，构建常态化的思想动态分析、教育机制，引导政协委员和机关党员干部坚定理想信念，站稳政治立场。加强政协新闻宣传，及时总结报道，传播政协声音，扩大政协影响。

三、弘扬务实精神，促进高质量跨越式发展

（八）弘扬担当实干精神

按照“懂政协、会协商、善议政，守纪律、讲规矩、重品行”的要求，大力倡导“马上就办、真抓实干”工作理念，始终保持奋斗的激情，弘扬勇于担当、攻坚克难的实干精神，解放思想，开拓创新，做好县（区）挂点、项目推进、文明创建等中心工作，努力争创新时代第一等的工作。

（九）深入开展协商议政

紧扣市第五次党代会提出的“全面建设富裕协调美丽和谐幸福现代化新抚州”这个奋斗目标，抓住“打好一个强攻战、实现五个新跨越”这条工作主线，精心选择事关抚州工业创新发展、乡村振兴、城市建设、生态文明、改革创新、社会治理、民生福祉的重大课题，深入开展调研，积极协商议政，集合众智众力，精准建言献策，努力形成一批有质量、有价值的建言成果，为市委、市政府科学决策提供参考，真正做到参政参在点子上、议政议在关键处。

（十）切实加强民主监督

坚持问题导向、目标导向、结果导向，瞄准市委、市政府重大决策部署贯彻执行和重点工作推进情况，有计划、有步骤开展民主监督，寓监督于会议协商、提案、调研、视察、反映社情民意等工作之中，把握好监督节奏和力度，加强沟通协调，持续跟踪问效，促进部门不断改进工作、提高实效。

（十一）扎实推进履职创新

坚持与时俱进、开拓创新，紧密联系全市发展和政协工作实际，适应全面深化改革和政协工作发展的需要，主动对标一流，争创新时代政协第一等的工作，力争在全省政协系统走在前列，树立良好的政协新形象。积极拓展和探索政协履职的新领域、新形式，着力在发挥界别作用、激发委员才智、创新专门委员会工作、加强机关建设等方面做出成效，努力打造“一委一特色”“一县一品牌”，使政协工作常做常新，充满生机活力。

四、广泛凝心聚力，形成团结奋斗强大合力

（十二）贯彻执行民主集中制

坚持把民主集中制作为根本组织原则，按照集体领导、民主集中、个别酝酿、会议决定的原则，进一步完善决策机制，规范决策程序。对于重大工作决策、重要人事任免、重大项目安排、大额资金使用等重要事项，必须进行集体讨论、集体研究、集体决定。坚持重大问题协商于决策之前，广泛听取各方面意见和建议。进一步完善集体领导与个人分工负责相结合的制度，市政协领导班子成员各司其职，各负其责，对议定的事项坚决贯彻落实。

（十三）认真开展谈心谈话

市政协主要领导同志与市政协班子成员之间，市政协班子成员与分管的办公室、专门委员会负责同志之间，要认真开展谈心谈话，原则上每年开展不少于一次的思想、作风、纪律等方面政治谈话活动。市政协班子成员要担负起分管领域干部成长的政治责任，每年开展不少于一次的政治家访活动，了解干部思想作风，加强交流、密切关系、促进工作。市政协党组成员要落实市委要求，开展与县（区）政协领导干部政治谈话，切实加强思想政治引领。

（十四）积极推进凝聚共识

切实搞好与各民主党派、工商联、无党派人士和人民团体的合作共事，主动与党外人士结为净友、挚友，力所能及地帮助他们解决实际困难和问题，形成同心同德谋发展、和衷共济干事业的整体合力。认真落实走访委员、联系界别的相关规定，组织各自分管的专门委员会每年至少开展一次界别活动，认真听取委员意见建议，了解委员思想动态，引领所联系的界别委员广泛凝聚共识。

（十五）密切联系政协委员

坚持市政协领导班子成员联系委员制度。

进一步加强中共党员委员工作站建设，深入开展联系委员活动。通过实地走访、活动交流、谈心谈话等形式，宣传政策，听取建议，沟通思想，增进团结，促进委员更好发挥本职工作中的带头作用、政协工作中的主体作用、界别群众中的代表作用。

（十六）加强上下工作联系

认真贯彻落实全国政协、省政协工作部署要求，积极配合全国政协、省政协开展重大课题调研协商，做好服务保障。发挥全市政协整体优势，实行市政协主席、副主席挂点联系县（区）政协工作制度，加强对县（区）政协工作指导。坚持以课题为纽带促进上下协同、合力攻关、互动协商，指导推进县（区）政协“一县一品牌”落实落地，推动解决县（区）政协基础工作薄弱、人员力量薄弱等问题。

五、厚植为民情怀，自觉践行党的群众路线

（十七）坚持人民政协为人民

牢固树立以人民为中心的发展思想，深入基层宣传党和国家大政方针，积极组织委员围绕做好“六稳”“六保”工作，聚焦岗位、学位、床位、车位、厕位、梯位、摊位等民生“关键小事”，反映群众愿望诉求，推动解决实际问题。深化基层协商，协助做好解疑释惑、宣传政策、理顺情绪、化解矛盾的工作，切实把政协制度优势转化为基层治理效能。积极开展扶贫济困、捐资助学、送医送药、送教下乡等“我为群众办实事”实践活动，倾力为困难群众解难事、做好事、办实事，不断增强人民群众的获得感、幸福感、安全感。

（十八）大兴调查研究之风

严格落实市政协领导挂点乡村振兴联系点和基层党支部联系点制度，真正扑下身子、沉到基层、走进群众，真研究问题，研究真问题。找准服务大局与发挥政协优势的结合点，围绕党政关注的重大课题以及民生热点问题，创新调研形式、改进调研方法、优化调研方案、提高调研质量，不断提升政协资政建言的质量和水平。

六、坚持严于律己，保持清正廉洁的政治本色

（十九）加强党风廉政建设

认真落实党风廉政建设主体责任、监督责任和党组书记第一责任人责任、领导干部“一岗双责”责任，经常研究全面从严治党、党风廉政建设和反腐败工作，注重抓早抓小、抓苗头抓细节。支持纪检监察机关履行监督责任，保持反腐高压态势。强化日常管理监督，严格执行领导干部外出报备制度和个人重大事项报告制度，开展违法违纪典型案件警示教育，深刻汲取肖毅案教训，坚持以案促改、以案促建、以案促治，一体推进不敢腐、不能腐、不想腐，营造政协系统风清气正的政治生态。

（二十）严格遵守廉洁自律各项规定

始终把纪律和规矩挺在前面，认真贯彻落实中央八项规定及其实施细则精神，按照《中国共产党党员领导干部廉洁从政若干准则》要求，时刻自重自省自警自励，慎独慎微慎始慎终，影响带动广大政协委员守纪律、讲规矩、重品行，当好遵规守纪的示范者。恪守家规、传承家风，严格落实规范领导干部配偶、子女及其配偶经商办企业行为规定，严格家风家教，带头廉洁治家。坚持道德操守，保持高尚、健康的为人处世方式和生活习惯，净化朋友圈、交往圈、生活圈，不收红包礼金和各类代金券，下基层不收土特产，不利用政协影响力为特定关系人服务，不利用职务影响为亲属及身边工作人员谋取利益，自觉接受纪律约束和群众监督，永葆清廉政治本色。

政协抚州市委员会关于加强委员联系服务管理暂行办法

（2021年12月17日，市政协五届三次主席会议通过）

为加强市政协委员队伍建设，调动委员履职积极性，充分发挥政协委员的主体作用，进一步推动我市政协工作的规范化、制度化和程序化，根据《中国人民政治协商会议章程》(以下简称《政协章程》)，结合我市实际，特制定本办法。

第一章　委员联系

第一条　开展走访联系活动。把走访联系委员列入政协工作的议事日程。每年安排主席、副主席及秘书长重点走访政协常委及其所在单位、在社会上有较大影响和有代表性的委员及其所在单位。市政协领导班子成员到县(区)开展调研视察或参加其他活动期间，积极联系住当地市政协委员，通过邀请参加活动、走访、座谈等方式，通报情况，交流思想，听取意见。每年安排各专门委员会主任走访看望联系本专门委员会委员及其所在单位至少一次。以中共党员委员工作站为平台，充分发挥中共党员委员在闭会期间的政治引领作用，联系带动非中共党员委员履职尽责，促进委员更好发挥本职工作中的带头作用、政协工作中的主体作用、界别群众中的代表作用。

第二条　明确走访联系职责。走访联系委员时要主动向委员通报市政协近期的工作情况，认真听取委员及所代表界别的呼声、建议和要求，并征求委员对做好政协工作的意见、建议和要求；认真了解委员的学习、工作、生活情况；向委员单位介绍委员履职情况，征求委员所在单位的意见。

第三条　设立委员联系日。每月最后一个周五的下午作为委员联系日。主席、副主席在政协机关约请相关委员，听取委员对市政协工作及市委、市政府工作的意见、建议和反映的其他问题。所接待的委员由办公室、各专门委员会按领导分工作出安排。

第四条　认真办理委员反映的意见和建议。对委员提出的意见、建议，要及时整理上报有关领导和部门，积极协调有关单位进行办理，并填写好走访委员登记表，同时跟踪反馈所提意见与建议的采纳、落实情况。

第二章　委员服务

第五条　按照《政协章程》保障委员履职的各项权利，委员履职权利受到影响时，市政协办公室应督促有关方面及时处理。

第六条　各专门委员会和界别要密切联系委员，主动关心委员的学习、工作和生活，帮助解决委员履职等方面的困难和问题，为发挥委员主体作用提供有效服务。

第七条　各专门委员会与委员工作的单位加强联系沟通，共同为委员履职创造有利条件。

第八条　市政协通过举办委员学习培训、发送有关资料、网络平台交流、订阅报纸杂志等多种形式，帮助委员提高履职能力。

第九条　各专门委员要加强与市直对口部门联系，为委员知情明政、协商议政创造条件。

第十条　市政协组织的会议和活动，按要求提前发出预通知，并将有关材料送达委员，便于委员提前做好准备。

第十一条　市政协办公室对委员的来信、来访、来电，应认真做好受理、转办、督办工作，并将办结情况及时向委员反馈，做到件件有答复。

第十二条　加强对委员的宣传报道。通过新闻媒体、微信、公众号等，向社会广泛宣传政协委员的政治地位、职责及作用，报道委员参政议政的事迹、委员先进事迹，扩大政协委员在社会上的影响，激励和鼓舞委员更加富有成效地履行自己的职责。

第三章　委员管理

第十三条　市政协委员应履行以下职责。

（一）市政协委员应热爱祖国，拥护中国共产党的领导和社会主义事业，维护民族团结和国家统一，遵守宪法和法律，遵守政协章程，执行市政协全委会和常委会会议的决议，认真履行政治协商、民主监督、参政议政职能。

（二）市政协委员、常委要积极参加政协全会、常委会。会前密切联系所代表的界别及群众，深入调查研究，积极反映界别、群众的意见和要求，为撰写提案、大会发言、会议讨论做好准备，踊跃建言献策；会后传达贯彻会议精神，身体力行，做好工作。

（三）市政协委员要懂政协、会协商、善议政，守纪律、讲规矩、重品行，认真贯彻落实中共中央八项规定精神和廉政建设各项规定，永葆清廉政治本色。要正确处理个人职业活动与履行职责的关系，不得利用委员身份谋取个人、小团队和特定关系人的利益。

（四）市政协委员要积极投身"五个一"活动，每年至少要参加一次专题调研或视察活动，提一件有较高质量的提案，提一条有价值的社情民意，提一条加强和改进政协工作的建议，为经济社会发展和服务民生办一件实事。要积极参加所在专门委员会组织开展的中共党员委员工作站活动、界别活动、情况通报、学习考察、扶贫帮困及科技、文化、卫生"三下乡"等有特点的政协活动，为全面建设富裕协调美丽和谐幸福的现代化新抚州献计出力。

第十四条　建立委员激励机制，对履行职责表现突出、成绩显著的政协委员给予表彰。

（一）开展优秀政协委员评选。市政协每年度评选一次，评选出的优秀政协委员在市政协全会期间进行表彰。

（二）开展政协委员优秀提案评选。依据优秀提案评选办法，对选题好、建议好、效果好的提案，每年度评选一次，在市政协全会期间进行表彰。

（三）被评为优秀政协委员或在任期内两次获得优秀提案奖的委员，将作为委员换届继续提名的重要依据。

第十五条　严格执行会议和活动请假制度。委员必须按时参加政协会议和活动，因病或其他特殊原因不能按时参加政协活动的，须事先由本人请假，报政协活动的组织者批准。

第十六条　建立委员考勤通报制度。政协例会、重大活动实行考勤和缺席情况通报制度。政协委员参加全委会和常委会组织活动的考勤由市政协办公室负责，对到会、请假、缺席人员据实记载，存入委员履职档案；委员参加专门委员会活动的考勤由市政协各专门委员会负责，交市政协办公室汇总。办公室每年度将委员参加活动和会议的情况进行通报，并书面通知委员本人。

第十七条　建立委员履职档案。加强委员履职考核管理，制定委员履职考核办法，按年度考核委员履职情况。

第十八条　委员有下列情况之一的，应主动辞去委员资格：

1. 因工作调动不在本市工作的；

2. 因工作单位或领导职务变动，不具有代表性的；

3. 因工作需要当选市人大代表的；

4. 因身体原因无法履行政协委员职责的。

第十九条　委员有如下情况之一的，应劝其辞去委员资格：

1. 缺乏委员意识，连续两年不参加市政协全会的；

2. 缺乏参政议政意识，两年内未提交提案和反映社情民意，不参加政协组织活动的。第二十条　委员有下列情形之一的，撤销其委员资格：

1. 违反法律，受到刑事处罚的，或司法部门通知要撤销委员资格的；

2. 中共党员违反党纪，受到党内撤职及以上处分的；

3. 民主党派成员违反该党章程，受到开除处分的；

4. 国家工作人员违反政纪，受到行政撤职及以上处分的；

5. 其他情况需要撤销委员资格的。

第二十一条 加强与相关部门的信息沟通，对凡符合第十八、十九、二十条情况的委员，及时了解情况，作出相应处理。对违纪违法、严重违反政协章程或全体会议和常务委员会会议决议或决定的委员，按照有关程序依据情节，责令其辞去或撤销委员资格处分。

第二十二条 凡经由市政协常委会会议研究批准辞去委员资格、撤销委员资格的，由市政协办公室向本人和本人所在单位下达通知书，并在《抚州日报》和抚州电视台予以公告。

第二十三条 搞好委员离任管理。对于届中因到龄、工作需要辞免的政协委员以及换届时不再连任的政协委员，以致感谢信、颁发纪念证书或证牌等方式，感谢委员为政协事业发展所作的贡献。

第四章 附则

第二十四条 本办法自通过之日起施行，由市政协办公室负责解释。

政协抚州市委员会
关于建设忠诚为民务实奋进政协的实施意见

（2022 年 5 月 5 日）

为切实把建设“忠诚为民务实奋进的政协”奋斗目标落到实处，让政协目标具体化，各项工作推进有重点、有举措、有抓手，全面展示新一届市政协新担当、新作为、新形象，特制定如下实施意见。

一、指导思想

坚持以习近平新时代中国特色社会主义思想为指导，深入贯彻落实中共十九大、十九届历次全会以及中央政协工作会议精神，全面落实习近平总书记视察江西重要讲话精神，按照省第十五次党代会、市第五次党代会的部署要求，立足抚州政协实际，围绕中心，服务大局，担当实干，履职尽责，以“作示范、勇争先”的昂扬斗志，以创“第一等工作”的坚强决心，努力建设忠诚为民务实奋进的政协，为全面建设现代化新抚州凝聚人心、凝聚智慧、凝聚力量，以优异成绩迎接中共二十大胜利召开。

二、任务措施

（一）坚守初心，把牢方向，建设忠诚的政协

建设“忠诚的政协”就是凸显政协组织的政治性，旗帜鲜明讲政治，始终坚持党的领导，自觉在思想上政治上行动上同以习近平同志为核心的中共中央保持高度一致，确保中共中央、省委、市委的决策部署在政协得到不折不扣的落实。

1. 坚定政治立场 始终坚持中国共产党领导这一根本政治原则，自觉在政治立场、政治方向、政治原则、政治道路上同以习近平同志为核心的中共中央保持高度一致。着力加强政协党的建设，引导市县（区）政协组织及广大政协委员深刻领悟“两个确立”的决定性意

义，切实增强“四个意识”、坚定“四个自信”、做到“两个维护”。

2. 严守政治纪律 坚持把纪律挺在前面，严守党的政治纪律和政治规矩，严格执行中央八项规定及其实施细则，严格遵守廉洁自律各项规定，始终牢记“五个必须”，反对“七个有之”，做到敬畏党规党纪、敬畏法治、敬畏道德、敬畏群众。

3. 强化理论武装 落实习近平新时代中国特色社会主义思想学习座谈会制度，坚持把学习宣传贯彻习近平新时代中国特色社会主义思想作为首要政治任务，认真学习贯彻习近平总书记在中央政协工作会议暨庆祝中国人民政治协商会议成立70周年大会上的讲话，及时跟进学习习近平总书记最新重要讲话、重要指示批示精神，用党的创新理论武装头脑；开展“书香政协”委员读书活动，学习贯彻中共二十大和全国两会精神，以及中共中央《关于新时代加强和改进人民政协工作的意见》、中共中央办公厅《关于加强和改进新时代市县政协工作的意见》等文件精神，推动政治理论学习全覆盖；巩固拓展中共党史学习教育成果，常态化抓好中共党史、新中国史、改革开放史、社会主义发展史和人民政协史、统一战线史的学习，引领广大政协委员深刻领悟中国共产党为什么能、马克思主义为什么行、中国特色社会主义为什么好，不断增进对中国特色社会主义的政治认同、思想认同、理论认同、情感认同。

4. 落实意识形态工作责任制 牢牢掌握意识形态工作的领导权，把意识形态和宣传思想工作作为政协党的建设重要内容，不断加强政协系统意识形态阵地建设和管理，构建常态化的思想动态分析、教育机制，引导政协委员和机关党员干部坚定理想信念，有效防范化解意识形态领域风险。加强政协新闻宣传，讲好政协故事，传播政协声音，扩大政协影响。

5. 切实做到行动忠诚 自觉把讲政治、铸忠诚融入政协工作全过程各方面，始终坚持在市委领导下开展工作，坚持重大事项、重要工作安排向市委请示报告，年度协商计划安排报经市委批准同意后组织实施，确保与市委同心同行、同频共振。发挥好政协党组把舵定向作用，在推进政协工作中把方向、管全局、作决策，自觉把中共中央决策部署和省委、市委工作要求转化为政协组织和政协委员的履职行动。精心组织开展以“喜迎二十大 委员在行动”“传承红色基因，担当时代使命”等系列具有政协特色的主题活动，以实际行动诠释对党的忠诚。

（二）关注民生，服务群众，建设为民的政协

建设“为民的政协”就是始终遵循人民政协为人民的履职理念，深入体察民情，倾听人民呼声，通过提案、社情民意、建议案等方式反映百姓诉求，协助党委、政府破解民生难题、增进民生福祉。

6. 聚焦民生难题建言献策 坚持以人民为中心的发展思想，始终把履职为民作为参政议政的价值取向，积极组织委员围绕做好“六稳”“六保”工作，聚焦岗位、学位、床位、车位、厕位、梯位、摊位等民生“关键小事”，常谋利民之计，常献惠民之策，助推解决一批民生难题。

7. 回应民生关切督办提案 坚持把提案办理作为回应民生关切的重要途径，采取先行一步广泛征集民生提案，紧跟脚步遴选重点民生提案，与民同步协商办理民生提案，不落一步督促落实民生提案“四步”工作法，探索开展“模拟政协提案”，创新政协提案办理协商社区圆桌会、专项视察督办等方式，对内容相近、涉及多个承办单位的民生类提案合并归类，开展集中协商办理，确保民生类提案办理质量和委员满意率双提升。

8. 倾听百姓呼声化解民忧 充分运用中共党员委员工作站、社情民意联系点等服务群众平台，把工作触角向基层延伸、向一线拓展。认真落实省政协推进“赣事好商量”协商平台建设要求，围绕群众思想认识困惑点、利益关系交织点、现实矛盾易发点，做实做细解疑释惑、宣传政策、理顺情绪、化解矛盾的工作，切实把市委的决策主张转化为社会各界的广泛共识和行动自觉，不断夯实最广泛、最深厚的群众基础。

9. 搞好界别活动温暖民心 充分发挥好政协联系群众的独特优势，积极开展好科普宣传、捐资助学、扶贫济困、义诊服务、法律援助等“我为群众办实事”界别活动，用心用情用力解决群众关心的“急难愁盼”问题，让群众的获得感成色更足、幸福感更可持续、安全感更有保障。

（三）服务大局，担当作为，建设务实的政协

建设“务实的政协”就是力戒官僚主义、形式主义和表面文章，聚焦发展出实招，强化监督求实效，立足岗位重实干，注重解决政协“两个薄弱”问题，用实实在在的工作业绩，彰显政协新作为。

10. 深入开展协商议政 制定出台协商议政工作计划，做实调查研究基本功，有序组织完成好年度协商课题任务，推进政协履职制度化、规范化、程序化。围绕我市如何实现“省内追赶上饶、省外对标三明”的战略目标，紧扣市第五次党代会提出的“全面建设富裕协调美丽和谐幸福现代化新抚州”奋斗目标，围绕“打好一个强攻战、实现五个新跨越”工作主线，精心选择事关抚州工业创新发展、乡村振兴、城市建设、生态文明、改革创新、社会治理、民生福祉的重大课题，深入开展调研，积极协商议政，集合众智众力，精准建言献策，努力形成一批有质量、有价值的建言成果，为市委、市政府科学决策提供参考。

11. 强化民主监督 瞄准全市“十四五”规划实施中的重大问题，紧扣市委提出的建设“三中心”（全国区域新能源汽车制造中心、全国绿色有机大健康食品区域精深加工中心、全国国家生态产品价值实现机制创新中心）、打造“双城”（新兴工业之城、活力之城）的目标任务落实情况，采取会议监督、视察监督、专项监督、提案监督及聘请特约监督员、民主评议等多种方式，着力开展民主监督，形成有针对性、操作性的意见建议，助推相关工作落实落地。

12. 提高大会发言水平 结合工作实际，完善大会发言工作规则，通过领导“点题”、委员选题、协商定题，深入调研，撰写发言材料。建立大会发言成果转化机制，加大监督力度，对大会口头发言和书面发言意见建议办理落实情况进行跟踪问效。

13. 提升提案办理质效 建立市党政主要领导督办重点提案以及市委、市政府、市政协领导分别领衔督办，专委会与党派联合督办，提案委员会专责督办的工作机制；建立主席会议听取提案办理情况通报制度；把提案办理纳入党委政府《年度督查检查考核工作计划》，作为各专门委员会对口联系的重要内容，定期协调有关提案人，采取走访承办单位、实地视察等形式，召开提案办理协商会、进行对口促办，跟踪问效，推动提案建议落实。

14. 畅通社情民意渠道 加强社情民意信息员队伍建设，围绕百姓关注的热点难点问题，有针对性地定期重点约稿，提高反映社情民意信息质量。建立重大选题出题答题工作机制，围绕中心任务的重大选题，强化市县（区）联动，布置“委员作业”。加强委员平时反映的社情民意信息汇总整理，及时编发《社情民意》专报，保质保量完成省社情民意报送任务。建立社情民意工作情况通报制度，努力实现反映省市社情民意数量质量“双提升”。

15. 打造文史征编精品 抓好文史征编顶层设计，加大文史征编力度，以亲历、亲见、亲闻为基本要求，以《抚州文史》期刊为载体，以专辑史料为补充，致力挖掘抚州历史文化。围绕历史文化名城建设、千年古村古镇、千年商帮等主题，征编《抚州文史》期刊，切实发挥文史资料“存史、资政、团结、育人”重要作用。

16. 推进抚州政协史志资料收集与编纂 组织编撰《抚州政协志》和《抚州政协年鉴》，系统完整记录1985年以来抚州地区政协联络处、政协工委、抚州市政协砥砺前行的历史，切实发挥好以史鉴今、资政育人的作用。

17. 加强联谊合作广泛凝聚共识 注重拓展团结面、画大同心圆，定期召开中秋茶话会、乡友恳谈会，密切加强与各党派团体、民族宗教等社会各界人士的联络交流，增进友谊，凝聚起推动抚州高质量跨越式发展的强大合力。加强与全国政协和省政协的工作衔接，做好全国政协和省政协领导来抚调研视察的服务保障工作。注重抓好政协系统之间的横向交流学习，汲取兄弟市政协的好经验、好做法，切实提升政协履职水平。

18. 主动参与服务中心工作 深入挂点县(区)、工业园区、乡村振兴村、重点项目建设工地，就经济社会发展、疫情防控、防汛抗旱、文明创建、信访维稳、学习贯彻中央和省市重大会议精神开展实地调研指导、政策宣传，推动相关工作有效开展。充分发挥好政协委员中坚骨干和行业模范作用，引领广大政协委员立足本职岗位、发挥界别优势，投身发展一线，全力参与项目推进、企业帮扶、乡村振兴、城市创建等中心工作，在招商引资、招才引智等活动中牵线搭桥、沟通联系，争创一流业绩。

(四) 积极进取，开拓创新，建设奋进的政协

建设“奋进的政协”就是解放思想，开拓创新，提振精气神，争创新时代政协“第一等工作”，力争在全省政协系统走前列、争一流。

19. 切实转变思想观念 紧跟时代步伐，强化争先进位意识，主动对标一流，跳出抚州看抚州，跳出政协看政协，把抚州政协工作放到更大的坐标系中去谋划，锚定目标、久久为功，敢想敢干、大胆创新，增强使命感、提振自信心、激活原动力、实现高质量。坚持“走上去”主动对接，加强省市县政协联动；坚持“走出去”学习真经，拓宽政协履职视野，努力创造新时代政协“第一等工作”。

20. 大力弘扬实干作风 弘扬勇于担当、攻坚克难的实干作风，扎实开展“八扬八治”深化作风建设活动，坚持破立并进、纠树并举，驰而不息抓作风建设，建立完善改进作风、提升素质、推动落实的长效机制，以一流作风服务高质量发展。

21. 扎实推进履职创新 加大中共党员委员工作站标准化、规范化、制度化建设力度，持续拓展、丰富、深化工作站功能，把工作重心从规范化建设转向常态化使用，着力抓好党建与政协履职相结合，努力把其打造成为政治引领的重要阵地、凝心聚力的重要平台、协商议政的重要渠道、反映民意的重要途径、界别活动的重要载体，使抚州政协党建工作成为全省乃至全国政协系统的一大品牌。重点推动“提案办理社区圆桌会”“文化浸润·书香育人”“委员讲堂”“委员话生态”“民生面对面”“社法为民大家谈”“我们的节日”“委员和农民同坐一条板凳”等各专委会特色工作，全面展示政协履职能力水平。

22. 抓好“两支队伍”建设 按照习近平总书记提出的“懂政协、会协商、善议政，守纪律、讲规矩、重品行”重要要求，坚持“请进来”“走出去”相结合方式举办市政协委员专题培训班，确保全体政协委员届内培训不少于一次，不断增强委员履职本领。进一步加强联系服务管理委员，不定期开展“走进委员”活动，激发委员履职热情。坚持严管厚爱善带，以创建“模范党支部”引领机关干部队伍建设，开展谈心谈话，优化干部力量配置，搭建干部培养、选拔、交流和使用平台，着力锻造一支忠诚干净担当的高素质专业化政协干部队伍。

23. 履行全面从严治党责任 推进政协系统党的建设，积极创评“模范党支部”，创建让党放心、人民满意的模范机关。认真落实党风廉政建设主体责任、监督责任和党组书记第一责任人责任、领导干部“一岗双责”责任，经常性研究全面从严治党、党风廉政建设和反腐败工作，注重抓早抓小、抓苗头抓细节。严肃党内政治生活，坚持开展政治谈话制度，严格执行“三会一课”“政治生日”“党员活动日”、谈心谈话、民主评议党员等制度。支持纪委监察机关履行监督责任，保持反腐高压态势。强化日常管理监督，严格执行领导干部外出报备制度和个人重大事项报告制度，开展违法违纪典型案件警示教育，深刻汲取肖毅案教训，坚持以案促改、以案促建、以案促治，一体推进不敢腐、不能腐、不想腐，营造政协系统风清气正的政治生态。

24. 增强市县（区）政协履职合力 以市委名义出台《关于加强和改进新时代市县政协工作的意见》，推动解决市县（区）政协基础工作薄弱、人员力量薄弱问题。健全完善市县（区）联动制度，每年至少召开一次全市政协主席座谈会和秘书长工作会议。强化市县（区）政协上下联动调研，形成履职合力，提升整体效能。落实市政协主席、副主席挂点联系县（区）政协工作制度，加强对县（区）政协创建“一县一品牌”、中共党员委员工作站指导；在全市政协系统组织“赛场赛马”、实地观摩活动，形成比学赶超、奋进争先的浓厚氛围。

三、组织保障

（一）强化组织领导

成立建设“忠诚为民务实奋进的政协”领导小组，由市政协主要领导担任组长，各位副主席担任副组长，市政协秘书长、办公室主任及各专委会负责同志为成员，常态化开展调度，形成人人肩上有担子，一级抓一级、层层抓落实的工作合力。

（二）推行项目化实施

按照意见提出的主要任务措施，实行清单化管理、项目化推进，对重点工作逐项梳理，形成工作责任清单，制定完善具体项目方案，按照时间节点有序推进。

（三）加强督促指导

注重工作调研，聚焦短板弱项，加强分析研判，有效开展督促指导，及时协调解决在推进落实过程中出现的各类困难问题。

（四）及时总结推广

开展互学互鉴活动，按照“边探索、边实践、边总结、边提升”的要求，及时总结好经验好做法，固化形成工作机制。同时，加大对外宣传报道力度，利用好报纸、广播电视、政协网站、微信公众号等新闻媒介，开展生动全面的宣传，营造浓厚的舆论氛围。

政协抚州市委员会
关于开展“政协工作突破年”活动的实施方案

（2022年5月5日）

为深入贯彻落实市委“工作突破年”部署要求，努力争创新时代政协“第一等工作”，经研究，决定在全市政协系统开展“政协工作突破年”活动，切实推动政协工作提质增效、争创一流、走在前列，特制定如下实施方案。

一、总体要求

深入学习贯彻习近平总书记关于加强和改进人民政协工作的重要思想，全面贯彻落实中央、省委、市委政协工作会议精神，紧紧围绕市委“强党建、树新风、办实事，转观念、促改革、求实效”工作思路，聚焦市委书记夏文勇对全市政协工作提出的“发扬优良传统、奋进突破年、展现新作为”的指示要求，自觉融入大局、主动服务中心，在思想观念、履职重点、特色创新、自身建设上力求新突破，着力建设忠诚为民务实奋进的政协，为全面建设现代化新抚州贡献智慧和力量，以优异成绩迎接中共二十大胜利召开。

二、工作目标

（一）在思想观念上取得新突破

在坚定信仰、把牢方向上下功夫，自觉忠诚

于党，确保政治过硬。在加强学习、转变观念上下功夫，不断强化创先争优意识，切实增强使命感，提振自信心，激活原动力，实现高质量发展。在解放思想、开拓创新上下功夫，主动对标一流，树立“敢想敢干、敢闯敢试”的决心，以更加饱满的热情和昂扬的斗志，把各项工作干好干出彩。

（二）在履职重点上取得新突破

坚持围绕中心、服务大局，认真做好调研视察、协商议政、提案、文史、反映社情民意等经常性工作，切实完成市委中心工作任务，以高质量工作助推全市经济社会高质量发展。

（三）在特色创新上取得新突破

紧扣“建平台、强阵地”，充分彰显专委会特色和县域特性，突出抓好中共党员委员工作站、“一委一特色”、民生提案“四步法”等特色重点工作，指导县（区）开展“一县一品牌”创建，切实做到政协工作既有特色亮点，又有实体看点，不断开创政协工作新局面。

（四）在自身建设上取得新突破

不断加强政协党的建设，切实履行全面从严治党政治责任，努力打造让党放心、人民满意的模范机关，积极创评“模范党支部”。深入开展“八扬八治”深化作风建设活动，坚持破立并进、纠树并举，抓好政协委员和机关干部两支队伍建设。以制度建设为抓手，切实提升政协工作科学化水平，确保履职有序高效。

三、重点任务

（一）加强思想政治引领

1. 坚定正确的政治方向 坚决贯彻执行中央、省委和市委的决策部署，始终坚持在市委领导下开展工作，坚持重大事项、重要工作及时向市委请示报告，年度协商计划安排报市委批准同意后组织实施。年底前，以政协党组名义向市委汇报工作总结和下步工作安排。（责任部门：市政协党组、机关党组）

2. 深化党的创新理论学习 坚持把学习贯彻习近平新时代中国特色社会主义思想作为理论学习首要内容，及时跟进学习习近平总书记最新重要讲话重要指示重要文章精神，积极构建党组理论学习中心组引领学、常委会会议集中学、机关各委办专题学、中共党员委员工作站定期学的学习制度体系，把集中交流、专题研讨、个人自学有机结合起来，在学懂弄通做实上下功夫，引领广大政协委员和机关干部深刻领悟“两个确立”的决定性意义，切实增强“四个意识”、坚定“四个自信”、做到“两个维护”。（责任部门：市政协办公室、各专委会）

3. 努力建设忠诚为民务实奋进的政协 对照市政协《关于建设忠诚为民务实奋进政协的实施意见》部署要求，提高站位、找准定位、立足岗位，以一流的精神风貌和工作干劲，主动对标对表，紧盯目标任务，聚焦重点关键，坚持真抓实干，把各项工作落实落细落到位。（责任部门：市政协办公室、各专委会）

4. 不断提升创新意识 持续不断解放思想，开拓创新，不断激发思想活力，形成人人动脑筋想办法，个个转观念谋发展的局面，奋力攻坚、履职尽责。适时组织开展外出学习考察活动，积极学习借鉴全国政协、省政协及各地政协工作好经验好做法，做好加强和改进市政协工作的文章。（责任部门：市政协办公室、各专委会）

（二）着力提升履职实效

5. 打造协商议政精品 充分发挥专门协商机构作用，紧扣市委提出的“打好一个强攻战、实现五个新跨越”工作主线，重点围绕推动数字经济“一号工程”建设、推进营商环境改革构筑一流的服务环境、推动我市有色金属产业高质量发展、发展壮大村级集体经济、扎实推进城市功能品质提升、整治工程建设领域围标串标、推动东临新区高教园区建设等12项重点协商课题，深度调研，广泛协商，力争形成一批有质量、有价值的建言成果，为市委、市政府提供科学决策。（责任部门：市政协各专委会）

6. 抓好提案办理 着力抓好市政协五届二次会议以来立案提案的办理，重点开展市委、市政府主要领导高位领衔督办提案，切实抓好市委、市政府领导领办，市政协领导领衔督办，各专委会与市各民主党派、工商联、知联会联合督办的42件重点提案工作。创新督办方式，推动提案办理整体质量提升。（责任部门：市政协提案委员会）

7. 畅通民意诉求渠道 建立特约社情民意信息员队伍，由市政协各专委会及市各民主党派、工商联、党外知联会和各县（区）政协推荐，选聘一批政协委员担任特约社情民意信息员，定期有针对性地重点约稿，提高反映社情民意信息质量，及时向省、市政协报送社情民意信息。加强委员平时反映的社情民意信息汇总整理，及时编发《社情民意》专报。建立社情民意工作情况通报制度，对各县（区）政协和有关单位报送数量、采用目录、领导批示等情况，每半年进行一次情况通报。适时召开全市政协系统信息宣传工作会议。（责任部门：市政协办公室、各专委会）

8. 做好文史征编工作 围绕推进历史文化名城建设主题，以六条历史文化街区为主线，编撰出版2022年《抚州文史》期刊，发挥好文史资料“存史、资政、育人”功能。（责任部门：市政协文化文史和学习委员会）

9. 组织编撰《抚州市人民政协志》和《抚州政协年鉴》 系统、完整记录1985年以来抚州地区政协联络处、政协工委、抚州市政协砥砺前行的历史，为举办抚州政协40周年工作成果展奠定基础。（责任部门：市政协办公室、各专委会）

10. 开展“书香政协”委员读书活动 积极响应全国政协努力建设“书香政协”的号召，发挥好中共党员委员工作站作用，组织全体委员和机关干部多读书、读好书、善读书，强化理论武装，加强思想政治引领，形成线上线下协同推进、读书履职相结合的良好格局，不断提升建言资政和凝聚共识水平。（责任部门：市政协办公室、各专委会）

11. 推进“赣事好商量”走深走实 认真贯彻落实省政协推进“赣事好商量”协商平台建设要求，以中共党员委员工作站为履职服务平台，聚焦改革发展要事、民生改善实事、社会治理难事，深入开展协商议政，构建多层次、广覆盖、更灵便的协商议政工作新格局。（责任部门：市政协办公室、各专委会）

12. 开展“喜迎二十大”系列活动 对标省政协开展“迎接二十大，委员在行动”主题活动，制定出台市政协主题活动方案，组织开展好“看发展、看变化、看成就”委员视察、委员讲述履职故事和体会、全市政协系统“喜迎二十大·奋进突破年”主题晚会等活动。（责任部门：市政协办公室、各专委会）

13. 加强市县（区）政协联动 落实市政协主席、副主席挂点联系县（区）政协工作制度，健全重点课题协同调研、重大活动联动开展等机制，整合履职资源，统筹协商力量，形成全市政协履职整体合力。组织各县（区）政协异地交叉视察，感受经济社会发展的变化和成就，观摩各县（区）政协品牌创建成果。适时召开全市政协主席座谈会和秘书长工作会议。（责任部门：市政协办公室、各专委会）

14. 开展委员联系民营企业活动 紧扣全市深化发展和改革双“一号工程”目标任务，发挥好政协委员联系广泛、人才聚集的优势，组织委员深入我市民营企业开展政策宣讲、调查研究，大力征询民营企业关于数字经济及产业链发展、营商环境、招商引资、项目建设等方面的意见建议，开展上门服务、排忧解难，协调推动解决民营企业面临的实际问题和困难。（责任部门：市政协办公室、各专委会）

15. 主动参与中心工作 围绕市委、市政府交办的各项中心工作，经常深入挂点县（区）、工业园区、乡村振兴村、重点项目建设工地，就双“一号工程”、疫情防控、复工复产、防汛抗旱、文明创建、脱贫攻坚与乡村振兴有效衔接等开展实地调研、督促指导、政策宣传，推动相关工作有效开展。充分发挥好政协委员中坚骨干和行业模范作用，引领广大政协委员立足本职岗位、发挥界别优势，投身发展一线，全力参与项目推进、企业帮扶、文明城市创建等中心工作,在招商引资、招才引智等活动中牵线搭桥、沟通联系,争创一流业绩。(责任部门:市政协办公室、各专委会)

(三)积极创新履职特色

16. 全面推进中共党员委员工作站标准化、规范化、制度化建设 按照市委书记夏文勇提出的"抓实基本组织、基本制度、基本队伍'三个基本',旗帜鲜明突出党的建设;找准'为民服务'切入点、'履职尽责'着力点、'融入大局'支撑点'三个重点',共建共享用好创新平台;发挥市政协党组把舵定向作用、工作站战斗堡垒作用、党员委员先锋模范作用'三个作用',凝聚共识形成强大合力"的指示要求,持续拓展、丰富、深化工作站功能,进一步建好用好管好工作站,切实发挥好工作站政治引领的重要阵地、凝心聚力的重要平台、协商议政的重要渠道、反映民意的重要途径、界别活动的重要载体"五个重要"独特作用,打造成为全省乃至全国品牌。年底召开市政协中共党员委员工作站建设、使用、管理情况交流研讨座谈会,把工作中形成的成熟实践经验总结上升为制度机制成果。(责任部门:市政协办公室、各专委会)

17. 全面推进"一委一特色"工作 充分凸显专委会特色,与中共党员委员工作站工作有机结合起来,扎实推进"提案办理社区圆桌会""文化浸润·书香育人""委员讲堂""委员话生态""民生面对面""社法为民大家谈""我们的节日""委员和农民同坐一条板凳"等"一委一特色"工作落到实处,切实提升专委会工作质量和水平。每月由一个专委会组织开展一次特色履职活动,激发专委会工作创新创造的热情。(责任部门:市政协各专委会)

18. 大力指导"一县一品牌"创建 通过示范带动、调度点评、视察观摩等措施,指导推动临川区政协的"书香政协·文润临川"、东乡区政协的"界别活动室"、南城县政协的"'南'事驻我心,委员勇担当"、黎川县政协的"'黎事好协商'工作站"、南丰县政协的"委员视点"、崇仁县政协的"提案工作'双公开、双提升'"、乐安县政协的"乐事安商"、宜黄县政协的"书香政协·文史驿站"、金溪县政协的"界别临时党支部协商工作站"、资溪县政协的"委员议事厅"、广昌县政协的"莲心政协"等"一县一品牌"创建活动。上半年召开全市政协系统"一县一品牌"工作推进会。(责任部门:市政协办公室、各专委会)

19. 积极实践民生提案"四步法"工作机制 进一步做深做实"先行一步广泛征集,紧跟脚步遴选重点,与民同步协商办理,不落一步督促落实"的民生提案工作"四步法",通过创新"模拟政协提案""提案办理协商社区圆桌会"等方式方法,推动民生类提案质量和办理质量双提升。(责任部门:市政协提案委员会)

(四)切实强化自身建设

20. 切实履行全面从严治党政治责任 不断加强和改进市政协党组工作,着力发挥好把方向、管大局、保落实的重要作用。落实全面从严治党主体责任,严格执行请示报告、政治谈话等制度。坚持不懈抓好党风廉政建设,大力支持驻市委办纪检监察组履行职责。严格落实意识形态工作责任制,压实"一岗双责"。严格执行"三会一课""政治生日""党员活动日"、谈心谈话、民主评议党员等制度,严肃党内政治生活。(责任部门:市政协党组、机关党组、机关党委、各党支部)

21. 扎实开展"八扬八治"深化作风建设活动 坚持问题导向,认真对照市委关于"八种习气"的具体画像,深刻查摆检视,深挖问题根源,拿出强有力的举措扎实抓好整改落实,大力弘扬实干、担当、公仆、拼搏、严谨、创优、斗争、廉洁"八种正气",着力锻造一支忠诚干净担当的高素质专业化政协干部队伍。(责任部门:市政协机关党组)

22. 不断转变工作作风 大兴学习之风、调查研究之风、履职为民之风、改革创新之风,实行机关工作周调度、月汇报、季度考核、半年总结的工作机制,压实工作责任,推动工作落实,促使机关工作进一步严起来、紧起来、实起来。(责任部

门：市政协机关党组）

23. 加强机关文化建设　将政协文化、红色文化、临川文化等融入机关文化建设，打造文化走廊，美化办公环境，营造和谐奋进的文化氛围。积极开展健康向上、丰富多彩的文体健身活动，进一步丰富干部职工业余生活，倡导健康文明生活新风尚。（责任部门：市政协办公室、机关工会）

24. 加强联系服务管理委员工作　按照《五届市政协委员届内集中轮训方案》要求，分别就"工业创新发展"和"推动乡村振兴"主题，在全国政协干部培训基地或知名高校组织两期专题培训班，不断增强委员履职本领。持续深入开展"走进委员"活动，进一步关心关爱委员，形成"政协大家庭、工作一盘棋"的浓厚氛围，激发委员履职热情。（责任部门：市政协办公室、各专委会）

25. 打造让党放心、人民满意的模范机关　紧扣"讲政治、守纪律、负责任、有效率"目标要求，将创建工作融入党建工作和履职工作之中统筹推进，通过建立工作机制、压实工作责任、细化工作措施，确保取得实实在在的成效，努力争创省级"模范机关"。（责任部门：市政协机关党组）

26. 积极创评"模范党支部"　把中共党员委员工作站与开展"模范党支部"创评工作有机融合起来，按照"政治建设过硬、理论武装扎实、党建基础牢固、工作成效明显"的要求，大力推进"党建+履职"品牌建设，不断提高新时代政协党建工作质量。（责任部门：市政协机关党委）

27. 加强政协宣传工作　紧贴市委、市政府工作大局，聚焦政协履职重点和创新实践，在各级主流媒体和新媒体上开展生动全面的宣传，讲好委员奋斗故事、政协履职故事、抚州发展故事，扩大政协宣传工作的社会影响。上半年召开全市政协系统宣传信息工作会议。（责任部门：市政协办公室、各专委会）

28. 加强制度机制建设　认真学习贯彻中央办公厅《关于加强和改进新时代市县政协工作的意见》和省委办公厅《实施意见》精神，协助市委制定出台我市《实施办法》，解决市县政协"两个薄弱"问题，推动市县政协工作高质量发展。建立和完善政协专委会与党政部门对口联系制度，发挥好专门委员会基础性作用。（责任部门：市政协办公室、各专委会）

四、组织领导

（一）成立"政协工作突破年"活动领导小组，由市政协主要领导担任组长，各位副主席担任副组长，市政协秘书长、办公室主任及各专委会负责同志为成员，常态化开展调度，形成人人肩上有担子，一级抓一级、层层抓落实的强大合力。

（二）各委室主任作为本部门政协工作突破的第一责任人，要强化一线担当和精品意识，将开展"政协工作突破年"同做好年度重点工作相结合，与本部门业务工作相结合，切实做到"两不误、两促进"。

（三）各县（区）政协，市各民主党派、工商联、有关人民团体，结合各自工作实际组织实施。

政协抚州市委员会
关于在全市政协系统开展"委员走进百家民营企业"活动方案

（2022年6月20日）

为深入推进全市发展和改革双"一号工程"，助力统筹疫情防控和经济社会发展"双胜利"，根据市政协工作安排，拟在全市政协系统开展"委员走进百家民营企业"活动。现制定如下工作方案。

一、总体思路

深入贯彻落实省委、省政府，市委、市政府关于实施发展和改革双“一号工程”决策要求，围绕“打好一个强攻战、实现五个新跨越”目标，组织委员走进100家民营企业，积极宣讲各级党委政府有效应对疫情帮助中小企业纾困解难政策举措，了解发展数字经济和营商环境改革“双一号”工程实施情况，倾听企业心声，鼓励、助力企业在常态化疫情防控新形势下创新生产方式，广泛凝聚共识，坚定发展信心，提升企业质效，加快推进我市高质量跨越式发展。

二、参加人员、走访对象及工作方式

1. 参加人员：市政协主席会议成员、常委，部分担任市直单位负责人的市政协委员，各县（区）政协主席，县（区）委常委、统战部部长。

2. 走访对象：以工业“2+4”产业和县（区）“首位+主导”产业为主，在市、县（区）党委、人大、政府领导挂点工业优强企业之外，选择100家各类民营企业进行走访，涉及工业两大优势产业10家、四大新兴产业54家，建筑业、商贸流通业、生态农业等企业36家。

3. 走访方式：市政协主席、副主席各走访3家企业，县（区）政协主席各走访2家企业，其他市政协委员各走访1家企业。采取实地走访、召开座谈会、调查问卷、线上网络访谈等方式进行。

三、主要工作内容

（一）大力宣讲惠企政策

给每家企业发送一本惠企政策汇编小册子。内容包括市第五次党代会工作报告，市委、市政府实施双“一号工程”实施意见，省、市政府关于切实稳定经济发展的政策措施，有效应对疫情帮助中小企业纾困解难的若干政策措施、实施细则等。

（二）深入了解企业情况

通过走进企业，倾听企业心声，了解民营企业生产经营基本情况、发展模式及遇到的困难；征求民营企业有关发展数字经济的意见建议。

（三）征求改善营商环境意见建议

“春江水暖鸭先知”。当前，惠企政策落实得怎样，营商环境如何，民营企业最有发言权。通过走进企业，了解支持帮助中小企业纾困解难政策措施落实情况，当前营商环境的薄弱环节和短板弱项，征求进一步改善营商环境的对策建议。

（四）及时向市委、市政府报送专题报告

在走访了解企业状况之后，市政协将及时整理相关情况，梳理意见建议，报送市委、市政府，推动解决民营企业面临的实际问题和困难。

四、工作步骤和要求

（一）制定工作方案

经济委员会会同办公室制定走访活动工作方案，提出参加走访的委员和企业名单。（2022年6月上旬前完成）

（二）开展集中走访

办公室、各专委会、相关部门、各县（区）政协分别负责做好本委委员、所在地市政协委员走访的组织服务保障工作。委员要深入企业，全面了解企业遇到的急事难事愁心事。对能够解决的，及时反馈至市委、市政府有关部门，帮助协调解决；对一时难以解决的，做出解释说明。（2022年7月上旬前完成）

（三）认真撰写作业

参加走进企业活动的委员应认真汇总梳理所了解到的问题和建议，通过提案、反映社情民意、委员作业等形式反映企业诉求。各专委会、各县（区）政协按照职责分工，做好本委委员、所在县（区）市政协委员作业的收集反馈工作。（2022年7月中旬前完成）

（四）形成调研报告

市政协将把这次走进委员活动与开展推动数字经济发展和营商环境优化升级专题协商结合起来，及时汇总委员走进企业情况，形成专题调研报告报送市委、市政府。（2022年7月底前完成）

参加走进企业活动的委员要认真落实市委、市政府的工作要求，把为企业纾困解难作为应尽之责，切实改进作风，深入企业摸实情，真心实意解难题。市政协机关、各县（区）政协要加强责任意识，做好走访服务保障，按照时间节点完成各项工作任务。

政协抚州市委员会
关于开展"喜迎二十大·奋进突破年"主题活动工作方案

（2022 年 6 月 20 日）

2022 年，市政协把迎接中共二十大、学习宣传贯彻中共二十大精神，作为贯穿全年的重大政治任务。为深入贯彻落实市委"工作突破年"部署要求，努力建设忠诚为民务实奋进的政协，以"第一等工作"喜迎中共二十大胜利召开，市政协决定开展"喜迎二十大·奋进突破年"主题活动，现制定如下工作方案。

一、工作目标

以迎接中共二十大、学习宣传贯彻中共二十大精神为主线，以扎实开展"政协工作突破年"活动为抓手，进一步强化责任担当，履职尽责，真抓实干，认真做好强化思想引导、凝聚同心合力、深入协商议政、服务中心大局各项工作，切实做到在思想引领上求实效、协商建言上出成果、服务大局上有作为、自身建设上争一流，为全面建设现代化新抚州做出更大贡献。

二、具体安排

对标对表省政协开展"迎接二十大，委员在行动"主题活动安排，结合我市实际，在思想引领、协商建言、服务大局、自身建设四个方面共举办 20 项活动。

三、活动要求

（一）加强组织领导

切实提高政治站位，深入动员政协各参加单位和广大政协委员广泛参与，把主题活动作为重要政治任务抓牢抓好。承担任务的责任部门要认真研究、制定工作方案，统筹协调好活动的各个环节，按照时间节点完成工作任务，留存相关文字、影像资料，送办公室人事秘书科汇总。各相关单位要精心组织、通力协作，确保主题活动高质量开展、高标准推进。

（二）强化委员责任担当

委员要把积极参与主题活动作为本年度重要履职任务，把参与过程作为自我学习、自我提高的过程，坚持凝聚共识和建言资政双向发力，真正成为党的政策宣传员、思想政治引领者、界别群众贴心人，汇聚起奋进新征程的强大正能量。

（三）加强宣传报道

充分利用各种传统媒体和新媒体渠道，大力宣传主题活动的特色亮点、经验成效，突出先进典型，讲好政协故事、委员故事，营造积极向上的良好氛围，激发全市政协组织和广大政协委员干事创业的热情。

政协抚州市委员会
关于市政协主席、副主席、秘书长联系界别工作的意见

（2023 年 3 月 23 日，市政协五届十六次主席会议通过）

为密切市政协主席会议成员与界别和委员的联系，更好地发挥政协界别的优势和作用，对市政协主席、副主席、秘书长联系界别工作分工提出如下意见。

一、联系界别的原则

根据主席会议成员工作分工，结合各专门委员会、办公室的职能特点和工作需要，主席、副主席、秘书长分别联系相应界别。

二、联系界别的方式和内容

（一）在市政协全体会议、常委会会议期间，参加界别小组讨论、界别联组会议。

（二）根据市政协工作总体部署，参加所联系界别的专题调研、考察、座谈会、研讨会、学习报告会等活动，听取界别委员意见和建议。

（三）指导所联系界别开展团结联谊工作。

（四）通过调研、视察、考察、走访、谈心谈话等多种形式，密切与委员的经常性联系。

（五）各专门委员会、办公室要做好分管领导联系界别的组织服务工作，为界别活动提供有力保障。

附：《市政协主席、副主席、秘书长联系界别安排表》

附：

市政协主席、副主席、秘书长联系界别安排表

主席会议成员	联系界别	责任部门
贺喜灿	中共、特邀	办公室
谭小平	工会	社会和法制委员会
	共青团青联	
	妇联	
	社会福利与社会保障界别	
刘忠华	民革	文化文史和学习委员会
	文化体育	
	新闻出版	
	科协	

主席会议成员	联系界别	责任部门
戴晓文	工商联	教科卫体委员会
	科学技术	
	教育	
	医药卫生	
曾月兴	民盟	提案委员会
伍旭鸿	经济	经济委员会
	民主促进会	
	社科	
唐永文	九三学社	人口资源环境委员会
	无党派人士	
刘　胜	民建	港澳台侨和外事委员会
	侨联和台联	
	少数民族宗教	
王　彬	农工党	农业和农村委员会
	农业	
颜建平	特邀	办公室

政协抚州市委员会
关于开展“政协工作提质年”活动的实施方案

（2023 年 3 月 30 日）

为深入贯彻落实市委“工作提质年”工作要求，进一步解放思想、开拓创新，全面推进全市政协工作提质增效，争创新时代政协“第一等的工作”，市政协决定开展“政协工作提质年”活动，现制定如下工作方案。

一、总体要求

坚持以习近平新时代中国特色社会主义思想为指导，深入学习贯彻中共二十大精神，全面落实全国政协十四届一次会议、省政协十三届一次会议、市委五届三次全会以及市政协五届三次会议精神，按照中共抚州市委的部署，围绕政协工作提质年目标，以“作示范、勇争先”的昂扬斗志，认真履职尽责，坚持守正创新，着力推动政协工作提质增效，不断开创我市政协工作新局面，为谱写中国式现代化的抚州华章作出新的更大贡献。

二、重点内容

（一）在强化政治引领和筑牢思想基础上提质增效

1. 全面加强党的创新理论学习 全面贯彻落实中共二十大精神，深入学习贯彻习近平总书记在参加全国政协十四届一次会议民建、工商联委员联组会时的重要讲话和全国两会精神，毫不动摇坚持中国共产党的全面领导，深刻领悟“两个确立”的决定性意义，增强“四个意识”、坚定“四个自信”、做到“两个维护”，坚定不移走中国特色社会主义政治发展道路。按照中共中央统一部署和省委、市委具体要求，结合政协工作实际，深入开展学习贯彻习近平新时代中国特色社会主义思想主题教育，着力在学懂弄通做实上下功夫，深刻把握这一重要思想的世界观和方法论，夯实团结奋斗的共同思想根基。［责任部门：市政协党组、机关党组，各县（区）政协党组］

2. 坚持党对政协工作的全面领导 坚定不移把党对政协工作的全面领导落到实处，自觉把中共中央决策部署和省委、市委工作要求通过民主程序转化为政协组织的履职行动，让“党中央有部署，抚州有行动、见实效”在政协工作中落到实处。始终坚持在市委领导下开展工作，坚持重大事项、重要工作及时向市委请示报告，确保与市委同心同行、同频共振。［责任部门：市政协党组、机关党组，各县（区）政协党组］

3. 推动思想进一步解放 主动对标一流，强化争先进位意识，跳出抚州看抚州，跳出政协看政协，把抚州政协工作放到更大的坐标系中去谋划，锚定目标、久久为功，大胆创新、真抓实干，增强使命感、提振自信心、激活原动力、实现高质量。坚持“坐下来”互相交流，召开全市政协系统“工作提质年”座谈会，通过务虚实现务实，努力创造新时代政协“第一等工作”。坚持“走上去”主动对接，加强省、市、县三级政协协同联动，共同围绕“生态康养名城”建设，开展一次全省性的集中专题调研；主动承接民革中央联合省政协在抚州举办“中国抚州生态康养国际高峰会议”，形成整体工作合力；坚持“走出去”学习真经，学习考察外地先进工作经验，拓宽政协履职视野。［责任部门：市政协办公室、各专委会，各县（区）政协］

4. 大兴调查研究之风 深入贯彻落实中共中央办公厅《关于在全党大兴调查研究的工作方案》文件精神，把调查研究作为在全市政协系统开展主题教育的重要内容，促进广大政协委员、政协机关干部特别是领导干部带头深入调查研究，弘扬真抓实干精神，察实情、谋实招、求实效，抓实施、抓推动、抓落实，形成一批有价值的调研成果，不断推进人民政协工作高质量发展。［责任部门：市政协办公室、各专委会，各县（区）政协）

（二）在协商议政和建言献策上提质增效

5. 着力提升政协全委会联组协商效果 聚焦市委提出的“打好一个强攻战、实现五个新跨越”工作主线，突出委员行业和专业领域特性，分成若干个大组进行联组协商议政。邀请市委、市政府主要领导和分管领导分别与委员面对面开展有针对性的协商、听取意见建议。通过领导“点题”、委员选题、协商定题，深入调研，撰写发言材料，提升大会发言“言值”。建立大会发言成果转化机制，将其全部纳入重点提案督办，对建议办理落实情况进行跟踪问效。［责任部门：市政协办公室、各专委会］

6. 巩固提高常委会专题协商成效 围绕抚州中医药全产业链跨区域发展，发挥抚州生态特色优势、推进生态康养产业发展两个重点课题，集合众智众力，深入开展常委会专题协商议政，提出有价值的意见建议，为市委、市政府科学决策提供参考。［责任部门：市政协港澳台侨外事和民族宗教委员会、文化文史和学习委员会］

7. 注重发挥专题调研视察效能 围绕加快培育“专精特新”企业、加快我市职业教育适应性建设、农田水利基础设施建设、戏曲传承与发展、全市 GEP 核算成果应用、社会救援队伍规范化建设等课题，开展专题调研；围绕推进建筑业转型升级三年倍增行动、高教园区建设、优化环评助推高质量发展、“刘莹姐姐工作室”品牌推广运用、基层卫生服务体系建设等民生课题，开展专题视察，努力形成一批有质量、有价值的建言成果。［责任部门：市政协各相关专委会］

8. 加大民主监督力度 坚持问题导向、目标导向、结果导向，聚焦市委、市政府重大决策部署贯彻执行和重点工作推进情况，有计划、有步骤开展民主监督，寓监督于会议协商、提案、调研、视察、反映社情民意等工作之中，把握好监督节奏和力度，加强沟通协调，持续跟踪问效，促进部门改进工作、提高实效。

9. 不断提高提案办理质效 坚持市领导领衔督办提案工作机制，开展“重点提案集中办理协商月活动”，做深做实高校、社区“模拟政协提案”及“提案办理协商社区圆桌会”，突出做好提案办理的“后半篇文章”，对2023年度承办单位提案办理工作开展民主评议，切实推动提案办理从“办了多少”向“办得如何”转变，从“答复满意”向“结果满意”转变，着力发挥协商民主和提案办理的最大效益。［责任部门：市政协提案委员会］

（三）在深入推进政协三项特色工作上提质增效

10. 进一步用好用活中共党员委员工作站 坚持以党建为引领，持续拓展、丰富、深化中共党员委员工作站功能，按照“场地设施共用、开展活动共为、履职成果共享”的思路，把市县（区）建好的中共党员委员工作站“串联”起来，由点连成线、由线串成面，走出共建共享的新路，实现使用效率最大化，推进“赣事好商量”协商平台建设在抚州走深走实，真正将中共党员委员会工作站打造成为全省乃至全国品牌。［责任部门：市政协各专委会、各县（区）政协］

11. 进一步推进“一委一特色”向纵深发展 加强市政协各专委会建设，研究出台《关于加强专门委员会建设的实施办法》，促进专委会履职方向更聚焦、专业特色更彰显。召开全市政协系统“一委一特色”主题座谈会。每个专委会每年至少组织开展一次高质量、有影响的特色履职活动，提升专委会工作质量和水平。［责任部门：市政协各专委会］

12. 进一步扩大“一县一品牌”影响力 加强对县（区）政协工作的指导，适时召开全市政协系统“一县一品牌”工作交流座谈会，推动“一县一品牌”工作从注重协商形式到注重协商成果转化，加快形成县（区）政协之间各具特色、各有千秋、各塑品牌的良好工作格局，营造比学赶超工作氛围。［责任部门：各县（区）政协］

（四）在服务群众凝聚共识上提质增效

13. 着力提升政协界别服务群众质量 制订《关于市政协主席、副主席、秘书长联系界别工作的意见》《关于政协委员联系界别群众工作的制度》，充分发挥好政协界别特色，依托专委会组织开展具有界别特色的政治学习、建言资政活动。深入农村、社区积极开展好科普宣传、捐资助学、扶贫济困、义诊服务、法律援助等“我为群众办实事”界别活动，着力解决群众“急难愁盼”问题，让群众的获得感成色更足、幸福感更可持续、安全感更有保障。［责任部门：市政协各专委会、各县（区）政协］

14. 不断提升反映社情民意的信息质量 加强反映社情民意信息员队伍建设，完善反映社情民意信息考核办法，建立社情民意工作情况通报制度，调动各专委会、民主党派、各县（区）政协及广大政协委员撰写社情民意信息的主动性、积极性，努力实现反映省市社情民意数量质量“双提升”，确保反映社情民意信息工作保持全省先进行列。［责任部门：市政协办公室、各专委会、各县（区）政协］

15. 努力提升文史征编工作质量 高质量完成《抚州政协志》《抚州政协年鉴（2022年）》编纂任务，征集《匾额中的文化故事》《抚州四大古镇》等史料，改版升级《抚州文史》期刊，切实发挥好文史资料“存史、资政、团结、育人”功能。［责任部门：市政协文化文史和学习委员会、各县(区)政协]。

(五)在加强自身建设上提质增效

16. 切实履行全面从严治党主体责任 强化全面从严治党,坚持不懈抓好党风廉政建设,严格执行请示报告、政治谈话等制度。大力支持驻市委办纪检监察组履行职责。严格落实意识形态工作责任制,压实"一岗双责"。严格执行"三会一课""政治生日"、谈心谈话、民主评议党员等制度,严肃党内政治生活。[责任部门:市政协党组、机关党组、机关党委、各党支部]

17. 提高新时代政协党建工作质量 紧扣"讲政治、守纪律、负责任、有效率"目标要求,将创建工作融入党建工作和履职工作之中统筹推进,通过建立工作机制、压实工作责任、细化工作措施,着力打造让党放心、人民满意的模范机关。积极创评"模范党支部",把中共党员委员工作站与开展"模范党支部"创评工作有机融合起来,按照"政治建设过硬、理论武装扎实、党建基础牢固、工作成效明显"的要求,大力推进"党建引领、履职增效"品牌建设,开展具有政协特色的主题党日活动,不断提高新时代政协党建工作质量。[责任部门:市政协机关党组、机关党委]

18. 夯实联系服务管理委员工作 持续深入开展"走进委员"活动,进一步关心关爱委员,形成"政协大家庭、工作一盘棋"的浓厚氛围,激发委员履职热情。加强委员联系服务管理,由专委会对每一位委员建立履职档案,定期通报委员履职情况,规范委员履职行为。[责任部门:市政协办公室、各专委会,各县(区)政协]

19. 加大政协新闻宣传工作力度 紧贴市委、市政府工作大局,聚焦政协履职重点和创新实践,在各级主流媒体和新媒体上开展生动全面的宣传,讲好委员奋斗故事、政协履职故事、抚州发展故事。认真筹划好《江西政协报》来抚开展"书法之乡政协行"采访报道活动,扩大抚州政协影响力。[责任部门:市政协办公室、各专委会,各县(区)政协]

20. 大力加强政协履职能力建设 全面落实省委、市委关于加强和改进新时代市县政协工作的二十条措施和责任分工方案,联合市委办开展贯彻落实情况专项督查,持续推进解决基层政协"两个薄弱"问题。建立完善各项规章制度,推动政协工作更加规范化、程序化、制度化。充分发挥政协人才荟萃、智力密集、联系广泛的优势,从全市各行各业中选取有广博学识、精深研究和社会影响力的学者、专家和专业人士,组建政协专家智库。推进协商平台向网络延伸,用好"智慧政协"平台,拓宽委员、参加单位和特邀信息员协商议政新途径。[责任部门:市政协办公室,各县(区)政协]

三、组织保障

(一)加强组织领导

市政协党组加强对"政协工作提质年"活动的统一领导,列入重要议事日程,定期听取专题工作汇报,及时研究解决推进过程中出现的问题,确保活动顺利开展。

(二)落实工作职责

市政协办公室负责细化落实、有序推进各项活动。各专门委员会主动加强与所联系界别、委员的沟通,为委员参与活动提供优质服务。广大市政协委员要主动参与,积极履职,确保活动取得预期成效。各县(区)政协要根据本地实际,参照制定工作实施方案。

(三)务求工作实效

坚持求真务实、因地制宜,把常态长效、双向发力贯穿"政协工作提质年"全过程各环节,做到措施扎实、作风务实、效果真实。

(四)营造舆论氛围

充分利用各类新闻媒体,开办宣传专栏专题,加大对"政协工作提质年"活动的宣传,及时总结推介活动成效和先进典型,积极营造党委重视、政府支持、政协主动、部门配合的浓厚氛围。

政协抚州市委员会
关于加强和改进专门委员会建设的实施办法

（2023年3月30日，市政协五届八次常委会会议通过）

为全面贯彻习近平总书记关于加强和改进人民政协工作的重要思想，深入贯彻落实中共二十大和中央、省委、市委政协工作会议精神，充分发挥市政协专门委员会的作用，进一步增强工作活力，提高履职水平和成效，根据中共中央办公厅《关于加强和改进新时代市县政协工作的意见》和省委办公厅《关于加强和改进新时代市县政协工作的二十条措施》精神，结合我市政协工作实际，提出如下实施办法。

一、明确职责任务，发挥专门委员会在政协工作中的基础性作用

（一）强化思想政治引领

坚持党对政协工作的全面领导，认真贯彻落实中共二十大精神，深入开展学习贯彻习近平新时代中国特色社会主义思想主题教育，完善专委会全体委员会议集体学习、主任会议专题学习、委员外出学习培训机制，健全以自我教育、自我提高为主旨的委员学习制度，持续开展委员读书等活动，实现专委会委员学习党的创新理论全覆盖，不断巩固共同思想政治基础。发挥委员在党派团体、界别群众中的独特优势，组织委员深入界别群众、基层一线加强政治学习、开展界别活动，及时解读政策、释疑增信，不断凝聚共识、扩大共识。

（二）提升调查研究质量

深刻领会习近平总书记关于调查研究的重要论述，认真贯彻落实中共中央办公厅《关于在全党大兴调查研究的工作方案》要求，强化系统思维，加强对调查研究工作的统筹设计，依据市政协年度协商计划配套制定专委会调研计划，增强计划性和协同性。走好党的群众路线，深入实际、深入基层、深入群众，综合运用座谈访谈、随机走访、问卷调查、专家调查、抽样调查、统计分析等方式，充分运用互联网、大数据等现代信息技术开展调查研究，提高科学性和实效性。以解决问题、推动工作为根本目的，着力改进调查研究方式方法，弘扬真抓实干精神，真正把情况摸清、把问题找准、把对策提实，切实提高调研质效，不断推进专委会工作高质量发展。

（三）增强协商议政实效

认真落实全体会议协商议政工作任务，以专委会为基础组织开展联组讨论，提交集体提案，推荐相关界别大会发言材料。根据市政协年度协商计划安排，认真承办专题议政性常委会会议协商、对口协商、界别协商、提案办理协商、民主监督式协商等协商活动，精心做好协商议政整体谋划、方案制定、组织实施、研究论证、建议报送、成果转化、跟踪反馈等工作，积极构建常态化、多层次协商议政新格局，推动政协协商从“做了什么”“做了多少”向“做出了什么效果”转变。

（四）抓好提案、信息宣传、文史征编等经常性工作

各专委会要以界别为依托、以委员为主体，在增强实效上下功夫，组织指导所联系的界别和专委会委员积极撰写提案、反映社情民意信息，开展好市领导领衔督办重点提案、提案办理协商社区圆桌会等工作，进一步加大反映社情民意信

息工作力度，确保全市反映社情民意信息工作排位进入全省第一方阵。要按时保质完成《抚州市政协志》《抚州政协年鉴》等文史资料征集、编撰工作，组织委员及其所联系的社会各界人士撰写“三亲”史料，更好发挥存史、资政、团结、育人的重要作用。要充分运用现代传媒手段，宣传报道政协工作、履职成效和委员风采，弘扬主旋律，汇聚正能量，扩大政协工作的社会影响。

（五）做好团结联谊工作

完善专委会与民主党派、工商联联合调研、联动监督、联办协商活动等工作机制，加强同党外知识分子、非公有制经济人士、新的社会阶层人士的沟通联络，加强团结民主，深化合作共事。支持引导少数民族界、宗教界代表人士利用自身影响主动发声，做好团结引导工作。加强与外地商会组织、港澳台同胞、海外侨胞等的团结联谊、沟通联络，促进经贸合作、文化交流、民心相通。

（六）加强联系沟通协作

主动争取省政协对口专委会业务指导和支持，加强同外地政协专委会工作联系，积极组织或参与协同调研、联动协商、专题研讨，借鉴经验、改进工作、扩大影响。加强改进对县（区）政协对口专委会工作的联系指导，每届至少召开一次全市政协相应专委会工作会议，以交流履职经验、提高协商能力为重点，推动县（区）政协专委会工作提质增效。专委会赴基层开展的履职活动，要邀请住当地市政协委员参加。建立健全专委会与职能部门的对口联系机制和双向情况通报机制，相互邀请参加有关会议活动，组织开展走访交流、联合调研、协商议政的活动，为委员履职创造条件、拓宽渠道。注重运用“智慧政协”拓展委员知情明政的渠道和方式。

（七）组织开展界别活动

结合本专委会工作和所联系界别委员构成实际，进一步完善专委会联系界别机制，充分发挥界别活动凝聚共识作用，推动界别协商议政成果转化。在安排全年工作时，应把界别工作纳入整体工作计划，每年至少开展一次界别委员进企业进乡村进社区活动，开展送医送教、文化下乡、法律援助、科技帮扶、慈善捐赠等群众服务活动，让社会各界更多地感受到政协温暖和委员温度。

（八）加强专委会文件资料收集整理归档工作

各专委会要树牢“对历史负责、替未来着想、为现实服务”的工作理念，及时形成本专委会文件资料分类大纲和不同门类档案保管、移交程序，采取月收集、季整理、年归档的办法，切实做好本专委会的文件、纪要、提案、调研视察报告、社情民意信息、委员实绩以及照片、声像、实物等资料的收集整理归档工作，确保专委会工作档案完整收集、统一保管、妥善利用。

二、注重开拓创新，打造专门委员会工作特色品牌

（九）建强管好用活中共党员委员工作站

持续拓展、丰富、深化中共党员委员工作站功能，打造“党建引领　提质增效”党建工作品牌，切实发挥好政治引领的重要阵地、凝心聚力的重要平台、协商议政的重要渠道、反映民意的重要途径、界别活动的重要载体“五个重要”独特作用，将其打造成为全省乃至全国品牌。

（十）全面推进“一委一特色”工作

充分凸显专委会特色，与中共党员委员工作站工作有机结合起来，扎实推进“模拟政协提案”“文史故事汇”“委员讲堂”“委员话生态”“民生面对面·主题沙龙”“微协商”“我们的节日”“委员和农民同坐一条板凳”等“一委一特色”工作落到实处。每个专委会每年至少组织开展一次高质量、有影响的特色履职活动，激发专委会工作创新创造的热情。

（十一）探索建立“政协智库”

各专委会要结合自身职能特点，坚持“走出去、引进来”，以开放包容的态度引进一批如国家级智库专家、长江学者、国家“千人计划”专家等

市域外人才，同时吸纳一批在外地工作的抚州籍或在抚州工作过的专家学者、异地抚州商会代表、市县政协委员中有专业特长者或抚州本地人才，通过聘任的形式，组成专委会智库小组。专门委员会主任兼任各智库小组组长，在市政协分管领导的指导下，牵头抓好本智库小组的建设、课题研究和运行管理的具体实施等工作。

三、坚持固本强基，为专门委员会工作高质量发展提供保障

（十二）完善专委会工作机制

建立健全专委会每年年底向常务委员会、主席会议报告工作的机制，贯彻政协常务委员会、主席会议决议决定和工作部署。落实重大事项请示报告、重要工作专题向主席会议汇报的制度。健全市政协主席会议成员分管专委会、党组成员分管专委会党建的工作机制，专委会重大活动要设立临时党支部。专委会年度工作计划和总结、开展的重大履职活动事项须报请分管副主席同意，落实分管副主席关于专委会工作的具体要求。专委会负责人列席市政协党组理论学习中心组会议、主席会议。

（十三）规范专委会有效运行

坚持民主集中制，规范议事程序，发挥专委会主任会议集体领导作用。主任主持专委会全面工作，加强对工作的统筹、分工和协调，并发挥好带头示范作用，对重点调研课题、会议活动、提案等要亲自谋划、亲自把关。专职副主任要强化担当意识，主动协助主任履行有关职责，认真完成主任交办的任务，积极做好日常工作。专委会全体会议、主任会议负责审议专委会年度工作计划、总结、调研方案和报告等重要事项，全体会议每年不少于一次。建立专门委员会务虚会议制度，研讨专门委员会工作和所涉及领域重要问题。

（十四）加强专委会兼职副主任工作

专委会要注重发挥好兼职副主任作用，充分调动其履职积极性和背后的资源优势，将年度工作分解成若干子项目，分别由兼职副主任领衔推进，担纲做好调研视察、协商议政、创建特色、界别活动等工作，缓解专委会人手不多、力量不强的难题，不断把专委会工作做扎实。

（十五）夯实专委会履职基础

加强政协理论和业务知识学习，准确把握政协性质定位，牢固树立“四个一线”意识，切实增强做好专委会工作的主动性和创造性。加强专委会干部的理论学习、专业培训、实践锻炼等，不断提高政协专委会干部业务能力、沟通协调能力、办文办会办事能力。整合专委会工作力量，加大机关干部轮岗交流力度，支持各专委会之间密切协作，实现优势互补，提高工作效能。支持派驻纪检监察组履行监督责任，把对委员监督和对专委会监督作为开展政治监督的重要内容。

（十六）加强委员履职服务管理

坚持优化服务和加强管理并重，继续开展“政协干部走进委员”和“委员走进政协机关”双向互动活动，专委会主任、副主任要积极开展谈心谈话、走访看望，主动关心委员的学习、工作和生活，帮助委员解决履职等方面的困难和问题，做到每年上门走访本专委会委员全覆盖，进一步增强委员组织归属感。建立委员履职档案，加强委员履职考核管理，充分发挥委员主体作用，引导鼓励每位委员积极投身“五个一”活动，每年至少要参加一次专题调研或视察活动，提一件有较高质量的提案，提一条有价值的社情民意，提一条加强和改进政协工作的建议，为经济社会发展和服务民生办一件实事。

（十七）强化制度保障

坚持从实际出发，及时修订完善专委会相关工作制度规定，将一些成熟的工作经验、做法进行总结提炼，建章立制，使专委会工作职责更加明确、程序更加规范、统筹推进更加有力。各专委会结合自身实际，进一步健全工作制度，完善工作细则，专委会办公室要规范办文、办会、办事程序。在实施过程中，不断健全以政协章程为基础、符合新时代人民政协事业发展要求、科学高效完备配套的专门委员会工作制度体系。

政协抚州市委员会
关于政协委员联系界别群众工作的制度

（2023 年 3 月 30 日，市政协五届八次常委会会议通过）

为深入贯彻落实习近平总书记关于加强和改进人民政协工作的重要思想，充分发挥政协委员的主体作用，进一步加强和改进委员联系界别群众工作，根据《中共中央关于新时代加强和改进人民政协工作的意见》《关于加强和改进新时代市县政协工作的意见》和中共二十大报告提出的“完善委员联系界别群众制度机制”的有关要求，结合抚州市政协工作实际，制定本工作制度。

一、工作原则

（一）坚持党的领导

始终把坚持中国共产党的领导贯穿委员履职尽责和联系界别群众工作全过程、各方面，充分发挥市政协党组在政协工作中把方向、管大局、保落实的领导作用和功能型党支部的组织引导作用，不断提高市政协委员的政治判断力、政治领悟力、政治执行力，引领各界群众深刻领悟“两个确立”的决定性意义，增强“四个意识”、坚定“四个自信”、做到“两个维护”。

（二）强化双向发力

胸怀全局、着眼大局，注重建言资政和凝聚共识双向发力，面向社会传播共识，多做宣传政策、协调关系、理顺情绪、化解矛盾、坚定信心的工作。坚持有事好商量、众人的事情由众人商量，不断扩大群众有序政治参与，努力寻求最大公约数、画出最大同心圆、形成最大向心力。

（三）增强群众观念

深入践行以人民为中心的发展思想，把最广大人民群众根本利益作为履职尽责的出发点和落脚点，思想上融入群众，语言上贴近群众，行动上深入群众，履职上造福群众，不断提高联系服务群众的意识、能力和实效。

（四）体现界别特色

加强界别建设，增强界别意识，强化界别在联系界别群众中的责任，增进与界别群众的联系、沟通和交流，做到群众在哪里、界别服务就跟进到哪里，让群众感到政协委员就在身边、人民政协离自己很近。

（五）坚持常态长效

坚持以政协委员为主体，以专门委员会和界别为依托，以中共党员委员工作站、“委员工作室”等履职平台为载体，因地制宜、探索创新、积极作为，不断丰富联系服务群众工作形式。注重加强与各县（区）政协的协同联动，形成联系服务群众工作合力。

二、工作任务

（六）强化政治引领

全体政协委员要深入学习宣传习近平新时代中国特色社会主义思想和中共二十大精神，主动深入基层、深入界别群众，广泛宣传党的路线方针政策、国家的法律法规，宣传党委、政府重大决策部署，引导和帮助界别群众增进对中国共产党和中国特色社会主义制度的政治认同、思想认同、理论认同、情感认同，把党的主张转化为社会各界的广泛共识和自觉行动，凝聚起各界群众实现中华民族伟大复兴中国梦和建设中国式现代化新抚州的最大共识。

（七）积极建言资政

全体政协委员要把握立足新发展阶段、贯彻新发展理念、构建新发展格局、推动高质量发展实际，围绕市第五次党代会提出的“打好一个强攻战、实现五个新跨越”主线，聚焦打造“双城”、建设“三中心”，紧扣全市经济社会发展的战略性、全局性、前瞻性重大问题科学选题、精准立项，深入界别群众开展调查研究，注重从界别群众中汲取智慧和力量，提高建言资政的质量和水平，促进党委政府科学决策和有效施策。

（八）反映社情民意

全体政协委员要以中心大局为重、民生关切为念，把促进民生改善、不断满足人民对美好生活的向往作为履职的重要着力点，深入界别群众，积极了解民情，充分体察民意，广泛集中民智，及时、准确、全面反映群众呼声，促进问题解决。

（九）解决民生实事

全体政协委员要围绕界别群众所需所想所盼，根据自身界别优势和专业特长，积极开展“微协商”“微监督”“委员讲堂”等活动，主动开展政治宣传、科技普及、捐资助学、扶贫济困、义诊服务、法律援助等“我为群众办实事”界别活动，着力解决群众“急难愁盼”问题，让群众的获得感成色更足、幸福感更可持续、安全感更有保障。

三、工作方式

（十）开展经常性联系服务

依托中共党员委员工作站做好委员结对联系界别群众工作，突出抓牢具有较强参政意识、关心社会发展的本界别群众，通过结对联系、召开座谈会、调查研究、委员接待日和委员民情互动等形式，及时了解、反映界别群众的思想动态、生活状况，反映诉求、排忧解难，团结界别群众听党话、感党恩、跟党走。不断深化委员读书活动，扩大外溢效应，带动和影响更多界别群众一起读书，以“书香政协”助力“书香社会”。

十一　充分运用好互联网新媒体

充分利用信息化平台，帮助委员熟练掌握、积极运用“智慧政协”等平台开展提交提案、反映社情民意信息等履职活动。积极探索联系界别群众工作新路径、新方法，发挥好互联网新媒体的舆论阵地作用，充分运用政协网站、微信公众号、抖音等渠道，拓展联系界别群众的深度和广度，实现思想引领和凝聚共识常态化、在线化、移动化。

十二　大力发挥中共党员委员工作站履职平台作用

本着融合资源、一站多用、便民利民的原则，持续拓展、丰富、深化市政协各个中共党员委员工作站履职平台功能，在原有活动的基础上，探索性开展“每月协商”活动，邀请委员、界别群众同坐一条板凳开展协商活动，不断延伸拓展委员联系界别群众工作。

（十三）密切协同配合

各专委会之间、专委会与联系县（区）政协之间要加强协作配合、协同作战、整体推进，着力打破专委会之间、上下级之间、界别之间的限制，积极在专委会之间、市县（区）之间，联动开展以市政协委员为主体的各类线下线上活动，同时可邀请本地区的全国政协委员、省政协委员、县（区）政协委员参加，不断扩大委员联系界别群众的覆盖面和影响力。

四、工作要求

（十四）强化专委会职责

各专门委员会要充分发挥基础性作用和独特优势，积极组织委员有序开展联系界别群众工作，及时反映界别群众诉求，推动问题有效解决。对带有普遍性、综合性的问题，深入开展调查研究，提出切实可行的对策建议。

（十五）明确委员责任

全体政协委员要强化团结引导界别群众的责任，把密切联系群众作为履行职责的重要任务和提升履职能力的有效途径，每位委员联系 3 名以上本界别的群众代表。要立足自身实际，每季度至少开展1次走访联系界别群众活动，倾听民声；每年至少报送1条界别社情民意信息，填写《抚州市政协委员联系界别群众情况登记表》，并将情况反馈到所在专门委员会。非中共党员委员不得联系中共党员群众。

（十六）注重宣传引导

充分运用《中国政协》《人民政协报》《江西日报》《江西政协报》等省级以上新闻媒体，用好抚州发布、政协网站等新媒体平台，广泛宣传委员联系服务群众工作中的特色亮点、经验成效，树立先进典型，积极营造良好环境。

（十七）纳入履职考评

政协委员联系界别群众的情况，由委员所在专门委员会汇总，各专门委员会每年11月份前收集整理后，存入委员履职档案，并作为委员履职量化考评的重要内容和评选优秀履职委员的参考依据，对成绩突出的委员予以通报表扬。

政协抚州市委员会
关于全市政协系统贯彻落实市委五届四次全体（扩大）会议精神全员行动方案

（2023年8月28日）

为深入学习贯彻市委五届四次全体（扩大）会议精神，助力加快推进抚州高质量发展，奋力谱写中国式现代化的抚州篇章，市政协决定在全市政协系统开展贯彻落实市委五届四次全体（扩大）会议精神全员行动。现制定如下方案。

一、目的意义

坚持以习近平新时代中国特色社会主义思想为指导，认真贯彻落实党的二十大精神，结合第二批学习贯彻习近平新时代中国特色社会主义思想主题教育，按照省委十五届四次全会决策部署，聚焦“作示范、勇争先”的目标定位，全面推动全市政协组织和政协委员紧紧围绕市委五届四次全体（扩大）会议提出的唱响“一大品牌”、实施“六大战略”、推进“三大建设”的总体要求，充分发挥政协专门协商机构作用，深入调查研究，积极建言献策，广泛凝聚全面建设社会主义现代化新抚州的共识和力量。

二、主要内容

以空前的力度，组织全市住抚省政协委员、市政协委员和各县（区）政协委员共2000余人，三级联动开展全员宣传、全域调研、全方位履职。

（一）开展全员宣传，把全会精神传递下去

举办全市经济形势专题通报会，邀请市政府主要领导为全市政协系统、广大政协委员和机关干部就贯彻落实市委五届四次全体（扩大）会议精神作专题报告，让全市政协委员进一步知情明政，深入领会全会精神。在此基础上，抓好全员宣传，营造浓厚氛围。一是明确宣传重点。重点宣传今年以来在市委正确领导下，全市经济社会发展和党的建设取得的巨大成绩；宣传我市加快现代化建设迎来的机遇和挑战，进一步统一思想，坚定发展信心；宣传市委五届四次全体（扩大）会议作出唱响“一大品牌”、实施“六大战略”、推进“三大建设”的决策部署的重大意义和重要考量，力求把全会精神讲清楚讲透彻。二是丰富宣传形式。积极组织全市各级政协委员深入农村、社区、民营企业、界别群众等，以委员讲堂、专家讲座、圆桌座谈、禾场夜话等形式进行点对点、面对面宣讲，同时通过微信、抖音、小红书等群众广泛使用的新媒体扩大传播面，推动全会精神“飞入寻常百姓家”。三是提升宣传实效。聚焦让市委全会精神家喻户晓、人人皆知，为“大干三季度、拼搏四季度，力争综合考核进入全省‘第一方阵’”凝聚人心、汇聚力量，深化全员宣传格局，有针对性地总结提炼，不断增强宣传精准度和实效性。

（二）开展全域调研，把基层情况反映上来

组织住抚省政协委员和市、县（区）政协委员全员出动，在全市范围内开展调研。一是把握调研主题。按照中央和省委、市委关于大兴调查研究的部署要求，以第二批学习贯彻习近平新时代中国特色社会主义思想主题教育为契机，聚焦市委五届四次全体（扩大）会议提出的打好工业创新、深化改革、县域经济发展、农业提质、绿色转型、文化强市、民生改善、风险防控“八大攻坚战”重点任务进行调研。二是夯实调研举措。采取就地就近就便的原则，结合市县（区）政协各专委会的职能和各级政协委员自身资源、主要特长及个人意愿，将政协委员按攻坚战类别进行科学分组，全员下沉到全市各县（区）、乡镇（街道）和村委会（社区）以及企业等一线，开展广泛多层深入的调研，让全市各地、各行各业处处都有政协人调研的身影。三是注重调研实效。开展“我为抚州发展建一言”活动，对全域调研中反映和发现的问题，以短、平、快的方式开展委员建言献策活动。同时，对这些建议分类梳理，形成社情民意信息、平时提案等，及时报市县（区）党委、政府或相关部门，真正把调查研究成果转化为推进工作落实的实际成效。

（三）开展全方位履职，把政协优势发挥出来

在全员宣传、全域调研的基础上，充分发挥专门协商机构作用，紧紧围绕市委五届四次全体（扩大）会议提出的目标任务，分主题、分层次、分阶段地开展全方位履职。一是深入协商议政。综合运用专题议政性常委会会议、月度协商会、基层协商、微协商等形式开展协商议政，形成高质量协商议政成果。二是强化民主监督。通过重点抓好市委、市政府主要领导领衔督办提案、定期与不定期编发反映社情民意信息刊物等一系列监督举措，寓监督于协商活动之中。三是助力唱响“文化抚州、梦想之舟”品牌。在全域调研中，聚焦构建“红绿古今”四大文化发展格局，联合宣传等部门深入挖掘、梳理、阐释临川文化特质，精心举办“文化抚州、梦想之舟”全市政协系统艺术作品展、“谢灵运杯”全球华人诗词大赛等系列活动，高质量办好抚州文史刊物，讲好抚州文化故事。四是助力建设生态康养名城。全力配合开好首届中国·抚州生态康养产业发展大会，助力打造生态康养产业发展的抚州样板。五是助力营商环境“一号改革工程”。接续开展委员走访联系民营企业活动，全力助推民营企业发展；联合法院系统开展“法惠千企”法治大讲堂活动，联合生态环保部门开展环评审批专题协商，协力唱响“周密周全、说到做到”的“抚务周到”营商环境品牌。六是充分发挥好广大政协委员在参与中心、服务发展中的作用。引领广大政协委员积极投身强攻工业、招商引资、乡村振兴、创文巩卫等中心工作，编发委员风采录，进一步释放干事创业的能量，迸发成就事业的激情。

全员宣传、全域调研、全方位履职不是相互独立的阶段，而是相互贯通的过程，必须统筹兼顾、一体推进。全员行动时间从9月份开始，与第二批学习贯彻习近平新时代中国特色社会主义思想主题教育同步进行。

为扩大全员行动影响，市政协办公室联合市融媒体中心，在《抚州日报》开设“贯彻全会精神政协委员在行动”专栏，讲述委员贯彻全会精神心得体会、在基层一线宣讲和履职故事等。

三、组织方式

本次行动涉及面广、参与人数多、社会关注度高，需要着力加强组织领导，强化协同联动，创新活动形式，激发委员工作热情，确保行动有序推进、取得实效。

（一）加强组织领导

市政协领导班子将全程对行动开展情况进行指导，统筹协调活动开展。市政协主席会议成员要加强对分管专委会和挂点县（区）政协的指导，定期进行工作调度。各县（区）政协要参照本行动方案要求，结合自身工作实际，制定具体实施方案，确保活动顺利进行。

（二）强化协同联动

市、县（区）两级政协要强化上下联动，加强沟通协调，进一步凝聚市、县（区）两级政协强大工作合力，对行动中的一切重要工作、一切重要活动坚持向党委请示报告；对行动中一些好的经验做法，及时提炼总结，努力形成制度化工作成果，不断提升履职工作质效。

（三）创新活动形式

市、县（区）两级政协要充分依托专委会的组织优势和中共党员委员工作站履职平台，根据委员所在界别特点，分门别类把委员组织起来，既采取“大部队”的形式开展三级联动集中宣传、调研、视察、协商等活动，又采取“小分队”的方法就某一领域、某一行业、某一专题问题，以蹲点调研、解剖麻雀、实地体验等形式沉到一线，把问题摸清、吃透。广大政协委员除了参与各专委会组织的“大部队”“小分队”活动外，也可以“个人+专业人士”等方式邀请相关领域有实践经验、研究专长的界别群众参加行动。

（四）推出一批典型

将全市各级政协委员在全员行动中的表现作为委员履职评价的重要内容，并作为年度评优评先的重要依据，同时，在市县（区）政协第四次全会上，表彰一批在全员行动中的优秀委员、优秀调研报告、优秀提案、优秀社情民意信息，进一步激发全市广大政协委员围绕中心、服务大局的履职热情。

四、保障方式

为切实把贯彻落实市委五届四次全体（扩大）会议精神全员行动落到实处，市政协将以高标准高质量推进省委巡视反馈意见整改暨“九查九改”作风整顿活动为抓手，转作风、正文风、树新风，为推动抚州高质量发展彰显政协之力、贡献政协之为。

（一）转作风

大力发扬钉钉子精神，围绕市委全会作出的决策部署，结合工作实际，明确分工、强化措施，项目化、清单化抓好贯彻落实。要做到宣传不走过场，讲“大白话”“农家话”，让全会精神深入基层、深入群众、深入人心；调研不做虚功，尽量采取“四不两直”方式，沉下去摸实情、找症结；履职不搞形式，做到真协商、真监督、真咨政，以实干实绩实效推动市委的决策部署落地见效。

（二）正文风

坚持从实际出发，让“短”“实”“新”的文风贯穿行动全过程各方面，使形成的提案、建议案、调研报告、社情民意信息等履职成果反映的情况真实准确，分析深刻透彻，建议务实管用、可操作性强，真正做到言之有物、言之有理、言之有据，为党委、政府决策提供参考，努力发出政协好声音。

（三）树新风

解放思想、开拓创新，坚决破除因循守旧的僵化思想，跳出政协看政协、跳出抚州看抚州，以更加开放的视野、更加开放的格局谋划工作、推动落实。以实干实效为导向，大力践行“一线工作法”，千方百计把更多智慧和力量注入高质量发展之中，让“唯实争先”“敢闯敢干”的氛围越来越浓，在全市政协系统蔚然成风。

政协抚州市委员会
关于开展“大抓落实年”活动的实施方案

（2024 年 4 月 16 日）

为认真贯彻落实省委、市委开展“大抓落实年”活动工作要求，弘扬奋斗精神、崇尚真抓实干，锚定目标、大抓落实，切实以高质量落实推进政协工作高质量发展，市政协决定开展“大抓落实年”活动，现制定如下工作方案。

一、总体要求

以习近平新时代中国特色社会主义思想为指导，深化落实中共二十大精神和习近平总书记关于加强和改进人民政协工作的重要思想，深入学习贯彻习近平总书记考察江西重要讲话精神，始终聚焦“走在前、勇争先、善作为”的目标要求，紧紧围绕唱响“一大品牌”、实施“六大战略”、推进“三大建设”和“锚定四稳目标、实现七大突破”的工作思路，紧抓履职之要、汇聚履职之力、夯实履职之基，大抓工作落实，不断谋求新突破、力求新成效、展现新作为，为奋力谱写中国式现代化抚州篇章贡献政协智慧力量。

二、重点任务

（一）聚焦政治引领抓落实，准确把握履职方向

1. 强化思想理论武装 巩固拓展主题教育成果，坚持把学习贯彻习近平新时代中国特色社会主义思想作为首要政治任务，综合运用党组理论学习中心组学习会议、主席会议、常委会会议等，学深悟透做实习近平总书记关于加强和改进人民政协工作的重要思想和考察江西重要讲话精神，深刻领悟“两个确立”的决定性意义，增强“四个意识”、坚定“四个自信”、做到“两个维护”。组织开展庆祝人民政协成立 175 周年系列活动，进一步增强政协组织的凝聚力、向心力。成立抚州市人民政协理论研究会，加强和改进政协理论研究工作，不断夯实共同思想政治基础。

2. 坚持党的全面领导 把坚持党对政协工作的全面领导作为根本政治原则，坚决贯彻落实市委决策部署，认真抓好《中共抚州市委关于深入学习贯彻习近平总书记考察江西重要讲话精神、奋力谱写中国式现代化抚州篇章的决定》和《2024 年市委常委会工作要点》涉及政协领域工作的落实落地。充分发挥市政协党组把方向、管大局、保落实作用，强化落实党建责任制、意识形态工作责任制和党风廉政建设责任制，不断增强党的政治领导力、思想引领力、群众组织力、社会号召力。

3. 抓住解放思想这个“总开关” 深入学习贯彻习近平总书记关于解放思想重要论述，敢于自我革新，坚决破除陈旧观念、习惯做法、路径依赖，积极向先进对标学习，组织市政协代表团赴景德镇政协、上饶政协、鹰潭政协学习考察，并召开交流座谈会，打开思维、拓宽思路，切实增强“不进则退、慢进也是退”的工作紧迫感、危机感和责任感，不断探索干事成事的新理念、新渠道、新方法。

4. 深化党建工作 坚持以政治建设为统领，进一步加强新时代政协系统党的建设，完善机关党建工作制度机制，联合县（区）政协共同开展“笃行实干勇担当·大抓落实促履职”联合主题党日活动，不断激发机关各级党组织的活力，持续

擦亮具有抚州政协特色的党建工作品牌，以高质量党建引领高质效履职。

（二）聚焦中心任务抓落实，全力助推改革发展

5. 紧扣党政中心工作献计出力　把助推高质量发展作为硬任务，聚焦深入挖掘临川文化核心元素助力唱响“文化抚州　梦想之舟”品牌、打造国家级有色金属精深加工产业基地、加强我市农业产业化建设、加快无废城市建设、擦亮抚州教育品牌、提升“法律明白人”品牌、加强小区物业管理和倡导良性婚俗等党政关心的重点课题，深入调查研究，建睿智之言、献务实之策、尽精诚之力，更好为党委政府科学决策提供有益参考。

6. 提升协商议政质效。建立以质量为导向的工作机制，商以求同、协以成事，持续巩固月度协商工作成果，构建以全体会议为龙头、专题议政性常委会会议和月度协商会为重点、对口协商会、界别协商会、提案办理协商会等为常态的“1+2+N”的协商议政新格局。探索建立完整闭环的协商链条，进一步明确协商平台、协商内容、协商主体、协商方式、协商成果、协商反馈、考核评价等工作环节，确保协商议题“提得好”“议得好”“办得好”相互促进。

7. 加强民主监督工作　健全完善政协民主监督制度机制，出台《政协抚州市委员会关于加强和改进民主监督的实施办法》。坚持“党委重点抓什么，政协就配合监督什么”，丰富监督内容，完善监督方式，大力开展专项监督、异地视察监督，着力破解政策落实中的“中梗阻”、工作推进中的“老大难”问题，有效助推党委决策部署落实落地。适时对2024年度协商课题成果落实情况开展“回头看”，切实增强监督实效。

8. 推进提案办理协商　持续抓好党政领导领衔督办重点提案工作机制，强化领导领衔督办的示范效应，对2023年度《打造“徐霞客游线标志地”，助力我市全域旅游》等重点提案开展跟踪督办。进一步做深做实“模拟政协提案”，在崇仁县河上镇和高新区崇岗镇开放教育学生中试点开展提案征集工作，着力打造协商民主实践乡村案例。创新开展提案月度协商、提案办理集中评议等提案监督工作，推动提案办理调查研究、月度协商与集中评议深度融合，不断提升提案办理工作质效。

9. 抓好反映社情民意信息工作　高规格召开全市政协系统反映社情民意信息工作推进会，克服厌烦情绪、畏难思想，进一步转换频道、更新观念、创新举措，推动反映社情民意信息工作纳入主席会议固定议题和年度综合考核。组建工作专班，选聘一批特邀信息员，紧紧围绕党政中心工作和人民群众急难愁盼问题反映社情民意信息，建立健全会商约稿、工作提示、组织培训和定期调度等工作机制，推动反映社情民意信息工作从“数量求胜”向“质量取胜”转变，持续站稳全省“第一方阵”。

10. 开展政协委员“服务为民”活动　充分发挥政协委员智力密集、联系广泛、渠道畅通的优势，全面落实委员联系界别群众制度机制，深入开展政协委员“服务为民”活动，教育引导广大政协委员胸怀“国之大者”、心系民之关切，围绕社会所需、群众所盼，多做宣传政策、解疑释惑、协调关系、化解矛盾的工作，多做招引资金、项目、人才牵线搭桥的工作，让人民群众真切感受到“政协离我很近、委员就在身边”，共促抚州经济社会高质量发展。

（三）聚焦特色亮点抓落实，不断唱响履职品牌

11. 建好用活中共党员委员工作站　坚持高标准建设、精细化管理、体系化发展、持续性优化，进一步建好用活中共党员委员工作站，广泛开展月度协商会、“书香政协”读书会和社法微协商等系列活动，推进中共党员委员工作站工作规范有序、长效发展。全面总结中共党员委员工作站建设中的好经验、好做法、好成效，编撰《抚州市政协中共党员委员工作站的探索与实践》。

12. 做深做实“一委一特色”　在原市政协

港澳台侨外事和民族宗教委的基础上，组建市政协港澳台侨和外事委、民族和宗教委两个专委会。强化专委会履职搭台和组织协调作用，系统推进专委会各显所“专”，各展所“长”，建设市政协专家智库，深入开展“我们的节日”庆祝中华人民共和国成立75周年少数民族大联谊、“读书践行话生态，共绘美丽新抚州”读书征文、“与农民同坐一条板凳”和“雪莲之花”捐资助学等系列活动，推动“文昌讲坛”进校园，探索立法协商、“委员讲堂”入企工作实践，着力推动政协工作提质增效、出新出彩。

13. 持续擦亮“一县一品牌” 坚持以年度民主协商计划、专题民主监督和异地视察监督行动为抓手，推进市、县（区）政协之间信息互通、工作联动、成果共享，积极指导县（区）政协立足党政所需、群众所盼、政协所能，以解决问题、达成共识为目标，以小切口选题，“大事大议、小事小议、一事一议”，持续丰富“赣事好商量”的载体、内容和形式，力求把“一县一品牌”擦得更亮、叫得更响。

14. 延伸基层协商触角 坚持“不建机构建机制”“不建组织建平台”的原则，不求“大而全”，但求“特而精”，整合市政协挂点驻村参与中心工作的资源，搭建“荆公协商吧”“山下议事堂”基层协商新平台，使之成为委员联系界别群众、政协特色品牌工作延伸、挂点单位干部实践锻炼、荆公文化传播、助力基层良性治理的“五个基地”。切实加强乡镇（街道）政协委员联络组建设，促进其作用发挥，积极邀请委员、专家学者、职能部门与居（村）民在“家门口”开展协商活动，推进政协协商向基层延伸，努力画好基层社会治理最大“同心圆”。

（四）聚焦增进团结抓落实，广泛汇聚奋斗合力

15. 坚持大团结大联合 把凝聚共识寓于各项履职活动中，加强与各民主党派、工商联、无党派人士和人民团体的联合履职，积极邀请相关人员参加政协调研视察、走访座谈、协商议政、统战联谊，重点抓好全市政协系统助力唱响“文化抚州　梦想之舟”品牌故事汇活动，进一步提升“引”的本领、丰富“聚”的手段、做好“融”的文章，把更多人团结凝聚在党的周围。对抚州宗教文化进行挖掘和整理，教育引导社会各界维护和发展好民族团结、宗教和顺的良好局面。

16. 强化交流联谊 加强与全国政协、省政协的请示汇报，在反映社情民意信息、新闻宣传、理论研究等方面建立常态化沟通联络机制，积极参加上级政协重要会议活动、重点课题调研，同题共答、同向发力，抓好2024“南昌都市圈”政协行等相关活动。出台《加强住抚省政协委员和市、县（区）政协委员联动履职的实施方案》，做好住抚省政协委员相关活动服务保障。加强对外政协的友好交往，广交朋友、深交朋友，扩大“朋友圈”，与泉州市政协开展深度互动、推动联合履职，助推经济社会发展。

17. 做好文化文史传承工作 注重发挥文史资料独特优势，记录留存抚州政协故事，传播政协声音，凝聚共识力量，编撰《抚州政协工作辑录（2023年）》《建言集萃》《抚州市政协志》《抚州市政协创新工作案例集》等书目，出版以书院文化为主题的4期《抚州文史》，有效发挥文史资料存史、资政、团结、育人的重要作用。加强政协文史工作队伍建设，选聘一批文史顾问、文史研究员，扎实征集专题史料。

（五）聚焦强基固本抓落实，全面加强自身建设

18. 转变工作作风 按照省委、市委统一部署，扎实开展政协“大抓落实年”活动，大力弘扬“马上就办、真抓实干”精神，持续纠治形式主义、官僚主义，进一步转作风、树新风、抓落实，推动广大政协委员和机关干部深入凝心聚力、决策咨询、协商民主、国家治理第一线，抓实调查研究、宣传宣讲、联系走访等工作。

19. 推进全面从严治党 深入学习贯彻习近平总书记关于党的自我革命的重要思想，认真贯彻落实中央和省委、市委工作要求，针对新修订后的《中国共产党纪律处分条例》，扎实开展党纪学习教育，进一步压紧压实管党治党政治责任，一体推进不敢腐、不能腐、不想腐。锲而不舍落实中央八项规定及其实施细则精神，推动全面从严治党向纵深发展，深入推进党风廉政建设和反腐败斗争，着力构建“亲”“清”履职关系，支持派驻纪检监察组履行职责，持续建设风清气正的良好政治生态。

20. 建设高素质政协委员和机关干部队伍　认真落实习近平总书记提出的“懂政协、会协商、善议政，守纪律、讲规矩、重品行”的要求，坚持加强管理和优化服务相结合、表彰激励和纪律约束并重，教育引导委员守好“主业”、做好“作业”。着眼提升机关队伍水平，加强优秀干部培养使用，教育引导机关干部不断提升统筹协调、执行落实和服务管理能力，推动政协工作提质增效。加强机关内部管理，健全完善《市政协组织外出调研学习考察管理办法》等制度，促进机关规范运行，为政协履职提供高质量服务。

三、组织保障

（一）加强领导

市政协领导班子成员要把抓落实当作第一职责，切实发挥示范带头作用，身体力行，率先垂范，既当指挥家，又当实干家，经常性深入基层、深入一线，狠抓落实，形成“头雁效应”。各县（区）政协、市政协办公室、各专委会主要负责同志要切实增强抓落实的政治自觉、思想自觉和行动自觉，勇于担责，真抓实干，推动形成上下“一盘棋”格局。

（二）完善机制

市政协机关、各县（区）政协要全面推行责任清单制度，对既定好的任务，发扬“钉钉子”精神，坚持经常抓、反复抓、持久抓，明确推进时序、完成时限，形成责任清单，实行台账管理、挂号销账。市政协办公室牵头负责“大抓落实年”活动，要建立健全重点工作上下联动、协调配合机制，及时掌握工作进展情况，协调处理有关问题；对工作落实中出现的重要情况、重大事项，要严格落实请示报告制度。

（三）强化督查

市政协办公室要采取调度通报、重点督查等方式，对“大抓落实年”活动开展情况进行督促检查。对督促检查中发现的问题及时研究，提出整改建议和意见，切实推动“大抓落实年”活动取得实效。

政协抚州市委员会
关于加强和改进民主监督工作的实施意见

（2024 年 12 月 11 日）

为深入贯彻落实习近平新时代中国特色社会主义思想和中共二十大、二十届三中全会精神，完善人民政协民主监督机制，根据《中共中央办公厅关于加强和改进人民政协民主监督工作的意见》（中办发〔2017〕13 号）、《中国人民政治协商会议章程》、全国政协以及中共江西省委、省政协、中共抚州市委有关文件精神，结合市政协工作实际，现就加强和改进民主监督工作提出如下实施意见。

一、明确民主监督性质定位，坚定正确政治方向

人民政协民主监督是在坚持中国共产党领导、坚持中国特色社会主义基础上，参加人民政协的各党派团体和各族各界人士在政协组织的各种活动中，依据政协章程，以提出意见、批评、建议的方式进行的协商式监督。开展人民政协民主监督，必须坚持中国共产党全面领导和中共中央集中统一领导，坚持以习近平新时代中国特色社会主义思想为统领，深刻领悟“两个确立”的决定性意义，增强“四个意识”、坚定“四个自信”、做到“两个维护”。

中共十八大以来，以习近平同志为核心的中共中央高度重视人民政协事业发展，对加强和改进人民政协民主监督工作提出新要求。中共中央办公厅印发《关于加强和改进人民政协民主监督工作的意见》，中共二十大进一步作出完善人民政协民主监督制度机制的重要部署。中共二十届三中全会明确提出，要健全全过程人民民主制度体系，完善人民政协民主监督机制。全国政协、省政协立足新形势新要求，印发了相关文件，进一步完善了人民政协民主监督制度机制。市政协要认真学习贯彻习近平总书记重要指示精神和中共中央有关要求，深入贯彻落实全国政协、省政协有关文件精神，进一步加强和改进民主监督工作，推进民主监督工作制度化、规范化、程序化建设。

加强和改进民主监督工作，必须坚持马克思列宁主义、毛泽东思想、邓小平理论、“三个代表”重要思想、科学发展观，全面贯彻习近平新时代中国特色社会主义思想和中共二十大、二十届三中全会精神，深入贯彻落实习近平总书记关于加强和改进人民政协工作的重要思想，坚持中国共产党领导、统一战线、协商民主有机结合，围绕统筹推进“五位一体”总体布局和协调推进“四个全面”战略布局，准确把握人民政协性质定位，坚持团结和民主两大主题，聚焦协商式监督，提高监督实效，为奋力谱写中国式现代化抚州篇章贡献智慧和力量。

加强和改进民主监督工作，必须坚定正确政治方向，依照宪法法律和政协章程有序开展；坚持问题导向，围绕中心、服务大局，聚焦现代化抚州建设中的重点领域和关键环节，深入调查研究，实事求是反映情况，认真负责开展监督，务实提出意见、批评、建议；坚持协商式监督定位，发扬民主、坦诚协商，把协商民主贯穿于监督全过程；坚持增进团结，协助解决问题、改进工作，融协商、监督、参与、合作于一体，广泛凝聚共识、智慧和力量。

二、准确把握民主监督的主要内容和重点

市政协民主监督工作重点围绕党和国家重大方针政策和重要决策部署、习近平总书记考察江西重要讲话精神、省委、市委决策部署的贯彻落实情况开展。

（一）国家宪法法律法规和我市地方性法规、政府规章及规范性文件的实施情况。在组织市政协全体会议讨论市中级人民法院工作报告、市人民检察院工作报告时，在市委、市政府有关部门就有关法律法规听取政协相关界别委员意见建议时，在就地方性法规、政府规章及规范性文件落实情况开展视察调研时，反映有关问题，提出意见和建议。

（二）党和国家大政方针、重大改革举措、重要决策部署在我市的贯彻执行情况，市委和市政府关于全市改革发展稳定重要决策部署的贯彻落实情况。根据中国共产党全国代表大会和省、市党代会报告，中央和省委、市委全会文件以及事关改革发展稳定的重要文件，国务院和省政府、市政府工作报告等，紧扣推进中国式现代化抚州实践，紧扣促进改革发展稳定的重大部署，紧扣关系全市经济社会发展全局的重点任务、重大项目等方面开展民主监督，突出抓重点、补短板、强弱项的重要问题。

（三）市国民经济和社会发展规划、年度计划落实情况，区域协调发展战略落实情况，财政预算执行情况。围绕市委、市政府重大部署，聚焦贯彻新发展理念、构建新发展格局、推动高质量发展、建设现代化产业体系、扩大对内对外开放、推进乡村全面振兴、推进共同富裕、加强生态文明建设、深化安全保障等发展战略和主要指标的落实情况。

（四）涉及人民群众切身利益的实际问题解决落实情况。聚焦收入分配、就业、教育、养老、医疗、托育、住房、出行、环境保护、食品安全等方面的情况和问题。

（五）国家机关及其工作人员遵纪守法、加强作风建设、密切联系群众、开展反腐倡廉等情况。聚焦践行正确政绩观、担当作为和克服形式主义、官僚主义、享乐主义、奢靡之风，反对特权思想和特权现象，加强廉政建设的情况和问题。

（六）政协提案、建议案和其他重要意见建议办理情况。在市政协重要协商议政活动互动交流中，在市政协重点提案督办、提案办理协商、走访了解提案办理情况时，在市政协专题情况通报会、反映社情民意信息工作等相关座谈会上，提出意见和建议。

（七）参加政协的单位和个人贯彻统一战线方针政策、遵守政协章程、执行政协决议情况。聚焦全市政协委员在贯彻统一战线方针政策、依照政协章程履行职责中出现的情况和问题，根据政协章程规定应当及时约谈或函询的情况。

（八）市委交办的其他监督事项。

三、持续完善民主监督形式

开展会议监督、视察监督、提案监督、调研监督、专项监督、特约监督、民主评议监督，用好社情民意信息及时反映监督意见，把民主监督同经常性履职结合起来，创新监督方式，增强监督实效。

（一）会议监督

市政协全体会议、常委会会议安排监督性内容的发言。常委会会议、主席会议、专题协商会、月度协商会等会议中安排一定数量的监督性议题。主动邀请党委政府领导及部门负责人通报情况、答复交流，增强民主监督实效。

（二）视察监督

市政协在每年组织的专题视察中安排监督类视察，重点对党政工作中某一领域问题开展有针对性的视察监督活动，发现工作中的问题和不足，向党委政府报送监督性视察报告。

（三）提案监督

鼓励政协委员撰写监督性提案，采取提案委催办、联合办案、面商办案等形式，加大监督性提案的办理力度。认真落实重点提案党委、政府、政协班子领办督办制度，不断强化重点提案办理落实。

（四）调研监督

市政协开展的各类调研活动，根据调研主题，视情从民主监督角度深入了解情况、发现问题，提出有针对性的意见和建议，寓民主监督于经常性调研活动之中，在形成的调研报告中注重反映有关问题和建议。

（五）专项监督

各专门委员会围绕法律法规实施和中央、省委、市委重要工作落实情况研究提出专项监督议题建议，办公室汇总纳入年度协商工作计划，由联系专门委员会的市政协副主席牵头组织实施。

（六）特约监督

应有关方面邀请，组织市政协委员参加调研、检查、听证等活动，按规定推荐市政协委员作为特约监察员、监督员参加有关部门组织的监督、监察、督查工作，对有关部门（单位）及其工作人员工作情况进行经常性监督，提出民主监督建议。相关专门委员会负责本委员会推荐的特约监督员的日常工作联系和指导。

（七）民主评议监督

根据市委统一部署，选择社会各界广泛关注、群众利益密切相关的政府部门和专项工作，开展民主评议活动，提出民主评议报告。

（八）其他形式监督

注重从县（区）政协组织、政协委员和各界人士反映的社情民意信息以及委员来信来访、委员举报中发现问题线索，做好各类信息收集、整理、报送工作。充分发挥中共党员委员工作站等协商平台及社情民意信息报送平台的优势，畅通政协委员反映情况、提出建议的渠道和方式。主动开展人民政协民主监督同党内监督、人大监督、行政监督、司法监督、审计监督、群众监督、舆论监督等监督形式的工作交流、信息沟通，促进各类监督贯通形成合力。

四、着力规范民主监督工作程序

健全完善民主监督工作全过程、全链条管理的制度机制，形成监督有计划、工作有方案、实施有组织、审议有程序、办理有反馈、结果有报告的工作格局，提高民主监督工作制度化、规范化、程序化水平。

（一）制定监督计划

每年年初由办公室、各专门委员会研究提出监督议题建议，经办公室汇总协调后，至少安排2项监督议题作为重点监督议题纳入年度协商工作计划，在征求有关方面意见后，按程序报市委常委会审定。根据实际情况统筹民主监督的监督内容、监督形式，做到开展监督有计划、有议题、有载体、有成效。

（二）拟定监督方案

相关专门委员会负责拟定监督议题的工作方案，做到一题一方案，明确总体要求、时间安排、参与人员、具体内容、工作形式、成果转化运用方式及其他有关事项。牵头监督议题办理的主席会议成员，负责指导方案制定。

（三）组织监督活动

相关专门委员会围绕监督议题，组织委员认真学习领会习近平总书记关于有关领域工作的重要论述、党和国家重大决策部署，以及省、市工作要求；召开会议听取有关方面情况通报；综合运用实地视察调研、座谈访谈、随机走访、问卷调查、专家调查、查阅工作资料、统计分析等方式，并运用互联网、大数据等信息技术，听取利益相关方、代表人士、界别群众反映和诉求，着重了解工作中存在的困难和问题。到县（区）开展民主监督，视情吸收当地市政协委员和县（区）政协委员参加，并听取县（区）政协的意见建议，开展联动监督。

（四）审议监督意见

相关专门委员会在组织委员深入调查研究、充分协商交流的基础上实事求是提出监督意见。监督意见形成前，要加强与市委、市政府有关部门的协商交流，增强意见建议的针对性和实效性；要把准协商式监督定位，委员在行使民主监督职能时，提出的批评意见不仅要做到言之有理、有据、有物，更要言之有度、有方、有用。会议监督意见报告、视察监督报告和涉及监督内容的提案、社情民意信息等，按程序报批后向有关方面反映。重点监督议题形成的监督报告提请主席会议审议后报送市委、市政府。

（五）跟进监督意见办理

相关专门委员会就民主监督工作加强同市委、市政府有关部门的对口联系，跟进监督意见办理情况。对涉及面广、短期内难以实施的民主监督意见，可通过再调研、再协商等方式，或通过提案、社情民意信息等形式补充反映相关情况。市政协视情采取“回头看”方式，组织委员对办理情况开展效果评估，对重点监督议题，视情形成评估报告报送市委、市政府，推动监督意见办理落地。

（六）报告监督情况

民主监督意见办理完成后，相关专门委员会及时向参加监督的有关委员通报反馈民主监督意见的办理、采纳和落实情况。将重点监督议题意见办理情况向主席会议报告。常务委员会向全体会议报告工作时，把民主监督工作情况和监督意见办理落实情况作为重要内容。

四、切实加强民主监督的组织领导

（一）发挥政协党组领导作用。坚持和加强党对政协民主监督工作的领导，把开展民主监督情况作为市政协党组每年向市委报告工作的重要内容。市政协党组研究监督工作中的重要问题，听取有关工作情况汇报，及时就监督工作重大事项向市委请示报告。

（二）健全监督协调机制。健全同市政协委员履职相关的知情明政、协调落实、办理反馈等机制。办公室加强与各专门委员会和有关方面的沟通联系，及时协调解决民主监督工作中遇到的实际问题。

（三）加强监督能力建设。开展市政协委员学习培训时，把人民政协民主监督工作纳入委员培训课程，教育引导委员深刻领会贯彻习近平总书记关于人民政协民主监督工作的重要论述，强化民主监督意识，把准协商式监督定位，掌握政协民主监督方式方法，遵守有关工作规则和纪律要求，提高委员参与民主监督工作能力和水平。完善委员行使民主监督职责的激励机制，将委员履行民主监督职责情况纳入委员履职档案和考核评价体系。积极搭建智慧政协服务平台，持续推行“双向走进”、委员谈心谈话制度，不断提升政协委员民主监督履职能力和水平。

（四）营造监督工作良好环境。积极开展人民政协民主监督理论和基层实践研究，总结经验，指导工作。发挥抚州市政协网站等媒体平台作用，宣传全市政协民主监督工作及其成效。培育监督文化，让全社会了解人民政协协商式监督，扩大政协协商式监督的社会影响力，形成全社会重视、支持、参与政协民主监督的良好氛围。

·市（地）政协机关工作制度·

中国人民政治协商会议抚州市委员会专门委员会通则

（2000年12月28日，政协抚州市第一届委员会常务委员会第一次会议通过）

第一章　总则

第一条　根据《中国人民政治协商会议章程》第49条的规定，政协抚州市委员会设置若干专门委员会（以下简称专委会）。

第二条　专委会是在常务委员会和主席会议领导下的工作机构。按主席会议确定的分工，副主席协助主席分管专委会的工作。专委会的日常工作由主任或主任委托的副主任主持，秘书长负责协调。

第三条　专委会以邓小平理论为指导，坚持中国共产党在社会主义初级阶段的基本路线，贯彻“长期共存、互相监督、肝胆相照、荣辱与共”的方针，切实履行人民政协的职能。

第四条　专委会工作是政协工作的重要组成部分。专委会根据中国人民政治协商会议的要求，以及市政协全体会议、常务委员会会议提出的各项任务，团结和联系委员及各界人士，学习、宣传国家的方针政策，积极反映社情民意；紧紧围绕全市的中心工作和群众普遍关心的重要问题，按照各专委会工作职责主动地开展调查研究，提出意见、建议和提案，推动改革开放和社会主义物质文明与精神文明建设；维护社会稳定和民族团结，促进祖国和平统一；组织多种活动，积极为委员知情出力、履行职责创造条件。

第二章　组织

第五条　专委会的设置和变动，由常务委员会决定。

第六条　专委会按照有利于联系各界、各方面人士，便于组织经常性活动和统筹安排的原则，由本届政协委员组成。

第七条　专委会设主任一人，副主任和委员若干人。主任和副主任由常务委员会决定，委员人选由主任会议提出，主席会议决定。

第八条　专委会根据工作需要，可分设小组开展活动。未参加专委会的政协委员可根据本人意愿，同某一专委会建立联系，专委会应采取适当方式发挥他们的作用。

第三章　工作制度

第九条　专委会根据市政协全体会议和常务委员会提出的任务，制订年度工作计划。年度末向常务委员会提交工作报告。提案委员会须向市政协全体会议作工作报告。

第十条　专委会会议，要认真学习党的路线、方针、政策，学习政协业务和时事政治；讨论本委员会的工作计划及重要事务；同党政有关部门开展对口联系，听取情况通报，进行协商讨论；审议专委会组织的委员考察、调查形成的考察报告、调查报告、重要建议或以本委员会名义提出的重要提案。

第十一条　专委会的各种活动应发扬社会主义民主，进行充分协商。专委会需对工作作出决定时，按照民主集中制原则办理。

第十二条　以专委会名义形成的文件，须经专委会会议或主任会议讨论，由主任或主任委托的副主任审定并签发。

专委会文件需以政协办公室名义发出的，由秘书长签发。

专委会的重要建议或重要提案，应提请常务委员会会议或主席会议讨论，通过后可以常务委员会或主席会议建议案的形式向有关方面提出。

第十三条　专委会应主动与省政协有关专门委员会建立工作联系，争取其指导和帮助。主动与市委、市人大、市政府有关部门以及民主党派、有关人民团体、县（区）政协有关机构加强联系，沟通情况。必要时，联合进行考察、调研、督查等活动。

第十四条　主席或主席委托副主席、秘书长根据需要召开专委会主任联席会议，讨论研究专委会的重要问题。

第十五条　专委会要建立定期的例会制度，一般每季度召开一次，必要时可增加会议次数。例会应与政协办公室协商，互相支持，互相配合。

第四章　办事机构

第十六条　市政协机关根据精简、统一、效能的原则，设立相应的专委会办公室，为专委会服务。

第五章　附则

第十七条　本通则自常务委员会通过之日起施行，解释权和修改权属常务委员会。各专委会应依据本通则和各自实际制订工作细则。

政协抚州市委员会专门委员会主任联席会议制度

（2001 年 3 月 1 日，政协抚州市第一届委员会第 4 次主席会议通过）

为了加强各专门委员会之间的交流和协调，根据《中国人民政治协商会议抚州市委员会专门委员会通则》第 15 条的规定，特制定本制度。

第一条　主席或主席委托副主席、秘书长根据需要召集并主持专门委员会主任联席会议。

第二条　各专门委员会主任（或主任委托的副主任）、办公室主任、各专门委员会专职副主任参加专门委员会主任联席会议。一般应邀请办公室副主任列席。根据议题需要，各专门委员会办公室主任和政协办公室有关科（室）负责人也可列席。

第三条　专门委员会主任联席会议主要任务是：研究市政协全体会议、常委会会议、主席会议决议、决定贯彻实施中需要协调的有关事宜，交流各专门委员会工作经验。

第四条　专门委员会主任联席会议原则上每半年召开一次，如有需要可临时召集。会议的日期和议题由主席或主席委托的副主席、秘书长确定，一般应提前通知与会人员。

第五条　专门委员会主任联席会议均须作记录，并根据需要撰写会议纪要。会议纪要由会议主持人签发。

政协抚州市委员会专委会和办公室联席会议制度

第一条　为确保市政协及其常委会决议、决定及各项工作的落实，根据政协机关工作实际，制定本制度。

第二条　市政协专委会和办公室联席会议由秘书长和市政协各专门委员会主任、副主任，市政协办公室主任、副主任组成，会议一般由秘书长召集并主持。

第三条　市政协专委会和办公室联席会议一般在每个月的 5 号之前召开，必要时可以提前或延期召开。

第四条　市政协各专门委员会主任、副主任，市政协办公室主任、副主任因故不能出席联席会议时，可以委派有关同志参加。

第五条　市政协机关专委会和办公室联席会议主要通报机关日常工作中的重要问题，及时沟通情况，协调机关各部门之间的工作关系。

1. 征求对市政协常委会年度工作要点草案的意见；

2. 研究以市政协名义召开的有关重要会议筹备工作，并确定具体分工；

3. 协调组织以市政协名义进行的专题调研、委员视察和民主监督等工作事宜；

4. 听取市政协各专门委员会、市政协办公室月度工作情况汇报；

5. 研究制定市政协机关当月工作初步安排；

6. 研究处理市政协常委会会议和市政协主席会议交办的有关工作；

7. 研究需要提交联席会议商定、处理和其他重要问题。

第六条 市政协专委会和办公室联席会议一般应在会议举行前两天由办公室人事秘书科通知与会人员作好准备，并确定专人记录，必要时应整理会议纪要。

第七条 市政协专委会和办公室联席会议商定的事项，各委办、办公室各科室应认真落实，有关情况由办公室人事秘书科收集，并向下一次联席会议报告。

政协抚州市委员会秘书长、副秘书长工作规则

（2010年3月修订）

为建立秘书长、副秘书长工作制度，特制定本规则。

第一条 分工

《中国人民政治协商会议章程》规定，“中国人民政治协商会议各级地方委员会的主席主持常务委员会的工作。副主席、秘书长协助主席工作。”“中国人民政治协商会议各级地方委员会可以按需要设副秘书长一人至数人，协助秘书长进行工作。”从本会的实际情况出发，除秘书长外，设专职副秘书长和兼职副秘书长若干人。

秘书长协助主席工作，全面负责市政协机关工作。副秘书长协助秘书长工作，可列席常务委员会会议和有关的主席会议。专职副秘书长协助秘书长按分工负责市政协机关有关部门的工作。经办事项涉及全机关的问题，需经秘书长审核。兼职副秘书长参加秘书长会议的集体领导，并负责联系各自党派、工商联，沟通情况。

第二条 主要职责

1. 负责向主席会议提出召开全体委员会议、常务委员会会议的议程和日程安排的建议和年度工作要点的建议。

2. 协助主席、副主席组织实施常务委员会会议、主席会议的决议。

3. 调查、研究县（区）政协的工作经验和存在问题，为市政协加强对县（区）政协工作的指导提出建议。

4. 完成主席、副主席交办的其他工作事项。

第三条 会议

1. 秘书长会议由秘书长、副秘书长组成，一般每季度召开一次。如有需要可临时召集。

2. 会议的日期、议题由秘书长决定。除临时召集的会议外，一般应提前通知。与会人员不能出席会议时，可对讨论的议题提出意见。

3. 会议需有组成人员过半数出席，方能举行。

4. 会议由秘书长召集并主持，也可由秘书长委托的副秘书长主持。

5. 会议的主要任务是：讨论决定秘书长职责范围内需要讨论决定的问题；审议需提交主席会议审议的全体委员会议、常务委员会会议的重要文件；协商讨论市政协机关同各民主党派市委会机关和市工商联机关共同的事务、重要活动的安排。

6. 会议均须作记录，并编印会议纪要，印发主席、副主席、秘书长等会议组成人员和办公室、各专门委员会及有关人员。会议纪要由会议主持人签发。

7. 本会办公室负责人列席秘书长会议。邀请在本会无兼职副秘书长的民主党派市委会委派一名同志列席秘书长会议。

第四条 本工作规则经主席会议审议批准后施行。

中共政协抚州市委员会机关党组工作规则

（2017 年 4 月 26 日）

为坚持和健全党的民主集中制，发挥市政协机关党组的集体领导作用，进一步提高工作质量和决策水平，根据《中国共产党党组工作条例（试行）》和党内有关规定，结合市政协机关党的建设工作实际，制定本工作规则。

一、工作原则

（一）高举中国特色社会主义伟大旗帜，坚持以马克思列宁主义、毛泽东思想、邓小平理论、“三个代表”重要思想、科学发展观为指导，深入贯彻习近平总书记重要讲话和治国理政新理念新思想新战略，认真贯彻执行党的路线、方针、政策，在思想上政治上行动上同党中央保持高度一致。

（二）坚持全面从严治党，严格按照党章和其他党内法规开展工作，切实履行机关党组及其成员的党建工作责任制。按照中央、省委、市委和市政协党组要求，紧密结合市政协机关实际，全面加强机关党的思想建设、组织建设、作风建设、反腐倡廉建设、制度建设。

（三）坚持民主集中制，实行集体领导与个人分工负责相结合，确保党组的活力和党的团结统一。凡属机关党组职责范围内的重大事项，按照“集体领导、民主集中、个别酝酿、会议决定”的原则，经机关党组集体讨论决定。机关党组书记要善于总揽全局、管方向、抓大事、带队伍，带头执行民主集中制，发扬民主，自觉接受监督，支持机关党组成员在职责范围内独立负责地开展工作。机关党组成员对分管工作要积极主动，切实履行职责，与其他机关党组成员相互协作、相互支持。

（四）坚持机关党组发挥领导核心作用与依法依章程履行职责相统一。统筹谋划机关党组工作与机关中心工作，使开展机关党组工作的过程，成为统一机关干部群众思想，调动工作积极性、主动性、创造性，推动机关中心工作落实的过程。

二、主要职责

（一）贯彻执行党的路线、方针、政策和上级组织的指示、决议、决定和重要工作部署，在机关工作中发挥好把方向、管大局、保落实的重要作用。

（二）传达、学习上级文件、会议和市政协党组会议精神和重大工作部署，根据机关实际提出具体贯彻意见。

（三）研究和决定本机关下列重大问题：

1. 需要向市政协党组请示报告的重要事项和其他需要报告的事项；

2. 重大决策、干部任免、重大项目安排、大额资金使用等事项；

3. 内部机构设置、职责、人员编制等事项；

4. 机关党组织建设和党员队伍建设方面的重要事项；

5. 意识形态工作、思想政治工作和机关精神文明建设方面的重要事项；

6. 机关党风廉政建设和反腐败工作方面的重要事项；

7. 其他应当由机关党组讨论和决定的重大问题。

（四）机关党组应当贯彻党管干部原则，按照信念坚定、为民服务、勤政务实、敢于担当、清正廉洁的好干部标准，依照干部管理权限和规定程序，研究决定机关科级及科级以下干部的任免、奖惩、轮岗和考核、培训事项。严格干部考核监督，落实谈心谈话、个人事项报告、述职述法述廉述德等制度，加强思想政治工作，定期分析机关干部职工思想动态。落实机关党组及成员党风廉政建设责任制，指导机关党委和各党支部负责人认真履行党风廉政建设责任。

（五）加强对机关工会、共青团、妇联等群团组织的政治领导、思想领导、组织领导，明确责任，健全制度，完善工作机制，定期研究解决群团工作重大问题，加大对群团工作的支持保障力度。

（六）认真履行党要管党、全面从严治党责任，落实机关党组对机关党的建设的领导责任、党风廉政建设的主体责任；支持市纪委驻市政协机关纪检组履行监督责任；落实机关党组书记的党建第一责任人职责，其他机关党组成员负责分工范围内党的建设工作职责。要细化责任内容，建立责任清单，明确党建职责具体要求。坚持党建工作和机关中心工作一起谋划、一起部署、一起考核，采取有效方式对机关基层党建工作进行督促检查。完善全面从严治党责任综合考核体系，实行统一考核、综合评价，并将考核结果作为机关科级党员领导干部选拔任用、奖励惩戒的重要参考。

（七）机关党组及其成员应当加强思想政治建设，坚定理想信念，严守政治纪律和政治规矩。严肃党内政治生活，按照规定召开民主生活会，开展严肃认真的批评和自我批评。严格落实中央关于改进工作作风、密切联系群众的各项规定，坚决反对形式主义、官僚主义、享乐主义和奢靡之风。切实增强践行“三严三实”要求的思想自觉和行动自觉。严格遵守党员领导干部廉洁从政有关规定，自觉接受党组织和党员干部群众的监督。

三、组织原则

（一）机关党组必须坚决执行中央、省委、市委和市政协党组的决定，坚决维护党中央权威，确保中央和上级党组织决策部署在市政协机关的贯彻落实。

（二）机关党组对有关重要问题作出决定时，应当根据需要充分征求机关党总支、各支部及本单位党员群众的意见；重要情况应当及时进行通报。

（四）机关党组实行集体领导制度。凡属机关党组职责范围内的事项，应当按照少数服从多数的原则，由机关党组成员集体讨论决定。党组书记应当带头执行民主集中制，不得独断专行。遇有临时提出的重大动议问题，应在充分酝酿基础上，下次会议进行讨论。党组成员应当认真执行党组集体决定，勇于担当、敢于负责，切实履行职责。

（五）以机关党组名义发布或者上报的文件、发表的文章，机关党组成员代表机关党组的讲话和报告，应当事先经机关党组审定。

四、议事决策

（一）机关党组议事决策应当坚持集体领导、民主集中、个别酝酿、会议决定，重大决策应当充分协商、民主决策。机关党组结合机关实际，明确议事内容目录，实行清单管理。议事内容目录可以根据工作需要适时进行调整。

（二）机关党组会议一般每月召开1次，遇有重要情况可以随时召开。机关党组会议由机关党组书记召集并主持，或由机关党组书记委托其他机关党组成员召集并主持。

（三）机关党组会议的议题，由机关党组书记提出，或者由其他机关党组成员提出建议，经汇总后由党组书记确定；机关党组成员提出的会议议题，事先应全面客观了解有关情况，并提出建议。对会议需研究的事项，机关党组成员要认真进行研究，如有重大修改意见，可在会前向党组书记提建议。重要议题应在相关机关党组成员之间沟通。

（四）参加机关党组会议的人员为机关党组成员。其他列席会议人员由会议主持人根据议题需要确定，列席会议人员只参加相关议题的讨论。

（五）机关党组会议应有半数以上机关党组成员到会方可召开，讨论决定干部任免事项必须有三分之二以上机关党组成员到会。涉及本人或者其亲属及存在其他需要回避情形的，有关人员应当回避。

（六）讨论议题时，与会机关党组成员应当充分发表意见。会议主持人在集中讨论意见的基础上，提出方案或意见提交会议表决。根据讨论事项内容，实行口头或举手方式进行表决，赞成票超过应到会机关党组成员的半数为通过。表决实行会议主持人末位表态制。会议决定多个事项，应当逐项表决。

（七）市政协办公室人秘科科长负责机关党组会议记录、会务协调等工作。

（八）经机关党组会议讨论决定的事项，由分工的机关党组成员负责组织实施，并对贯彻落实情况进行督查检查。决定事项实施过程中，需要作重大调整的，应当提请机关党组会议再行研究决定。

（九）机关党组建立督查和反馈机制。机关党组成员要根据责任分工，认真督促职能单位对会议决定事项按期完成，对重要决策事项的完成情况要向机关党组会议报告。驻机关纪检组和机关纪委负责会议决定的案件查办事项并反馈办理情况。

（十）机关党组会议严格执行党的保密制度。讨论的涉密内容，除经机关党组决定在一定范围内传达外，与会人员不得向其他人员泄露。

五、责任追究

（一）机关党组实行党组书记述职制度、党组及其成员履职考核制度。积极配合做好市委组织部的年度考核工作。机关党组及成员自觉接受市纪委驻市政协机关纪检组、机关各党支部和党员群众的监督。

（二）有下列情形之一的，应当追究有关党组成员的责任：

1. 贯彻执行党的理论和路线方针政策、市委和市政协党组指示、决定，不及时不得力的；

2. 因违反决策程序或者决策失误造成重大损失或者恶劣影响的；

3. 干部选拔任用方面出现重大问题的；

4. 不认真履行全面从严治党责任，造成组织软弱涣散、党建工作被削弱的；

5. 不履行党风廉政建设主体责任，造成严重后果的；

6. 泄露应当保密的会议内容和讨论情况的；

7. 对其他造成严重后果或者恶劣社会影响的行为负有责任的。

（三）对违反本规则的党组成员，根据情节轻重，给予批评教育、责令作出检查、诫勉谈话、通报批评等处理，建议调离岗位、责令辞职、免职、降职。应当追究党纪政纪责任的，依照《中国共产党问责条例》《中国共产党纪律处分条例》《行政机关公务员处分条例》等有关规定给予相应的党纪政纪处分。涉嫌违法犯罪的，按照国家有关法律规定处理。

六、附则

（一）本工作规则的执行情况列入机关党组民主生活会的对照检查内容。

（二）本工作规则由机关党组负责解释。

（三）本工作规则自公布之日起施行。

中共政协抚州市委员会机关党组
关于开展创建“模范党支部”实施方案

（2022 年 3 月 10 日）

为深入学习贯彻习近平总书记在中央和国家机关党的建设工作会议上的讲话精神，全面提升新时代市政协机关党的建设质量，根据市委办《印发〈关于在全市开展“模范党支部”创评工作的实施方案〉的通知》（抚办字〔2022〕4 号）和市直机关工委的通知要求，决定在市政协机关开展“模范党支部”创建活动，现制定如下实施方案。

一、总体要求

（一）指导思想

坚持以习近平新时代中国特色社会主义思想为指导，深入学习贯彻党的十九大和十九届历次全会精神，全面贯彻新时代党的建设总要求和新时代党的组织路线，全面贯彻《关于加强新时代人民政协党的建设工作的若干要求》，坚持以党的政治建设为统领，以增强政治功能、提升组织力为重点，以深化基层党建“三化”建设为抓手，以开展“八扬八治”作风建设活动为契机，创建“模范党支部”，激励市政协机关各党支部和全体党员“作示范、勇争先”，创造新时代“第一等的工作”，为建设“忠诚务实为民奋进”政协提供坚强保证。

（二）目标任务

从 2022 年起，争取每年都有党支部荣获全市“模范党支部”、市直机关“模范党支部”的称号。

二、工作安排

“模范党支部”应高质量完成“三化”建设任务，在全面达到先进党支部“五好”目标基础上，突出以下标准抓好任务落实。

（一）忠诚型

以党的政治建设为统领，着力强化党支部的政治功能和组织力。一是坚决做到“两个维护”。牢固树立政治机关的意识，模范贯彻执行党的基本理论、基本路线、基本方略，坚决捍卫“两个确立”，增强“四个意识”、坚定“四个自信”、做到“两个维护”，始终同以习近平同志为核心的党中央保持高度一致。二是提升政治生活质量。严格落实各项党建制度，推动“三会一课”、组织生活会、民主评议党员、谈心谈话、主题党日、过“政治生日”、重温入党誓词等落细落实，切实提高党内政治生活的政治性、原则性、战斗性，不断增强党员政治意识和政治自觉。三是赓续红色血脉。组织机关干部赴红色教育基地接受革命教育、观看红色电影《邓小平小道》、唱红歌、诵读《红色家书》等，引导党员传承红色基因，筑牢信仰之基，把稳思想之舵，永葆共产党人的政治本色。

（二）学习型

按照“人人皆学、处处能学、时时可学”的要求，引导和组织党员坚持终身学习，不断提高基层党组织的学习力和创新力。一是强化理论武装。把学习贯彻习近平新时代中国特色社会主义思想作为首要政治任务，自觉养成常学常读习近平总书记重要讲话和重要文章的习惯。要及时跟进学习习近平总书记重要讲话、重要文章和重要指示批示精神，学习习近平总书记视察江西重要讲话精神和习近平总书记关于加强和改善人民政协工作的重要思想等，学出坚定信仰，学出使命担当。二是创新学习形式。完善集中学习制度，用好“学习强国”“江西党建云”等学习平台，有计划、分专题地抓好学习，制定并落实《市政协机关党组理论中心组2022年度学习计划》，充分发挥理论学习中心组示范带动作用，充分发挥领学促学作用；组织党员干部参加省市各类培训学习，进一步提升机关党员干部政治素养和履职能力。三是开展“喜迎二十大”专题学习活动。通过集中学习、辅导报告、专题研讨等形式，全面深入学习贯彻中共二十大精神，把思想和行动统一到大会精神上来，把智慧和力量凝聚到大会确定的目标任务上来。

（三）服务型

坚持履职为民的理念，积极为民办好事办实事，不断提升人民群众的幸福感和获得感。一是深入推进“八扬八治”作风建设活动，自觉转变工作方式，改进工作作风，密切联系群众，与群众想在一起、干在一起。二是充分发挥政协界别特色和优势，积极组织政协委员和引导社会各界人士深入基层乡村，开展结对帮扶、捐资助学、扶贫济困、法律援助等界别特色活动，打通政协联系服务群众“最后一公里”。三是挂点帮扶金溪县山下村，着力巩固拓展脱贫攻坚成果，保障脱贫户收入不减、保障力度不减；扎实推进乡村振兴，激发乡村发展活力，营造乡村新面貌，推动乡村高质量发展。四是认真做好挂点五皇殿社区帮扶工作，实现党员一对一帮扶困难群众，助力城镇脱贫解困；积极参加社区疫情防控、环境整治、文明劝导等工作，保障社区稳定和谐。五是通过组织委员参加学习培训、搭建履职平台、建设委员之家等渠道，做实做优服务委员工作，激发委员履职热情，助推委员履职能力提升。

（四）效能型

找准结合点，推动机关党建和业务工作相互促进，创造新时代人民政协“第一等工作”。一是以中共党员委员工作站为平台，推进“党建+”品牌建设。各党支部与中共党员委员工作站开展结对帮扶活动，赋予工作站更多基层党组织功能，着力延伸政协工作触角，把工作站打造成为政治引领的重要阵地、凝心聚力的重要平台、协商议政的重要渠道、反映民意的重要途径、界别活动的重要载体，实现党的组织对党员委员的全覆盖，实现党的工作对政协委员的全覆盖。二是服务好政协履职工作。各党支部和全体党员要紧扣市第五次党代会提出的“打好一个强攻战，实现五个新跨越”这条工作主线，自觉服务服从这个大局，担当实干，认真组织实施年度协商计划，力争形成一批有质量、有价值的建言成果；聚焦难点堵点开展委员视察、民主监督活动，推动党委政府决策落地；通过提案、反映社情民意等，力促各项惠民、利民政策落到实处。三是积极参与疫情防控、防汛抗旱等中心工作，充分发挥战斗堡垒作用。

（五）法治型

深入贯彻习近平法治思想，一是编印党建应知应会的基本知识，教育引导党员自觉遵守党章和党内法规。二是通过加强普法教育、参加普法考试、委员培训班中安排法律知识内容等形式，形成遵守宪法和法律、带头学法懂法守法用法的浓厚氛围。三是在资政建言中，注重从法律层面提出建议，实现遇事找法、解决问题靠法。四是组织委员开展送法律下乡活动，提高群众的法律意识，树立法治观念。

三、相关要求

（一）加强领导

成立争创“模范党支部”工作领导小组，市政协党组成员、秘书长、机关党组书记颜建平同志为组长，市政协副秘书长、办公室主任、机关党组成员刘海滨同志为副组长，魏志中、袁晓明、王裕良、杨利文、郑海云、谢文斌等党员干部为成员。领导小组下设办公室，办公室设在市政协机关党委。

（二）统筹推进

市政协机关党组把争创“模范党支部”作为今年“一号工程”，结合市委“八扬八治”深化作风建设和建设“忠诚务实为民奋进”政协，充分调动全体党员的积极性和主观能动性，按照市直机关工委关于“模范党支部”创评工作的时间节点、创建步骤和具体要求，扎实推动创建工作落实落细、见行见效。

（三）深化融合

把开展“模范党支部”创建工作贯穿始终，融入市政协机关党建日常工作，着力推动党建工作和政协工作有机融合，互促共进。

政协抚州市委员会办公室
关于开展“走进委员”活动工作方案

（2022年3月15日）

为加强市政协与全体市政协委员的交流联系，进一步了解委员，增强委员对政协组织的认同感、归属感，充分发挥委员的主体作用，提升履职能力，激发委员履职热情，推动全市政协工作提质增效，为“打好一个强攻战、实现五个新跨越”献计出力，经研究，决定在近期开展“走进委员”活动。现结合工作实际，制定如下方案。

一、活动内容

（一）宣传全国两会精神、中共十九届六中全会精神、省第十五次党代会精神、市委五届二次全体（扩大）会议暨市委经济工作会议精神、市政协五届二次会议精神及近期全省、全市领导干部会议精神。

（二）走访慰问委员，了解委员思想、生活、工作、履职等各方面情况，并赠送委员证、书籍等物件。

（三）征求委员对全市经济社会发展的意见建议。

（四）征求委员和委员所在单位对市政协工作的意见建议。

（五）通报委员提案立案情况，征求委员对提案工作的意见建议。

二、活动形式

“走进委员”活动由市政协领导班子成员带队，办公室和各专委会负责同志陪同，采取个别走访和集体走访相结合的方式进行。个别走访即深入委员工作地点实地走访“一对一”交流，集体走访即采取集中座谈的方式与委员面对面交流。同一区域、同一单位有多名政协委员的，由一名市政协领导带队集中走访。市外委员走访可采取视频、电话等线上形式，提升走访实效。

三、活动安排

市政协领导班子成员于2022年3月中下旬至4月底，走访挂点县（区）和分管专委会所联系的市政协委员，走访委员分组名单见附件。

四、工作要求

（一）高度重视，抓好落实。开展“走进委员”活动，是深入贯彻习近平总书记关于加强和改进人民政协工作的重要思想的具体行动，是充分发挥委员主体作用，激发委员履职活力的重要抓手，市政协各委办要高度重视，认真组织实施。各县（区）政协要协助做好市政协委员走访活动。办公室负责走访活动统筹协调，各专委会负责对口分管副主席走访委员具体工作协调安排。

（二）积极宣传，认真总结。对“走进委员”活动开展全方位、多层次宣传，充分展示活动成效，营造浓厚活动氛围，并对活动的开展情况及时进行总结改进。

(三) 精心组织，确保成效。市政协办公室要及时梳理汇总委员意见建议，建立工作台账。委员对全市经济社会发展的意见建议，经整理后以提案或社情民意信息形式报市委、市政府参阅，对政协工作意见建议整理后报市政协主席会议研究，推动活动取得实效。

(四) 强化保障，严守纪律。市政协办公室要认真做好后勤保障工作。严格遵守中央八项规定要求，深化“八扬八治”作风建设，做到轻车简从，避免扎堆走访。

政协抚州市委员会办公室
关于五届市政协委员届内集中轮训工作方案

（2022 年 4 月 25 日）

为进一步提高委员履职能力水平，建设新时代高素质委员队伍，真正做到“懂政协、会协商、善议政，守纪律、讲规矩、重品行”。根据《关于加强和改进新时代市县政协工作的意见》（中办发〔2021〕57 号）关于“建立健全委员培训制度，制定培训计划，开展年度集中培训和分类分级培训，确保届内至少轮训 1 遍”的要求，制定五届市政协委员届内集中轮训方案。

一、培训对象

本届任期内，对五届市政协委员分批进行全员集中轮训，每年举办二期左右培训班，每期培训委员 60 人左右，时间一周（含往返）。

二、培训内容

(一) 政治理论知识

围绕进一步提高政治站位，重点就习近平新时代中国特色社会主义思想，中国特色社会主义政党理论、民主政治理论知识，党的十九大以来党和国家的重大方针政策，省委、市委重大决策部署等政治理论知识进行学习培训。

(二) 履职知识

围绕进一步增强履职能力，重点就习近平总书记关于加强和改进人民政协工作的重要思想、中央及省委政协工作会议精神，以及履行委员职责所需的提案、社情民意、调研视察等相关知识进行学习培训。

(三) 专题知识

围绕进一步强化建言献策针对性，聚焦“打赢一个强攻战，实现五个新跨越”工作主线，加强我市“工业创新发展、乡村振兴、城市建设、改革创新、生态文明、民生福祉”六大领域建言献策所需要的相关知识的学习培训。

三、培训形式

(一) 组织市政协委员参加全国政协培训基地学习培训。加强与全国政协培训基地（北戴河、青岛）的联系，采取单独办班的形式，分期分批组织市政协委员参加培训，提升委员履职能力。

(二) 组织市政协委员到中组部确定的知名高校学习培训。分期、分批次、分专题，组织相关专业领域的市政协委员到中组部确定的知名高校学习培训，提升市政协委员的专业知识，增强建言献策的针对性。

四、今年培训工作安排

今年拟安排两期外出集中培训，分别就“工业创新发展”和“推动乡村振兴”主题，在全国政协干部培训基地或知名高校组织两期专题培训班，每期参训委员60人左右。

五、工作要求

（一）认真组织实施

市政协办公室要根据届内集中轮训方案，精心制定每次委员学习培训计划，周密安排好培训具体事项，认真落实疫情防控措施。

（二）提供经费保障

向市财政申请对委员培训专项经费给予保障。

（三）注重培训效果

每次培训由市政协领导带队，设立临时党支部，确保培训工作顺利进行，培训结训后，参训委员要围绕“一个强攻战、五个新跨越”工作主线，结合学习所得，提交“委员作业”，为全面建设富裕协调美丽和谐幸福的现代化新抚州凝聚共识、献计出力。市政协办公室要对“委员作业”进行汇编，报市委、市政府。

政协抚州市委员会办公室关于月度协商会实施办法（试行）

（2023年6月29日）

为全面贯彻中共二十大精神，按照中央和省委、市委“大兴调查研究”要求，结合学习贯彻习近平新时代中国特色社会主义思想主题教育，认真落实“政协工作提质年”目标任务，充分发挥好专门协商机构作用，使协商主题更加聚焦中心、协商程序更加科学有序、协商成果更加富有成效，进一步推进政协工作制度化、规范化、程序化。现结合全市政协工作实际，制定本办法。

一、基本原则

组织召开月度协商会应遵循以下原则：坚持党的领导，坚定正确方向；围绕中心，服务大局；协商民主，集思广益，汇集众智，建言献策；协调关系，凝聚共识，团结奋进，助推发展。

二、协商内容

围绕“党政所想、形势所需、群众所盼、政协所能”，聚焦我市经济社会发展和涉及群众切身利益的突出问题，选取切口小、影响大的议题，深入调研，广泛讨论，反映情况，提出建议。

三、时间安排

月度协商会一般每月举行一次，与年度协商工作计划时间一并统筹考虑。

四、组织实施

（一）制定工作计划

市政协办公室每年在广泛征求各专门委员会、各县（区）政协、各民主党派市委会（工委）和市工商联、市直有关部门等方面意见建议的基础上，拟定月度协商议题，制定月度协商计划，经党组会议暨主席会议研究审定后实施。

（二）开展调查研究

承办协商议题的专门委员会要制定具体调研方案，经分管副主席审核报主席同意后，由分管副主席或承办单位负责人带队，组织相关委员深入开展调查研究，全面了解情况、认真分析问题、梳理对策建议，确保议政建言质量。

（三）召开协商会议

月度协商会由专门委员会承办，负责拟制会

议方案、起草主持词及领导讲话、收集整理议题背景材料和发言材料等工作。办公室配合做好会议组织协调工作。

会议由市政协主席主持，参会人员包括主席会议成员、办公室、相关专门委员会和市直部门负责同志、部分委员，视情邀请有关专家学者和群众代表参加会议。

会议议程有：听取承办协商议题的专门委员会作调研情况汇报；安排部分委员和专家学者发言；其他同志互动交流；职能部门负责同志回应相关问题；分管副主席重点发言、其他副主席视情发言；主持人作总结讲话。

（四）综合协商成果

承办协商议题的专门委员会根据月度协商会形成的共识，对意见建议进行归纳整理，进一步形成协商成果，按程序报送市委、市政府有关领导及相关职能部门。

（五）促进成果转化

承办协商议题的专门委员会要加强对协商成果转化的跟踪问效，及时了解掌握采纳、办理和落实的情况，并及时向委员反馈办理结果。办公室要注重加强对协商活动的宣传报道，多渠道多形式广泛宣传协商活动情况，扩大月度协商会社会影响力。

政协抚州市委员会办公室
关于进一步做好反映社情民意信息工作的实施办法（试行）

（2024 年 4 月 7 日）

反映社情民意信息是人民政协履职的重要形式，具有报送层次高、内容范围广、渠道畅通快捷的“直通车”优势。为进一步做好我市政协反映社情民意信息工作，引导全市政协系统有针对性地反映本行业、本部门、本领域的重要情况、工作建议和身边群众的急难愁盼问题，推进党委政府科学决策、民主决策，持续站稳全省“第一方阵”，现制定本实施办法。

一、目标任务

坚持目标导向、结果导向，举全市政协系统之力，合力推动信息工作从“数量求胜”向“质量取胜”转变。

（一）采用任务

市政协办公室全年被全国政协采用信息 2 条，被江西省委采用信息 2 条或被省政协内部刊物刊发信息 2 条。市政协各专委会全年被全国政协采用信息 1 条，被江西省委采用信息 2 条或被省政协内部刊物刊发信息 1 条。

（二）转报任务

市政协办公室全年被省政协转报至全国政协或江西省委信息 20 条。市政协各专委会全年被省政协转报至全国政协或江西省委信息 10 条。各县（区）政协，各民主党派市委（工委）会、市工商联和市党外知联会通过市政协机关全年分别被省政协转报至全国政协或江西省委信息 5 条。完成转报任务的，视同完成采用任务。

（三）市级报送任务

市政协办公室、各专委会全年分别向市委、市政府或有关部门编报社情民意信息 4 条。

二、工作举措

市政协机关、市政协各参加单位要深化思想

认识，采取更加过硬措施，力促社情民意信息工作取得新成效。

（一）坚持高位推动

市政协将反映社情民意信息工作列入主席会议固定议题，定期研究推进。市政协班子成员要每月对分管专委会和对口联系的市政协参加单位工作的督促指导，及时传导压力，积极推进工作。市政协各专委会和各参加单位负责同志要精心选题、带头撰写，并对所收集到的信息进行加工打磨、集中攻关，着力打造精品。

（二）组建信息队伍

市、县（区）政协要从党委办、政府办和经济综合部门等选聘一批干部担任特邀信息员。各县（区）政协、市政协各参加单位和市政协各专委会要明确1名干部作为社情民意信息员。组建工作专班，对有价值的信息进行专题调研、提炼总结、修改完善。市政协办公室宣传调研科负责反映社情民意信息的具体工作。

（三）建立提示机制

市政协办公室每月通报信息来稿、采用及得分情况，每半年召开一次工作推进会。对排名落后的单位，以工作提示函的形式进行提醒督办。

（四）健全协调机制

市政协办公室要主动加强同省政协和市党政信息工作部门沟通联系，确立信息主题，每月定期向特定部门会商约稿；及时反馈信息的采用情况、处理意见和有关批示落实情况，并向信息反映者反馈。

三、强化保障

（一）加强考核

市政协对反映社情民意信息工作进行考核，实行计分排名。上报至省政协的，以省政协计分为准；报送至市委、市政府或有关部门的，每篇0.2分（上限1分），被市委、市政府主要领导批示的，加2分，其他市领导批示的，加1分，有部门办理、回函的，加0.5分。考核结果作为县（区）、各民主党派市委（工委）会、市工商联和市党外知联会综合考核和市政协机关干部、市政协委员年度评先评优的重要依据。

（二）组织培训

市政协将不定期组织优秀社情民意信息员外出学习培训，不断提升履职能力水平。

（三）表彰激励

每次全会期间，市政协评选表彰一批优秀社情民意信息、反映社情民意信息工作的先进单位和先进个人。

后 记

“治天下者以史为鉴，治郡国者以志为鉴”。2025年是抚州政协组织成立40周年。真实记录40年来抚州政协的成立过程、建设历史、发展经纬和奋斗足迹，将其编纂成志，有利于充分发挥政协文史资料在“存史、资政、团结、育人”中的重要作用，是向抚州政协组织成立40周年的一项献礼工程，具有重要的历史意义和现实意义。为此，自2022年4月起，五届抚州市政协成立了《抚州市政协志》编委会、编辑部等工作机构，历经近三年时间编纂完成了《抚州市政协志》(1985—2025)。

本志书共设13章、73节、251目，共100余万字，内容包括图照、凡例、概述、大事记、主体志、专记、附录、后记等，翔实地记述了抚州市(地区)政协组织建立以来至2025年1月共40年以来奋斗发展的辉煌历程。为切实落实中共中央对人民政协工作的各项要求和习近平总书记关于加强和改进人民政协工作的重要思想，志书在突出“政治协商”“民主监督”“参政议政”三大职能的同时，设置“凝聚共识”一章，把祖国统一、团结联谊、回馈社会等工作涵盖其中；设置“自身建设”一章，对政治建设、思想建设、作风建设情况进行记述和总结，体现了市政协强化政治引领与持续推进全面从严治党的要求。

编修志书是一项艰辛的工作。《抚州市政协志》(1985—2025)编纂工作历经四轮资料收集、六轮志稿修改，全体参编人员既分工又协作，付出了大量的时间、精力、心血和智慧。其中：凡例、大事记、概述和第五章“民主监督”、第七章“凝心聚力”、第八章“专门委员会”、第十一章“民主党派”以及附录等部分由杨忠民同志主笔；第一章“组织机构”、第三章“工作会议”、第四章“政治协商”、第六章“参政议政”、第十章“自身建设”、第十三章“人物与荣誉”和“后记”等部分由唐国华同志主笔；第十二章“县(区)政协”由甘少华同志统稿。图照部分亦由办公室和各专委会负责搜集整理。全志一至四稿由唐国华、刘晓同志统合，第五稿由杨忠民同志总纂。徐容宁、甘少华同志负责资料的征集和志稿的初审。2024年6月开始，由吴平同志负责对志稿相关内容进行续写，办公室负责对志书出版前的文字、照片进行统稿。

《抚州市政协志》(1985—2025)的编纂工作能够在较短时间内完成，主要在于市政协领导的高度重视、各专委会和县(区)政协的大力支持、配合。市政协党组书记、主席贺喜灿亲自作动员部署，多次在不同的会议、不同的场合对编纂工作提要求、作指导，提出“要把政协志编成优志、佳志、精品志”；党组副书记、副主席、主编谭小平多次主持召开编纂调度会、协调推进会，经常听取编纂工作进展情况汇报，为编纂工作出主意、解难题；其他各位副主席也十分关心和支持修志工作，热心为志书的编纂出谋划策。市政协机关全面动员，办公室和各专委会领导身先士卒，查资料、拟初稿，全体机关干部团结协作、互相配合，使编纂工作得以顺利完成，充分展示了市政协忠诚、为民、务实、奋进的工作作风和精神风貌。

《抚州市政协志》（1985—2025）的编修，得到了社会各界的热忱支持。感谢市政协的老领导、老同志对志书的编纂提出了许多宝贵的意见建议，并为志书提供了大量的文字、图片和口述资料，弥补了政协早期资料不足的缺憾；感谢市委党史办的大力支持，为编辑部提供了《抚州市志》《抚州年鉴》《抚州组织史资料》等成套文本，并提供了业务指导；感谢市档案馆的领导和档案利用服务中心的全体同志为编纂人员查阅资料腾出专门办公室，为摘录、复印资料提供热情周到、不厌其烦的服务和帮助。同时，也要感谢各县（区）政协、各民主党派、工商联、知联会的大力支持、积极配合，促成了本志的顺利完成。

由于编纂时间仓促，早期资料缺失较多，加之编纂人员水平有限，在资料收集、篇目设置、结构安排以及文字表述等方面难免存在遗漏、差错和不当之处，敬请读者见谅，并期待在今后续编时得到补充、修正和完善。

《抚州市政协志》编辑部

二〇二五年一月